周凤梧 张奇文 丛林 编

名老中医之路

山东科学技术出版社

图书在版编目（CIP）数据

名老中医之路/周凤梧,张奇文,丛林编. —济南：山东科学技术出版社,2005.4(2019.6 重印)

ISBN 978-7-5331-4072-4

Ⅰ.①名… Ⅱ.①周… ②张… ③丛… Ⅲ.①中医学—医生—生平事迹—中国 Ⅳ.K826.2

中国版本图书馆 CIP 数据核字（2005）第 051478 号

名老中医之路
MINGLAOZHONGYI ZHI LU

责任编辑：韩　琳

主管单位：	山东出版传媒股份有限公司
出 版 者：	山东科学技术出版社
	地址：济南市市中区英雄山路 189 号
	邮编：250002　电话：（0531）82098088
	网址：www.lkj.com.cn
	电子邮件：sdkj@sdpress.com.cn
发 行 者：	山东科学技术出版社
	地址：济南市市中区英雄山路 189 号
	邮编：250002　电话：（0531）82098071
印 刷 者：	山东临沂新华印刷物流集团有限责任公司
	地址：山东省临沂市高新技术产业开发区新华路东段
	邮编：276017　电话：（0539）2925659

规　格：32 开（140mm×203mm）
印　张：38.75　　字数：700 千
版　次：2005 年 4 月第 1 版　2019 年 6 月第 15 次印刷
定　价：86.00 元

出版者的话

本书自问世以来受到广大读者和专家的好评,为满足广大读者的要求,我们特重印此书。今将有关情况说明如下。

1. 原书分三册(三辑),为节省成本,降低定价,今合为一册,原第一、二、三辑分别改为上、中、下三篇,顺序不变。

2. 此次重印除改正错别字及个别地方进行了全书统一外,其他基本保持原貌。

3. 书中照片,由于原版已不复存在,经多方搜寻,仅得85幅原照片,其余照片只好用原书扫描,效果较差,请读者及有关人士见谅。

4. 由于本书所收名老中医多已辞世,其后人及门生的联系方法也不得而知,故请各位作者或其继承人见到本书后与我们联系,我们将按规定支付稿酬。(联系方法:

山东省济南市英雄山路189号山东科学技术出版社邮编250002 电话0531-82098051 联系人:韩琳)。

  由于时间仓促,本书难免存在不当甚至错误之处,敬请读者和专家批评指正。

2019.5.10

上篇

序 ………………………………………………… (3)
编者的话 ……………………………………… (5)
无恒难以做医生 ………………………… 岳美中(9)
我的治学门径和方法…………………… 任应秋(25)
我的学医过程…………………………… 姜春华(47)
路,是人走出来的 ……………………… 金寿山(62)
在研究防治冠心病的道路上…………… 郭士魁(75)
业精于勤　荒于嬉
　　——医林跬步之回顾……………… 李聪甫(84)
学习中医的点滴体会…………………… 刘渡舟(97)
学无捷径　贵在有心 ………………… 彭履祥(108)
医林四十年 …………………………… 何　任(125)
杏林春暖忆旧迹 ……………………… 周凤梧(134)
学医、行医话当年 …………………… 李克绍(148)
学医四十年的回顾 …………………… 方药中(158)
精在明理　知在成行 ………………… 赵金铎(173)
往事重提　温故知新 ………………… 王伯岳(191)

1

寝馈岐黄五十年	万友生（201）
追忆旧迹　寄奉后学	魏长春（211）
医林寻踪	陈耀堂（220）
我的老师和我的学医道路	彭静山（232）
回顾与前瞻	陈苏生（245）
能定能应谓之成	
——谈我的治学经验	董廷瑶（253）
以"治学三境界"的精神学习《内经》	徐荣斋（265）
刻苦勤奋　自强不息	朱良春（279）
教学《内经》的体会	凌耀星（287）
学贵有恒　实践第一	贺本绪（309）
学医关键是在青年时代	龚志贤（318）
学医"五字经"	刘炳凡（328）

中篇

吕序	（343）
岳序	（345）
编者的话	（348）
万里云天万里路	邓铁涛（351）
我的六十年岐黄之路	王渭川（358）
闯出一条新路	王鹏飞（368）
迂回曲折　艰难困苦	叶橘泉（376）
弥甘蔗境忆从前	刘树农（383）

涉医征途回眸	关幼波(393)
有益的回忆	江育仁(404)
治学三部曲	朱仁康(419)
医海春秋	孙允中(428)
我是怎样学习中医的	沈仲圭(439)
学到老　学不了	沈六吉(449)
治医一生	何世英(462)
医学生涯六十年	陈源生(474)
我的学习方法和临证体会	杨永璇(488)
祖述宪章　发扬光大	吴考槃(503)
精研覃思　老而弥笃	张伯臾(515)
学无止境　学无捷径	张珍玉(527)
从医回忆录	周筱斋(539)
学无止境　锲而不舍	哈荔田(546)
满目青山夕照明	洪子云(560)
中医学术应当发展提高	祝谌予(572)
我学习伤科的四个阶段	施维智(584)
医途回首五十年记	高式国(598)
勤求古训　博采众方 ——探索肿瘤的治疗	钱伯文(610)
习医、临床回首录	韩百灵(621)
习医回忆	屠揆先(626)
从师和交友　厚积而薄发	董德懋(632)
治学杂谈	谢海洲(645)
梅花香自苦寒来	楼百层(666)

学医在勤奋　临证贵辨析 ……………………… 路志正（682）
我学习中的几点体会 …………………………… 蒋洁尘（700）
采百家之长　走自己的路 ……………………… 裘笑梅（707）
治学之道在于学"问" …………………………… 赵　棻（716）
悬壶生涯六十年 ………………………………… 赵炳南（723）
勤奋读书　不断实践
　　——兼忆瞿文楼、韩一斋、汪逢春先生
　………………………………………………… 赵绍琴（740）
我所走过的学医道路 …………………………… 谭日强（758）
学然后知不足 …………………………………… 潘澄濂（766）
学问专研　自勉不息 …………………………… 张赞臣（776）
从医生涯七十秋 ………………………………… 张泽生（789）

下篇

任序 …………………………………………………… （805）
金序 …………………………………………………… （811）
编者的话 ……………………………………………… （813）
忆肖龙友先生 ………………………………… 肖承悰（815）
忆龙友先伯 …………………………………… 肖　琪（830）
足行万里书万卷　一生临证未曾闲
　　——忆陈鼎三先生
　………………………… 江尔逊口述　张斯特整理（844）
曹炳章先生治学侧记 ………………… 陈天祥　曹幼华（855）

忆袁鹤侪先生的治学精神 …………… 袁立人（865）
一代名医——施今墨 ………………… 祝谌予（877）
从施今墨老师获得的学识和教诲 ……… 朱师墨（882）
忆先父王静斋 ………………………… 王季儒（886）
先师孔伯华先生学术管窥 ……… 裴学义 孔祥琦（901）
回忆汪逢春 …………………………… 谢子衡（913）
徐小圃先生治学二三事 ……………… 江育仁（926）
先师蒲辅周的治学精神与医学成就 …… 高辉远（939）
认真读书 认真实践的一生
　　——忆先父蒲辅周先生的治学经验
　………………………………………… 蒲志孝（969）
回忆吴棹仙老师 ……………………… 唐玉枢（986）
李斯炽教授治学纪要…………………… 李克淦（1002）
姚国美生平纪略……………………… 姚荷生（1012）
记名老中医王文鼎…………………… 胡熙明（1024）
忆吴少怀老师的治学生涯……… 王允升 宫兰芳（1035）
忆时逸人的学术思想与治学精神……… 时振声（1043）
仲景学说实践家——陈慎吾…… 陈大启 孙志洁（1058）
兴废继绝
　　——忆先父刘赤选 ………………… 刘亦选（1070）
余无言先生的治学及其学术经验……… 余瀛鳌（1078）
忆刘惠民老中医的学术特点
　　………………… 戴 岐 靖玉仲 刘振芝（1091）
勤奋的一生
　　——忆先父朱小南先生 … 朱南孙 朱荣达（1102）

忆秦伯未老师的治学精神……………………吴伯平（1111）
忆赵锡武………………………… 郭玉英　张问渠（1123）
勤奋好学　乐育英才
　　　——记黄文东教授　………………胡建华（1129）
学贯古今　艺擅众妙
　　　——忆当代名医程门雪　…………何时希（1139）
儿科名医赵心波………………… 闫孝诚　赵璞珊（1156）
忆良师严父——韦文贵……………………韦玉英（1167）
展诵遗篇仰宗师
　　　——缅怀章次公先生　……………朱步先（1179）
陈达夫老师治学之道………………………曾樨良（1192）
潜心攻岐黄　血防献终身
　　　——回忆先父杨志一　……………杨扶国（1200）
忆先父刘季三的治学经验…………………刘镜如（1209）
忆著名针灸学家陆瘦燕……………………朱汝功（1220）

上篇

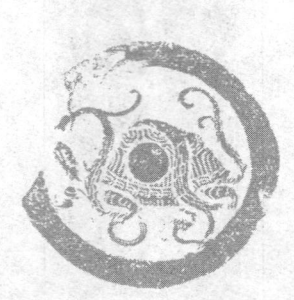

序

《山东中医学院学报》创办"名老中医之路"专栏,陆续发表一些名老中医谈治学经验的文章,深受读者欢迎。现在将这些文章集印成册,是广大读者所需要的。这有助于鼓励广大青壮年中医师进一步下苦功深入研究和精通中医药学,有助于当今一代名中医的成长,而这正是青壮年同道们应当努力的方向。

中国医药学是一个伟大的宝库,这是客观存在的现实。我们要有民族自豪的气魄,放宽眼界,解放思想,以自然辩证法为武器,去珍视和研究这个宝库。应当真正认识到,中国医药学是中国人民几千年来在与自然作斗争、与疾病作斗争的实践中积累起来的,有丰富内容的一门科学。我们古代和先辈的高深学者,常常站在朴素的、唯物辩证的角度去观察人体生命现象和疾病现象,把这些现象与整个自然界的某些宏观规律联系起来,并将长期实践得来的医疗经验不断加以深化,从而逐渐形成了具有独特理论体系、具有高度系统性和科学性的中国医药学。对此,我们中华民族应当引以自豪。

我们应当继续做好对中国医药学宝库的继承发掘和整理提高工作,使它同现代最先进的自然科学的多种学科直接结合起来,从而在自身的基础上实现现代化,为人类防病治病、健康长寿做出伟大的贡献。

《名老中医之路》第一辑的出版,是山东中医学院和山东科学技术出版社的领导以及作者、编者共同努力的结果。我们希望看到第二、三辑的顺利出版。

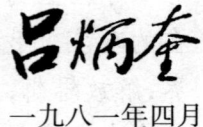

一九八一年四月

编者的话

《山东中医学院学报》自一九八〇年下半年起,开辟"名老中医之路"专栏,邀请全国著名中医学者和名老中医撰文,回忆其艰难曲折的治学道路,总结其多年积累的治学经验,以启迪中医后学,诱掖一代新的名医成长。应读者要求,专栏征文除在学报陆续发表之外,将有计划地辑成专集出版,这是其中的第一辑。

由于时间的推移和十年动乱的原因,目前尚在的著名中医学者和名老中医已经是寥若晨星了。而且,据我们所知,他们之中有相当一部分已经是弱病交加,甚则是久卧病榻了。所以,从这项工作的开展之初,我们就怀抱着一种难以稍缓的急迫感。及至工作全面展开,虽然许多名老的热情应征使我们欣喜过望,但一些令人不安的消息还是时有传来:有的同志在接到征文函时已经久卧病榻,但仍然抓紧神志尚清的时候,时辍时续地口述成文;有的同志在接到征文函后未及动笔,或为文及半,就溘然长逝了;而有的同志抱病成文后曾风趣地说:希望能看到文章印出时名字上不带黑框,但时过仅月,噩耗就传到了编辑室……这些消息使我们难以平静,使我们在翻阅诸老文稿时手里如同捏着一团火,直感到一个无声的命令在催促我们:快些整理,快些誊清,快些使专辑问世;抢救老中医经验的工作实属刻不容缓了!

我们认为,著名中医学者和名老中医多年积累的治学经验,是祖国医药学宝库的重要组成部分。尽管时代有了迁延,抢救和发掘这些经验,仍然具有重要的现实意义:第一,有利于一代新的名医成长。名老们走过的道路,无论是家传、自学或从师,都可以作为后学者的借鉴;他们步入中医堂奥的门径和方法,无论是较为捷当的,或较为迂回的,对于后学的入境都有重要的参考价值;至于名老们百折不回的攻关精神,精诚专一、艰苦奋斗的治学态度以及高尚的医德医风,对于青年中医的健康成长,也是不无裨益的。第二,有利于改善中医教育。中医教育有其特殊的规律,名老们有许多见解或建议动中肯綮,对于进一步办好中医院校肯定有所启示。第三,名老们总结一生的成败,顾后而瞻前,对于中医学术的发展、对于中医现代化问题,也提出了一些来自实践的真知灼见。

由于实践的道路、方法各有所异,诸老们的经验各有所长,对于一些学术问题的见解也近山近水,见仁见智。本着百家争鸣的精神,编辑中采取了兼收并蓄、异卉斗艳的原则。这样有利于借鉴,有利于思考,有利于掌握规矩而又不拘于方圆。我们相信,这是比较有利于读者的正确态度。

我们打算,全部征文将分三辑陆续出版。第一、二辑为当代名老的回忆文章,第三辑为门人回忆解放前后故去的名老的文章。全部工作争取在一九八二年底以前完成。

借本书第一辑出版的机会,谨向所有积极为本书撰文的著名中医学者和名老中医们致以敬意,向在征文过程中故去的同志们表示深切的悼念之情!同时,又要向曾经对此次征文给以宝贵支持的各地卫生行政部门、各兄弟院校、各中医药刊物同行表示感谢,并希望继续得到他们的指导和支持。

编者
一九八一年二月于济南

无恒难以做医生

中医研究院教授
中华全国中医学会副会长　　岳美中

[作者简介] 岳美中（1900～1982），名岳钟秀，号锄云，以字行。河北省滦县人。早年攻读文史，二十五岁时因肺病吐血，发自学中医。曾行医于冀东、鲁西一带。解放后曾任唐山市中医公会主任、唐山市卫生
局顾问。调中医研究院工作后历任全国人大常委会委员、中华医学会副会长、中华全国中医学会副会长、中医研究院研究生班主任、中医教授。从事中医工作数十年，有较深的理论造诣和丰富的临床经验。对肾病、热性病、老年病等有深入研究，在国内外有较高的名望。主要著述有《岳美中论医集》《岳美中医案集》《岳美中医话集》《岳美中治疗老年病的经验》以及《中国麻风病学汇编》等。

一

我出生在河北省滦县一个贫苦农民家庭里。父亲早年扛活,后来靠种几亩薄田兼做挑担叫卖支撑家计。我们兄妹五人,我是老大。八岁上,父母看我体弱多病,难务耕事,也为将来添个识文断算的帮手,咬咬牙送我上学,东挪西借地巴结着供我读了八年私塾。我看家里作难,跑到滦县城考进半费的师范讲习所学了一年多。这种求学的情况,我在《六十初度》的诗中,有一首写到过:

> 少小家贫病不休,
> 学耕无力累亲忧。
> 因规夜课迟安梦,
> 为备束修早饭牛。
> 酒食屡谋精馔供,
> 序庠频遣远方游。
> 严亲纵逝慈亲在,
> 六十孩儿也白头。

我十七岁当小学教员,一面教书,一面随乡居的举人李筱珊先生学习古诗文词。其时,军阀混战,滦县正当直奉军争夺的要冲。烧杀奸掠,民不聊生。我当时抱着空洞的救国心,慷慨激昂,写了小说《灾民泪》和鼓词《郑兰英告状》《民瘼鼓儿词》等许多诗文,发表在《益世报》等报刊,想转移风俗,唤醒痴迷。但少年意气,呐喊无应,转而想从古书文中找出路。一九二五年夏,听说梁任公、王静庵创办清华国学研究院,又和裴学海等几个同好一起重温经学,兼研小学、史学,准备投考。暑期应试落榜。虽然受了一次打击,却更加发愤读书,每日教书、写稿、苦读并进。不久,累得吐了血。某医院诊云:"肺病已深,非短期可治。"考学无望,教职也被辞了,真觉得前路漆黑,大难将临,几无生趣,又不甘心那样死去。难道医学对肺病真的没有办法吗?床第呻吟之中,萌发了学习中医的念头。买了《衷中参西录》《汤头歌诀》《药性赋》和《伤寒论》等书,边读边试着吃药。一年多田野间的生活,休息为主,吃药为辅,肺病竟慢慢地好起来了。觉得中医确能治病,于是决心学医,自救救人。

学医,到哪里学呢?穷乡僻壤,无师可投;家口为累,又无力外出从师。只好托朋友找了一个村塾,学生不多,一边教书,一边学医,一边继续写诗文。这一是多年养成的习惯和爱好,二是想小补于经济。学资供养家口,稿费就用来买医书。三年之中拖着病弱的身体,日教夜学,读了宋元以后许多医学家的名著多种。缺少师友商问,就反复钻研揣磨;为了体察药性,就攒钱买药回来品尝体验。能尝的药,大都尝试过。有一次尝服石膏过量,泄下不止,浑身瘫软,闹得几天起不来床。学东知道我在读医书,有时家里人生病也找我看。我慎重地认证用药,往往有些效果。一九二八年春天学东一个亲戚的女人患血崩,找我去治。初不敢应,后经学东面恳往治。几剂药后,竟见平复。春节时,全家人坐车前来致谢,引起轰动。就在这同时,邻村一个叫徐福轩的小木匠,突然"发疯",烦躁狂闹,忽地登高跳房,忽地用手抓炕,新铺的炕席一抓就是一片。发病月余,家里人捆管不住,经医不愈,村人荐我。我细察其脉象症候,系阳狂并有瘀血。予调胃承气汤,仅一剂竟拉赤屎而愈。阳狂一病,并非难证。但在当时,村人却传为神奇。找我看病的人就越来越多了。

一九二八年秋天,好友吴绍先古道热肠,和几个朋友凑了点钱,在司各庄帮我开了个小药铺,力劝我行起医来。说是个药铺,起初就是一间小房,里边一张床,两个药箱,几堆书。睡觉、吃饭、看病、卖药,都在里边。后来起名叫"锄云医社"。因为原来教的一些学生的家长不愿易人,恳我继续执教。一则于情难却,二则光靠行医难糊家人之口,就和两个友人一起在医社后边的一间房子里办了个"尚志学社"。白天,看病卖药之外,在这里讲四书五经;晚上,攻读医书,思索日间的病案。我行医之初,靠书本上的一些知识辨病投方,疗效并不明显。但几年之中,却对农村的经济状况、疾病种类、药品需要等,获得了不少的经验。同时,从读书的惑豁、临证的效失、病家的愁乐之中,进一步体认到中医学术对社会人群的作用,益发坚定了终生研讨中医学、献身学术的决心。业医之初,生活十分艰苦。出诊看病,经常以病弱的身体,骑一辆破旧的自行车,奔波于夏日的湿暑、隆冬的海风。有人劝我还是读书找事谋个前程,我当时曾作《道情歌》数首述说心境。其一是:

懒参禅,
不学仙。
觅奇方,

烧妙丹，
针砭到处症瘕散。
秋风橘井落甘露，
春雨杏林别有天，
山中采药云为伴。
莫讥我巫医小道，
且羞他做吏当官。

一九三五年，朋友把我介绍到山东省菏泽县医院任中医部主任。一边看病，一边教授几个中医学生。不久，灾难就接连而来。先是丁丑夏，山左地震，烈风雷雨，屋倾墙崩，连续数月，辗转逃避，仅存生命。不久就是日寇进攻山东。一九三八年春，我应诊到博山，遇日寇攻城，被围在城内五天五夜。城破后，落荒逃到济南。身上一文不名，几箱书籍无处去找，仅剩下随身珍藏的《伤寒论》《金匮要略》各一本和数册医稿及《习医日记》。为防路上丢失，从邮局寄回家。郝云杉先生送给了二十元路费，只身由洛口过黄河，千折百难地逃回了家乡。人倒是活着回来了，邮寄的书稿却总未收到。行医十载，流落千里。身上，仅一条御寒的破被和一根逃难用的棍子；眼前，是一个沦落了的家乡。茫茫冀鲁，竟没有一个医生悬壶之地！

悬壶无地，只好重操旧业，又当了半年小学教员。暑期，教员集训要受日本的奴化教育。我不愿，跑到唐山躲避。经亲友协助，在唐山行起医来，一直到一九四八年解放。十年间，我朴素地抱着两条宗旨：做一个无愧于祖宗的中国人；当一个对得起病人的医生。这，又谈何容易！

一九四三年,当时做地下工作的一个学生为八路军买药,暴露被捕。经我保释放走后,日本特务每日或隔日上门寻衅,一直监视了我三四个月。在这样的环境下,哪里能够从容临证和专心治学呢?但是,既做医生,又不容对病人不负责任,不甘于学业的荒废。十年间,我以经方为主兼研各家,以求提高疗效;搜读各家中药学说,摘选验证,写成了二十余册《实验药物学》笔记;研读《甲乙》,访求师友,对针灸学进行了一定的研究和应用。这十年,我正当壮年,刀匕壶囊,黄卷青灯,用功不为不苦。因为没有一个安定的环境,又缺少明确的哲学思想作指导,苦自苦矣,却没有做出多少可观的成果来。

解放后,特别是一九五四年纠正了歧视中医的错误倾向以后,中医受到了党和国家的重视。我调到中医研究院工作后,才有条件结合读书与临证,对一些问题进行较系统地整理和研究。治疗方面,除在国内执行医疗任务外,还曾九次到欧亚一些国家,参加苏加诺、胡志明、崔庸健等人的治疗和进行学术交流,这是过去不曾想到的。晚年,我考虑得多的有两件事:一是把多年积累的经验多整理出一些留给后人;二是再为中医事业培养一些后继人才。"文化大革命"的一段时间,我被抄走书物,在医院里喂兔和清扫厕所,其他无从进行。一九六九年八月周恩来总理亲自安排我去越南为胡志明主席治疗。不久,我被恢复工作。我自知身体渐差,来日无多,要抓紧做些事情。一九七六年,我为培养高级中医人才倡议多年的"全国中医研究班"招收了第一期学员。我的学术经验开始整理出版。在科学的春天里,工作刚刚开头,我却在一九七八年七月一次讲课后,病发不起,一至于今……

二

我年近中岁学医。一跨入医林,面前数千年发展起来的中医学术是如此繁茂丰厚,而又如此庞芜错杂,走一条什么样的做学问之路呢?既没有家学可依托,又没有专师引导或学校的规范,只能靠自己摸索、探求。回过头来看,也有两个有利条件。一是十几年的旧教育,培养了读书的能力和习惯。二是几十年来未脱离过临床。我的注重临床,起初是经济条件不允许去进行专门的理论学习和研究。后来,也是因为我认识到,中医学术的奥妙,确在于临床。书,没有少读;目的首先是为当好一个医生,争取当一个好医生。围绕这个目的,对历代中医大家的学术思想都做过一些探索。有过徘徊,出现过偏执,也走过弯路,才逐渐地得到了稍好一些的疗效和较为深入一步的认识。认识发展的过程,大体可分为这样几个阶段:

第一,我学医之初,是从张锡纯的《衷中参西录》入手的。临证稍久,逐渐感到其方有笨伯之处,往往不能应手。转而学习吴鞠通、王孟英等人的温热著作。用之于临床,效失参半。其效者,有的确为治疗之功;有的则非尽是药石之力。在一个时期里,疗效总不能很快地提高。思索其原因,一方面固然是对其学术研究的功力不到,经验不够;但细察其方剂,也确有琐细沉弱的方面。苦闷徬徨之中,又重读张仲景的《伤寒论》《金匮要略》(前此虽然学过,但未入细)。见其察症候而罕言病理,出方剂而不言药性,准当前之象征,投药石以祛疾。其质朴的学术,直逼实验科学之堂奥,于是发愤力读。初时,曾广置诸家诠注批阅。其中不乏精到之言,也常有牵附穿凿反晦仲师原意之处,反不如钻研原著之有会心。于是专重于研讨原著。将读书所得用于临床,每有应手,则痊大症,更坚定了信仰之心。稍后,又涉猎唐代《千金》《外台》诸书,觉得其中精华,亦是祛疾之利器。当时,曾有过一个认识,以为中医之奥妙,原不在宋元以后。从三十年代中期到四十年代后期,主要是以古方治病。这中间,还在另一个方向上走过一段弯路。一九三六年前后在山东的一段时间里,为了应付门面,生搬硬套地学了一阵中西汇通的学说。在这种理论的指导下,疗效不仅没有提高,反而降低了。真所谓"邯郸学步,失其故封"。苦闷之下,害了三个月的眼病。不能看书。经常闭眼苦思其故,好久好久,得出了两句话:"人是精神的不是机械的;病是整个的不是局部的。"这也许是仅存未丢的一点灵光吧!当时既不敢自信为是,也不敢人前道及,只取它指导着自己的治学。于是,又归真返璞地研习古老的祖国医学。

第二,在第一阶段的后几年,实践得多了,逐渐感觉到偏执古方存在的一些弊端。一方面,临床遇到的疾病多,而所持的方法少,时有穷于应付、不能泛应曲当之感。一方面也觉得经方究竟是侧重于温补,倘有认证不清,同样可病随药变。持平以论,温、热、寒、凉,一有所偏,在偏离病症、造成失误的后果上,是一样的。临证治病若先抱成见,难免一尘眯目而四方易位。只有不守城府,因人因证因时因地制宜,度长短,选方药,才能不偏不倚,恰中病机。

一九五〇年我在唐山就此问题和孙旭初等同仁做过长时间讨论,进一步受到启发。归纳当时的认识是:仅学《伤寒》易涉于粗疏,只学温热易涉于轻淡;粗疏常致于偾事,轻淡每流于敷衍。应当是学古方而能入细,学时方而能务实;入细则能理复杂纷乱之繁,务实则能举沉寒痼疾之重。从临床疗效方面总结,治重病大证,要注重选用经方;治脾胃病,李东垣方较好;治温热及小病轻病,叶派时方细密可取。把这些认识用之临床,确乎有法路宽阔、进退从容之感。这是四十年代末到五十年代初这段时间的认识。

第三,一九五四年前后,我在治学思想上又有了一些变化。此时,我治医学三十年,在读书和临证方面,有了一些积累和体验,也开始学习《矛盾论》和其他一些唯物辩证法的著作,并结合自己治学道路和方法上的问题进行总结和思索。在肯定以往经验的基础上,也感觉到执死方以治活人,即使是综合古今,参酌中外,也难免有削足适履的情况。但若脱离成方,又会无规矩可循,走到相对主义。要补救此弊,不但需要在正确思想的指导下深入地研究辨证论治的原则,还要在足够的书本知识和临床经验的基础上,以若干病类为对象,从研究药物如何配伍入手,进而探讨方剂如何组织。因为中医治病,基本是采用复方。复方从根本上是作为一个有机的整体逞奏疗效,而不是群药分逞其能。而复方方剂中药物配伍和组织,又有它历史地演进变化的过程。从它演变的痕迹中探求用药制方的规律,并结合当前的实践加以验证、补充和发展,指导临床,就能高屋建瓴,动中肯綮。对一个医生,这是提出了更高的要求。习医至此,不禁废书而三叹:学问没有止境,学问不可

少停。在我,其知之何晚也。我在当时的一首诗中,写了这种感慨和决心:

> 于今才晓作医艰,
> 敢道壶中日月宽。
> 研古渐深方悟细,
> 临床愈久始知难;
> 星槎不惮一身老,
> 雪案浑忘五夜寒。
> 假我数年非望寿,
> 欲期补拙在衰残。

从五十年代中期以后,十几年的时间里,我结合临床、科研与教学任务,对药物配伍和方剂组织方面的材料做了一些整理和研究,对肾病、热性病和老年病等病种的用药与组方规律做了一些探索,得到了一些初步的认识。但是,因学力不足和环境的耽阻,远未能达到预期的目标。

三

如何学习和掌握祖国医学这门科学,应当是有规律可循的,对此我们还总结研究得不够。我个人没有多少成功的经验可谈,能说的大半是走过弯路后的一些感触。

(一)读书宁涩勿滑 临证宁拙勿巧 学医离不开读书。但我国医学著作汗牛充栋,一个人的时间精力有限,欲有所成,就要摘要而攻,对主要经典著作要扎扎实实地下功夫,读熟它,嚼透它,消化它。读每本书都要在弄清总的背景的前提下,一字字一句句地细抠,一句句一字字地读懂。无论是字音、字义、词义,都要想方设法地弄明白。不可顺口读过,不求甚解,不了了之。也不可用望文生义的简单办法去猜测。更不能拿今天的意思硬套上去。比如《金匮要略·痰饮咳嗽篇》中的"痰饮"有二义:篇名中之痰饮,是津液为病的总称;条文中之痰饮,是指水在肠间摇动有声之流饮。读书时若不细考究,把痰饮当作今义的"稠则为痰,淡则为饮",就失去了经典的原意。这样逐字逐句地读书,看似涩滞难前,实则日积月累,似慢实快。那种一目十行,浮光掠影的读法,不过是捉摸光景,模糊影响,谈不到学问。

要把主要的经典著作读熟、背熟,这是一项基本功。"书读百遍,其义自见"。读一遍有一遍的收获,背得熟和背不熟大不一样。比如对《金匮要略》《伤寒论》,如果能做到不加思索,张口就来,到临床应用时,就成了有源头的活水。不但能触机即发,左右逢源,还会熟能生巧,别有会心。否则,读时明白了,一遇到障碍又记不起,临证时就难于得心应手。我自己虽曾在主要著作的背读上下过一番功夫,但总不能像童时读的《论语》《孟子》和古诗文那样至今仍背诵无遗,常有学医恨晚之叹。因此,背书还要早下手。

读医书,还要边读边记,勤于积累。积累的形式则宜灵活。比如说,可以结合自己研究方向相近的一个或几个方面的专题摘要积累,读书时留意于此,随时摘抄记录,并部别类居,主要的加以标志,散漫的贯以条理,怀疑的打上问号,领悟的做出分析,大胆地附以己见。日积月累,对日后的研究工作是会有好处的。

临证宁拙勿巧。对症状要做"病"与"症"的综合分析,寻求疾病的本质,不可停留在表面的寒热虚实。立方遣药,要讲求主次配伍,加减进退,不可用套方套药取巧应付。遇到大病复杂症,更要格外细密,务期丝丝入扣,恰合病机。既要有临证时的分析,还要做事后的总结。数年来,我自己无论在哪里应诊,坚持每诊必做记录,半月做一次阶段性的检讨,找出需要总结的经验,发现有进一步探讨价值的问题,提高疗效。

(二)自视当知其短　从师必得其长　我学医,主要是自学。但决不是说,自学不需求师。做任何一种学问,绝对意义上的无师自通是没有的。自学,难免遇到思而不解之惑、攻而不破之谜,更需要请教师友。因而凡有从师学习的机会,尤知珍惜。一九三五年,我读到陆渊雷先生的《伤寒论今释》《金匮要略今释》,觉有自己未见之义,稍后就加入先生所办的遥从(函授)部学习。当时,我看病教徒,诸务虽繁,但对所学课业必认真完成,寄去请教。记得我写过一篇《述学》的课卷,陆渊雷先生曾加了鼓励的按语,发表在《中医新生命》上。这段函授学习的时间虽然不长,但对我这样一个自学出身的人来说,感到十分宝贵。一般来说,一个人从师学习的机会和时间毕竟是不多的,而在共事的同道中,学术精湛、经验丰富之人却随时都有。只要虚心汲取,他人之长皆可为攻错之石。我在中医研究院和蒲辅周等同志共事多年。在一起临证、执教的过程中,有时见到他们的得意之笔,恰是自己薄弱之处,从中比对思索,得到不少有益的启示。比如,早年我用玉屏风散治"习惯性感冒",多是大剂突进。虽数剂可效,往往不易巩固。蒲老治"习惯性感冒",也用玉屏风散,却是小量长服,疗效颇好。我思索这里的原因,加深了对慢性病的转化要有一个逐渐积累的过程,有"方"还需能"守"这个道理的认识。从师是为了求学问,在学问面前不能有丝毫的架子。我在任唐山市中医公会主任时,市内有一位高怀医师精针灸术,擅长用"大灸疗法",系其祖传,能起大证。年事已高,秘未传人。为防绝技失传,我和王国三等几个同道以弟子礼前去执贽受学。每至巳夜,即趋集灯前,问难请业,无间风雨,袒臂跣足,按桥量度,力求一是。终于掌握并整理了这个疗法。当时我虽年过五旬,不无劳顿之感;而其中授受之乐,也确有非可言喻者。

　　(三)读书多些有益于专　知识博些源头更活　我习医以后,半是积习,半是追求,研读文史和爱好旧诗词的兴趣一直很浓厚。习医之余,喜读《二十四史》。对六经、诸子、宋明学案以至佛教、道教的部分主要著作,都做过一些涉猎。兴之所致,还习作了一千多首诗词。我常以占用了一些业余时间为惜。但回顾起来,由这种爱好中得来的一定的文史知识和修养,对中医的学习和长进,也并非全无益处。第一,中医经典是古文字,和现代白话距离较大。又流传辗转,版本繁杂,字词驳错。诠释者既多,难免见仁见智,言人人殊。如果没有一定的古文化、文字知识,对这些经典著作就不易读懂,读懂了,也难于读深。理解上,或浮于约略,或止于沿演,可以逐浪而难能探源;临床上,则易于套对而难能用活。要想对经典医籍的研究深入一些,就非有一定的古代文化、文字知识不可。我自己对《伤寒论》等经典的文字做过一些研究,写过一篇《〈伤寒论文字考〉补正》,就很借力于早年积累的一点古文和"小学"的知识。第二,文史的书籍和古诗文中,掩藏着丰富的医学资料。这些虽是不期而遇的零金碎玉,却常可补某些医学著作之不足,亦属珍贵。读书时随手积累,需要时即可驱遣使用。我在整理中医麻风病学,写作《中国麻风病学汇编》时,就从文史著作中得到了许多有用的材料。第三,中医学是从中华民族古代文化这个土壤中生发出来,是整个民族文化之林的一枝。它的形成和发展,受整个社会文化特别是哲学思想发展状态的影响和制约。对各个时代社会文化特别是哲学思想的发展状况有所了解,对由当时时代所产生的医学思想的理解就可以更深刻一些。比喻地讲,专一地研讨医学,可以掘出运河;整个文化素养的提高,则有助于酿成江海。养到功深,是可以达到境界上的升华的。不待说,今天的青年人学习掌握古代文化知识,应当有目的,有选择,要适当,要因人制宜。全无目的,漫无边际的读书,也不足取。

(四)勤能补拙恒斯效　俭可养廉贞自清　有时青年问及学问之道,我常说,论天分,我至多是中中之材。几十年来,如果说掌握了一些中医知识而能承乏医务,所靠的一是"勤",二是"恒"。做任何学问都要勤奋和持久,治医学尤需如此。医生这个职业的特殊之处,在于他一举手一投足都接触病人,医术好些精些,随时可以助人、活人;医术差些粗些,随时可以误人、害人。从这个意义上说,医生真可以说是病人的"司命工"。一个医生,如果不刻苦学习,医术上甘于粗疏,就是对病人的生命不负责任。当然,就是勤奋学习,也不等于就能万全地解决疾病。但无怠于学,至少可以无愧于心。这是我早年用做鞭策自己读书习医的一点认识。如今我垂老病榻,回顾治医生涯,成果之少,每自赧颜;稍可自慰者,唯有勤奋读书未从松懈这一点。几十年的生活,基本是"日理临床夜读书"。临床常无暇日,读书必至子时。六十岁以后,医责益重而年事渐高,为了抓紧晚年,完成温课和研究计划,曾规定了几条自我约束的"自律"。大致是:①要有恒。除极特别的事情外,每日按规定时间温课,不得擅自宽假,时作时辍。②要专一。不得见异思迁,轻易地改变计划。要有始有终地完成一种计划后,再做另一种。"主一无适"谓专。非专,则不精、不深、不透。③要入细。不可只学皮毛,不入骨髓;只解大意,不求规律;只涉藩篱,不求堂奥。入细,还要防止轻淡,轻淡则流于薄弱,薄弱则不能举大症;要防止琐屑,琐屑则陷于支离,支离则不能集中主力,也不能理细症。④戒玩嬉。此后,忌看小说。非周末不着棋,不赋诗。非有应酬不看戏。⑤节嗜好。衣食方面,不求肥甘,不务华美,随遇而安,自甘淡泊。否则必致躁扰不宁,学术上难于探深致远。此后,不独茶酒不事讲求,即书画篆刻,也不宜偏好过多,免得耗费有限的光阴。现在检查起来,除在旧诗词方面,有时情有难禁,占了一些时间外,其他都尽力遵守了。

  人们都知道医德的重要。我以为,做一个医生,治医之时,有两条至为要紧:治学,要忠诚于学术的真理,直至系之以命;临证,要真诚地对病人负责,此外决无所求。只有这样,才能认真热诚地对待患者,谦虚诚挚地对待同道,勇敢无畏地坚持真理,实事求是地对待成败。相反,如果对自己从事的事业不热爱、不相信、惜献身,对患者缺乏负责的精神,甚至把自己掌握的一点技术当作追求个人利益的手段,那就丧失了做医生的根本。不特失之于医德,且将毁及于医术。

在祖国医学发展的长河中,每一代中医都有自己不容推卸的责任。我们这一代中医的命运是幸福的,毕竟也是坎坷的。半个多世纪以来,我亲见了中医界的同道们,在旧社会的贫苦中自处,与反动派的压迫作抗争,对偏见者的歧视不动摇,在存亡、兴衰的磨难中迎来了国家的解放,为民族保存、继承、丰富了中医学这份珍贵遗产。他们是无愧于历史的。我仅是同辈先进的一个追随者。蹉跎时月,如今也已是行将就木之人了。向前展望下几代中医,他们将处于社会安定、思想解放、科学昌兴的时期,只要他们勤奋而能够持久,善于继承又勇于创造,中医事业在他们的手里必将有一个大的发展。中国医学必将以更绚丽的身姿,挺立于世界科学之林。顾后瞻前,寄希望于未来。

(岳沛芬整理)

我的治学门径和方法

国务院学位委员会医学科学评议组成员
北京中医学院教授　　　　　　　　任应秋

[作者简介]任应秋(1914～1984),字鸿宾,四川江津县人。幼年读经,"十三经"皆能成诵;少年时问难于经学大师廖季平,打下了治学的坚实基础。十七岁开始学医,二十三岁就学于上海中国医学院,并得到沪上名医丁仲英、曹颖甫、陆渊雷等人指教,但因日寇侵华,未及卒业,旋回四川,一面业医,一面执教于高级中学。解放后,先执教于重庆市中医学校兼教务主任,后于一九五七年调北京中医学院任教至今。历任卫生部学术委员会委员、国家科学技术委员会中医专业组成员、中医研究院学术委员会委员、北京中医学院学术委员会副主任、北京中医学院各家学说教研室主任、《医学百科全书·中医基础理论分卷》主编、《中医历代名

医精华》主编等职。五十年来,穷治医经,精研医理,孜孜不倦地献身于中医事业,在理论研究和临床方面都取得显著成就,对整理、继承和发扬祖国医学遗产做出了重大贡献。主要著作有:《仲景脉学法案》(1944年)、《任氏传染病学》(1945年)、《脉学研究十讲》(1953年)、《中医病理学》(1954年)、《中国医学史略》、《中医药理学》(1955年)、《伤寒论语释》(1956年)、《金匮要略语释》(1957年)、《阴阳五行》(1959年)、《五运六气》(1961年)、《病机临证分析》(1963年)、《濒湖脉学白话解》(1973年,修订)、《中医舌诊》(1976年)、《医学启源》(1978年,校勘)、《中医各家学说》(1980年)等。

不管学习任何科学,最重要的是要找到正确的门路,正如子贡所说:"夫子之墙数仞,不得其门而入,不见宗庙之美、百官之富。"这段话的意思是说,凡是一门科学,都是有一堵墙隔着的。必须设法找到门径,穿墙而入,才有可能看见科学内容的富和美。做学问又要下刻苦工夫。学问多半都是一望无涯的汪洋大海,不具备一点牺牲精神,甘冒风险,战胜惊涛骇浪,坚定地把握着后舵,航船是不可能安全到达彼岸的。下面把我学习中医学的经过略述如次。

一

我十七岁开始学习中医学。在未学医之前,从四岁开始通读"十三经",如《尔雅》那样难读的书,都曾熟读背诵。同时,还读一些有关诗文典故的书,如《幼学故事琼林》《龙文鞭影》《声律启蒙》《唐诗三百首》《赋学正鹄》《少岩赋》《清代骈文读本》《古文观止》之类。先后凡经历十四年。教我的老师,都是清代的秀才、举人、进士之流,我的古汉语知识,便从此打下了基础,也是我后来学习中医学较雄厚的资本。当我读完"十三经"的时候,老师许君才先生要我看张文襄的《輶轩语》,这是南皮张之洞在光绪元年(1875年)做四川提督学政时写的一本"发落书",但确是当时指导读书的一本好书。其中特别是《语学》一篇,对我颇多启发。全篇主要提出如何读经、读史、读诸子、读古人文集以及通论读书五个问题。如"读经宜读全本,解经宜先识字,读经宜正音读""读经宜明训诂,宜讲汉学,宜读国朝人经学书,宜专治一经,治经宜有次第,治经贵通大义"等,至今在我脑子里还有较深刻的印象。可以说,我后来学习《黄帝内经》等经典著作的许多方法,都是由于张文襄所影响的。尤其是他在谈到"读书宜有门径"时说:"泛滥无归,终身无得;得门而入,事半功倍。此事宜有师承,然师岂易得,书即师也。今为诸生指一良师,将《四库全书总目提要》读一过,即略知学问门径矣。"后来我终于买到一部《四库全书总目提要》来看,果然大有收获。例如我对"十三经"都已背诵如流了，但却说不出为什么《论语》《孟子》《大学》《中庸》又叫《四书》？而《提要》则明白告诉我们："《论语》《孟子》，旧各为帙；《大学》《中庸》，旧《礼记》之二篇。其编为《四书》，自宋淳熙始；其悬为令甲，则自元延祐复科学始。《明史·艺文志》别立《四书》一门。"不仅《四书》的沿革比较清楚了，同时亦知道《四书》各种注本经《四库》著录的有六十二部之多，存目还有一百零一部，真是洋洋大观。更有意义的是，在读《提要》的过程中，亦知道了《四库》著录的医家类书凡九十七部、一千八百一十六卷，存目书凡九十四部、六百八十二卷。这给我后来阅读医书提供了很好的书目索引。

一九二九年奉先父益恒公命，受医学于先师刘有余先生门下。先授以陈修园《公余六种》，半年内悉能背诵。又授以《伤寒论浅注》《金匮要略浅注》，须正文与浅注同时串读。例如："太阳主人身最外一层，有经之为病，有气之为病，主乎外，则脉应之而浮。何以谓经？《内经》云'太阳之脉连风府，上头项，挟脊抵腰至足，循身之背'，故其为病，头项强痛。何以为气？《内经》云'太阳之上，寒气主之'。其病有因风而始恶寒者，有不因风而自恶寒者，虽有微甚，而总不离乎恶寒。盖人周身八万四千毛窍，太阳卫外之气也，若病太阳之气，则通体恶寒；若病太阳之经，则背恶寒。"这样正文和注文连串起来读，当然大大增加了诵读的工夫。好在我早已练就了背诵的基本功，在一年的时间内，便达到指点条文的首句，便能连注串背出来的程度。有余先生腹富而口俭，不善于讲说，我必须且诵读、且理解，全凭自己下工夫。只有到理解不通时，才去请教先生。先生语言虽简,却非常中肯。他是以善用乌梅丸治杂证蜚声一时的,记得有一次侍诊,半日中曾经四次疏乌梅丸方,一用于肢厥,一用于吐逆,一用于消渴,一用于腹泻。毕诊以后,问难于先生,他说:"凡阳衰于下,火盛于上,气逆于中诸证,皆随证施用。腹泻与肢厥两证,均阳衰于下也,故重用姜桂附辛,而去二黄;呕吐一证,气逆于中也,故重用黄连、黄柏,去辛轻用附姜以平之。"从此以后,我对乌梅丸的运用便灵活多了。诸如此类,刘先生对我的诱掖是很大的。但先生毕竟是个经方学家,而不是医经学家。我的思想既受到张文襄治经诸说的影响,亦欣赏南雷黄宗羲"先穷经、后证史"的学习方法,学习中医学似乎亦应该先从经典著作下一番工夫,才可能奠定比较坚实的理论基础。因此,便在刘先生的同意下,从事《灵枢》《素问》的学习。

二

我治医经学的方法,亦如读"十三经"那样,先从篇章句读下手。例如"生气通天论"是素问的第三篇,主要是阐述机体中的阴阳二气与自然界的阴阳二气息息相通,并赖以维持其生命的健康存在。全篇可分为三大章,篇首至"气之削也"为第一章,概括叙述生气与天气的关系,人们必须做到"传精神、服天气"相与适应,以维持寿命之本。至"形乃困薄"止为第二章,包括四个小节:章首至"阳气乃竭"为第一节,阐述外感邪气伤害阳气的病变;至"郁乃痤"止为第二节,叙述阳气伤于内的病变;至"粗乃败之"

句止为第三节,畅发阳气受伤、邪陷经脉的病变;第四节指出保护和调养阳气的方法。第三章亦分做四节:"气立如故"句止为第一节,说明阴阳不能偏胜的道理;至"乃生寒热"句止为第二节,叙阳气不能外固,发生一系列伤损阴精的病变;至"更伤五脏"句止为第三节,说明阳不固于外,四季都可感受外邪;最末一节畅叙阴气内伤影响各脏而产生的病变,并提出保护阴气的方法。这一工作,我是搞了相当长的一段时间,从此以后,我对《灵枢》《素问》才有了比较具体的概念。

其次是校勘。校勘是清人治经学最有成就的手段。它必须具备文字学、声音学、训诂学等小学的基本功,然后博览群籍,才谈得上校勘。我对此仅具备一点常识而已,乃尽量搜集前人对两经校勘的资料,作为借鉴,辅导我进行研究。如:林亿的《新校正》、胡澍的《素问校义》、俞樾的《读书余录》、孙诒让的《札迻》、顾观光的《素问校勘记》《灵枢校勘记》、张文虎的《舒艺室随笔》、于鬯的《香草续校书》、冯承熙的《校余偶识》、江有诰的《先秦韵读》、沈祖绵的《读素问臆断》,以及日人丹波元简的《素问识》《灵枢识》等,我都曾充分利用,确实解决了不少问题,收到了事半功倍之效。

关于《灵枢》《素问》的注家,本来就屈指可数,全注的不外杨上善、马莳、张介宾、张志聪、黄元御五家。单注《素问》的,仅有王冰、吴崑、高世栻、张琦四家。这些注家均各有独到之处,亦各有其不足的地方。如何汲取其所长,并摒弃其所短,择善而从,这就要下一番研究工夫。日人丹波元简的《素问识》《灵枢识》,丹波元坚的《素问绍识》,曾对各注家有个比较选择，而且是做得较好的，足资借鉴。但衡量注家的好坏，更重要的是必须结合临床现实来考虑。如《素问·阴阳别论》："二阴一阳发病，善胀，心满善气。"王冰注解为"气蓄于上故心满，下虚上盛，故气泄出"。以气泄出解释善气，不符合《素问》的习惯用语，而吴昆、马莳、张介宾不作解释。独张志聪注云："善气者，太息也。心系急，则气道约，故太息以伸出之。"满，同懑。心懑不舒，故时时想太息而得到伸舒，不致憋闷，是临证常见的。心肾之气不能相交，可以见此，故曰二阴。因此，我对王冰所注善气，便持保留意见。

我之所以要对《内经》下这一些工夫，主要是想从中找出它的理论体系以及它的指导思想来。《灵枢》《素问》均为八十一篇，都是采用综合叙述的方法来表达的，但其中毕竟存在着它独特的理论体系，这一点从杨上善开始便已经认识到了。《太素》之所以要拆散原篇次第，分做摄生、阴阳、人合等十九大类，每类又分若干细目，其主要目的就是探求它理论体系的脉络。后来滑寿分为十二类，张介宾的分法基本与滑寿同。李中梓分八类，汪昂分九类，沈又彭仅分为平、病、诊、治四类，不管分类的多与少，目的都是在寻找其理论体系。概括言之，脏腑学说、病机学说、诊法学说、治则学说，这是《内经》理论体系最基本的部分。至于病症、辨证、刺法、摄生等内容亦很丰富，都有待于做进一步的研究。特别有待于认真探讨的是，它的整个理论体系之中，都贯穿着当时朴素的对立统一思想——阴阳学说，以及朴素的系统观——五行学说。首先，它用阴阳这一概念来说明各种事物之间存在着普遍联系和事物变化的复杂多样性。而且指出事物的运动,总是存在着平衡和不平衡两种状态,所谓"阴平阳秘,精神乃治;阴阳离决,精气乃绝"。并说明阴与阳的对立统一,既是相互依存,又能相互转化,故说:"四时之变,寒暑之胜,重阴必阳,重阳必阴。"同时还认为阴之与阳,固然是一对矛盾,但阳却居于主要方面,而以阴为次要,所谓"阴阳之要,阳密乃固,阳强不能密,阴气乃绝"。至于五行学说,它具有明显的整体观念,它从唯物主义的立场明确地把五行当作宇宙的普遍规律提出来了。所以它说:"五行阴阳者,天地之道也。"道,就是规律。五行生克制胜的结构联系,提出了事物循环运动的根源,也就是为了探索自然界循环式动态平衡的规律性提出来的,故说:"五运之始,如环无端。"又说:"终而复始,是谓天地之纪。"于此,我认为五行学说与阴阳学说的区别在于,阴阳是在说明世界最一般最普遍的联系,而五行则在企图刻画事物的结构关系及其运动方式。中医学的许多理论之所以具有巨大的生命力,直至今天仍有指导实践的意义,其重要原因之一,正在于里面贯穿着朴素的对立统一学说和系统论,这是需要我们努力发掘、整理提高、继承发扬的。所以我认为学习中医学不首先学习好《内经》,不通过对《内经》的认真学习,是打不好理论基础的,也就谈不到学习中医学。

凡做学问都有一个精与博的辩证关系。属于基础理论部分,必须要达到精通、精纯的程度;非基础的,但直接或间接与本学科有关的以及一般知识,便须博览,要广泛地涉猎。只有精了,才可能博。就中医学而言,只有把《内经》这一类的古典著作搞精通了,博览各家的著作才不费劲,才具有分析鉴别的能力。例如:对《内经》学习有根底,读仲景的《伤寒论》,便知道他用三阳三阴辨证,是源于《素问·热论》的,但仲景所究心的却是伤寒,并非热病。"热论"的三阳三阴,仅有表里之别,并无寒热虚实之分;而仲景的三阳三阴,则表里寒热虚实无所不包。不透过这一关,是学习不好《伤寒论》的。刘河间的学术思想也来源于《素问·热论》,但河间所研究的仅是热病,而非伤寒。所以他的通圣散、双解散、凉膈散、六一散、三一承气汤诸方,都是针对热病而设,不用麻桂辛温剂。河间所用的三阳三阴辨证,正是"热论"的旨意,仅用以分辨表里而已,不能与《伤寒论》强合,但是在河间仍然叫做伤寒,不透过这一关,亦是学不好河间书的。其他如李东垣的气虚发热说,是《素问·调经论》"有所劳倦,形气衰少,谷气不盛,上焦不行,下脘不通,胃气热,热气熏胸中故内热"这一理论的发挥。朱丹溪的"阳有余、阴不足"论,是据《素问·太阴阳明论》"阳道实、阴道虚",以及"方盛衰论""至阴虚,天气绝;至阳盛,地气不足"等理论阐发而来的。

总之,学好了《内经》,才说得上打下了中医学的理论基础。只有打好了中医学理论基础,进而学习临床各科,学习各医学家的著作,才可能左右逢源,事半功倍。这是一条学习中医学的大路,正门,如果舍正路而弗由,又欲期其有成,那是很困难的。

三

有了门径之后,便得讲究方法。据我五十多年的经

验,最主要的有四个方面:

(一)精读　读书有两种方法,最基本的是少而精,多在精的方面下工夫;其次是结合实际,学以致用。学中医学所担负的任务是:继承发扬,整理提高。因此首先要读好《灵枢》《素问》《伤寒》《金匮》几部经典著作,因为它是汉代以前许多医学家的总结,许多文献的结晶,是中医学理论的基础。把它读得烂熟,才能算打下了比较坚实的理论基础。那么,应该用什么方法来读呢？苏东坡有种读书方法是很可取的。他在《又答王庠书》中说:"卑意欲少年为学者,每一书皆作数过尽之。书富如入海,百货皆有,人之精力,不能兼收尽取,但得其所欲求者耳。故愿学者每次作一意求之,勿生余念。又别作一次,求事迹、故实、典章、文物之类,亦如之,它皆仿此。此虽迂钝,而它日学成,八面受敌,与涉猎者不可同日而语也。甚非速化之术,可笑可笑。"这样专心致志、集中力量、各个击破的读书方法,不是真正善读书而又读活书的人,是说不出"此中三昧"的。看来苏东坡之所以有多方面的卓越成就,除了他的天资以外,起决定作用的,正得力于他这种"迂钝"而"非速化"的精读方法。我们读《灵枢》《素问》等,亦只能采用"每一书皆作数过尽之"的方法进行,宁肯"迂钝"一些,不求"速效"之术。《灵枢》《素问》共十四万余言,貌似浩瀚,但其中最主要的内容,无非就是阴阳五行、五运六气、脏腑、经络,病机、病症、诊法、辨证、治则、针灸、方药、摄生十二个方面。每读一次,就带着这十二个方面的某一个问题,边阅读、边探索,这样一遍又一遍地阅读下去,每阅读一遍,便把某一问题深入一次、解决一次、巩固一次。无论读任何一部经典著作,每次都带着问题读,直到掌握了精神实质。在这个基础上,再看有关的其他参考书,就一定会做到多多益善,开卷有益。所谓精与博的关系,就会自然而然地得到合理解决。至于在读的时候,态度务须认真,精神务须集中,遇到不了解或不完全了解的地方,必须查问清楚,不应该一知半解,自以为是。陆以湉《冷庐医话·医鉴》有云:"近世医者能读《内经》鲜矣。更有妄引经语致成笑端者。如治不得瞑,引半夏秫米汤'复杯则卧',云是压胜之法,令病者服药后复盏几上,谓可安卧。治脚疔,引'膏粱之变,足生大丁',以为确证。不知足者能也,非专指足而言。又有治瘅疟证,以'阴气先伤,阳气独发'为《己任篇》之言。盖未读《内经》《金匮》,第见《己任篇》有是语耳。疏陋若此,乃皆出于悬壶而知名者也。"不曾认真读书,而造成这样疏陋的人,现在不是没有,可能为数还不少。稍不认真读书,这种疏陋便会出现在我们身上。我这样说,不是没有根据的。

(二)勤写　写,就是写笔记。一边阅读,一边写笔记,是帮助我们领会和记忆文献内容的一种读书方法。也是积累科技资料的一个重要方法。边读边写,也就做到了眼到、口到、心到、手到,养成写读书笔记的良好习惯。革命前辈徐特立老人曾对自己提出"不动笔墨不看书",可以作为我们每个有志于治学的人的训诫。怎样写读书笔记?它的形式很多,通常情况是摘录原文、写提纲、写心得体会和写疑难问题等。我经常采取以下几种形式:

概括和缩写　把已读过的书的内容,做一个非常概括而简短的叙述,扼要说明某一本书的内容,主要讲的什么问题。这样写的好处是能帮助自己抓住书里所讲的要点，加深对所读书的理解。兹录三十年前我写的读《格致余论》笔记一则如下：

《格致余论》一卷，元·朱震亨撰。共列论文四十一篇，其立论大旨有三：①人身气常有余，血常不足，便导致阴易虚、阳易亢的病变，故善用滋阴降火之法。②无论痰、食、火、湿诸因致病于人体，或于气分，或于血分，必有所郁塞阻滞，故主张临证要善于用和血疏气、导痰行滞诸法。③诊治疾病，必须观形望色，察脉问症。尤其对于脉息，务要详细审察，才能辨认出病证的真情，才能准确地用药。议论之后，往往附有验案，故本书于临证有一定指导意义。但由于作者曾向许谦学过性理学，于《相火论》中颇有主观唯心论。同时他在自述中亦说："古人以医为吾儒格物致知一事，故目其编曰《格致余论》。"其受到宋人理学的影响可知。传本有《医统正脉》本、《四库全书》本、《东垣十书》本。

纲要笔记　一般是按照书的先后内容，或问题的主次来写的。它往往要依照原文的次序进行一番简明扼要的复述，体现出全书或全篇的逻辑性。纲要笔记，与我们常说的写作提纲很相似。写这种笔记省时间，重点突出，便于记忆。抄录一则我过去学习《金匮要略·痉湿暍病脉证篇》的笔记如下：

痉、湿、暍三大病。
痉即痉，痉病的主要病变在伤津。故21条的"太阳病发汗太多",22条的"风病下之",24条的"痉病若发其汗,其表益虚",都在说明津伤不能养筋而致痉的道理。

湿病虽有寒热虚实之分,篇中所论,却是以表虚和寒湿为主。27条的"慎不可以火攻",25条的"但微微似欲出汗者,风湿俱去也",以及防己地黄汤证,都着重固表。至40条的桂枝附子汤、去桂加白术汤,41条的甘草附子汤诸证,都着重在温里,并无湿热证。

暍病每由阴虚而致热邪,42条的"脉弦细芤迟",43条的"脉微弱",都在说明这个道理。所以它选用白虎加人参汤,既清暑热,又生津液。

摘记　在读书过程中,对一些论述、命题、定理、公式、警语、事例、数字、引文、例证、新的材料、新的观点等进行摘抄。

做摘记最好用卡片纸,也就是做资料卡片。阅读发现可摘的材料,随时抄记在卡片纸上,这样做,既方便,又灵活,不过一般只适用于内容较少时。具体来说,做资料卡片要注意四点:第一,要有科学分类。初学做卡片的,容易见一条摘一条,用时凭脑子的记忆去找。这种做法,卡片少的还行,多了便不行。一般科学家都要积累上万张的卡片,仅凭脑子记忆去查找是办不到的,必须有合乎科学方法的分类。第二,要摘记实实在在的东西。资料卡片主要起提供资料的作用。每张卡片内容有限,必须摘实在的内容,如基础理论中的有关脏腑、经络、病机、诊法、治则,临床各科的病症,实验研究报告的结果、数据、结论,文章的主要论点,书的核心内容等。同时要处理好详略的关系。重要的数据和结论要详,甚至要一点不遗漏地摘。而文章的一般内容则可以概要摘抄。第三,同一张卡片所记资料必须属于同一分类。切忌把不同分类的内容摘记在同一张卡片上,以免造成分类困难和使用不便。第四,要写明资料的名称、作者、出版时间和出处,图书要写清楚页码、版本等。资料卡片既起提供资料的作用,又起资料索引的作用。如果资料的名称、作者、版本、页码、时间、出处不清楚,则不便查阅。这事看来简单,对初学做卡片者,却也不易。因为一篇资料、一本书、一篇文章,常常要分别摘录在数张卡片上,并纳入不同的分类中,每张上都要写明,甚为麻烦,需要极大的耐心。但这对以后有效地使用卡片是绝对必需的。

综合笔记 就是把不同书籍和若干资料中的相同内容,综合到一个题目或专题下。我们在阅读时,有时遇到几种版本的书都是讲一个内容,但讲的深浅、重点不同,有时几个作者的观点也不尽一致,为了学习和研究的需要,往往把它们的内容综合到一起,写一份笔记,这就得采用综合的形式。从前我在学习《脾胃论》时,曾写过以下一则笔记:

一部《脾胃论》,尊元气,贱阴火,足以概之。

脾胃气衰,元气不足,而心火独盛。心火者,阴火也。心不主令,相火代之,元气之贼也。火与元气不两立,一胜则一负(《饮食劳倦所伤始为热中论》)。

脾胃既虚,不能升浮,为阴火伤其生发之气

(《清暑益气汤论》)。

　　凡怒忿悲思恐惧,皆损元气,夫阴火之独盛,由心生凝滞,七情不安故也(《安养心神调治脾胃论》)。

　　胃既受病,不能滋养,故六腑之气已绝,致阳道不行,阴火上乘(《脾胃虚则九窍不通论》)。

　　反增其阴火,是以元气消耗,折人长命(《论饮酒过伤》)。

　　脾胃虚而火胜,则必少气(《忽肥忽瘦论》)。

　　热伤元气,以人参、麦冬、五味子生脉。脉者,元气也。人参之甘,补元气,泻热火也;麦冬之苦,寒,补水之源而清肃燥金也;五味子之酸以泻火,补庚大肠与肺金也(《脾胃虚弱随时为病随病制方》)。

　　东垣总以阴火与元气相对而言,元气惟恐其不足,阴火惟虑其有余。故益气泻火,是东垣治内伤病极其重要的手段。

这种综合笔记,可以加深对某一问题的理解,做起来也不太费劲。

　　心得笔记　这种笔记,往往是在读完一本书、一篇文章或一个问题之后,自己有所收获、体会、见解,用自己的话把它记录下来。它的好处是能巩固学习效果,检验学习的情况,使自己心中有数。如果在写心得笔记时,发现对某一问题理解还不深透,不够清楚明白,可再回过头来读一读原文。如果感到书中有讲得不够恰当的地方,可在笔记中提出来,做以后继续学习的线索。兹引尤在泾《医学读书记·素问传写之误》四则为例:

苍天之气清静则志意治,顺之则阳气固,虽有贼邪,弗能害也。故圣人传精神,服天气,而通神明。传,当作专,言精神专一,则清净弗扰,犹苍天之气也。老子所谓"专气致柔",太史公所谓"精神专一,动合无形,赡足万物",班氏所谓"专精神以辅天年者"是也。若作传,与义难通。王注精神可传,惟圣人得道者乃能尔,予未知精神如何而传也。

解脉令人腰痛而引肩,目䀮䀮然,时遗溲。又云:"解脉令人腰痛如引带,常如折腰状,善怒。"详本篇备举诸经腰痛,乃独遗带脉,而重出解脉。按带脉起于少腹之侧,季胁之下,环身一周如束带。然则此所谓腰痛如引带、常如折腰状者,自是带脉为病,云解脉者,传写之误也。

"血温身热者死"。按温当作溢。夫血寒则凝而不流,热则沸而不宁,温则血之常也,身虽热,何遽至死。惟血流既溢,复见身热,则阳过亢而阴受逼,有不尽不已之势,故死。今人失血之后,转增身热咳嗽者,往往致死,概可见矣。

"诊法常以平旦,阴气未动,阳气未散,饮食未进,经脉未盛,络脉调匀,气血未乱,故乃可诊有过之脉"。按《营卫生会篇》云:"平旦阴尽而阳受气也。"夫阴气方尽,何云未动?阳气方受,何云未散?疑是阳气未动,阴气未散,动谓盛之著,散谓衰之极也。

第一则经文见"生气通天论",我原意传应读作抟,聚也。第二则见"刺腰痛论",张介宾解释为足太阳经之散行脉也。第三则见"大奇论",第四则见"脉要精微论"。像这样写心得笔记,积之既久,必然大有进境。

（三）**深思** 深思苦想,是做学问、研究科学最不可缺少的一个重要环节。古人谓之"揣摩",我们现在说是"独立思考"。前人的成就,要学习,要继承。但如果止于此,那就永远只能步前人的脚印,拾别人的牙慧,也就永远只能停留在一个水平上,人类还有什么进步可言？中医学还有什么可整理提高？鲁迅把没有独立思考而只是死读书、读死书的人,讥讽为"活的书架"。《论语·为政》说得好："学而不思则罔,思而不学则殆。"说的正是学与思这样一种辩证关系。意思是说,只是学习而不善于深思,终将罔然无所得；或能思考而不善于学习,势将使人疲殆不堪。虽然如此,但从某种意义上来说,思比学甚至是一种更为艰苦的劳动。有时为了思考一个问题,许多科学家常常忘却一切而到了"入迷"境界。这就难怪牛顿错把手表当成了鸡蛋煮。董莽的《闲燕常谈》记载："欧阳文忠公谓谢希深曰：'吾生平作文章,多在三上——马上、枕上、厕上也。'盖唯此可以属思耳。"可见古代有成就的作家,只要有深思的机会,到处都可以运用思考。欧阳修的这个经验谈,十分重要,他道破了做文章的一个秘密,就是在写作之前要很好的属思,即运用思考。把文章的中心思想和它的每一个论点和论据以及表述的方法、层次安排等等都尽量考虑成熟,形成腹稿,这样可以使写作的时候减少阻碍,很快就能完成。一篇文章,只要构思好了,下笔的时候,只要照着所想的,慢慢地像说活一样一句一句写出来,话怎么说字就照样写,都写完了,再修改也不难了。搞科研、做学问、写文章，都应学习欧阳修的办法，抓紧一切时间构思。枕上构思，我是经常用的，略有所得，立即起床记下来，甚至一夜起来两三次，都是经常有的。《礼记·中庸》有一段关于做学问的话，颇值得考虑。它说："博学之，审问之，慎思之，明辨之，笃行之。有弗学，学之弗能，弗措也；有弗问，问之弗知，弗措也；有弗思，思之弗得，弗措也；有弗辨，辨之弗明，弗措也；有弗行，行之弗笃，弗措也。人一能之，己百之；人十能之，己千之。果能此道矣，虽愚必明，虽柔必强。"看来，古人早已把勤思考，多思考，细致思考，反复思考，列为做学问的重要条件之一。我们一定要有"思之弗得弗措"的精神。欧阳修之所以"三上属思"，也就是"弗得弗措"的具体体现。尤其是我们做医生的人，必须善于运用思维，才能提高医疗水平。

《古今医案》卷三记载朱震亨治验一则云："浦江洪宅一妇，病疟三日一发，食甚少，经不行已三月，丹溪诊之，两手脉俱无，时当腊月，议作虚寒治。以四物汤加附子、吴萸、神曲为丸。心颇疑，次早再诊，见其梳妆无异平时，言语行步，并无倦怠，知果误矣。乃曰：'经不行者，非无血也，为痰所碍而不行也。无脉者，非气血衰而脉绝，乃积痰生热，结伏其脉而不见尔。'以三花神佑丸与之。旬日后，食稍进，脉渐出，但带微弦，证尚未愈。因谓胃气既全，春深经血自旺，便可自愈，不必服药。教以淡滋味、节饮食之法，半月而疟愈，经亦行。"

以朱丹溪医学的高明，当他属思不深、不周的时候，还会发生误诊。只有通过熟虑之后，才可能取得较好的疗效。当丹溪把病人处理好之后，他的思维不仅没有停止，还在继续深化,并终于纠正了误治。如果没有"心颇疑"那一点思维活动的继续,这个病人的误治后果,是不堪设想的。

(四)**善记** 善记,是指要善于锻炼记忆力。记忆有两种,一种叫机械记忆,一种叫理解记忆。机械记忆靠重复,理解记忆靠联想。一两岁的小孩没有什么联想,只有靠机械重复的办法。把学到的一句话来回重复,然后就学会了。这种方法是"强记"。一般人说少小时记忆力好,都属于"强记"。长大以后,知识多了,就开始使用联想的办法,也叫做"追记"。当他接触到一个新事物时,就会把已经知道的事物联系起来,去记住新的事物。年龄大的人,主要运用联想方法。因而年龄大了,记忆力慢慢衰退,补救的办法,就是要用科学的方法不断地锻炼它,使它逐渐增强起来。可以从以下四个方面进行锻炼:

第一,有决心,有目标,勤奋练习。我学习经典著作如《灵枢》《素问》《伤寒论》《金匮要略》《神农本草经》,都是二十岁以前读背的,也就是用机械的方法,朝斯夕斯地读和背,基本把它记下来了。二十岁以后,临床的机会渐渐增多,感到《本草经》不够熟习,而《本草经》文有如《尔雅》,没有文法可言,就比较难于记忆。例如:

"人参味甘微寒,无毒,主补五脏,安精神,定魂魄,止惊悸,除邪气,明目,开心,益智,久服轻身延年。"

我把它改编成七言诗诀:

"人参微寒甘无毒,补脏安神且明目,止悸除邪开心志,定魄轻身堪久服。"

总是在每天晚上就寝前三十分钟编一味药的诗诀,写上纸条,先读十余遍后,把它贴在墙上,就枕后再闭目凝神默诵五六遍,就入睡了。第二天早晨起床,再朗读若干遍,如是者坚持了半年多,整理编写了本草诗诀二百味,背诵二百味,苦记二百味。所以我的药性基础,完全是从《神农本草经》打下的。我当时编诗诀的原则,也就是以《本草经》为准,而未采诸家杂说。因当时学识既未深,经验又不多,还不具备评论诸家的本领,就只好以《本草经》为准了。看来,提出明确的指标,是非常重要的,背药性最大的困难,就是气味容易混淆,就只好坚持每天既读又背,已经背得滚瓜烂熟了,还要认真地一句一句读,这不是为要背,而是为了要使它不混淆。这样记一味药,把脑、口、手都用上,经过编写、朗读、默背,记忆的效率自然就提高许多。

第二,记东西要注意自觉联想。仍以我记忆药性为例。《神农本草经》诸药中,气味甘、微寒、无毒完全相同的,仅有人参、丹砂、苡仁、竹茹四味,但人参主要是益气生津,丹砂主要是重镇安神,薏苡除久风湿痹,竹茹则为散气止呕哕(系孙子云辑《神农本草经注论》)。这样联系起来,当我要选用《本草经》味甘气微寒的药性时,不仅一经追忆,便都能联想起来,同时亦具有选择遣用的准则。又如选用《伤寒论》方时,一提到桂枝汤,立即可以联想到治"形似疟,一日再发"的桂枝二麻黄一汤,治"发热恶寒,热多寒少"的桂枝二越婢一汤,治"发热无汗,心下满微痛,小便不利"的桂枝去桂加茯苓白术汤,治"汗漏不止,恶风,小便难,四肢微急"的桂枝加附子汤,治"下之后,脉促胸满"的桂枝去芍药汤以及桂枝人参汤、桂枝甘草汤等等,都可以联系起来,一一加以区别。再举一个近例,有几个少年耳部具有识字的特异功能,一再试验不爽,新华社发消息,想从古代文献中查出类似的记载,作为历史的依据,辗转要我提出资料。我便首先考虑到耳和目的联系。《晋书·凉武昭王传》有:

"赏无疏漏,罚勿容亲,耳目人间,知外患苦。"

这还是属于耳听目视的原意。又联想到《史记·灌夫传》说:

"临汝候方与程不识耳语。"

这仍与特异功能无关。又进一步联想到《志林》有:

"蕲州庞君常善医而耳聩,与语须书使能晓,东坡笑曰:吾与君常异人也,吾以手为口,君以眼为耳,非异人乎?"

这和特异功能有些接近了。最后终于在《列子·仲尼》查出:

"老聃之弟子,有亢仓子者,得聃之道,能以耳视而目听。"

同时晋人张湛的注解还说:

"夫形质者,心智之室宇;耳目者,视听之户牖,神可彻焉,则视听不因户牖,照察不阂墙壁耳。"

古代确有耳具目视的特异功能的人。以此说明联系对于记忆的帮助是很有好处的。当然要分事物的外部联系和事物的内部联系。

第三,不放松机械记忆。机械记忆,并不是只有小时候发达,长大以后就不灵了。主要因为用得少了,就感到差些。所以,机械的记忆仍要用,要适当的重复。我的方法是,有的东西记得不牢,但又非牢记不可的,便把它翻出来进行阅读。读到可以背诵的时候,就随时默背。欧阳修是"三上属思";我则行走坐卧都喜欢默背。只要自觉地使用机械记忆这种本事,然后在复习过程中,逐渐和别的东西建立联系,机械记忆的东西就会变成理解记忆的对象。

第四,要把自己学到的知识进行整理和分类。比如,通过一段学习时间,就可把学有心得的课程内容,进行一次总结。例如,学完了"易水学派",有哪些具有代表性的医学家?他们各自不同的学术思想是什么?他们各自有哪些著作?整个学派的主要成就表现在哪些方面?学完了其他学派,又进行整理总结。但要注意不要让教材牵着鼻子走,书上写的什么,就按着书上的顺序搞,不越雷池一步,搞完就完了。我年轻的时候,不知道整理编写过多少小书。《伤寒论》《金匮要略》都曾经多次整理表解;《灵枢》《素问》按照中医学的理论体系,亦不知整理过多少遍。不知者以为我年纪轻轻就狂妄自大,著书立说,其实这是加深理解、巩固记忆的最好方法。整理一遍,确有一遍的进境。经常主动整理学过的知识,使这种知识学得比较活、比较牢,到用的时候就能信手拈来。

以上是我的学习过程,也就是我的经验。精读、勤写、深思、善记四个环节,是治学必不可少的,而且是一环扣一环的,还要贯穿着"刻苦勤奋,持之以恒"八个字,这样才可能学有成就。

我的学医过程

上海第一医学院教授
中华全国中医学会常务理事　　姜春华

[作者简介] 姜春华（1908～1992），江苏南通人。从事中医工作五十余年，在理论、临床、医史诸方面均有所建树，在治疗哮喘、肝病以及活血化瘀研究方面取得一定成绩。著有《中医基础学》《中医诊断学》《中医病理学》《中医治疗法则概论》等，与脏象研究组合著之《肾本质研究》被译为日文出版。历任国家科学技术委员会中医专业组成员、卫生部医学科学委员会委员、《辞海》医药分册主编等职，并被选为全国第五届人大代表、上海市第七届人大常务委员。

勤能补拙　鼓励了我一辈子

我出生在江苏南通,父亲业医。我小时候资质愚鲁,老师常斥为"拙物"。父亲说:"拙不要紧,但能坚持学习,可以学好。古人说'勤能补拙'。孔子的学生曾子最愚鲁,可是传孔子之道的是曾子。"勤能补拙这句话鼓励了我一辈子。

放弃文艺爱好　走上学医道路

我青年时喜爱书画,整日用心临摹碑帖画谱,虽严冬酷暑不息。而父亲希望我继承家学,做一个医生,但我不能放弃我的爱好。那时写北魏体很风行,我跟王圣华先生学北魏,他是书法家李梅清(清道人)的学生。有一次他对我说:"你学金石书画,是一种爱好,得下好多年苦功方可成家,且你先得有社会地位。可是它无补于国计民生。我看还是把医学学好,可以为人们解除疾苦,也能解决生计问题。"我觉得老师的话是阅历之谈,开始放弃了文艺走上学医的道路。

我对于诗词也爱好,作为工作之余调剂精神之用,以欣赏为主,自己并不赋诗填词。因为诗词格律森严,又无天才,唐宋人以此为专业,一辈子苦苦为之。我们没有那么多的时间,即使学也万万超不出他们。看了些评骘前人的《诗话》《词话》之作,就更不敢动笔了。这也是藏拙之道。因为专攻医疗业务,不但诗词金石书画丢掉,后来连毛笔也很少拈。

也要死记硬背

我在家读了点医学启蒙书如崔嘉彦的《四言脉诀》、雷公的《药性赋》、汪切庵的《汤头歌诀》等，这些书都是要背诵的。现在看来，趁年轻记忆好，读熟了后来大有用处，这也可说是学习中医最基本的基本功。这种死记硬背的方法，也有人批评过，认为只要理解不要硬背。不过我认为有许多基本的东西一定要死记，理解与背诵两者不可偏废。

父亲曾说："《伤寒》《内经》如四子书（《论语》、《孟子》、《大学》、《中庸》，旧读书人幼年必读之书），必须扎实学好。尤其《伤寒论》为方书之祖，更要好好钻研。"这奠定了我重视《伤寒论》学习的基础。

独 立 思 考

我年轻时读书喜欢独立思考，不是"纯信"，而是"有疑"。备了一本簿子题为"医林呓语"，专摘录医书中不切实际的记载，如一书中说有人患病，诊断为三年前饮酒所致，服药催吐，吐物犹有酒味。我录出加评说："酒置在露天隔日气味即无，岂有三年之久呕出酒味来？"这按常识亦知其是错的，此种例子甚多。"学而不思则罔"。对于前人的理论经过一番思索，哪是对的，哪是错误的，对于前人所用方药也常思考它的主导思想在哪里，为什么用这类方药,其中有哪些不切合的,哪些可以师法的,这才有益。我不喜欢跟着人家脚跟转,古云亦云。

倾慕学问家

我十八岁到上海,寄居亲戚家,凭着在家学了一点点东西,为同乡看看病,因为年轻又没有多大本领,所以病人不多。这样,我就有充裕的时间学习。我常跑旧书店、图书馆。那时提倡"国故学",如梁启超、胡适都写了国故书目。我非常倾慕清代考据家的渊博著作,像顾炎武、王念孙父子诸人都是我钦佩的人。梁启超说:"现在的学问面很广,要看许多书籍,但时间有限,所以有的要精读,有的一般浏览。"我觉得他说得很对,于是一有空便按目录阅读十三经注疏,周秦诸子(包括老子、庄子、荀子等),二十四史,韩愈、柳宗元、王安石、欧阳修以及明清各大家文集。宋元理学、释道回耶、稗官野史之书我也读。对我思想最有影响的是王安石、张居正的著作,两位政治家的思想对我的医学学习很有帮助。同时也阅读了西方的好多哲学、心理学和动物、植物、矿物、物理科学方面的书。近人著作如康有为、梁启超、胡适等的著作也不例外。由于对学问有了兴趣,所以如饥似渴。学问家虽没做成,但是丰富了精神生活,多了些知识,宇宙大了些,收获可算不小。

各方面学术形成我的思路

有人说读了那么多与业务无关的书,是否值得?倒不如把这些时间统读医书。我说,我体会读医书是取得资料,有了资料怎样用,要看你的思路。资料像一盘珠子,要把它形成一只蝴蝶,就要靠一根线穿。思路好似一根线,要穿成什么便可穿成什么。一个人的思路形成要有多方面的学问,否则思路就狭窄,专业就不能有大成就。做医生一定要有思路,它不是墨守成规,而是活用成规,创立新规,既创又破,既破又立。我对某一病人某一诊次的不同情况各有不同的思路,我认为这与各方面学问是有关的。

遥从受业

自己零零星星买了许多中医书籍,没有一个学习计划和自学的方法,正好陆渊雷先生招收遥从弟子(即函授),我报名入学。课程,第一学年《伤寒》为主,《药物学》和《内经》中的阴阳五行、脏腑部分与西医解剖、生理、细菌学同时并进;第二年是《金匮》为主,辅以《内经》中六气、七情、诊断,结合西医病理学。陆先生是革新派,当时有人称为沟通派,他教中医也大胆地教学西医,走中西医结合的道路。

学会了自学

陆先生教法是先打好基础,培养自学能力。他说:"譬如开矿,我授以工具。"的确,他不是从桃树上摘下桃子给人吃,而是教人自己种桃树。我看这种教学方法值得提倡。现在的教学,像母亲抱着孩子走,不让下地,在课堂里天天灌,日日填,结果不能独立思考,缺乏自学能力。陆先生编的讲义是采取综合分析的方法,他把《内经》中同类的材料汇集在一起,然后进行分析,这个方法我把它继承了,在学习上很为得力。尽管观点上不一定相同,但我不入室操戈。

函授的本身就是自学。养成了自学习惯,可自然而然地学下去。不过方向要对头,方法要正确,否则会南辕北辙,或走入歧途。老师的作用就在于指出正确的方向、方法。

对学术没有门户之见

我对于学术没有偏见,尤其是对于中西医没有门户之见,认为这两种医学都是面对着病人,我们的医学知识只怕是少,不怕是多。《扁鹊传》说:"医之所病病道少。"这是有心肝的话。做中医多一些西医知识有什么不好?只要立足于中医,吸收西医的东西起帮助作用,做到"西为中用,古为今用"。前人说:"他山之石,可以攻玉。"我是用西学不用西药。所以在"遥从"期间,又自学了《内科学》。那时西医水平还不高,出版物也很少,只有丁福保办的医学书局和教会办的广学会出版一些,今天看来都是些陈旧不堪的东西。抗日时期阅读了日本同仁会的《内科学》和林房雄的《药理学》等,抗战结束后又阅览了新医进修丛书,除内科外还学了《病理总论》及《物理实验诊断》。我差不多自学完了西医学当时大学的教程,不过同现代医科相比差得多了。自学期间还利用晚上去听课,参加西医进修班的学习。章次公先生和我们还一齐邀请了李邦振博士教我们叩诊和听诊。

学《内经》画图表加深理解

我从陆先生自学《内经》全书时,先看王冰本。有许多不可解处,王氏也避而不注。后来取《医部全录·汇注》作参考,因为此书除王冰外还收载了马莳、吴崑、张志聪诸注可以汇参,但仍觉得有些地方牵强穿凿。因为《内经》历史长久,又由篆变隶、由隶变正,多脱简错简,累经传抄,伪缺亦多,以致有些地方读不通,注解者因误就误或含糊其辞,心知其不然但亦无可奈何。后来我采用考据家法,即"以经证经""不以后人之说证前人""无正者存疑"。譬如"卫气出于下焦",这"下"字应是"上"字之误,但注者作"下"字解也说得头头是道。我将营卫诸篇合求,知道了应是"上"字。《甲乙》《外台》都有材料,但这些材料只作旁证,不能等同《内经》中文字。又如"毛脉合精",什么是"毛脉"?历来注家将"毛"字作为"肺主皮毛"解,我觉得此说不通。类此文字只好存疑。

我因阅读时快读多,以致常像老杜之"读书难字过"。但对于《内经》属精读类,不得不翻字书。找考据家有关周秦著作中的文字考据,虽然要花些时间,可是对某些字搞清楚了也可以旁通其他,这是我得益的地方。

关于运气学说有强调其重要者,所谓"不通五运六气,遍读方书何济"。也有人贬为无用,"学之徒劳无益"。"遥从"讲义说它虽无实用,但不可不知。我起先也不注重,后来看到其他书中谈论这些问题时,才引起了兴趣,觉得运气之说若按其规定则近迂,然重视其名言精义则大有用。今所用治则多出诸此篇,如亢害承制之理尤为临床家掌握之重要机枢。我在读《内经》全书时,做过笔记,在某些专题上做了图表。表的好处是将原来分散的集中起来,眉目分清;图的好处是将它的相互关系以图示表达出来。这两法既加深了理解又加强了记忆,我是以整理的方法求理解。我学习时不用西医知识对照,因为它们是两个系统,不能用那一系统对照这一系统,而是纯从原书的系统理解。心知两个系统,这点经验很重要,对于西学中来说更为重要。

看病读书结合

我少壮时看病,凡日间诊过的病人,入夜均查阅前人治验。今日治疗如果有效,可依前处理;如果无效,就考虑前人方法可取之处。也查考西医对这个病的认识,参照印证。我体会在应用时的学习比平时泛泛的学习记忆得更好。抗日战争爆发,四郊县人民拥入租界(上海原有公共租界和法租界)避难,扶老携幼,檐下踡曲拥挤不堪,露宿冷食以致疫病流行。当时有肠伤寒、斑疹伤寒、回归热、肺炎、疟疾、痢疾、天花等,由于治疗要求,我复习了现代急性传染病的知识,翻检了古代的天行时行瘟疫、温病诸门和专著,自《肘后》《千金》《外台》《瘟疫论》《疫症集说》到叶、王、章、吴诸家温热学说并各家温热医案,以搜求"瘟疫"的治法。我对那些理论和方法,通过临床实践,稍微有些体会,知道了中医治疗温疫的长处在哪里,不足之处在哪里。"没有调查就没有发言权",我看医学没有实践或实践不足,只能说是有些书本体会,没有发言权。中医不仅长于调理,对于急性传染病只要对路,疗效不错的。解放以后我们在医院里看不到急性传染病,偶尔下乡巡回医疗,还可能看到一些"温病"。

教学相长

我在抗战期间,担任了余无言主办的中医专科、时逸人主办的复兴中医学校、朱小南主办的新中国医学院的教学工作,教的是《伤寒》《金匮》《药物》等课。为了教好课不得不先学好。每备一堂课,先是搜集各方资料,二是充分理解,三是融会贯通,四是使之条理化。取材宁可多,用时宁可少,主要是"精"。我后来多年在中医提高班、西学中班以及各种学术会议讲学,原则都是这样。用功的准备不但有利于学者,对本人来说也得到提高,是输出,也是输入。教人认真,也就是自学认真。

从方药主治及配伍学规律

我年轻时看成无己《注解伤寒论》卷首图表有标本问气等,看不懂,认为《伤寒》难学。后来看陈修园的《浅注》文似易解,但碰到标本问气又觉得玄了,张令韶的书也是如此。看《伤寒论》白文不觉得玄,是部朴实的书,可是它被注家们搞成了玄学。看了陆先生的《伤寒今释》,觉得解释清楚,有独特之见,怡然理顺,涣然冰释。在理解的基础上再看方有执的《条辨》、张璐、程知、魏立荔、舒驰远、柯韵伯、徐行、程应旄诸家,并涉及近人黎庇留的《伤寒论注》、谭次仲的《伤寒评志》、闰德润的《伤寒论评释》、日人丹波的《辑义》《述义》以及山田氏的《集成》等。在阅读过程中,看到徐灵胎《伤寒类方》和东洞吉益的《药征》,觉得他们的方法是由综合到分析,又由分析到综合,如把桂枝汤证集在一起,进行综合,得出桂枝汤整个的适应范畴,其他汤证也这样,《药征》的做法有些缺点,带有主观。我自己重新做了《药征》,先是综合各条,后是分析主治症状。如附子,把凡有附子的方子列在一起分析,是附子所主证,用笔圈在字旁,再加综合,得出附子治脉沉微或欲绝、恶寒或背恶寒、四肢厥冷、漏汗不止、身疼痛,总括起来是强心镇痛。在汤证和主治的基础上对于药物的配伍作用也进行了分析,譬如麻黄配桂枝、配附子、配石膏,分别各药配伍的不同,治疗的病情不同。掌握了这些配伍法则,在临床时就能灵活配伍、应用自如。我认为掌握仲景配伍的规律,最为重要,以此规律配方,即是仲景方;后世各方配伍方法多从此出,虽然药物不同,其理致则同。前人说仲景方为"万世不祧之祖",是有道理的。仲景书中有些难解之处,后人勉强解释,穿凿附会。对这些地方,我常从全书精神来理解,或从临床印证,也常从现代医学来理解。譬如日传一经、六日传遍六经的问题,全书中实例少见,临床也不见,现代医学更是没有。张锡驹说什么"气传而非经传",意思是指人体六经之气日夜循行,像生理似的。当时我想如果六经之气相传是无形迹的,不是一日太阳、二日阳明，而是日夜循环不息，这个解释是说不通的。像这种凿空蹈虚令人不可捉摸之谈，无益于医疗，我不相信，怀疑可能文字有问题。后来看到日本康平本《伤寒论》类似日传一经的条文均低于正文两格，知道是后人加入的。

有人说《伤寒》注家无虑数十百家，穷老尽气不能卒业。据我的经验，不那么可虑。看一二家注为基本，先看成无己注或方有执注，以后再看其他注。方有执、喻嘉言、徐行、舒驰远等就是一脉相传，没有多大出入，看其他各家也只看它突出的个别见解。对于注解可以说一通百通，不可通处，总是不可通，也不必强求其通，穷老尽气是不需要的。

有些注家我一翻开就把它丢掉，像卢之颐、张令韶用运气学说解释，这种不切实际的玄学徒费时间。我在没有看注解之前是先看经文白文，互相参证，不让注家束缚我的思想。说老实话，我对各注家都有些不同程度的看法。

不以西医对比中医

我学习《金匮》除了陆先生的《金匮今释》外，并参阅了尤在泾的《心典》和丹波的《辑义》《述义》等。《金匮》是中医内科的原始记载，反映了当时的内科水平。我初用现代医学的"病"去做对勘，以求认识一致，结果，这样学习《金匮》便只见其短不识其长。于是，按尤氏注从辨证论治角度去领会，便觉得《金匮》颇有可学。所以我的经验，学习中医不能与现代医学对比，一比之下觉得彼何其精我何其粗。如从辨证论治角度学，从辨证论治角度用，则可以收到意外的效果。认识病的精粗不等于疗效的高低,我常以此告人,不可以现代医学对病的认识与中医做对比。但是,以双方认识相合,心中有数,以辨证论治为手段,则不失中医精神。如果"为病寻药"丢掉辨证论治将会失掉中医的精神,但"为病寻药"亦有其必要,二者不可偏废。这是我学习《金匮》时的体会,到现在还没有改变我的看法。《金匮》病种不多,所以尤在泾有《金匮翼》之作。不过,《金匮》的辨证论治精神可用于一切疾病。

摆脱烦琐哲学

《难经》用《纬说》以五行十干分为阴阳夫妻、男女老少,玄学气息较浓,论脉极为烦琐亦不切实用,对于这些只理会其大意不加深究。如果深究,譬之磨刀背,用力不得力。我以徐洄溪《难经经释》为主,辅以张山雷的《难经汇注》。这两书都不是随文敷释,而是各有见地,对《难经》提出许多疑问,很有启发。

仲景方药少不够用怎么办

张仲景的书方药有限,临床不够用。后世药物品种多了,但有些效验不准。为了扩大药源增加品种,我学习了《外台秘要》。为什么学《外台秘要》呢?因为它一病症多,二药物广,三方剂药味不多,四集各家经验方,没有玄说。我学《外台》时不是泛泛地阅览,而是一个病一个症的学。先将一个病种(如痢疾)各子目分开看,如血痢、白痢、纯血痢、下利无度等看每一症有几方,一方中有哪几种药,几张方子中共同用的有哪些,哪些是十方而九必用的,哪些十方中只一二用者,以多用常用为准。如果一方只有一药,这一药也是重要的,因为前人集验,不验不录,单独一味,无所假借,必有特效才加收录。再看全病方剂,哪些药常用,哪些少用,哪一些是主药,哪些为辅佐兼治之药,用统计处理得出治疗某病主治的药物,然后再以仲景配伍之法辨证论治,这样,扩大了治疗用药的范围。

《千金方》较《外台》为早,也收集了各家方,但它比较难学。一是药味多,药味少的较少,二是叙述症状多,不容易理解它们之间的关系。为了要求理解去看张璐的《千金衍义》,他也衍不出什么道理,即使说些道理也是唯心之谈。后来仔细体会,原来孙氏属道家,与陶弘景一流,药路与仲景有异。《千金方》特殊之处是对五脏虚实综合症群的治疗。我学习《外台》获得杂病的治疗方法,学习《千金》获得脏腑综合症群的治疗方法。这些症群错综复杂,头绪纷繁,现代医学认识尚不理想,对某些综合症群,因呈现神经精神症状,聊以"神经官能症"称之,西医无特效疗法,《千金》却有方可用。

学医案不买椟还珠

旧社会做医生都得写脉案。脉案要写得漂亮,字好文佳,才容易取得病家信仰。故友谢诵穆对我说过写脉案对于开业的重要,并推荐了四家医案。以后,我又学习了《临证指南》、叶天士晚年医案《叶案存真》和王旭高、张聿青、柳宝诒、王孟英、吴鞠通等不下数十家。但我的学习不在于学他们描述病理机制的术语词汇，而是学其处方用药。门面话我不喜欢，因此我虽然也能用那一套术语词汇做病案，把病理机制说得头头是道，可是在临病写医案时我仅是照仲景条文式直叙症状。我认为学习前人不学他们的方药，只学他们的术语词汇，譬犹"买椟还珠"。古今医案中对我最有启发的要算孙东宿的《医案》、陈匊生的《诊余举隅》，此二书的辨证论治精神强，值得好好学习。我学习每家医案都能收到或多或少的养料，如王孟英的养阴疗法，薛立斋的平淡疗法，吴鞠通的用药剧重，在临床中各有用处。

像蜜蜂酿蜜

要采取多家之长，就得看好多家书，真像蜜蜂采蜜似的。有些古云亦云、陈陈相因的东西我常丢掉不看，仅抽取其中独到之处。我在几部基本书学好之后，便开始浏览。自宋许叔微、庞安时、朱肱，至金元刘河间、张洁古、朱丹溪、李东垣、罗天益，明代薛立斋、张景岳、赵养葵、孙东宿，清初如张璐、喻昌、徐洄溪，清末则陆九芝、陈修园诸家。

个人认为历代诸家以张景岳学识最广博，有独立见解和创新精神，比张璐为高。徐洄溪的《医学源流论》最有启发；近代张山雷、陆渊雷的著作对我启发亦多。我这里只举了几种对我医学思想有作用的书，其他泛泛读过的书就不提了。

为四个现代化加紧学习

回忆幼时有一次父亲偶然谈到:"病有可为有不可为。如果本来有可为,由于自己的少学,便变作不可为,以后再看到有可为的方法,就不胜懊悔。故医生以平时多阅读为贵。"当面临不可为之病时,病者与其家属把希望寄托在医者身上,我常内心自疚。虽然扁鹊说过他"非能生死人",可是我们不能以此为心安理得,应常想如何尽最大努力,求其可生之机。过去我学习得不够,今后还得继续学,在原有基础之上提高一步,更好地为人民服务。

姜春华

路,是人走出来的

国务院学位委员会医学科学评议组成员
上海中医学院副院长、教授　　　　金寿山

[作者简介] 金寿山(1921~1983),浙江绍兴人。自学成医。多年来从事医疗、教学和文献研究工作,均有突出成就;对《伤寒论》《金匮要略》及温病学说有较深的研究。除主编和编写上海中医学院《温病学讲义》《中医学基础》等教材外,个人著作有《温热论新编》,并在各地医刊上发表论文及《金匮》讲稿多篇。历任上海中医学院副院长、上海中医学会内科学会主任委员等职。

路,是人走出来的。中医是可以自学成功的,我自己走的就是自学之路。可分三段历程。

焚膏油以继晷　恒兀兀以穷年

我出生在浙江绍兴的一个镇上，父亲是一个颇有些学问的医生。鲁迅先生在《朝华夕拾》中提到一位陈莲河医生，处方时用蟋蟀一对要原配的。陈莲河，当然是一个假名，但绍兴人都知道指的是谁。我父亲就是那位陈莲河医生的朋友，其封建思想不下于陈莲河。其时虽在民国，他却不许我进洋学堂，只让在家读书，从"人之初"开始一直到四书五经，还有《古文观止》《读史论略》。教我的是一位有真才实学的老师，讲解得很好。对这些古书，我当时就能懂得或基本懂得。当然，还要背出来。十多岁的时候，这些书读完了，就读《黄帝内经》，这却只读而不教，对其文理，似懂非懂；对于医理，知识未开，根本不能理解。还记得当时在医书上看到"白带"两字，去问父亲什么叫做"白带"，父亲支吾其词。教虽然没有教，考却要考。我最怕的是考十二经脉循行路线，为了答不出这个，不知受了多少次责难。于是，不管懂与不懂，只得硬着头皮，把全部《内经》读熟背出。

父亲的原意，可能因为我年龄还小，有些医理教也不懂，到一定的年龄再教不迟。不料，在我十七岁的时候，他就去世了。留给我的，既没有财产，也没有学问，只有一些医书，也寥寥可数。不妨开一个书目：《黄帝内经》《原病式》《医宗金鉴》《张氏医通》《济阴纲目》《温疫论》《温热经纬》《温病条辨》《临证指南》《本草备要》《汤头歌诀》。

金寿山

丧父之后，家道贫寒，为了养家活口，不得不谋职业，就在镇上开私塾，当私塾先生，真正是一个"小先生"。随着年龄的增长，什么"白带"等名词也懂得了，而且开始自学医书，读的是《本草备要》《汤头歌诀》以及《医宗金鉴》中的各种歌诀，好在背功好，都能把它们背出。学生读学生的书，我读我的"四君子汤中和义，参术茯苓甘草比"。白天时间不够用，就在晚上读到深更半夜。读这些书的目的，就是为了开得出方子，继承父业。在这个时期，也有亲友以及父亲的老主顾请我看病的，有时也很"灵"，"灵"也不知其所以然，但增强了我学医的信心。至于《黄帝内经》，早已丢之脑后，因为实在太深奥了。

真正在学医上给我开了窍的，是当时有人借给我全部《铁樵医学函授学校讲义》。讲义上讲的，我当时是见所未见，闻所未闻，爱不忍释，就把它全部抄下来。就是这部讲义，引导着我踏进医学之门。

总结这个时期走的路是苦学。真可谓"焚膏油以继晷（确实是在煤油灯下读书的），恒兀兀以穷年"。我不希望有志于学习中医的同志同样走我这条路，事实上也不会有人再这样走。但苦学这一点，可能还有一些借鉴的意义。

鸳鸯绣出从君看　不怕金针不度人

一九三六年，我从故乡到上海××善堂做医生。所谓"善堂"者，慈善机关也。对病人是施诊给药的，医生是拿工资的。这是我正式做医生的开始。不久，抗日战争发生，上海沦为孤岛。遂于一九四一年去西南，先在桂林，后到贵阳,私人开业。一九四六年又回上海行医兼教学,一直到一九五六年进上海中医学院从事教学工作,这可算是我青壮年时期的简要经历。

这个时期走的路仍然是苦学,举三件事来说明:

(一)书是只借不买的 为什么不买书?因为买不起。不怕笑话,这时期我买的医书只有三部:《伤寒论今释》《伤寒贯珠集》《金匮要略心典》。前一部是因为深慕作者的名声,忍痛去买的;后面两部是因为一九四六年在上海中国医学院教书,为了教学上的需要而买的。至于借书,凡是好书(不仅是医书),只要有书的人肯借,我就要借。借书而不买书,对于我实在大有好处。因为借的书要还,逼着你非及时看不可;好的段落章节,还要把它抄下来。读书百遍,不如抄书一遍。边抄边咀嚼其精华,又练习了小楷,可谓一举两得。

自己的书有限,看来看去只有这几本,缺点是有很大的局限性,好处是能够精读,所谓"读书百遍,其义自见"。那三部买的书,《伤寒论今释》早已丢失了;《伤寒贯珠集》和《金匮要略心典》还在,却把它们读得破破烂烂了。

这个借书而不买书,后来养成了习惯,现在买得起书了,也绝少买书。这里我没有提倡不买书的意思。书,还是要买的,买别的东西不如买书。书买了还要爱护,藏在书柜里或别的什么地方,但更主要的是藏在脑子里。

(二)看病的本领是偷学来的 开始做医生,给人治病,由于无师传授,又缺少经验,幸中的固有,治不好的更多(特别是大病、重病)。有一次给一个亲友治热病,详细病情已记不清,只记得有身热多日不退,大便自利,我用

《伤寒论》方法治之，药似对症，但越治越重，以至神昏出疹。后来，病家请上海名医丁某诊治，一剂即有转机。所处的方完全不是我的路子，其中有川连炭（用量也极少）、神犀丹二味药。这件事对我教育很大，使我懂得了"读书与治病，时合时离；古法与今方，有因有革"的道理。跟师学习的一课，非补一补不可。但是没有条件跟，怎么办？只好去偷学。我是一个坐堂医生，在药店柜台上很容易看到别人的方子。我就几乎每张都看，都揣摩，真的偷学到了不少本领。例如上海有一位妇科名家，开的方子其药味多至二十几味，看起来似乎杂乱无章，但看得多了，就可悟出其中的道理。二十几味药中有一个规律，对某一种病症，某几味药一定用；对另一种病症，某几味药又一定用。原来那位名家，也怕人家把他的看家药偷去，故意摆下一个迷魂阵，药开得很多，实际上主要药物，不过几味。万万想不到有我这个同行，竟有办法把它偷学去了。看方子偷本领，也有偷不到的时候。当时上海有位治"伤寒"的名家，从方子中看来，不过豆豉、豆卷、前胡、苏梗之类，平淡无奇，而且几乎千篇一律，治疗效果却很好。这是什么道理？从方子中看不出，只好上门去偷学。好在这位医家门庭若市，我就每天花几个钟头混在病人陪客中去偷，果然大有所获。原来这位医家处方，看似千篇一律，实非千篇一律，同中有异。异处正是其秘处。随举一例，如对热病大汗出而致神疲者，往往用一味益元散，揆其用意是在导热下行，收汗镇心。

就是这样，日复一日，年复一年，点点滴滴，偷学到了不少治病的本领。当然，偷学来的本领，不一定全都用得上,还得自己在临床当中去检验,下一番去伪存真的工夫。古诗有云:"鸳鸯绣出从君看,不把金针度与人。"我认为只要做一个有心人,他人绣出了鸳鸯,终可以悟出其针法,照样绣出鸳鸯,也许绣得更好。这两句古诗可以改为:"鸳鸯绣出从君看,不怕金针不度人。"这里,必须指出,偷学本领则可;抄袭别人的文章,剽窃别人的成果,据为己有,则不可。

(三)学问是要自己做的 这个时期,我对《伤寒论》是下过一番工夫的。以方归类,做过;以证归类,也做过。还写出自己的见解,即按语。那时所见不广,不知道这些归类前人早已做过,而且做得远远比我好。但这个工作并没有白做,因为经过自己整理,才能把古人的东西变成自己的东西,不至于被《伤寒论》注家牵着鼻子走。夜郎自大要不得,敝帚自珍却有道理:帚虽敝,终是自己的,可以派用处。解放前几年,我担任上海中国医学院教师,教的是《伤寒论》《金匮要略》,讲课内容显然很浅薄,但条理还清楚,有自己的见解,还为同学所欢迎,敝帚就派用处了。

路漫漫其修远兮 吾将上下而求索

一九五六年进上海中医学院至现在,可算是中老年时期,走的路还是一个苦学。写到这里,我得总结一下治学的经验:

首先,要苦学,此外无捷径。苦学养成习惯,则不以为苦,而以为乐。我现在生活上没有什么爱好和癖好,坚持六分之五时间用于业务,手不释卷,而且到午夜。无他,乐在其中也。

苦学要做到三个勤：

一曰口勤，指读书，必读的书还要把它背熟。特别是在年轻的时候，记忆力强，读过的书到老不会忘记。在幼年时候我家中有一部残缺的手抄本，其内容理法方药都有，也不知是从哪些书上抄下来的。那本手抄本早已丢失了，但其中有"衄为燥火，若滋阴自安；呕吐呃逆，咎归于胃；阴癞疝瘕，统属于肝；液归心而作汗，热内炽而发斑"一段话，还有六味地黄丸的歌诀，叫做"地八山山四，丹苓泽泻三"。那时把它背熟了，到现在还没有忘记。以后读的书，却强半遗忘了。当然，书不是一次把它背出就永远记住，一定会有遗忘。遗忘了怎么办？再背熟，反复几次，记忆就牢固了。

学问，学问，学是要问的，而且要不耻下问。李时珍的学问，不少是从不耻下问得来的。我无师传授，但师父又很多：同事，我之师也；同行，我之师也；病人，我之师也；学生，亦我之师也。因为弟子不必不如师，师不必贤于弟子。我现在写好文章，往往请徒弟们看看，提提意见，这实际上就是教学相长。

二曰手勤。指勤翻书，勤查文献。有治不好的病，去查查文献，方子虽然不能照抄照搬，但一定会从中得到启发。有不少青年同志治学，也知道问，但往往去问"活字典"，不习惯于问"死字典"。试问，字典如没有人去翻，还称其为什么工具书？我在青年时期治学，没有老师可问，只能去查字典。一部《康熙字典》，几乎把它翻破。哪些字应该查什么"部首",心中大体有数,一翻即着。例如有一位同志,硬以为字典上没有"豚"字,因为肉(月)字部查不到。我告诉他这个字要查"豕"字部,果然查到。又例如常用的一个"症"字,《康熙字典》上就没有,可见这个"症"字,在清朝初年,还是一个俗字,而且是一个不很通行的俗字,所以还没有收入。"证"是"症"的本字,原属一字,现在争论其不同,实属无谓。至于中医与西医对"症"的概念不同,那是另一回事。

提高古文水平,提高医学水平,都不能一蹴可及,只能靠点点滴滴的积累。这就要刻苦读书,一个字也不放过。但是,读医书又要讲实效,不是搞考证。古书上无关紧要的地方,本来讲不通,硬把它加一番考证,讲通了(而且未必通),又有什么意思?这时就要学陶渊明的读书方法——不求甚解。哪些地方应该一丝不苟,哪些地方可以不求甚解,要靠平日的工夫,是不容易的。作为老一辈的中医,这些地方对青年加以指导,就义不容辞了。

三曰笔勤。笔勤就是要写。见到资料一定要摘卡片;读书,一定要写眉批;教书,一定要自己写讲稿。切莫抄别人的讲稿,因为用别人的好讲稿,倒不如用自己蹩脚的讲稿。至于写讲稿,我的经验是:备要备得足,削要削得凶。这样,才能讲得有骨有肉,不枝不蔓。还要多写文章。而写文章,一定要言之有物,有一点就写一点,有两点就写两点,开门见山。宁可把论文写成札记,不要把札记拉成论文,更不要从"盘古分天地"讲起。例如写有关《伤寒论》的文章,把张仲景和他的著作再来评价一番,已经没有这个必要,而现在恰恰有这个通病。其次,要反复推敲文理,不要捏成一篇文章,写出算数。要多看几遍,多改改,避免写出"天地乃宇宙之乾坤,吾心实中怀之在抱"那样的句子。总之,文字力求简明通畅,逻辑性力求强,资料力求正确。这本来是可以做得到的,问题是"不为也,非不能也"。

其次,要博学。就是知识面要广。知识面要广,一定要多读古书。要多读古书,单是具有阅读能力还不够,因为医学从来不是一门孤立的科学,在古代也是如此。只有了解了古代的自然科学和社会科学知识,阅读古代医书,才有可能真正通晓其义理。对我来说,小时候读四书五经,现在看来不是白读的。基于这个原理,现代医学和现代自然科学当然也要学。作为一个老中医的我,已经不可能了;作为新一代的中医,我以为一定要学,只要学了而不"忘本"。

从事教学工作之后,我教过《伤寒论》《金匮要略》,温病学说以及各家学说的一部分,最近几年,还教过《中医学基础》,是一个"杂家"。杂也有杂的好处。教然后知困。改变一个学科,迫使我非去再钻一钻另一门知识不可,非多看一些书不可,而多看了另一门的书,转过头来对原来较熟的一门学科知识,又有所长进。中医这门学科,本来综合性很强,特别是基础课程,更有共通之处。不通《内经》,不能教好各家学说;不通《伤寒论》,不能教好温病学说和方剂。反之亦然。我以为,中医学院的中医教研组与西医教研组,应该互相配合;而中医各教研组之间(临床科除外),教师应该轮换,于教于学,可能大有裨益,不要"鸡犬之声相闻,老死不相往来"。

"博",正是为"专"吸取营养。读书不能局限一家之言,而是要融会贯通。"专读仲景书,不读后贤书,比之井田封建,周礼周官,不可以治汉唐之天下也;仅读后贤书,不读仲景书,比之五言七律,昆体宫词,不可以代三百之雅颂也",所以要博。我生平接触过两位良师益友,一位是贵阳王聘贤先生,一位是上海程门雪先生。这两位前辈,有一个共同特点,就是博学。遇到王聘贤先生的时候,年事尚轻,只知道从他那里借书来看,得益还不多。对于程门雪先生,是组织上指定我去问业于他的。某些学术上的疑点、难点、精微之处,一经他指点,便如点石成金,茅塞顿开。程先生一是博学,二是多思。他曾教我看叶天士医案,我看来看去,实在看不出其中奥妙,并且受到"徐批"的影响,以为叶氏用方非仲景法。学医当学张仲景,取法于上,仅得乎中,学叶天士非是。但有一次听他分析《叶案存真》一案,案语是:"舌缩,语音不出,呼吸似喘,二便不通,神迷如寐,此少阴肾液先亏,温邪深陷阴中,瘛疭已见,厥阳内风上冒。"处方为阿胶、鲜生地、玄参、鲜石菖蒲、黄连、童便。程先生分析说:"叶氏此方实从白通加人尿猪胆汁汤化出,彼则寒伤少阴,故用附子、干姜温经,葱白通阳,人尿、猪胆汁反佐为引;此则热伏少阴,故用阿胶、玄参育阴,鲜生地、川连清温,鲜石菖蒲通窍达邪,童子小便为引。一寒一热,两两相对。仲景之秘,唯叶氏能通变之。"他又说:"《存真》另有一案,证见脉微、下利、厥逆、烦躁、面赤戴阳,即用白通加人尿汤,处方为泡生附子、干姜、葱白,煎好冲人尿一杯。两相对照,益见本案是以阿胶、玄参、生地当白通汤中附子,以川连当干姜,以菖蒲当葱白,而用人尿则相同。护阴清温之法从通阳温经之方脱胎而出,可谓推陈出新。"听了程老的分析,我才恍然悟到读书既要从有字处着眼,又要从无字处着眼,重要的是要多动动脑筋,从此改变了对叶氏的看法。所以尽管彼此事忙,接触机会并不多,点给我的"金子"当然也不多。但我从他那里多少学得了一些"点石成金"的"指法",学乃大进。这是千金难买的。

最后,要活学。医生读医书的目的主要是为了看病,且不谈研究。"善读书斯善治病,非读死书之谓也;用古法须用今方,非执板方之谓也。"学过的东西,一定要到临床中去检验,看它是否正确,是否需要补充修改。俞根初有一段话:"吾四十余年阅历以来,凡病之属阳明少阴厥阴而宜凉泻清滋者,十有七八;如太阳太阴少阴之宜温散温补者,十仅三四;表里双解,三焦并治,温凉合用,通补兼施者,最居多数。"这实在是临床体会有得之言。这就把《伤寒论》读活了,有自己的见解了。有些理论,必须接触到临床,才体会得真切,例如《金匮要略》讲瘀血病人"口燥,但欲漱水,不欲咽"。我曾把它当作"渴不欲饮"看。后来在临床上看到的肝硬化病人多了,有些病人往往诉说口中粘腻,始恍然于"但欲漱水,不欲咽"是因口中粘腻,根本不渴(当然,肝硬化病人也有口渴者)。所以《金匮》说它是口燥而不是口渴,尤在泾释为"血结则气燥也",与"渴不欲饮"完全是两回事。又,肝硬化初期病人,往往外无胀满之形,而内有痞闷难受之感。《金匮》说"腹不满,其人言我满,为有瘀血",可谓曲尽形容;尤在泾释为"外无形而内实有滞,知其血积在阴而非气壅在阳也",更属一语破的。炙甘草汤中的麻仁,柯韵伯疑为枣仁之误,似属有理,但在临床上看到心脏病患者,在大便干结之时,病情往往增剧,必须保持大便通畅(不是泄泻),就体会到炙甘草汤中所以用麻仁之理。通过临床,得到经验和教训,再去温习理论,会对理论理解更深,而这时理论对临床才确实具有指导意义。我在青年时候曾治一湿温病人,病已多日,心下痞闷不舒,大便不通,舌苔黄,有可下之征,用小陷胸汤加味,服药后得利,胸腹宽畅,但随即衰竭而死。病家归咎于命而不归咎于医,但我终觉得小陷胸汤用得不对头,有内疚之心,而不明其所以然。后来深入研究叶天士的《温热论》,读到"湿温病,大便溏,为邪未尽;必大便硬,乃为无湿,始不可再攻也"一段,才知道我的错误,就在于湿温病大便已硬而下之,犯不可再攻之戒。《温热论》讲的真是经验之谈,对临床极有指导意义。所以要做到活学一定要联系临床实际。

学中医,在没有学通的时候,尽管苦学,不通的地方还是很多,会陷入困境,一定要熬过这个关。我是熬过这个关的。铁杵磨成针,只要工夫深,终有一日会豁然贯通。这以后,一通百通,左右逢源,学起来便容易了,这叫做"顿悟",是从苦学中生出来的"巧"。但没有苦便没有巧,没有"渐悟"便没有"顿悟"。

博学要与多思结合起来,还要能返约。博学之返约与浅学有质的不同,一则守一家之言而不排斥他家;一则见闻狭隘,拘泥于一家之言而自以为是。

临床决不可少,脱离临床的理论是空头理论,即使讲得头头是道,耍的也是"花枪",中看不中用。

上面讲的一些,是我治学的体会。

学,然后知不足。汗牛充栋的医书,我读过的不过沧海之一粟,千变万化的疾病,我治好的不过幸中其一二。学问,可以达到一定的造诣,但永远没有止境。到了晚年,我重新认识到《内经》这部书,是中国医学的渊薮,深悔没有用过工夫。不学《内经》而治学,犹如无根之萍。历代医家,特别是宋以后的各家学说,无不渊源于《内经》而又各有发挥,反过头来大大丰富了《内经》,发展了《内经》。《内经》原书中的某些词句,已经不是原来的含义,把它加以整理,将是一件很有意义的事,中医之道可谓尽在其中。吾有志于此而未能也。孔子云:"假我数年,五十以学易,可以无大过矣。"我是这样想:假我数年,七十以学《内经》,可以无恨矣。

我生有涯而知无涯。路漫漫其修远兮,吾将上下而求索。

注:本文中引文未注明出处的,见《古今医案按》。

在研究防治冠心病的道路上

中医研究院西苑医院副院长、副研究员
全国政协第五届委员会委员、全国劳动模范

郭士魁*

[作者简介] 郭士魁（1915～1981），北京市人。早年曾为北京药店学徒，并从学于著名中医赵树屏，后在北京开业行医。一九七八年加入中国共产党。毕生致力于中医药防治冠心病的研究，发展了活血化瘀、芳香温通的理论，与其他同志一起创制了冠心Ⅱ号方、宽胸丸和宽胸气雾剂等名方，获得一九七八年全国医药卫生科学大会奖，被《人民日报》赞为"为冠心病病人造福"的人。著有《心血管常见症候的中医病机和治疗》《谈谈活血化瘀治则》等。

我行医四十余年，大体分为两个阶段：前半生（旧社会和解放初）是奠基阶段，什么内、外、妇、儿各科的病都看，什么采药、制药、抓药的活都干。这个过程给我后半生从事专科研究打下了一定的基础。

我从事冠心病的研究是五十年代中期参加中医研究院工作之后。那时我刚四十岁,在跟随冉雪峰老师临证的过程中,侧重看一些心血管病患者,其中包括冠心病。实践使我深深感到"心绞痛""心肌梗死"这一类病对经验丰富的老年人乃至年富力强的壮年人的生命威胁极大。我亲耳听到、亲眼看到死于此病者多是生产的主力、国家的栋梁,这促使我去研究冠心病。从一九五九年冬至今整整二十一年,我在防治冠心病的研究中大体经历了四个时期——探索中医对冠心病的认识、寻找有效方药、进行实践检验、说明疗效机理。

探索中医对冠心病的认识

在祖国医学文献中,虽然没有冠心病的病名,但有类似症候的记载。如《素问·藏气法时论篇》中有"心病者,胸中痛,胁支满,膺背肩甲间痛,两臂内痛"的描述,颇似心绞痛;又《灵枢·厥病篇》中有"真心痛,手足青至节。心痛甚,旦发夕死,夕发旦死"的描述,颇似心肌梗死。"真心痛"与《金匮要略》所谓的"胸痹心痛"是截然不同的,前者"伤正经",正如《诸病源候论》中所谓"心为诸脏主而藏神,其正经不可伤,伤之而痛,为真心痛";后者伤及"支别脉络",其"乍间乍盛,或发病不死"。真心痛以气分虚损为主,因气虚而致血脉瘀阻;胸痹心痛乃"本虚标实",不仅正气虚,而且血瘀、痰浊盛。故治疗"真心痛"重在益气,以参芪为主,佐以活血,自拟益气活血汤用于临床。治疗胸痹心痛,务必区分虚实标本缓急,"以通为补"。常选用活血化瘀、芳香温通、宣痹通阳诸治则。"以通为补""以通为主",这是我治疗冠心病、心绞痛的主导思想。按照中医的看法"不通则痛,痛则不通",心绞痛主要表现为"痛",痛因"不通",而不通主要因为"气滞血瘀"和"胸阳不振",故主要治则是"活血化瘀"与"芳香温通"。我在此两法的应用和研究上倾注了全身的心血和精力。

寻找有效方药

一九五九年冬天,中国医学科学院某医院病房收治了一个冠心病患者,用了多种中西医治疗办法也未能控制心绞痛的发作,心电图很不正常,请我去会诊。我看患者面色发青,舌质暗紫,脉涩。当即认证为"气滞血瘀",用王清任的"通窍活血汤"进行治疗,约两周就控制了疼痛的发作,三月余心电图也有所好转。这个预想不到的结果,加深了我对活血化瘀法则治疗心绞痛的感性认识。自此,我就开始有目的地应用"活血化瘀"法则进行临床实践,去掉了通窍活血汤中稀少昂贵的麝香等药物,不断针对病人的具体症候特点加减变化,组成了冠通汤、冠心Ⅰ号方、冠心Ⅱ号方等固定的方剂。再用于临床实践,结果病人反映良好。但有的人不承认,说是仅凭主诉,没有客观指标不可靠,只有临床观察没有对照组,疗效不可信。乍听这些议论,我觉得这是对中医的挑剔;后来平心静气地想想,也觉得有道理。由于历史条件的限制,中医讲疗效多凭直观和主诉,缺乏客观标准,这在几百年、几十年前是无可非议的,而在科学高度发达的今天就不够了。要发展中医就要让中医插上科学的翅膀,让中医在与西医的比较中扬长补短。于是,我在一九六三年借中医研究院西苑医院与中国医学科学院阜外医院搞协作的机会,专门设立了五张中医病床,与西药组进行对照。这是六十年代初期的事情,对我这个中医来说是一个严峻的考验。当时有人对我说:"郭大夫,你是一个中医,来西医院搞协作,会会诊、开个方就够了,何必自己管病房,弄得不好,会被别人看笑话。"这是一句有份量的话,是我所深知的。但我想,老让中医中药当陪衬,什么时候才能闯出一条中国医学自己的路呢? 我冒着一定风险管病房,用活血化瘀为主的冠心Ⅰ号方、冠心Ⅱ号方治疗三十多例病人,经与西医治疗比较,获得了西医医生的认可。这段协作,不仅肯定了活血化瘀法则的效果,也初步找到了冠心病Ⅰ、Ⅱ号方等有效方药。应该说,这使我在应用中医中药治疗冠心病的征途上迈出了坚实的一步。

但是,科学研究的道路总是坎坷不平的。要使自己的研究成果得到公认,还必须付出艰苦的努力,做很多工作。有人当着我的面说:"你用中药治疗冠心病虽然有一定的效果,但是药效慢,服法繁,价钱贵,既无法治疗急性心绞痛患者,又无法推广应用。"乍一听,我真有点受不住,这不是故意挑毛病吗? 后来细想,这个同志提的"慢、繁、贵"确实客观存在。一剂汤药少则几角钱,多则一元多,从处方、抓药、煎药、服药到发生作用,最快也得一两个小时,怎能与价值几分钱、放在嘴里含一会儿很快就生效的硝酸甘油类相比呢?! 客观事实教育了我,不改变"慢、繁、贵",中医就不可能在防治冠心病的领域扎下根。"慢、繁、贵"关键是"慢"，心绞痛、心肌梗死这样一类急性病"慢"了就失去了治疗意义。我下定决心"变慢为快"，首先抓速效。我带着问题翻阅了古今大量文献，详细分析了《金匮要略》的九痛丸和乌头赤石脂丸以及《千金方》的细辛散、五辛散。这些方共同的止痛原理就是芳香温通，这与我治疗胸痹心痛的指导思想完全一致。于是，我从大量的芳香温通方剂中选中了苏合香丸，用于临床，对心绞痛者能够在三到五分钟内发生作用，而且稳定、持久、副作用少，但仍较硝酸甘油类的效果慢，而且太贵。一个同志半开玩笑地对我说："郭大夫，服用你开的苏合香丸一天量的花费，等于服用一个月的硝酸甘油片。"看来是玩笑话，但确实说明了此药贵。不变贵为贱再好的药也无法推广。于是，我又开始了"变贵为贱"的实践。首先对苏合香丸的每一味药进行分析研究，查资料、品味道，最后决定去掉贵重的犀角和久服有毒的朱砂，加大荜拨的用量，制成了"心痛丸"。药价降低了三分之二，而临床效果与苏合香丸相同，但比西药还贵十多倍，疗效也慢些。

为了降低成本，加快疗效，我与师兄、擅长制药的专家——冉小峰合作，将心痛丸改成了心痛乳剂，用于治疗心绞痛病人二到三分钟就发生了止痛作用，基本上可以同国产硝酸甘油片媲美了，可是仍旧贵。一个偶然的机会，我从一本书上找到一个治疗牙痛的验方，叫"哭来笑去散"，意思是牙痛难忍、流着眼泪进来，服了药后，满脸笑容走出去。这个方子药味简单，而且都是一些常有、价低货。我如获至宝，就在这个方的基础上稍加化裁，制成宽胸丸。开始粗制的丸药每丸才九厘钱，一般服药后三至五分钟就能止痛。

至此，我初步解决了中医中药治疗冠心病"慢、繁、贵"的问题，并确立了冠通汤、冠心I号、冠心II号、心痛丸、宽胸丸等治疗冠心病的方剂。

进行实践检验

实践是检验真理的唯一标准，也是检验科研成果的唯一标准。活血化瘀、芳香温通的治疗原则，以及在此原则指导下创立的方剂，用于临床后效果如何，能否经得起重复，都必须通过临床实践来检验。一九七一年初，周恩来总理发出了向"三管"（气管、心血管、胃肠管）进军的号召，我满怀喜悦地接受了防治冠心病的任务，与各兄弟单位共同组成了北京地区防治冠心病协作组，重点研究冠心II号方对冠心病的近、远期疗效，以及宽胸丸（后改制成宽胸气雾剂）对心绞痛的速效作用。十年来，全国数十个医疗单位参加临床验证，结果冠心II号方（现名冠心片）一至三个月疗程的止痛率为83%，心电图好转率为25.8%；四至十二月疗程的止痛率为85.8%，心电图好转率为47.2%；随访一至四年，疗效稳定无反复。实践证明了冠心片的疗效，一九七七年进行了鉴定，现在已经批量生产，在国内销售。宽胸气雾剂经过三个阶段的临床研究：即一九七二年至一九七四年，观察治疗60例741例次的心绞痛发作，三分钟以内止痛（有效）为433例次（占41.57%），经与国产硝酸甘油片比较，二者无差异；一九七八年三月至一九七九年八月，组织上海、浙江、福建、江西、广东、河北、新疆、北京等十六所医院对宽胸气雾剂临床疗效进行交叉验证,有效率为47.6%~57.96%,经与国产硝酸甘油片对照,疗效一样,但其副作用少,比较安全;一九八〇年二月至七月进一步与美国进口硝酸甘油片对照,其疗效结果经统计学处理无差异。一九八〇年底,宽胸气雾剂作为中医研究院的一项成果进行了鉴定,可以批量生产,在全国范围内推广应用。

上述的重复验证工作不是我自己做的,是我科的工作人员和全国广大医务工作者共同完成的。事实证明了中医中药可以治疗冠心病,要长效有长效,要速效有速效,并不比西医西药逊色。这样,我们就闯出了一条中国医学治疗冠心病的路子,我认为这也是一条发展中医的道路。

说明疗效机理

有了临床疗效还必须说明疗效机理,这是研究工作必不可少的过程。只有通过实验研究证实,才能使临床研究的成果建立在更加科学、更加牢固的基础上。

一九七二年上半年,我提出了活血化瘀的途径可以软化斑块(即胆固醇沉着)的假想。因为我本人患动脉粥样硬化病,所以先在自己身上做试验。开始服用冠心Ⅱ号汤药,从少量到大量。服药前后均抽血化验,从中分析活血药物对血液的影响。后来逐渐创造条件,开展一些动物实验。但因为处于"文化大革命"之中,实验研究进行缓慢。直到粉碎"四人帮",特别是党的十一届三中全会之后,才有条件从生化、药理、药化和剂型等不同的方面进行深入地研究。经过北京和全国很多单位的努力,中国古老的活血化瘀法则已经具有现代科学的内容。大量实验研究表明冠心Ⅱ号方具有预防血栓形成、促进血栓溶解、改善冠状动脉循环及降低血脂等作用。它不仅可以治疗冠心病,还可以治疗脑血管疾病,是一种防治心、脑血管疾病的新药。

实验研究也证明了宽胸气雾剂对实验性心肌缺血有保护作用;对家兔实验性心肌缺血有预防作用;对大白鼠离体子宫兴奋有解痉作用;对脑血流图有一定影响,使平均波幅(Ω)增加17.6%,提示对脑血流量有轻度调整和改善作用;从能使心电图T波升高来看,说明其可能直接影响心肌复极过程。

二十余年的临床实践、总结、再实践(重复验证)、再实验研究,终于肯定了活血化瘀、芳香温通治则与冠心Ⅱ号方、宽胸气雾剂等在防治冠心病中的作用。这个漫长的经历,使我深深体会到:研究中医、发展中医必须在中医基本理论指导下进行,离开了中医的基本理论,就会偏离中医药研究的方向。多年来,我抓住胸痹心痛主要是气滞血瘀、胸阳不振这个病机,采用活血化瘀、芳香温通的治则,创制冠心Ⅱ号方、宽胸丸等主方治疗冠心病之所以收到一定效果,就是始终没有离开这个原则。另外,在手段上,一定要用现代科学(包括现代医学)的方法,来说明中医的理、法、方、药的科学性,并上升到新的理论高度。只有这样,中医事业才能立于不败之地,不断向前发展。

附郭士魁治疗冠心病经验方:

(一)益气活血汤

黄芪、党参、黄精、当归、川芎、赤芍、郁金

(二)冠通汤

党参、当归、郁金、薤白、鸡血藤、红花、三棱、莪术、乳香、没药

(三)冠心Ⅰ号方

赤芍、川芎、红花、鸡血藤、丹参、三棱、元胡、降香、急性子、薤白

(四)心痛丸

檀香、沉香、公丁香、香附、乳香、白胶香、荜拨、麝香、冰片、苏合香油

(五)冠心Ⅱ号方

赤芍、川芎、红花、丹参、降香

(六)宽胸丸(宽胸气雾剂组成相同)

荜拨、良姜、元胡、檀香、冰片、细辛

(本人口述,闫孝诚整理)

---

*作者完成本文后,于1981年2月逝世。

业精于勤 荒于嬉

——医林跬步之回顾

湖南省中医药研究所所长
中医研究员　　　　　　　李聪甫

[作者简介] 李聪甫（1905～1990），湖北黄梅县人。从事中医事业六十余年。对于脾胃学说有较深入的研究和阐发，对于内、儿、妇科临床也有较高的造诣。主要著述有《麻疹专论》《中医生理学之研究》《脾胃论注释》以及《李聪甫医案》《李聪甫医论》等。

我生于一个小手工业者的家庭。父亲是个银匠，成年累月锤锤打打维持生计。母亲由于祖母的钟爱，上过两年私塾。一九一五年，母亲病逝。临终前，她嘱咐我："大丈夫不能建五丈旗为国平大难，宰尺寸地为民兴善政，那将来为医以济人，我死也瞑目了。"

母亲死后，我依靠外祖母家读完五年私塾和一年新学,就辍学了。外祖母为着我的求生与求知,托人送我到九江市当学徒。当时联系了两家店铺:一家南货店,一家药店。两家条件是一样的:三年学徒,一年帮工;只管吃饭,没有薪俸;年节不归,死亡与店无涉。因为有母亲的遗嘱,我几乎不假思索,就选择了药店学徒。

九江学徒

一九一八年夏,十三岁的我只身来到九江市赵恒兴药店。

药店老板给我的活是:早上扫地、挑水、抹柜台、擦灯罩、灌水壶、擦烟袋,白天碾药、晒药、检药,一早一晚还要拆上门板。老板给我的规矩是:身稳、手稳、嘴稳,眼明、耳灵、腿勤。

老板的一切条件我都答应着。可是,我也提出了自己的一点要求:准我夜里看书。老板问"什么书",我答道"医书、药书"。他想了想,吩咐道:"你守夜店,二更上门板后,就在柜台上看吧。"

艰苦而紧张的学徒生活就这样开始了。

为了早日执行自学计划,实现学医的志愿,我抓紧一分一秒首先从熟悉药工业务开始,每天强记十到二十个药屉的药名,而后逐屉逐格去认药,接着学会提戥、包药、碾药、晒药、制药。有谁讲一堂"中药加工炮制法"呢?没有,跟着师兄去一点一滴学吧!最难的是制各种膏丹丸散了,而那些切、碾、炒、打、炙、酥、飞等基本功也很难掌握。人们会说:"不懂就问嘛!"但有问必答的时候不多。所以,看了就要想,学了就去做,问一回就要牢牢地记住。那时候,每一味药都有"仿单"(一种印有药名、药性、功用的小方纸),每一味药都要用仿单纸另包,然后再把小包的单味药叠成方锥形,加上一张八寸见方印有药店字号的薄纸,如果不熟练,那就很难包得既严密又美观了。碾药看来是粗活,但也不容易做好,常常把铁轮抛出碾槽之外。我每天天没亮就起床,早餐之前干完一切杂务,白天有计划、分阶段地边看、边问、边学,晚上记药名,练习包药。躺在床上再把一天所做的事从头到尾回顾一番:做对了哪些?做错了哪些?半年以后,我就能独立应付日常各项工作和一般炮制了。

农历年底了。有一天,店主特意问老师傅们:"这孩子还可得吧?"大家都说:"能顶用!"店主笑了笑道:"那,你就在我这里干下去吧!"这一句话,大概就算是"转正"了吧!

那一年除夕,店主关了"财门",这是我最好自学的时候。我是从《药性赋》发蒙的。记得那一夜,一直读到满街鞭炮响,店主开"财门"。

背完《药性赋》以后,觉得光读不行,必须"对号"。寒、热、温、凉固然可记,但酸、苦、咸、辛、甘则应亲尝。因此,凡能够品尝的药,我都一一品尝了,并对药性大同小异的药物反复品尝了,这真有助于理解和记忆。从中悟出了一点道理:要想无师自通,只靠死记硬背不行,而要善于比较、鉴别、分类、归纳。以后,我将这个方法又用来学习方剂。《汤头歌诀》当然朗朗上口,开始几十首很容易记诵。但方剂越多,同一药物出现的频率越高,就不好记了。琢磨一番之后,我先把每一个方剂组成的药物及其分量写出来,想想它为什么这样组成。然后,把配伍相近的方剂并列在一起加以比较。如"四君子汤"和"理中汤",仅一味之差,而方义迥异,为什么？比较比较才知道,"四君子汤"中的茯苓合白术为佐药以健脾渗湿。除去甘淡之茯苓,加入辛热之干姜为君,是为了温运中焦,祛散寒邪,恢复脾阳。移换一味,则成"理中汤'。这样同中析异,异中辨同,虽然多花一些时间和精力,但掌握得比较精密、牢固。

我不是那种过目成诵、强记不忘的天才,所以,我不能不要求自己"字字吃住,句句吃透"。那时候的书,都没有标点,也没有注音。我就借助字典,读一遍,加圈点；读两遍,加批语；读三遍,记笔记；读四遍,再默诵。

三年之中,分门别类地读完了下列这些书(按照我学习的顺序排列):

《药性赋》《药性解》《本草备要》《汤头歌诀》《医方集解》《濒湖脉学》《诊宗三昧》《金匮心典》《素灵类纂》《来苏集》《伤寒明理论》《士材三书》《医宗必读》《医门法律》。

一个学徒哪来这些书呢？这就得感谢店主人了。因为他有亲戚朋友婚丧喜庆,要派人去送礼。按那时的规矩,受礼人家要给送礼的来人一点小费,叫"脚板钱",每次我得到的或二百文,或四百文。每逢出城批药,就顺路来到"沧海书林"。这是一家古旧书店,我把积攒起来的钱,全都送进了书店。这样,学徒期间积累了一大箱医书。

这些事也使我悟出了一点道理：像我这样的穷孩子,要想真正为医济人,处世立业,除了要勤学苦练,还必须积寸累铢。当时,我给自己订了个"三不":一不沾便宜,二不乱花钱,三不混日子。我认为这是治学、务业、持身的起码要求。至今,我依然力行着,也这样要求子女以及和我一起工作的青年。

学徒三年,我打了一点中医理论的基础,做了一点学习医药的准备。这期间,既没有老师上课,也没有谁来布置作业,更没有谁来考试和阅卷,全靠自问自答做了能够做的学业。

十六岁时,徒工将要满期了。店里的人深夜发病找不到医生,就来找我"问方问药"。我先详详细细问了病因病情,反复想想该用什么方、什么药。当然,那还谈不上完善地辨证论治,只是力求"对症下药"。自己开方,自己检药,反正店堂里只有我一人守着,慢慢思考,慎重从事。渐渐找我的人越来越多了,接触的病例也越来越复杂了。

石福生号渡师

俗话说:"若要精,人前听;若要好,问三老。"我深知自己还处在初学阶段,若想步入医林,必须拜师求教,打下坚实的基础。我离开九江,回到黄梅,投入石福生药店帮工,借以"渡师"学医三年,因为店主石椿山先生是黄梅县城的名医。协商的结果:帮工不领薪水,从师不缴学俸。

石先生,这位经验丰富、祖传数代的老师,见面第一句话,就告诫道:"只怕不勤,不怕不精;只怕无恒,不怕不成。"当询问了我的自学情况后,他微微一笑,说:"精神诚可贵,其学方启蒙。若欲登堂入室,仍须再下一番苦功夫。

要知道啊,'宝剑锋从磨砺出,梅花香自苦寒来'呀!"

从师一年以后,就随师应诊了。我发觉,他几乎没有用多少完整的"汤头",心中未免有些纳闷。有一次,我终于说出了久存的疑惑。老师又笑道:"所谓'读方三年,便谓天下无病可治'。将来,你'治病三年,乃知天下无方可用'了。成方与证相合,当可用之。但应知常知变,以方套病,误人深矣!"

又过了一年,我就独立应诊了。说实话,这时候才深深体会到老师的谆谆教诲确为经验之谈。

随着时间的推移,我在病人中的信誉也开始建立了。

现在回忆,这三年之中,我的最大收获,还应该说是初步掌握了练基本功的方法。这大约有以下几个方面:

其一,择善本,苦奠基,追源而上 中医书籍,汗牛充栋,哪些适合入门之学?哪些适合临床参考?哪些适合精研探理?慎重选择善本,是极为重要的。每一大类(理、法、方、药)以一至两本"奠基",苦读、摘抄、记诵,自然熟能生巧。打稳了基础,再由此追源而上,就不至于茫无头绪。比如,《伤寒论》的注释者,多达二百余家,各有所长,我选择了《伤寒来苏集》奠基。个人认为,柯韵伯的注释比较切合实际,它具有因方辨证、分析綦详的特点,易于系统学习。

其二,勤于问,精于思,辨明泾渭 "脉书不厌千回读,熟读精思理自知。"这句话是千真万确的。思,就是辨明异同,找出规律,寻觅准绳。比如"阴阳者,血气之男女也;左右者,阴阳之道路也;水火者,阴阳之征兆也"这一段经文,结合注释是不难看懂的。但是,如果进一步想想,就会明白,第一句是指属性而言,第二句是指方位而言,第三句是指现象而言,合而观之,三句都是比喻而已。这样的例子却不胜枚举,因之,又进一步理解到"阴阳者,数之可十,推之可百;数之可千,推之可万;万之大,不可胜数,然其要一也"。那么,"其要一"又怎样解释呢?是指其相互对立、相互依存、相互消长、相互转化的规律是共同的、一致的。从而,再进一步思考,就理解了它的总纲:"阴阳者,天地之道也,万物之纲纪,变化之父母,生杀之本始,神明之府也,治病必求于本。"

熟读精思还不够,如有思而不解之惑,还得勤于问。历代著名医家,如李东垣、朱丹溪、叶天士等,无一不是从问难质疑中获得了学问。"好问则裕,自用则小。"是应引之以自勉的。故熟读之,精思之,勤问之,才能举一反三,触类旁通。

其三,重实践,究成败,积累心得 实践是检验真理的唯一标准。实践中必然有成有败,从实践的成败中来认识所学和检验所学,进一步提高自己的水平,这正是最重要的基本功。比如说,四诊之中,切脉尤难掌握。微与濡、弱与细、结与涩、紧与数、弦与革等等脉象都只有几微之辨,往往心中了然,指下茫然。必须从长期诊察病人过程中边摸索、边认识、边掌握这种规律。

在实践中,一定会时有所感,时有所得。这些成功或失败的感受都是稍纵即逝的,必须以"今日事今日毕"的态度记录下来,尤其是疑难病症的处方,要将理、法、方、药一一叙明,并具存根,这样日积月累,自然能受其益。还必须注意的是,无论笔记、心得、医案,乃至每一张处方,都要书写工整,点画清晰,那种潦草不清,自难辨认的文字,既给日后检视带来无限的烦恼,同时也不利于培养严谨的作风。

其四,育兴致,明志向,术要专攻 在打好了一定的基础之后,在学习理论与临床实践中,对某种理论、某家学说、某种疾病,乃至某种治疗方法,如果发生了浓厚的兴趣,就绝不应放过它,而应紧紧抓住它,不断培育它。这种兴趣往往是促使自己术有专攻的重要催化剂。比如说,《医宗必读》《士材三书》《医门法律》等书,我认为议论精辟,很有独到见解,极有实用价值。十九岁读完了这三部书,并写了十几万字的《医门轨范》的笔记,以后,也以这三部书为业医的蓝本。这就为后来能够以脾胃学说为主、兼采各家之说作为探索奠定了一点基础。

须知有志才有兴,有兴才有所专攻,有所专攻才有识,有识才有成啊!所以,我体会到,在学术上,不要强其所为,也不要强其所不为。当然,这不是说要凭兴趣出发,而是要在广泛地学习基本理论的基础上,选择适合自己愿意努力探求的专门知识作为主攻的方向。

其五,览群书,广学识,相得益彰 有志于医学的人,应该使自己具有较广的知识面。有的人开始接触医经时,往往觉得枯燥无味,这是因为文字古奥、医理精深的缘故。中医的理论,本来就是在古代朴素的唯物辩证的哲学思想指导下形成的,是用古文写成的,如果对古代哲学思想和古代语文知识一窍不通,学习经典势必倍感困难了。俗话说:"医书一担,儒书一头。"因此,掌握了古文常识,学习中医经典就获益非浅。还须看到,今天医学发展十分迅速,医药学杂志有如烂漫山花,这就要求我们广泛涉猎,才不致于孤陋寡闻。

在这方面,我认为有必要提出医家必读之书,那就是自然辩证法,而且应该着重读毛主席的《矛盾论》。解放以后,我始终把这本书置诸座右,百读不厌,深得其惠。为什么?因为唯物辩证法就是中医基本理论的精髓,能够学习和运用它,很多问题能迎刃而解。

黄梅开业

度过了十三年私塾、学徒、渡师的历程之后,遵循着"为医济人"的遗训,我就在黄梅县城正式开业了。

开始的两年,只有左邻右舍或亲戚朋友有了小病小痛才来找我这个小郎中。慢慢地有了一些经验,病种也接触多了,凡是内、妇、儿科,有病就诊。起初,我总是带着医书看病的。有的朋友曾直率地劝告我:"出诊不要背书囊,人家会把你当作'看书郎中'。"我想:哪个医生不看书呢?不看书又怎能做个好医生呢?有一次,一位年满五旬的族房长辈中风了,半身不遂,口眼㖞斜。先请地方有名的老医师诊视,用"小续命汤"加减,半夏、南星之类服了多剂。一个月后,病人两颊泛赤,咽痛舌绛,滴水不入,大便秘结,周身瘫痪,麻木不仁,痰鸣不已,神志昏迷,全家慌乱,后接我视诊。路上听人议论:"衣棺都准备了,大郎中都无法回生,请个初出茅庐的,顶什么用?唉!尽尽人事罢了!"为了不放弃独自初临大证的机会,我还是硬着头皮去了。一到病家,说是已经烧了"倒头纸"了(一种封建习俗)。我仔细看了病人,是昏厥。判断是肾阴亏损,水不涵木,心火暴甚,肝阳上亢。为了证实自己的辨证是否正确,就参阅了带去的书。病家说:"嗨!真是'急惊风碰了慢郎中',人都快断气了,还翻书!"但参阅了书籍,我才确信法当滋肾水以养肝木,制肝阳以平心火,方用"地黄饮子"加减,去辛热之附桂,加入风药中之润剂秦艽、双钩,润药中之百合、当归、胡麻仁,此即"治风先治血,血行风自灭"的原则。抉口灌药,缓缓滴入,使咽喉滋,大便通,神志醒,然后,用"五汁饮"日日呷之,三易其方。两个多月,恢复了肢体活动,健康如常了。这一实例,轰动了乡镇,真可谓"炮打襄阳第一功"了。此后登门求治者,络绎不绝。

一九三〇年,军阀混战的火焰烧到了黄梅,人心惶惶。我又离开故乡重来九江开业。在那里一住八年,每天就诊者户履为穿,那是业务渐趋繁忙的八年,也是我在理论联系实践中努力探索、增进知识的八年。

一九三七年,举世震惊的卢沟桥事变爆发,一九三八年五月,日寇的铁蹄逼近马当要塞,我携妻挈子逃难他乡,家业荡然,只有积累的部分比较完整的医案不甘心散佚,随身带出。渡鄱阳,泛洞庭,折夷陵,窜上梅,流溆浦,奔辰沅,餐风露宿,颠沛流离。《医门轨范》等医稿及部分书籍、诗词,都失之于一瞬之间。

所到之处,以医糊口。直到一九四六年元宵节,才抵达长沙而定居。

从一九三七到一九四九,足足十二年,正是我们这一代中医的壮年时期,多么想有所作为呀!我却琐尾流离,连一栖一宿都受到威胁,虽没有放弃医业,但是想有所为而不能为,就连一本基于"保赤之心"而写的《麻疹专论》也是几经周折,由私人资助才印制成书的。

瞻前顾后话医德

辗转医林半个世纪以来,深切地感到,要做一个好的中医,必须讲究医德和医风。历代著名的医家一直是十分注意医德医风的。在向"四化"进军的今天,更应注意这个问题。

其一,要赤诚地接待病人 "急病人之所急,想病人之所想。"这句话容易说不容易做,急些什么?想些什么?我认为至少应该急其痛苦,急其困难,急其危亡;想其医治,想其速愈,想其安全。这样,在诊治过程中,才能做到详询病情,细察脉色,辨证认真,处方周密,医嘱详尽,态度谦和。

在治疗过程中,每个医生几乎都会遇到病人赠送礼品的事。病人那种求助或感激的心情是可以理解的,我们应该采取怎样的态度对待呢?应该有礼貌地、坚决地拒受一切礼物。

其二,要热诚地尊师爱友 尊敬老师,关心同志,这是医者应有的美德。而在师承友助中,贵在诚恳、虚心,忌在虚假、相轻。要想在医术上精益求精,就得牢记"谦受益,满招损"这句名言是获得进益的前提。

记得三十年代,我对当时视为畏途的脑膜炎、盲肠炎的名词很不理解,冥思苦索,努力探求,后来治愈了九江"生命活水医院"诊断的脑膜炎、盲肠炎各一例,写了题为

《脑膜炎与盲肠炎之认识》一文,发表于《九江日报》。文章结语中指出:"'脑膜炎''盲肠炎'皆属肠胃湿热积滞为病,上下郁遏者为'盲肠炎''肠痈'是也;表里郁遏者为'脑膜炎''痉病'是也。"为了进一步"求是",曾向上海陆士谔先生致书求教,并附寄了原文。陆先生的复函是:

> "阁下千里外惠书论学,虚怀若谷,不耻下问,钦佩之至。尊论脑膜炎即是痉病,盲肠炎即是肠痈,认症正确,足见手眼明快。惟论治立方则鄙见稍有出入:肠痈有未成之治法,将成之治法,已成之治法;痉病有刚痉之治法,柔痉之治法。尊方所拟似乎专于已成之肠痈,痉病之刚痉。而将成未成之肠痈,痉病之柔痉,似当别谋治法。孟子云:'不直则道不见。'士谔年虽衰朽,姜桂之性未免老而愈辣,直言莫怪,诸希谅之!"(曾载《申报》"国医周刊")

那时我年将三十,能得到前辈这样的肯定、开导和指点,记忆犹新。我当时通信请教是在于辨别和确认中医固有之病名,陆先生既对我所提出的看法做了充分肯定,又让后学者开拓思路,做进一步的探讨。其中尤以引用"不直则道不见"给我很深刻的启迪。的确,而今要为中医现代化做出贡献,就要言者能直言、敢直言,听者爱直言、纳直言,若要如此,又必须待师友以诚。那种当面奉承,背地诋毁,抬高自己的庸俗腐朽的作风,对我们的中医药事业,有百害而无一利。

其三,真诚地对待成败 任何一个医生,不管他多么高明,都不可能是"常胜将军",总有成功或失败两个方面。如何正确对待成与败、誉与毁却是关系到自身医德医风的问题。我的体会是:应当实事求是,总结经验,吸取教训,发扬优点,改正缺点,获誉思过,闻过则喜,不慕虚荣,但求真理。

一九三五年夏秋之交,曾去武昌为友人救治垂危之证。当时,病者身热不退,神志昏糊,头摇谵语,夜不安睡,便闭尿赤,口干少饮,脉沉弦,舌质干,苔淡黄,口甜。前医一派寒凉,犀羚每方都用,而病反进。我断为湿困脾机,改用温胆加味,一剂安睡,再剂热清,大便如酱,人事清醒。居一周而返,友人赠以诗轴:"缠绵病榻扁仓来,着手成春马上催。不敢殷勤留小住,万人翘首望君回。"而我只把它看作是患者对我的鼓励,想到的是自己的天职:兢兢业业,刻苦钻研,以求深造,为更多病人解除疾病痛苦。

未来是过去和现在的延伸,但是,过去和现在并不等于未来。虽然我已老了,昔日的所学获得了点滴的已知,而面临的中医现代化将是任重而道远,必然会遇到大量的未知。我迫切需要的是"学习,学习,再学习"。我也希望并且深信广大青年中医和西学中的有志之士,一定能完成历史赋予的光荣使命:继承和发展中医药学,实现中医现代化,创造我国统一的新医药学。

(本人口述,孙光荣记录)

学习中医的点滴体会

北京中医学院教授　　刘渡舟

[作者简介]　刘渡舟(1917～2001),辽宁营口人。毕生致力于《伤寒论》的教学和研究,成绩卓著。主要著作有《伤寒论通俗讲座》《伤寒论选读》《医宗金鉴·伤寒心法要诀白话解》等;此外,还主编过全国试用中医教材《中医基础理论》等。历任北京中医学院古典医著教研室主任、中华全国中医学会理事、中华全国中医学会中医理论整理研究委员会常务委员等。

在旧社会,师带徒的方法因人而异,大致有两种形式:第一种,老师采用浅显的读物,如《汤头歌》《药性赋》《濒湖脉学》《医学三字经》等教材,向学生进行讲授,并要求记诵。

据我了解,凡是用这种教材的老师们,几乎都有一个共同点,那就是偏重传授自己的经验为主,而对《内经》《伤寒论》等经典著作的讲授,则重视不够。因此,他们培养出来的学生,往往是侧重于临床,而忽于理论方面的研究。

第二种,与以上正好相反,老师在启蒙教学阶段,就以四部经典著作开始。他们的主张与《千金方·大医习业第一》的精神遥相呼应。所以,他们培养出来的学生,一般来讲,理论水平较高,而且基础也打得牢固,有发展的潜力,故被历代医家所拥护。

清代的医学大师徐灵胎在《慎疾刍言》一文中指出:"一切道术,必有本源,未有目不睹汉唐以前之书,徒记时尚之药数种,而可为医者。"他说的汉唐以前之书,指的是《内》《难》等经典著作。可见,徐氏也主张先学经典著作为学医的根本。

我是怎样学起中医来的呢?因为我体弱多病,经常延医服药,而接近了中医,并以此因缘加入了中医队伍。我的学医老师,在营口行医为主,他收了三个徒弟,我的年纪为最小。当时我学的中医课程,现在回忆起来,大体上分为中医基础理论和临床治疗两个阶段,共花费了六年的时间。

在理论基础阶段,学了张、马合著的《黄帝内经》《本草三家注》以及《注解伤寒论》和《金匮心典》等著作。

由于我曾读过几年私塾,古文有点基础,所以,文字方面的困难不大。但对老师所讲的医理方面,就存在很大的难题。记得有一次老师讲《素问·阴阳应象大论》中的"东方生风,风生木,木生酸,酸生肝,肝生筋,筋生心……"

的内容时,尽管老师讲得眉飞色舞,而我却像腾云驾雾一样了。

对中医理论基础,我学了整整三年。虽然对一些问题还有些朦胧,但把一些经典著作系统地学了一遍,这就对进一步学习中医打下了坚实的基础,也算是很大的收获。

学到第四年,老师为我讲授了《医宗金鉴》中的临床课程,如"杂病心法要诀""妇科心法要诀"和"幼科心法要诀"等。由于这些内容是用歌诀格式编写的,因之老师要求一边学一边背,直到背得滚瓜烂熟为止。背书对我来说虽不陌生,但它很压人,来不得半点虚假,必须每天早起晚睡付出辛勤劳动。

关于背书的问题,历来也有争论。我的意见,倾向于应该背点书的。《医宗金鉴·凡例》中说:"医者书不熟则理不明,理不明则识不清,临证游移,漫无定见,药证不合,难以奏效。"它指出"背"是为了书熟,书熟是为了理明,理明是为了识清,识清是为了临床辨证。由此可见,《金鉴》所写的大量歌诀体裁,是为了人们的背诵和记忆,这也就勿怪其然了。然而,中医的书浩如烟海,谁也不能一一皆读。因此,就有地区之所尚,或因师传之所异,而不能不有所选择。例如,南方的医家则多宗孟河派的费、马之学,而东北三省,则多把《医宗金鉴》奉为圭臬。

《医宗金鉴》这部书,原为清·乾隆太医院右院判吴谦的未成之著,后被政府发展,认为可以作国家的医典,仍指令吴谦、刘裕铎本着"酌古以准今,芟繁而摘要"的宗旨,在原书的基础上,进行了认真的修纂。大约又过了两年,于公元一七四二年方始告竣。全书共为九十卷,计分十一个科目。它与唐代的《新修本草》、宋代的《和剂局方》可以互相媲美而并驾齐驱。

徐灵胎评价此书有"源本《灵》《素》,推崇《伤寒论》《金匮要略》以为宗旨,后乃博采众论,严其去取,不尚新奇,全无偏执"的美誉,也就说明了这部书的成就是非凡的。它不仅在东北三省发生影响,而且远及全国和东南亚各地。

在老师的指示下,我买了一部《医宗金鉴》。通过自己的学习,发现其中的《订正伤寒论注》搜集了诸家之长,参以己意,说理明畅,使人读之发生兴趣。于是,我如饥似渴地埋首于《伤寒论》的学习。从这开始,方由被动的学习,变为主动的学习,而向自学迈出了新的一步。

现在谈谈自学的问题。自学是每一位科学工作者的必由之路。因为我们不能跟老师一辈子,应该走自己的奋斗之路。

但是,自学必须讲求方法,必须有一个切实可行的计划,必要时还得有人指点一二。

自学也需要条件,主要的要有时间保证,要争分夺秒,爱惜光阴,要有必要的工具书和参考书,如果有去图书馆的条件,那就再理想不过了。

自学也有三忌。一忌浮:指自学之人,心不专一,不能深入书中,只是浮光掠影地浏览一下,当然这种学习是没有什么结果可言;二忌乱:指自学之人,没有一个完整的学习计划和步骤,一会儿看这本书,一会儿又看另一本书,好像蜻蜓点水,这种杂乱无章,没有系统的学习,也必然学无所成;三忌畏难:指自学之人,在自学过程中,有的内容看不进去，发生了困难。殊不知，凡是自己看不懂的地方，也正是知识贫乏的具体反映。如果不以钉子的精神向难处深钻以求解决，反而畏难自弃，必然枉费一番心机，半途而废。记得古人鞭策人们学习，说出许多的格言和警句，如什么"石杵磨绣针，功到自然成""精诚所至，金石为开""不经一番寒彻骨，焉得梅花扑鼻香"都说明了一个真理，那就是只有坚持学习而不畏难的人，才能取得最后的胜利。

本着这种精神，我刻苦自励，寒暑不辍地学习中医知识。我阅读了很多的医学名著，如金元四家和清代的伤寒注家和温病学家以及明、清其他有代表性的作品，使我眼界大开，学识随之不断提高。

在这里，我再谈谈学与用的关系。学中医理论，目的是指导临床去解决防病和治病的问题。因此，在学习中就贯穿一个理论与实践统一的问题。清人陈修园为什么主张白天看病、夜晚读书呢？不过是强调学以致用、学用结合罢了。我很喜欢《三国演义》舌战群儒时孔明对东吴谋士程德枢所讲的一段话，他说："若夫小人之儒，惟务雕虫，专工翰墨；青春作赋，皓发穷经；笔下虽有千言，胸中实无一策……虽日赋万言，亦何取哉？"孔明在这里嘲笑了那些读书虽多，而不成其经济学问，尽管终日吟咏，而于事实无所补的人。学习中医也最忌纸上谈兵。应该看到，不论任何一家名著，也都有一分为二的问题，也都有待于在实践中检验和在实践中发展的问题。如果离开实践，就很有可能造成盲目的崇拜，或者粗暴地加以否定。对这种学风，我们是坚决反对的。

以《伤寒论》来说，它是一部公认的经典巨著，是中医临床的指南。但由于医学的不断发展，临床资料的大量总结，我们发现它在叙证方面有时过于省略。例如，五个泻心汤的"心下痞"是以无痛为主，但从临床上来看，痛的与不痛的两种情况皆有。这是事实，用不着大惊小怪。

另外，心下痞，还可出现心下隆起一包，形如鸡卵大小，按之则杳然而消，抬手则又随之而起。这个包起伏不定，中实无物，不过气的凝聚或消散。所以，也管它叫"心下痞"，而不能另叫其他的病名。关于这个特殊的心下痞症候，也没能写进书中。

我认为通过临床实践去验证理论的是非，是一个可行的办法。为此，我想把《伤寒论》存在争论的两个问题提出来讨论一下：

一个是六经的实质是否与经络有关，一个是桂枝去桂加茯苓白术汤，是去桂还是去芍。这两个问题向来争论不休，莫衷一是。究其原因，多是从理论上进行了辩论，而在临床实践上则很少有人加以说明。为此，应把理论和实践结合起来进行讨论，以求得到问题的解决。

（一）六经与经络是否有关　有一年，我在天津汉沽农场巡诊至北泊的一户农民家中，恰巧这家一个十五岁的男孩发烧而且头痛。试其体温39.6℃，切其脉浮，舌苔则薄白而润。乃直告其父：你的孩子患的是风寒外感，吃一服发汗的药就会好的。其父说村中无药，买中药须到总场。惟时已午后，且交通不便，只有俟于明日。他又说："先生为何不用针灸治疗，而何必用药？"他不知道我对针灸并非所长，姑应其请，以慰其心。于是，针大椎、风池、风府等穴,而实未料定能效,然令人惊奇的是针后患儿竟出了透汗,热退身凉而病愈。

我本不是针灸医生,因为到农村,诊箱内备有一套医针,以为偶尔之需。至于我的配方选穴,是遵照《伤寒论》的"先刺风池、风府"和"当刺大椎第一间"的精神进行的。

通过针灸发汗解表的事实告诉了我,太阳与经络的关系是多么的密切!再重温足太阳膀胱经络脑下项,行于腰脊和"太阳、三阳也,其脉连风府,故为诸阳主气"的一句话,是说得多么中肯。

循经取穴的方法,经在前而穴在后,所以有穴必有经络的存在。太阳主表的关键,在于它的经络行于背后而连于风府,故为诸阳主气。以此推论,则经府相连以及膀胱为水府,津液藏焉,气化则能出,故有"三焦膀胱者,腠理毫毛其应,气津皆行于表"的说法。由此可见,太阳,实际上是膀胱与经络的概括,并不是一个空洞的名称。这就是中医的传统理论。否则,那就违背了中医的理论,而实为中医之所不取。

(二)桂枝去桂加茯苓白术汤的争议 《伤寒论》第28条的桂枝去桂加茯苓白术汤,《医宗金鉴》认为去桂是去芍之误。从此,遵其说者大有人在,形成了去桂和去芍的两种观点而纠缠不清。我想通过以下两个病例,证实桂枝去桂加茯苓白术汤确实无误,使这个问题得到澄清。

1.陈修园在清·嘉庆戊辰年间,曾治吏部谢芝田先生令亲的病。症状是头项强痛,身体不适,心下发满。问其小便则称不利。曾吃过发汗解表药,但并不出汗,反增加了烦热。

切其脉洪数。陈疑此证颇似太阳、阳明两经合病。然谛思良久,始恍然而悟,知此病前在太阳无形之气分,今在太阳有形之水分。治法,但使有形之太阳小便一利,使水邪去而气达,则外证自解,而所有诸证亦可痊愈。乃用桂枝去桂加茯苓白术汤,服一剂而瘥。

2. 我校已故老中医陈慎吾,生前曾治一低热不退的患者,经他人多方治疗,而终鲜实效。切其脉弦,视其舌水,问其小便则称不利。

陈老辨此证为水邪内蓄、外郁阳气、不得宣达的发热证,与《伤寒论》28 条的意义基本相同。乃疏桂枝去桂加茯苓白术汤,三剂小便畅利,发热随之而愈。

通过这两个治例,完全可以证实六经和经络脏腑有关,桂枝去桂加茯苓白术汤也是没有错误之可言。

趁此机会,我想顺便谈谈如何学习《伤寒论》的问题。

学习《伤寒论》应先打好一定基础,其中包括学好《内经》中的阴阳辨证思想和方法,以及学好脏腑经络的生理病理知识。同时把《医宗金鉴·伤寒心法要诀》和陈修园的《长沙方歌括》学懂吃透,并要背诵如流,牢记不忘。这是第一步。

在这个基础上,再看白文(指不带注解的原文)。《伤寒论》原文,是以条文形式写成。据赵开美复刻的宋本《伤寒论》有 398 条之多。《伤寒论》既然用条文表达辨证论治的思想方法,因此,学习《伤寒论》就有一个理解条文和条文之间相互关系的意义而为基本要求。

应该看到,《伤寒论》398 条是一个完整的有机体,在条文之间,无论或显或隐,或前或后,彼此之间都是有机联系着。

作者在写法上,充分运用了虚实反正、含蓄吐纳、参证互明、宾主假借的文法和布局,从而把辨证论治的方法表达无余。

由此可见,学习《伤寒论》先要领会条文和条文排列组合的意义,要在每一内容中,看出作者组文布局的精神,要从条文之中悟出条文以外的东西,要与作者的思想相共鸣。这样,才能体会出书中条文的真实意义。

白文最少看四五遍,并对其中的六经提纲和一百一十三方的适应证都熟背牢记方有妙用。在这一阶段,可能感到枯燥无味,那也无关紧要,只要坚持下来就是胜利,这是第二步。

在熟读白文的基础上,然后就可以看注了。《伤寒论》的注家不下数百之多,看哪一家为好呢?在认识上也不一样。我意先看成无己的《注解伤寒论》为好。因为成注的优点是在学术上不偏不倚,以经解论,最为详明,说理比较中肯。成氏写的还有《伤寒明理论》和《方解》两种书,同《注解伤寒论》鼎足而立,缺一不可。所以,在看成注之前,这两种著作也应认真地看一看,才能对它选写的五十个症候,在定体、分形、析证、辨非等环节上有所认识,以加强辨证论治的方法和运用。

成氏三书读完后,可以看看徐大椿的《伤寒论类方》、柯韵伯的《伤寒来苏集》、尤在泾的《伤寒贯珠集》。

以上三位注家,在伤寒学中影响很深。他们的注解,或以方归类,或以证归类,或以法归类,角度不同,而殊途同归,可以开拓思路,实有破迷解惑的作用。

柯注的优点,从原则上讲,他指出了《伤寒论》不专为伤寒一病而设,而六经辨证实能统摄百病。他的话卓识灼见,而能与仲景的思想相共鸣。他的不足之处,误把经络解为经略,又别开生面将《伤寒论》的太阳膀胱经当作心阳来论,未免牵强附会,有失仲景之旨。

尤注的魄力似逊于柯,在文字方面也不及柯氏的笔墨纵横淋漓尽致。然而,尤氏得马元一先生的真传,构思精辟,言简而赅,对脏腑经络、气血荣卫之理与正邪变化之机,上逮《内》《难》,下历百家,而极见功夫。他比柯氏更为扎实,惜乎人之不识也。

此外,如方有执的《伤寒论条辨》、钱璜的《伤寒溯源集》,皆是知名之著,亦可加以涉览。

以上几个专著读后,可以再看一点综合性的著作,其中应以日人丹波元简著的《伤寒论辑义》为理想。这是第三步。

通过上述的三个步骤,而又能坚持到底,对《伤寒论》这部经典著作也就可以说学得差不多了。

我讲《伤寒论》已有二十多年的历史了,但现在备起课来,还有可学的东西,还可发现自己在认识上的错误,可见这本书的深度和广度是难以蠡测的。为此,读这本书的人,切不可浅尝辄止,亦不可略有所获,便沾沾自喜而停顿不前。

归纳一下我以上所讲的内容:那就是学中医先从学习经典著作入手,不要怕难,要有一点吃苦精神;二是对于中医著作的原文和汤头、药性及歌诀,既要明其义而又要背其文,不背一点书,是没有工夫可言的;三是变被动学习为主动学习，从被动学习中解放出来，自学不是权宜之计，而是要一生奉行；四是要树立学用结合、学以致用的优良学风，这对中医来说更为重要。

刘渡舟

学无捷径　贵在有心

——如何学习中医之我见

成都中医学院
医学系副主任、教授　　　彭履祥

[作者简介]　彭履祥(1909~1982),从事中医临床和教育工作五十余年,治学严谨,医理精深,善于治疗疑难杂证,对中医痰饮学说和调气开郁理论独有见解。著有《中医痰饮学说及其临床应用》《调气法的临床应用》《从一些疑难杂证的治疗看中医辨证施治的重要性》《彭履祥验案解惑记要1~7》等。

回顾此生,涉迹医林虽已五十余年,却无多少成功经验可言。但在曲径多歧、碰壁受挫之余,也常得到启发,偶尔竟有一鳞半爪的心得体会。为了共同探讨如何学习中医的问题,不揣浅陋,聊当识途老马,谈谈个人的认识,谬误难免,敬请指正。

五十春秋溯旧踪

我生长在一个世代中医家庭,祖父、叔父、舅父、岳父都是中医。在族亲的影响下,对济世活人的医学,逐渐产生了爱好。但在我尚未开始学医时,祖父、叔父相继去世,两年之间,全家七口,相继病死者五人。在这严酷的现实面前,使我二十岁时毅然放弃私塾教育工作,立志学医。所幸,舅父徐立三是位学识渊博、经验丰富、名重乡邑的老中医,念我志诚心切,允于从学。但命我先读医书十年,而不必急于临证,并开列了一大堆必读经典及应浏览的医籍书目。从此,我一面奔波于生活,一面拚命苦读硬背。开始一段,越读越糊涂,常被一些名词术语难住。由于当时参考书籍有限,很多内容只能囫囵吞下。五年过去,熟读了《内经》《难经》《伤寒》《金匮》等经典原著,同时读了一些名家注释,如张志聪的《灵素节要》,张世贤的《图注难经》,尤怡的《伤寒贯珠集》《金匮心典》,柯琴的《伤寒来苏集》,陈修园的《伤寒论浅注》《长沙方论》《金匮要略浅注》《金匮方论》等,其他如《濒湖脉学》《医门法律》《医方集解》《金匮翼》《温病条辨》《温热经纬》《张氏医通》《医宗金鉴》《时方妙用》《时方歌括》等也都涉猎过。这样,逐渐掌握了较为系统的中医学基本知识,对许多初读未能理解的内容,也逐步加深了理解。老师提前同意我进入临证学习。开初接触病人,感到无从入手,实际病证,与书本难以对号,似是而非,不易抓住纲领,更难彼此鉴别。辨证立法,遣方用药,亦无定准,深感"书到用时方恨少"。老师知道的东西,自己有许多不知道,这就促使我进一步广泛阅读各家论著,涉猎各家医案医话,增加临床知识,提高理论认识和临床实践水平。经过三年随师临证学习,在理论和实践的结合上有了较大的收益,所读理论渐能融会贯通,举一反三,临床运用也能灵活自如,不再问津无路了。此时才深感以往熟读硬背的大量功夫,并非白费气力。后来马齿徒增,记忆减退之年,读书虽然易于理解,但却难以牢记。相反,早年熟读的理法方药内容,不仅长期不忘,随着反复运用,认识更能不断加深。这种学习方法是先师所坚持主张的,名之曰"由深出浅法"。他非常反对学医伊始就上临床,以图速成,或只读一点浅显实用的临床医书,不求深造。他认为,这样学医,知其当然,而不知其所以然,则不可能达到医理精深,临床更难融会贯通、运用自如,只能成为不谙医理,学识肤浅的庸医。先师常以自己的学医经历和所走弯路启发我们:他少年时代从学的第一位老师不主张多读医书,仅使学生随其应诊配药,理论知识很少讲授,听凭学生自己浏览选读,随证年余,收效甚微,书读不进去,体会不深,开卷了了,闭卷茫茫。第二位老师则主张认真读书,指定背诵,熟读大量古典医籍,花了几年时间,熟读了《内》《难》《伤寒》《金匮》等书。但是这位以研究儒学为主的老师,理论脱离实际,不善于临证医疗,所授理论,仅从纸上谈兵,较少临床体会。最后从学的第三位老师,既肯定以往认真读书是正确的途径,又指出博览不够,缺乏对脉学、温病学、时病学等方面的学习,尤其缺乏临证运用的技巧训练。这样,继续再读一些有关书籍,并经老师在实践中指点启发,收获就大有长进。先师回忆说:"我学医虽有决心,读书也能刻苦,记忆力亦属较强,但若没有正确的学习方法,没有名师指点,是不能成功的。"因此,先师在自办医学教育活动中,对几十名学生提出了三条原则性要求:一是要有较高的古文水平;二是先要专心熟读指定的经典和临床医籍,不许过早随师临证;三是临证学习,要求注重理法的活用,不得随意抄录一方一药。对于学生临床中提出的理法方药的不妥之处,他总是一一纠正,并指明理论根据在某书某卷,令去自读,加深体会。这一套行之有效的教学方法,是老师从亲身体验中总结出来的,在他门下从学的学生,凡能照此施行,都学得比较成功,确实培养了一批真正懂得中医的人才。再从历史上看,古代许多名医,大多通晓经典医著和系统的中医理论。很多有独创的医家,也正是在前人所积累知识的基础上,继承发展而来。固然,在当时的历史条件下,将理论与实践截然划分阶段,也有它的缺点,不利于快出人才,而在理论学习阶段,由于选择和鉴别能力较差,必然形成兼收并蓄,浪费一定的时间和精力。现在学习条件不同了,要求应当提高,理论和实践应恰当结合。尤其临床课的学习,要一面读书,一面临床,收获就更大,理解就更快。但坚实的基础知识是必不可少的,有些基础理论,必须反复揣摩,加深体会,甚至死记熟读才行。因为读熟才能深刻体会,领会才能终身不忘。

涉迹医林无捷径

凡一门学问,要想学懂它,精通它,必须下定决心、全力以赴,才能达到目的。何况中医学原是文辞古奥、理论精深、涉及面很广的自然科学,初学者若无坚定的意志,百折不挠的决心,虽有良师益友,也难真正入门。或见异思迁、半途而废,或仅获皮毛、技艺平庸。我曾见到,随先师门下从学者,先后不下三四十人,但学就功成而有作为的却为数不多。我国古代多数医家,他们之所以有成就,并非学习条件如何优越,或者偶逢捷径、一鸣惊人,或者得到什么秘方绝招。相反,他们大多数的条件都不大好,例如,在温病学研究方面有显著成就的吴鞠通,是完全靠自己的刻苦钻研而成功的。东汉医家张仲景也并非天生的"医圣",而是因为"感往昔之沦丧,伤横夭之莫救,乃勤求古训,博采众方",写出了《伤寒杂病论》不朽名著。清代名医尤在泾自幼家境贫寒,但由于自己的刻苦钻研、勤奋攻读,终于在医学和文学上达到了较高的造诣。现在,我们有了较好的学习环境和条件,但要真正升堂入室,我认为必须培养和树立四"心":

(一)**民族自尊心** 中医学是我们中华民族独创的、与西医学完全不同的一整套医学体系,它的理论是建立在朴素的辩证唯物论基础之上,以阴阳五行学说为其指导思想,以人与自然统一的整体观为其出发点,以脏腑经络、气血津液学说为其理论核心,以医疗实践为据,以辨证论治为治疗原则,经过数千年的不断实践和总结提高,流传至今,仍具有强大的生命力。诚然,由于时代的局限,不可避免地在中医学特别是部分古代医药学书籍中掺杂了一些糟粕,但这和其他科学一样,不应当特别非议,不能吹毛求疵,更不能以此断定"中医不科学"。解放前,由于反动官僚买办的统治和帝国主义文化侵略的需要,他们确实曾以此为借口妄图扼杀、取缔和消灭中医,在此情况下,我之所以能坚持学下去,并克服种种困难,进成都"四川国医学院"继续深造,正是由于民族自尊心所驱使。当前,保质保量地培养中医人才,建立一支名副其实的中医队伍,发掘整理宝贵的祖国医药学遗产,逐步实现中医现代化,对于我们中华民族的后裔,特别是年富力强的青中年同道,更是责无旁贷的历史使命。

（二）**救死扶伤心** 学医的目的,是为了救死扶伤,保护人民健康。因此,必须从解除伤病员痛苦出发,激发自己的事业心,认真学习,精益求精,掌握真实本领。历史上许多医家,多在"感往昔之沦丧,伤横夭之莫救"的严重现实面前,认识到"医乃身家性命之学,坐而言,即当起而行"的重要性,激起"博览群书,寝食俱废"的学习精神。而要想胜任"人之安危系于一医"的重大责任,必须深入细致,刻苦钻研,具备真才实学。反之,将学医视为儿戏,马虎敷衍,或一知半解,自以为是,华而不实,夸夸其谈,就有贻误病情、草菅人命的危险,致使病者"不死于病,而死于医"。不能错误地认为"中医药的运用要求不严,不易出医疗事故"。若辨证不明,多可"差之毫厘,失之千里",轻则无效失治,重则有饮药而人废之虑。故前人有"桂枝下咽,阳盛则毙;白虎入口,寒极必亡"等警句,何况中药也包括不少毒剧性烈之品,更不可妄投乱用。

（三）**恒心** 孔子说:"人而无恒,不可以作巫医。"朱熹解释:"医所以寄生死。"可见古人对医学的要求是很高的。孙中山先生说:"有恒为成功之母。"学医更是这样。

要不断学习，点滴积累，活到老，学到老，切忌抱残守缺，固步自封。金元名家朱丹溪在功成名就的暮年，仍千里迢迢寻访葛可久，不耻下问，邀同会诊，以弥补自己针灸学方面的不足。明代李时珍跋涉万水千山，坚持实践，广泛求教，历时四十二年，写出了中药学巨著《本草纲目》。清初江南名医叶天士，勤奋一生，拜师从学十七人，终于建立了"卫气营血"学说，开拓了温热病辨证的先河。综观前辈们走过的治学道路可知，重视"恒心"的培养，乃是学习中医的基本条件之一。

不久前，有人来信征集"秘方"，而且说明要有"特效"。我实在没有万灵的秘方，我只知道方药是必须辨证运用才能取效的。有些人以为《医学一见能》《医学五则》《验方新编》《医方捷径》《汤头歌诀》这类的医方书籍，简单易懂，学了就能用。其实不然，这类书真能学通了也不简单，因为这些著作中反映的理法方药和整个中医学是一致的，只不过在文字方面提纲挈领，或偏重于具体运用而已。所谓秘方、验方，与其他常用方剂一样，既有其一定的适应证，也有其局限性，并不是一方治百病，更不能代表整个中医学术体系。因此，不能抱着"守株待兔"的侥幸心理去代替踏踏实实、持之以恒的努力。

（四）匠心 从某种意义来讲，中医临床治病，是这门学科理论体系的科学性和实际运用的艺术性的有机结合，这就有个"匠心"的问题。古代中医曾以技艺优劣、疗效高低而分为上工、中工、下工，除反映医理深浅、学识多寡的意义之外，很重要的方面是反映"工功"程度的差别。俗云"知常达变""圆机活法"，实际上就是对这种"匠心"的总结和概括。历代不少名医,正是在熟谙医理的基础上,临证善于思考,变通匠心独到,运筹灵活,妙手回春,在实践中积累了丰富的经验,推动了临床医学的不断发展。仅从不少中医著名方剂的配伍、组织构思来分析,亦可体会先哲善于运用中医理论解决实际问题的"匠心"之一斑。如九味羌活汤之用苓、地,归脾汤之佐木香,千金还魂汤麻黄、肉桂之合配,严氏乌梅丸合乌梅、僵蚕、米醋三味为一方,喻昌针对上脱、下脱活用参附汤二药之剂量,郑钦安当归补血汤所用之麦芽、葱白、酒,三化汤之用羌活,当归四逆汤中之木通,鸡鸣散中的苏叶,阳和汤内之麻黄,以及《三因》白散之滑石、附片同用,升降散的大黄配伍深义等等,此类例子,在前人经验中比比皆是,堪为后学者师以为法。先师曾用真武汤治疗多汗及无汗两种病症,俱获显效,询其原因,竟从灵活增减白芍剂量而致。因此,治贵权变,重视"匠心",是学习中医时不可忽视的重要方面。

读书习艺贵权变

陆士谔说:"读书难,读医书尤难;读医书得真诠,则难之尤难。"在这方面,前人介绍的正反两方面的经验可作借鉴。多数医家的著作,在序言、凡例等卷首篇章中,往往首先谈到写作目的和阅读方法以及要读者注意的关键问题或内容重点,如陈修园的"读书十劝",就针对如何读仲景《伤寒》《金匮》而言;张璐的"医门十戒"是针对医生应具医德而言;徐灵胎对学医应读哪些书,提出了建议,但有厚古非今之弊,不必照搬。惟唐立三的《吴医汇讲》和陆士谔的《医学南针》等书所倡导的学习方法,比较完备和实用。他们分别提出的"读书四字诀""读书十则",确有见地,值得参考。综合起来,约有下述几点:

一曰"信"。要学好中医,首先必须相信。陆士谔初学中医时,存在"中医不如西医"的思想,收获不大。后因自病咳血,服用西药转剧,延其师诊治,聆听"木火刑金"之理,服药速愈,才认识到中医理论是可以信赖的,读起中医理论就有些体会了。但内心尚有"中医学术偏于理想""西医学术偏于实验"的看法。随着学习的深入,逐渐认识到中医理论是很精深的,认病之细,在许多方面超出当时西医;其阴阳五行学说,确是有验的指导思想。从此,信心更为坚定,重读《素问》,收获迥然不同。现在我们学习中医,也同样存在一个"信"的问题,如果根本就不相信,或者半信半疑,那就谈不上认真读书和真正掌握的问题了。

二曰"静"。读书要心静,有计划有秩序地反复诵读,潜心默索,知其然,更当穷究其所以然,不能企图省力,心粗气浮,但得一鳞半爪,就不求甚解。理解若有片面,则难深探奥旨。例如个人早年尝读《伤寒论》少阴病提纲云:"少阴之为病,脉微细……"初未静心细读,误将微细二脉混在一起体会,后读陈修园注云:"微者薄也,属阳气虚;细者小也,属阴血虚。"陈元蔚云:"心病于神则脉微,肾病于精则脉细。"互参体会,始得要领。

三曰"细"。要善于剔除错处,淘汰衍说,辨别讹字。更需扩大眼界,善于互参,求其正反,识其正旨,知其隅反。陈修园说:"读仲景书,当于无字处求字,无方处索方,才可谓之能读。"柯琴也说:"读仲景书,不仅知其正面,须知其反面,应知其侧面,看出底板。"这是由于仲景书多有引彼而例此,因此而及彼,以及兜转、省文、前详后略等笔法,若不细心阅读,前后互参,是不能读懂的。其他古典医籍亦相类似。唐立三引朱丹溪紫苏饮加补气药治其族妹难产,是从读"瘦胎饮"治疗湖阳公主难产案的反面悟出。吴瑭读《临证指南医案》,认出叶天士的青蒿鳖甲汤是从小柴胡汤小变而来,是读书善识反面的例子。我曾在临床教学中,用小柴胡汤治疗妊娠恶阻,同学认为效果满意。后同学们诊治一例顽固性恶阻,再用则不效,邀我会诊。察此患者体甚壮实,面赤舌红,口渴少津,脉弦数,乃肝胃热盛阴伤之征,改用益胃汤获效,也是从反面辨证治疗收到的效果。赵献可创"水生金"的理论,是从"金生水"的对面悟出。认为肺主出气,肾主纳气。凡气从脐下上逆,此肾虚不能纳气。毋治肺,当壮水之主,或益火之源,使金从水生。我常用人参蛤蚧丸治久疗不愈的哮喘而收显效,即从此理得之。唐立三读《素问·通评虚实论》中"肠澼便血,身热者死,寒者生"一段,据吴崑解释:"孤阳独存故死。"唐氏从实际出发,认为肠澼便血证中,只有阴气竭的身热不已,乃属不治;若表邪下陷于阳明,治痢药中加粉葛升胃气可愈;阴盛格阳,下血身热,虽属危证,亦有用温药而生者,不必拘泥于"俱死"之说,应当根据具体情况而定。凡是书中有总结性的论点,不能仅从片面绝对理解。如所谓"胀不死的痢疾,饿不死的伤寒",若不识正旨,不明句读,滑口念过,就可能曲解原意。仲景在《伤寒论》《金匮要略》中论述的救逆法,很多是针对疾病医治不当而形成的种种坏证而设,使学者从误治救逆的辨证治疗中吸取教训,启发思路。读书须善于前后互参,临床亦应仔细研究分析病因、病史及治疗前后经过,作为矫正认识、修订治则、正确遣方用药的根据。回忆四十年前随师诊治一"睁眼瞎"患者,双目不红不肿,似若常人,但不能见物者六年,屡经中西医诊治无效。先生诊视良久,询其病由经过,遂嘱写一桂枝汤全方,令服十二剂。我甚迷惑不解,经师分析:病起于风热小恙,目赤头痛,若以辛凉轻剂即可外解,而医者投过剂苦寒,邪闭于里;另一医见苦寒不愈,改用辛温,又不效;继进补益肝肾之剂,致使外邪内陷,营养紊乱,气血不能上荣于目,故双目虽睁而不能视物,他无所苦,惟时微恶风寒可征,用桂枝汤外和营卫、内调阴阳。患者服之六剂,果然双目已能看报纸大字,恶寒消失,仍于原方增黄芪一味,继服十余剂而完全恢复视力。此是善于借鉴前失、辨识今证的例子。

书宜读活,切忌拘泥呆板。如仲景《伤寒论》,其理法方药,六经辨证,不可看成只能用于伤寒,同样亦可适用于其他疾病;《金匮》所论杂病治疗法则,亦可运用于所列病种以外的疾病。读仲景书如此,读其他各家著作,也应有客观而灵活的眼光。中医学虽有各家学说,但其基本理论是一致的。故病虽不同,病因病机相同,则辨证、治则即可互通互用。所谓"异病同治""同病异治",即此而言。我在临床上常用温经汤治男子肝经虚寒之寒疝,腹痛;用百合地黄汤治心肺阴伤之瘿气;用仙方活命饮治湿热血郁之历节,用黄鳝汤代替鲤鱼汤治疗脾虚水肿;用补中益气汤加附子治疗脾气下陷、肺气上逆、阳虚外感或久咳遗尿症,皆能收到预期之效。王孟英治百合病,因"百合无觅处,遂以苇茎、麦冬、丝瓜子、冬瓜皮、知母为方服之,一剂知,二剂已。"说明书读活了,扩大了眼界,便能举一反三,运用自如。

至于剔错、辨讹、去伪取真,也是读书必下的功夫。因书上的东西,不可能完美无缺,有不切合实际的理论和片面、主观的认识,有引证错误的,至于传抄、印刷之误就更多。唐立三举例李东垣把"损者益之,劳者温之"二语,误为《内经》原文者;又如《病机十九条》中"诸痉强直,皆属于湿"一条的"诸""皆"二字,实欠准确恰当;再如张洁古说"暑必挟湿",而王孟英则说"暑不挟湿",二家之说,各执一端,均欠全面。读经典著作,对随文敷衍、牵强附会、不切实际的注释,不可盲从。如张景岳评陈言的"胃疟起于饮食"的说法,张氏认为"凡先因于疟,而后食滞者有之,未有不因于外邪而单有食疟"。这是符合实际的评论。再如陈元蔚在论枳实的功用时说:"枳实形圆臭香,香主枢,圆主转。"这种解释过于牵强,不能置信。传抄、印刷之误,若不校正,一字之差,毫厘千里。当然,要做到发现错讹,鉴别真伪,除心细眼明外,还在于见识水平的高低。

读书要讲求方法,临床学习也应选择正确的方法。临床学习第一阶段的任务和目的,是将所学的书本知识印证于病人,将抽象理论运用于解释具体证候,从而以此指导诊断和治则。书本上的论述是经过条理化、系统化的,与临床实际不可能处处吻合、对号入座,所以就存在理论与实践结合的问题。疾病虽千变万化,但有其规律可循。症候虽千差万别,真假混杂,用四诊八纲细心诊察,结合分析,是能摒去假象、抓住关键、认清病证的。所以在临床学习中,不但要学习老师选方遣药,更重要的是要学习老师诊察疾病和立法选方用药的理论依据等。如果只知抄录一方一药,忽视了用理论去指导临床,可能就会成为以药试病或头痛医头的医生。有了一些临床知识以后,更须注意理论学习,用理论指导实践,再以实践来检验理论正确与否。所谓灵活运用,是在大的原则法度指导下,选择最合适的具体方药而言。孙真人说:"胆欲大而心欲小,智欲圆而行欲方。"孟轲说:"不以规矩,不能成方圆。"即是此理。

各家之长当汇通

选择必读书和参考书,是学好中医的关键。历代积累下来的医籍,可谓"汗牛充栋",若不加以选择,不仅精力有限,而兼收并蓄,莫衷一是,收效也不好。因此,如何有重点、有主次、有计划地选读适当的医籍,对初学者是至关重要的。

(一)以中医学院教材为基础　全国中医学院统编教材作为学习入门的教材,对于在校同学和个人自学都较适合。个人认为,一九六三、一九六四年修订的第二版统编教材较好,从基础理论到临床各科,基本反映出了中医学的本来面目,归纳了历代医学发展的主要内容,所采集的理法方药比较平正,学术理论观点较为统一,并以现代语言为主体编写。虽有小疵,尚不掩瑜。若能按先基础、后临床的次序,逐章仔细阅读,同时参读历代名著有关部分,通读以后,反过来再从临床到基础进行复习,收效就更大。

(二)选读参考医著 不论经典和后世医著,在通读的基础上,应重点选择其主要部分加以熟读,后世的注释则以参阅为主,然而其中注释论述精粹,归纳全面的,亦可熟读。

《内经》,在通读的基础上,重点熟读和详读一些重要专论,如有关阴阳、脏象、经络、诊法、病机等。至于参读注家,可选薛生白的《医经原旨》,简要易懂;徐灵胎的《内经诠释》,扼要适用;张景岳的《类经》,注释平正,分类周详,便于查阅,张隐庵、马元台等注家亦应合参;张隐庵编写的"十二经络歌"和"经穴分寸歌"等,便于诵读和记忆。

《难经》为解释《灵》《素》之疑难而设问,结合《内经》学习,侧重记忆其理论原理。

《伤寒论》除"平脉法"不必作原文读外,其余全部原条文应细读熟读,再选择理论平正的注释,作为辅导理解的资料参读。该书注家很多,我个人认为,柯琴的《伤寒来苏集》和陈修园编纂的《伤寒论浅注》及《长沙方论》比较平正。后者既采纳其他几十家注释精练平正部分,又有编者的按语和小结,为便于记忆,对每一方剂编写了歌括和方论,不但简明易记,而且尽量将主治、大法、煎服法编入歌中,并将药物剂量、加减法等如实地编写进去,对初学者都是适用的。当然,注家亦各有所长,各有不足,对于不恰当的意见,尽量省略和剔除。

《金匮要略》是论杂病证治的专著,原文亦应熟读。但注家很多,可选尤在泾的《金匮心典》,其注释简明,可作入门向导;魏念庭的《金匮本义》,周扬俊、赵开美的《金匮二注》,陈修园的《金匮要略浅注》及《金匮方歌》等著作,均可参读。其中精粹的论注部分应该熟读。

脉学和诊断学的专著不多,大多散在各家综合性的著述之中。《四诊抉微》《医宗金鉴·四诊心法要诀》《脉诀规正》《濒湖脉学》,崔紫虚的《四言脉诀》,黄坤载的《四圣心源》《黄氏脉学》等,都是较平正的专著,除重复的内容外,最好尽量多熟读。

温病学以王孟英编纂的《温热经纬》、吴塘的《温病条辨》为主要必读书,包括条文和自注。其他注家和评论作为参考,如章虚谷的《医门棒喝》、陆九芝的《世补斋医书》、杨粟山的《寒温条辨》等。

内、妇、儿杂病学的历代著述很多,以参阅为主。对有概括性的临床基础著作,如《医宗金鉴》的"杂病心法""妇科心法""幼科杂病心法""外科心法"等,具有提纲挈领、全面概括、理法方药齐备、歌括易于诵读记忆等优点,可作为熟读的临床基本书籍。参阅书籍很多,择其要者读之。如《诸病源候论》是较早的病因症候学专著;《千金方》《外台秘要》是汉唐以来医学发展的大成,尤其《千金方》记载了不少新的发现和发展,如对虫类药的认识和运用等。金元诸大家对医学的几个方面各有创见,如张子和《儒门事亲》长于汗、吐、下三法的运用;刘河间《河间六书》对火热证之治疗;朱丹溪《丹溪心法》《脉因证治》,不仅对阴虚学说有得,而对"郁证""痰证"的研究认识尤有独到之处。又如李东垣对脾胃阳虚、中气下陷的病机和辨证论治有新的发明,《东垣十书》贯穿了他这一思想。明清以来,如徐春甫的《古今医统》、张景岳的《景岳全书》,无论在理论和临床方面,都较全面地阐发和总结了前人的学术经验,尤其后者对阴阳偏颇、水火失济为病的机理和救治法,研究较为深入。王肯堂《证治准绳》是一部较丰富的临床治疗学,既有理法,又有方药。张石顽是一位学识渊博、临床经验丰富的医家,所著《张氏医通》,理论联系实际较密切。徐灵胎《医学源流论》《杂病源》都是较好的临床基础专论;《慎疾刍言》《洄溪医案》是他的医话医案专著,有较高的理论水平和临床指导意义;《兰台轨范》是杂病治疗专著。喻昌的《医门法律》,既有精彩的医案医话,又有杂病证治和鉴别诊断方面的独特见解,理论精辟,阐发透彻,理法方药严谨。林佩琴的《类证治裁》是简明扼要的临床参考书。李用粹的《证治汇补》,丹波元简的《杂病广要》,都是汇集前人各家精华,条分缕析,既精且详,前者还补上了自己的见解。尤怡的《金匮翼》也是较出色的临床著述。

以上著述,都是较好的参阅书籍,虽各有特点,然与中医基本理论并无相悖之处,而其特点,正是各家之长,学者尤宜重视。

中药方剂学,既是基础,又是临床,可放在基础和临床课之中安排学习,选读易于诵读牢记的书。药物方面可读龚之林的《药性赋》或张洁古的《药性赋》等著作,参阅李时珍的《本草纲目》《神农本草经》,张璐的《本经逢源》等;方剂学可选读汪讱庵的《医方集解》,陈修园的《时方歌括》等,加上《伤寒论》《金匮要略》《温热经纬》《温病条辨》《医宗金鉴》等书中的方剂,基本能满足需要。

其他医案、医话,散在各家著述中,亦有单独论述者。如喻昌的《寓意草》,徐大椿的《慎疾刍言》《洄溪医案》,叶天士的《临证指南医案》,其他还有江瓘汇编的《名医类案》以及后来各家医案、医话专著不少,均可浏览。但在读这些医案专著时,必须在具备一定的基础理论和临床知识以后进行,才能收到良好效果。另外,应多选读有论有案的书,如喻嘉言的《寓意草》《先哲格言》之类,读后不仅知其然,更要知其所以然。当然,上列医籍,仅其中一部分,还有不少参考书,若精力许可,不妨多选。

(邓中甲、彭介寿记录整理)

医林四十年

浙江中医学院院长、教授　　何　任

[作者简介]　何任（1921～2012），浙江杭州市人。医学得自家传，并卒业于上海新中国医学院。解放后，潜心中医教育事业，历任杭州市中医学会会长、浙江省中医进修学校校长、浙江中医学院院长、浙江省人大常委等职，桃李遍于浙江。对于中医经典著作，特别对《金匮要略》有较精深的研究，著有《金匮要略通俗讲话》《金匮要略浅释》《实用中医学》《医宗金鉴四诊心法要诀白话解》《何任医案选》等。

作为我这样虽不很老但已年逾花甲的中医来说，谈不上有什么惊人的治学经验，但是确也从一条不平坦的道路走过来。能够真实地写点下来和青年中医共同勉励，深感快慰。

家庭陶冶　奠定学医志趣

"做一个医生,要有一颗赤心。道德品行要高,学识要渊博。"这是我父亲从小经常教导我的话。父亲是一个从儒而医,在杭州颇负盛名的医生。当我成年时,他已是五十开外的人了。他善良、刚直、博学、爱国,不但善医而且精于诗词、书画、文学,也学过新的科学知识。我在这样的庭训之下,从中小学时起就同时读一些《论语》《孟子》《大学》《中庸》《汉书》《史记》《古文观止》以及《本草备要》《药性赋》《汤头歌》《医学心悟》等书;得空也看一些章回小说和杂书,如《阅微草堂笔记》《两般秋雨庵随笔》《子不语》《秋水轩尺牍》《酉阳杂俎》之类。总之,几乎什么都要看一下。家庭陶冶,使我喜爱沉静,然自有读书人寥落之感;亦怡情于山水,但并不沉浸在湖光山色之中;虽酷爱诗词,而所作寥寥。如此而已。

在自学中,对历代医家有关医学德性的教导,如《千金方》之"论大医习业""论大医精诚"等几篇关于医德方面的文章,更是拳拳服膺。张仲景在《伤寒论·序》中指出当时医生的缺点为"感往昔之沦丧,伤横夭之莫救",而提出应该"勤求古训,博采众方";《古今医统》谈到"范汪,性仁爱,善医术,尝以诊恤为事";《褚氏遗书》指出"夫医者,非仁爱之士不可托也,非聪明理达不可任也,非廉洁淳良不可信也";《医统》讲到"庞安时为人治病,十愈八九,轻财如粪土,而乐义耐事如慈母""程衍道儒而兼医,其医人也,虽极贫贱,但一接手则必端问详审,反复精思,未尝有厌怠之色"。这些教导,对我影响很深,决心作为自己学习的榜样。

学医、行医和自学

卢沟桥事变后,淞沪战事发生,日本侵略军将战火烧到浙江。西子湖畔的静谧打破了。我家被迫避寇难到浙东,经严州(建德)而至山城缙云乡间。由于求学心切,我离家到上海。这个十里洋场对一个首次出门的青年来说既陌生又迷惘。这里风靡一时的是《何日君再来》的歌声,广告牌上是《三星伴月》一类所谓"软性电影"的彩画,眼睛里看到的是闪烁的霓虹灯光和打扮时髦的行人,真是红灯绿酒,纸醉金迷,锦绣丛中,繁华世界。何曾有人想到,正是这个时候,祖国的大好河山正被敌人糟蹋蹂躏!我这个离家千里的穷学生没有被这个花花世界所左右,一到上海就日夜复习在家学过的中医功课;当从报上看到了上海新中国医学院招生的广告时,便毅然决定报考二年级插班生。考试课目除了一般文化课程外,中医是考《伤寒论》六经提纲及其证治的发挥。不久,我接到了录取通知书,高兴地将录取消息函告家人,随即进入了中医学院学习。当时学校不管住宿;因为穷,只有住在里弄中十几平方的小楼里。而自己规定每天除上课外自学在十几小时以上,方法是:①自备参考书读,②到图书馆借阅医书读,③到老师处请教并记录下来。这样起早睡晚,度过了"三更灯火五更鸡"的学生生活。

据记忆所及,当时上海新中国医学院的学习课程一年级是医经、医史通论、中药、方剂、国文等课程；二年级是医经、中药、方剂、国文、伤寒杂病、温热病等等；三、四年级是伤寒杂病论、温热时病、医化学、药化学、生理、解剖以及中西医各门临床课程。教师都是当时在上海有名的中西医师，教材系主讲教师自己编写，有的铅印、有的油印。例如医经教材是以选择《内经》重要原文辑成，而《内经》原书则作为参考读物。由于学校设在上海的"公共租界"之内，校舍并不宽敞。现翻阅了手边仅有的该院第四、五届毕业纪念刊，其中有研究院、余庆桥附属医院、药圃以及病房、内科室、化验室、手术室等照片。这个中医学院和当时仅有的另一两处中医学院（校）都是热心于中医事业的老一辈名中医私人集资创办的。他们在遭受国民党反动派的摧残迫害下惨淡经营。这种维护中医教育事业的坚毅精神和苦心，至今还是我所崇敬的。

当时学院对教学实习没做过分具体的安排，基本办法是由学生自己联系进行。一般多根据学生各自的爱好专攻，到教课教师诊所实习，亦可自己选择到熟悉的名医处去抄方。因而，在教学实习的时期和空闲，我也跟当时名中医临诊抄方，几乎放弃一切休息。我跟的老师们有的专长内科时病，用药轻清灵活；有的擅长女科，善治崩漏带下；有的是负盛名的儿科，善用温热并重镇药；有的专理杂病，能解除疑难病症。这些老师各有师承，都是学有专长，他们的学识经验及对病人认真负责的态度至今还历历在目。由于感到对传染病的知识少，也曾在西医内科名医那里亲自侍诊过。记得有一天，一位母亲带一个三四岁的病孩就诊，孩子发热咳嗽、气急音哑，老师测了体温，看了咽喉，又让他去化验室做了检查。然后胸有成竹地问我："你看这是什么病？"我端详了一会，看到小孩咽部有白膜，并气促有犬吠样咳嗽，发热不是很高，而当时外面又有白喉流行，根据这些情况，我大胆地回答："很像是白喉"。老师高兴地点了头。自此，老师常让我去那里学习、请教。毕业实习时，家里是祖传中医的，可以在自己父兄处实习，承受其学术专长，结束时到校参加考试，并将毕业论文送院审评。我在学习了沪地诸老师经验之后，就回家随父侍诊实习。当我毕业的时候，抗日战争尚在艰苦阶段，祖国哀鸿遍地，浙东各地除遭敌机轰炸外，且疾病流行，诸如天花、鼠疫、疟疾等烈性、急性传染病随处可见。在这种环境里，我这个初出校门的青年中医，除了消化在学校学得的知识和请教父辈以外，主要是加紧了自学。当时手头书很少，只有几本如《麻疹集成》《类证治裁》《傅山女科》《临证指南》《肘后方》《世补斋医书》《六醴斋医书》《证治准绳》《皇汉医学》等等少量的学习资料。为了对古籍进行较深的研究，费了较多的代价，买到了一些版本较好的《脉经》《金匮要略》以及其他古医书的手抄本。那时，我没有其他的消遣嗜好，有空就看书，一有体会辄加记录，一有治验就加分析。这样，我看过的医书渐渐多起来。而自学是主要的。

　　工作、学习、看病之余，我曾将平时零星的读书笔记、学习心得逐步加以整理，写成《实用中医学》等若干种书，当时作为对"遥从"学生的函授教材，曾于一九四七年起陆续印刷出版。

培桃育李　甘苦寸心知

一九四九年五月,杭州解放,中医事业恰如枯木逢春。由于党的中医政策的贯彻,不久成立了浙江省中医进修学校,结束了反动统治让中医自生自灭的政策,把培养中医、提高中医纳入国家教育事业的规划,这是使我们中医工作者终身难忘的一件大喜事,人人感觉学医有奔头,治医有方向。一九五九年,中医进修学校扩建为浙江中医学院,国家的宏规硕划,使中医后继有人。由于党和人民的信任,我担任杭州市早期的中医协会负责工作后,又主持中医进修学校,直到负责中医学院前后近三十年,培养的进修生、函授生、本科生、西学中班等共有数千人,做一些讲课、听课、带实习,并参与一系列教学工作,在实践中边教边学、边学边教,从而收到"教学相长"之益。古人说:"十年树木,百年树人。"我尝认为"百年树人"的大事业不能仅仅限于教学工作。因此,除了教学之外,还注意引导教师加强书本知识和业务本领。负责学校工作的,既要教学生,也要和教师一起做到以身作则,刻苦地钻研业务。基于上述观念,我在一九六二年,总结治学经验体会,写出《谈治学》一文,发表于《浙医校刊》。发表后,在学院教师队伍中,引起反响,教师们多以钻研本课业务,教好学生为己任,治学蔚然成风。一九六三年,还组织各教研组教师总结各门课的教学经验,并印成专辑。由于重视教学质量,学生中尖子人才辈出。我目睹此种好教风、好学风的迅速成长,喜悦的心情确非语言文字所能形容。回顾一九四五至一九六七这二十个年头里,我对治学也身体力行,不暇自逸。白天有教学任务及会议,往往静不下来,故备课和自学多数安排在清晨及夜晚,有时常到午夜,也唯有这两个时间最宁静、最受用。前人有"夜卧人静后,早起鸟啼先"的诗句,对照当时情景,体会实深。

令人痛心的是,十年动乱时期,我省中医教育事业遭到空前灾难,举国混乱,我省尤甚。学院撤销,校牌丢在柴间里,大部分教师关在"牛棚"里,我则因为是院长,又发表过《谈治学》,所受苦难,自不待言。本为党的教育事业而谈治学,却为了《谈治学》而倍受迫害。十年浩劫中的"风雨如晦,鸡鸣不已",对我来说,的确是"甘苦寸心知"。

劫后此生 再接再厉

"心事浩茫连广宇,于无声处听惊雷。"一九七六年粉碎"四人帮"以后,浙江中医学院恢复了。在百废待兴、百业待举的情况下,省委给我院派来了得力干部,我重任院长,有决心再振校风,不惜鞠躬尽瘁,和全校干部教师刻苦奋战,使学校成为出人才、出成果的基地,誓把学校在十年浩劫中所遭受的损失夺回来。首先适当增加招生名额,鼓励教师在教好课的前提下著书立说,做好"传道、授业、解惑"的各种示范;其次,创办《学报》,在学术上树立校际交流的先声。以本人来说,坚决不脱离教学第一线的工作,教本科班,教西学中班;讲《金匮》课,讲《各家学说》课,医疗上每星期安排一次门诊,并组织全院老中医采辑各自治案编成《老中医医案选》,已印行成书。著述方面:在五十年代所编写《金匮要略通俗讲话》的基础上,结合近几年课堂教学资料,略加深广,写成《金匮要略浅释》,对《金匮》原条文作了注释,关于《金匮》方应用于临床的治验,也适当地写进去;还写出《金匮便读》,作为初学《金匮》的指要;又与中基教师着手编写《难经浅释》,使古典医著从普及到提高,便于重点研究。更可喜的,我院一九七八、一九七九届各专业研究生在各指导老师的分别指导下,对理论研究、临床研究和总结老中医的经验方面,都能深造有得,有的还有所发现,形势十分喜人。

老当益壮　加倍勤奋

"老当益壮"这句话,是在《后汉书·马援传》里看到的,意味着老年人不能有衰飒感,应该发挥壮年人的意志和毅力。像马援这样"不服老"的精神和行动,我们是应当取以为法的。怎么"壮"呢?我认为应该从"勤"字上表现出来,即勤于学,勤于做。

如何勤奋学习和勤奋工作呢?华罗庚教授一九七九年三月在浙江省科学大会上的讲话,提出"敢""赶""干"三个字,我很钦佩其有积极意义和实际作用,对我启发很大。

"敢",就是解放思想,敢于破前人框框,敢于创新,敢于怀疑前人的学术理论是不是完全对,所编注的方式方法是不是完全好。例如,《伤寒》《金匮》的编注本这么多,陈陈相因的十之七八,推陈出新十仅二三;方式除日人汤本求真两书合编,侧重方证治验以外,几乎极少新裁。我的想法和做法,应该有方证治验来说明《伤寒》《金匮》条文,更为接近实际一些。

"赶",在科学方面来说,就是要努力赶超世界先进水平。中医学无世界先进水平可超,那只有从继承发掘古医学说来超越前人。"今胜昔"是客观事物发展的规律,也是"一代新人胜古人"的具体表现。最近全国有许多译释古典医著的新作,使深奥而有用的东西通俗化一些,从继承而达到赶超古人。

"干",就是埋头苦干,少说空话,多干实事。华老有"苦干、实干、拚命干,党员本色"的提法。诚然,搞教学及医疗工作,更要实事求是,讲实效,否则必然教不好课,治不了病,对自己的学业也是浮的。所以我主张脚踏实地地干一辈子。

何任

杏林春暖忆旧迹

山东中医学院教授
中华全国中医学会理事 周凤梧

[作者简介] 周凤梧（1912～1997），山东临邑县人。从事中医临床和教学工作四十余年。不仅医理精深，长于内、妇、小儿诸科，且倾心治学，勤于著述。先后主编和编著出版的著作有：《神农本草经百五十味浅释》《黄帝内经素问白话解》《黄帝内经灵枢语释》《山东中草药》《中医妇科学》《中药方剂学》《黄帝内经素问语释》《中药学》等。以上共计三百二十余万字。曾任山东中医学院内科教研室副主任兼附院内科副主任、《山东医刊》副总编辑、中华全国中医学会中医理论整理研究会委员、山东省第四届政协委员、中华全国中医学会山东分会副理事长、山东中医学院中药方剂教研室主任等职。

我生在一个三世为医的家庭里，曾祖、祖父、伯父都是中医，在当地均有盛名。我十六岁高小毕业后，因无力上攻，不得不图谋前途找条生路。在亲族的影响下，立志学医。此时，前辈俱已作古，便从先伯的弟子、表兄张文奇学习。

启蒙一席话

表兄张文奇是前清末科庠生出身，工书画，博览群书，医学造诣颇深，借广益堂药店坐堂执业，名噪城邑。他虽是秀才，但思想并不老朽。当时，国家正沦为半封建半殖民地的悲惨境地，西风东渐，群相效颦，中医地位，日趋消沉，中西垢骂，斗争激烈，对此时此势，表兄不胜感慨。记得他有以下的议论：医学是科学，原不应有什么国界。中医、西医皆以治疗人类疾病为目的。中国医学历史悠久，由于历史的原因，形成了独特的流派。不仅有独特的理论体系，也有独特的药物和技术，它也是科学。在中华民族丰厚的遗产中，中国医药学是最可宝贵的遗产之一。我们应当为此感到自豪，应当努力加以研究和发扬。表哥的分析，对于我坚定学习中医的信心和决心，起了很大作用。

对于如何学成一个学有渊源、根深蒂固而不是头痛治头、脚痛治脚的医生，表兄以为非系统学习经典、打下坚实的基础不可。他说，《内经》《伤寒》《金匮》《本草》等，都属必读范畴。学习时除吃透精神外，对某些章节、条文和方药，还必须下一番背诵强记的功夫。表兄指出，有的古典著作的成书有一定历史背景，往往掺杂了一些方士的话语,甚至有些荒诞不经之处。这是方士们怕平坦正直的医理不动人听,才拿出些玄学的话头来附会;也有的后世医家由于理解不深、说不出医理,就假借玄学来说明一下;还有的后人借着玄学瞎说一通,借以提高自己的身价。对于种种穿凿附会的东西,大可不必采纳。当然,有些地方良莠混杂、真伪难辨,须下一番分析的功夫,不能简单贬斥。至于像"玉女煎""三拗汤"之类的方名,乍看上去难以知道它葫芦里卖的什么药,但只要实践证明有效,也就不必在方名上过下推敲的功夫了。总之,中医不是玄学,也不是高谈空理的哲学,而是实用科学。学中医要从实用出发,不要咬文嚼字钻牛角。此外,今人学习中医,还有开辟进取、发扬光大的使命,继承古人又不泥于古训,才能有所成就。

表兄的一席启蒙话,帮助我奠定了正确的学习态度。

习读医籍的体会

我的学习方式,是以自学为主,集中问题,利用晚间请表兄答疑析难。在四年多的时间里,先后学习了《内经知要》《黄帝内经素问》(张马合注)《注解伤寒论》《金匮要略浅注》《濒湖脉学》《辨舌指南》《本草备要》《本草从新》《伤寒论类方》,背诵了《药性总赋》《汤头歌诀》等等。

现在大家承认是医经的,只有《内经》和《难经》。《内经》里分成两大部分,一叫《素问》、一叫《灵枢》。《素问》是讲生理、病理、诊法、治则的,是中医基本理论的根据,是学习中医的必读之书。《灵枢》和《素问》在祖国医学中,均具有很高的指导作用。特别对经络和针灸的研究,更为重要。《难经》以阐明《内经》的要旨为主,其对脉诊的论述,尤为精湛,有创造性的立说。对三焦和命门的学说,提出了新的论点。此书对深入研究中医理论,更好地指导临床实践,有着重要的意义。但这两部书词旨古奥,有些章句乍读常常百思莫解,尤其是运气学说等。如《素问·四气调神大论》中"交通不表,万物命故不施,不施则名木多死"等句,和《素问·六微旨大论》中"显明之右,君火之位也。君火之右,退行一步,相火治之。复行一步,土气治之……"等句,读来直如堕五里雾中。在这种情况下,尽管教者口中昭昭,无奈听者心内昧昧。怎么办?我的办法是先选择较为通达的部分学习;暂时搞不通的,只有留待以后触类旁通。至于司天在泉、主气客气相加临等运气学说,正如叶霖所说:"运气之学,白首难穷,固不可不知,亦不可深泥。用以冠冕门面,此近来著书陋习,姑不足怪。若谓细考经注,便知某年某气,即见某病,而应如桴鼓,特大言欺世耳。"诚哉斯言!我以为,不能认为既称医经,就绝对一切不可违背。

东汉张仲景所著《伤寒杂病论》一书,经晋太医王叔和编次之后,第一个注解的就是金代成无己。他不像后人那样自作聪明地乱加己见,仅按《伤寒论》原意,加一个解释。有人以为他很少发挥,其实这正是他诚实可靠的地方。但是,学习《伤寒论》,切忌拘泥不化。前人曾说:"伤寒非奇疾也,《伤寒论》非奇书也。仲景撰其所见,笔之于书。非既有此书,而天下之人依书而病也。"这正说明,大匠诲人,必以规矩,学者亦必以规矩,使学者有阶可升,至神明变化,出乎规矩之外,而仍不离乎规矩之中,所谓"从心所欲不逾矩"。

《金匮要略》一书,也是张仲景所作。《伤寒论》所治的病以伤寒为主;《金匮要略》所治的是各种杂病。后来各种医书,在辨证立法、组方遣药的法则方面,皆超不出这两书的范围。中医学虽历代名家辈出,但其学说的基本理法都是一致的。清代陈修园说过:"学者必先读《伤寒论》,再读此书(指《金匮要略》),方能理会。盖病变无常,不出六经之外,《伤寒论》之六经,乃百病之六经,非伤寒所独也。《金匮》以《伤寒论》既有明文不复再赘,读者当随症按定六经为大主脑,而后认症处方,才得其谛。"这实在是读《金匮要略》的法子。《金匮要略浅注》系陈修园集诸家之说而著,比较浅近易解,适合初学。

切脉是四诊之一,必然要学。讨论切脉的书非常之多。脉学之源,当然还是《内经》;《难经》上也畅谈脉理。关于以脉定脏腑的部位,还是导源于《内经》。如《素问·脉要精微论篇》上说:"尺外以候肾,尺里以候腹。中附上,左外以候肝,内以候膈;右外以候胃,内以候脾。上附上,右外以候肺,内以候胸中;左外以候心,内以候膻中。前以候前,后以候后。上竟上者,胸喉中事也;下竟下者,少腹腰股膝胫中事也。"后来的《濒湖脉学》和李延昰的《脉诀汇辨》所定部位,皆与《内经》上的定法差不多。李延昰的《脉诀汇辨》说得很清楚:"包络与心,左寸之应;惟胆与肝,左关所认;膀胱及肾,左尺为定。胸中及肺,右寸昭然;胃与脾脉,属在右关;大肠并肾,右尺斑斑。"这种分配脏腑的法子,实用起来最为合适,我在临床上就采用这种学说。

王叔和还著有《脉经》，明·李时珍说，这部书并非王叔和所作，书中的话不很可靠，李时珍自己作的《濒湖脉学》，把脉分成二十七种。陈修园说，这一部书很有道理，所以后世学医者多选此本。脉的名称太多，不容易记忆，第一步只要记得以下几种就可以了，即浮、沉、迟、数、虚、实、滑、濇，再加上芤、促、结、代，一共十二种也就够用了。用这些脉可以配出好多样子来，比如"实"上加"浮"，就是"洪"脉；"沉"加上"实"，就是"牢"脉。细心地体会起来，就可以辨出种种病症。学辨脉的方法，只有多诊脉，单看书是没有用的。

舌诊和切脉一样的重要。《内经》《难经》《伤寒论》上，都没有提舌苔，其实舌苔关系很大。因为舌体在口腔里面，和脏腑的关系密切，脏腑有了病症，从舌苔上可以看得出来。尤其从舌苔上可以看出险症来。《辨舌指南》上说："纯熟白苔舌：白苔老极，如煮熟相似，到底不变，厚如物裹舌者。此舌多心气绝，而肺之真脏色见也。因食瓜果冷水冷物，胃气先伤，阳气不得发越所致，为必死之候。急用枳实理中，间有生者。""黄苔黑斑舌：全舌黄燥，间生黑斑无津。黄苔中乱生黑斑者，必大渴谵语身不发斑，大承气汤下之；如脉涩谵语，循衣摸床，身黄斑黑者，俱不治；下出稀黑粪者死。""红细枯长舌：舌色干红，枯而细长。乃少阴之气绝于内而不上于舌也，虽无危症，脉若衰绝，朝夕恐难保矣。"诊舌之重要有如上述，故临床上舍脉从苔之症，是屡见不鲜的。《辨舌指南》乃民初曹炳章所著，书中列章分节，条目井然，且有论有图，有治法，有医案，又有方药，能使后学辨舌察病，审病用药，不致茫无依据。

中药学古称"本草"。自《神农本草经》问世之后,历代本草著者颇不乏人。后世便于阅读而切合实用者,当推清代汪昂的《本草备要》。这部书的优点,不仅所选者为临床常用药物,而且删掉了历代本草著作中荒诞不经的东西。后来吴仪洛就拿这部书做底本,经过增删改,写成一部《本草从新》,后学很乐于研读。现在出版的《中药学》,是按药物功效分类编写的,较之古本草有很大进步,即更接近临床且易于记忆。在学中药的过程中,主要是记熟每味药的性味归经、功效主治、配伍关系、药性对比等。一般掌握三百至四百味常用药即已够用。但初学时背这么多药是困难的,还须临床时反复温习,始能运用自如。想一劳永逸,是不现实的。

仲景《伤寒论》六经分证处方,是体现中医辨证论治思想的典范。六经各有其主病,病各有其主证,证各有其主方,方各有其主药。与此情况相适应,则一方除有主药外,还有随证立方、依方加减的规律。这里既贯穿着明确的原则性,又包含着高度的灵活性。《伤寒论》一百一十二方莫不如此,因此号称为中医治病群方之祖。清代徐洄溪以方名编次,不类经而类方,且繁征博引,撰成《伤寒论类方》一书,意在方以类从,使人可按证求方,而不必循经以求证,可谓后学见证施治之准绳,遣药组方之基础。然潜心经方,未必尽合时宜。故专读仲景书不读后贤书不可,仅读后贤而不读仲景又不可。二者兼备,临证方可有济。

虚心受益多

历时四年多,把经典学了一遍,打下了一定基础。于是跃跃欲试,总想把学到的理论验证于临床,亲友间偶有小恙者,便毛遂自荐,投药奔走。今日诊治,翌必往视,方释牵怀。无如取效者甚少,得验者不多,甚而也有束手无策者。在这种情况下,我便多方求教,不耻下问,以解迷惑。举例如下:①张某,男,二十六岁,体硕身壮,病已三日,六脉洪数,舌苔黄厚,脊背恶寒,统体灼热,头痛身痛,目赤不渴,闷烦泛哕,但喜食冷物,大便尚调,小便短赤,吐痰带血。检前医处方,乃小青龙汤加良姜、砂仁、陈皮等。方中桂枝用至四钱,麻黄二钱,芍药五钱。阅方殊为惊骇,已知上述症状实为药误,爰拟小柴胡汤加蝉衣、连翘和解之。两进以后,热仍不解,诸证悉存。急请教于王静斋老先生。答云:此症不特应用石膏,更应大量重用才对。盖经云:春分前三十日民病疠,春分后六十日民病温。此乃疠也。除应用大蓟四两、火麻仁一两,先煎大蓟再和火麻仁捣烂为团,搓患者前胸后背及曲池、委中部外,应重用清瘟解毒之品,该患者兼有咯血,更应加犀角钱许,并加绿豆衣一两以解前药之热毒。至于恶寒,乃经所谓"热深厥亦深"之象也,何不敢重用石膏?盖热解则寒亦解矣。凡遇此等症,只要放胆用去,庶乎近焉。须知此乃疫疠之类,并非少阳之证,宜乎柴胡和解之不效也。依法处理,始转危为安。②季某,男,二十八岁,曾患淋病,愈后形体羸弱,夜梦盗汗。某医以其汗液冰冷,谓为汗未出透,更令其睡热炕出大汗,以是元气愈虚。证见下肢冰凉,阴囊湿冷,胸闷短气,腹两侧如柱两条,时作隐痛,胃纳不甘,时做美梦,咳吐白痰,咳时及黎明,每自汗岑岑,其最苦恼者为胸闷短气,亦为其所请急于解除之一端。按六脉濡弱无力,舌苔白而微腻,口不思饮。余认为系肾阴亏损,命火衰微之候。先拟开提理气以解胸闷,如蒌皮、薤白、砂仁、香附之类,两进无效。继用金匮肾气汤加金铃子、芦巴子、吴茱萸、小茴香等,连服四剂,病情虽无大瘥,据称统体已较前舒适。及至再次复诊,又突胸闷加剧,五内烦乱,苦楚难忍,此时已感束手。王老云:此属虚劳。虚劳一症,病难速已。应以王道功夫,冀其缓效。倘虚怯过甚,起初处方分量务宜从轻,每有一剂药仅重数钱者,见效则慢慢增加。所述前症用金匮肾气,实为正治,盖熟地腻膈,泽泻泄肾,均应减去。此等症总宜空动灵活,其理气之品如砂仁、香附等犯虚虚之戒,尤为不合;附子三钱不为多,肉桂现时无高货,用一钱五分或二钱均可。如胸闷不畅,可酌加补中益气丸二钱(包煎),有效则缓加。其腹如柱,乃肾气上冲之候,肾囊寒湿,属命门火衰之象。盖水火平衡,无火水难以布化,故下焦寒湿耳,桂附势在必用。照旨化裁,制配丸剂,经治半载,逐渐康复。③靳某,男,三十岁。症见脊膂恶寒灼热,晨起便溏,小溲短黄,胃呆纳减,缠绵经月,形体渐羸,精神萎怠,脉细苔白。予以温脾益肾,引火归元,数剂不效。更医投以表补,病势益增,体力不支。我便同车求诊于徐鞠庐先生。立案云:恶寒身热,肢体疼痛,舌白不渴,脉浮细而数,呛咳白痰,气促而短,大便溏泄,小溲短赤,症系湿温误投表补,肠胃之湿热留恋不清,拟以苦温淡渗,化湿中之热。立方:西茵陈三钱,制川朴一钱,猪苓一钱五分,茯苓三钱,生薏仁五钱,白蔻一钱,大腹皮二钱,杏仁泥三钱,橘红一钱半,苦桔梗一钱,淡竹叶一钱五分,藿香梗一钱五分。进两剂之后,复诊案云:恶寒气短便溏皆减,仍肢体无力,微咳咽干不多饮,舌苔微黄,按脉右关弦数特甚,肠胃湿热过重,仍拟茵陈四苓加味。三诊案云:两进茵陈四苓加味,脾湿渐化,恶寒颇减,咽干不渴,舌苔白腻带灰,大便溏泄,腹不痛。此系湿热得以下行,但胃纳不甘,仍宜前方佐健胃之品。继进四剂,诸证悉除。④孔某,男,六十八岁。头晕肢冷,面赤自汗,嘈杂烦满,呕哕不得,大便不畅,六脉洪大,两关特甚,舌苔黄厚,已三日食水未进,卧床难起。慎思良久,无从着手,且年事已高,未敢疏方。遂代请吴少怀先生诊治。原案云:脉象两关弦数,舌苔白厚,湿热积于中脘,气机不舒,头晕恶心,嘈杂烦躁,自汗肢冷,水谷运迟,以致数日饮食少进,屡经调治,诸不相宜,拟辛开苦降法先理胃土,俾少进饮食再议。处方:姜半夏三钱,吴萸三分,炒黄连一钱,茯苓三钱,广皮一钱五分,炒杭芍三钱,通草一钱五分,姜川朴五分,姜竹茹三钱,砂仁一克,生姜二片。煎好缓缓服下。复诊案云:昨进辛开苦降,今日脉来和缓,胃中湿热渐降,矢气而不更衣,头仍眩晕,微有烦躁,手足厥逆已少和,拟前法加减肝胃并调,心肾两交。即于前方去通草、砂仁,加淮小麦三钱,远志一钱五分,胆草四分。嗣进益气养胃而瘥。他如小儿之麻疹里陷,老妇之崩漏不止等症,无不晋谒专家,虔诚请教。

我认为钻研任何学问,自学虽是重要之路,但一旦遇有阻拦,还须有人指点,方才恍然有悟。自己艰苦用脑,时刻准备请教,虚怀若谷,披沙拣金,日积月累,方可较快入境。

实践出真知

一九四〇年秋,济南警察局布告考试中医,经参加初复两试及格,领取执照后,始得在寓正式开业,嗣又在济南永安堂药店挂牌行医。自此以后,接触病人的机会日渐增多,除内科杂病外,它如经带胎产、痧痘惊疳、疮疡肿毒等等,都经常接触。接触患者多了,更觉得自己知陋识浅,即所谓"书到用时方恨少"。这样,就迫使自己不停顿地抓紧学习,方法有三:第一,在药店柜台上检阅本市各医家的处方,以资观摩,取人之长,补己之短;第二,利用诊余向药店药工学习膏丹丸散的制作程序,并亲自操作练习,同时还熟认了三百多种中药饮片;第三,结合诊疗中遇到的问题,利用夜间着重攻读临床各科医著,对照思索,记录心得。这时期读过的书有《笔花医镜》《医学心悟》《医宗金鉴》中的"杂病心法要诀""妇科心法要诀""幼科心法要诀""删补名医方论"等部分以及《温病条辨》《温热经纬》《时方妙用》《医方集解》《济阴纲目》《医林改错》等。现在想来,与临床密切结合的学习,效果是好的;而在永安堂的认药、制药,使我在临床处方遣药方面终生受益。现在我仍认为,医者不识药,终是一大憾事。

通过长期的临床实践,不但熟悉了常见病、多发病的治疗,对于某些疑难重症,也逐渐积累了一些经验。一九五三年秋,济南市发生了流行性乙型脑炎,当时医院收住的病员,西医治疗一般多采用冰敷降温,用磺胺类制剂,青、链、金、氯等抗生素以及对位氨基安香酸等药物,多数效果不理想,死亡率相当高。于是,市卫生局紧急组织中西医进行抢救。为了观察中医中药的疗效,取得经验,在传染病院将收住病员先由西医确诊,分成中医中药组和西医西药组进行对照观察,每组各分病人十二名。中医组由刘惠民、吴少怀、韦继贤和我四人负责。中医组还负责省人民医院五名、铁路中心医院三名病员的治疗,并负责所有中药的配制和供应。在这些病员中,有十四岁的少年,也有六十岁的老人。共同症状是突发高热(40℃左右)、头痛、呕吐、抽搐、嗜眠、昏迷、烦躁和谵妄、头颈强直、四肢痉挛甚至偏瘫,或扬手踯足,昏狂不安等等。中医诊断证属湿温病而热重于湿,亟宜辛凉淡渗、芳香开窍,爰制以白虎汤加广犀角、飞滑石等大锅煎剂,普遍投服,另据病情分别给予局方至宝丹、安宫牛黄散,或自制的清热镇痉散:羚羊角粉一两,白僵蚕八钱,蝎尾六钱,蜈蚣(隔纸炙)一条,天竺黄、琥珀各四钱,朱砂、雄黄各二钱,麝香四分,共为细粉,瓶装二分,成人每服二分,十二岁以下每服一分,病重者日服二至三次,白水送下。投服方法:灌服或鼻饲。经过短期治疗,所有上述患者均先后向愈,无一死亡。治疗结束后,曾详为总结。面对这样好的治疗效果,有的同志想不通。提出:"中药石膏的化学成分是硫酸钙,西医只是用它做石膏床、石膏绷带,并没有治疗疾病的功能,今天竟然用以治疗脑炎,想不通。发烧到四十度,中医不主张用冰囊之类的道理,也想不通。"其实,按中医理论,治湿温病禁忌汗、下、润,因为"汗之则神昏耳聋,甚则目瞑不欲言;下之则洞泄；润之则病深不能解"。根据这个原则,如用发汗剂、利尿剂、泻下剂,从中医学看来就不对路;尤其用冰囊冰敷这一招,在中医看来更不对头,因为这可使热无出路,迫邪内陷,造成恶化之局。看法不同不要紧,可以促使大家多动脑筋想问题。但是,应当尊重事实,应当尊重实践的经验。然而,在"想不通"的影响下,我们的治疗总结也就石沉大海了。但还必须指出的是,中医对此病的认识也不是一成不变的。一九五五年七八月间发生的流行性乙型脑炎,就不同于一九五三年,辨证认为是属于湿温病湿重于热的范畴,在治则上除仍分别采用局方至宝丹及清热镇痉散以抢救回甦外,则著重以芳香化浊、辛开苦降、淡渗利湿法为主组方与之,那就不是上述白虎汤加味所能解决的了。

就我个人来说,通过参与这场抢救危重疾病的斗争实践,不论在辨证论治、立方遣药诸方面增加了不少新的知识,而且进一步认识到,祖国医学理论确有着深厚的实践基础。唯其如此,中医药学里的确蕴藏着许多闪光的瑰宝,这些瑰宝是前人千百年实践的结晶。我们的任务,就是通过更高一级的实践,使它的科学内涵更加得到发扬。

结　　语

有志于学习中医的青年同志们:祖国医学是一门实用科学,要想达到一定的境地,必须刻苦勤奋,专心致志,既不能浅尝辄止,更不能畏难而退。须知在科学技术史上,没有一个有创造的学者不是辛勤的劳动者。任何优秀的科学家,都不是"天才",而是在进取的思想指导下,对于复杂的社会生活进行深入地观察、体验、研究、分析以后,付出了艰苦劳动才能有所成就的。

几十年来,我涉身医林,回顾旧迹,虽为中医事业做了一点工作,但成就是微不足道的。现已年近古稀,总感到"时乎时乎不再来"的紧迫,又感到还有一些应当学习的医籍还没来得及阅读,因而每天除教学、指导、编写等工作外,仍要挤时间看看书刊,一有收益,辄觉欣快。身心疲怠时,唯有作画以自遣,绝少一登剧场之门。"老牛明知夕阳短,不用扬鞭自奋蹄。"在当今与旧社会大不相同的优越条件下,愿与后学共勉之。

周凤梧

学医、行医话当年

山东中医学院教授　　李克绍

[作者简介]　李克绍（1910～1996），山东牟平县人。毕生致力于《伤寒论》的研究和教学工作，在前人研究的基础上，对于《伤寒论》的理论价值和临床价值都有所开拓。著作有《金匮要略浅识》（与王万杰、刘洪祥合作）《伤寒论讲义》《伤寒解惑论》和《伤寒论语释》等，其中《伤寒解惑论》一书最能反映其学术观点，颇得读者好评。

动机与目的

我在弱冠之年，本来是做小学教员的。由于在旧社会教育工作者的职业极不稳定，又因我叔父患热性病被庸医误药加剧致死，才有志于改业行医。但为什么不学西医而选择了中医呢？说来也颇为滑稽，是受到反对中医者的启示,才决心学习中医的。事情是这样的:由于无人指导,我盲目购买的第一本医书,是浙江汤尔和译、日本人下平用彩著的《诊断学》,这在当时是比较先进的西医书。汤氏是最反对中医的,他在这本书的叙言里有这么几句话:"……吾固知中医之已疾,有时且胜于西医,但此系结果,而非其所以然。徒以结果与人争,无已时……"意思是说"我当然知道中医治病,有时确比西医为好,但这只是治疗效果,而所以取得这些效果的道理,中医则讲不出来,既然讲不出道理,只用治疗效果同别人争辩,那是不能说服人的"。看了这一段话,我才发现,连西医也承认中医治病并不比西医差,只不过由于中医讲不出道理,才瞧不起中医。我当时想:"结果"和"所以然",究竟何者重要呢?我不可能知道汤氏本人如果得了垂危之病以后,他是愿意明明白白地知其病之所以然而死去呢?还是要想法活着而宁肯暂时不知其所以然。不过作为一个治病救人的医务工作者来说,甚至除了汤氏以外的任何患者来说,都会以救人为第一,毫不犹豫地选择后者,而不会由于讲不出治愈的道理,便把行之有效的治疗方法弃而不顾,听任病人死去而还说"可告无愧"(汤氏语)。

我又进一步想:世上真有无因之果吗?中医能愈病,必有所以能愈病的道理,只是这种道理,可能暂时尚未得到解释,或者已经有中医的解释,而是目前人们暂时尚不理解罢了。

即使做不出令人信服的解释,也不应算作是中医不科学的一个证据。科学领域的未知数太多了,"知其然而不知其所以然",这其实不仅仅是中医常遇到的问题。"行易知难""不知亦能行",这是近代革命家、政治家孙中山先生的哲学思想。他在《建国方略》的"心理建设"中,以饮食为例证明不知亦能行。他指出,很少有人彻底了解饮食入腹之后的详细消化过程,也很少有人了解人体正常生理需要哪些营养,以及哪些食物各具有哪些营养,但是人们还是每天都在进食的。这证明,"不知"并不妨碍"行"。但汤氏却一定要抛弃中医的治疗效果于不顾,偏偏在"知"字上将中医一军,这是错误的。

承认中医有优于西医的治疗效果,相信有效果必有其所以然的道理,使我学习中医的信心和决心更足了。

经过与体会

学习中医的决心有了,信心也有了,但是怎样学习,还得自己去摸索。在几十年的摸索过程中,我确实走了不少弯路,浪费了不少精力,但也有不少收获。这正好是一些有益的经验教训,把这些经验教训总结出来,供学习中医的青年同志们参考,是有益的。

(一)要博览群书,更要由博返约 过去有一句成语,"六经根柢史波澜"。是说学者要想写出一篇有价值的文章,首先要把"六经"(《诗》《书》《易》《礼》《乐》《春秋》)吃透、记熟,这是基础。这还不够,还必须有历代的史料来加以充实和润色,才能把文章写得有声有色,有证有据,波澜起伏。中医学的根柢是什么呢?就是《内经》《难经》《本草经》《伤寒论》《金匮要略》等。这些经典著作,对于生理、病理、药理、诊断、治则等,都有重要的指导意义,不掌握这些,就会像无源之水,无根之木,要把中医学得根深蒂固,是不可能的。但是单靠这些经典著作还不行,因为这些经典著作毕竟是原则性的理论较多,而且这些理论,不加以阐发论证,不结合临床体验,仍然不容易学深学透,这就要求学者,除了经典著作之外,还要广泛地阅读其他医家的著述,尤其是历代名家的著述,所谓"读书破万卷"。每个人虽然由于各种不同条件的限制,千卷、百卷也可能读不破,但是这种雄心壮志是应该有的。

祖国医学从汉代到现在已经将近两千年了。在这近两千年中,堪称中医名家的,至少也有几百家,至于他们的著作,更是汗牛充栋,更仆难数。在这浩繁的卷帙中,学派不同,立说各异,互相补充者固然不少,互相矛盾者往往亦有,若不加以分析归纳,那么阅读得越多,就越杂乱无章,所以仅仅是读得博还不行,还要由博返约,才算真正学到手。

所谓由博返约,就是从全面资料之中,归纳出几个重点,从不同的现象之中,找出其共同的规律。这并不是一件容易事,不下大工夫,不学深学透是做不到的。陈修园在其所著的《医学三字经》中,有这么几段话:"迨东垣,重脾胃,温燥行,升清气。""若子和,主攻破,中病良,勿太过。""若河间,专主火,遵之经,断自我。""丹溪出,罕与俦,阴宜补,阳勿浮,杂病法,四字求。"他把李东垣的用药规律,归纳为"重脾胃,升清气";把张子和的用药规律,归纳为"主攻破";把河间诸说,归纳为"专主火";把朱丹溪的《格致余论》等归纳为"阴宜补,阳勿浮"。这就是由博返约。这样的归纳,言简而意赅,不但容易掌握,而且也便于记忆。

对于金元四大家,除了上述归纳之外,我还从其治疗技巧上做了归纳。我认为东垣诸方之所以补而不壅,全在于补中有行。试看升麻、柴胡、陈皮、木香等气分药,都是他常用的配伍之药。河间诸方之所以寒不伤中,全在于寒而不滞。其常用药如走而不守的大黄、芒硝自不必说,就是守而不走的芩、连、栀、柏等,也大都与枳实、厚朴、木香等气分药合用,使苦寒之药,只能清火,不至于留中败胃。他虽然有时也纯用守而不走的苦寒剂,如黄连解毒汤等,但这究竟是少数。子和之主攻破,毕竟是施于经络湮淤,或肠胃瘀滞之实证,如果不实而虚,即非所宜。丹溪养阴,也是在误服金石燥烈药,元阴被劫、相火妄动的情况下才相宜,如果阴盛阳衰,亦为大忌。

我在初学时,觉得四大家各不相同,究竟是那一家为好呢?后来又把四大家加以归纳:张子和的攻破,是祛邪以安正,李东垣的"重脾胃",是扶正以胜邪。当正虚为主时,采用东垣法,邪实为主时,采用子和法,二者并不矛盾。刘河间之寒凉,是泻阳盛之火,朱丹溪之补阴,宜于治阴虚之火,两家都能治火,只是虚实有别。这样,我们临床就可以根据邪正虚实,取各家之所长,对症选方,并行不悖。这就叫作由博返约。

(二)尊重古人,又不迷信古人 所以要博览群书,目的是要把前人的经验智慧继承下来。但是前人的说教,并非都是金科玉律,任何名家权威,都会有千虑之一失。这就要求我们,既要尊重古人,又不要迷信古人,要选精去粗,而不能瑕瑜不分,兼收并蓄。譬如《内经》《难经》等名著,毫无疑问,这是中医理论的宝库,但正是这些宝贵的经典著作中,就存在着不少脱离实践的糟粕。例如《灵枢·经水篇》,以中国的河流,江、淮、湖、海等比拟十二经脉,意义就不大。《灵枢·阴阳二十五人篇》认为,人从七岁起,每加九岁,如十六岁、二十五岁、三十四岁、四十三岁、五十二岁、六十一岁,皆形色不相得者的大忌之年,这更是形而上学。《难经·四十一难》解释肝脏为什么有两叶,认为是"去太阴尚近,离太阳不远,犹有两心,故有两叶"。"三十三难"用五行解释肝肺,不但把五行讲成机械教条,而且它所说的肝在水中生沉而熟浮,肺在水中生浮而熟沉的说法,也与客观事实不符。还有,如"十九难"的"男子生于寅""女子生于申"等,星相子平者流引用这样的术语,还有可说,若在有关生命的医学著作中,加以引用,岂不荒谬!

　　不但阅读这些经典要一分为二,就是为这些经典医学所作的注疏,阅读时也要有分析、有批判,有的竟不是错在经典,而是错在为这些经典所作的注疏上,如果不加分析,照搬不误,就会自误误人,流毒无穷。就拿《伤寒论·辨脉法》中的"风则伤卫,寒则伤荣"来说,这不管是王叔和所加入的,或者是《伤寒论》原来就有的,都是似是而非的不可捉摸之词,尽管这种学说在中医界已经泛滥了约有千年之久,我们也不要不懂装懂,自欺欺人。再如伤寒传经之说,也同样如此,本来是很平易近人的一部外感病学,却用什么循经传、越经传、首尾传、表里传、传足不传手等虚构之词,把《伤寒论》越讲越离奇,越讲越糊涂。如此等等,读了以后如果只知推崇,不加批判,就不如不读。孟子曾说过,"尽信书则不如无书"。尊重前人,是必要的,但是"信而好古",只是在经过一番分析之后,才有意义。

以上这些,仅仅是举了几个明显的例子,在中医的著作中,无论是经典著作,或者非经典著作,这类的例子还有很多。我在初学时,由于不敢批判,也不善于批判,曾经浪费了很大一部分精力,今天,为了避免后来者步我的后尘,特此介绍出来,希望学者作为借鉴。

(三)提倡拜师访友,但关键在于自学　韩愈《师说》云:"古之学者必有师。"《礼记》云:"独学而无友,则孤陋而寡闻。"《易·兑卦》云:"君子以朋友讲习。"这些都说明,拜师访友,是学者求进步的有效之路。但是良师益友虽然重要,却不是关键性的问题,俗语说得好:"师傅领进门,修行在各人。""大匠能与人规矩,不能与人巧。"学习任何事物,最关键的问题,总是在于主观努力。

我的学习过程,基本上是自学,既无名师,也无益友。这并非我预见到自学比拜师访友重要,只是由于我所处的农村环境,不必说名医,就连一般的普通医生,也是凤毛麟角。拜谁为师?那里访友?只好蒙头苦学了。在自学之中,难题常常是一个接着一个,以致废寝忘食,苦思冥索,往往还是得不到解释。但是一旦有悟,却又非常牢固,这比只听人讲,不下工夫,深透多了。所以我对于医学中的某一些问题,常常有不同于其他人的一些看法。这并非为了标奇立异,可能是由于没有深受旧框框的影响,破旧就比较容易些的缘故吧!所以我有时这样想:凡事都要一分为二,缺乏良师益友,迫使我主观努力,坏事也带来好事。

话再说回来,即使有良师益友,仍然应当通过自己的主观努力,把师友的见解,化为自己的知识。如果不这样,就不算学到手。也有的人,确实下了一定工夫,但还是融化不了,总觉得有龃龉,这就应当做两方面的考虑:可能是自己领会的还不够,也可能是师傅的说教本身就存在问题。对师傅一定要谦虚,但师傅究竟也是一个普通人,不是神仙,不一定白璧无瑕,处处都对。我们跟师傅学习,应当采取这样的态度,我们转教学生,也应当提倡学生采取这样的态度。

提倡拜师访友,不一定必须是名家前辈。名家前辈当然更好,但即使不是名家,不是前辈,也都可以受到启发与教益。因为人总是各有所长,各有所短,就是愚者也会有千虑之一得么。譬如我在《伤寒论》的教学中,就有一两个问题,是在同学提问的启发下才得到解决的。孔子说过,"三人行必有我师",就是这个道理。

(四)要钻得进去,更要跳得出来 学习祖国医学,根据内容的不同,大概可以分为两种情况:一种是以物质为基础的,如生理、病理、药性等,这些必须仔细钻研,步步深入,学深学透,不能粗枝大叶,满足于模棱两可,似懂非懂。另一种是属于象征性和概念性的,如"五行生克""心为君主之官"等,这些只要明了它的指归、大意就可以了,不能在字句上吹毛求疵,挑三剔四。因为这样往往会形成钻牛角,走进死胡同。这两种情况我都有亲身的体会。举例说,我学习《伤寒论》时,遇到的第一个难题,就是"风伤卫""寒伤荣"的问题。在什么程度上算是风?在什么程度上算是寒?风为什么选择了卫?寒又为什么选择了荣?这不是钻牛角,这是正确的学习态度。为了解决这个问题,我几乎查遍了我所能找到的一切注解,尤其是一切名家的注解,其中能讲出道理,并比较为大多数人所公认的是:风属阳,卫亦属阳;寒属阴,荣亦属阴。风之所以伤卫,寒之所以伤荣,是以阳从阳、以阴从阴的缘故。这真太玄妙了。就这样人云亦云吗？但这都关系到医学中最基本的生理、病理,关系到具体的临床实践,不能不懂装懂。于是我结合《内经》,证诸临床,详细阅读,仔细推敲,终于发现,这并不存在什么"阳从阳""阴从阴"那样的奥秘,太阳中风和伤寒之所以有汗或无汗,只不过是卫气受邪后的开合失司而已。这样,从病理得到了正确的解答,就是钻进去了。除此以外,在中医的生理、病理方面,还有一些术语,如"清阳下陷""阴火上冲""阳不归阴""阴不潜阳""血中之气""气中之血"等等,这都有物质基础,必须讲个究竟,必须钻得进去,只会照抄硬搬,知其然而不知其所以然,是不应当的。

能钻善钻,固然是好事,但是不应深钻的也去钻,或者钻得不得其法,也会走入绝路,拔不出脚来。现举一个简单例子加以说明。《素问·阴阳应象大论》中有这么一句话:"能知七损八益,则二者可调。"什么是七损八益？注家们争论不休,目前所知,已有四种解法,这四种解法,都是在"七""八"上找论据,迄无结论。我认为,没有必要去钻"七、八"的牛角,这很可能如"七上八下""七高八低""七大姑八大姨"之类,是数量形容词,是表示复杂多数的意思。我觉得跳出这个圈子,比跳不出来好。

在祖国医学中钻入牛角中跳不出来的例子还有不少。譬如把五行讲得太死,就会出现这种情况。陶渊明自己说,他好读书不求甚解。这个"不求甚解",不能理解为自我欺骗,应当是不钻牛角的意思。不钻牛角就不至于变成书呆子。

钻得进去,跳得出来,这是辩证的统一。因为只有钻得进去,才能跳得出来。譬如吴鞠通说他跳出伤寒圈子,并不是他不钻研伤寒,相反地,是已经在伤寒方面下了很大工夫,但在临床上单走伤寒这条路又走不通,才不得不跳出伤寒圈子而另走新路:撇开六经辨证,改为卫气荣血与三焦辨证;不用辛温发汗,改用辛凉解表;不必先解表后攻里,也可以表里双解,或先泻下,使下后里气通而表邪亦解。这足以证明,只有钻得进去,才能跳得出来。

总而言之,要钻进去不容易,要跳出来也不容易。

怎样学习中医,我相信在不同的情况下,每个人都会有不同的经验和体会,我所介绍的,主要就是以上所讲的这些。

学医四十年的回顾

国务院学位委员会医学科学评议组成员
中医研究院研究生班副主任、副教授　　方药中

[作者简介]　方药中（1921～1995），重庆市人。一九四〇年师事南京名医陈逊斋先生。四十年来，一直从事中医临床及教学工作。对于祖国医学理论、特别是经典著作有较高造诣，在统一辨证论治方法和步骤问题上尤多贡献；临床经验丰富，尤擅长于肝、肾病的治疗。著作有《医学三字经浅说》《中医基础理论通俗讲话》《辨证论治研究七讲》《素问运气七篇讲解》《松柏医话》《辨证论治七步临床运用验案一百例》等。除任教职外，还兼任中医研究院学术委员会委员、卫生部药典委员会委员等职。

我的老师

　　我出生于重庆市。祖父是一位中医,父亲也深知医理。在我懂事以后,父亲就在谋生之余,教我读《医学三字经》《医学实在易》《汤头歌诀》《药性赋》《针灸百症赋》一类医书。这样,我自幼就对中医感到兴趣,希望自己将来能当一个医生。

　　十九岁时高中毕业,由于家境不宽裕,便考入重庆市邮局做邮务员。工作是很繁忙的,但一有空,就读些医书。其时正值抗战期间,南京医界名流云集山城,如陈逊斋、张简斋、承淡盦等等,俱属当时宿彦。他们在诊余举办中医讲座,我经常去听讲,因此有机会拜识陈逊斋老先生。我佩服陈老的学识,于是拜他为师。从此,我就正式走上学习中医的道路。

　　我的老师在中医理论上造诣很深,临床经验十分丰富。他以研究《伤寒》《金匮》为主而兼及各家,著述甚多,曾汇集为《逊斋医学丛书》(其中有《中医生理学》《中医病理学》《伤寒论浅注补正》《金匮要略浅注补正》《新温病学》《新针灸学》《新中药学》等)。我从师后,陈老就给了这套书,在侍诊之余,反复研读,使我对中医学有了比较系统的认识和了解,为我以后进一步学习打下了良好的基础。在当时的条件下,这套书没有机会正式出版,多系油印本,《伤寒补正》《金匮补正》二书虽系石印本,但印数极少,因此流行不广。我手边仅有的一套,焚于重庆解放前夕的"九·二"大火,片纸无存。近年来,本想着手整理一下老师的学术思想和临床经验,但几次提笔,均因手头没有原始资料而中止,愧对老师的培育和教诲,一想起来,心中就十分难过。

陈老要求很严,又十分耐心。他很注意学习方法,强调立足点要高,一定要从经典学起,旁及各家,然后由博返约。他认为《伤寒》《金匮》应该是临床家的"看家本领"所在,在此基础上,上溯《内经》,下及后世,才能对中医学有系统的了解。在具体方法上,他十分推崇《素问·著至教论》中所提出的"诵""解""别""明""彰"五个字。他说:"不能诵读,怎能对原书精神有所了解?不能理解,怎能区别什么是好的,什么是不好的?不能区分好坏,怎么能做到心中明了?要是你自己都不能明白清楚,又怎么能有所发挥?"所以,我一开始学医,老师就要求我背诵《伤寒》《金匮》原文,背诵经络走向及穴位,并且在侍诊时,经常结合病人情况提出问题要我当场解答,口述方名要我开药,口述穴位要我扎针,甚至何以用此方,何以选此穴,亦穷加诘问。一旦处方开不完全或找不到穴位,老师就勃然变色,自己提笔开方,自己动手扎针,弄得我面红耳赤,坐立不安,只好下死功夫,夜以继日,不敢稍懈。到今天我对于中医经典著作中重要的地方还能背诵一些,是与当年老师的严格要求分不开的。

老师治学十分强调"博学""审问""慎思""明辨""笃行"十个字。

老师博学。他不但精于中医,上至《灵》《素》,下至各家都很熟悉,同时也注意西医之长。他常说,中西学术理论体系不同,但都是一个目的——治病救人,其间必有相通之处，不妨取它之长，为我所用，不必存门户之见，互相攻讦。因此他在注解《伤寒》《金匮》时，也曾经利用过某些西医的生理、病理知识来论证中医论点。

老师喜问。他十分重视他人的见解和经验。他常说，人外有人，天外有天，一个人知识是有限的，只有多学多问，而且不耻下问，才能不断提高自己。我在从师学习期间，经常见他就经络、穴位、针刺等问题，向承淡盦先生请教。有时在病人叙述病史中，谈到过去服什么药有效时，他马上便深一步问下去，方药、剂量、服法，皆一一记录下来。有时，他甚至为某种药物的品种、规格、炮制方法去请教药店的老药工。

老师善思。他说，尽信书不如无书，学医一定要多动脑子，要多问几个为什么，要看它合理不合理，要反复深入，不惜打破砂锅问到底。有一次，一个病人拿出一张以前的处方，方上脉案中有"左脉数"之句，老师当时就问我："左脉数，右脉数不数？"我一时不知所措。老师说："你动动脑子嘛！左脉数，右脉不数，可能吗？"

老师明辨。他不迷信古人，不拘于注家之言，敢于以自己的理解和临床经验，提出新看法，原文不可通之处，甚至改正原文。如《伤寒论·太阳上篇》97条："血弱气尽，腠理开，邪气因入，与正气相搏，结于胁下。"他认为"气尽"不可解，改作"气少"；94条："太阳病，未解，脉阴阳俱停，必先振栗，汗出而解。"他改"停"为"弱"。《金匮·痉湿暍篇》："病者身热足寒，颈项强急，恶寒，时头热，面赤目赤，独头动摇，卒口噤，背反张者，痉病也。若发其汗者，寒湿相得，其表益虚，即恶寒甚；若发汗已，其脉如蛇，暴腹胀大者,为欲解;脉如故,反伏弦者,痉。"他指出:"其脉如蛇"句,诸注家皆在"蛇"字上做文章。什么样的脉象"曲如蛇"呢?指下体会不到。其实应是指疾病的动态变化,以脉言证。一种情况是"暴腹胀大",即由太阳而阳明,此际往往可一下而愈;如脉反伏弦者,为痉病未解。从全段来看,不外说刚痉可用汗法,汗后有三种转归:一是误汗虚其虚,一是欲解,一是原病仍在,无何变化。如此等等,皆能发前人所未发。

老师笃行。认为理论和实践要紧密结合,要在临床实际中运用学到的理论,熟练它,印证它,发展它。老师诊务繁忙,日诊百人,但审谛精思,俨若判狱,是非明辨,赏罚分明。他勤于实践,数十年如一日。

老师不论作文、教学,都主张要深入浅出,通俗易懂。我开始学医时,对表证发热、里证发热的机理,总理解不好。老师就以"有孔木桶"为例对我解释。他说:木桶上有许多孔,这个桶你放多少水进去,它都不会溢出来,因为你在加水,它却从桶旁的孔流出去了。如果这桶上的孔被阻塞了,那你放水到一定时候,它就会满而上溢。这个桶的外层,就是表,桶里就是里。人体所以能维持恒温,就因为肌表不断地在那里放散。这就好像尽管在向水桶里加水,但因为桶身有孔,水不断外流,所以永远也不会上溢一样。假使肌表的作用失去正常,就好象桶身的孔被堵塞了,再加水,它就上溢出来了。这就是表证发热的道理。如果还是这只木桶,桶身的孔也没有堵塞,而且不断地从那里流水,但水也溢出了,那就一定是因为加水太多、太快,桶孔流散不及。拿人体来说,这就是里热太盛,尽管肌表不断散热,大量出汗,但毕竟生大于散,所以还是要发热。明乎此,对发热有汗与发热无汗是鉴别里证和表证的主要指标,就不难理解了。通过老师的启发,我顿时恍然大悟。

我随师的四年,是半工半学的四年。我必须坚持邮局的工作,并主动申请去做长期夜班,以便白天能跟陈老学医。邮局夜班是晚六点上班,一般总要午夜一时邮件封发完毕以后才能下班。陈老师那里上午八点就开始应诊,因此我一早就得起床,才能赶上,陈老诊务很忙,每天门诊量总在七八十人,下午出诊一般均有四五次之多。陈老要求背诵,但我的空余时间很少,怎么办?便只好利用零碎时间,诸如饭前饭后,走路坐车,都想法用上。我用小纸片把要背的东西写上一小段带在身上,反复默念,走到哪里念到哪里,一天能背熟几个小段。这样,在陈老处侍诊半年,他一提方名我就能把全方开出来;一提穴名,我就能按穴针灸。老师高兴,有时夸我几句,说我"还有点基础"。其实,我哪有什么基础呀!还不是逼出来的吗?现在,我教学时不大喜欢拿书本讲课,有的同志说我记忆力强,其实,多亏当年老师严格要求,硬挤时间,勤以补拙而已。

老师给我的影响是巨大的、深远的。一九五二年组织上调我到北医学习期间,以后分配到中医研究院的工作期间,甚至直到于今,老师严格的治学精神一直鼓励着我、鞭策着我在教学、临床和科研诸方面不断追求上进。

行 成 于 思

多年的实践,使我体会到,搞任何学问都要自己动脑子,不能取巧。建立在千百年实践基础之上、具有独立的理论体系和临床体系的中医学,内容极其丰富,即以《内经》而论,值得深研的东西就非常之多。我开始学医的时候,对好些问题糊里糊涂,读不懂就翻注家,但注家之言也未必尽能满意,有的甚至比原文更费解,于是就只好自己苦思冥索,反复探寻其理义所在。多年以来,我逐渐养成了一个习惯,就是独立思考。注家有好的,可以择善而从,但不盲目跟着注家跑。如用注家之说来代替自己的思考,往往所得甚少。张三怎么说,李四怎么说,讲起来可以口若悬河,头头是道,这样做学问并不难,问题在于,那有多大用处?

如《素问·阴阳应象大论》里有一个"七损八益"的问题,历代注家,众说纷纭,莫衷一是。有谓七指女子,八指男子,七损则谓月经以时下,八益则谓交会而泄精(王冰);有谓七为阳,阳主生,故阳不当损,八为阴,阴主杀,故阴不当益(张介宾);有谓七损指阳消,八益指阴长(李念莪);有谓阴阳能互为损益,如阳过胜,则阴得平,阴不足,则阳能生,七能损八,八能益七(恽铁樵)。又有人说,从男女发育过程说,女子五七到七七为三损,男子从五八到八八为四损,合而为七损;女子自一七到四七为四益,男子自一八到四八为四益,合而为八益(丹波元简)。还有的说,七指女子,八指男子,意思是女子月经为生理正常现象,不来潮便是病,故称损;男子精气溢泄是一种生殖能力,应充实,不充实便是病,故称益(秦伯未)。我认为这些解释皆不能令人满意,应该从本篇乃至整个《内经》的基本精神加以理解。本篇明明指出"能知七损八益,则二者可调,不知用此,则早衰之节也""知之者强,不知者老",说明"七损八益"这一问题与养生有关。养生的基本原则是"法阴阳","七""八"当指阴阳而非指男女。八为偶数,为阴,阴精当益,这好理解。七为奇数,为阳,阳当损却不好理解。我认为,不能把这个"损"字理解为损害、损伤,而应作为"制"字来理解。制,就是限制、约束,意思就是不要使之过用。因此,"七损八益"的精神是:阳不要过用,阴就得以充盛。因为阴是物质基础,正常情况下,阳用(功能活动)要消耗一定物质,如过用,消耗就过多,愈过用而愈消耗,结果就会导致供不应求终而至于匮乏了。这样既阐明了阴阳二者之间的关系,也体现了《内经》关于养生的基本思想,对于临床也是有指导意义的。

再如《素问·六节藏象论》说"肝为罢极之本",历代对此也聚讼纷纷。一般皆谓肝主筋,筋司运动,罢同疲等等,有的甚至说罢同羆,即如熊羆之耐疲劳(高士宗),都是在文字上打圈圈。我认为,对"罢极之本"的理解,要和"心者生之本,神之变也""肺者气之本,魄之处也""肾者主蛰封藏之本,精之处也"一样,从脏器的主要生理功能方面去考虑。"肝者罢极之本,魂之居也。"什么是魂?《灵枢·本神》谓:"随神往来谓之魂。"也就是说,魂是在神的指挥下反应最快,亦步亦趋的。因此所谓"罢",即安静或抑制,"极"指兴奋和紧张,"罢极之本"就是说魂的作用,是在心的指挥下所表现的正常的兴奋和抑制作用。这就是临床上对于兴奋或抑制功能失调的疾病,中医多从肝治的缘故。

又如《素问·刺禁论》说:"鬲肓之上,中有父母;七节之旁,中有小心。"这里,父母是本源的意思,引申比喻为最重要者,于此争议不大。而"中有小心",历代注家说法有四:一说心包络(马莳),一说命门(吴崑、张介宾),一说膈腧穴(张隐庵),一说膻中(丹波元简)。我认为"小心"如指命门,不符合《内经》原意。因为《内经》时代所谓"命门"是指目而言,提出"命门"为右肾的是《难经》,而命门学说则形成于明代,此其一。同时,须知本篇讲的是"刺禁",即"藏有要害,不可不察"。因此,所列要害,皆当禁刺,而命门穴之旁是肾俞,命门穴、肾俞穴用针上皆不禁刺,且可深刺,此其二。此外,"七节"的数法,按照记数习惯,是从上到下数。脊椎共有二十一节,从上到下第七节则为后背,命门穴的部位则在十四节了,原文也没有逆行而数的意思,此其三。其余三种说法中,以张隐庵说为优,但他论据还有不足之处,且未很好解释心气如何出于膈腧之间。考《灵枢·背腧》:"膈腧在七焦之间……皆挟脊相去三寸所……灸之则可,刺之则不可。"这里明确指出,七节之旁即膈腧,也就是"小心"之所在,当禁刺。临床上,误针胸背部的穴位,便会成为"气胸",即是很好的证明。因此,我认为"中有父母"是指心肺部位,"中有小心"是指膈腧部位。从更大一点的意义上讲,"中有父母"可以泛指前胸,"中有小心"可以泛指后背。由于"小心"不拘于膈腧,那么张隐庵所说"心气之出于其间"的问题也可以迎刃而解了。当然,对于以上问题的理解是否正确,还可以讨论。我以之说明的是:无论读书临证,都要多思,善思,尤其要提倡独立思考。

他山之石　可以攻玉

西医学中医，中医也可以学西医。中西医各有所长，也各有所短，通过学习，相互取长补短，使自己所学能够借助他方的长处得到更好的整理和发挥，我认为这就是"他山之石，可以攻玉"。

从学医之日开始，我就下定决心，要为中医事业奋斗终生，但一九五二年我到北医学了五年西医之后，感到中医有必要学点西医。为什么？一方面，我认为中、西医现在是作为两种不同的医学客观地存在着。究竟西医的长处在哪里？不足之处又在哪里？单凭一点皮毛了解不行，应该系统地学一下，以期"知己知彼"；另一方面，我认为祖国医学虽然是一个伟大宝库，但由于各种历史原因，长期以来，没有得到系统的整理，在许多问题上，见仁见智，众说纷纭，莫衷一是，令人有多歧之感，这对于继承发扬祖国医药学没有好处，而西医在方法学上，科学性和逻辑性上有其长，可以借用这些优点来整理中医。

五年的学习，最大收获是使我认识到了西医的长处和不足，也更清楚地看到了中医的长处和不足，而恰好中医之长，正是西医之短，西医之长，也正是中医之短。以"辨病论治"与"辨证论治"来说吧，中医有辨病论治，西医也有辨病论治，从表面上看，都是根据患者的病史、临床特点对疾病进行诊断和治疗，但从实质上看，却根本不同。西医的辨病论治是建立在近代自然科学发展的基础上的，是以病因学、病理学、解剖学为基础，以实验室检查等为依据的,因而其辨病较为深入、细致、具体,特异性比较强,相应地治疗的针对性也就比较强。中医的辨病论治是建立在经验的基础上的,几乎完全是以临床表现为依据,而不同的疾病却常常具有相同的临床表现,因此中医辨病就不免显得粗糙和笼统,因而临床上针对性也就比较差,中医的辨病实际上是单、验方的对症治疗。中西医比较,西医的辨病显然比中医的辨病要好。另一方面,中医讲"辨证论治",西医也有对症治疗,从表面看似乎也有相似之处,但实质上却根本不同。中医的辨证论治是建立在中医的整体恒动观的思想体系的基础之上的。辨证论治是综合、归纳、分析有关患者发病(包括临床表现在内)的各种因素和现象而做出的诊断和治疗。它强调因时、因地、因人而给予不同的治疗方法,具体情况具体对待,同一临床表现,人不同,地不同,时不同,治疗方法也就不同,把病和人密切结合成一个整体,因而中医的辨证比较全面、深入、细致、具体,特异性比较强,治疗的针对性也就比较强。而西医的对症治疗,则完全是以单个症状为对象,而相同的症状,常常又有不同的性质,因而西医的对症治疗,也就不可避免地显得简单和机械,这与中医的辨证论治毫无共同之处。

同时,西医的辨病虽然有其明显的优越性,但却也有一定的局限性,如在某些地方过多地强调病变局部,相对地忽视整体,常常把病和病人分割开来,在一定程度上存在机械唯物论的观点,再加上西医历史较短,自然科学到今天为止仍然是处于发展阶段,还有很多现象不能用今天的科学完全阐明,弄不清的问题还很多,因而在对某些疾病的认识上还不能深入，无法诊断的疾病还很多，因而在对疾病的某些防治措施上，相对来说还显得比较贫乏，束手无策的疾病还很多。我在学习期间，就看到不少同学，在理论学习过程中信心十足，因为教科书上有条有理，有板有眼，好像天下无不可识、不可治之病，然而一到临床实习，又产生了消极情绪：在病理分析上、诊断上，医生可以一套又一套，而在治疗上，真正能治好的病并不多，个别同学甚至自怨自艾，出现了"早知如此，何必学医"的想法。因此，西医的辨病论治，尽管理论上看有很大优越性，但从发展上看，还必须在现有基础上有所提高。

　　中医辨证论治比西医的对症治疗有其明显的优越性，整体观念比较强，对疾病的发生、发展、预防、治疗，比较重视人体内在的抗病能力，其理论很多地方都具有朴素的唯物辩证观点，再加上历史悠久，相应地防治经验也比较丰富，特别是中医的辨证论治着重在临床分析，这在当前某些西医不能做出诊断、因而无法治疗的疾病上，中医辨证论治的实际临床意义也就显得更加突出。但是中医的辨证论治也有许多不足之处。由于历史条件的限制，中医学对疾病只能依靠直观来分析判断，因而对某些疾病的认识就不可避免地有不十分确切的地方，再加上辨证论治的方法和步骤上没有统一的认识，有些地方，言人人殊，致使有的同志认为辨证论治真是"灵活无边"，无法掌握，无从总结。因此，中医的辨证论治，尽管有很大的优越性，但从发展上看，也必须在原有的基础上提高一步。

　　由于我在学习西医之后，有了上述这些认识，所以在以后的学习和工作中，就常常想到如何以西医之长来补我之所短,以及如何以我之长来补西医之所不足。一九五五年,我写《医学三字经浅说》时,就尽量采用了西医的归类方法,分别地以病因、发病机理、症候分类、诊断要点、治疗、预防等方面来归类中医文献资料,从概念上来对比中西医的基本论点和原则认识。以后在中医研究院内科临床工作期间,不论是在病历书写设计上,或者在临床诊疗上,我都采用了西医的许多方法来结合中医固有的理论认识和临床经验,并根据中西医之长短,互相补充。在中医教学中,在编写讲义和讲课时,也用了不少西医方法学上的特点来整理、阐述、发挥中医的理论认识和临床经验,使我编写的讲义和教学内容,尽量做到系统化、通俗化。尽管其具体内容很少或者根本不谈西医的东西,但其中不少方法是借鉴于西医的。

总之,中西医学,各有所长,亦各有所短,因此需要互相取长补短,以利于相互结合,共同提高。就中医本身来说,还存在着一个自身的发展提高问题。发掘、整理、研究中医理论和治疗经验,需要汲取和运用现代科学,包括西医在内的多种知识和手段。但是,必须坚持扬长避短,而不是弃长取短或互相代替,否则,对中西医结合和中西医的发展都是不利的。"他山之石,可以攻玉"者,即取人之长,以克己之短。我认为,不论是对中医或是对西医来说,都是值得借鉴的一句名言。

学然后知不足

刚刚开始学医的几年里,我觉得自己学的还不错。四十年代，就在当时的医学杂志上，就中医基础理论的某些问题与人辩论；解放以后，也写过好些文章。现在来看这些东西，虽然不是没有一点可取之处，但是不够成熟，其中好多问题实在还没有深入理解。近十年来，在中医学的领域里有了更多的涉猎，特别是承担研究生教学以后的近三四年中，才深深感到自己在许多方面还很贫乏，很多认识还很肤浅。这真是"学然后知不足"。

即以运气学说为例，一九五八年我就讲过，但体会不深。近年再深入地研究《素问》七篇大论，才认识到如果仅仅就五运六气的运算、推演讲运气学说，就把它看得太简单了。运气学说以整体恒动观为指导思想，以气化学说为理论基础，阐述了自然气候的变化规律与人体发病的关系。所以运气学说不是存废的问题，而是如何深入领会它的巨大内涵，加以运用、发展的问题。其中像天文、历法、气象、物候等方面的知识，我们还所知甚少，甚至根本不懂。

又如《素问·至真要大论》著名的病机十九条，历来研究者大都仅仅着眼于"诸风掉眩，皆属于肝"等十九个具体内容。在"诸"字、"皆"字上大做文章，就事论事，很少考虑它的精神实质。说到诸风掉眩皆属于肝，就介绍羚羊钩藤汤、镇肝熄风汤；说到诸胀腹大皆属于热，就讲诸承气汤。有的说这十九条中，讲火讲得最多，所以火是主要病机，六淫皆可化火，五志也化火，因而力倡寒凉。有的说这十九条中没有燥，应该补进一条；有的说要补的还多，于是在十九条的基础上由几十条加至百余条，然而意犹未尽。我以前在讲十九条时，就感到有问题。中医的病机学说，包括了病因学、病理生理学、发病学和症状学,岂是十九个具体内容所能概括？但《内经》把这十九条摆在篇中,是什么道理？虽有些看法,却一直未能深究。近年来,我在《内经》教学和临床实际中才体会到：十九条中,大有文章。问题在于研究者（包括我自己在内）丢掉了前后文关于病机的重要阐述,孤立地就十九条论十九条。古今都说十九条重要,重要在哪里？深入推敲,十九条不过是一些概略的举例,其精神实质是在于通过这些例子说明辨证论治的步骤和方法,阐述疾病发生的主要原因和人体在致病后所出现的以阴阳、气血、虚实为中心的病理生理变化,以及疾病的定位、定性、各司其属、必先五胜、治病求本……这样一整套辨证论治的内容。在这一新认识的启发下,前些年我才提出了统一辨证论治方法和步骤的"七步"主张（详见《辨证论治研究七讲》一书）。对于辨证论治,认识上很不统一。我希望以中医学基础理论为基础,对辨证论治的涵义加以明确和肯定,对其内容、步骤和方法做出明确而具体的要求,这样就可以逐步把辨证论治的认识统一在中医学基本理论体系的基础上,统一在理法方药中的一致性上,统一在言必有据、无征不信的严谨的科学态度上。从一九五八年开始研究这一问题,近二十年时间,才算是有所领悟,可见做学问之难。"学然后知不足。"我愿与立志继承发扬祖国医学遗产的同志们共勉之。

（本人口述,何绍奇、许家松记录）

精在明理　知在成行

中医研究院广安门医院副院长
中医理论整理研究委员会副主任委员　　赵金铎

[作者简介]　赵金铎（1916～1990），河北省深泽县人。十四岁习医，三年后悬壶故里，卢沟桥事变后参加地下党工作。从事中医事业五十余年，擅长内科风证及七情神志诸疾之治，近年又从事"肾炎"临床专题研究，颇有心得。

立志学医　读书求师

我祖父辈昆仲二人，皆习医业，长祖操中医外科，次祖专中医内科。皆因早逝，余未得其薪传。刚满四岁，慈父见背，孤儿寡母寄于次祖父之篱下。

读完七年小学，鉴于家境维艰，母亲不忍孤儿远离，故辍学在家，计划另谋为人之路。然而一个十四岁的少年能干什么呢？老母亲对我说："你能学个医生才好，既能治好我的病，又能成为一个百家可用的人。"思考再三，我觉得母亲的希望是有道理的，遂下定决心，立志学医。

从何学起呢？我去请教本家的一位祖父，他是中医内科医生。老人淡淡地对我说："你先去熟读《内经》吧。"听了他的话，找了本《黄帝内经》闭门死读起来，风雪严寒，烈日酷暑，无一日辍止。怎奈自己文识浅陋，其中大部分章节，百思不解。为了解难释疑，使我想到本族伯父、老中医赵洛款。其人正直，学术造诣亦深。一日冒昧前往请教，言学医之志，致殷勤之意，敬请指示门径。老人听后很诚恳地对我说："《内经》本身不是强调善言天者必应于人，善言古者必验于今，善言气者必彰于物吗？《内经》教人，知医之道，要诵而能解，解而能别，别而能明，明而能彰。医之为术，易学难精，要由浅入深，循序渐进。依你的条件，开始自学《内经》是不实际的，应先读一些比较通俗、实际的著作。"他当即将案头上的《古今医鉴》送给我，让我用心熟读。我异常感激这位老人的热心指点和慷慨支持，并依其指点，改弦更张，先读完了《古今医鉴》，接着又学习了《陈修园七十二种》《万病回春》《寿世保元》《本草备要》《医方集解》《濒湖脉学》等书。方法一变，耳目全新，因这些书文字较为通俗，且内容多涉临证实际，故兴趣油然而生，学思也大大地长进了。后来又在业师的指导下，由浅入深地读了四部经典著作。

光阴荏苒，转眼十七岁了。此时，乡里原来的一代老中医，大多已经谢世，其中包括我的启蒙老师。个别生存者，亦是老病交加，行动不便，谢绝求诊了。家乡一带群众,患病求医,日感困难。当时,我读书、求师业已三年,渴望将书本上所学到的知识及老师口传的经验,到实践中一试。事有凑巧,邻人李某之妻罹患痛经之病,每值经期则腹痛难忍,辗转呼号,昼夜不止,隔垣可闻。我鼓足勇气,毛遂自荐,愿为诊治,病家十分欢迎。经详细诊察,辨为血虚有寒,经脉瘀滞,因拟当归活血汤加减与服。是夜,余心惴惴,唯恐药不对证,发生事故。翌日晨,又匆匆而起,前往病家询问,当得知药后病人一夜安睡、经痛未作时,成功之喜悦是不言而喻的。这便是我开始行医所治的第一例病人。自此以后,邻里、病家争相传告,都说咱村又有小先生了。登门求治者,日渐增多。

初出茅庐,理论知识菲浅,更乏实践经验,不可避免地要遇到很多困难,碰到很多钉子。纵然昼日认真临证,灯下翻书对照学习,修正治疗方案,还是有很多问题解决不了,相当一部分病例疗效不佳。这使我感到,许多问题单靠书本是无法解决的。

暇读韩愈"师说",深悟"师者,所以传道受业解惑"之重要作用。知道要想解除疑惑,除认真读书,勇于实践之外,非得多方寻师求师不可。于是下定决心,不耻下问,无论老农村妪,凡能执方治病者,我皆视之为师。若村中谁家从外面请来医生看病,我便前往侍诊,趁机求教。并主动地随访别人诊治的病人,观察总结疗效,从中吸取教益。另外,还通过登门拜访、通信联系等方法,就正于高明。总之,不放过任何学习的机会。勤学、勤问、勤记、勤实践,以勤补拙,日积月累,数年功夫,受到很大教益,临床疗效也有了很大的提高。这不禁使我想起法国生物学家、化学家巴斯德的一段话：立志、工作、成功是人类活动的三大要素。立志是事业的大门，工作是登堂入室的旅程，这旅程的尽头就有成功在等待着。

投身革命　献身人民

饱受封建家族欺凌的青少年时代，孕育了我心灵中的反抗精神。我反复求索摆脱窘迫境地的出路而不可得。

一九三六年，我终于和地下党取得了联系。

俟后，经组织指点，秘密地阅读了一些进步小说及宣传马列主义的刊物。特别是在读完《共产党宣言》这部伟大的著作以后，才使我真正认识到共产党的主张，是摆脱受欺凌困境的正确道路。

一九三七年，七七事变发生，在党组织的领导下，我参加了"抗日动员会"的工作。借行医治病，走村串户之便，宣传动员群众起来抗日救亡。

一九三八年，华北危机日渐严重，日寇长驱直入冀中平原。在我县城陷落前夕的一个晚上，我和另一位同志，在一盏明亮的油灯下宣誓，秘密地加入了中国共产党。

马克思说过：科学绝不是一种自私自利的享受。有幸能够致力于科学研究的人，首先应该拿自己的学识为人类服务。在党的培养教育下，我逐步认识到当初自己学医的动机是多么渺小、狭隘，而只有将技术贡献给革命事业，才能成为一个真正有用的人。自此以后，我的医学生涯也就和党的革命事业紧紧地联系在一起了。

一九三八年冬，深泽县城陷落，抗日游击战争如火如荼地开展起来。为了配合游击战争,我在自己小药铺的基础上,和另一位地下党员同志(西医)成立了救护医院,免费治疗我党干部及游击队伤病员。我不会抢救技术,就查看有关书籍,请教西医同志,很快就学会了一般的外科急救技术。

当时,由于日寇的封锁,物质生活极度困难,药品、器材几乎全部需要自力更生。没有纱布、脱脂棉,我就把被子拆掉,浆洗干净,用碱水煮过,漂净,放笼上蒸气消毒后使用。西药供应不上,就千方百计用土、单、验方进行治疗。例如,用柳树叶水煎浓缩代"依比膏",当时就解决了不少问题。

一九三九年,县城失守后的第一个春天,青黄不接,环境日渐残酷,日寇为了对付抗日力量,经常扫荡、抢劫。鬼子、汉奸、特务、密探无孔不入,东游西窜,所到之处,烧杀抢掠,无恶不作。救护医院已难以继续工作,就把所有的药品器械坚壁起来,转入地下。不久县游击大队成立,便把坚壁的所有药品、器械无偿地捐献给大队卫生队了。我自己仍继续利用职业的方便,从事地下党的工作。

一九四二年,日寇对冀中平原进行了残绝人寰的"五一"大扫荡,所到之处,实行烧光、杀光、抢光的三光政策。岗楼林立,沟路成网。我们在地下党领导下坚持了残酷环境里的斗争。为了完成组织交给的医疗和掩护伤病员的任务,开展地道战,我家也成了抗日保垒户。有时还受地下党的委派,亲临战斗前线,进行医疗抢救。无论严寒酷暑,白天黑夜,不管情况如何险恶,只是想将自己所学到的一点菲浅的知识贡献给革命,服务于人民。

革命战争的洗礼,也培养了我和人民群众的鱼水关系,树立了有求必应、讲求实效、用方简廉的医德。在此期间,为了适应艰苦环境中农村医疗之需要,我搜集、研制了用以治疗内、外、妇、儿各科常见病的简便方剂。例如,用以治疗外感热病汗后低热不退的三根汤:芦根、葛根、板蓝根,水煎服;治疗久疟但寒无热的乌白丸:乌豆四十九粒,白矾一钱,将豆煮烂,和白矾共捣如泥,和为百丸,发作前两小时服一丸;祖传治疗新生儿破伤风的脐风散:巴豆霜一钱,朱砂五分,胎发灰二分、脐带一具焙研,僵蚕粉一钱,共研极细,每以筷子蘸蜂蜜粘药少许,令病儿吮之;产后服用的简易生化汤:山楂、红糖、生姜,水煎服等。这些方剂皆在战争年代物质条件极度困难的情况下,发挥了重要作用。

精在明理　知在成行

回顾数十年学医、行医的历程,深感医之为术,学之易而精之难,行之易而知之难。欲"精"欲"知",必须有一番据经以洞其理,验病以悟其义的扎实功夫。这里既需要谦虚好学的态度,尤需有极大的耐心和毅力,因为"耐心是一切聪明才智的基础(柏拉图)"。要从实际出发,学有专攻,熟读精思,不可朝秦暮楚,东一榔头西一棒槌,须知专则有进,杂则无成。

(一)**读书宁涩勿滑**　荀子说得好:"锲而舍之,朽木不折;锲而不舍,金石可镂。"我常引以为座右铭,并将自己的学习方法规定为一粗、二细、三记。

所谓粗,就是无论学习哪一部医学著作,先要从头到尾地通读一遍,领会精神,窥其全豹。再找出重点,发现疑难,为细读打好基础。例如,《黄帝内经》是春秋战国至秦汉时代许多医家,通过医疗实践,"上穷天纪,下极地理,远取诸物,近取诸身",集我国秦汉以前医学成就之大成的一部医学巨著。然而"其文简、其意博、其理奥、其趣深",它涉及了当时的哲学、天文、气象、历法、地理、物候乃至军事、农业等方面的丰富知识。将古代哲学中的阴阳五行学说作为说理工具,将人与自然视为统一的整体,用以阐明人体的生理、病理、诊断、治疗、预防等方面的道理。不通读原著,就无法窥其全豹,理解全书的主要精神,也就更难发现和辨别其精华和糟粕之所在。

但只作全面、一般性了解,是远远不够的,还必须下功夫精钻细研,找出其中规律性的东西,这就是细。我细读《内经》,采用了先纵后横的方法。所谓纵,就是以某一部《内经》原著为蓝本,逐字、逐句、逐篇地进行学习;所谓横,就是将其他医家对《内经》的论注,对照互参,分门别类地贯穿错综。在这方面,我十分膺服张景岳的《类经》。是书以"灵枢启素问之微,素问发灵枢之秘",按照事理将《内经》的内容,分成十二大类,辨疑发隐、补缺正讹,而使条理分,纲目举,晦者明,隐者见,原始要终,因常知变,糜不殚精极微,秋毫无漏。因此,我不仅将《类经》作为学习《内经》的主要参考书,而且也将张景岳的治学精神与方法,作为自己的龟镜。

在细读的过程中,不可避免地要遇到很多难题将人涩住,是顺口溜过,还是抓住不放?这是治学上的一个大问题。尝读《素问·至真要大论》,其中有"诸寒之而热者取之阴,热之而寒者取之阳"之论述,起初每囿于王太仆"壮水之主以制阳光、益火之源以消阴翳"的注释,顺口读过,未求甚解,自以为王注合情合理。后来偶于临证实践中治疗两例病人,使我对王冰注释的全面性发生了怀疑。在两例病人中,其一例属于"阴盛格阳,至虚有盛候"〔详见(三)行成于思,毁于随〕。另一例"阳盛格阴,大实有羸状"。患者乃一壮年男子,病热旬日不愈,渐至神志昏昧,口不能言,身不能动,目不欲睁,四肢厥冷,时发惊悸,周围稍有声响,则惊悸汗出,阖家惊慌,迎治不迭。观前医处方,皆从虚治,养心阴,益心阳,安神定志诸法,用之殆遍。余诊之,见患者昏昏如恹,问之不答,然六脉皆沉伏有神,且舌红少津,根有黄褐厚苔;以手切腹,觉脐下有痞块灼手;用力切按,则患者皱眉作禁。据证思索,知属阳极似阴,大实有羸状。其所以惊悸汗出者,乃因胃家燥热结实,内热熏迫,上扰神明,累及心阳所致。病本在于阳盛,故用大剂调胃承气为主,泻阳邪之有余,少佐附子护心阳之不足,因得泻下燥矢数枚,惊悸止,神气清,调理旬日而安。

观临床之实验,我初步认为《内经》所谓"取之阴""取之阳"已总括阴阳、虚实于其中了。"诸寒之而热者取之阴",是病在阴,阴之为病,当有真阴虚、阴邪盛两端。阴虚而热者,固当壮水之主以制阳光,这正如张景岳所云:"诸寒之而热者,谓以苦寒治热而热反增,非火之有余,乃真阴之不足也……只补阴以配其阳,则阴气复而热自退矣。"阴邪盛者,寒有余也,阴盛于阳,寒之而热,理应消阴纳阳,而非壮水之主所宜,故高士宗说:"诸寒之而热者,以寒为本,故取之阴,当以热药治之""热之而寒者取之阳",病在阳,亦当有阳盛、阳衰之别。阳衰者,"非寒之有余,乃真阳不足也……但补水中之火,则阳气复而寒自消也"(张景岳)。故治当益火之源。若夫阳盛于阴而"王气"为寒者,则绝非益火之所宜,而治当遵高士宗所云"诸热之而寒者,以热为本,当以寒药治之"之旨。

如此例子甚多,不胜枚举。这不仅说明了"纸上得来终觉浅,绝知此事要躬行"的道理,同时也说明读书学习,宁涩勿滑,扎实入细之益。正如鲁迅先生所说:"即是慢,驰而不息,纵令落后,纵令失败,但一定可以达到他所向的目标。"

在细读的基础上,进一步要记。记包括两个方面,一是背诵警句及领会记忆其主要精神,二是写读书笔记。作笔记不单是照抄所涉猎的精辟论述,更重要的却在于将所读所学的东西经过一番犹如"饮入于胃,游溢精气"一样的气化吸收过程,通过综合、归纳、分析,变成自己的东西,并用自己的话写出要点及体会。还有不应忽视的一点,是记录读不懂、搞不通或有质疑的问题,以便进一步查考钻研,请教研讨于师友。

方法固然重要,但读书学习的根本仍在一个"读"字。"书读百遍,其义自见"。粗见全貌,细抓规律,记在消化吸收,无穷反复,持之以恒,贯穿错综,磅礴会通,粗而不模糊,细而不支离,记而不死板,使知识成为有源的活水。在这方面,我做得很差,上述意见,也多是由教训中引出的体会,简述以供参考而已。

赵金铎

（二）学贵不泥，用贵变通 在漫长的读书自学、寻师求教及广泛的医疗实践活动中，使我十分信仰"学贵不泥，用贵变通"的道理。养成了根据不同情况，变通化裁处理问题的习惯。广泛地阅读中医经典及后世医家的著作，背诵其中的警句，固然必不可少。但更重要的一环是师古不泥，咀嚼消化，在理解的基础上提要勾玄，由博返约，融会贯通。因为以实践医学为主要特征的祖国医药学，是产生、发展于漫长的封建社会个体经济基础之上的。历代医家，也各在一定的范围和条件下，继承学习前人的遗产和积累了自己的实践经验。所以，从整体上来说，这些都是伟大宝库的重要组成部分，皆从不同的角度，丰富了祖国医学的理论和实践，从个体上来看，每个人的经验和认识不可避免地具有其历史的局限性和认识上的片面性。因此，在学习过程中，就必须有一个取长补短，去粗取精，去伪存真，融会贯通的工夫。这样，才能使自己的学术修养，进入更高的境界。

回顾对中风一病的学习及实践体会，足以说明这方面的问题。中风，在中医内科学中是一个重要的课题。因此，历代医家都十分重视，医学文献中有关记载也十分丰富。纵观《内经》至《衷中参西录》二千多年间的文献资料，我发现唐宋以往，皆以"内虚邪中"立论，虽然病机中也提出了"内虚"，但将风邪入中放在了重要地位。所以，为了祛散风邪，用药多偏辛散燥烈。金元以降，始有主火、主气、主痰、主虚之论，以及"真中""类中"之分。其中，张景岳矫枉前衍而倡中风"非风"；叶天士睿目探源而倡"肝阳化风"；王清任注重实践而倡"经络瘀滞"；三张（张伯龙、张山雷、张锡纯）参西学而倡"气血冲脑"。前贤立论，绚丽多彩，补苴罅漏，张皇幽眇，使祖国医学对中风一病的理论和实践，渐臻完善，蔚然可观。

根据本人的认识和实践所及，我认为张景岳、叶天士的见解是精辟而符合中风临证实际的。

中风之成，本在真元受戕，精血亏耗，积损颓败，木少滋荣。然而由于脏腑功能失调，阴阳偏倾，气血逆乱，又必然导致出入升降之机被抑，气化功能失常，从而产生气滞、血瘀、生痰、蕴湿、化火诸种变化，形成中风病机中标实的一面。本虚标实的发病机理，决定了中风之治，亟当审明标本缓急，虚实闭脱。除非纯虚无邪、真元欲脱之证，不宜过早滋腻呆补，若逆而用之，必致痰火湿浊、菀陈败血胶固不化，不仅贻误病机，甚则招致神志昏蒙不甦，肢体沮废难复的不良后果。

《素问·至真要大论》说："诸风掉眩，皆属于肝。"肝为风木之脏，体阴而用阳，故用药大忌辛燥升散，滞腻呆补。因此，我于临床上治疗本病，总以柔肝熄风、清肝利胆、解郁化痰、凉血泻热、益气活血等法则为主，并在借鉴前人立方用药的基础上，选择补肝肾、益精血、清营凉血而无辛散燥涩之虞的药物，自拟柔肝熄风汤（枸杞子、菊花、夏枯草、桑寄生、白蒺藜、制首乌、当归、白芍、怀牛膝、元参、钩藤、地龙、珍珠母）、活血通脉汤（当归、赤芍、丹皮、丹参、桃仁、红花、柴胡、桔梗、枳壳、鸡血藤、台乌药）以及凉血清脑汤（生地、丹皮、白芍、羚羊角、钩藤、菊花、蝉衣、僵蚕、桑叶、枳实、菖蒲、竹沥膏）等方剂，临证使用，颇感应手。

再如痹证,历代医家大都按风痹、寒痹、湿痹、热痹或风寒湿痹、风湿热痹进行辨治,这主要是根据《内经》"风寒湿三气杂至合而为痹也,其风气胜者为行痹,寒气胜者为痛痹,湿气胜者为著痹也"和"阳气多,阴气少,病气胜,阳遭阴,故为痹热"的理论而形成的类分方法。此种类分法突出了邪气致病的特点,具有一定的长处。

《灵枢·百病始生篇》说:"风雨寒热,不得虚,邪不能独伤人……此必因虚邪之风,与其身形,两虚相得,乃客其形。"故风寒湿热只能是形成痹证的外在条件,而正虚才是构成痹证的主要根据。严用和说得好:"皆因体虚,腠理空疏,受风寒湿气而成痹也。"

由于患者资禀有厚薄,形体有刚柔,正气有强弱,邪气有盛衰,病程有长短,病变有浅深,故痹证的临床表现除具有风寒湿热各自偏胜的特点外,在初起阶段多以邪实为主,病延日久,风热则伤阴耗血,寒湿则戕阳损气,临床大都表现为虚实夹杂之证。所以我在辨治痹证时,很注重邪正虚实的关系,并把痹证的病机特点总结为"由实转虚、虚实夹杂"八个字。

对于初起阶段的实证,针对风寒湿热各自偏胜的特点,采用祛除邪气之法。如风气偏胜用大秦艽汤变通,寒气偏胜用桂枝芍药知母汤加减,湿气偏胜用四妙散加味,热气偏胜用丹溪上中下通用痛风方化裁。对于病延日久的虚实夹杂证,采用祛邪扶正并行,寓祛邪于扶正之中,这样扶正不恋邪,祛邪不伤正,可以双方兼顾。若阴血虚者用归芍地黄汤,阳气虚者用黄芪桂枝五物汤,气血虚者用薯蓣丸,肝肾虚者用独活寄生汤。并在扶正方的基础上选加散而勿过、温而勿燥、利而无伤、寒而勿凝之祛邪药物。散风选防风、荆芥、秦艽、桑枝类；温寒选桂枝、巴戟天、仙灵脾属；利湿则选木瓜、薏仁、泽泻辈；清热则选黄柏、知母、银花藤等；挟痰者加服指迷茯苓丸或二陈丸；挟瘀者则合以桃红四物汤或加丝瓜络。

此外,根据痹证的发病特点及《灵枢·本藏篇》"寒温和则六腑化谷,风痹不作,经脉通利,肢节得安"之说,除了正确的治疗外,还主张顺应四时阴阳消长,春夏养阳,秋冬养阴,节饮食,和寒温,保养正气,做到防患于未然,既病防变,愈不复发。

数十年的临床蹀躞,使我深深体会到,理论上不学前人,临床上无方无药,则勾绳皆废,流散无穷；相反,若囿于经典,生吞活剥,势必思想僵化,困死于"必然王国"。

（三）行成于思,毁于随 祖国医学的基本理论,包括阴阳、五行、藏象、经络、营卫、气血、精气神、气化功能、五运六气、子午流注、四气五味、升降浮沉、归经等完整、系统的理论体系,是建立在整体、宏观功能活动及生命运动形式基础上的,它是运动的、变化的,所以在目前科学水平上难以用形态学的方法证明它的科学性。且在其发展过程中,百花齐放,流派竞立,各有千秋,往往使后学者产生望洋兴叹之感。

仅以诊脉而言,诊脉是中医特有的诊断方法,是临床辨证论治及判断疾病发展转归的重要依据。《黄帝内经》论三部九候之诊；《难经》论辨三部九候于寸口；《伤寒论》倡人迎、寸口、趺阳三部合参；王叔和撰《脉经》以分体类象；《濒湖脉学》又列别诸脉之体、象、相类、主病；《医学心悟》以胃神根立论,不愧为精通脉理者……其他名家,各有阐发,难尽列举。加之四肢阴阳之变动,昼夜寒暑之往来,脉气也随之上下,年龄长幼,性别男女,脉象也因之而异,复杂错综,变化难极。且书本上有关脉象的文字记载,大多形容抽象,令人难得肯綮。纵然读书千遍,心中了了,指下也在所难明。

业欲精,必明理;欲明理,必多思。用现代的话说,就是要想精通某一门学问,必须掌握其固有的客观规律性。中医是如此,中医的脉诊也是如此,学习诊脉,必须着意于脉理。诊脉之道虽繁,然有其一定的规律性。积数十年临证诊脉体会,我初步认为,诊脉应以胃、神、根为纲;体(脉体形象)、势(脉气往来出入之势)、数(搏动至数)为目;举、按、寻为法。更参五脏六腑在气口所属的部位,运用五行生克规律对各部显示的脉象,结合性别男女、身体素质、年龄老幼、病证、病时等具体因素,四诊合参,进行有机地联系和归纳分析,疾病的性质及各个脏腑在病机中的地位及其相互关系,自可了如指掌了。

罗天益说:医之病,病在不思。盖医之为业,生命攸关,临证辨治,务须胆大心细,行方志圆,不走偏、不猎奇、不掩瑕、不藏拙,谨守病机,入微思索。因为人体形同天地,经络府俞,阴阳会通,玄冥幽微,变化难极。且地有高下,气有温凉,年分老幼,性别男女,体质有强弱之别,形志有苦乐之分,外感有六淫之异,内伤有七情之殊,故临床病情之变,数不胜数,慎思熟虑尚嫌不济,岂容草草行事哉!

这方面,我在行医过程中,教训很多。记得在一九三四年夏,是我开始行医的第二年,本村六旬老叟赵某患痢疾,日下数十行,余但据其年老体衰,气怯肢倦,未加思索,即以虚治,用四君子加秫米与之,服后半日,痢未减轻,顿增脘腹膜胀,剧烈呕吐,体温升高,神情时昧。余惶惶然,回家查书思考,方知犯了"实实"之戒,急改投黄芩汤加半夏、竹茹,数日痊愈。

一九五一年冬,我已调县医院工作三年。此时,我从事医务工作也有十八年的历史了。尽管如此,偶因一时疏忽大意,几乎酿成憾事,此事至今记忆犹新,历历在目。

本县南关木材厂李某人,患脑后发疮数月不愈,颈后溃烂如小碗口,疮面紫晦不鲜,僵卧床上,痛苦难堪。

某日,日佚时分,卒发神志昏昧,扬手掷足,躁扰不宁,面赤如妆,汗出如油,急急延我救治。病情确实危笃,于匆忙之中,凭其脉躁疾、舌黑如墨,未加思索即臆断为疮毒攻心,热陷营血,率书犀角地黄汤合护心散与之。诊毕返寓二时许,病家遣人告急,言药后病情更现危重,神昏躁扰,大汗淋漓,四肢厥逆,牙关紧闭……我闻之愕然,窃思辨治未忒,何以致此?速往观之,病果如述。再详诊其脉,虽躁疾而无根;撬口扪舌,滑如鱼体,脉证合参,反复思索,恍然大悟,愧当初之草草,疚辨治之有误,证非疮毒攻心、热陷营血,乃病延时日,脓血淋漓,真阴耗竭,更因屡用寒凉,阳气式微,虚阳上厥之危候。病属至虚,而在外却表现出烦躁面赤、昏乱闷绝、扬手掷足、脉象躁疾、舌黑如墨的假实之象。再按诊太溪,其脉不绝,因知生机之犹存。遂翻然更张,取前人生脉散、参附汤两方合而用之，以参附汤救垂危之阳，用生脉散敛将尽之阴，更加有情之童便，滋阴和阳，从阳达阴。并依病情需要，采用连煎频服，从暮到夜令三剂尽，始得真阴渐复而守于内，真阳续回而安其宅。迨至子夜阳回之际，始见患者汗止，静卧，四肢渐温，脉变徐缓，安然入睡。嗣后调理月余而起。

此例病人之治，首先失之于乏术，再则失之于欠思。由此可见，临证之际，识病遣药，必须多思，且思路要宽，多做反面假设以自询，察脉证之表现，明病情之缓急，观邪正之进退，定用药之参差，求准而不拘泥，求活务避散漫，做到原则性和灵活性的有机结合。韩愈云："行成于思，毁于随。"可谓知其要者，一言而终矣。

结　　语

庄子云："吾生也有涯，而知也无涯。"学习无止境，实践无尽头，必须活到老，学到老，实践到老，通过实践总结正、反两方面的经验，使自己的学术水平不断提高。

时代不同了，人与人之间的关系变了，师生关系变了，学习条件变了。中医学院成立，编写统一教材，有些单位还招了中医研究生等。老师为人民传授技术，学生为人民学习技术，教者愿教，学者愿学。这与我在旧社会学医的情况怎能同日而语呢？

抚今追昔，感慨万端，爰不厌其烦，提出以下三点，供后学者参考：

（一）勤　功夫不负有心人,知识来源于勤奋,要勤就得不怕吃苦,就得有谦逊的态度。古罗马作家大加图说:"学问是苦根上长出来的甜果。"中国也有句古语:"书山有路勤为径,学海无涯苦作舟。"这些有益的格言,寓义何等深刻!马克思以其伟大的革命实践告诉人们:"在科学上没有平坦的大道,只有不畏劳苦沿着陡峭山路攀登的人,才有希望达到光辉的顶点。""庖丁解牛,目牛无全"的故事也充分说明了"业精于勤,荒于嬉"的至理。

（二）巧　勤奋吃苦不是目的,而是手段。所以,学习不仅要勤,而且要巧。"将升岱岳,非径奚为;欲诣扶桑,无舟莫适。"巧就是要有达到目的之正确道路和方法。这里,据我的体会,最重要的一点是,教者要因材施教,学者要因材而学,一切从实际出发,由浅入深,循序渐进,宁专毋滥,打好坚实的基本功。哲学家洛克说:"学到很多东西的诀窍,就是一下子不要学很多的东西。"

（三）思　孔子说:"学而不思则罔,思而不学则殆。"读书要思考,临证也要思考。因为祖国医学是以宏观的整体为对象,形象思维和演绎推理方法为指导而建立起来的完整的理论体系。所以要想把握祖国医学的精髓,就非有一番贯穿错综、磅礴会通、端本寻支、溯流讨源的取类比象、逻辑推理的思维过程不可。医者,意也。不是没有道理的。

党的中医政策,为中医事业的发展开辟了广阔的前景,中医现代化的目标又赋予我们光荣而艰巨的任务。很多中医老前辈"老骥伏枥,志在千里",争为"四化"做贡献。因此,我也决心将有生之年,贡献给党的中医事业,发扬人梯精神,为解决中医后继乏人的状态而努力工作。同时也希望后学者奋发努力,青出于蓝而胜于蓝。

(本人口述,李炳人、朱建贵整理)

往事重提　温故知新

中医研究院西苑医院儿科研究室主任　　　王伯岳

[作者简介]　王伯岳(1912～1987),四川成都人。三世中医,以儿科见称。自一九五五年调中医研究院工作,兼任卫生部药典委员会委员,中华医学会儿科学会委员、编委,《中华医学杂志》编委,中华全国中医学会中医理论整理研究委员会常委,北京中医学会副理事长,儿科学会主任委员等职。著有《中医儿科临床浅解》一书及若干学术论文。

往事重提

在旧中国,学中医总不外乎自学、师授、家传三个途径。辛亥革命以后,成都虽有了官立学校,由于条件不允许,我仍然不得其门而入。

我的启蒙教师中江刘洙源,是我父亲的好友。他在四川高等学堂(四川大学的前身)教经学。同时在家里设一个私塾,带着我们童子六七人,读书学习。

洙源先生善于因材施教。他的教学方法与当时一般私塾截然不同,重在启发、诱导,不主张死读书。从先秦至唐宋,由洙师给我们选讲了不下百篇传世的文章。同时,以圈点《资治通鉴》及"四史"为自学常课。我后来学中医,读中医古典著作,能闯过"文字关",实源于洙源师的教益。

我家原籍是四川中江县,是盛产药材的地方。祖父种过白芍,后来逃荒到成都,寄人篱下做雇佣。父亲先去丰都县福源长药店当学徒,继而跟一位姓陈的老师学中医。回到成都以后,定居下来,一直以中医中药为业。

我读了十年书以后,已经是十六岁的青年了。父亲希望我做一个中医,我本人也有这个志愿。但是,父亲认为医生的儿子不能单凭上辈的声望去行医。他还主张,学医应先学药。这不光对立方遣药上有好处,就是学医不成,卖药也可以糊口。我就是根据父亲这个思想先学药的。

位于成都东城的两益合中药店,是历史悠久的老药店。它经营的咀片、参、茸、胶、桂、膏、丹、丸、散,都很讲究,富有信誉。负责人刘社庭老先生,是一位精于业务的老药师。我父亲就送我到这个药店里当学徒。

第一年,只是做些药材的搬运、加工的粗活。后来,逐渐学习丸、散、膏、丹的配制,并到柜台上进行配方。在配方的时候,接触到不少名医的处方,对我很有启发。

刘老师还经常叫我跟他到药栈采购药材。他对于识别各种药材的真伪、优劣以及药物的标准、规格,具有丰富的经验。经他的指点教诲,使我懂得一些有关生药的知识。

在四年的学徒生涯中,总是白天劳动,夜间读书。除温习一些旧课外,店里也有些书。如《本草纲目》《汤头歌括》《药性赋》等是必备的,也是称药配方人员必学的。过去不少的老药师也知医,一方面是接触得多,一方面是好学。有的时候,医生也来店里配方配药,在闲谈中,有问必答,这也是学。自己家里的人及亲戚朋友有病,主动给开个药方,这也是实践。回想起来,引我入门,使我约略懂得一些浅显的中医知识,实起源于在药店当学徒。

从"两益合"学徒满师后,我的父亲已是成都妇孺咸知的儿科医生了。我想做一个子承父业的家传医生。

但是,父亲不这样做。他有一点自知之明,觉得自己虽积累了一些实践经验,但对系统的理论知识还不够。所以,他本着"易子而教"的原则,要为我择师。

廖蓂阶先生,是我父亲素来钦佩的一位老朋友,是一位精通中医理论和富有临床经验的老中医,并长于教学,是我受益最多,终生难忘的好老师。

廖老每天给我讲课,首先讲《伤寒论》。他认为仲景学说上承《灵》《素》,下启各代。《伤寒》一书,理法方药具备,后世称为方书之祖。从《伤寒》入手,进一步勤求古训,然后旁及各家,确有事半功倍之效。我就是遵循他所指引的这个方法和途径,循序渐入,开始学习的。

廖老擅长温病学。他对吴又可、叶天士、薛生白、陈平伯、余师愚、吴鞠通、王孟英、雷少逸各家学说,深入研究,取各家之长而有所发挥,撰成《时病纲要》一书,分为上下集共十卷。上集以运气学说为纲,分四时六淫病各一类;下集为时行传染病类,分为时行泄痢、瘟疫、痉病、鼓胀等十二类。廖老本此书精义,传授生徒,嘉惠后进。

从开始学医,父亲、老师都要求我写笔记,写日记。一方面便于老师督促检查,一方面便于自己复习。也就是"日知其所无,月无忘其所能"。同时,也积累了学习资料。勤于动笔,又能加深理解,加强记忆。至于写日记,对自己的恒心毅力是一个很好的考验。十年浩劫中,我的学习笔记和长年的日记,都付之一炬。但从中所得到的教益则是尚未全忘的。

当时读的书大多数是木刻本,没有标点符号,还有不少错落。读的时候要圈点断句,要借善本来校订改错。有些不好买的书,只能借来抄。当时都是用毛笔,抄书都是用楷书。所以,从小必须练习写字。父亲在这方面要求最严格,一定要一笔不苟。他不是要求我做一个书法家,而是要我做个有责任感的中医。他认为医生开处方,如果字迹潦草,万一配方的人看不清楚,或者是写错了,那就关系到病人的安全。所以,他要求写处方时,药味、剂量,都要规规矩矩。还有处方上病人的姓名、性别、年龄以及证因脉治,都要写得清清楚楚。我后来随父习诊时,抄的处方,他都要亲自过目,有一点不合格,就命我重新抄过。"驽马十驾,功在不舍。"经过长期的锻炼,而且要永远坚持下去,这种要求是必要的。

跟随廖老师学习一段时间以后,由于父亲的业务较忙,因而我的学习方法有所改变。上午随父门诊,给他抄方;下午廖老师给我讲课。我体会给老一辈抄方,是最好的学习。

在过去,中医当中,有的人处方治病,疗效很好,但说不出道理;有的人长于理论,但实践经验不足,这是客观事实。我父亲自认为他属于前者,因此特别注意理论上的充实,同时注意在实践中加强对理论的理解。当时我家生活并不富裕,但他绝不吝惜花钱买书。凡是他以前未读过的书,必先披阅,并加朱墨。至今我还保留着他"手泽存焉"的几部书籍,这对我的教育是十分深刻的。

业患不能精　行患不能成

我从学药、学医、给父亲助诊,一直到后来独立应诊,中间经过三个阶段:第一阶段是自是则不彰;第二阶段是从失败中吸取教训;第三阶段是活到老学到老。

学习初期,曾产生过"差不多"的思想,以致"好读书不求甚解"。在独立应诊的初期,又如"初生之犊",自认为什么病都敢治,都能治,正如荀子所说:"不登高山,不知天之高也,不临深溪,不知地之厚也。"确有点不知天高地厚。

经过一段时间,遇到不少困难,一些常见病,照书本上学过的处理,但疗效不像书本上说的或我所想象的那样满意,有的还适得其反;还有些没有学过的,或一些不常见的疾病,那就更感棘手了。在这种情况下,真是"别是一番滋味在心头",思想上很矛盾:这样混下去? 于心实在不安;放下不干,另谋出路,更不敢冒这样的大不韪。于是自惭复自悲,一时连有把握的常见病也感到没有把握了。白天诊治过的,效果如何? 总是悬想不已。到了晚上,经常是辗转反侧,夜不成寐。"学然后知不足",这就是第二阶段最痛苦的经历。

在独立应诊以后,仍然从廖老学习,不定期地带着问题去向他请教,求他解惑。当时一些知名的医生如卓雨农、唐伯渊、张澄庵、廖宾甫、陆仲鹤、曾念适等,我也经常过从。有时还在一起会诊,向他们学习,向他们请教,收到了"博采众方"之效,丰富了诊疗知识。

廖老主张,除儿科专著而外,应多看历代各家学说,开拓视野,以增强识见,提高医疗水平。他说,历代各家大都兼长各科,尤其都重视儿科,散在各书中有关小儿的论述应收集。就是内科方面的诸多治法,以及很多学术见解,都可以用之于儿科。

经过起伏转折,才懂得了秦越人"人之所病病疾多,医之所病病道少"这句话的真实意义,从而理解到要治人之病,先要治己之病,治"道少"之病。在这个认识的基础上,坚定了我终生学习中医、研究中医的信心和决心,并于一九三二年取得中医师资格,开业行医,独立应诊。

当我开始独立应诊的时候,父亲给我"约法三章":不定诊费,不计报酬;不定时间,随到随看;不说人短,不道己长。

当时的诊费,有高有低。穷人不但付不起高的诊费,就是低的也有困难。譬如只定十个钱(当时还用铜钱),父亲说,不够十个钱的怎么办? 俗话说"一钱迫死英雄汉"。要凑足十个钱,谈何容易。所以,他坚决主张不定诊费,不计报酬。

过去在城市行医的中医,有的规定应诊时间,有的不规定。来我家诊病的多数是小儿。一个孩子生病,全家都着急,兼之小儿一般发病急、变化快,特别是高烧、惊厥这类病,必须尽快地诊治处理。所以不规定时间,应当随到随看。我父亲行医时一贯如此,也要我萧规曹随。

我一开始独立应诊,父亲就将我的寝室移至接近大门的旁室里。只要有病人叫门,或听见患儿的啼哭声,马上起来开门。小儿生病,总要牵连大人。病家大多数是小商小贩、手工业者和小职员,一天不干活,一家人就要断炊。不定时间,随到随看,病家方便,于己也才心安。

另外还有一个原因,当时成都只有很少几个教会医院,一般人根本进不去。至于劳苦大众,就只能望"洋"兴叹了。一般急证以及外伤、骨折等都靠中医处理,而且处理得很好。认为中医只能治慢性病,或者说中医只能治内科病,显然是误解。

有的病不是一个处方或一剂药就能治好的。换个医生看看,希望快些好,这是病家常情。而有的医生则往往认为是前医治坏了才去找他,于是对前医的处方评头品足,揭人之短,炫己之长。这种"同行相忌"和"文人相轻"的陋习,父亲坚决反对,不容许我沾染。

这对我教育很深,我能学有寸进,实源于此。

关于继承和发扬

古人说:"行年五十方知四十九年之非。"我在治学方面,对于"勤"与"思"的重要性真正有所认识,确是从中年才开始的。

张仲景是我国有巨大成就和深远影响的一位医学家。当我开始学仲景学说的时候,老师教训我,不仅要学仲景的著述,而且要学仲景治学的方法。仲景治学的方法,在"勤求古训,博采众方"八个字,这也可以说是善于继承;而其《伤寒杂病论》,则体现了他在前人基础上的发扬。张仲景之所以受到后世景仰,就是因为他善于继承发扬,把中国医学推向了一个划时代的新高峰。凡是"不留神医药,精究方术""崇饰其末,忽弃其本""驰竞浮华,不固根本"等都是仲景所反对的。因而他在"古训"方面进行"勤求",同时还对"众方"进行"博采"。这对于如何搞好继承,是最好的典范。而其《伤寒杂病论》,既是在"撰用《素问》《八十一难》《阴阳大论》《胎胪药录》等基础上而成的,但又不是引经据典、铺设陈辞,而是独创新格,精奥简详,这又是仲景在发扬方面所显示出来的最好典范。在中国古典医籍中,继《内经》《八十一难》《神农本草》而后,当以仲景的著述《伤寒论》《金匮要略》为最。其特点就在于在继承前人的基础上,联系实际,融会贯通,加以发扬而有所创新。

当然事物总是发展的,永远不会停止在一个水平上。对于祖国医学遗产也需要在继承的基础上加以发扬。

新文化总是在旧文化的基础上建立起来的,继承旧的是为了建立新的。从时间这个概念来说,新和旧与今和古,基本上是一致的。今天的旧,在古代是新;而古代的新,在今天看来是旧。再隔一段时间,后代也会把我们今天认为是新的当成旧的。"后之视今,亦犹今之视昔。"

比如说:《伤寒论》所载的一百一十三方和《金匮要略》所载的二百六十二方,其中究竟多少是汉以前的古方,多少是仲景当代或仲景首创的方,根本无从稽考。仲景在"博采众方"时,可能不分古今,例如崔氏八味丸,显然不是他自制的。其他近四百个处方中,肯定也不都是仲景自拟的。在今天来说,这已都是古方,因为尊仲景著作为经典著作,则又称为经方。其实,在仲景当时都是时方。推而广之,在今天仍然用之有效,具有现实意义的方,何尝不可名之曰时方?

仲景继承《灵》《素》而有所创新,使其为他当时所用,是古为今用;今天我们用仲景之成就,同样是古为今用。这既是继承,也是发扬。

厚古薄今,肯定是错误的;而把过去的一切都说成"今是而昨非",恐怕也不正确。中华民族和中国是一个历史悠久、文化(包括医学)发达的伟大民族和伟大的国家,怎能一无是处?关键在于我们是不是善于继承、善于发扬。

今天的中国医学,就是在不断地继承中发展起来的。温病学说的兴起,就是继仲景伤寒学说之后的一个飞跃发展。

伤寒自来有广义狭义之分。从广义而论,一般外感病,如发热、恶寒、头痛、身痛、无汗或有汗等证,在古代文献中通称为伤寒。《难经·五十一难》说:"伤寒有五,有中风,有伤寒,有温病,有热病,有湿温。"《素问·热论篇》说:"今夫热病者,皆伤寒之类也。"伤寒、温病都是热性病,其他如中风、湿温等都称为伤寒,原则上是无疑义的。但如何鉴别,尤其是寒与热究竟有无区别,如何区别,特别是在治法上有何异同,这是值得深思的。

吴鞠通可称好古敏求之士,他对于以上这些问题,进行了仔细的探索,在继承仲景学说的基础上而有所发展,作为"羽翼伤寒"的《温病条辨》一书,是继《伤寒论》以后的一部名著。温病学家对于寒证、热证的区别,概念更加明确,治用辛温或辛凉,分别也更加清楚。吴鞠通说:"若真能识得伤寒,断不致以辛温治伤寒之法治温病。"很显然,他是在仲景以辛温治伤寒的基础上发展为辛凉治温病的,同样是善于继承和发扬的典范。

我体会到:继承与发扬是不可分割的。搞好继承,才能有所前进,前进就是发扬。以祖国医学而论,如果只是按本宣科、依样葫芦,那不是善于继承。继承的目的在于发扬,必须在继承的基础上勇于创新,使其不断地提高,那才是真正的发扬。

往事重提,目的在温故知新。希望青年同志从我走过的路中取得教训,奋发图强,催促中医学术繁荣昌盛。

寝馈岐黄五十年

中华全国中医学会常务理事
江西中医学院热病教研室主任　　万友生

[作者简介] 万友生(1917~2003),江西新建人,从事中医内科专业近五十年。解放后,历任江西省中医进修学校、江西中医专科学校和江西中医学院教导副主任,中南区卫生部中医委员会副主任委员,《江西中医药》(月刊)编辑委员会主任委员等职;曾任中华全国中医学会常务理事,中华全国中医学会中医理论整理研究委员会常务委员。精通伤寒、温病学说,曾著有《伤寒讲义》(1959年)、《温病讲义》(1959年)、《伤寒论讲义》(1962年)、《热病学讲义》(1973年)等。近著有《松庐医案》《伤寒知要》。

我的学历是从私塾开始的。由于读过孔孟之书,因而具有一定的古文基础,这就为我考入南昌神州国医专修院

(后来改名为江西中医专门学校),攻克经典难关,提供了一个有利的条件。当时老师不仅特别重视古文水平,同时也很重视书法,考试评分时,字写得好的加分,否则减分。他们认为,中国医学和中国文学结下了不解之缘,古代医学家大都兼通中国文学和书法。当时社会上也常给中医以这种压力,即中医开方时,字写得好的,就会受到病家青睐;否则,就会遭到白眼。

我在江西中医专门学校学了三年中医药学理论,由于日寇侵扰,学校停办,未能临床实习,深引为憾。离校之后,继续寻师访友,曾遥从上海名医陆渊雷为师,尽购其著作而读之。我很钦佩他博通古今的学问,从而开拓了我的心胸和眼界。但对他以西释中的论述,既受到启发,又感到疑惑,并在当时中医界守旧、维新和折中三种不同的学术主张中颇感踌躇,只是由于自己缺乏西医知识,无力维新和折衷,不得不守旧以求自慰而已。因此,在解放前战乱十多年的医途中,一直是坚持固有传统,不断深入钻研的。当时行医的生涯虽苦,但自学的蔗境弥甘。现在重读当年用墨笔正楷书写的《诸病证治提要》《伤寒论六经分证》《药选》和《药物分类提要》等资料,那种一丝不苟的认真态度和乐在苦中的坚毅精神犹跃然纸上,使我老而忘倦。

解放后,执行中医内科业务十多年的我,参加了南昌市中医进修班,比较系统地学了一些西医的基础理论和临床知识。由于寝馈歧黄医学已久,传统观念根深蒂固,所以并未因之而使自己改造成为"西医",相反,在学习西医的过程中受到了不少的启发,更加坚定了自己为继承发扬祖国医药学遗产而奋斗终身的信心。

回忆我从临床实践到理论研究这一漫长的历程，是甘苦备尝、不无体会的。这里略谈四点：

（一）关于经方和时方的问题　我在学校学医时，对老师之间的经方派与时方派的争论颇感兴趣，但并无成见。只是由于张仲景乃医中之圣人，因而对经方尤为喜爱罢了。离校走向社会后，在早期临床实践中，虽然喜用经方，但也常用时方，并初步体会到只要用之得当，都能药到病除。但这尚处于一般性的摸索阶段。嗣因先后在江西省中医进修学校、江西中医专科学校和江西中医学院长期教授《伤寒论》，为了进一步印证经方疗效，提高教学质量，才在临床上偏重药味少而用量大的经方（即使有时选用时方，也喜欢药少量大的），并常向学生推崇"少而精"的经方，批评"多而杂"的时方。但我思想上并不排斥"多而精"的时方，认为用药如用兵，虽然"多而杂"的时方，好比乌合之众，杂乱无章，一哄而上，临阵必败，但"多而精"的时方则好比韩信将兵，多多益善，井井有条，临阵必胜。如李东垣方虽有多至一二十味的，但君臣佐使相制相用，条理井然，每奏良效，即其例证。只是当时我寝馈长沙堂室，言行悉遵仲景，对"多而精"的时方，心虽许之，但尚未及深研。"文化大革命"后，我讲课渐少，而看病渐多，为了进一步摸索时方的经验，乃渐偏重于时方，临床用药有时一方多达一二十味，有些同事颇为我在临床上的突变而感到惊讶。近时我已完成《松庐医案》的编著任务，我希望它能及时地同大家见面，获得大家的指教，并让大家从这本医案中看到我对经方和时方虽有偏爱但无成见的态度。但从其中方药用量来看,前期虽然有轻有重,后期则偏于重。这是因为我长期教《伤寒论》课,临床应用药少量大的经方较多,加之晚年所经治者多属疑难顽固病症,往往需重剂量才能取效的缘故。但我并非排斥轻剂量时方,只是对此很少应用、缺乏经验而已。我愿在晚年深入摸索一下轻剂量时方治病的经验,以弥补自己的缺陷。只是由于习惯势力太顽固,大有积重难返之感,尚待努力克服。

(二)关于伤寒和温病的问题 我教伤寒温病课近三十年,先后编写过有关伤寒和温病的讲义多种。近几年来,又在为北京中医研究院与北京中医学院合办的中医研究生班、卫生部委托湖北中医学院主办的全国伤寒师资进修班、贵阳中医学院和贵阳医学院主办的中医研究班和西医离职学习中医班以及本院主办的古典医籍学习班所写伤寒讲稿的基础上,进一步写成了《伤寒知要》。前年五月间,在北京首届全国中医学术会议上提出了《关于伤寒六经和温病三焦、卫气营血辨证论治体系的统一问题》等论文。去年新加坡中医学院为其第十五届毕业纪念特刊来函征文,我在本院党组织的鼓励和支持下,应征投寄了《寒温统一论》一稿(此稿是在我主编的《热病学讲义》基础上写成的),就伤寒和温病两说统一问题,具体地提出了我的主张。而这也就是我从事伤寒和温病教学近三十年来的一个衷心的愿望。我之所以要这样做的理由是:①从寒温学说的源流来看,伤寒学说是温病学说的基础,温病学说是伤寒学说的发展,它们是一脉相承的。且由过去的寒温合论到寒温分论,又到今天的寒温合论,已经成为必然趋势,也是有识之士的共同愿望。②从寒温学说的内容来看,虽然伤寒六经和温病三焦、卫气营血的辨证论治各自有其特点,不容混淆,但它们又都属于外感病的范畴,是一类疾病中的两类证治,显然是相得益彰,应该冶于一炉,融为一体的。例如《伤寒论》虽然对太阳中风、伤寒的桂枝汤证和麻黄汤证论述甚详,但对太阳温病、风温的论述则有证无方;而《温病条辨》则针对其缺陷创制银翘散方以弥补之。又如《伤寒论》对厥阴病的论述不够具体明确,因而引起后人争议,甚至悬为疑案(如陆渊雷《伤寒论今释》指出"伤寒厥阴病竟是千古疑案")。但如能结合后世温病学家有关厥阴病的论述来研究,就可涣然冰释而毫无疑义了。又如伤寒学说详于表里寒证治法而重在救阳,温病学说详于表里热证治法而重在救阴,分开来各有缺陷,合起来便成完璧。③从寒温学说的应用来看,今天中医或中西医结合临床诊治外感疾病,大都是根据具体病情,灵活运用伤寒六经和温病三焦、卫气营血的理法方药,并无成见。④从寒温学说的发展来看,在中西医结合中,中医外感病学的寒温两说必将大大地丰富西医的传染病学,而成为具有我国独特风格的新医学中的重要组成部分。即此可见,伤寒和温病是必须统一的。我在中医院校主持伤寒温病教学中,前期是寒温分立,后期是寒温合并,《热病学讲义》已再版试用达五年之久,虽其内容尚待修改补充,但我认为方向是对头的。应该坚持下去,使之渐臻完善。我愿追随并世贤达,共同完成这一历史性的学术任务。

(三)**关于补脾和补肾的问题** 脾为后天之本,肾为先天之本,本来都是人体的根本所在,应该是同等重要的。前人之所以有"补脾不如补肾"和"补肾不如补脾"之说,则是由于所处环境和治学途径不同,因而有所侧重罢了。内伤病学中的补脾与补肾两大学派一样,在历史上影响很大,至今遗风尚存,而且正在运用现代科学知识和方法加以研究。我从长期临床实践中深切地体会到,脾胃之病(直接的或间接的)最为常见,因而调治脾胃之法也就用得最多。这就要求临床医生必须善于调治脾胃。我早在行医之初,就很重视脾胃。抗战时,我随家迁居峡江县黄泥岗村,患胃痛甚剧,卧床一个多月,粒米未进,每天只能喝些汤水,大肉尽脱,形容憔悴,势颇危殆。当时我行医未久,经验贫乏,在中西医药杂投无效的困境中,幸自试用香砂六君子汤获效,并坚持服至病愈为止。从此香砂六君子汤方给我留下了极其深刻的印象,凡遇此证,必投此方,常常收到满意的效果,从而引起了我对脾胃学说的兴趣,但那时并不善于调治脾胃。这里试举一例为证:李姓,女,中年。素体瘦弱,患胃中灼热已三四年,饥时尤甚,饮冷则舒,通身皮肤灼热,手足心热,晨起胃脘有气包突起,约半小时自消,大便秘结,小便黄热,白带多,头晕,脉细数而虚弱。初按脾胃阴虚内热处理,投以增液汤加石斛、沙参、石膏、甘草四剂,胃中灼热稍减,气包未再发生,但大便仍秘结不行。乃用增液汤合泻心汤以清下之,再进二剂,胃中灼热未见续减,大便仍艰涩难下。患者迫切要求通便,因予增液承气汤二剂,仅服一剂即感到胃中异常难受,虽微泻几次而不畅,食欲大减,神疲肢倦,患者不敢再服,而别求医治。这是我早年不善调治脾胃的一例挫手案。本例实属脾胃气阴两虚之证。虽然胃中灼热而饥时尤甚,饮冷则舒,并伴有皮肤灼热,手足心热,便秘尿黄,脉细数等症,确属胃中阴虚内热所致,宜用甘寒清热法,但从其体素瘦弱、白带多、头晕、脉虚弱等症来看,可见脾气素虚。脾虚则饮食不为肌肉而身体日形消瘦;脾虚则清阳不升,湿浊下注,带脉不固,而头晕白带淋漓。并由脾气虚导致阴血虚,引起虚火内炽,而现胃热肤热手足心热,脉虽细数而虚弱等症。其大便秘结不行,不仅是阴虚肠燥,更主要的是中气虚弱而无力传导,故虽润以增液而仍不下,攻以硝黄虽得微泻而不畅,且觉胃中异常难受。可见本证虽属脾胃气阴两虚之证,但其病机重点则在于脾气虚。本当遵守东垣之法以甘温之剂补其中而升其阳,甘寒以泻其火则愈,并应知本证是"大忌苦寒之药泻胃土"的。但因当时见未及此,初投甘寒养胃之增液法,尚属以次为主,虽未中肯,犹有微效;继用苦寒泻胃之泻心、承气法,则属损其不足,故使中气不支而致胃中异常难受。这就无怪乎患者对我不再信任而别求医治了。由于临床上的深刻教训,迫使自己认真钻研脾胃学说,才逐渐地能够得之于心而应之于手。这里也举一例为证:李姓,男,中年。患胃中灼热已十余年,虽然胃纳尚可,但食后胃中即有灼热感(晨起空腹时则无此感),继以脘腹胀满,入暮尤甚,嗳腐吞酸,以手从心下向左肋下按之则痛,神疲肢倦,大便溏泻时多而干结时少。初诊时,大便结如羊矢量少而日行三次,舌苔微黄,脉象弦迟。当时有一学生随诊,他从当前主症胃中灼热而大便结如羊矢苔黄脉弦着眼,认为病属脾胃阴虚内热所致,主张用增液汤等甘寒清热。经过共同分析,才认识到本病实属脾之气虚不运而胃之阴火时起的热中症,这可以从其胃中灼热而大便素溏神疲肢倦脉迟上看得出来。因此,放弃了甘寒清热法,采取了甘温除热法,投以异功散加山楂、六曲、麦芽。初服二剂,胃中灼热稍减,大便转成软条,并减为日行一次,虽仍嗳气,但不吞酸;再服二剂,胃中灼热减半,嗳气渐除,时而矢气,颇感舒适,惟食后仍感脘腹胀满;乃守上方加枳实、半夏,又服二剂,胃中灼热全除,脘腹胀满大减。此后常服上方,胃中灼热未再发生,脘腹胀满全除,终获痊愈。从本例胃中灼热是食后即作而空腹则止,并伴有脘腹胀满嗳腐吞酸神疲肢倦来看,可见李东垣根据《内经》"有所劳倦,形气衰少,谷气不盛,上焦不行,下脘不通,胃气热,热气熏胸中,故内热"而提出的"饮食不节则胃病,胃病则气短精神少而生大热"的理论,是符合临床实际的。这种胃中灼热之症,是因脾脏气虚不运,胃腑谷气停滞而阴火内焚所致。它和胃阴虚而气不虚的阳火炽盛的胃中灼热而饥时尤甚,大便但结不溏,舌质干红瘦薄,脉象细数之症是同中有异的。前者属于气虚阴火的虚热证,必须甘温才能除其热;后者属于阴虚阳火的虚热证,必须甘寒才能清其热,二者阴阳大别,是不能混淆的。"文化大革命"后,我曾先后在国内中医杂志上发表过一些有关脾胃学说的论文(如《略谈补脾疗法》《脾胃学说在临床上的运用》《略谈脾虚阴火与甘温除热》《论阴火》等),前年并曾在全国中医学术会议上提出《略论阴火与甘温除热》(包括脾虚阴火与肾虚阴火在内)一文,献其一得之愚,以就正于贤达。

(四)关于中西医结合的问题 前年,卫生部在北京召开了全国中医和中西医结合工作会议,明确提出了中医、西医和中西医结合三支力量都要大力发展,并将长期并存的方针。这是非常必要的。过去从中央到地方都成立了中医研究机构,并发挥了中西医结合这支力量的作用,进行过不少的研究,取得了不小的成绩,但由于未能充分发挥中医这支力量的作用,因而对中医理论本身的研究不多,成绩不大。之所以会出现这种偏向,就是由于缺乏上述三支力量长期并存的思想基础,同时对西医尚难解释的中医理论持怀疑甚至否定的态度。我承认,中医学确实包含了不少的至今还无法解释的"迷信"成分,如同西方的医学也难免不包含着"迷信"成分一样。但迷信和科学,本来就是人类文明的一个发展过程,并无绝对的界限,这是人类对客观世界(包括人的身体和疾病)认识过程中不可避免的现象。西方的医学在发展途中也曾经存有迷信和盲目之处,这同样也是不足为怪的。是"迷信",还是科学,只能用一个标准来衡量,那就是实践和实践的结果。能够治好病,就是科学。近时已有更多的人渐知中医理论包含着丰富的生命科学内容,并已引起国际上的重视。著名科学家钱学森指出:"生命科学是当前世界上普遍受到重视的一门科学,许多国家投入了大量的人力、物力,进行多学科的综合性研究。"他建议"在对现有学科体系进行调整、组合的基础上,建立起人体科学体系,将诸如人体特异功能、气功、中医理论等列入这个体系之中,以便使这一研究工作逐步向更严密、更系统的方向发展"(《文汇报》1980年7月18日一版)。由于他是物理学家,而非中医或西医,因而他对中医理论的推崇是客观的,是特别引人注目的。因此,今后必须进一步端正对中医学的认识,充分发挥中医这支力量的积极性和创造性,加强对中医药理论本身的研究，不仅要及时地继承好当代中医药理论专家的研究成果，还要不断地培养出新一代的中医药理论专家来（当然同时也要培养中西医药结合的新医药学理论专家）。前几年，有的中医医院，实际上西化了，这种极不正常的情况是必须加以纠正的。我认为中医医院，必须从领导到医生到护士，从门诊到住院，从方药到饮食，都突出中医的特点，尤其是辨证论治的特点。它既不同于以辨病论治为特点的西医医院，也不同于以辨病论治与辨证论治相结合为特点的中西医结合医院。必须进一步明确，西医辨病论治和中医辨证论治相结合，虽然是一条可行的正确途径，而且是发展我国新医药学的必由之路，但这并不能说是我国医学科学发展的唯一途径。除此之外，中医和西医两大医学体系还都可以分道扬镳，齐头并进，各自保持自己的特点。事实上三支力量长期并存，对保障人民身体健康更为有利。

追忆旧迹　寄奉后学

浙江省中医院副院长、主任中医师
中华全国中医学会浙江分会副会长　　魏长春

[作者简介]　魏长春（1897～1987），字文耀，浙江宁波慈城人。闻业于江浙名医张禾菜入室弟子颜芝馨，曾辑录颜师"温病条辨歌括"载于《中国医学大成》第六集《增补评注温病条辨》之中。一九三五年编写了《慈溪魏氏验案类编初集》，得到海内医家好评。一九五六年调杭工作，翌年任浙江省中医院副院长。临证六十余年，早年擅长外感时病的治疗，后又专攻内伤疾病的调治，在浙江省内享有盛誉，被选为省政协常务委员。著有《魏长春医案》《魏长春临床经验选辑》《中医实践经验录》等。

步 入 医 林

我生于光绪二十三年(1897年)。其时,父亲在北京东四牌楼恒源银号当雇员。一九〇〇年因八国联军入侵之乱,父亲带着年幼的我返回故籍——宁波旧慈谿县西乡魏家桥。四年之后,即我七岁时,父亲病逝。

父亲患病时,百医未效,这使我从小就萌发了长大学医的念头。于是,在学了十年私塾之后,来到桐乡石门湾天生堂药店当学徒。当时,药店里有一位善用经方的姚精深中医师,他对我热心指点,并借医书给我读。三年满师后,我除掌握了药工的技术外,通过自学亦有了一定的中医基础,回乡后经友人介绍到宁波鼓楼前富春堂药店当职工。由于接方配药的方便,又使我得以了解宁波市不少有名中医的处方用药规律。当时,我虽然有了可以赖以为生的固定职业,但学医的念头始终非常强烈。所以一直没有间断自学,并试着为一些取药的病人开一些柜头方。

一九一七年,使我真正迈入医林的机会偶然降临。名中医张禾菜的入室弟子、负有盛名的颜芝馨医师悬壶于鼎新街,因其弟子张志济得准自行开业,失去助手,而颜师由于右手风瘫,写字不便,急欲觅寻一个能懂得医药的人协助抄方。我闻讯后立即托人推荐,得以免费学业。颜师通文精医,学验俱丰,尤长于温热,平日诊务繁忙,门庭若市。因此我在短短的二年中,长进很快。但因家境所迫,只得提前结束,而于一九一八年我二十一岁时回家开业。

开始挂牌行医时,由于年轻,不为人们所熟知,来诊人数甚少。后得慈城卫生堂药店店主冯少农先生聘请，在该店定期坐堂为农工义务诊治。我根据姚、颜两师经验，认定农工所患以外感实证居多，治以解表、和中为主，化痰、利湿为佐，屡获良效。此后商界与妇女亦有人请我出诊。我深知当时医家、病员有动辄进补之习俗，小恙重药，粘滞留邪，易致病情缠绵难解。因此，在诊视时常以理气开郁、化湿和胃为法，选用二陈、越鞠、平胃等方，出入调理，果获显效。这一年，有一杨姓五十余岁药业职工患暑热下利，曾先后服过三仁汤、清脾饮、四兽饮不效。患者又自拟方药，用姜、附、柴、枳、芍、桂、木香、藿香等治之。服后半日，忽觉胸中灼热如焚，目赤神昏，冷汗如雨，四肢厥逆。吾审证求因，认为系暑热误用辛温，邪热内迫夹痰上蒙清窍之坏证。乃仿徐灵胎之法，急嘱其家属挖掘新鲜芦根数两捣汁灌服以养阴生津、清解药毒。须臾之际，患者吐出胶痰甚多，继而发出长声太息，神志渐清。遂以栀、豉、芩、连、竹叶、连翘、天水散、杏仁、贝母等清暑达邪，化痰泄热，病即转机。继以上法出入调治四日而愈。由于初出茅庐之人能够治愈前辈未效之重证，病家及同邑都为之赞赏。此后就诊病人日益增多。我不计较诊费，并经常步行出诊，谦逊负责，因此几年后即在当地取得了声誉。

为中医生存抗争

一九二〇年，宁波伪警察厅下令中医界人士集中考试，企图用考试的方法取缔中医。对此中医同人十分愤慨，考场里众声哗然。宁波名中医范文虎拍案而起，带头与之抗争,他责问当局举行考试居心何在？并点明试题谬误,他指出:试题"《金匮》论痰饮有四,其主治何在？"是文义不通。当为"《金匮》论饮有四,其痰饮之主治何在？"试官朱某见群情激昂、言之有理,只得退席作罢。在取得考场初战告捷之后,范文虎先生又抓紧时机在报上加以批判揭露。竭力主张各县中医界同仁联合起来共同斗争,并发起成立了宁波中医学研究会作为抵制当局非难、互相激励、交流学术经验的社会团体。在群众公推之下范氏担任会长。他不辞辛劳,出面交涉,呐喊呼号,千方百计争取社会各界的支持。为了启迪后学,培育人材,中医学研究会定期举行学术活动,由当时学验俱丰的前辈名医轮流讲学,评考论文试题。范文虎先生亦身体力行,经常讲学,乐于此道。

继宁波中医研究学会成立之后,本县亦由张生甫、严鸿志等名中医组织成立了慈谿中医学研究会。本人通过参加两会的活动,不仅树立了团结同志、奋起战斗的激情,而且通过聆听前辈的讲述和同道之间的相互交流,获得了许多宝贵的经验,提高了学术修养与医疗水平。

一九二九年国民政府发布取缔中医的条例,全国中医界奋起抗争。宁波、慈谿的中医学研究会也积极响应。在各界人士的支持下终于迫使政府收回成令。

熟读经典　汇通诸家

学好经典著作是学好中医的关键。历代医著汗牛充栋,后世诸家均有阐述发明,但流出由源,不论那种学术流派,均是以《内经》《难经》《伤寒》《金匮》《本草经》等经典著作为基础。因此在理解的基础上,反复背诵、熟记经典著作中的原文是十分必要的。如《灵枢·口问篇》曾说:"上气不足,脑为之不满,耳为之苦鸣,头为之苦倾,目为之眩。"临证时每逢类似之症,回想起此段经文,对于病因、病机、治则就有了清晰的概念,能为选用方药做出重要启示。又如治疗毕姓男子,苦嗳气、呃逆,曾先后用半夏泻心、丁香柿蒂、橘皮竹茹等方治疗未效。后想到《金匮》有言:"哕而腹满,视其前后,知何部不利,利之即愈。"而改用大承气汤加味治之,药后便解,气畅、腹宽、呃逆、嗳气即止,一剂而愈。

学有根底,见多识广,才能博采众长,汇通诸家,化裁创新。因此,在熟读精思经典著作的基础上,广泛地学习前人著作和经验是十分重要的,特别是金元四大家及温病学派叶、薛、吴、王的著作,更应反复研读。但在学习时必须择善而从、摒斥门户派别之偏见。在学习各家学说时应着眼于心得发明之处,对各家之特长又应探本求源,追踪其渊源,剖析其发明依据,而对各书陈陈援引,互相重复的内容,则不必深究。

如吐血、便血,仲景有黄土、泻心等法,用于虚寒、实热之证其效甚彰,但对阴虚郁热之证则未予论述。一九六一年本院病房收治一胃溃疡并上消化道出血的患者,曾用止血药及移山参治之未效。我根据患者略有低热、左脉沉弦不扬及少腹有痞气走窜,以陈远公壮水汤(生熟地黄、参三七、荆芥炭)合芍药甘草汤加竹茹治之,一剂获效。又如大叶性肺炎,一般按风温论治,以麻杏石甘汤加减多能收效;

但对阴虚体弱患者则不甚适宜。我根据温病学派轻清宣透、甘寒润燥之法，以千金苇茎汤、钱乙泻白散、喻昌清燥救肺汤、吴塘桑菊饮化裁变通，自订六二清肺汤（桑叶、枇杷叶、桑白皮、地骨皮、苦杏仁、冬瓜仁、贝母、知母、空沙参、北沙参、鲜芦根、白茅根）随证加减，屡获良效。重温祖国医学的发展史，我亦感到博采众长，灵活运用，敢于创新，是促进中医学术发展的重要因素。

质疑磋商　取长补短

"学贵于疑。"学习中凡遇似懂非懂之处，都应质疑推敲，直至彻底搞清为止。对于反复思考仍感含糊之处，应虚心向人求教。本人在开业行医之时，遵照颜师关于"读书要留札记，处方要留方底"的临行所嘱，每读一书都做笔录及心得，每诊一病均留方底。在诊后则根据治疗效果随时总结，寻找短处，细心研究，反复推敲，据此制订下一步的治疗措施，并定期将治学、临证情况向颜师口头或书面汇报，请求再予教诲。同时，我还随时利用聚会及函件来往之机，恳请前辈给予辅导教正。在宁波名医范文虎等人来慈出诊之时，我常常主动随诊，留心观察，将其所论之言认真记录。如目前我常用的小青龙汤泡汁饮服治疗支饮咳喘，乌梅安蛔丸捣碎加白蜜用滚开水泡后连渣饮服治疗蛔厥证，就是当年从范文虎先生那里学得的经验。又如昔日麻疹经常流行，不少病人常因治疗、护理不当，而致麻毒内陷而成凶险之证。本人虽曾治愈多人，但自思韩愈《师说》"闻道有先后，术业有专攻"之论，就上门向本地儿科医家舒绅斋求教。他热情指点说:"治瘖(瘖为宁波地区麻疹之俗称)要诀在'升降'两字。初起之时麻疹未透,宜用升药,并注意温复避风;麻疹回后,宜用降药。若升降治法不误则不会出现险证。"他又说:"叶天士深明《内经》因时制宜之旨,在治麻疹时着眼于气候的变化,按时令用药。而《吴医汇讲》中载录陈元益之论,认为今昔气候不同,麻疹治法亦应各异。颧为瘖门,若面颧麻疹红活显明者多吉,若面色苍白黯滞,疹点不透或全无者则凶。"寥寥数言,得益匪浅。

多实践　常总结

俗话说:"熟读王叔和,不如临证多。""多诊识脉,屡用达药。"所以,先师昔日曾反复教导我除善于向书本学习外,更要特别注意"在病人身上多用功夫"。要仔细观察分析病状,然后从症寻书,从理定法,据法处方,按方遣药。某年夏天我曾治一少年昏厥之证,当时因患者不能自言,吾按其脉证处以清解开窍之剂。返家后,我自觉问诊欠详,于是重新赶往病家,仔细询问其家属,得知病因露天看戏又食肉包子所致。遂改按中暑挟食之痧胀症论治,急取一汤匙蘸麻油在患者背部刮之,即见局部呈紫黯之色。片刻后患者知痛大喊,继用盐汤灌服,吐出臭秽积食后神志渐清,胸宇转舒。当时若不重新审察,改换治法,必致误人匪浅。回想此事倍感慎思明辨、反复实践的重要。

医生在临证时必须胆大心细,做到重证不惊慌,轻证不急慢,用药则务求精当,切忌庞杂。先哲曰:"兵贵精而不在多,将在谋而不在勇。用药如用兵,其理则一。"处方精要,药力专一,既利于治疗,亦利于总结。若用药面面俱到,则药效相互牵制,既不能迅速奏效,亦难以分析总结。在用古人成方时,首先要弄懂古人组方意图,从病人整体着眼,结合具体情况,同中求异,异中求同,因人、因地、因时制宜,善于化裁加减,审慎用药,取利避弊,以使每味药物都能适合病情,恰到好处。

如一般肿、泻之证大多以燥湿利水之法治之。但常中有变,不能执泥不化。吾曾遇一商人之妻因水土不服而致湿困中州。前医处表散之剂后,又嘱忌口。几旬之后胃纳益差,体肿、腹泻,转我诊治。我详询病情经过,认为与忌口太过、脾胃受损有关。病久体虚,不胜重药,乃以芳香花类拨动气机,并嘱其选择喜食之品以馨其胃,病即转机,体渐复康。

又如盗汗多属阴虚内热之证,但详加审察仍有差异。一九七一年遇一盗汗患者,虽服养阴敛汗之剂已久,但均未见效。我细究病因,知为素体表虚,睡卧草地,感受风湿所致。选用桑枝、桂枝、防己、防风、大豆卷、糯稻根行卫气,祛风湿。药后,盗汗即减,继以原法调治而愈。

患者服药后的病情变化是检验医生立法处方的明镜。因此,对于治疗效果,应及时审核。尤其是典型病例,必须追踪随访,周密调查,详尽记录,经常总结,从中摸索规律。只有通过这样反复的实践,不断地总结,才能将感性认识上升为理性认识,使自己的医疗技术不断提高,渐趋纯熟。

早在一九三五年我就将自己临证十八年的部分治案,结合个人的治疗体会,分门别类予以整理,并寄请近代名医曹炳章先生评按,付印出版,分赠医界同人,以资交流。以后又陆续编写了医话、医案数册,撰写论文多篇。整理编写著作,对个人来说既有温故知新、总结提高的意义,又是一个抛砖引玉、寻求别人教正的过程。此举对己、对人均属有益,至今我仍保持录存医案、随时总结的习惯。

（本人口述,魏睦森记录）

医林寻踪

上海第二医学院附属三院顾问　　陈耀堂

[作者简介]　陈耀堂（1897～1980），江苏武进人，为上海名医丁甘仁先生入门弟子。行医六十多年，疗效卓著，活人无算，蜚誉上海。专攻内科，对妇、儿、外诸科也有一定造诣；晚年对气功很有研究。曾任上海市黄浦区联合诊所副所长，参加过上海中医学院筹建工作。遗著有《中医诊断学》《陈耀堂医案选》《气功概要》等。

学　　医

我出生在一个书香门第。先父是秀才，好读书而不谙生产，家道因此中落。他三十二岁时因患伤寒亡于庸医之手，当时我十五岁，已粗通文墨。父亡后，为了支撑家庭生活，我只好辍学去教私塾学馆，在一所古庙里教了十几个与我年龄差不多大的儿童,从《千字文》《百家姓》一直教到《论语》《孟子》。教了两年,觉得前途渺茫。此时听说同乡丁甘仁先生在上海行医,名噪一时,就毅然辞去馆务,孤身一人来到上海。先由亲戚介绍在一家布店做了三年职员,积下了二百块银元,就去丁甘仁先生家,求赘为弟子。丁先生因与家父有数面之交,又见我古文基础较好,因此,慨然应允。食住均在丁先生家,上午侍诊,下午陪先生出诊,因此经常有机会亲聆教诲,得益良多。丁先生平时貌似严厉,但教起学生来,却能深入浅出,循循善诱,训勉备至。丁先生对《内》《难》二经深有研究,对《伤寒论》《金匮要略》也颇有根底,临诊时按六经辨证施治,用方力求合古,如胸痹用瓜蒌薤白汤,水气用麻黄附子甘草汤,血证见黑色则用附子理中汤,寒湿下痢则用桃花汤,湿热下痢则用白头翁汤等。他又宗奉吴又可、叶天士、薛生白、吴瑭等前辈诊治温病之法,平时用药以轻灵见长,用古方而不泥于古,使古方与时方熔于一炉,疗效卓著,对内、外、妇、儿各科均有极深造诣。在沪行医数十年,求诊者踵踵相接,一个上午要看五六十人。我们十几个学生围坐于先生四周,他切脉问病看苔后,即口授脉案处方。他的处方有一定规格:第一排三味药为主药,第二排第一味药常为云茯苓或炙(生)甘草;根据辨证施治的原则,结合他几十年的临床经验,已构成一套大致相同的成方。我们抄方抄熟了,只要第一排药读出来后,下面的药即能开出,因此看病速度极快。虽然时有"相对斯须,便处汤药"的情况,但因这套处方经过千锤百炼,因此卓有显效。在二十世纪初叶,西医西药在我国尚不普及,而且当时西医疗效也还不

陈耀堂

高,西药也很少,各种传染病主要依靠中医治疗。从现在的知识看来,当时的各种传染病可能包括流行性乙型脑炎、流行性脑脊膜炎、伤寒、斑疹伤寒、霍乱、天花、猩红热、白喉、流行性感冒等,几乎都纯以中药治疗。回忆当时治疗情况,确有不少死亡者,但救活的多,死亡的少,说明中医中药是能救治各种急性传染病的。这一段临证经验给我留下很深刻的印象,为以后的临床实践打下了良好的基础。

在理论学习方面,其他学生都在中医专门学校有专人教学,我则因交不起学费,只能以自学为主。丁先生诊务繁忙,无暇专为我一人教读,但他对我的功课从不放松,每二至三天规定我读《内经》《难经》《伤寒》《金匮》若干页,仅择主要者略加解释,但均要求熟读背诵。我因有一定古文基础,加上年轻记忆力好,不到两年,对上面几本经典著作及后世的《医宗金鉴》《证治汇补》《医学心悟》《药性赋》《汤头歌诀》等医籍均能背诵如流,这对以后运用经典随机应变地指导临床有很大意义。丁先生对《伤寒论》注家中,最推崇舒驰远的《伤寒集注》,谓舒注伤寒最具卓见,不作随文曲解,有其独到之处。他对李用粹《证治汇补》也颇推崇,谓李氏汇集古今医书,删其繁杂,摘其精华,又补入自己的经验,证治独详,因此要求我们熟读。我认为这些基本功对以后的临床实践帮助实在太大了,可以说一世受用不尽。回顾近年来各中医学院之学生能背诵《内经》或《伤寒论》者极少,有些甚至连《内经》的文字还不能看懂,这样怎能登堂入室呢?

行 医

在丁先生处学习原定四年,后因丁师挽留,又延长了两年,前后凡六年,就算出师了。承丁先生好意,我虽未参加中医专门学校学习,但仍给予毕业文凭一纸,作为上海中医专门学校第四届毕业生,也算有了学历。毕业后找了一间小屋作为开业之所,同时又在广益善堂坐堂行医半天,每周由丁先生安排至上海中医专门学校讲课四个学时。广益善堂是丁师创办的施诊给药的慈善机构(他看到上海劳动人民生活贫困,有病无钱医治,乃捐献部分诊金收入,加上社会上的一些捐赠办了两所广益善堂,后改称广益中医院,一则造福于人民,一则作为新毕业中医的实践场所,同时又可作为中医专门学校的学生实习基地),当时因劳动人民衣食不周,饥饱无时,劳动条件也差,不避风雨寒暑,因此病人极多,病种庞杂,急性病与慢性病均有,尤以急性病居多,目前已少见的烈性传染病也常见,如霍乱、天花均可遇到,半天就诊人数常达五十人以上。当时常想到,病人的生命就决定于自己辨证是否正确,用药是否得当,深感责任之重,对每一重病患者处方前均要仔细推敲。每晚把当天所看之病,回忆一番,作些札记,有疑问或查书,或去请教老师,制订第二天的治疗方案。我当时可说已把自己全部身心扑到了治病救人的事业中去,经常忙得不亦乐乎,但从不觉累,深感我能不负严父之命,能成为一个有益于人民的人而自豪。由于大量的临床实践,疗效渐好,名声不胫而走,出诊也多起来,善堂之职已无暇兼顾,乃辞去兼职而完全自行开业了,中医专门学校的教授之职则仍兼着,直至抗战爆发才停止。回忆这几年善堂生涯,是我学医过程中学业的一个飞跃时期。开始学医时只知死读书,以背诵为主,对如何结合临床实际,考虑不多。跟丁师临证时,先生讲,学生记,独立思考也不多,以后把丁师的一套成方背得滚瓜烂熟后,自己开动脑筋更少,因此要自己独立看病,也还有不少困难。到善堂后,被迫独立作战,面对临床症候的千变万化,先以套方应战,有效有不效;不效者又迫使我进一步思考,应用经典理论而制订第二方案、第三方案,直至收效为止。因此,取得了不少成功与失败的经验。例如有一次遇一湿温病人(相当于今之肠伤寒,当时氯霉素未发明,不论用中、西药物,死亡率均较高),虽当壮年,但精神极萎,高热神昏已十天,渴不喜饮,白㾦布满胸腹,腹满纳少,大便已数日未行,舌红苔黄腻。我先以三仁汤合连朴饮治疗不效,后改苍术白虎汤加减投与,发热始终不退。以往老师教导我:湿温的治疗效果很慢,不求有功,但求无过,以守为主,不宜攻伐。因湿性粘腻,最难骤化,欲速则不达。且湿邪与温相合,或从阳化热,或从阴变寒,且湿温即使治疗确当,但变证蜂起,甚难预测,故用药以稳为主,不宜用猛攻之剂,以免万一病人不幸死亡,引起法律纠纷。这是老师的经验之谈,以往他吃过这方面的亏,被人敲诈去钱财不少。所以我看丁师治疗湿温,也是以三仁汤、苍术白虎汤、葛根芩连汤、甘露消毒丹等方加减,四平八稳,疗效甚慢,病人常一候、二候、三候(三十天)才能步入坦途。加上又限制饮食(忌口),病人愈后只剩下皮包骨头,头发全脱,恢复甚慢,少则半年,多则数年才能复原。我想打破常规,见此人有腹满便结,壮热无汗,形体尚壮,属于阳明胃家实,试以大承气汤合黄连解毒汤加藿香、佩兰、蔻仁等芳香化湿之品。患者服药后得畅便,发热即大减,再以连朴饮合甘露消毒丹加减治愈。时间较之以往缩短很多,病人愈后不久即恢复工作。似这样不断地实践,逐步形成自己独到的经验,我认为这是每一个学医者必须经过的磨炼过程,不然纵读万卷书,还是无用。看到现在一些青年中医在学习中医理论时基础打得既不扎实,浅尝辄止,又不屑于多看病,多实践,看到的病种很少。从全国的情况看,目前中医似乎只能看一些慢性病、调理病,病情稍重,即要转西医治疗。这样肩上担子似乎轻些,但又怎么能取得治疗急性病、危重病的经验呢? 中医治疗温病的经验还要不要发展? 这些都是培养青年中医必须解决的问题。不然,现在中医学院培养的中医不论是三年也好,六年也好,还是不能达到老一代中医的水平。则今后要谈进一步发展中医,恐非易事。

提　　高

"勤求古训,博采众方",是张仲景的一句名言,实际上也应是每一个医生的座右铭。学无止境。只有永不满足于现状的人才能持续不断地取得进步。往昔丁师也勉励我们要虚心学习,采取各家之长。他经常提到叶天士家为祖传数代之世医,家学渊源,早年即已名噪一时,但他并不满足于已有之成就,经常隐姓埋名,先后从师十七人,卒成一代宗师的故事。

我在临床取得一些成就后,曾有些沾沾自喜。认为几年苦功没有白用,家庭经济情况渐趋富裕,滋长了一种安于现状、贪图安逸的思想。我掌握的一套方法对一般病人已能应付裕如,因此晚上就不大肯去钻研书本了,而去钻研琴、棋、书、画。医道不进则退。松懈的结果,使我立刻碰了钉子:有几个"伤寒"病人理应治好,而由于我的疏忽而死去。这对我是当头一击,使我清醒过来,我又回忆起家父死于庸医之手的情景。难道我也要做庸医了吗?我能对得起那些死者吗?从此又把心收回来,再度奋发图强,博览群书。这一阶段以金元四大家的著作及后世的各种医案为主,如《柳选四家医案》《清代名医医案选》《叶天士医案》等均加以涉猎,细心玩味。对警句验案均加以摘录,不数年已积有数十万言。此外,对当时的同道先辈,也虚心请教,以资取长补短。由于我家乡孟河素多名医,如马培之对内、外科均有很深造诣,曾做过清朝的御医;费伯雄、费绳甫亦为传世之名医,其后人如马泽人、费赞臣皆与我过从甚密。我常索取祖辈的医案学习,增长了不少见识,开阔了眼界。与这些名家相比,方知自己之渺小。从此悉心学业,不肯荒废,诊务再忙,白天再疲劳,晚上也要读两小时书才上床,到后来成为习惯,不读书,反睡不着觉。对书、画仍偶一为之,围棋则自此后未下过一盘。

一九二六年,丁甘仁先生不幸因暑温逝世。丁师在弥留之际,仍嘱我们要努力学习,以造福于人,他的这种诲人不倦的精神,实使我终身难忘。从此以后,我除自学书本知识外,只要听到有哪一位医生对某一方面有特长,即去虚心请教,倾心结交,以学习他的一技之长。当时上海有一位从四川来的医生,擅用附子,我从病人手中看到他的处方,确有特点,遂请友人介绍与他相识,有空即去看他诊病。见他每方必用附子,最大用量竟用至三两以上,有不少经他医久治不效的病人,在他手中看好了。我向他虚心求教,他说:"附子虽辛温大热,但走而不守,副作用反不如肉桂多。对虚寒证应用附子自不必言,在阴虚内热者,也用少量附子作药引,取热因热用之意,然必配生地、丹皮以监制之。对肝阳上亢之头痛,用附子配生石决明、牡蛎之类,少量附子温补肾阳以蒸肾阴上济肝木,木得水涵,再加生石决、牡蛎之类以使浮阳潜降,头痛自愈。至于用量大小,要视病情,并不都用大量。用量小时,仅用半分。但对阴寒痼冷之症,用量必须要大,但宜渐加,而不能突加。用量超过一两,应先煎一小时以上,则量虽大无害……"真是听君一席言,胜读十年书!这些经验之谈是书本上找不到的。以后我对附子也很有偏爱,是我常用药物之一。曾遇一患者,男性,三十六岁。来诊时正值炎夏,穿单衣犹汗流浃背,而患者身穿棉衣,犹觉形寒怯冷,晚间需盖厚被尚冷不可耐。眠食尚可,脉来沉迟,苔白厚腻,询其工作,乃冷藏库工人。余断此证乃受阴寒太甚,阳气不能运行于外,虽届盛夏,仍冷不可耐,所谓寒入骨髓是也。必须用大剂温阳之剂,补火壮阳以祛阴寒。第一次附子用了五钱(以往从未超过三钱),配以肉桂、炮姜、吴萸、补骨脂、砂仁等。服三剂,觉寒冷稍减,而舌苔仍未化,脉仍沉细而迟。后附子加重至八钱,病人方诉寒冷已止,夏天已可不穿棉衣,原方服至二十余剂而痊愈。又如遇一脱疽患者,肢冷脉伏,患肢青紫而冷,大、二两趾已发黑脱落,余下三趾也有发黑趋势,初用附子五钱,配以当归、桂枝、丹参、红花、黄芪等以益气活血,效不显,中趾更发黑。乃递加附子至三两,患肢肤色始转正常,发黑之中趾也未坏死,以后病情即趋稳定。

我除向当时的名医学习外,还向民间医生学习。原来我对土方郎中并不重视。有一次,我的大儿子两岁时患麻疹后并发肺炎,所谓疹毒内陷,病情十分危重。我自己不敢处方,请我的同窗好友来看,用麻杏石甘汤加味,麻黄仅用八分,服了几帖,毫不见效。又换一医,仍用麻杏石甘汤合泻白散,服二帖也无效。眼看儿子呼吸气促,喉间痰声漉漉,面色发青,口唇发绀,恹恹一息。这时有一友人介绍一草医来看,他处方仅五味药:麻黄三钱,凤凰衣一钱五分,桔梗三钱,枳壳三钱,鱼腥草一两。

我一见此方,感到十分为难。所谓"麻不过钱,细(辛)不过五(分)"。这次麻黄要用三钱,对一个不满两岁的小儿似乎量太大了,踌躇难以决断。但他的母亲救子心切,早就叫人把药抓来,已在煎药了。我也就横下心来,死马当活马医,试一试吧。殊不料仅服一剂,就咳出了大量黏痰,呼吸通畅,面色好转。再请这位医生复诊,麻黄减半,再服二剂,病情有显著好转,以后经过调理,才逐渐恢复(但留支气管扩张,常发作咯血)。这一事例,给我很大启发,民间确有好方法,应该加以发掘,以补充常用方之不足。以后我即常在套方中加入一二味草药以提高疗效。如凤凰衣(即鸡蛋壳之内衣)治气喘咳嗽效甚佳,鱼腥草用于急性气管炎、肺炎效好,荠菜花炭之用于肠炎腹泻,乳香、没药研末吞服半克治消化性溃疡之胃痛,丝瓜叶捣烂用麻油调敷治疗脓皮病,大田螺、大蒜捣烂敷腹部以退腹水等,均学自当时的草药医,在临床用之常有效,也属别具一格。

磨　炼

一九三七年十二月八日,抗战的烽火烧到了上海,我的诊所及全家都在南市区,过去所谓"中国地界",不时遭受轰炸。我带领全家老小仅带了少量衣物细软逃难到法租界,寄居在一个朋友家里。整个家业及几年来积累下的心得笔记及大量书籍均毁于一旦,给了我一次很大的打击;老母因受惊、劳累,竟一病不起,又给予我第二次打击。两次打击使我也受到病魔的侵袭,几乎一蹶不振。半年后,我在法租界找了一间小屋重新开业。因人生地不熟,开始很不顺利,每日收入维持生活尚有困难。过了两年,才又打开局面,但因时局混乱,总不如过去了。国难当头,心情也不舒畅,常借酒浇愁,学业上也无大进展。直至八年抗战胜利,回到老地方,才又重振家业。但真正获得新生、学术上有新发展,是在解放以后。

解放初期,由于卫生行政部门对中医的地位和作用认识不够,中医一度受到轻视和排斥,规定我们这些五十多岁的中医也要全部去学习西医的解剖、病理、生理、内外各科。当时的目的是要把中医全部改行做西医,可是对我来说,觉得学习了西医知识后,很有好处。过去一些想不通的问题,和一些知其然而不知其所以然的问题,通过学习后,获得了部分解决。例如同一黄疸,可以由炎症、结石、癌症等多种原因引起,过去我只知阳黄、阴黄,治好了的是多数,少数治不好也不知其所以然,很可能是癌症。又如腹痛,中医过去只知可由于寒盛、伤食、气滞、血瘀、虫痛等,西医认为腹痛可由胃炎、溃疡病、胰腺炎、胆囊炎、肠梗阻、阑尾炎、盆腔炎等内、外、妇各科的病种引起,这二者之间如何联系,对我来说是一个新问题。过去用中医辨证施治确可治好不少腹痛,但因只掌握了它的共性,没有掌握它的个性,因此不能掌握它的全部规律,就不能全部有效。有些急性腹痛痛极而厥,可能是胃肠道穿孔并发弥漫性腹膜炎而引起的中毒性休克,这在过去我们也常遇到,就是不知是何道理。通过现代医学的学习,其病理生理解释得非常清楚,使我顿开茅塞。

一九五五年,上海市组织了很多联合诊所,我担任了黄浦区联合诊所副所长,这儿中西医都有,相对而坐,我有机会向西医同道学习看病的道理,逐步也学会了看化验单,确实体会到中西医结合很有好处。以往治疗肾炎水肿只要水肿退了,就认为病已好了。现在看了小便化验单中尚有蛋白、管型,表示病并未好,水肿退了只是有所好转,并给我提出了一些新的课题:如何消除尿蛋白和管型?如何提高肾炎的治愈率?又如对高血压病,过去我从不量血压,通过辨证施治,症状好了,也不知血压是否下降,能否恢复正常,这也是新课题,迫使我们老中医也要赶上时代的潮流。这一段时间在业务上也有很大提高。

一九五六年,上海筹备成立中医学院,我毅然放弃私人开业和联合诊所的优厚待遇,应邀参加筹建工作,先在学院以教学为主,但非我所长。当龙华医院成立,我即带同学到龙华医院以带教实习为主。由于疗效较好,找我看病的人极多,使同学对学习中医树立起信心。我也要像当初老师教我那样,把我的毕生经验传授给学生,学生也为我抄录积累了不少验案。正当我想把这些医案整理成册时,"文化大革命"开始了,我也和其他老知识分子一样,受到了很大的冲击,收集的验案以及不少古典名著被当作"四旧"处理了,连看病的权利也被剥夺,被下放到药房劳动。一个医生不能为病人解除病痛,这是最大的痛苦。虽然有不少老病人仍来偷偷找我,鼓励我要保重身体,给了我一些安慰,但我总觉万念俱灰,只是在混日子,做些力所能及的事。一九七三年,我被迫退休,在家过着闲散的日子,但为人民服务之心,从无一日稍息。街道和里弄里有什么人生病,我随叫随到,成为一名义务医生。一九七六年,"四人帮"被揪出后,我心情非常舒畅,又恢复了青春,虽然已届八十高龄,仍响应上海卫生局的号召,到上海第二医学院附属第三人民医院担任顾问,专看一些疑难重证,并指导西医学习中医。我虽然已年老多病,还希望在我的有生之年,为发展我国的中医和中西医结合的事业,贡献一些微薄的力量。

(本人口述,陈泽霖整理)

---

*作者完成本文后,于1980年6月逝世。

我的老师和我的学医道路

辽宁中医学院副教授　　彭静山

[作者简介]　彭静山（1909～2003），辽宁开原人。学医于东北名医马二琴教授。着重钻研针灸学，首倡眼针疗法。历任中国医科大学针灸讲师、辽宁中医学院针灸教研室主任暨附院副院长等职。著有《简易针灸疗法》《妇科病中药疗法》《常见四种慢性病中药及针灸疗法》《普及针灸手册》等。

我学习中医是在二十年代，那时候全东北没有一所公、私立中医学校。学习中医只有三个途径：一个是家传。我的先人并没有做医生的，这当然是谈不到了。二是自学。古语说："秀才学医，罩里捉鸡。"然而，我还是不到十六周岁的孩子，文言文都看不懂，那里比得上秀才。这条道也不通。三是师承。就是拜老师，从头学起。我只好走这个途径。

学医经过

我的第一位老师刘景川先生,是不第秀才。在辽宁省开原县那样的荒僻小县,只有两位凤毛麟角的进士,举人一位没有,秀才也不多,因此不第秀才也算名流。刘老先生满腹经纶,能作诗,善制灯谜,下笔千言,文不加点。但是文章憎命,屡试不第,只好设馆教学。刘老先生的父亲、哥哥都是医生,老先生也研究医学,创办"兴仁医学社",只占一间房子,南北大炕,共有二十四名学生。北炕十二名读四书五经,南炕十二名读医书。这边讲书,那边写字,彼此互不干扰。每年学费二十五枚银圆。我是孤儿,家又贫穷,由我叔父东凑西拼代交学费。一切都按照私塾的方法,讲书,念书,背书,写字,起五更上学,除按时回家吃饭以外,没有运动时间,半夜放学。所安排的课程从《药性赋》《汤头歌诀》《濒湖脉学》《医学三字经》(我们叫做"四小经典")开始,加上《四百味药性歌括》,刘先生自己编的《本草汇编》七言歌,即把《本草备要》编成歌诀,如"甘温固表生黄芪,炙温三焦壮胃脾"等等,倒也合辙押韵,易读好记。而后再学《内经》《伤寒》《金匮》《本经》所谓"四大经典"以及《医宗金鉴》的几种心法、《中西汇通选读》等,两年来就读了这些医书。刘先生善写医学论文,教给我们怎样写论文,五六百字一篇的文言文,每周写一篇。理法方药,无所不备。

读医书的第二年,开原考试中医。彼时没有卫生局,由公安局卫生科办理。我们一共有六位同学去应考,只凭念会了上述有限的医书,加上会写医学论文这点本领,竟敢于一试。主考官是开原两位懂得医学的绅士。一位是当过县长的丁一青先生(辽宁省中医医院成立时,曾聘为顾问,年已八旬,耳聋特甚,任职二年,顾而不问),一位是拔贡出身的女子中学校长王钟珊先生。所出的题并不难,平时我们都做过。考试结果,我们六名同学的名字,金榜高悬。但是榜后出了一道布告,上写着我们六个人的名字,说:"查某某六人,试卷虽佳,而年龄过轻,行医未免误人。暂时不发给行医执照。该生等努力为之,前途无量!"我们本来是在老师的鼓舞下,身入考场,见见世面,体验一下考试的情况。用诸葛亮的话说,"笔下虽有千言,胸中实无一策",自知不具备当医生的本领。但是,眼看着别人领到"行医执照"笑容满面,我们既羡且妒,怅惘地回去向老师汇报。老师哈哈大笑,异常高兴。他的心理是,六名学生全部高中,而且名列前茅,医学社的名誉,从此声价十倍,明年的新生将要成倍增加。可是,实际结果,适得其反。原因是这样:

有一天师娘(我们对老师夫人的称呼)抱着有病的孙女,请老师看病,我们破天荒第一次遇见这样的好机会。同学们停下读书,聚精会神地看着老师怎样看病。老师看了半天,一句话也不说。师娘急了,问:"她到底是什么病?"老师也急了,紧张而又难为情地说:"我知道她是什么病!"同学们楞了,互相用眼睛示意,原来老师不会看病。

我想,我们念医书是为了将来当医生。老师不会看病,不论他讲得怎么好,文章作得怎么高,将来和他一样,也只能去教医经。可是如果我也挂个牌子叫什么"兴义医学社",我可还是个小孩子,有谁来给我当学生?所以,第三年我便退学了。人同此心,别的同学也这样想,学生因而日渐其减。

第二位老师是刘景贤先生,他只有二十六岁,自己开设诊所,字号是"瑞霖医社"。东北的医生都备有药材,诊费药费混合在一起,没有单收诊费开方的习惯。刘先生很有名望,每天求诊者络绎不绝。他看病时口若悬河,高谈阔论,谈的一多半闲话,至于病情,只是简单的说几句,给病人丸散药多,开方很少。于是又产生了问号:第一位老师,每天讲理法方药,辨证论治,结果不会看病;第二位老师,病人很多,但不谈医理,病人还很满意,据说吃药有效。那么,会讲的不会看病,会看病的不会讲,我们读了这么多书,究竟理论和临床怎样联系?还是莫名其妙。

这时候,开原城来了一位针灸专业医生唐云阁先生。他专用针灸治病,偶然也用一些药,但以针灸为主(东北针灸专业医生,解放前十余年才有,但是很少),病人很多,兼收徒弟。我和刘景贤先生都拜唐先生为老师,刘先生在中医方面,是我的老师,在针灸方面是我的同学。唐先生教学方法,与众不同,因为病人很多,每天只教两小时。首先教给我们调息吐纳,每人都盘腿坐在炕上,眼睛半闭,叫做"垂帘",看样子像老和尚打坐似的。以后就是练臂运掌,练气运指。这一套要每天早晚自己练习,不许间断。接着就是挂线循经,学习经络走行。唐先生讲经络的方法也很特殊。讲到哪一经,选一名同学,脱了衣服,把这一经的体表全都裸露出来,用织毛衣的毛绳一条,以水浸泡,取出来放在经络循行线上,非常醒目,形象教学,讲得很生动。第三步就是点穴。唐先生说:"点穴要口传心授,每个穴都有特殊的取穴方法,你们不可轻易外传。"到了这一阶段就分班上课,分班的标准,不以学习成绩优劣,而按交学费多少而分。我没有钱,和朋友借了五元钱,遂被分在丙班,总共只教了七十个穴。最后一阶段又合在一起,讲配穴、手法,并让你看病人,学习扎针。唐先生说:"穴位是主要的,很少真传。"如果续交学费,还可以升级补课。我心里着急,但也无可如何。刘先生是甲班,三百六十穴全学了,但是我问他,他说没有记住,不知是真是假。

开原别无名医,我叔父费了九牛二虎之力,人托人把我送到沈阳。十九岁第一次坐火车,感到处处新奇。沈阳彼时叫奉天,十八道大街,钟鼓二楼,八门八关,人烟稠密,车水马龙,又有生平所未见的"磨电车",弄得眼花缭乱,这都不在话下。我心里所想的是:不知道沈阳的这位老师是什么样的医生。

第一天去拜师,令我非常惊异。老师的诊所设在家里的外院。一进大门,古树参天,花木葱茏,满地繁花如锦;藤萝架,金鱼缸,浮水莲,点缀得幽雅清静;房后叠石为山,山旁一片平地,绿草如茵。后来才知道这是老师舞剑的场所。室内都是高级设备,沙发地毯,图书满架,古玩罗列,名人书画不少(有些东西我当时并不知道名字,如浮水莲之类)。拜见老师的时候,见老师不到四十岁,温文尔雅,举止大方。身穿串绸大衫,胸侧钮绊上悬挂半个黑大钱。当时很奇怪,以后听同学说,这是王莽钱,属于珍贵古玩,可值十几元大洋。我听了目瞪口呆,舌翘不能下。

幸运得很,这第四位老师是鼎鼎大名的马二琴先生。马老为沈阳名士,学问渊博,往来皆当时名流。马老工诗,善书,尤爱古玩。行医之暇,品茶吟诗,舞剑弹琴。有七弦古琴一张,每当诊余,铜炉焚以檀香,窗明几净,静坐弹"平沙落雁"等古曲,悠然自得。对大鼓书素有研究,深通声韵训诂,名演员如奉派大鼓刘问霞、京韵大鼓张小轩等均受其教益,得以字正腔圆,蜚声艺坛。

马老原名英麟,字浴书。因性爱古琴,以后又得了一张据说经过古董家鉴定系明朝严嵩之子严世藩故物的古琴,珍爱备至,遂自号"二琴"。

马老最大的贡献是保存了东北的全体中医。在伪满时期,日本主张废除中医,有人说中医能治病,日本要实际考验一下。在全东北调查名中医,只有马老声望最高,派人请马老到长春(伪满叫新京)。马老不去,日本用势力逼去,安置在粹华医院,是长春最大的医院,分为十科,每科设医长一人,都是日本人且都是医学博士。另设中医科,任马老为医长。这是摆擂台比武的形势。过了两个多月,一名化脓性腹膜炎患者,外科医长确诊,决定开刀,吉凶不能保。患者不同意,要求马老治疗。马老用金银花四两、龙胆草五钱,佐以公英、地丁、连翘、乳香、没药、黄柏,一付痛减,二付痛止,三付痊愈。日本医长检查确属治愈,非常惊异。以后由伪民生部保健司决议保留中医,改为汉医,并改称中药为汉药。

从马先生学习二年,除了讲解过去读过而不理解的医经字句以外,又补读了《温病条辨》。马老为人谦虚诚朴,为海内三张之一张寿甫先生之好友(彼时张锡纯在沈阳行医)。当时统治东三省的张作霖,常请马老看病,人多称赞。马老笑曰:"比如我开个鞋店,张大帅买了我一双鞋,并不等于我的鞋每双都特别好。这不算什么。"我跟马老师所受的教育,除医学、文学、诗词以外,主要是高尚的道德情操,端正的医德品行。马老师教导我们说:"对病人要脚踏实地,全心全意,不要学哗众取宠的开业术。更不可乘人之危斫斧头、敲竹杠。张大帅有钱,吃我的药也和卖给别人一样,八角钱就是八角钱,一元钱就是一元钱。"马老自己写了一副楹联以自勉:十年读书,十年临证。存心济世,存心对天。可以想见其为人。

解放后,马老应中国医科大学之聘,任副教授。他传授中医学术,不遗余力,做出了很大的贡献,在十年浩劫之中,遭受"四人帮"迫害,愤死于一九六九年。惜哉!痛哉!我对亲爱的叔父,尊敬的四位老师,深恩未报,每一思及,不觉怃然!光阴迅速,转眼已过七旬,碌碌平生,一事无成,深愧吾叔吾师教育之苦心,写到这里,惭而流汗。

行医时代

一九三〇年,我开始行医,时虚岁二十二。自己开不起诊所,只有在金匾高楼的大药房挂牌行医,社会上叫做"坐堂先生"。医生收诊费,药房卖药,互相合作,双方受益。我是在沈阳一家大药房字号叫"积盛和",一直干了二十多年,直到全国解放。

初起年轻,没人信。自己没有经验,遇见重病心里也没有底。举个例子:有一家接我往诊,病人是个年轻女人,一量体温39℃,本来是温热病,吃药可以好。那时候,心里没数,又想治,又怕出漏子。想和别人讲一下,证明她的病重，难保不发生变化。他家人都不在家，以后把房东老大爷找来，当面讲清，病得很重，请他作证。老大爷满口应承。我开方时还是战战兢兢，心里总觉不安。第二天接我复诊，病好了。病人笑着说："我的病也重点，你这先生也小点，昨天你把我吓坏了！"我无言可答，皮笑肉不笑地应付过去，很觉惭愧，给老师写了一封信："但愿程门立雪，再侍诊十年。"老师回信说："初行医者，十九皆然。治病时要胆大如斗，心细如发，仔细辨证，不耻下问。平时多读一些参考书。"

说起"不耻下问"，这不是容易事。旧社会的医生，"同行是冤家"，同在一条街，不相往来。即或是至亲好友，同时行医，可以杯酒畅叙，可以品茗谈天，就是不讲医道，不交流经验。用北京话说："你学会了我吃么！"遇见重病，互邀会诊，更不可能。一者怕丢面子，被人瞧不起，二者利润被别人分去了。那是经济基础、社会制度的关系，讲起来不堪回首。新旧社会，医生走着云泥不同的道路。

谈到多读参考书，更是遗憾。彼时沈阳卖医书的只有一家德和义书局，一间门市，书少得可怜。那时候没有国家出版社，都是由几个书局出版，鼓楼北虽有商务印书馆、中华书局、世界书局，但医书不多。买医书只好上南门脸旧书摊，有时可能遇到一些，赶巧了还有善本。

更不幸的是在我行医第二年，日本军国主义发动了"九一八"事变，侵略东北，成立伪满洲国，控制文化，关内的一切书刊报纸都不准卖，书店早存的也大部分不许再卖。据说商务印书馆用禁卖的书烧了一冬天锅炉，损失之巨，可想而知。

在伪满十四年沦陷期间,谈不到读书,只在临床治疗方面逐渐摸索出一些经验,病人日益多起来,并且博得小小的虚名。

钻研针灸

全国解放以后,一九五一年我就任中国医科大学讲师,组织针灸研究委员会,开辟针灸室,公开对外治疗,以作研究。这是西医大医院开展针灸最早的。

这时有了读书的机会。满洲医大积累了大量中医书,珍本、善本、绝版、抄本,搜罗极为丰富(此皆为满洲医大时代日本冈西为人、黑田原次等所遗。以后人民卫生出版社影印、排印了不少)。那时候全校只有我一名中医,西医对中医还没开始学习,大量中医书由陈应谦校长(陈氏以后为人民卫生出版社社长)批准我随便看。我这时才真正进了中医的宝库,直感到琳琅满目,美不胜收。有的书我久仰大名,无缘相见,现在可以随时随地阅读。有的我以前连书名都不知道,读来更有兴趣。应该感谢党对我的培养,给我这样一个梦寐以求的读书环境。这是很幸运的读书时期。

读了大量的书,温习了二十年所治过的内、外、妇、儿各科疾病,感觉到过去读书太少,思想境界狭窄。其间写了几十本读书心得笔记,十年浩劫,被诬陷为"反动学术权威",家被抄,惜已荡然无存。

过去二十年行医中虽然也用针灸,但只是作为救急及补充疗法,主要以方药为主。现在专搞针灸,回忆起经络学说,多半忘记;运臂练掌、运气练指也早忘在九霄云外;

而最遗憾的是唐先生只教了我七十个穴,还不足全部经穴的五分之一。因此,在博览群书之中,以针灸作为重点之一,以《甲乙经》《铜人经》《针灸聚英》《针灸大成》等为主要学习材料。先把经络原文复习熟了,按着经络体外循行,一穴一穴地自己摸索。唐老师点过的七十个穴,都很准确,回忆起来,容易掌握。其他的穴只好读分寸歌,写在小本上,有工夫就念。治病之暇,边喝茶边读,在车上,在厕中,看电影开演之前,甚至于和亲友会面时,也边谈边看。晚间在枕上默诵经脉篇和分寸歌,往往在默诵中睡去,醒了还接着背,这种工夫虽然很苦,却能收到良效。

练针也是这样,除了工作以外,手不离针,左右两手,各持一针,练习直刺、斜刺、横刺、旁刺、反刺、倒刺、浅刺、深刺、重刺、轻刺等等手法。读书的时候把练针枕推到旁边,手里还拿着针,边念边捻,有时用针翻书。有的同志说我搞针灸是科班出身,其实,我也是这样半路出家。通过长期实践,才逐渐地有了一些体会。下面简单谈几点,以供参考。

首先,针灸并不神秘,不是高不可攀,但也不像某些人曾认为的那样"十天八天就可学会"。它除了必须有深厚的中医理论做基础以外,还必须另做一些基本功夫。我主张把三百六十经穴弄得纯熟;至于经外奇穴除了肯定有效的如印堂、膝眼、十宣、四缝之类以外,我认为没有必要层出不穷地找什么新穴。因为,距离经穴周围一寸五分以内还是经穴范畴,无所谓新穴。

其次,我谈谈无痛扎针法;无痛扎针有许多方法,我的方法是十二个字:"准确找穴,躲开毛孔,迅速刺入。"找穴一要"宁失其穴,勿失其经";二要找病穴,即有压痛或以指压穴指下有坚硬、虚软、条索状、小包、硬节等感觉,谓之病穴。如不是病穴,应该更换。穴取得准确,要躲开毛孔。皮肤上有若干星罗棋布的冷点、温点、痛点,躲开痛点就可以避免针刺疼痛。痛点无法辨认,经过我长期体验,凡属痛点多和毛孔一致,针时要在几个汗毛孔的中间进针就可不痛,还应迅速。《难经》云:"知为针者信其左,不知为针者信其右。"要发挥左手的作用。左手在针灸时作用大于右手:一可以找穴按压掐穴留痕作为针刺的记号,消毒后手指不必再去摸穴;二用长针时可以挟持针体配合右手;三如病人体位移动即可用左手矫正;四针前可用左手四个指头比齐在穴的上下切循使经络流通以增强疗效。至于使用补泻手法和起针也都需要左手协作,我们文绉绉地说:"左手之为用大矣哉!"

第三,我的选穴方法概括起来是八个字:一点,二穴,三线,四面。

一点就是每次治疗只选用一个穴,用以达到治疗目的,使患者少受痛苦。穴位又叫"刺激点",所以取用一个穴叫做"一点"。

二穴即每次选用两个穴,互相配合,加强治疗效果,提高针灸效率。

三线,选用的穴位在同一经脉循行线上,是纵线;穴位旁边的其他经穴可以连成横线;包括经外奇穴,也可以连成斜线。

四面是选出的穴位,概括成为一个皮肤面,有方形、长方形、等边三角形、斜三角形、扁方形、雁塔形、倒雁塔形等多种形式。

一点只是针灸一个部位,一穴就不同了,十二经都是左右两点。四缝是一只手四点,八风八邪也是如此,十宣则是十点,十二井为十二点,所以点和穴有所区别。

最后,谈谈眼针疗法。十年浩劫,遭到残酷迫害,被打耳聋。以后做内科门诊医生,这却是驾轻就熟,因谬蒙虚声,患者接踵,户限为穿。但是耳聋,不能拿听诊器,不能量血压,感到困难。只好想办法多用望诊,寻找新方法。经查阅多种医书,在《证治准绳》里受到了启发。

华佗根据《内经》指出经络与眼的密切关系,十二经有八个经以眼为集散之地,只有肺、脾、肾、心包除外,但通过脏腑表里关系,可以说十二经都通到眼部。华佗把眼睛划分为八个经区,各属五脏六腑。与眼科的五轮八廓不同,只是看球结膜上的血管形状和颜色改变,能看出病起于何脏,传到何脏。华佗这种望诊方法,到明朝还在流传,被王肯堂写在书里,一直没引起医界的注意。我发现了这种方法,在门诊实验,一个月的时间,观察了初诊一千零三十二例,准确率达到80%,以后看了六千多例,对望诊扩大了范畴。从而逐渐在眼区研究,改进了原来的划区分配,去掉命门,扩大了三焦在人体的分布,从球结膜上血管的形状颜色之变化,可知病在何经,发于何经,病之新久,证之寒热虚实以及轻重转归、预后良否。看过上万人次以后,总结出眼针疗法。不另起穴名,在上、下眼眶边缘二分许,分为八区十三穴,总的叫"眼周眶区穴"。这一周的部位,在古今针灸书上并无穴位。循经取穴,用五分不锈钢针直刺或沿皮横刺,适应证与针灸适应证相同,对疼痛和麻痹效果更好。例如胃痉挛、胆道蛔虫、胆囊炎等,针入以后,剧痛立止。扭伤或其他原因突然不会走路,不能抬臂,不能弯腰,不能回顾之类,新发病一次可愈。曾治过一百多例偏瘫,肌力零级,针一次立即离床行走的十二例,对其他后遗症也有不同程度的效果。曾在合肥、长沙、北京各地医院表演,受到欢迎。已写了一本书,辽宁人民出版社已纳入一九八一年出版计划。

　　以上是我所走过的路。我认为做为医生,必每天治病,每天读书。治病不忘读书,读书不忘治病,二者联系起来,学以致用。这是我的经验。

回顾与前瞻

上海市卢湾区中心医院顾问　　陈苏生

［作者简介］ 陈苏生（1909～1999），江苏武进人，从事中医工作五十余年。医自师授，曾就学于同乡沈仲芳、海宁钟符卿、山阴祝味菊诸名家。解放前曾任上海盐务总局医官,交通大学、大同大学校医。解放后历任上海市卫生工作者协会常委,上海市中医学会内科学会常委,嵩山区第二联合诊所所长,卫生部中医研究院编审兼任第一届西学中研究班教授,全国中医学术研究委员会委员等职。治学勤于思考,重视实践,对许多问题有独到见解。主要著作有《伤寒质难》等。

颠沛流离　创业维艰

我三岁丧父,十五岁丧母,孤苦零丁,就养于姨母家。

十六岁做油坊学徒,得"肺痨",消瘦咳血,久不已。姨母曰:"尔三代单丁,尔祖尔父死于是。今孱弱如斯,求学有困难。盍学医以求自存欤?"因介绍给上海名幼科沈仲芳之门,半工半读。未及一年,得"软脚疯",脚软不能步履,邻医针灸治之愈。未几又得伤寒病,高烧旬余不解,一病几不起,名医薛逸山治之愈。由是体会到"医乃仁术",足以活人,亦足以防病,从此树立了把学医当作终身职业的志愿。在从师学医三年中,除诵读老师指定的《内经知要》《汤头歌诀》《药性赋》和《幼科痘疹金镜录》以外,还得学习毛笔字,学写笔记,荏苒三年,期满回常州故里,半耕半医。虽然乡间缺医少药,但由于我初出茅庐,求诊的人不多。即使有,亦因贫穷无力买药而自动停诊停药,因此疗效几等于零,医务收入,亦几等于零。加上年岁荒歉,生活无着,不得不背乡离井,再来上海谋生,由亲戚介绍进入一家精盐公司,当上一名小职员,专司誊写呈文信稿等工作。微薄的工资,仅是糊口,遑论顾家。但既有栖身之处,终究难忘自己本身的业务。好在余闲时多,于是重理旧日医籍,致力于叶天士《温热论》、王孟英《温热经纬》、吴鞠通《温病条辨》之学,顺便给公司中小职员工友等治些不很重要的疾病。初亦有效,未尝不斤斤自喜。偶然有一次机会,获得了董事长钟符卿老先生的青睐,收我为门生,于是我第二次再理旧业。

钟老师原是逊清名士,官于蜀,有政声,其医术在川中有神明之颂。其学得之海盐陆介山先生(陆著有《内外证通用方》),其处方淳朴沉重,和沈师的轻巧灵活,大相径庭。无何,精盐公司营业失败,上海居,大不易,我又得尝颠沛流离之苦。钟师念我所学未成,促我应上海市卫生局考试开业。考试成绩名列前茅,钟师大喜,斥资为我开业行医,请章太炎先生为我写招牌,登报介绍,并将自己的病人亲友,介绍我治疗,以扩大营业面。觥觥三年,方始立定了脚跟。

寻师访友　追求真理

在旧社会的上海滩,要想打开出路,真是谈何容易。要维持一个八口之家,如果没有真实功夫,很难拉得住病家。"优胜劣败",关键在于怎样提高疗效。除了在书本上找求自己需要的东西外,我也尝通阅了王冰注《黄帝内经》全文,又把杨上善的《黄帝内经太素》综合起来对照。也曾浏览金元四大家著作和《景岳全书》以及俞根初《通俗伤寒论》。有的地方,古今无殊;有的地方,互相矛盾。自己缺少鉴别能力,真是莫衷一是。于是,产生了寻师访友的念头。在良师益友中,我结识了徐相任、程门雪、陆渊雷、章次公、徐衡之、叶劲秋、祝怀萱和现今尚健在的张赞臣、姜春华等,对我帮助很大。

一九三七年,我依靠的姨丈得了伤寒病,当时我已经头角峥嵘,薄负虚名,因为叨在至亲,所以义不容辞地担当了医疗重任。开首方,根据自己熟习的一套,先与辛散宣解,汗出热不减。照我的经验,知道此病不易速愈。为了审慎起见,延聘当时某大名医前来诊治。他认为姨丈是阴虚体质,汗多伤阴,邪热反炽,所以主张滋清。大家因为他是大名医,据说他有断生断死的本领,方案相当漂亮,所以我亦赞同他的措施。可是一天天的诊治,病况一天天恶化,从烦躁到谵语到昏迷,他说这是一个历程。他预料以后应当恶化到如何程度,然后可以转逆为安。大家信任他,我也信任他。在病的第十天,病态不大妙,神志晦涩,呼吸浅表,时时有厥脱之象,连忙拨号请他。他还说这是"转",一"转"就有希望的,并嘱我们不要慌张,说完匆匆就走。医生刚送出门,里面已哭声嚎啕。素称强健无病的老人家,就此与世长辞了。这次的经验,使我对于"名医"的话,产生了根本上的动摇;对所学的一套,也产生了莫名其妙的怀疑。

不幸的事,真会接二连三的发生。在姨丈亡故的第二星期,承继父业的大表兄也得了这病!不到一年,第二个表兄又得了这病,情况和姨丈一个路子,都是我挡了一个头阵,也都延聘了当地"名医""专家"或西医会诊,但都失败了。奇怪的是他们都有一套说明自己不错的理论,而且引经据典,凿凿可信,但事实都无一兑现。

在短短的时期中,我经历了三次教训,眼看那责大任重的三位当家人,在医生与病魔的"合作"下,半推半送地结束了辉煌的前程,殷实的家业垮了下来。新年里照例要去拜年,虽然我接二连三的失败,常常负疚在心,可是又不能不去。去了听那两代孤寡的悲恸,真使我局促不安,不知如何是好!从此以后,我经常扪心自问:一个掌握生杀之权的医生,如果单单为了养身肥家,而不能救夭横,将何以医为?似我姨丈一家惨遭病魔丧身的人,全国将有多少?!

为了寻找真理,我着实费了一番功夫。听得人家说,上海名医徐小圃先生,治小儿病有特长,其用药和我沈老师不一样,且有独到之处。我和徐守五凭符铁年先生的介绍,前去学习临诊。去了几次,终是莫名其用药的所以然。后来探知徐小圃先生的用药,是受了祝味菊先生的影响。祝先生以擅用附子鸣海上,时人称之曰"祝附子"。他个性很强,对中医颇有自信心。他既不鄙弃旧的,也不盲从新的。他不做古人的"应声虫",也不做新医的"留声机"。他掌握了分析与归纳的武器,说明中医治疗的原则,治病有狠劲,博闻强识,辨才无碍。其创立"五段八纲"的学说,的确可以收到"思想经济"的效果(章次公序《伤寒质难》语)。我为了彻底了解祝氏学说之谜,就不揣冒昧,单独前去拜访。在数度长谈之下,听到许多闻所未闻的见解,使我茅塞顿开,不得不拜倒在他的门下。这是我第三次拜师的经过。

那时正是敌伪统治时期,上海租界成为"孤岛",物价飞涨,民不聊生。虽然如此,我每晚仍抽出一定时间,去到祝先生家,畅谈医学原理,常常谈到更深,辄笔记之。前后三年,成《伤寒质难》一书,共二十八万字,就正于老师,先生未尝不点首称善,以为凡所启发,均能深领默喻,达之于文。我承受了这份宝贵理论,一一付诸实践,果然有其兑现的价值。尽管他的见解和古典医学上有格格不入之处,但在我的实践中,证实"祝氏医学逻辑"是一个正确的观点。以上事实的追溯,详见《伤寒质难》跋文中,这也是我学术思想重要转折的开端。

随波浮沉　接受考验

解放前学医的苦难,真是一言难尽。我所努力的目的无非为了生活。医务界名医如林,各有登龙之术,自愧寒酸,未敢仰攀高门。所以同道中接触很少。

由于《伤寒质难》一书的出版,医务界知道我的人多了。前辈先生又对我多所嘉勉,使我格外自负起来。一九五五年一位卫生部领导同志,来我家访问了几次,敦促我放弃上海现有的一些职务,参加卫生部中医研究院开院典礼,为祖国医学贡献力量。我和秦伯未先生、章次公先生,第一批应征去北京报到。秦协助搞医政,章主要搞临床,我则分配到中医研究院任编审之职,参加编辑中医教材及西医学习中医第一班的教学工作,匆匆三年,愧少建树。一九五七年被划为"右派",下放中医研究院图书馆,看到馆内浩瀚的医籍,深惭自己学识之浅,益感往日自大之非。未一年,又回到学术秘书处,担任答复国际人民来信(问病索方的工作)。一九六一年响应党的号召,到新疆自治区中医院,担任病房医疗、门诊带徒、高干会诊等工作。当年国庆节,宣布"摘帽",益自刻厉,埋头于临床治疗,日诊患者百余人,深感惜日所学,远远不能满足人民的需要,方知医学之可贵,在于"行之有效"。于是,专力于疗效之观察,并以此传教门人,直到自己因积劳成疾,咯血昏倒在门诊室中,才负病回上海疗养,迄至退休为止,算来"西出玉门"已整整十三年了。

退休归来　甘作人梯

一九七四年因病退休回沪,本地区卫生局听说我又回来了,邀我再度出山,在区中心医院当中医顾问,担任"西学中"的临床带教工作。西学中班集中了一批具有较高水平的西医,有些是主任、主治医师,学习情绪很高。我在带教门诊中,经常鼓励他们,主动提出问题,告诉他们:治学之道,必须要疑;解惑释疑,必须要问。所以"学问"二字,经常联系在一起,"学"是目的,"问"是手段。应该知道,学员有发问的权利,老师有解答的义务。譬如叩钟,大叩则大鸣,小叩则小鸣,不叩则不鸣。如果有疑不问,则惑从何解?学从何进?中西医在共同学习中,教学相长。老师们的水平有限,未必都能解答得很好,但问题提出来总比闷在肚子里好。同时告诉他们:中医治疗疾病,一头抓住"证"(包括可以目睹体验的症候),一头抓住药(包括药和一切治疗方法与工具,如推拿、针灸之类),以物质性的药物,治疗人体物质上所起变化的证。通过临床实践有效,这就是客观存在的宝贵材料,应当是唯物的。但是为了解释疗效的所以然,难免要涉及多种多样的理论,这些都是人们头脑加工的产物,可以由于每人的思想方法不同,学术观点不同,而出现不同的见解,这完全是可以理解的。

我国古代春秋时期,诸子蜂起,各有各的见地。唯物主义者荀子就明确指出:"诸子皆有所见,亦皆有所蔽。"我们学习中医的宝贵经验,一方面要听听他们言之有理的理论,更重要的是要观察行之有效的成果。实践是检验真理的唯一标准。理论不过是实践的说明者,我们只能修改理论来结合事实,决不可以歪曲事实来迁就理论。

祝先生曾经对我说过:真理,只有一个真是,不许两个都对。古今学说,皆各有所见,亦皆各有所蔽,必须定其一是,去其众非。无可否认,中西医学和其他各国各民族医学一样,都是从实践中成长发展起来的。现在中西医学,尽管还存在两种思想体系,但这是暂时的现象,将来必然会在辩证唯物主义思想方法指导和现代科学手段帮助下,统一起来。必须承认,今天的中西医之间,还存在各有所长、各有所短的事实。应当取长补短,不要护短忌长。假使中西医的一方出现了"一无所长",那就不存在什么中西医结合问题了。

我已经是七十三岁的人了,来日苦短。还有许多该看的书没来得及看,还有许多手稿与医案未来得及整理。瞻前顾后,深悔过去用力不专,未能继承名师心传。以往取得一些粗糙的经验,在知识海洋中,正是渺渺沧海之一粟。愿将有生余年,继续带好学生看好病,整理好自己行医五十余年的经验,作为提供后学研究祖国医学的参考资料。好在晚景弥佳,将以此自怡。

(本人口述,陈明华记录,张建君整理)

能定能应谓之成

——谈我的治学经验

上海市中医文献馆馆长
上海市中医研究班主任　　董廷瑶

[作者简介] 董廷瑶（1903～2002），浙江宁波人。从事中医工作五十余年。曾任上海市静安区中心医院中医科主任。专擅儿科，兼及内科。在治疗小儿痧、疳、惊、痫等常见病上较有造诣，曾在《中医杂志》等刊物发表论文数十篇，著有《幼科刍言》。

余幼承庭训，专擅儿科，业医已五十余载。在这半个世纪中，祖国医学两逢厄运，几遭毁灭：二十年代末，反动政府亟欲"取缔"；六十年代后期，又受"四人帮"之摧残。真可谓奄奄一息、后继乏人，使侪辈有"末代中医"之叹。事实上，东方医学源远流长，并富有哲理特点，故有别于西方的学说；其中尤以岐黄之道，为东方医学之佼佼，渊博精湛，蕴藏真知，旨趣微妙，自成体系。故其治学方法亦与一般科学有所不同。苟非参透经义，临床证验，则必难登堂入室而味其腴膏也。下面，仅将自己在中医学术活动中有深切体会者，择其要者述之；其间之得失、教训，或有助于后学以为借鉴云。

承继家学　奋发自强

余祖居浙江鄞南乡董家跳，世代从事儿科。先君水樵公，字乾增，号质仙。初，受训于先大父丙辉公。旋游学于同邑儿科前辈石霖汝先生之门，以其勤学苦研，尽得石氏之心传，以痧、痘、惊、疳四大要症为擅长，对其他杂病，亦有心得。中年以后，医名渐噪，求诊者舟楫相接，络绎不绝。

先君晚年得余，虽爱而严。因急欲传授家学，余于十六岁起，即开始习医。鉴于古文对理解中医典籍的重要，特聘一位博学老秀才为余教读，上自先秦诸子，下至唐宋诗词，无不精练熟读。而先君又督教医经，继之各家学说及宋明以来之儿科著作，一一指示；临诊之时悉心带教。如此攻读三年有余，不幸先君弃养！此时余方弱冠，自感学识不足，幸赖前些年的教诲，于理论和临床有了初步的基础。得有今日，缅怀庭训，不能自已。

先君对惊痫的证治心得，对余后来临床有着深刻的影响。关于急惊，其病机初多属于伤寒化温、化热的三阳症，以小儿体脆神怯，不耐高热，易致惊搐，设或不先祛邪，遽投金石重镇、脑麝开窍，是舍本逐末，引寇入室，贻患非浅。

故治惊之法,不必拘于惊之名目,当求其致病之由。经云"诸热瞀瘛,皆属于火""诸痉项强,皆属于湿""诸暴强直,皆属于风"。此其不同病因也。而火有虚实,实火宜泻,以钱氏泻青丸、葛根芩连汤、承气白虎及紫雪等为常用之剂。湿为寒水,辛温可化;风寒束表,桂枝汤主之,吐甚加玉枢丹,其发热汗出而渴者加花粉,或佐以葛根。风由热化,寒由风聚,风热挟痰之惊,则用沉潈丹、金粟丹、抱龙丸等。此治惊之大略也。临床遵此,每可应手获效。

又如痫疾,法陈飞霞与杨仁斋前辈,首在祛痰。痰在上者吐之;痰在里者下之,兼以清心开窍、抑肝顺气。此先治其标,痰去之后,再治其本。古语虽有"见痰休治痰"之说,但指正虚有痰者而言。苟有邪实,有痰在里而不驱之,是为实实,反令益疾。吾家经验,用牛黄抱龙之类豁痰利窍,使痰得上越吐出,或用保赤散以下其顽痰。盖风痰一去,神志即清。后再以金箔镇心丹培元宁神,希痰不再生而心清神安,痫不复作。该丹内配河车,大补气血,尤宜于恍惚失志之癫痫患儿。历年以来,遵法而治,辄见其功。

先君治学经验,乃精于经典,博览群书,洞彻病机,辨证以治。师古而不泥古,灵活机变而不离轨范;或宗成法,或自创新,皆以临床需要为指归。

余在束发之年,经验尚少,初未能取信于人。而当时盗匪横行,在二十一岁时,突被歹徒绑架,勒索巨款,赎回脱险。从此移居宁波城内,一面刻苦钻研,一面求教前辈,学识渐进,诊务日增,得能立足于医林之中。

在一九二九年,当时的"中央卫生委员会议",竟然通过了所谓"废止旧医以扫除医事卫生之障碍案",妄图一举消灭中医。案中极尽诬蔑之能事,公然声称"旧医一日不除……新医事业一日不能向上",并制定了消灭中医的六条措施,强迫中医接受"训练",禁止宣传和不准开办中医学校等。消息传来,群情激愤。全国各地中医自发地组织起来,公推代表去上海商议对策。浙东地区亦不例外。当年三月,上海召开了全国医药团体代表大会。宁波中医界,推选了吴涵秋、王宇高及余三人为代表,出席上海大会。大家当仁不让,奔赴集合。在大会上,组成了中医请愿团,直到南京,强烈要求政府取消议案。在全国人民的大力支持下,当局不得不宣布取消议案。这次保卫祖国医学的斗争取得了初步的胜利。

经过这场斗争,使人感触良深。中华民族数千年之古代医学,乃稀世国宝,其间玄奥神妙,实非浅尝可得。吾辈还应奋起自强,发愤中兴,以免中医事业之消亡。否则,不仅是岐黄之不肖子孙,抑亦为中华民族之罪人。每思及此,不寒而栗。于是白天忙于诊务,夜晚灯下攻读,上溯《灵》《素》,下逮近贤,旁及宋元诸家。披阅既久,渐有所悟,指导临床,深得体会。至于小儿生理、病理、诊治之特点,积累诊察,辄能望而知之,立方遣药,尚能如愿获效。在防治传染病上亦粗具经验。撷伤寒、温病学说为核心,以家学遗训为羽翼,对儿科热病危症,时以一得之见,亦有获救之效,从而得到群众的信仰。旋因抗战爆发,炮火弥天,于是避难至沪,从此定居于上海。

勤求古训　体察儿情

业儿科者深感小儿病之难治,因其呱呱褓褓,不能自白,而脏腑柔弱,易起卒变。故必须了解小儿之生理、病理特点,庶于临床不致困惑。

稚阴稚阳之说,为小儿生理之概括。大凡人体从生长、发育而至壮盛、衰老,乃肾气之所主。经云"女子七岁,肾气盛;二七而天癸至……丈夫八岁,肾气实;二八天癸至"及"人生十岁,五脏始定",可知小儿之体,其肾气处于生长之中,尚未壮盛,五脏亦有待渐趋完善。故前贤反复提出:"小儿气势微弱"(《千金方》);"小儿气禀微弱,脏腑娇嫩"(《小儿药证直诀》);"小儿之阴气未至,故曰纯阳,原非阳气有余之谓,特稚阳耳"(《类经》);"小儿稚阳未充,稚阴未长者也"(《温病条辨》)。《临证指南医案》亦言幼稚质薄神怯,五脏六腑气弱;而《幼科心鉴》言其气血未充,神识未发等。总之,谓其初具形体,各方面均"成而未全,全而未壮",血(阴)气(阳)、脏(阴)腑(阳)、形(阴)神(阳)的柔嫩娇弱,而又蓬勃的生长状态,都可归纳为稚阴稚阳。这样的特点,决定了小儿在病机、诊治上与成人有质的区别,故为中医儿科临床上的指导思想。

尤以"脏腑薄,藩篱疏,易于传变""肌肤嫩,神气怯,易于感触",更因卫表不固,肺脾不足,则外感、饮食及客忤、惊怯均易促发致病。其他食、痰常有积聚,心肝易生风火,又是外感热病迅速传变的内在条件。故为小儿病之易虚易实、易寒易热也。至虚实之间、寒热之间的相互转化,瞬息之变,出现表里上下寒热虚实的错综复杂的症状,此亦不离乎阴阳幼稚而气血、脏腑弱而未壮之故。

在小儿热病中,每易高热神昏、惊厥抽搐,前贤有认为其体禀纯阳,故易风火亢盛。陈飞霞说"小儿阳火有余,实由水之不足",张山雷也以"稚阴未充,其阳偏盛"立论。同时,"脾常不足肾常虚"(万密斋语),则水虚火亢、肝风易动,本乎阴阳、五行之理,阐明了小儿病之易于化风化火,医者必需见机做出适当的措施。

基于这样的认识,临床用药,见神昏抽搐者,不轻投重镇以遏邪;即泻火熄风,亦应存阴、扶脾;高热危症,在气以白虎,里实用承气,方药合拍,辄能转危为安。

仲景《伤寒论》,以桂枝汤为第一方。对小儿临床运用,颇有心得。以其体弱,风寒初袭,汗出恶风的表虚证,桂枝汤常可施用;而营卫不和,易汗、低热、无力、纳减之诸症,则桂枝汤加味治之,每可应手。其他桂枝之类方,如桂枝加龙牡汤,可治小儿营虚心悸、汗多如淋者;桂枝加杏朴汤,可治小儿饮冷感邪、大便溏泄、咳嗽微喘者,效果均较满意。小儿寒疝、偏坠疼痛,桂枝加桂汤再加橘荔核等;风邪卒中、胸腹作痛,用柴胡桂枝汤,其效均佳。至于小建中之治小儿虚寒腹痛,黄芪建中之治虚损汗多,更是效如桴鼓。此乃小儿肌肤柔弱,肺脾不足,易见营卫失调之诸症,适于桂枝类方;而其气血未充,中土易伤,每见化源不足之诸病,即为建中类方之所主。吴鞠通云:"儿科用苦寒,最伐生生之气也。小儿春令也,东方也,木德也,其味酸甘……故调小儿之味,宜甘多酸少。"在桂枝、建中方里,桂枝、生姜辛温散寒,扶助卫阳而温经暖中,包含少火生气之意；芍药、甘草酸甘相配，和营缓肝而安内攘外，又取酸甘化阴之义；大枣、饴糖甘平滋腻，充裕营液而资生气血，即有益脾抑肝之用。它们的综合，切合小儿阴阳俱稚、肺脾不足而肝木易亢的体质特点，故有其独到之功。此均为长期经历的实践，乃合于小儿之情性而有所体会也。

不囿成法　随机应变

小儿麻疹，首重透发。古人以麻疹"内蕴胎毒，外感天行"为其主因。"先发于阳，后归于阴""毒兴于脾，热流于心""脏腑皆有病症，肺经见病独多"，为本病的发病机制。透表的意义，就是掌握了"疹性喜透"和"自内达外"的自然规律，采取顺其规律、因势利导，而不拂逆其自然的治疗措施。古人明言"疹宜发表透为先"，又"疹毒从来解在初，形出毒解即无忧"，说明"毒解"是基于"形出"之理，故"透"为治疗本病的经验总结。

余遵循家学，数十年来，历治麻疹无算，颇具一得之见。一九五八年冬，全国性麻疹大流行，上海地区更是猖獗，病势危重者极多。领导上组织了各方面力量，专设病房进行抢救。余负责中医部门的抢救工作，任务艰巨，责任重大。当时用常规治疗，初期不外辛凉透表，中期清凉解毒，末期清降泻火。讵意是年病势多重，并发肺炎，即转脑炎者，比比皆是，收效不显，死亡率高达10%以上，令人胆寒。为了抢救，日夕不离医院，以便随时观察。通过仔细研究分析，发现患儿初期麻疹见布而两颧皖白，体温陡高，咳逆气急，鼻煽色青，疹色灰黯，或一出即没；旋因毒向内陷,合并肺炎;继则昏迷嗜睡,迅速形成脑炎,而至死亡。从以上病势推理:由于麻疹以透为主,是蕴毒为时邪所引发,故必自内达外,由里出表,则必经血分。今痧布而两颧灰白者,就因气血阻滞关系也。方书谓:左颊属肝,右颊属肺,而肝主血,肺主气。由于气血运行失常,不能载毒外泄,而向内陷,险象丛生。更因是年连日大雪,严冬凛寒,夫寒则血涩,从结合岁气来说,亦影响麻疹的透发。原因既明,故改用王清任解毒活血汤一法,服一二剂,面色转红,血活疹透,迅速化险为夷。运用此法,顿使麻疹未齐者可齐,已没者亦得毒解而安。高热很快下降,神志渐得清醒,使死亡率降到零数。迨麻疹工作结束时,统计结果,其死亡率平均为3%,是全市最低单位,得到卫生当局的表扬。

一九五九年五月,中央召开全国传染病工作会议,余被推选为代表之一出席。会上交流解毒活血法抢救麻疹逆症的成果,颇得同道的重视。

之后,余又对活血解毒在麻疹危症中的重要性做了进一步观察。在一九六〇年冬到一九六一年春的麻疹防治中,以透为基本原则施治,挽救了许多危重病例。对四十六例重症患者得治的统计,其中用辛凉透表为主者二十二例,以活血解毒透痧者十例,以辛凉解表与活血同用者十四例。后两种情况说明,在危重麻疹中有血分瘀热之病机者,几占一半以上,为临床上不可忽视者也。以第三者情况来说,即在疹淡不明、两颧苍白,或疹暗色紫,或素体虚弱、患有先天性心脏病者,或并发肺炎、脑炎,均需参用活血药物,使其痧透毒泄而安也。此为令人不可磨灭之印象。

急性热病，必自外感始。中医守法，必使邪有出路，防其病邪深入。《内经》谓"因其轻而扬之"，如"其高者因而越之"（涌吐法）"其有邪者，渍形以为汗"（熏蒸法）"其在皮者，汗而发之"（解表法）等，这是病位尚浅时的逐邪之法。若邪已传里，经有"因其重而减之"之说，如"其下者引而竭之"（涤荡法）"中满者泻之于内"（消导法）"血实者宜决之"（活血散瘀法）等，都是给邪出路，使邪去而正安。他如水病之开鬼门、洁净府、去菀陈莝，暑秽之取嚏，刺委中放血，小儿口糜之泻火利尿等等，无不以逐邪外出为目标。

前贤每有邪祛正安的治疗思想。近人注疏钱氏医案谓："病邪不可令其深入，如盗至人家，近大门则驱从大门出，近后门则驱从后门出，正不使其深入而窥寝室耳。"夏禹铸亦曰"治病不可关门杀贼。脏腑之病必有贼邪，或自外至，或自内成，祛贼不寻去路，以致内伏，是为关门杀贼"；而"关门之弊，不第不能杀贼，而五脏六腑，无地不受其蹂躏，其为害可胜道哉"。小儿之病，多起于外感、伤食，更需要重视这一治疗思想，以祛邪安正也。

既要师古　又应创新

余因家学的熏陶，亦得各家学说的汇通，临证应变，不断总结，在师古的基础上有所发挥，有所创新。

例如小儿肺炎，临床表现类型很多。在各种不同的类型里，通过辨证论治及中西医间的合作，可有一定疗效，恕不赘述。今特提出讨论的是西医所谓的腺病毒性肺炎。

这类肺炎,抗生素多不起作用,高热持续不退,咳逆气急,病程迁延,检验白细胞不高,胸片阴影较淡而呈片状。在治疗过程中,给以一般的宣肺泻热、清里解毒的常法处理,疗效不显,且往往变化复杂,产生不良后果。于是不得不精思殚虑,另觅方药,创制了熊麝散（为熊胆、麝香二味研匀）,开水化服,试用以来,疗效显著。多数病例服后一天开始退热,气急和缓；重者三天内热退,气和咳爽,病情就安,屡用屡验。

考熊胆性味苦寒,邹澍谓"为木中之水,其为水木相连,斯上可以泻火气之昌炽,下可以定水气的凭陵,系水火相济之源"。据方书记载,它能开郁结,泻风热,具凉血、清心、平肝、泻火之功,专治小儿热盛神昏、急惊痰火之重证。麝香则味苦而辛,气温而香,开结通窍,解毒定惊,对惊厥昏迷之危症,有救死回生之效。两品相互配合,加强了清热解毒之能,泻膻中之壅热,逐心包之痰浊,平肝风之惊厥,切合温毒犯肺、痰火内郁的病机,是以能出奇而制胜。

由于熊麝散主热毒里郁之重证,但不是任何患者都可应用,必需慎重选择适应病例,施用上不超过三剂。因苦凉之品,中病即止,否则恐损脾胃。同时配合汤剂,较为妥善。此亦根据临床的需要而有所发挥者也。

再如,婴幼儿泄泻中,常遇肠麻痹症（现代医学病名）,其势危急,病情严重。时因药入即吐,汤剂不纳。症见腹胀如鼓,叩之中空,作恶呕吐,气促不舒,大便不畅,次多量少,此为脾急气窒,中焦阻滞,升降失职,遂使气阻于下而大便不畅,胃气上逆而呕恶吸促。于是只有另觅途径,采取外治之法,以丁香、肉桂、木香研末为散,加麝香为引敷于脐上,名曰"温脐散"。散中温香诸药借麝香渗透之力,旋运气机,往往在敷后两小时内肠鸣连连,频转矢气,大便通下而吐止气平,然后再以汤药调治。此法颇建奇效,遂使危病转安。这也是因症而制宜也。

小儿复发性肠套叠,一般来说,必送西医普外科治疗,给以灌肠整复。但本病患儿,每多反复发作,甚至上午复位,下午又发。若手术治疗,则病家每多顾虑。我们通过辨证分析,因其腹痛阵发,痛而拒按,面色晦黯,舌质带青,此为肠局部的血分瘀结,不通则痛也。故采用王清任少腹逐瘀汤活血利气之法,以其功在温经散寒,活血行气,化瘀止痛,且又通达下焦,故较合适。临床上根据情况加减化裁,寒甚必用姜、桂,或选用木香、乳香、桃仁、红花、枳壳、川楝等随宜而施。临床应用,疗效显著,且可根治。

成人慢性非特异性溃疡性结肠炎,一般疗法长期无效。我们曾用过四神、驻车、附子理中、参苓白术、真人养脏等方,粗似对症,但其效均不理想。遂进一步分析症情,反复思索。从病因言,常见由于精神紧张、情绪忧郁,则与肝气有关;从部位言,病变常在乙状结肠及其邻接部分,正是少腹深处,阴分下极,为厥阴所主。故为寒热错杂的下痢。尤在泾《贯珠集》指出,这是由于阳复太过,其热侵入营中所致。从这一考虑,结肠炎与厥阴肝木有一定关联。而厥阴病的要方乌梅丸,仲师明白指出"又主久痢"。吴鞠通在《温病条辨》72条云"久痢伤及厥阴,上犯阳明"者可用之。据此,余乃以乌梅丸改汤剂为主方,加减变化,以治该病,取得了较好的成绩,其疗效亦见巩固,但必数十剂才收全功。

以上各种例子,为长期研读、观察、思考、总结所得。重要的是不执一方以治一病。昔贤陈自明曰:"世无难治之病,有不善治之医。"医者在走弯路之时,应当寻思探索,改弦更张,以求得对症之方。这就需要复习典籍,参阅诸说,广开思路,成方与立新灵活运用,庶几不拘于一隅之见也。

结　语

上面简要地叙述了个人的治学经过及点滴的肤浅体会。自感学习、运用祖国医学的经验概括起来则有九要:一曰明理,二曰识病,三曰辨证,四曰求因,五曰立法,六曰选方,七曰配伍,八曰适量,九曰知变。这在中医学术上是环环相扣地组成了一个体系,而在临床的诊治上则是一个完整的过程。其中,明理、识病反映了医者在理论上的修养;辨证、求因是指观察、分析上的能力;立法、选方、配伍、适量是在理论指导下的具体运用;而知变,即随机应变,是对特殊情况下的应对能力和适当处置,集中体现了中医治疗上的灵活性和针对性。若能致力于这九要,来一番苦功,定能提高业务水平而渐臻精湛。由于学无止境,余虽年迈,不敢自怠,惟恐学识不进则退耳,愿与后学诸秀共勉旃。

(本人口述,宋知行整理)

以"治学三境界"的精神学习《内经》

浙江中医学院副教授
《浙江中医学院学报》编辑室主任　　徐荣斋

［作者简介］　徐荣斋(1911～1982)，浙江绍兴人。医学得自师传，常问业于曹炳章先生。毕生精研《内经》等经典著作，颇有心得。一九五五年重订俞根初《通俗伤寒论》，杭州新医书局出版，上海卫生出版社重印。近年著有《内经精要》《妇科知要》等。

　　清人王国维的《人间词话》里，说到治学要经过三个境界，我极有同感。他说的第一境界是"昨夜西风雕碧树，独上高楼，望尽天涯路"（意思是说做学问要目中无半点尘，胸中无半点尘，静志澄虑地勤读苦攻，搜集资料）；第二个境界是"衣带渐宽终不悔，为伊消得人憔悴"（是说为了探求学问，苦思力索，不怕人消瘦，只要能够理明心得）；第三个境界是"见众里寻他千百度，蓦然回首，那人却在，灯火阑珊处"（这是说通过不断地辛勤探索,一旦有所发现,解决了问题后的喜悦心情）。这种对治学境界的形象描写，颇具感染力。我这里就文论医，回顾一下我学习《内经》的过程。

第 一 境 界

我祖父是个儒而医者，但死得很早，我不见面，当然非祖传；父亲也早死，那时我只九岁，也不是父传。我只读到祖父遗留下来的半柜木刻本和手抄本医书。从业老师是撰《存存斋医话稿》的作者赵晴初老先生的弟子杨哲安先生，他有学问，有临床经验，我跟了三年，边读书，边侍诊（相当于现在的见习和实习），打下了一些医学基础。不过对《内经》的知识是很贫乏的，所读只两本李士材的《内经知要》、六本薛生白的《医经原旨》，加上"一知半解九不懂"的《王注内经素问》。实际呢？还得用雷公对黄帝的话来自我解嘲："诵而未能解，解而未能别，别而未能明，明而未能彰……"真惭愧！

满师回家，肺病缠身，在两年养病期中，先后购读张介宾的《类经》，马张合注的《素问》《灵枢》。一方面，把《素问》论述精、气、神等篇的经文和注文反复诵习，感到古文气氛浓郁，养生义理跃然纸上，遂作为病中修养；另一方面，却找到学习《内经》的途径，由浅入深，由此例彼，从而引起探索的兴趣。同时也开拓了诵习秦汉医文的眼界。

一九三五至一九四九年的十五年中，恒以半天门诊、半天读书为自课，读书以温习《内经》为主，泛览明清方书为辅。前者作为治学，后者便于应世；治学侧重《素问》，

《灵枢》次之。主要原因有二：第一，《素问》注疏多，便于对勘，易于读懂，《灵枢》仅马、张两注；第二，《素问》论阴阳四时、脏腑、经络、诊法、病因病机、治则等，言之有物，可以仰观，可以俯察（其中五运六气部分未理解），《灵枢》的腧穴、针刺，由于不懂而至今仍未认真学习。

读《内经》从选文到原篇，是一个由浅入深、由易到难的过程。选文从《知要》之约，到《类经》之博，虽不能全部理明心得，但基础总算由此而奠定。一般主张读书由博返约，我因身体弱，资质笨，无一目十行的快速领会进度，只能以蚂蚁啃骨头的笨劲，锲而不舍，循序渐进，主张先约后博。博，先从《内经》本课博起，然后向外发展。张介宾《类经》后三卷"会通类"是触类旁通的博，引而申之的博，我把它看作《内经》主要词汇的索引，颇有收益。

至于读原篇，障碍较多，难字难句每篇有，字典、辞源也解决不了问题，再加上文字和语法的古今不同，错简时出，不仅仅是文辞古奥难懂而已。关于这些，我常借助陆九芝的《内经难字音义》，高士宗的《素问直解》也有比较明白晓畅的字解和词解，再参阅马、张、张氏三家注释，扫除不少文字障碍。其间口诵、心维、手检，可云劳矣！检阅注家多，有得力处，但有时也会带来影响，遇到两说分歧时，就莫衷一是了。找不着解释，感到望洋兴叹；有不同观点，又感到无所适从。怎么办？丹波氏父子的《素问识》《素问绍识》和《灵枢识》在引述各家注文时，往往做出比较精切的分析，我把他们作为学习《内经》的"辅导员"。

初读原篇，我感到《素问》比《灵枢》难读，幸而有选文作基础，半数文句，还觉得似曾相识，但总不得不依靠注释,来帮助解决理解上的困难。过去有人提出先读无注的白文,我却没有试过。不知读得通否?以俟贤者。

"读书千遍,其义自见",这句话有一定道理,但不能只读不想。孔子有"学而不思则罔,思而不学则殆"的名言,意味着学习离不开思考,所以边读还是要边想。不懂的古奥文句,多读多思,贯串它的上下文,逐渐领会其语法及意义,随着读的遍数的增多,思考次数的增加,全篇也能逐渐弄通。当然,这是相对而不是绝对的。

我读《内经》的方法是:①原文注文,边读边想边记,有时联贯读,有时分段读;②已懂的篇文,读到成诵(成诵的意义后详);③不懂的篇文,检阅注疏及工具书,从字到句细细读;④精短的文句,抄且读(读后抄,能加强记忆,抄后再读,能加深理解)。

不要以为朗诵是没有意义的事。无论是《内经》篇文或医论、脉诀、药性赋及方歌,多读才能成诵,口诵心维,才能牢记。这些事例,凡是中医同志,不论老年的、中年或青年的,都有不同程度的亲身感受。朗诵也要下功夫,要由读到诵,诵出原文的问答段落和句(句号)、读(逗号),诵出原文的音和义;有几段经文是韵文,读起来音调铿然。通过诵,还可以调剂苦读苦记的紧张心情,得到舒松和愉悦,更有助于对经文记忆与巩固。

以上是攻读《内经》的第一关,也是王国维所谓治学第一个境界。事实证明,研究学问,都需要经历过一番苦工。"不经寒彻骨,那有暗香来?"我们口头常说的"书山有路勤为径,学海无涯苦作舟",以勤苦二字作为求学方法,舍此实无捷径。我们前人研读《内经》的精神,亦有坚韧不拔的楷模。王冰次注《内经素问》,"精勤博访,历十二年,方臻理要";滑伯仁创《素问抄》、汪机作《续抄》、丁瓒作《素问抄补正》,皆穷治一经,跟着前人足迹而攀登。"独立高楼,望尽天涯路",情景是逼真的。至于我,尚在初学,当然拟非其俦,回忆当年攻读《内经》时的困惑,倒不在于勤学苦练的下功夫,而是下了苦工仍无多收获,尚有待于再接再厉的摸索。

第二境界

全国解放后,中医的事业和学术都来了一个大飞跃,中医学已跻于学术之林,对古典医著的探索与研究,当然更萦回于我的脑际,形势逼人又喜人,学习《内经》的第二境界就此进入。如实地说,这个再接再厉的探索,包含着"为人""为我"两者:"为人",是为了适应教学需要,想把知识灌输给人家;"为我",是适应提高要求,想把《内经》再搞懂搞通一些。二者都需要再学习。

一九五五年以来,西医学习中医班一次一次地开办,中医学院本科班一届一届地开学,在备课讲课过程中,诚如《礼记·学记》所说:"学然后知不足,教然后知困。"由于前面的"不足",引起后面的"困";教的"困"由学的不足而来。什么是"教然后知困"的"困"?给《礼记》作疏解的孔颖达回答得很好:"不教之时,谓己诸事皆通;若其教人,则知己有不通。而事有困弊,困则甚于不足矣!"我的亲身感受,这个"不足"和"困",主要是对《内经》理论理解不深,印证缺乏,只能自喻,不能喻人,窘状是可想而知的。既呈困惑,再学习当然是个前提,尽管古人认为"困而学之,又其次也",我想总比"困而不学"要好得多。

怎样再接再厉?方法仍然是拙笨,还是主攻《素问》,选读《灵枢》,力求在会通中理解,并阅读同类书和参考资料,摘录笔记,反复写教案及讲稿。韩愈所谓"焚膏油以继晷,恒兀兀以穷年",殆近似之。实际做法,主要为以下四点:

(一)守约以自固 研究学问,一般有专精与博览两个步骤。读医书下手之初,是先约后博还是由博返约? 是个值得讨论的问题。我认为,先约后博,循序渐进,不能躐等,这是根据我的精力和学力而择定的。我研读《内经》,重点在《素问》,而《素问》的八十一篇,也不全部都作重点读,譬如讲"刺法"十二篇、讲"岁运"七大论及文理浓于医理的"著至教""方盛衰"等六篇,只一般地读。反过来说,研读《灵枢》虽次于《素问》,但如卷一的"邪气脏腑病形"、卷二的"本神"、卷三的"经脉"等,每卷里都有一两篇作为重点攻读。韩愈所谓"术业有专攻",意味着是专精的课业,我当然不敢妄想专精,但以守约作为自固的手段。

其实,《素问》中关于论述阴阳变化之旨,脏腑、经脉、病、治之要,固为精读深研对象;而针灸如"离合真邪"等篇,岁运如"至真要""天元纪"等篇,亦各有丰富内容可供探索。《周礼》"疾医以五气、五声、五色,视其生死",这十三字,包括《素问》诊法精义,亦是扼要之言。至于各家注解,除前述七家(王、马、二张、李、吴、高)外,原则上亦少旁骛,既防涉猎不精,更防泛而无适。一九五九年执教中医学院,始泛览诸家,以应备课讲课需要,这已是第二学程的事了。

我还体会到,《内经》的本身内容确实够博大了,光是几个浩瀚渊深的阴阳、脏象、经络等学说,选择其中一段半节进行研究,已非短时期可能穷其精蕴。退一步说,如五脏中的某一脏,病因中的某一因,也足够探索它一年半载。小而至于《内经》中的须、发、唾、嚏等小事物,如果把它们从散在的经文里集中起来研索,也可以小中见大,想"约"也约不了。

就"病机十九条"来说,它原是"至真要大论"中的一个内容,仅176字,刘守真演为277字以为纲领,反复辨论以申之,凡二万余言,成《素问元机原病式》,完全是由约到博的专著。近人任应秋编著《病机临证分析》,根据《病机十九条》所提到三十个病症进行阐述,着重在辨证审治,并强调理、法、方、药的建立和运用。这两本书,都是从约而进入到专,发展到博。前者给我们提供了研究病机的启示,后者给我们提出研究病机的方法,可作专精与博览的参证。

一九六一年,我试写《病机十九条阐要》(内部资料);次年,写《内经阴阳理论的实践应用》(部分发表于《广东中医》1962年7期);后又写《内经五郁证治探讨》(发表于《浙江中医学院学报》1980年1期)。这些短篇,可算是"守约以自固"的试作。

(二)互勘以求证 从"守约"到"互勘",眼界又开拓一步,功夫又花了一番。经文与经文,经文与注文,这家注与另一家注,互相对照;同中辨异,异中求同,以前证后,以此例彼,反复推寻,的确另有新的悟境。这是我研读《内经》方法的又一步骤。"互勘"的实际,即是互相印证,包括同类书与主攻书印证,也包括非同类的参考书与主攻书印证,从字、句、段落到整篇经文,发现疑难处即进行"互勘",借以扩聪明而练识力。古人所谓"读书三到"的心到、眼到、口到,此时都必须全部投入,而且都要发挥作用,一处疏忽,等于放弃一个攻读阵地。分析和思考,要齐头并进,既须求证于对勘书,更要全神贯注主攻书,切磋琢磨,才能磨出火花。

互勘的书,我首先阅读杨上善的《内经太素》。其书上足以证皇甫谧,下足以订王冰,确是互勘《内经》的最佳文献;后人崇之为"医家鸿宝",洵非过誉。注虽隋唐间文字,但语气明朗,并不深晦难懂。其特点在于:改编经文各归其类,取法于皇甫谧之《甲乙经》,而无其破碎大义之失;其文先载篇幅之长者,而以所移之短章碎文附于其后,不使原文糅杂;其相承旧本有可疑者,于注中破其字、定其读,亦不辄改经文,以视王冰之率意窜改、不存本字、任意移徙、不顾经趣者,大相径庭。如"痹论"的编次,胜于王注本甚多,其他各类各篇,都可以从互勘中获得新证,我是颇受其益的。

其次,我还把《难经》也作为同类书互勘。《难经》这本书,文气卑弱,理境不高,实不足以羽翼《内经》。但其阐发经络流注,奇经八脉的作用,"七冲门"为人身资生之门以及诊候、病能、针刺俞穴等,有未曾见于《内经》,而实能显《内经》之奥义者。滑寿《本义》,更能注胜于《经》,作为对勘,不是劳而无获的。

一九六二年夏,读到清·姚止庵《素问经注节解》(人民

^{卫生出版社排印本}），其书是《素问》之节本（节178处，6686字），并给王冰的次注以更多的补正。我以两个寒暑，按篇按段，互勘《节解》与王冰次注的异同处，勘出后人对王冰编次《素问》之所以不满，主要在于：经文有重出者，王冰存之而未去；残缺赝作者，王冰仍之而不删；再如脱误舛讹、颠倒错杂之文，王冰则聊且顺文而无所发明，或旁引滥收而安于简陋。这些都由于王冰编次时对经文不加细揣，任臆移掇，有难解处，又"逢疑则默"，以致所编所注，功过参半。姚氏的重修，撷经文之精要，订王冰之罅漏，作为《素问》之互勘，也是一部值得参阅的书。

（三）**比类而索义理** 研读《内经》，既要理明心得，又要纵横联贯。每个词句，从它们的概念到具体内容，经过比同析异，探其义理，也是帮助理解《内经》的一种方法。这种方法，比读书札记容易搞，只需把散见于各篇的同类句或联绵句汇聚起来，比类而观，义理自能体现出一部分。这个方法，我从《类经》"会通"中悟出，现正在继续留意摘录。

举例说，《素问·上古天真论》"虚邪贼风"，此四字可以连称为一个名词，也可以分称为"虚邪""贼风"，作两个名词。一般解释是：邪气乘虚而入，叫"虚邪"；四季不正常的风，叫"贼风"。"虚邪贼风"连称的，见"上古天真论""太阴阳明论"，而"移精变气论"把这个名词分成对句，为"贼风数至，虚邪朝夕"，意义就更明显。单称"虚邪"者，"八正神明论"凡三见：①"八正者，所以候八风之虚邪以时至者也。"②"虚邪者，八正之虚邪气也。"③"八正之虚邪而避之勿犯也。"《灵枢·九宫八风篇》则谓："谨候虚风而避之,故圣人日避虚邪之道,如避矢石然……"这几段所指俱欠明朗,意味着虚邪即虚风,也即是邪气乘虚而入,所以《难经·五十难》以五行生克来推:"从后来者为虚邪。""八正神明论"中另有一段文字:"以身之虚,而逢天之虚,两虚相感,其气至骨,入则伤五脏。"这段解释颇能言之有物,后人对"虚邪"二字的定义,想是从此得来。

"贼风"这一名词,《素问·四气调神大论》义明词显地指出,本无烦赘述,可是对照《灵枢·贼风篇》,岐伯答非所问,好像"舟欲近而风引之使远",或许也是错简,志以存疑。

再如"阴阳应象大论"是《素问》八十一篇中的"皇冠",理论性强,应用面广,每一句、每一段都有它的丰富内容和指导意义。通过比类对勘,知篇文中有错入文字:"在天为玄,在人为道,在地为化,化生五味,道生智,玄生神。"此段系"天元纪大论"文,见于此篇"东方生风"段中,文气不类;下文"神在天为风"的"神"字伪,当与前文"其在天为玄"的"其"字联成一句,律以后文"其在天为热"等四段可证。像这种错简文句,《内经》里所见甚多,前人已通过比类考订方法,给我们指出不少,一经复按,更觉了然。

又如《内经》中多韵文,又多对句,我常从对句里得到易读、易懂、易记的佳遇。"生气通天论":"阳气者,精则养神,柔则养筋"这一句,在阳气功能某一方面,做了细腻熨贴的点出,我由是想到关于阴气的阐述也能发现同样的名隽对句。后读《痹论》,得"阴气者,静则神藏,躁则消亡"句,感到虽非浑然一体,已觉无独有偶。另外,还有分散在各篇常见和不常见的某些名词,如"奇恒""气立"等,词简而义或难明;特别像"气立"这一名词,"生气通天论"一见,"六微旨大论"多见,究竟何所指? 尚少明确印证。我已把它们比类搜集起来,或许也是探索《内经》特有术语的一个途径。

(四)汇参而见源流　从"守约"到"汇参",在研读《内经》过程中,确是迈开了一大步,近于由"约"而向"博"进军。其实犹未也,只不过根据需要阅读一些同类书而已。

怎样汇参呢? 大致有"综合汇参"与"分类汇参"两法。综合汇参,如前面所述《内经太素》是一部学术价值高、印证意义大的必参书,每处不同字句都有它的精义;《难经》文虽平衍,然亦时见妙谛,作为综合汇参的旁考书。分类汇参,是取对《内经》某个学说或理论有所阐发的汉、晋、唐、宋有关医籍。如"脉法"参证张仲景《伤寒》《金匮》论脉部分及王叔和《脉经》;藏象内景,参证《中藏经》及《千金要方》论脏腑部分;病因、病机、病症,参证巢元方《诸病源候论》及刘守真《素问元机原病式》;经络针灸,参证《针灸甲乙经》《脉经》及《十四经发挥》(《脉经》所载十二经脉循行文句,与《灵枢·经脉篇》有出入,通过校勘,《脉经》为胜)。另有《内经》所载各种病类,对某些症状有引而未发的,则参考刘守真《素问病机气宜保命集》及骆龙吉、刘浴德的《内经·拾遗方论》,从而了解治宜。多方汇参,力求相得益彰,亦以概见《内经》学说的流派。

"学问之道无他,求其放心而已矣。"所谓"放心",意味着把读书方法开拓到一定的范围。我这样地"汇参",是否符合古人所说的"放心"? 不能说,但那时却感觉有收

获。因为这些汇参书,用以印证《内经》学说,除了相得益彰以外,还具有三种现实意义:

首先,引作汇参的几部书(特别是汉、晋、唐三代的书),去古未远,他们肯定见到古本《内经》,所引述和阐发的,在一定程度上,多能反映出《内经》的原文原义,字体的假借,文句的异同,术语的变化,都可以作为可靠的校勘本。

其次,医学流派,虽说肇自宋元,其实古已有之。所谓"三世医"之黄帝针灸、神农本草、素女脉诀,是最古的医学派别;《汉志》所说的"医经"和"经方",更是古医学派之见于记载的。通过汇参,既得以印证《内经》,并得觇出古医学派源流之一角。

又其次,汇参察流的方法,除互勘互证外,还足以启迪心灵,收到触类旁通之益,比读各家注解另有一种妙境。因其著述自成一家,与注解之随文释训、强为凑合者不同,汇参时可获得分析思考的锻炼。

以上这些,是我第二阶段对《内经》"困而学之"的纪实。虽已成明日黄花,不适于用,其中有的还是作为自励法门,并述于此。

第 三 境 界

通过一、二两个阶段研读《内经》,工夫花了一些,收获得了一些,但在十年浩劫中,生活蹭蹬,学业未竟,衰老已侵,计惟抓紧"三补"(前十年蹉跎后十年补,白天时间紧迫晚上补,两耳失聪勤学勤问补),夺些回来。回顾在第二个阶段中,用去的时间最多,学习方法也采用这样或那样,对《内经》主要理论的探索和寻求,虽不是"千百度",然而几十度次总是有的,但发现得不多,有了一些也不敢自信。为了要在"灯火阑珊处"发现、认识、研究,特在这里谈一下想做而没有做和正在做而尚未完成的几件事:

(一)仍然要回顾第二个阶段中,那是一九六五年,为了研读与教学需要,我曾仿秦伯未先生编写的《内经类证》(此书秦氏初稿于一九三三年,与《读内经记》同为当时上海中华书局新出版研究《内经》的读物;一九六一年,《类证》有余瀛鳌重订,条文后补列《素》《灵》篇名,每类加按语,比原编醒目)一书,续辑关于阴阳四时(五行)、经络、脏腑身形、诊法、病因、病机、治则、预防等九百多条,分八章,二十七节,名《内经精要》,不辑病症条文,因已有秦氏之书在,足资参考。编写动机与方式,主要围绕当时《内经讲义》,作为备课时分类引申之助。十五年来,旧稿自珍,看来还是有些用处,现拟再行增删,分节加按,参以近年研读所得,使旧稿有所出新。

(二)《内经》理论蕴藏之富,真如一座宝山,经过古今学者的勘探和发掘,各有所得,足证"矿源"是丰富的。如何继续发掘?如何扬长避短、取精去粗地古为今用?确是摆在我们面前急需去做的实际工作。我想应该在过去一系列的成就上,不断创新。例如,对某一理论加以剖析研索时,最好印证临床(包括古人或今人的治验或科学实验),不论是一个学说、一个名词、一个物体,都可以作为探索课题。我准备与青年教师合作,即小就大,做到知和行的统一。以"横刀哪顾头颅白,跃马紧傍青壮年"(华罗庚教授诗句)的精神,实干到底!

以上两项,作为研读《内经》第三境界的内容,虽不相称,窃愿比拟。自知学植浅薄,方法粗陋,因而所得不多,可以介绍于读者之前的当然更少了。这也是收获与耕耘的辩证关系,懒汉是种不出好庄稼的。今后要继续努力,使有一个好收成,争取达到新境界!

刻苦勤奋　自强不息

南通市中医院院长、主任医师　朱良春

[作者简介]　朱良春（1917～2015），江苏丹徒人。治学勤奋，自强不息。擅长内科杂病，屡起沉疴。对于虫类药的临床应用，尤具心得。著有《传染性肝炎的综合疗法》《汤头歌诀详解》《章次公医案》《虫类药的应用》等。

从师学习　孜孜不倦

我早年在中学读书时，因病辍学，乃转而学医，拜武进孟河马惠卿先生为师，先命朝夕诵读医经，无法理解其奥义，颇以为苦。但跟随马老师抄方一年，却甚有收获。求治于老师之病员甚多，他用药颇有独到之处，临诊常用对子药，便于记忆和运用。随师抄方一年，使我获得了丰富的实践知识，也初步掌握了一些基本理论，为学好中医奠定了基础。为了系统学习，一年后考入苏州国医专科学校。接近毕业时，抗战开始，乃于一九三七年转学至上海中国医学院继续学习。当时半天在章次公先生处实习，半天在世界红十字会医院中医部工作。我在章师处虽仅年余，由于他诲人不倦，谆谆教导，因而得益较大，学习到抓主要矛盾的辨证手段，灵活选方用药的技巧及由博返约、扣住主题的读书方法。章师学识渊博，理论精深，临床颇多独特经验，对内科杂病，尤擅其长，治验甚多，疗效卓著，这些为我后来登堂入室，创造了条件，打下了基础。章师一贯提倡"发皇古义，融会新知"，他的主张对我影响很深。后来我之所以能兼收并蓄，重视民间单方，走中西医结合的道路，都是章师正确引导的结果。

对我影响较大的还有张锡纯先生。《衷中参西录》中的许多有效方剂，我应用于临床发挥了较好的作用。如治一妊娠恶阻妇人，得食则吐，不食亦呕，叠药不瘥，卧床不起，历时月余，邀我诊治，用张氏安胃饮，一剂知，二剂已。因此有位同道说我得力于"南章北张"，这是符合实际情况的。近年，我在整理《章次公医案》时，仍有温故知新之感受。如章师早年就指出："根据实践经验，有些失眠患者，单纯用养阴、安神、镇静药物效果不佳时，适当加入桂、附一类兴奋药，每收佳效。"这个可贵的经验我至今一直应用于临床而获效。同时，诊余之暇，经常翻阅《衷中参西录》已成了我的习惯，真有百读不厌之慨，乃至使我产生了撰写《锡纯效方发挥》的念头，以把我四十多年来运用张氏效方的体会介绍给读者。

融会新知　推陈致新

我认为学习的成功,不仅在于智慧,还在于毅力。数十年来我除了完成本身的工作任务之外,无论是盛夏寒冬,都起早带晚地阅读各种医学著作,既学习前人的经验,也接受今人的创获。平时还尽可能地挤出时间,搜集资料,分类储存,以利于吸取前人和今人的宝贵经验,指导自己的实践,并为著书立说、撰写论文准备了条件。

我十分重视掌握祖国医学"辨证论治"这个关键。因为"辨证论治"是祖国医学理论体系的精髓,其优点是不论任何复杂的病情,都可依据症状,从阴阳消长、正邪斗争的基本规律中,运用四诊八纲的方法归纳分析,提出整体治疗的措施,这是中医理论体系上的卓越之处。能掌握好"辨证论治"的规律,世界上就没有绝对的"不治之症",而只有"不知之症"。所以,我对一些疑难杂症,总是深入探索,努力从不知到渐知,转不治为可治。例如一位纺织女工,患子宫内膜异位症(异位至肺部),就诊时主诉:月经闭止,每月咯血五、六日,伴颧红掌热,口干咽燥,腰酸腿软,叠治无效。我根据其症状辨证为肝肾不足,水不涵木,气火冲激,冲任失调而致血不循经,灼伤肺络,逆而倒行,给予滋养肝肾、清肺凉血而调冲任,连服十剂,月经即循常道而行。又如"血紫质病"是一种原因暂时不明的新陈代谢疾患,比较罕见。一例二十六岁的男性患者,每隔二至四个月必剧烈腹痛数天,用杜冷丁注射始趋缓解,因尿液呈红色,经尿检发现多量紫质而确诊,但多方治疗未能控制其发作。我根据其面色少华、怯冷、纳呆、便溏等症辨为脾肾阳虚,予以温补脾肾之剂,届期未再发作,随访三年,已告痊愈。所以我认为中医"辨证论治"的原则是大经大法,如能认真掌握,灵活运用,就可应付裕如,取得著效。

但是"辨证论治"也存在一些缺点,就是对疾病产生的具体机制和诊断,缺乏客观的指标依据,这对总结提高,似有一定的影响,同时,也常会出现误诊。因此,还必须"辨病论治"。例如直肠癌的早期症状,往往易与痔疮或慢性痢疾混淆,如果不早期确诊,给予相应的治疗措施,就很有可能贻误病机,导致恶化转移。我认为"证"和"病"是一种因果关系,具有不可分割的联系,否定或肯定"病"和"证"的任何一方面,都是片面的、不完善的。因此,"辨证"与"辨病"密切结合,研究疾病与症候的关系,探索临床诊治的规律,必能相得益彰。所以我在临诊时常将二者结合起来,以求缩短疗程,提高疗效。如慢性气管炎急性发作患者一般多见咳嗽痰黄之主证,所以我研制了"咳喘合剂",由黄荆子、金荞麦各五钱、佛耳草、天竺子各三钱组成,凡遇此类气管炎患者,服用每获佳效。再如我从用蚯蚓液治愈下肢溃疡的经验中,理解它具有对溃疡病灶的修复作用,从而启发我用以治疗消化性溃疡病,取得了良好的效果。这样我们就能不仅是继承,还可扩大思路,触类旁通,引伸发展,扩大药物的疗效,为中西医结合提供线索。

以良方寿世　如春雨膏田

友人书画家鲍伯详同志曾赠我一副对联:"以良方寿

世,如春雨膏田。"其意虽是赞誉,但却成了我治医做人的标准。

我在学校读书时就练习写作短文,曾在《明日医药》上发表过文章。后来曾任杨医亚主编之《国医砥柱》、任应秋主编之《重庆国医杂志》以及广东《医药旬刊》的特约编辑,陆续写过一些文章。一九四二年,我自己创办《民间医药月刊》,主要是搜集民间验方,加以验证推广,使我从中吸取了不少经验良方,丰富了治疗手段。

在反动统治下,中医遭到歧视和扼杀,我一度感到非常悲观。解放了,在共产党的领导下,得到了新生,过去曾经憧憬的美好理想,都逐步变成了现实。一九五六年南通市成立了中医院,我被任命为院长,我激动,我兴奋,我决心将自己全部精力都倾注在中医事业上。由于党的教诲、培育,我比较地成熟了,懂得了革命的道理。在和同志们的一道努力下,曾集体编著了几部医书,发掘、整理了两位土专家的经验。一九五九年我院被授予全国红旗单位,一九六二年写成《传染性肝炎的综合疗法》,一九六三年编著《汤头歌诀详解》,江苏人民出版社出版;近两年,又写成了《章次公医案》《虫类药的应用》两部医著。其中《章次公医案》在一九八〇年由江苏科技出版社出版,畅销全国,得到好评。《虫类药的应用》一书,将由中国国际书店和香港三联书店在香港及国外发行。

撰写论文、著书立说是继承发扬祖国医学遗产的一个部分,更重要的是为广大人民健康服务,为病员治好疾病。因此,我除了做好临床工作外,还积极参加科研工作,更多地掌握疾病的诊治规律,提高疗效,缩短疗程。例如创制

"益肾蠲痹丸"（熟地黄、当归、仙灵脾、鹿衔草各四两，炙全蝎、炙蜈蚣各八钱，炙乌梢蛇、炙蜂房、炙地鳖虫、炙僵蚕、炙蜣螂虫各三两，甘草一两，共研极细末，另用生地、鸡血藤、老鹳草、寻骨风、虎杖各四两煎取浓汁，泛丸如绿豆大。每服二钱，日二次，食后服。妇女经期、孕期忌服）治疗类风湿性关节炎及增生性脊柱炎等疾病，疗效显著。我认为痹证其"本"在肾，风寒湿热诸邪均为其"标"，故取"益肾壮督"以治其本，"蠲痹通络"而治其标，方即据此而制订。曾治一脊柱弯曲、头向前倾、不能直立，呈严重驼背状且掣及两腿疼痛、行走欠利、手指关节变形的类风湿性脊柱炎患者，叠经使用中西药物，均告鲜效；嗣服"益肾蠲痹丸"，关节变形渐复，能直立，能从事一般劳动，摄片检查增生之骨刺已消失。此丸药深受广大病员的欢迎，医院生产常供不应求，已列为一九七八年科研成果，在市科学大会上受到表扬。又如慢性痢疾与结肠炎，长期腹泻、时轻时剧、迭治不愈、缠绵难解者，辨证往往既有脾虚气弱的现象，又有湿热逗留的存在，呈现虚实夹杂的征象，在治疗上既要补脾敛阴，又要清化湿热，因而创造了仙桔汤：仙鹤草五钱至一两，桔梗二钱，乌梅炭一钱五分，白槿花三钱，炒白术三钱，广木香一钱半，白芍三钱，炒槟榔五分，甘草一钱五分。阿米巴痢另加去壳鸦胆子十四粒，分服。治疗此症，取得比较显著的疗效。

"救死扶伤，实行革命的人道主义。"这是我们每个医务工作者的天职，只要能解决病员的痛苦，我都愿意去协助做好工作。我常与其他单位协作，拟定处方应用于临床，如与市卫生防疫站职业病防治科协作，创制了"止咳化矽糖浆"，对矽肺患者，配合抗矽-14，获得较好的效果。

此外，由于经常在医药杂志上介绍临床经验，因此全国各地来信问病求方者甚多。我对读者来信总是认真阅读,并开出处方,寄给病人,以期减轻患者的痛苦。总之,在我行医的四十多年中,将良方效药给予病员,已成了我最大的愉快。每个疑难杂症患者的治愈,是对我最大的安慰,他们的健康是对我最大的奖赏。

园丁精心培育 换来春色满园

为了培养中医新生力量,我早在一九四五年至一九四八年克服了重重阻力和种种困难,自己出资筹建了中医专科学校,培养了二十多名青年中医,现在大部分都在不同的岗位上发挥了骨干作用。

解放后,中医事业有了巨大的发展,但十年浩劫,中医工作也不例外,出现了"中医事业后继乏人"的局面,我觉得要后继有人,还在于我们的精心培育。对于培育中医事业的接班人要有光荣感、责任感、紧迫感。我常对中青年医师说:"我们这一代人要承先启后,继往开来,不能虚度光阴,否则将无颜去见轩辕黄帝。"自己不仅在平日工作和学习上身体力行,为中青年医生做出好的榜样,还为他们的成长和提高倾注了心血。我除了完成医院分配的教学工作外,还着重培养了三名青年医生,具体指导他们的临床业务、课外阅读,以便提高他们的写作能力,打好牢固的中医基础,同时毫无保留地向他们传授自己的临床经验,让他们掌握我的诊疗方法及辨证用药特点。现在,如果我因公外出,他们都基本能接替我的诊疗工作,且病员也很放心、满意。

在培养学生的问题方面,我是花了一定精力的,除了在身旁可以面授带教者外,还常收到一些隔山隔水、千里迢迢诚挚求师的学生来信。对于他们强烈的求知欲望,我深受感动,因此采取函授的形式,具体指导了三名青年中医(两名在四川工作,一名在泰兴县工作)的学习,使他们的理论水平有了较显著的提高。"老天不负苦心人。"有一份耕耘,就有一份收获。其中四川梓潼县的一位学员考取了北京中医研究院研究生,另两名青年医生在集体转全民的考试中,均名列前茅,被吸收到县医院参加工作。听到这些消息,我是十分高兴的,因为我能够看到我为中医事业后继有人出了一份力。我衷心地希望这些青年人"青出于蓝而胜于蓝",为继承发扬祖国医学遗产做出更大贡献。

我走进医林四十余年,去日苦多,来日愁少,唯一的心愿是珍惜余阴,以有限的生命做更多的工作。"得失塞翁马,胸怀孺子牛。"把全心全意为人民服务作为自己最大的幸福和快乐,努力进修,老当益壮,为我国的中医药事业贡献自己的毕生精力。

(本人口述,张肖敏整理)

教学《内经》的体会

上海中医学院副教授
《内经》教研组主任　　凌耀星

[作者简介] 凌耀星（1919～），上海青浦人，十六世祖传中医。自一九五六年上海中医学院成立起担任《内经》教学工作，二十多年来，孜孜以求，潜心研究经旨，颇有所得。曾参加编写《内经》(第一、二、三版)及内科(第二版)全国教材，著医学论文二十余篇，发表于杂志及内部资料。

我父凌禹声是祖传十五世儒医，早年在青浦开业，后迁至上海。一九三六年我高中毕业后开始随父学医。当时启蒙的书是汪昂的《素问灵枢类纂约注》。初读时，虽有父亲指点，还是困难重重，大多只是囫囵吞枣，连一知半解也谈不上。以后随父临诊，继而独自开业，结合医疗实践反复推敲，逐渐领略到个中趣味，读一遍有一遍不同的体会,越来越领会到《内经》的确是祖国医学遗产中的瑰宝,是中医入门和深造必读之书,其中道理,够我钻研一辈子。

一九五六年,上海市西医离职学习中医的研究班开课,继之上海中医学院开学。那时我虽届"不惑"之年,却犹如初生之犊,不知天高地厚,竟自告奋勇,担负起《内经》课的教学工作。但这也就使我一下子体会到了"学然后知不足,教然后知困"这句至理名言的深刻意义。教学过程中,常常感到自己学得太不扎实,简直像浮在水面上,遇到问题,经不起问一两个为什么。形势与任务逼着我,只有老老实实从头学起,边学边教,边教边学。

到现在为止,我对《内经》的许多问题仍不得其解。我花过一些精力,走过不少弯路。往往一个问题,苦思冥想,觉今是而昨非,但到了明天,又否定了今天的结论。这里我愿把我在教学中遇到的问题和体会,写在下面,供学习《内经》者参考。其中一定有片面甚至错误的地方,希指正。

文理与医理

《内经》是一部医学理论巨著,它的医理是通过一百六十二篇文章表达出来的。文理不通,医理难明。由于《内经》文字古奥,言简意赅,加之成书年代久远,历经战乱毁伤,竹简编绝,文字改革,错简衍脱,在所难免。凡此种种,都给学习上带来困难。我的体会是:如果能掌握一些《内经》文理的情况和特点,可以少走弯路,有利于学习。

(一)**原文有错误** 历代医家对《内经》文字上的讹误

做了不少考据校勘工作,可资参考,但还有未被校正者。举例如下:

1. 音误。口授笔录,音同字异而致误。如:

"溢饮者,渴暴多饮而易入肌皮肠胃之外也。"①"易"为"溢"之误。

"仓廪不藏者,是门户不要也。"①"要"为"约"之误。

"其不痛不仁者,病久入深,荣卫之行涩,经络时疏,故不通,皮肤不营,故为不仁。"②"通"为"痛"之误。

"手动若务,针耀而匀,静意视义,观适之变,是谓冥冥。"③"耀"为"摇"之误,"之"为"知"之误。

"别于阳者,知病忌时;别于阴者,知死生之期。"④"忌"为"起"之误。

其他如"留"与"流""如"与"于""已"与"以"等亦常以音似而互误。

2. 形误。字形相似,传抄致误。如:

"从欲快志于虚无之守。"⑤"守"为"宇"之误。

"容色见上下左右,各在其要。"⑥"容"为"客"之误。

用篆书时亦常有形误。如篆书"上"作"ニ","下"作"二","上""下"两字常互误。如"黑脉之至也,上坚而大,有积气在腹与阴,名曰肾痹。"⑦"上"为"下"之误。又如"推而上之,上而不下,腰足清也;推而下之,下而不上,头项痛也。"①不少注本认为其中"上""下"互误。

再如篆文"上"亦作"丄",与"业"(之字)仅一笔之差。稍有磨蚀或裂纹,亦每致误。如"所谓跗之者,举膝分易见也。"⑧与"胃足阳明之脉,起于鼻之交頞中。"⑨两句中"之"字乃"上"之误。而"寒气稽留,炅气从上,则脉充大而血气乱"⑩之"上"字则为"之"字之误。

此外如"日"与"曰","本"与"末","開"与"關","搏"与"搏"等亦常因形似而互误。

3.字体误。古代字体多种,亦易致误。如《内经》中常见的"白汗""魄汗",诸家注释大多以肺主皮毛,汗自皮毛而出,与肺有关,而肺色白,肺藏魄,故汗亦称"白汗"或"魄汗"。我认为"白汗"可能为"自汗"之误。查《说文解字》古代"自"字有两种写法,即"自"与"自",均音自。但在作为其他文字的组成部分时,"自"常借作"白"字使用。如"皆"("皆"字),"百"("百"字),由此误以"自"为"白"。以"自汗"写作"白汗",又因古"白"与"魄"通,于是又作"魄汗"。观《战国策》鲍彪"白汗,不缘暑而汗也",其指自汗也明矣。"白",古又通"迫",有时"白"作"迫"解。

除了以上种种字误之外,还有文字颠倒。如"去菀陈莝"⑪应作"去菀莝陈"。"尺脉缓涩,谓之解㑊"⑫应为"尺缓脉涩,谓之解㑊"。"脉尺麤常热者,谓之热中"⑫应为"脉麤尺常热者,谓之热中"等。

其他如衍文、错简,不一一枚举。鉴于原文有些错误存在,在学习中遇到确难理解时,可暂时放下,不解比曲解为好,免得浪费精力与时间。

(二)名词的概念不同 由于古代词汇较贫乏,加之《内经》非出一人手笔,所以常有一个名词、多种概念。如《内经》中最常见的"阴阳"一词,就有多种涵义。归纳起来,大致有三:

1.抽象的哲学概念。如"阴阳者,天地之道也,万物之纲纪,变化之父母,生杀之本始,神明之府也"⑤"且夫阴阳者,有名而无形,故数之可十,离之可百,散之可千,推之可万,此之谓也"⑬中的"阴阳"即是。

2. 相对的具体事物。包括相反的两种事物形态、性质、位置、方向、作用、反映等。如脏与腑,男与女,阳经与阴经,内与外,昼与夜,寒与热,升与降,出与入,呼与吸,伸与缩,化气与形成等等。

3. 指阳气与阴精。如"年四十而阴气自半也,起居衰矣"⑤"阴在内,阳之守也;阳在外,阴之使也"⑤"阴者藏精而起亟也,阳者卫外而为固也"⑭。

再如"标本"一词。在"移精变气论"中"标本已得,邪气乃服""标本不得,亡神失国"。"标"指医生的诊断与治疗,"本"指病机病情。"标本已得"主要是药能对症,即正确诊断与治疗。而在"汤液醪醴论"中"病为本,工为标,标本不得,邪气不服"句中之"标"虽同样指医疗措施,而"本"则是指机体对医疗措施的反应。"标本不得"即前段"神不使"的意思。指出即使诊断无误,治疗及时,药能对证,但在"神不使"的情况下,还是"邪气不服""标本不得",治之无效的。其他如"标本病传论"及"天元纪大论"等篇中"标本"有指先病为本、后病为标,有指六气为本、三阴三阳为标等等,概念均不相同,学习时必须具体分析,把概念搞清楚。

反过来,《内经》中也有几个不同的名词代表一个东西的,如"汗孔"在"生气通天论"中称"气门"——"气门乃闭";"汤液醪醴论"中称"鬼门"——"开鬼门";在"水热穴论"中称"玄府"与"汗空"——"客于玄府""所谓玄府者,汗空也"。又如桡动脉,在"经脉别论"中称"气口",在《灵枢·禁服》中称"寸口",《灵枢·小针解》中则称"脉口"等。

（三）一字多义　古代文字较少,一字常有多种解释。如以"精"字为例：

1."肾藏精"⑮之"精"为名词,指人体的宝贵物质。

2."阳气者,精则养神,柔则养筋"⑭句中之"精"为形容词,作"清净"解。

3."骨气以精"⑭之"精"为形容词,作"正"字解。

4."云雾不精"⑯之"精"为形容词,作"明"字解。

5."精者三日,中年者五日,不精者七日"⑰句,"精者"指少年,"不精者"指老年。

6."夫精明者所以视万物,别白黑,审短长"①,"精明"指眼睛。

7."脉要精微"、"五色精微"①,"精"作"精细"解。

再以"当"字为例：

1."当踝而弹之"⑱,"当"作"对"字解。

2."万举万当"⑲,"当"作"正确、确当"解。

3."劳汗当风"⑭,"当"作"临"字解。

4."阳气当隔,隔者当写"⑭,前一"当"字作"挡"解,后一"当"字作"应当"解。

5."非其位则邪,当其位则正"⑳,"当"作"在"字解。

6."诊此者,当候胃脉"㉑,"当"作"必须"解。

此外,有些字在古代有特殊解法。如"颇"字,现多作"很"字解,有"多""大"的涵义。但在古代常作"少""小""稍"解。如"在左当主病在肾,颇关在肺"㉑,"颇"作"少"

"稍"解。此句应语释为"病主要在肾,而稍有关于肺"。又如"病在太阴,其盛在胃,颇在肺,病名曰厥"㉒,"颇"作"虚""不足"解,乃与"盛"相对而言。联系上文,说明"人迎躁盛"为阳明胃有余,"太阴脉微细如发"为太阴肺不足。再如"四十岁……发颇斑白"㉓,"颇"作"稍"解,言四十岁头发开始略有花白了。以上各条如果把"颇"字作"很"字解,则医理全错了。

特别应当引起重视的是"不"字。现在一般都作为否定之词,但在古代,有时作语助词用。如"肝脉搏坚而长,色不青",此处"不"字是语助词,"色不青"即"色青"。联系下文"当病坠若搏,因血在胁下,令人喘逆",因跌仆致伤,有瘀血在胁下,色当为青。再如"寒湿之中人也,皮肤不收,肌肉坚紧"㉔,"不收"当作"收"解,盖寒主收引,故皮肤收缩,肌肉坚紧,于义方顺。不仅如此,有时甚至可作"很""非常""大"解。不,通丕。《说文》:"丕,大也。"如"恶气不发"⑯应解为"恶气大发"。"所谓不得胃气者,肝不弦,肾不石"⑫中"不"字均应作"很"字解,方与前文"但弦无胃曰死""但石无胃曰死""所谓无胃气者,但得真藏脉,不得胃气也"的意义相合。由此可见字义的重要性,不可不加注意。

(四)互词 互词或称互文,是《内经》中常见的一种文体。为了词藻华美,把完整的意义分拆成为一双对句。如"营从安生,卫于焉会"㉕,意即营卫如何生会。又如"故非出入则无以生长壮老已;非升降则无以生长化收藏。是以升降出入,无器不有"㉖。如果作为互文,则原文的文意应为"故非出入升降,则无以生长壮老已(指人与动物),

亦无以生长化收藏(指植物)"。说明一切生物在生命过程中都是既要有出入——机体与外界的联系,又要有升降——机体内在的活动。所以原文接着说"是以升降出入,无器不有"。再如"阴中有阴,阳中有阳"㉗,作为互文应为"阴阳中有阴阳",于理更为明确。

　　历代医家由于不注意这种互词体例,往往易致谬误。如"湿热不攘,大筋緛短,小筋弛长,緛短为拘,弛长为痿"⑭句,各家注都是随文释义。如王冰注云"大筋受热则缩而短,小筋得湿则引而长",高世栻注云"大筋联于骨内,緛短则屈而不伸,小筋络于骨外,弛长则伸而不屈",朱丹溪云"湿郁为热,热留不去,大筋緛短者,热伤血而不能养筋,故为拘挛;小筋弛长者,湿伤筋而不能束骨,故为痿弱"㉘,张景岳注云:"温热不退而下及肢体,大筋受之则血伤,故为緛短;小筋受之则柔弱,故为弛长"。如果我们作为互词来理解它,则原文应为"湿热不攘,大筋小筋,或为緛短,或为弛长,緛短为拘,弛长为痿"。实际上,大筋、小筋,均可受湿受热。证诸临床,湿热所致的痿症,可以是拘挛性的,也可以是弛缓性的,不论大筋小筋都可以发生。如此,则文理既顺,医理亦明矣。

　　(五)不断句　《内经》原文本来没有断句标点,有时亦可因断句不对而造成误解。例如"风雨寒热,不得虚邪,不能独伤人"㉙,断句应在"虚邪"之后。但不少注家在"虚"字后断句,作"风雨寒热,不得虚,邪不能独伤人"。我认为前者较好。"虚邪"在《内经》中是一专词,且后文有"此必因虚邪之风,与其身形,两虚相得,乃客其形"。一为虚邪之虚,一为身形之虚,是为两虚,其义甚明显。

又如"五色精微,象见矣,其寿不久也"①。"五色精微"应断句,说明面部色泽的变化及善恶之分,至为精微,正如"脉要精微"一样,医者必须细心观察。"象见矣"是指败象出现,即上文所说的"如赭""如盐""如蓝""如黄土""如地苍"等"不欲"之色。败象出现,预示其寿不久矣。但诸家注释均不断句,把"精微象"连在一起,令人非解。

再如"劳风法在肺下,其为病也,使人强上冥视,唾出若涕,恶风而振寒,此为劳风之病。帝曰:治之奈何?岐伯曰:以救俯仰,巨阳引,精者三日,中年者五日,不精者七日"⑰。"引"是针刺用词。"故善用针者,从阴引阳,从阳引阴"⑤"邪在肝……取之行间,以引胁下"㉚。可见,"巨阳引"是言针刺足太阳膀胱经的穴位。"以救俯仰"是说先要救治俯仰喘息的症状。如"邪在肺,则皮肤痛,寒热,上气喘汗出,咳动肩背,取之膺中外俞,背三节五节之傍,以手疾按之快然,乃刺之"㉚。即是刺足太阳膀胱经的肺俞、膏肓等穴可治热病邪在肺而见气喘咳动肩背的病症,与这里劳风的病机相合。通过正确的治疗,可使劳风之病情缓解,年少者只须三日,中年者五日,老年者七日,文义不是很清楚吗?但是历代注释都作如下断句:"……岐伯曰:以救俯仰,巨阳引精者三日,中年者五日,不精者七日。"如此文理便完全不同了。如吴崑注云:"巨阳与少阴肾为表里,肾者精之府,阴体也,不能自行,必巨阳之气引之,乃能施泄,故曰巨阳引精。是为少壮之人,水足以济火,故三日可愈,中年者,精虽未竭,比之少壮则弱矣,故五日可愈;老年之人天癸竭矣,故云不精,不精者真阴衰败,水不足以济火,故治之七日始愈。"张景岳注云:"太阳者,水之府,三阳之表也,故当引精上行,则风从咳散,若巨阳气盛,引精速者,应在三日;中年精衰者,应在五日;衰年不精者,应在七日。"为了解释"巨阳引精",不得不兜很大的圈子,却仍旧没有说明问题。其他有的存疑而不解,有的说是衍文。由此可见,断句不当,文理不明,医理亦难晓矣。

(六) 比喻　人体的生理病理变化很复杂,且深藏体内,不可得见,要说清楚它是很不容易的。《内经》作者经常借助人们日常生活中比较熟悉的事物作为比喻,进行阐述,使学者通过想象加以领会,这的确是一种生动而有效的办法。例如《素问·灵兰秘典论》中用当时的政体制度十二种官职,形象化地说明人体十二脏腑的主要功能和它们在统一领导下分工合作的整体系统。在不少篇章中用各种生物的形状、神态、颜色、动作来描述那些难以言传的脉象和神色。如以"软弱招招,如揭长竿末梢"来形容正常的弦脉,以"新张弓弦"描写刚劲逼指病态或危重时所见的弦脉,以"如帛裹朱"形容白里透红、光润明朗的健康色泽,以"白如枯骨""黑如炲"描写晦暗、枯滞、病情严重的面色等。像这类内容,我们在学习时,应透过现象找本质,领会它的精神实质,从而了解它所要说明的医学内容。

借鉴与思考

《内经》一向被尊为医书之宗而受到历代医家的重视,故研究、注释、校勘者颇不乏人。他们做了大量细致的工作,花了不少精力和时间。如宋代林亿等对《素问》的校勘,"正谬误者六千余字,增注义者二千余条,一言去取,必有稽考"㉛。张景岳编纂《类经》花了四十年的功夫。各家对《内经》都有较深的钻研,结合他们各自的临床经验,对《内经》中的一些理论,各有见地,颇多阐发,这对我们学习上给予很大帮助,大可作为借鉴。

如王冰对"诸寒之而热者取之阴;热之而寒者取之阳,所谓求其属也"㉜一条原文的注释云:"言益火之源以消阴翳,壮水之主以制阳光,故曰求其属也。"这两句话已成为中医治疗阴虚阳虚的理论性很强、指导意义较大的名言了。

吴崑的注释亦有独到之处。如"热论"中"帝曰:五脏已伤,六腑不通,荣卫不行,如是之后,三日乃死,何也?岐伯曰:阳明者,十二经脉之长也,其血气盛,故不知人;三日,其气乃尽,故死矣"。诸家注释均在"故不知人"处断句。使经文原意尽乖。独吴崑云:"'故不知人三日'六字为句。"这一改,可谓画龙点睛,文义顿明。盖两感于寒者三日即传遍六经,此时病人水浆不入,昏不知人,如此再三日,人体来自阳明的血气,消耗殆尽,故死矣。与前文所讲"六日死"前后呼应。

张景岳的《类经》把《素问》《灵枢》的全部内容,以类分门为十二大类,凡三百九十篇目,条分缕析,便于学习。其中"会通类"将《内经》重要内容摘录分类归纳,注明出自何篇,实可作为学习《内经》的索引。他的注释每较深详而切合实际。如对《素问·汤液醪醴论》中"神不使"的注释云:"凡治病之道,攻邪在乎针药,行药在乎神气。故治施于外,则神应于中,使之升则升,使之降则降,是其神之可使也。若以药剂治其内而脏气不应,针艾治其外而经气不应,此其神气已去,而无可使矣。虽竭力治之,终成虚废已尔,是即所谓不使也。"把针药等医疗措施必须通过机体才能发挥作用的道理,剖析得何等明晰!此外,如对"神"的问题,不但在"会通类"中把《内经》中有关"神"的资料搜集在一起,并在《灵枢》"天年""本神"等篇对"精神魂魄"作注释时,广泛选引孔、邵、朱、乐诸家的论述,及《淮南子》《黄庭经》等有关资料,旁征博引,提出自己的见解,详加阐述,大有助于后学。

马莳之注亦有可取之处。如对"阳为气,阴为味。味归形,形归气;气归精,精归化。精食气,形食味。化生精,气生形。精化为气,气伤于味"⑤一段,原文注释中指出原文中的"气"有两种不同概念。"阳为气""气归精""精食气"之"气"字乃指食物之气。"形归气""气生形""精化为气""气伤于味"之气,指人身之气。可谓独得经旨,与众不同。

其他如杨上善、高世栻、滑寿、李中梓、汪昂、姚止庵以及日人丹波元简等各家注释均各有特色。学习《内经》有没有这些借鉴是大不一样的,各家注释各有所长,亦各有所短,应择善而从。

但另一方面,必须看到崇古尊经的封建思想使历代医家对《内经》奉为圭臬,或明知有错,仍将错就错,不敢稍加改动;或互相抄袭,以误传误,相沿成习;或以经解经,随文演义,解了仍等于不解;或解不通的想尽办法,曲解使"通"。限于历史条件,产生这种情况不足为奇。如前面所

举"巨阳引精"的注释,便是一例。这里再举两例:

《素问·逆调论》:"帝曰:人有四肢热,逢风而如炙于火者,何也?岐伯曰:是人者,阴气虚,阳气盛,四支者,阳也,两阳相得,而阴气虚少,少水不能灭盛火,而阳独治,独治者,不能生长也,独胜而止耳。逢风而如炙于火者,是人当肉烁也。"对"两阳相得"一词,马莳、张景岳等注为"四肢属阳,风亦属阳,一逢风寒,两阳相得";张志聪注云:"四肢者,阳明之所主也。两阳,阳明也,两阳合明,故曰阳明。相得者,自相得而为热也。"只要稍加分析,便可看出二者都难令人信服。因为人均有四肢,也均有阳明,如以此作为两阳相得,那么无论何人受了风邪,四肢无不如炙于火了。殊不知本段经文的主要精神在于突出个体的特殊性,所以原文强调"是人者,阴气虚,阳气盛""是人当肉烁也"。正因为其人是阴虚阳盛的体质,平素即自感四肢热,受风后,风为阳邪,于是内外结合,两阳相得,益觉四肢烦热如炙于火。其云"四肢者阳也"只是为了说明阳气的盛衰在四肢表现为最明显突出而已。故"四肢者阳也"后应加句号。

再如"颈脉动喘疾咳,曰水"⑫。对"颈脉动"诸家均注作"人迎脉",即颈动脉。独王冰曰:"颈脉谓耳下及结喉傍人迎脉也。""耳下"之脉当指颈外静脉。《内经》来源于实践,要正确理解它必须证诸临床实际。对人迎脉的解释便不能无疑。因为人迎脉本来就是动脉,这在《灵枢·动输》中写得非常明确,即"动"是生理现象,如果是病理现象应该写成"动甚"。喘、疾咳而由于水肿者多见于有胸水腹水患者,如右心衰竭较重时右心室扩大,导致三尖瓣功能性关闭不全时,可以见到颈静脉搏动。《内经》的描述是符合实际的。

由此可见,对以前各家注释作为借鉴的同时,必须发挥独立思考,切不可盲目服从。应考虑到我们今天的视野、经历和所掌握的现代科学知识是前人所无法比拟的。今天学《内经》应提出较高的要求。要敢于怀疑,善于思考、剖析以至释疑解惑。正如朱熹所说:"读书无疑者,须教有疑;有疑者,却教无疑。到这里方是长进。"首要的是从无疑到有疑,它需要解放思想,发挥独立思考。正如物理学家爱因斯坦所说:"提出一个问题往往比解决一个问题更重要。因为解决一个问题也许仅是一个数学上或实验上的技术而已,而提出新的问题,新的可能性,从新的角度去看旧问题,却需要有创造性的想象力,而且标志着科学的真正进步。"学习《内经》也同样如此。当然,我们不能满足于仅仅提出问题。从有疑到无疑,同样需要艰苦的脑力劳动去解决问题,使自己的认识更上一层楼。

精读与博览

古人用字精炼,言简意赅,寥寥数语常常包含着非常深刻的内容。如"人之病……同时而伤,其多热者易已,多寒者难已"⑬"脉从阴阳病易已,脉逆阴阳病难已"⑫"风热而脉静,泄而脱血脉实,病在中脉虚,病在外脉涩坚者,皆难治"⑫"其腹大胀,四末清,脱形,泄甚,是一逆也。腹胀便血,其脉上时绝,是二逆也。欬,溲血,形肉脱,脉搏,是三逆也。呕血,胸满引背,脉小而疾,是四逆也。咳、呕,腹胀且飧泄,其脉绝,是五逆也"⑥"体若燔炭,汗出而散"⑭"人之伤于寒也,则为病热,热虽甚不死;其两感于寒而病者,必不免于死"㉞。以上对疾病后果的预测,均来自实践经验的总结。"人有所堕坠,恶血留内"㉟一句成为伤科理论与实践的重要原则。"凡刺胸腹者,必避五脏"㊱一句中包含着生命换来的血的教训。诸如此类的内容都是宝贵经验的结晶,在《内经》里是不胜枚举的,在学习时必须联系实际,仔细推敲。

　　我在学习时先对全文通读一遍,只要求浏览,不要求深钻,看不懂的放过,有心得处记下,这样费时不多,而对《内经》全貌,心中有数,全局在胸。在这一基础上,有计划地把内容分为若干单元分段学习。有时候对一个词必须联系上下文及其他原文,始能得其真谛。如读《素问·经脉别论》第一段的"喘",一般注释都理解为呼吸急迫的气喘。但联系上文"黄帝问曰:人之居处、动静、勇怯,脉亦为之变乎?岐伯对曰:凡人之惊恐恚劳动静,皆为变也。是以夜行则喘出于肾,淫气病肺;有所堕恐,喘出于肝,淫气害脾……"分析原文,乃论述各种原因导致"脉之变",则"喘"应指由于急行、跌仆、惊恐而致的心跳加快时的脉象"喘促"。再联系《内经》其他篇中亦常以"喘"来形容脉象之急迫。如"赤脉之至也,喘而坚……白脉之至也,喘而浮"⑦"病心脉来,喘喘连属……平肾脉来,喘喘累累如钩"⑫"脉至如喘"㉝"盛躁喘数者为阳"⑱"脉不通则气因之,故喘动应手矣"⑩等句中之"喘"均作脉象解。有时对一个词要联系临床实际加以领会。如"湿胜则濡泻"⑤一句,联系临床治泄泻常用芳香化湿、淡渗利湿、苦寒祛湿、健脾燥湿、温阳胜湿等，虽病机不同，治法各异，而都不离一个"湿"字，由此体会《内经》原文之精义。

学习《内经》要精读细嚼，一步一个脚印，扎扎实实下苦功。但我又感到不能限于《内经》，囿于《内经》。还要求博览其他有关的书籍。这是因为《内经》本身包含了多学科的知识，而多方面的知识亦有助于《内经》内容的理解和阐发。

《内经》是一部古典著作，学习《内经》必须具备一些古代历史知识和阅读古典文学的能力。例如文中涉及黄老学说对《内经》的思想影响，来自五方不同生活条件的异法方宜，出于诗书礼乐等古代典籍的文字通假等等。我们必须了解《内经》时代的医学概况、风土人情、生产生活和文字特点等，才有助于对《内经》某些内容的理解。

作为古代哲学思想的阴阳五行学说已成为《内经》理论的重要组成部分，渗透到各个环节中去了，起着指导思想的作用。因此，学习《内经》最好能学些古代的和现代的哲学，特别是以辩证唯物主义的哲学观点去分析它、研究它、提高它，才能更好地掌握它。

《内经》是医学著作，学习《内经》最好还应掌握一些现代医学的基础知识。虽然二者的理论体系不同，而研究的对象和目的是一致的。现代医学在认识人身微观世界方面有较大的成就，正可以有助于对《内经》理论的研究，不少水平较高的西医师学习中医成绩卓著，充分说明这一点。有些内容需要自然科学帮助研究。如《内经》中论脉所提出的"来""去"问题，原文有"去者为阴，至者为阳"④"其气来盛去衰……其气来盛去亦盛……其气来不盛，去反盛，……其气来轻虚以浮，来急去散"㉘"来疾去徐……来徐去疾"①"寸口脉中手促上击者"⑫等等。对脉象中的升降形态变化，体味极为细致。可惜历代论脉，均未予重视，鲜有论及者。我想，如果结合现代脉象仪的脉波图形及分析人体中影响脉波图形的种种生理因素，必将有助于脉学的研究。

此外，有人认为《内经》不仅是医学著作，它也是一部知识面很广的自然科学文献，如天文学、气象学、物候学、历法乃至律吕音乐等都有涉及。掌握一些有关知识，也是必要的。

时至今日，科学技术的迅速发展，出现了各学科之间的互相渗透、互相阐发、互相促进的明显趋势。目前，对《内经》的理论研究已大大越出了《内经》的框框。有人从哲学、文学、气象学、分子生物学、免疫学、控制论等角度，以最新的科学成就进行分析、探讨，这更启发我们需要博览多方面的书籍，掌握多方面的知识，以扩大视野，使思想活泼而不致狭隘、僵化。

继承与批判

对待文化遗产必须批判地继承，取其精华，去其糟粕。但究竟如何区分精华与糟粕，那就很不简单了。我一向立足于继承，对批判则抱慎重的态度。坚持做到四个"不"：①不因解释不通而轻易否定；②不简单化地与现代医学"对号入座"；③不以现在的要求去要求古人；④不以现代的理解强加于古人。同时尊重原文的本来面貌，根据一篇里前后文的联系,对照其他篇原文的有关内容,朴素地理解它的原始意义。然后在这一基础上再做比较广泛的联系,如后世医家的阐述和发挥,对当前临床的指导意义以及其对今后医学科学研究方面的科学价值等。

例如《内经》中的运气学说,历代至今都是毁誉参半,甚至视为星相之类当作糟粕来处理。我在一九六〇年对两届西学中班讲课时曾提出我的学习体会:运气学说所要探讨的乃是人们在生活生产实践中通过长期精细的观察,发现历年气象存在着五年六年,十年十二年等周期性规律,由此而带来的天灾虫害、流行病、瘟疫等也同样有周期性现象,因而试图用天干地支为运算工具,以期掌握和预测气象变化的规律,从而为预防自然灾害及瘟疫流行病等提供线索。它的基本观点是唯物的,是与当时那些把"四时之行""万物之生"归之于天的唯心论者针锋相对的。因此,尽管运气学说用天干地支推算的方法可能比较原始和不够精确,这只是有待研究和改进的问题,不能要求古人精确无误,更不能因此而全盘否定。据现代研究,这种周期性变化确实客观存在。太阳黑子的活动对地球气候变动的影响极大,而太阳黑子活动有一定规律,它的周期约十一年又四个月,这与运气学说所提示的十年十二年的数字基本相符。

又如《灵枢·五阅五使》及《灵枢·五色》中所载面部脏腑分部的理论,亦曾被认为无稽而遭无情的批判。而目前面针麻醉、鼻针麻醉、面部及体表特定部位与内脏相关的发现、生物全息现象以及特异功能的发现等,都有力地证明其中包含着科学的内容。它与当代崭新的系统论学说是完全一致的。

由此可见《内经》中尚未被继承的内容是很多的。谈继承,就必须抱老老实实的态度,立足于信,相信其中不少言之成理的内容是古人长期实践经验的总结,或长期观察到的客观现象。在没有搞清楚它是否属糟粕之前,先把有关内容继承下来,不要急于批判。

当然,这不是说《内经》的内容都是正确可靠,不可批判。它究竟是两千年以前的著作,限于当时的历史条件和科学水平,不可避免地有不少糟粕混杂其中,应予扬弃。例如"肝生于左,肺藏于右"见于《素问·刺禁》。前文是"黄帝问曰:愿闻禁数。岐伯对曰:藏有要害,不可不察"。后文又有"刺中肝,五日死……刺中肺,三日死"。可见这二句确实是指解剖部位,非指肝气左升、肺气右降的理论。又如"肝见庚辛死,心见壬癸死,脾见甲乙死,肺见丙丁死,肾见戊己死,是谓真藏见皆死"⑫。这是古人试图从病人在垂危时出现的凶险脉象——真藏脉,按五脏所属及五行相克规律预测五脏病的死亡日期。实际上,临床每一病例情况不同,条件不一,要判断预后,尚必须具体问题具体分析,再从中找出规律,才能符合客观实际。在另一篇中有完全不同的说法:"凡持真脉之藏脉者,肝至悬绝,十八日死;心至悬绝,九日死;肺至悬绝,十二日死;肾至悬绝,七日死;脾至悬绝,四日死。"④同样是见五脏真脏脉而预测的死期各异。这就很难说成规律性了。那只有两种可能,或属于主观推测,或属于个别病案的实地记载,不能作为一般规律。

我在学习过程中发现《内经》里还有一种情况,即素材是来自实践,是长期观察中发现的规律性现象,有一定科学内容,但限于当时的水平,无法作出正确的解释。例如"天不足西北,故西北方阴也,而人右耳目不如左明也"⑤。原文提出了一般人左手不如右手灵活,耳目与手足有交叉现象。证诸实际,确是客观存在的。这主要是人类在生活和生产劳动的长期锻炼中习惯多用右手操作,经多少万年而逐渐形成的左侧大脑优势半球支配右侧肢体,而形象、视觉、音乐才能则都属右半球所管辖的缘故。古人缺乏这方面的知识,于是把"昔者共工与颛顼争为帝,怒而触不周山,天柱折,地维绝,天倾西北,故日月星辰移焉;地不满东南,故水潦尘埃归焉"㊴这一当时解释天象和地理特征的传说,牵强附会地来解释人体的这种生理现象。对于这种材料,只有用实践标尺加以检验。

在这里使我想起已故著名老中医程门雪先生的一句话:"要从取其精华方面来扬弃糟粕,不主张从去糟粕方面来留精华。"我体会他的意思是在继承与批判的问题上,你是着眼于精华?还是着眼于糟粕?这是两种截然不同的态度。前者就似地质勘探工作者探宝的精神,我赞成这种态度;后者犹如纺织工人捡坏布挑疵点的方法,以这种态度来研究《内经》,必将是满眼糟粕,一无是处,这显然不是我们的目的。

要正确处理好继承与批判的关系,我认为既要按《内经》那个时代的历史、地理、社会制度、科学水平等条件恰如其分地衡量它,又要以二十世纪的科学知识科学方法来整理它、提高它。《内经》理论来源于实践,古代医家从整体观点出发,对活体进行了长期的医疗实验,发现了许多特殊的联系和规律性的生命现象,都是客观存在,具有较高的科学价值,但由于当时的社会条件限制,其中许多问题,只能做一些比较抽象和朴素的解释,它像珍珠被蒙,宝藏被埋。人的奥秘是复杂的,至今还有许多未知数。这些问题,今天不能作出解释,也不足为奇,随着科学的发展,总有一天会得到证实。基本粒子的发现,并不是已经观察到了基本粒子本身,而是找到了它们在气泡室中的轨迹,并借助理论,通过计算而得到的,因此它也是间接的。对此,我们能因为没有看到基本粒子而否定其伟大发现吗?《内经》中的许多发现不也正类似这种情况吗?从科学发展的历史看,"发现"一词的内容总是随着科学的发展而不断变化,不断向深度广度、宏观微观发展的,发现中再有发现,直至无穷。科学在发展,人类在前进,我深感自己掌握的知识太少太浅,脑力精力又均已衰退。但我愿加倍努力,继续钻研,搞好教学工作,为培养新生力量和祖国医学的继承、整理、发扬,做出自己的贡献。

参考文献

① 《素问·脉要精微论》
② 《素问·痹论》
③ 《素问·宝命全形论》
④ 《素问·阴阳别论》
⑤ 《素问·阴阳应象大论》
⑥ 《素问·玉版论要篇》
⑦ 《素问·五脏生成篇》
⑧ 《素问·针解篇》
㉑ 《素问·病能论》
㉒ 《素问·奇病论》
㉓ 《灵枢·天年》
㉔ 《素问·调经论》
㉕ 《灵枢·营卫生会》
㉖ 《素问·六微旨大论》
㉗ 《素问·金匮真言论》
㉘ 《格致余论》

⑨《灵枢·经脉篇》
⑩《素问·举痛论》
⑪《素问·汤液醪醴论》
⑫《素问·平人气象论》
⑬《灵枢·阴阳系日月》
⑭《素问·生气通天论》
⑮《灵枢·本神》
⑯《素问·四气调神大论》
⑰《素问·评热病论》
⑱《素问·三部九候论》
⑲《素问·标本病传论》
⑳《素问·五运行大论》
㉙《灵枢·百病始生》
㉚《灵枢·五邪》
㉛《重广补注黄帝内经素问·序》
㉜《素问·至真要大论》
㉝《灵枢·论痛》
㉞《素问·热论》
㉟《素问·缪刺论》
㊱《素问·诊要经终论》
㊲《素问·大奇论》
㊳《素问·玉机真藏论》
㊴《淮南子·天文训》

学贵有恒　实践第一

陕西省中医研究所顾问　贺本绪

[作者简介]　贺本绪（1906～1990），山西静乐人。少年时期开始从师学医，青年时期在当地执教兼行医。一九三七年参加革命，历任山西省牺盟会静乐分会协助员、军医、卫生队长、科长等职。一九五四年转业后曾任陕西省卫生厅中医处副处长，陕西省药物研究所副所长，陕西省中医研究所顾问。毕生精研《内经》《本草》等医籍，重视吸收民间医疗经验，学术上讲求实际，对脾、肺、肾学说有独立的见解，并贯穿于诊疗之中。著有《贺本绪医案》《简效百方录》等。

我幼年入私塾，十五岁读完《五经》考入县立高等小学，课余之暇，借邻舍家的《本草备要》《濒湖脉诀》，不求甚解地阅读了一遍，多少有所感受，对医发生了兴趣，于是

立志学医。

求　　师

自学一年多后,虽然文字还能懂,只是医学术语很多,理解较为困难,左思右想,非求师指教不行。十七岁那年过春节,我去给一位秦老医生拜年,我说愿学医,请秦老指教。秦老乃科第出身,品学兼优,擅书法、绘画。他说:"多读书,打好基础,先系统学习《内经》《伤寒》《金匮》以及《本草纲目》等经典,你无钱买书,可拿我的书读。"我求得如此有名望的老师,多么喜悦!之后我潜心读书,以师礼事秦老,每十天半月到家请教一次,听他讲授,他讲的我都记在笔记本上。一次秦老审阅我的笔记,在本子上批云:"了草,遗误,须留意。浮躁轻率,为医者之大忌。"我接在手里一看,不觉脸红了一阵。回家后冷静思考,才意识到:此不仅是批评文字上的一点毛病,而是要求学医的人务必养成严肃认真,一丝不苟的好作风。语意深长,我久记莫忘。跟秦老学习三年,多半是讲解《内经》,同时对我自学的问题做指导。三年学习,在医学理论上打下了一定基础,为以后阅读历代医家的论著,创造了条件。

学　脉　法

平时我常去县城外一小寺读书,长老常讲道说法,想引导我修行入道,我顺便请问有关性命之理,这对学习《内经》有关养生的条文很有帮助。因我不入道,未得修真养性之术，但对精、气、神学说有所领悟，对后来临证多有助益，此不多谈。某夏有一游方僧佛名诲惠，宿寺中，谈经说佛，论医道讲诊法。我见非平常乞食游僧，便尊称师父，拱手请教脉法。僧曰："脉称虽繁，大抵以兼脉为多，总以浮、沉、迟、数四脉为主，兼弦、细、滑、涩，八脉尽矣。于脉有力无力以分阴阳虚实。初学脉必须手持、口授，先认清脉象，日后见证多自然心领神会。"僧留住三月余，每日求诊者只接受十余人，我就有机会亲手切脉，受其指导，学有门径，定部位（寸、关、尺）以分上中下，别脏腑、持九候（浮、中、沉）以察气血之盈亏、脏腑之虚实、寒热之变化。还教以诊趺阳、太溪，断脾肾之有无，决生死顺逆。后来临证遇到危急之症，必诊趺阳、太溪，此二脉有一分动静，即有一线生机，得救颇多。我们相处时间不长，受益却很不少。

学 药 性

学好药之气、味、功能、主治实不容易，往往看书多遍老记不住。我想古传神农尝百草以疗疾，我何而不为！通过相识进入一家药店，在老师傅的帮助下先认药——饮片，原药加工炮制也学了一段时间。在认药过程中又亲口尝药，品其气味。或干嚼，或煎服，先尝平性药，后尝剧烈药，先小量，而后中量、大量。然后以相类药合二三味尝试，反复尝过了常用药百余种。根据药后反应，约略知道了部分药物的轻重浮沉、寒热温凉，并试出各类药的一般用量之大小。从尝试中体会出：气轻味薄之疏散药，宜轻剂（量小），重剂反而力小，且有某些副作用；消导药宜中量而缓进，量大则胃腹不适；苦寒泻下药，宜酌情予以中、大量，一般中病而止，多投则损气；剧烈药只宜小量，过多则副作用大；毒性药可引起中毒；滋补药量大方有力，小则无济于事，但宜辅以少许调胃药，否则滋腻难消。这些用药法，在初试时体会较浮浅，临证时长了，体会就深了。

年长二十岁，该自谋生活了。由于家境贫穷，做了乡村小学教师。在安静的环境中可以有较多的时间读书，更为有利的是山区生长药材多。我寻访过几家老药农，听他们讲采药的知识，也跟随上山采药，学会一些采药技术，认识了生药，见到药材的生境、形态，对于了解药性又进了一步，为以后在农村就地采药治病创造了条件。抗日战争时期，根据地医药很困难，我带领一个采药队进入深山野林采药，炮制加工，制丸散药，为部队补充了一部分常用药品。

"十八反"不悉为何人所创，《本草纲目》品列相反诸药，比十八反又多了几种药，但也和其他本草一样没有说明相反之理。我从药性上思索，其中有的是可用的，并不反；有的本身就毒性很烈，与相反无关；有的是炮制方面的原因，反应不同。我尝了几味所谓相反药，如海藻、甘草各一钱同服毫无反应；服二钱胃里稍觉动；服三钱反应明显，觉胃里转动、舒畅。芫花、甘遂本身有毒，经尝试，无论各味单服或各味加甘草服，都有恶心呕吐反应。查本草芫花醋炒，甘遂面裹煨，如法炮制后，单服或加甘草同服均无上述反应。我不习惯用大戟，故未试。半夏、瓜蒌、贝母，每种常与附子同用，不怀疑与乌头相反。曾用半夏与乌头共服，无不良反应。白及、白蔹临床上不可能与乌头相伍，无必要尝试。藜芦本身毒性很大,单服或加党参同服,都能引起严重呕吐,没有轻重之别。经过亲自尝试证明:"十八反"应区别对待,不应一概而论。更希医界高明,提供相反的理由,让大家学习,解开"十八反"之谜。

行　医

我在乡村教学期间,农村医生少,求医很困难,尤其穷苦农民,根本请不上医生。群众见我天天在读医书,就希望我给治疗。我自己也不忍坐视群众的疾苦,于是对一些小伤小病都给予治疗,尽管技术有限,也治好了一些病,日子长了看病的人逐渐多起来。这时为了适应治病需要,又从秦老家借了《千金方》《景岳全书》《傅青主女科》《医方集解》几部书。秦老说:"这些书全在应用上下功夫,你现在能看病,这些书就更实际啦!还有刘、李、朱、张四家的书要读,多读书多开眼界。"教了几年学,看了不少书,可喜者是边看病边学习,得到不少实际经验,并同农民结下了深厚的友谊。

一九三四年,我结束了教学工作,专事医务。友人劝我在城市开业,所谓"求名于朝,求利于市"。我说历代医家多重医德,而名利不可得。修"医德",尚可为,多给穷苦人解除一些痛苦为好。我习惯农村生活,巡回于晋地各农村,不像一些走方郎中,不留姓名行址。群众也认为我是本地人,多愿接近。我看病卖药不说假话,不计报酬,遇穷苦人每施药救治。每到之处常访求当地名医,随时采收民间单方验方,经过六年时间,收集了四百余方,后来日寇扫荡,一炬而烬。解放后经回忆起来的有百余方,编了一本《简效百方录》小册子。这一段时间里,交了不少朋友,相识了许多老医生,学了众人的专长和经验,深有集思广益之感。

走上革命道路

一九三七年"七七事变"后,当国家民族危亡之际,我参加了革命工作。一九三九年组织上调我到部队工作,从此我当上了人民军医,在党的教育下提高了阶级觉悟,坚定了救死扶伤的信念。学习马列主义、毛泽东思想,懂得了一些唯物辩证法知识。我对军事课很有兴趣,尽可能争取听讲,对战略、战术的概念也粗浅地学了一点。把这些知识运用于医学方面,促使我在医疗技术上有所进步,兹略述一二事:

(一)坚持实践第一的观点　认识来源于实践,而实践又是检验真理的唯一标准,研究任何事物都必须服从这一真理。过去我对肾、命问题,由于诸家论述不同,不能真正理解。前面说过,我曾听过道家讲"修真"之理,看过《黄庭经》等道学经典,颇有助于学习《内经》有关养生的条文。在会通经文的基础上,尊其理,从其法,试行"定神",呼吸运转丹田,行之日久,逐渐感觉动气在丹田,其气有升有降,上通于脑,下极"命门",因之领悟:肾、命乃为一体,有阴有阳,相互为用,坎(水)离(火)既济,即阴阳相交之理。丹田运气法,至今我仍坚持行之,老躯尚健。本此原理,我对一些虚损劳瘵之症,有须补肾者,"壮水""益火"

两不相失,区别阴阳,有所侧重。参景岳制左、右归饮也合此理,就是例证。

又如脾喜燥恶湿的问题,我对这个论说颇有怀疑。《内经》言"脾属土""其气静""其味甘,甘生脾""其德为濡"。此数语互相参证,其静、其甘、其濡,乃气味冲和之象。说明脾既不宜湿,亦不宜燥,湿与燥是脾运失调而产生的两种不正常状态。多方面实践证明,脾既恶湿又恶燥。如补中益气汤,参、芪、归、术量大,升、柴、陈皮量小,更兼甘草以中和之,其性补而不燥。临床所见,由于脾不健运,津液不化,所产生的水液潴留之寒湿证有之;而脾不输布,津液枯涸所产生的燥热症,亦常见不鲜。如一般腹水症,用一般健脾利湿之剂而愈,并不见用辛燥药;常见的无名热,用清热剂而热不退,甘淡健脾法亦不效,而以益气滋脾少佐清润之剂治之乃愈。脾燥之症例甚多,不多举。上述事例说明:理论来源于实践,实践是检验真理的唯一标准。研究任何事物都必须从实际出发。

(二)运用战略战术知识指导医疗实践　　打仗有战略战术,治病犹如打仗,亦须有战略战术。某班长在当晚饱食一顿,随即感冒。经用清热、通下,三日不解,仍高热38.8℃,饮食不入,呃逆,大便已四日未解,脉沉细有力,舌绛、苔灰厚腻。按脉沉细为里虚,有力为积,舌绛为热,苔厚腻为胃气虚而健运失职、热毒积聚相并之象。病已入里非下不可,但胃气已伤,胃气虚而用攻下,虚实均须兼顾。拟扶阳以保胃气,通润以降积聚。战略上即为保存自己、消灭敌人,拟采用大柴胡汤合承气汤,用小量大黄,加少量附子以温阳和胃,加当归以润下。只二味药加减,方义就有了变化。一剂初服而便通,次日热退。

知难而进　遇险而越

医者负有操人命、决死生之重责,医德修养十分重要。

一九四三年夏,一农妇怀孕五个月,走娘家归来,路途受热,回家解衣感冒,经五日高热不退,神昏不语,饮食不能进,食入即吐,大便四日不行。前延一医谓:孕妇用药,稍有差错,母子难保。我观察病情重笃,慎重考虑如何保母子两全,虽然坏的结局沉重地压在心头,但终于鼓起勇气拟一方——人参白虎合承气汤加琥珀、芥穗。初服大便稍通,次服通畅;次日热退神志清醒,稍乞进粥;三日能起坐,母子保全。

一九七五年一妇因卵巢破裂,手术后输液反应,初由发热渐入昏迷,血压下降至40毫米汞柱(收缩压),有时测不出,用升压药效果不显,患者一同学来我家告急,我立即应诊,马上开独参汤(人参二两)加琥珀、芥穗,饲管灌下。六小时后血压回升至40毫米汞柱以上,二剂后血压恢复正常,神志清醒,渐好转。

结　　语

学习祖国医学并不容易,初学阶段要有坚强的意志,多读书,强记忆,为日后深钻进取打好基础。

《内经》是学习中医的根本,医学的经典,不独初学时要学,执医时始终不能释手。医疗经验越多,对《内经》理解越深刻,越有助于发挥理论指导实践的作用。

执医以后,应当多参阅历代各家著作,广开眼界,扩大思路,多吸收营养以充实自己。

多求名师。初学时必投师,求师指导才能入门。执医以后尤当多请教高明,吸取各种不同学派的经验,才不至于固步自封。

学习马列主义、毛泽东思想,坚持唯物辩证法,作为指导理论与实践的根本原则。

余年已七旬有余,一生致力于祖国医学事业,愧才疏学浅,无所造诣。有望后之贤达承先启后,继往开来,群策群力,为创造祖国新医药学努力奋斗。

学医关键是在青年时代

重庆市中医研究所所长　　　龚志贤

[作者简介]　龚志贤（1907～1984），四川巴县人，从事中医事业五十余年。对于《伤寒论》《金匮要略》体会较深，擅长灵活运用《伤寒杂病论》方剂于临床实践，经验丰富，医理精湛。近几年来，总结平生所学所得，写出了《四诊概要》《临床经验集》《肝炎、肝硬化的初步治疗经验》等论著。曾荣获第一届全国科学大会和重庆市科学大会奖状，并出席了全国科学大会。

我出生于四川省巴县五布乡一个地主家庭。七岁丧父后，同长兄一起在本地一个张姓教师的私塾里开始自己的学业。这位老师是秀才，崇拜孙中山先生，不信鬼神，有民族革命思想，我因而也受到民族革命思想的熏染。一九二〇年我十三岁时，母亲去世了，接着我一个堂兄才二十七岁,又突然患急性病亡去。接连的不幸事件,使我受到沉痛的刺激,这也就成了我立志要学医的动机和目的。

学医与临证

母亲去世后,十三岁的我也辍学了。我同长兄一起,离开私塾,到姜家乡跟李寿昌学习中医。李寿昌是我家嫂的哥哥,对《内经》《难经》《伤寒杂病论》等经典著作有较深的研究。他要求我们对《神农本草经》《伤寒杂病论》要熟读,《灵枢》《素问》各选读一部分。他特别重视经络与内脏的联系,要求对十二经、十五络、奇经八脉和经水、经筋、经别等篇都要重点学习。开始,学习地点是一个山神庙,后因游人喧嚷,迁往东温泉。三年之内,读完了《神农本草经》《伤寒杂病论》,选读了《内经》《难经》等经典医书。

李老师在东温泉时,常有临近病人求诊,也为我们创造了临床实习的机会。李老师治学谨严,对待病人非常关心,诊病力求符合实际,望闻问切,一丝不苟。他常告诫我们:"望闻问切四诊,要落在实处,一点虚浮不得。望诊,表证除发赤色而外,余无色;里证,须着重色诊。闻诊,病人的声音、呃、哕、汗、沫、大小便的气味都要包括在内。问诊,要启发病人说话,如痛点在何处,大小便畅利否,尤其是胸部、腹部要用手摸,汉代张仲景就重视腹诊。切脉,要和病症联系起来看,要四诊合参。须知用药的温、清、补、泻,是随病症的寒、热、虚、实来的。凡病要详察原因,水、食、痰、血、气,要详细辨明。"李老师这些扼要的启示,言犹在耳,是我临床的座右铭。

中医力忌头痛医头、脚痛医脚,"治病必求其本",这是李老师的训言。要求对经典著作下苦工夫,要有心得,要触类旁通。读《伤寒论》要求读原文,不要求同时参看各家注解。《伤寒论》的注释者,多达二百余家,众说纷纭,反而糊涂。仲景原文自加解释之处甚多,不如熟读原文,细心求解,自有心得。例如原文二十五条:"服桂枝汤,大汗出,脉洪大者,与桂枝汤,如前法。"前条原文是:"太阳病,初服桂枝汤,反烦不解者,先刺风池、风府,却与桂枝汤则愈。"明明"如前法"是指如前条先刺风池、风府之法,因大汗出,脉洪大,与反烦不解,皆同属太阳病有传阳明之势,先刺风池、风府,从太阳、少阳以解其热,然后服桂枝汤则愈。而注家则说是啜热稀粥之法。又如十五条原文:"太阳病下之后,其气上冲者,可与桂枝汤,方用前法。"太阳病,下之后,往往因下而为坏病。今下后其气上冲,知太阳病存在,仍须解肌,方用前法,是指啜粥复取微似汗,使病从表解。二十五条是"如"前法,而十五条是"用"前法,一字之差,意义则大有区别。

我和长兄跟李老师学习三年之后,李老师提议我们共同组织"三友医社",在五布、姜家、二圣三个乡行医。"三友医社"在五布乡东温泉,距离姜家、二圣两乡各有二十余里,我们师徒三人每逢一、四、七日去二圣乡赶场应诊,二、五、八日去姜家乡赶场应诊,三、六、九日在东温泉本社应诊。本社往返二圣、姜家皆步行五十余里,这是很辛苦的工作,但能治好一些病人,我们感到很愉快。

我在临床实习之初,用古人成方往往收效甚微,请教李老师,他指出:"治病必求其本。要了解病因,明白药性,从'四诊''八纲'辨疾病的寒、热、虚、实,在表在里,属阴属阳,从而将方剂化裁灵活运用,才可能取得较好的疗效。若以方套病,势必误人。"我从此即在理、法、方、药上下苦工夫,临证治病疗效较好,自己感到有一定的收获。切脉一事,明于书未必明于心,明于心未必明于手,所谓"胸中了了,指下难明"。我虽然学习了明代李时珍的《濒湖脉学》、清代周学霆的《三指禅》等论著,但结合临床,仍感到茫然。李老师指出:"脉象除十怪脉为危重病象而外,至多不过二十余种,而疾病的治法,或治三阴,或治三阳,或治五脏,或治六腑。病因于内者,先治其内,后治其外;病因于外者,先治其外,后治其内;病在表者汗之,病在里者清之。总之,病有虚有实,当补当泻;病有寒有热,当温当清;病有表有里,当汗当利。治疗法则如此多种,不一而足。病之类别,有风、寒、湿、燥、火、热六淫为病;有皮、肉、筋、骨、脉五体为病,或病形,或病气,或病营,或病卫,或属新病,或属痼疾,人身疾病如此之多,候病的脉象如此之少,岂能只凭脉诊包罗万象。因此,必须用望、闻、问、切四诊综合分析,辨明诸病,用表、里、寒、热、虚、实、阴、阳八纲辨证施治。《内经》说:'闻见而知之,按而得之,问而极之,此亦本末根叶之候也。故曰知一则为工,知二则为神,知三则为神且明矣。'这说明以'四诊'联合为一体的诊察方法极为重要,绝不可截然分割,必如是,则病之在经、在络、在脏、在腑、在上、在下、在中、在前、在后、在左、在右、在气、在形,或症或瘕,或虚或实,或表或里,或寒或热,或阴或阳,均有色可见,有音可闻,详询病情,参考脉象,从而诊断,辨证施治,或可较为正确,较少差误。"李老师对切脉的精辟论述,使我对于切脉有了进一步的了解。总之,切脉一途,要在阴阳二字上用工夫,要诀不出浮、沉、迟、数,有力与无力等。四总脉以浮、沉、迟、数为纲,再以四脉的有力无力分出虚、实、洪、弱等脉象。这样以纲带目、从简到繁、先易后难的切脉方法,初学的人容易掌握。

在东温泉古佛洞学医的地方,有一大片夜合树。早上旭日东升的时候,夜合树向东面的枝叶全部张开,其余树叶则仍闭合;在太阳正午的时候,夜合树的枝叶全部张开;在夕阳西下的时候,夜合树的枝叶则又完全闭合。根据这一启示,我们师徒三人对少阳为枢、太阳为开、阳明为阖,进行了讨论。开、阖、枢三者是随天之阴阳而变化的。少阳旺于寅卯辰,太阳旺于巳午未,阳明旺于申酉戌。少阳为一阳,太阳为三阳,阳明为二阳。少阳之时,阳渐旺,阳气由少到多,由少阳到太阳则三阳开泰。少阳主半表半里,太阳主表,由里达表,故少阳为枢,太阳为开也,阳明为二阳,阳气衰,阴气盛,阳明主里,由阳转阴,故为阖也。天地之阴阳,人亦应之,万物亦应之,从夜合树枝叶之开阖,随阴阳之升降而变化,体会到人体三阴三阳开、阖、枢的道理。当时这一番探讨,至今思之,还未堕入玄学,故录此就正高明!

重庆开业行医

一九三二年,重庆设立了针灸讲习所,我认为中医不熟悉经络,不懂针灸,是不够全面的。于是离开"三友医社"，辞别老师和长兄到重庆考入针灸讲习所，学习针灸六个月。结业后与针灸同学唐世丞、曾义宇在重庆正阳街成立针灸科学研究所，因业务清淡，后来垮台了。我又到中医张乐天办的国粹医馆行医，也没有什么业务，干两年就离开了。一九三五年重庆名医吴櫂仙开办国医药馆，荟萃名中医多人，我亦参加在国医药馆执行中医业务。这是我向许多老师学医的好机会。吴櫂仙对《内经》和《伤寒论》有较深的研究，能全部背诵原文，我在诊余时请他解惑析疑，受益不少。同时还向唐阳春、周湘船、文仲宣等几位临床经验丰富的中医师请教。我用番木鳖一两、枳壳三两、白术六两为蜜丸，每丸重一钱，早晚饭后各服一丸，温开水吞下，治疗脏器下垂和骨质增生有较好的疗效，特别对胃下垂疗效更为满意，这是向唐阳春中医师学来的。周湘船中医师对"阴阳五行""五运六气"有较深的研究，临床上善于应用仲景的方剂。我用乌梅丸治疗上热下寒、肝风掉眩的眩晕证（多属现代医学的梅尼埃综合征），有较好的疗效，这是我向周湘船中医师学来的。我用四逆散（伤寒论方）加味治疗肠痈（阑尾炎）取得较好的疗效，是向文仲宣中医师学来的。肠痈的病因是由于寒温不适、饮食不节、饱食后急走等原因引致大肠运化痞塞、气血瘀滞以致湿热内生积于肠中而发病。用四逆散加味，理气活血，清热解湿，无论热重、湿重、气滞三者皆可用之。处方：柴胡六钱，白芍二钱，炒枳壳六钱，甘草二钱，广木香三钱，黄连二钱，炒川楝三钱。此方治肠痈无论急性慢性均可服。急性服三五剂即可治愈，慢性服三五剂可见显效，但难以根除。愈后复发时，仍可再服此方。

汉代文学家韩愈说："古之学者必有师。师者,所以传道受业解惑也……是故无贵无贱,无长无少,道之所存,师之所存也。"我在重庆行医时,凡能对我传医学之道、授岐黄之业、解疾病疑难之惑的人,无不尊敬为师。不独向同道学习,还要向病人学习,"实践是检验真理的唯一标准"。治好了病,要问一个为什么;治不好病,也要问一个为什么,不能囫囵吞枣。尤其要接受病人的意见,特别治坏了病,要在错误中提高认识,吸取教训。拜人为师也不是轻而易举的事。在旧社会往往"文人相轻",当时中医又是被国民党政府歧视的对象,多数医生业务清淡,生活困难,只有少数名医诊务好,收入多。医界中有传子不传女的严重保守思想,为了争饭碗,打击别人,提高自己的现象屡见不鲜。拜名医为师,名医诊务忙,对病家应接不暇,门诊出诊之后,已感到精疲力竭,欲求请其传道授业解惑,即使他思想不保守,也已心有余而力不足了。我向名医吴櫂仙学习,他的诊务忙,我的诊务清淡,我就给他抄方,便中请教,因此,受益不浅。记得当时有一位草医,善于用外洗药治疗皮肤湿疹,但很保守,凡对求治的皮肤湿疹病人,他只给药不给处方,把药切成细末混杂在一起交与病家。我请教他多次,他都推诿。当时草医不为医界所重视,但我很尊敬他,亲近他,虚心向他请教,必要时还在经济上给他一些帮助,他终于向我公开了秘方。处方是:苦参二两,蛇床子一两,百部一两,益母草一两。用法:煎水洗涤湿疹,如患全身湿疹,可用药水洗澡。每剂药可煎洗二三次。我配合内服清热解毒的中草药,更提高了疗效。

一九五一年春,我参加了西南卫生部工作,任中医科副科长。一九五四年大区撤裁,我被调北京中央卫生部中医司工作。当时,中医司下设三科,四川名医李重人任教育科科长,北京名中医汪逢春的弟子魏龙骧任科技科科长,我任管理科科长。李重人、魏龙骧是精通中医理论和有丰富临床实践经验的高水平的中医,我们朝夕相处,经常"执经问难",获益非浅。三人还在办公之余会诊和出诊,对冠心病的治疗,用了宣痹通阳、活血化瘀的治疗法则,当时曾选用了红参、三七、丹参等药物,要求患者较长时间服用,取得了较好的疗效。在这期间还广泛阅读了各省来的大量中医科技材料,开拓了眼界,增长了知识。

三得四戒

学医的关键是在青年时代。青年人记忆力好,比老年人精力充沛,只要勤奋学习,刻苦钻研,不断总结辨证论治规律,理论联系实际,就不难攀登医学科学高峰,成为精通理论和有丰富临床经验的高水平的中医。我在青年时学习抓得不够紧,不知不觉混过青年时期。现在年老体弱多病,如求长进,则感到心有余而力不足,所谓"少壮不努力,老大徒伤悲"。因此,我不能不向祖国医学的继承人进一忠告,希望以我为前车之鉴!

我以五十余年的经验教训,向青年中医提出"三得""四戒"的建议,仅供参考。

什么是三得?就是对中医经典著作,一要记得,二要解得,三要用得。欲求记得,就要在青年时代奠定医学基础。对《内经》要选读,仲景《伤寒杂病论》要全读,"温热病"主要著作要熟读,《神农本草经》要全读,古方和时方要选读,青年时映入脑海,终身受用不尽。欲求解得,就要在临床实践时细心体会,把已学习的医学基础和临床医学应用于临床实践,并要向病人请教,验证疗效,根据客观情况反复深思,随时总结正反两方面的经验教训。既记得解得,又要用得下来,须向"四诊""八纲"寻求路径,根据各种病症不同情况,或用"六经"辨证,或用"脏腑"辨证,或用"营卫气血"辨证,或用"三焦"辨证,如此操作不息,十年之后,必有所成。

什么是"四戒"?一戒自高自大,自作聪明。学习要虚心,不能强不知以为知;对老师、对同业要虚心请教,肯学肯问,千万不能自满。二戒弄虚作假,不实事求是。青年人最忌讳说大话、说空话、说假话。一个医务工作者,如不诚实对事对人,吹牛邀功,欺世盗名,堕落成"江湖医生",就不配为祖国医学的继承人。三戒好体面,不接受病人意见。在一个上进的医务工作者看来,病人往往是自己的老师,医好了病要总结经验,医坏了病,也要总结教训,这样,才能不断前进。医生当然不是包医百病,应了解现在还不能彻底医治的病是很多的。当然,能治的病而治不好,病人或病家对医生提出批评,医生必须诚恳接受意见,接受教训,而不能文过饰非。四戒懒惰散漫,不奋不发。一个人即使天资非常聪明,如很懒惰,结果必然一事无成。

我今年七十有四,在中医药事业中,由于资质钝拙,虽然学习和执行中医业务五六十年之久,对中医学理论和临床实践经验还是一知半解,抱残守缺。总结我大半生的经验教训,我的优点是勤学苦练,尊师重道,乐于向同道和病人请教。我的缺点是,对继承祖国医学遗产不够全面,对仲景的《伤寒杂病论》下工夫多些,百读不厌,在临床实践中,也多用仲景方化裁;对叶香岩的《论温十二则》、吴鞠通的《温病条辨》、王孟英的《温热经纬》等温病著作,知道得很肤浅,不够深入。"马克思主义者认为人类社会的生产活动,是一步又一步地由低级向高级发展,因此,人们的认识,不论对于自然界方面,对于社会方面,也都是一步又一步地由低级向高级发展,即由浅入深,由片面到更多的方面。"(《实践论》)社会是不断向前发展的,自然科学也是不断有所前进的,中医温病学是继仲景《伤寒杂病论》之后逐渐发展起来的,特别在清代有更大的发展,现在还要发展,我忽视对温热病的研究,是有缺点的,应提出自我批评。

(本人口述,龚宗仅整理)

学医"五字经"

湖南省中医药研究所副研究员　　刘炳凡

[作者简介]　刘炳凡（1910～2000），湖南汨罗人。从事中医工作五十余年,历任全国血防研究委员会委员,中华全国中医学会理事,湖南省中医药研究所理论研究室副主任、研究生班主任。对于金元四家学说有较深入的研究,对于血吸虫病的中医防治也有一定成绩。著有《晚期血吸虫病辨证分型论治》《脾胃论注释（卷下）》《刘完素学说研究》《朱丹溪学说研究》等。

我生于汨罗江畔桃花洞的一个手工业者的家庭。父亲是个篾匠,靠着手艺在长沙市勉强营生。我六岁时,随母亲来到长沙,与父亲相依为命。父亲一把篾刀维持一家生计虽甚觉拮据,但他唯恐后辈又成"睁眼瞎",就节衣缩食供我上学了。我读了四年小学,又念了三年"子曰诗云",习作本上虽然留下了"甲上"连"甲上"的评语,十四岁时也就不得不操起篾刀跟着父亲去"赚饭"了。

我不甘心学业的中断,一边做工,一边自修,生活迫使我走上了自学的道路。我恳求父亲买来《康熙字典》,它便成了我无言的老师。我坚持做到四个"一点":起早一点,睡晚一点,闲谈少扯一点,分心的事少干一点。这样,三年的工余时间,读完了《古文观止》《资治通鉴纂要》《古文辞类纂》《唐诗三百首》《史记精华》等等,然后走上了岐黄之路。

从师要讲"诚"

十六岁了,街坊邻舍有的请我去编编竹器,也有的邀我帮忙做做"文笔功夫"。于是我被闾巷称之为"篾匠秀才"。不少的公公婆婆向我父亲进言道:"这伢子做篾匠真可惜了,何不叫他去学门'斯文艺'呢?"父母要我自己拿主意。思忖再三,我认为至善至乐莫过救人一命,于是表明愿学做医生。可怜天下父母心!父亲终于咬咬牙说:"好,再贴几年本!我去跟你寻个师傅吧!"次日清晨,父亲特意去拜访了当时一位比较著名的老中医。回来后,垂头丧气地对我说:"你生错了人家,没有那个命!"原来那位老先生说:"穷不学医,富不学道。李东垣跟张元素学医花了一千两银子。你儿子要学嘛,看在街坊面上,师傅钱就算四百块光洋吧!"这对于一个篾匠来说,那是全家不吃不穿也办不到的!

事有凑巧,我母亲患病了,请那位"大郎中"来诊视,用了十几块光洋,病却越来越重。有人说,不如请寄居在静乐庵的柳四公来看看,花两百文的"包封"也请得动的。果真,仅仅花费几百文就药到病除。母亲说:"这位先生心地好,本事强,你能拜他为师该多好!"父亲立即托人去求,柳四公哈哈一笑,说:"我袖口都开花咧,还带什么徒弟?"反复说明原委后,他问:人沉静吆?好学吆?读了多少书?了解这些以后说:"现在还不谈什么师和徒,先把人带来试试,三个月后再定吧!"于是,我解下腰围裙,掸去浑身的竹屑,步入了幽深的静乐庵。

柳四公名缙庭。只见他端坐在庵堂的太师椅上,虽衣履敝褴,却古貌昂然。他看了看我,又问了几句为人治学的话,就当即点了几篇"药性""汤头",叫我每天夜里去庵中背诵。

三个月过去了,点的书都能背能讲了。他才通知我父亲正式"收徒"。父亲问他,究竟要多少师傅钱,他说:"立张'投师字'吧。"

一张奇特的"投师字":除了双方和证人的签名及一般套话外,就只写了一个"诚"字。我还清楚地记得,他十分严肃地说道:"今日你拜我为师,不要你一分师傅钱,只要你一个'诚'字。"

什么就是"诚"呢?他说了三条。这对于今天的新型的师生关系而言,大概是不必要了。但就其时其人而言,我认为义正理明、言简意赅,有的仍然有着借鉴的价值。姑且录之如下:

一是对医道要诚:终生只为此业,任凭有何艰难,有何风险,不得见异思迁。

二是对学问要诚:触疑即询,遇惑即问,不得不懂装懂,浅尝辄止。

三是对师要诚:"我乃孤单一人,年老力衰,设若四体不用,需得朝夕服侍;寿尽之后,应妥为安葬,立碑为记。"

顿时,我们父子被感动得热泪盈眶,学医也就在这一片赤诚中开始了。

为了照顾我的家庭生计,柳老师让我白天仍然做工,夜晚去庵里由他考核功课,每隔七八天,集中疑难问题讲解一次,这大概就是"勤工俭学"吧!三年业余时间,他指点我按部就班地精读了下列书籍:

第一为方药类:《雷公药性赋》《汤头歌诀》《本草备要》《医方集解》。

第二为脉法类:《濒湖脉学》《脉经》。

第三为医经类:《素问》《灵枢》《难经》《伤寒论》《金匮要略》。

第四为临证类:《医宗金鉴》《温病条辨》《温热经纬》《幼幼集成》《济阴纲目》《外科正宗》。

第四年春节,柳老师要父亲给我做了一件长袍,说:"'熟读王叔和,不如临证多'。今年起,跟我去看病。"

柳老师出门没有车马,看病不要招待,诊费便宜,药费也轻。辨证论治相当准确,处方用药法度甚严。可是,豪门大户嫌他人穷药贱,不大请他。因此,我们师徒经常出入在小吴门、流水沟、大西门墙弯子一带穷苦人家。接触的病例很多,病种也很复杂,而且遇到不少大症、险症,这可真是十分宝贵的实践条件。

在跟师应诊中,柳老师反复强调"一证一得"。有一次,出诊天心阁,患者是一对姐妹,同时患麻疹。其姐发热面红,目赤畏光,苔黄纹紫,疹点已现而色红;其妹面白身冷,微微汗出,偎在母亲怀中,苔白纹青,疹点隐隐可见而色淡红。我当时认为都应透疹,都可给以宣毒发表汤。柳老师却说,前者固可,后者断不可!而改用了桂枝汤,并且再三叮嘱病家,只能煎服一次。走出门来,他说这两个孩子当晚都可以出齐疹子,次日果如其言。我对用桂枝汤思而不解。柳老师道:"善诊者,先别阴阳;临证时,须知顺逆。慎思之,明辨之,而后方可言立法处方用药。"接着他剖析道:其姐顺证显见,法当辛凉宣透,故用宣毒发表汤以助之,其疹自透;其妹正气不足,营卫失调,表邪未解,疫毒内攻,故用桂枝汤解肌发表,调和营卫,则阴证见阳,其疹必透,若再服一次,就会助热伤阴。这样"一证一得"的学与练,事半功倍,效益明显。有时在化险为夷的病例的"思"与"辨"的过程中,真有"山穷水尽疑无路,柳暗花明又一村"之感。

不幸的是,那年冬天柳老师一病不起,我晨昏侍奉,心中惶惑。一天,他脸色蜡黄,喘息不止,断断续续地叮咛着:"我不行了,最后教你几句话:要熟读《伤寒论》,掌握'散温(麻桂)、造温(姜附)、清温(白虎)、泻温(承气)、保胃气、存津液'十四字诀。"随着,亲手将他珍藏的书籍以及平时使用的杵钵交给我,并说已经托了另一位老师继续教我,希望学而有成。这位具有真才实学而郁不得志的老中医,就这样默默地离开了人世。我虔诚地殡葬了他,并年年清明节都去祭扫一次,以不忘为我业医奠基的那个"诚"字。

求知必讲"勤"

正在为失去良师而悲伤之际,在落星田开设"红十字医院"的杨春园医师找到了我的家,说他是受柳四公的重托而来的,邀我去他那里一边读书,一边协助应诊。

来到门庭若市的小小医院,抬头一看,大门上悬挂着一块黑底金字的匾额,上书"有仲景风"四个大字。原来这里是当时长沙中医界名流聚会之所。进了书房,看到一个连着一个的满满的书架,我又意识到这里是老师多、病例多、书籍多的求知的好地方。

跟随杨先生仅仅一年,但这是使我大开眼界的一年。很多前辈,如吴汉仙、曾觉叟等,都是在那里拜识的,很多疑难杂病是在那里见识的,《伤寒广义》《皇汉医学》《全国名医验案》《中国医学大成》等很多医籍是在那里读到的,在当年《卫生报》发表的一些文稿也是在那里撰写的。

一九三三年,我二十二岁,家里要我单独开业。通过伍春辉先生的介绍,我加入了国医公会,获得了处方权,就在东长街的篾店里应诊,自题为"仲山医社"。

次年七月,滨湖大水,灾民成千上万逃到长沙,聚居在韭菜园、孤儿院一带。饥寒交迫,伤寒、霍乱、痢疾蔓延不息,尸暴于道,目不忍睹,哀鸣之声,惨不忍闻,政府视而不顾,民众激于义愤,自发组织赈济。国医公会立即响应,决定派我与另两位医师组成"巡回义诊队",我毫不犹豫地接受了这个任务。

一连三个月,早出晚归,看病不少,记得每隔两天公会

刘炳凡

就要送一叠百页一本的"义诊处方笺"来。每天诊务结束之后,就把当天遇到的典型病例记录下来,并且力求理、法、方、药记载完备。现在有一部分临证笔记就是当时留下的。

一九三八年九月,日本帝国主义入寇岳阳,长沙一片焦土,迫使我只携带着部分书籍和读书随笔匆匆返回故乡,并在乡里开业。可恨日寇连穷村僻壤也不放过,整天狂轰滥炸。只好天天和老老少少一起钻岩洞。在洞里我常找个透光的角落坐下来,边看边写,坚持学习。在家乡四次沦陷期间,我蹲在岩洞里不仅温习了和新读了大量的医学书籍,而且还涉猎了不少文学书籍,记下了十二万字的读书笔记,写成了《医著菁华》初稿。

我体会到,求知必须具备"勤"字和"恒"字。求知的途径无非有三条,而这三条途径都要用"勤"字去开辟。

第一是向书本学。不仅要系统地精读中医经典著作,而且要广泛地阅读各家学说及各地书刊杂志,以便能理清源流,增进新知,了解学术动态。每读一书,应将要点、疑点、难点简明标记,获得解答即时笔录。运用于临床后,有所心得,又随时小结,分门别类加以整理。步入医林以来,我共写下学习笔记近一百万字,有一部分取自绝版或孤本。凡是已经摘录的资料,能够一翻即得。这样做,就不至于临阵磨枪了。记得逃避日机轰炸时,很多小孩因躲进山洞几个月而致双目失明。我一查资料,立即认识到病因是"湿蒙清窍",就重用"治目盲,燥脾去湿宜用"的苍术为主组方,使绝大部分患儿复明。如果平时不积累资料,猝然以杞菊之类投之,是难以毕其功于一役的。

第二是向老师学。谁是老师？"道之所存，师之所存。"不仅要向前辈学，也不妨向后辈学；不仅要向同行学，也可以向群众学。要有"不耻下问"的精神，学人之长，补己之短。我是随身带着笔记本的，以便有师即学，有闻即录，学习"博采众方"的办法，曾积累秘方、验方、偏方、单方十余本，后来编成了《民间单方验方选辑》。有许多经济简便而又行之有效的方药，确实是医典未载，师道难传的，并且给人以启迪。例如，在搞血防工作时，湖区老太太传授的吊墩黄泥水调湿敷的"泥疗法"，可以速退小儿高热；到云南参观中草药展览时，我向老专家请教获得五种秘传白药配方受到启发，自制"三藤汤"（常春藤、鸡矢藤、鸡血藤）对肿瘤之气滞血瘀的疼痛和风湿阻滞的关节剧痛，均能收到良好的止痛效果；从一位老草医那里学来的治白喉的经验中，我推演出用蛞蝓、地虱婆治疗上颚混合瘤及唇癌，不仅使病者免受手术之烦，而且疗效巩固。如果固步自封，而不勤于学习和采集，又怎能扩大自己所知的领域呢？

第三是从实践中学。如何辨证，如何施治，徒有理论而无实践，那是海市蜃楼，顶看不顶用。例如，对于子宫功能性出血和某些恶性肿瘤出血的治疗，医家见仁见智，各有所长，而我采用归脾汤加蒲黄炭、灵脂炭、荆芥炭，临床医师们重复运用后确认疗效显著而称赞为"刘氏三炭"。其实，这个方法不是我凭空想出来的，而是在长期的实践中比较、分析而得到的。

临证要讲"精"

临证五十年来,我深深感到,要成为一个知深识博、得心应手的中医,除了学好四部经典著作,使学有根底外,还必须在临证中孜孜不倦地追求一个"精"字。要精于求理,精于立法,精于组方,精于择药,而其根本是精于辨证。

任何一个病症的产生,必有其因;任何一个病症产生之后,必具其症。如何在四诊合参中准确地抓住证征,进而无误地审证求因,明阴阳,分表里,别寒热,辨虚实,分清标本,明确诊断,这就是临证的关键。

怎样透过复杂纷纭的症状来明确诊断呢?个人的心得是:在比较牢固地掌握了中医基础理论的前提下,可以按如下四个步骤进行:

第一,抓住主诉,联系诸症;

第二,详询病史,追索病因;

第三,细探四诊,逐一排疑;

第四,纵观整体,反复求证。

也许,这是老生常谈。但这恰恰是最重要的基本功,也是最易疏忽、最难精通的基本功。因此,应十分认真的苦练,切忌主观臆断,自以为是。

有一次,病人以"咽喉疼痛有异物感"的主诉求治。检视前医用药,均系一派寒凉的除热祛风之剂,连投不效。追询病史,便溏、遗精、渴喜热饮而下肢冷。察其面色无华,脉细,舌淡红,苔薄白,咽峡并不红肿,口流清涎。此乃脾肾两虚,是所谓"不肿不红不壅塞,忌寒忌刺忌攻风"的

"虚火喉痛",寒凉之品岂能独擅其功?法当引火归原,补肾益脾。主以八味桂附丸,重用健中之淮山,加以温脾之白术,连服数剂,诸症悉除。用"八味桂附丸"者,乃"柔剂养阳,炉中复灰"之意;加白术者,乃健脾燥湿而脾肾同治。由此可见,小恙尚须明于辨证,大证、险证更应精于辨证。

除了辨证求"精"之外,立法、处方、用药等也要求"精"。例如,白术是补脾益气燥湿之品,陈嘉谟却指出它"善闭气而痛症忌投"。多年来,我摸索着当用白术而有禁忌者,若与陈皮同用则气不滞,若与藿香、白蔻为伍则能纠白术之壅,若与丹参归芍相配则大便不闭,若用灵脂、蒲黄相佐则痛症可投。这就打破了白术的禁忌框框,使它也"扬长避短"了。

甚至,在药物的剂型、服法上也要求"精"。例如,治疗口腔恶性肿瘤,我常用蛞蝓(鼻涕虫)、地虱婆(鼠妇)以化毒;治腹主动脉瘤、闭塞性脉管炎,常用水蛭、地鳖虫、蜈蚣等虫类以通络,其疗效虽然满意,但其气味难闻,患者入口即吐,只要加入三分上桂同煎,取其芳香以辟秽,即可达到安胃的目的。又如昼日恹恹欲睡、夜则烦躁不眠的患者,给归脾汤加熟地黄,令其上午服第一煎发挥参芪之力以解其困乏,晚上服第二煎显示归地之功以助其睡眠。不探究这种因气味厚薄而制宜的服药方法,就不能获致益气安神各擅其功的疗效。

为医勿忘"德"

为医,不仅要具有精良的技术,而且要具备高尚的品

德。这里,只想谈谈个人感受较深的两点:

第一,为病人服务要全心全意。这,既非粉饰之词,更非政治口号,而是必须毕生身体力行的医德。在应诊中,应该要求自己做到:耐心地倾听主诉,详细地询问病史,专心地进行四诊,精心地求出诊断,细心地组方用药,详尽地交代服药宜忌。更重要的是,无论病人地位之高下,性别之男女,年岁之长幼,外貌之妍媸,家境之寒裕,关系之亲疏等,均一视同仁。否则,不败于医之技,而将败于医之德。

另一方面,不要以任何理由、任何方式接受病人的礼物。为什么?接受了一次礼物,就暗暗滋生贪婪之心;接受了一个病人的礼物,其他病人也会或出于感激或出于有所需求,甚或出于迫不得已来投其所好。这样,把救死扶伤的高尚的人道主义逐渐变成了卑贱的利己行为。所以,医者和病者之间,是千万搞不得"物质刺激"的。去年,我治愈的一位疑难症患者在春节前寄来了一个包裹,并附上一封热情洋溢的恳求收受礼物的信,我当即原物寄还,并附了一封婉谢的信。今年,一位国外侨胞之子久患精神病,在海外遍治无效,寄养于长沙,由我治获初验。其父不但写信给我所领导表示感谢,而且致函于我,问需要什么。我复函说:"一根灯草也不要!"我相信,凡是立志为病人服务的同志们,都是不会把医疗技术当作变相的商品的,都会是不以受馈为荣而以受馈为耻的。

第二,处世持身,要"躬自厚而薄责于人"。"同行生嫉妒"这句话,是自私自利者的真实而典型的写照。我们的国家要实现四化,我们的中医事业要发展,就必须坚决地、彻底地根除这个旧社会遗留下来的恶习。其实,嫉妒别人,对己、对国家、对事业均有害无益。韩愈早就指出过:"怠者不能修,而忌者畏人修。"个人体会到:处世持身,"不忮不求,何用不臧"。是经得起实践检验的格言。

立业贵在"专"

解放后,我曾担任过从乡至地区的中医教学、科研工作,但我始终没有忘记自己是一个临床中医。我深深地感受到:术贵专攻。

当然,我服从了党的分配,叫干什么就干什么。但是,在干的时候,结合自己的专业,努力钻研,坚持不懈。五十年代,刚刚参加革命工作,党派我搞防疫,我即从事了旧社会遗留下来的各种传染病(如天花、麻疹、痢疾、乙脑、白喉等)的中医防治研究,总结民间经验写出了各种《防治手册》,因而获得人民政府的奖励。六十年代,党派我担负晚期血吸虫病的治疗研究,我住到湖区,挖掘民间导水验方,用"九头狮子草"及自制的"复方防己黄芪丸"治疗单纯性腹水,用益气、养肝、健脾、利尿的方法治疗复杂性腹水,并且搜集血防战线老中医经验,结合自己的实践,将积累九年专题研究之所得写出了《晚期血吸虫病腹水分型辨证论治》,因之有幸获得了中央卫生部的嘉奖。七十年代初期,党派我研究恶性肿瘤的中医治疗,我从"治病必须治人"悟出"留人治病"的道理,坚持"脾(胃)为后天之本,肾为先天之本"的学术思想与治疗原则,着重探求《内经》广义的治本思想和李东垣的《脾胃论》、朱丹溪的《格致余论》、赵养葵的

《医贯》，以穷其源而畅其流，用之于临床，从而提高了恶性肿瘤患者的机体免疫力。例如，有一脑肿瘤患者，头剧痛，眼复视，且具顽固性呕吐。西医确诊后，认为必须手术切除，并告患者家属，手术的结果可能是"一死二残三苟延"，患者不愿手术而来就诊，我用中药和胃降逆、滋阴养肾、平肝潜阳，坚持服药五个月，现愈已三年，疗效巩固。

经历使我明白，树立热爱中医专业的思想是极为重要的。无论如何繁忙，千方百计不要丢掉了这个"专"字；任何殊荣，任何挫折也不要让自己动摇了这个"专"字。我为了督促自己做到这个"专"字，曾刻了一枚印章盖在自己的书籍上，其辞是"学问思辨"，目的是笃行不懈。我毫不怀疑：任何一个有志于中医事业的青年医者，不管资历如何，条件如何，只要专业、专心，"锲而不舍"，则"金石可镂"。

吕 序

《山东中医学院学报》创办"名老中医之路"专栏,陆续发表一些名老中医谈治学经验的文章,深受读者欢迎。现在将这些文章集印成册,是广大读者所需要的。这有助于鼓励广大青壮年中医师进一步下苦功深入研究和精通中医药学,有助于当今一代名中医的成长,而这正是青壮年同道们应当努力的方向。

中国医药学是一个伟大的宝库,这是客观存在的现实。我们要有民族自豪的气魄,放宽眼界,解放思想,以自然辩证法为武器,去珍视和研究这个宝库。应当真正认识到,中国医药学是中国人民几千年来在与自然作斗争、与疾病作斗争的实践中积累起来的,有丰富内容的一门科学。我们古代和先辈的高深学者,常常站在朴素的、唯物辩证的角度去观察人体生命现象和疾病现象,把这些现象与整个自然界的某些宏观规律联系起来,并将长期实践得来的医疗经验不断加以深化,从而逐渐形成了具有独特理论体系、具有高度系统性和科学性的中国医药学。对此,我们中华民族应当引以自豪。

我们应当继续做好对中国医药学宝库的继承发掘和整理提高工作,使它同现代最先进的自然科学的多种学科直接结合起来,从而在自身的基础上实现现代化,为人类防病治病、健康长寿做出伟大的贡献。

《名老中医之路》第一辑的出版,是山东中医学院和山东科学技术出版社的领导以及作者、编者共同努力的结果。我们希望看到第二、三辑的顺利出版。

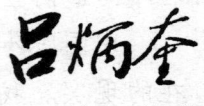

一九八一年四月

岳 序

卧病既久,家里人常在病室的案头摆放一盆花卉,慰我孤寂。苍翠的玉树、芬芳的茉莉、矜贵的君子兰、橙黄的金橘,花鲜果实,各异情趣,却未见我最喜爱的菊花。询及小女,谓虽曾植养,因不得要领,少有成功。记得五十年代每逢秋日,小女常随我访菊于挈园。但彼时多注意欣赏菊的仙姿,未留心菊的生长习性。可见有意于花者,既要晓花实之奇美,还需知莳养之要领。由此想到中医的继承。随着时间的推移和实践的深入,抢救和继承老中医学术经验的工作,越来越为人重视。近年来,一些老中医的医论、医案、医话等学术著作陆续出版。许多是毕生研讨所得,自足珍重。比较地讲,对老中医治学道路和治学方法的总结研究工作,似觉不够,而这又恰恰是老中医学术经验的有机组成部分。研究这些过来人是在何种具体历史条件下取得这些成就的,探讨他们蕴成各自学术特长的因素和造成学术弱点的原因,寻求他们吸取知识和运用知识上的共同规律,可以使人们对老中医学术经验的理解更活、更深、更全。食蜜果,又知其所由从来,会增其甘美。而这些过来人的经历和道路对后继人才的启示作用,又往往是单纯的学术著作所不能代替的。正当痛感解决中医后继乏人问题急迫之时,山东中医学院的同志不惜精力,征集全国著名老中医的治学经验,先发表于学报,又编辑成书,贡献在中医工作的领导者、教育工作者、广大中医和有志于中医事业的青年一代面前,其用意可谓深矣。

进一步整理和研究老中医的治学道路和经验,还具有一定的医史意义。新中国成立以来,我们对中医史的研究不无成绩。但衡之于历史本身的丰富和当前的需要,则还不甚相称。其中对现代中医发展史的研究尤觉薄弱,诸多方面都有待于开拓和深入,而许多前辈中医的经历和经验本身,就具有史料价值。倘加以系统整理和研究,对于了解现代中医发展的特点和趋势、流派和渊源、重要医史事件,实具重要意义。比如丁甘仁、陆渊雷、肖龙友、施今墨等先生,都曾致力于中医教育,许多名医出其门下,教育方法是有特点的。总结出来,既可供今日中医教育者借鉴,又便利后来治医史者之研究。何乐而不为之?相信《名老中医之路》的出版,会引起更多人重视这方面的工作,走出一条路,做出更多的成果。我甚至希望有一个侧重于现代中医史料积累和研究的刊物出现,以推动其事。

当前,中医事业的发展正处于一个重要的时期。在实事求是的原则指导下,许多有远见的领导者、敏感的科学家和第一线的广大中医工作者都在积极审慎地总结中医工作的经验教训,探讨中医发展的规律和远景。从这种总结和研究中,必将形成更有利于中医发展的环境、政策和措施。这是历史提供的发展契机。但是,中医的发展,归根结底要靠中医本身科学研究和临床实践不断推进、不断深入。这不但要有明确的目标和坚定的信念,更要有脚踏实地、扎扎实实的工作。本书编辑者那种"手里如同捏着一团火"的责任心,看准了的事就要做到底、做出成果来的作风,精心设计、虚心征求、细心组织的工作方法,正是值得赞许、需要提倡的。

周凤梧教授、张奇文、丛林同志赐书问疾,并告以《名老中医之路》第二辑付梓。谨寄数语,姑充其序。

岳美中
一九八二年一月二十一日于北京西苑

编者的话

关于《名老中医之路》的成书背景、成书经过和编辑宗旨，第一辑出版时已做了一些说明，这里再做补充陈述如下。

本书第一辑出版后，得到了作者更加积极的赞助和支持。到一九八一年年底止，收到的征文已达一百一十多篇，应征范围已扩大到全国大多数地区。许多著名中医学者和名老中医都是怀抱着启迪后学、促使中医学术发扬光大的崇高责任感命笔为文的：他们不仅努力把自己的正面经验加以升华，许多人还推心置腹，特意把自己走过的弯路，甚至把早年临床中的失误作为反面经验写出来，以供青年后学借鉴。这些包括了正反两方面的活的经验，在一般的中医书籍中是学不到的。

广大中医读者，特别是正在走着自学道路的广大基层中医药人员，对于《名老中医之路》的成书,更加瞩目。因为,名老中医之路,实在就是自学成才之路。可以说,在本书的作者中,经过自学成名的占多数;即使是经过一段从师或家传的,在他们步入中医学术堂奥的漫长道路上,自学也始终贯穿其中。毫无疑问,今天中医工作者的学习条件比以前好多了。但是,对于大多数青中年中医来说,自学成才仍然是一条现实的道路,而名老中医的治学之道,对于后学的借鉴作用是不言而喻的。这可以说是我们决心发动"名老中医之路"征文的出发点和原动力。

在编辑过程中,我们逐渐认识到了本书所具有的医史文献价值。这是我们决心做好这一工作的又一动力。在第一、二辑的作者中,有好几位没有能够看到本书付梓,就遗憾地瞑去了。我们常常与一些作者和读者议论,如果此次征文不是从一九八〇年开始,而是再迟延数年,那么,要使现在这么多人物济济一堂,侃侃而谈,就是不大可能的了。因此,在编辑过程中,我们始终怀着一种难于自已的紧迫感。

既然此书具有文献价值,作者和读者均希望它尽量地"全",而不要遗珠泽野。因此,许多同志建议征稿范围不但要及于边远地区,而且要及于台湾省和港澳地区。这个建议提得好,我们将尽力去做。

编者
一九八二年二月于泉城

万里云天万里路

广州中医学院副院长、教授
中华全国中医学会常务理事　　　邓铁涛

[作者简介] 邓铁涛(1916~2019),广东开平县人。幼承家学,及长又攻读于广东中医药专门学校。曾悬壶于广州、香港及武汉等地。解放后曾任广东省中医进修学校教务主任、广州中医学院教师、教研组主任、教务处副处长等职。

现任中华全国中医学会常务理事、中华全国中医学会中医理论整理研究委员会副主任委员、中华医史学会委员、广东省第四届政协委员、中华全国中医学会广州分会副理事长、中华医学会广东分会副秘书长、广州中医学院副院长和教授。从事中医工作四十余年,有较深的理论素养和丰富的临床经验。长于心血管病、消化系统疾病的治疗,对中国医学史与各家学说亦有研究。先后参加主编和编写的主要著作有《中医诊断学》《中医简明教程》《中医学新编》《新编中医学概要》《简明中医辞典》《中医辞典》《学说探讨与临证》。其中某些著述被译为日文在日本出版。

一

我生于中医家庭,先父名梦觉,毕生业医。自幼目睹中医药能为人们解除疾苦,乃有志于医学,及长就读于广东中医药专门学校,学习五年,打下了基础。毕业时(1937年)正是中医备受压迫摧残之秋,国民党勒令我校改名为"中医学社"。在这样的环境下,中医出路何在?当时有人提出"中医科学化"的口号,乃为我们所接受。提出这一口号的是广东谭次仲先生、上海恽铁樵与陆渊雷先生等,并正进行这方面的工作,这些前辈的著作,对我的思想有过一定的影响。

中医科学化,如何化法?限于三十年代的历史条件,这些老前辈在学术研究上没有新的突破,只能说是唐容川等"中西会通"思想的进一步发展,并在中医学术界提出了新的问题,以图找寻出路。从三十年代这方面的著作中,可体会到中医不能停滞不前,但要发扬中医,不是少数人所能做得到的。有了目标,还要有方法,要大众一心,同心协力才能成功。在旧社会,纵使想得高、想得远,但糊口问题,却往往占诸首位,要实现理想诚非易事。在这样的环境和条件下,当时的前辈学者实在无法找到真正的出路,就更不用说我们年轻一辈了。

正值思想徬徨之际,又逢日本侵华铁蹄蹂躏,先避大轰炸于乡,继而避难于香港。国家存亡成了思想上的重担。在救亡运动、进步文化的影响下,开始接触马列主义和毛泽东同志著作,啃了一点唯物辩证法。虽然学得既困难又肤浅,但深深觉得辩证唯物主义和历史唯物主义对我学习、钻研中医学有很大的帮助。同时发现中医学中有不少符合辩证唯物主义的内涵,从而增强了为中医学而献身的信心与决心。

二

先父在学术上,对"伤寒""温病"两派无所偏执。他几十岁了,经常把背诵《内经》作为一种乐趣。由于广东地处南方,湿热为病最多,所以在临证上,使用温病派的方药较多。他对吴鞠通、王孟英及唐容川的著作相当重视,同代人中比较敬崇张锡纯先生。因此我对这些著作也较为重视。他主张我多跟师临证,因此我在读医专时自找实习门路,前后跟随了几位不同派别、各有专长的老前辈实习。虽然那时所谓的实习,只是站在老师座后的"侍诊",还比不上今天的见习,但应该说仍然是颇有收获的。见老师用过的方药,自己就敢用,做到心中有数。如亲见家父使用仲景治产后腹痛的枳实芍药散治愈一例需注射吗啡才能止痛几个小时,药力过后又复剧痛的产妇,才体会到这个既简单而又不属于止痛之剂的药散,却有惊人的效果。有些经验是老师们自己摸索出来的,如陈月樵先生治小儿好用"夜游虫"(即蟑螂),其祛痰熄风之功甚妙。通过学习、跟师、临证,深深体会到中医这个伟大宝库有三大构成部分:一是浩如烟海的中医典籍;二是在中医尤其是老中医脑海里的宝贵学识与丰富经验;三是在广大人民群众之中的秘方、验方。

自己临证实践后,虽然日积月累,有些收获。但对我来说,学术钻研的真正开始,是在解放以后。解放后我较早从事中医教育工作,对交给我的教学任务从不推托、选择,故先后任教的科目有好几科。教学相长。正如前人所比喻的:"你给学生一壶水,自己必须有一桶水。"长时间的教学,迫使自己不断学习,不断吸取营养,在理论上日渐有些收获,从而在前人的基础上,能提出一些自己还不成熟的见解。如伤寒派与温病派之争已二三百年,当我在中医进修学校教"温病之研究"时,翻阅了不少文献,试以历史唯物主义的观点来分析这些文献,初步认为:两派的论争,是历史发展的必然,但温病学派实在是伤寒学派的继续发展,二者的理论与经验都是宝贵的,不应继续互相排斥。这一浅见曾得到一些同志的认可。

理论上有所收益,对于自己来说只是得到一半,更重要的另一半是实践。指导不了实践的理论、实践证明不了的理论,是空头理论,或只是"设想"而已。虽然自己几十年来,从未中断过临证治病,但真正给自己以较大锻炼的是一九六〇年我和几位教师与一九五九届高研班几十位学员到解放军一五七医院协作搞"脾胃学说研究"之时,那是一段值得怀念的日子。在那里有机会参与危重症的抢救工作。该院谢旺政委十分支持中医药的治疗,决定病人开不开刀,往往要征求中医的意见,并尊重中医的意见。这使我们有机会和该院的医护同志一起,为了坚持中医为主的治疗,度过无数个捏着汗守护在危重病人床边的日日夜夜。当时和"西学中"的同志一起还进行了一些实验研究。时间虽然只有一年多,但对我来说是十分宝贵的。因为解放以前医院甚少,床位更少,中医对危重病人是在病人的"家庭病床"边进行抢救的,那时中医仍有机会救治危重病症。解放后,医院增加很快,但病床99%是由西医主管的,中医只有会诊的机会,主管权不在自己手上,我们自己的附属医院病床又少得可怜,中医已失去抢救危重病人的机会。在一五七医院不同,参加救治危重病人的决定权最少也有50%,有时达75%。因为当时的确用中医药解决了一些难以解决的问题,取得了医院的信任与支持。如一个急性腹痛的病人,用了阿托品等药物治疗无效,由于诊断未明未敢用吗啡类止痛药,一位教师却为之一针而愈。又如一肠套迭已三天的患儿,经用中药及针灸也治愈了。在这样的条件下,我们受到考验与锻炼。我深深地体会到,中医学的发展必须在理论研究整理的同时,不断提高中医中药的治疗水平,如果只有理论,而不能用中医药的办法去解除病人的痛苦,中医学便有日渐消亡的危险。但可叹的是中医学院的附属医院病床既少、设备也简陋,从一九七八年以后,才有些改进,但进展仍慢。

三

学医后感到自己文化基础薄弱,遂饥不择食地看书,文、史、哲及其他自然科学知识等都看,课外读书杂乱而无计划,贪多嚼不烂,花费了一些时间,但自己摸索着走路,付出了光阴作为代价,初步养成自学的信心与习惯,还是值得的。读书乱不好，但读书杂有好处，今天我仍然认为，知识面既要有深度，也应有广度。积累知识好比建筑金字塔，底宽顶尖，乃能巍然屹立。我们是社会上的一员，不能脱离社会而独立，除了医学领域之外，还有人生其他思想活动的领域。知识的广度可以使我们视野开阔，能帮助克服保守思想，能推动专业知识的深化与发展，文学、艺术使我们接触时代的脉搏与生活气息，因此在业医之余，也就成了我的爱好。

《内》《难》《伤寒》《金匮》等古典医籍，经过反复多次地实践与教学，对它们价值的认识不断加深，这些著作的重要性是大家所公认的，就不细说了。《内经》这一古典著作这么重要，说明我国医学源远流长，没有医学史的知识，不足以了解几千年来的成就与发展。因此，我对医学史有兴趣，而医学史又和中国通史息息相关。中学时代的历史知识远远不够，不得不涉猎一些通史。《内经》充满哲理，其理论的产生和古代哲学有血缘关系。金元时代我国医学的争鸣亦与当时哲学上的争论有直接和间接的关系。《四库全书·总目提要》说得简要而又深刻："儒之分始于宋，医之分始于金元。"儒与医前后并论是有根据的，从而促使自己去读一些中国哲学思想史。当然，对通史、哲学思想史我至今仍属门外汉，但我认为这是要列入自己学习领域之内的必修学科。

针灸与按摩，我学得很肤浅，但对于治疗危重病症，有时却收到出乎意料的效果。目前中医讲究分科，有利于深入发掘与钻研，这是好的方面，但不宜绝对化。我认为一般中医都应懂得针灸与按摩，因为这些治疗手段在临床各科都有其适应证。特别是它十分方便，我曾在路边用按摩方法救治过昏厥的患者,曾用梅花针抢救过大吐血的患者,用艾灸隐白、大敦救治过产后大出血的患者。遗憾的是我对这两科未登堂室!

各家学说这门学科,设立得很好。我担任过该科的教学,对其中一些名家学说做了一些初步的探讨,并在临证时加以验证,这方面的收益是比较大的。有些名家的一家之言,应该拿到临床中去验证,不能草率地批判抛弃。一家之言,有些好像是一块璞玉,经过加工,晶莹乃见。例如,李东垣阴火之论,张景岳曾给予严厉的批评。但李氏治阴火之法,是值得重视的,而且其源实出于仲景,只是说理上有些失当之处罢了。至于有人说他的"甘温除热法"是骗人的,这只因批评者自己缺乏经验罢了。一家学说,往往是其毕生学术经验的总结,我们宜把重点放在吸取其所长,才能有更大的收益。批判前人所短正其谬误,不能说不需要,但应持审慎态度,并应注意其所处之时代背景。对前人学说,历史地、辩证地给予正确的评价,也是我们今天应做的工作。历代医家学说是值得我们发掘的大宝藏,回顾自己这方面的工作实在做得很不够。

中医学术发展的道路国家已指出来了,徬徨几十年的中医可以说已走在大路上,就看现代中医、西学中和有志于研究中医的其他科学家们的努力了。

中医学的前途有如万里云天,远大光明,我们的责任,任重而道远,故以"万里云天万里路"为题。

(邓中炎整理)

我的六十年岐黄之路

成都中医学院附院
妇科主任、教授　　　王渭川

[作者简介]　王渭川（1898～1998），江苏丹徒人。自幼打下较好的经学基础后从师学医，毕生致力于各科临床，尤擅内科和妇科，在理论上也有较深造诣。著有《王渭川临床经验选》《王渭川妇科治疗经验》等。

　　我是江苏丹徒人，生于一八九八年，未满三岁，即遭父丧，由母亲周氏抚育成长。祖父鲁直公是清末举人，那时已年逾六十，还设馆教徒。他既精于考据，又重理学，很同意湘人治学的旨趣。"欲以戴段钱王之训诂，发为班张左郭之文章"。可惜体弱病喘，未能竟其志。他同时兼治医学，在家乡一带，颇有些名气。春风桃李中得有两人：一个是镇江的袁桂生，一个是丹徒的何叶香。前者重临床，后者精理论，他们各有不同的成就。

祖父视我为爱孙,虽爱之深,更教之严。我六岁时,他便首教《诗经》,口传心授,释以浅义,责以背诵。听我诵读到声清音朗之际,他便欣然赋诗。记得曾有两句:"不堪子夏伤明后,却喜娇孙诵读初。"由此,祖孙两代,食同桌,眠同床,耳提面命,格外用劲。九岁时,祖父又授以《春秋》《左传》。我对左氏文章精义虽能了了,但对春秋当时情势,苦不能明。我曾询问祖父,答以"一读二讲,逐步自明"。正冥思茫茫,极端愁苦之中,恰表兄归自上海,买有《列国演义》一部。我翻阅一遍,不禁狂喜。这虽属稗史,但春秋各国情况,仅仅在一百回中就能使人了如指掌。于是我自读自笑,爱不释手。祖父感到奇怪,问我,我告以原因,他点头称是。由此,我有了体会:读古书,如有课外通俗读物辅助,则收效较大。祖父还曾问我:"《左传》每一篇用《诗经》一二句殿于文后,是何含义?"我回答说:"这是古人的归纳法与佐证法。"他听了很高兴,抚着我的头说:"吾门继武有人了。"于是教授日勤,仅仅十余年时间,就使我学完了《四书》《五经》,得以卒业。祖父还教我作文,先是教我学八股,后来废考,又嘱我学韩愈文。可惜他天年不永,我十七岁时,他突然患中风暴卒。

　　祖父逝世后,家中生活日艰,母亲以女红谋米盐。承袁桂生、何叶香两君厚意,主动来嘱我随之学医,并愿负担我学医经费。于是,在一九一六年我十八岁的时候,向袁、何两师正式拜门学起医来。每天上午,随袁师实习门诊;下午,随何师听讲医典。

　　袁师门诊极忙,几乎户限为穿。他读书宏博,学术渊深,经验丰富。他以望色凭脉为立方依据,复方多显奇效。

王渭川

他重视前人珍贵经验,但用古方,又往往师其意,酌情化裁运用,决不拘泥成规。同时,他很注意自己的经验积累,虽忙迫,也多详加记录,为后来整理验案做准备。他长于妇女调经,尤长于调理杂病,如肌肉萎缩、下肢瘫痪等不少怪病,多能得心应手。记得一个年仅六岁的男孩,其母抱来,肌肤如冰,脉如细丝,肛门试体温高达摄氏四十度。袁师立方,首用熟附片五钱,次用生石膏一两。我感到奇怪,问此症属寒属热。袁师回答说:"吾欲以石膏清其里热,附子强其心衰,非此不救。"结果真的两剂而愈。至今回想起来,投袁门首尾三载,实受益匪浅。我执业后,能够学有所进,也与坚守袁门家法,适当自我化裁有关。

何师上午门诊,下午为初级学生连我共六人开课。他以张、马合注的《内经素问》为教本,多半逐条解释。对于运气胜复,虽联系王冰、吴崑之说详加发挥,但张、马之注,毕竟是引经注经,范围不够扩大。同学中有人对《内经》研究有素,对何师运气生化之旨的归纳分析不满,要求多采用其他有关《内经》的著作结合讲解。但何师年高体弱,对摸得熟的张、马合注本不愿更换。于是,在无可奈何之中,为了满足自己的求知欲,我动了一个念头:跑书店。

镇江鱼巷的"京口善化堂"是个有二百年历史的老书店,与南京的"李光明"齐名。有一天,我请了假,专往善化堂去。在柜上,我看到了《黄帝内经素问》《内经素问校义》《内经博义》等许多刻本,字大行稀,便于阅读,内容也大大超出了张、马合注本。特别是清人姚止庵注的《素问经注节解》一书,在每卷之前都加谨按,把这一卷的内容提要钩玄以阐发经旨,在每节之前,也都做扼要的提示,读了很有启发。我当时想,这是读《内经》入门的通俗读物,不能不买。但又一想,自己囊空如洗,拿什么买呢?于是就只有站在那里看,一直看到全市开始上灯,才恋恋不舍地将书交柜,说改日再议。柜友欣然同意,我却自觉汗颜。过了几天,厚着脸皮,又偷偷带了墨盒去。柜友开始很客气,以为我是带钱买书来了,就一下子把四部《内经》都捧上柜来。我先翻了一下,随即风驰电掣般地抄了起来。时间又到了上灯时分,柜友看我一直埋头抄书,不耐烦了,问:"书要不要?我们要收书了。"我回答:"塾远愁过市,家贫梦买书。"柜友感到惊奇,问我现任何事。我告以实际,他转而为喜。柜友之友父,患严重风湿性心脏病,正无法去袁师处挂号。于是与我约定,次日带病人去会诊。我为病人解决了病痛,以后柜友就格外照顾我,不仅让我进入珍本书室翻书,还允许我借书阅读。借书一部,十日归还再换。就这样,我在投何师首尾三年期间,不仅听何师讲授《内经》《难经》《金匮》《伤寒》和《温病条辨》,而且还在"善化堂"柜友的帮助下,阅读了许多不经见的书,使我增加了不少有益的见闻。

一九一九年,我二十岁,离了袁、何师门,借何师"人文书屋",独自开业。设诊之初,由于年轻,门可罗雀。母亲不放心,常来看我,见我读书临池,倒也宽慰;见我门庭寂寂,前途茫茫,又为之担心。我用两句旧诗安慰她:"山穷水尽疑无路,柳暗花明又一村。"母亲说:"但愿如此。"又宽慰我说:"今天苏州绣货店交来一批货,可做几年,家事你可不考虑,专心温课,我也放心。"

这一时期,我还是常去"善化堂"翻书、借书、抄书,并以此为无上至乐。抄书无钱买纸,有一次将家中木刻本的《三国演义》拆开翻过来作纸。但看看金圣叹的批,又为之惋惜。正提笔四顾,踌躇不定之际,何师急促来找我面谈。他说:"我往苏州去看岳母之病,返时在船上感受风寒,哮喘频发,不能平卧,要养病。明日起门诊由你代诊,下午有新生四人,由你代讲《内经》,仍用张、马合注本。家中有藏书,由你来取参考。过去你是学生,书不能借,现在你是医生,可以借了。"自此以后,我为何师代诊、代教三个月,在具体实践中,又学到了不少在书本上所学不到的东西。

中医临床诊断,关键是望、闻、问、切。我在望诊时,根据《内经》所说的"得神者昌,失神者亡""阴平阳秘,精神乃治""阴阳离决,精气乃绝"的道理,注意观察病人色、神、形等几个方面,逐步摸索了一些规律。如见患者面部黑色素沉着,牙龈亦黑,我就根据《内经》"肾主骨、肾主黑"的精义,断定是肾病的范围。倘再考查有体重减轻、畏寒眩晕、脉迟细等症候,则可进一步断定为《金匮》所说的黑瘅或女劳瘅之类,其病机是命门之火大衰,有脾肾阳虚和肝肾阴虚两大类型。患者皮肤发黄,连及巩膜,这就要疑有黄疸病的发生,但要与溶血性黄疸相鉴别。对于痰饮,如见患者左眼上下灰黑如煤烟,就知属寒痰;见患者眼泡暗黑,知属热痰;见患者四肢多痿痹,屈伸不自如,知属风痰。上属各病,何师门诊甚多,服何师方有效有不效。我因在望诊中摸索了一些规律,辨证准确,所以投方辄效。师姐何小香当时负责挂号,曾密告何师,说我"怪论百出,大放厥辞"。何师问清了实际情况,回答说:"这就是青出于蓝的道理。"我从师母那里偶然得到了这一句话,受到鼓舞,于是对望诊进一步细加揣摸。六十余年来,以此助我判断,解决疑难,成例不少。如川棉一厂一女工,曾患眼底血管硬化出血,左眼视力仅见手指,右眼视力0.1,经治疗无效,来我处就诊。我望见她步履蹒跚,问"关节痛否?"答以"剧痛"。查血沉为140 mm/h。我就断定她的病本是风湿,失明只是病标。治标既无效,就应转而治本。于是毅然放弃眼科方剂,主独活寄生汤加蜈蚣、乌梢蛇、仙鹤草、麝香以祛风化湿、活血通络化瘀,结果病人两周即视力复旧,以后历七年而未发此类病症。又如,一位唐姓胃痛病人,曾经汉、沪、京、粤等地治疗无效。就诊于我时,见他两手按胃,两脚跛行,诉胃痛数年未愈,查血沉极高,于是审证求因,亦断他病根在风湿,投祛风湿药而愈。

切脉认病,原本《内经》。至西晋,太医令王叔和作脉经十篇,析脉二十四种。传至阿拉伯,又经阿维森纳增至四十八种。我在临诊初期,只对浮、沉、迟、数、细、弦较易辨认,余多茫然,颇有王叔和所谓"胸中了了,指下难明"之感。后来临床既多,又参照程杏轩论脉医述细细揣摸,才逐渐掌握八脉大意之外还有许多兼脉,它们与五脏六腑的病症均有一定的联系。比如浮脉,兼脉就有六种:浮缓、浮紧、浮虚、浮芤、浮数、浮洪。因此,在临床诊断中,我既以八脉大意为主,但更重视兼脉。它对我辨证施治,确帮助不少。

总之,我在为何师代诊的三个月中,借何师骈巘,开我康庄。从此,个人业务日渐有起色。加上我对病人有两大方便:①我医不好的病,请袁师会诊解决;②寻常人邀我出诊,我不坐藤轿,自己走路。人孰无情,于是声誉鹊起,一时极车水马龙之盛。

当然,业务愈好,困难也与日俱增。许多疑难病,如肌肉萎缩、下肢瘫痪、肝硬化、癫痫、脱疽等等,也都纷至沓来。我当时想了个办法:这类病每诊给方二剂,按时易方。这样一来,我就留有余地,多向袁、何二师请益,同时查阅历代名医类案,考查前人有无这类记载,以获得启发。在临床中,我对王清任的通窍活血汤比较欣赏。袁、何两师鼓励道:"舒筋活络,活血化瘀,古训昭然,人所共知。你用王清任的通窍活血汤,是一条路子,可继续走。最好能用虫类药,其效更显。"何师还提供了运用虫类药的依据,他说:"《肘后备急方》《千金方》内都广泛地用了虫类药,至于《金匮》中的鳖甲煎丸和《温病条辨》中的化癥回生丹,更是以虫类药为主。"我谨记师教,用于临床,确能收到意外之效。因为麝香比较贵,后来我还逐步用虫类药代替麝香,疗效仍然非常满意。

在为何师代诊期间,我每天下午又代授《内经》。由于有感于何师讲张、马合注本,学生不感兴趣的教训,我在教课时改弦更张,又用了胡荄甫的《内经校义》、罗东逸的《内经博义》和姚止庵的《素问经注节解》作为课外读物。结果学生比较欢迎,既不为繁文难句所阻,又觉得兴趣横生。次年春节后,何师哮喘又发,又委我代讲《金匮》。我因对《金匮》研究不够,所以又用《金匮心典》为教本,《金匮玉函经二注》和《金匮方论本义》为辅助书,认真备课。因细考《金匮》中有脏腑经络生克制化的认识,同时还有一部分传染病掺杂其中。因此,一面备课,一面又写成"生克制化在《金匮》中的运用"和"《金匮要略》内容简介"两文,在正课开讲前先作了两个精简的报告,引起了学生的兴趣,消除了畏惧感。《金匮》中有"阳毒之为病"一条,历代医家都没有确实的辨病。我结合临床经验进行研究,认为中医通常说的烂喉痧即是其病之一。本病特征是发高热,咽喉剧痛,易化脓,舌如复盆,全脸红疹带肿,与《金匮》中"阳毒之为病"条文相适。我主犀角地黄汤加升麻、大青叶、板蓝根,温度不降佐紫雪丹、至宝丹等,同时用西牛黄吹喉,良效。当时我以此解释阳毒,学生疑信参半。恰为时不久,镇江流行烂喉痧,洪仁医院断为猩红热,取本人用方良效,大家方信而无疑。

自为何师代讲《金匮》以后,一九二四年,我就婚芜湖,遂就芜湖开业。一九三七年,卢沟桥事变,我举室西迁至汉口生成里设诊。一九三八年十月,日军进入田家镇。我行年四十,再度西迁入蜀,在万县设诊十余年。

全国解放后,一九五三年我在万县卫生学校担任医史教学,编写《中国医学发展史概况》教材。一九五六年我由万县奉调来成都中医学院至今。初任学院妇科和《金匮》两门课程的教学,编写妇科和《金匮》的教材,后又专任学院附属医院的妇科主任,坚持临床。尔来四十四年,虽历尽人间沧桑,但在悠悠岐黄路上,我坚守袁门家法,力求广取各家之长,而又不墨守成规,对于许多医界治疗尚感棘手的疑难病症,则根据疾病发生、发展的规律,又不断摸索,不断总结,终于有所收获,有所前进。在理论上,我恪守辨证论治、随证施治的原则,根据古代医典提供的正确原理和本人经验,返博为约,对内科各种疾病归纳为活血通络化瘀、活血化瘀舒筋软坚、补虚化瘀理气、清热化湿

王渭川

消炎、熄风通络、疏肝通络消胀等六种治疗途径,简称"内科六法"。我用以通治脑震荡、脑垂体肿瘤、桥脑失调、静脉曲张、血栓性脉管炎、雷诺病、脑肿瘤手术后半身麻痹、侧索动脉硬化、红斑狼疮、高血压、脑出血、冠状动脉硬化、子宫肌瘤、卵巢囊肿、宫外孕、视网膜中央静脉阻塞、风湿性心脏病、象皮腿、硬皮病、慢性肝炎、肝硬化腹水、肝脾肿大、阿狄森病、盆腔炎、子宫内膜炎、肾盂肾炎、肾炎、膀胱炎、大叶性肺炎、急性黄疸肝炎、胆囊炎、白血病、胸膜炎、癫痫、子痫、精神分裂症、夜游症、乳核、胰腺炎、眩晕、腹胀等四十二种疾病,临床均有一定成效。对于妇科各类疾病,我又归纳为温、清、攻、补、消、和的治疗六法。用温法以温肾运脾通阳散寒,治疗寒性病;用清法以清血热,熄风润燥,治疗温毒病和肝阳旺盛或肝火上扰所引起的头晕目眩等症;用攻法以攻坚消积化瘀,治疗子宫肌瘤、宫外孕、卵巢囊肿、乳腺瘤、瘀血凝结等包块(包括堕胎);用补法以补气血、益肾水、滋养机体,消除一切衰弱症候;用消法以消导软坚,治疗胃肠阻滞、食积内阻、脘腹胀满或癥瘕积聚、乳核等症;用和法以调和肝脾,治疗月经不调、妊娠恶阻,均能获得比较满意的效果。至于本人根据《金匮》中的"升麻鳖甲汤"和《温病条辨》中的"银翘散"化裁而成的"银甲合剂""银甲丸"用以治疗妇科下焦各慢性炎症,均有显效,曾被卫生部和有关中医书刊推广。以上这些,先后整理成《王渭川临床经验选》和《王渭川妇科治疗经验》两书,已分别由陕西人民出版社和四川人民出版社出版。另外,在长期临床和教学过程中,我还发现:《金匮》一书,虽是古代治疗杂病的典范,在历史上曾起过重要的影响,在今天也仍然是每一个中医学习者的必读书目,但由于经过历史上的长期战乱,原书脱简错乱之处很多,加上当时科学发展有限,作者有一定的历史局限,显然其中有些理论和药方已不能适应今天医学实践的需要,如照搬成规和原方,往往临床效果不佳。因此,又作《金匮心释》一书,试图结合个人从医六十年的经验教训,运用现代医学的成果,对其中的精芜之处做一解释,以供学者参考。

当然,人生有涯而知无涯。医林涉足,无不如此。本人从医六十年所得的点滴成就,恰如沧海一粟,还远不能满足广大人民的需要。但我还有志于青山夕照,以现今八十四岁之年为新的起点,争取为祖国四化再多做一点新的贡献。小诗一首,聊表寸心:

> 诗无寸卷留天地,
> 医有三编付继人。
> 暮岁但求争四化,
> 不辞风雪走风尘。

王渭川

闯出一条新路

北京儿童医院副教授
中华全国中医学会理事　　　王鹏飞

[作者简介] 王鹏飞(1911～1983)，北京人。从事中医儿科临床近五十年。医术祖传三代，遣方用药，独具风格，是北京地区闻名的儿科医师，人们亲切地称他为"小儿王"。曾任北京市政协委员、卫生组副组长，著有《王鹏飞儿科临床经验选》等。

一

我家从祖父起就从事中医儿科。祖父王润吉早年除在北京临诊外，每年还用大部分时间，深入到云、贵、川等地区，在为当地老百姓解除疾病痛苦之余，还向当地的草泽医虚心学习验方、秘方。民间医药之丰富多彩，使用药物之简便，疗效之神速，使祖父大开眼界，并深为惊叹。因此，在以后诊断用药方面，也慢慢地转向简、便、廉、验，并开始自己制备成药，急病者可以立服，药价便宜，疗效迅速，影响日见扩大，开始被誉为"小儿王"。我父亲王子仲承继家学，奋发图强，勤学苦研，尽得祖父之心传，医名渐噪，求诊者亦络绎不绝。解放前曾任北平国医公会（即北京中医学会前身）会长等职。

二

我生长在中医世家，从小耳闻目睹，并亲身体验到了中医中药为众多的患者解除痛苦的生动情景，使我爱上了中医事业。十八岁时我正在北京民国大学预科学习，先父因急于传授家学，就让我开始习医，先让我系统地学习中医经典著作。我花费了整整三年的时间学习了《黄帝内经》《伤寒论》《金匮要略》《难经》以及《神农本草经》等，并时常向当时的北京名医前辈如汪逢春、马佐良、袁鹤侪等请教，受其指点，亦获益不浅。对于学习经典著作，当时是一边阅读，一边背诵，直至背得滚瓜烂熟为止。《内经》的大部分条文，时隔二十多年我仍能完整不缺地背诵下来，这完全得益于那时练过死记硬背的基本功。学完了经典著作，家父又让我精读《本草纲目》《本草经疏》《本草备要》《要药分剂》《温热经纬》《寿世保元》《幼幼集成》《婴童百问》《食物本草》等书籍。此外，他常说"临诊如临阵，用药如用兵"，又让我细读《孙子兵法·十三篇》等书。其目的是要我多读书，广泛地阅读其他医家的著作，尽量把前人的学术思想与临床经验继承下来。扎实的基础理论学习,对于以后应付繁忙的临床工作起了很大的作用。

三

进入临床侍诊阶段,先父的处方用药使我一时难以理解与接受。中医自古以来用药即有经方与时方之分,如治外感热病,非辛温之麻黄、桂枝,必辛凉之桑菊、银翘。不懂得汤头,开口动手便错,已是中医的箴言。可是家父用的却是非"经"非"时"的独自创制的六味小方,药也是一般医师所鲜用者,但仍门庭若市。我家祖传之方药,不少来源于民间有效的方药。民间验方也是我国劳动人民长期同疾病作斗争而取得的,它保存着许多劳动人民与医家在同疾病作斗争中所积累的宝贵经验。祖父"博采众方",兼收并蓄,又不泥于常法而加以创新。我国历代医学家如孙思邈、李时珍、赵学敏、沈括等,都十分注意吸收民间传统的治疗经验,常以小方小药为患者解除痛苦,在他们的著作里记载了不少来自民间的实践经验。这样,他们既接受了广大人民群众的经验,又丰富了自己的医疗实践,对于中医学的发展做出了一定的贡献。

在我的行医过程中,有的同道说我有"离经叛道的趋势"。但看到祖传之医术,历经几代其势不衰,使我相信有其然、必有其所以然的道理。例如对于小儿常见的腹泻、痢疾,我常用温中固涩的肉豆蔻、丁香、赤石脂,实际这是宗医圣仲景之法则。在《伤寒论·少阴病》中,他曾多次指出:下利不止,便脓血者,用桃花汤或赤石脂禹余粮汤。此处下利均因里寒而下焦不约,用赤石脂的甘温固涩止泻,以肉豆蔻、丁香之辛温易干姜、禹余粮之辛热,加强了温中健脾之力,往往能获得较好的止泻效果。又如治小儿黄疸及胎黄,我一直应用乳香、茜草、山楂、紫草、青黛等凉血活血化瘀为主、清热为辅的方药,乍一看似乎不伦不类,但只要细致地琢磨,就知道它的理论根据也是来源于张仲景的观点。分析《伤寒论》中的发黄症,按其病因而分,大体可归纳为四类,即湿热发黄、火逆发黄、瘀血发黄、寒湿发黄。前三者都具有瘀热在里和邪热伤血的特点,都是热证、实证。《金匮要略·黄疸病脉证并治》有四处均以瘀热论及发黄,证明发黄与邪热伤血直接有关,并阐明了湿热闭郁脾胃气机,邪热郁结于血分,导致湿热发黄的道理。仲景治黄的方药中均兼有活血散结的功能,他启发我们在黄疸,尤其在阳黄的治疗中,应用活血化瘀之法是有其理论根据的。这就是近人所谓"黄疸必伤血,治黄要活血"的论点。以同样的观点治疗小儿原因不明的肝脾肿大,也能取得好的效果。

四

自古以来即称小儿科为哑科,其痛苦不能自白,然脏腑之色,皆荣于面,有诸内必见诸外,故望之可知疾病之起始,决预后之吉凶。至于闻、切二诊,虽在诊断上也很重要,但就儿科来说,均以望诊为主。先祖对患儿望诊时除望神志、体质、面色、精神,望二便,察舌苔、爪甲等外,还吸取了中医学中濒于失传的宝贵经验——望上颚的方法,能够从患儿上颚各部位颜色的变化来判断疾患之寒热虚实,在临床中用以指导辨证论治和用药颇有得心应手之处。上颚望诊主要是观察患儿口腔上颚各部位颜色的变化,或是否有出血点、小凹点的出现。小儿患病后与疾病所相应的脏腑之上颚部位的颜色会起变化。尤其有脾胃病的小儿,其上颚部位颜色变化尤为明显。在小儿腹泻时,我必观察其上颚颜色而决定用药。若其颚前、颚后均为粉红色,二臼齿处乳白,悬雍垂淡黄或乳白,多属脾胃虚寒,治宜温补脾肾、固肠止泻,多能取得较好的效果。

一九五四年,我到北京儿童医院中医科参加工作,党组织对我家祖传的临床经验予以极大的重视,不但派了学过中医的西医主治医师帮我总结经验,而且拨出三十二张床位专供我观察和研究之用。小儿肺炎喘嗽是常见的呼吸道疾病,症状复杂,类型很多,全国各地都一直沿用《伤寒论》的名方——麻杏甘石汤加减,以宣肺泄热、止咳定喘,获得了较好的疗效。仲景之方多适用于成人,其中温药初学者在应用于儿科热性病时常掌握不好,而时有失治或误治者。根据小儿脏腑柔弱、稚阳未充、稚阴未长、成而未全、全而未壮等特点,我在诊治小儿肺炎时创制了以宣肺降逆、清化痰热为治则的银黛合剂,即银杏、青黛、寒水石、地骨皮、苏子、天竺黄等六味药,应用于临床,多年来亦获得了较好的效果。一九五八年冬至一九六〇年春用银黛合剂治疗肺炎 163 例,治愈率为 98.76%。一九六一年至一九七八年中医科病房曾分阶段系统使用本剂治疗肺炎共 413 例,治愈、好转率达 95% 以上,其中曾分两组(共180例)各与抗生素进行对照观察,两组在退热、喘憋消失、肺部啰音消失时间上进行统计学处理,无明显差异。此方剂已被北京、上海、唐山部分医院临床所使用，也取得了较好的效果。中国医学科学院抗生素研究所曾对本方抗菌、祛痰、平喘的作用进行了专门的研究。

关于腹泻，在《内经》中已分有洞泻、濡泻、飧泻及肠澼四种。自唐以来在认识上又有了提高，在儿科临床中又进一步把腹泻分为九种：冷泻、热泻、伤食泻、水泻、积泻、风泻、惊泻、脏寒泻、疳积酿泻，但名称似嫌过多，初学者不易掌握。我在临床中发现，婴幼儿腹泻之病因无不以脾胃虚弱为主，病邪居次，而作泻后致脾胃更虚，治疗上应以扶正治本为主。我在临床上主要将其分为虚寒与实热两型，其病虚寒者占十之八九。我不用附子理中丸、参苓白术丸、四神丸一类药物，而以肉豆蔻、丁香、赤石脂、伏龙肝、莲肉、寒水石为主，重者还可加用官桂等。自一九七〇年至一九七五年曾治疗收住院的婴幼儿腹泻794例（对中、重度脱水者配合静脉输液等，不用抗生素），其中夏季腹泻385例，逐年治愈率为62.2%~82.6%；秋季腹泻409例，逐年治愈率为91.8%~95%。官桂与赤石脂据文献记载被列为"十九畏"之中，但据我体会，二药在配伍时，非但未见其弊，反有加强温中固肠之功，止泻效果显著。因此，对古代的文献不可不信，但亦不要迷信。要敢于在实践中予以反复地检验。再如嗜异癖一症，近年来此病患儿有所增多，如嗜食煤渣、土块、墙泥、砂石、纸片、火柴、钮扣或玩具上的油漆等。中医学对本病的描述多散见于有关疳证、虫积之类症候中，一直认为是因感染虫症和疳积所致，在治疗上也以健脾益气、消导攻积驱虫为主。我认为疾病初起为胃内有热，所谓"胃热者善饥"，饥不择食而误食异物，食久便成癖；又因异物积滞不化，脾胃受损，运化失常，积滞日久，便又郁而生热。所以，我认为嗜异癖不是疳证，也不是由于虫积所致，治疗时从不驱虫、攻积，而以清热为主。异物总是有毒的，进入体内日久，留滞血分，耗伤阴血，在治疗上应着重于清热解毒，予以青黛、贯仲、绿豆、紫草、白矾面等，若阴血耗伤较甚，面黄肌瘦、贫血明显者，可加黄精、白及、何首乌等以活血养血，每能取得较好的效果。

肺痈一病，首先在张仲景《金匮要略方论》中得以确认，对其病因、病机的辨证过程及其预后，都进行了系统总结，奠定了中医学对该病形成与辨证论治的基础。分析张仲景的观点，可以了解肺痈的病因为风热入肺，壅遏营血，热伤血脉，久之热盛则肉腐血败而蓄结成脓。即所谓"热之所过，血为之凝滞蓄结，痈脓吐如米粥"。其病理是里证、热证、实证。此外他还指出了在不同情况下的诊断与治则，认为对肺痈的诊断，应突出咳唾脓血腥臭为主要症状，治疗上把肺痈分为"脓未成而又喘不得卧"的初期与"口中辟辟燥，咳则胸中隐隐痛，咳唾脓血"的肺痈已溃期两个阶段，并提出前者用葶苈大枣泻肺汤以泻肺行水平喘，后者则可用桔梗汤以排脓解毒，但从患者的症状严重程度看来，上述方剂似有病重药轻之嫌。自隋、唐、明、清以后各医家，在仲景泻肺治则的基础上，又有新的发展，如喻嘉言在《医门法律》中提出："肺痈属在有形之血络，宜骤攻。"余听鸿《外证医案汇编》说："治肺痈之法，如始萌之时，将一'通'字著力，通则壅去。"两论精凿切当，诚为至理名言。继而出现了千金苇茎汤等效果不错的方剂。我在临床中看到患儿高热起伏，咳吐脓血痰，联想到《金匮要略·肺痿肺痈咳嗽上气病脉证治》所说"热之所过,血为之凝滞,蓄结痈脓"的条文,始悟到此处也正是热盛气滞血瘀之病证。经过反复推敲,一九六六年起,我开始用以活血化瘀为主,佐以清热解毒排脓消肿的方药——脓疡散(主要药物为乳香、皂角、紫草、青黛、天竺黄、寒水石等)治疗小儿肺脓肿五十余例,不用抗生素,结果无一例死亡及转外科手术治疗者。这不但简、便、廉、安全,同时也可避免经胸壁直接穿刺排脓、肺内注射青霉素、气管内注入药物等所引起的不良反应。此方在浙江、湖南等地部分医院的应用中也取得了类似的效果。北京市科学技术委员会经组织专家审定后,授于科技成果三等奖,目前已列入卫生部、北京市科委的重点研究项目之一。长期服用脓疡散,临床不仅未见有不良反应,相反的在后期,患儿的体重都普遍得到增加。道理是:紫草一药色紫质滑,甘咸气寒,专入血分,功能凉血解毒,在血热毒盛的肺痈早期能疗"恶疮",在后期有补中益气(见《本草经疏》)的作用。所以,我认为对于药物除了记住各家公认的主要功能外,还要记住某些临床家对该药的不同认识与用法,这样才能在配伍时灵活多变。

上面谈了一些体会,目的是要说明,年轻中医无论如何应该首先扎扎实实地把基础理论学好,同时还要把历代医著有选择地联系起来学习,这样才能做到心中有数,到了一定阶段才能在原有的基础上有所创新。

(陈昭定整理)

迂回曲折　艰难困苦

中国科学院学部委员
南京药学院副院长　　　叶橘泉

[作者简介]　叶橘泉（1896～1989），浙江吴兴人。幼年从师学医，早年在苏州从事中医中药教学工作，同时开业行医并致力于本草学的研究。解放后历任江苏省卫生厅副厅长、江苏省中医研究所所长、江苏省中医院院长、中国医学科学院江苏分院副院长、中国科学院学部委员、江苏科学技术协会副主席、南京药学院副院长等职。著有《现代实用中药》《近世内科中医处方集》《近世妇科中医处方集》《古方临床运用》《中医直觉诊断学》《本草推陈》《食物中药与处方》等。

严师教诲　刻苦学习

我的学历是一穷二白的，学习路子是迂回曲折的。自己出生于农村,仅读了数年乡塾,读的是《三字经》《百家姓》《千家诗》,还读了四书五经,只知高呼迭唱,背诵不懈,囫囵吞枣,苦读死记,不求甚解。而且农忙、蚕忙,在家参加劳动,学殖荒芜,根底薄弱。十七岁拜师学中医。业师张克明先生是一位三代祖传名医,学宗仲景,擅长经方,临证处方,药简效宏,往往一二剂立起沉疴,里人无不称颂。他对于贫苦病人,不计报酬,常常施诊赠药,但对城市富人,远道慕名延诊者,则非重金不就,时人称之为"医而侠"者。老师对我要求甚严,而且十分关怀,谆谆教导说"学业要靠自己的努力",命我多读书多写字。当时乡里缺乏医书,老师把家藏医籍借给我抄写,并说:"抄书一遍,胜于读书十遍。"还要我把伤寒三百九十七法、一百一十三方熟读背诵。我遵循师教,每日除随师临证录方外,还起早带晚抄录了《伤寒论》《金匮要略》《内经》等大批医书。尤其密切注意老师的临证经验。老师临证,目光炯炯,胆大心细,根据望、闻、问、切,熟练地捕捉主证,立即施用其经验处方(大都用的是经方)。我把老师得心应手常用的验方,一一记录下来,这对自己很有裨助。

结合实际 加强认识

学然后知不足。我在老师指导下,读了许多中医经典,可是越读越感到自己知识的不足,问题越来越多。因老师诊务很忙,常常我自己翻检图书,或证之于实践,以求得解答。有时向老师请教,老师说:"中医古典医学是非常深奥的,有些问题我也讲不清楚。古人曾说'此事难知'。

只能多读多记,还要多用,熟能生巧,一旦豁然贯通。这不仅学中国医学,学中国古时的一般文学大都如此。"学了三年满师后,回到自己家乡独立开诊。按照老师的经验,处方用药,治疗效果还不差。后来诊治病人越多,越觉得自己所学得太少了,于是白天看病,晚上查对医书,对照一天看病处方的得失,温书补课,多方面吸取先辈的经验,联系实际。把读过的经书,加以思考,求得认识的深化,灵活地应用于具体的病例。一次出诊,一妇人与人争吵而投河,被救起后嚎哭蹒跚,突然僵仆,挺卧如死者半日余。诊之四肢冰冷,牙关紧闭,脉尚未绝,知为尸厥。此时药不能进,为之束手。忽然想到扁鹊医虢太子,有"砺针砥石,八减之汤,五分之熨"之说,因即用汤沐热熨其四肢,适见围观者一妇人手中持有扎鞋底之针,即借以强刺涌泉穴,患者抽缩其脚,即哭叫而醒。病虽得救,其理何在,仍不得解。事后查阅医书,原来早有记载:"血之与气,并走于上,则为大厥……气复返则生,不返则死。"恍然予针刺热熨,殆促使其气血复返耳。犹忆老师曾经教我要多读、多记、多用,所谓熟能生巧,这是理论联系实际,在实践中求得解答的一种认识方法。

钻研中药　保证疗效

中药是中医治病的重要武器。工欲善其事,必先利其器。我国地大物博,中药品种繁多,经验极为丰富。但由于同名异物,同物异名,名实混淆,妨碍用药的正确性。例如,《金匮要略·呕吐哕下利病脉证治》紫参汤中紫参这味药阴错阳差地变成了蚤休、重楼,因而真正的蚤休(七叶一枝花)则不予收购,沦落民间。又如《伤寒论·辨阳明病》麻黄连轺赤小豆汤之连轺,是金丝桃科的小连翘(地耳草、田基黄)。考诸本草学,原有"大翘""小翘""狭叶、黄花""药用茎叶,连花实"等记述。李时珍云:"旱莲乃小翘,今用如椿实者,乃蜀中来。"意思是说今用的木樨科连翘,是后来新发现的,而原来的大翘、小翘因而失传。其实,小连翘(田基黄)对早期肝硬化有效,麻黄连轺赤小豆汤明记用根,是金丝桃科连翘,今叫做红旱莲。还有萝藦科的杠柳,也是后来发现的,叫做"北五加",因而原来五加科的五加失传了。真正的五加皮是功似人参的一种珍贵强壮药。本草所载"金玉满车,不如五加",是记其功用也。诸如此类,无疑影响了中医用药的正确性和疗效。所以,我感到中医需要研究中药本草,这是非常迫切的任务。为了解决这方面的问题,我又重点投入了这方面的工作,写了《江苏中药名实考》《现代实用中药》和《本草推陈》等书。

破除门户　拓宽思路

中医过去有所谓经方派、时方派以及所谓温补派、寒凉派、补阴派、攻下派等等的门户之见。百家争鸣是好事,但囿于门户成见,往往束缚了自己的思路,必须克服。我自幼接受业师传授,开始偏重于经方。平心而论,张仲景《伤寒论》《金匮要略》的辨证处方,理法严谨,方药组织颇有规律,其备受历代各家所推崇者,不是偶然的。可是医药学术总是不断发展的。后世各家,各有其心得与经验,药物亦在不断地发展。旧社会之宗经方者,强调仲景经方能治万病,而宗时方者则谓古方不能治今病,这些论调都是错误的,应该破除门户之见,学习各家之长,择善而从。例如,温热学家所发展的清热解毒药、养阴学家创造的滋阴降火剂、温补学派所擅长的补中益气汤、泄火攻实学派的防风通圣散等,都是我国医药史上的新发展,应当兼收并蓄,取精用宏,通过自己的再实践,加以总结提高。个人认为中医中药以防病治病为唯一目标,不管经方、时方,哪家、哪派,只要行之有效,而能重复推广的,就是好的,就要学习和效法。

反复实践　深化领会

解放前农村极端贫困,农民往往"贫病相连"。记得有一年我去乡里出诊时,一病家邀我顺便一诊。患者是中年妇女,病由黄疸后变成黑疸,面目青褐色,胸满腹胀,大便顽固秘结,邻人悄悄说:"黄病变成鼓胀,怕是不治之症了吧!"患者呻吟病床已年余,因长期负担医药费用,家中已典卖一空,寡妇孤儿,情殊堪怜,故给予免费诊治,并送了几服药,稍稍好转。乃教给她十多岁的儿子,自挖蒲公英(当地农民叫"奶汁草"),每天大量(三四两或更多)煮汤喝,喝了一个多月,不花分文,竟把这迁延了一年零七个月的慢性肝胆病治愈了。这对我触动很大。蒲公英过去我也常用,而这次鲜草大量单独用,未料竟有如此的威力,可见生草药单方对症使用,其力专,其效确。这就增加了我对中药的用法、剂量与疗效关系的新认识:使用单味药,剂量应增加,而复方则不然。根据我的经验,复方成人每日一帖药的总重量,二三两已足够了。中药的定量问题希望有专人研究讨论之。关于生草药,曾以一味野菊花治愈重症口唇疔:一位三十岁左右的男性,鼻旁生一小疖,一夜之间,肿胀蔓延面颧,口唇坚硬紧张,疼痛高热,神志恍惚,人都知道这是疔疮将走黄。其时,我急命采取野菊花一大把（约半斤）煎汤,一天连喝数大碗,当夜即安静,翌日退热,痛大减,不过一星期而愈。还有一个二十多岁的女性,患慢性肾盂肾炎、膀胱炎,带浊淋漓,痛苦不堪,半年多来,抗生素用了不少,时轻时重,已失去了治疗信心。我介绍其自采新鲜车前草十至二十棵煎水,多量饮服,很快见效。连服一个月,后未复发。以上这些生动事例不是偶然的一次两次,而且是可以重复的。如野菊花还可用于湿疹的感染化脓,煎汤作洗剂,往往一扫而光。蒲公英亦可治乳痈,车前草并能治泻痢等等,还有很多,不能多举。这更使我深深感到:中国医药学这一伟大宝库中,对人民有利的东西太多了。作为一个医生来说,不管经方、时方、单方、复方、内服、外用,只要效果可靠,就应该兼收并蓄,为人民保健服务。

知己知彼　取长补短

我在三十岁以后,从乡下迁到双林镇开业,兼双林救济院医生,每周两次为贫苦病人施诊。此时,常和双林教会医院的一位西医接触,并交了朋友。他喜欢中草药和单方、验方,要我给介绍。而我则感到实验室检查对恶性疟疾和伤寒等诊断的帮助很大,经常请他帮助化验标本,并向他学习。当时,中西医之间不但鸡犬之声相闻,老死不相往来,而且往往互相攻讦。我们在坦白交流中,认为各有其长处:西医的优点在于分析,中医的优点在于综合。事实上,理论的研究需要分析,而整体性的内科治疗,则需要综合,何况中医中药治疗的方法很多。在日本有一句名言,叫做"理论之完备,莫如西医;疗法之周到,莫若中医",也说明了这一点。我对于中医的发展,那时即已有了一些考虑:是否采用中医中药的整体性治病,以西医分析的科学方法说理。因而粗率地先后写了《近世内科中医处方集》和《近世妇科中医处方集》等。当时只是一个尝试,现在看来存在许多缺点,就是疏忽了方剂的辨证。后来看到日本汉方医家大塚敬节、矢数道明、清水藤太郎、木村长久四人合著的《漢方診療の實際》(中译本为《中医诊疗要览》,一九五三年北京人民卫生出版社出版,又一九六三年朝鲜译本名为《实际汉方诊疗》),此书在日本,已几经修订增补,现改称为《漢方診療医典》,其体例也以现代医学分类,如传染病、呼吸器病、循环器病、消化器病等,病名和病理说,而附以汉方处方。不过他们的处方,说明了该方之适应证,这是值得我学习的。我深深感到应做到老,学到老,改到老。我早就想把《近世内科中医处方集》加以修订,可是琐事繁剧,而年老体衰,力不从心,这条道路是否走得通,有待今后青年一辈努力探索。

(马永华整理)

弥甘蔗境忆从前

上海中医研究所顾问、教授　　刘树农

[作者简介]　刘树农（1895～1985），江苏淮安人，从事中医事业六十余年。历任上海中医学院金匮、内科、各家学说教研组和中医文献资料研究室主任等职，现任上海中医研究所顾问。

我对中医事业很少贡献，实有愧于老。唯在学以致用的过程中，有不能忘怀者二三事，爰略陈之。

启蒙与业师

废科举后，在风气闭塞的小城市里，孩子们多不去上"洋学堂"，仍留在私塾里念书，我也是其中之一。我的塾师是个晚清廪生，颇知医，对《内经》等经典著作，有一定的研究。所以在教我读医书时，既讲文理，又讲医理，选择《素灵类纂约注》《伤寒论》《金匮要略》《温病条辨》和《本草从新》《汤头歌诀》等书,要我熟读硬背。当时虽稍感重负,尔后却获益良多。七十余年前往事,历历如在目前。

我十七岁离开私塾后,即在堂伯父小儿科小泉公和业师大方脉家应金台老夫子两处诊所,轮流进行临床实习。尽管他们业务很忙,对徒弟们却严格要求,并毫无保留地传授他们的宝贵经验。由于我有了一些理论知识,在他们耳提面命之下,接受尚比较容易。记得堂伯父曾教导我们:小儿为稚阴稚阳之体,一旦罹病,即应速战速决,不能以疲药误事。他这样说,也是这样做的。如他对于当时流行的天花,在初期每重用透托和清解,并善于使用大黄,以撤在里之热毒。继则从事补益气血,分别兼温或兼清,重予托里排脓,治愈很多的险证。至于应老夫子则聪慧过人,学识渊博,尤精于湿温病的治疗。他坚持"气化则湿邪自化"的原则,以《温病条辨》中的三仁汤为基本方,随症加减,既善于守,也善于变。记得他曾治一湿温病人,在服用三仁汤加减四五天之后,病势不但不减,胸痞反而加剧,但不拒按,且伴有不得卧、不知饥、不欲饮等症。苔厚腻浮灰而滑,脉沉细而数。他毅然改用瓜蒌薤白桂枝汤加干姜、细辛,直通胸中之阳,而横扫阴霾。药下咽后,胸痞顿开,诸症递减,身热亦得周身汗出而解。老夫子辨证之准确,应变之敏捷,使我受到很好的教育,给我的印象亦最深。

失败与成功

我开业后不久,两业师即相继谢世。而我在他们余荫之下，业务却很可观。一年初秋，里中曾发生具有发热、有汗、咳嗽、鼻血等症状的一种流行病，蔓延颇广。当时医者多从新感引发伏暑论治，但未能愈病。我在碰到这种病人时，据其数脉且右大于左的脉象，认为是《温病条辨·上焦篇》所说的"秋燥"病，分别予以桑杏汤或沙参麦冬汤等方加减，辄应手取效。越二年的夏秋之交，又流行一种上吐下泻证，甚至肢冷转筋、躁扰不宁。我在辨证上，确认其为"热霍乱"。用王孟英《霍乱论》和姚训恭《霍乱新论》两书中所载的连荠解毒汤、驾轻汤和蚕矢汤等方，治好了很多因误服热药而至危重的病人。由是而声誉日隆，求诊者日众，且委之以疑难重病而不复置疑。于是，就遇到一些在我知识范围以外不能识别的病人，竟死于我之误治。如急、慢性阑尾炎，急性胰腺炎，宫外孕，尿毒症等等。及今思之，犹有余恸！然而，这些失败的例子，犹可诿之于历史条件的限制。使我最感痛心给我教训最深刻的，莫过于误治一病儿的经过：约一九二九年夏季，有一十来岁男孩，一得病即壮热、烦躁、神昏、抽搐，认为是暑痫，用清营汤加减。开始进药，烦躁、抽搐即停止。续进苦寒撤热而壮热如故，屡投芳香开窍而神昏依然。旬日后，病儿于昏蒙中用右手频掐阴器，去其手、手复至，问其故，不能答。我亦莫知所措，过三四天，即死于内闭外脱。究其致死之由，久久不能得。等到一九三九年来上海后，得见日人源元凯所著《温病之研究》，系疏证《温疫论》之作。该书上卷之末，有"掐阴"一节，述一染疫病儿，至六七日，烦躁谵语，神昏不宁，频掐阴。诊其少腹，按至横骨旁，有蹙额痛苦难堪状，而所掐便止，放手复掐，与加减真武汤，至八九日而热解,神少苏,所掐亦渐止。经诘问,乃知其所以掐,是少腹连阴筋剧痛不可忍。因确认其为"脏结"证。我阅竟,不禁骇然而起,绕室徬徨!回忆前所遇病儿之死,并非死于病,而是死于药。病一开始,即误于寒凉遏抑,逼其内陷,转化为阴证,继而又未能及时用温药挽救。谁实为之,愧悔交加!在汲取教训以后,每遇小儿暑痫,均治以风引汤,不妄事增损,二三日即痊愈。

一九三六年,经同乡人介绍,到南京诊治某巨公(四十八岁)头晕病,症状为头晕而沉重,起立则觉天旋地转,时吐涎水,旋吐旋生,食少神疲,静卧懒言,如是者近一年,经中西医治疗无效。我诊其脉沉弦而缓,视其舌淡苔灰滑,知其为在上之清阳不足,浊阴之邪上泛,已成阴乘阳位之局。但屡进苓、姜、术、桂、参、茸之品,仅得稍稍改善,而效不显著。患者有休息痢史,每月必发,经西药治疗,三五日即止。我结合这一点,遵张子和"寒湿固冷,可泄而出之"之说,按《千金方》治"下腹中痰澼"的"紫圆"方,照方配制,先服如梧子大者三粒,得微下。隔一日用十粒分两次服,下水液杂脓血数次,越二日头晕即大减,灰腻滑润之苔亦渐化,食纳加,精神爽。续进调补脾肾两阳之剂,康复如初,休息痢亦不复发作。年逾八十,以他疾终。

在受到《温病之研究》的启发以后,深感日人治学之精与识见之广。又揣摩了汤本求真所著的《皇汉医学》,觉得这部书的好处,是教人从腹诊上以识别阴证与阳证。我在临床上曾根据确诊所得,用该书所赞赏的桂枝加苓术附汤,治愈了几个沪地所谓"湿温伤寒"属于阴证类型的病人。

环境更新　略有长进

在党的中医政策光辉照耀下,我于一九五六年夏,光荣地走上中医教学岗位。如枯木之逢春,亲承雨露;庆晚年之幸福,"白首为郎"。既受教于良朋益友,又饱览夫玉轴牙签。既能从今以验古,亦可温故而知新。尽管学而不力,却也略有所得。

（一）关于理论　初步学习了一些哲学著作以后,懂得了:①中医理论的形成,是由于我们祖先在积累长期和疾病作斗争的实践经验中,认识到医学中所有事物的矛盾法则,其变化发展的根本原因在于事物内部所包含的对立势力的相互作用和斗争。因而在矛盾普遍性原理指导下,运用具有哲理的矛盾分析法的阴阳学说,来阐发医学部门本身特殊的矛盾运动规律。中医书籍中的阴阳二字,虽然在不同的地方有不同的含义,但"运动本身即是矛盾"。"运动是物质存在的形式。"因此,阴阳二者的本身,是客观存在的物质。而中医学理论体系中的阴阳学说,则是揭示医学特殊矛盾的说理工具,因而阴阳并不等同于普遍的矛盾。至于脏象、经络、血气、精津、营卫、病因等学说,无论其关系到生理活动或病理变化,都离不开矛盾运动的物质,也就离不开阴阳。所以《素问·阴阳离合论》说:"阴阳者,数之可十,推之可百;数之可千,推之可万;万之大不可胜数,然其要一也。"王冰注:"一,谓离合也。"所谓"离合",即意味着对立统一的矛盾运动。基于此,也就加强了我一向主张以阴阳学说为中医理论体系核心的信念。

刘树农

②"天人相应"说的精神实质,符合于恩格斯《自然辩证法》所认为"生命存在方式的基本因素在于和它周围的外部自然界的不断的新陈代谢"的观点。毫无疑问,新陈代谢,是生命生存的基本条件。如《素问·阴阳应象大论》所说的"味归形、形归气、气归精、精归化",固然只是粗略地描绘机体新陈代谢的概况,而同书《六微旨大论》说的"故非出入则无以生、长、壮、老、已,非升降则无以生、长、化、收、藏。是以升降出入,无器不有",则是对自然界一切不断的新陈代谢的概括。③中医发病学的特点,不仅在于认识到疾病内部存在着邪正斗争的矛盾,更重要的是在内外因统一认识的基础上,把机体的正气(内因)放在首要的地位,邪气(外因)能否致人于病,决定于机体正气的适应能力。这就吻合于"内因是变化的根据,外因是变化的条件,外因通过内因而起作用"的科学论断。至于陈无择只片面地看到致病之因,看不到受病之体的"三因"说和王清任"本不弱而生病"之说,都违悖了祖国医学固有的朴素的辩证法的两点论,而是形而上学一点论的纯外因论或被动论。唯有许叔微独具慧眼,能够辩证地对待疾病发生、发展的问题。他在《本事方》中曾重复地于经文"邪之所凑、其气必虚"的下面,接着说"留而不去,其病则实"。这和现代医学所认为因致病因子的刺激,机体生理性的防御装置起而抗争的观点,如出一辙。其实,这也就是疾病本身的辩证法。

我在编写第一届西学中研究班中医内科杂病教材工作中,认识到最重要的一条,是尽量把祖国医学文化遗产中最有实用价值的东西写进去,借以加强西医师们学习中医的信心。例如写"虚劳篇"讲义时,鉴于过去关于虚劳病的论述,多数认为是"积虚成损,积损成劳",只强调正虚而不及邪实,并把现代医学所指的结核病也纳入其中。其实,我们祖先对任何疾病的形成,都认为是邪正两方面的事。《内经》和《伤寒》《金匮》均有大量的记载,细按即得。因此,把"虚劳"分为"虚损"与"劳瘵"两类。前者因另开《金匮》课,只简略地叙述汉以后关于"虚损"方面比较切合实际的理法方药,后者则重点突出《外台秘要·骨蒸门》所引用的"苏游论"。尽管在它以前已有人认识到这是一种传染病,但它却明确指出患者是因"毒气内传,周遍五脏而死"。所谓"毒气",自是指六淫以外的外来之邪,这是非常可贵的。又如在"肿胀篇"中特别提出《金匮要略·水气病脉证并治》"血不利则为水,名曰血分"的观点。虽然它是指"妇人经水不通",不免带有局限性,但它已估计到血与水的关系。这些都是祖国医学理论中的精华部分,理应晓之后人。可是,我在担任这项工作很短的时间以后,即病支气管扩张,大量咯血,反复发作,体力不支,而另让贤能。

在目前大量论著中,有不少论及了中医五行学说内孕育着"内稳定器模型""系统论"和"控制论"的萌芽。在这些论文的启示下,我进一步认识到古老的中医学的确是一个伟大的宝库。并从而认为《金匮今释》"五行可废、阴阳不可废"之说,是毫无根据的。朱熹《太极图说·注》中曾指出:"有阴阳,则一变一合而五行具……盖五行之变,至于不可穷,然无适而非阴阳之道。"于此,可知五行之中固莫不具有阴阳,而中医五行学说以五行联系机体内外环境的整体统一和相互资生、相互制约、自动调节的一系列活动,又莫不包含着阴阳二者的矛盾运动。陆氏未见及此,宜其有废此存彼的错觉。若夫中医惯用的有关五行方面术语中的克字与制字,则应有所区别,不能混淆不分。因为它关系到生理与病理,即正与邪两个方面,而各异其含义。如《医经溯洄集》在解释"亢害承制"时说:"承,犹随也。不亢则随之而已,既亢,则起而制之,承斯见矣。"这和《类经附翼》"无制则亢而为害"说中的所谓制,都属于生理性的自动调节。施制与受制的双方,都属于正的方面。当然,制的作用,也可施之于邪的一方,如培土以制水,滋水以制火,其所制者,自属于邪。不过,这所谓制,是来自于体外的输入。假如是阳明大实,煎熬肾阴,则为邪土克正水;水湿上凌,蒙闭心阳,则为邪水克正火。总之,克我者为邪气之贼害,被克者为正气之受戕。正如《素问·至真要大论》所说:"清气大来,燥之胜也,风木受邪,肝病生焉;热气大来,火之胜也,金燥受邪,肺病生焉……"因此,为了使概念明确,对克字与制字的使用,有严格区分的必要。

(二)关于临床 在接触临床的带教工作中,在目前辨证与辨病相结合的要求下,感到临床上单靠中医的辨证,显得十分不够,是毋庸讳言的。然而有些病例,在现代诊断的客观指标提示下,却闪烁着中医理论的光辉。例如,早期慢性肾炎病人,尿检中有蛋白、管型、红白细胞等等,至晚期血检中非蛋白氮等升高而死于尿毒症。这就充分证明了清代邹澍在《本经疏证》"山药"条下"肾气者,固当留其精而泻其粗也"之说,是天才的发现。在彼时的历史条件下，当然不可能清楚地认识到精与粗的实质，但这一论点，确是对肾脏生理功能认识上的突破。尤其是在目前，有足够的资料使人理解到：慢性肾炎病人，始而留精功能不足，亦肾气之衰颓；继而去粗功能有亏，知邪毒之潴留。从而为指导治疗提供了有益的论据，有力地纠正了过去仅据尿毒症出现的惊厥、昏迷症状，认为是病久延虚、虚风内动，治以三甲复脉汤等方的偏差。不仅于此，现在还能根据肾脏早有器质性病变的认识，及早地适当地佐用活血化瘀、消肿生肌的药物以提高疗效而推迟恶化，乃至完全治愈。当然，也不能因此而忽视中医的整体观点。如在治疗经过现代医学确诊为冠心病范围内的某些心脏疾患时，根据传统的四诊所得，参用补肾阴或温肾阳的方法，往往取得比较满意的疗效，这又说明了中医"心肾相交""坎离既济"等理论并没有过时。与此相反，我在运用肤浅的现代医学知识从事临床实践中，又常常感到某些中医理论不够完善，甚至变更了原来整套的理法方药。如众所周知，现代医学对其所谓炎症，每指出其病所有充血、水肿等病变。我曾遇到一个失音五年、别无所苦、久治不愈的病人，即根据五官科对声带诊断的结论，用通窍活血汤合真人活命饮加减，不过数剂即得音开而逐渐响亮如初。这就免去了是"金实不鸣"还是"金破不鸣"不必要的顾虑。还有，我曾用活血消肿、渗湿清热、专理肠间的方法，治愈多例慢性腹泻，以及在治疗迁延性肝炎、慢性肝炎和早期肝硬化的过程中，总是尽先解决血气有亏与邪毒和瘀血留滞这一对虚与实的主要矛盾及其矛盾的主要方面，多能完全治愈或获得缓解。这又使我感到李士材治泻九法和王旭高治肝三十法,都不免限于历史条件而不尽切合实际。也有一些慢性腹泻,其病机正如《临证指南医案》"便血"案中所说"脏阴有寒,腑阳有热"的相反状况,治疗上自应兼筹并顾。叶氏之说,自是从《金匮》黄土汤方义领会而来。实际上,有很多胃肠和其他方面疾病的病机,同时存在着脏寒腑热,亟需仔细分析,这就是辩证法在病理上的体现,也是辩证论治的精华所在。闲尝忆及《医学入门》有"人皆知百病生于气也,而不知百病生于血也"之说。我则认为,百病未必皆生于血,但百病都或多或少地与血有关。这从活血化瘀法在临床上用途之广,取效之捷,可见一斑。吾生有涯而知无涯。纵皓首穷经,犹未窥堂奥。然涉猎既久,也不免有一知半解。但一念及先贤顾亭林"凡著书立说,必为前人所未言,而为后人所必需"之言,则又不敢率尔操觚。荏苒至今,徒伤老大。

最后,我不辞衰朽,谨向同道们贡一得之愚:我们祖先留下来的宝贵医学,是研究和解决医学部门特殊矛盾运动的学问。要学好这一宝贵医学,就要学习辩证法。《辩证唯物主义讲课提纲》中曾指出:"科学历史告诉我们,每一种科学都是研究世界的某一方面的过程的矛盾运动的学问,科学家只要一旦离开了矛盾分析的研究,把它研究的对象看作是没有矛盾的东西,就要使科学的进步遇到障碍。"因此,我愿在有生之年,和同道们一起,一面加强辩证法的学习,一面呼吁多学科的协助,进一步探索中医学理论的精髓,为中医学术的发展共同努力!

(郭天玲整理)

涉医征途回眸

北京中医医院副院长、教授　　关幼波

[作者简介]　关幼波（1913～2005），北京市人。医承家学，广撷博采。临床四十多年，对于肝病的治疗，积累了丰富的经验。在有关同志协助下，创制"关幼波肝病辨证施治电子计算机程序"，获得成功。著有《关幼波临床经验选》等。历任中华全国中医学会常务理事、中华医学会内科分会理事、北京中医分会副理事长、北京市科协理事等职。

我从事中医工作已四十多年，途中小憩回眸，展望中医现代化的美好前景，欣喜之余，乐于总结一下自己的学习经过和体会。

"严"字开的头

(一)严父即严师 我幼承家学,六岁读私塾,在老师与家父的严格管教下,熟读四书五经并嗜书法,九岁时曾在街头当众挥毫书写春联,路人得之以求吉利。十六岁与家兄随父学医侍诊左右。我的父亲关月波是北京地区名医,擅长内、妇、儿科,对于时令病、妇女病更有独到之处。他的学术观点受滋阴派朱丹溪的影响,倾向于"阳有余、阴不足"。他体会:天花、麻疹、猩红热等属于温疫范围,病毒由口鼻而入,在气分不发病,在血分才发病,所以在治疗时一定要加用凉血活血的药物,如丹皮、赤芍、白茅根、元参、麦冬、生地等,自始至终注意养阴为佐,亦即解毒养阴、凉血透表之法。由于当时温疫流行,他曾将自己的经验方做成"温疫灵丹"加引吞服,简便廉验,深受劳苦大众欢迎。对于妇科病,他以四物汤治血为法,因病而异,灵活化裁,每收殊效。内科方面善治脾胃病,侧重于调理气血。总起来看虽然方药平平,但是辨证精当,疗效卓著,名人墨客祝贺称颂者不绝于户。其中胡某重病获愈,感激不尽,送金匾一幅,匾中八个大字两行排列:儒达乃儒医明是医。横竖可读,回环成诵,意思是:儒乃达儒、医是明医、儒达乃儒、医明是医、儒医乃是达明儒医,儒医达明乃是儒医。此段"回文诗"我一直保留到解放前夕,并以此鼓励自己。

父亲既是严父,又是严师,对我兄弟二人要求十分严格。有一次,吾兄误将"橘红"写成"菊红",父亲当着病人狠狠地给了他一嘴巴!并辞退了这个"徒弟"。我也曾挨过父亲的戒尺,因好学善问,得以继续留在身边学习。但随诊多年,从不轻易放手独诊。在父亲抱病期间,他曾连续抽查了我的三个脉案,经过认真复核,"考试"合格,最后满意地说:"你可以治病救人了。"不久,他便与世长辞了。

(二)**根基立坚实** 父亲以"品端术正"为座右铭,并一再告诫我"知之为知之,不知为不知";对于同道主要是学,不要评头品足,妄加批评;治病救人重于义气、轻于财气……这些朴实而略带"封建色彩"的哲理,作为医德教育,在当时来说,是无可非议的。

父亲医术高超,并非开口《内》《难》,闭口《金匮》《伤寒》,而是重视医理与病理的结合,在基本功上严格要求。诸如《雷公药性赋》《汤头歌》《濒湖脉学》等,都要求熟背;对于《内经》《难经》《伤寒论》《金匮要略》,则以实用为准选学精读,要求明其理、知其要、融会贯通。比较重视的是叶天士的《温热论》和吴鞠通的《温病条辨》。另外,也重视朱震亨的《丹溪心法》,李东垣的《脾胃论》,王清任的《医林改错》,唐容川的《血证论》等。父亲常说:"医者理也,认清医理才能治好病。"所以,在学习经典医籍时绝不要求死记硬背,在临床应用时绝不要求生搬硬套,而是在理解的基础上记忆,在实践中加深记忆。

"博"字铺开路

(一)**实践出真知** 父亲病故后,房东把房卖了,按照当时"典三卖四"的规矩,必须在四个月之内搬出去。那年我二十八岁,参加伪政府卫生局的考试(应试者五百余人,合格者仅有四十多人),虽然获得了中医师合格证书,但仍不能正式开业,必须到以汪逢春会长为首举办的中医师学会讲习所学习一年,考试合格后才能正式挂牌。当时正值丧父就学之际,饱尝了"贫居闹市无人问,富在深山有远亲"的苦酸辛辣。只好搬到前门外大席胡同"广福客店",三世同居一小陋室,晚上搭铺就寝,白天拆铺攻读、看病、吃饭。所谓"广福客店"实际上是贫民窟的一角,住有五十多户人家,五行八作、三教九流,应有尽有,故与我交往者尽贫苦之辈。由于国腐民穷,瘟疫流行,应接不暇的门诊、出诊,锻炼了我这个初出茅庐的年轻中医。成功与失败、欣慰与焦虑,复杂的心情激励着我的进程。由于广泛实践,把从父辈和医书上获得的知识变成了我的直接经验。例如,我出诊时进门一闻,便能鉴别出是麻疹还是猩红热,这种闻诊的敏感性,可以说是后天获得的"特异功能"。

由于当时的处境,使我有机会经常接触民众,加强了与劳动人民的思想感情。例如有位"洋车夫"请我出诊,事后拿出一元钱酬谢,我一眼就看见月份牌上夹着一张当票,心中凄然,迅速推回"车夫"的双手说:"快拿去给孩子买药吧!"这样的事是很多的,无数贫民难友虽然无钱送礼挂匾,但是"心中"的匾牌,情意更为深重。

(二)博采思路广　北京解放了,我同时在几个药铺坐堂,如前门大街的"永安堂""体乾堂",三里河大街的"同和堂""保得堂"等。当时我有幸与北京四大名医之一施今墨同一药铺坐堂,施为下午4~6点,我为下午6~8点。每天我都早去站柜台浏览施的脉案,并亲自询问服药后的变化,洞察其中奥妙,正是"行家看门道",稍有所得便默记脑海,日久天长像孔伯华、肖龙友、汪逢春等名家脉案都成了我的活教材。另外,我还广交同道谈论医道,像前门地区名医康乃安、赵瑞麟等都是我的挚友。由于我勤学好问,康在去世前把祖传秘方"鹅口散"传给我,经我推广使用对于口腔溃疡、白塞病等都有良效,现改名"口腔溃疡散",由药材公司公开出售。一九五三年我参加了北京市第一中医门诊部,与已故妇科名老中医刘奉五对桌应诊。刘是国医学院科班出身,又曾在校任教,理论基础扎实,临床疗效也好,我打破了"文人相轻"的旧习,主动与刘探讨医术,并互相交换病例。我当时把所能接触到的前辈和同行,都当成了老师,履行了仲景"勤求古训、博采众方"的古训。

(三)**勤学不耻下问** 我自幼曾受过"三人行必有我师""择其善者而从之,其不善者而改之"的古训,又经历了做学问的艰辛。所以,我体会到:"学问,学问,边学边问";通过实践,才是自己真正的学问。平时我参加外院疑难重症会诊较多,很多西医都乐意与我合作,我也把会诊作为向"能者"学习的好机会,并经常从抢救疑难病例中,汲取现代医学的知识。

"钻研"持以恒

(一)**由"博"返"约",深钻肝病辨治** 调入市中医医院后,由于科研需要,我进了肝病组,组内成员虽几经调整,我可以说是"开国元勋"之一,也是耐力持久的主力队员。从制订科研计划到实际临床观察,我都亲身参加,及时总结经验,多次在杂志上发表文章。我很注意某些新的苗头和新的线索。例如在五十年代初期治疗肝炎除清热利湿法则外,还流行清热解毒之说。我曾发现南方某肝病专家善用芳香化浊之品,对于改善症状和肝功能疗效尚好,我迅即扩大使用,于是藿香、佩兰等芳香化湿解毒的方药得以验证。再如肝病后期,正气耗伤,病邪易于散蔓,过用清热解毒、清热祛湿反而容易中伤脾胃。我根据"肝欲散,以辛补之,以酸泻之"的理论,选用一些酸味的药物,像白芍、木瓜、五倍子、乌梅、五味子等,一方面收敛正气,一方面"泻肝"酸敛解毒。特别是对于五味子的研究更是受到多方面的重视,并做了大量的实验研究。其他如肝病辨治过程中的邪正关系,病证结合与中西合参,对于肝病的胁痛、腹胀、低热、痞块、合并痰湿(肝炎后肝脂肪性变)、消渴等症候,以及近些年来新发现的"乙型肝炎表面抗原(HBgAg)阳性"等问题,我都认真细致地进行观察,并不断总结自己的治疗体会。

(二)辨证严谨抓实质,力挽危难　我不仅仅治疗肝病,对于杂病也注意积累经验。在学术观点上,我比较重视气、血、痰的理论,因为"气血为病""痰生百病"。所谓气、血、痰(古人称痰者水也),实际上是气、血、水三者,既是构成人体的物质基础,又是病理变化的实质。所以在临证时,除了遵守传统的辨证法则之外,特别注意抓住气、血、痰,对于疑难重症的治疗更是如此。例如有一次外院会诊,某西医专家也在场,患者(河南人)是流行性出血热,因在外地抢救未愈来京,病情危重。本病北京不多见,我不熟悉,于是以"能者"为师,首先向西医专家请教,了解到本病病原为特殊病毒,由地鼠（啮齿动物）和恙螨传播,而且发病急骤,死亡率很高,且以发热、出血、休克、肾功能障碍为特征。临床可分为发热期、低血压期、尿少期、多尿期。我又向护送的中医师请教,他们认为:发热期相当于毒热入于血分,用犀角地黄汤加减；低血压期以西医药为主积极抢救休克；肾功能障碍多尿期,以补肾为法,用六味地黄丸加减。而本例正处于多尿期,曾服六味诸剂数日效果不显,我聆听了中西医"能者"珍言,进行认真思考,并详细询问患者现状,发现患者少气懒言,精神萎靡,虽然发热已平,然而尿虽多而口渴、喜冷饮,舌苔白而舌质红,脉细数而略有鼓指。于是透过复杂的表象,深入探求毒热入血、耗伤气阴的病理实质,辨证为里热未清、气阴大伤。使用六味之辈为时尚早,于是改用竹叶石膏汤与人参白虎汤合方加减,三剂后症除溲敛,再用六味加减而收功。

（三）著书立说,继承发扬传心悟　我以为我应当是中医学历史中的接力赛跑队员,继承了古人的遗产,又传下去。所以,我从十几年前就开始积累病例和资料。在整理和编写的过程中,所采取的态度是:通过"加工制作"使经验带上系统性、条理性,从而提高一步。除了突出肝病治疗经验外,对于杂病也围绕我的学术观点,进行归纳和分析,并采取说理与举例相结合的方法,对于每一观点、每一看法,都用实际病例加以说明,有一说一,有二说二,避免重谈,更忌夸张炫耀之词,同时为了通俗易懂、深入浅出,还把主要论点用歌诀的形式作标题,以利上口,读后能诵能用。例如肝病调护宜忌简介一节,以"情绪舒畅,不能着急;饮食有节,不可偏倚;生活起居,要有规律;劳逸结合,善于调理"四句话为小标题,概括地说明了肝病调护的要点。

《关幼波临床经验选》出版后受到多方面的关注。例如一位主管卫生工作的领导写信给我说:"总结行医经验,交流推广,造福人类,是件大好事,你的著作显示了你的贡献。"这对于我是极大的鼓励和鞭策。日本神户市中医研究会会长森雄材来函说:"我们的中医研究会,计划出版一本西医诊断与中医辨证相结合的临床书籍,并打算将先生的《关选》作为编写的参考。"由于本书源于实践,所以书中的经验可以借鉴。例如山西临汾人民医院某医生说:"我觉得此书章法新颖,重点突出,经验确实,可以重复。"并用实际病例来说明运用我的经验后所获得的效果。如封某,男,38岁,一九七九年十月确诊为急性黄疸型肝炎,服用茵陈蒿汤加减八十余剂,黄疸虽减终未全除,加用白矾、郁金、陈皮、莱菔子等化痰之品,黄疸迅速消除,验证了"治黄要治痰"的看法。再如桂西山区中医治疗站某医生来信说:"有一妇女久患顽固性头痛,邻近医院跑遍,百药皆罔然。后按《关选》中'怪病责之于痰'一章治法,原方加减服十二剂,病症大减。"

"创"字展新图

(一)师古不泥古,学术力争创见　在继承中医学遗产的过程中,对于古典医籍和近世先贤著述,既要熟悉,但又不能受其束缚,因为实践是检验真理的唯一标准。例如,对于黄疸,除了同意"湿热相搏"乃生黄疸的传统概念外,对于与"疫毒"传染有关的病因学说我也比较重视。在病理上,我体会到:湿热羁留气分不会出现黄疸,而湿热为胶固之邪,入于血分,瘀阻百脉,逼迫胆汁外溢,浸渍肌肤,才能出现黄疸;若湿热蕴毒,则血热沸腾流速,胆液横溢,除黄疸日益加重外,尚可出现衄血、呕血、皮肤出血、斑点、赤缕、掌红、蜘蛛痣等,甚至毒热弥漫三焦,侵犯心包,而见高热、烦躁、神昏谵语等危候;若湿热凝痰,更加胶固黏滞,瘀阻血脉,脉道不通则胆汁更难循其常道而行,黄疸更难消退。所以在治法上除了遵守传统的清利湿热之外,尚且提出"治黄必治血,血行黄易却;治黄需解毒,毒解黄易除;治黄要治痰,痰化黄易散"的个人见解。

再如对于血证的看法,我体会:血在气的统帅之下环行于脉中。如果某种因素影响了气血的运行,使血流缓慢渐渐淤积不散,或使血流急速,壅阻脉道血滞血瘀,最后都可以形成瘀血。瘀血既成阻隔经络,新血源源循经而来,由于瘀血阻挡不能循经而去,以致逆经决络溢出脉道,造成出血。由于影响气血运行的因素是多方面的,所以在治法上也是多种多样的。应当针对并彻底清除引起血瘀的直接或间接因素,才是治疗血证的根本法则。这种瘀血滞留、阻隔脉道而引起出血的理论,对于阐明中医出血病机和治疗血证也是有益的。

(二)**坚信中医学术必将继续发展** 在卫生部一九八〇年召开的中医、中西医结合工作会议上,总结了三十年来的经验教训,明确提出了中医、西医、中西医结合三支力量都要大力发展、长期并存的方针。这一方针是适合我国实际情况的,解决了历史遗留下来的根本问题,对整个中医事业和中西医结合事业的发展是一件大事,对于我国医学科学现代化有着重要的现实意义和深远的历史意义。作为一个老中医,我坚信中国医药学是一个伟大的宝库,同时也不排斥现代科学和现代医学。在中西医结合的过程中,我真诚地与西医合作;在中医现代化的问题上,也愿积极前进。例如,几年以前,有人向我提出来准备把我治疗肝炎的经验输入电子计算机。当时一无先例可鉴,二无电子计算机,提出这样的问题是一个新的大胆设想,各方面的态度也不一致。但是,在各级领导的大力支持下,我的态度很坚决,对这些年轻人说:"我全力支持,有问题我负责。"就这样《关幼波肝病辨证施治电子计算机程序》的研究开始了。我们不知熬过多少不眠之夜。研究人员在理解和掌握我的治疗思想的基础上,根据望、闻、问、切所收集的症状、数据,制订数学模型,编制逻辑图,然后用算法语言编写成计算机程序,使之再现我的辨证施治思想。这套诊疗系统将肝病分为八个主型,三十六个亚型,并根据病情的变化进行加减。对于肝病的诊断、处方、医嘱等工作,不到一分钟的时间就全部完成。到一九七八年底初步研究成功了。经过一年多的实验性门诊,治疗肝炎病人一千多人次,在充分肯定的基础上,于一九八〇年六月二十四日下午,再现我的治疗肝病思想的"电脑医生"在北京中医院正式门诊,具有数千年历史的中医治法获得了新的生命力。当人们问及我的想法时,我说:"可以精于古,不可泥于古。中医必须在古人的基础上,有所发展,有所前进,中医现代化,势在必行。"我还想,应该把各地治疗肝病的好经验集中起来输入电脑,这就不单是我一个人,而是全国的名医同时给患者瞧病了。当我真正理解了"知识的最大敌人,就是没有任何新的欲求"的时候,我每时每刻都准备向知识的大海,提出新的欲求,并决心在发展中医学术的征途中,继续向前挺进。

(高益民整理)

关幼波

有益的回忆

江苏省中医院主任医师　　　江育仁

[作者简介]　江育仁（1916～2003），江苏常熟人。一九三八年卒业于上海中国医学院，毕生从事儿科，在理论和临床方面都有较深的造诣。历任中华全国中医学会理事、江苏中医分会副理事长、江苏省科委科研成果评定委员会委员等职。主要著作有《中医儿科诊疗学》《中医儿科纲要》《中医儿科临床手册》《中医儿科》等。

我从事临床四十余年，当然治愈了不少病人，但不敢自信全属"得心应手"，且治疗当时，记录不详，时过境迁，记忆不新，即能写出梗概，亦恐犯科学之戒律，于己于人，怕无裨益。而对过去在学习治病时所遇到的教训，虽时隔已久，其来龙去脉，前因后果，却能历历在目，记忆犹新，确有深切的体会。经验心得，固属可贵，而失败教训，或可资他人借鉴。为此，从求实出发，信笔写来，仅供后学参考而已。

从求医谈起

我十四岁那年的夏秋之交，患了一场大病。据当时医生的诊断是"伤寒症"。虽一开始就请医服药，但病情却日益增重。家人三次登门请求某名医出诊，但那位名医不是今天没空，就是明天不便，拒不应邀。那时，我昏昏沉沉，几将无望。幸亏我姑父请来了一位专看伤寒的医生。他非但精心诊治，而且把如何煎药，如何服药，连护理方法也交代得清清楚楚。我当晚服药后，顿觉神清气爽，就渐渐地好了。当时阖家欢欣，对那位医生感激得"恩同再造"。

这场大病，使我下定决心学医。父亲说，你学医可以，但一定要当个好医生，光有本事，如果没有"割股之心"，也是不行的。我提出拜那位"伤寒"名家为师。惜我在十七岁真正开始学医的那年，我心目中的老师，不幸已"遽归道山"了。还是经亲友介绍，得以拜李馨山先生为师，遂了我的宿愿。

李馨山是江苏省常熟县著名的儒医，是晚清的末科秀才，擅内、妇、儿科，亦以治"伤寒"名声远播，同属琴东西石桥世医王似山先生的高足（王似山先生即中国科协副主席、学部委员，物理学专家王淦昌博士的尊翁）。李氏训徒，既爱且严。尝谓"文墨不通，难作医工""秀才学郎中，等于拾根葱"。比喻学习中医一定要有古文基础。所以我们在学习过程中，老师既训医经，亦教古文。

李师有一套学律,三条约法。在第一学年内,要背熟《素问灵枢类纂》《金匮心典》《伤寒来苏集》《难经》四本书;第二学年背熟《汤头歌诀》《本草从新》,读熟《温病条辨》《吴医汇讲》《温热经纬》;第三学年阅读金元四家的著作、《四家医案》,同时随师侍诊;第四学年逐步进行独立应诊。这就是四年中的一套课程设置。所谓"三条约法"者,即:书本不熟不得临证;书法不工不准写方;不修礼貌不带出诊。他说"这是王氏门相传的学风和学规"。由于不能适应老师治学的严谨,在同期的五个同学中四年内有两位退了学。

结业后,荫老师的盛名,就诊者一时不少。那时有一点初生之犊不畏虎,在处理疑难病症时,常常胸中无数,笔下又欠推敲。尤其是诊治变幻多端的小儿科疾病,就更难免不出纰漏了。因此,曾多次发生医疗纠纷,加之旧社会"同行必妒",声名一时骤降。在自愧见闻浅陋、贻误苍生的心情下,毅然再作深造,负笈于上海中国医学院,并有目的、有重点地跟随上海名医徐小圃老师学习儿科专业。此即我学医由内科转入儿科经历之大略。

把教训奉为经验

古谚云:"宁医十男子,莫治一妇人;宁医十妇人,莫治一小儿。"反应了小儿疾病的变化多端,掌握不易。我之所以弃内科而从儿科者,有一点知难而进的意思。因为我在这方面的教训,可谓多矣!

(一)知其常而不达其变　麻疹属小儿常见传染病。

麻疹减毒疫苗未使用前,基本上每年都有流行,对小儿健康的危害很大。顺证的麻疹易被一般医生所掌握,而逆证麻疹多有并发症,如不及时抢治,往往病变仓卒,故麻疹预后良好与否,关键在于如何正确地掌握透疹的时机和透疹的方法。"疹不厌透",历来奉为治疹的要诀。但事物总是有两面性的,如果把它看作绝对的、不变的,那就会违反客观规律。我就在"疹不厌透"的律法下,险些误了大事。每忆及此,不寒而栗。

一两岁小孩,发热咳嗽三天,麻疹见点两天,突然高热气喘,烦躁不宁,睡时惊惕,大便不结,小便色黄,皮肤痧点隐伏不透,面白唇红,舌苔黄、质红。

本证属麻毒化热化火,火灼肺金,已有入营之兆,虽已属逆证,证情并不复杂。此时治法,理应清热解毒为主,略佐透法。重在甘寒护阴,严防伤津耗液、液劫风动,导致燎原莫制。但我当时审证,心中只有一个"透"字。认为疹点隐约,痧毒未得外泄,此必透发者一也;见点两天,正透疹之期,此应透之理二也。故大胆给予重剂宣透。患儿服药后,烦躁更甚,夜半呼吸更促,口唇焦裂,皮肤灼热,全身无汗,痧点隐没,两目红赤,不时上翻,抽风两次,小便涓滴,腹膨肚胀,神识渐至昏糊,病情重危,家属十分焦急,次晨另请他人医治,两天后,患儿转危为安。

后经了解,那位医生认为痧毒已经入里内陷,虽在透疹之期,已非透发所能引邪外泄。当务之急是毒邪化火,病涉营分,而阴液亏损,出现液劫化燥,肝风蠢动,非大剂凉营解毒,养阴清热,难刹其威。处方用的是:鲜生地、淡豆豉、丹皮、鲜石斛、鲜芦茅根、川连、大黄、山栀、连翘蕊等,并以紫雪丹冲服。据说,患儿服药后,大便畅解一次,色褐、气味臭秽,旋即全身微汗潮润,疹点亦得外透,从而身热渐退,气喘渐平,烦躁转宁,抽风止,神志清,病情向愈。

麻疹在出疹期应用透法,这是谁也不会否认的。但透疹的方法很多,如辛温宣透、辛凉宣透、益气透托等等,而未见有用苦寒泻下者。细审该证系有毒热炽盛,痧邪不从外泄,必致内陷。毒热化火,液劫风生,"炎"虽在肺,而毒在阳明。清热解毒,固为常法,但"杯水车薪",无济于事。所以不用"扬汤止沸"之法,而用"釜底抽薪"之计。故事后细想,我的过失,就在于不能知常达变。

(二)诊病不尚"四诊",岂能辨证　小儿腹泻的主要成因,外为暑湿所感,内多乳食中伤,病在脾胃。发病机理则为清阳不升,浊阴不降,清浊混淆,升降失司,故见泄利或伴呕恶。其因偏于暑热者,多伴发热,症见暴注下迫;湿邪偏盛者,则为洞泄稀水;乳食内伤,粪便气秽,多挟残渣;若素体脾虚,中阳不振,则见淡黄溏便,其若出现脾虚木旺之虚风证者,则属险候。

一般泄泻,治有常法,毋庸赘述。而因泻伤耗胃阴者,必有明显的烦躁口干等症象出现,临床易于防范;对损脾伤阳,产生慢脾风时,可导致卒然脱变者,则往往措手不及。故对各类腹泻之防治,务必随时注意有否伤阳之先兆,及时护卫脾阳,此对婴幼儿腹泻更为关键。曾治一患儿,五个月,因泄泻三天,干恶不进乳食而就诊。此时患儿"安睡"在摇篮里,既不哭,又不闹,颇似"安静",两目张开,若有"左右盼顾"之状,微有摇首,额有微汗,前囟不高,舌干,偶有弄舌状,肌肤干滑,并不灼热,肢端欠温,呼吸时不粗亦不急,偶有叹气状。询之家长云:前两天大便如稀水,日夜二十余次,刻已减少,夹有绿色粘液,本有哭叫烦躁,现已安静,惟有干恶不食。当时其家长认为病情已在好转,再服些药,可以好得快一些。而我未细致审察,仅凭家长代诉而处方,不料家属上街买药尚未回来,而孩子已经死了。第三天消息传来,外面沸沸扬扬地对我评头论足:"连快要死的人都看不出来,还医得好病?"

我对这一病例有两点教训:首先是主观上的失职,未能按四诊的要求去诊察病情;第二是识见浅薄,缺乏实际的临床经验。所以,当病儿出现表情淡漠、摇首弄舌的虚风内动,以及额汗肢冷、呼吸深长等慢脾风的临危症候(现在想来,可能已是失水、酸中毒,伴有循环障碍的休克症状)毫不觉察,焉有不偾事者!

(三)临证慌张,缺乏沉着果断　有一例患者,病已六日,仍头裹包巾,拥被怕风,面红耳赤,口干喜凉饮,声音略有嘶哑,自诉头痛如裂,心中烦热,遍身如披杖,转侧不利。近两天来大便溏泄,按其脉浮而数,察其舌,苔白上盖黄色、质尖红,咽部红肿,见其状,呼吸气促,摸其肌肤,灼手无汗,而下肢反觉不温。

病者起病突然,属外感时病无疑。其突出的证情为头痛、骨楚、恶风、喜冷饮。属何证为主,当时颇费思索。考仲景有"身体疼烦,不能自转侧"与"恶风不欲去衣"的条文,似属"风湿相搏"证。但风湿方中均有桂枝、附子之大辛大热,与舌干、渴喜凉饮,药不符症。如从烦渴喜冷饮、呼吸气喘、肌肤灼热的里热实证着手,然苔无老黄,底白不厚,腹软不按痛,且大便溏泄,则热邪无入腑之证。虽有大渴,但尚恶风无汗,亦非阳明经的白虎汤证,因白虎汤有"其表不解,不可与"禁例。若以麻黄汤先解其表,再清其里,阅遍麻黄汤证却无渴饮提及。同时咽红声嘶,温热之证显而易见,如投辛温,则势同"抱薪救火"。又思表寒不解,里热已炽,咳而气喘,则麻杏甘石汤可谓对症矣。思维再三,拟用麻杏甘石汤。《伤寒论》中有两条明文,一为下后,一为汗后,即"汗出而喘,无大热"者,明确指出了该方的适应证在于表证已罢之时。此例患者麻杏甘石亦非对症之方,似用大青龙汤较为合拍。由于认识不清,识见浅陋,拿不定主见,重剂怕担风险,更怕腾讥医坛,肇事生变,乃以一般辛凉解表之稳妥轻剂与之。究因药不对症,病情有增无减,乃改延前辈老医两剂药而痊愈。窥其方果然是大青龙汤。

考大青龙条文所叙,十之八九为麻黄汤之脉证,所增者惟"烦躁"两字而已。原文中又有"不汗出而烦躁者",说明烦躁的由来为不汗出。大青龙汤之所以获效,系解其表寒又清里热,有其症用其方。

窃思该病之所以日益鸱张者,乃起病之初,未能及时投以麻黄汤。因寒邪郁表,病在太阳,应汗不汗,郁而生热,从当初之微热口渴,继则转为渴饮凉水,咽喉略痛,进为咽喉红肿,声音嘶哑。腠理闭塞,内生之热,更无外泄之门路。因此,炎肺则喘,下趋则便泄,种种见证,概括为"表寒里热"四字而已。事后羞愧倍至,自惭读其书而不究其义,临证慌张,无沉着审辨胆大心细的果断精神,兼之心怀私念,岂医道之所能容忍。

学人之长　断以己律

书本上的经验,固然要学,而老师朋辈中的实践心得,更为可贵。故凡有"一事长己者,不远千里,服膺取决"的治学精神,贵在不耻下问,才能真正学到别人"刀口"上的经验。

(一)片言只语,都有"零金碎玉"　曾治一例失眠患者,颧红升火,彻夜烦躁不宁。多次投以平肝潜阳,养心宁神之剂,连服十多天,药沉大海,并无寸效。老师就在我原方中加入猪胆汁、龙胆草双重苦味药,仅服三剂,即能安然入睡,霍然病愈。老师谓:"虚火宜潜,实火宜泄。该病有颧红升火,烦躁不宁者,即肝胆有实火也。"

又一例女童尿潴留,长期导尿,引起下阴严重感染,外阴部红肿溃破,迭经中西药物并治,小便仍涓滴不下,痛苦万分,邀我诊治。认证湿火下注,经治一周,病情未见改善,反而增加肢体浮肿,呼吸气粗,恶风发热。乃请同窗老友会诊,他详询病情,反复检阅所有处理方法,思考再三,若有所悟,告余曰:"此实'提壶揭盖'之证也。"即疏生黄芪四两,桔梗六钱,升麻、生甘草各三钱,浓煎代茶,少量多次口服,并以生银花、生甘草煎汤熏洗下阴,每日二至三次。三至四天后,小便已能自利,取出导尿管,嗣后阴部肿胀溃破处亦得逐渐消退愈合。

"提壶揭盖"法,为癃闭少尿症中属于气虚下陷者,理法并非陌生,而下阴部红肿溃破,明为湿火证,加之小便涓滴,似与证情有违。孰知肺主一身之气化,肺气不足,气化岂能下达州都。生黄芪配伍升麻、桔梗，既益其气，又举其陷。且黄芪托毒消肿，对久溃不敛之疮疡有生肌收口作用，为外科之要药。医学是至精至微的一门学问，由于读书不十分仔细，不求甚解，囫囵吞枣，就会成为头痛医头、脚病治脚的庸医。

（二）点滴经验，实包含着普遍性规律在内　"痢无止法"是一个普遍性规律，但并非所有的痢疾病人，都不能用止和补的方法。"暴痢属实""久痢多虚"，也是基本的规律，但亦不能奉为一成不变的定律。

忆随师诊治一痢疾患者，缠绵病榻已三月余，形瘦骨立。夏秋患病，已值隆冬，痢仍不止，赤白夹杂，日行无度，量少不爽，腹痛后重，纳食则恶，胃气索然，面色萎黄，精神极为疲弱，舌苔干而呆白，质淡红，边有碎腐。遍阅前方，皆为补涩止痢，亦有温运脾胃者。当时认证：中气已虚，邪毒内踞，胃阴耗伤，脾阳已困。欲导其积，正气益伤，温中则耗劫胃阴，滋阴则脾阳益困，治疗上大有顾此失彼之虑。老师挠首寻思，毅然投以温通并用，药仅大黄、肉桂二味，不用煎煮，而以泡浸，取其气味，药后下宿积脓血便甚畅，臭秽不堪，证情逐渐好转而愈。

按此证乃由失治而来，使邪积留于大肠屈曲之间，因病致虚，非因虚为病，故虽见大羸但有大实。不用攻补，而以温通之法者，恐参、术碍脾之运，且阻大黄通下之功。肉桂性温理气，监制大黄之苦寒，得脾阳之鼓舞，而助大黄推荡之力，达到相辅相成的协同作用。当时还恐一泻而脱，在床边置以糯米稀粥一盏，得泻后即温取饮下。法颇可取，考虑亦极周详。后来我把该方改为粉剂，用于小儿的迁延性菌痢以及急性菌痢中经抗生素治疗效果不佳的病例,常获得较为满意的疗效。

（三）学习"刀口"上的经验,贵在"活"用　　所谓"刀口"上的经验,就是说在学术上具有独特的见解,在临床上经得起重复,能解决"关键"性的问题。这种经验贵在其是通过长期实践总结出来的。

昔年从上海徐小圃氏学习儿科。他以擅长使用温热药而著名于时,常在小儿急性热病的重危病例,特别是麻疹合并肺炎时运用温药。当时我很不理解:①麻疹为温热病,温病怎能用温药治疗？②小儿纯阳之体,为什么不禁忌温药？③温药与寒凉药同时并用时,其作用和意义何在？我真正弄通这些问题,花了好几年的时间。第一,徐老所治的急性热病中的麻疹肺炎,基本上属于麻疹中的坏证和变证,临床具有面色灰滞、精神淡漠、脉细数无力之气阳不足证。从现代医学看,多数是肺炎并发心衰竭、呼吸和循环障碍等虚证。故病不在邪盛,而在正虚。及时应用温阳救逆法,以防其脱变。如待脱象毕露,则已晚矣。徐老之所以善用温药的经验,关键在于抓得早,抓得准。第二,关于小儿生理"体禀纯阳"的问题,虽有不同的理解,但在病理上的"易虚易实""易寒易热"是客观存在的。因此,温热病中使用温药并非常法,而是治其变。第三,温清并用,古已有之,虽非徐氏所创,但徐老对温清并用确有独特之处。尤其对一些急性热病中出现邪毒盛而正气不支的重危病例,在温阳救逆法中参与苦寒解毒之品,确能起到良好的作用。过去,我们在收治"麻疹并发肺炎"时,对合并腺病毒感染或金黄色葡萄球菌感染的病例,通过中西

江育仁

医两法长期治疗无效时,在正不胜邪的情况下,使用上述方法而获效者,亦屡见不鲜。我们还对某些合并化脓性病灶的病例,在未见正气衰败时,重用生大黄通腑解毒,效果也是可喜的。

求古训　走新路

作为一个年资较高的中医,身负着承前启后的双重任务,肩挑着医疗、教学、科研几副担子,责任是重大的。事物在发展,形势在前进,应当活到老,学到老,不断实践,不断探索,向新的水平迈进。近年来,我是这样做的:

(一)对待不同的学术观点,要立足于实践　关于小儿时期的生理体质特点,历代的儿科学者,长期以来就持有"纯阳之体"和"稚阴稚阳"的不同观点,对后世的影响很大。持"纯阳"立论者,认为小儿体禀纯阳,罹病之后,易化热化火。所以在治疗上要重视寒凉药物的应用,力避辛温之品,因温药能助热化火,列为禁忌。而持"稚阴稚阳"论者,则认为幼儿时期,生机蓬勃,正在向完善、成熟方面发展。在发育的过程中,依阳以生,赖阴而长,然而阳既不足,阴又未盛,所以在治疗上要注意卫护阳气。为了进一步学习这一不同的学术观点,我们从三百例住院病例中的六十一例危重病儿中,做了偏于伤阴和偏于伤阳的初步比较。六十一例中二岁以内的有四十一例,二至六岁的十二例,十岁左右的八例。病种方面,以急性病为主,其中以小儿肺炎、中毒性消化不良、伤寒等占多数。入院时病情都较严重,且有十九例已伴有心衰竭和循环障碍。我们根据病情记录及用药法度来探索其"稚阴稚阳"在疾病过程中的临床现象及其实际意义。

1. 颜面望诊。以青灰㿠白为多,占总病例的50%以上。年龄愈小,其出现的机会愈多。

2. 精神状态。多见者为萎靡淡漠,目光无神。幼、婴儿表现更明显。

3. 舌苔与舌质。光苔滑白、舌质淡红、淡白者占总数57%;黄苔、灰苔、白苔、舌质红者占总数43%。其舌质舌苔的表现与患儿的临床体征是一致的。

4. 脉象。较大儿童的脉象以沉细、细数的偏多。

在六十一例重危病例的治疗记录中,有二十六例是完全使用了以参、附为主的回阳救逆法,十二例是阴阳并伤,以生脉散加附子、龙骨、牡蛎等;单纯用养阴清热、苦寒解毒方法的为十三例,且均为年龄较大的儿童。

通过初步观察,我认为小儿生理具有"稚阴稚阳"的特点,基本上是符合实际情况的。同时,小儿在病理上所表现的易虚易实、易寒易热,也是随着年龄增长而转归的。伤阴与伤阳亦互有转化,多见者如腹泻病例中的中毒性消化不良症,它可先伤胃阴,继伤脾阳,又能在胃阴耗损的同时,既出现口干舌绛、皮肤干燥皱瘪的症状,又有面㿠无神、肢厥脉微的脾阳困惫证,具体反映了"稚阴稚阳"的临床征象。对阴阳两伤的处理问题,往往采取扶其阳而救其阴的方法,但必须审察孰者为主。盖阴与阳虽是不同的属性,但又是互根的。所以阴之滋生,必须赖阳气之濡化;阳可以统阴,而阴则不能统阳。这使我进一步体会到,对待不同的学术观点,只有通过反复实践,才能有较深刻的理解。

又例如小儿的指纹诊,过去有些儿科书籍中,把它讲得神乎其神,而且在群众中影响极为深刻,认为儿科医生就是依靠指纹来诊断疾病的。我们对此也做了一些调查研究,观察了三岁以内的正常儿和不同病证的小儿五百例。看到指纹的三关颜色,在各种疾病中,似未见有明显的特异性诊断依据。有些正常儿的指纹,也有直透三关的。对病情的发生和发展也未发现有一定的规律可循。故初步认为,指纹充盈度的变化,可能与静脉压有关。临床上见到一些心衰竭的肺炎患儿,其指纹可向命关伸展。指纹的色泽在某些程度上可反映体内缺氧的程度,即缺氧愈甚,指纹的青紫色也就愈见明显,这似有一定的参考价值。当然,由于观察的例数不多,方法上是否符合科学性,还有待进一步研究。

(二)总结规律,使来自实践的经验更加科学化　过去,由于历史条件的限制,有些疾病的诊断概念比较模糊,对临床缺乏普遍的指导意义。因此,在实践的基础上,进行整理和总结,对于提高医疗、教学的质量,可能会起到较好的作用。

例如,疳证是儿科四大证之一,其涉及的范围颇为广泛:它不仅是营养不良的一种现象,而且是多种疾病的综合反映。不但病因复杂,且命名繁多。历代以来,仁者见仁,智者见智,概念亦不够清楚,分类方法更无统一标志。有的以脏腑分类,如心、肝、脾、肺、肾的五脏疳;有的以症状分类,如疳渴、疳肿等;有的则以病位分类,如眼疳、鼻疳、牙疳等；也有的以病因分类，如蛔疳、哺乳疳等等。临床实践中，疳证的症状是错综复杂的，很少以独立的症状出现。为此，我们做了五百三十三例各类疳证的临床观察，并从病因调查、症候分类、诊断依据、治疗法则以及并发症的产生等几个方面进行了分析。在五百三十三例中，属于喂养不当的有三百零五例，占57%（其中包括营养过剩）；由于病后失调的有一百七十一例，占32.1%；属于先天不足、后天失调的五十七例，占10.7%。说明古代医家指出的"诸疳皆脾胃为病"的论点，是符合实际的。我们将各类症候的表现和不同疳证的名称，根据"有诸内必形诸外"的理论，结合患儿的临床特征，把疳证列为三大类证：一为形体比正常儿消瘦，食欲不振，大便欠调者，本组中有一百九十六例，占总数的36.8%，属疳之初期，称为"疳气"证，其病机为脾胃失调；二为能食不充形骸，肚腹膨大，甚则青筋暴露，形如橄榄，多有合并肠寄生虫者，有二百五十六例，占48%，名为"疳积"证，其病机属脾虚夹积，虚中夹实；三为极度消瘦，状如皮包骨头者，有八十一例，占15.2%，乃疳证之晚期，诊为"干疳"，病机为气血津液亏耗。在治疗上，"疳气"以和为主，"疳积"消补并施，"干疳"则以补为主。并发症属本病的兼证，不作病名分类。如口疳为心脾积热，眼疳为肝阴不足，疳肿胀为脾虚气弱、水湿潴留等等。虽然还很不成熟，但对临床医疗总结经验，尚有一定指导意义。

又如流行性乙型脑炎的治疗，各地均积累了不少的经验。在病因方面，中医学者认为属于温病学说的"暑温"范畴。按温病的传变规律，一般均由卫及气，由气入营入血。

而本病特别是重症病例,发病急骤,往往起病即见昏迷、抽风等营血症状,如沿用卫气营血辨证,则难以合拍。且急性期与恢复期、后遗症期的病因机制,亦无统一的认识。因此,对本病的病因机制,形成了阶段之间的割裂,对医疗教学亦带来困难。为进一步探索本病的发病机理及其辨证治疗规律,我们有意识、有目的地对一百二十一例"乙脑"急性期及一百三十五例恢复期和后遗症期的病例进行了全面观察。根据"乙脑"急性期所出现的高热、昏迷、抽风三大主症,恢复期、后遗症期的不规则发热、意识障碍、吞咽困难、失语以及强直性瘫痪、震颤样抽动等症状,均具体表现了热(发热)、痰(意识障碍和颅神经症状)、风(抽风)等三大症候。而热、痰、风三者又互有联系、互为因果。如热极可以生风,风动生痰,痰盛生惊,它既是症候,又属病机。虽然三者之间可以同时存在,但必有主要的一个方面。不过,急性期的热、痰、风证,实者为主;恢复期、后遗症期的热、痰、风证,则以虚者为主,或虚中夹实。

为了进一步明确辩证,又将急性期热证,按其不同的属性,分为温、热、火三个类别。痰证为意识障碍,其狂躁不宁者为痰火,深度昏迷者为痰浊。风证中头痛项强,有表证者灼热无汗为外风,惊厥反复发作,持续不止而有汗者为邪陷心包、肝风内动之内风。恢复期及后遗症发热,有阴虚和阳虚两点(感染性发热例外),强直性瘫痪为风窜络道,震颤样不自主动作的抽风为虚风。对吞咽困难、失语、痴呆者均列入痰浊证。通过多年的实践证明,运用热、痰、风理论指导"乙脑"的辩证施治,似有一定的规律性。对今后进一步探索其机理,也提供了初步的参考资料。

治学三部曲

中医研究院研究员　　朱仁康

[作者简介] 朱仁康（1908～2000），江苏无锡人。从事中医事业五十余年，于疮疡皮肤外科有较高的造诣。治学衷中参西，多所创新，著有《中西医学汇综》《实用外科中药治疗学》《朱仁康临床经验集》等。

在名师指点下苦练基本功

我出身于一个小市民家庭，家父是粮店职员。其时军阀割据，战乱频仍，兵匪横行，民不聊生。我家食指浩繁，入不敷出，只能东挪西凑，苦度日月。尽管如此，家父还很注意对下一代的培养，不惜债台高筑，设法资助我弟兄上学。我读完高小后考入中学，仅读了一年，因多病而辍读。少年时，我家赁居无锡南郊。当时外科名医章治康氏因避兵乱,由郊区乔迁来城区与我家合居,方圆百里,慕名而来求治者络绎不绝。凡贫困患者,章氏非特分文不取,甚至相赠药金,故深得百姓爱戴。章老先生不但专长外科,亦熟谙内科。余家人有病,经其诊治,无不霍然而愈。某年家父因心境不畅,郁火结聚,脑后发疽,肿痛日厉。章氏为其遣方用药,并嘱家人宰三年老母鸡一只,炖熟与服。初疑不敢从命,章谓此乃以毒攻毒,坚议不妨,才放心服用。不久疮头收束,顶透脓泄而愈,阖家信服。俟后朝夕相处,与家父交称莫逆,家父遂有使我两兄弟从师学医之意。我哥长余四岁,先从章氏执弟子礼,三载学成,悬壶锡地郊区行医,余全家亦移居相随。我即从兄长随诊抄方学习,因而亦尽得章氏薪传之秘。

章氏对疮疡外科有独到之处。常惯用虫类药如山甲、全蝎、斑蝥、蜈蚣之类,配成秘方丸散,用以内消疮疡,功效卓著,故能驰名于世。

我学医过程中,一则从小长期与名医相处,耳濡目染,有所熏陶;再则由于长兄提携督促苦练基本功,打下了良好基础。以下谈几点经验体会。

(一)我读医书从《汤头歌诀》及《医家四要》启蒙 初学时无门径,亦走了一些弯路,单就《汤头歌诀》来讲,不知背诵了多少遍,还是前记后忘,后来找到了窍门,把各类方剂经过分析、对比异同,便能牢记下来。以后再读《医方集解》,深入了解方义,就更牢固了。在读外科专著方面,由于师承相传,我最推崇高锦庭《疡科心得集》一书。盖明清两代在外科史上虽有明显发展,外科书亦不少,但大多陈陈相因,多所雷同,唯此书一反既往以疮疡部位编次的惯例,而首创以两病或三病骈列立论,辨其异同,条分缕析,既便于辨病(现在所谓鉴别诊断),更有助于辨治。例如"辨附骨疽、附骨痰论",已能明确地把骨髓炎、骨结核区别开来。又如在脑疽论中,首先提出三陷变局,对全身化脓性感染——败血症与脓毒症,已有很好的认识。如是之处皆发前人所未发,确实在中医外科史上有很大的贡献。我对此书曾反复攻读,受益匪浅。体会到高氏组方用药,偏重于清热解毒,毕竟疮疡属于火毒,阳证多见,观其所创新方如清营解毒汤、银花解毒汤、羚羊角散皆属此类。据此我认为当时高氏是受到温病学派卫气营血理论的影响所致。

我既以熟读《疡科心得集》先入为主外,亦参阅了外科名著,如《外科正宗》《医宗金鉴·外科心法》等,做了摘录,博采众长,从中吸取精华,充实了师承经验之不足。

此外,我接受前人"治外必本之内,知其内以求其外"及"治外而不知内,非其治也"的教诲,重视学外科医必须熟谙内科基础,为此我先后读过《素灵类纂》《时病论》《伤寒来苏集》《温病条辨》《本草从新》等书,为我后来树立整体观,主张疮疡皮肤外科诸症应着重内科,打下基础。

回想起我学医的方式,基本上是以师带徒的方式。我白天协助长兄(亦说是随师)临诊、抄方、配药,夜晚才有时间攻读书本,因此常夜以继日,不敢偷懒,曾作"十七而学论"以自励。我深深体会到,我这样的学医方式,临床实习与理论知识紧密结合,收获大,进步快;缺点是理论基础差些,不能像在医学院学习的那样系统、扎实。但目前的学习方式,先学理论,后再临床实习,二者似有脱节,因而实际掌握医疗技术就欠缺些。

（二）学外科与其他科不同，**必须配合外用药，炼丹制药乃是一项必须掌握的专门技术**　过去师徒之间，保守思想严重，向有传子不传婿之说。灵丹妙药视为囊中之宝，秘而不宣，唯恐外传。外科常用红升、白降二丹，视为不可或缺之品，必须亲自动手炼制。炼制时应掌握好火候（文火、武火、炼取时间），否则，必遭失败。如炼升丹，火候太过则丹药发黑，弃之无用；火候不足则丹药发黄，功效不著。熬煎膏药亦如此。熬油温度在400℃以上，必须滴水成珠，方是火候到的征候，这时下丹，才能熬成乌黑光亮。这些都要经过亲自实践，反复试验，才能制好。有好多外用配方膏、丹、散、水、酒等，都有一套工艺方法、先后次序，功效好坏，与此大有关系。这些基本功，必须掌握好。

（三）**开刀技术，首先要掌握好辨脓法。全靠手指按摸，判断有脓无脓**　深部脓疡辨之较难，尝有似脓非脓、气肿、血肿，易于误诊，均要经过反复实践方可取得经验。中医开刀，向以小切口为主，辨脓疡深浅，定切口部位，浅则浅开，深则深刺，恰如其分。反之，过浅则未到脓腔，脓不外泄；过深则伤筋动络，甚至大出血。开口过小则脓出不畅，造成蓄脓；脓未成熟而切，及脓成而过时不切，均非所宜。此一基本功，亦得打牢，掌握分寸。

由于长兄的谆谆教导及自己的苦学多练，用了不到三年的时间，初步掌握了一般医疗技术。为了减轻长兄挑起全家生计的重担，我开始自立门户，离开长兄，去相隔五十里之遥的苏州郊区开业行医。初出茅庐，对过去学医时常见的病，治好不难，但遇到以前不常见的病，甚至从未见过的疑难之症，就不那么简单了。毕竟实践不够，经验不足，又无师可问，只能从书本上去找办法，自己揣摩，真如所谓"初学三年，天下通行；再学三年，寸步难行"了。我曾碰到这样一个病例，虽事隔五十年，迄今记忆犹新。患者蔡某，男性，农民，二十余岁，遍身起青紫斑块，状如葡萄，两腿青肿，满口牙龈糜烂，血从外溢，不断吐出青紫黑红夹杂的血块，臭秽之气冲人。其家属惶惶然，来所求治。余自忖行医方始，此病从未见过，如何处理，心中无数，初思牙龈属胃，现今腐烂出血不止，想是胃火上炽，遍身青紫斑块，良由邪热伤络、血溢脉外所致。筹思有顷，蓦然想起方书有消斑青黛饮一方，或许尚能合拍。故拟先用犀角尖（镑末）五分，以银花露送服，继拟方用鲜生地、川黄连、黑栀、知母、青黛、生石膏、丹皮、赤芍、元参、鲜芦根与服，另以五倍子末外搽牙龈以收敛止血。两剂后复诊，龈血明显减少，周身青紫斑块亦渐消退，仍宗前方，去犀角，加侧柏叶、大青叶等增损，六剂后痊愈。阖家称颂不止，余亦深感满意。事后查察《外科正宗》《医宗金鉴》诸书，此症均称青腿牙疳及葡萄疫，与现代所称坏血病相似。而消斑青黛饮一方，出自《伤寒六书》，治邪热入胃，里实表虚，阳毒发斑之症，亦见合拍。余开业伊始，不意能旗开得胜，初建奇功，私自庆幸。

从此以后，我经常把每天看到的病摘记下来，写成临诊笔记。一般病例简录，疑难危重病则详记。诊疗之暇，细察认证识病，处方用药有无差错，有无药不对症之处。哪些药该用的未用，不该用的却用了，经过思考，以备下次改正。遇疑难病或罕见之症，必经多方查书，一求明确诊断，二求想方设法。遇危重症，事关患者生命安危，责任重大,不但临诊时要详细检查,慎重推敲后方遣方下药,且诊后又要考虑下一步方案,常致夜不安枕,必待来朝看到病人转危为安,才放下心来。我这样做,多年如一日,认为有下列几点好处:①边看病,边查书,学以致用,学用结合,有利于逐步提高医疗水平。②既有成功的经验,及时总结;亦有失败的教训,随时改正。③对病人负责,免于差错。④日积月累,便于摸出规律,总结提高。

衷中参西　为我所用

我初登医林不久,除从事中医外科专业外,因惑于社会上有中医长于内科,西医长于外科之说,思想有所触动。当时有上海汪洋办的西医函授学校,编有一整套的讲义,我就抽诊余时间来自学,还涉猎其他西医书籍,得以略窥门径。我认为中西医各有所长,各有所短,何妨中西会通,采长补短。后来看到唐容川氏《中西医学汇通》一书已先得我心,深有启发。我先从中西病名对照着手,待抗战前夕迁居上海后,即广泛搜集资料,结合自己见解,写成《中西医学汇综》一书,初步体现了我的设想。我在序文中写道:"中西医不可偏废,允宜兼收并蓄,取长补短,融会贯通,共冶一炉。""医学无分中外,拯人疾患,其道则一,他山之石,可以为错。"盖因当时中西医间存在隔阂,各立门户,相互攻讦,有水火不相容之势,深以为憾。后又在我主编的《国医导报》中重申此旨,有中西医长期共存、互相结合之意。我三十年代发表的《外科新论》及五十年代写的《实用外科中药治疗学》,都是以中西病名对照、中西学说互参的方式来写的。

解放后,参加革命工作以来,中西医结合在一起,有一个共同的目标,为发扬、整理、提高中医学而做出努力。在实际工作中,我常认为中医辨证、西医辨病(当然中医也讲辨病),是目前做好中西医结合工作的两个主要环节。要做到这一点,中西医应互相学习。中医要熟悉西医诊断检查的一套方法,西医也要深入了解中医辨证论治的特点。这样,中西医间才有共同的语言,知己知彼,百战不殆。

我在临床实践中,遵循中医辨证论治基本精神,以证为主,既可异病同治,亦可同病异治,同时吸收现代医学的理论学说,衷中参西,洋为中用,提高了临床组方用药的针对性及整体性。如扁平疣、带状疱疹,就西医来说是属于病毒性皮肤病,我就采用清热解毒药组成的马齿苋合剂治疗,取得了较好的疗效。又如银屑病,鉴于西医抗肿瘤药物有效,但不良反应较大。我就根据此证有血热、血燥的特点,适当配合清热解毒药(初步认为具有抗癌作用的中药),亦取得较好疗效,且不良反应较少。

用辩证法指导实践

我以为学习唯物辩证法并用来指导临床实践,很有必要。所以读一读毛泽东同志的《实践论》《矛盾论》及《人的正确思想是从哪里来的》三篇著作很重要。

(一)学习中医基本理论及前人经验,是十分必要的,但决不能脱离实践 因为基础理论毕竟是原则性的东西,若不结合临床实践加以阐发验证,就不易深入,碰到实际问题,就无法处理,所谓"熟读王叔和,不如临证多"。前人学说经验并非都是金科玉律。学派不同,立论各异,各有所长,各有所偏,常瑕瑜互见。既要尊重古人,但由于时代的局限性,亦不要迷信古人。前人的经验,不等于就是自己的经验,必须通过自己的实践,临床验证,或成或败,从实践中来认识所学,检验所学。

(二)我们认识事物,有两个过程,就是从特殊到一般,又从一般到特殊 认识疾病也是一样,例如,中医所谓的异病同治和同病异治,就是这个道理。

在临床中要大量积累病例,首先从中找出其普遍性(共性),拟定通用方,经过验证,便于推广。其次是找出其特殊性(个性),摸出规律,进行辨证论治。个别亦可求大同存小异,进行加减。这样从一般到特殊,又从特殊到一般,实践、认识,再实践、再认识,使我们更前进一步。

更重要的要认识到矛盾互相转化的规律。矛盾的双方,依据一定的条件,各向其相反的方向转化。我带着这样的认识,来解决慢性湿疹长期不愈的问题。过去对这种病,束手无策,只认为湿疹就不离乎湿,用片面的、静止的观点看问题,常用苦寒燥湿或淡渗利湿的方法来处理,结果越治越坏。原因是没有认识到长期不愈、渗水日久已重伤其阴,矛盾已经转化,出现舌绛、苔光剥等证。于是考虑到用滋阴的方法。但又注意到,如单用滋阴,就会助湿。于是,最后采用了滋阴除湿同时并用的方案,用生地、元参、丹参等滋阴而不助湿,茯苓、泽泻除湿而不伤阴,并随时注意到矛盾双方互相转化,如阴伤现象重时,就重用滋阴,湿象又明显时,则重用除湿,随时分析矛盾,解决问题,从而收到较好的疗效。

此外,在外科领域里,阴证转阳证,阳证变阴证,亦并不少见,应随时注意矛盾的转化。我在临床中,常采用消托兼施、攻补并进的方法,亦是这个道理。我等读前人书,要经过思考,学其合理部分,舍其偏见之处。就治疮疡三大法之消、托、补而论,能消则消,不能消则托,此乃常法。但在具体运用中,应灵活掌握,不可拘泥。王洪绪虽有"以消为贵,以托为畏"之戒,我则赞成其前者,而不同意其后者。王治疮疡以犀黄丸、醒消丸、小金丹之类,以期内消,免于刀针之苦,是其可贵之处。若治之已晚,能消者无几,予常以消托兼施之法,间有可消之机,即使不克内消,亦能移深居浅,脓泄而愈,乃是上策。因此认为托法并不可畏。即以仙方活命饮为例,亦是消托兼施之剂,未成可消,已成速溃。我用托法,如疔疮火毒结聚,坚不化脓,肿势扩散,则宜清托,使其疮头早破,疔毒外泄,不致内窜走黄。又如脑疽发背,疡不高肿,平塌不起,则宜补托(补正托毒),不致正虚毒陷。如阳虚毒陷,则宜温托,以挽颓势。此外,予治肠痈(阑尾周围脓肿)、瘰疬等症,亦用消托兼施之法,达到内消目的。

(李博鉴整理)

医海春秋

辽宁中医学院副院长、教授　　　孙允中

[作者简介]　孙允中(1902~1993),辽宁省沈阳市人,从事中医工作五十余年。对于胸痹、贫血、肝病、肾病研究方面取得一定成绩。著有《儿科病中药疗法》《孙允中临证实践录》。曾编写《伤寒》《金匮》等讲义多种。历任中华全国中医学会理事、辽宁省中医学会副会长、辽宁省五届人大代表等职。

一

我祖籍沈阳,父亲是位遐迩闻名的医生。在家庭熏陶下,我九岁的时候,就已认识一些中药了。但是,这个本来是得天独厚的条件没继续多久,十一岁母亲死后,后娘入门,我这个曾经是双亲的宠儿,一下子变成了家庭的弃子。多亏姨妈把我收养起来。大概是"寒梅初放"的缘故吧,我十六岁就发愤学医，手捧"四小经典"，每至午夜。两年逝去，我念熟了《药性赋》《汤头歌》《濒湖脉学》和《医学三字经》。以后，继续以三年时间背完了《医宗金鉴》的全部内容。这样，我粗知了一点正骨和运气学说，略通了一些四诊和名医方论，熟悉了伤寒和各科疾病的预后转归、审因辨证及治疗方法，且已经能够处理一些多发病和常见病。于是，便在沈阳泰和堂顶门立户，挂牌行医了。

俗话说："秀才行医，罩里拿鸡。"就是说没有文化，此业难立。而仅仅念过几天私塾的我，恰恰面临着这样一个问题。深奥难明的医学理论和诘屈聱牙的诸家典籍像座大山，拦住了我深造的道路。于是，在诊务之余我开始学习《古文观止》等古文书籍，力求以最大的努力来补救自己文化根底的浅薄。但是，由于中医学精髓的形成历尽数代，源于百家，医书汗牛充栋，文词衍变甚大，春秋和秦汉有别，唐宋与明清不一，没有相当的水平，根本无法登堂入室，所以我又于一九二九年二月，毅然决定赴沪学文。

在上海新民大学的生活是十分艰辛的。为了支付简朴的费用，有空就得打些短工，尽管如此，依然是捉襟见肘，债台高筑。在饥寒交迫之中，学习了中国文学发展史和精萃著作，研究了历史上不同时期的语言特点及写作风格。

我的学文，绝非弃医学文，而是为了更好地学医。在考究战国时期文学的同时，我三阅十八卷《黄帝内经》的一百六十二篇文章，参照了诸位名家的评注，认真探求了阴阳五行、脏腑经络以及刺法、病因、病机、诊法、治则、摄生等系统理论。这部"医家之宗"引起我浓郁的兴趣。在学习汉代作品的时候,又自修了《伤寒论》,钻研了《金匮要略》,详读了《神农本草经》。

一九三三年,我怀志而归,于沈阳天益堂又开始了杏林生涯。基础提高了,我开始扎扎实实地探索临床问题,苦心实践,惨淡求知。十八年里,吃在柜上,睡在诊室。白日治病救人,穷思于方脉之间;夜晚闭门思过,远虑于成败之上。说是忘了家,忘了己,不为过分。人曾笑我"什么也没得到"。是的,现在想来,只有为之奋斗的事业中取得的微小成绩,像一丝光亮一样,鼓舞着我茹苦如饴,不断前进。

二

祖国解放了,党的光辉照耀中医事业,也光顾了我这个普通中医学者的悲苦凄凉的心。

一九五二年,沈阳中医诊所成立了,年过半百的我,第一次把自己的救人之术,真正自觉地同人民联系在一起。从此,在党的关怀下,学术始向成熟。如果把我的学习历程分为三个阶段,即"少年起步,青年架梯,晚年登堂"的话,那么,这个时期应该说是我努力登堂入室的真正的黄金年华。

在此期间,我为了得心应手地驾驭中药,曾汲取了前辈之说,借鉴了诸家之长,记录了一己之得,汇集成册,名为《神农指迷》。这本读书笔记从药性分类,区别寒、凉、温、热、平的差异,并探讨了反佐的应用;以升、降、浮、沉分类,详述了茎、根、花、叶、果的特性,并结合了三焦的理论;

从药物归经分类,尽列一药多能,并重视了脏腑学说;以药物功效分类,注明特殊作用,并强调了辨证用药。全节从人的整体和局部,药的共性和个性,具体分析了饮片的灵活运用、剂量选择、加减要点和组方原则。

中医初学者都会感到记住方剂不易,理解方剂更难,为了解决这个困难,我做了一个尝试。

我们知道,《汤头歌》通篇七言,背诵中难免混淆。鉴于此因,我做了补偏救弊的努力。除了一般七言之外,力求字数多样化。编有三言句,如麦门冬汤(人参、麦冬、半夏、粳米、甘草、大枣):参麦草,半粳枣,无粳米,用山药;编有四言句,如荆防败毒散(荆芥、防风、柴胡、枳壳、前胡、川芎、茯苓、桔梗、羌活、独活、甘草):荆防败毒,柴壳前胡,川芎苓草,桔梗羌独;编有五言句,如三仁汤(杏仁、苡仁、蔻仁、半夏、川朴、滑石、竹叶、木通):三仁苡蔻杏,半朴滑竹通;编有六言句,如一贯煎(沙参、麦冬、生地、川楝子、当归、枸杞子):沙参麦冬生地,川楝当归枸杞;还编有长短之句,如萆薢分清饮(萆薢、乌药、益智、石菖蒲、茯苓、甘草、食盐):温小肠,分清方,盐苓草萆益乌菖。这样字数不等,体例不一,比较易于记忆。如果方中有方,就力求简单化,不再混为一体,如化癍汤(犀角、玄参、生石膏、知母、甘草、粳米):化癍白虎臣,犀角共玄参。其一经缩减,倏忽可记,也有助于体会方义。在可能的情况下,力求谐音化,衍变成常用语,如久咳饮(半夏、枇杷叶、郁李仁、杏仁):夏李杷仁,谐为"下里巴人",令人印象深刻。按以上方法,共编写了二百多首方歌,自己深受其益。

我曾研究了引经药,重视它们在方剂中不可低估的地位。血府逐瘀汤中柴、半、桔、枳的上下升降,通窍活血汤中葱、姜、麝香的升散开窍,少腹逐瘀汤中茴、姜、肉桂的温通下焦,身痛逐瘀汤中芎、龙、灵脂的祛风通络,膈下逐瘀汤中乌、枳、香附的疏肝理脾,补阳还五汤中黄芪、地龙的补气熄风,引经药都起着重要作用。方中活血药可以更替,而此等药不能偏废。否则一方可代六方,就没有区分血府、通窍、少腹、身痛、膈下和补阳还五的必要了。有些人拟方之后即云某某逐瘀汤加减,实际不过是满纸活血药而已。当然不能说它毫无作用,但至少疗效不著。对此我进行了长期观察,不止几个逐瘀汤这样,诸如逍遥、养心之类也是这样。

我还对佐药的积极因素,进行了推敲和验证。如真武汤仲景用心良苦,方内白芍恰到好处,既可缓和附子辛热之性而不致伤阴,又能引导附子达下元而不得上窜。与附子相配,阴阳互济;同术、苓为伍,利湿外出。倘若去掉白芍则方义大变,稍微不切就有火盛耗津之虞。如果重用白芍则功力又进,敛阴涵阳,可治虚阳欲浮之证。显然,那些恐其恋邪和视其无功,便弃之不用的人,是千虑一失了。无数的经验证明,方剂中佐或反佐的应用具有实际意义,真武汤如此,芍药汤、达原饮等方也是如此。

此外我还结合五行学说分析方剂的内在联系。如甘露消毒丹治疗湿热黄疸就是一个典型。众所周知,木气太过必然克土侮金,母病及子,肯定火为所伤,子病及母不免水受其害。本方茵、芩、薄荷清泻肝木,蔻、菖、藿香芳化脾土,贝母、射干清宣肺金,通、滑、连翘既降心火又利肾水,一举三焦全理实较茵陈蒿汤更胜一筹。这样体现祖国医学整体观念的实例,绝非仅此而已,像六味丸、一贯煎等,不胜枚举。

必须指出,强调使药而不能以使代君,重视佐药而不能以佐废臣,提倡五行演绎而不能牵强附会。否则,难于取效。

三

一九五五年四月,我被派往锦州省中医进修学校任教。在担任古典医籍和临床课的讲授过程中,我钻研了阴阳五行学说,写了《论阴阳学说的哲学思想》一文,以天平的形象作比喻,并阐述了阴阳的斗争、互根、消长和平衡。将《内经》所说的"阴平阳秘,精神乃治""阴阳离决,精气乃绝"的理论运用于临床。在一九七二年三月十日诊一农民,张姓,男,四十九岁。主诉:五天前,突发咽紧喉痒,胸闷脘痛,恶心呕吐,赴我院急诊。心电图测知为后壁心肌梗死,血压为零,经西医抢救,证见好转,血压尚低(70/50毫米汞柱左右),胸痛彻背,恶寒蜷卧,四肢厥冷,神疲无力,面色苍白,唇甲皆青,尿频、大便溏,舌淡苔白,脉迟微弱不起。此为胸阳不振,寒邪太盛,气失宣达,心脉闭阻,治以回阳救逆,用益气复脉:熟附子、干姜、肉桂、白术、红人参、茯苓、陈皮、半夏、五味子、炙甘草,生姜为引,水煎,二剂。

三月十四日复诊:胸痛顿轻,恶寒大减,血压渐升(90/60毫米汞柱),脉来较前有神,此时必于"阴中求阳",改拟益气养阴,通阳复脉,用生脉散加熟附子、干姜、炙甘草,水煎,六剂。

三月二十三日三诊:胸痛续减,手足转温,唇甲红润,二便改善,血压逐增(104/70毫米汞柱),舌淡红,苔薄,脉缓。重按略嫌无力，再予平补气血、通阳复脉：党参、麦冬、生地、丹参、桂枝、生姜、大枣、炙甘草，十剂。

八月七日四诊：基本康复，气力觉充，血压回升（160/90毫米汞柱），时有轻微胸痛，再以上方加瓜蒌、薤白，续进十剂，症状消失。

按：本例乃"厥心痛"，为阳气衰微，阴邪痹阻所致。当务之法，通阳复脉，遵循"无阴则阳无以生，无阳则阴无以化"之义，初用回阳救急汤，使"阴消阳长"；二诊以四逆汤合生脉散，防其"阳极反阴"；三诊投炙甘草汤更令"阴平阳秘"，运筹两全，不致偏伤。此即张景岳所谓"善补阳者，必于阴中求阳"是也。我对五行学说的实际意义进行了研究，认识到生、克、乘、侮是人体生命过程中的运动形式，无论已病或未病，皆不例外。这一学习心得，对我理解脏腑的生理、病理以及研究临床的诊断、治疗，帮助极大。

读书贵在存疑。我学完《医学三字经》已历时四十年了，但其中"胀满蛊胀篇"所谓"单腹胀，实难除。山风卦，指南车。易中旨，费居诸"一段，一直未能了了。陈氏云云，后世相因，皆以抑木培土出其方药，结果不治者多，回春者鲜，这激发了我的求知之心。于是，深究了《周易》，联系了中医理论，明确了歌诀含义。简赅说来，"风"属木属肝，"山"属土属脾，二者合成蛊卦，其刚上，高亢而不下接，其柔下，退缩而不上交。两不相通，胀病遂成。然此证非但有"木乘土"之由，而且存"土侮木"之因，况暂病则实，久病则虚，疏泄失司，运化无权又属势在必然。缘肝为系血之脏，初为气滞，渐为血瘀，且脾乃仓廪之官，先必湿停，后必纳呆。拟以四消汤，理脾与疏肝同施，补益和消导并用,行气与活血相协,芳化和淡渗共济,常常疗效满意。由此体会,先精后博,博而后精,温故知新,不断修学,是从无知到有知,从知之甚少到知之较多的唯一道路。

自从走进辽宁的中医最高学府——辽宁中医学院,在学习条件上我得到了我想得到的一切。在这里的第一个收获是脉学,我结合教学,阅读了《内经》《伤寒论》和《金匮要略》的脉学部分,学习了《脉经》《三指禅》和《濒湖脉学》的全部章节,结合长辈的传授及个人的体会,写成了读书心得——《指下权衡》。将二十八种脉象按浮、沉、迟、数、虚、实,归纳深浅、大小、粗细、长短、清楚与模糊,加以鉴别,指出它们所主病症的程度差异。以关前关后、左手右手相互比较,提示上下虚实、气血盈亏、阴阳盛衰的不同情况。肯定了心肾不交、脾肾阳虚、肝气乘脾、脾肾阴虚等十七种并病的复合脉象,阐释了可能出现的细微变化。并在脉象上主张形容简赅,反对比喻繁杂。说明了取法与指下感觉。

其次,我又对舌诊进行了研究。在了解基本知识和变化规律的基础上,重阅先人记载,综合临证拾遗,从简到繁,由粗而精,将舌质分为六纲,并与深、浅、老、嫩相参,分析病机,推测趋向,把舌苔分为四十九目,且同厚、薄、润、燥合论,指明病因,谈及胃气。将舌态分为十类,并与质、苔、脉、症共议,分析病所,细述利害。意在以纲带目,以证言类,使一般之中不漏特殊,灵活之时不失规矩。

我还对"宣可去壅,通可行滞,补可扶弱,泄可去闭,轻可去实,重可镇怯,滑可去著,涩可固脱,燥可胜湿,湿可润燥"的十剂之说,有选择地收集了牛榔散、二妙散、左金丸、交泰丸、丹参饮、生脉饮、芍药甘草汤、三子养亲汤等二百多个药少力专的小验方，既可调理阴阳、寒热、表里、虚实、气血之变，又能解除肿胀、痛麻、吐泻、秘淋、喘咳之苦，便于调节方剂中补泻并进的比重和标本兼施的缓急，不至于忙中智昏，手足无措。但强调选用小方，必须在精通常用代表方剂的基础之上进行。只有如此，才能信手拈来，运用自如。

在临床中我体会到，应态度严谨，稳中求效。如此，我为自己立下了"六宜准则"，即：实宜量重，虚宜剂平；缓宜味多，急宜方精；轻宜缓图，危宜速功。此外，还拟定了"十防纲要"，即：脉浮防火郁，脉大防暴厥；面青防风动，面赤防阳越；寒证防戕阳，热证防耗液；久病防卫虚，表病防内邪；渴甚防脾呆，湿肿防津竭。这些看似简单，实为重要，若稍有失慎，轻者贻误病机，重者杀人致命，诚不如防患于未然之时。

记得一九七一年五月十七日，治一女性患者，三十二岁，感受风温半月有余，初起恶寒发热，鼻塞流涕，咳嗽气急，右胸疼痛，铁锈色痰。经西医检查听诊：两肺散在干鸣音；X线胸透：右肺下有高密度影；化验：白细胞19.3×10^9/L，分叶80%，杆状3%，淋巴17%；诊断为右下叶大叶性肺炎。曾用青霉素、氯霉素、金霉素、红霉素、雷米封等，并服中药加味桑菊饮，高热不退(39℃)，午后尤甚，面色晦暗，精神萎靡，虚汗乏力，胸痛气短，舌红苔黄，脉细数。素体阴亏，感受温邪，留连日久，耗津动液，颇有入营之虞。治以清气透营，滋阴退热。方用银柴胡、胡连、麦冬、白薇、生鳖甲、地骨皮、丹皮、知母、贝母、生桑皮，三剂，水煎服。

五月二十二日复诊：热减(37℃)，症状亦轻，复投三剂，诸症消失，脉静身凉。

按：桑菊饮乃辛凉轻剂，主治风温初起，邪袭肺卫之证，但若热邪不解，留连日久，入于阴分者屡见不鲜，吴鞠通曾立有青蒿鳖甲汤，并指出："邪气深伏血分，混处血络之中，不能纯用养阴，又非壮火，更不得任用苦燥。"要言不繁，阐明治则，案中所用清骨散，即仿其意。

一九七二年七八月间，我在病房用王肯堂《证治准绳》十味温胆汤加强心药，抢救曾十一次心搏骤停的张姓男患者，效果良好。当时诊断为"寒涎沃胆，胆寒肝热，心虚烦闷，心悸不眠之证"。后来在病房实习的青年大夫，看我用十味温胆汤，心有怀疑，径自改用生脉散加减，用完两剂后，心搏骤停又反复发作，于是患者主动要求服用十味温胆汤多剂而愈，后调理月余出院。

一九七五年五月九日应邀会诊一许姓，女，八十一岁，华侨(居菲律宾)，在归国参观途中，至香港偶感风寒，头痛，咳嗽，身冷，乏力，抵沈后洗澡一次，病情加重。某医院诊为支气管肺炎(由葡萄球菌所引起)，用红霉素、氨苄青霉素配合中医治疗。认为邪入阳明，投以生石膏、知母、竹叶等，病势不减。会诊时见其人体质较弱，恶寒发热(38℃)，咳喘，咯稠黏痰，胸闷气短，胃脘饱胀，呕逆不欲饮食，大便溏，面色苍白晦暗，精神萎靡不振。左脉弦细略数，右脉弦数，舌质粗糙，苔白腻。按伤寒六经辨证，此太阳表邪未解，传入少阳。发热恶寒，胸闷呕逆不欲饮食，脉弦，皆少阳证也。古云："有一分恶寒，便有一分表证。"且"伤寒中风，发热无汗，其表不解，不可与白虎汤"。邪在半表半里之间,唯和解经枢,疏表达里,若用大剂寒凉之品,冰伏其邪,易成坏证,宜慎之又慎。治少阳证则小柴胡汤为宜,故取小柴胡汤加味:柴胡、黄芩、半夏、甘草、生姜、桔梗、枳壳、白干参、瓜蒌、杏仁、桑叶、桑皮、紫菀、双花,水煎服,日服三次。

五月十二日复诊:服药后精神转佳,面有笑容,胸闷气短减轻,咳喘亦减,舌质暗红,苔黄白,胃脘稍有不适,二便如常。风寒之邪已从表解。痰热交滞,气机不畅,仍以和解为主,去桑叶之轻宣,加槟榔以疏通气滞。另用羚羊角三分,煎水,随时饮之,以清热化痰。

五月十八日,上方续服,诸症悉失,已下床活动。

按:《伤寒论》指出:"伤寒五六日,中风往来寒热,胸胁苦满,默默不欲食,心烦喜呕……或咳痰,小柴胡汤主之。"本例为年逾八旬之老人,身体素虚,久居热带,不胜风寒,表邪不解,而见苦满、喜呕、不欲食等少阳病主要症候,用小柴胡汤,最为对症。若见其发热、咳喘,便误以为阳明里热,而用白虎汤,则甚不适宜。"有一分恶寒,便有一分表证",表邪不解不可用清法,此为经验之谈。

几个病例可以证实:温病的卫气营血辨证,伤寒的六经辨证,内经的阴阳八纲辨证,杂病的脏腑辨证,如掌握恰当,运用灵活,真能效如桴鼓,药到病除。

(孙继先整理)

我是怎样学习中医的

中医研究院广安门医院主任医师　　沈仲圭

［作者简介］　沈仲圭（1901~1986），浙江杭州人。早年受业于王香岩先生。一九二八年任教于上海南市中医专门学校，一九三〇年任教于上海国医学院，一九三二年又任教于上海中国医学院。抗战期间，曾任重庆北碚中医院院长。解放后先任教于重庆中医进修学校，一九五五年受聘到中医研究院工作。毕生除热心中医教育外，早年起即为多种中医刊物撰文，为普及中医知识做出了贡献。主要著作有《养生琐言》《仲圭医论汇选》《肺肾胃病研讨集》《中医经验处方集》《中国小儿传染病学》等。

我生于一九〇一年，祖籍杭州。父亲是清代两浙盐运使署房吏，家境小康。到我中学二年级肄业时，家已衰败，只得改弦学医，拜本地名医王香岩先生为师。王师为湖州凌晓五门人,擅长治疗温热病,与善治杂病的莫尚古同为杭人所称道。我在师门上午随诊,下午摘抄医案,同时看书学习。

满师后,我一面任小学教员,一面钻研医学,并执笔写文,投寄医刊。当时如王一仁主编的《中医杂志》,吴去疾主编的《神州国医学报》,陈存仁主编的《康健报》,张赞臣主编的《医界春秋》,陆渊雷主编的《中医新生命》等刊物,登载拙作颇多。

我于一九二八年在上海南市中医专门学校任教职,该校为孟河丁甘仁先生所创办。我在该校执教时,丁氏已去世,长孙丁济万继其业,在上海白克路悬壶,同时主持校务。所用教材,有的是自编讲义,有的选用古今名著。教员有程门雪、陆渊雷、时逸人、余鸿孙及我等。

一九三〇年下半年至一九三一年,我再次到上海国医学院任教职,该院系陆渊雷、章次公、徐衡之三人所创办,聘章太炎为名誉院长。陆渊雷讲授《伤寒论》,章次公讲授药物学,徐衡之讲授儿科,我讲授中医常识及医案。由于师生共同努力,造就了一批优秀人才,如中国医学史专家范行准、浙江中医学院教授潘国贤,均在该院毕业。

一九三二年九月至一九三三年七月,我第三次到上海中国医学院任教职。该院系上海国医学会设立,实际上由上海名医朱鹤皋出资兴办,教务长为蒋文芳。教材全用讲义,有的参以西医学说,有的纯是古义。学生大都勤奋好学,成绩斐然,如著名中医师肖熙即是该院高材生。此为三个医学院校的概况。

那时中医界出版的医学刊物可分为三个类型:一为中

医学术团体主办的,如《神州国医学报》《中医杂志》等;一是以研究学术、交流经验为宗旨的,如张赞臣主编的《医界春秋》,陆渊雷主编的《中医新生命》等;一为宣传中医常识,唤起民众注意卫生的,如陈存仁创办的《康健报》,吴克潜创办的《医药新闻》,朱振声创办的《幸福报》等。但总的来说,当时研究学术未成风尚,刊物稿源常虑不足,因此更促进了我对写稿的兴趣。

另外,那时要在十里洋场以医业立足,颇不容易,大都先做善堂医生,取得民众信仰,然后自立门户。如陆渊雷是善堂医生,章次公是红十字会医院医生,徐衡之家境宽裕,自设诊所。由于当时政府崇西抑中,设备完善的西医院专为官僚富商服务,贫困的劳动人民只能到善堂求医。即如《神州国医学报》编辑吴去疾终因业务萧条,抑郁而离世。又我老友张汝伟,虽自设诊所,却无病人上门,赖其女资助,生活艰难。那时上海虽有声望卓著的中医,但为数不多,大多数中医同道门庭冷落,为柴米油盐操心,哪有心情研求学术。回忆往事,令人感叹不止。

一九二九年,国民党政府第一次中央卫生委员会议通过了余云岫等提出的"废止旧医"案,并提出了消灭中医的六项办法,立即引起了全国中医界的极大愤怒和强烈反对。全国各地中医团体代表聚集上海,召开全国医药团体代表大会,向反动政府请愿,强烈要求取消提案。当时裘吉生、汤士彦和我等,作为杭州代表出席会议,强烈呼吁,一致反对,迫使国民党反动政府不得不取消了这个提案。

抗日战争爆发后,我只身逃难入蜀,到达重庆,任北碚中医院院长等职。

解放后，我在重庆中医进修学校任教，那时副校长胡光慈、教务主任任应秋，均为西南中医优秀之士。我在那里讲授方剂、温病，编了两种讲义，讲义稿后在上海、南京出版。

一九五五年底中医研究院在首都建院，应钱信忠部长的邀请，我与蒲辅周、李重人等从四川调京，参加中医研究院工作迄今，韶华荏苒，匆匆二十五年过去了。

以上谈了我学医的经过。下面再谈谈我的治学体会，约有下列几项。

熟读精思　不断总结

古人读书，有"三到"之说，即口到、眼到、心到。口到是指朗诵，眼到是指阅看，心到是指领会和思考。后人又加上手到，即要求勤记笔记。这四到，概括了读书的基本方法。

我青年时代，因文化程度不高，感觉古典医籍深奥难懂，故采取了从流溯源的学习方法，即先从浅显的门径书学起，逐渐上溯到《伤寒》《金匮》《内经》《难经》等经典著作。和当时一般中医学徒一样，首先读《汤头歌诀》《药性赋》《医学三字经》《濒湖脉学》等书，做到能熟练地背诵，即使到了现在也大半能记得。根据我的经验，年青时要读熟几本书做底子。因年轻记忆力强，一经背诵，便不易忘记，可以终身受益，同时为以后进一步学习打下基础。

我酷爱读书的习惯，即在那时养成。我平生所读之书，以明清著作为多。清末民初，浙江桐乡大麻金子久先生曾对门人说:"《内》《难》《伤寒》《金匮》为医学之基础,然在应用时即感不足,如《金匮要略》为杂病书之最早者,然以之治内妇科等病,不如后世医书之详备。所以唐宋诸贤补汉魏之不足,金元四家又补唐宋之不足,迨至明清诸名家,于温病尤多发挥。"金氏这段话,与我治学之路正复相同。我细心阅读的书有汪昂的《素灵类纂约注》、徐大椿的《难经经释》《医学源流论》,治《伤寒》《金匮》,宗《医宗金鉴》,温病宗《温热经纬》。明·王肯堂《证治准绳》,清·国家编纂的《医宗金鉴》,以及沈金鳌的《沈氏尊生书》,均是煌煌巨著,内、外各科具备,也是我案头必备的参考书。其他如本草、方书、医案、笔记等,平居亦常浏览,以扩见闻,这些书仅是所谓眼到而已,不要求背诵。

从前读书,强调背诵,对初学来说,确是一个值得重视的好方法。清·章学诚说:"学问之始,非能记诵。博涉既深,将超记诵。故记诵者,学问之舟车也。"(《文史通义》)涉山济海,少不了舟车,做学问也是如此。只要不是停留在背诵阶段,而是作为以后发展的基础和出发点,那么,这样的背诵便不得以"读死书"诮之。

熟读了,还要精思,把读的东西消化吸收,领会其精神实质,同时要善于思考,养成一定的鉴别能力,既不要轻于疑古,也不要一味迷信古人,这就是心到。

所谓手到,就是要记笔记。笔记可分两种:一种是原文精粹的节录,作为诵读学习的材料;一种是读书心得,这是已经经过消化吸收,初步整理,并用自己的文字作了一定程度的加工的东西,比起前一种笔记来,进了一步。在学习过程中,这两种笔记都很重要,前一种是收集资料的工作,后一种是总结心得的工作。待到一定时候,笔记积累多了,便可分类归纳,这便是文章的雏形了。

这四到,不仅互相关联,而且互相促进。一九二八年至一九三三年,我在上海中医院校任教时,由于教学须编讲义,写稿须找资料,只好多读多看,勤记勤想,因此在中医理论方面提高较快。

转益多师　不耻下问

韩愈说:"古之学者必有师,师者所以传道、授业、解惑也。"又说:"巫医乐师百工之人,不耻相师。"求师问业,原是中医的良好传统。我早年幸遇名师王香岩先生,经他传道、授业、解惑,为我以后的学业奠定了基础。王师擅长治疗温热病,我学习的基本上是叶派学说。迨至壮年入蜀,接触到不同的学术流派、不同的环境、民情风俗、用药习惯等等,对我理论和临床的提高起了一定的作用。如江浙医生用乌、附,大率几分至钱许,而川蜀医用乌、附,常用三四钱,甚至有用两许大剂者。解放后到了北京,北京是政治、经济、文化的中心,名医云集,因此得与四方名医时相过从,各出所学,互相切磋,获益良多。

古人为学,提倡"读万卷书,行万里路",这话很有道理。司马迁能写成"究天人之际,通古今之变,成一家之言"的《史记》,一来由于"天人遗文古事,靡不毕集太史公",掌握了大量文献资料,同时他"二十而南游江淮,上会稽,探禹穴,窥九疑,浮沅湘,北涉汶泗……西征巴蜀以南,略邛、笮、昆明",历览天下名山大川,积累了丰富的生活经验和创作经验,这也是一个重要的原因。我国版图辽阔,地理环境、自然条件、风俗习惯、发病特点等,各地有所不同,在长期的发展中,逐渐形成了具有地方特色的用药习惯、医学流派等,这是由来已久了。如《素问·异法方宜论》即曾评论五方的发病,治疗的差别,提出"杂合以治,各得其所宜"的主张。因此,多向各地医药同行学习,吸收他们的长处,不但不耻相师,还要转益多师,不囿于门户之见,也是克服局限性,取得不断进步的一个重要方法。我自己曾从"行万里路"中学到了不少东西,故有深切的体验。

老前辈读书多,经验丰富,并有某种专长,向他们请教,得益甚多。同辈亦可互相研讨,交流经验。例如裘吉生老中医自订疏肝和胃散,治肝胃气痛疗效可靠,方用沉香曲、香附、甘松、元胡、降香、九香虫、刺猬皮、瓦楞子、左金丸、甘蔗汁、生姜汁。我向裘老索方,他即告我,以后我用此方治神经性胃痛、胃溃疡胃痛,均有疏肝和胃、行气止痛之功,但不宜于虚证。解放后,我长期与蒲辅周老中医一起工作,蒲老临床经验丰富,治病颇有把握,我向他学习了不少东西。

各地中、青年中医,与我联系者颇多,对于中青年医生,我总是满腔热忱地希望他们能继承发扬中医学,对他们的请教尽量做到有问必答,有信必复,同时也虚心学习他们的长处,认真听取他们的意见。例如,我在一九七九年曾写了《银翘散的研讨》一文,寄给北京中医学院研究生连建伟同学,请他毫不客气地提出修改意见,结果他果然提出了自己的一些看法,我根据他的意见,对文章中的某些不足之处作了修改。有时遇到疑难病症,我也常常主动邀请连建伟同学一起研究治疗方案,做到集思广益。

努力实践　逐步提高

从前有人说,学习中医要有"十年读书,十年临证"的工夫,读书是掌握理论知识,临证是运用理论于实践。如不掌握一定的基本理论作为实践的根本,比如初学皮毛,辄尔悬壶,以人命为尝试,难免"学医人费"之讥;反之,如有了一定的理论基础,而没有实践经验,纸上谈兵,又易误事;而且理论水平也难于真正提高。青藤书屋有一副对联,写道:"读不如行,使废读将何以行;蹶方长智,然屡蹶讵云能智。"这说出了读书和临床二者之间的辩证关系。

理论、实践是一个反复循环、不断提高的过程,要不断总结临床经验,包括失败的经验。我从前曾写过一篇《肺病失治记》,总结了自己的失败经验。善于总结失败的经验,可以取得教训,使失败成为成功之母,避免"屡蹶"。正反两个方面的经验积累多了,业务水平也就提高了,对理论知识的感受也深刻了。医学理论必须时时和临床相印证,体会才能深刻,自愧数十年来疑难大病治愈不多。但每当运用理论于临床取得预期的疗效时,便感到由衷地高兴,如我曾治疗粒细胞白血病,有两例得到缓解,肝硬化腹水有一例根本治愈,高血压、消化性溃疡病治愈较多等等,反过来,对我的理论水平也有不同程度的提高。我院曾与首都医院协作,临床研究门脉性肝硬化腹水(即鼓胀)之治疗规律,经过临床实践,我深深感到用泄水峻剂,如大戟、芫花、甘遂之类,虽能水去腹小,但不久又复发,反复施用,元气大伤,终至不救。由此体验,益信朱丹溪《格致余论》的一段话,为至当不易之论。丹溪说:"医不察病起于虚,急于取效,病者苦于胀急,喜行利药以求一时之快,不知宽得一日半日,其肿益甚。病邪甚矣,真气伤矣!"故治此症必须"和肝补脾,殊为切当"。

近年我曾用赞化血余丹治愈阳痿一例。患者李某,广西梧州某厂工人,患阳痿已数年,伴有腰酸腿软、心悸失眠等症,来信要求处方。我分析病情,认为系心肾两亏,拟赞化血余丹加减,并改为汤剂。他照方服用月余,诸症消失,一九八〇年四月间来信道谢。

赞化血余丹,方用血余、熟地各八钱,首乌(牛乳拌蒸)、核桃肉、肉苁蓉、茯苓、小茴香、巴戟、杜仲、菟丝子、鹿角胶(炒珠)、当归、枸杞各四钱,人参二钱。照方十倍量,炼蜜为丸,每丸三至五钱,饭前服。功能补气血,乌须发,壮形体。按此方补而不峻,滋而不腻,有补气血、益肝肾之效。因历用有效,故附记于此。

长期以来,我还结合临床,努力学习西医知识,以为他山之助。在《新编经验方》等书中,尝试结合西医学理,说明中医方剂的使用,虽然做得不够好,但我一直认为中西医应互相学习,取长补短,共同为人民服务。

自从一九二四年杭州三三医社出版了我先师遗著《医学体用》后,至今我已先后编写了中医书籍十多本。已出版的有《养生琐言》《诊断与治疗》《仲圭医论汇选》《食物疗病常识》《肺肾胃病研讨集》《中医经验处方集》《中国小儿传染病学》《中医温病概要》《临床实用中医方剂学》《医学碎金录》《新编经验方》共十二本。近年来,我又编写了《论医选集》《中医内科临证方汇》两本,共三十余万言,其他论文、医案三十余篇。我年虽老迈,但在有生之年,愿为祖国的四化事业,为祖国医学的发扬光大,不断努力,不断前进。

附小诗一首,借以自勉:

满目医林气象新,姚黄魏紫竞芳馨①。

神功共赞金箆术②,奇效还夸玉函经③。

病翮何须嗟濩落,奋飞尚拟向青冥④。

欣逢四化千秋业,指路遥看北辰星⑤。

〔注〕

①粉碎"四人帮"后,医学事业出现一派百花齐放的新气象。

②《涅槃经》:"如目盲人为治目,故造诣良医,是时良医即以金箆决其眼膜。"此借用。西医建筑在现代科学的基础上,故长于实验,现闻已将激光用于医学,能在不到一秒钟内,做好复杂的眼科手术,可谓神矣。

③《玉函经》即仲景《伤寒杂病论》别名。中医立足于独特的东方哲学的基础上,以天人相应,整体观为特点,对许多病证疗效卓著,故中西医必须取长补短,通力合作,共同前进。

④我年迈,脾肾阳虚,每日食量不足四大两,体重不足六十市斤。精神体力虽差,但学习周总理"活到老,学到老,改造到老"的革命精神,每日一卷在手,或执笔为文,以此为快。

⑤有马克思主义为指路的北斗星,"四化"大业必能成功,中医事业亦必将有更大的发展。

学到老　学不了

上海市华东医院中医科主任　　沈六吉

[作者简介]　沈六吉（1901～1987），上海嘉定县人。历任上海市华东医院中医科主任，上海市政协委员。从事中医临床近六十年，解放前即有声于时。一九五六年起供职于华东医院以来，治慢性肝炎、重症肝内胆管炎、胆结石、尿路结石、血栓闭塞性脉管炎、危重血小板减少性紫癜、流行性出血热及严重褥疮等疑难杂症，多获显著疗效。一九七七年十二月被评为上海市先进科技工作者。

余十四岁时，母患右胁背剧痛，中午延请邻近医生出诊，直至夜半才姗姗而来。余焦急无计，只恨自己不能医病，私念余若能医，誓必为近邻先诊，从此渐渐关心医疗，喜翻医书。其时，我乡白喉流行，枉死者众。有人印送《白喉治法忌表抉微》，余取而阅之。觉延医之难，如被误治，命即难保,由是学医之志,油然而生。又观沈归愚所作《叶天士传》。叶临终诫其子曰:"医可为而不可为,必天资敏悟,又读万卷书,而后可借术以济世。不然鲜有不杀人者,是以药饵为刀刃也。吾死,子孙慎毋轻言医。"徐灵胎亦有"医非人人可学"之说,大致谓"非聪明敏哲,虚怀灵变,勤读善记,精鉴确识之人,皆不可为医。故为此道者,必具过人之资,通人之识,又能摒去俗事,专心数年,更得师之传授,方能与古圣人之心潜通默契。"观此,足见为医要求之高。但余以为有志者事竟成,决不知难而退,凡属利人济物之书,皆喜阅读。

一日,比邻名医吴达候先生见余所作《秋夜泛舟》诗:"明月出高枝,凉生潮长时。书声传远树,渔火映垂罳。露重孤帆稳,风斜一雁迟。江寒万籁寂,侑酒只新诗。"叹曰:年少有此才华,如能学医,必有成就。先君松甫公与余亦心折先生之品性端方,学有根柢,其为医又非时下可及。因于一九一八年夏,受业于其门。师以自撰《内经精要》三十万言授余,抄而读之,并习汉以后诸名著,重视临证实习,大有左右逢源之乐。

达候先生精神饱满,出诊回家,虽在深夜,犹为吾人讲授,其声琅琅,洒然不倦。不独推崇《内》《难》《伤寒》《金匮》《千金》《外台》等书,尝言行医尤要者为以仁存心,见义勇为,如此而不为病人所爱重者,未之有也。

余学医五年,至第三年即为师代诊。从此亲友邻居邀诊者,与日俱增。至一九二三年毕业后,即在嘉定行医,并设分诊所于上海。

一九二九年为反对国民党政府废止中医药之决议,吾师响应上海医药总联合会之号召,邀集同仁成立嘉定县支会,并被推选为执行委员会主席,余任执行委员兼会刊主编。此为嘉定县医药界有公会之嚆矢。是役也,由于全国医药界同志之共同努力,炎黄大业,未至失坠。

一九二四年江浙战争爆发,嘉定县首当其冲。余于秋半避难来沪,虽时只三月,但与上海病家接触渐多。至一九三二年,又因"一·二八"事变,再度避沪。由于治疗流行病及疑难病得手,业务益见忙碌。逮抗战军兴,余乃携家在沪设诊所于凤阳路寓所。

珍惜光阴

光阴最应珍惜。古人惜寸阴、惜分阴,自有至理。余在舞勺之年即觉时人多喜叉麻雀、斗纸牌,夜以继日,虚耗光阴,至为可惜。故余自幼未尝插手赌博。一九一八年习医以后,见中医学典籍,浩如烟海,虽享大年,亦难卒业,乃对时间之宝贵有进一步之认识。且觉吸烟(包括当时之吸食鸦片)之虚耗光阴,未必亚于赌博,而于精神、肉体为害尤大。但旧社会,病家请吸烟(包括鸦片烟)、招赌博以表敬意,不足为奇。因而不能早起,呵欠频仍,懒于事事。且耸肩缩颈,康强难保,遑图长寿。抚今追昔,觉新社会移风易俗,何其幸福。青年如能珍惜光阴,前途何可限量。

年少未免好奇,好奇须防为一切恶习所侵袭。族伯邨亭公嗜鸦片,年才六旬,骨瘦如柴,不离床榻。一日谓余曰:"鸦片吸几口,不会上瘾,汝不妨一尝,可知其中有何乐趣。"余笑辞曰:"余腹中由它少此一味可也。"族伯叹曰:

"我只为好奇而无决心,一试再试,以致终身受累,有苦难言。"故年少时,对有害事物应深恶而痛绝之,不能存有好奇之心。务必将有限之时间、精力,集中于毕生事业。

择善而从

余一向认为,中西医学互有短长,应取长补短,择善而从。只要于病者有利,欢迎中西结合,中西会诊。余最初行医时,即采用体温表、开口器、灌肠器等等。解放前,每隔数年,即有一次霍乱大流行。由于霍乱患者吐泻脱水,身冷如冰,脉伏神困,医者率投热药,鲜能获救。余根据烦渴引饮、热深厥深,且以肛表测得40℃左右之体温,乃用黄连香薷饮、驾轻汤、天生白虎汤等,吐去再进,多得转危为安。

肠伤寒用下药,易致肠穿孔与肠出血,以致不救,故怕事者竟一任病者便秘。曾遇一患者,便秘二十余天,高热持续不退。余急用甘油水为之灌肠,出大量结粪,热度随即下降。《伤寒论》早有猪胆汁导、蜜煎导,后世又有酱姜导、酱瓜导等通便方法,自亦可用。但不如甘油水、甘油锭使用方便,故不妨代用。若二十天、三十天便秘,犹置之不理,难免产生不良后果。故余主张急病人之急,择善而从也。

不尽信书

《医宗金鉴》称:外科若无升降二丹,决难立刻取效。

余屡用二丹于蚀漏管死肌,生肌收口,功效卓著。但某些对砒、汞过敏之患者(用后赤肿痒痛、腐烂加剧),应立即更换他药,不可勉强。然徐灵胎、王洪绪、张梦庐等名家,只知其祸,不信其功,概以为烂药,相戒勿用,则诬此良药矣。所以,为医宜联系实践,不能听信一偏之见。再如苍耳一物,其实有毒,而《苏沈良方》谓:"花叶根实皆可食,食之如菜,亦治病,无毒,生熟丸散无适不可,多食愈善,久乃使人骨髓满,肌理如玉,长生药也。"《救荒本草》谓:"苍耳嫩苗,煤熟水浸,淘拌食,可救饥。其子炒去皮,研为面,可作烧饼食。"然一九五九年吉林省通化民间食苍耳子粉所为饼,致三十五人中毒,七人死亡。该省向上海卫生局告急,余曾参加抢救之会议。又上海某医院根据《千金方》治大腹水肿,煎服苍耳一两者中毒,几至毙命(《救荒本草》及《千金方》所述,并见《本草纲目》苍耳条下)。番木鳖有大毒,用量稍大,即可致人于死。《本草纲目》竟言无毒,而《中国医学大辞典》承讹袭谬,未予纠正。以上两书为医家日常用书,故尤其值得注意。

古法以五铢钱抄药粉不落为一钱匕。故一般药粉一钱匕不等于一钱,约合目前二分。而今某手册,竟改十枣汤每服一钱匕为一钱。十枣汤中,甘遂、大戟、芫花皆为毒药。《伤寒金匮方》之用十枣汤送下,正欲缓和其毒。现无故将剂量突增五倍,岂能避免中毒。又备急丸每次剂量为小豆(指赤豆)大三丸,约合今六厘。丸内有巴豆,过量易中毒。而今某手册改为每服五分左右。诸如此类,不一而足。现略举数端,说明学医者看书之难,难在书难尽信。仲景主张勤求古训,博采众方。看来尚嫌不够。即现代一切医药报道、国外记载,均应关心也。

温故知新

读书只知背诵得滚瓜烂熟,而无感情,又不联系实用,则难免旋得旋失,前读后忘。诊病者若忙得应接不暇,许多疾病难与过去所学相印证,则岂能得心应手。因此,余每将日间所治之病,夜间翻阅前人之各种记载,了解各家如何处方解决,其善者勤而习之,其不善者则引为鉴戒。余一生从无烟、酒、赌、弈之癖好,故有充分时间,翻阅中西医籍。至于西医书籍,既要看新书,又要看旧译,不可偏废。

记得一九五三年有一病者,在长沙得病,诊断为肺结核。回沪后,历医既多,摄片成堆,其人萎黄羸瘦,颈、股、胯淋巴结肿胀,高热持续,肝脾肿大,虽不断使用抗痨药物,而病势有增无减。余从多方面观察,诊断为结核病并发霍奇金病。病家愕然,以为闻所未闻。余代延西医会诊,西医闻余诊断,笑为奇谈,转疑为黑热病,而查不出病原。最后经由红十字会医院做活检始确定余之诊断无误,但已不及治疗。余所以做此诊断,一是已用链霉素不少,而症状日渐严重;二是结核病至晚期所发热,非消耗热而为回归热样热型;三是肝、脾肿大。此病较少见,故新译内科学,记载简略,不若旧译《欧氏内科学》所述为详细。余以为新书当然要看,旧书亦有参考价值,故笃信温故知新。

陋室扁舟　读书临证

为医不可不读书,不可不多读书。读书须幽静之环境,无俗客闲人干扰。读书又要有名师益友指教。记得余在随师学习时,因老师屋宇较多,便自择无人进出之后客堂一角,阅书动笔,顾盼自如。

随师临证,多坐扁舟,携书满箧,橹桨呵呵,绿水涟漪,开卷阅读,胜似与昔贤相晤对,至理名言,回肠荡气。吾师一枕醒来,奇文共赏,疑义皆析。且看病阅书,互相印证,不致书是书,我是我,浮光掠影,转瞬即忘。故余陋室读书,扁舟临证,自得至乐,所获独多。

治病必求其本

有朱姓妇人,右脸通肿,称疔疮而求治。余见其颊已有刀尖戳破六七处,细询起因。据云:五六天前患牙痛,昨就诊于某外科,以为疔疮,因急刺肿处,岂知面部肿痛转剧。余为掀唇察看,见龈肿脓熟,盖牙痈也。遂为刺挤排脓,敷金黄膏于面部。次日,肿消痛止而愈。

一妇产后不久,因幼儿通宵啼哭,引起失眠,头晕脑痛,不能支撑,乃来就诊。余问小儿带来否,其丈夫即抱小儿来前。余解其襁褓细看,见小儿腹背皮肤亦肿,即与针刺线勒,敷以香油。当夜小儿不复啼哭,产妇亦得安睡。盖产妇之失眠,乃因小儿患赤游丹肿痛,彻夜啼哭之影响所致。如不察儿病,则啼哭不止,安能治愈产妇之失眠。

有二十岁少女,头部脱发,十去其七,戴假发而来诊,据云在外治疗多年不效,精神异常紧张,细询经量殊少,经来腹痛,失眠多梦。余研究其年龄、情绪、睡眠与月经情况,如不做综合治疗,而仅注意其毛发之生长,必然徒劳无益,决难如愿以偿。由此,足见古人云"见痰休治痰,见血休治血,喘生无耗气,精遗勿塞泄",非故作惊人之语,实重视于治病必求其本。余于处方前,先做思想工作,首先保证其头发必可重生,但痛经与失眠多梦,应先治愈,精神切忌紧张,使之深信恢复健康不会旷日持久。余之经验,对此等病,医者切忌愁眉苦脸,应全面考验,以绝对乐观口吻劝慰,再加精心治疗。否则,仅仅患者之紧张情绪,便足以使内证加剧,而脱发亦将有加无已。

既和蔼可亲　又严肃认真

对病人既要和蔼可亲,又要严肃认真。和蔼可亲,则病人能将所苦尽情讲明。盖主观症状,最关重要,如略无隐匿与疏漏,则为医者省得暗中摸索,似是而非。但也须严肃认真,使有些难以告人之病症,亦得无所顾虑,交代清楚。如此于诊断治疗,极有帮助。例如梦与鬼交之症(性器官触幻觉),古代虽有记载,而近代医案则殊少提及。非今日已无此症,实因门诊病人众多,患者难以隐情相告。若为医者举止严肃而又认真为病人解除痛苦,患者为求病愈,便愿尽情倾吐。余曾治一子宫结核伴发梦与鬼交之患者,彼罹疾已久,身体羸弱,五年不能上班,抗痨药物亦未能解决问题,而恶梦萦缠,积年累月,至为痛苦。余只因摸清情况,治疗不久,即得痊可。患者喜而告余,比如挂钩之鱼,忽得解脱,何快如之。

急人之所急

旧时吾乡农民比较贫苦,在二十年代,识字者不多,罹病多求神乞巫。直至病人昏迷不省人事,或大热持续不退、胸高气急,或吐血、衄血或血崩不止,始在半夜三更,急叩医师之门求治。然城乡相距少则五里、十里,多则二三十里,加以配方、煎药,常因种种之耽搁而坐失抢救时机。

余学医毕业后,未忘师训,急人之急,如己之急。夜半闻病家敲门声,即披衣急起,问所患何病,并即嘱来人先购若干种应急成药(无钱即为代赊),争取时间,以便救治。

有章某,修缸瓮为业,因与妻争吵,愤而饮所贮盐卤自杀。其女见状哭告邻人萧某。萧奔往附近西医许某处求救。许称此毒甚剧,且无治疗经验,拒不出诊。萧即转求于余。余令速购甘草四两,萧身未带钱,便以一元授之。随即赶至病家,嘱其邻居相助,取浴盆注入井水,浮大碗十余只,俟甘草汤煮成,便分注各碗冷却之。一面劝喻章某,使连饮数碗,再劝喝豆腐花数碗,因而获救。冷甘草汤救盐卤中毒见《重庆堂随笔》。

处方之外　关心病人

为对病人负责起见,医生不应写出药方,便算了事。对病者煎药、服药,亦应关心。其牙关紧闭无法灌药者,须用开口器或鼻饲管,尽量灌入。如病家不善灌药,或因呕吐药汁狼藉口外,须立即设法补足,以免影响疗效,耽误病机。

一九四〇年病者温仲禄患斑疹伤寒,神昏痉厥,其状可怖,所延医师皆望而却走。至夜半,延余往治,余询得症状,急令买至宝丹四丸,但家属灌药不得其法,药汁流出口外。余即用开口器抉灌之,药汁留咽不下,则振动其颈部,始得入腹。余坐候一小时许,初闻肠鸣,后见睛动眼眨而苏。先后以清瘟败毒饮加减调治获安。为医者临危用药,犹如救火,不能顾虑太甚,在向病家说明其病情严重后,即应沉着应付。如畏首畏尾,贻误必多。

旧时我乡农民不讲卫生,苍蝇极多,霍乱大流行时,患者吐泻物随意倾入河中,污染转使疫情加重,常见全家死亡。有挑痧老医王坤玉,在一村挑痧回家后,即吐泻致死,故谈虎色变,人人自危,致车夫拒绝载余至农村出诊。经再三劝导,始允驾车至村前为止。余进村后,见家家门前皆置棺木,人烟稀少,触目惊心。患者八口之家,已死七口,仅剩一奄奄一息之青年,经施治,才得存活。因悯病家不知此病传染之烈,与苍蝇之危害、饮水之污染,最有关系。诊病后,余与村人反复讲解卫生之重要及预防之方法。

三十年代前,吾乡不信西医补液之治疗,而霍乱患者之家属亦怕请中医服药,因一般处方日服汤药一剂,而药汁入口随即吐去,鲜能奏效。病家以为徒然,故多主挑痧、针刺。余鉴于此,每嘱病家一次购药五剂,先煎三剂,吐出再服,务使有相当药汁摄入。如此,则往往不及五剂,吐泻即止。

为医不可不识药，尤不可不懂贵重成药之配伍是否可靠，剂量是否准确。如局方至宝丹，多用于严重昏迷病人，如成药质量有出入，生死立判。其他抢救必用之药，无不如此。

余曾诊治一昏迷女孩，见病家所买之至宝丹成分不佳（并无冰麝香味），即嘱换到真货，亲为研调灌服，数小时后即清醒。又有昏迷病人，前医已给服至宝丹，但过夜尚未回苏。余细究其因，认为药轻病重，无济于事，因倍量再灌，才能获救。

胆欲大而心欲小

李梃曰："唐时医道大衰，孙思邈因知医而贬为技流。朱子惜之，故小学引其言曰：'智欲圆而行欲方，胆欲大而心欲小。'此真医学之秘诀也。世有善记诵古今医籍而治人无效者，非失之方而不圆通，便失之心粗而胆小耳。"看病以治愈病人为重，切忌瞻前顾后，太为自身的利害打算。故既要胆大，又要小心。如胆大而不小心，则迹近妄为；妄为则以药饵为刀刃也，与心粗胆小之为害无异。

一九二七年余仅二十七岁，行医只四年。有某局长之妻，因小产误服破血去瘀药太多，血崩不止，大便溏泻，面无人色，筋惕肉瞤，昏晕懒言。所延妇科医师皆见而辞谢，不肯处方。余为诊脉后，说明患者去血过多，令速弃苦草汤（即益母草汤）等破血药，改以香砂六君加黄芪、当归、白芍、肉果、破故纸煎汤服之，幸得转危为安。妇科医师见而却走,实因患者丈夫为局长,病势又重,如挽救不应,深恐被累。如此只替自身打算,不顾病者危急,乃胆小心粗之故耳。

想方设法为病人

为医以替病人解除疾苦为唯一宗旨,故应想方设法去为病人。余开始在嘉定行医,了解乡间多数病家,进益有限,生计困难,故不定诊例,用药则选有效而价廉者为主。如脑脊髓膜炎流行时,当时医家动辄用犀角、羚羊,一剂数十元,不足为奇,而疗效并不显著,中等之家往往倾家荡产。此等处方余极注意,不用犀、羚、珠、黄等贵重药品而能解决问题时,坚决不用。三十年代,苏北逃荒来我乡者,多靠劳力度日,生计艰困。某日,一十四岁苏北女孩患臀痈就诊,因肿势甚剧,高热弯腰,由其父搀扶而行。余即问:"病得如此严重,为何不请老专家治疗?"其父嗫嚅久之,云:"已走几家,皆拒不医治。"良以当时医家,惧万一出事,便多麻烦,故拒绝治疗。余以为不急治,恐无生理,便为开刀,出脓半痰盂,再赠以黄芪内服。脓净肿消,热解而愈。

又我乡间渔民笃信割蟑螂子(乳儿两颊内肿胀,不肯吮乳,俗称蟑螂子),往往因割伤血管,出血不止而死。徐灵胎有斥海滨妖妇割蟑螂子误伤人命之记载。余用林屋山人法,将生地黄酒浸捣(贴脚心,男左、女右),赠送病家,以抵制割蟑螂子之风,免于枉死。

农民离城镇较远,有病求药比较困难。一九六五年,余在上海七宝镇附近农村巡回医疗中,见农村中草药为数不少,因在一次为农村卫生人员讲课时,提出几十种有效单方,以"就地取材,俯拾即是"为题,详为讲解。例如香葱捣烂炒热敷跌打损伤形成之血肿;麻油内服外敷,治汤火烫伤;蒲公英捣涂,治痈肿热疖;脱力草煎服,治贫血萎黄;夏枯草与肉骨头煮汤,治肝、胃气痛;茅根煎服,治鼻衄、尿血等等。信手拈来,即可解决问题,故听者欣然有味。

结　语

余觉少壮之年,精神最为充沛,所读之书不易遗忘,故为一生最宝贵之岁月,自古有为之青年,皆知于此努力勤奋,以图有所成就。如诞谩悠忽,轻易放过,至为可惜。语云:"少壮不努力,老大徒伤悲。"实为若辈敲警钟也。余觉少壮一过,则人事日烦,精力渐减,即有阅历,亦易遗忘。但此期间,难免有种种之干扰,需善加克服。至如烟、酒、赌博、戏谑闲淡之类,宜避而不涉。否则,所谓宝贵之岁月,又能剩几何耶?故唯专心致志,泰山崩而色不变,麋鹿游而目不瞬者,足以保证耳。韩昌黎云:"业精于勤,荒于嬉。"旨哉言乎!余虽垂老,觉须学之事尚多,真有学到老,学不了之慨,而祖国四化之实现迫于眉睫,因愿与诸同志共勉!

治医一生

天津市立儿童医院中医科主任
中华全国中医学会理事　　　何世英

[作者简介] 何世英（1912~1990），天津市人。早年自学中医，一九三六年卒业于华北国医学院并悬壶于天津。毕生致力于中医内科和儿科，临床经验丰富。著有《儿科疾病》《何世英儿科医案》等。历任天津市政协委员、天津市科协常委、天津市中医学会会长等职。

我出身于贫苦家庭，小学毕业后，父亲叫我去学徒，我不同意，勉强继续升学。嗣因军阀混战，民不聊生，失业大军日益扩大。为了免于冻馁，只好学点技术糊口，这是我当初学医的目的。为什么选学中医呢？因为学西医，一是学历不够，二是学不起。

我先在一位中医帮助下进行自学，前后背诵了《濒湖脉学》《药性赋》《本草备要》《汤头歌诀》，并浅尝了《内经》《伤寒》《金匮》等书。后值施今墨先生创办华北国医学院登报招生，便在亲友的资助下进入该校学习。

进入华北国医学院学习的第一天，施今墨先生在开学典礼上讲话，指出两点：一为中医一般技术水平太低，滥竽充数较多。一经错误治疗，虽然不见得马上致命，但病情逐渐发展，以致最后死亡，而病人无法察觉，这就叫"庸医杀人不用刀"。一为中医必须发展提高，走科学化道路。它好比破旧王府，已经不适合时代的要求，如能利用原来良材改建为新式楼房，既壮观又坚固实用，岂不更好？办国医学院的目的，就是要培养出骨干力量改进中医。施今墨老师的讲话，对我影响很大。

施先生认为，中医应该走结合西医、以西医之长补充中医之短的道路，主张中西医学熔于一炉，不能有门户之见。因此，在学校的课程安排上，是中西医学齐头并进，而以中医为主。执讲者皆当时医界名宿，如周介人、朱壶山、方伯屏等。西医课多由平大医学院教师兼任。施先生由于诊务繁重，仅担任高年级医案课并亲带实习。

由于学校成立较短，图书馆尚未建立，为了充分利用业余时间多读一些书籍，我每天下午下课后，到西四牌楼一带街旁粥摊吃顿简单晚饭，便到北海旁国立图书馆看书，一直到闭馆。阅读的书籍，除医学典籍外，还浏览一些文学、历史等书，坚持三年之久，笔记积累了百余本。

这个学校是四年制，当我上满三年时，参加天津市官厅举办的中医考试，侥幸考中并名列第一。在毕业以前，我就领照开业了，由于学校的特殊照顾，准许我参加毕业考试，并取得毕业证书。

开业之后的考验

我正式开始行医,是在一个药店坐堂。当时自己感到很空虚,治病没有把握。逢巧开业就遇到了三位疑难病人:第一位大概是心肌梗死,来诊时行走自若,只是稍感胸闷,精神比较紧张,但脉象未见特殊。病人回家后,药未入煎,突然死亡。当我听到死讯,一惊非小,及知尚未服药,心情才平定下来。第二位病人是晚期肺结核已临垂危。出诊一次,并未回头。病人与当时某名老中医是朋友,这位老中医为了考验我的医术,特向病家推荐。后来我知道原委,感到很羞愧。第三位病人是精神疾患,已经五年。症见经常嗝气,两手垂放,不能贴身和接触外物,触即打嗝,面部㿠白虚肿,食欲不振,身软无力,精神抑郁悲观,自谓必死,遍历全市中西医,治皆无效。我先后予以舒肝理脾、调气降逆之剂治疗十余日,毫无效果。

这三位病人给了我很大压力,甚至使我产生了后悔不该学医之念。但同时也使我想起《东莱博议》中"楚人操舟"的一段,认识到遇见逆风,正是对我的考验和锻炼。假若开头就逢顺风,极易产生轻敌思想,容易招致身败名裂。最后认识到,正确对待困难和战胜难关,才有可能提高技术水平。随着思想的改变,也就开拓了新的思路。

我认真分析了第三位疑难病症。根据具体症情,肯定是精神疾患。看来单独靠药物治疗,已无能为力。朱丹溪曾有对精神疾患者"宜以人事为之,非单纯药石所能全治"之语,可见古代医家也早有这样的见解。当时发现病人每次打嗝,必先躬身低头。我想病人如果主动不躬身低头,则打嗝有可能控制住;但又考虑打不出嗝来,必然气滞胸闷,那只好说服病人了。于是我决定停开药方,改做思想工作。

首先对病人解释不开药方的原因及本病预后良好的道理,然后要求病人尽量克制躬身低头的习惯,鼓舞勇气,挺胸竖头,以不怕苦、不怕死的精神努力与疾病作斗争。试做一次,病人立感憋闷,痛苦难忍。鼓励其回家继续试做,并再三对病人讲:"意志坚强与否,是决定这一痼疾能不能痊愈的关键。如努力为之,虽五年之病,旦夕可瘥。"

经过病人自己的努力,坚持了两天,打嗝基本停止,面容及精神也明显好转。后遇心情不快,间又发作,卒以意志坚决,终获痊愈。

这一病人的治疗结果,使我受到极大的鼓舞,为以后努力提高技术,积极解决疑难病症,增强了勇气。

经方、时方与综合运用

在我早期临床中比较侧重以六经辨证指导外感热病及其变症,不少病人有显著疗效,深受患者好评,例如:

患者,男,三十岁。素有痰饮留伏的哮喘宿根,因受外邪而复发,半月不解。中西医药罔效,病势垂危,已准备后事。证见喘息鼻煽,张口抬肩,胸高气短,头汗如珠,面色发青,烦躁不安,舌苔白腻,两脉滑大而数,沉取无力。据证论治,认属痰气交阻,闭塞气道,邪盛正衰,肺气欲绝。乃以扶正降逆定喘化痰之法,投麻杏石甘汤、葶苈大枣泻肺汤加重剂人参治之,药未尽剂而喘已定。

某老翁,初秋突发高热,日泻十余次,中西(日医)医共治疗三天无好转,病势危殆,乃约余诊。见其精神恍惚,烦躁气促,遍身炽热有汗,泄下褐色水液而恶臭,腹痛不著,纳呆不吐,溲少而赤,舌质红,苔黄腻,脉弦滑而数。当时按太阳阳明合病、挟热下利之表里证论治,而以葛根黄芩黄连汤治之,一剂而瘥。

一老妇年近古稀,外感高热四天,热退匝月,日夜不能合眼瞬息,西药安眠、中药安神俱无效。精神烦躁,痛苦难堪。舌质光红而干,脉弦细而数。当时按少阴热化、水火未济,而以黄连阿胶汤治之,一剂酣睡,再剂乃安眠。

又患者,男,五十岁。先发热十天,退热后二十天不饮,不食,不语,仰卧,昏睡而不闭目,有时长出气,半月无大便,舌苔白腻遍布,两手俱无脉。中西医均拒绝治疗,已备好衾椁,等待气绝。余按邪热内陷、痰热郁结、阻滞中脘、气机痞塞论治,而予小陷胸汤原方。服后两小时,病人即能闭目深睡,减少了长出气。翌晨突然坐起,诉饥饿,索食物,家人反而惊惧,以为"回光返照"。疑惧稍定,姑与之食,见其食后又安睡,知其已有生望,于是由惧转喜,再邀复诊。继续以小陷胸汤加元明粉予之,翌日得畅便。由此神态自如,其病若失。

经方用之得当,效如桴鼓,这是历代医家共同的体验。但我通过临床认识到,囿于经方一隅,是不能解决一切外感热病的。在某些情况下,必须用温病辨证及应用时方才能取得效果。例如神昏一症,完全按照《伤寒论》胃家实处理,是不符合实际的。又如外感热病初期之属于温病的,依然坚持"一汗不解,可以再汗"及"下不厌迟"的原则,也是不合理的。更以流行性乙型脑炎为例,如以六经辨证,则只能受到阳明经证的局限。在把好乙脑三关（高热、惊厥、呼吸衰竭）中,即使对退高热有利,但也不能控制惊厥和呼吸衰竭,何况乙脑在临床上常表现为暑温证和湿温证不同的类型。所有这些,都不是六经辨证所能指导,也不是单用经方所能解决的。由于历史的条件,《伤寒论》决不可能概括万病,它的理法方药,也决不可能完全适用于一切外感热病。温病的学说是在《伤寒论》基础上发展起来的,二者都代表外感热病。从整个发病过程中,由初期、中期到末期,都有其不同的临床特点。可以说,伤寒与温病是外感热病的两大类型,每一类型包括若干病种,同一病种也可能在病程中出现不同的类型。这两个类型既有所区别,又各有特点,而且它们的理论核心,都是落实到脏腑经络之上,《伤寒论》一些方剂,仍为温病所沿用。因此,六经、三焦、卫气营血辨证应该密切地结合在一起。根据具体病情,灵活掌握,经方、时方统一运用,不应继续存在几百年来所谓寒温门户之见。个人早期临床既在经方上有所收获,但以后也常应用时方而收效。因此,我个人既不是经方派,更不是时方派,而是综合派。

继承师学与独立思考

施今墨先生治病,博采古今南北各家之长,遇有疑难之症,必参合医理,穷源溯流,深思巧构,疗效突出。其临床特点很多,外感内伤均所擅长。举如急性传染病、呼吸、消化、循环、泌尿,特别对神经系统疾患,均有独到之处。

施师尤擅长妇科,特别注意调理气血,强调"气以帅血,理血必先理气"之旨。对功能性子宫出血、子宫脱垂、闭经、滑胎、妊娠恶阻、盆腔急慢性疾患等,疗效极为显著。

施师处方,喜开"对药",如厚朴花与代代花连用,生地黄与熟地黄连用,砂仁壳与豆蔻壳连用,苍术与白术连用等。用药剂量非常谨慎,麻黄均用蜜炙且分量极微,一般三至五分,很少用至一钱。常谆谆告诫同学慎用葛根,必要时以青蒿代之。

我多年来秉承师法,每获良效,但有时也要跳出老师的框子。施师慎用葛根,而我经常应用,并无不良反应发生。施师对某些药使用剂量甚微,而我根据病情需要,往往超量应用始能奏效。例如施师用葶苈子经常不超过五分,而我则用至三钱。又如麻黄定喘,对急性呼吸道疾患,虽小量亦效;但对慢性者,墨守微量,往往无济于事。施师治疗头风证中的神经性头痛,喜用虫类平肝熄风药,一般地用地龙、僵蚕,稍重用全蝎,特重用蜈蚣。施师用蜈蚣,每剂从未超过一条,我则根据病情需要,每剂最多用至十六条,并未发生中毒反应。举例如下:

宋某,男,三十一岁,某面粉厂工人。1956年2月初诊:头痛四周,阵发性,痛时剧烈难忍。一周前头痛突然昏倒,手足厥冷,当时由厂医送往某医院脑系科住院检查。医院考虑脑肿瘤,决定开颅探查。患者不同意手术,于术前一日自动出院来诊。

当时精神紧张,头痛时额汗如珠,常有幻视,夜梦纷纭,不能酣睡。舌质暗红,苔少,脉象弦数。证属肝风上扰,头风重证。宜镇肝熄风,处方:天麻、豨莶草、菊花、白蒺藜各三钱,桑寄生五钱,代赭石六钱,山慈菇三钱,煅磁石一两,川连、胆草各一钱五分,蜈蚣三条,全蝎三钱,水煎服。

上方加减服至2月28日,头痛好转,但头部有时有上撞感。睡眠时间略长,但梦多、幻视已轻,脉象弦数转缓。改定处方:紫石英八钱,煅磁石一两,生龙齿、代赭石、茺蔚子各五钱,生石决明一两,全蝎三钱,僵蚕、胆草各一钱五分,菊花、地龙、钩藤、天麻、豨莶草各三钱,蜈蚣四条。

从2月28日起,依上方加减服至4月4日一个多月中,蜈蚣用量陆续增至16条,头痛全止。再服五六剂后逐步减量。一般情况仍好,乃停药观察,后到某医院脑系科复查,已无阳性体征,恢复工作。

当然,在临床方面,每人经历不同,故有不同的经验积累。但是新的经验积累,必然是在前人的基础上建立起来的。如我喜用葛根,系我的启蒙老师——津市已故名医陈泽东亲传。陈老以善用温燥药而闻名,里证动辄姜、附、桂,表证常用苏(苏叶代替麻黄)、葛、柴。我虽然投入施门,但对陈派用药已先入为主,故对施师深恶葛根,反滋疑窦,而我以后在长期临床体验中,葛根用之得法,其妙无穷。因此,既兼采各家之长,又要独立思考、推陈出新,才是治学治医的必由之路。

儿科特点与提高方向

在我学医时对儿科比较感兴趣。学校聘请施师胞兄光致先生主讲儿科。光老对儿科很有造诣,临床经验丰富,个人受益匪浅。

自专业儿科后,发现存在许多问题阻碍着中医儿科的发展,其中最为突出的是剂型问题。小儿服汤药很不方便,煎多了无法吞服,煎少了又容易碳化。其实这一实际问题,早就引起古代医家的重视。公元十一世纪《小儿药证直诀》中所载一百三十二方,就有一百二十四方属于丸、散、膏、丹、药饼子等易服易用的剂型。这种适应小儿疾病的特点,便利小儿服药的传统有效方法,是应该继承和发展的。

过去虽有一些儿科古方和验方成药,但配方几经删改,多数盛称百病皆治,疗效不专。解放后经过审订,淘汰了一些品种,现有的仅能治疗小儿部分疾病,大部分疾病缺少专药。

为了解决这一问题,从一九六〇年开始,总结个人经验,筛选出疗效比较满意的方剂,由本单位制成便于服用的成药,包括片、丸、冲剂、糖浆、水剂、散剂、软膏等二十余种,一般常见病几乎都有专药(参阅《中医杂志》1965,11、12两期)。其中大部分做了系统的临床观察,并反复修正了配方,经过长期临床应用,颇受患儿及家属的欢迎。当然,成药有它的局限性,至于病情复杂等特殊情况,仍需要服用汤药,不能削足适履。

配制成药的目的,固然是解决剂型问题,但更重要的是提高临床疗效。以最常见的急性扁桃腺炎来说,由于对抗生素敏感的减弱,有些病儿往往服用西药多日不能解热而转看中医。我观察到患本病的小儿,除局部病变及全身的高热外,多数伴有口唇特红、脐腹疼痛、大便秘结等特征,这是西医儿科教材所没有,中医儿科教材有也叙述不全的。

从患儿多数舌红、苔薄黄、脉弦数来看,风热相搏,来势甚暴,其病机则里热偏重。据此治以清热解毒、化瘀通便,配制成"清降丸"一药。服后一般翌日或当日必大便,便后热退,病灶随之改善。仅此一药的推广使用,便节省了大量的抗生素。

中医儿科也存在诊查方法问题。儿科又称哑科,既不能自诉病情,家属反映情况也不见得完全可靠;小儿精神容易激动,脉象也不稳定;儿科特殊诊法的指纹观察,又难以掌握标准。因此,中医儿科诊查方法必须扩大,诊查指标要求尽量客观化,应适当结合西医诊查方法。几十年前中医儿科很少使用体温表,现在不是普遍应用了吗?为了便于了解呼吸道疾患病情轻重以及心功情况,没有理由拒绝采用听诊器。为了有利于鉴别诊断,根据需要,还应做必要的实验室检查及其他检查。如肾炎,当临床症状已经消失,而尿化验仍不正常,如果只凭临床现象,主观认为痊愈,岂不误事?从病人实际出发,我认为中医儿科工作者必须打破保守,虚心采用西医之长,补中医之短,才能有助于提高疗效。

中医儿科当前存在的最严重问题,是没有接触急症及急性传染病的机会。像我单位门诊急症中医不能插手不说,由于未建立传染病科,平日既不收也不看急性传染病(只夏秋季开病房收治乙脑)。中医儿科本来长于治疗麻疹,现在也看不到了,经验成为书本上的空谈。长此以往,确实要像有人指责的那样:中医不会治急病。

上举三点，前二者可以通过中医本身努力来改进，但最后一点，涉及某些问题，则无能为力。从长远看，这一点能否改进，是关系到中医儿科能不能长期存在的重大问题。

扬长避短与发挥优势

诊断明确，应急措施多，是西医之长；辨证施治，灵活性强，是中医特点。二者结合起来，扬长避短，发挥优势，就能提高临床疗效。以收治乙脑为例，从一九七三至一九七八年间统计我单位共收治乙脑三百六十二例，通过中西医结合以中药治疗为主，平均病死率仅2.8%（参阅《天津医药》1980.7,"流行性乙型脑炎的中医治疗体会"）。

中医中药单独治疗急性传染病，疗效还是比较满意的。一九五九年津市白喉流行，我单位接受临时收治任务。因白喉类毒素供应不足，除开两个西医病房外，又开了一个中医病房，专以中药治疗。当时并发症很多（主要是心肌炎），症势险恶。我在临床观察中，发现这年白喉病儿有如下特征：发热不高，日暮较甚，既不恶寒，也不恶热，身软无力，口干不喜饮水，咳嗽无痰，咽痛不重，舌质光红微干，脉弦细而数等，无一不切合阴虚证。前人认为阴虚肺燥是白喉发病的病理基础，是完全符合实际的。于是在治疗上便确定以"养阴救燥"为治则，并以吹喉药配合汤剂治疗。对于合并心肌炎，则按病情轻重，辨证论治处理。这个病房共收治白喉病儿一百零七例，仅一例死于并发心肌炎，临床呈现阴分已竭、阳气虚脱的严重败象。另外，有两例病儿并发皮肤白喉（疮面培养证实）而以吹喉药外用，迅速取得脓消疮愈的意外效果（参阅《天津医药杂志》1960.7，"中药治疗白喉107例初步总结"）。这里附带说明，在治疗白喉的西医病房中，不少患儿对白喉类毒素过敏，而改用中药治疗，无一例失败。

中医儿科在临床上有很多经验可以补充现代西医儿科之不及。例如肠麻痹症，西医常需肛管排气，而效果有时不理想。中医辨证有属肺气不宣、大肠壅滞的实证，也有脾阳虚衰、运化失调的虚证。我对前者常用"小儿一捻金"或"牛黄夺病散"收效，后者则以温脾消胀之剂取胜。

清热利湿治疗新生儿高胆红质血症，凉血散瘀加镇摄治疗过敏性紫癜，清热解毒、逐瘀化浊治疗肺脓疡，淡渗去湿、驱风止痒治顽固性皮肤过敏性疾患等，疗效均比较突出。

又如脑昏迷病人的尿闭，不论程度轻重，只要指压利尿点（病儿仰卧取平，从脐眼至耻骨联合上缘，连一直线，在二分之一交点处），立即排尿，而且通畅彻底。自从我在《天津医药杂志》1965年7期发表"指压利尿法治疗昏迷病儿伴发尿潴留八十例临床观察"一文后，我单位迅速推广，医护均能掌握，一直到现在，重复可靠，效果显著。

医学生涯六十年

重庆市中医研究所顾问　　　陈源生

[作者简介]　陈源生(1897~1992),四川铜梁县人。中医世家,致力于中医临床工作六十余年。对《伤寒论》《金匮要略》的临床意义多有阐发;善于汲取各家学说的长处,对中草药的研究尤具心得。治病不拘成法,主张轻灵巧取,在内、妇、儿科临床上,有较深的造诣。著有《临床常用中草药选编》《简便验方歌括》等。

在崎岖的医学道路上,我虽已经历了六十多个寒暑,但仍不敢妄言医道精微。只能把一些点滴的经验教训披陈如下,以与同道共勉。

由诵习方药入手,从流溯源

我家世代以医为业。叔祖父陈济普,以内、妇、喉科见长，在铜梁一带行医数十年，名噪一方，家父及兄长皆从其学。我九岁发蒙读私塾，两三年后，父亲就叫我在课余背诵《药性赋》。所赖年少，记忆力强，不多久，寒、热、温、平几百味药性背得滚瓜烂熟。紧接着又背诵了《药性四百味歌括》。一切都很顺利，对医道兴趣倍增。继而征得塾师之允，遂与儒书、医书合炉共冶。按照叔祖父安排，进一步就读《时方歌括》《时方妙用》。因先背熟了药性，虽初读方书亦不感到陌生。叔祖父对我讲："虽说'医不执方'，而'医必有方'。前人立方，皆遵法度，故学方易知法。法与方，犹藤与瓜之关系，欲临证者，当先从方与法入门。"之后，又读了《成方便读》《成方切用》等方书。在熟悉了基本治法与方剂后，开始读《医学三字经》。背得了《医学三字经》，叔祖父嘱我再读《医学心悟》。并说："《心悟》一书，其精粹又在'医门八法'篇中，务必要熟读、精思，最好背得。"确如其言，"八法"篇颇切实用，我临证以来，立法处方得程钟龄先生益处不少。除陈、程这两本书外，还陆续读了一些入门书籍，由此而具备了浅显的理论及一般的临证知识，为学习经典医著做了一些铺垫。

攻读经典的方法：相互参证，学用结合，反复精思

"不读《内》《难》《伤寒》，不可言医。"这种说法是有道理的。我学《伤寒论》是先从原文开始的。惜乎条文古奥，错简晦涩之处，实在不懂。还是经叔祖父指点，以《伤寒来苏集》《伤寒贯珠集》与仲景原文相互参证，读而思，

思而再读,反复多遍之后,感到见效确实快些。据我的学习体会,学《伤寒论》和《金匮要略》有两把入门的钥匙,就是陈修园著的《长沙方歌括》和《金匮方歌括》两本书。陈氏方歌铿锵顺口,或概括重点条文,或列治法原则;既有药味组合,又详分量加减;对于理解和熟记条文、方药,皆有帮助。至今,这些方歌我都牢记未忘,我觉得这是一条学习仲景著作的捷径。

还是如上述方法,我从《内经知要》开始学习《内经》。同时又以张、马所注《内经》和张氏《类经》互勘互学。当时,长辈并没有要求我在短期内把《内经》学深、学精(事实上也不可能),只是力求从概念上了解中医基本理论,为今后深入学习而奠定基础。

十年私塾之后,我即随叔祖父临证写方,并没有因家学必传后代而稍有懈怠。白天诊病,夜晚就恭候叔祖父身边,从临证病案所记,常究疑难于叔祖,必得晓畅理法而后可;而他老人家则是有问必答,更使我心悦诚服,获益良多。如此,学用结合将近两年时间。

悬壶知医难:疏忽与失误,难忘的病例

一九二〇年,我开始在铜梁、凉水、侣俸等乡镇行医。假先辈声誉,尚未因初出茅庐而坐冷板凳。随着求治者日众,困难更增多。由于学未精深,临证往往缺乏定见,以致认证不准、方药失当者有之,迟疑不决、贻误病机者有之,反正失败的教训很多。那段时期,有几个病例给我留下很深的印象。

乙卯年除夕之际,母亲患头痛甚剧,痛位偏重巅顶,手足逆冷,胸口冷痛,时欲作呕,脉微几不应指,我认定是吴茱萸汤证,乃放胆原方书之。殊料药后病增而吐剧。惶然不解,求教于叔祖父。叔祖父曰:"辨证无误,方亦对路,而药后病剧者,吴萸之量过重耳。汝母素弱,得大剂辛烈之吴萸,故格拒不入,我寻常用吴萸恒嘱病家泡淡入煎,汝正疏忽于细微之处。现仍以原方,吴萸量减其半,泡淡,并加黄连五分以制之、导之,汝母之疾可一剂而安。"我遵嘱处理,果药到病瘥。

我有一婶娘,孀居有年,素患饮疾。时感外邪,其证恶寒无汗,头身疼痛,胸闷咳喘,脉浮,既不缓亦不紧。再三思之,辨证为外感风寒、内停水饮,开了一张小青龙汤原方。那知药未尽剂即大汗出,胸闷咳喘加重。叔祖父闻讯来诊,急投大剂真武汤救之。我当时还不明白错在什么地方。叔祖父说:"误在诊断不详,虚实未分。汝婶素多带下,阴精暗耗,兼尺中脉微,证属气阴两虚,凡见此证此脉断不可汗,仲景早有明示。小青龙汤虽有芍药、五味之缓,亦难任麻、桂、细辛之峻,加之药量过重,错上加错。程钟龄有云'当汗不可汗,而又不可以不汗,汗之不得其道以误人者',正此之谓也。汝虽读《医学心悟》,却未彻悟。初诊若能以扶正解表、理气豁痰之参苏饮治之,倒颇为合拍。"我回答说:"婶娘是老辈,不便询其经带,尺中脉微,并未细切,既然初治药量已嫌过重,为何真武又须大剂?"叔祖正言斥曰:"胸中易了,指下难明,切脉不真倒未可厚非。但是,'妇人尤必问经期,迟速闭崩难意断'。《十问歌》忘记了吗?老辈子就该舍去问诊吗?治病岂能分亲疏?汝婶初治以重剂辛温解表,是犯虚虚之戒;药后大汗出,已有亡阳之兆,必得重剂真武救逆而冀安,所谓'无粮之师,贵在速战'。用药的轻重,当权衡病之浅深、虚实及传变而慎所从违。'谨守病机,各司其属',经旨昭昭。看来,汝读书不求甚解,只知其然,未追思其所以然,今后须下点苦功夫才行。"他老人家语重心长,历今六十载,言犹在耳。

放眼百家,广开学路,博采众长

疾病总是千变万化的,同一种疾病可因时、因地、因人而证相径庭。徒执古人有限之方,以临今人无限之病,实践证明是不可能的。所谓"经方""时方"之争,实际上乃伤寒与温病两大学派之对垒,这是阻碍学术研究的一种偏见。我临证以来,逐渐认识到了这一点。

记得正是开业的第二年,家乡温病流行。我接治的第一个患者是一位青年农民,其证壮热恶寒,口渴心烦,周身疼痛,咽喉肿痛,溲黄便秘,苔腻脉数。先投银翘散,继以白虎、承气,病势不衰。次日午后,旋即喉肿欲闭,水难下咽,证情恶变,我技已穷,不知所措,急请叔祖父会诊。叔祖父诊后,嘱开升降散加味煎服,外用家传吹喉散,很快痊愈其病。那时,我还没有读过杨栗山《寒温条辨》,也不知道升降散方竟有如此神效。

一次,邻里一行商患泄泻腹痛有日,我以理中汤治之不中,乃执案求教于叔祖父。他告诉我:"再详审脉证,究明其属中焦虚寒,还是中气下陷;既然理中未效,或可升提为商。"果然,投补中益气汤加减而泻止痛安。当然,此例失误在辨证不确,选方失当,非理中汤之无功。不过,也说明了补中益气汤治疗中气下陷所致之泄泻确有著效。此方并非"经方",但是,根据《内经》"清气在下,则生飧泄"的病理变化,东垣制升阳举陷的补中益气汤不也是和仲景一样,源本《内经》并发展《内经》而独具匠心吗?

实践告诉我,只有广开学路才能迅速提高医疗水平。程钟龄有两句话我很赞赏:"知其浅而不知其深,犹未知也;知其偏而不知其全,犹未知也。"从其言,首先在思想上摒弃"经""时"两派的陈观,以临床疗效为标志,对各家理论求实择善采之。中年以后,乃悟各家学说皆源同流异而已。从而认识到:对各家学说合读则全,分读则偏;去粗取精,扬长避短则可,盲从偏见,顾此失彼则非。临床上断不可因麻桂治伤寒著效,而毁荆防银翘轻描淡写如儿戏;决不因补中益气汤之"甘温除热"就曰"古方不能治今病",而取代小建中汤。凡如斯者,皆宜共存以取长补短。

学问并非尽载名家论著。广采博搜,不嫌点滴琐碎,"处处留心皆学问"。举两个例子:

同乡有李姓草医,祖传疳积秘方,以其简便验廉,远近求治者不少。该医视为枕中之秘。为学习伊之长处,乃与其结交至好,并于医道共相切磋,久之情深,伊知我乃方脉医,非卖药谋生,渐去戒心,偶于醉后道出真言,曰:"一味鸡矢藤研末即是。"事虽小而启发大。鸡矢藤一药,我几十年来屡用于肝胆脾胃诸病,证实其有健脾消食、行气止痛、利水消胀的良好效果。

《金匮》治肺痈、肠痈皆用冬瓜子,而冬瓜乃瓜果菜食之物,其子何能有此效?常见冬瓜子抛入猪粪坑中而不腐烂,次年凡施用猪粪之处可自然生长冬瓜。于秽浊中生长的冬瓜,其味甘淡,甚为爽口。我注意观察了这一现象,从而省悟此物极善浊中生清,其子抗生力强,更属清轻之品。根据冬瓜子升清降浊、轻可去实的特点,用治咳喘脓痰、肺痈、肠痈、妇女带下以及湿热病过程中出现的浊湿阻滞上焦和中焦的症状都有显著疗效。

由于理论的渐次提高,经验点滴积累,临证就踏实得多,治有疑难复杂疾病,一计不成,亦有他计可施,处方用药也自然灵活了。于是,愈信秦越人"人之所病,病疾多;而医之所病,病道少"之言,洵不我欺也。

学贵沉潜,融会贯通,执简驭繁

一九三八年我来到重庆行医。时值抗日战争期间,各地名医先后避难到后方,一时间,重庆医界,高手云集,这对我来说无疑是一个很好的学习机会。如全国知名中医张简斋在渝期间,我常从病人处研究其处方,发现张老极善轻灵,药虽一钱几分,每起沉疴。当时,我正盲目崇拜重剂,自谓"胆大",对照张老经验,深有触动。我初到重庆,人地两疏,无名小卒较之诸名家,诊务清淡;正因为清淡,又造就了重新学习的环境。条件允许我每治一个病人都详细立案,反复推敲,病家服药后,必询疗效,甚至登门随访以察究竟。临证遇难,遍检医书以求答案;读书有悟,践之临床以期印证。如斯者有三四年光景,使我在学术上长进了很大一步。

我在青年时代就背熟了几百首成方,满身皆是法宝,有时治一个较复杂的病,前后往往用上十余首方。表面上似炫广博,实际上胸无定见,杂乱无章。晚年来,情况发生了很大的变化,只要诊断一经明确,治则一经拟定,并不需要考虑许多成方,甚至依法选择几味药,同样愈病。如治肝病,历代治肝成方总有数十之众,内容固属丰富,但毕竟嫌其驳杂难以择采。我曾用"四逆散"为疏肝、解郁、行气之主方,"四物汤"为补肝、养血、活血之主方,"当归四逆汤"为温肝散寒之主方,然后在主方的基础上各随兼证而加减,收到了执简驭繁、"异病同治"的效果。不过,"异病同治"或"同病异治"都只能在辨证论治法则内实现,脱离了这个法则,就不能由博返约,更谈不上执简驭繁了。

有些青年中医总感觉老中医手中似乎有什么诀窍。我常常用两句话回答这一问题:"活泼圆通医家诀,不离不泥是津梁。"通过熟悉和掌握辨证论治的法则,从而步入"谨守病机,各司其属"的境界。诀窍,也许就在这里。

有一同道之孙女,年仅两岁,患腹泻。先以渗湿分利无效,继投温中健脾,泻仍不止,乃邀会诊:视患儿形瘦,面色无华,汗多烦躁,常夜啼惊醒,指纹青淡,日泻七八次,食油泻甚。我根据《灵枢》"阴阳俱不足,补阳则阴竭,泻阴则阳脱,如是者可将以甘药,不可饮以至剂"的原则,权借《金匮》治妇人脏躁之甘麦大枣汤,假其至平至甘之性,调治"阴阳形气俱不足"之疾,并于方中酌加蝉蜕、仙鹤草、楂炭,处方共用六味药,服二剂而泻止神安。

大约是在一九五六年六月,当时我在中医直属门诊部妇科应诊。一妇女以白带多而就诊。自述心烦、心慌、胸闷呃逆,常坐卧不安,失眠多梦。并云脾胃素弱,近来便溏,带下特别多,医治月余无效。诊其脉细中稍有数象,舌质淡而苔微黄。追询病史,知月前曾患外感风热。综观脉证,认为患者虽属虚体,而现证余热未清,补之无益;倘若徒清其热,又恐虚虚其体。思之再三,乃从《伤寒论》栀子豉汤立法。但又考虑到便溏非苦寒之栀子所宜,时值栀子花盛开的季节,不妨来个"偷梁换柱"之法,爰拟一方:栀子花七朵,香豉三钱,腊梅花四钱,佛手花二钱,远志一钱三分,甘草一钱,另以冬瓜子二两单煎代水。诸药先浸泡半小时,微煎数沸,分次温服。患者接过处方,颇为不悦。认为慕名求诊,不料处方只见几味市售观赏之花,莫非敷衍塞责?我向她耐心做了解释,劝其姑且试服,以观疗效。三天后,患者高兴地来门诊部致歉,谓服药后顿觉心胸开朗,烦闷若失,眠食亦香,带下随之而愈。

另有一妇人患崩证,血大下不止。察其脉证,寒热皆无明显之征,唯询得血下时阴中觉热,我根据平素审苗窍诊断疾病性质所积累的经验:血下阴中觉热,必属血热致崩。乃出方:地榆四两,米醋同煎,单刀直入,期冀速效。患者昼夜连服二剂而血止。事后,跟随我临床的西医同志问我:"老师治病,用方极其平常,且少执全方,选药亦属平淡,剂量轻重不定,为何收效同样显著?"我回答道:"遣方不以罕见邀功,用药不以量重取胜,关键在于辨证准确,立法吻合病机,方药切中病情,虽四两之力,可拨千斤之重,神奇往往寓于平淡之中。"我常常对学生讲:"智欲圆而行欲方,胆欲大而心欲小。"孙思邈这两句话,言简意深,临证者当镂刻铭记。

中医宝库包罗万象,不可小视草药单方

人们常以"浩如烟海"一词来形容中医药宝库内容丰富。广阔的海洋总是由大川涓流汇集而成。中医学体系也正是由各家学派,中药、草药,甚至散在民间的单方、验方、秘方等各个部分所组成。不能一谈到继承就只想到几部经典著作。就连清代崇古遵经的医家徐大椿都承认:单方、验方,"病各有宜,缺一不可"。他在《医学源流论·单方论》中提出了颇有见地的主张。我个人数十年来,每治疑难险证,常在辨证论治法则指导下,选择适宜之单方、验方以辅助主方,"且为急救之备"、衰其标邪,"或为专攻之法"、顿挫病势,收效显著。例如,治疗鼓胀、积聚、癃闭等证,凡在虚不任攻,虚不任下,而又不能不攻、不能不下的情况下,我往往用新鲜马蹄草冲绒,合以白酒炒热包肚脐。可收攻而不伤正气、下而不损阴液之效。再如《济生》乌梅丸,书载治疗便血淋漓。我早年试用于西医诊断的肠息肉(其症表现为便血)获效,因此,进一步深究该方僵蚕、乌梅、蜂蜜三药组合之义,始知该方合于《素问》"热淫于内,治以咸寒,佐以甘苦,以酸收之,以苦发之""燥者润之……坚者软之……结者散之,留者攻之"的理论。继而推之以广,用治多种息肉及子宫肌瘤等,皆历验不爽。诸如此类之单、验、秘方,不仅需要继承和发掘,更应该通过科学实验,复经临床验证,由此及彼,逐步摸索出一条使专病治有专方的路子,这对发展祖国医学是很有意义的。

早在农村行医时就广泛采用草药治病,人颇称便。到

了大城市,为避"俗嫌",曾中断使用草药。解放后,由于当局重视中医药的发展,我又重新研究草药。常思古代神农为研究药物的治疗作用,尚可"尝百草"而不畏其毒伤身,虽系传说,然这种身体力行、实事求是的科学态度却是值得学习的。为了证实《本草纲目》上关于葎草、鼠曲草(四川民间称清明菜)等草药的确切疗效,我曾不顾年老体弱,数临悬崖峭壁,采集标本,并先在自己或家人中试用。经过反复试验,证实了葎草对西医诊断之肺结核、肠结核、肾结核、淋巴结核等有显著的疗效。此外,我还广泛运用其治疗尿路感染、风湿、低热、肺炎、尿毒症等,都取得较理想的效果。我自己患咳喘,曾煎服鼠曲草月余,不仅收到止咳、化痰、平喘之效,而且未见任何不良反应。再如腊梅花,人皆知为观赏之品,鲜见入药。我从古人"稀痘汤"中用此解先天胎毒受到启发,用其治疗咽喉、肝炎、肺炎、流感等由病毒感染所致之疾病以及尿毒症,收效显著。据个人观察,腊梅花擅长疏肝解郁却无香燥耗阴之流弊。

多年来,我一直主张中草药合用,力图按传统之中药理论,从"四气五味"来归纳草药的主治范围,以便临床时能循理遵法地组方,充分发挥药效。惜乎这方面的工作还做得很不够。

观今宜鉴古:古为今用,探索新知

"古方不能治今病",这种认识肯定不对。不过,对前人的著作必需去粗取精,扬长避短,从而使之"古为今用"。比如,杨栗山著《寒温条辨》,制升降散为代表的十四个方剂为"天地间另为一种偶荒旱潦疫疠烟瘴之毒"所致疾病而设,并谓升降散一方主治"表里三焦大热,其证不可名状者"。在消灭了瘟疫这种严重危害人民健康的疾病的今天,治疫专方之升降散还有作用吗? 每于诊余之暇,我常潜心杨氏《条辨》,参诸明清温热论著,琢磨有年,始渐悟得升降散痊病愈疾的机理就在于"升降"二字,杨氏也正于升降出入手眼独到。所谓"升降"是指气化功能而言。经谓"百病生于气""气乱则病""气治则安"。因此,在湿热、疫毒疾病的某些病变阶段,予以疏动气机,调节升降,无疑是很重要的一环。从该方组成药味僵蚕、蝉蜕、姜黄、大黄、蜂蜜、黄酒来分析,亦深得《内经》风淫、热淫、湿淫所胜,治以辛凉、咸寒、苦辛,佐以甘缓、淡泄之旨。其功效则通里达表、升清降浊、清热解毒、驱风胜湿、镇惊止痉。使用在临床上,对外感热病,尤其流行性感冒、麻疹、风疹、咽喉疾病等,都有很可靠的疗效,决非银翘散诸方所能代替者。

　　作为一个缺乏现代医学知识的老年中医,探索新知的唯一手段只能借助临床观察,并以临床疗效为标志。一九六二年,我所名老中医周湘船邀我会诊一尿毒症患者。病人已神智不清,躁扰不宁,大小便三日未解,历经中西医两法治疗,几次导尿,收效不显。其人年逾七旬,证涉险境,命在垂危。诊毕,我对周老说:"巧取或可冀生,猛攻必然毙命。"经协议处方:以滋肾通关丸为煎剂内服,外用莱菔子、生姜、火葱加白酒炒热,温熨腹部,内外合治,希冀于万一。上午药后,下午得矢气,尿通。不料,通而复闭,又增呕吐,再施前法加减失效。怎么办? 夜间殚思极虑,穷究良策,偶然翻到王旭高治肿医案一则,案云:"肺主一身之气,水出高原,古人'开鬼门,洁净府',虽曰从太阳着手,其实亦不离乎肺也。"这几句话使我茅塞顿开:此证何不下病上取,导水高原?进而联想到《金匮》治百合病亦不离乎肺,其症状描述与此患者颇多吻合之处,又何不权借百合病诸方以治之:清肃肺气,百脉悉安;导水高原,治节出焉。翌日,陈所思于周老,遂与百合地黄汤、百合知母汤、百合滑石代赭石汤三方合宜而用,并加琥珀粉、腊梅花,煎水频服;外治法改用新鲜马蹄草冲绒,炒热,加麝香少许包肚脐。经内外合治幸得吐止,二便通快,神智渐苏。如此,随证加减,月余而竟全功。通过此例治疗后,近十余年来,陆续又治了七八例尿毒症患者,只要其证偏于肺肾阴虚而伏内热者,沿用此法,咸可奏效。从以上这些病例的治疗获效,使我深刻认识到:中医学不仅有丰富的遗产亟待继承,更重要的尚有许多未知数需要我们去解答,需要我们探索新知。

沙里淘金费苦辛,愿得几番百年身

"沙里淘金费苦辛,医中奥妙细追寻。天然璞玉精琢磨,愿得几番百年身。"这首打油诗是我学医、行医几十年之切身体会。"业患不能精""行患不能成"。每念及此,辄觉心里空虚。忆往昔,岁月蹉跎,颠沛半生,术业未能精深;观如今,政策英明,百花齐放,却又风烛残年,无所作为。但是,由于党的关怀,同志的帮助,病员的信任,鞭策着我不敢因衰老而懈怠学习,激励着我不断求知,还想在术业上精益求精。近于病榻中读到报刊有关气功研究的报道:通过医学科学研究气功原理,发现肺还具有调节血流、转化和释放激素、摄取和利用葡萄糖,以及防止呼吸道感染等非呼吸功能。中医学认为,人体的阴阳平衡是依赖气血的调整来维持的。中医常用益气固表之玉屏风散防治体虚易感风邪者,我运用百合病诸方,从治肺着手,治疗尿毒症收效,是否与此有关? 由此联想到还有很多疾病是否也可根据"肺主一身之气""肺朝百脉"的传统理论,结合现代研究,通过治肺而取得意想不到的疗效呢? 目前,这些想法已经有了初步概念,只不过我太缺乏现代医学科学知识,加之其他条件的局限,致使这一设想还极不成熟。正因为如此,我特别寄希望于青年中医和西医学中医的同志能够艰苦学习,以振兴中医学为己任,使中医事业代有传人。作为一个老年中医,虽不能跃马横枪,冲锋在前,而老马则应效识途之劳。我愿意和一切志诚中医事业的有识之士"红专道上争先进,宏开宝库同战场"。为使古老的中国医药学焕发青春,为早日实现我国统一的新医药学而奋斗。

(袁熙俊整理)

我的学习方法和临证体会

上海中医学院针灸系副主任
上海市针灸研究所副所长　　杨永璇

[作者简介]　杨永璇（1901~1981），上海市南汇县人，著名中医针灸学家。致力于针灸事业六十余年，兼通内科，医术精湛，医德高尚，有较高的声望。历任中华全国针灸学会委员，上海市政协委员，上海市中医学会常务理事，上海市针灸学会主任委员、顾问，上海中医学院针灸系副主任，上海市针灸研究所副所长，上海中医学院附属曙光医院针灸科主任医师等职。著有《针灸治验录》等。

我幼年时，上海市郊缺医少药，眼见亲邻苦于病痛，为求医常需驱车步行，往返数十里，费时旷业，引为憾事。因此，在我十七岁完成了私塾学业后，就立下了学医志愿。父西庚公对我有志学医甚为赞许，闻川沙唐家花园王诵愚先生医术高超，誉满乡里，德高望重，甚为敬仰，乃命我拜王先生为师。三载后满师，遂返回故里开业，并到上海行医。解放后进入国家医疗机构工作。

注重熟读博览

我在三年随师学习中，王诵愚先生辛勤教诲，督导谨严。首选《内经》《难经》，有全读有选读，均经讲解，并指定或熟记，或背诵；而《本草》《脉诀》《汤头歌诀》，均在背诵之列。年少之时，记性较好，多读数遍，就能背诵，时至今日尚能脱口而出，临诊处方时时可用，这都应归功于少壮之年所下的功夫。所以说读书没有什么诀窍，只要在弄懂内容之后，反复朗读背诵，可以受用一生。中医的理论是相互贯通的，内、外、妇、儿、大、小、方、脉，相辅相成。吾师虽以针科为专长，但内外妇儿各科亦均精通。他常常告诫我，要解除病人疾苦，不但要会针灸、拔火罐，也要会处方，还要能用汤药熏洗、按摩推拿，医术越是全面就越能取效于瞬间。他说古代名医扁鹊、华佗，都是多才善医的典范，他们能用汤药、针刺、熨灸、按摩以及五禽戏治疗疾病。因此，我在学医的经历中，除精读《针灸甲乙经》《针灸大成》之外，还兼学《伤寒论》《金匮要略》。吾师特别推崇张介宾的《类经》，既指定选篇背诵，又要求逐篇披览。先师的教诲，使我对张氏《类经》的阅读坚持数十年，深感要成为一名针灸家就必须通读《类经》十九卷至二十二卷。以上四卷归纳和总结了古代医家针术的各种见解，熟读之后才能了解后世针灸专著的学术思想渊源。下面举十九卷之七"用针虚实补泻"为例,谈谈我学习中的点滴体会。

《灵枢·九针十二原》曰:"凡用针者,虚则实之,满则泄之,菀陈则除之,邪胜则虚之。"这一段经文,揭示了针灸治疗的法则,沿用至今,依然指导着针灸临床。《类经》把《素问·针解篇》和《灵枢·小针解》的原文归并在一节中,前后参照,起了自身注解的作用,对理解著者的原意很有裨益。"虚则实之",其意如何?"小针解"曰:"所谓虚则实之者,气口虚而当补之也。""针解"曰:"刺虚则实之者,针下热也,气实乃热也。"几篇谈虚实的原文集中一处,可以互相弥补,易于理解。虚是指正气虚。寸口之脉呈虚象,采用针刺的补法,使针下热。现今我们所常用的热补手法或烧山火手法,都是从《内经》这一治则的基础上发展起来的。"满则泄之。""小针解"曰:"满则泄之者,气口盛而当泻之也。""针解篇"曰:"满而泄之者,针下寒也,气虚乃寒也。"满者盛之意,指邪气满盛。气口即寸口之脉象盛实,为邪盛之脉,当用针法以祛邪。张介宾注:针下寒者,自热而寒也。寒则邪气去而实者虚矣,故为泻。当今常用的凉泻手法或透天凉手法,就是这一治则的演变。"菀陈则除之者,去血脉也。""针解篇"曰:"出恶血。"意思更为明了:有瘀积恶血之病症,以针法祛除恶血,达到活血祛瘀的作用。本人曾用七星针浅刺加拔火罐方法,拔出凝聚之恶血,起到祛瘀生新的作用,治疗各种固定性的疼痛证和血瘀证都收到一定的效果。"邪胜则虚之",是谓"诸经有盛者,皆泻其邪也"。"针解篇"所谓"出针勿按"亦即泻其邪。这节的原文对后世补泻手法的发展和应用都起了重要的作用。"小针解"曰:"徐而疾则实者,言徐内而疾出也。疾而徐则虚者,言疾内而徐出也。"这就是近代所采用的徐疾补泻方法的渊源。本节还有开阖补泻的记载:"徐而疾则实者,徐出针而疾按之;疾而徐则虚者,疾出针而徐按之。"所以说熟读张氏《类经》对了解针灸理论的来龙去脉很有帮助。

博览群书,为我所用,是我学医历程中的又一体会。拜师学医固然是医学入门的第一步,但从师学习在一生中,毕竟只是短暂的时间,满师之后,贵在自学。我在临诊中遇到疑难杂证,常从阅读医书中得到启示。如李东垣的内伤学说和脾胃论对我的治疗技术帮助很大。李氏认为内伤的形成,就是人体"气"不足的结果,其根本是由于脾胃受损。他在《脾胃论·脾胃虚则九窍不通论》中说:"真气又名元气,乃先身生之精气也,非胃气不能滋之。"针灸治疗,重在调气,用补益脾胃之气,常能扶正达邪。在我临诊中遇肝胃不和,胸脘痞满,针刺胃之募穴中脘,出针后拔以火罐,既能宽胸消痞,又能降气和胃,应用在虚阳上扰所引起的眩晕症也有显效。此外,对卒中的认识在我六十年的临床中也是逐渐深入的。在随师中,先师坚持《内经》和《金匮》的中风理论,重视风邪为病,此风邪当然是泛指外风和内风,治法上强调祛邪为主的原则。当时,他很赞赏孙思邈的综合疗法。孙思邈在《千金翼方·针灸》中说:"良医之道,必先诊脉处方,次即针灸,内外相扶,病必当愈。何则?汤药攻其内,针灸攻其外。不能如此,虽有愈疾,兹为偶差,非医差也。"因此,先师在临诊中常针灸和中药同时并用。卒中的早期治疗,他是以平肝熄风、豁痰开窍的腧穴为主,如百会、风池、廉泉、天突、外关、合谷、足三里、太溪、太冲。针刺手法以补健侧，泻患侧。认为患侧为风邪所侵，邪留经脉，气血因而失畅，用泻法取其祛邪之意也。补健侧，是借健侧之健，推动气血之运行，包含有左病治右，右病治左之意。卒中两周之后，针灸治疗只取患肢腧穴，如上肢取肩髃、曲池、合谷、外关，手臂挛屈者加刺尺泽、曲泽，下肢取环跳、风市、阳陵、足三里、丰隆、飞扬、昆仑、太冲，以催气通络法疏通经脉。在处方用药上也重用祛风通络、平肝熄风、豁痰宁神之品，例如明天麻、嫩钩藤、炒防风、蔓荆子、嫩桑枝、络石藤、竹沥半夏、九节菖蒲、广郁金、珍珠母、石决明、广地龙、柏子仁、炙远志等等。我在临床上对卒中早期的治疗，针灸和中药并用，能收到较好的效果。但是部分高年体虚的中风患者，往往出现邪去正衰的征象，偏枯的肢体恢复活动比较缓慢。内服汤药当从何法呢？乃博览医书，渐有所悟。叶天士云："大凡经主气，络主血，久病血瘀。"王清任的《医林改错》亦以补阳还五汤治疗卒中的手足偏废，加重生黄芪的剂量，以加强补气之功效，气行则血亦行。在近十余年的卒中后遗症半身不遂的治疗中，仿效补阳还五汤的原则加减应用，收到了颇为满意的效果。使我感到：当今所遇奇症顽疾，均可仿效古方古法的宗旨加以发挥。所以，博览群书可以防止一家之偏见，不断修正和补充自己的论点。

注重切脉望舌

人体是一个有机的整体，局部的病变，可以影响到全身、内脏的病变，又可从五官四肢体表反映出来。正如《丹溪心法》所说："欲知其内者,当以观乎外;诊于外者,斯以知其内。盖有诸内者,必形诸外。"我在临床上体会到四诊的重要,无论吃药或扎针的病员,都需切脉望舌,以便做出正确的辨证。

在诊脉方面,除了必须熟悉和掌握三部九候诊法和二十八脉的不同脉形所反映的不同病机症候外(这是作为一个中医工作者的基本功,分清浮、沉、迟、数、虚、实六脉以统率其他各脉,这些是必不可少的知识),尤其重要的是要识别脉之"有神无神,有力无力"。识得神之有无,才能辨人之生死;识得力之有无,才可辨病之虚实。而后方能拟定治疗法则,或补,或泻,或先补后泻,或先泻后补,或补母泻子等等。但有时脏腑虚实传变,脉气相互影响,致脉形交叉出现,那就需要根据脉诊所得,辨明脏腑、经络、阴阳、虚实、五行生克、相互制约、相辅相成的关系,在经络穴位上运用调剂补泻的方法。例如缓为脾之本脉,如右关出现沉细脉,此为水反侮土;乃从所胜来的微邪,治疗上就要用泻木补金的方法,以水生木,水为木之母,木为水之子,泻木所以夺母气,使水不能反侮土;土生金,土为金之母,金为土之子,补金令子不食母气,使土有休养生息之机而无不足之患,是健脾制水之法也。在切脉诊疗中,五行生克之理,必须推敲,结合临床经验,才能精益求精,避免错误。

不仅要注意切脉,同时还要注意舌诊。《临证验舌法》说:"舌者心之苗也,五脏六腑之大主也,其气通于此,其窍开于此者也。查诸脏腑图,脾、肺、肝、肾无不系根于心;核诸经络,考手足阴阳,无脉不通于舌。则知经络脏腑之病,不独伤寒发热有胎可验,即凡内外杂证,也无不一呈其形,著其色于舌……据舌以分虚实,而虚实不爽焉;据舌以分阴阳,而阴阳不谬焉;据舌以分脏腑,配主方,而脏腑不差,主方不误焉。"舌诊的重要性,由此可见。在临床上的确可以根据舌苔、舌质和舌形,来辨别病变的性质,病邪的浅深和病情的虚实。故有"辨舌质可辨五脏之虚实,视舌苔可察六淫之浅深"的说法。此外,我认为观察舌之形态,仔细辨别舌端震颤程度,可以了解患者的心理和病况。例如,临床上每每遇到类似神经衰弱的患者,他们饮食正常而面容㿠白,主诉繁多而滔滔不绝,由于生活中偶受惊吓或意外刺激,会出现情绪低落而悒悒寡欢,思想疑虑而睡眠善寤,心悸胸痛而心神不宁,脉形濡细无力,有肝胃不和、中气不足的现象。对此种病员的诊断,必须重视和体察舌端有否震颤现象。根据震颤程度不同而有三种诊断可能:一是在舌苔正常而尖端见到震颤的,可以知道该病人胆小如鼠;二是舌苔薄、质淡紫(或绛)而胖的舌尖端出现震颤者,可以拟诊为心脏病态;三是在薄黄(或白)苔的舌中间出现微颤的,才是神经衰弱。据此,可对确诊为神经衰弱的患者,用"心病要用心药医"的办法,耐心细致地做好思想工作,同时用安养心神、调治脾胃的法则进行治疗,务使心无疑虑,或生欢欣,则病慧然若失,再以东垣《远欲》之言说之,患者可破涕为笑而收显著疗效。此乃我临证六十年来诊治神经衰弱的一得之见。

当然,除了切脉、望舌外,还需配合望神色、听言语、看行动、察体位、闻气味、问二便,并详细询问病史,才能全面地了解病情。经过综合分析,从而做出正确的诊断,治疗上才能丝丝入扣,收到预期的效果。

注重经络辨证

经络学说和针灸有着密切的关系。针灸治病所用的腧穴,就是经脉之气注输出入的地方,所以在辨证论治、处方配穴、选择手法等各方面,均不能脱离经络学说的指导。例如针灸治病必先明辨病在何脏何经,然后按照脏腑经络和腧穴的相互关系,采取循经取穴、局部取穴或邻近取穴等方法相互结合而定处方。正如《灵枢·刺节真邪》所说:"用针者,必先察其经络之实虚,切而循之,按而弹之,视其应动者,乃后取之而下之。"就我的经验而言,脱离了经络,开口动手便错。现在常把针灸经络并称,更是说明针灸离不开经络。

经络是内连脏腑、外络肢节、运行气血的通路,腧穴是人体脉气输注于体表的部位。因此,内脏有病通过经络反应到体表穴位上来,常表现为压痛反应。我在临床上,常检查体表穴位的压痛情况,借以分析内部脏器的病变。一般急性病压痛较显著,慢性病压痛范围较小。五脏虽位于胸腹,但脉气发于足太阳膀胱经,故五脏俞均在背部,如咳呛病在肺俞、胆囊炎在胆俞,都有按痛,可作辅助诊断之用。

针刺治疗要有一定的感应,称为得气。我认为针刺感应的放散程度是由经络路线及穴位性能来决定的。如手之三阴,从胸走手。内关、少海清热安神,针感向下;中府、列缺调肺利气,都向下放散。手之三阳,从手走头。合谷能升能散,手法正确,针感可到肩髃,甚至到头颈;曲池走

杨永璇

而不守，针感也可向上。足之三阳，从头走足。足三里和胃止痛补气，针感向下可到第二趾；委中清热利湿止痛，感应从上向足跟；阳陵泉镇痉熄风止痛，针感向下。足之三阴，从足走胸腹。行间、太溪向上放散；尤其是三阴交可放散到腹股沟。获得这些放散感应与经脉走向关系较大。阳经有阳经的传导路线，阴经有阴经的感应方向。但这也不是绝对的，扎针时可以用改变针尖的迎随方向，来改变放散路线。如内关穴属手厥阴经，一般感应是向下放散至中指，但也可运用催气手法，使酸胀感应向上放散，越过肘关节上行，使"气至病所"，能立止心绞痛等胸痛。因此，在临床上除了要熟悉经络循行，还必须掌握操作手法，才能提高疗效。

循经取穴是针灸临床上常用的取穴法，根据"经脉所过，主治所在"的理论，我认为有时循经远取治疗，比局部取穴效果为好。如咽干，取双太溪，用阴刺法，效果明显；胁痛取阳陵泉，胸闷欲呕泻内关、太冲，急性扁桃腺炎刺合谷、少商，均有较好的疗效。这都属于循经远取法。又如手阳明大肠经在面部循行路线由人中而交叉，故口眼歪斜取合谷，右针左，左针右。

经络之中的十二经筋是随着十二经脉分布的，它循行于体表而不入内脏。在临床上，我对于经筋之病，常用"以痛为腧"的方法来治疗。如网球肘，是较顽固的常见病症，在检查病人肘部时，可发现一局限的压痛拒按处，就在该点上施以较强的恢刺或合谷刺手法，以泄其邪，然后配以艾灸温针，常能缓筋急而收到较好的疗效。

由此可见，经络学说是非常重要的，早在《灵枢·经脉》中已有记载："经脉者,所以能决死生,处百病,调虚实,不可不通。"中医各科需要经络学说的指导,针灸临床尤其离不开经络理论。

注重针刺手法

针灸治疗,除诊脉察舌、审证求因外,其疗效与手法关系很大。我对进针手法,主张轻缓,先用左手大拇指爪甲紧切穴位,令气血宣散,然后用右手拇、食二指持针,进针速度很慢,旋转角度要小要缓,缓缓刺入,既可减轻破皮时的痛感,又可不致损伤血管,这样可使初诊惧针病人,乐意接受针刺治疗。但对小儿的进针法就要因人而异了。由于小儿体小肉薄,又不易取得合作,既不宜用强刺久留之法,亦不宜用慢刺捻旋之法。特选用半刺法,单刺不留,易被小儿接受,临床用之,效果亦佳。

对成人当针刺到真皮层,进入分肉筋骨之间时,就得加强捻旋,适当提插,当针下有沉重感觉,病人亦感胀重酸楚,此为得气;如进针后病者只觉刺痛,医者针下好像刺在豆腐中一样,毫无沉紧之感,此为不得气,就要用候气的方法,使之得气,才能获得疗效。正如《灵枢·九针十二原》所说:"刺之要,气至而有效。"这是很有道理的。我行医六十年,曾编成十句口诀:"针灸疗法,重在得气。得气方法,提插捻旋。提插结合,捻旋相联。指头变化,大同小异。纯杂之后,精神合一。"当然得气感应,每个人或每个穴位,并不完全一样,多数穴位能出现酸胀感,有些穴位则出现胀重感或麻电感。临诊时根据辨证所得,选取穴位,进针后运用适当手法,定能获得良好效果。

至于补泻手法,大都均由提插捻旋组成,再加上快慢疾徐和阴阳左右及数字上的九六等综合而成,运用适当,均有疗效。虚证用补法,实证用泻法,先寒后热用先补后泻法,先热后寒用先泻后补法。如遇剧烈疼痛之症,我常用龙虎交战手法,此为补泻兼施的综合手法,以捻旋为主,结合左转九数,右转六数,反复施行,可疏通经气,舒筋活络,以收止痛之效。

注重调理脾胃

中医学认为人在出生以后,主要有赖于脾胃功能的健全,以保证生长发育的需要。"胃主受纳""脾主运化",二者相互配合,消化水谷,吸收精微,以滋养全身组织器官。所以常把脾胃相提并论,称为"生化之源""后天之本"。李东垣据此立论,认为"元气之充足,皆由脾胃之气无所伤,而后能滋养元气。若胃气之本弱,饮食自倍,则脾胃之气既伤,而元气亦不能充,而诸病之所由生也。"胃虚则五脏、六腑、十二经、十五络、四肢皆不得营运之气,而百病生焉。""至于经论天地之邪气,感则害人五脏六腑,及形气俱虚,乃受外邪。不因虚邪,贼邪不能独伤人。诸病从脾胃而生,明矣。"他阐明和发展了"邪之所凑,其气必虚""正气存内,邪不可干"的病机。从而提出了"人以胃气为本""脾胃一伤,五乱互作"和"病从脾胃所生及养生当实元气"的论点,创立了"脾胃学说"。主张用升阳益气、培土固本的温补脾胃法为治。升阳益气足以御外而强中,培土固本,可使元气自充而诸恙悉平。所有虚实传变,都应以治脾胃为本。体现了"治病必求于本"的经旨,这是李东垣《脾胃论》的中心思想。

我对李东垣的《脾胃论》较赞同。在临床上,属肠胃消化系统疾患,固应重在调理脾胃,若其他疾患,不论情志怫郁,饮食劳倦,抑或贼风寒邪,暑湿袭扰之症,在辨证施治时,也以脾胃学说为指导,在治法上,注重调理脾胃,结合对症治疗。

例一、庄某,女,34岁。患眩晕症已数年,虽经多种治疗,眩晕呕恶仍反复发作,特来针灸。诊得脉形沉细,舌苔薄腻,辨证为劳倦所伤,湿痰中阻,取百会、天柱、大杼、丝竹空、内关、足临泣等穴,用捻旋泻法,以清镇宁神,疏泄肝胆,并加中脘(针后拔火罐)、足三里,亦用捻旋泻法,是用调胃和中之法,以收化湿除痰之功。数诊而眩晕呕吐皆愈,至今已近二十年,未见复发。

例二、姚某,女,64岁。患腰痛不能回顾,甚则悲泣不已,诊为"阳明腰痛"。针双侧足三里,用捻旋泻法,腰痛顿缓,再取肾俞、气海俞,针后拔火罐,转侧回顾均便,满意而归。

例三、曹某,女,23岁,教师。患肠鸣腹泻已年余,神疲力乏,肌肉瘦削,情绪低沉,思想苦闷。由亲友陪同来诊,诊为"脾虚泄泻"。处单方:炒白扁豆肉、扁豆衣各15克,玫瑰花4朵,日服一剂,煎汤代茶。并嘱其注意饮食有节,起居有常,保暖节劳,怡悦乐观。一周后复诊,肠鸣腹泻均有好转,精神亦见振作,乃处参苓白术散方,加玫瑰花,并倍加炒白扁豆肉、衣煎服。两周后再复诊时,病愈大半,原方续进,服药两个月,形体均复,元气充足,即告痊愈。

我认为人身之脾胃,犹汽车之发动机,如发动机受损,则其他配件虽完美无缺,也不能开动。反之,只要发动机正常,零件的维修是较为轻易的。所以在临床上必须重视调理脾胃,扶佐正气。唯元气充足,虽痼疾亦易康复,若脾胃失治,元气大伤,则机体之修复为难矣。正如李东垣所说:"治肝、心、肺、肾,有余不足,或补或泻,唯益脾胃之药为切。"调理脾胃方法很多。我在慢性病的用药时,常男加佛手柑、女加玫瑰花,在针灸取穴时,也常男用足三里、女用三阴交,以健运脾胃,固后天之本,使疾病容易康复。

注重七情致病

喜怒忧思悲恐惊,此七情是人体对外界环境各种条件的刺激而产生的精神活动,正常情况下是在体内各脏腑的调节之下进行。但过甚或过久的情志活动影响脏腑调节,遂至损伤脏腑而致病。在《内经》中即有"怒伤肝,喜伤心,思伤脾,忧伤肺,恐伤肾"的论述,后世医家作为病因学的三因之一。

虽说七情均可致病,但临床上以怒、思、忧致病为多见。怒则气机逆乱,肝气郁滞,可见胸闷、腹胀、两胁疼痛、脉弦。由于"暴怒伤阴",阴伤则阳失所制,故常伴有肝火上炎之症,如面赤升火,甚则呕血。忧哀太甚,则肺气抑郁,甚则肺阴受伤,以至形瘁气乏。思虑过度,则脾气郁结,以致胸脘痞塞,脾为所伤,则运化无权,而不思饮食。三志伤人致病,均可使正常运行之气机受阻而郁滞,其怒忧二志常伤脏阴,为患尤烈。

关于治疗,《素问·阴阳应象大论》云:"悲胜怒,怒胜思,喜胜忧……"我认为忧、怒、思三志可使气机郁滞,甚则耗气伤阴。唯喜乐能使气机和顺,情志舒畅,营卫通利,正如《素问·举痛论》所说:"喜则气和志达,营卫通利,故气缓矣。"因此可用喜乐之法而统治怒、忧、思三志。

医生之责,在于要千方百计地治好疾病,当医生在为病者诊察之际,治疗即已寓其中。若能针对病因劝导病者,并采用各种方法,使之心情舒畅,调节好病者的情志活动,常能获事半功倍之效。《灵枢·本神》曰:"故智者之养生也,如顺四时而适寒暑,和喜怒而安居处,节阴阳而调刚柔,如是则僻邪不至,长生久视。"昔张子和以戏言狂谑,使病人大笑不忍,而使心下结块于一二日内皆散。临床上用喜乐之法治疗怒、悲、思所致疾病,从未闻有过甚之例,故不会有"喜伤心"之虞。此外,柴胡疏肝散、逍遥散,是古医家为气郁而设,内关、足三里、中脘等穴,具理气宽中之效,我在临床上亦是经常采用的。

在临床上,待病者的态度应和蔼可亲,诊察上要详审细致,治疗上要认真负责。遇有七情所伤者,更应循循善诱。记得有一位病者,女性,年四十岁,因家庭不和而争吵,遂使两胁胀痛,胸闷,心悸,已有十余天。由丈夫陪同前来就诊,诊得脉形弦数,面红升火。除用疏肝解郁之剂外,并以婉言劝之、导之。翌日,夫妻双双前来面谢,言归于好,诸症皆消。对情志怫郁而致神经衰弱的患者,更应如此。

因情志违和而致病,用调节情志之法治疗已为医者所重视,其具体方法,可因人、因事、因时而异,但其目的为使病者消除不悦之感,而达情志舒畅,身心健康。在临床上,重视七情致病,善用喜乐之法治之,也是中医传统方法之一。

余生平无他好,唯以治病为己任,急病人之所急,唯病人之乐而乐焉。临诊六十余年,虽无建树,但谨慎从事,亦无殒越。孙思邈曰:"胆欲大而心欲小,智欲圆而行欲方。"是为余行医之鉴,终身守之而不失,得益匪浅。上述点滴体会,甚属肤浅,唯读书临诊,均行之有效,不揣浅陋,冒昧录之,难免贻笑大方,幸同道指正。

(杨依方　徐明光　张洪度　叶　强　葛林宝　整理)

祖述宪章　发扬光大

南京中医学院教授　　　　吴考槃

［作者简介］　吴考槃（1903～1993），江苏海门人。一九二三年毕业于海门中兴医学校；一九三三至一九五二年间曾任海门保神医学校校长兼教师；后为南京中医学院教授。毕生从事中医教育事业和中医经典著作的研究工作，颇著声誉。著作有《伤寒论百家注》《金匮要略五十家注》《本经集义》《难经集义》《素灵辑粹》《麻黄汤六十五方释义》等。

我学医时，有两种学法：一是从源到流，即由《素问》《难经》《本草经》《伤寒论》《金匮要略》，而后《千金》《外台》，金元四家，明清各家，以及叶、薛、吴、王温热诸书；一是从流到源。我是接受学校规定的从源到流的途径学习的。

独 立 思 考

我初进学校,老师即说:本校是从源到流授课的。《韩诗外传》说:"源清流清"。唐·魏征《谏太宗十思疏》云:"欲流之远者,必浚其泉源,源不深而欲求流之远,不可得也。"从源到流,很好,这就医学来说,当然即从《素问》《难经》开始了。但《素问》《难经》也是采取群说的综合著作,如《素问·宣明五气》既有"肝藏魂,肺藏魄"之说,"调经论"又有"肺藏气,肝藏血"之语。《难经·六十九难》既有"虚者补其母"之言,"七十五难"又有"母能令子虚"之辞。且《素问》《难经》作者,又各有其师承的不同论点。如《素问·宣明五气》说"脾脉代",而《难经·四难》则说"脾脉在中";《素问·平人气象论》说"厌厌聂聂,如落榆荚曰肺平",而《难经·十五难》为"肝平";《素问·平人气象论》说"如鸡举足曰脾病",而《难经·十五难》为"心病"。如此等等,不一而足。对此,应视为异苔同岑、异曲同工来理解。"肝藏魂,肺藏魄",是以神志言;"肺藏气,肝藏血",是以气血言。二者是一而二,二而一。所以,《灵枢经·本神》即说:"肝藏血,血舍魂,肺藏气,气舍魄。""虚者补其母",是以补虚言,"母能令子虚",是以泻实言。"脾脉代"是言脉象,"脾脉在中"是言脉位,可以两通。至于"厌厌聂聂""如鸡举足",这些俱是形容语,肺平也好,肝平也好,脾病也好,心病也好,不必在形容语上钻牛角尖。

《素问》是部远年著作,累次传写,错字很多,几乎每篇有之,这确实需要解决。如《素问·平人气象论》说:"少阳脉至,乍疏乍数,乍短乍长。"而就在本篇上文则说"乍疏乍数曰死"。那么,乍疏乍数是平脉还是死脉呢?考《难经·七难》说:"少阳之至,乍小乍大,乍短乍长。"这就很明显,《素问·平人气象论》上文乍疏乍数是准确的;下文的乍疏乍数,是乍小乍大的错简了。又《素问·五藏生成篇》说:"诸筋者,皆属于节。"而《太素》卷十七则说:"诸筋者,皆属于肝。"依《素问》下文诸血者皆属于心,诸气者,皆属于肺例之,这又很容易得出"节"是"肝"字之误。而注家随文强解,难以为训。这都应独立思考,自己提出问题,自己解决问题。

融会贯通

《伤寒论》三百九十七法,一百一十三方,字数不多。我认为最好全部或大部背熟,所谓"熟读唐诗三百首,不会吟诗也会吟"。除熟能生巧外,还应过文字关,如必、不、反、当、虽、者等字,也要留神注意。"必"乃"必然""一定"的意思,如必恶寒(3条)(条序依《伤寒论讲义》,上海科学技术出版社,一九六四年版,下同),必喘(76条),必吐下不止(77条),必恍惚心乱(90条)。"不"乃"勿"的意思,如不呕不渴(61条),不恶寒(70条),不大便而呕(233条),不属阳明也(383条)。"反"乃"不该"的意思,如反与桂枝汤欲攻其表(29条),反二三下之(106条),反以冷水噀之若灌之(145条),反发热(301条)。"当"乃"该当"的意思,如当解之熏之(48条),当救其里(94条),当以汤下之(108条),当先解其外(109条)。"虽"乃"纵然""即使"的意思,如虽有阳明证(209条),虽硬不可攻之(235条),虽能食(253

条),虽脉浮数者(259条)。"者"乃别事词,如脉阴阳俱紧者(3条),汗出恶风者(38条),病人旧微溏者(83条),噫气不除者(166条)。一条中有两个或两个以上"者"字的,是两个或两个以上证的鉴别的意思,如桂枝二麻黄一汤(25条),是治汗出未彻,与上文汗大出,一正一反对比鉴别。一是服桂枝汤汗出太过,一是服桂枝汤汗出不及。汗出太过,故曰脉洪大;汗出未彻,故曰日再发。脉洪大,是表明汗出太过所引起;日再发,是说明汗出未彻所形成。故一曰与桂枝汤,一曰宜桂枝二麻黄一汤。用两个"者"字,是表明服桂枝汤后所产生汗出太过和汗出未彻的两个症状。葛根黄芩黄连汤(34条),是治下后利遂不止、邪已入里的方法,不是治下后利遂不止而表邪未解的方法。故一曰脉促,明其未离太阳;一曰喘而汗出,证其邪已入里。是以一曰表未解也,一曰葛根黄芩黄连汤主之。表未解也,葛根黄芩黄连汤主之两句,是对比章法。表未解也,是脉促者之断语;葛根黄芩黄连汤主之,是喘而汗出之方治。这与前桂枝二麻黄一汤同一章法。就是说:脉促者,言脉不言证,是言脉赅证;喘而汗出,言证不言脉,是言证赅脉;表未解也,言位不言方,是言位赅方;葛根黄芩黄连汤,言方不言位,是言方赅位的意思。故与桂枝二麻黄一汤同用两个者字,此是《伤寒论》惯用的方法,亦是古文家常用的章法,只要翻看《伤寒论》前后用及者字的原文一看就清楚的。

此外还有药品的去加,是关及药品的适应不适应,也应密切注意。如胸满去芍药(22条),渴去半夏(98条),胁下痞硬去大枣(98条),小便利去茯苓(316条),项背强几几加葛根(14条),喘加厚朴杏子(19条),渴加瓜蒌根(98条),呕加半夏生姜(177条)等。这样将前后上下同类文字对照一下(如23条中就有必、不、反、者四字)，就比较容易理解。因很多条文具有互相联系、相互阐发的意义。如血自下，下者愈(109条)，是宜桃核承气汤下的倒装句。时时恶风(173条)、背微恶寒者(174条)，不是表未解，故下文(175条)说无表证者，白虎加人参汤主之。不言脉者，前(26条)已说过，此就可以以证赅脉了。

综合归纳

《金匮要略》二十五篇，一篇一病的有之，一篇二病三病的亦有之。我认为一篇一病，是有独特性的，如奔豚气和其他病很不一样。一篇二病三病，是具有联系性的，如腹满寒疝宿食，都有腹满痛。又趺蹶能前不能却，手指臂肿动，转筋上下行，阴狐疝气时时上下，蚘虫发作有时，其病证表现，一是能前不能后，一是常肿动，一是上下行，一是时时上下，一是发作有时，都有其相对性，所以合为一篇。再是其文与《伤寒论》重复很多，诚如《伤寒论翼·阳明病解》所谓："见此病，便与此方。"《医学源流论·治病不必分经络脏腑论》所谓"参耆之类，无所不补，通气者无气不通"，也是有其一定道理的。

各篇病证，如"痰饮咳嗽病脉证治"列有痰饮、溢饮、悬饮、支饮、留饮、伏饮多种名称，前后说法略有出入，可以用综合归纳的方法来认识。如上及于目、下至于肠的，为痰饮之所及；咳引胁下痛的，为悬饮之象征；流行遍体四肢的，是溢饮之见证；上及头目眩冒，证见胸膈支满不得卧的，则为支饮之现象；胸胁及背下至四肢历节痛的，为留饮之病况;平素喘咳,发则影响腰背身目的,为伏饮之症候。其主要区别,素盛今瘦,为痰饮之特点;痛限胁下,为悬饮所独有;身体痛重,属溢饮之范畴;短气不得卧,其形如肿,为支饮之大要;背冷如掌大,为留饮之确证;发则身瞤泣出,为伏饮之真相。这就比较容易辨认,推之其他病证,也可因此隅反之。

病 证 分 析

我对于病证的理解,认为病是证的总称,证是病的表现,故病包括证的大部表现在内,证则总是在病的范围内出现。但病有广义和狭义之分。如同一太阳病,而有中风、伤寒、温病、热病、湿病的名称。如《伤寒论》说:"太阳中风,啬啬恶寒,淅淅恶风,翕翕发热。"(12条)"或已发热,或未发热,必恶寒……名曰伤寒。"(3条)"发热而渴,不恶寒者,为温病。"(6条)《金匮要略·痉湿暍病脉证》说:"太阳中热者,暍是也。汗出恶寒,身热而渴。""湿家之为病,一身尽痛,发热,身色如熏黄也。"可见,所谓中风、伤寒、温病、热病、湿病,都有发热,这就要从其同异之间区别了。如恶寒、中风、伤寒可见,热病也可见,湿家可能也见,唯温病则不恶寒。但中风的恶寒发热,伴有汗出;伤寒的恶寒发热,伴有无汗而喘;热病的恶寒发热,是汗出口渴;湿病的恶寒发热,是一身尽痛,或身色如熏黄。温病热病都渴,但热病是伴有身寒,温病是身不寒,还是可以区分的。

又寒热虚实诸病,有但寒不热、但热不寒的,有表寒里热、表热里寒的,有上寒下热、上热下寒的,有先寒后热、先热后寒的,有寒多热少、热多寒少的,有寒轻热重、热轻寒重的,有热寒往来、作止无常的,有真寒假热、真热假寒的,都要做出适当分析。虚实也是这样,有形似虚而实实,形似实而实虚,所谓"大实如羸状,至虚有盛候"。即以真寒假热例之,脉洪大是热,假热也有脉洪大;口渴是热,假热也有口渴。要在洪大中辨其有力是真,无力是假;无力中有时有力是真,有力中有时无力是假。口渴辨其饮多喜冷是真,饮多恶冷是假;喜热不多是假,喜冷不多也是假。

咳为肺病,一般病不及肺,是不会咳嗽的。故《素问·宣明五气》说:"肺为咳。"如咳而无其他症状的,当然就是肺所为病;假如咳而胁痛,胁为肝位,即为肺病及肝;咳而腰痛,腰为肾府,即为肺病及肾。反之,先胁痛而后咳的,为肝病传肺;先腰痛而后咳的,为肾病传肺。又肺病咳喘,肾病亦有喘咳。但先咳后喘,为肺病及肾;先喘后咳,为肾病及肺。

吐血与唾血有别。唾血是唾中伴血属肺肾。吐血势如潮涌,胸满脉实的为热积肺胃;血色紫而面青脉弦的为郁怒伤肝;血鲜而浓,喘咳烦热的为阴虚热扰;血鲜而淡,或如血丝,心烦难寐的为劳神伤心;血浊倦怠的为劳倦伤脾;血紫伴块,胸胁刺痛的为积瘀伤络;血淡无光,脉弱无力的为气虚失摄。

不寐病候,有所谓心肾不交的,一般伴有烦躁不安感。但烦不躁的,是心不下交于肾;但躁不烦的,是肾不上交于心。无烦躁感的,不属于心肾不交。

黄疸病候,大都是目黄、肤黄、尿黄、爪甲黄,同时或先后出现。单独目黄或肤黄及尿黄,不一定是黄疸;爪甲黄,是黄胆的独特症状。

胀满水肿,有先后轻重之别。胀比满为重,满比胀较轻;满是胀的初起,胀是满的加重;肿是胀的发展,胀满是肿的先河。

鼓胀非但与腹胀有别,即与其他胀病,也不一样。故如但胀不满,或但满不胀,即是胀病满病,不是鼓胀;既胀且满,亦是胀满病,不是鼓胀;胀满且腹筋起的,乃是鼓胀病。

同 病 异 治

《素问·异法方宜论》说:"一病而治各不同,皆愈,地势使然也……杂合以治,各得其所宜,故治所以异,而病皆愈者,得病之情,知治之大体也。"这是说,地有东西南北之殊,气有寒热温凉之异,人有老少强弱之分,生活环境不同,病邪感受当然不是一样,调治方法也宜有所区别,此即一般所谓因人、因时、因地三因说法,也就是所谓杂合以治,各得其宜的方法,是有其一定启示作用的。记得有一次一位老师问我:《素问·异法方宜论》一病而治各不同,是问同病异治的方法,而所答都是异病异治的方法,该如何理解? 我说:以前在课堂讲授时是这样说的,此是古人"以宾形主,借宾定主"常用的章法。本篇首尾两段是主文,中间五小段是宾位。所以,但从文字的表面痈疡治宜砭石,挛痹治宜微针讲,是像异病异治。如由"从"字、"来"字、"杂合"字寻求,岂不是可以说:痈疡在砭石外,可以毒药;挛痹在微针外,可以灸焫及导引按跷多种方法。

不然的话,"从"讲什么,"来"讲什么呢?"从"与"来",即是为下文杂合而讲的,否则无所谓杂、无所谓合了。所以有些内科病累治不效,而易以针灸,则很快显效,就是这个道理。《素问》中类似此等文章,不是就此一篇。如"平人气象论"论平脉的文字少于病脉死脉,"刺志论"论虚实文字多于针刺等,同是这样的笔法。《金匮要略》百合病发汗吐下后与未经发汗吐下各异其治,亦是这个意思。再如"妇人妊娠病脉证并治"说:"妇人……假令腹中痛为胞阻,胶艾汤主之。""妇人怀娠,腹中疠痛,当归芍药散主之。""妇人杂病脉证治篇"说:"妇人腹中痛,小建中汤主之。"忆一九四一年,沈友三夫人妊娠腹中痛,调气和血,多方无效。初投当归芍药散,痛不解;继以小建中汤,痛如故;后以胶艾汤,应手而愈。于此知妇人妊娠,腹中绞痛,或一般性的腹中痛,则宜当归芍药散或小建中汤,非胶艾汤可得而愈。如妇人妊娠腹中痛为胞阻的,则宜胶艾汤主之,亦非当归芍药散或小建中汤所可得而愈的。古人成方,有其传统累验,是要学习再学习的。

异病同治

异病同治之说,《伤寒论》有之,《金匮要略》亦有之。如《伤寒论》说:"病人藏无他病,时发热自汗出而不愈者,此卫气不和也,先其时发汗则愈,宜桂枝汤。"(54条)又说:"吐利止而身痛不休者,当消息和解其外,宜桂枝汤小和之。"(386条)两条病证不同,而前则曰:此卫气不和也;后则曰:当消息和解其外。外即卫也,是同为卫气不和则一,故可同用桂枝汤和卫。此即所谓异途同归,二而一者也。再如《金匮要略》虚劳腰痛,痰饮短气,小便不利,消渴小便反多,以及转胞不得尿。不问小便利与不利,或反多及不得尿,而其病因由于肾气不力、失约失化则一,亦同用肾气丸主之。《易系辞》说:"引而伸之,触类而长之,则天下之能事毕矣。"忆曾治一女经闭,是为气血虚闭,采用十全大补汤,三剂而经潮。后治一女经水漏下,淋漓不断,是为气血虚而失摄,证虽不同,虚则一也,亦以十全大补汤而愈。又治一女尿血,仿吐血衄血属热用泻心汤法,认为此女尿血亦属热伤,亦用泻心汤,很快得效。再治一臂痛,难以屈伸抬举,药后效果不显。我想《伤寒论》项背强几几,《金匮要略》口噤不得语,都是用葛根汤,因为都是属于经输不利,葛根为治经输不利药。这个病人,臂难屈伸抬举,亦是经输不利,即于原方中重加葛根投之,果然效如桴鼓。后来又引伸到"时发热自汗出而不愈者""先其时发汗则愈",在这两个"时"字、"愈"字上动脑筋,凡遇胃痛腹痛等属于有时间性的病证,亦告知其先时服药,同样效果很好。于此知《伤寒论》真是一部经验丰富、取之不尽、用之不竭的好书。

通 常 达 变

病有寒热虚实,药有补泻凉温。寒者热之,热者寒之,虚者补之,实者泻之,劳者温之,逸者行之,内者内治,外者外治,此大法也。但人事万有不齐,所谓寒热虚实,又很少单纯出现,而有合并为病,错综复杂情况的。就是虚而宜补,也有形不足者、温之以气,精不足者、补之以味的不同;实而宜泻,复有攻表攻里、破气破血、导痰涤饮、消坚逐水的各异。以药品言:人参、黄芪之补,不等于阿胶、地黄之补;大黄、芒硝之泻,不等于甘遂、大戟之泻;附子、细辛之热,不等于干姜、肉桂之热;黄连、栀子之寒,不等于石膏、知母之寒。抑且人有老少强弱不同,生活条件悬殊,养尊处优之徒,不等于栉风沐雨之人,其间相去不可以道里计,不能千篇一律。故医必博采众方,灵活变通,而后可以左右逢源,各得其宜。还有一些病人,并非不治之症,不过比较略为复杂,往往跑遍各大医院,经过很多医者看过,寒热补泻,通通用过,就是病不能解。这类病人,为数不少,医者经常可以碰到。有一次,我碰到一个病人。处方刚完,病者即说:这些药品过去吃过。意思是说,不能治愈其病的。对这等病人,不做说服工作,就是方药对症,也是无有多大作用的。因之就说:医者处方是依据病的情况而定。这些药品,我也知道你是大部或全部吃过,同时也知道你是有这种看法的。但你只看到相同的一面,未有看到不同的一面,所以你的病证,迄今未有看好。现在我可这样说:某几种药,你在某一方内吃过的;某几种药,又在同一方内,我可知你未有吃过。即使曾经吃过,药量一定不是一样的;如果一样,那就不是医师处方,而是医书的印抄方了。要之,此中同中之异,是同门异户,毫厘千里,这是方药的关键所在,也是方药有效无效的区别所在。此类例子很多,如《伤寒论》的桂枝去芍药加附子汤和桂枝附子汤、桂枝麻黄各半汤和桂枝二麻黄一汤,就是因药同而分量不同,而治各异宜的。所以医者治病,当然要有责任心,而病人亦当具有信仰心。《素问·汤液醪醴论》说:"病为本,工为标。标本不得,邪气不服。"《素问·移精变气论》说:"标本已得,邪气乃服。"就是这个道理。

　　以上肤浅体会,揭开天窗说亮话:"智者千虑,必有一失;愚者千虑,必有一得。"各人看法不同,大家取长补短,共同进步,更好地为四化建设出力。

(吴莲芳　吴承玉整理)

精研覃思　老而弥笃

上海中医学院教授　　张伯臾

[作者简介] 张伯臾（1901～1987），上海川沙县人。一九二三年毕业于上海中医专门学校，后又在丁甘仁先生门下学习一年，深受教益。一九二四年返乡行医，一九三七年又在沪悬壶。一九五六年应聘到上海第十一人民医院（后改为上海中医学院附属曙光医院），从事中医内科和教学工作。中医临床前后凡六十年，长于内科杂病，辨证细致，分析精当，疗效卓著，深得病家信仰。撰有《张伯臾医案》《中医中药治疗急性心肌梗死的经验》等。

我幼年在农村中度过。当时农村哀鸿遍野，疫病流行，农民染病之后，常无力求医，倒毙者不可胜数。这对我童年的心灵触动很大。

记得当时孟河名医丁甘仁先生在上海创办了中医专

门学校,名噪大江南北,它是许多有志于岐黄之术青年的向往之所,我也是其中一个。经过努力,终于在十八岁那年考入了该校,成为该校第三届学生中的一员。

入学后,同窗学友多有聪慧敏捷者,而我自知性较钝缓,故加倍努力,以勤补拙,终于获得较为优异的成绩,于一九二三年毕业。旋又师事丁甘仁先生,得蒙深造,获益良多。一年后,返乡梓行医。一九三七年"八·一三"抗日战争爆发,兵燹延及浦东,全家移居市区,设门诊所于当时的"中医疗养院"。解放后,应聘到上海第十一人民医院(后改为上海中医学院附属曙光医院),从事中医内科临床及教学工作。十年内乱期间,虽身遭迫害,犹潜心医业。粉碎"四人帮"后,我虽已年届耄耋,但党和人民仍然给了我"中医教授"及"上海市科学大会先进个人"的光荣称号,这对我来说是且感且愧的。在有生之年中,除了加倍努力,做好工作,以报答党和人民的恩情之外,其余一切皆无所萦怀。下面就自己在学习过程中的点滴体会,简要陈述于下,或与年轻一代有所裨益。

治学尚实　不拘门户

中医治学之道,以《内经》《伤寒杂病论》为基础,但同时又必须撷采众长,这样才能增进学识,提高医术。然而,中医书籍中有不少门户之见,故阅读医书,不能盲从,不能不加思索地兼收并蓄,重要的在于认真地进行临床验证,方能学得真谛。例如,徐灵胎评注的《临证指南医案》,是我一生爱读的书。叶、徐两家均是一代名医,但在学术见解上，常有相佐之处。如《临证指南医案》的吐血门中，叶氏常用麦冬、五味子、玉竹、沙参等品。徐灵胎持不同意见，认为："吐血咳嗽乃肺家痰火盘踞之病，岂宜峻补""今吐血之嗽，火邪入肺，痰凝血涌，唯恐其不散不降，乃反欲其痰火收住肺中，不放一毫出路，是何法也！"对此两说，在我始学之时，确有莫衷一是之感。为释疑团，我在临床中留心十余年，始有所悟，遂作批语如下："徐叶两家之言，似乎背道，实乃相辅而不悖。吐血咳嗽而痰火恋肺者，麦冬、五味之属，当在禁用之列，以免助纣。然临证中，所遇肺阴已伤，舌红绛，脉细数而咳痰吐血者不少。以阴虚为重，沙参、麦冬、玉竹等药，均属对症佳品，岂能废用？徒持苦寒，反伤胃气，非其治也。故徐、叶之说，未可偏废，须相机而用，取效临床。仲景有麦门冬汤，麦冬半夏同伍，补阴而不窒腻，遣方之妙，诚可取法。"可见，大凡治学，不能轻率随和一家之言，总应潜心研讨，方能融为己见。

贯通"寒""温" 论治热病

一九二四年，我回乡行医。当时，乡间农民生活极为贫困，积劳成疾，故病多危重，尤多热病重症，如霍乱吐泻、高热痉厥逆等等，病情凶险复杂，倏忽多变。面对棘手之症，我在钻研叶天士《温热论》、吴鞠通《温病条辨》的基础上，又勤读雷少逸《时病论》、吴又可《温疫论》、戴天章《广温疫论》等医籍，掌握了一般温病与时行疫毒的治疗差异，体会到但持桑菊、银翘辈轻清之剂，常无显效，而投以治疗秽浊戾气的方药，使疗效有了提高。然而，我又深感温病诸书,虽对保津开窍之法颇多发挥,但对厥逆之变的辨治,尚有不足之处。如当时霍乱流行,病死者甚多,其症见卒然暴吐泻,手足厥冷,汗出,大渴引饮,得饮即吐。一般医家从温病之法,投甘寒或苦寒清热之剂,活人者鲜。而我据仲景所论,投白通加猪胆汁汤,获效者不少。从中得到启发,必须进一步深研《伤寒论》,以补温病之不足,并借鉴《伤寒指掌》一书,探索融会六经及卫气营血辨证,以为救治热病重证的方法。古人说,对待伤寒与温病,须纵横看,我觉得此语甚妙。纵横交织,本一体也。无可否认,就二者方药论,各有偏重专长,只有融会贯通,方能左右逢源于临床。

例如:方某,男,25岁,某院会诊病例。病者原患有肾病综合征,住某医院内科病房,使用西药噻替哌。在第十七次治疗后,白细胞突然下降至0.2×10^9/L,并伴高热,体温40.5℃,两次血培养均有金黄色葡萄球菌生长,西医诊断为败血症,继发性再生障碍性贫血,立即停用噻替哌,并用多种抗生素静脉滴注及肌肉注射五天,高热不退,证情凶险。一九八〇年十月二十五日我应邀往诊,证见高热六天不退,入夜口渴,便秘,两下肢红斑(出血点),苔黄腻根厚中裂而干,脉象虚细而数,病系正气大亏,客邪乘虚而入,邪热亢盛,炽于气分,灼伤阴津,且见入营之势。治应扶持正气,清化邪热,投人参白虎汤,参以凉血救治之。方用生晒参、铁皮石斛益气保津,石膏、知母、银花、连翘清热透泄,赤芍、丹皮、旱莲、泽兰取其凉血散血之意,以杜传变。全方"清""透""养"三法同用,服药二剂,高热得平,白细胞上升至4.9×10^9/L。病房医师以此方为清热妙剂,故又嘱患者续服原方三剂。至十月三十日再邀会诊，病者出现嗜睡懒言，面色萎黄，汗出较多，口渴胁痛，苔根腻，舌淡红中裂，脉细数，重按无力等症。我考虑此由邪伤气阴，又过服寒凉清热之剂，以致阳气伤损，有虚阳外越之兆，邪热虽化未彻，而有内传少阴之虞。故治疗重在扶养正气，佐彻余邪。方中重用吉林白参、黄芪、当归补气血以托邪，牡蛎、白芍和营卫以敛汗，柴胡、银花、连翘以透余邪，佐入麦冬清热养阴。服四剂后，热病告愈，两周后复查，两次血培养未见细菌生长。

本案治疗，我先宗温病，后法伤寒，不拘一格，努力做到立法用药，知微杜渐，防变于未然，这样才掌握了主动权。

谙熟医理　治贵达变

我自农村到市区行医后，临诊时内、妇杂病渐渐增多，间遇达官大贾，治病遣方须小心谨慎。在诊病之余，我深入研读东垣、丹溪、景岳等名家医论及《名医类案》《柳选四家医案》《临证指南医案》，并常置《类证治裁》于案头，随时翻阅。且到沪以后，也常有机会与老同学程门雪、秦伯未等互相切磋。经过二十余年的学验结合，视野遂广，意境渐上。一九五六年我参加曙光医院工作，病种接触面更为广泛，并担任了高等中医教育的内科临床教学任务，从而迫使我把所掌握的中医理论系统化、条理化。然而，我总感到自己的经验比较局限，临床疾病又千变万化，不胜尽治，因思古人"天下无不可治之疾，有不可治之医"的

告诫,认识到关键是在医者必须熟读经典,旁通诸家,又善守常达变,付诸临床。这正是医道的至要所在。例如:

樊某,女,46岁。

一九七四年九月二十一日初诊:患者由车撞致脑外伤昏迷,经某医院治疗二十四天,仍神志昏迷。右手有无意识动作,左手及两下肢不能活动,脉弦数,舌苔干腻。头脑受伤,血瘀阻络,拟醒脑活血通络,投通窍活血汤原方加菖蒲、郁金、至宝丹。

二诊:神志时清时昧,头痛烦躁狂叫,日夜不休,便秘腹痛,舌苔转淡黄腻,脉弦小数。骤受撞伤,瘀热凝阻,有如《伤寒论》蓄血如狂之症,与阳明热盛发狂不同,拟抵当汤加味,化瘀清神。方用水蛭、虻虫各三钱,桃仁四钱,当归六钱,山栀五钱,红花三钱,生大黄二钱(后入),鲜石菖蒲五钱,郁金、茯苓各三钱。

三诊:前投抵当重剂加味,服至第四剂时,左手及两下肢已能活动;故七剂后又服十剂,烦躁狂叫大为减轻,神识渐清,但不能言语,昨日便软三次,腹痛已止,舌苔黄腻,脉弦小。脉络血瘀渐化,唯痰湿热尚阻中焦,再拟活血和中而化湿热。黄连温胆汤合通窍活血汤(去麝香)加菖蒲、蔻仁。

此后,烦躁惊叫除,神志渐清,但时有幻觉,据证予活血清神、和中舒胃以及调补气阴,佐以清化之剂治疗,症除病愈。先后共调治五十余天。

《伤寒论》蓄血膀胱是指太阳腑证,瘀热在里,可见"如狂"一证。而与本例发狂,虽病变部位不一,然病机雷同,皆瘀热犯于神明所致。且抵当汤方用水蛭、虻虫,峻猛破瘀逐血,又合桃仁、大黄破血荡热,导瘀下行,颇合本病治则,故我广其意而用于本例治疗,收到了满意的疗效。

又如,《伤寒论》中的桂枝汤,其适应证何尝仅止于太阳病中风证。按其组方,当有和营温经、振奋脾胃、缓急止痛诸作用。因此,我把它广泛地应用于慢性泄泻、慢性胰腺炎、胃痛、虚劳以及神衰等属虚寒证者,效果良好,这是桂枝汤的达变于临床。

由上而知,学习《伤寒论》《金匮要略》等原著,须重视其辨证之细致、用药之精当,从中寻绎其旨意,再据"但见一证便是,不必悉具,知犯何逆,随证治之"的精神,于临床中灵活应用。当然,在对待其他医家著作上,也同样如此。

不囿成说　抒发己见

我常对学生说:"精通医学以熟谙医理为首务。但是,欲求发展,又不可因循沿袭,为成说所囿,不敢越雷池一步。须结合临床,深入体察,勤于思考,善于总结,以得真知,抒发己见。"近三十年来,我也是这样要求自己,以求得学术上的进步的。

如对肝脏阴阳的认识,古人谓肝脏体阴而用阳,肝阴肝血其体可虚,而肝气肝阳其用总属太过。在数十年临诊过程中,我常思索这一问题:五脏皆有阴阳,均可见有阴阳之虚,何唯独肝气肝阳之无虚?!此说片面可知。纵然,吴澄、唐容川等医家曾提及肝气虚、肝阳虚,但乏于阐述,未能付诸临床。其实,临床中肝气虚、肝阳虚何尝少见,在肝炎、肝硬化病例中尤属多见,其症如胁肋隐痛,或胀痛绵绵,劳累则增剧,神疲乏力,腹胀纳呆,面色灰滞萎黄,悒悒不乐,其或畏寒肢冷,舌多淡红胖,苔白或腻,脉虚细弦或沉细无力,并常与脾气弱、脾阳虚同见,治疗当以益气温阳、补肝健脾为原则,用参、芪、附子、白术、茯苓、细辛、白芍、酸枣仁、乌梅、木瓜之类。对此类病人,如执持成说,反用疏肝泄肝,投以大量理气活血之品,必致戕伐太过,更虚其虚。兹举我用附子、白术合桂枝汤温振肝脾阳气治疗早期肝硬化的案例如下:

王某,女,49岁。

一九七四年十一月五日初诊:患者罹早期肝硬化,近年来肝区胀痛,神倦纳呆,面色灰黄,月经二月未转,畏寒肢冷,盗汗,脉沉细无力,苔白滑。肝气虚,脾阳弱,气血不足。拟温阳而补气血:熟附子、炒白芍各三钱,鸡血藤五钱,白术三钱,炙甘草、青陈皮各一钱半,桂枝二钱,当归四钱。

二诊:肝区胀痛得减,畏寒肢冷依然,经停已转,寐则多汗,面色萎黄,神疲纳增,脉细,苔白润。方药合度,仍守前法,以冀进步。前方去青陈皮,加红花二钱、炙鳖甲六钱。

服上方后,症情又见好转,再守方参入枣仁、牡蛎、党参、川芎等药,连服二月,肝区胀痛得除,形寒肢冷转温,面有华色,艰寐盗汗亦瘥。蛋白电泳的γ球蛋白从12.5%上升至15.5%,血沉降率从35~65毫米/小时下降至正常范围,并恢复工作。随访年余,证情稳定,未见反复。

又如急性心肌梗死,很多学者认为属中医"真心痛"的范畴。据临床体验,对照《金匮》及有关医著的记载,我认为本病不仅属于"真心痛",还应属于"胸痹"范畴。大致可作如下划分:右胸疼痛剧烈,或者手足青至节,并在二十四小时内死亡的,为"真心痛";痛虽剧烈,但不迅速死亡的为"胸痹"。《金匮》论"胸痹"曰:"阳微阴弦。"乃指心胸阳虚,阴寒痰饮乘于阳位所致,故治疗也局限于补阳益气、通阳散结、豁痰化饮之剂。近十多年来,据我临床所见,《金匮》所论与实际不尽相合。就本病病机而言,本虚标实确是心肌梗死的特点所在。但本虚非徒阳虚,尚可见气虚、阴虚、阴阳两虚,甚或阳微阴竭、心阳外越等;标实也非仅痰饮为患,尚有气滞、血瘀致害,又有兼寒兼热之不同。同时,标本之间多相互影响,未可执一而言。因此,在治疗上也不能拘泥于《金匮》,应随证遣方,灵活掌握。我根据本病发生发展的规律,总结了三个治疗要点:一是处理好"补"和"通"的关系,掌握好"祛实通脉不伤正,扶正补虚不碍邪"的原则;二是防脱防厥,要细致观察患者在神、气息、汗、疼痛、四末及素体温度、舌苔、脉象等方面的变化,随时警惕厥脱的发生,用药也宜于厥脱之先;三是关于通便问题,本病患者常见便秘一证,因大便不畅引起心搏骤停而死亡者并不少见,故及时而恰当地通便,为治疗心肌梗死的重要方法。立法用药时应分清阳结阴结,采取"先通便去实,然后扶正补虚"或"补虚为主,辅以通便"等法,以助正气的恢复(详见《上海中医杂志》一九八一年第十期)。

类似上述的例子,在临床中比比皆是,不胜枚举。我觉得,面对临床实际,敢于提出新说,以发展中医学,这是我们义不容辞的责任。

杂症施治　遥溯《千金》

在我年轻的时候,曾读《千金要方》,难解其意,视为"偏书"。解放初期我曾见方行维老先生治病用药甚为夹杂,每每认为是无师传授的结果。近二十余年来,我所遇疑难杂症,与日俱增,投以平时熟用之法,取效者不多,常百思不解。在这种情况下,遂再次攻读《千金要方》。随着阅历的加深,读起来就别有一番感受。我感到该书医学理论纵然不多,而方症记录朴实可信,其表里、寒热、补泻、升降、通涩等药常融在一方之中,可谓用心良苦,奥理蕴在其中。所谓疑难杂症者,大多症情错杂,非一法一方所能应对,当须详细辨证,切中病机所在,方能奏效,而不能被某些狭隘的理论所束缚,更不能受流派所承的学验所限制,必须扩展视野,进一步研究《千金》组方之杂,观察其临床之验,我想这是探索治疗疑难杂症的重要途径之一。例如:

姚某,女,75岁。

一九七五年十一月十五日初诊:素有痰饮,近加外感,咳嗽气急口渴,自觉内热,高年心气不足,四末欠温,水湿潴留于下,二足浮肿,脉小数促,苔薄白腻。正虚邪实,寒热夹杂。拟标本兼治,益心肾而清化痰热:净麻黄一钱半,杏仁三钱,生石膏八钱,泽泻六钱,炙甘草一钱,党参、熟附片各三钱,开金锁(另蒸冲服)、鱼腥草各一两,防己四钱。

二诊:咳嗽减轻,气急渐平,咯痰亦少,胸闷不痛,心悸且慌,四肢渐温,脉细数促不匀,舌质暗。太阴痰热日见清化,心肾亏损亦得好转,再拟养心活血佐以化湿肃肺:熟附片五钱,党参四钱,炙甘草二钱,泽泻、当归各五钱,麦冬三钱,炒川连八分,丹参五钱,红花二钱,防己四钱。

本例素体肺气虚,痰饮内停,久而及于心肾,复又感受外邪,引动宿疾,遂致咳喘脉促,饮溢经络。患者又有口渴、内热、四肢欠温等症,寒热错杂之象,必探其本而标本兼治之。未可一昧治标,故以麻杏石甘汤合参附汤,寒热并用,扶正祛邪,仅服七剂证情大减,继以温阳养心肃肺活血之剂而收功。此乃宗《千金方》寒热补泻相兼组方之意,结合具体病症加以运用,从而使本例重病得到缓解。

时某,男,52岁。

一九七三年二月二十八日初诊:患者于解放战争时期有脑震荡史。从一九六〇年起常有嗜睡或不眠之象,证情逐年加重。近四五年来,嗜睡与不眠交替而作,眠则三四十天日夜不醒,饮食须由家属呼而喂之,边食边睡,二便亦须有人照顾,有时则自遗;醒则十数天日夜不眠,烦躁喜动,头晕且胀。平时腰酸怕冷,手足逆冷,面色晦暗。得病之后,曾赴各地迭治不效,遂来沪诊治。刻下,神倦呆钝,边诊边睡,家属诉纳食尚可,口干,便艰解燥屎,苔白腻,舌边紫暗,脉沉细濡。多年顽疾,寒热虚实错综复杂,恐难骤效。书云"怪病属痰"。痰浊蒙蔽心窍,神志被困。姑先拟清心涤痰镇静宁神法,以观动静:炒川连六钱,茯苓四钱,橘红一钱半,制南星、郁金、石菖蒲各三钱,磁石一两(先煎),当归、钩藤各四钱,白金丸一钱半(吞),淮小麦一两,礞石滚痰丸三钱(包煎)。

二诊:神倦嗜睡之象略见好转,便艰亦顺,然手足依然逆冷,面色晦暗,脉舌如前。筹思推敲,审证求因,恐由肾阳不振,阴霾弥漫,痰热内阻,瘀凝气结所致。治当标本兼顾,故投温振肾阳、清化痰热、理气化瘀之剂:熟附子、桂枝各三钱,炒苍术、茯苓各四钱,制南星三钱,制半夏四钱,石菖蒲五钱,陈皮二钱,当归、桃仁各四钱,川芎二钱,全鹿丸三钱(吞),礞石滚痰丸四钱(包煎)。

三诊:投温肾通阳化痰祛瘀之剂后,颇见应手,服药两天即自行起床,无烦躁狂乱诸症,且感神情爽朗,四肢转温,苔白腻减而转润,舌暗转淡红,边紫,脉沉弦小。肾阳不振有恢复之机,痰热血瘀虽化未净。前方既效,毋庸更张,壮肾阳以治本,化痰瘀以治标,故前方去苍术、桃仁、川芎,加红花三钱。

服药后症状消失,体力日见好转,前方略为出入,续服三十余剂,得以痊愈。

患者罹病多年,迭经各地中西医诊治,诊断尚不明确,有曰"间脑病变",有曰"突发性睡眠症"等等。治疗或用养心安神镇潜之品,或予镇静药、兴奋药交替使用,皆不效,症情日益加剧。我于是症,则抓住嗜睡一症加以辨证,投温补、清化、祛瘀之剂,标本兼顾,攻补寒热同用,使肾阳得温补而渐振,痰热得泄化而渐清,多年痼疾终告痊愈。足见对待疑难杂症,正如严苍山先生所云,方药不避其"杂乱",但须杂中有法,乱中有序,这也是我得力于《千金》之处。

(严世芸 张菊生整理)

学无止境　学无捷径

<small>山东中医学院教授、中医基础教研室主任　　张珍玉</small>

[作者简介]　张珍玉（1920～2005），山东平度人。幼承家学。青年时期悬壶于青岛。一九五六年调山东中医进修学校任教，一九五八年任教于山东中医学院。医理精深，长于内科杂病的治疗，对一些中医理论和临床问题常有独到的见解。编著和主编的主要著作有《病机十九条》《谈脏腑辨证》《内经摘要》《中医基础学》等。

先诵后解　由浅入深

家父业医，悬壶青岛，诊务繁忙，活人无算。我幼承家训，耳濡目染，潜移默化，对中医略有了解，也逐渐爱好起来。父亲也希望我承袭家技，攻读岐黄，将来置身杏林。十六岁时，父亲便让我一面上学，一面在业余时间和哥哥一起学习中医。首先学习浅显的内容,背诵《医学三字经》《药性赋》《濒湖脉学》《汤头歌诀》等。《素问·著至教论》提出知医应做到"诵""解""别""明""彰",父亲也要求我们从背诵入手,先装进肚子里,再慢慢消化、吸收。起初不给讲解,又没有通俗版本,全凭死记硬背,非常吃力。父亲家教甚严,过一阶段就考我们,提出其中的一句,我们必须熟练地往下背诵。我和哥哥互相督促,互相问答,睡觉前背,走路时背,上厕所也背。学识渐进,背诵也渐容易了。两年间把《医学三字经》《药性赋》《濒湖脉学》《汤头歌诀》都背过了。以后开始攻读王冰次注《内经》、陈修园的《金匮要略浅注》《伤寒论浅注》,也是先背诵。虽然都有注释,也不准看。说实在的,当时看了注释也不懂,又怕耽误时间。父亲经常教导我们:学习没有捷径,必须扎扎实实地学,打好基础,多记多背,熟能生巧,临证时才能得心应手,举一反三。我们背过《内经》的主要内容及《金匮》《伤寒》的全部条文以后,父亲开始给我们讲解。星期天跟父亲看病时,他常结合病情,让我们背诵有关的经文。我们看到学过的理论知识在临床实践中得到了验证,有说不出的高兴,更加激发了学习的热情,坚定了信心。

以后我们开始涉猎历代医家的名著,由于有了一定的基础,记忆和理解都快多了,背诵了不少的佳句与名篇。

博采众长　开阔眼界

经过一段学习以后,钻研深进去了,遇到不少疑难问题。例如,《内经》为什么还有"阴阳别论""脏腑别论""经脉别说"呢？"别论"指什么而言的呢？父亲诊务繁忙，除了晚上以外，抽不出更多的时间给我们讲解，强烈的求知欲望驱使我走出家门，拜访名医求教。我出访了当地的一些名医，提出问题，请他们解答，倾听他们的观点，吸取他们的长处。记得当时青岛云南路有位老中医叫谢文良，北京人，颇有盛名，就诊者盈门。我问他："经云'春夏养阳，秋冬养阴'应当怎样理解？"他说："春夏温暖，阳气旺盛，阳生阴长，生机蓬勃，万物争荣，此时应当顺应自然之势，保护生发的阳气；秋冬寒凉，阳杀阴藏，阴气当令，万物收藏，此时应保护主令之阴气。治病要考虑节令气候，勿伐天和。"这对我启发很大。

一九五二年，青岛中医进修学校成立，给我们上课的是山东大学医学院的老师。课程安排得很紧，一年的时间，从西医基础课到诊断学、传染病学等均学了一遍。当时，旧社会歧视中医的影响还很深，学习结束时，不少人想改业西医，弃旧图新。有人劝我，你现在这么年青，为什么不改行干西医呢？我说，中医还没学好呐！中西医虽理论体系不同，但殊途同归，研究的对象是共同的，都是人。二者各有所长，亦各有所短，双方应互相学习而不能互相取代。随着医学科学的发展，中医工作者若不了解西医知识，自然会碰到不少困难。通过西医学习，使我掌握了不少现代的医疗知识，对临床和教学帮助很大，为研究中医提供了知识和借鉴，也更加坚定了我从事中医事业的信心。

由虚务实　加深理解

背诵原著,学习理论是重要的,是基础。但理论必须与临床实践相结合,才能加深对理论的理解,也才能变成有用的活的理论。如《伤寒论》中"胃家实"一语,开始父亲引经据典,反复讲解,但理解还是不深。以后随父见习,见一位病人头痛,家父却投以大承气汤,遂问其理。父云:"病人便秘拒按,苔黄脉洪,是阳明实证。阳明之热邪上冲,干扰清窍,所以头痛。阳明经行于前,故病人头痛部位在前。用大承气汤以泻其实邪,邪去正复,头痛自然可愈。"至此才真正悟出"胃家实"之意。更加认识到理论与实践相结合的重要性。

见习一段以后,就转入实习,在门诊看病。开始我诊过病人以后,向家父汇报病情,再说明理法方药,说对了,就让开方,否则不能开,父亲再给讲解。一次我诊断一个胃痛病人,开了柴胡疏肝汤。父亲问为什么开这个方,我说,病人饭前痛,喜按,嗳气,乃胃虚肝气乘之,肝胃不和,治应疏肝和胃。父亲听后,点头称是。在处方中又加了几味健胃的药。白天临床碰到疑难问题,晚上查书寻求理论解决,主要是看《景岳全书》,带着问题学,针对性强,理解深,记得也牢。正所谓:感觉的东西不一定理解它,只有理解了的东西,才能更好地感觉它。

父亲开了个小诊所,我在那里一方面诊病,另一方面还要兑药,亲手加工炮制药物。通过实践,我不仅能够较熟练地辨别常用药物,而且还学会了常用药物的加工炮制,会制常用的膏丹丸散。也更加深了对药物功效的认识。例如防风和前胡,是比较难区别的,通过实践也能准确而熟练地分辨了。

　　经过一段见习和实习,当着老人的面诊病问题不大了。然从父亲"把关",过渡到自己独立看病,也还是很不容易的。我第一次独立出诊是一个冬天,在路上我就有些打怯。病人是位经理,八十多岁,看我年轻,有几分瞧不起。我当时一紧张,乱了阵脚,未问一句病情,即忙于切脉,好久也试不出什么脉,不知所措,虽值隆冬,已作汗颜。切完脉,我才问病人哪里不好,有什么感觉。我一问,病人不仅不答,反倒问我一句:"你摸了一阵子脉,不知道什么病吗?"弄得我张口结舌。病人看我实在难堪,就说:"我给你说说病情,回去问问你父亲,看看开个什么方。"他说主要症状是:咳嗽、吐痰、胸闷、喘息,遇冷就犯病,已有几十年了。我又切了脉,脉弦滑,属痰喘咳嗽,处方二陈汤加味。回家向父亲作了汇报。父亲说,是外邪诱发痰喘咳嗽,应有解表的药物,当该用小青龙汤加减。以后在实践中不断磨炼,临证就逐渐心中有数,遇事不慌了。

　　有一些病只有在经过临床实践以后,对经文才有深刻的认识。《金匮要略·百合狐惑阴阳毒病脉证并治》云:"病者脉数,无热微烦,默默但欲卧,汗出。初得之三四日,目赤如鸠眼……"当时,我既没见过这样的病人,又没见到过鸠眼,怎么也想像不出什么样子。以后看到斑鸠,临床上又碰到病人,才体会到仲景将病人发红的眼睛喻为鸠眼,是非常生动形象的。

　　对方剂也是如此,初次运用往往是以成方按图索骥,去套病人的症状。临床时间长了，也就能灵活化裁，运用自如了。如四物汤是补血的首方、要方，其配合是非常巧妙的。大自然有春夏秋冬，万物有生长收藏，春夏为阳，主生长，秋冬为阴，司闭藏，阴静阳动，无动则无以静，无静亦无以动，动中有静，静中有动。四物汤中，川芎为春，当归为夏，二者主动；白芍属秋，熟地系冬，二者主静。动静配合，所养之血，是有生机的活血。明白这个道理，临床应用就胸中有数了。

分析对比　抓住实质

不管是中药方剂，还是基础理论和临床各科，有一些内容很类似，容易记串，造成混淆，学习非常困难，我就采取分析对比的手法，抓住实质，通过鉴别、比较，从相同中找出不同，从不同中找出相同，掌握和运用就容易得多了。

学习中药，植物药的药用部分不同，功用也不同。近乎天者走于上，花叶向上生长，近乎天，质轻扬，属阳，功用主表主升；近乎地者行于下，根近乎地，质重，属阴，向下，主降主泻。这就是一般规律，但普遍中又有特殊，如诸花皆升，而旋覆花独降。

就是同一味药，由于配伍不同，在不同的方剂中，作用也有所不同。如小柴胡汤、理中汤、白虎加人参汤都用人参，而其义不同。小柴胡汤中，人参扶正，使邪气不得复转入里；理中汤中人参补气健脾，振奋脾胃功能；白虎加人参汤中，人参补气生津，治津气两伤。我们现在用人参与古代又有不同，现在多用于气虚气弱的病证，而少用于气津两伤。

方剂中,仲景枳术汤与东垣枳术丸,虽然都是由枳实、白术构成,但功用不同。枳术汤治水饮停滞于胃,心下坚,大如盘,按之外坚而内虚;而枳术丸治脾胃运化无力,饮食停滞,腹胀痞满。乌梅丸的寒热并用与泻心汤的寒热并用也是不同的。

呕吐是常见的症状,病机是胃失和降,气逆于上所致,内伤与外感邪气均可引起。外感中寒气、火热、湿浊等病邪都可引起本病。所以同是呕吐,其病因、治疗是不相同的。《伤寒论》中谈及呕吐者六十多条。举例说,小柴胡汤的"心烦喜呕",是由于胆热犯胃,胃气上逆所致;桂枝汤的"鼻鸣干呕",是由于感受了风邪以后,致肺气不利,胃气上逆所致;大柴胡汤的"郁郁微烦,呕不止",为邪在半表半里兼里气壅实;柴胡桂枝汤的"微呕",即少阳主证喜呕之轻者;调胃承气汤的"心下温温欲吐,但欲呕",是由于胃热郁结;黄连汤的"欲呕吐者",是由于膈热;小青龙汤的"干呕",是由于心下有水气;十枣汤的"干呕短气",是由于水饮内蓄胸膈;吴茱萸汤的"食谷欲呕",则是由于寒浊上攻。就小柴胡汤之呕来说,细分起来,又有不同类型。通过这样分析对比,对《伤寒论》所及的呕吐就比较清楚了。

在治疗方面,有时同一疾病,由于病人体质不同,或疾病的发展阶段不同,出现的症状亦不同,因而治疗也就不同,称为"同病异治"。另外,不同的疾病,由于病机相同,治疗可以采用同一法则,即"异病同治"。我们应当通过分析对比,从同中求异,从异中求同,找出规律,抓住实质,有的放矢地进行治疗。

脱发是一种比较常见的病症。一般认为发为血之余,为肾之外荣。血虚不能滋养,血瘀不能运行,或肾精亏虚不能生发,皆可造成脱发。治疗多活血养血或滋肾填精,往往收效。但有时碰到脱发的病人用以上两法治疗无效。经过分析对比发现,这样的病人并不出现血虚血瘀或肾虚的症状,而出现神疲少气、声音低怯、自汗怕冷、面色㿠白、舌质淡、脉虚弱等肺气虚的症状。《灵枢·经脉》说:"人始生,先成精,精成而脑髓生……皮肤坚而毛发长。"肺主皮毛,肺气不足,自然也可引起脱发。所以,大补肺气,可收到很好的疗效。

我曾治疗一无汗症,病人自出生后就未出过汗,年幼时尚无特殊感觉,长大后,每当劳动或活动剧烈时就面赤发热、心慌、烦躁。某医院诊断为无汗症。一般很容易认为,肺主皮毛,应该治肺,使其发汗。但仔细分析,病人并无肺病的症状,而面赤、身热、心慌、烦躁为心阴虚的表现。汗为心之液。我从滋补心阴为治,获得满意效果。

虚心求教 取长补短

"闻道有先后,术业有专攻。"在治学方面,各有所长。我们应该取别人之长,补己之短。有了问题,不耻下问,广泛求师。"惑而不从师,其为惑也,终不解矣。"我在教学和临床中碰到问题,就虚心向别人请教。

我对"柴胡劫肝阴"不太明白,就去问一位夏老师。他说:"柴胡有疏肝的作用,用之得当,效果显著。但柴胡味苦微辛,疏肝太过,就会耗伤肝阴。"他的解释对我启发很大。我发现不少方剂中柴胡往往与白芍配合应用,白芍可以防止柴胡疏散太过。不但加深了对药物功效的认识,而且进一步明确了药物的配伍意义。

气与阳的关系问题。我虽然也明确助阳药不能补气,补气药也不能助阳(黄芪能升阳);气属阳,但又不等于阳。临床上气虚和阳虚,同中有异,异中有同。究竟它们之间有什么联系呢?还不很清楚。就这个问题请教老师们,他们指出阳是对阴而言,气是对血而言,气与血可以分属阴阳来说明它的作用。阴阳可概括全身,也可指一个组织脏腑。一般地讲,物质属阴,功能属阳。临床上所指的阳虚,多指脾肾,气虚多是属于脾肺。于是,我对这个问题有了明确的认识。

学习《内经》中,也碰到不少疑难问题。《灵枢·禁服》说:"审察卫气,为百病母。"《素问·风论》说:"风者,百病之长也。"《素问·举痛论》说:"百病皆生于气也。"一为百病之母,一为百病之长,又说"百病皆生于气"。究竟如何理解?它们之间的关系怎样?引起了争论。有的认为,卫气为百病之母主要说明卫气与外感病的关系。张景岳说:"卫气者,阳气也,卫外而为固者也。阳气不固则卫气失常,而邪从卫入,易生疾病,故为百病母。"风为百病之长,主要说明风邪致病与其他病邪的关系及其致病的广泛性。百病皆生于气,主要说明七情劳伤及寒热之邪致病的机制,是影响了气机的正常运行。分言之,"怒则气上,喜则气缓,悲则气消,恐则气下,寒则气收,惊则气乱,劳则气耗,思则气结";概括地说,皆由于气机紊乱而致。这三句是从不同的方面说明卫气、风、气与致病的关系,是不矛盾的。这样解释,对我很有启发。

教学相长　如切如磋

一九五六年底奉调到山东中医进修学校做教学工作。从医疗到教学,对我来说是个很大的转变。自己既没有教学经验,又没有教材,无从下手。边干边学吧,我下决心一定要胜利完成任务。

没有教材就自己动手编,根据教学的目的要求,参考汪昂的《灵素类纂》和张景岳的《类经》,分类选编了《内经摘要》作为教材,后来出版社出版了。

教学中碰到问题,就同学员一块讨论研究。例如对"天癸"的解释,《妇人良方》认为是指月经而言,这在女子尚可说通,但男子之"天癸"当指何而言?经过讨论,学员们同意我的看法:天癸不能局限地指月经;它是人体生长、发育,尤其是维持正常生殖功能必需的物质。师生共同探讨问题,教起来心里踏实,学员学起来熟悉易懂。

有时学生会提出意想不到的问题,督促你思考、学习。一次,有位同学问我:带脉起于季胁,环腰一周,起于季胁的哪一面?我没有考虑过这个问题,一下子被问住了。以后我查阅资料,回答了那位同学,带脉起于季胁的两面,环腰一周,如束带然。

教学中首先让学生掌握基础理论的系统性。学生学习《内经》时,不了解内在的系统性,抓不住规律,领会不深,掌握不牢。《内经》本身的系统性是很强的,篇与篇之间往往都有密切联系。例如,《素问》第一篇"上古天真论"主要是谈天真之精,第二篇"四气调神大论"主要谈调神,第三篇"生气通天论"主要谈阳气,精、气、神为人体三宝,密不可分。整体观念更是贯穿在每篇之中,就是每篇之中也有它的联贯性。如《素问·平人气象论》重点是阐述胃气,无论是呼吸的定息,虚里的论述,及四时的平、病、死脉,都是论述胃气的重要性。理解了这一点,学起来就会执简驭繁,事半功倍。

教学中还注意到理论联系实际。学生都是高中毕业考入大学的,没有接触过中医知识,开始学习阴阳五行时,他们理解不了,觉得阴阳五行是讲迷信,如坠五里雾中,就举出浅显的临床治疗的例子,便于学生领会。《素问·金匮真言论》说:"背为阳,阳中之阳心也;背为阳,阳中之阴肺也。"心为阳中之阳,所以心有实热之邪,可以用苦寒直折;肺为阳中之阴,肺有实热之邪则应慎用苦寒,以防伤阴。脑为奇恒之府,中药中并没有入脑的药物,那么,临床上怎样治疗脑的病症呢?联系到临床实际,让学生理解中医脏腑学说中,把有关脑的生理和病理多分别归属于五脏,其中以心肝肾为主。心主藏神,为五脏六腑之大主;肝主藏血;肾主藏精,生髓而通于脑。《灵枢·海论》说:"脑为髓之海。"《素问·五脏生成》说:"诸髓者皆属于脑。"因此,脑的病症多从心肝肾辨证论治。这样,学生对脑的认识及脑病症的治疗就具体而深刻多了。

教学中启发学生独立思考,不要迷信古人,要善于提出自己的见解,要有发展和提高中医理论的雄心壮志。中医学史上,凡自成一家者,一方面是由于对古典医籍的精深独到的研究,另外就是他们结合自己的临床实践,具有创新的精神,提出自己独立的见解,推动了中医学的发展。赵养葵根据《内经》"主不明则十二官危"提出十二官之外,一定别有一主,发挥了命门学说。张子和根据《内经》"辛甘发散为阳,酸苦涌泻为阴"的论述,认为发散即汗法,涌为吐法,泻为下法,扩大了三法的应用范围。朱丹溪根据"阳道实,阴道虚"的论点,提出"阳常有余,阴常不足"的学说。他们都从不同的方面,对中医学的发展做出了贡献。

(史兰华整理)

从医回忆录

南京中医学院　　　周筱斋

[作者简介]　周俰生(1889~1989),字筱斋,江苏如东人。家世业医,继承祖业,攻内科,兼事妇科,着重临证实践。开业六十年来,历经故乡疾病流行,经治痊愈者众,得病家赞许。迨江苏省中医医院、中医学(校)院创建之初,即承受征聘,任教迄今。

继承祖业　立志学医

余家世业中医,祖籍浙江宁波府东乡慈谿县车轮桥,后迁居江苏南通州如皋县东马塘镇,至先祖父敬庵公已历三世,执行内、外科,勤业精研,视病人如亲属,得乡人信赖,就诊者日众,业遂大旺。鉴于治疗效果有赖药良,炮制修治,悉遵法则,方显厥功,乃设"松寿堂"中药铺,鉴制精细,益显治效。嗣因先祖母、先祖父相继西逝,迭遭大故,家境萧条,至辛亥革命推翻满清政府时,余仅十三岁,国家已沦为半封建半殖民地之境。家国多难,因而失学。迨至先母弃养之时,竟临贫无立锥之境。由适严氏堂姑母介绍之堂叔所设"大德生"药号,半工半读。自思唯有从医,继承祖业,庶可服务桑梓,藉为生计。乃誓志研究,常以"不经一番寒彻骨,那得梅花扑鼻香"自为勉励。从兹,日间执行药业,夜间攻读医书,每至深夜方寝。

深研细究　自学求进

除在学塾读书兼读医籍外,深受重庭及先严训言,培植初基,自知肤浅,乃复习《素灵类纂》《张氏类经》《伤寒论》《金匮要略》《药性赋》《汤头歌诀》,参阅《医方集解》《医学心悟》《三家医案》《临证指南》《名医类案》等。因医籍古文深奥,每遇疑难,穷思苦索仍难彻解时,则不耻请教于里中精于中医学而不以医为业者,求其指导,诚恳倾听,反复研磨,以期必得。每值炎暑,蚊蚋雷鸣,则秉烛危坐帐中,或起而环步室内,甚至达旦鸡鸣,攻读不辍。因而备受族叔指责,恐次日有误所负工作。如此历三易寒暑,每将日间过目之时医对危重病人所处方案,默志背临,静观效应,得见具捷效而病起者窃狂喜,有若身受。由此学有进益。遇亲友中有小疾,即为之诊治,遇危重大病,多医会诊时,亦自动旁听,心识自己见解,静观投剂结果,一一志之,以最后结论评其得失。把中医学着重理论联系实际的好传统贯彻到实践。二十二岁时,受聘"济生会"施医之席，设案开诊。兹后，又循当局颁布之中医师条例，取得法定中医师资格。该时，适遭政府拒绝把中医纳入医学教育规程的申请并企图消灭中医之逆境，全国中医群情激愤。当时乡先辈陈公君谋任如皋县中医公会会长期间，曾指出应将全县各区中医组织起来，所谓"百足之虫，死而不僵"（诚为远见，及今思此，仍为服膺之言）。乃响应组织如皋县中医公会马塘分会，被选为主席。

回顾学医经历，深感治学过程是：始于约——进于博——终于由博返约；达到"炉火纯青"，犹不可以为峰极。同时体会到，对方剂、药物的研索，为中医学理论联系实际的枢纽。在认识药物性味功能的基础上，进而认识方剂的药物组织配伍。在临证时应做到根据病况，选用相应处方，结合证情，加减变化。尤为重要的是对病情复杂者，应能创制新方，以加强治疗的针对性，此为余所谓"识方、用方、制方"三个阶段的肤浅体会。至于识方的深切，用方的熨帖，制方的精当，又须不断求进、期于纯熟。余生平弱点，治学无方，从未受过系统教育，踏实功夫不深。首先未立文摘卡，虽作部分笔记，但缺乏系统归纳，虚耗不少有益光阴，积存医案、存稿又迭经劫乱，丧失大半。抚今思昔，深自追悔，少时努力不够，奠基不坚，徒使老大咨嗟而已。

恪守医德　是业医之本

从开诊以来，以敬业、乐群为怀，能接近贫苦大众。遇有病情严重而不能来所就诊者，则亲至病家诊视，不避污秽，不嫌烦琐，详询始末，务得其情，分析判断，然后悉心治疗,每获病家感戴。

忆初开业时,阅历不多,难征人信,但我平易近人,热情负责:做到急病随诊,不使久待;午后出诊,先赴农村;计划路程,以重病为先,不以诊金之多少为别。因一纠时弊,深得病家赞许。

余尝谈及在临床治愈一个病,必须具有三方面的条件:①病人对医生的信任,遵照医嘱执行,若系慢性疾病,尤须坚持服药如法,积久方效。②医者对待病人必须不分亲疏,一视同仁,认真负责,如待亲人,悉心治疗。悯怀从事,即遇难治之疾,预后不良,亦须婉言相诉,可以预告家属,执行保护性医疗,切勿粗鲁直言,促使患者益增悲观。如果思考周密,运药适当,取得成效时,切勿夸大矜功,要以扁鹊所持"此能自活而越人使之起耳"的态度,却谢"生死人而肉白骨"之过誉,莫贪天功。③治疗方案周密,适应病情,起到逆转危候的作用,方竟全功。以上三者缺一不可,而医生的素养,尤为重要,学力亦须相符,否则虽有活人之心,而无治病之术,势成空言。

学以致用　着重实践

在塘执行业务的二十六年中,遇到的疫病有:一九二八年的疫痢,一九三六年的疫疟(曾撰文报道,刊《国医公报》并被《光华医药》《现代中医》等杂志转载),一九三九年的"登革热"(余名之曰"红痧热",痊愈者众,很少死亡),一九四六年的"霍乱"。其中尤以疫疟灾情最为严重,死亡率亦高,染疫者全区几普及。此外,麻疹、猩红热、肠伤寒的小流行,似有周期性。迁居南通,遇到麻疹（一九四八年春）、天花小流行,经余诊治者有百例以上。对于天花感染,并无年龄限制,高年者为七十一岁老太太,幼者系一生后十七天之女婴,经治均痊愈。仅有长桥东首一顾姓男孩,痘陷不发,未能挽救。个人经验,毕竟有限,仅为沧海之一粟。所惜积累之原始资料,因兵乱迁徙,浩劫之余,散落殆尽。在宁诊治大多为慢性疾病,亦间逢奇症,原始资料迄未整理,殊觉内憾。

回忆向居乡镇,接近农村,农民一般小病,多不求医,每至高热不退或脘腹剧痛,方始就医。故须胆识兼备,当机立断,速战速决,方可适应。余尝以孙思邈"胆欲大而心欲细"之训言为诫,故少偾事。每遇一疑难病症,诊余晚归,必就灯下钻研有关资料,参合具体病情,俾次日应诊时细心体会证情进退,揆度权衡,做出分析处理。一有所得即挥笔疾书,案由、处方,志而弗忘,回忆及此,犹有余乐。这时已收从业弟子四人,得教学相长之益。迨至迁居南通城区,仍以诊治时病为多,如天花、麻疹、痢疾、伤寒等,而慢性病、疑难症,亦居其半。迨供职南京时,则接触时病大证寥寥无几。及至现在所临病症,如肝癌、胃癌、食管癌、白血病、红斑性狼疮、脑震荡后遗症、真性红细胞增多症等等,多属慢性难症。

中医对时病大证和久病慢证的处理,向以吴鞠通所云"治外感如将,治内伤如相"的两句名言为据。确实治时病大证,必须如将军临阵作战,要胆识兼用,知己知彼,善于观察病情变化,随机应对,当机立断,不稍迟疑,方获全功。慢性久病,复杂多端,可能有十种、八种病丛集于一人之身,五脏皆伤,考虑治疗措施时大有顾此失彼之嫌,要善于分析当前以何病症为主，抓住主要矛盾，方有端绪，如果失策，则贻悔莫及。倘能分其标本轻重缓急，循序求进，重视掌握脾胃运纳之机，方可转危为安。同时还须药治与食养兼施，"得谷者昌"良有以也。

学习中医，应当时刻注意把所学理论和知识运用到临证实际。仅就中医学"整体观念"（包括平调观念）和"辨证论治"（包括审证求因）说一点意见。对"辨证论治"的理解，有人比喻像汪洋大海、茫茫无边。我认为船上有舵，有桨，有风帆，特别是有人能掌握舵、桨、风帆这些工具，还有认识风向和航路的知识，可以达到预定之港。至于"证"是病本质的反映，根据"有诸内必形诸外"的原理，运用四诊、八纲、脏腑经络、气血津液等基本理论，审证求因，就可从错综复杂的病情中，掌握病症的主要矛盾，认清病变本质，采用正确的治法和方药。所谓平调观念，就是把平人与病人区别开来，把病与人统一起来。《内经》说："平人者，不病也。"就是指人体的正常生理平调，无偏无颇，是谓"平人"；一旦平调失职，失去生理之常，即为病理之变，而为病人。这时就必须给予相应的治疗，以恢复其正常生理状态。因此，医生用药治病，实际就是利用药物的偏性，以纠正人体的偏差。如分寸合度，轻重相宜，自可达到"以平为期"；若孟浪过剂，则反致伤正，影响人体自身的调节本能，甚至产生不良反应或新的病变。

此外，还必须把中医学从纵横两方面"融会贯通"起来。纵的一面，应认识到《内经》《伤寒》《金匮》《温病》及各家学说，自古至今，一脉相承，虽有变迁，脉络一贯。如以温病学说为例，是可以体现其发展过程的。从横的方面,要把这些基本理论渗透各临床学科,作为指导实践的依据,并借助现代有关科学知识,阐述其真义,以资印证。在继承的基础上,得到进一步发展。

路,可以从崎岖坎坷到达康庄大道。寄语来哲。

学无止境　锲而不舍

天津市卫生局副局长
天津市中医学院院长、教授　　　哈荔田

[作者简介]　哈荔田（1911～1989），回族，河北保定人。幼承庭训，家学渊源。一九三五年毕业于北平华北国医学院，以成绩优异，深得施今墨、周介人、范更生诸名家赏识。毕生致力于临床和中医教育事业。三十到四十年代曾创办北平国医专科学校，并曾任教于天津市国医训练班，一九五五年始担任天津市卫生局副局长职务后，积极贯彻执行党的中医政策，先后领导筹办了天津中医学校、天津中医学院，并积极组织了西医离职学习中医的工作，为发展中医事业不遗余力。在学术上穷究医经，研有心得，崇尚易水学派。临床重视胃气、长于内科，尤精于妇科。著有《妇科医案医话选编》等。时任天津中医学院院长、天津市中医研究所所长、中华全国中

医学会副会长、天津市医学学术鉴定委员会副主任、卫生部医学科学委员会委员等职。

我家世居河北保定,先祖父文林公,由于少时体弱多病,每患疾则缠绵难愈,以此因缘而酷嗜医学,博览群籍,潜心玩索,积之有年而渐有所会,尤其对眼科颇有心得,四方求医者踵踵相接。时有同宗叔祖昆弟公,精于外科,遐迩知名,与先祖并称"保定二哈",均集有医案,惜未成册。先祖父生活上自奉甚俭,而医金收入除维持家计外,每常施药于清贫患者,因此乡里人士咸敬重之。

先父振冈公,初攻举业,有声庠序,为前清秀才。后来弃儒攻医,就读于光绪年间官办之直隶保定医学堂,兼学中、西医学,六年毕业,以品学兼优而甲于全班。毕业后参加官办医院工作,后又移居天津悬壶,以长于内科、妇科而蜚声医林。先父敦厚耿介,寡于言笑,不尚交游,暇时课子自娱,庭训颇严。

我总角之时,随先父读书,课余每每旁观先父为人诊治疾病,耳濡目染,遂对医学也渐有所好,恒以古人"不为良相,即为良医"之言自励,先父对我的志趣也深为嘉许。后因先父到天津执业,我遂考入当时保定同仁中学念书。一九二八年初先父因病返里疗养,彼时我高中未及毕业,即中途辍学,随父学医,以遂初志。先父认为,古今精于医者,无不文理精通。"文是基础医是楼",文理不通则医理难明,学好古文当是学好中医的基本功之一。因此,先父对我一面督教医经,一面补习古文,又在临床细心指点,不惮劬劳。我自己也颇能以"寸阴寸金"之喻自警,发奋刻苦,朝夕攻读,所谓"焚膏油以继晷,恒兀兀以穷年"。如是者两年余,进步很大。之后,先父病愈返津,因促我报考华北国医学院,以求深造。

算来我学医业医,迄已五十余年。虽然愧无建树,但教训得失,不可谓无。漫忆一下,写将出来,冀能对后学者有所借鉴。

取法务上　扎扎实实

我学医伊始,先父每以诸葛武侯"志当存高远"之语谆谆教诲,并告诫我:医者司人性命,既要富有仁人之心,又须医术精良。因此,一旦选择医学这一专业,便要一生笃志力行,奋斗不已,万不可浅尝辄止,学师不卒,庸医杀人。由此我认识到,要学好医学,首先要专于心,一于志,要有一种献身精神,否则见异思迁,二三其志,就会失诸精专,"妄陈杂术",终不会有何成就。其次要敢于攀高峰,要有一种"会当凌绝顶,一览众山小"的志气,树立高远目标,以为自己努力之方向,否则也不免流于平庸、浮浅,终不会有所作为。但取法务上并非好高骛远、好大喜功。俗说"贪多嚼不烂"。贪多务得,急于求成,就会失于扎实,流于浅薄。古人说:"不积跬步,无以致千里;不积小流,无以成江海。"做学问必要脚踏实地,扎扎实实,不畏艰苦,步步攀登,"书山有路勤为径",只有日积月累,循序渐进,才能渐有所得。

勤于学习　善于学习

虽然每个人的天分确有差别,但"生而知之"的人则古今未之有,一切知识才干无不源于后天的学习与实践,而学习成绩之优劣,则与付出劳动量之大小成正比。古云:"聪明可持不可恃也。"即令天资较差,但能勤奋刻苦、穷究不舍,也会有大的成就。清代著名学者闫若璩(1636~1704)生来口吃,且很鲁钝。六岁入学,学习成绩很差,别的聪颖学童看过几遍就能熟记的课文,他往往读至千遍仍不能背诵。但他并不妄自菲薄,而是加倍努力地攻读,数十年如一日,终于成为清代一位享有盛誉的考据学者。他除了助徐乾学修《一统志》外,还撰有《古文尚书疏证》《四书释地》《孟子生卒年月考》《潜邱札记》等著述行世。他曾用陶弘景和皇甫谧的话作对联一幅:"一物不知,以为深志;遭人而问,少有宁日。"并书于柱上以明己志。荀子云:"骐骥一跃,不能十步;驽马十驾,功在不舍。"可谓信而有征矣。

然则,学习固须勤奋,亦宜讲求方法。即以背书而言,我初学医时先背《药性赋》《汤头歌》《脉学》等,以为启蒙读物,继又背《内》《难》《本经》及《伤寒》《金匮》等经典著作。我背书时不用默诵法,而是在僻静处朗朗诵读,俾声出之于口,闻之于耳,会之于心,之后则在喧闹环境中默忆背过的内容,所谓"闹中取静"。如此,则不唯能熟记,且能会意。背书颇苦,往往唇敝舌焦,但年轻时背书如石上镌字,记忆牢固,对将来大有好处。古人有"书读百遍,其义可见"之说,我觉得熟读确能使人联想丰富,触类旁通,有利于加强理解,锻炼记忆力。我如今已年过古稀,但青年时期背过的东西,有些现在仍能朗朗上口。

我背诵经典著作时先选白本,熟读后方看注本。看注本时不拘于一家之论,如《内经》我选择《太素》及王冰、吴崑、马莳、张隐庵、张景岳等注本,彼此互勘,择善而从,并在领悟各篇全貌后,仿杨上善、张景岳诸家的治学方法,将各篇有关内容分类辑录,每一大类再分细目,此法对于掌握《内经》全部内容,进行整理研究,都有莫大裨益。

《内经》为中医理论之渊薮,为医不读《内经》,则学无根本,基础不固。后世医家虽然在理论上多有创见,各成一家之说,但就其学术思想的继承性而言,无不发轫于《内经》,故读《内》《难》《本经》,目的在于掌握中医理论之根本。而仲景之《伤寒》《金匮》为临床医学之圭臬,辨证论治之大法,不读仲景之书则临床治无法度,依无准绳,故读仲景书要在掌握治疗之常变。仲景之书注家甚多,我初学时先父命读尤在泾之《伤寒贯珠集》《金匮心典》,认为尤氏之注对辨证立法阐发精当,剖切详明,不浮不隘,诚如徐大椿所说:"条理通达,指归明显,辞不必烦而意已尽,语不必深而旨已传。"对于"文深奥义,有通之而无可通者",宁"阙之"而不随文敷衍,强做解人,故对初学者理解仲景之旨,诚多帮助。

我在学习《内》《难》《本经》及《伤寒》《金匮》之后,方开始涉读诸家之书及医案,这样不唯能开阔知识领域,且有了权衡各家学说之基础。先父于金元四家中,独推崇易水学派,临床强调脏腑辨证,尤重视胃气的作用,强调"人以胃气为本",这一学术思想对我的影响颇为深远。

通过历年的临床实践,我进一步认识到:胃气乃是对脾胃功能之概括,脾胃居处中焦,为气血化生之源泉,人体气机之升降出入,也无不以脾胃为枢纽,脾胃升降失常,则五脏受病，变证丛生。故在治疗中，各脏腑之疾患，凡与脾胃有直接或间接关系者，皆可调治脾胃以助胃气，使胃气有权则脏损可复，而胃气实关系一身之盛衰，诚足重要。故周学海《读医随笔·升降出入论》说："心肺阳也，随胃气而右降，降则化为阴；肝肾阴也，随胃气而左升，升则化为阳。故戊己二土中气，四气之枢纽，百病之权衡，生死之门户，养生之道，治病之法，俱不可不谨于此。"至于脾胃之治法，东垣言之虽详，但偏于温补升阳，所谓"详于治脾，而略于治胃"，迨叶桂创清养胃阴之法，适足以补李氏之未逮，而为调理脾胃之两大法门，临床诚能汲取二者之长，兼筹并顾，斯能相得益彰。

　　参究各家学说之后，再读诸家医案，方能领会其中意趣，而有较大收获。医案乃临床诊病疗疾之纪实，好的医案足以启迪学者之思路，而为临床之借镜，故古人有读书不如读案之说。读古人与今人之医案，要在参玩其辨证立法及用药旨趣，若以摭拾词句，抄袭方药为务，则是舍本逐末矣。华岫云在《临证指南医案·凡例》中曾谈及读案方法曰："就一门而论，当察其病情、症状、脉象各异处，则知病名虽同而源不同矣，此案用何法，彼案另用何法，此法用何方，彼法另用何方，从其错综变化处，细心参玩，更将方中君臣佐使之药，合病源上细细体贴，其古方加减一二味处尤宜理会，其辨证立法处，用朱笔圈出，则了如指掌矣。切勿草草读过，若但得其皮毛，而不得其神髓，终无益也。"此公之论，足可为法。我初读医案时，每将案中辨证立法及方药部分掩住，单就其所述脉证进行分析、辨证、立法、处方，而后再与原案对照，用以考察自己与彼之辨证用药有何异同,得失原因安在。此种方法对于阅历未深、学验欠丰者,较为适宜。

转益多师　博采众长

我十九岁开始临证,彼时自以为读书不少,大有"读方三年,便谓天下无病可治"的劲头,及至遇有复杂症候,则往往感到穷于应付,始知自己的疏陋贫乏,正所谓"治病三年,乃知天下无方可用"。为求深造,遂在先父支持下,于一九三一年报考了北平华北国医学院,是年我二十岁。

北平(今北京)是学者云集,名医荟萃的地方,我在华北国医学院求学期间,不仅深受施今墨、周介人、范更生等诸前辈之亲自教导,也曾得到一些临床大家的点拨。加之我有搜求名医方案手迹之癖好,每有所得,如获至宝。倘闻某医善治某病,而又无缘识荆者,辄乔装病人往求诊治,一为学习其遣方用药特点,一为得其手迹观摩书法,我在很长一段时间都乐此不疲,也深受其益。当时我所搜求的医学大家的方案手迹,除北京四大名医肖龙友、孔伯华、施今墨、汪逢春者外,尚有陆仲安、恽铁樵、张简斋、丁甘仁、夏应堂、丁济万、陆士锷、陆渊雷、何廉臣等等名家的真迹,正所谓琳琅满目,美不胜收。惜乎这些宝贵资料在十年浩劫中,尽被付之一炬。通过这样广学博求,我眼界大开,学识渐增,为此后之临床实践,奠定了良好的基础。

华北国医学院是私立大学,学生毕业后须经政府考核,发给开业执照,始能挂牌行医。但个体开业,收入不定,生活毫无保障,更兼国民党政府对中医处处限制,摧残破坏,因之开展业务,十分困难。由此念及,在旧中国学生毕业即失业,前途茫茫,生活无着,枉有报国凌云志,"十扣柴扉九不开"。而今,学生毕业后由国家分配工作,有党的关怀,老一辈的诱掖,良好的工作条件,个人之才能智慧能得以充分发挥,正是"海阔凭鱼跃,天高任鸟飞"。今昔对比,不啻霄壤之别。因此,寄语青年一代,应该发奋图强,振兴中华,肩负起发展中医学术之重任,为四化建设多做贡献,庶不负党和人民之培养,老一辈之殷望。

我在国医学院于一九三五年毕业,一九三三年底提前考取了中医执照,毕业后即在津与先父同室执业,因能继续得到先父之教诲,在执业中又蒙留法医学博士陈绍贤有关西医学方面的指导,受益良多。不数载,先父以年事日高而引退,我独任其事,诊务不衰,门常如市。

先父临床尚用气分药,并据《内经》"气之不得无行也,如水之流,如日月之行不休,如环之无端,莫知其纪,终而复始"之旨,认为气在人体内沿着经络血脉运行不息,循环往复,若有一毫壅塞,则气机不畅,脏腑失和,气血不调,百病丛生,此即《内经》"百病生于气"之意。并认为气实则多郁,气虚必兼滞,气寒则多凝,气热则流急不顺,因此针对证情之寒热虚实,在大法确立之前题下,每喜佐用适当之气分药,以调畅气机,运行气血,调和脏腑,如阴虚之用香橼、绿萼梅、合欢花等,取其理气而不伤阴;血虚之用小量柴胡、荆芥等清芳流动之品,以舒发肝气;气虚之用陈皮、佛手、砂仁理脾和胃,取其补而不滞。它如降气之朴、枳、苏梗等,疏气之青皮、橘叶等,行气之乌药、木香、陈皮等,升气之柴胡、升麻、川芎等,以及香附醋炒以入肝,盐炒以入肾,炒黑以止血等等，皆为临床之所习用。我承继先父这一经验，临床数十年，渐达其妙，用药范围也有所发展。如藁本、细辛等，虽非气分药，但我常作气分药用。按《素问·脏气法时论》说："肝苦急，急食辛以散之。"细辛色青入肝，质轻宣散；藁本辛温通络，兼入厥阴，二药用治心胃气痛，或痛经等病每获捷效。我在继承家学，参究古人、今人医疗经验的同时，也注意搜集、整理、实验民间的单方、验方，如抽葫芦或向日葵根煎服疗水肿、小便癃闭；牛膝、乳香等分为末，每服二钱治遗精；涂搽煤油疗斑秃；拉拉秧点瘊子等等，均采自民间验方而确有效果。此外，我亦重视单味药的治疗特效，及现代药理学对中医研究之成果，如青黛之消瘤，猫爪草之治结核，猪毛菜降压，苍耳子之疗过敏性皮炎，蜂房、全蝎之兴奋性功能以及外用熏洗疗法等等，在辨证用药的同时，每每参酌应用，常能提高疗效。

我体会，做学问主观勤奋、刻苦固为首要，而良师益友之指导、帮助也不可或缺。然此种指导和帮助常非主动"赐"我者，必须自己多方争取，或不耻下问直接请教，或敏而好学间接观摩，如能集众美于一身，则术之精良可必矣。

学而无厌　勤而毋怠

先父生前以长于妇科而负名，我临证数十年，遵循家学，师古酌今，对于妇科病的治疗，不断总结、思考，疗效逐渐提高。如子痫病，我依据《内经》"诸暴强直皆属于风""诸风掉眩皆属于肝""血之与气并走于上，则为大厥"等论述，认为本病基本属于本虚标实之证，乃由肝肾阴虚，肝阳化风，气血逆乱，筋脉失养，挛急不舒所致。因筋脉挛急则血循不畅，络中血瘀，而瘀血阻脉更碍血行，遂形成恶性循环。因此，我治疗子痫病，在平肝熄风、滋阴潜降的同时，每加用活血化瘀之品，如桃仁、红花、寄奴、茜草、泽兰、牛膝等，以调畅血脉，舒缓挛急，多能收到良好效果，而无堕胎之虞。又如子宫功能性出血，属中医"崩漏"范畴，我在临床并不墨守古人"塞流、澄源、复旧"之顺序，而在出血期间，恒据"旧血不去，新血不行"之旨，采用活血化瘀之法，俟血暂止则调补脾胃，以滋化源。使患者食眠转佳，体力渐复后，再予滋补肝肾，而顾先天，以提高远期疗效。

前人谓，妇女以血为体，以气为用。然气血之化生、运行、敷布、施泄等，无不与脏腑之功能活动有关，其中尤以肝、脾、肾三脏在妇女生理、病理上占有重要地位。王肯堂指出："女子童幼天癸未行之前，皆属少阴；天癸既行，皆属厥阴；天癸既绝，乃属太阴经也。"强调了肝、脾、肾三脏在妇女生理、病理上的重要意义，因此，在调治妇科疾病中，需重视肝、脾、肾三脏的作用，并宜注意三者之间的相互影响、互为因果的关系，不可顾此失彼。

（一）调肝　肝藏血、主疏泄，性喜条达舒畅，在妇女病理、生理特点上占有重要地位，故有"肝为女子先天"之说。肝与冲任二脉通过经络互相联属，肝之生理功能正常，则藏血守职，气血调畅，冲任通盛，月事得以时下，胎孕产乳诸皆正常。若因情志抑郁，肝失疏泄，不能遂其条达之性，或肝不藏血，肝血耗伤，则可导致多种妇科疾病的发生，因有"万病不离乎郁，诸郁皆属于肝"之说。肝病用药原则，如《素问·藏气法时论》指出："肝欲散，急食辛以散之，用辛补之，酸泄之""肝苦急，急食甘以缓之。"故肝郁宜芳香辛散，肝燥宜甘润柔缓。临床凡月经不调、痛经、闭经、不孕、产后腹痛等症，见有精神抑郁、胸胁满闷、乳房胀痛者，我每以柴胡疏肝散疏肝解郁为基本方，兼寒则加乌药、小茴、吴茱萸、橘核等暖肝散寒；肝热则去川芎之升动，加丹皮、生地、黄芩、白薇等凉肝清热。但肝为刚脏，体阴用阳，故舒肝解郁不可一味仗恃辛燥劫阴之品，否则易造成肝郁化燥、气逆化火的病理变化，因此，在应用香燥辛散药物时，应适当佐以肝经血分之药，如归、芍、桃仁等，以缓肝急。另如，肝血不足或肝肾阴虚之月经涩少、经闭、痛经、不孕等病症，由于肝木失养，难遂条达之性，也每见有少腹作胀、胁肋隐痛等肝郁症状，可仿魏玉璜"一贯煎"之意，于大队养血柔肝、益肾填精药中，佐以香附、川楝、柴胡等舒肝之品，以助其升发之机。

（二）健脾胃 脾胃功能正常与否，也是妇女生理病理特点的主要反映之一。如薛立斋说："血者水谷之精气也，和调五脏，洒陈六腑，在男子则化为精，在妇人则上为乳汁，下为月水，故虽心主血，肝藏血，亦皆统摄于脾，补脾和胃，血自生矣。"但脾与胃的生理特点不同，用药则宜顺应其性。如脾司中气，其性主升，又为阴土，易损阳气，故治脾应针对其特点，用药多以温阳、益气、升清、化湿、辟秽等法为主。温阳药如炮姜、艾叶等；益气药如党参、黄芪、白术、扁豆等；升清如柴胡、葛根、升麻等；化湿悦脾药如苍术、厚朴、半夏、陈皮、苡米、藿香、佩兰等。常用方剂如补中益气汤、参苓白术散、升阳益胃汤等等。而胃主受纳，其性主降，又为阳土，其性主燥，最易受热邪影响而耗伤胃津,故治胃之法多应和胃降逆、清热养阴为主,前者如清半夏、竹茹、枳壳、佛手、苏梗等,后者如沙参、麦冬、天花粉、石斛、知母、黄连等。常用方如温胆汤、麦门冬汤、沙参麦冬汤、左金丸等。

  脾与肝关系甚为密切,脾主运化可以散精于肝,肝主疏泄可助脾胃之升降,在病理上肝病可以传脾,脾病亦每能及肝,故治脾又宜兼予舒肝,以期土木相安,和平与共。如脾虚所致之月经不调、痛经、闭经等病,见有面色淡黄、精神疲倦、心悸气短、食少腹胀、大便溏薄,甚则肢面浮肿、舌淡苔白等症状者,常用四君子汤加当归、川芎、柴胡、香附等药,培土疏木,或用逍遥散加党参、扁豆等从肝治脾。又如白带,多因脾虚气郁,湿热下注所致,故缪仲淳说:"白带多是脾虚,肝气郁则脾受伤,脾伤则湿土之气下陷,是脾精不守,不能输为荣血而下白滑之物。"治疗白带我常用理气化湿之法,调肝以治脾。如以白术、茯苓、车前子、清半夏、陈皮等燥湿健脾,加当归、柴胡、香附、木香等疏肝解郁,每有较好疗效。

  脾与肾之间在生理病理上的关系也十分密切。如脾胃的升降纳运功能,必得肾阳、命火的温煦作用,才能得以不断进行。倘肾阳不足,火不生土,则可导致脾胃升降失司;反之脾阳久虚也必影响及肾阳不足,故治脾尚需兼予温肾。如子宫脱垂多因脾虚下陷、清阳不升所致,我以补中益气加巴戟天、杜仲、续断等益气补肾,每获效果。又如脾不统血之崩漏症,我以举元煎加减治疗,药如参、芪、术等补气培元固冲;阿胶、熟地、枸杞、女贞等养血止血;并以杜仲、川断、菟丝、萸肉等大队益肾之品,从肾治脾,以期脾肾相生，效果甚好。

（三）补肾　肾主藏精而寓元阳，为水火之脏，主生殖而系胞脉，与妇女之月经、胎孕关系至为密切。补肾包括滋补肾阴(精)、温补肾阳(气)两方面。

滋补肾阴常宜兼为益肝、涩精。《张氏医通》说："气不耗，归精于肾而为精；精不泄，归精于肝而化清血。"说明精血之间具有相互资生、相互转化的关系。故有精血合一，肝肾同源之说。又肝为肾子，肾精既损，肝血当也不充，所谓"母虚及子"，故滋补肾阴每需兼予益肝。我恒以二至丸为基础方，加杜仲、枸杞、首乌、当归等，俾血能化精，子令母实。又因肾主封藏，肾阴亏损封藏失职，则精易走泄，故又常加五味、菟丝、寄生、萸肉之类补肾涩精，以固封藏。临床凡由肝肾阴虚所致之经闭、不孕、崩漏、带下、滑胎等病症，每以上述方药为主，视具体病情加减，疗效不爽。若肾阴虚损，阳失制约，相火失潜而致之月经先期、崩漏等病，伴见颧红盗汗、五心烦热、午后潮热等证者，则宗王太仆"壮水之主以制阳光"之旨，常用二至丸加生地、丹皮、元参、麦冬、白芍、骨皮等滋阴凉营，并鳖甲、龟板、牡蛎等介类潜降之品，而不主张用知、柏等苦寒损阴之药。

对于肾阴虚者，据"精能化气"之旨，宜温补肾阳兼用温润填精之品，诸如鹿角胶、紫河车、巴戟天、金狗脊、菟丝子、川续断等，若兼见四末不温、小腹冷痛等虚寒之症，则加仙茅、淫羊藿、补骨脂、艾叶、吴萸等温阳散寒之品，而对辛热劫津之干姜、附子、肉桂等，一般较少应用，即使确有下元虚冷、寒湿不化，见有面白肢厥、重衣不暖、肢面浮肿、脉象沉迟等症而必须应用时，亦不可重用久用。又肾阳虚，火不生土，也每使脾阳不振，脾运失健，脾不能助肺益气，故肾阳虚又常见脾肺气虚之症，如气短乏力、自汗、便溏等，故在温阳填精的同时，尚须辅以参、术、芪等益气健脾之药，以从气中补阳。以上仅是述其涯略，以见三脏治法之原则，学者当举一反三焉。又在妇科临床倘辅以现代检查方法尤属必要。

语云，"学如逆水行舟，不进则退"。今值中医、西医、中西医结合三种力量都要大力发展的大好形势下，个人学识也应不断提高，不断更新，否则便有落伍之虞。宋代理学家朱熹在"读书有感"一诗中，有"问渠那得清如许，为有源头活水来"之句，表明了不断学习的重要意义。如今青年人的学习条件，比之老一代好得多，应该不负春光，苦下功夫，在扎扎实实搞好基本功训练的前提下，尚应兴趣广泛，如学习自然辩证法及其他学科的知识，所谓"诗在功夫外"。我自一九五五年以来，由于工作需要，一直担任着地方卫生部门的领导职务，虽会议多，工作繁忙，但仍要抽暇读书与临证，即便在十年浩劫中，寒家被毁，身处逆境，但有可能我自然要为患者治疗，在实践中继续学习。毛泽东同志说："学习的敌人是自己的满足，要认真学习一点东西，必须从不自满开始。对自己'学而不厌'，对人家'诲人不倦'，我们应取这种态度。"我如今虽然已经垂垂老矣，但仍要倍加努力，"学而不厌"，争取为党、为人民、为中医学事业多做些贡献。活到老、学到老、干到老，我愿以此自勉，并与后学俊彦共勉。

满目青山夕照明

湖北中医学院副院长、教授　　　洪子云

[作者简介]　洪子云（1916～1986），湖北鄂城人。医学得自家传，从事中医工作五十年。长于内科，尤长于伤寒、温病。一九六三年参与审订全国中医学院试用教材《伤寒论讲义》（上海科技出版社1964年版）。先后主编该院《伤寒论讲义》《伤寒论教学参考资料》。历任湖北省人大常务委员、湖北省政协常务委员、中华全国中医学会常务理事等职。

余幼读儒书，少年学医，侧身杏林，凡五十寒暑。虽学业渐进，然非一帆风顺。时于迂回曲折之中，勉得一进，时于艰苦竭蹶之际，有所收获。是以每进一步，深知其难；愈知其难，愈以求进。余天资驽钝，学无妙法；医术不精，鲜有良方。今能告青年后学者唯"难"与"进"二字而已。

谨承庭训

余祖居湖北鄂城县洪家大塆,三世行医。先祖父坤臣公,精于《伤寒》。先君云卿公,承其业而另谙于《温病》,中年以后,名重乡里。余以长子长孙地位,阖家至爱,但爱而不溺,养而不娇,训导尤严。七岁进学,始诵《三字经》。稍长,即课以诸子之学,旁及诗词歌赋。初,先祖父在世,昼忙于诊务,夜诘余之学业,若能背诵当日课文,并能默写,则宣以抚慰。否则严加训斥,必令当晚完成,方许休息。后,先君督学,严过于前。家境虽寒,犹不惜膏油之资,故余常夜坐鸡鸣,朝读五更。如是者,十易春秋,略通文理。出学之日,年届弱冠,因受家学多年熏陶,而有志于医。先君授以医学经典,躬亲教诲,凡能由理求实者,则于字里行间,务使昭晰。凡有一己之心得,必贯串其中,而声情并茂。若夫晦涩难明,或有脱漏者,则不强为解释,而免引入歧途。其于《内经》,除要求通读明义之外,尚规定若干精读背诵之文。至于《伤寒》《金匮》,则要求整本背诵,谓之"包本"。温病虽不在经典之列,以先君笃好之故,亦要求背叶氏《温热论》、吴氏《温病条辨》等书。另选若干精炼之歌括,务必能背。当时虽不胜其苦,迨至用时,方知其甜。盖人之生理规律,年龄随日月以逝,记忆伴年龄而衰,若非少壮苦读,并反复强化,时至今日,衰老临身,当是腹中空空,而一无所知也。或笑曰:"死背书本,乃旧时习俗,现已跨入电子时代,但需生动活泼、理解精神则可,背书不合时宜。"答曰:"即如电子时代之电子学,不知多少公式、定律,多少理论、数据,既需理解,亦需熟记(背)。若开卷了然,掩卷漠漠,似有所知,而胸无定见,何能致用哉?"因劝后之学者,仍需背诵(或称记忆),以背诵加深理解,以理解促进背诵。背而成诵,实非易事,若能知难而进,反复如兹,其乐无穷。

攻读之余,常侍诊于先君,得以理论联系实际。每诊一病,余先分析病机及所用方药,然后由先君一一评论,确定其正误,因而得益良多。侍诊三载,年满二十,许余单独应诊。初见疗效,沾沾自喜。殊不知,余所诊之病,俱在先君心目之中,或明加指点,或暗中查访,未尝稍懈。忽一日,先君问:"某村之某病,疗效如何?"对曰:"已愈。"先君怒形于色曰:"尔只知高热舌燥,便用寒凉,而不察全部病情之表里寒热。该病虽高热而恶寒,不汗出而烦躁,已属大青龙证范畴,幸被我查觉,及时更换处方,病始告愈。尔阅历不深,读书不够,自即日起,停止应诊,专读医书。"此举对余不啻当头棒喝,虽在年轻气盛之时,亦未敢不从,而学习更加刻苦用功。如是两年之内,余之处方权,曾三夺三予。谓之"磨炼心志,而使嵩纯也"。此法对今日之青年虽不适宜,但自觉磨炼,余以为应当提倡。曾子曰:"吾日三省吾身。"余以为青年医务工作者,应白日工作,夜"省吾身"。凡发觉不足处,应及时翻阅文献,加深理解。凡有心得,亦应及时总结,作为今后借鉴。医道虽难,但遇不屈不挠之有心人,定能步步攻克难关,步步前进。

先祖父及先君,积数十年医学经验,撰写了不少文稿,医案尤多,余曾细细读过,视为珍宝。先君临终时,教余榻前,指点各种文稿曰:"昔韩愈有言,'业精于勤,而荒于嬉;

行成于思,而毁于随'。学业之道,未见有靠先辈而精而成者。故凡文稿,应尽行销毁,全赖尔之自立也。"余痛心倍至,欲求保留,先君又曰:"儿孙有用,要它何用?儿孙无用,要它何用?"余含泪而遵其命,一一销毁。未几,先君弃世,余时年二十二岁。因知医道虽难,但奋发图强,坚持不懈,善始善终则更难。从而豁然有悟:先君焚稿,意在鞭策,用心良苦。每忆及此,心潮起伏。余常云,今日之青年,得天独厚,上有党无微不至之关怀,中有师长教育,下有同志帮助,学习条件,优胜于前,未可计算。故青年应必然胜过老年,使岐黄之术发扬光大。寄希望于青年矣!

融会"寒""温"

医学之博,浩如烟海;文献之繁,汗牛充栋。而人之精力有限,欲求其博,不过相对而已,实难面面俱到,门门精通。由于先君通伤寒而谙温病,故余自幼对此二门,兴趣极浓。当余中医基础较为牢固之后,专攻伤寒、温病,并付诸实践。治学之法,先读伤寒,以明认识外感热病之之源;后学温病,以知其流。读伤寒分作三步:①熟读熟背,领会大体精神,以成无己《注解伤寒论》为主要参考文献。不贪其多,但求其熟。②精读柯、尤、钱氏之三"集"、《医宗金鉴·订正仲景全书》《伤寒辑义》以及二张(张隐菴、张令韶)、陈修园之诠释,并浏览其余,以广见识。在博览群书基础上,务必综合归纳,分析对比,逐条体会,相互交融,分中有合,合而复分。例如心下痞一症,除五泻心汤证外,应遍搜有关条文,各个分析对勘,求出证治之异同,而了然于胸中,以便运用时提起一点,带动一串。多年实践证明,此步功夫,对临床诊断及鉴别诊断,大有裨益。③理论联系实际。此时应与书本保持若即若离的关系。"若即"是借助书本,继续提高理论水平。"若离"是不受书本束缚,大胆独立思考,能动地认识疾病发展变化及其诊疗规律,决不可限于条文字句之间。然后根据实践所得,加以总结提高。如此不断往复,必能形成自己的学术见解。如157条(二版教材《伤寒论讲义》之序号,上海科学技术出版社1964年版,下同)十枣汤证,有"心下痞硬满,引胁下痛"句,历来注家多顺文演义,未加深究。余在临证中发现,病者主诉心下痞者甚多,而诉心下硬满者极少,对照注解,难明其故,然细查病体,则恍然有悟。即医者以手切按病人心下,觉抵抗力较强,若有硬满之状。同时病者称心下痛者极少,而称牵连胸胁痛者多,若积饮较重者,或有窒息感。故知"硬满引胁下痛"是他觉证。由是应断句为"心下痞,硬满引胁下痛"。这样不仅符合临床实际,而且便于教学。又如22条"太阳病,下之后,脉促胸满者,桂枝去芍药汤主之"。历来对"脉促"见解不一,聚讼纷纭,有以"急促短促"为解者,有以"数中一止"为训者。据临床所见,"急促短促"者确有之,且为多数学者赞同。而"数中一止"者,亦时有所见。如病毒性心肌炎,初起酷似外感,或寒热未罢,而脉促(指"数中一止",下同)已见,或外证已除,而脉促不休。其中有心阳虚劫者,投桂枝去芍药汤化裁,常获佳效。于是,以上两种意见,兼收并蓄可也,不必由理论而理论,辨其是非。

学习温病,仍需循序渐进,分步而行,兹不赘述。参考书籍先以《温热经纬》《温病条辨》为主,打下坚实基础,然后再及其余。关于融会"寒""温"问题,历来贤能倍出,著述颇众,互有发挥。余不过身体力行而已,并无创建。余以为"寒""温"二派,从源流以观,恰有互补之妙,而绝无对峙之情。因篇幅有限,难以尽意,仅以厥阴为例,略作说明。《伤寒论》厥阴篇,寒证及寒热错杂证甚多,而热证极少。篇中虽有白虎、承气之属,终非厥阴本证。此非厥阴无热证,而是仲景所未及也。温病学家独擅其长,阐发热陷心包、痰热内闭心包、热盛动风、虚风内动等证,俱属厥阴无疑,足补仲景之不逮。从而观之,厥阴病应有寒、热、虚、实及寒热错杂、虚实互见诸证。再从卫气营血辨证分析,则厥阴之气、营、血分证,必朗若列眉。若就三焦而论,热陷心包等证属上焦,热盛动风及厥阴寒证属下焦,有据可凭。故余主张,对外感热病辨证论治,应以六经为经,以卫气营血、三焦纬贯其间,实事求是认识疾病,摒却门户之见,方能窥见外感热病之全貌。

  学理如此,实践亦然。例如大叶性肺炎,一般属温病范畴,多采取卫气营血辨证。然而亦有特殊情形,如严冬发病,常有里热虽重,但外寒束缚不解,可仿太阳兼内热证治法,方用大青龙汤化裁;有初病之时内热潜伏不显,而见面色苍白、肢冷脉微、血压下降者,当急予回阳救逆,待阳回之后,再议其余;有在热炽过程中,或热灼之余,而阳气暴脱者,仍须当机立断,速投回阳之品。目前中药剂型改革已有苗头,遇此病情,常可采用清热解毒之注射剂与参附或四逆汤注射液,双管齐下,较诸口服药,又胜一筹。又如去年余曾治一例湿温(西医诊断"变应性亚急性败血症")患者,身热不扬,发热呈间断性,间隔时间与发热时间,均在数日至一二周不等,四肢微凉,病程长,难以告愈。初用宣透湿热之剂,疗效不显。因思其病,与厥热胜复相似,悟出湿热深伏厥阴之理,在前用方中,加入乌梅、草果、知母、柴胡之属,轻而取效。然患者病瘥之后,自汗盗汗不止,衣被常湿。诊知属营卫不和,故以桂枝汤加黄芪善后,精神饮食,一如常人,至今未见复发。可见一人或一病之中,在特殊情况下,寒热变化不一,虚实或在反掌之间,岂可因寒温学派不同而限定之。故业伤寒者,必熟温病;专温病者,必通伤寒。

一九五五年余受聘于湖北省中医进修学校,一九五八年任教于湖北中医学院,虽始终担任《伤寒论》教学工作,但对温病之学习及临床运用,未敢松懈,然以体会肤浅为憾。年近黄昏,而难题甚多,愿竭绵力,以迎青年学者之发明创造。

处 处 留 心

俗语云:"事怕有心人。"余本此朴素辩证法思想,在学习与工作中,多多留心观察。尤其碰到棘手之病症,则尽力搜罗古今治法,经过思索,便于运用。如此坚持下去,则处处留心皆学问。如治一青光眼患者,男,五十余岁,双目失明,其女扶持来诊。病程既久,肝实而脾虚,饮食少进。检索前方,俱是滋肾柔肝之品,效果渺然。忆及《本草纲目》引《医余录》云:"有人患赤眼肿痛,脾虚不能饮食,肝脉盛,脾脉虚,用凉药治肝则脾愈虚,用暖药治脾则肝愈盛。但以温平药中倍加肉桂,杀肝而益脾,故一治两得之。

传云：木得桂而枯是也。"仿其意，拟方如下：桂枝、白芍、生地、炙草、菟丝子、覆盆子、夜明砂、谷精珠、破故纸。经治月余，患者不需人扶持，而行走自如，一寸以上大字，可以辨识，竟获理想效果。后带处方返里自服，未曾追访。可见学问之道，一般应从大处着眼，然临床经验之积累，亦常需于小处留心，一点一滴，年深日久，虽涓涓细流，而可成其大也。即以李氏之《纲目》为例，它不独是一部中药学，而且是一部涉及临床辨证，处方用药，经验成方，生物、矿物等多学科之巨著，内藏珍宝，难以统计。因而应为医家必读之书。读则需精，切不可于性味功能间知其梗概，而应于"发明""附方"中探索宝藏。不过其书卷帙浩繁，读来不易，所以应一则利用闲暇，留心阅读，虽不能记忆，但可留印象于头脑；一则应用时，根据平昔之印象，有目的地翻阅，常可以从中受到启发，而解决疑难问题。

又如治一例"多型性红斑"患者，青年女性。红色斑块遍及全身，高热持续月余，而病情愈重，红斑此起彼伏，渐有水泡形成。初按温病发斑治法，全无效果。故知常法难以奏效，而虑及变法。察患者红斑满布，而痛痒明显；高热月余而无舌绛、神昏、痉厥等情。知热毒郁怫于血络之中，既不能从外透解，亦不能内陷脏腑，故凉血化斑无功，而清络宣透或许有效。治以《串雅内编》之治火丹（丝瓜子、玄参、当归、升麻、柴胡）为主，加重清热宣透之品，如银花、连翘之类。果收热静身凉、斑退痒止之功。后用此法，再治一例，亦顺利痊愈。说明医学经验，有时藏于小书杂说之中。俗语云，"小小单方，气死名医"，不为无据。当然，首先必须强调练就坚实之基本功，然后处处留心，方能相得益彰。反之，不论基础，而一味东寻西觅，以图巧遇良方，则常常枉费精力，而一无所获。

勇于实践

实践是检验真理的唯一标准，欲证实或发展医学理论，必须认真实践。欲丰富临床经验，亦须勇于实践，善于实践。余年轻时，常对自己所开处方发生怀疑，欲往病家观察，又受"医不扣门"之旧思想束缚，而踌躇不前。因而多方侧面打听，甚至暗自立于病者窗外，听其动静。后被病家发觉，非但不以医术低而嗤之，相反，表示感激之情。从此经常深入病家，观察病情变化，不觉有碍情面，反认为是临床工作之重要环节，久而久之，习以为常。自参加国家中医教育工作以后，临床诊疗，在医院进行，为随时观察病情，提供了有利条件。有时不论当班与否，对重症患者，一日多次观察，有时在深夜亦然。有些经验的取得，正是在此艰苦细致的观察之中。

抗战时期，"登革热"流行，其病憎寒壮热，重者亦有生命危险。若按外感热病之一般规律辨证论治，疗效甚差。查阅文献，一无先例可循，而发病之多，几乎沿门阖境。病家急如星火，医者并无良策，因而不得不仔细思考。自忖病发于日寇统治时期，人民饱尝战乱饥馑之苦，卫生条件十分恶劣，故其病因有类瘴气、疫疠。其症憎寒壮热，起伏不定，似疟非疟。查《本草纲目》，有瘴疟寒热，用常山、草果治疗之记载，又访得民间有类似验方，用治本病，尚有一定作用。综合各方面情况，余拟订四味药之处方：田茶、乌梅、草果、常山，随证略加一二味，果然收到理想效果。一般服药二三剂告愈，治验颇多。从而受到启发，中医所论疟疾，是依据临床症候诊断，并非依据疟原虫之病原诊断，故类其证者，可酌用其方。

一九六四年，余参与中医治疗"甲亢"和"急性菌痢"的科研工作。此二病，就西医学来说，有确定的诊断标准及特效疗法，而采用中医治疗，能与比肩否，是个严肃问题，必须认真对待。其中"甲亢"病组，共系统观察十五例，先由西医明确诊断，详细记录各项客观指标，后由中医辨证治疗。据其病机，主要由于五志过急，肝失调达，风木化火，上而震撼心包，下而消灼阳明，旁及少阳经脉，致经气郁结，津液凝结为痰。故舒郁平肝，清降相火，软坚消痰，养阴滋燥，是其主治之法。自拟"舒肝消瘿饮"（柴胡、生地、玄参、知母、花粉、当归、白芍、昆布、海藻、牡蛎、黄药子、香附、柏子仁）为基本方。服至症状消失，基础代谢及甲状腺吸^{131}碘率正常后，改服消瘿丸（昆布、海藻、荔枝核、川楝、玄参、香附、浙贝、柴胡、黄药子、牡蛎、桔核、皂角刺），以巩固疗效。十五例中有十四例服药后七至十五天内出现疗效，症状逐渐减轻，基础代谢率开始下降。一般在二至三月内症状全部消失。体重平均增加四千克，最高达九千克。基础代谢率有十例降至正常，一例接近正常，两例改善。服药后有十二例作吸^{131}碘率对比测定，其中九例恢复正常，三例无明显改善。

"急性菌痢"组系统观察一百例。全部根据一九五九年全国传染病学术会议拟订标准进行诊断。中医辨证属湿热蕴结者三十七例，主方为当归、白芍、黄连、黄芩、槟榔、枳壳、木香；湿热兼表者三十六例，主方为葛根、黄芩、黄连、银花、连翘、焦楂、厚朴、木香;湿热挟滞者十八例,主方为藿香、苏叶、法半夏、竹茹、枳壳、黄连、焦楂、神曲、大腹皮、茯苓;湿热化风者九例,主方为银花、连翘、黄芩、黄连、钩藤、茯神、鲜荷叶、木香。治愈 87.87%,改善 3%,未愈 10%。一百例中,大便培养阳性者九十二例,治疗后三次培养阴转率为 78.26%。从以上两组病例之疗效来看,不亚于西药治疗结果,在某些方面甚至有所优胜。

一九六六年武汉地区"流脑"大流行,严重威胁人民身体健康。余受组织派遣,参加中医治疗流脑工作,共收治二百八十七例(多属轻型、普通型,亦有少数重型)。入院时,多有明显的发热、恶寒、头痛,或鼻塞流涕,或兼咳嗽等表证。但因其传变迅速,甚至发热伊始而斑疹显露,恶寒未罢而神昏痉厥已成,若循"卫之后,方言气,营之后,方言血"之常规论治,必延误病机,甚则莫救。余师愚云,温疫病"颇类伤寒",是说明温疫初起,有类似伤寒表证者,"误用辛凉表散,燔灼火焰,必转闷证"。因此必须严格把握疫毒深入营血之病理特性,不论表证有无,概以大剂清热解毒,凉血化斑,或兼熄风,或兼开窍为治,竟能收里和表自解之效。自拟"流脑Ⅰ号方"(银花、连翘、生地、丹皮、赤芍、大青叶、生石膏、知母、僵蚕、蝉衣、黄芩、菊花、玄参、芦根)"流脑Ⅱ号方"(银花、连翘、生地、花粉、钩藤、生石膏、地龙、僵蚕、玄参、丹皮、黄芩、蝉衣、大青叶),必要时配合安宫牛黄丸、至宝丹、紫雪丹之类。通过四个月左右的悉心治疗,治愈率达 78.41%(其余病人转西医治疗)。工作中发现病者呕吐严重,服药困难,影响疗效,因而积极赞助中药剂型改革。余拟订"流脑注射液"之处方(十味中药组成),当时制成肌肉注射液,在少数病人中试用,初见疗效。一九六七年"文化大革命"进入高潮，余被迫停止工作。而"流脑注射液"之研制任务及临床观察，在许多同志努力下，得以继续进行，并制成300%之静脉注射液。通过几年临床实践，治疗各型流脑（配合西药对症处理），大大提高了疗效，同时用于多种感染性疾病，亦有满意效果。余虽未能参加其后之工作，但看到此项课题有所进展，亦以自慰。

十年浩劫中，余被贬入深山数年，除随身衣物外，书无一卷，文具尚且困难，自知钻研医学理论无望，而以医疗实际，补其不足之想犹存。故不畏山高水险，走村串户，为群众防病治病，从中学到不少草药知识。如熊黄连之治湿热、温热，朱砂莲之治胃痛，景天三七之治血小板减少等等。当地干部群众不因余之被贬见疑，使余看到献身中医事业之希望。

现在党为每个科技工作者创造了优越条件，开拓了光明前景，余虽老朽，但觉"满目青山夕照明"。故愿竭尽愚诚，与后学诸君共同奋斗，携手前进。

中医学术应当发展提高

首都医院中医科主任、副研究员　　　祝谌予

[作者简介]　祝谌予（1914～1998），北京市人。早年师事名医施今墨先生，深得其传；一九三七年曾开业于天津。毕生力倡中西医结合，擅长中医内科、妇科，并潜心研究糖尿病的中医疗法。解放后，历任中国医学科学院首都医院中医科主任、中国医学科学院学术委员会委员、中华全国中医学会理事、中华全国中西医结合研究会副理事长等职。主要著作有《祝选施今墨医案》《施今墨临床经验集》等。

我既学过中医，又学过西医，从事临床与教学四十余载，切身感到中国医药学确是一个伟大宝库，有待我们努力挖掘，更有待我们运用现代科学技术来整理提高，发扬光大，从而建树具有我国特点的新医药学。兹就我数十年学医、行医、治学的经历，粗浅地谈一下在这方面的体会

认识。

发愤学医　勤钻博采

古来不少医家,其学医著书之动机,或因自己质弱多病、求医至难,或因家人婴疾遭厄而为庸医所误,于是究心医道,恨世著书,以拯疾扶弱,疗己活人。如张仲景感宗族之丧,勤求古训,博采众方,撰成《伤寒杂病论》,后人尊之为医圣;孙思邈幼遭风冷,屡造医门,汤药之资,罄尽家产,于是悉心岐黄,精勤不倦而著《备急千金要方》,集晋唐验方之大成;李东垣痛悼母病死于医者盲治,授业于易水,独创脾胃论,开"补土派"之先河……凡此等等,旧时社会条件与某些医者医疗态度略见一斑,故古人有言:"为人父子者,不可以不知医。""不为良相,愿为良医。"

一九一四年冬,我出生于北京的一个大家族中。相传我家原是米商,阖族百余人居一宅中,然无人业医。我十九岁那年,母亲不幸卧病于榻,壮热神昏,狂躁谵语,遍请北京中西名医救治,皆无效验。唯有后服施今墨先生的中药方见转机,但因不久施先生即去南京等地出诊,重延他医,其证增剧,以致无救而逝。我哀痛万分,深感家中无人知医,殊为不便。所以,我在汇文中学毕业后,即笃志医学,开始了医林生涯。

学医有中西之分。我看到为母亲治病的某些医生,态度傲慢,诊费昂贵,尽管诊断极为明确,道理无可非议,但一提治疗则面面相觑,一筹莫展。只有在施今墨先生的治疗期间有效。因此,我就拜投施先生为师,学习中医。

施先生当时为北京四大名医之一,博学多闻,医术精湛,且医疗态度端正,不问病者贵贱贫富,皆极力救治,故每日求治者充塞门庭,延诊者接踵而至,极为繁忙。最初,我与师兄弟李介鸣、张遂初、张宗毅四人上午在华北国医学院侍诊于先生,抄写方书,每日接诊百余人。下午随他外出诊病,有七八家。晚间,先生聘请了一位中医理论造诣较深的周介人老先生为我们讲授《黄帝内经》《难经》《伤寒》《金匮》等经典著作。风雨鸡鸣,寒暑六载,从未间断。同时,在施先生指导下,我们自己先后涉猎了《千金要方》《千金翼方》《外台秘要》《肘后方》《赤水玄珠》《景岳全书》《医贯》《张氏医通》《医林改错》《中西汇通》等历代名著。

在这些书籍中,《内经》与《难经》是中医理论之渊源,不可不读。但其侧重于理论阐发,而备方药甚少(如《内经》仅备十三方,后世并不常用。《难经》则一方未备)且篇幅错见杂出,文字晦滞难明,注家各执己见。我学习仅取其重点,提纲挈领,作为奠定中医基础之用。我最推崇的是后汉张仲景所著《伤寒论》与《金匮要略》二书。其书理法方药完备,临床价值甚高;其方用之得当,往往覆杯而愈。至于他书,作为一般泛览,则宜各取所长,择善从之。如《千金》《外台》集验方宏富,足补仲景方之不逮;赵献可命门说议论精辟,独具一格;王清任辨气血及所制血瘀诸方,发前人之未发;唐宗海论脏腑,张锡纯治气陷等,均能启迪后学。

施先生反对把中医分为"温补派""寒凉派"等门派,治学务求实效,临床治病能淹众家之长,结合己见,创立新说,这一思想对我影响极深。我随师边临床实践,边学习理论,相互结合,初步为自己独立应诊打下了基础。

中医学内容丰富多彩,若欲全面精通,非朝夕易事。一方面要有坚韧不拔、刻苦钻研的毅力,另一方面要有孜孜不倦、争分夺秒的精神。是时每日除三餐之外,我们几乎全是随师门诊、出诊。诊务繁忙之际,甚至在出诊汽车途中进餐,故学习理论、整理医案只能在晚间。古人云,"一寸光阴一寸金",并以"白驹过隙"形容时间之宝贵。我的中医理论大部分是在晚间学习的,每晚必待夜深人静,方始就寝。实际上,昼日看病,夜晚读书,我觉得对理论结合实践大有好处。

我不主张在读书时不假思索、囫囵吞枣地死记硬背,认为重点应在理解原文的精神实质,并付诸临床,学会在实践中如何运用。某些人尽管能把一部分经典著作或中医书籍背得滚瓜烂熟,甚或倒背如流,但临证反而无所适从,疗效不高,这只能算是纸上谈兵的空头理论家。我执教于北京中医学院时,也曾看到有个别学生能背数百方剂,但临床实习一见病人,反而开不出方子来。这说明对方剂的主治与适应证根本没有理解,所以也就不知如何施用。有些人即使能开出方来,也只是按图索骥、刻舟求剑地套用,并不会灵活加减变通。医生的职责是救死扶伤,判断一个医生水平高低,是以治疗效果为标准的,理论再高,治不好病,就没有说服力。所以我认为学习中医理论,必须在理解的基础上加强记忆,且在实践中反复施用,寻谋得失,方能逐渐达到得心应手、左右逢源的境界。

系统学习中医理论是必要的,这需一个循序渐进、登堂入室的过程,但也不能忽视平时对知识的零积碎累。每次读书勿求于多而求于精,也就是有目的地学习,尤其不懂之处要勤问。我随师侍诊之暇,自备一本"零金碎玉"手册,凡看到施先生治病时,自己不理解之处,如,为何辨为某证？为何使用某方、某药？辄问于师,并将老师言传口授录之于册,日久天长,凤毛麟角,积少成多,不但保存了老师宝贵的临床经验,而且对我增长阅历,体会先生的学术思想,裨益颇大。施先生制方遣药,不拘一格,往往双药并书,或是互为补佐、增强原有药效,或是互为制其所偏、产生新的药效,组成新方,饶有特色。后来,我曾搜集了数百个双药并书范例,辑之成册为《施今墨药对》,介绍给学生们,很受欢迎,至今流传甚广。

一九三七年"七七事变"后,我随施先生前往天津,开始单独悬壶业诊,病家渐次增多。那时我治病,都是套用先生的经验方剂,尽管有效,也只知其然而不知其所以然,不能满足我求知的欲望。

施先生在学术上一向提倡革新中医,中西医结合,并素以西医诊断、中医辨证互相佐证为其主张。因此,先生要求我读一些西医的解剖、生理、病理等书籍。我阅读之后,对人体的生理功能、发病机制都了解梗概,于是想再学西医,以求究竟。一九三九年,遇到一个机会,我即东渡日本,入金泽医科大学医学专门部,系统地学习西医知识。四年后回国,虽以西医姿态开业,但多数情况下,我仍是采用西医诊断、中医辨证施治来治病的。

辨证辨病　扬长抑短

采用中西医理互相佐证，认识和治疗疾病，使我眼界扩大，思路展开，方法亦较多。因此我深感中西医必须结合，方能创造出新的医学理论体系。但是在解放前那种社会制度之下，得不到政府的支持，群众的力量也只能是施派传人，独立钻研，毫无成就。特别是国民党政府还要废止中医，当然就更谈不到中西医结合的问题了。只有在解放后，党的中医政策贯彻落实，中西医结合工作的进行才有了保证。

目前，医学界对中西医结合持有不同的见解。或以为中医不科学，中医学太神秘，乃"经验医学"；或以为中医完美无缺，愈古愈好，主张走"纯中医"之路。我认为这些想法和看法都还有待于实践来检验。

中医学科学与否？实践乃检验真理之唯一标准。中医理论建立在朴素的唯物论与自发的辩证法基础之上，中医药经历了数千年临床实践的考验，发展至今而不为时代所淘汰，正是说明其包含着丰富的科学内容。中医对某些西医目前尚无特效疗法的疾患，其疗效是有口皆碑、有目共睹的。但是由于过去几百年来闭关锁国，未能及时用现代科学技术予以发扬阐明，而存在着知其然而不知其所以然的不足，其理论较为抽象，往往使人难以理解和确信。

西医理论建立在实验室基础之上，虽然对人体的组织结构、生理病理认识比较清楚，甚至对某些细胞的生理病理变化都研究得相当透彻，诊断方法也是现代化的。但是，由于有时忽视人的整体作用，注重疾病的病因和局部作用，单纯追求特效药，存有部分形而上学的观点，所以治疗方法也有不足的一面。

中西医各有所长，各有所短，虽然他们的理论体系不同，但都是科学的，研究的对象都是人，目的都是治愈疾病。我认为中西医结合实现中医现代化是必然的。当然，这需要一段长期的、互相争鸣和互相渗透的过程。

我自一九五六年任北京中医学院教务长以来，从事中医教学工作，始终主张中医学院学生应当以中医为主，但是除了学习中医基础理论与临床课程之外，西医基础也一定要学。目的是培养既能够掌握中医药理论，同时又具有一定现代医学知识的中医人材，不主张培养"纯中医"。虽然在十年动乱期间，这一教学计划曾遭"批判"，但事实胜于雄辩，中医学院1962、1963、1964等届的毕业生，现在既是中医的骨干力量，同时又可以较容易地与西医搞中西医结合工作，这样的人材是符合党和人民需要的。

青、中年中医掌握一定的现代医学知识是时代的要求。过去中医由于没有实验室指标参照，对疾病的疗效只能根据症状的改善或消除来判定，实际上不够完善。例如，肝炎病人只要肝区疼痛等症状消失就算治愈，肾炎病人只要浮肿等症状消失也算痊愈。现在，我们大多需要参照化验指标，若其转氨酶与尿蛋白等正常方可定为治愈。我曾治疗一青年女性，西医经心电图检查诊断为心肌病，并云较为严重，但没什么明显的自觉症状，真可谓无"证"可辨。于是我就根据西医的诊断，采用生脉散加味治之，使其心电图有了一定好转。

对于中医遗产,要有分析、有批判地接受,既不能过于迷信古人,也不要轻易否定古人。我在讲授《金匮要略》时,是本着古为今用的原则,从临床实践的角度教学的。特别是《金匮要略》这本书,历经年移代革,兵燹战乱,辗转传抄,以至错简脱文甚多,有的条文有证无方,有的条文有方无证,有的条文不知所云,有的条文又过于简约,造成学习上的困难。对这些我们都不可看作是句句金石,字字珠玑,一字不能移,一字不能改。如若脱离实践,穿凿附会,随文敷衍地"以经解经",则很难以理服人,所以学习《金匮要略》要从临床出发,或以证测方,或以方测证,或根据其所述主证研究组方,分析用药,方能体会仲景认证之准、组方之严、选药之精,然后再结合现代临床所见,扩大诸方的使用范围。例如,我在临床上常用黄芪建中汤治疗虚寒性溃疡病、体虚外感、下肢溃疡、淋巴结核未溃破或已成瘘管者;用小柴胡汤治疗肝炎、胃炎、胸膜炎、急性肾盂肾炎;用大柴胡汤治疗胆石症、胆道感染、急性腹膜炎、原发性高血压病等等。当然,我都是在辨证施治的基础之上使用这些古方的,是辨证与辨病相结合的。

对待中医古籍,要有发隐就明、敢于创新的精神,不要只会循规蹈矩,不敢越雷池一步,似乎古人怎么说我们就怎么用,古人没有怎么说我们就不敢怎么用。这样思想就会被束缚在本本中,事物也不会有发展了。譬如现代肿瘤的发病率很高,不少肿瘤患者早期被发现后,西医往往采用放疗或化疗,因而产生不良反应:放疗后多见咽干口燥、烦热失眠、舌红脉数等阴虚见证;化疗后多见面色不华、神疲乏力、纳差恶心,伴血象下降等气虚见证,有时也可以见到气阴两虚者。对这样的病如何认识?《伤寒》《金匮》等中医古籍并没有也不可能记载有放疗或化疗等词句。我运用仲景理论,引申其意,把这些都看作是"火邪伤阴"或是误治而形成的"坏证",治疗或养阴为主,或补气为主,或是二者兼施,以扶正固本,从而减轻其不良反应。这亦属辨证辨病相结合。

辨证施治与辨病施治都是中医学的重要治疗原则,倘若脱离这个原则,单纯地去追求"特效方""特效药",很容易钻进形而上学的死胡同。我继承了施今墨先生的学术思想,临床时把西医的诊断和病理融合到中医的辨证施治之中,采用西医诊断与病名,结合中医辨证施治的方法。曾治一老年病人:患慢性气管炎,肺心病合并肺感染,双肺听诊有干、湿啰音,胸透发现肺部阴影。其症:咯痰黏稠量多,纳差,腹胀便溏,舌苔厚腻,脉弦滑。西医经用青、链霉素、羧苄青霉素等治疗无效。某一西学中的医生认为肺感染,投以大量清热解毒中药,数剂不应,邀诊于我。我本着中医"脾为生痰之源,肺为贮痰之器"之理论,辨证为脾失健运,痰湿阻肺,选用香砂六君子汤加贝母、瓜蒌皮益气健脾化痰,同时因辨病考虑肺部感染而重用鱼腥草一两以清热解毒消炎,患者连续服药十余剂,脾运得健,痰量大减,肺部阴影消失,感染基本控制。类似病例是很多的。

发掘提高　任重道远

一九七六年,我被调往首都医院中医科,主要从事临床科研工作。中医搞科研,对我来说是个新课题,我选择了中医药治疗糖尿病和妇科病作为研究专题,同时兼治内科杂病。

糖尿病证情复杂,反复性大,往往缠绵难愈,故被某些医生看作是不治之症。我认为中医在数千年的医疗实践中,对糖尿病的治疗积累了丰富的经验,现代又有日新月异的西药,只要我们认真研究它的规律,积极寻求治疗方法,实践证明,耐心的治疗,合理的调养是可以控制糖尿病的,糖尿病并非不治之症。

糖尿病属于中医消渴病范畴,从历代中医文献记载来看,多认为本病的基本病理为阴虚燥热,以上、中、下三消分治。我在临床观察到多数糖尿病患者都不同程度地具有乏力、神疲、气短、舌淡胖或淡黯等气虚表现,且三消症状往往同时存在,仅侧重有所不同。因此,我认为气阴两伤、脾肾虚损方是糖尿病的基本病理。在治疗上,我选用增液汤合生脉散为主,再加苍术配元参降血糖、黄芪配山药降尿糖(系施今墨先生的经验)为基本方。从肺、脾、肾三脏入手,尤以脾肾为重点,着重先后天两方面滋养培本论治,屡获显效。

现代医学对糖尿病的研究,侧重其微血管病变等并发症的防治问题。我也发现许多糖尿病病人合并血管病变(如冠心病、脉管炎、脑血管病后遗症等)多具有刺痛、窜痛、舌质黯或有瘀点、瘀斑、舌下静脉青紫怒张等血瘀征象,部分患者经用活血化瘀为主治疗后,取得一定疗效。另外,有些长期使用胰岛素治疗的糖尿病病人,多数也可出现上述血瘀征象,我同样采用活血化瘀法治疗。实践证明,活血化瘀法可以使部分患者的胰岛素用量逐渐减少以至停用。因此我认为活血化瘀法应当作为治疗糖尿病的一条途径来探讨，这方面在中医文献中尚未见到论述。

前年在兰州召开的全国第一次糖尿病专题会议上，我们担负了糖尿病中医辨证分型的工作。我们从中医辨证的角度，系统观察了一百多例糖尿病门诊病人，经统计90％以上具有气虚见证，70％以上具有血瘀征象，只是程度轻重不同。当然，如何采用实验室检查来进一步验证（如血液流变学、血细胞比容、微循环测定等）是我们今后的工作之一。

中西医之间由于理论体系之不同，故其诊断方法与病名亦不相同，有时病名虽相同，其含义也不尽相同。西医用现代仪器确诊的许多疾病，中医通过望闻问切是发现不了的。但虽经西医确诊，采用中药治疗时若不遵循辨证施治的原则也难收良效。我曾使用张锡纯的升陷汤为主方，配合超声雾化疗法治愈一例肺泡蛋白沉着症的病人，即是采用西医确诊、中医辨证相结合的方法治疗的。又如，我治疗过两例西医确诊为尿毒症的患者，其见症均为乏力、头晕、浮肿、纳差、泛恶、舌胖淡、脉虚弱。我辨证为脾肾两虚，浊阴上逆，以香砂六君子汤合六味地黄汤加味治之，两患者不但症状得以改善，而且尿素氮也明显下降或至正常。

因此，我认为对于目前一些西医确诊的疑难病或少见病，必须遵循中医的辨证原则遣方选药，在取得疗效的基础上进行药理实验研究，以明确其治疗机制，然后再付诸临床，这样多次反复，就可研究出某些疑难病或少见病的特效疗法。现在这方面已发现一些苗头，如验方过敏煎（银柴胡、防风、乌梅、五味子、甘草）经药理研究抗过敏反应作用较可靠，我在临床上治疗支气管哮喘、荨麻疹等病时，常用此方为主。又如抗免疫方(广木香、当归、益母草、赤芍、川芎)经药理研究证实确有抗免疫反应功能，所以我在治疗硬皮病、红斑狼疮、慢性肾小球肾炎等疾病时，亦常选用。

现在有许多西医学习中医的同道，应用现代科学技术研究中医，并取得了一些初步成果，如对脾、肾本质的探讨，通里攻下法治疗急腹症，活血化瘀法的实验研究等等。我以为这是正确的，这样做不是削弱中医，也不是"中医西化"，相反是为了使中医发扬光大，在国际间享有更高的声誉。我个人的中西医水平都还不高，在这方面未能做出多少成绩与贡献。在我的有余之年，我仍需要不断学习，努力工作。坚持走中西医结合的道路，逐步实现中医学术的发展与提高，这是我毕生的信念。

（董振华整理）

我学习伤科的四个阶段

上海市卢湾区中心医院副院长兼中医门诊部主任
中华全国中医学会上海市分会伤科学会主任委员　　施维智

[作者简介]　施维智(1917～1998),江苏海门人。祖传伤科,兼精内、外科。伤科理论造诣颇深,尝创"骨折三期分治"说。对诊治骨折、内伤、软组织损伤、脑外伤后遗症等疾患,尤多独到之处。发表有《藏象学说在伤科临床上的运用》《阴阳五行学说在伤科临床上的运用》《中医伤科简史》《骨折的诊断与治疗》等论著和伤科临床疗效总结多篇。

我出生于祖传伤科医家,传至我辈,已历五世。清代道光年间,高祖施镇仓从宋锡万老师学得拳术和理伤技术,用以问世,后又与少林寺拳师郭九皋结莫逆交,相互琢磨,尽得其传。曾祖施端葵弟兄四人,均承家业。祖父施秀康幼孤,从曾叔祖施简如学得拳术和理伤后,又就业于外科名医郁灿先生，学得外科，遂以伤、外科悬壶乡里，一时名噪南通地区，就诊者众。伯父施源亮自幼从祖父学伤、外科。父亲施源昌清末毕业于南通通州师范学校，后又继承祖传，且向同里儒医沈昌济先生学习中医理论和内科。学成，与伯父共同执业伤、外科，父亲兼理内科。我兄弟姐妹九人，我为长子。当时父亲目力欠佳，他以继承家业瞩目于我。一九三四年，我在读完初中后，乃跟随父亲学医共约五年。一九三七年抗日战争爆发，翌年我乡沦陷，举家到上海避难。一九三九年秋，父亲和我弟、妹等回乡开业，我已结婚，即留在上海独立行医，迄今已四十余年。回顾个人学医、行医的历程，对"学无止境"这句名言，颇有体会。

个人学医，基本上可分四个阶段。

（一）为打好基础而学　父亲毕业于通州师范学校，擅长古文。他在从儒医沈老先生学习后，更感到学医必须有古文根底。所以，他在作出让我学医的决定时，首先就安排我在私塾中读"四书""五经"；进入高小和初中时，每逢寒暑假，都安排我选读古文，培养我对古文的理解能力和爱好。这为我阅读中医典籍，提供了有利条件。

当我正式开始学医时，父亲曾经郑重教导说："要当好一个医生，首先要有一颗救人的心。"古人说过，医生要有割股之心。所谓割股，就是指为了治好病人不惜牺牲一切，也就是舍己救人的意思。所以，我们施家祖辈相传有这么一条：看病不问有钱没钱，有钱的也看，没钱的也看，甚至赔钱给药的也看。关于学习哪一专科的问题，父亲一向主张"十三科一理贯之"。他经常谈起古代扁鹊擅长各科"随俗为变"的故事。他说："扁鹊之所以各科都擅长，主要是因为他的医学基础好。其实,要懂得多科知识也并不难,只要先把基础打好就行。拿我们施家来说,现成的就有内、外、伤三科。基础打好了,就能掌握多科知识了。各科都来得,就可以更好地为病人解除痛苦。例如,我们祖代伤科,一旦遇到已届晚期的虚痨病人来就诊骨折,我们对运用活血化瘀法就应慎重,并在整个治疗过程中,既考虑治疗骨折,又兼治虚痨,做到双方兼顾。又如,骨折病人中,突然又患了时病,我们就应既治时病,又治骨折;况且,伤科病往往并发感染,就联系到外科,孕妇受伤或伤后经行,又都和妇科有关等等。总之,只要我们兼通各科,临证才能得心应手。"父亲的教导和期望,始终作为我的奋斗目标铭记于心。

我开始学医时,父亲已双目失明,但记忆力很强。他根据自己的经历,为我制订了学习进度表,规定应该读哪些书和怎么读法。兹列表如下:

年	月	课程和课本	阅读要求	同时阅读书籍
第一学年	一至三月	《内经》(《医经经义》)《难经》(《图注难经》)	背诵《内经》原文,深入理解唐宗海的注解,要求达到能离开书本讲出基本概念 浏览一遍,略知其概要	背诵《药性赋》中的寒热温平和十八反、十九畏等歌诀 当背熟《药性赋》后,背诵《濒湖脉学》 背诵《汤头歌诀》,先背熟伤寒、金匮方,为下一阶段学习伤寒、金匮作好准备;继背诵其他方
		《神农本草经》(陈修园:《神农本草经读》)	记住各药的气味、主治,浏览和理解陈氏的注解	
	四至六月	《伤寒论》(包识生《伤寒论讲义》,参考唐宗海《伤寒论浅注补正》)	着重理解六经的主证和传变,以及忌表忌下等条文,并对所有方剂都能作方解	复习《神农本草经》中有关伤寒方所用药物的气味、主治 继续背诵《汤头歌诀》中伤寒、金匮方以外的其他方剂 读《本草从新》
		《金匮要略》(尤在泾《金匮心典》,参考唐宗海《金匮要略浅注补正》)	通篇浏览一遍	

续表

年	月	课程和课本	阅读要求	同时阅读书籍
第一学年	七至十月	《时病论》	对新感、伏气、四时疾病都能了解、熟记其主要治法。关于四时疾病用药的特点要能理解和熟悉	复习《本草从新》和《汤头歌诀》，要求对几部时病书的汤头都能背诵，有关药物都能记忆其性味、主治、功用
		《温病条辨》	对上、中、下三焦传变的概念，能达到非常清楚，使之不与伤寒病混淆	选学《全国名医验案类编》中的有关病案，印证几部时病书的具体运用
		《温热经纬》	以叶香岩《外感温热篇》、薛生白《湿热病篇》、陈平伯《伏气温病篇》为学习重点，特别对叶氏的卫气营血传变，要求学得非常透彻	浏览曹炳章《辨舌指南》
		《霍乱论》	分清热霍乱、寒霍乱，背诵王氏的霍乱经验方	
	十一至十二月	《医宗金鉴·外科心法要诀》《外科正宗》《伤科补要》	着重了解什么部位是什么病，归什么经 背诵《外科心法》和《伤科补要》中的部分主要方剂	复习《汤头歌诀》中有关外、伤科方剂，复习《本草从新》中有关外、伤科药物
第二学年	一至六月	《金匮要略》（尤在泾《金匮心典》）	进一步细读，打好学杂病的基础	复习《汤头歌诀》和《本草从新》，要求：①凡是《汤头歌诀》中收录的这几部书的方子都能背诵；②如对某一味药的性味功用记不清时，必须立即查阅记住
		《医学心悟》《类证治裁》《医醇賸义》《血证论》	对这几部书里所论述的各种病的理论都能理解，并能脱离书本述其概念，对所列方剂都能作方解	
	七至十二月	临诊（早、晚读书）《柳选四家医案》《临证医案笔记》	浏览一遍	复习《时病论》 结合临诊，复习《全国名医验案类编正编》有关医案
		《傅青主女科》《竹林女科》	对这两部女科书的调经、安胎、保产各篇都能熟悉，并浏览求嗣篇	
		《本草问答》	浏览一遍，了解唐氏对药性理论的概念	

续表

年	月	课程和课本	阅读要求	同时阅读书籍
第三学年	一至六月	临诊(早、晚读书)《喉科指掌》	搞清喉科基本理论，记住主要方剂和清咽散的加减	复习《时病论》《温病条辨》《温热经纬》《类证治裁》《医醇賸义》《全国名医验案类编正编》 结合临诊，复习读过的方书、医案和《本草从新》
		《白喉忌表》	浏览一遍	
		《喉痧证治汇言》	浏览一遍，并记其主要方剂	
		《疡科心得集》《外科证治全生集》《外证医案汇编》	浏览一遍，准备查阅	
	七至十二月	《医宗金鉴·正骨心法要旨》《伤科大成》《正体类要》《医宗金鉴·幼科心法要诀·痘疹心法要诀》	浏览一遍，准备查阅	
		《素灵类纂》	细读一遍，深入领会和理解《内经》各篇对临证的指导意义	
第四学年	一至六月	临诊（早、晚读书)《医宗金鉴·杂病心法要诀》《杂病源流犀烛》费伯雄：《医方论》	浏览一遍	复习同前一年 结合病例查阅《本草纲目》和《疡医大全》
	七至十二月	《疡医准绳》《景岳全书》	浏览一遍	
第五学年	一至十二月	临诊(早、晚读书)陈士铎：《辨证录》张山雷：《疡科纲要》吴锡璜：《中风论》《临证指南医案》《理瀹骈文》《拔萃良方》	浏览一遍	复习和查阅有关书籍同前

我遵照父亲的安排,于一九三四年七月起,直到一九三九年秋,学医整五年。开始的一年半,除用去很少时间参加配制药物和偶尔遇有重病人去诊室望望外,绝大部分时间都用于读书。我的书房紧靠着父亲的诊室。他在门诊或出诊空闲时,经常到我书房听我读书。每当开始读某一部书时,父亲总是为我概括介绍该书的特点和主要内容,并提出要求和进度。记得他在我开始读《内经》时曾经指出:"初学应从《内经》入手,但只能学其概要,不能深入钻研,因为《内经》文深义奥,初学往往不能全部理解。"又如,父亲在我学温病时指出:"伤寒是伤寒,温病是温病,切不可混淆。凡是温病,必须以温病学说理论为圭臬,否则临证必多贻误。"父亲每晚要听我读书一两个小时,有时讲解,有时提问,对我督导甚严。

从一九三六年春到一九三九年秋,我白天主要是临诊或代诊,早晚还是抓紧读书。每逢父亲为师兄们讲解骨折、脱臼的复位手法、夹缚方法以及外科操作时,我总站在一旁听,耳濡目染,留下了深刻印象。所以,在我开始临诊时,对伤、外科的操作,不多时就能上手。同时,由于父亲失明,伤、外科的门诊出诊很快就由我代替。出诊回来后,向父亲汇报情况和处理经过,父亲及时加以指点。遇到重病号,他就和我同去复诊。晚间,父亲常将白天治病需要查阅的书,让我读给他听;有时也结合病例,和我谈病理机转。这都为我独立临证打下了良好基础。

(二)为提高临证效果而学 一九三九年秋我在上海独立开业时,父亲教导说:"你过去读过的书,只不过知其大概;能看的病,也不过是一般规律。今后在行医的同时,必须将读过的书，反复学习，结合临证，深入领会。坚持几年之后，定能融会贯通。每遇到难治之症，或治疗无效的，必须立即查阅文献，反复思考，找出更好的治疗方法。凡是遇到一个疾病，你没能治好，而别人却治好了，就说明你学术不够，应该引为内疚！"我牢记父亲的教训。当时正在抗战期间，上海租界人口骤增，卫生条件差，流行病多，由于抗生素尚未问世，大部分病人症重而险。我深知，像我这样的青年中医，如果不能很好地掌握对流行病的治疗，是难于立足的。所以每遇到这类病人（包括脑炎、麻疹、天花、霍乱等等），在认真诊治的同时，反复阅读以往读过的几部时病书和《全国名医验案类编正编》，仔细推敲这类病的传变和重病的抢救方法，逐步掌握了治疗规律和应急措施。记得一九四三年曾遇到过一个患斑疹伤寒的五十余岁的女病人，病程已逾两旬，初起壮热烦渴，十日后遍体红斑，继透白痦，两日前突然便溏色黑，日三四次，精神萎顿，前医投一甲腹脉未应。而今证见身热自汗，唇焦齿垢，表情淡漠，手指蠕动，便溏依然，腹中不痛，小溲短涩而赤，红斑回而未净，白痦色枯不润。诊得右脉濡数，重按关脉尚有力，左三部细数，舌苔焦黑，质红绛。证属温邪传入下焦，灼烁真阴，营分邪热留恋，正气大伤，若非急止其血，势将致脱，但因邪热未化，补非其时。仿古人用银花、地榆治赤痢之法，予以甘寒存津、清营止血。处方：西洋参一钱半，鲜沙参八钱，鲜铁皮石斛五钱，鲜生地一两，炒丹皮、炒赤芍、老紫草各三钱，银花炭一两，地榆炭、焦山栀、赤茯苓各三钱，盐陈皮一钱半，鲜茅根一两。服一剂，便溏减；连服一剂，便溏止，白痦密布，色转润泽，转危为安；调治一周，渐趋恢复。类此重症，每年平均治疗数十例,由于结合临证,不断复习有关书籍,提高了疗效,也积累了经验。此时回想父亲的教导,有了更深一层的体会。

在这一阶段,我的另一个学习途径,就是向师友请教。因伯父也在上海开业,有时就向他请教。有一次,遇到一个疗疮生于右侧鬓角耳门前的病人,前医诊治未效,日渐加重。我去诊治时,疮头干陷无脓,肿势上至头顶,下至下颌骨,右目因肿胀而紧闭,整个右侧面部坚硬如石,伴有十余处如黄豆大的软点;神志尚清,身热起伏,病程已十余天。前医初用五味消毒饮、化疗内消散加减,最后用犀角地黄汤合解毒大青汤加紫雪丹。思考前医治法均符合"疗疮忌表"的治则,为何未能起效,实属费解,症势垂危,又不便更改前法。于是,我请伯父会诊。伯父诊察之后,认为病起于少阳经,病程十余日,局部如此严重,而未见走黄昏迷之象,说明是风热证,非火毒证,应该解表托毒,方可挽回。即予以荆防败毒散去羌独活、生姜,加皂角、银花。服一剂见脓,二剂脓大出,四围之软点均破皮出脓,肿势消减,身热亦退,经内外调治约月余而愈。通过这次向前辈请教,不仅使我增长了鉴别风热和火毒的见识,而且使我体会到前辈们的宝贵临证经验,往往是在书本中学不到的。

在此期间,我阅读了张锡纯《医学衷中参西录》和陈莲舫《女科秘诀大全》和医案,浏览了现代医学的解剖学和外科学总论,以吸收现代医学有关伤、外科知识。总之,这一阶段的学习都是为了治好病,为了当一名好医生。实践证明,由于结合临证进行多方面的学习,一个个病人终于被治好了。病人的口碑是最有力的宣传。到了抗战胜利时，我的业务已经由每天三四号逐渐增加到每天三十号左右。也可算在十里洋场的上海初步站住了脚跟。

(三)为提高伤科专业而学　我在上海独立开业之初是内、外、伤科都看，但因我们施家祖传伤科素有声望，所以我的伤科病人也就逐步增加到每天近百号，无形中我成为一个伤科专业医生了。

此时，我对损伤疾患，大都能进行诊治，并且对其吉凶和预后如何，也都胸有成竹。但是，时代在前进，现代医学在发展，对照个人的中医伤科专业，虽有优点和长处，但也应该承认有一定的局限性。例如对某些骨折的断端对位不佳，或者功能恢复不够理想等等。过去父辈对此总认为"难免"，而我却觉得，作为一个专业伤科医生，决不能满足于现状，应该针对存在的缺点和短处，力求改进和提高。

首先我开始了对伤科理论的探讨。回想过去学伤科时，着重了解什么部位是什么病，归什么经，以及背诵《正骨心法》和《伤科补要》中的主要方剂。当时认为理论清楚了，伤科就容易做了，等到经过临诊，自会熟悉的。无可否认，要掌握伤科，必须先弄懂中医基本理论；但是，要做好一个伤科专业医生，单靠弄懂基本理论还不够，有必要深入钻研专业知识。于是，我从《内经》着手，集中阅读了历代大部分医书，包括丛书和方书中有关伤科的论述和方药，使我对伤科的源流以及手法、夹缚、内外药治的起始和发展，有了较系统的认识。同时，我根据临证经验，对伤科用药和内、外科用药进行了对照和揣摩，深感伤科中的骨折起因于伤从外来，卒然身受，其整个病程与内科时病、外科急性病相类似,其中有一个传变的过程。所以对骨折的治疗,理应找出一条可以遵循的分期施治规律。参阅古人有关治则,一般是初期施攻,后期进补,所用方药则见仁见智,各有长处。个人认为,骨折治法在攻与补之间,应有一逐渐转化的阶段。通过进一步思考,我在张介宾《新方八阵》"兼虚者,补而和之;兼滞者,行而和之"的启示下,以攻、和、补三法交替,提出了"闭合性四肢骨折三期分治"的论点如下:

骨折初期:骨折后,经脉必同时受伤,气血离经,凝结成瘀,而为肿痛。治宜活血化瘀、行气止痛为主。

骨折中期:一般骨折后一周到十天,肿势接近退尽,瘀血基本消散;此时骨折断端正在生长和接续,本应补肝肾、养气血,促使断端及早愈合,唯以炉烟虽熄,犹恐灰中有火,骤进滋补,势将滞瘀,继以攻瘀,难免伤正。治宜和营续骨、舒筋通络为主。

骨折后期:断端已初步接续,一般会出现患肢功能恢复迟缓,局部肿胀,或肌肉萎缩,皮温清冷,舌苔淡白,脉多虚软等见证。此乃病久肝肾两虚、气血不足之象。治宜益气养血、温补肝肾、壮筋坚骨为主。

这一论点,于一九五八至一九五九年先后在上海市中医学会主办中医伤科温课班的讲课中和上海市中医学会、中华医学会上海分会分别举办的"骨折的诊断与治疗"学术报告中提出。经过伤科同道实践,一般认为骨折三期分治论点的提出,有助于恰当掌握骨折治疗的进程。

在探讨伤科理论的同时,我吸收现代医学的复位原理和手法,进一步思考如何依据石膏固定的原理以改进中医的某些夹缚方法,并对近关节骨折如科勒骨折、肱骨髁上骨折、髌骨骨折等,进行了重点探讨。我发现,祖传的方法和伤科同道习用的方法,关节功能的恢复一般还可以,但每能形成畸形愈合;而石膏固定虽可减少畸形愈合,而又往往会造成关节强直。据此,我采长补短,逐步改进了中医的复位手法和夹缚方法。同时,我置备了人体骨骼模型,仔细揣摩全身骨骼的位置、形态和体表标志,又与放射科医师协作,为我诊所的骨折病例做X线摄片,以明确诊断和复查。这对弥补中医伤科的不足和提高疗效起了一定的作用。

(四)为继承发扬祖国医学遗产而学 一九五八年,我响应党的号召,结束了个体开业,进入卢湾区中心医院,担任中医科副主任。这一转变,使我感到光荣,感到欣慰,决心以继承发扬祖国医学遗产为己任。其时,我正当壮年,夜以继日,毫无倦意,把学习重点放在进一步发掘整理中医伤科理论方面。

进了医院以后,设备条件齐全了,对骨折病人的处理从以往的手摸心会到运用X线下手法复位,大大提高了效果,也逐步发现自己技术上的不足之处。一九六二年春,我院开设了伤科急诊和病房,病种明显增多,重病号也多了。面对这一新的形势,我认识到这是发掘整理中医伤科医学的极好机会,同时又感到自己的知识还不能适应新形势的要求。因此,我除了争取机会参加各项学术交流和阅读杂志发表的每篇报道以充实自己的知识外,先后学习了过邦辅译华生·琼斯的《骨折与关节损伤》、但巴玛的《骨折与脱位处理图解》,刘润田的《骨折与脱位治疗图解》、黄家驷的《外科学各论》的骨折部分,重点就骨折的修复、延迟愈合和不愈合、粘连和关节僵硬、骨化性肌炎和损伤性骨化、骨的无血管性坏死以及各种骨折的整复和固定方法等章节,进行仔细阅读。与此同时,我们还就现代医学骨科临床普遍感到难于解决的问题,运用中医学理论进行重点探讨,并在以下几个课题上逐步提出了一些新看法:

1. 针对现代医学有关血液循环供血少的部位骨折不易生长的理论,根据中医学关于筋骨依靠肝肾精气和气血充养的指导思想,提出掌握时机及早补肝肾、养气血,以促使断端生长接续的治疗原则。经过临床对股骨颈囊内、腕舟骨、足舟骨、胫腓骨下1/3等供血不足部位骨折的内治,尽早地采用补法,收到了缩短愈合期的疗效,并曾总结发表了《股骨颈囊内骨折的中医疗法》一文。

2. 有关石膏固定拆除后患肢肿胀的问题,经研究,主要是由于石膏长期固定未用活血化瘀药治疗,加之石膏性寒,以致寒湿夹瘀,凝结不散,而为肿胀。每用散寒活血法进行药治,均收到肿胀加快消退的效果。

3. 关于损伤关节面骨折每多后遗创伤性关节炎的问题,我们在《仙授理伤续断秘方》"伤痛久不愈者,风损也"的启示下,主张治疗损伤关节面的骨折,除力求关节面复位平整外,初期必须活血化瘀,使瘀能尽化,后期应补肝肾,养气血,使正气充足,邪不得入,从而避免创伤性关节炎的发生。临床治疗不少此类病例,因及时化瘀、补正,取得显效。而且,实践证明,即使关节面复位不尽平整,如能按期药治,亦能避免后遗症。

粉碎"四人帮"以后,我被任为我院副院长兼中医门诊部主任,并被推选为上海市中医学会伤科学会主任委员。业务上,我着重就脑震荡后遗症和腰腿软组织损伤等课题做了探讨。

脑震荡后遗症,在现代医学看来,认为除予对症治疗外,没有什么特效办法。我针对此症的头晕、头痛、泛恶、嗳气等主要见证,查阅历代文献有关记载,根据瘀血内结、败血归肝、木失条达、克土犯胃、胃失和降、内风上扰等病理机制,采用平肝熄风、理气和胃内服,活血化瘀外治为主的治法,初步治愈了有些罹患多年的重病例,现正继续探索中。

腰腿软组织损伤也是现代医学认为比较棘手的常见慢性病之一。在中医学中,属于腰痛或腰腿痛的范畴。为了摸索出中医治疗本病的规律,我查阅了历代医书、方书中有关腰痛、腰腿痛的记载。因见巢元方《诸病源候论》所载"卒腰痛候""久腰痛候"和"腰脚疼痛候"的立论精辟,颇多启示。归纳巢氏论点,不外本病起于劳伤,导致肾气虚损,应属正虚之证;而肾气既虚,风寒得以乘虚侵袭,可转为正虚邪实之证。据此,我试将本病分为急性发作型(正虚邪实)和缓解型(正虚)两类。前者辨风寒孰甚,风甚者祛风,寒甚者散寒;后者分阴虚、阳虚,阴虚者育阴,阳虚者温肾。两年来已治疗数十例,疗效满意,在进行随访总结中。

结　　语

回顾个人学医数十年的历程,深切体会到:学医和学其他专业一样,一要持之以恒,终其生不稍懈;二要经常看到自己的不足之处,作为奋发学习的动力。我虽年老多病,但仍坚持上述两条,愿以有生之年,不断钻研,在继承和发展中医学术的道路上做出应有的贡献。

施维智

医途回首五十年记

黑龙江省祖国医学研究所　　　高式国

［作者简介］　高式国（1902～2005），河北宁河人。一九二〇年中学毕业后曾任塾师，同时自学中医。先后师事于吕泰交、蒋鹤青、吴道善等人。毕生穷治医经，对针灸学说亦有较深入的研究，著有《内经补正》《针灸穴名解》等。

　　我于一九二〇年毕业于依兰道立中学校，因无力升学，居家闲散两年。一九二二年，邻右父老凑集五个儿童，强余教授，非所愿也。时当乱世（军阀混战），人喜言兵，余亦窃读六韬孙吴等书，并重温史地，思以追随时势。转思学此下技，何以致用，即便小成，亦只听人指使助纣殃民而已，遂即中止。次年生徒加多，内有中医之子，其父商余教以医书，余遂先买《本草从新》备课。此为余平生阅读医书之始，亦即望见医途之始。此后常虚心向药店老医请教。药店老医不善讲授，且猜余有意刁难之也。独有老中医吕泰交（字际安，山东昌邑人，清末附生，年六十余岁）视余可教，热心传授。有时携卷来塾，指示要点，唯恐余之中辍也。余喜极，师事之。吕与余互约，午课余就彼，晚课吕就余，以此为常，此为余在中医路上初学迈步也。但未敢依此为业。师弟相处，意气投洽，研医之外，兼习经史。吕师最喜《周易》及《左氏春秋》。快意时则畅谈时势及古今英雄成败，常夜深忘倦。吕不喜谈文，常曰："文章诗赋，乃小儒事也。"又曰："《诗经》，民情也；《书经》，政治也；《春秋》，司法也；《礼记》，教育也；《易经》，科学也。"有时谈及《内经》。余曰："文字太深，使人难懂。"吕曰："凡关理论之书，着重在悟。只要把《内经》的"内"字悟透，则全部经文如同白话。"余问："古人有云'读书千遍，其义自见'，何也？"师曰："比如修道，多读书而能明道者，渐法也；不读书，而能明道者，顿法也。即朱子所谓'用力之久，豁然贯通'者也。"此后，余常怀念《内经》之"内"字。又常默然自问："内之，内之，不知内到何处为止？"师曰："内到无可内为止。"闻言之下，更为茫然。不知所谈者，为医学耶，为道学耶？师弟相亲，倏忽数载，竟忘年有所加，学有所进也。此无他，学不厌，教不倦也。在此数载期间，计所讲授为《伤寒论》《金匮要略》《瘟疫明辨》《寿世保元》《嵩崖尊生》，于《内经》《难经》则择其大要，他如《医宗金鉴》《中西汇通》《千金》《外台》，陈修园、张景岳以及《沈氏尊生》《世补斋》等等，涉猎而已。同时又有老医吴道善（字得之，山东蓬莱人，年亦六十余）亦常到塾赐教。其人善用经方、简方。常以少药治重病，犹兵家之以少胜众者（如以灯芯炭止血、猬皮炭治寒淋）。常曰："药必真实、足量，乃能胜病。不然，徒茹苦耳。"其人生性正直，多为病家设想。依人檐下,无以行其志也。又有蒋鹤青先生,曾从事税务,晚年皈依佛教,后半生以施医舍药结大缘法。当其未出家时,余亦得其训诲。其人喜谈气运。蒋、吕相遇则畅谈不倦。三人言行,皆我师也。

一九二八年,邻伯方君,宦游归来,见余教书,以为不可。彼云,教私馆,乃老年儒者之事。青年人日与孔孟相处,将来何以应付社会?甚至"应对进退"都不合时宜。必须出外做事,练达人情皆学问。此古人所以尚游学也。时吕师在座,深以为然,余亦久蛰思动。窃愧无力资斧耳。吕曰:"人有薄技在身,胜过腰缠十万,况汝学医数载乎?!"余闻言胆壮。

同年七月,余持方伯信,到依兰高等审判分厅投差。荐为司书录士之职。暂寓父执郭苾卿家。此余在中医路上遇歧途也。当时官场,人浮于事,未能即妥,延久!延久!使人不耐。郭伯殷殷劝慰,且露有留余行医之意。郭业医,设有药铺,铺中老医王汉臣,宿儒也。喜余知医,要郭强余在该铺应诊。余亦叹仕途多坎,且喜依兰多同学故友。尤愿与王医相处,便于学问,遂留止焉。一九二八年中秋节日起,余从事医疗事矣。此为余走中医道路开步起始。王医,山东莱阳人,年将七十,余师事之,而称之以伯。相处甚得,沾益良多。王曾指其床右书垛曰,将来以此物累汝。余不敢诺,而窃自幸也。王死不久,逢"九一八"之乱。依兰被炸,药铺遭焚,同人逃散,余亦流亡虎林、饶河一带,置身于青山绿水之乡。以医为业,乞食颇不为难。同行四人,亲如一体(内有一初不相识者)。仰余三指,幸得全活。当时山村无医无药,患喉症较多,余以针治之,间用土法。

一时生活较为安定。痛定溯思,计遇匪者二次,均赖行医免祸(匪徒惯习,不劫医者)。绝粮者一次,余教以采玉竹根充饥,亦赖知医而得救也。疾病相扶持者二次,一为同行一人伤足踝肿,余告用土和尿敷之,痛减能行。当时同患难人,苦乐与共。孙子所云"同舟共济遇风,其相救也如左右手"。果然哉!当此之时,有家难奔,有国难投者多矣,个中滋味,余则备尝之矣。又忆师云"有薄技在身,胜腰缠十万"之言,今乃验也。此时囊中无钱,不足忧惧;囊中无书,殊感束手。临行仓卒携带者,只《温病条辨》《针灸易学》两书耳。此余走中医道路之厄运也。谚云"有书真富贵""书到用时方恨少""学然后知不足,用然后知困",乃先我经验之谈也。回忆旧书遭损,实为痛惜,每一念及,必牵想到《内经》之"内"字,不知古人如何解释?拟日后详细考参之。两年后出山,同行只有两人,探讯前进,日行数里,不敢冒进,必先有投靠人家,以备盘诘也。一日信宿潘姓农家,黎明未起,忽然思路大开,认为宇宙万类,凡有生灭机能者,俱由幼壮衰老直至死亡消灭,顷刻不停,受阴阳五行、五运六气、司天在泉以及五谷六畜,影响损益消长,而作生长收藏的变化。此种变化力量,含蓄在各个体之中。而《内经》书中所载者,为阴阳五行四时八节。在天则气运寒暑,风雨阴晴,星辰日月。在地则高下旱潦,五谷六畜以及虫鱼菌蠹。在人则脏腑筋骨皮肉营卫血气情志,莫不包括。虽一毫一发之微,亦有相当生机在内也。即便一毫一发脱落死亡,其枯毫枯发亦有其逐渐消灭之变化在其内也。此种变化力量,约而言之,即"性命之道"也。以其无可名象,故强名之曰"内"。或即吕师所告:"内到无可内"之意欤? 于是喜而不寐,以为猜破古人之谜矣。忽又疑念顿生,不敢自信,窃虑先圣哲言,岂能如此轻易。思潮起伏,倏忽屡变。迨出山后,偶阅张景岳《类经》,见其名义自注,文中有言:"内者性命之道,经者载道之书。"乃自信所悟者与古人有略同也。因自恨学识短浅,若能早读此书,何致焦思如此之久。因又思古人有言:"思之思之,鬼神告之。"信不诬也。因又反复思之,所谓鬼神者,即吾心本有灵明,自然发动者也。究竟何者为鬼,何者为神? 则在自家念头之邪正耳。倘贤师友早期告我,省却多少思虑。然不思不虑,则易得易失。今经此一悟,乃出于自诚之明也。其殆师友玉成于我,行不告之教欤? 余经此一悟,如在中医路上夜行,忽得明灯也。此后十数年来,医林浪迹,遇有学不通处,则商之契友,并加以思维,常收由点及片之效。从前游走山村,太感乏书之困。出山后,每到书店必不空回,凡遇爱好之书,宁可买而不读,不肯见而不买。如张寿甫、陆渊雷、恽铁樵、时逸人、秦伯未、承澹庵诸前辈大作,读之如见海天之阔,其维新衍义之处,多由经典化出,其中意味深且长也。

  解放后,国基大定。中医受到政府关怀,我得参加医卫工作。此余在中医道路如登坦荡之公路矣。当时正值百家争鸣,有拟将中药革新,单煎分贮,然后按方配剂,商余可否? 余譬以渍茶,乘热饮之,其味清香,功可透汗;凉而饮之,香味减,功则利尿;隔宿饮之,其色紫,其味苦,功则涌泻矣。一茶之微,尚且如此,安知多数药味,煎后寒热新陈之变,功能或有不同乎? 可进一步研究,务要巩固其功能再行酌用。不可徒革表面之新也。此后余改任针灸科主任,又值朝鲜人金凤汉研究经络得出实质,各地都作讨论,余又发异议之言。认为经是经过,络是连络,无法提出有形物质。譬如两山夹成一谷,两岸夹成一川,在人身由两条经筋,夹成一条经络,在解剖上只能提出经筋,此经筋一被提出,则经络同时消失矣。又如房屋墙壁有裂缝,外可入风,内可通气,作用显然。试将此房拆毁,则砖石若干,土木若干,历历可数。而在未拆房以前,有目共睹之墙缝,则提之不出。爱我者急止我曰:"别在新生事物上泼冷水。"我曰:"我的墙缝子也是新生事物,你也别阻拦我的发展。"相与哄笑。有此辩论,犹余中医路上跄步趋行也。此后余改任整理古典医籍工作。我首先着手《内经》,摘其差误而补正之(于一九六四年印成《内经摘误补正》小册,作内部交流。后又加以补改,拟名《内经补正》)。

例如《素问·上古天真论》"被服章"三字于上下文义不属。余意此三字,可移于"适嗜欲……"之前。读为"被服章,适嗜欲……"盖谓圣人以教化治世,遵服章之制,在朝不矜冠绅,在野不妆异服,混世合俗,便于教化也。如孔子为鲁司寇,老子为周柱下史,庄子为宋漆园吏,均不辞小官,志在行道也。

《素问·四气调神大论》"恶气不发","发"字或是"藏"字之误。若果恶气不发,则为郁结之痞,何贼风暴雨之有。今既贼风数至,暴雨数起,皆是恶气发泄之象也。前文言天道以藏德为务,"天明则日月不明",是天失其藏德之职,而泄其自然之明,则日月之光为其所夺,有明不显(譬如白昼点灯,光焰不显其亮)。今既天道失职,则邪气侵害空窍;

空窍受侵,则邪气无所归藏;邪气不藏,则不得缓其冲进之势。犹如四时失律,则春不生夏何以长,秋不收则冬无可藏也。节节相因,总不外阴阳气化进行其生长收藏之道耳。今既生者不生,藏者不藏,故贼风因之数至,暴雨因之数起,俱因恶气不藏之所致也。原文下文自作解曰,此"天地四时不相保,与道俱失"也。故余疑"发"字为"藏"字之误。或"不"字为"大"字之误。

《素问·生气通天论》"因于寒,欲如运枢,起居如惊,神气乃浮"段内:"欲如运枢",烦也;"起居如惊",躁也;"神气乃浮",不安也。犹云病者内烦外躁,坐立不宁,神气因之浮越而不安也。如此症状,略合《至真要大论》"诸躁狂越,皆属于火"之义。可于"欲如运枢,起居如惊,神气乃浮"三句之上加"因于火"三字。寒静而火动也。原文"因于寒"三字,可在"体若燔炭,汗出而散"之上。正合伤寒初起之麻黄汤证。本篇零乱失序者尚多,有待专文候教。

《素问·金匮真言论》"故冬不按蹻"节内"春不病颈项",以四季月份揆之,应作"仲春不病颈项"。"飧泄而汗出也"一句,新校正云,上文疑剩。余意"飧泄"乃夏秋间常见之病,应在"长夏不病洞泄寒中"之下。两句联合,断句为"长夏不病洞泄寒中飧泄,而汗出也"(凡长夏有汗者,多不病泄)。

《素问·阴阳别论篇》:"鼓一阳曰钩,鼓一阴曰毛,鼓阳盛极曰弦,鼓阳盛至而绝曰石。"张志聪谓"钩"应作"弦","弦"应作"钩"。盖谓肝(弦)心(钩)肺(毛)肾(石)四经之脉以应春夏秋冬四时也。按一阳为阳之初生,其脉端直以长,长应春阳之象,故鼓一阳应曰"弦"。迨阳盛至极,其脉当有汹涛回卷之势，故鼓阳盛至极，应曰"钩"。宜从张氏改正之。但"鼓阳盛至而绝曰石"句中之"阳"字当是"阴"字之误。按全文大意，鼓一阳者，春脉也，故曰"弦"。鼓阳盛至极者，夏脉也，故曰"钩"。鼓一阴者，秋脉也，故曰"毛"。故冬脉之至，应作"鼓阴至而绝曰石"也。若果鼓阳至而绝，则成浮数而散之象，何得曰"石"？张氏徒见"弦""钩"之误，未审鼓阳至而绝之"阳"字为亦误，亦挂万漏一也。"阴阳结斜"，"斜"应作"邪"。或古"斜、邪"通用欤？"三阳结谓之隔"，"隔"应作"水"。"三阴结谓之水"，"水"应作"隔"。所以然者，三阳为太阳，手太阳小肠，足太阳膀胱，小肠外围为水，膀胱内容为水，两太阳结邪，乃为水病。故三阳结，应作"水"。三阴为太阴，手太阴肺，足太阴脾。肺结邪，则气失运而不利；脾结邪，则胃失助而不消。气不利，食不消，非隔而何？故三阴结应作"隔"。本篇末句"不过十日死"句下，新校正云："详此阙一阳搏。"玩味本节全文大意："三阴俱搏，二十日夜半死。二阴俱搏，十三日夕时死。一阴俱搏，十日死。""三阳俱搏……三日死。三阴三阳俱搏……五日死。二阳俱搏其病温，死不治。"由此观之，阴脉俱搏死期缓，阳脉俱搏死期速。新校正云阙一阳搏。余意"不过十日死"句上，正可补"一阳俱搏"一句。按一阳为少阳，少阳居半表半里，处于阴阳之间，若一阳俱搏，则死期亦应在阴阳俱死期之间，即五日十日之间也。二数折合，得七日半。正符"不过十日死"之数。又句中"不过"二字，非含糊词，乃肯定语。盖谓不得过十日而死也。

《灵枢·九针十二原》"写曰，必持内之"，"写曰"之下应补"迎之,迎之意"五字。乃与下节"补曰随之,随之意"相应。"审视血脉者","者"字衍,宜删之。"必在悬阳",应作"心在悬阳"。"及与两卫"之"卫"字,《甲乙经》作"衡",未洽。古说"眉目之间曰衡"（蔡邕《释诲》有"扬衡含笑"之句）。余意本节文意,重在审视血脉。考面部之荣于血者,无过于颧。而两眉两目之间,于血关系不大。若以"衡"字作印堂解,又不应有"两"。因疑原文"卫"字,或是"颧、颐、顺"等字之误。提出浅见,以供参考。"血脉者在腧横居,视之独澄,切之独坚"十五字,似应在前文"刺之无殆"之下。"五藏有六府,六府有十二原"句中"有六府"三字衍,可删之。读为"五藏六府有十二原",乃易讲通。

《灵枢·经脉第十》"手太阴之别,名曰列缺"。以下全文,应是《经别第十一》文字。应将下篇篇目"经别第十一"五字,移于"手太阴之别,名曰列缺"之前。否则,张冠李戴矣。余于《灵》《素》两书择出疑误之点,约一千余项。有待缮清敬烦同道指正。

余在主任针灸科室期间,曾解释经穴命名意义。以任督二脉为人身阴阳经络两大纲领。比之乾坤两卦,其他太、少、明、厥,阴阳各六,则犹震、巽、坎、离、艮、兑六子也。即《奇经考》所云"督脉为阳脉之总纲"之意也。故余拟以督脉为十四经之首。又以"长强"穴为督脉各穴之首,亦即十四经所有诸穴之首。

推究经穴起源,当由养生静坐,体会经络动静之妙,有所心得,而志其位置;察其流、注、敛、散,而识其性能。二者之义,俱由自觉而得。或喻之以物象,或证之事功,取两三文字之义,标示体用性能,而定其名称。若云必表而出之,虽圣人有所不能。

释"长强"。循环无端之谓长,健行不息之谓强。不然行程万里,终有尽时;力扛千钧,终有倦时。总归有限,何长、强之有?关尹子云:"营、卫之行,无顷刻止。"即指周身血气行动,统而言之也。吾人经常处此长、强之中,又经常行此长、强之事,须臾不离,人尽可知,而不暇自觉。唯养生家从而加以体会,得出无边妙用,而创成经穴学说。问何以证其然也?曰以其功用能促进循环,资助健运也。

释"腰俞"。"俞"为"腧"之简。"腧"为"输"之变。以字义推之,"俞"即"输"也。名"腰俞"者,以其为全腰之枢也。中医病理,腰有病多求之肾,俗呼内肾为腰子。故本穴又名"腰户"。则其应证可想知矣。

释"阳关"。督脉为阳,又旁傍足太阳之脉,本穴横平足太阳经之"大肠俞"。为督脉与足太阳经交通之隘道,故名"阳关"。灸本穴觉火气直入腹中,分布内脏,可证本穴有如关隘之用也。又如大肠有燥粪,则热及于脑,而现诸躁狂越之证,病名脏躁。此乃大肠郁热之气,由"大肠俞"传之"阳关"。又复循督上脑也。不然,大肠为贮粪之器,于脑何关?在治疗上取此穴以治此症,是明证也。

释"任脉"。滑伯仁曰:"任之为言妊也。行腹部中行,为妇人生养之本。"又言:"人身之有任督,犹天地之有子午也……分之于以见阴阳之不杂。合之于以见浑沦之无间,一而二,二而一也。"(见《十四经发挥》)余补充此意:任者,任重而道远之意也。人在爬行时,任脉在下,担负全身,故名之曰"任"。

释"会阴"。任脉属阴,与冲脉俱起胞中,而任脉居于腹部之中。任脉两旁为足少阴经。冲脉循足少阴经上行。任冲肾俱属阴脉。故曰任脉总摄全身之阴,而名其首穴为"会阴",犹云诸阴经之总会也。

释"关元"。唐容川谓本穴为"元阴、元阳交关之所,即先天之气海"也。为养生吐纳吸气凝神之处,即老子所谓"玄之又玄,众妙之门"也。古"玄、元"通用,颠倒读之,即为"玄关",古人多于此等名词守秘。故,故意颠倒其词,隐"玄关"而称"关元"。后之学者体会"元"字之义,想其为用当在"乾元、坤元"也。研讨本穴,可与"命门、气海、白环"等穴汇参之。

释"紫宫"。洛书:"离为九紫"。在人身属心,紫为阳极之色,物极则反,而现胜己者之化。故紫较赤为黯,黯近于黑,黑属水,水克火,故曰胜己。宫为尊长之居(心为君主之官),故曰"紫宫",穴在"华盖"穴之下。《黄庭经》华盖注:"华盖之下多清凉……引动肾气,上布'紫宫'。盖以其两旁为肾水之经也。"看来人身阴阳,天生相济,十四经穴,同此一义。针灸推捏,亦即助使相济耳。余自愧才乏,此志不逮。谨将穴名,草创初解,提出数个,请同道哂瞥,权作谈心笑具耳。其中师心自是不洽实际之处,诸希高明删正之。

余又常窃默,我年八旬尚能走中医道路,不禁自笑,喜顽躯尚健,未知老之已至矣。又常有所忧,虑老不知途,恐累友朋提拽也。只好尽我寸心,竭我绵力。

偶忆两事,附记如下:

(一)余在学医时,蒋鹤青先生自峨嵋还,叹说蜀道之难,外人行之,无时不戒慎恐惧也 吕师曰:"行医道之难,甚于行蜀道。戒慎恐惧之外,并当代病家忧患。"二人大笑。余则惕然有感,以为将来置身忧患恐惧中也。富贵玩乐,与我绝缘矣。五十年来头脑中多是病人苦况,眼中手中俱是书本子、笔杆子。人以为自苦乃尔,自以为责无旁贷也。古诗有云:"其人或有相思病,笑时偏少默时多。"可谓为我写照。大约同道前辈同学同志有甚于我者。

(二)亡友王哲言:其师高学良(辽宁人)往诊归来,额棱肿破 弟子问之,曰:"碰电线杆子上。"生曰:"师老矣,行路要小心,再出门须人侍从。"师曰:"心不在焉,视而不见也。"问:"师又想何书?"曰:"为重病谋治法耳。"问:"何病?"曰:"血崩。""用何药?"曰:"四两红花。"当时忙为敷药,不即下问。迄今多年未解此义。虽有通因通用之法,何至红花四两之多?余曰:"或此药别有制法也。"王急曰:"勿多言,你我演'火攻计'。一试所猜同否?"因背坐各写所拟。余在凝思,王曰:"我得之矣。"余仅写出"童便炒"三字,转身见王写"用童便炒黑,研细分多次服"十一字。王曰:"多年疑团,一旦而解,启余者商也,值得痛饮。"余曰:"未知令先师同此意否?"王曰:"靡错。待将来问之地下也。"同大笑。饭后出门,王又戏曰:"小心电线杆子。"余曰:"我还不到程度。"又复大笑。此事微不足道,犹中医路上一段美景也。今日思及,尚觉高兴。笔下有感,顺写七言两句:"同是中医路上人,谈心何必曾相识。"摹古人意也。

勤求古训　博采众方

——探索肿瘤的治疗

上海中医学院教授　　　钱伯文

[作者简介]　钱伯文(1917~2015)，江苏无锡人。有四十余年的临床实践，曾任上海中医研究所肿瘤研究室主任。对于肿瘤的治疗，主张从调整整体着手，充分发挥正气的抗癌作用。通过长期实践，初步总结了肿瘤的辨证施治规律，用于临床行之有效。主要论著有《研究祖国医学，探索治癌规律》《肿瘤的辨证施治》《扶正祛邪相结合治疗癌症》《钱伯文医案》等，其中《肿瘤的辨证施治》一书尤受欢迎。

我家世居无锡北门外，父亲务农兼营小船运输，一家人省吃俭用坚持让我念完了中学。

我在十七岁那年，生了一场伤寒，开始只当是伤风感冒没在意。后来高热不退，神识矇眬，母亲只有祈求菩萨。直等父亲回家，才请来了一位老中医，吃了两个多月的汤药，病始康复。这使我树立了学习医学的决心，并得到了父亲的支持。于是，我在十九岁那年考进了上海新中国医学院，踏上了学医的征途。

求学和行医

新中国医学院的院址在王家沙一幢大楼里，设备和条件都非常简陋，学生也不太多，但是师生间情况比较了解。老师一面教理论，一面带临床实习，集体上课，分别带教，理论与实践结合得较紧，学生接触临床的时间较长，积累的病种也就多了。因为每位老师都有一个诊所，我们可以从专长不同的老师那里，学习到各种不同流派的学术经验。在临床实习时，我有意跟从了三位不同风格的老师：朱南山（后因年迈力衰，改由其子鹤皋带教）、徐小圃以及章次公。

朱南山老师（1872～1938），是新中国医学院的创建人。善用伤寒方治病，而且运用得精确，晚年以擅长妇科著称，在治疗上是从调节脏腑气机功能着手的，注重调气血、疏肝气、健脾气、补肾气。我在他老人家那里学到了如何"师古而化"，拿现代的话来说就是"古为今用"。

徐小圃老师（1887～1961），是上海著名的儿科老中医。他在治病中注重阳气对人体的意义，认为小儿肉脆、血少、气弱，属于"稚阴稚阳"之体，而决非世俗所谓"纯阳之体"。他推崇"圣人则扶阳抑阴"之论，主张治小儿须处处顾及阳气。他在治疗上偏重于用温阳药，其中尤其附子经常应用,量也比较大,一般都在三钱以上。通过向徐老师学习,使我体会到阳气在人体的重要性,以后我在治疗中也很注意保护人体的阳气,重视运用扶正祛邪的法则以及注重调整脾肾功能。这些,都是在那时候得到了启发。

章次公老师(1903~1959),是新中国医学院教师,解放后去北京任中央卫生部中医顾问。他也是对我影响较大的老师之一。我经常到他的诊所去实习,他诊金收得很低,来就诊的以劳苦大众为多,且多重症,经他治疗往往效果较好。这主要由于他学识渊博,并能参合现代医学的理论。他倡导"双重诊断,一种治疗"的诊治方法,在他写的脉案上,常可见"……此神经衰弱之失眠,用药强壮神经之功能"或"平素有习惯性便秘……肠之蠕动陷于麻痹状态,予千金温脾饮"等等,可见他在中西医结合方面是先行者。他用药简练,主次分明,击中要害,尤其无门户之见,不论经方、时方,甚至疗效较好的单方都能应用。他常说:"各家学说,互有短长。治学者,不应厚此薄彼,而须取长补短。"这实是经验之谈。他还善于应用虫类药,这对我以后治疗肿瘤时运用虫类药也有一定的影响。

通过四年的学习之后,我正式开始行医。当时在一家药店里坐堂,起先业务并不好。我在空余时间,利用药店的有利条件,对中药进行实物考察,比较药物的外形,尝试药物的性味以及研究加工炮制,把书本上学到的知识在实践中对对号,这对于治病是很有帮助的。以后随着时间的推移,业务渐渐地忙起来了。那时候就诊的患者中,有一定数量是肝硬化腹水,按鼓胀给予治疗。由于都是长期患病,所以体质较差,用逐水药受不了,用补药又恐留滞水湿之邪,所以就开始探索用扶正祛邪的方法来进行治疗。

在解放前的岁月里,我在学术上的进步是很缓慢的,只有迎来了解放和参加了中国共产党后,我的学术水平才有了真正的提高。

研究肿瘤的决心

一九五八年,领导上派我参加全国第一次肿瘤会议,听了首长和到会代表的发言,深感攻克肿瘤的重要性和迫切性,使我感到重任在肩,义不容辞。于是,从一九五九年开始,在我院附属医院开设了第一个用中医中药治疗肿瘤的专科门诊。那时前来诊治的病人很多,有本地的,也有外地专程来上海的。在与这些病人的广泛接触中,我不仅体验到肿瘤患者的痛苦,也看到了一个人患癌肿,往往一家人都得不到安宁的悲痛情景。作为一个医学工作者,怎能不闻不问,袖手旁观呢?! 有一次我遇到一个四十多岁的肿瘤患者,剧烈头痛,呕吐频繁,瞳孔不对等(左侧大于右侧),舌尖歪斜,经神经科检查,确诊为脑干病变(脑干肿瘤)。这个病目前在世界上还是个难题,手术及放疗均有危险。怎么办呢? 难道能看着病人被活活地折磨死吗? 当然不能。我连夜查阅了有关资料,细致地分析了患者的病情,经过三个多月的治疗,呕吐渐渐停止,头痛也明显好转,这样接连治疗两年多,患者已恢复了工作。这一病例,使我增加了用中医中药治疗肿瘤的信心。

由于肿瘤是一种危害人类健康和生命的常见病,且至今缺乏特效的治疗方法,成千上万的病人在期待着我们能够早日探索出一个防治肿瘤的规律。

中医学对于肿瘤的防治已有悠久的历史,并有其独特的理论和方法,在历代的文献中,都有关于这方面的记载和描述,只是名称不同而已。如《内经》中所述的"肠覃""石瘕"以及《难经》中的"积聚"隋代《诸病源候论》中的"癥瘕""石痈"等等,有些就是属于胃肠、子宫、肝、胰等肿瘤。宋代东轩居士所著的《卫济宝书》中,就使用了"癌"字,并对癌作了朴素的描述。还有汉、唐医学家所论述的"噎膈""反胃",很像现代的食管癌和胃癌;"茧唇"和"舌菌"则很像现代所说的"唇癌"和"舌癌"。由此可见,肿瘤并非近世才为人们所认识,发掘中医学在防治肿瘤方面的经验,对医治肿瘤和筛选抗癌中草药,均可提供一些线索。

可是正当想进一步搞好肿瘤研究工作的时候,十年浩劫开始了,我也受到了冲击。但我仍怀着攻克肿瘤的信念,一面被批斗,一面仍然考虑着攻克肿瘤的设计方案。在安徽干校劳动时,晚上躲在帐子里,或查阅资料,寻找有关的抗癌药物,或书写笔记,记录自己在白天所考虑的设想,探索治癌的规律。粉碎了"四人帮"之后,我才又有了安定的环境,继续从事肿瘤防治工作的研究。

临 证 心 得

近来,趁养病休息之时,把多年来治疗肿瘤的一些体会写出来,供同志们参考。

(一)对肿瘤病因病机的探讨和认识　肿瘤的病因,不外乎外因和内因两个方面：外因是由于毒邪（致癌因素）的侵入，蕴聚于脏腑经络；内因是正气不足，情志抑郁，阴阳长期失调（体内某些化学元素失去相对的平衡），气血运行失常（免疫功能降低），致气滞血瘀，痰湿凝聚，郁结壅塞，而逐渐形成为肿物。

中医学非常重视内因的作用。如《内经》中说："邪气居其间，久而内着。"《医宗必读·积聚篇》中说："积之成者，正气不足，而后邪气居之。"《外证医汇编》中说："正气虚则成岩。"其中所说的积就是积块肿物，说明正气虚弱（自身免疫功能低）邪气（致癌因素）侵入，导致机体某一局部组织的破坏或增生，渐渐形成肿物——肿瘤。

（二）扶正与祛邪的辨证运用 肿瘤是一种全身性疾病的局部表现，与整体有着极其密切的关系。因此，对肿瘤的治疗，必须注意辨别阴阳气血的盛衰和脏腑经络的虚实以及邪正双方力量的对比，权衡扶正与祛邪的轻重缓急。不能片面地强调用有毒的峻烈攻逐的药物，企图一下子消除肿瘤，因为那样势必损伤正气，影响人体的抗病能力。反之，如果片面地强调扶正，不用攻逐，那就会姑息养奸。因此，在治疗中既要扶助正气，增强患者自身的抗病能力，又要祛除病邪，使癌肿在体内逐渐缩小和消失。一般地讲，癌肿病人在正虚为主的时候，治法应以扶正为主，辅以祛邪；反之，在正气不很虚弱时，则应以祛邪为主，辅以扶正。

有一患结肠癌的病人，手术后不到半年复发，右下腹有一坚硬肿块似鸡蛋大，经常腹痛，便溏，胃纳很差，形体消瘦，面色㿠白，舌苔薄白，质淡，脉象细而无力，两尺尤虚。由于患者已不适宜二次手术,所以采用中药治疗。分析证候属脾肾亏损,气虚血衰,气滞血瘀等。哪一方面为主呢?从脉证偏于正虚,初步认为上述证候是由于脾肾阳虚所致,治宜温补脾肾、益气助阳(党参、白术、黄芪、附块、肉桂、补骨脂、仙灵脾、锁阳等),同时适当加用一些理气活血、祛除病邪的药物(八月札、枸橘、木香、丹参、当归等)。经过一段时间,病人症状有所减轻,体力也有所增加,但肿块未见缩小。于是根据患者的体质情况,调整治疗方案,侧重于攻,以理气、活血、消肿的药物(香附、木香、枳壳、枸橘、归尾、赤芍、三棱、乳香、没药、白花蛇舌草、天龙丸等)为主,由积极的防御,转为积极的进攻。在积极进攻、祛除病邪的同时,再适当地加用一些益气补肾的药物(党参、黄芪、熟地、仙灵脾、桑寄生等),攻补兼施,这样就可避免攻伐太过而损伤正气。运用这个方案经过三个多月治疗,肿块慢慢缩小;再经过一年多时间的治疗,渐至肿块消失,恢复工作。

(三)调整脾肾功能的重要性　中医学认为,人体复杂的生命活动是与脏腑密切相关的,无论消化、循环、视听等活动,都是脏腑功能活动的表现。同时,脏腑功能活动决不是各不相关孤立地进行的,而是相互制约、相互依存的,其中脾、肾的功能在中医学体系中处于十分重要的地位。李东垣说:"内伤脾胃,百病由生。"强调"治脾胃即所以安五脏"。健脾法不仅适用于脾胃虚弱,改善营养障碍;而且还适用于心、肝、肾的虚衰病症。补后天之本,充实气血生化之源,以扶助人体的正气和增强卫外功能。在动物实验中,也证明了应用健脾益气药物,有刺激网状内皮系统吞噬活性的作用，可以增强人体的免疫功能。

肾的作用较为复杂，人体的生长、发育、衰老，都与肾气的盛衰有关。结合现代临床来看，肾是一个复杂的功能单位，它的内容涉及生殖、泌尿、内分泌以及神经系统等。古人认为五脏六腑之阴都由肾阴来供有，五脏六腑之阳都由肾阳来温养。肾在病机上涉及的范围也较广，往往各脏患病日久都会影响到肾，所谓"久病及肾"。由此可见，肾是人体各脏器的调节中心，所以前人在治疗上以肾立论的也很多，如《景岳全书》《医贯》等文献中，都有详细的记载。从现代的研究来看，补肾法可提高机体的免疫力，改善机体免疫状态，而且能调节体内免疫功能的相对稳定。任何疾病对全身都有一定影响。全身机能好转，可促使局部病变加快恢复；而局部病变的恢复，反过来也影响到全身状态的好转。我在治疗肿瘤时，应用补肾为主的中药，不仅使虚象减轻，症状改善，而且对放疗、化疗病人的恢复有一定的作用。

总之，调整脾肾功能在治疗上有很重要的现实意义。如有一例食管癌的患者：高年体虚，吞咽困难（仅能吃半流质），胸前区及背部闷胀隐痛，咳嗽不爽，痰多黏腻，大便干燥，苔腻舌质偏红，脉弦细而滑。曾用5-氟脲嘧啶，因恶心呕吐等不良反应剧烈而停止化疗，要求服中药。辨证分析以痰气凝滞为主，并根据"食入即出是无水也，无水者，壮水之主"的理论，确定了"健脾化痰、理气散结、佐以滋阴补肾"的治则。在使用复方（青皮、枸橘、杏仁、橘叶、木香、槟榔、桃仁、石见穿、石打穿、象牙屑、山豆根、生地、茯苓、生熟苡仁等）加减出入的同时，加用六味地黄丸、移山参片等,连续服药一年左右,吞咽困难基本消失,两年后完全康复。服药期间,X线摄片复查逐渐好转;最后一次摄片,食管已无异常。在这个病案的治疗中,由于患者脾虚生湿,湿能生痰,痰气凝滞而为肿块,又加高年肾气不足,肾阴亏损,因此,治疗上采用标本兼顾的方法,一面化痰、理气、散结以祛邪,一面调整脾肾功能以扶正,所以获得了比较满意的效果。

(四)药物的配伍和剂量　中医中药治疗肿瘤不良反应小,改善症状比较明显,疗效取得后比较持久和稳定。其中有一些中草药对癌细胞有一定的抑制作用;有部分中草药虽然本身对癌细胞无直接抑制作用,但它能帮助抗癌药物透达病所或促进药物的吸收;有的中草药通过扶助正气,提高机体的免疫功能等环节,同样能起到治疗肿瘤的作用。

在选用药物时要注意配伍。从中药的发展史来看,先由单味药逐渐发展到几种药配合应用,再进一步组成方剂,这样可发挥药物的协同作用,而更好地取得预期的疗效。有些药物相互配合后,可以减少原有药物的毒性,如治疗肿瘤时常用的马钱子有毒,配甘草可以减轻毒性。可是有些药物的配合如甘草与芫花、人参与五灵脂、乌头与贝母等,不仅会使作用减弱,甚至还会发生不良反应。因此,在临床用药上应尽可能取其相须、相使,避其相恶、相反,这样才能取得比较满意的效果。

在掌握配伍知识的同时,还要注意药物的用量大小,只有这样才能真正发挥药物的作用。在临床用药时,若应大而小,就要贻误病情;如应小而大,就会克伐正气。我在刚当医生时,也有急于求成的情况,喜用大剂量,其结果往往是欲速不达,引起了相反的作用。现在临床上有些药物虽是常用的,但用量也不能太大,如龙葵超过一两并长期应用,就会降低白细胞,莪术大剂量长期应用会对肝功能有影响。即使常用的桔梗和山豆根,如剂量掌握不妥,也会产生不良反应。有一次,治疗一声带肿瘤患者,用药后病情进步不大。当时一位青年医生想使药物迅速发挥作用,就把处方中桔梗增加到四钱,山豆根增加到六钱。结果服药后即出现恶心呕吐、胃纳呆滞等不良反应。后来把剂量调整下来,病人才得以重新接受治疗。

(五)辨证与辨病相结合的应用 辨证与辨病相结合,在辨证的基础上适当地加一些对肿瘤细胞有抑制作用的药物(如喜树、山豆根、肿节风、天南星等),效果更好一些。例如一例胃癌患者,根据辨证属于胃阳虚及忧郁痰阻所致。按辨证用药,症状虽有减轻,但效果不明显。后来我们在辨证基础上加了石见穿、石打穿、守宫等之后,症状就有显著好转,后经X线钡餐胃肠摄片检查,病灶亦有缩小。

(六)取得病人的信任和支持 要取得疗效,一方面要有扎实的理论基础和丰富的临床经验,另一方面还要取得病人的信任和支持。我们在治疗中,不可能都是一次辨证就正确的,有时需要反复辨证才能找到规律,这样就需要有一个过程。只有病人和医者密切配合,才可使治疗方案顺利进行,且可以获得详细的第一手资料。在平时常遇到一些病员,把自己以往治疗中,吃过哪些药,用过哪些治疗方法而没有见效的情况,或吃了哪种药引起了怎样的不良反应,原原本本地告诉我们。这些反面经验,往往书本上没有详载。只有取得病人的信任和支持,才能在辨证论治中少走弯路,不断提高医疗水平。

(张存义整理)

习医、临床回首录

黑龙江中医学院教授　韩百灵

[作者简介] 韩百灵(1909～2010),辽宁台安人。一九二五年始随兄韩秀实习医,一九三○年始行医于哈尔滨。从事中医临床和教学工作迄今已五十余年,擅长妇科,著有《百灵妇科》《中医妇科学》等。历任黑龙江省政协委员,中华全国中医学会理事,中华全国中医学会黑龙江分会副理事长,黑龙江中医学院妇科主任,黑龙江省卫生局中医考试委员等职。

余少年课读五经而识文字,视《诗经》为最古之文学,知古有采诗之官,王者所以观风俗、知得失焉。《尚书》为中国最古之史料,古代帝王之规模事业,无不备义。然昔日国乱民伤,一味专治《尚书》不足医国救民,诚可叹然。又读《易经》而消遣。悟易起于八卦,八卦为文字之始,伏羲初画八卦,设刚柔二画,象阴阳二气,布以三位,象天、地、人三才也。立天之道曰阴曰阳,立地之道曰柔曰刚,立人之道曰仁曰义。又尝读《礼》。礼经者,《周礼》《仪礼》《礼记》也。《周礼》为言国家政制之书,其实与《仪礼》《礼记》之所谓"礼"者不同。考其作者,最为纷纭,欲细考之,华年流水,总无成绩。攻读《春秋》之传,以富其学。偏嗜庄老之书,尤偏《道德经》,习诵五千言。观老子之学,以发道之高与德之大,主先道德而后仁义,失道而后德,失德而后仁,失仁而后义,失义而后礼。全书治国主于无为,求胜致当以卑弱。人皆取强,而聃独取弱;人皆取其实,而老子独取其虚;人皆求其福而老子独取曲全。以濡弱谦下为表,以空虚不毁万物为实。所谓道者,以自然为体,以刚柔为用,主无为而治,无为而无不为也。庄子之学,出于老子而后以纵横家言。老子提要勾玄,庄子寓言用譬。先秦诸子中善言明理首推老子之学,而亦不足以医国救民。于是弃儒就医,随父兄攻读《灵枢》《素问》《难经》凡十载,明天地人纪,而有专泥医论之弊。又读有方之书,私淑仲景《伤寒》《金匮》明医学之主体,医理方剂之渊薮。继则博览诸家之论,而独偏重妇科。凡《妇人大全良方》《傅青主女科》《济阴纲目》《经效产宝》《女科经纶》《医宗金鉴·妇科心法》等五十余种,尽其博览,而力求专精。年二十岁悬壶问世,凡临床五十年,鬓发斑白,回首来踪,学问未穷。应邀而书治学之道,略陈于次。

学贵于勤　而殆于惰

举国上下五千年历史,文化遗产典籍浩瀚,诸籍皆览,恐不实际。高以下为基。必读之书，实不可不读，须知之事又不可不知。识文字谓之小学，不读小学焉知文字。刘歆《七略》把小学置于《六艺略》不可不知。然读书识字，是"以下为基"。积土木石玉，以成大厦。欲之成，必须放宽，而立于专，识之以胆。习医以为用者，无不皆然。是博学于文，而专精于医。但自一身以至天下国家，皆学之事，平生难尽，必专精于一艺而有补于斯民。读医书必先抓主体而后枝叶。应诵之书，必加强记忆而后成巧。《伤寒杂病论》以下，又当重点攻读熟诵，此之谓专精。但专精于细，必细审玩味各家之言，归纳其条理，而得其独到。欲得其独到，在于悃愊无华，坚毅不拔之治学，作持久之劳。余习医每勤于笔，提要勾玄而摘抄，积成日久而自得其独善。二曰勤访名师，常不避严寒酷暑而长途访问医长者，结识良师，增长见闻，再验于书而试之临床，积其数年，自得其径而识其妙。三曰，光阴如逝水东流，去而不返，如无为流失，实不可弥补，留得终生遗憾。欲得其妙，必有三背之功，即枕上背诵、途中背诵、厕里背诵，不使光阴虚度，才能略有所得。四曰，广识医友，取其所长，补己不足，积之录得，验于临床。读古人之书，则勤而有所得，惰而有所失。凡欲一事之成，必勤求而无惰也。

学贵于专精　放眼须宽阔

医学谓专门之学，有谓不负众望之医家，亦非诸种病症皆可临诊取效，普救斯民于不殆。实亦有负众望，然可少负众望而已。于专门之学科而必有所专。但学科可谓其博,凡内、外、妇、儿、疮疡、正骨等学科各有专术。博通各科之学术,故谓之博,而后方可专精于一科,而善其一病,即谓之专家。故学习者,始不可偏,必须放眼于宽,抓主体之学术。如《内经》《伤寒》《金匮》要通读之,不可寻章摘句,以玄其学。须全面领悟,心有灵犀,可避局隘、破碎。守一隅之说教,知杂症而不晓六经,知医理而不知脉法,知古言而不知今说,知一家而不知百家之论,通河间而不晓丹溪,专泥东垣之论而不知从正之学,所谓学识破碎者也。守一世之说,宗一家之言,遵一派之偏,难以贯通整体而窥其全豹,虽攻读数载而有所得者鲜。若专精基于博览,博览必识主体之学,临证有所宗而有所舍,而后必有独识而独得,必由博而返约。是学贵于专精,而放眼于宽,方不致一叶障目,两豆塞耳,泰山不见,雷霆不闻,是为聋瞽,必无所为。

日有所得　月有所积

学术积年,而临诊之际,必日有所得,有所得者,必信笔而录之;月有所积者,而篡其条理,是谓笔记,乃心得之类也。如直觉浮现,必立地而书之,否则流失,更难复得,惜之奈何?是有所积而有所现,有所累积而成条理。每临诊之际,凡《仪病式》中言,必遵其式而为之法,详为记述,是以成案,附之以方,是为医之方案,犹刑名家之例案也。观医之为道,自《灵枢》《素问》,迄仲景以下,唐宋元明诸家,著述甚多,理法可谓灿然,其临床体验各有其异:同一病人,随人而异治,同一病人,随时而异治,从案例而索之矣。历代之论述，后人总结而为律，如刑名家执律以绳人罪，轻重出入，必有案例为凭。后人立医案，萃而聚之，精而释之。吾尝如此数十年，充医事得失之林，辑成《百灵医案》。以氏名而标其书，非谓百灵而无一失矣。前谓医书不可胜记，一病古来必立一门，余师事之，一门自立数法，法有尽而病无尽，病无尽而法无穷，一病之变亦无穷矣。故临证之际，有所得必有所记，有所记必有所思，有所思必有所悟，数十年之积，不间断之，必有超悟。而积之有胆，言之中肯，必青出于蓝而胜于蓝。否则光阴流逝，日虽有所得而无所记，月虽有累而无所忆，诊务繁忙而无案例，过则更不复知。整理学术，凭主观遐思，必有所偏，甚至贻误后学而害人子弟，欲成美而实积罪。斯时方知启后之难也。

古语谓：专泥药性，决不识病；假若识病，未必得法；识病得法，工中之甲。理法方药，不可有偏，是谓有学有术。若只识医理，罔知方药，或识方药，不通医理，是谓有学无术。学术即得，又躬行实践，是有的放矢。余之治医，先学而后术。始学之际，先文而后哲，及诗词歌赋，以文为戏，常吟诗于野，放歌于朝，填辞于夕，学术于午。即攻读医书，亦首读《灵枢》《素问》及王冰张马之注，逐句遍读，次得修园、容川书及其《精义》。又致力于《伤寒》《金匮》，使理法明而方药得。余之学医笔记，常记临床心得而为夹注。学医只知无方之书，不知理法，虽有学而无术；虽知方药，不知其理，不足成为良医。只有遍读理、法、方、药之书，笔记，研讨，躬行实践，验之患者，有得有失，是谓有学有术矣。

习医回忆

常州市中医院副院长、主任医师　　　屠揆先

[作者简介]　屠揆先（1916~2003），江苏常州人。从事中医工作四十多年，擅内科，兼儿科，曾先后在《中医杂志》等医学刊物，发表过论文十多篇。历任中华全国中医学会理事，中华医学会江苏分会理事及常州中医院副院长、主任医师等职。

先伯祖父屠厚之为武进孟河费伯雄先生之门人。叔父屠士初继承家学，行医于苏常地区。余早年从叔父及堂兄屠贡先学医，当年教诲，言犹在耳，回忆所及，略志一二，或有助于来者。

勤求博采　知常知变

先叔父尝教导我说："为医之道，首先学好四大经典著

作,这是根本。各家学说,必须博览,相互参证,方能逐步深入。识见既多,思路既广,临证之际,自能应付裕如。"记得当年侍诊时,见一中年男子,患春温发热十多天,神志不清,有汗,脉细而数,撬口察舌,舌质红而苔黄,但不厚腻。先叔父用大剂独参汤化服安宫牛黄丸,一日三粒,两日而神志转清,继用益气、养津、清热之剂而愈(先叔父治疗温病晚期,重用补气扶正法配合养津清热或化浊开窍收效者,不止一次)。当时曾以为何不用养津清热药配合安宫牛黄而用独参汤为问。先叔笑答曰:"温邪伤津耗阴,是其常也。但温邪亦能伤气,即《内经》所谓'热伤气''壮火之气衰'也。病人神昏而脉甚细,且出汗,为内闭外脱,元气衰竭之象,如不用大量人参扶持元气,而以养津清热,则津未回而元气已脱,岂能复苏?要知热邪能伤阴,壮火亦能伤气。寒邪能伤阳,寒燥亦能伤津。况寒邪化热,阳证转阴,病情之变幻多矣,非勤求博采,不能知常知变。"先叔父结合实践指点理论,使人印象更深刻,数十年不忘怀。

衷中参西 融会古今

"古训必须勤求,新知亦应吸收;古代医籍要多读,近人著述勿忽视;经方极可贵,时方有妙用;现代西方医学知识,亦应有所了解。"此皆先兄之教导。他非常推崇王清任、张锡纯之实践探索精神。主张古今学说,不宜偏废,中西医两方面之理论相互参照,非常有益。尤其是懂得一点西医知识,会更感到中医学之伟大。例如,西医近年来才一致认为多吃动物脂肪和糖类饮食能增加血脂,引起动脉粥样硬化,而明朝张三锡氏早就提出,预防中风要"摒除一切膏粱厚味、鹅肉、曲酒、肥（动物脂肪）、甘（糖类饮食）"等物。又如,我在三十多年前,经常看到农村小儿患走马牙疳,尤其在麻疹之后易得此病。病势重而急,患儿满口秽臭,腮破牙落,甚至死亡。倘此病能在初发时立即用金枣丹吹患部,配合内服药,一般疗效良好。但走马牙疳为阳明经毒火燔盛之症,金枣丹之主药是白砒,白砒是大热剧毒之药,何以能治走马疳？后来看到西医书籍,知道走马牙疳即现代医学上奋森氏口腔炎,其病原体为螺旋体,砒为杀灭螺旋体之有效药物。而中国古代早已用金枣丹治走马牙疳,这不能不说是伟大的创造。还有,有人患咳嗽久不愈,化验痰液发现有白色念珠状霉菌。当时有一民间单方用白药子叶治鹅口疮有效,因而联想到鹅口疮之病原体是白色念珠状霉菌,则对支气管之念珠状霉菌亦应有效,因于清肺化痰药中加用白药子。不久,咳平,痰液化验已无霉菌。先兄的教导和自己的实践使我深信,学习一些现代医学知识,对于继承发扬中医学,必然会大有好处。

临床辨证　重在舍从

先叔父常讲:"学辨证不难,难在舍从。或舍脉从证,或舍证从脉,或舍脉从舌,或舍舌从脉。设舍从不慎,往往毫厘之差,千里之谬。"诚然,如肢冷、口淡、溺清、便溏、面白、舌淡、脉细为寒证,身热、烦躁、口干、尿赤、便秘、面红、舌绛、脉数为热证,如此寒热分明,辨有何难？但如证、脉、舌三者之间有不符之处,则属寒、属热、属虚、属实,有时则很难定论。先叔父曾治一中年妇女,下痢两个多月,痢止后,食欲极差,全身无力,皮肤干燥,舌红无苔。原来认为是久痢伤脾阴或余热未清,大都用健脾养阴之剂,但几次治疗,食欲未见好转,倦怠益甚。求治于先叔父,先叔父说:"此病虽然舌红无苔,但无烦热、口碎、掌热等症,脉象细而软,全身无力,是痢后脾胃气虚之证,不属久痢伤阴。至于舌红无苔,皮肤干燥,则是脾胃气虚,运化失职,不能吸收水谷之精微使'水精四布'所致。应舍舌从脉,用补脾益气之法。"遂以四君子汤加山药、谷芽、莲肉,党参改为人参,于术易白术。三剂之后,食欲逐渐好转,继续调养脾胃而愈。另一例中年男子,患烦渴引饮,几乎口不能离水,一日夜尽数十碗,小便亦极多,食欲差,进食少,皮枯肌瘦。原来认为是阴虚火盛之消渴证,屡用养阴生津之方无效。先叔父曰:"患者舌相不红不光,无易饥多食之象,而脉象沉细,尺脉尤弱,虽有烦渴引饮之证,但非阴虚消渴之病。是宜舍证从脉,改用温肾法。盖肾气虚不能调摄水分,故溺多,肾阳虚不能蒸腾津液,故烦渴,肾火衰则脾运弱,故食少肌瘦而肤枯。方用金匮肾气丸改作汤剂,再加人参、鹿角胶、覆盆子。十日之后,症状趋向缓和。通过以上事实,使我当年领悟舍从问题在临证治疗中之重要意义,更认识到正确掌握舍从,必须四诊结合,全面考察,得出重点。否则,孰真孰假,孰舍孰从,无从着手。

对症下药　须善调配

用药,必先通过辨证;立方,须灵活调配。所谓调配,就是指某种药物,其功用与病人之症状相符,而药物的性质却与病因相悖时,就必须加用其他药物以调配之。例如麻黄能平喘,其性温,用于寒喘,当然很适当,再配以祛寒药或化痰药,则效用更明显。如用于热喘,其功用是对症的,但麻黄之温性却与病因不相宜,如加用石膏、甘草以调配之,则麻黄虽属温性而仍可用于热喘。又如大黄为苦寒通下药,用于热闭,当然很适合,如用于寒阻,就必须配以温热药。调配得当,既发挥了药物的主要作用,又制约了它与病因不相适宜的性质。先叔父常教导我:"仲景制方之神妙,非同寻常,好多方剂寒热并用,攻补兼施,调配得非常确当,必须认真学习,仔细领会。"诚然,如果不善于调配,治寒证一味寒性药不用,治热证一味热性药不用,如此严格限制,表面看来,似乎运用辨证施治的原则未尝有错,但在利用某种药物的特长方面不免有不足之处。我记得初临床时,遇一湿温病人,壮热八九日不退,口渴欲饮,胸中烦懊,脉象濡数,早已用过三仁汤等轻开淡渗之剂而无效,因湿热俱重,拟重用芩、连、山栀,但鉴于患者舌苔黄腻而偏干燥,湿温中期,邪从热化,用芩、连恐犯古人苦燥伤津之戒。疑虑不决,请教于先兄,指导我用知母、花粉、芦根配合芩、连、山栀等药,可无苦燥伤津之虑。如法用之,果然热渐退,舌苔黄腻渐化,并未出现津伤液涸之象。因知用药之调配,关系药物之间的协同作用和相互制约作用,在治疗中有极其重要的意义。

结　语

以上叙述，为过去学医中的一部分回忆，我的体会平凡，不值识者一粲。但自感上述问题，当年对启发学习的思路起着一定作用，尤其在从书本开始结合临床这一阶段更为重要。将结业时，先叔父、先兄又相继告诫说："学习是知识的源泉，将来即使业务繁忙，也决不能长期抛弃阅读。"自出师门，未忘教导。多年来在业务上能免于陨越，追根求源，皆得力于师训。

屠揆先

从师和交友　厚积而薄发

《中医杂志》名誉主编
中华全国中医学会常务理事　　董德懋

［作者简介］　董德懋（1912～2002），北京房山人。从事中医工作五十年，毕生致力于中医临床和杂志编辑工作，对于中医内科、儿科和针灸有较高的造诣。主要著作有《中医基础学》《中药学》《针灸经穴概要》《针灸铜人图》《中医对痢疾的治疗》等。历任中华全国中医学会常务理事、全国针灸学会副理事长、北京中医学会副会长、中华医学会理事、中华儿科学会常务理事、《中医杂志》名誉主编、《中华医学杂志》编委、中医研究院学术委员会委员、中国农工民主党北京市委医药卫生工作委员会副主任等职。

从良师　取法乎上

我出生在北京房山县曹章村。一九二六年在良乡县高小毕业后,由于家道贫寒,无力继续学业,由人介绍到一家商店学徒,以维持生计。因胞弟患病,贻误于庸医,不胜悲恸,遂立志从医。我学医的启蒙老师是岳父赵廷元先生,他开始教我习诵《雷公药性赋》《濒湖脉学》《医学三字经》《医宗金鉴》等书。当时年轻好强,常发愤攻读,即使更衣亦手不释卷。有一次到姑母家,犹不忘背书。姑母深为感动,资助我报考华北国医学院,开始自己真正的医学生涯。

华北国医学院,为北京四大名医之一施今墨先生于一九三一年创建。学院除设立中医课程外,还设有西医基础和临床课程,学制四年。施老任院长,并亲自授课和带学生临床实习。学院所聘教师有许多名家,如赵炳南、陈宜诚、姚季英、赵锡武、杨叔澄、于道济及西医专家姜泗长等,都曾先后在校执教。学院成立十余载,培养学生五六百人,毕业后分布全国,而以京、津、冀、鲁、豫等地为多,其中不少人已成为目前中医界的骨干力量。

我在该校第三届学习,毕业后又随施老学习内科。当时先后随师的同学有哈荔田、祝谌予、李介鸣等。在这样优越的环境熏陶下,使自己的学业大有长进。从一九三六年我就在施老诊所襄理业务,并从事针灸临床,时达五载余。

在施老亲自教诲下,耳濡目染,心领神会。我当时学习的主要方法:清晨背书,白天随师诊病抄方,晚间整理脉案,阅览医书。我把老师的脉案按病、按证、按方分别归类,并查阅相应的文献,作笔记,加按语,还常试用治疗,把个人体会也记下来。如此温故知新,反复验证,从中省悟老师的学术经验。

施老治外感热病,擅用清解法。他说:"吾侪治疗外感病,首宜辨明表里、寒热、虚实,则层次分明。表病不可只知发汗,且应注意清里。"他根据表里病情的不同,合理配用解表和清里药物比例。在治疗感染性发热疾病,如流感、白喉、风疹、水痘、猩红热、丹毒、流行性腮腺炎、急性扁桃腺炎等,常用银翘散加减,宣散风热,清热解毒,其加减变化甚妙,如:挟寒加麻、杏,加重荆芥量;挟血热加生地、丹皮、丹参;热毒重加公英、地丁、紫草、甘中黄;挟湿加茯苓、大豆卷、通草、绿豆衣;若肢体痛甚,加忍冬藤、桑枝;若发疹,加浮萍、蝉衣等。他对紫雪散应用亦别具一格,常在未见神昏谵语时即用,只要高热、便秘、舌红、苔黄,用之腑行热退,不致热陷营血。

施老对内伤病的治疗,重视气血证治。认为"气血"当列于八纲之内,而成"十纲"。且重视调理脾胃,以疏脾、运脾、醒脾为法,培后天之本。

先生习用药物"对偶",人称"施氏对药",往往寒热、阴阳、气血、燥润、辛苦之药同用,除沿用古人习惯配伍(如乳香配没药、三棱配莪术)和有效的小方(如左金、枳术、失笑、金铃子散)外,每多创造。众所周知,施老善用山药配黄芪治尿糖高,苍术配元参治血糖高,为中药现代药理所证实,并屡验于糖尿病临床治疗中。他对药物应用,常在古人启发下有所发挥,如蒲黄治中风失语舌强，蝉衣治耳鸣，为先生临床经验心得。

先生对孙一奎《赤水玄珠》和张石顽《张氏医通》尤其推崇，认为是中医内科必读之书，每教吾等阅读。《张氏医通》为张石顽师生心血结晶，集前贤书百余种，十六卷，七十万字，述内科证治，兼及妇、儿、外科。我读《张氏医通》，以内难仲景学说为经，后世各家学说为纬，掌握其辨证纲领、方药运用为要。对张氏个人实案、证治发明，亦每留意，如交肠、百合病，历代较少记述验证治例，张氏书中有载，特录出以供以后参考。对每种疾病，尤其着眼于历代各家在诊治上的认识发展，从中自有收益。以后我还参考《古今医案按》等优秀医案，相互参阅，也有不少新意发现。

采百花　荟萃群芳

我毕生从事中医期刊的编辑创办工作。个人经手主办的杂志，有《中国医药月刊》《中华医学杂志》《北京中医月刊》三种。以前者较早，且办刊时间较长，故以为介绍。

该刊创办于一九四〇年六月十五日（民国二十九年），停刊于一九四三年十二月（民国三十二年），共出四十二期，每期约十至三十页不等，发表文章十五至二十篇，最多时曾达三十余篇。老五号字体直排分栏。杂志还分设各项专栏，如长篇专著连载、言论（相当于"学术探讨"）、方药研究、针灸研究、治验与医话、医案、笔记、小品、文苑、家庭医学和读者园地等。先后参加编辑工作的同仁，有田小石、张慧中、周纮章（燕麟）、汪浩权（慎之）、魏萱（桐青）、李祖芳、潘兆鹏、谢诵穆（仲墨）、潘树仁等。其中以上海汪浩权先生尤为得力，汪是近代名医章次公先生的学生。

刊物创办初期，由施今墨老师支持，诸同窗好友襄助，自筹资金，本人任社长兼总编。我在《创刊宣言》中郑重声明："今后愿我同道，苟能共同努力，不存门户之见，以学术为前提，不泯灭中医之长，不回护中医之短，利用科学方法，以求治疗之真理……弃其糟粕，存其精华，祛其空谈，趋于实用，使我国固有之实验医术，追列于世界医林，以发扬我东方之文化。"（见《中国医药月刊》第一卷第一期）这就是创刊的主要宗旨。

我自己在杂志上发表文章不多，主要有《针灸讲座》《实用临床诊断学》等。平时除处理社务，还帮助编辑文稿。在旧社会办刊物常常会赔钱，但我想到只要中医事业能得到复兴昌盛，个人损失算不了什么。自己在办刊期间，广泛结交医界名流、海内贤达，对理论和实践进行交流、学习，使学术水平大有提高。作为编辑，必须有多方面的知识，才能提出问题、分析问题、解决问题。因此要求自己多看书，多看病，虚心向人求教。凡中医典籍，诸子百家，乃至民间验方，风俗人情，都须涉猎通晓。组编面要宽，就要做好社会工作，不管是德高望重的名家，还是初出茅庐的青年，都要广泛结交，以便建立刊物的基本作者队伍，为提高杂志质量打好扎实的基础。当时刊物的主要撰稿者，有曹颖甫、陆渊雷、章次公、余无言、时逸人、叶橘泉、聂云台、谭次仲、祝怀萱、樊天徒、汪浩权、朱小南、姜春华、耿鉴庭、沈仲圭、潘澄濂、杨则民、叶劲秋、周介人、焦勉斋、潘树仁、宋大仁等。还有祝谌予、周燕麟、田尔康、张方舆、袁平、夏雨苍、张慧中、魏克逊等同学，也分别为本刊撰稿。为了启迪后学，表彰前贤，我们自第三卷第一期开始，曾先后刊载当代名医施今墨、肖龙友、孔伯华、汪逢春、陆渊雷、章次公、丁仲英、赵树屏、宋大仁、章巨膺、余无言、朱小南、樊天徒、丁福保、缪铭泽、刘星垣等的个人传略和学术成就，同时骈登照片，为近代中医学史的宝贵史料。

杂志要求"杂"，不仅编辑人员要成为"杂家"，在文稿的形式和内容上也要求"杂"。不仅需要高水平的"阳春白雪"，也需要通俗普及的"下里巴人"。这样才能扩大杂志发行量，达到雅俗共赏的目的，同时为发现、培养中医人才，蔚成学术民主的好风气创造条件。我们在全国各地，特别在京、津、沪、冀、鲁等地设分社，并聘请特约撰稿、特约编辑，使本刊在全国各省畅销，成为当时较有影响的中医期刊之一。

此后，我还主办《中华医学杂志》《北京中医月刊》，后者于一九五五年改名为《中医杂志》，且于一九五九年并入中医研究院，成为现在《中医杂志》的前身。

重积累　循序渐进

我在临证实践中，有个重要体会，就是读书、看病都有个积累的过程，由少到多，由简到繁，由易到难。一点一滴，日积月累，聚涓滴而成江河。试以脾胃学说为例述之。

(一)用古方,妙在师心化裁　脾胃病证为临床常见,对脾胃虚弱、中气下陷的内伤发热,人皆知用补中益气汤,即"甘温除大热"法。开始我亦套用此方,主治此证每效。后又发现许多病人在治疗发热过程中,其他症状也随之痊愈,引起了自己的重视。嗣而对此留心观察,将之记录,汇集成册。如有同道王某,患内痔便血,自用补中益气汤无效,余诊之为中气下陷、脾不统血,药证相符,又何以东垣方失灵?窃思痔血尚有大肠血热一层,自古用槐花散凉血清热,故参合二方用之竟效。并试用于其他痔血病人亦效,其处方为:黄芪五钱,党参四钱,白术、当归各三钱,升麻一钱半,槐米三钱,地榆、侧柏叶各四钱,陈皮一钱半,柴胡一钱,甘草一钱半。每用五剂即血止,继服十剂巩固。自此,余习用补中益气汤参以他方,治中气下陷诸疾。如习惯性流产,用原方加阿胶、艾叶、续断、杜仲、桑寄生之补肾固胎;脱肛,用原方加防风、枳壳,即合三奇散,能升提益气;用原方加川芎(八分)、防风治脾虚久泻,源于尤怡《金匮翼》,但总不出东垣补中益气升阳。可见用古方,关键在于师其心,用其法,灵活化裁,方可积累自己的经验。

(二)学理论,贵乎溯源探流　从东垣补中益气汤的应用开始,我反复阅读东垣的《内外伤辨惑论》《脾胃论》《兰室秘藏》,从中得到不少启发。特别是《脾胃论》大量引证《素问》《灵枢》经文,阐畅脾胃学说,发难解惑,倡升降理论,制补中升阳诸方。由此我重点从脾胃生理、病理、病症、治法、方剂药物各方面,对脾胃学说理论进行溯源探流,并将相类、相反的方面加以综合比较。如《内经》"人以胃气为本"和李中梓的"脾为后天之本";《内经》"阳道实,阴道虚"和《伤寒论》阳明"胃家实"、太阴脾不足;东垣升脾阳,天士养胃阴;东垣"调脾胃以治五脏"和景岳"治五脏以调脾胃"。凡此种种,以名句、名方、主法、主药,分门别类,积累汇总,做分类卡片。其中特别欣赏张仲景《金匮要略》"四季脾旺不受邪"和周慎斋"诸病不愈寻到脾胃而愈者颇多"之语,并联系实际,用于临床。如有一再障病人,六年病史,选用西药和补肾养血中药无效,虽有五脏俱虚之症,但虚不受补;见其腹满、纳呆、便溏、苔腻,为寒湿困脾,投以藿香正气合平胃散,苦温燥湿,醒脾开胃,俾寒湿除而中土始健,谷气充则五脏得养。继以补气养血诸法,治疗乳糜腹水、血紫质病、冠心病等疑难疾患,亦获佳效(详见《中医杂志》一九八一年第二期段荣书文)。

(三)勤思索,总结经验教训　我不仅习惯积累成功的经验,也注意从挫手的病例中总结失败教训。记得在江西永修县临证,曾有一批小儿夏季热患者,见发热、烦渴、尿频、纳呆、便溏、舌红、脉虚数。初辨证为阴虚暑热,以养阴清暑罔效。筹思良久,上渴下尿为辨证着眼,乃津液敷布失常。"脾为胃行其津液。"津液之病,应以脾胃枢机调节为要。又见发热、纳呆、便溏、舌红、脉虚数,显系脾阴不足,虚阳外浮所致。故投以陈无择六神散、《局方》参苓白术散等,用大量山药、扁豆、芡实、莲肉滋润脾阴,兼合参术苓草健脾益气,脾土健则津液输布,脾阴复而暑热自消,终以全功。

同时,我还常从别人治疗失败的病例中总结教训,积累经验。曾有刘姓婴儿,六个月,患肺炎,用青、链、红、庆大霉素无效,除发热无汗、咳嗽痰鸣、憋气抬肩外,反起呕吐、厌食,且腹泻日五至二十次,大便呈绿色黏液状。询问其母,患儿平时消化欠佳,每易腹泻、呕吐。自服西药红霉素后,出现呕吐腹泻等症。可见脾胃已伤,为脾气不升、胃气失降所致。故嘱停用西药,节制哺乳量,以护胃气,上喘下泻且发热,俗谓"漏底伤寒",如治喘以宣肺易伤脾胃,治泻须调中又碍肺实。我思索,病情复杂,脾虚为本,肺实为标,当先治标,后治本。用小青龙加黄芩汤(原方为石膏,因脾虚石膏不宜,易以黄芩)二剂,得汗后改投健脾和胃之参苓白术散以培土生金。

(四)精选药,反复推敲斟酌　对药物的应用,我也不断在临证中积累经验,反复推敲,比较同类药物之异,异类药物之同。

如临床常用行气药物治脾胃气滞病症,有香附、乌药、木香、砂仁、陈皮、枳壳、厚朴、槟榔、大腹皮、蔻仁等,其辛香温燥,具止痛、除满、解郁、化痰、祛湿、和胃、运脾作用,部分药物还有平喘、活血、疏肝、通下的功效。但因辛燥又易耗气灼津,故不宜久用。以后在临证中发现《济阴纲目》加味乌药汤不仅可治妇人气滞痛经,对脾胃气滞病证亦效。方内乌药、香附、砂仁、木香四味行气,药性平和,且同中有异,异中有同。如香附行气而疏肝解郁,长于止痛;乌药行气除满,对胸腹痞满皆宜;木香行气而宽中止泻,对腹泻下痢较宜;砂仁行气而醒脾开胃,能芳香化湿。临床常酌选其中二三味小量(一至二钱)配用,每取良效。

再如脾胃不和,胃气上逆,见呕吐、嗳气、呃逆、吞酸等,余每以降逆和胃法,选旋覆花、代赭石两药。起初我套用仲景旋覆代赭汤,时效时不效。后辨为脾胃虚者用原方较合适,如有肠胃实热见便秘、口干、苔腻者,则去参、草、枣加瓜蒌、玄明粉、大黄、枳实,降逆通下合用。可见选药精当必须在正确辨证基础上,始能积累合理的经验。

对越鞠丸、戊己丸、半夏泻心汤、枳术丸等方,余用药配伍比例亦视病人体质、证候的寒热虚实而定。如枳术丸,虚重白术,实重枳实。戊己丸,寒君吴萸,热君黄连。越鞠丸,香附、川芎、苍术、神曲、山栀治"六郁",亦辨气、血、湿、痰、食、火郁的不同,而出入化裁。

在用药时,我每悉心体察。如逍遥散有薄荷以芳香解郁、升清理气,用量小,配伍妙。后酌加于脾胃方药中亦效。并仿其义改用荷叶、藿香叶,亦奏异曲同工之效。再在降逆方中加苏叶、枇杷叶,又取止呕肃肺之功。二者均为叶类药,荷叶、薄荷升清,杷叶、苏叶降浊。这样不断积累经验,看似寻常,从中亦可得到不少东西。

善归纳　执简驭繁

做学问,不仅要重于积累,而且要把积累的东西归纳为简要的纲领,执简驭繁,指导临床。

在肝病证治上,我重点学习《内经》《难经》《巢氏病源》《千金》《脏腑药式笺正》《西溪书屋夜话录》《笔花医镜》,乃至近人赵树屏、秦伯未等论肝的理论著作。但总感到肝病临床多见,而理论却头绪纷杂,我在上述基础上,用归纳法总结为以下几点：

（一）**肝的生理** "肝为将军之官"，主谋虑而藏魂，与现代解剖学神经系统有关。"肝藏血""人卧则血归于肝"，贮藏血液，调节血量，与血循环相关。肝体阴而用阳，为二者的结合。

（二）**肝病治法** 肝病治法，一为养肝体，二为制肝用。养肝体乃养阴、养血，亦可从脏器相生方面着手。制肝用乃安镇、疏理，亦可从脏器相制方面着手。时或二者兼用。

（三）**肝病证治分类**

1. 肝郁。以情志抑郁所致，每见胁肋胀满或窜痛等。法以芳香辛散，疏肝解郁。方以四逆散、柴胡疏肝、逍遥、越鞠，药用柴胡、香附、川楝、佛手、橘叶、青皮等，兼火加芩、栀。

2. 肝火。气有余便是火，从肝郁而来。证见面红、目赤、口苦、耳鸣、头痛、急躁易怒、舌边尖红、苔黄，以面部症状为主。属实热体壮者，用清泻法，方如当归芦荟丸、龙胆泻肝汤。如症状较轻，或热盛而体虚，则当轻剂泄火，方如丹栀逍遥散、青蒿鳖甲汤，用桑叶、菊花、丹皮、丹参、栀子、茵陈、夏枯草、青蒿等。

3. 肝阳。肝阳上越，或由肝血不足，或由肝肾阴虚，或由肝火上升所致。多见头痛、眩晕、易怒、耳鸣、眼花、失眠、口苦、舌红等症。肝血不足所致者，用柔肝潜阳，四物汤加潜阳药。肝火上升所致者，用平肝潜阳，加味磁朱丸、龙骨牡蛎汤。肝阴不足所致者，以滋阴潜阳，杞菊地黄汤加潜阳药。潜阳药有龙骨、牡蛎、磁石、石决明、珍珠母、代赭石等,选二至三味即可,量宜大而先煎。

4. 肝风。或由火,或由气郁,或由阴亏血少而来,属内风。风性动摇、善行数变,症见眩晕、震颤、抽搐,皮肤自觉如虫行。治宜熄风于内,不可辛燥灼液伤津,方如天麻钩藤汤。热盛发痉以羚角钩藤汤,血燥风动以黄连阿胶鸡子黄汤,阴虚风动以三甲复脉汤。

5. 肝虚。多为阴血不足。又因乙癸同源,故肝阴不足可兼肾阴虚证。肝阴虚不能潜阳,故又为阴虚阳亢。补肝血用四物、当归补血汤;补肝阴以一贯煎、杞菊地黄汤。如阴血不足,症以疼痛为主的可以用柔肝法,用芍药甘草汤、当归芍药散。如肝虚血不内藏,则以胶艾四物加止血药,常用于妇人崩漏。如肝虚不固,血不养胎之滑胎或不孕,常以胶艾四物合补中益气汤。

6. 肝寒。肝病大多偏热,但间亦有寒证。肝之实寒证,如积聚癥瘕宜于温化,以《沈氏尊生书》血症丸;肝之虚寒则投以景岳暖肝煎。

这样归纳,将错综复杂的肝病分为六类,以虚实寒热阴阳辨证,便于临床使用,也适于授徒教学。当然这还是要在正确掌握辨证论治思想的基础上,才能灵活出入,否则就会成为无源之水,无本之木。此外,我曾将理脾治法,归纳为益气、升举、温中、清热、理气、固涩、通下、祛湿、养阴、消导十法,以攻和补为纲。攻法为通下、理气、清热、祛湿、消导,补法为益气、升举、温中、固涩、养阴。凡此种种,可知归纳在学习过程中的重要性。

总之,做学问,干事业,必须要从良师、交知友,为事业打好基础。善归纳,重积累,熟读、精思、妙用,亦所谓"厚积而薄发",尤为学习过程中不可缺少。这就是我一点浅薄的体会,提出来供大家参考。

(陆寿康整理)

治学杂谈

中医研究院广安门医院
副教授、副主任医师　　谢海洲

[作者简介] 谢海洲（1921～2005），河北临榆人。幼承家技，从事中医教学、临床和科研工作近四十年。致力于本草学的研究，对于中医理论和临床也有一定造诣。主要著作有《中药常识》《常用药品小辞典》（与于力合编） 《药物手册·中药部分》《北京四大名医》等。

我业医近四十年，虽小有成绩，然教训也不少，谈一谈为后学者借鉴。

幼承家技　博采众长

我出身一个中医的家庭，祖父、父母和叔父都是终生以医为业。祖父是一位穷秀才，不事生产，只知读书，且为绅士们教家馆,有时自己也课徒。他经营了两间小药铺,代卖成药,兼看病。父亲、叔父、母亲随祖父学习医术,经常采集当地药材,去杂晾干,为病人做些丸散膏丹之类,收些小费以度日。

祖父课徒很有经验,主张先学《医宗金鉴·杂病心法要诀》,然后学程钟龄的《医学心悟》,参考《笔花医镜》《医宗必读》,再学习《内经知要》,参考《灵素类纂约注》,回过头来学习陈修园的《伤寒论浅注》《金匮要略浅注》,看《医学从众录》《医学实在易》,背《长沙方歌括》。这种先《伤寒》《金匮》,后《温病》的教学自学方法,北方民间医生大都相似,与南方医生先《温病》、后《伤寒》的学习方法迥然有别。他十分重视背诵,身体力行,能从头至尾背诵《医宗金鉴》和陈修园医书二十四种。我在家庭影响下,到十二三岁时已能读《古文观止》及一些医书,并能背诵二三十篇古文和《内经知要》及一些药物、方歌等。

在"九一八"事变前,父亲害急性传染病故去,母亲也放弃中医事业,进入山海关普济医院随季大夫(犹太人)学习西医,后来就随同到北京妇婴医院工作(为教会医院)。我初中毕业后随母到京,为生活所迫,在医院开电梯,并利用工余,在青年会学习英文。

进北京第二年报考汇文中学,因母亲在教会医院工作,子女得以免费并可领取助学金。还可利用每年寒暑假在图书馆工作的机会,得以翻阅文史线装书。此时深得国文教员李戏鱼、高庆赐的指点,学习他们的讲稿、方案、笔记等。毕业后,留校教初中语文,在此期间以志于医学,得与余冠五探讨医学理论。在任教同时考入北大农学院学习两年日文,大部精力仍教书习医。此时结识了周军声老师。周先生医学娴熟,善于诱掖后进,在他的帮助下,自学了同仁会与上海博学会的西医书。更值得提及的是,经周先生介绍此间得以拜赵燏黄先生为师。赵先生是本草学专家,而且对文献学、文史版本考据校雠学都有研究,鉴定古文物经验也相当丰富。他常提供我图书实物,指导阅读,并为修改稿件,为我在本草方面的学习奠定了基础。赵先生教读书与自学的方法等,使我打消了学西医的念头,又回转来学习中医了。自此多年来,追随赵先生,深得其耐心教诲,受益良多。在赵先生处结识了徐衡之先生。他是上海新中国医学院教师,与章次公先生最为要好,他学问渊博,得以互相问难,探讨医理,广开了眼界,提高了学术水平。至此决心深入钻研中医理论及本草方剂等,于一九四七年投考中医,通过鉴定合格,终于夙愿得偿。

一九五〇年,伤寒学家陈慎吾,约我协助为其主办的汇通中医学校担任本草方剂的讲授,并有幸先后聆听陈先生讲《伤寒论》达三四遍之多,深感差距之大。尽管我看过、背诵过《伤寒论》,也看过注家,但很多还是一知半解。陈先生条条用自己独到见解来解释,不拘于注家,而是前后呼应,左右逢源,融会贯通。并采用类证、类方、类病等归类方法研究,条理有序,一目了然,易学易记。后来,我将这种方法应用到《金匮》学习和读其他的书,也无不效验。

我在北京市中医进修学校教书时,又得遇钱达根先生,他熟谙古典文学,通乾嘉考据之学,通过共同编写讲稿,向他学了不少东西。又经常请教过瞿文楼先生、金书田先生。瞿先生主张背诵《神农本草经三家注》[张隐菴、叶天士(实为姚球)陈修园]，使我在本草研究上受益匪浅。

众所周知，中医学源流久远，流派极多，学术见解各有千秋。我早年较注重拜师访友，与同道互相切磋，不耻下问，深得诸家之益处。

除此以外，对富于创见，独具一格的医家著作，更是择善而从之。在这一点上，我常想：本来我这北方民间医生，只会开大柴胡、大青龙之类的方子，对于温热病就需向南方医生学习。底本就是《张聿青医案》和费伯雄的《医醇賸义》。丸方膏方偏学前者，处理急性热病多学后者。张聿青少承家学，毕生勤于临床辨证察色，尤长脉诊，极注意节令等对病人的影响。曾著《如梦录》一篇，自述一生为人行事，其经历越艰苦，其成就越大，钻研越深，所得越多。费伯雄先生习举子业，后学医，清咸丰、同治年间，以医名远近，请诊者踵相接，乃居遂成繁盛之区。费氏治学，宗于东垣、丹溪，不偏不倚，善于通变化裁古人有效之剂。

学医就要有善于撷众长的学风，既向书本学习，又要向师友请教。至今我仍常常热望参加各种学术会议，从中汲取营养。利用余暇翻阅近代医学杂志期刊，凡遇有效之一方一药，凡有新颖独特学术见解，都笔记于册，推敲揣摩，深入研究，或验之于临床，重复推广。例如曾向《中医杂志》学习过一个治疗白塞病的方法，用犀角地黄汤、三黄解毒汤、当归连翘赤小豆汤加升麻、土茯苓，临床用之辄效。又如曾亲自走访老中医张仲元先生，学习他治精神病的宝贵经验，并进行整理、归纳、总结、分析，写成医话。

熟读经典　笃学本草

经典著作是中医理论的源泉,有了熟读乃至重点篇章能够背诵的硬功,博览各家各派,才能抓住重点。老一辈之所以能引经据典,脱口而出,如数家诊,就是因年轻时下过一番苦功。经典读熟了,以后才有豁然贯通之妙。尤其在青少年时,奠基更为重要。我四岁时,随祖父课徒的学生念些歌赋,虽不理解,念得多了,也就记住了。背,不单纯是记忆的问题,还有加深理解的作用。学习方歌、药物更是如此,不背不成。熟背才能得心应手,口到笔到,熟能生巧。临床时初有方,后无方,最后又有方。这种意境都是背诵、记忆、实践、提高的过程。背诵开始要少,由少而多,积腋成裘,积沙成塔。到一段落,可以暂放,再另起第二段落,记熟了再开始第三段。《金匮要略》我就是这样分条分段背诵的,一共四百条都能朗朗上口,永志不忘,并可由此及彼,互相联想,互相印证。这种背诵的"童子功",对学中医的人是必备的。

回顾早年学医的历程大致分为四个阶段:

启蒙(或称入门)阶段。开始时,背学《医学三字经》《四百味》《四诊心法》《药性赋》。不懂的字词在老师的指导下查字典,疑难问题请老师讲解。

第二阶段,学《神农本草三家注》《内经知要》《伤寒论浅注》《金匮要略浅注》《温病条辨》,同时参考《本草备要》《灵素类纂约注》《长沙方歌括》等。重点章句,熟读乃至背诵,并做些读书笔记。

第三阶段,背《汤头歌诀》、读《医方集解》,参考《成方切用》《成方便读》等,打一点方剂学的基础。

第四阶段,读内科方面的书籍。初起可学《医学刍言》《医学心悟》《医宗必读》《笔花医镜》。边学边写心得笔记。最后,再看李用粹《证治汇补》、林佩琴《类证治裁》、沈金鳌《杂病源流犀烛》。还兼看一些各家的书,妇科如陈修园的《女科要旨》、明·武之望《济阴纲目》,儿科可由《保婴要旨》到《万密斋儿科》《幼幼集成》等。

这样大约需三年时间,其间一半时间临床,一半读书。临床忙时挤时间学,利用"三余"时间(冬者岁之余,夜者日之余,阴雨者时之余)。抓紧零散时间,且要有毅力。读书是艰苦的,但可读出趣味来。我常以自身浮浅的体会告诉学生说:作为中医,熟读经典著作,触类而旁通,这是贯彻始终的学问,舍此是无径可循的。

多年来,我一直注重本草学的研究。我认为先认方药是治疗疾病的前提,没有方药,临床恰似无米之炊,巧妇也难为之。

后来,从事教学工作,进一步提高了中药理论水平。解放初,协助陈慎吾先生创办北京汇通学校,主讲《神农本草经》。一九五六年北京中医学院成立后,在中药教研组任讲师。因具有英、日两门外语基础,得以不断学习中外各种研究成果,扩展了中药研究的深度、广度,为深入探讨提供了条件。由于酷爱本草,重视实地考查。在三十年代后期,曾追随赵燏黄先生多次到河北祁州(安国)药材市场、辽宁营口人参市场,也参观过四大怀药产区,到杭州笕桥了解生地的栽培,到四川绵阳考察大面积栽培麦冬,到灌县考察种植川芎。每次都眼到、口到、笔到,均能总结经验,写成考察文章。此外,还参观过重庆佟君阁药厂,杭州胡庆余堂,苏州雷允上,上海蔡同德堂、姜衍泽,北京同仁堂老式药厂等。教学期间,随学生采集中草药,炮制、配制丸散膏丹等,教学相长,提高了实际操作技能。

为了使脏腑辨证及药物应用融为一体,有益于临床工作,我对张元素《脏腑标本药式》进行了初步探讨。该书原本虽已亡佚,但在明·李时珍《本草纲目》中记录下来了。张元素的弟子李东垣、王好古、罗天益等人师其法,于他们著作中亦可见一斑。其后,张山雷纂辑了《脏腑药式补正》,按脏腑分类用药,作了系统的理论概括,言简意赅,切于实用。我注意将古人用药经验证之于临床,察之于古,验之于今,努力取得直接的体验。

我觉得研究本草,不能忽视药物的组方及炮制工作。中医方剂是一个单元,正于一味中药是一个单元一样。组方配伍,要与辨证有机结合,法随证立,方依法出。张景岳说:"夫方之善者,得其宜也,可以法也;方之不善者,失其宜也,失其宜者,可为鉴也。"所谓得其宜者,得法之宜也。徐洄溪也指出:"若夫按病用药,药虽切中,而立方无法,谓之有药无方;或写一方以治病,方虽云善,而其药有一二味与病不相关者,谓之有方无药。"由此可见,古人制方用药,务求方中有法,法中有方。量方用药,有规矩准绳。制方要通权达变,取前人经验,不落前人窠臼。古人谓方之为傲也,傲病而有力者也。正如喻嘉言所云:"凡用药太过、不及皆非适宜,而不及尚可加,太过则病去药存,为害最烈。"我体会,在组方配伍中,除注意君臣佐使等组方原则

外,还应根据治法要求,处理好五个辩证关系:

一曰散与收。散指发散、宣散,多指祛除外邪,宣通气机;收指收敛固脱、固摄气血之谓。二者相互为用,互相制约。如虚人外感,既要祛除外邪,用荆防之辛散,又要助其正气以芪术之甘温固表,所谓黄芪防风相畏而相使,实际上是反映了扶正祛邪两种治法的作用。

二曰攻与补。攻为祛邪,补为扶正。应根据邪正斗争情况,将攻补灵活配合,二者之中,关键在于扶正。《伤寒论》保胃气、存津液,温病之"存得一分津液,便有一分生机",皆在于顾护正气。正如十枣汤之用大枣,白虎汤之粳米、甘草,小柴胡汤之党参……我每用清热解毒、活血化瘀及攻伐之剂,必适当佐以顾护正气之品,正本此意。至于具体方药之多少,或平补平泻,均应据证灵活掌握,唯以祛邪而不伤正,扶正而不留邪为目的。

三曰温与清。温指"寒者热之",清指"热者寒之",治寒以热,治热以寒,"治寒不远热,治热不远寒",是治则之大法。但因病情复杂多变,组方配伍并非纯用寒热,而是寒热并施,温清并用。寒热错杂之证,自不待言。真假寒热之证,因纯用寒热易致格拒不受,亦需反佐一二味药性相反之品,谓之反治。根据方剂配伍及治疗的需要,常宜灵活伍用寒热之剂,如左金之萸连,交泰之连桂,取其相互制约、相反相成之功,或为监制他药以防其偏。这些药物虽数少而量轻,但其效用颇大,往往有出奇制胜之妙。

四曰升与降。升指提升,言其向上;降指通降,谓其向下。升降本为人体血气之正常运动,所谓"升降出入,无器不有"。若升降失常,则生化无权。故治病当调气机之升降,配伍应注意药物的升降,使气升降相宜,调配得当,升者不可升而无制,降者不可降之太过。如眩晕一证,无论病因若何,其病机无非清者不升、浊者不降所致,应升清降浊并用。虚者,升其清阳为主,升麻、荷叶之属皆可加入;实者,降其浊气为主,重镇潜降之品皆可选用。

五曰静与动。静者言其阴柔呆滞也,属阴;动者言其行走通达也,属阳。补益之剂,尤其滋阴养血之品,易于壅塞气机,故其性多静;而宣通之剂,如行气活血通阳气之品,则多属动。组方配伍时,应注意动静结合,动中有静,静中有动。如补法最易引起脘腹痞胀,纳食欠佳等气机不畅、胃气不和之证,或郁而化火变生他疾,常宜合宣通和胃之法,佐以动药,以行其滞,宣其痞,散其壅,故补气常佐以行气,补血常佐以活血;养阴注意助阳化气,温阳注意阴阳互根,才能补而不滞,滋而不腻,阳生阴长,能生能化。我临证尤其喜用羌活一味,其具宣通气机促进生化之力,用补益之法时,均可佐入,甚得其益。亦应注意动中有静,通中有补,防止用过,伤其正气。

这五个关系相互渗透、互相联系,其间含有丰富的辩证法思想,可补君臣佐使之不足。组方配伍时若能处理妥当,对提高辨证论治水平必有帮助。

此外,临证选药务使精当,推敲玩味,始能切中病情,制方在于常法之中,选药要有独到之处。我应用活血化瘀法时,常将伤科常用之刘寄奴、鬼箭羽、苏木、泽兰等用于内科,效果颇佳。在应用扶正固本法时,常用胡桃肉、黑芝麻、补骨脂、龙眼肉等平和温润之品补肾益脑而收功。在辨证论治指导下,还将现代药理研究成果为我所用。如血小板减少症常合用一些有升血小板作用的药物,如连翘、首乌等;粒细胞减少症,应用较大剂量鸡血藤等;真性红细胞增多症,应用桔梗、远志、紫菀等。这些药物的应用一般并不违背中医理论。

着重临床　法中求法

我从事本草研究多年,但始终不愿放弃临床,并力求做到临床、教学、科研三位一体。因为我觉得既有丰富的药物学知识,又有临床体会,医药并茂,方为上工。本人虽非上工,但毕生是向这方面努力的。

下面就中医治法方面的一些问题谈一点体会。

对疾病进行辨证之后,确立治法用药,是诊治疾病的基本过程。确立治法为理法方药中承先启后的重要一环。固然,无正确的辨证,即无有效的治疗;但若无正确的论治,虽则辨证无误,亦属徒劳无功。总之是立法一错,方药全误。早在《黄帝内经》中就已奠定了中医治疗学的理论基础,对基本治法进行了初步总结。随着医疗实践的发展,遂有八法的形成。但我认为,八法只是一个总的原则,临证中具体治法应用很有深入探讨的必要。本人体会,人体生理、病理应以邪正斗争为中心,应着眼于扶正祛邪,恢复人体正常之生理状态,故病有寒热虚实,治有温清补泻;脏腑有生克制化,治有补母泻子;病有六淫七情,治也各有不同,应随其病因病机而转变。人以正气为本。尤其要重视脾胃脏腑活动中作为先、后天之本的重要地位。肾为先天水火之脏,元阴元阳之所居,命门所系,元气之根,是一身气化之源,其为"封藏之本,精之处也",能藏精生髓主骨充脑,故为"作强之官",主水液代谢,司生殖发育,为人体生命活动之动力,抗御外邪之源泉。肾的功能关系到全身脏腑,肾病必影响其他脏腑,而其他脏腑病变,后期也必影响到肾,所谓"久病及肾",动摇根本。但先天之本肾,又必赖后天之本脾的营养。人生之后,先天之源已断,赖后天水谷精微之气补充。故《内经》指出"胃者,水谷之海,六腑之大源也。五味入口藏于胃,以养五脏气""五脏者皆禀气于胃,胃者五脏之本也"。李东垣进一步指出:"真气又名元气,乃先身生之精气也,非胃气不能滋之。"说明了后天脾胃对先天元气的作用。不仅在生长发育中赖后天水谷之精荣养,而且在病理情况下,亦赖脾胃健运方能祛除外邪,扶助胃气,恢复脏腑功能。况且,不仅水谷由脾胃受纳运化,而药物亦赖其吸收输布。临证时尤应注意胃气的存亡。"有胃则生,无胃则死。"治疗上宜顾护胃气,如"浆粥入胃,泄注止,则虚者活",乃其胃气来复。

"血气为神,要在疏通。"《内经》指出:"人之所有者,血与气耳。"(《素问·调经论》)又说:"人之血气精神者,奉生而周于性命者也。"(《灵枢·本脏》)人体一切生理功能的完成,皆赖气血充盛。所以,"气血者人之神,不可不谨养"(《素问·八正神明论》)。我认为气血是脏腑生理活动的物质基础,也是病理变化的依据。调养气血为摄生之首务,论治之中心。脏腑功能正常,不仅在于气血充盛,且贵在气血通调,如日月之行不休,"如环无端,莫知其纪,终而复始"。若外邪侵袭或脏腑失和,则气血运行失调,发生病变,并进而引起各个脏腑功能异常。《素问·调经论》说:"气血不和,百病乃变化而生。"朱丹溪也指出:"气血冲和,百病不生;一有怫郁,百病生焉。"王清任更指出:"治病之要诀在明白气血。无论外感内伤,要知初病伤人何物……所伤者无非气血。"故凡病必有气血失调。其在表者,必是营卫失和;其在里者,则是脏腑之阴阳气血不调。轻者在气,重者入血,轻者气血不畅,重者气血瘀滞,甚则形成积聚。诸般病症,由此而生。

基于上述认识,临证时常在八法基础上,以扶正培本、活血化瘀、清热解毒三法为习用之法。推敲揣摩,稍有所得。

扶正培本属八法中补法范畴。扶正者,扶助正气,补益气血阴阳;培本者,培补脾肾。张景岳曾说:"世未有正气复而邪不退者,也未有正气竭而命不倾者。"可见治病之关键在于扶助正气。扶正培本法在临床上主要用于虚证和虚实夹杂证。我常用扶正培本以增强抗病能力祛邪外出。对老年体弱者、久病者、产后等正不足者,不可徒攻其邪,以致邪未去而正又竭,病未除而人先危。邪势猖獗,若已伤正,也无忘顾护正气。应用时要抓住三点:①益气血重在补脾。脾为后天之本,气血化生之源,只有脾气健运,才能化源充足,益气生血。而且脾有统血之功,脾虚失其统摄血脉之力,则多有出血之患。而且出血又能加重血虚。所以出血之证亦必须健脾益气,方能使血归于经。对于气血两虚或气虚不摄血,我从补脾入手,当归补血汤或归脾汤加减用之常获良效。在补益气血中还应注意气血相互依存的关系。血瘀时行气以活血,血虚时益气生血,大出血时,注意"有形之血不能速生,无形之气所当急固",

故有用独参汤之举。还应注意血对气的作用。"血不充盛则气无所藏，血失濡润则气易耗散。"李东垣创补中益气汤用当归"以和血脉"，我常在补气时佐入当归等血分药，取血为气母之意。②补阴阳应当益肾。肾为元阴元阳之所居，五脏阴阳之虚衰，皆影响肾之阴阳。故凡阴阳虚衰之证，应当注意益肾。张景岳说："善补阳者，必于阴中求阳，则阳得阴助而生化无穷；善补阴者，必于阳中求阴，则阴得阳升而泉源不竭。"故肾气、右归之中，以六味补阴，桂附温阳，所谓水中补火；左归之中，熟地、山药、杞子养阴，又伍以鹿胶、菟丝之温肾，以防阴凝不解。我曾治一妇人，年三十一岁，两年前因产后大出血致乳房萎缩，经闭不行。近两月来又毛发脱落，性欲全无。兼见气短、心悸、失眠、健忘、腰酸畏寒，手足逆冷，全身痿软，舌淡胖无苔，脉沉细无力。经西医诊断为"席汉综合征"。我辨之以肾气虚损，气血大亏。投以扶正培本、补肾养血之剂，方用当归、熟地、五味子、山萸肉、川芎、仙茅、菟丝子、仙灵脾、黄芪、白术、沙苑子、枸杞子、牛膝，服四十余剂而愈。本例用归、地、五味、萸肉等滋阴养血的同时，合以温阳益气二仙、黄芪以阳中求阴，求得其生化之妙，遂使虚衰大证起而复兴。我在补肾时，还特别重视肾和脑髓的关系。我依据中医理论指导，将一些脑、脊髓等中枢系统疾患归于脑髓，而将一些造血系统疾患归于骨髓，提出了补肾养脑生髓的治法，自拟"补肾养脑汤"（紫河车、龙眼肉、桑椹、熟地、当归、赤白芍、丹参、茯苓、太子参、生蒲黄、菖蒲、郁金）和"补肾生髓汤"（紫河车、熟地、龟板胶、党参、黄芪、黑桑椹、制首乌、黄精、当归、仙鹤草、砂仁、鸡血藤），收到一定疗效。③补脏腑注意生制。调补脏腑的基本原则，即《难经·十四难》指出的:"损其肺者益其气;损其心者和其营卫;损其脾者调其饮食,适其寒温;损其肝者缓其中;损其气者益其精。"要根据各脏腑的特点及其虚衰情况进行调治。尤其应注意各脏腑间生克制化的相互关系,特别是相生的方面,即所谓"虚则补其母"的间接补法。如培土生金、扶土抑木、补火助土、滋水涵木等。相互资生中最重要莫过于先、后天之本的作用。因脏腑生机在肾,补养在脾,故临证诊病,先察脾胃是否健旺,继思气化是否正常。脏腑失调,脾肾俱虚时,先补脾以资化源,后益肾以固根本。

在应用扶正培本法时,我常常注意以下几点:

(一)明辨虚实。注意"大实有羸状,至虚有盛候",不犯虚虚实实之戒。

(二)根据病情分别选择不同补法。如病势急迫,气血暴脱,宜用峻补,且应补足,使药效持续方能挽救于万一。否则药性一过,元气复脱,则功亏一篑。而对于慢性病,则宜用缓补之法,须日积月累,至一定时日始见功效,不急于求成或浅尝辄止。

(三)防止补药之弊。壮阳之剂久用易生虚火,宜少佐柔润之品;滋阴之品,多用腻膈碍胃,酌加理气和胃之药。务使补气不壅中,养阴不碍胃,才能补而得效。

(四)注意"虚不受补"。虚不受补或因脾胃虚弱,补而不适;或因遣药不当,过于壅滞;或因夹有余邪痰浊。正如陈若虚所说:"受补者自无痰火内毒之相杂;不受补者,乃有阴火湿热之相攻。"(《外科正宗》)故常根据情况,或予调理脾胃,或用平补、清补、缓补之法,或先祛内停之痰浊湿热,方能奏效。

(五)注意时令剂型。《内经》有"春夏养阳,秋冬养阴"之说,诸家认识也不尽一致。但服药之时令确需注意。我认为立冬至春分的四个月中,乃万物闭藏之时,人合天地阴阳,气血固摄于内,又少化火滞气之弊,是服补剂的最好时令。而且慢性虚证,又非一汤一药所能马上奏效。故常配以膏丸之剂调理,久用方能收功。

(六)注意食养摄生。扶正培本不可专恃药饵。"药能治病,未可能补人。""病去则养之。"《内经》提出:"谷肉果菜,食养尽之。"这是值得认真领会的。

活血化瘀法是针对血失调达的"瘀血"病变提出的一种治法。活血即疏畅血流,化瘀即消散瘀滞。我体会瘀血的主要证候特点有:

病史 有外伤、手术史,极易损伤脉络,形成瘀血。有出血史,各种内外出血皆可使血溢脉外,形成瘀血。病程较长,"久病入络",由气及血,导致血行瘀滞。

症状 ①疼痛,刺痛样感,痛有定处,拒按;②肿块;③胸腹满闷,"欲捣其胸上";④发热,入暮发热或身觉烦热而体温不高,但也随瘀血部位不同而各异,如"瘀血在肌肉,则翕翕发热";⑤口燥,但欲嗽水不欲咽;⑥皮肤粗糙,甚则甲错,颜色黯黑或出现瘀点、瘀斑,或面颈部出现红丝赤缕或掌色暗红,或唇甲紫绀;⑦大便色黑而润,或如柏油样;⑧出血;⑨精神方面出现健忘,发狂等证,"血在下如狂,血在上善忘";⑩月经不调,经色紫黑有块或痛经。

舌脉 脉象沉细弦涩或结代;唇舌暗红或发紫,甚或紫蓝,或有瘀点、瘀斑,舌下脉络粗大,曲张色暗。

以上诸症,最重视舌象的变化。因气血的微小变化从舌质上反映最早。对于本法我主要用于如下病症:①外伤后遗症。早期采取活血化瘀法。我吸收了伤科治疗跌打损伤经验,受七厘散、紫金锭、回生第一丹等方启发,自拟"脑震荡后遗症方",药用苏木、刘寄奴、鬼箭羽、土鳖虫、菖蒲、豨莶草、鸡血藤、泽兰、赤芍、川芎。②痛证。唐容川说:"凡是疼痛皆瘀血凝滞之故也。"举凡痹证、心腹疼痛、胃脘痛、头痛等都是不同部位的气血凝滞,故常以活血化瘀法治之。但应注意所在脏腑及夹杂病邪的不同,配合不同方法,选择不同药物。③风证。包括内风、外风,主要指肝风内动引起之眩晕。头痛、口眼歪邪,震颤抽搐,甚至突然昏仆等证。风窜经络则可引起麻木瘫痪,半身不遂。无论内风、外风,当先从血脉论治。故有"治风先治血,血行风自灭"之说。外风当兼行血活血,内风则宜养血活血。且内风多兼脏腑阴阳之失调,或夹痰浊为患,应合用他法,方能十全。④血证。指出血和发斑。唐容川说:"凡系离经之血,与养荣周身之血已暌绝而不合……此血在身,不能加于好血,而反阻新血之化机,故凡血证总以祛瘀为要。"治疗各种血证,如白血病、再障、血小板减少症等,并非一味补血止血,而是据证配合活血化瘀之法,选用作用较轻的活血化瘀药或祛瘀止血之品,如丹皮、赤芍、生蒲黄、茜草、三七等。⑤久病。必然会出现由气及血、由经入络的病理机制,引起血行瘀滞。叶天士在其医案中多次论道:"经几年宿病,病必在络。"周学海亦引叶氏之说认为:"凡大寒大热病后,脉络之中必有推荡不尽之瘀血。"许多慢性病后期多有血瘀的病理变化。如《金匮要略·血痹虚劳病脉证并治》之大黄䗪虫丸证,出现"内有干血,肌肤甲错,两目黯黑"之干血痨症,即是五脏虚劳,引起经络营卫气伤而致的瘀血现象。这既是许多慢性病出现虚实夹杂的原因,也是一些虚证补之不当或虚不受补的原因之一。对这类病症我采用补中有消、消补结合或以消为补的治法。如大黄䗪虫丸即是一个"缓中补虚"的良方,常为我用。我认为,活血化瘀法是以通为补的方法,久病虚实夹杂皆可用之。⑥癥瘕积聚,都是气血积滞而成。《灵枢·百病始生》指出:"凝血蕴里而不散,津液涩渗,着而不去而积皆成矣。"王清任亦说:"结块者,必有形之血也。血受寒则凝结成块,血受热则煎熬成块。"此时,须选用祛瘀力强兼有软坚化积作用的药物,如鳖甲、丹参、王不留行、三棱、莪术等。我还特别喜用虫类药,如虻虫、水蛭、䗪虫、鼠妇等。此类药善走窜入络,通经破瘀之力甚强。这与叶氏主张"通络之法,每取虫蚁迅速飞走诸灵"其义相合。⑦妇人病。妇人以血为先天。肝藏血,若肝气郁结,失其调达则经血不调,或经产之后,血络受损,护调失当,均可引起经带胎产诸病。如经闭、痛经、月经不调、不孕症,慢性盆腔炎等均可用活血化瘀法,但常需与疏肝理气药合用。选药时,多选用兼有调经作用之活血化瘀药,如当归、丹皮、赤芍、灵脂、香附、元胡、蒲黄等。

在应用活血化瘀法时,我常注意以下问题:

(一)气血关系。气为血帅,气行则血行。活血化瘀中佐入行气理气之品;虚证宜加益气之品,冀其推动血液运行。

（二）辨明虚实。血瘀一证，局部观之属实，整体又多兼虚，注意祛瘀不伤正，补虚不留瘀。

（三）分清寒热。予以温经散寒或清热凉血之法，切不可泥于"温则行之"而一味温热，也不可拘于"遇寒则凝"而忌用寒凉。

（四）明确部位。我临床依瘀血部位不同，分别选用不同方药。头部常用通窍活血汤或自拟"脑震荡后遗症方"，胸膈以上及两胁用血府逐瘀汤、复元活血汤及旋覆花汤等，腹中用膈下逐瘀汤，脐下用少腹逐瘀汤或当归芍药散，半身用补阳还五汤，关节痹痛用身痛逐瘀汤等。

（五）瘀血轻重。一般瘀血不畅，行血活血即可；瘀血内停者，应活血祛瘀；形成癥瘕痞块则应用消癥破瘀通经之法。

（六）根据病情配合他法。正虚者，扶正祛瘀；出血者，止血祛瘀；兼寒者，散寒祛瘀；夹热者，清热祛瘀；有痰者，化痰祛瘀；因湿者，渗利祛瘀；有肿毒者，消肿祛瘀；积块者，软坚祛瘀；妇人者，通经祛瘀等。

清热解毒法包括清热和解毒两方面，二者互相渗透密切相关，应从热和毒两方面理解本法。热证，临床观察火热颇多。《内经》病机十九条中属火属热者占九条，几近一半。故河间有"六气皆从火化"之说。凡引起人体上下内外表里脏腑阴阳失调、阴虚阳盛者，皆可形成火热之证。毒之为病古人多指药毒、食毒及蛊毒等，以后则邪毒并称，有所谓火毒、热毒、湿毒、水毒、血毒、温毒等。今人将癌肿病因称为癌毒，可见毒的概念甚广。我体会，凡邪之甚者，重伤气血或伤及脏腑组织出现红肿、糜烂、溃疡等症，皆可谓毒。毒与火热有关，并非凡毒皆属火热。清热解毒法是指清解热毒而言的。热毒的临证特点：①一般表现。程钟龄将热证特点归纳为"口渴能消水，喜冷饮食，烦躁，溺短赤，便结，脉数"。他如身热，面红目赤，皮肤黏膜发红，头痛头晕等证也常出现。②组织损伤。火邪热毒易灼伤内外脏腑组织，引起局部红肿、糜烂、溃疡或形成脓肿。③血证。迫血妄行，引起各种出血发斑之证。④神志症状。引起心神不安，烦躁不宁，重则热毒入心，邪闭心包引起谵语，或热极生风出现痉厥抽搐之症。⑤舌脉。舌多红绛或暗红，舌苔黄腻，或光剥，或焦黑起刺，或燥裂少津；脉多疾数有力或疾促细数等。

我在临床中清热解毒法只用于三方面：

（一）痈疡。凡出现痈肿疮疡组织损伤之属于阳证者皆用之，仙方活命饮、五味消毒饮、黄连解毒汤主之。内痈之证，配合活血化瘀排脓之法，如肺痈则以千金苇茎汤合桔梗汤加赤芍、鱼腥草、薏苡仁、赤芍等。慢性发作常合用当归芍药散加减。

（二）热毒伤及脏腑、气血。应辨其部位，分别采用清气凉血或清脏腑热毒等治法。若热毒在血则凉血解毒，并辨明虚实，调理脏腑阴阳，一般我常用犀角地黄汤加减。因犀角价昂难得，又常以玳瑁或广角代之，称之为"玳瑁地黄汤"，亦有其效。若热毒伤及脏腑经络则应辨明所属，结合生理病理特点立法用药。

（三）癌。癌之名称古已有之，最早见于宋《卫济宝书》。其发生原因一般认为由于外感邪毒、七情郁结、饮食起居失节引起脏腑气血失调或痰湿瘀毒等积聚而成。我治疗癌症重视清热解毒法。并根据癌肿部位、性质及兼夹邪气,以整体观为指导,配合扶正培本、活血化瘀等法综合治疗。如白血病,初期或复发时,正气尚可,而邪毒又甚,表现为幼稚细胞极度增多,全身热毒证候明显,以清热解毒为主,扶正培本为辅。缓解期则以扶正培本为主,清热解毒为辅,活血化瘀相机而兼用。清热解毒药常用青黛、龙葵、雄黄、墓头回、芦荟、重楼、白花蛇舌草、黄药子等。

在应用清热解毒法时,要注意:①热毒的轻重;②顾护脾胃,因清热解毒多苦寒之品,易伤胃气,可佐入健脾和胃之药,对于脾胃虚弱者尤应慎重;③正确对待"炎症","炎症"虽多属热证,但亦不尽然,而热证也并非皆是"炎症",切不可一见炎证即清热解毒。反之,某些清热解毒法有消炎抗菌作用,但并非清热解毒仅是消炎抗菌,更不能把清热解毒药物当成抗生素使用。抗菌消炎和清热解毒是中西两个不同概念,不能混为一谈。

上面列举三法,寓举一反三之意,借以法中求法,说明只有重视实践,才能对学术问题深入探求。实际上,临证要圆机活法,因病证变化无穷,治法岂能有限?若死守三法恰似削足适履,亦无异胶柱鼓瑟。程钟龄说:"一法之中,八法备焉;八法之中,百法备焉。"各法配合,方能万举万当。不同疾病固然用不同治法,即是同一疾病,亦非能以一法同治。应根据辨证论治原则,针对不同病机,确立不同治法。另一方面,治法虽贵在灵活,然在辨明证候,确定治法之后,又要执持定见,不可朝秦暮楚,随便易法。灵活与定见,似相反而实相成。不灵活则难以应万病之机,无定见则难以收施治之效。而灵活、定见又都以辨证准确为前提。

（胡荫奇整理）

谢海洲

梅花香自苦寒来

浙江省中医药研究所研究员
针灸研究室主任　　　　　楼百层

[作者简介]　楼百层（1913～1992），浙江诸暨人。一九三五年毕业于浙江中医专门学校。致力于针灸研究四十余年，兼及内科，尤对针刺补泻手法有所开拓。其针灸经验被输入电子计算机应用于临床。著有《针灸手法》等。

我从事针灸研究已近半个世纪，备尝艰辛，深感如同其他学科一样，欲攀登高峰，绝没有平坦的途径，唯有打好切切实实的基础，孜孜不倦地努力，坚持运用辩证唯物主义的观点，方能登堂入室。

奋发图强

我生长在浙江省诸暨县的一个中农家庭，父亲节衣缩食，一心想把我培养成受人尊敬的医生。作为农家子弟的我，目睹当时乡村缺医少药的状况，也有志于除疾济人，遂于一九三〇年秋考入五年制的"浙江中医专门学校"，时值虚龄十八岁。

当时学校设有生理、解剖、医史、卫生、病理、诊断、药物、方剂、伤寒、内科、妇科、幼科、外科、针灸、推拿以及医学通论、国文、书法等课程。前两年为预科，专攻基础理论，后三年为正科，学习临床诸科。由于当时政府歧视、压制中医，蔑之为"不科学"，加上生理课中的"太极生两仪，两仪生四象，四象生八卦"和病理课中的"阴阳五行"等理论，常使初学者感到飘渺玄虚，难以领会，因此新生入校时每班有六七十人，但是一二学期后，自动退学者辄多达半数以上。我秉受严命，来自农村，深知读书不易，故不论能否理解，唯兢兢业业，概予"死背硬记"。除了抓紧晚自修外，并于每日拂晓在暗淡的路灯下苦读。每日中、晚餐后半小时内，又坚持习练《行书备要》。由于勤奋，在以基础理论为主的两年预科期终考试（四个学期）中，我均取得第一名。根据当时校章规定得以免缴学费，这对我这个家境清寒的穷学生来说，是个很大的鼓励。

进入三年级后，就以临床课程为主。上午授课，下午到"施医局"实习。三年级学生以抄方为主，四五年级则为学生诊病，老师改方。这些老师由当地名医轮流担任，亦称学校"实习老师"，由于医务繁忙，故大多不兼讲课，最多上几次"处方实习课"。学生将老师列出的病例按性别、年龄、起病经过、症状、脉象、舌苔抄录在"处方实习簿"上，然后答述理、法、方、药，交老师批阅。我由于基础课程掌握得较扎实,所以在临床课程中成绩一直名列前茅。

在三年正科时间里,当时的教务主任徐究仁老师对我的教益和启发颇大。他也来自农村,深知农村缺医少药的情况,常勉励我在假期中大胆给病人治疗,在实践中提高本领。但应恪守一条,即无论所治之病熟悉与否,应做到事后翻书,这样不仅容易记牢,不会出事故,且提高也快。于是,我在三年级的寒假期间就开始给人治病,记得当时以《加批时病论》为主要查阅书籍,疗效亦不错。徐老师的教诲使我终生难忘,而经常查阅各种书籍,成了我治学的一贯学风。

醉心针灸

在施医局的实习中,目睹针灸老师的治疗效果非常显著,不仅对扭伤、疼痛之症常能收到立竿见影之效,而且对很多慢性杂病的疗效亦使人惊奇。这引起了我的仰慕,同时又读到了"汤药攻其内,针石攻其外,则病无所逃也"的古训,从而激发了我学习针灸的热情。在进入五年级的最后一个学期时,我将学习重点移到了针灸上。当时全校仅一名针灸老师,曾广义,陕西人,祖上是太医院的御医。他临诊取穴不多,对针刺手法的运用十分讲究,尤对针感的放射传导能掌握主动,大有华佗那样"若当针,亦不过一二处。下针言,当引某许;若至语人,病者言已到,应便拔针,病亦行差"。但是,这位老师的针刺手法不肯轻易传授,仅叫我在棉团上捻针习练指力。对此,我领会是打好基础,因而除在棉球上操练外,并利用走路、说话等时间,以火柴、牙筴等在指上捻运。天长日久，指头捻动就灵活多了。正好那时承淡盦先生的《中国针灸治疗学》初版问世，内有经穴部位照片，我如获至宝，废寝忘食地先把全部经穴尺寸歌读熟，然后拿着书本将病人身上所取经穴与照片逐个对照，并把病人的症状、扎针经穴及其深度、针感放射途径、病情转变等全部记录下来。这样经过一段时间，我已大体掌握了他的取穴规律，但曾老师仍不让我在病人身上扎针。记得有一次，一个曲池穴留针病人诉针下感应消失了，而曾老师正在给另一位患者施针，我就仿他的运针手法去捻动了一下，病人即说，"有了，有了！"当时我心里真有说不出的高兴。经过这一次尝试，以后凡留针的病人，我就主动去捻运了。此外，我也经常在自己和同学们身上试针，扎得多了，捻起来也就灵活。虽然在施医局内曾老师还不肯完全放手，但在校内老师和同学中如有疼痛等病都主动找我扎针。同时，我也替校外同乡们扎，辗转介绍，每天都有我锻炼的机会。

到学期即将结束时，曾老师忽然对我很热情，并给我一包针，说："这是我送给你的，留作纪念。你的技术已学得差不多了，我同意你挂'曾广义夫子授'的牌子行医，以后有什么事可找我。"这使我感到十分意外，增强了我学习针灸的信心，而且更感需要勤奋钻研。

兼 收 并 蓄

一九三五年春我在浙江中医专门学校毕业后，即行医于故乡诸暨。由于当时医界轻视针灸医生，嗤之为江湖郎中,加上农村经济破产,一般慢性病登门求医者寥若晨星,凡接触者多系时令感症。这种情况下,我只能以内科为主。我重点研读了《温热经纬》《温病条辨》《广温病论》《叶天士医案》和《伤寒指掌》诸书,其中尤以吴坤安的《伤寒指掌》论述精辟,颇切实用。如内附"察舌辨症法",即为卓识之撰,对辨证用药确具指导意义。至于《伤寒论》白文,虽在医校毕业时已能背诵,但由于对六经传变之说,历代注家众说纷纭,见解不一,使我无所适从而尚难运用于临床。后遇一"气喘汗出,身有微热"的患儿,使我想起了《伤寒论》中的"汗出而喘,无大热者,可与麻杏石甘汤"的条文,即予一剂,次日病情向愈。这使我悟出"读书千遍,其义自见"的真正含义,从而对伤寒方的应用也产生了一个飞跃,即不必拘泥于条文中的"一日、二日、七日"及"循经传、越经传"等虚设之词,只要从病证的实际出发,按原文的精神实质,即可灵活地予相应方剂治之。如症现"心中懊恼"(烦热壅于胸中窒塞不通)为主者,概宗栀子豉汤加减。如呈"身大热,汗大出,口大渴,脉洪大"四大症状的,则用白虎汤治之,并牢记"无汗之禁"。凡遇"脉结代(脉律不齐,时有间歇)心动悸"的,就以"炙甘草汤主之",等等。又如对半夏泻心汤、生姜泻心汤和甘草泻心汤的应用,由于三方的组成药物实质相同,唯侧重面各异而已,因此我在临床运用时,抓住以下三条:干噫食臭显著者,用生姜泻心汤;下利较剧,完谷不化者,用甘草泻心汤;其余则概以半夏泻心汤为治。如此由博返约,执简驭繁,临诊就能屡收良效。

当时,我虽以内科为主,但仍不忘针灸。这是受到了《伤寒论》"太阳病,头痛至七日以上自愈者,以行其经尽故也;若欲作再经者,针足阳明,使经不传则愈"以及"太阳病,初服桂枝汤,反烦不解者,先刺风池、风府,却与桂枝汤则愈"等有关针灸的条文影响。《针灸大成》是我重点学习之书,对其中的各家歌赋,如"百症赋""标幽赋""金针赋"等尤注意熟读,使临证取穴有据。在自学钻研过程中,我深感"独学而无友,则孤陋而寡闻"。但当时所处乡村,并无针灸同道,故每逢农村集市遇有扎针卖膏药的场合,我都要围着看个究竟,留心他们的针刺操作。记得有一次目睹针刺"睛明穴",其深度竟达一寸以上,使我大为震惊。考古代文献记载仅针一二分深度,在医校时,曾老师亦只针此深度。深达一寸以上者却从未见过。为此,我主动与他们结交。时间长了,在他们那里获得了许多朴实有用的知识,而这在文献上却是无法得到的。如对一些穴位,历代医籍虽记有"禁针""禁灸",却互有出入,常使初学者无所适从。但在民间医者眼里看得很简单,如认为"背薄如纸",故凡取用背部穴位须沿皮斜刺,不能直刺;又谓"避开筋脉,就是穴道",筋脉系指肌腱血管等。虽然这些认识今天看来不足为奇,但当时对我的启发颇大,对睛明穴的针刺,至今我仍一直掌握这个深度。

勇于探索

一九四七年夏,我离开了故乡诸暨,迁杭州开业。开始的两年,由于在家乡行医时以内科著称,而杭城离诸暨并不遥远,同乡较多,故就诊者仍以内科为多。至一九四九年杭州解放,人民政府十分重视和推广针灸疗法,使我消除了专攻针灸会被人视作江湖郎中的顾虑,同时登门求针者亦日益增多,于是我将全部精力倾注到我一直热衷的针灸学科上。当时我的诊所设在杭州最有名望的"广济医院"(现浙江医大附属二院)对面,可谓是"饭店门口摆粥摊",凡经该医院治疗未能获效或不愿手术治疗的患者,常会抱着一线希望来我处试行针灸治疗。那是业务渐趋繁忙的时期,也是我在理论联系实践中努力探索,增进知识的时期。在针灸医疗实践的反复磨砺中,一些原建议手术摘除的甲状腺腺瘤患者,经针治后腺瘤缩小获愈;一些医院难奏速效的腰腿扭伤患者,经针灸治疗后常能奏"抬进来,走出去"之效。于是病人与日猛增,户限为穿,病种也日趋扩大。

随着针灸业务的开展,省、市卫生厅局及医院相继聘我为"省立杭州疗养院""中心门诊部""浙江医院""省立杭州医院"等单位的特约针灸医师,还经常邀我会诊。这样我接触的病种就更多了,针灸的治疗范围也扩大到了内科各个系统的疾病。在几十年的摸索过程中,虽然走过不少弯路,有过失败,但从中也有不少收获。现将自己的体会,择其要者述之,或对后学有所裨益。

(一)熟读歌赋,继承前人经验 按症取穴,这是针灸疗法的特点,也是古今针灸家的一贯传统。如"肚腹三里留"。凡肠胃道疾病,如腹痛、腹胀、肠鸣、泄泻等等,都可取用三里穴治疗。这里就涉及到熟读背诵针灸歌赋的基本功问题。各种歌赋,多是前人临床经验的总结,便于记忆,其文流畅,朗朗上口,结构清晰,言简意赅。如"四总穴"即是简单易诵的四句歌诀,其中"面口合谷收"一语,就说明合谷穴常用治疗口腔、颜面部的疾病。即针刺合谷不但常用止牙痛,且对口腔和颜面部的炎性疾患,也有显著效果。故我在治疗面瘫早期伴神经炎症患者时,每加针合谷而收良效。曾有一例齿龈出血患者,长期服用维生素C、K等无效,经我针刺合谷十次后,霍然而愈。此外,曾遇一例血吸虫繁衍地区的农民,肝肿大至脐旁,一日突然剧痛,延我针治。当时我还是首次见到这种肝脏剧痛病人,遂按《通玄指要赋》中"胁下肋痛者,刺阳陵而即止"和《标幽赋》中"胸满腹痛针内关"等记载,选取右侧阳陵泉与内关穴,进针得气后,痛即缓解,留针十分钟后,完全恢复正常。

在前人针灸歌赋的基础上,结合自己多年的临床体会,自撰了"治疗总穴歌",作为临证的重点用穴,现录如下,供作参考。

面口合谷收,曲池配穴优;如遇头痛时,风池效可奏。胸胁内关谋,可向外关透。肚腹三里求,上腹中脘搜,下腹加关元,天枢治脐周。腰背委中求,殷门亦可收,陀脊按部加,斜向脊柱透;下腰大肠俞,上腰肾俞揉。上肢取曲池,合谷肩髃施;下肢阳陵泉,环跳绝骨刺;周身节骱病,疼痛取阿是;避开大血管,胸背禁深刺。

(二)重视操作,掌握针刺手法 针刺手法,是针刺疗法中的重要环节。熟读各种针灸歌赋,虽可继承前人的临证选穴经验,但在针刺疗法中,常因操作手法的不同,而在同样疾病、同样穴位的情况下,其所得的临床效应也不同。因此不论古今针灸学者,皆非常重视针刺的操作手法。这种手法的目的,古代称为补泻,即"虚则补之""实则泻之"。现代称补泻手法为兴奋与抑制:凡是体质动能减退的应予兴奋的方法,体质动能亢进的应予抑制的方法。因此,一般多认为古代所称的针刺补法,即是现代的轻刺激兴奋法;古代的泻法,就是现代的强刺激抑制法。但是二者实际上是否完全符合,却是值得商榷的,下文将谈及这一问题。

1. 学习经典,要融会贯通。关于针刺补泻手法的阐述,当推《内经》为最早。如"徐疾补泻""迎随补泻""呼吸补泻""开阖补泻"等,均源于此典。嗣后历代医家在这基础上加以发展,创立了"捻转补泻""提插补泻"以及"平补平泻"等补泻手法。由于古代文字深奥,经典所述又多为原则性的理论,若不加阐释,不结合临床体验,则往往难以学深学透,且易犯理解片面、断简残编之弊。例如"徐疾补泻"法,是以《灵枢·九针十二原》的"徐而疾则实,疾而徐则虚"与《小针解》的"徐而疾则实者,言徐内而疾出也;疾而徐则虚者,言疾内而徐出也"为根据的。起初我亦理解为以进、出针的快慢分别补泻法,然而通过经文的互相印证和临床体验后,看法就深化了。考《九针十二原》中早有"刺之要,气至而有效"的记载,说明要产生针刺效应就必须先得气。这样就不能把徐疾补泻法的操作全程仅仅理解为进出针的快慢。因为将针快刺进穴、慢退出穴,或慢刺进穴、快退出穴,简单地一次即能达到"得气"和"补泻"的效应,显然是难以想象的。为此,对《小针解》这段文字中的"出""内"二字,尤其是"出"字的含义当细细玩味、反复推敲。我认为,"出"者应对"内"而言,"出""内"二字联系起来,就是由浅及深、由内而外、互相往来的意思。因此,徐疾补泻的针刺操作全程应理解为:将针进入穴内后,由浅部徐缓地微捻纳入深部,再由深部疾速捻退至浅部,上下往来,以气调为度,这样可导致阳气内交,所以称之为补法;反之,由浅部疾速捻入深部,再由深部徐缓地微捻退至浅部,上下往来,以气调为度,这样可引导阴气出外,所以称之为泻法。《灵枢·官能》中"明于调气,补泻所在,徐疾之意"及《小针解》的"刺之微在数迟者,徐疾之意也",就是这个意思。由此推而广之,可认为"呼吸补泻"即是在徐疾补泻基础上,结合患者呼吸时机分补泻的一种方法,而不能机械地把它理解成仅以"呼气时进针,吸气时出针为补;吸气时进针,呼气时出针为泻"。至于"开阖补泻"的"出针后于穴位上速加揉按,促使针孔闭塞,不令经气外泄为补;反之,出针时摇大针孔,不加揉按而令邪气外泄为泻",是针刺全过程中的后阶段,当与其他补泻手法配合为用,而不能单独使用,故"开阖补泻"实际上不是一种独立的补泻手法,只是徐疾补泻的一个组成部分而已。诚如《灵枢·邪客》所谓:"先知虚实,而行徐疾。"《内经》所载针刺补泻法,基本上均以徐疾补泻法为基础,离开了徐疾,也就无从言补泻。

2.博览群书,应互相印证。在学习经典的同时,还应广泛阅读历代名家的著述,互相对照,同中求异,异中求同,以此列彼,互相印证。如对于"迎随补泻",现今多遵张世贤氏《图注难经》中对《难经·七十二难》的解说,理解成以针尖对经脉的顺逆朝向分补泻,即以针尖迎着经脉来向而刺的是"迎",为泻法;随着经脉去向而刺的是"随",

为补法。然而考《内经》原著关于"迎随"的阐述有《灵枢·终始》的"泻者迎之,补者随之,知迎知随,气可令和,和气之方,必通阴阳";《九针十二原》的"往者为逆,来者为顺,明知逆顺,正行无间,迎而夺之,恶得无虚,追而济之,恶得无实;迎之随之,以意和之,针道毕矣";又"补曰随之,随之意,若妄之,若行若按,如蚊虻止,如留如还,去如弦绝"(明·马莳氏解作:即始徐而终疾也)。若能仔细推敲这几段经文,并结合《小针解》"……迎而夺之者,泻也;追而济之者,补也"的论述,则不难看出:"迎"指泻法,"随"指补法,"迎随"实乃补泻手法的统称。故马莳氏亦谓徐疾补泻为"迎随"。

此外,如陈瑞孙氏的《难经辨疑》认为:"迎者,迎其气之方来而未盛也,以泻之;随者,随其气之方往而未虚也,以补之";滑寿氏在《难经本义》中谓:"迎随之法,补泻之道也。"高武氏亦同意陈、滑二氏"迎"是泻法,"随"是补法的见解,故他赞同张洁古氏的"呼吸出纳,亦名迎随也"之说。汪机氏在《针灸问对》中除同意陈氏之见外,还批判了以顺逆经分补泻的说法:"迎者迎其气之方来而未盛也,泻之以遏其冲,何尝以逆其经为迎;随者随其气之方往而将虚也,补之以助其行,何尝以顺其经为随。所言若是,其诞妄可知矣,岂可示法于人哉。"

由此看来,张世贤氏的《图注难经》中对《难经·七十二难》的解释是值得商榷的。张氏认为"迎随补泻"是以针尖对经脉顺逆朝向分补泻的一种操作手法,这是不甚妥当的。正如《医学大辞典》对该书所评价的那样:"……其注亦循文敷衍,未造深微。"

(三)研究手法,提高针刺疗效 如上所述,在针刺的临床实践中,常因操作手法的不同,而致取效每有佳逊之差异。现今针灸界对针刺补泻手法中的"提插补泻""捻转补泻""平补平泻"以及"烧山火""透天凉"等复式手法均较常用。对于这些针刺操作手法,我是这样理解与运用的:

1. 提插补泻。按照机体的内外,深浅分阴阳,即以外部的皮肤为阳,内部的肌肉为阴。《针灸大成》云:"夫荣卫者,阴阳也。经言阳受气于四末,阴受气于五脏,故泻者先深而后浅,从内引持而出之,补者先浅而后深,从外推内而入之,乃是因其阴阳内外而进退针耳。"从这段阐述可以看出,调整荣卫内外阴阳之气,即为提插补泻的主要目的。此外,在《问针灸补泻如何》中有:"得气推而内之,是谓补;动而伸之,是谓泻;夫实者气入也,虚者气出也;从阳生于外故入,阴生于内故出。"这更进一步说明了"提插补泻"中,补法的先浅后深、紧按慢提,其目的是为了把体表的阳气"从外推内而入之";泻法的先深后浅、紧提慢按,则是为了把体内的阴气"从内引持而出之"。根据这个原理,我在临床取用躯干部脏器体表的穴位时,多用此种操作手法。这不仅符合上述观点,而且运针时不会同捻转补泻手法那样,易使患者产生针下牵引性难忍或疼痛的感应。即使将针误触及脏器时,也不致造成破坏性的实质损伤(如同进行肝穿刺操作不带有捻转动作)。至于补、泻法的具体应用,则应按照中医辨证:凡是属于虚证的,概用提插补法,如用治阳痿病,疗效堪称满意;属于实证的,则用提插泻法,如对便秘症的治疗,虽按中医辨证有虚实之分,但无论属虚、属实,总以通润大便为治则,这就含有泻的意义,故我概用提插泻法,效果亦颇理想。

若结合现代的针下感应强度(刺激量)来分析,则在针刺得气基础上,凡将针重插轻提的(补法),其针下感应就强(但未超过患者的耐受程度);反之,用轻插重提的(泻法),针下感应则相对较轻。这样就不符合现代的轻刺激是古代的补法、强刺激是泻法之说,且对泻便的作用也难以理解。从现代医学观点来分析,便秘的原因(不论属虚属实),主要是由于大肠运动的减弱,因此只有运用轻刺激的提插泻法以促使肠蠕动增强,方能使大便通行。反之,若施以所谓强刺激即泻法,则会起到肠运动更加抑制的作用。

2. 捻转补泻。在历代文献中,方法各殊,繁简不一,众说纷纭,莫衷一是。目前针灸界对捻转补泻的操作"以捻转较重,角度较大者为泻法""捻转较轻,角度较小者为补法"。这是根据高武氏在《针灸聚英》中对以捻转方向分补泻提出"捻针左右,已非《素问》意矣,而人身左右不同,谬之甚也"的尖锐批判后,而以高氏建立的"其泻者有'凤凰展翅',用右手大指食指撚针头,如飞腾之象,一捻一放……其补者有'饿马摇铃',用右手大指食指撚针头,如饿马无力之状,缓缓前进则长,后退则短"的手法演化而来的。

关于捻转补泻法的应用,古代文献中虽无明确规定,但从《针灸大成》"言荣卫者,是内外之气出入;言经脉者,是上下之气往来,各随所在顺逆而为刺也"的文字来理解,前者是言提插补泻法调和荣卫之气的内外出入,而后者是指捻转补泻法调和经脉之气的上下往来。也就是说,捻转补泻法的主要目的在于通调经脉气血。据此,我在临床上对于运动系统的疾病,在取用四肢部位的穴位时,多用捻转补泻手法为治。凡经辨证属邪盛有余而呈疼痛或痉挛的,概用泻法;反之,属正虚不足而现麻木或痿软的,概用补法。临床疗效表明,以上病症施行捻转补泻法较提插补泻者为佳。

再就针刺感应强度来看,本法虽然符合"轻刺激为兴奋法,即古代的补法;强刺激称抑制法,即古代的泻法"之说。但从其适应范围来说,本法似以运动系疾病较为适宜,不同于兴奋、抑制法那样不分系统地适用,此系立法观点不同所致。由此涉及一个问题,即古代补泻法的内容,并不能仅以"刺激量"来理解、阐述或包括。这也是有待今后进一步探讨研究的课题之一。

3. 平补平泻。现今应用的平补平泻法,是以强调手法运用中的一个"平"字命名的。它与《神应经》及《针灸大成·问刺有大小》中所说的"以同一穴位,既施有补法,又施有泻法"而名的平补平泻法的操作方法完全不同。它立法于《灵枢·五乱》中"徐入徐出,谓之导气,补泻无形,谓之同精,是非有余不足也,乱气之相逆也"的记载,仅以不快不慢,均匀地提插捻针为其具体操作手法。虽然这种"徐入徐出"(不快不慢均匀提插捻针)的导气法,并不像其他补泻法那样有一定的操作形式(如针刺的浅深、捻动的快慢、幅度的大小、指力的轻重等),但对诱导邪气外出,导引正气恢复,同样有泻邪补正的作用,都是以保护精气为最终目的,这种治法叫作"同精"。由于这种操作手法强调徐入徐出的提插捻针,为针对"乱气之相逆",亦即一时性的气血紊乱而呈现的虚实不太显著或虚实兼有的病证而设,所以目前针灸界就将这种导气法称为"平补平泻"。

从针刺感应强度来衡量这种以导气法为立法依据的"平补平泻"手法,其针下感应则最多只能达到中等度的刺激量,当属于兴奋法的范畴。若以兴奋法就是古代的补法,抑制法就是古代的泻法的观点来联系对照,那么,这种平补平泻的操作,只能起到平补的作用,而没有平泻的作用。

4. 烧山火与透天凉的补泻法。以针刺时针下有无热感或冷感作为手法成功与否的衡量标志,它由上述提插补泻法的基础上发展繁复起来。其针刺感应强度,在使用补法时,烧山火显比提插法强,施行泻法时则二者基本相同。这样又与轻刺激—兴奋法—补法,强刺激—抑制法—泻法之说,适得其反。关于临床应用,亦与其他补泻法一样,以经络学说为依据,结合证候的寒热辨型,并在手法上掌握针下热补寒泻的原则。

至于适应病症,《金针赋》中有"烧山火,治顽麻冷痹……除寒之有准""透天凉,治肌热骨蒸……退热之可凭"的记载。因冷痹是寒气之胜所致,故当用烧山火手法以"温阳祛寒",此又以《素问·痹论》"寒气胜者为痛痹"、《灵枢·寿夭刚柔》"刺寒痹者内热"等为依据。透天凉所治的肌热骨蒸,则由虚火燔灼、骨髓内热所致,多见于一些虚损病人。故循"寒热正治"的原则,用透天凉泻法以退虚热。现代的兴奋、抑制的针感不仅与烧山火、透天凉无法雷同,且不能达到针下的热感与冷感。

结　语

　　回顾个人四十余年的治学经历,既有教训,也有经验。不经冰霜苦,难得透骨香。祖国医学渊源悠久,历代医籍浩如烟海,若要提高业务水平,非得下苦功不可。在求知的征途上,切不可浅尝辄止,亦不可略有所获,便沾沾自喜而停顿不前。我虽年迈,尚不敢自怠,愿与后学诸秀共勉。

（楼星煌　施明仙整理）

学医在勤奋　临证贵辨析

中医研究院第二临床医学研究所副主任医师　　路志正

[作者简介]　路志正（1920～），河北藁城人。从事中医工作四十余年。建国后在卫生部中医司技术指导科工作，为开展中医学术、推广针灸疗法和中西医学术交流等，做了不少努力。历任中华医学会中西医学术交流委员会委员、中医研究院学术委员会委员、广安门医院内科学术研究室副主任。精通中医典籍，对脾胃学说和温病学有较深入的研究。擅中医内科，兼通针灸等，在临床上有较高造诣。曾参加编写《中医临床资料汇编》（1955年）《中国针灸学概要》《中华人民共和国药典》等。

我从事中医工作虽已四十余年，自愧才疏学浅，滥竽医林，无何贡献。但回顾过去的学习，鸡声灯影，备具甘苦，寸积铢累，亦有心得。故特录出，或可用征得失。

幼承家学　积于跬步

家伯路益修为吾乡名医,父亦粗通医道。家境的熏陶,使我幼年即酷爱医学。弱龄之时,父亲即口授《千家诗》《医学三字经》等。六岁入学,业余时间更嘱我诵读《药性赋》《汤头歌诀》等入门书籍。后考入高小,因经济拮据而辍学,随从家伯学医,兼读四子之书。但古文枯涩难懂,有时不免畏难。偶或偷空玩耍,家伯即以《荀子·劝学篇》和宋濂的《送东阳马生序》教我。

伯父教我诵读中医典籍的方法是:先是低吟,即自念自听,吟读数十遍或百遍之数,有若流水行云,出口成诵,形成自然记忆。他反对高声朗读或强记在心,否则忘却亦快。低吟之后,要逐渐放慢速度,边读边体会文中涵义,所谓"涵味吟诵",务求弄懂原文。孔子曰:"学而不思则罔,思而不学则殆。"逐渐使我认识到背诵和理解之间相辅相成的关系,所谓"读书百遍,其义自见"。许多名篇大作及中医经典都是这时诵读的,至今不少原文仍能朗然成诵,深感得力于当年窗下功夫。而且,习惯成自然。晨间如不读书,则怅然如有所失。朗朗上口,乐在其中。今虽六秩,其趣不减。

熟读经典　医文并重

一九三四年伯父创办医校,我正式学医。时值山西盐城名医孟正已先生游学河北,在无极一带医名甚噪。伯父与之交往极密,命我拜其为师。孟师经验丰富,于医理造诣尤深,治学严谨,教授有方。主张学习要从难入手,首先学好经典,然后旁通诸家,方能取到高屋建瓴之效。指定书目主要是《素问》《灵枢经》《图注难经脉诀》《伤寒论》《金匮要略》《本草备要》等。由于伯父深知中医古籍文义深奥,有些字多音多义,古体假借情况甚多,且无断句,学习经典首先要过好文字关。若无坚实的古文基础,则难以登堂入室。特聘清末秀才陈宣泽先生教授《易经》和《古文观止》等。医文并重,不仅提高了文学素养,而且加深了对经文的理解和记忆。如学习《易经》了解了阴阳变化、消长盈虚的规律,从而更有助于理解和掌握中医的阴阳学说。古人有"易于医通"之说,即是指此。

《内经》乃中医理论之渊薮。王冰称其为"至道之宗,奉生之始"。但其言简意博,理奥趣深,学习时要结合诸家,多方考虑,择善而从。其难解之处,尤要结合临床,不可贸然否定或擅做改动。记得初读《素问·生气通天论》时,对"因于暑、汗,烦则喘渴,静则多言,体若燔炭,汗出而散"一段经文颇为费解。窃思既有"汗"出,何以又云"汗出而散",遍查各注,莫衷一是。丹溪翁更将暑改为"寒",以明其可汗之理。后读东垣及温病各家论述,并验之临床,始感丹溪之改值得商榷。盖暑证汗出,既是邪热蒸迫津液外泄之象,又是邪热得以外解之途,非表虚亡阳之汗可比。故初起需"汗出而散",绝对不可以止汗。后世以新加香薷饮治暑温初起无汗,白虎汤加减治暑温壮热烦渴、汗出之证,无不取辛散退热之意,所谓"暑当与汗俱出,勿止"之谓也。可见,一个问题需反复思考,多方查证,并结合实践，才能真正理解。再如切脉，《内经》有"三部九候"之论，由于种种原因，后世发展为"独取寸口"，但实践之中常感不够。如大面积烧伤及某些血管病患者，寸口无法切按或无脉，则不仅需"三部九候"进行诊脉，甚至凡体表未被灼伤部位，一切可触到之动脉，皆可切按。如脐间动气，十二经脉等常可弥补独取寸口之不足。对于危难重症欲知其预后吉凶，还须以下部三候（足厥阴、足少阴、足太阴）中诊视，即古人谓之枝叶虽萎，而树根犹荣也。

在诵读原文的同时，要选择一些注本进行阅读，以加深对原文的理解。且许多注家有精辟的论述和极有见地的发挥。为此，家伯和孟师要我在读书时，除先读序言、凡例以了解其写作动机、过程及大致内容外，还要重视注文的学习。如王冰在注《素问·至真要大论》"诸寒之而热者取之阴，热之而寒者取之阳"时，提出了"壮水之主，以制阳光；益火之源，以消阴翳"的治疗原则，对临证有极大的指导意义。张景岳在"阴阳者，天地之道也"下注有"道者，阴阳之理也；阴阳者，一分为二也"的精辟论述，若不细读，焉能得知！对于其他典籍的小注眉批，亦应细读，不可草草放过。如汪昂《增补本草备要》，其注文博采各家所长，引证广泛，立论公允，文字简练，要言不繁，不仅了解许多医家之用药特点和经验，学到不少有效方剂，且可节省大量时间，真是一举多得。如黄柏治口疮下小注云："治口疮用凉药不效者，乃中气不足，虚火上炎，宜用反佐之法，参、术、甘草补土之虚，干姜散火之标，甚加附子，或噙官桂，以引火归元。"寥寥数语，而理法方药井然一贯，从中可以得到反治经验。其次，一些有效的单方验方常以小故事体裁记述下来,既引人入胜,又易于记忆。如枳壳条下,方士进瘦胎饮;蛤粉条下,宋徽宗宠姬病痰嗽,面肿不寐,李防御治之不效,向走方郎中求得黛蛤散。它如肺损用白及末,产风血运用华佗愈风散(荆芥穗),阳明头目昏痛用都梁丸(白芷),胃气痛用良附丸等等,至今仍为医家所习用。

上下不通之"关格"证及二便不通之证,病势急迫,医者甚感束手。我在翻阅《本草纲目》时,观四十一卷"蜣螂"(又名铁甲将军、推车客)条下,云其"治大小便不通"(大便不通用上截,小便不通用下截,二便不通全用);"蝼蛄"有"利大小便"之效,用治"十种水病""大腹水病""小便不通大便闭"之证(用时取下体)。临证用于二便不通之证,果然有效。一妇因针刺后感染,二便不通,腹胀难忍,不可触摸,需支架护其腹部,饮食难进,极度虚弱,因处以蜣螂、蝼蛄、人参、附子等攻补兼施之剂。药后二便通利,所下结粪如羊矢状,大量尿液亦浸泡其身,遂得痊愈。可见无论正文、注文,皆是前人经验总结,都应仔细钻研,验之临床,方能有所收获。

"眉批"亦是评注者在熟读精思、深明个中三昧后,以最简练的语言在原文上方,提出的个人评价或见解,多是最关键、最吃紧处。使读者从疑似之间得到正确的理解,具有提纲挈领、画龙点睛之妙,亦值得认真阅读。

勤于实践　善于总结

随师侍诊是临床实践的第一步。我初见病人时,茫然不知所措,但边抄方、边体会老师诊病时的一言一行。侍诊日久,则对老师辨证思路及治疗特点有所认识,并逐渐能够独立思考。许多病症不经过实践是难以认识和掌握的。如亡阴亡阳之重证,若不当机立断,危在顷刻。而只有书本知识,不经过临床体验不敢决断和处理。随伯父侍诊时,曾治一赵姓患者,证见头身汗出如雨,四条毛巾擦拭不迭,心慌气促,四末厥逆,脉细如丝,伯父诊为大汗亡阳之证,遂投大剂参附,随煎随饮,三小时后汗收厥回而苏。使我对大汗亡阳留下深刻印象。类似病例在我侍诊时见到很多,对以后临证中抢救亡阳亡阴重证教益很大。

一九三九年之后,我独立应诊。凡日间疑似难辨、立法处方无把握者,则于晚间研读有关书籍,即是古人"白天看病,晚上读书"的方法。尤其是阅读一些医案,如喻嘉言《寓意草》《章楠治案》《柳选四家医案》《临证指南医案》等,以提高辨证分析能力,从前人验案中得到启发。前贤谓读书不若读案,确有一定道理。

在实践中应不断总结,循序渐进,逐步掌握一般疾病发展、转化、预后及诊治的基本规律。如"消渴"一证,有上、中、下三消之说,前人论之甚详。积多年临证观察,我常以脏腑经络辨证,认为本病发于中,起于胃,次及于肺,终归于肾。初因脾胃失和,而致胃热伤津;继则子病累母,胃热上蒸,灼伤肺阴;终则下传于肾,真阴受损,阴损及阳,气化不行,而渐由阴虚阳亢,导致阴阳俱衰。故初则宜白虎、增液清其胃脾燥热。其腑实者亦可以调胃承气釜底抽薪治其标,再用清胃养阴治其本;在肺则以生脉散、白虎剂清胃润肺;入肾则先用生脉散、地黄汤、大补阴丸滋其阴,阳衰者则宜肾气丸益火之源,助其气化。以此辨治,较为简明。但应注意,消渴虽以阴虚燥热为特点,治以养阴清燥为常法,然"火与元气不两立""壮火食气",又以正气不足为其本,故用药不可过于寒凉,尤应忌用苦寒,而始终要注意益气扶正,助其气化。如黄芪、太子参等,常宜相机选用。

此外,不仅要总结成功的经验,更要善于总结失败的教训。一九四二年,乡中陈某患温病逾月,屡治不效,延请往视。至时家人正焚香拜佛,祈祷神灵。患者年方十七,观其僵卧于炕,两目直视不眨,面色晦滞,昏睡不醒。观其舌,质暗而紫,苔黄厚而干。切其脉如转索,左右弹指。扪鼻察息,呼吸虽慢而尚匀,吐气虽微而仍温,四肢逆冷。索观前医处方数十张,多宗白虎加减,而方中石膏用量颇重,初用二两,渐增至半斤,且皆煅用。面对此等危症,一时难于决断。沉思良久,悟出此系石膏用之不当。石膏煅用,失却解肌之效,而成寒凝之弊,遂致邪热内伏不得外达,犯了"汗不出者,不可与也"之戒。欲解其凝,必以温通。虽热伏于内,但元气已衰,遂以参附汤化裁,以人参、淡附片、紫油桂各五分,煎水频服,观其动静。翌晨,家人喜来相告,药后至夜半时,病者眼启能言,少思饮食,四肢转温而能屈伸。我因忙于诊务,以为既已见效,可守方不变,嘱其继进两剂。孰知三日后家属张惶来告,言服完两剂后,骤然烦躁不安,赤身裸体,言语不休,行动狂妄,如有神凭。我急往诊视,果如所述。见其面色红赤,舌质红绛,苔黄燥而有芒刺。询其大便数日未行,口渴思饮,手足溅然汗出,其脉沉实有力,纯系一派阳明腑实之候。遂用增液承气化裁,以滋阴润燥,荡涤腑实。药后当晚下燥屎二十余枚,二日后热退身清。事后,我自责临证草率从事,致生变端。

本例初用温通回阳之桂附,原为救急扶正之图,既已奏效,则当更议他法,然未详察,以为得效而觉原方药少量小力薄,可再继进。致使燥烈之性激发伏热,二火交炽,亢盛莫制,遂成阳明腑实之证。误治之失,甚为内疚。深感医者责任重大,且医理精深,必须详究。倘稍有疏忽,则祸不旋踵。孙真人谓"胆欲大而心欲细,行欲方而智欲圆",诚为至理名言,应为医者之座右铭。

博采众长　融会贯通

中医理论,博大精深;中医著述,汗牛充栋。如徒执一家之言,则很难窥其全貌,得其精髓,临证用之,亦甚感不足。故在学习经典著作的基础上,我开始浏览各大名家著作,受益匪浅。在《内经》"人以胃气为本"思想的指导下,我临证无论内伤、外感,均重视调养后天之本。治法则多取仲景、东垣、叶桂诸家之长。张仲景"保胃气、存津液"的思想贯穿《伤寒论》之始终;而东垣所立升阳益胃、补中益气、升阳泻火等法补前贤之未备,为调理脾胃之圭臬,然立法处方却详于脾而略于胃;至叶氏"太阴湿土,得阳始运;阳明燥土,得阴自安""脾喜刚燥、胃喜柔润"之论,又补东垣之不足,所列甘平、甘凉濡养胃阴之法,实开后世之先河。合诸家之长,调理脾胃,重在升降,顾其润燥,常以羌、防、升、柴、荷叶、荷梗、葛根合健脾益气之品以升脾阳,而用杏仁、杷叶、竹茹、苏子、苏梗合清养胃阴之味以降胃气。藿香有芳香化湿,悦脾和胃,升清降浊之功,亦常选用,并酌加少量大黄,冀其腑气一通,胃气自降。若脾阳不足,又兼胃阴亦虚,则既不可过于温燥,复劫胃液,亦不可过于凉润,重伤脾阳。如"萎缩性胃炎"一病,临床辨之,多属气阴两虚,或挟湿邪为患。往往因胃阴不足,津不化气,渐及脾胃阳气受损,脾虚不运,又兼湿困,而致阴阳俱伤,形成虚实夹杂之证。其治虽宜益气养阴,但益气需补而不壅,养阴宜滋而不腻,化湿当利肺气,运脾醒脾,行而不燥,常以甘寒而不宜苦寒。养阴常用沙参、麦冬、石斛、玉竹;升阳健脾多用葛根、荷梗、太子参、山药、茯苓、白术、扁豆等;理气多选用玉蝴蝶、绿萼梅、梭罗子,而不用广木香、沉香等辛温香燥之品,以防耗气伤阴;如胃酸缺乏者,则以甘寒与酸寒生津之麦冬、玉竹、甘草、白芍、乌梅等,共奏酸甘化阴之效;挟湿者,可酌加藿梗、半夏、杏仁以化湿醒脾,开胃利肺,但不可久用;若病久则虑其入络,常加入玫瑰花、代代花、丹参等活血通络之品,临证以此治之,多有效验。

　　胆结石症,近来多以大剂清利,甚或"总攻"治之,施于肝胆湿热者,收效恒多。而用于体质素亏,脾胃虚弱,排石无力者,则非攻下所宜。故仲景有"见肝之病,知肝传脾,当先实脾"之教,岂能忽之。而纯事清下,不予辨析,致苦寒伤胃者有之,下伤肝脾者有之。因之,我对于此类病症,多以健脾和胃合清利湿热法同用,寓攻于补,攻补结合。如曾治一胆总管树皮状结石患者王某,经中西医会诊皆以为胆管阻塞,胆囊膨胀到鸡蛋大,毫无收缩能力,结石排出不易,必须手术。但患者年逾花甲,不愿手术,根据其体质虚弱等病情,而用香砂六君、补中益气等健脾益气,佐以清利肝胆湿热之品,治疗三个月,竟将结石排出而收功。

　　再如"石淋"一证,今人亦多主湿热之说。认为湿热蕴蒸，煎熬津液而成，故主以清利湿热为治。殊不知水为阴，寒则凝，若与尿中杂质相合亦可导致石淋，则非温通不可。若徒以清利投之，犹如霜上加冰，难以奏功。故不唯"八正""石苇"可消石淋，他如"肾气""真武""黄芪建中"亦可选用，务以识证为先。前贤刘宗厚有言："淋闭有寒热之殊。"罗知悌亦有"主寒"之论。若不会通各家，执一而论，焉能十全？

提高疗效　针药并行

医以解除患者疾苦为事。医针虽小，然收效神速，具有简、便、廉、验之特点，故古人有"一针二灸三服药"之说。观《内经》之治，多以针为法，《灵枢》八十一篇，古有"针经"之称。故针灸乃中医学重要内容之一，不可低估。我早年即拜王步举先生为师，深研《灵枢》《甲乙》《针灸大成》中重要篇章，熟读其中"百症赋""标幽赋""马丹阳十二穴歌"和《医宗金鉴·针灸心法》之"经脉循行歌""穴位分寸歌"。数十年间，常假此以起顽疴，得益甚多。

然针灸之学，易学而难精。首先明其理论，所谓"业医不明脏腑经络，开口动手便错"。有人以为针灸乃一小技，有何理论可言，这是偏见。若其深研《内经》《甲乙》，则知其高深，不是一蹴可得，非下苦功不可。故针灸之学，不能只从几个穴位着眼，而应从整体观，从脏腑经络学说入手学习，理解脏腑、经络、腧穴之间的密切关系。"腧穴"决不只是局限的一个点，而有其一定范围。针刺之感应是由点到面，由面到线，方能收到较好效果。除熟记十四经腧穴外,应重点掌握好四肢肘膝以下之五腧穴等特定穴,同时对经外奇穴亦不可忽视。我从多年实践中曾发现个别奇穴,如"遗精穴",位于男腹部脐下正中三寸,旁开一寸处,左右各一。主治遗精、早泄、阳痿、阴囊冷湿,已收载入郝金凯著《针灸经外奇穴图谱》一书之中。

针刺时,不仅要重视刺手(右手)的作用,而更不可忽视左手(押手)的作用。《难经》谓"知为针者,信其左;不知为针者,信其右",即是强调了押手的重要性。得气感应,多先从穴下反射到押手上的一瞬间,刺手针下的沉、紧、酸、麻、胀感随之而至。对补泻手法,前人有许多宝贵经验,我常将"迎随""呼吸""提插""捻转"等手法融合一起,喜用"烧山火""透天凉"两法,分别治疗虚寒性和热性病症。对发热、咽喉肿痛等症,则配合少商等井穴放血一珠,收效更捷。即是类中风初起,面红升火,舌强语謇,神志欠清之际,急使人拦腰抱定,并固定其头部,以圆利针点刺手足井、宣穴出血,有减缓头部充血之利,而无加重中风之势。他如面瘫、头痛、脘痛、腹泻等症,内服药物固亦有效,但配方煎药费时,而针灸随时可用,立竿见影。若内科医生兼会针灸,则如虎添翼,不仅见效快,疗程短,且易巩固。一九三八年夏,一妇傍晚来诊,适师外出,余见其面色淡黄,目合口噤,龂齿寒战,四肢搐搦,脉弦而紧,询其夫,始知数日前避暑热,院外就寝,夜半暴雨骤至,突然惊醒,急忙回屋,不慎左额部碰于门框之上,致局部紫黑血肿,时而隐痛,未予重视,不意今日上午全身恶寒拘急不适,午后病势加重云云。详为辨析,显系破伤风之候,伤势不重,病尚轻浅。根据老师治法,先针风池、风府、百会、合谷、阳陵以驱风止痉,开关通窍;后以华佗愈风散合玉真散加减投之,嘱以黄酒一两为引,取微汗为度。药后竟至霍然。对老师经验不仅大为叹服,且更体会到针药并投之神效。

应该注意的是,用针同用药一样,须根据辨证论治原则,先辨证,次立法,处方后再为下针,而且要详记医案,不可孟浪从事,否则不仅疗效不高,且易发生事故。一九五二年我曾遇一起因记载医案不详而发生折针的医疗事故。为此,在《北京中医》发表过一篇"谈谈针灸处方,避免医疗事故"的短文。希望引起针灸同道的重视。

师古不泥　有所创新

我初入医林,家伯及孟师即常以扁鹊撮《内经》之要为《八十一难》,仲景承"热论"而述《伤寒》,金元四大家宗岐黄之学而各树一帜教我。不仅要效法古人,更要善于思考,有所创见。

六淫致病,各家皆有所论,但风、寒、火、热之邪向为人所重视,而对湿邪则论述较少,丹溪虽有"六气之中,湿热为重,十常八九"之说,但亦详于热而略于湿。叶天士明确指出:"吾吴湿邪害人最广。"因为江南水乡,沟渠纵横,天热下逼,地湿蒸腾,人处其中,易得湿病,诚乃真知灼见,因对治湿之法,大有发挥。但有人认为,北方干燥,刚劲多风,则湿邪不甚。余曰不然。积多年临床体会,湿邪伤人有天、地、人之不同,有内外之别,邪正之争。夫天暑下逼,氤氲蒸腾,或受雾露雨淋,是天之湿也;久居卑湿之地,江河湖海之滨,或水中作业,是地之湿也;若暴饮无度,恣食生冷,或素嗜浓茶,或饥饱失常,肥甘厚味,皆人之湿也。天地之湿伤人,诚为外湿;而人伤饮食,则多为内湿。湿邪伤人,无论内外,最易困遏脾阳,令脾阳不振,失其运化,所谓"湿困脾土"是也。而脾虚不运,轻则停而生湿,甚则聚而成饮,凝而成痰,积而成水。外溢则为肤肿、疮痒、湿疹;上泛则见头重如裹,咳逆眩晕;停于中则脘痞纳呆,胸闷呕恶;下注则为泄泻、白浊、带下等症。凡此之类,皆属湿证,所谓"诸湿肿满,皆属于脾",随其所在而表现不同。除一般特点外,临证尤应注意其舌脉。舌体多胖大,质呈暗淡或暗紫,苔多黏腻滑润,脉多濡缓细涩。

治湿之法,古人多有论述。除根据上、中、下部位之异,脏腑寒热之殊,采取不同治法外,临证时尤应注意通、化、渗三法。"通"乃温通或流通之意,因湿性重浊,最易阻遏气机,故宜杏、蔻、橘、桔等调理宣通三焦气机之品,更重在调理脾胃之升降;"化"则应注意湿邪之转化,温化寒湿时忌用大辛大热,以免过燥伤阴而化热,清化湿热则忌大苦大寒,以防湿邪凝滞或过伤脾阳而寒化;"渗"指以淡渗或苦渗之品引湿下行,所谓"治湿不利小便,非其治也"。当然,治湿还应和健脾、温肺、益肾合用,方为治本之图。

冠心病,医家多以通阳宣痹之瓜蒌薤白剂取效,或从气血瘀阻以活血化瘀收功。我治一冠心病,房室传导阻滞患者,前医曾选用宣痹通阳、益气养血、活血化瘀之剂及扩冠等西药而效不显。观其胸闷脘痞、恶心欲吐、口黏、口干不喜饮、头晕目眩、舌胖嫩、脉濡缓等见证,显系湿浊中阻,郁遏心阳所致。遂以运脾祛湿、芳香化浊法,药用藿苏梗、清半夏、云茯苓、杏仁、菖蒲、郁金、路路通等而得愈。

"便秘"一证,常用下法,或攻下,或润下,或温下,或用导法,或攻补兼施,务令其下。一妇二十二岁,患便秘五年,靠双醋酚汀排便,先是二片,后加到二十二片始得一便。经某院住院检查,诊为"功能性巨结肠症",虽经中西药物治疗,未见显效,拟动手术。患者畏惧,前来就诊。证见腹胀溲少,纳差乏力,少饮水浆则全身肿胀难忍,苔薄白而干,脉濡而弱。辨其为湿邪壅盛,阻于大肠,影响三焦气机通畅。治宜温化湿浊,宣通气机为法。仿吴鞠通宣清导浊法意,用茯苓、杏仁、藿苏梗、晚蚕砂、川朴、皂角子、炒莱菔子等药仅十剂,竟收全功。

"发作性睡病",中医称"多寐""嗜卧"。究其因,有胆热好眠者,有气血虚弱者,有髓海不足者,但仍以湿邪困脾者为多。而湿困脾土又有湿重和脾虚之辨。湿重者,体多肥胖或久居卑湿之地,或素有茶癖,或暴饮无度而致水湿停渍,困遏脾阳,证以肢体酸困、沉倦无力、胸脘痞闷为主,苔多白腻,脉来濡缓,治宜芳香化浊、燥湿健脾,方用藿朴夏苓汤加减。脾虚者证以肢体倦怠、脘腹胀满、食入则昏昏欲睡为主,苔白质淡,脉多沉弱,治宜健脾益气,以醒脾困,方用六君子汤加砂仁等治之。余用此法,曾治愈多例病者。

"脑震荡后遗症",近人多以活血化瘀入手,这仅是治法之一。殊不知脑为清灵之府,跌仆惊恐,最易引起气机逆乱,而变生痰湿。痰湿扰乱清空,则头痛、头晕、麻木、恶心呕吐,诸证丛生。我治疗此类病证,除一般常用之平肝熄风、镇静安神、活血化瘀法之外,尚多从痰湿考虑,以温胆汤化裁,亦每多效验。

我举以上数例,说明湿邪为害,伤人甚广,不独南方多见,北方亦未可忽视。为医之道,不可拘泥和故步自封,要在根据情况,灵活变通。需知法有常变,知常不知变,则难中病情;只有知常达变,方能恰中契机,才是圆机活法。

许多疾病,古人未能述及,须在临证中不断探微索隐,有所发挥。如"多寐"一证,虽常见以上几种,但亦未可概论。尝在门诊治一"发作性睡病",以其有鼻塞胸闷、痰多黏白、气短浮肿等见证,辨为肺气失宣,鼻窍不利所致,竟以疏风宣肺、清气化痰法得效。药用苍耳子、白芷、桔梗、前胡、法夏、陈皮、黄芩、牛蒡子、竹茹、黛蛤散、六一散、芦根等五十余剂而治愈。说明肺窍不利亦可引起嗜眠,岂可尽归于脾湿、胆热哉!我们临证之际,切不可以固定证型套病者,对号入座。若此,无异作茧自缚。

勿囿西医病名　总以辨证为要

新中国成立以来,由于贯彻党的中医政策,多数中医同道参加了国家医疗、教学、科研工作,中西医接触频繁。但在中西学术尚未沟通之前,除应注意加强团结、互相学习、取长补短外,在临证会诊之际,仍应根据中医理论,四诊八纲,辨证论治,方能获效。切忌囿于西医病名,限制中医的辨证思路,使无所措手足;或按西医诊断投药,进退无据。须知中医学在其漫长的发展长河中,对疾病的认识积累了丰富的经验,形成自己独特的病名。早在《内经》中就有"风""痹""痿""疟""血枯""鼓胀""消""瘅"等病名。迨至《金匮要略》更以病名命篇,为临床识病辨证相结合之规范。后世递相发展,形成一套辨病辨证相结合的理论体系。徐灵胎曾有"凡病之总者谓之病,而一病必有数证"之论。根据前贤教诲,结合个人体会,我认为辨病是以明病之类,辨证乃可求病之因。以病名为纲,则证候为目,而病因为本,辨病辨证相结合,则纲举而目张矣。实质上,辨证论治四字,即已概括了识病、辨证、求因、施治、理、法、方、药诸方面的问题。而非中医学无有病名,但较之近代,其统一性尚欠完整耳。

尝治一妇,乳中结核累然,乳头时渗清水,两乳发胀,胸胁胀满掣痛,经期尤甚,诊其脉象沉弦,舌苔薄白。西医诊为"乳腺副腺增生症"。一医以其炎症从火,予以清热解毒之剂。药后更觉胸闷不舒,脘痞纳呆,遂转求余治。盖乳头属足厥阴,乳房属足阳明。当其五七之年,阳明脉衰,兼之忧思恚怒,肝失条达,而致肝木侮土,气血痰湿胶结不化,致成"乳癖"之病。其因在于气滞,证属肝脾不和。遵"木郁达之"之旨,予疏肝健脾、解郁通络之治。用醋柴胡、青蒿、橘叶、丹皮、栀子、当归、白术、薄荷、王不留行、路路通、生甘草,凡五诊,月余而平。

有些病证,中西医病名不同,然其临证表现有的相似,虽可借鉴,但其认识亦有差异,不可混为一谈。"甲状腺肿大",虽类似中医之"瘿瘤",但情况又各不相同。而"甲亢"一证,则与"气瘿"近似,多为本虚标实之候。本虚者,气阴两虚;标实者,胃热肝郁或化火生风。初则宜清肝泄热,佐以养阴清胃,以龙胆泻肝汤、丹栀逍遥散化裁之,或酌投白虎、竹叶石膏汤加减。中期则气阴两虚较为明显,以益气养阴之太子参、山药、黄芪、沙参、麦冬、玉竹、白芍、元参、女贞子等为主,佐以夏枯草、黛蛤散、生牡蛎等清肝平肝之品,并酌加小麦、莲肉,以养心阴,敛汗平悸。后期阴虚火旺渐平,而以脾虚痰阻为明显,常以参苓白术散加减。颈肿和眼突多由肝火挟痰凝滞而成,故应以滋阴潜阳,软坚化痰之鳖甲、夏枯草、生牡蛎、浙贝母、旋覆花、黛蛤散等主之,因其并非全系水土缺碘所致,故不宜必用海藻、昆布、海带等味。至于其他甲状腺瘤,则当以活血化瘀、软坚化痰、滋阴潜阳等法治之,海藻、昆布等自在当选之列。曾以此法治愈"甲状腺冷结节"患者,疗效尚称满意。

有些病症,经西医确诊,而中医典籍中虽无记载,但不见得古无此病,尚可从某些类似症状中得到启示。如"新生儿硬皮症",与中医儿科"五硬"症相似。其病因病机,或为气血两虚,则血行不利,不能荣养肌肤四肢而致;或为土虚木旺,精血不能濡养筋脉肢节。一般来说,前者易治,后者较难。我常以王清任之补阳还五汤益气活血,以治前者,令气行血行,则肢节得养;后者则以健脾益气、崇土制木法,以四君、六君增删而治之。

许多病症,现代医学一时亦诊断不清,或虽有诊断,亦原因不明,或诊断虽明而疗效欠佳。均应根据中医理论,认真钻研,勤求各家学说和经验,亦可从中得到启发。如能不断积累经验,则对丰富中医宝库,不无帮助。曾治一"周期性发热"病者韩某,一九七六年十月开始发热,每月一次,持续三至五天,体温 $38.5 \sim 39.5℃$。至一九七九年九月曾先后十次住院,经检查为免疫功能缺陷,虽中西治疗,未能根除,遂求诊于余。见其体瘦面黄,面目无神,手足及鼻尖易出汗,发热日晡为甚,脉沉取无力。诊为元气虚、阴火盛、营卫不足之证。以补中益气汤加首乌、鳖甲、牛膝为治,半月而愈。随访至今,未再复发。

互相勉励　共同提高

以上仅就学习和从业的肤浅体会作一简介,我深感医道精深,不可浅尝辄止,而医者责任重大,临证不可不慎。诊病时务要审证求因,以究其本;论治时注意燮理阴阳,以平为期。而治病之道,贵在因势利导,以疏通气血调理阴阳为要;用药之旨,要在切合病机,制方务求稳妥,用药宜轻灵活泼。古人云:"药贵精,精则专;忌庞杂,杂则无功。"治病不在药多量大,确为经验之谈。当然,对于急症重症,则又非大剂、峻剂不能取效。若能悉心临证,灵活变通,则可精益求精。我年逾花甲,深感读书不多,经验更少,愿与同道及后学者共勉,互相学习,共同提高,以求对中医事业做出微薄贡献。

（王鹏宇　姚乃礼　路喜素整理）

我学习中的几点体会

武汉医学院第二附属医院
中医科主任　　　　　蒋洁尘

[作者简介]　蒋洁尘（1918～1982），湖北汉阳县人。从事中医临床和教学工作四十余年，著有《中医学基础》，并先后在京、汉、穗、鄂等医刊发表论文多篇。著有《景岳新方选》《金匮选注》等。

余自幼多病，早有习医之念。于一九三三年春购得陆士谔编著之《医学南针》一套，继而又购读该篇后附记之必读医书：《内》《难》《伤寒》《金匮》等。唯因无师指点，暗中揣摩，未能窥得门径。厥后，得阅恽铁樵之《伤寒论辑义按》及陆渊雷之《伤寒论今释》《陆氏论医集》，以其浅而易懂，读后对此道渐次有所理解，而更坚定学习中医之信念，乃于翌年考入湖北国医专科学校就读。三年后卒业行医。于执业开始时，一度专攻《伤寒》《金匮》，醉心"经方"，对宋、元、明、清诸流派的产生，认为是历史的倒退；曾蔑视温病学派,以为叶桂、吴瑭喜务轻灵,果子药不能愈大病。后临证渐多,方意识到此乃偏执。所谓"经方""时方",同样来自实践,用之得当,均有良效。在这一阶段,同时又有一偏见,即认为中医优异之处,体现于临床实践,从而只重视临证有效之方药,除唯视仲景为"不二法门"外,不甚留心其他理论,误认为这样是崇尚质朴,避免空谈。追后,受到师友之熏陶,结合临证之体会,乃渐次认识到理、法、方、药之间有不可分割的关系。方药脱离了理法的指导,就不能称其为方药。撇开了理法专讲方药,名曰重视,实际上并不能称其为重视。从表面上看,这是重实践轻理论,实际上却是否定了实践和理论相互间的辩证关系。认识到此,余在尔后行医时,得以较好地处理理论学习和临证实践的关系,进而对法的重要作用及其正确运用有所体会。谨提供于此,以作刍荛之献。

"法",是辨证论治之纽带

中医治病之特点为辨证论治,具体而言,不外理、法、方、药四个方面。所谓辨证或"理",即是认识疾病,诊断疾病;所谓论治或"法、方、药",即是解决疾病,治疗疾病。认证清晰,论理精当,诊断确切,是治疗疾病的前提;确定正确的治疗方针,选择恰当的治疗手段,是使疾病得以治愈的保证。因而理、法、方、药实为一密切相关的整体。这四个部分,何者重要,何者次要,看法容有不同,所谓见仁见智。依余浅见,论理正确是治病的前提,殊为重要,但需在辨证基础上,拟定治疗法则,选用适当方、药,方能完成辨证论治之全过程。其中"法"的拟定，既反映诊断，又指导治疗，起到承上启下之纽带作用，更为重要。辨证——论理，正如对敌我双方形势之分析，为制定战略战术之依据；治疗法则乃是根据敌我形势所制定的作战方针，具有战略意义；选方用药则是在战略思想指导下所运用之具体战术。古人谓"用药如用兵"，概括实为允恰。故方、药如离开治疗法则的指导，则等于无源之水，无本之木，只是药物的堆砌而失去方义。临床上正是依靠"法"这条主线，将理、法、方、药串成一有机的整体，而"法"在其中既独立存在，又渗透于理、方、药之中。这同武术家讲究手、眼、身、法、步，异曲同工，即"法"既为一端，又体现于手、眼、身、步之中。故严格讲来，理、法、方、药四端不可平列，其主线和关键是"法"。

中医自汉、唐以降，逐渐发展为各个流派，形成各流派的实质正是治疗法则，即以"法"分派。例如，金元四大家，不正是以"寒凉""攻下""补土""养阴"各派著称吗？降至后世，凡有成就、影响较大之中医名家，无不都是在治法上具有独到之处。如清·王清任擅长活血化瘀，居然以活血化瘀治疗五更泻、霍乱等等。又《医学广笔记》与《陆氏三世医验》均曾提及朱远斋其人。朱氏擅长攻下，有自制"润字丸"一方，屡以攻下愈重证，深受丁长孺（《医学广笔记》之编者）及陆养愚之赞扬。总之，名家之出名，均表现在治法上有所专长，可谓代有其人，兹不一一列举。

因此，学习中医如不在掌握法则上狠下功夫，决难取得高深造诣。一部《内经》，方药虽少，理法独详，特别是有关治法这部分，散见于各篇章之中，扼要精当处，殊不少见,对具体选用方药起着重要指导作用。故学习时必须深究《内经》中有关治疗法则之记载,即使是片言只语,也当精思冥悟。《伤寒论》条文共三百九十八条,前人称"伤寒三百九十八法",提到"法"的高度来看待它,这是对《伤寒论》的推崇。陈藏器的"十剂"、程钟龄的"八法",都能在《伤寒论》的方药中得到具体说明。

专门搜讨治疗方法的医籍,颇为少见。日本丹波元坚编著的《药治通义》编审精当,持论平正,收集得也很完备,值得参阅。

在"法"之指导下学习方剂

(一)学习方剂,须明方义　前人曰:"方者法也。"意即方剂须体现法则,如方剂无法则作指导,势必形成"有药无方"。前人又曰:"方者仿也。"意即方剂是可以仿制的,如只知生搬硬套,呆用成方,必将导致"有方无药"。"有药无方"与"有方无药",其失相等,都是抽掉了法则的内容。临证拟方、用药,均宜根据病情需要,固不必囿于前人"成方"更不得流于药物堆砌,要点在于依"法"选药组方。由是,临床上可以"有法无方(成方)",万不可"有药无法"。有鉴于此,学习方剂不可限于背诵歌诀,呆记药味,亦不只是了解其适应证,重要的是要理解其方义。尤怡的《医学读书记》中"补中益气汤、六味地黄丸合论"值得一提。论中谓:"气虚者,气多陷而不举,故补中益气汤用参、芪、术、草等甘温益气,而以升、柴辛平助以上升;阴虚者每每上而不下,故六味地黄丸多用熟地、萸肉、山药味厚体重者补阴益精，而以茯苓、泽泻甘淡助之下降。气陷者多滞，陈皮之辛，所以利滞气；气浮者多热，丹皮之寒所以清浮热。然六味之有苓、泽，犹补中之有升、柴；补中之有陈皮，犹六味之有丹皮也；其参、芪、归、术、甘草，犹地黄、茱萸、山药也，法虽不同而理可通也。"文中有分析，有比较，阐述堪称透辟简练，读之深受启迪，实属上乘方解。总之，学习方剂，必须细心精究，深明方义，方可举一反三，逐步提高。

（二）方剂配伍，相辅相成　方剂之配伍，在治疗法则上须注意相互制约，相互为用，即所谓相反相成。如气虚宜补，气滞宜行。但治疗气虚，决不可单纯汇集补药；治疗气滞，亦不得一味行气破气。在一定情况下，应是于补或消之中，适当加以"反佐"，即补中有消，消中有补。

补中有消：即补气当佐以行气，如异功散用参、术等益气，配以陈皮即是。唯其如此，方能补而不滞。

消中有补：如四磨用乌药、槟、沉，佐以党参即是。这样才可以破气，防止耗气。

又方剂之配伍，尚须注意动静结合，升降相配，其理亦同。

然而，临床应用时亦非绝对如此，因在治疗法则上尚有"并行"与"独行"问题。《素问·标本病传论》指出："谨察间甚，以意调之，间者并行，甚者独行……"张景岳谓："间者言病之浅，甚者言病之重也；病浅者，可以兼治，故曰并行；病甚者，难以杂投，故曰独行。"要之，并行或独行，应根据病情之标本缓急而定。如对急重的里实证，不容徘徊瞻顾，务必纯任攻逐——独行，不得杂以他法。因之，不能认为有了四磨，五磨可以弃置；同理，亦不得因已有黄龙汤,就不再需要大承气汤。凡此,都应在法则的指导下决定如何取舍,而法则又都有一定的适用范围,要引用得恰当,切合实际。

(三)有定法中无定法,无定法中有定法　治疗法则之运用,既具原则性,又有灵活性,而灵活性正寓于原则性之中。如针对某一疾病患者,当有一定之治法,但如同时延请十位中医分途诊视,可能提出十张不同处方,方药虽异,如能遍尝,可能均有一定疗效。此可谓无定法。实则中医治病并非漫无标准,不过是在一定治疗法则指导下,使方用药途径多,灵活性大而已,即所谓"有定法中无定法",可以殊途同归,达到愈病目的。示其灵活性并未脱离原则性,是"无定法中有定法"也。

因此,苟能认识及掌握法则之规律,即使纲领在手,可以执简驭繁,高屋建瓴,得心应手,运用自如。某外国剧作家曾将中国戏剧之表演形式概括为"有规则的自由活动"。看来,中医亦适用此评语。所谓"规则",乃"自由活动"之前提,愈是"规则"在手,愈能"自由活动",即所谓"熟能生巧"。其所以"有定法中无定法",终能愈病,正因"无定法中有定法"之故。

(四)使方而不使于方　方剂之具体运用,必须在理、法之指导下进行。"使方"即不失理、法地自由运用与驾驭方剂,否则将为方剂所左右而"使于方"。"使于方"为初学者必经过程。"使方"依赖于"使于方","使于方"有待发展至"使方"。如何才能相对地完成这个从机械地"使于方"成熟到机动灵活的"使方"的这个过程呢?我有两点体会:

一是"医贵多方",即需熟悉前人的各类成方。所谓熟悉,决非死记药味,重点在于从理、法上加深理解,对每一个病证至少要牢记五个以上的方剂。临床实践,要注意必须"执方",切忌"凑药"。一般来说,理法方药这四个方面,要求面面俱到。医案中有本《谢映庐医案》,该书的一个特点是"处方用药,善于选用成方"。它在每一则医案的后面,都附有一至两个其所本的成方,而且不偏执经方、时方,对初学者来说,此书允称为最好的医案范本,值得阅读。

二是学习各家方解,要善于比较、分析,从而鉴别高低,择善而从。如玉屏风散的主治,《成方切用》谓:"治自汗不止,气虚表弱,易感风寒。"《兰台轨范》则称:"治风邪久留而不散者,自汗不止亦宜。"两相比较,《成方切用》不免狭隘、局限,流于一般。而《兰台轨范》所谓"治风邪久留不散"似乎抽象,实则是抓住了应用此方的关键,妙在意境广阔,只要是可以风邪久留不散来解释的各类疾病,均可应用,不限于阳虚自汗一症。我多年以来屡以此方加味治疗过敏性鼻炎、支气管哮喘、慢性荨麻疹、神经性皮炎……均能取得一定的效果。说明徐洄溪注语"治风邪久留不散",看来空泛而实则全面、准确,比诸他书精当扼要得多。

总之,余临证四十余年,建树甚少,教训良多,今不揣简陋,勉作刍议,不当之处,敬希予以教正。

采百家之长　走自己的路

浙江省中医院妇科主任医师　　裘笑梅

[作者简介]　裘笑梅（1912～2001），浙江杭州人。从事中医临床教学治疗及科研工作五十余年，专擅妇科，对经、带、胎、产常见病较有造诣，著有《裘笑梅妇科临床经验选编》等。任中华全国中医学会浙江分会常务理事、浙江省人大代表等职。

我出生在教员家庭，幼时体弱多病。十八岁时，在杭州弘道女中读高中，因常患鼻衄，而不得不辍学，在家休养。父亲略懂医学，远近邻居有小病小痛，常来家索药，亦见有不少贫苦患者，因无资求医买药得不到治疗而悲惨死去。由己及人，深感"人命至重，有贵千金"，乃萌学医之念，立志做个能解脱人民疾苦的医生。这也是父母之夙愿。遂拜杭城著名老中医清华为师。其时老师年已耄耋，仅承教五载，因患中风病逝。从此，我一边承袭清华老师独立在杭州贯桥同益堂药店内"崇德医药局"挂牌坐期,一边继续自学攻读医书。初为儿妇科,嗣后专事妇科。至今五十载岐黄生涯,年逾古稀,可真是"功业未及建,夕阳忽西流"。在中医学这个博大精深的海洋里,我只拾得了数片贝壳而已。

熟读精思　博学强记

我从师之初,老师先给我四本书:《医学心悟》《濒湖四言脉诀》《药性总赋》《汤头歌诀》。此后,三个月未见老师面。过了三个月,老师才来。我们见面坐定,他便边翻书边考问我。如:"何谓保生四要、医门八法?"我答:"保生宜饮食,慎风寒,惜精神,戒嗔怒;八法为治病之方,即汗、吐、和、下、消、补、清、温是也。"又问:"脉有要诀,治有成方,何在?"继答曰:"脉有浮沉迟数之分,要决于胃、神、根三字。人与天地相参,脉必应乎四时,而四时之中,均以胃气为本,如春弦、夏洪、秋毛、冬石。胃气生则有神。人之有脉,如树之有根也。古人治病,药有君臣,方有奇偶,剂有大小,此即汤头。"幸而在这三个月里,我没有稍事懈怠,老师对我的对答比较满意,说:"看来你是有志于学医的。"接着,老师又要我同他弈棋,弈完说:"治病用药不能没有魄力,从下棋看,你还有点魄力。"这才正式收我为徒。之后老师一再告诫我:"学医要矢志不移,志不强者智不达;读书要精勤不倦,熟读深思义自明。"从师五年中,我日里侍医抄方,夜晚读书做功课。那时,老师除规定读书篇目,须日日坚持诵读外,还按日出若干思考题要我作答,他每天批阅检查,至甚严格。那年代,要学医读书也真不容易,肩上还有一副生活的重担。我迫于家庭贫困,每天下午去小学兼任语文课,以补贴家用和购买书籍。晚上在一盏昏暗的煤油灯下,几乎常常挨到午夜以至通宵达旦。那几年,虽是艰苦,却为我步入医林打下了基础。我不但读了许多医学典籍,学到了一些临床经验,更重要的是培养了一种习医求学问的能力。

读医典,我认为应从《内经》《难经》《伤寒》《金匮》等入手,然后循序渐进,博览各家著述。习妇科,基础与内科同,然妇人之病多于男子,固有其行经孕产哺育等特殊生理情况,且性情多郁,所以在一定的范围内,产生了一些特殊的疾病,因此在病理和诊断治疗上与一般内科病有殊。此所谓"医之术难,医妇人尤难"。中医学中妇科学说,其源甚古,繁茂丰厚,我认为必须下苦功夫熟读的有以下主要典籍:《金匮》妇人病三篇,是专论妇科病的。其中"妇人妊娠病脉证并治",讨论了妊娠出血、妊娠腹痛和妊娠水肿等症;"妇人产后病脉证并治",提出了痉、郁冒、大便难三症和对产后腹痛、发热、呕逆、下痢等症订立了治法;"妇人杂病脉证并治",研究了热入血室、脏躁、经闭、痛经、漏下、转胞、阴疮、阴吹等症。此三篇中所述的理论和方药,为后世治疗和研究妇科临床疾病的准绳。巢氏《诸病源候论》述妇人杂病二百四十三论,研究诸病之源,九候之要,为第一部病理专书。孙思邈《千金要方》妇人方治六卷,以脏腑寒热虚实概诸般杂症,而为立方遣药的总则。陈自明《妇人大全良方》,对妇科病做了系统的总结,认为肝脾损伤是月经病的主要病机。薛立斋《薛氏医案》,重视先天后天,力倡脾胃兼补之说。《傅青主女科》病立一案,案列一方,条分缕析,言简意赅,有独到的经验。《叶天士女科全书》,自调经种子以及保产育婴,靡不一一辨举,条分明晰,虽变症万端而游刃有余,实为女科之宝筏。这些医学著述,有志于学妇科的,要熟读,关键处得一字一字地推敲。古人说:"案头书要少,心头书要多。"这对学医者尤为重要。平时熟读,把案头之书累积潜藏于心头,临床应用便犹如囊中探物,伸手即得。

旁搜囊括　虚心求教

《学记》说:"独学而无友,则孤陋寡闻。"学习中医学,钻研经典著作,要依靠老师的教育指点,还需要有虚怀若谷的精神,乐于拜一切有知识的人为师,特别要向有学问的当代医生求教。昔孙思邈,凡有"一事长于己者,不远千里,伏膺取决";傅青主"马医下隶,市井细民",既是他的朋友,也是他的老师。古代医学大师们这种"无贵无贱,无长无少,道之所存,师之所存"的优良学风,认真记取,对于学业是大有裨益的。

早年我在同益堂药店坐期时,常常挤时间去店堂观看撮药,学习体察各家名医用药之轻重,君臣佐使的配伍,尤其注意对危症病人的抢救方。有点滴体会,随即录入本内,本名曰《勤记免忘录》。同时,向药工请教药材的生熟之分,炮制之别,对不常用的药,宜细辨其气味。一日,见一只带皮的香囊,老药工告我:此便是麝香,其芳香走窜力极强,嗅之会昏晕。我为确切了解其药性,有意用鼻嗅之,果然,立感昏昏然欲倒。由此获得了辨别麝香真伪的经验,并体会到药性过猛之药,用量须慎之又慎,万不可掉以轻心。

我有幸曾与浙江著名老中医叶熙春一起临床。叶老精湛而独到的医术,使我得到许多宝贵的启迪。如治疗虚寒痛经,按常规投入温经汤。此方大多能奏效,但也有无效者。叶老不拘泥于成方,果断而大胆地投以桂枝汤复加肉桂。这是叶老的创见,疗效确较温经汤显著而巩固。我思其重用二桂,意在着力于助阳补益,以逐寒活血,为寒者热之之法。叶老选药组方,匠心独运,用药之专,用量之重,犹如异军突起,独树一帜,给我莫大的教益。诚如南齐名医褚澄所言:"用药如用兵,用医如用将。世无难治之病,有不善治之医;药无难代之品,有不善代之人。"我体会,一个善治之医,应有胆识,善谋略,敢于独抒己见。如有一妇人怀孕七月,持续高热,我院内科给做了引产术,热度仍不退。后嘱我会诊。见病妇汗泫如注,有阴阳离决之患,命已岌岌可危。此时,我认为患者虚实相挟,必先扶其正,然后祛其邪,正不扶,邪不去。拟急用独参汤救治,处方:别直参二钱,服三剂。高热病妇用参,似乎不适,始有人反对,有人疑惑。后决定先试服一剂。服后果然汗止,热度亦消退,继服二剂,再投以清热之剂,终于转危为安。

敢于疑古　勇于创新

继承与发展中医学,要师古而不泥古,不囿于一偏之见,不执着于一家之言,在博采百家之长,融会剖析的基础上,善于化裁,敢于自己闯出一条路来。南宋名医陈自明,对妇女患脏躁悲伤,投以大枣汤,"对症施药,一投而愈"。今人之更年期综合征和青春期紧张症,即属脏躁疾患范畴。我在临床中亦袭用甘麦大枣汤,发现有许多病例不能取得满意疗效。为了探求新的途径,我一方面继续研讨古医经典,从理论上寻根求源。《素问·上古天真论》说:"二七而天癸至,任脉通,太冲脉盛。"说明妇女在十四岁时冲任脉逐渐旺盛,月事以时下,此为初潮行经之际,气血尚不足,肝肾虚亏,阴阳不得平衡,故来月经前后容易出现烦躁不安症状。《素问·上古天真论》又说:"七七任脉虚,太冲脉衰少,天癸竭。"说明妇女在四十九岁左右,正是冲任脉功能逐渐衰退的一个过渡时期,机体平衡容易失调。弄清了病理病源,另一方面又综合分析临床病案,发现患者以阴虚肝旺型较为多见。明乎此,我认为应治以平肝安神潜阳滋阴之法。经过一段时间的摸索,我创拟了"二齿安神汤"(青龙齿、紫贝齿、灵磁石、茯神),旨在养心神,开心窍,镇惊而守其神。临床与甘麦大枣汤合用,疗效显著。如有一女青年,十九岁,因受刺激喝酒一两而致癫狂,神志不清,乱叫乱骂,甚至乱行烧火。曾在绍兴精神病院治疗,服用氯丙嗪、安定、泰尔登,病情略有好转,出院回家后服胎盘二只,病又复发如前。继又入湖州精神病院,电疗四次,仍服氯丙嗪等,药量倍增,住院四月,病情似有好转,出院后仅十天又发病。后经上海精神病院诊断为"月经性精神病"(因发病每在经前七至十天,直到月经干净后四五天),予服避孕药控制月经来潮。来我院门诊时,患者语言错乱,哭笑无常,头痛烦躁,神倦乏力,喉中有痰声,两眼定视,两颧潮红,脉弦细,苔薄,质红绛泛紫色。辨证为:阴虚阳亢,神不守舍。遂投以二齿安神汤加当归、川芎、赤芍、泽兰、益母草,服三剂。二诊时,语言较前清晰,神志较安静,能坐片刻,夜寐矇眬,有痰难以咳出,头痛烦躁忽有忽无,口苦唇干,小溲少黄,少腹胀痛有经来之兆。前方除川芎改用僵蚕,嘱继服五剂。三诊,经转,色鲜红,量少略有血块,夜寐较安,言语清楚能对答,头痛腹痛均自消失,食欲略馨,嘱停服一切西药,以二齿安神汤加芩、连、淮小麦、炙甘草、红枣,再进十剂。后又续眼前方四十五剂,经候如期,色量正常,上症全部消失,并能参加轻劳动。几十年来,我采众长,化古法,已先后总结整理出二齿安神汤等疗效显著之验方二十八首。

如何正确地开展中西医结合工作,创造出我国的新医学,是一个有待于不断实践与探讨的大课题。我仅从临床实践而论,深感西医确有许多长于中医之处,中医学习西医,有利于提高疗效。举例来说,先兆子痫和子痫,属西医"晚期妊娠中毒症"的一种类型。中医没有"妊娠中毒症"病名,但从本病的临床表现来看,类似于中医妇科所称的"子肿""子满""子晕""子痫"诸症。《诸病源候论》中指出:"胎间子气,子满如肿者此由脾胃虚弱,脏腑之间有停水而挟以妊娠故也。"《医宗金鉴》亦说:"孕妇忽然颠仆抽搐,不省人事,须臾自醒,少顷复如好人,谓之子痫。"这是妊娠最严重的疾病,重则可致母婴死亡。现代医学对妊娠中毒症的诊断,根据妊娠二十四周后,如高血压、水肿、蛋白尿三个症状有二者,均诊断为先兆子痫。古人对本病虽早有认识,但限于历史条件,绝大多数中医文献都把"子肿""子满""子晕""子痫"等当作不同的病证,其实上述各症,不过是整个疾病发展过程中的不同阶段,"子肿""子晕"往往是"子痫"的先兆证候,即使较轻的"子肿"有时亦可发展为危重的"子痫"。因此,必须重视它们之间的内在联系。鉴于上述认识,我制订了主方"牡蛎龙齿汤"(牡蛎、青龙齿、石决明、杜仲、制女贞、白芍、夏枯草、桑寄生、茯苓、泽泻),无论防与治,疗效均较显著。我采用中西医结合在妇科临床中尚是初步开端。

仁术济民　夙愿得偿

古人有言:"夫医者,非仁爱之士不可托也;非聪明理达不可任也;非廉洁淳良不可信也。"医生的规范是要无限忠诚于病人的健康,视人之病犹己之病。几十年来,我尽力做到:凡有求治,风雨寒暑勿避,远近晨夜勿拘,贵贱贫富好恶亲疏勿问。再则,医之一道,其理甚奥,其责甚重,论治立方,性命攸关。为医者不应草率逞能以沽名钓誉,亦不得瞻前顾后,自虑吉凶,护惜身名。对于危急病人,即其病不可治,亦须竭心力以图万一可生。有一女青年,十八岁,淳安人,值经来之时,外出遇雨淋,回家又遭父斥责,乍经闭病起,在当地治疗月余,耗去数百元,病却日重一日,不得已而来杭州投亲,设法救治。患者亲友正前不久经我治疗过,见病人危急非常,即于到杭当晚引来我家。病人用门板抬来,口吐白沫,神志不清,气息奄奄。我家人见之,恐其顷刻死去。病人父亲再三恳求,救女一命。如此重危的病人,又是晚间抬到家来,我可以要他们去医院检查抢救。但贻误时间无异于断送其性命,作为一个医生,只有尽心竭力救治的责任,断无犹豫推诿的借口。我诊断患者系瘀阻迷闷,肝气郁结,投以桃红四物汤加失笑、花蕊石散,先服一剂,嘱当晚即煎服,明天复诊。是夜,我反复展转思考,未敢入睡。翌晨,病人家属来院,说服药后,早上已来月经,量不多。见有转机,我如释重负,增删原方,继服二剂,病人神志渐清,化险为夷。

裘笑梅

治学之道在于学"问"

福建中医学院副院长
兼附属医院院长、教授　　赵 棻

[作者简介]　赵棻(1911~2000),福州人。少年时,见家人病笃,中西药均罔效,后由名医精心诊治,始转危为安,因此对中医学极感兴趣,遂矢志攻医。虽承师启蒙五年,实以自学为主。因能勤钻苦研,医术日精,但仍孜孜不休。悬壶以来,颇得群众信仰。解放后,福建中医学院成立,遂执掌教鞭。二十余年来,桃李多出其门下,深为医林重望。学宗补土,但不拘泥于温补,能别树一帜,对疑难重证,治愈颇多。著有《赵棻医疗经验选集》及主编《中医基础理论详解》等书,颇得读者好评。

我年轻时,由于家人患病极笃,奄奄一息,危在旦夕,用中西药皆罔效,后经名儒医周良钦精心诊治,始转危为安，遂立志学医。除承师启蒙外，孜孜不倦，五易寒暑，始奠初基。

临诊以来，日益发现中医学术理论中，尚难理解的问题颇多，深感"书到用时方恨少，事非经过不知难"之憾。因思古今医家，虽各有师承，然多是自学而成，即所谓无师自通者，我何不效尤一试。但思自学总要有一套方法，才能有所收获。我体会到治学之道，途径很多，而"善学者必善问"这一条方法，是不能缺少的。

我在学医之前，曾涉猎于古典文学，由于古汉语措辞用字，与现代文不一样，往往读了一篇文章，好像都懂，如深入提问，又觉难通，诗词更是如此。为了解决这一难关，乃采取发问的方法，自行解决了不少的疑问。我认为这种方法，完全可以适用于学医。

现举一例学习诗词发问自解的方法和经过，以资说明：李白的"静夜思"，原文是"床前明月光，疑是地上霜。举头望明月，低头思故乡。"真是浅显易读，一看即懂。但是进一步追问，这首诗为什么说写得好？好在那里？为什么既然说出了床前明月之光，何以又疑是地上之霜呢？望月思乡，尽人皆知，有何深意？这样层层提问，又感到答不上来了。经过初次思索，稍有领悟。李诗题为"静夜思"，他用"床前明月光"五字，就把夜深人静的情境，衬托出来。用"疑是地上霜"五字，把深秋月色洁白如霜，描绘出来，后两句转入正题，说出望月有所思，思故乡也。但我细细琢磨，仍感到不深不透，实际上还未学通。反复深思，又有进一步的理解。如床前明月之光，为什么能说明更深夜静呢？因为月光透射到屋内的时间，不是上半夜，就是后半夜,此诗以静夜为题,当然后半夜才可称静。为什么既知明月之光,又疑为地上之霜呢?因为秋凉才有霜,下霜又多在深夜,既在深夜,应当是已睡了一觉,醒来感到凉意,在矇眬中,映入眼帘的洁白月色,疑为寒霜,如果一直醒着未睡,尚有何疑?这也点出深秋月夜月明之景,因秋而生感。秋天又是诗人最易触景生情之时,古人有秋声赋、悲秋之作,都是以秋来抒情的。但是望月思乡,是想什么?又没有指出。要知明月两字,诗家多用为团圆之意,也意味着作者在梦中与家人乐叙天伦之趣。标出低头两字,说明眼前却是只身异地,有不能与家人团聚之叹。举头低头,两种情景,在脑中回荡,意念绵绵。寥寥二十字,把时间、地点、环境、思想都说清楚,没有千锤百炼的功夫,是不能写得如此含蓄、言浅意深的,故称佳作。这样解释,或可使人折服。但是我不是诗家,所有解释,不一定对,此处不过借以说明读书须"好问阙疑",是一项很重要的方法。话说回来,我们是谈医,解释这么多诗意,与医何干?我觉得医学虽非文学,而学"问"的方法,对学习任何学科,是可以通用的;尤其学习中医,更须如此层层发问。我当时研究古典医籍,探讨其机理,即本着这种方法,收到不少益处。现试讲几例通过发问,自行理解的问题,介绍于下。

如阴阳五行学说,是中医基础理论的基础。又是入门第一关,如果不明确它的精神实质,便成为绊脚石,影响整个中医理论的学习。这里单举一个问题来问:为什么说阴阳五行学说是中医学的说理工具,称为朴素的唯物论和自发的辩证法?这个道理不解决,就会怀疑中医太陈旧、不科学,阴阳五行有唯心色彩。原来阴阳学说,把阴字列为第一位，阳字列为第二位，从阴字代表物质，阳字代表功能来看，先物质后功能，把物质列为第一性，这正是唯物主义的观点。因为唯心论者是把功能（精神）列为第一性的。以这种思想方法作为说理工具，符合客观真理，故中医学说能一脉相承，历数千年而不衰，道理即在这里。

五行学说原是说明地球绕日一周，成为春、夏、秋、冬四季，在这四季中，地球上的一切生物，均随着四季的变化而变化，四季本身也在变化，都是有物质为基础，且又互相联系的。古人为了说理方便，以木、火、土、金、水五字为代名词，以东方、春季等为木；南方、夏季等为火；西方、秋季等为金；北方、冬季等为水；地球为中土、为长夏。它的主要精神实质，是承认一切事物都有联系，不是孤立的，并且时时都在变化。这正是辩证法的观点。中医学中引用阴阳五行学说为说理工具，并推广其含义，由于指导思想颇符合辩证法和唯物主义观点，故经得起实践的检验。弄通了这一关，学习中医的绊脚石，便可以搬开了。

其次，再谈谈学习《素问·阴阳应象大论》一章内的如下一段话："天不足西北，故西北方阴也，而人右耳目不如左明也；地不满东南，故东南方阳也，而人左手足不如右强也。"这段经文，有的注释，把天地当作实际的天地，把东南、西北当作我国版图的地势，以东南地势低洼、气候炎热为阳，西北高原、气候寒冷为阴。照这样解释，如何与人体的耳目、手足联系得上呢？原来古人写文章，有个习惯，不喜欢在一篇文章里，反复重用一个名词，总要另选一个适当的名词来代替，以新耳目，这种方法，在古人文章里是不乏先例的。所以"阴阳应象大论"里的天地、东南、西北，实际还是指阴阳，就是以天为阳，以地为阴。按古人定方位的习惯，都是以上为南，下为北，左为东，右为西。综合起来，以东南代替左，左又可代替阳；以西北代替右，右又可代替阴。这篇文章里主要是论述阴阳，为了避免阴阳两字，过于重复使用，故更换新名词代替，这是可以理解的。但是医学是讲具体的东西，既然天地、东南、西北都指阴阳，而与人体的耳目、手足有何关系？按中医理论，阴阳在这里应该是指气、血而言。气为阳，血为阴，清阳为天（在上），浊阴为地（在下），阳气上行头目，而盛于左，故耳目虽俱禀于清阳，但左明于右。阴血下行手足，而盛于右，故手足虽俱禀于浊阴，但右强于左。所以有"左右者，阴阳之道路也"的说法。这样联系起来，就不会感到"天不足西北，地不满东南"之句，难以理解了。至于气血在人身有左右、上下、盛虚之别，是否与地球的转动方向，或地球的磁场有关？此中奥妙，尚难尽解，只可存此疑问，以待高明。这又是用为什么来探讨经典著作的一例。

再如学习脉学，感到很抽象，如讲到浮脉是浮在皮肤上，又如水漂木。听了好像易懂，但追问它的实际标准如何？又难定论。在这种情况下，必须在字里行间去寻求答案。古人为什么说如水漂木，如果只在字面上去理解，只能认为浮者，浮于上也，脉浮在皮肤上，如木浮于水一样，其实这是一知半解。须知中医言脉，在于脉气，即脉之动态。要真正理解浮脉，必须深思其意，再加实验。可试取一块小木板，放在盆中，盛水后木浮于上，此时以手指轻轻下压，手指亦紧随木块下沉，如将手指轻轻提起，木块亦紧随手指上浮，这种应指上浮之力，即是浮象。临床验浮脉，即重按之后,随即轻轻提起,手指不离皮肤,脉气亦随手指上浮,这就是浮脉。古书文字简练,必须深究。验舌亦是如此。如舌苔的厚薄,从字面来看,理解并不困难,但厚薄的界限,应如何确定？我想应该从舌的乳头方面去探讨,乳头被苔垢遮满,才算厚苔,否则仍属薄苔。如此鉴别,才有着落,决不可因古书未言,便囫囵吞枣。

再如方剂中的"大承气汤",不名大黄芒硝厚朴枳实汤,而名承气,是何用意？须知方剂的组成,是针对病机的,大承气汤是用于胃家实、里热内结之证,名为承气,即点出腑气不降之病机。《内经》有"六腑者,传化物而不藏,故实而不能满也"之说,推而广之,凡能使胃气通降者,皆可谓之承气。前人有以硝、黄的作用为承气,或以朴、枳的作用为承气,论说不一,我认为还是以胃气宜降为是。这是符合病机的。

从以上几个例子来看,都要发问探讨,然后得到理解,可见"善学者必善问"这句话是对的。但是我所体会的问题,因限于水平,难免有错误之处,因为要阐明发问的过程,不得不详细叙述,以便说明。我们还应当承认,样样发问,都能自己解答,这是不可能的。个人学识,终有限度,应当虚心请教师友,以冀他山之助。如果确实遇到人体奥妙,在今天科学知识尚无法解释的问题,只可存疑,以待他日解决,尽可能做到应该懂的要真懂,不懂的也心中有数,所谓"好读书不求甚解"的作风,对学医是不利的。

此外,发问的另一作用,还能引人向钻研的道路前进。中国医药学是一个伟大的宝库,说明其中有很多的宝藏,尚待发掘,加以整理提高,因此我们学习中医,遇到关键问题,都要紧紧抓住不放,认真钻研,才能推陈出新。由此可见发问置疑的过程,是治学的一个重要方法。我对学"问"这方面是尝到一些甜头的。用敢不揣谫陋,略述梗概,以供自学者参考。

悬壶生涯六十年

北京中医医院副院长
北京市中医研究所所长　　赵炳南

[作者简介]　赵炳南（1899~1984），回族，祖籍山东德州，生于河北宛平。因家境贫寒，只念过六年私塾，十四岁学徒，行医六十五载。所著《赵炳南临床经验集》一书，获全国科学大会奖。历任北京中医医院副院长、  北京市中医研究所所长、北京第二医学院中医系教授、中华全国中医学会副理事长，北京中医学会理事长，全国第四、五届人大代表，北京市第七届人大常委等。

我是个普通的回族老中医，今年八十三岁，经历过清王朝、北洋军阀、国民党反动统治时期，行医生涯一甲子。可以说，人间的喜、怒、忧、思、悲、恐、惊七情备历；人生道路的酸、辣、苦、甜、咸五味俱尝。但是我新的生命却是从解放后开始的。我不能忘本,没有党、没有社会主义新中国,就没有我赵炳南的今天。

老妈妈大全

我学名德明,改称炳南是以后的事了。听老人讲,祖父是饭馆掌灶的,很早故去。父亲很小便独立谋生。我家有兄弟姐妹五人,全凭父亲给人帮工做糕点,母亲零碎做点外活勉为生计。

我自幼身体羸弱,经常生病。记得五岁那年,我出天花,高热昏迷,好几天睁不开眼。疹子出全,可谓漫天行蚁,体无完肤。那时,家里根本无钱就医,只听别人说:"别瞧这么厉害,要是出得顺,七浆、八落、九回头。"在万般无奈之时,只好请一墙之隔的老邻居王二大妈诊视。提起王二大妈,本村无人不知,无人不晓。她老人家虽不识文墨,但粗晓医理,多知多会,大家尊称她"老妈妈大全"。我的病经王二大妈指点,慈母上街买些化毒丹之类的小药,服后很快好转,落下一身小疤,出街门,乡亲看见,都叫我"麻孩"。

六岁那年,我闹一场红白痢疾,每天拉肚子,一病就是一年。家里穷得连手纸也买不起,只好把破旧衣服撕成片当手纸,使脏了,用小灰水洗完晾干,以后再用。还是王二大妈出了个偏方,用无花果加蜜蒸熟,每天服数枚,才把我的病治好。

七岁那年,我患了场疟疾,一闹也是接近一年,家乡泊岸边有块长条石,发热时,我就躺到条石上冰身子,发冷了,就去晒太阳。不少人出偏方没治好。家母央求王二大妈说:"您别瞧着孩子受罪了,干脆死马当活马治吧。"王二大妈说:"有个单方试试看,好了就好,不好就了。"她找了块绿豆大小的信石,布包砸碎,白开水送服。服药后,我觉得全身发热,如同登云驾雾,恍惚之中,仿佛有个天梯,爬呀爬呀,一不留神,撒手摔下来,吓得出身冷汗,病也就逐渐好了。

三年的大病,使我失去了启蒙就读的大好时光,但也培养了我对中医中药的浓厚兴趣。记得以后念私塾,老师常讲:"人生一世,不为良相,即为良医。"我想:凭我家的条件,哪还希望当什么良相、良医呢? 要是能像王二大妈那样,骑个毛驴,拎个包袱,能给人瞧病,也就知足了。放了学,别的孩子走东串西,我就喜欢到王二大妈那儿去玩。看她熬膏药、配方子,给她打下手,听她谈天说地讲故事。有时,老人家外出采药,遇到爬坡上坎的地方,我就爬上去帮助采集。

在和王二大妈接触中,耳濡目染,我也学到了一点极为简单的验方小药,如马舌子焙干压面能治"羊角风",鱼骨盆外敷能止血等。记得八九岁时,正遇少数民族办红白事,杀鸡宰鸭,热闹非凡。本家外甥金荣奔走相告,不留神,摔倒在石头角上,头上撞个大口子,流血不止。旁人用点细灰尘土用手堵住,我听王二大妈讲,鱼骨盆止血好,我找点药给他敷上,很快好了。

回想起我多病的童年生活,毋庸置疑,王二大妈以她高尚的医德,精湛的医术,潜移默化的言传身教,在我幼小的心灵里埋下了渴望学医的强烈愿望。后来,我学徒期满,业已行医,治好了一位盲人患者,他出于感激,问了我的生辰八字。只见他掐了掐手指头,叹息地说:"好刚强的八字啊,就是五行缺火,改个名子还可以补救。"常言道:"南方丙丁火"。赵炳南的名子就这样叫开了。其实,我幼年多病,哪里是什么五行缺火,是旧中国给我们穷苦人带来的贫困和饥饿啊!

皮球的风波

要是讲学历,不怕您见笑,我既非书香门弟,也无家学真传,只间断地念过六年私塾。八岁那年,我才开始上学,因为不是官办的学堂,经费、校址和师资都没有保障,就读之处不是庙宇,就是清真寺,老师常因经费不足辞去不干,或另被富豪家聘教专馆。六年之中,我就辗转投师六处,饱尝了辍学之苦。

我懂得单凭家庭接济,根本无力供我完学。所以每在放学之余,常帮人捎带买东西,挣上一二个铜板,零星添置点笔墨纸砚。有一次,好容易攒足了十三个铜板,看见别人家的孩子有皮球,心里很羡慕,就一个人到城里洋货店买个小皮球拍着玩。第二天,家母看见皮球,问我是哪来的,没等我说清了原委,家母急切地说:"咱们家哪能玩这个?你也不瞧瞧,鞋袜还都破着呢!"回到家,母亲把皮球刷洗干净,用净纸包好,带我进城。到了洋货店,家母向掌柜先生连连道歉,说我不懂事,错买了皮球,恳请退换。掌柜先生拿起皮球,看看完整无损,勉强同意换了双鞋面,由母亲给我做双新鞋。这段往事常常勾起我童年生活的辛酸回忆,每念及此,不禁潸然泪下。看看现在的学生,一个个生龙活虎,无忧无虑,他们生活上甜如蜜,学习上有人教,课外活动丰富多彩,简直是手捧金饭碗,生活在天堂!而我那时过得是什么日子啊!

小沙弥子

十四岁那年,我经人介绍到伯贤氏药房学徒。一次偶然机会,德善医室的老师丁庆三出诊到药房歇脚,顺便谈起正在他那儿学徒的陈某,想到其舅父伯贤氏开办的药房学徒。于是二人商议互换徒弟,我就换到德善医室,投师丁庆三,开始了新的学徒生活。

提起德善医室,上岁数的"老北京"可能有些印象。我的老师丁庆三,起初开羊肉铺。遇有病家买肉,常常施舍肉铺自制的膏药。膏药很灵,患疮疡疖肿者,一贴就好。常言道:"此地无朱砂,红土为贵"。一传十,十传百,病人越来越多,以后干脆弃商从医,又收了几个徒弟,开设医室,给人治病。

我学徒那会儿,中医外科的水平低,人数少,只占中医人数的百分之一二。谈不上用麻药、止痛药,更没有抗生素。有了病,吃点中药,贴点膏药,再就是上白降丹。痛厉害了,让病人到大烟馆抽上一两口大烟。当时有:"外科不用读书,只要心狠就成"和"会打白降红升(丹),吃遍南北二京"之说。在这种环境下学徒,哪有老师耐心地手把手教呢?记得有一次我看《濒湖脉学》上讲:"浮脉,举之有余,按之不足,如微风吹鸟背上毛,厌厌聂聂。"对"厌厌聂聂"

四个字,我百思不解其惑。请教师兄,也只是说:"可意会而不可言传。"

学徒生活照例十分艰苦。每天早晨四点多起床,下门板、生火、收拾铺盖、倒便器、买东西、做饭、熬膏药、打丹、帮下手……不仅伺侍老师,还要照顾师兄。无冬历夏,一年到头,每天都要干二十个小时,一天只睡三四个小时觉。有一次,我摊膏药,一面用棍子搅,一面打瞌睡。突然,一只手插进了滚烫的膏药锅里,顿时,手上的皮被烫掉一层,痛得我钻心,又不敢让人知道,只好偷偷拿些冰片撒在上面。由于我年龄小,手脚麻俐又勤快,师兄都叫我"小沙弥子",即小和尚。

艰苦的生活,繁重的体力劳动,并没有磨灭我强烈的求知欲望。每当夜深人静,大家熟睡之时,我就挑灯夜读,疲乏了,用冰片蘸水点一下眼角,醒醒神,又接着念。学习所用的文具纸张,家里根本无钱购买。医室对面纸店家有个小徒弟和我相熟,常取出店内残缺不能售出的纸、笔二人分用。

在这种饥寒困苦的环境下,我自学完《医宗金鉴·外科心法》《外科名隐集》《外科准绳》《疡医大全》《濒湖脉学》《本草纲目》等医籍,有的还能背诵,至今不忘。对于一些中医皮外科基本功,如熬膏药、摊膏药、搓药捻、上药面打丹等,也都掌握得很娴熟。这些,对我以后的行医生涯颇有受益。

设馆行医

一九二〇年,北洋政府举办中医考试,我虽然考取了,但所发的是"医士"执照,只能在四郊行医,不准进城。过了几年,又经过一次考试,二百多人参加,只取十三名,我是其中之一,才准许在德善医室门口挂了个行医的牌子。旧社会,作为一个中医,不管你有多高技术,多大名气,也只能是个医士。就连蜚声遐迩的四大名医也绝无例外。直到现在,我还保存着这张用汉满两族文字书写,加盖官印的老执照,作为旧社会歧视中医的一个铁证。

就在我学徒的第四个年头,老师不幸病故,我又和诸师侄支撑门面,并继续苦读了三年。经过几年的钻研,我总算偷学了一些医疗技术,也为德善医室效尽了徒弟之劳。一次,河南省伪省长的女儿患鼠疮(淋巴结核),我出诊一周。师侄满以为这趟美差一定可捞到一大笔出诊费。谁知这个伪省长一毛不拔,回来两手空空。师侄怀疑我独吞了出诊费,不问青红皂白,第二天派人送了封信,硬是把我辞退,由他们独家经营。当时我没有一点积蓄,生活无着,只好到处奔波,求亲告贷,这家赊药,那家借房,东挪西借,总算在西交民巷办起了二间房子的小小医馆,有了落脚之处。三年后,医馆业务逐年兴盛,我重礼道谢了亲友,还清了债务,又租赁了一所有"天蓬、鱼缸、石榴树"的大四合院,如此又干了三年,有点积蓄,才正式开设了西交民巷医馆。

穷汉子吃药　富汉子还钱

旧社会,皮外科患者多为勤劳辛苦的穷人,一旦得了"腰痛、搭背、砍头疮",往往"腿息工,牙挂对"。非但失去了养家糊口的能力,还要花费一笔钱治病。我来自底层人民,深知穷苦人看病不易。对那些无力就医者,我秉承"穷汉子吃药,富汉子还钱"的师训,免费看病吃药,分文不取。

一次,几个农民从西直门外抬来一位对心发(背部蜂窝组织炎)的患者。我见病人就诊不便,主动提出义务出诊,每次带上四五磅药,隔五六天去一趟。用药后,坏死组织很快脱落,新鲜疮面大小如盘,其深洞见筋骨。经我细心诊疗,亲自上药,二个月后,疮面长平痊愈。左邻右舍闻讯凑钱给我送了块木制的义匾,一路上百八十人敲锣打鼓,扭着秧歌,一直抬到医馆。在我行医生涯中,送来的木匾、玻璃匾、铜匾、银盾、银瓶不下百八十件,唯独这块义匾给我留下了深刻的印象。

当然,请我看病的,也有达官富商之类的阔人。从中也取得了一笔可观的收入。我除了把这些收入用来维持医馆业务外,还为社会公共事业略尽绵薄。当时的北平中医公会缺乏经费,我解囊相济;华北国医学院需要资金,我慷慨捐款;建立妇产医院,我竭力资助。到头来,只乐得两袖清风,俭朴度日。

御医与换帖

多年行医后,随着治好一些病人,我在中医外科界总算有了一点小小的名气。听说,善书上写了我一笔,就连北京的洋车夫遇有皮外科病家乘坐,也主动介绍到我医馆诊疗。但那些有钱人根本看不起我们,他们管中医外科病叫"疙瘩",管我就叫"瞧疙瘩的"。

作为一个医生,我接触了社会的各个阶层,看过各种人物的面孔。富人的傲慢与跋扈,穷人的哀苦与悲戚,就像一面无形的罗网,使我难于挣脱。有人要求我一夜之间为之除却沉疴怪疾,有人希望拉我入伙,为之效力。于是,我固守着一条信念:"岂能尽随人愿,但求无愧我心"。这既是我做人的哲学,也是我对待旧社会挑战的回答。

记得民国年间,清末皇帝溥仪退居天津旭街静园后,曾由他的老师陈宝琛、朱益藩二人介绍我前往看病。溥仪患的是右鼻孔"白刃疔"(鼻疔),唇颊部红、肿、高大,疼痛难忍,忐忑不安。那时虽说溥仪退位隐居,却还是关起门来做皇帝,神气十足。在询问病情中,我了解到他有破相之忧,希望免除手术,采用中医药治疗。我就用中医提疔的办法,外用药捻加盖黑布化毒膏,内服清热解毒托里透脓的中草药。三天后,栓出脓尽;一周后,基本痊愈,没留瘢痕。康德年间,我又给溥仪的荣皇后看过一次病。二次接触,溥仪对我有些印象,提出让我做他的御医。我说:"家有八十岁老母无人侍奉左右,我这个年龄,只能尽孝,不能

赵炳南

尽忠。"拒绝了逊帝的招聘。

民国年间,我曾给吴佩孚看过病,认识了他的儿子吴某。这个人喜欢玩狗,不惜重金。有一次,他的爱犬尾巴叫人剁了,蜷在墙角,疼得直打哆嗦。吴某知道我专瞧外科,便让我到他家给狗看病。当时我想,狗虽是个畜牲,但毕竟也是生灵,也就不大介意。我察看完伤势,撒点用上等冰片调制的药面,纱布包好,很快痛止,伤面愈合。吴很高兴,提出要和我换帖拜把兄弟。我说:"我信仰伊斯兰教,祖辈传下的规矩,不和外教结亲。"就这样,换帖之事,始终未成。

旧社会人情冷暖,世态炎凉,使我信守一句话:"万事不求人。"我曾气愤地说:"旧社会我没有一个朋友。"

挂钟和拐棍

北平沦陷前,我怕挂那么多匾招惹是非,悄悄托人拍照后,卸下收藏。谁知这样也难免飞来的横祸。北平沦陷后,人不自由,连挂钟也不自由!日本侵略者规定中国人要按日本时间把钟拨快一小时。我想,在中国的国土上,难道中国人都不能按照中国的时间生活了吗?我开设的诊室里的挂钟,就硬是不拨,结果被汉奸狗腿子发现,一进诊所,便把挂钟摔碎了。他们一走,我又重新买了一个挂钟,照样按照中国时间拨好,挂在墙上。后来又被摔掉了一次,我再次买了个新挂钟。

当时,眼看国土沦陷,国难当头,作为一个中国人,我的心情非常忧闷。我盼呀,盼呀,盼望抗战胜利。认为胜利后,日子可能好过些。谁知道,"强盗前面走,豺狼后脚跟"。在国民党统治下,生活更是艰难。地痞流氓到诊所闹事,敲诈勒索,无所不为,再加上物价飞涨,生活毫无保障……在这种日子里,我心灰意冷,虽未满五十,却深感垂暮之年已到,于是,就挂起拐杖来了。

一九四九年十月一日,中华人民共和国成立,五星红旗庄严地升起在天安门广场。毛主席、党中央制定了一系列中医方针、政策,中医药事业获得了新生,宝贵的中医药学遗产得到很好地继承和发扬。北平一解放,人民政府就发给我中医师证书,我的工作也受到国家和人民的重视。一九五一年,北京各界人民响应抗美援朝总会号召,纷纷订出拥军优属公约或计划。我主动提出愿意免费给患病的烈军属诊疗,受到政府登报表扬。在北京中医医院成立之前,我先后被聘请为北京市中医第二门诊部、中央皮肤性病研究所、和平医院和北京医院的中医顾问,半日参加集体工作。在皮研所,我和西医同道商定共同搞湿疹、牛皮癣、神经性皮炎三个病种的研究。西医同道提出:牛皮癣并无真菌,称其为癣,不大合适。我说:"中医有牛皮癣之名,指皮损坚如牛领之皮而言,并无临床上大量脱屑之实,治法亦不相同。"认为,牛皮癣与古代文献所记载"白疕"相吻合。"疕"字从其字形结构看,是病字头上加上一个匕首的匕字,如同匕首刺入皮肤,以示病程的缠绵日久。经中西医认真研讨,始知中医所谓牛皮癣实际上指西医的神经性皮炎,西医所指的牛皮癣也不是中医所称的六癣之列。后来,我们取得一致意见,认为命名银屑病较为贴切。这件事虽小,却使我回想起一件往事。那是在解放前,北京医院是德国人办的。有一次，一位病人的家属请我去医院诊病。但那时，这所医院规定不准中医进病房。因此，我只好与病人家属一起，作为探视病人的亲友进去，趁大夫、护士不在时，偷偷为病人诊脉，回来后再开方，病人也得偷偷敷药吃药。对比之下，不胜感慨，只有在解放后，中西医才能真正摒除门户之见，取长补短，坐在一起，自由地交流学术思想。

一九五五年，经卫生部傅连暲同志介绍我给朱德委员长看病，见到了敬爱的周总理。周总理态度和蔼，平易近人，亲切地和我握手，嘱咐我，给首长看病要安全有效，中西医结合，积极谨慎，与病人商量。周总理温暖的手，像一股暖流，使我感到激动；周总理的亲切指示，给了我勇往直前的力量。我觉得自己心明眼亮，力量倍增，从此以后，拐杖也就自然而然地扔到一边去了。

经验不带走

一九五六年，北京第一所中医医院建立，我是第一批参加医院工作的老中医。在党的中医政策感召下，我离开了苦心经营多年的医馆，投身到伟大祖国社会主义建设的行列中。当时，我把自己开业时的部分药材、器械和备够五间房子的柁木、檩、架全部捐献出来，略表自己挚诚之心。为此，政府还授予我二百元奖金。

参加医院工作后，使我有机会接受更多的教育和帮助，为更多的劳动人民解除病痛。我觉得自己心胸开阔了，视野宽广了，精力充沛了。新旧社会对比，真是天地之别,是党和毛主席拯救了奄奄一息的中医药事业,给我们中医指出了光明大道。这时,尽管我的工作空前繁忙,但我越干劲头越足,越活越有奔头。

我知道,自己的政治觉悟和工作能力都很差,对人民的贡献微不足道,但是党和人民却给予我很高的荣誉和政治上的鼓励。我曾先后被选为北京市人大代表、政协代表和全国人大代表,担任过北京中医医院副院长兼皮外科主任、北京市中医研究所所长、北京第二医学院中医系教授等职务。尤使我难忘的是曾多次见到了伟大领袖毛主席、朱委员长、周总理。

我常想,我只是个普通的回族老中医,来自底层人民,我所知道的一点医学知识和临床经验也来源于实践,来源于人民,理应把自己学到的技术毫无保留地献给人民。于是,我把保留多年的所有资料和手稿拿出来,把点滴心得体会说出来。例如,应用银花、生地烧成炭,清解血分的毒热,是我多年来摸索出来的治疗经验,用于临床取得了较好的效果。俗话讲:"外科不治癣,治癣便丢脸。"这句话固然反映了皮肤病难达速愈,但也从另一方面说明对于皮肤病治疗办法不多。我想,皮肤疮疡虽形于外,而实发于内。没有内乱,不得外患。皮肤病损的变化与阴阳之平衡,卫气营血之调和,脏腑经络之通畅息息相关。因此,我和同志们一起,从疾病的整体观念出发,从治疗难度较大的皮外科疾患入手,开展了对红斑性狼疮、白赛病、慢性瘘管和溃疡的研究工作,初步取得进展。

在总结经验过程中,我们从一个个病种入手。凡是跟我学过的医生,都把自己保存的有效病例,以及我讲解过的心得体会的笔记集中起来,然后我再逐个分析当时的主导思想,把同类的经验归纳起来,找出它们的共性和每个病例的特殊性。对于每味药、每个处方和每一段叙述,我们都认真研究修改,并且本着实事求是的态度,既总结成功的经验,也总结失败的教训,使后学者少走弯路。一九七五年,大家帮助我把过去几十年的临床经验加以总结,出版了一本《赵炳南临床经验集》。全书约有三十万字,共收病种五十一个,病例一百三十七例,介绍了三种特殊疗法及多年来行之有效的经验方、常用方,较为系统地反映出我的实际经验,获全国科学大会奖。近年来,我年老体弱,身体欠安,难以胜任门诊的繁忙业务。我就采用录音方式,讲一点,录一点,然后根据录音材料整理成文。这是一种快速、准确、省力的方法,有利于经验的整理和传授。此外,我还在同志们的协助下,将有较好疗效的十个常见病整理成计算机语言,编好程序,输入电子计算机,备日后的临床、教学、科研应用。我认为,整理、继承工作,老中医责无旁贷,应该采取积极主动的态度,把自己在实践中积累的知识全部拿出来,那怕是一点一滴,也能聚砂成塔。

我常爱说:"知识不停留,经验不带走。"知识不停留,就是说,虽然我已经八十三岁,行医一甲子,还要活到老、学到老、干到老,还要钻研,还要攀登,还要挖掘,还要创新,决不能在现有的经验上停留。经验不带走,就是说,把我的点滴经验和体会要毫无保留地献给党和人民,传给青年一代,绝不带进坟墓。

几点希望

我经常收到各方面的来信,其中许多是有志于从事中医工作的青年人,他们希望我能谈谈个人的看法和体会。借此机会,我想说几句不成熟的话。

（一）**熟读王叔和,不如临证多**　书不可不读,对于一些中医经典医籍,不但要读,有的还要能背,但希望同志们不要钻进书堆里出不来。要重视临床,多认症、多实践。我年轻时,根本不知道累,上午看病百余人,下午出诊,晚上睡在医馆,整天和病人打交道,以后虽说年岁大了,也坚持门诊,坚持会诊,从不脱离临床。只有见得多,认症准才能辨析识病严谨,立法遣药切中,对疑难大症做到心中有数。

（二）**寻师认能,博采众方**　要善于学习,不仅向书本学,向老师学,还要向病人学,向民间学。我自己的经验中,有很多是向别人学来的。比如熏药疗法是在我早年行医时,看见一位老太太用草纸燃烟熏治顽癣（神经性皮炎）,引起了我的注意。查阅古书中也有类似这方面的记载。于是我加以改革,临床治疗很多皮外科疾患,取得很好疗效。又如,一位头面部白驳风（白癜风）的患者,同时伴有头皮瘙痒、脱屑、头油多。我让他用透骨草煎水洗疗。数天后,白驳风如旧,但用来洗头却收到意想不到的去油止痒效果。我从病人主诉中受到启发,以后拟定了透骨草洗方专以治疗发蛀脱发病（脂溢性脱发)。

(三)千年的字会说话　要善于保存、总结临床资料,日积月累,相当可观。不要忽视只言片纸,有了新的思路,要及时记录在案。俗话讲"好记性不如烂笔头",文字比记忆更加可靠。至今,我还存有一些二十年代的资料,闲暇时翻阅一下当时治好病人的感谢证明书,对回忆病例颇为有益。

(四)慢走强过站　古语讲:"学如逆水行舟,不进则退。"做学问要持之以恒,不怕慢,就怕站。停止不前,满足于现成的经验,必将一事无成。我常给青年人讲龟兔竞走的故事,勉励他们不断长足,有所进步。

(五)宁可会而不用,不可用而不会　俗话讲,"艺不压身"。凡有用的知识,都要用心学,现在不用,以后可能有它的用场。希望年轻人珍惜大好时光,多学一些有益的知识,多掌握一些操作技巧。

为四化贡献晚年

一九八〇年底,我大病一场,生平第一次住进了医院。在院、所领导的亲切关怀和医务人员精心医护下,我很快好转出院,目前小休一段,待体健复元,争取做些力所能及的工作。

我知道,年岁大了,身体的各部件也不那么灵活了。就身体的健康而言,六十岁的人,一年不如一年;七十岁的人,一月不如一月;八十岁的人,一天不如一天。对这种新陈代谢的必然，我内心感到十分平静。所感欣慰的是：我的记忆力还不错，腿脚还算灵便。我愿意在耄耋之年，抓紧有限时间，扎扎实实地做点经验整理工作，为祖国的四个现代化贡献出我的晚年。

（张志礼　孙在原　邓丙戌　陈凯整理）

勤奋读书　不断实践

——兼忆瞿文楼、韩一斋、汪逢春先生

北京中医学院教授
温病教研室主任　　赵绍琴

[作者简介]　赵绍琴（1918～2001），北京市人。出身于世医家庭，曾祖父、祖父均为清代御医。父亲赵文魁，字友琴，系清光绪二十年御医，光绪三十年任太医院院使（院长）。本人早年就学于御医瞿文楼、韩一斋及北京四大名医之一汪逢春先生。毕生致力于中医临床和教学研究，长于湿温及内科杂病。主要著作有《温病纵横》《赵绍琴临床四百法》《临床脉诊》等。

我出身于一个中医世家，先父赵文魁老先生原系清代光绪年间太医院院使（即院长），尤精于内、难、温病、伤寒。平生忙于诊务，很少著述，耳濡目染，我从小就酷爱中医学，自幼即在先父指导下背诵了《濒湖脉学》《雷公药性

解》《医宗金鉴·四诊心法》等,这算是我学医的启蒙教育。

十三岁时,先父委托其门人瞿文楼先生(清光绪年间太医院吏目)给我讲授《内经》《难经》《伤寒论》《金匮要略》《温病条辨》《温热经纬》等经典著作。先生要求严格,所讲述的科目不少都由瞿老亲自手抄交我背诵(有的手抄本我现仍保存)。如《素问》,瞿老不仅要求领会其意,且要求背诵原文及王冰注。自幼家学及瞿老四年多的讲授,奠定了我中医理论的基础。

一九三四年,先父去世,我遂继承父业,并每日轮流到韩一斋(先父之门人,清末太医院御医)及汪逢春(1920~1940年北京四大名医之一)先生处进行临床学习,聆听教诲。韩、汪先生治学严谨,学识渊博,态度谦和,诲人不倦。讲解经典,博引众籍,多参以己见;论及病症,侃侃而谈,必深究其理。临证问病,认真细致,一丝不苟。望闻问切,理法方药,条理井然。其言谈音容,犹历历在目,然至今已忽忽五十年矣!现仅将能回忆起的跟诸老学习情况及诸老教诲择其精要者,并略附个人体会述之于后,备同志们参考。

一

瞿文楼先生(1891~1957),名书源,河北新城人,以一等一名毕业于清太医院医学馆。后为太医院恩粮(有薪金的实习医生)、八品吏目(相当于住院医师),民国后在北京行医,为北京著名老中医。

先生中医理论造诣很深,且擅长书文。临证问病,有独特见解。瞿老讲述经文,不仅深入浅出,并常验之于临床。临床看病,强调要细心、全面。先生尝说:"治病求本,详诊细参,辨色看舌,务在精细。"一次一贵妇人,来瞿老处看病,等候既久,瞿老诊脉竟有四五分钟之余,妇人见先生慢条斯理,又不问病家之苦痛,心中不悦,怒气外形于色。不料瞿老则指其右胁下问道:"这里痛有多长时间了?"妇人怒容顿失,笑着应声道:"老先生,我右胁痛已三年多了,沈阳、天津、上海等地全都看过,今天正是为这病来的。"先生详诊细察,料病如神。

瞿老强调"治病求本",他说:"鲧湮洪水,医之禁忌。"并结合自己的临床经验,反复讲述治病必求其本的道理。先生说:"今之医家,不审标本,不论八纲,用补药为病家之所喜,每每错补误温,病者无怨。如每见火证必凉,并言热则寒之。不知火之初起,最忌攻泄。火郁当发,以导引为贵。疮疡外症,每用调和气血,后期再以活瘀通络,不留后患。切不可早用凉法。以寒则涩而不流,温则消而祛之。"瞿老的这些学术见解和经验,对我以后的临床有很大影响。

瞿老对温病的治疗强调宣畅气机,不可一派寒凉。他说:"温虽热疾,切不可简单专事寒凉。治温虽有卫、气、营、血之别,阶段不同,方法各异,但必须引邪外出。若不治邪,专事寒凉,气机闭涩,如何透热?又如何转气?轻则必重,重则无法医矣。方书虽有牛黄丸、至宝丹、神犀丹等,但必须用之得当,早则引邪入里,后期正虚之时,又无能运药治病,只有用之得当,才能见效。"瞿老此论,我在临床中体会,正是叶天士"在卫汗之可也""到气才能清气"

"入营犹可透热转气"的含意。

瞿老这一学术思想贯串在他整个临床实践中。特别是他对眼疾治疗有独特见解和丰富经验。他说:"眼疾治疗不当,多导致瞎。""世人每以目为火户,当属多热。不知病有新久,新病多热多火,虽是火证亦不可单纯用寒凉之药,因寒则涩而不流,温则消而祛之。""肝开窍于目,虽为火户,但非实火也,亦不尽是虚火。肝为藏血之脏,血不足,则肝阴失养,阴不足则阳必亢,亢则主热。热者种类繁多,有因郁而致者,有因湿阻滞络脉者,有暴怒之后,血瘀气滞者,有外因而引起内伤者……必须详辨,再行施治。俗医见风火赤眼,每用黄连苦寒之极,最遗后患。不知当须先治风热,养血熄风。"其慢性眼疾,瞿老则多从肾水考虑。

一次瞿老治一暴发火眼病人,其眼球突然增大,疼痛难忍。先生谓"郁当散,肝热当清",以独活、川芎、羚羊角等,一剂病减,继则以龙胆草、大黄等苦泻,又一剂其病若失。

凡郁皆当开。气血痰饮食湿,均可致郁,郁久化火,都是热证,岂可一派寒凉?并言"治热以寒",遏阻气机,病焉有不复加重之理?瞿老之论,源于《内》《难》,出之于自己多年实践,用之于临床,每多效验。

二

韩一斋先生(1874~1953),名善长,字一斋,号梦新,北京人。受业于清太医院院判(副院长)李子余,后为太医院御医。先生熟读中医经典,博览群籍,对叶氏温病理论最有心得。擅治内科诸证,对肝病、虚损、血证等均有独到之处。在京行医五十余载,每日门庭若市,活人无算。

1934～1940年,我每日定时去韩老处学习。先生治学严谨,诲人不倦。平时诊余,即指导我们学习,并经常结合临床实践讨论疑难病例。他认为凡志于医者,必须在中医经典著作上打好基础,对《内经》《难经》《金匮》《伤寒》《本草经》等书,皆须熟读精通,后博览历代医家著述,勤学必须多思,既要领会其意,又要举一反三。他尝说:"熟读经典,博览群籍,贵精善悟,于无文处求文,无字处求字,得其弦外之音,旨外之旨,阴阳在握,玄妙在心,庶几寡过。"在临证中,先生教导我们要细诊详参,权衡病情,立法选药,要合乎规矩,且要灵活应变,师古而不泥古,才能出奇制胜。他说:"事无定体,治有定理,制方必本权衡规矩。虽先圣示我以法,教我以方,当不离于古,不泥于古,以病为务。"

先生治病,重视肝郁。因肝为藏血之脏,体阴而用阳,其在志为怒,怒易伤肝。故一般情志不遂,多导致肝郁。郁久或从阳化,或从阴化,二者不同,治宜区别。

若从阳化,表现为肝用方面,有肝气、肝火、肝阳之不同。

肝气横逆,易于克脾犯胃。证见胸胁刺痛、嗳噫不舒、烦躁不宁、不欲饮食、脉象弦急,治宜疏肝理气。肝气郁结,脾土受克,又有挟湿、挟食、挟痰之别。挟湿则宜宣郁化湿,挟食则宜开郁消食,挟痰则宜行气化痰。

肝郁久化火,火性炎上,其面红而热,头晕耳鸣,口干口苦,恶心泛呕,便结溲赤,甚则舌绛脉弦实有力,宜苦寒泄肝折热之法。

肝阳为肝气上逆,冲犯清窍,头晕耳鸣,甚则络脉失和四肢麻木,胸腹胀满呕逆,急烦不宁,脉多弦劲有力,宜平肝镇逆。

若从阴化,则表现为肝体方面,有阴虚肝热和郁热化火伤阴引起血虚风动。

阴虚肝热则心烦失眠,急躁口渴,舌红而干,脉弦急细数,治宜清肝育阴。

若郁热化火伤阴,络脉失养,四肢瘛疭,脉弦小细数,则宜养血柔肝熄风宁络。

先生治疗虚损,必分阴阳、别五脏、论气血、顾脾胃,并考虑母子生克关系。阳虚多见外寒,总从维护阳气入手;阴虚每见内热,必用益水制火之法。

先生治血证,主张降逆化瘀。他认为凡血证暴吐势猛,稠黏结块者多属热,清稀零星、过劳即发者多属虚;血色深紫光滑者多属热,黑暗浊晦或夹淡稀者多属不足;面唇红赤,舌绛且干,脉细数者属热,面黄唇淡,肢冷不温,脉迟缓虚软者为虚。血随气行,若气虚则血无以固,热郁气迫则血妄行。先生认为血证见大实大热者甚少,苟若属实,吐血日久,未有不伤及气血者,又何能言其为实证?所以先生说:"治血证以降逆为本,不可独持苦寒泄热,恐其邪热不净,留阻为瘀,此乃寒则涩而不流,温则消而去之之理。"

先生治病,必详审病情,细别标本,升降补泻,常兼顾并用。标本皆虚者,当补;标本皆实者,宜泻。其有标实而本虚或标虚而本实者,必须详审细察,权衡急缓,或舍标从本,或舍本从标。先生曰:"凡降者,必先升,但升者不使过高,降者宜求其缓。降其蕴邪,驱其滞热,升其不足,以补其正,斯为得之。"先生认为升降宜适度,若升之太过,易使其虚热上越,而致跌仆晕厥。久病虚弱者,用通降法时尤应注意使其缓和稳妥为要,防其病去正伤。先生说:"若久病正气大虚,当须用补,但因内蕴积滞,攻补不易,必须审察标本虚实,采用兼顾并筹之法,灵活运用,多能取效。"随先生学习时,每见重病,正虚邪实,攻补两难,他医束手,先生屡用此法,速取良效。

三

汪逢春先生(1882～1948),名朝甲,号凤椿,苏州人,吴门望族也。悬壶北京五十年。先生博学多才,善书能文,勤学苦读,毅力过人。受业于吴中名医艾步蟾老先生之门。精究医学,焚膏继晷,三更不辍,洎卒业,复博览群籍,虚怀深求,壮岁游京,述职法曹。

先生诊疾论病,循规前哲,而应乎气候方土体质,诚谓法古而不泥于古也。每有奇变百出之病,他医束手者,先生则临之自若,手挥目送,条理井然,处方治病,辄取奇效。一九三七至一九四〇年,我随先生学习,先生论病处方,每多撮录,兼参以己见,次日先生必亲自圈阅批点。关键之处,多浓笔重点。如一次治一妇人妊娠三月,患疾喘咳,首方以苏子、莱菔子、杏仁、贝母、枇杷叶等宣肺化痰降逆之品。汪老看后批之曰:"苏子降逆力强,胎儿受伤,甚则引起堕坠;莱菔子味辛性烈,弱人尚不可用,况孕妇乎?"又一次,一猩红热病人,我处方中用了薄荷,汪老批之曰:"温疹乃热郁于内,一涌即发,发则无以制止,方中何以还用薄荷?恐其不速耶?"并告诫道:"脉数有力,斑出深紫,高热心烦,咽红肿痛,皆是发出之极矣,切不可再行发之,只宜清气凉营,以缓其速。"

先生每于望朔之日,便令组织同砚小集,受课之余,互相研讨,凡《内》《难》《伤寒》《金匮》等书,皆要求次第理懂。且时于节假之日,携诸弟子,登北海琼岛,假揽翠轩(注:北海白塔之饭店),杯酒言欢,讲授诸书;或共载一舟荡漾于太液池(北海)中,师生同游,其乐无穷。

先生每日患者盈门,活人无算。对湿温伤寒尤有心得,誉为京都四大名医之一。我随汪老学习,结合自己临床体会,将汪老治疗湿温病的经验总结为十法,以体现其学术观点。

(一)芳香宣化法(上焦) 暑湿之邪迫于外,湿热秽浊蕴于中,头晕身热,漾漾泛恶,舌苔白腻而滑,胸中气塞,脘闷咳嗽,周身酸沉乏力,小溲黄赤,湿热初起之证,宜芳香宣化法。

鲜佩兰一钱七分(后下),鲜菖蒲一钱七分,大豆卷三钱,鲜藿香一钱七分(后下),嫩前胡一钱,川郁金二钱,白蒺藜、姜竹茹各三钱,制厚朴一钱七分,川黄连、通草各一钱。

(二)芳香疏解法(上焦) 暑湿外受,表气不畅,形寒头晕,周身酸楚,身热肌肤干涩,恶心呕吐,腹中不舒,中脘满闷,脉象濡滑,法当芳香疏解,以退热止呕。

佩兰叶四钱(后下),广藿香三钱(后下),陈香薷一钱七分(后下),

大豆卷三钱，制厚朴二钱，新会皮一钱，制半夏三钱，苦桔梗、枳壳各二钱，白蔻仁一钱七分，煨鲜姜一钱，杏仁泥二钱，太乙玉枢丹三分(研细分冲)。

(三)芳香化浊法(上、中焦)　暑热湿滞，互阻中焦，身热泛恶，呕吐痰水，胸闷腹中阵痛，大便欲泄未得，心烦急躁，两目有神，舌苔白腻，口干不欲饮水。用芳香化浊法定呕降逆折热。

鲜佩兰三钱(后下)，藿香(后下)、制厚朴各二钱，半夏曲四钱，川黄连一钱，大腹皮、佛手各三钱，煨姜一钱，保和丸四钱(布包)，焦麦芽三钱，赤苓四钱，上落水沉香末、白蔻仁末各三分。后两味共研装胶囊分两次随药送下。

(四)轻扬宣解法(上、中焦)　暑湿蕴热，互阻肺胃，身热头晕，咳嗽痰多，两脉弦滑略数，按之濡软。热在肺胃，法宜宣解，湿浊中阻，又需轻扬。

香豆豉四钱，炒山栀二钱，嫩前胡一钱，浙贝母四钱，杏仁泥三钱，枇杷叶四钱(布包)，保和丸五钱(布包)，鲜芦根一两。

(五)宣肃疏化法(上、中焦)　暑湿热郁，蕴阻肺胃，咳嗽痰多，胸中满闷，苔黄垢厚，大便不通，小溲赤黄，可用宣肃上焦，疏化畅中法。

前胡一钱，浙贝母四钱，杏仁三钱，香豆豉四钱(布包)，山栀一钱，炙杷叶四钱，黄芩三钱，保和丸五钱，枳壳一钱，焦麦芽三钱。

(六)轻宣清化法(上、中焦)　暑热偏多，湿邪略少，身热咳嗽，汗出口干，意欲凉饮，舌红苔黄，脉象细弦，用清解暑热，清宣化湿法。

薄荷细枝七分(后下)，佩兰叶三钱(后下)，连翘、炙杷叶各三钱，白蒺藜三钱，前胡一钱，杏仁三钱，川贝母一钱七分(研冲)，鲜荷叶一角,益元散四钱,鲜西瓜翠衣一两。

(七)辛开苦降法(中焦) 湿热病,热郁中州,湿阻不化,头晕且胀,胸闷周身酸楚,漾漾泛恶,苔白滑腻,大便不畅,小溲黄赤,辛香开郁以利三焦,苦以降热兼燥其湿,少佐淡渗分消。

白蒺藜三钱,佩兰叶四钱(后下),白芷一钱(后下),半夏、杏仁各三钱,黄芩四钱,黄连一钱(研冲),炒苡米四钱,白蔻仁七分,赤苓、滑石各四钱。

(八)宣化通腑法(中、下焦) 暑挟湿滞,互阻不化,小便艰涩,大便不通,上则恶心呕吐,下则腹胀矢气,宜宣化降逆,展气通腑,一方两法,兼顾胃肠。

鲜佩兰四钱(后下),鲜藿香二钱(后下),香豆豉四钱,山栀、新会皮各一钱七分,佛手片、槟榔、杏仁各三钱,前胡二钱,通草、煨姜各一钱,酒军一分五厘克,太乙玉枢丹三分。后两味共研装胶囊分两次用佛手片三钱、煨姜一钱煎汤送下,药先服。

(九)泄化余邪、轻通胃肠法(中、下焦) 湿温后期,身热已退,症状大轻,余热未除,湿热积滞退而未净,大便不通,腑气不畅,腹中不舒,苔腻根黄厚,用本法泄化余邪而通其胃肠。

白蒺藜三钱,粉丹皮二钱,香青蒿一钱三分,枳实一钱,鲜杷叶四钱,保和丸五钱(包),全瓜蒌一两,知母二钱,炒苡米四钱,山楂炭、杏仁各三钱,茵陈四钱,白蔻仁末二分,生大黄末三分。后两味共研细,装胶囊分两次汤药送下。

(十)泄化余邪,甘润和中(中、下焦) 湿温初愈,邪退不净,中阳未复,阴分亦虚,运化欠佳,胃纳不馨,周身乏力,舌胖而淡,脉多濡滑缓弱,用泄化余邪,甘润和中法,以善其后,病势向愈,饮食寒暖,切当留意。

川石斛四钱,丹皮二钱,香青蒿一钱三分,甜杏仁三分,范志曲四钱,鸡内金三钱,冬瓜子七钱,茯苓皮五钱,生熟谷麦芽各四钱,香砂枳术丸五钱(布包)。

跟韩、汪老的临床学习,奠定了我临床的基础。

四

中医学,作为一门科学,它来源于实践,而且经受了实践的检验,也必定将在实践中提高。掌握了基础理论,为临床打下了基础,但对基础理论的运用、加深理解和学术水平的提高,又必须通过临床实践。下面我通过对几个具体问题的认识,进一步说明之。

(一)关于脉象与舌质的研究及临床体会 从幼年背诵《濒湖脉学》时,就曾反复琢磨过脉象与病变的关系。人体是一个统一的整体,五脏六腑的功能活动都可影响气血的运行,因之五脏六腑的病变都能够而且应该从脉象上反映出来。所以脉诊在临床诊断上有重要意义。但不同脏腑的不同疾病对脉象的影响,如何通过现代科学的方法,用仪器和数据确切地反映出来,作为诊断的客观依据,是我们梦寐以求的。

我在临床实践中发现,虽地有方土之别,人有男女老幼之分,但患病之病位所反映到脉象上的深浅恰与人体卫、气、营、血的层次相应。因之,切脉应有浮、中、按、沉之别,且能分别诊在卫、气、营、血部位之病。我根据多年的临床体会认为,抓住了主脉与兼脉,用浮、中、按、沉确定病位深浅层次的脉诊方法,再参照其他三诊,以确定治法方药,取得较满意的临床效果,因之对脉学的认识就有新的提高(著有《临床脉诊》一书待出)。

关于舌诊著述不太多,《内经》《伤寒论》中论述较少,自清代温病学家提出"辨舌验齿"后,舌诊遂被重视起来。舌苔多反映功能,即卫、气部位的病变;舌质多反映实质,即营、血部位的病变。但我在临床中发现,一些心烦急躁内有郁热的病人,其舌面淡而苔白,其脉弦细急数。粗心之人,一见舌淡苔白,即认为是"虚",便用温补,致使病情增重。因苔布于舌面,素体阴分不足之人,舌瘦小,其舌质之红为白苔所掩盖,因内有热,舌面虽淡,若让病人将舌翘起,舌之背面见红或深红,甚或红绛。在通常情况下,脉、证、舌应是统一的。通过临床,我觉得舌质看其背面更为确切实在,不会被表面现象所迷惑。这对临床诊断,特别对于温病临床有重要参考价值(我已写好《临床舌诊》待出)。

(二)对"在卫汗之可也"的认识　关于温病卫分病的治法,叶天士谓:"在卫汗之可也。"一般认为就是"汗法",或"辛凉发汗""辛凉解表"。而我在教学过程中认为"辛凉清解"的提法更为确切,并强调指出"汗之"并非"汗法",也是从临床实践中总结出来的。

考吴鞠通《温病条辨》治疗卫分证(上焦)时列辛凉轻剂、辛凉平剂,通书并无"解表""发汗"字样,且谆谆告诫:"温病忌汗,汗之不唯不解,反生他患。"因温病"自口鼻吸受而生,徒发其表亦无益也,且汗为心液,心阳受伤,必有神明内乱,谵语癫狂,内闭外脱之变。"又因"汗法"伤阴助热,吴氏谓:"温病最善伤阴,用药又复伤阴,岂非为贼立帜乎?"温病初起,为温邪犯肺,肺气贲郁,卫阳之气宣发受阻,阳气壅滞郁而发热。病在肺卫,虽属轻浅,但其津已轻度受伤,故有"口微渴"之见证。此与伤寒之风寒外束,卫阳受伤,迥然不同。其治法,太阳伤寒,宜辛温发汗,而温病卫分证,叶天士认为其治法"与伤寒大异也",因之"汗之"绝非"汗法"。

温病卫分证属"郁热",《素问·六元正纪大论》曰:"火郁发之。"王冰注之曰:"发,谓汗之令其疏散也。"柳宝诒则进一步论述说:"暴感风温,其邪专在于肺,以辛凉清散为主,热重者兼甘寒清化。"[1]均不认为是"汗法"。先父对此曾解释说:"外感风寒是为表闭,内热温邪是温从口鼻而入,其病在卫。在表宜解表,在卫当疏卫,如房中热郁,必须打开门窗,以令气流则热退矣。"所以卫分证之"汗之",实为辛凉清解之法。辛可开郁,凉能清热。郁开热清卫必疏,邪去则三焦通畅,营卫调和,津液得布,故表清里和微汗而愈。此不用发汗之法而达到了汗出的目的,即"汗之"之意。

《温病条辨》银翘散方,在大队清凉药中辛温者仅豆豉、荆芥穗二味,且用量很轻,绝非发汗之意。作用有二:其一,是开郁,卫分郁热,邪在上焦,豆豉、荆芥辛温开郁,宣畅肺卫;其二,凉虽能清热,但一派寒凉则易使气机涩滞不流,故少佐辛温,以制其弊,仅取之味,断无温燥之性,合称辛凉平剂,实为开郁清热,并无发汗之意,绝非"汗法"。

"汗之"并非"汗法"之论,其理论根据是温病与伤寒的病因病机不同,这并非文字游戏,因为临床上有重要意义。首先明确指出了治疗卫分温病,不可用辛温发汗,也不能用一派寒凉之法。过用辛温则伤阴助热,发为昏厥之变;一派寒凉,则郁不能开而热不易清,闭塞气机也会使病情加重。必须辛温与寒凉相配始成辛凉之剂。在卫分证中,因"热"与"郁"又有轻重之不同,所以"寒凉"与"辛温"的配伍也要有一定的比例。一般来说,热重郁轻者,以寒凉为主,少佐辛温;郁重热轻者,则以辛温为主,佐以寒凉。只要比例恰当,就能使郁开热清,达到表里清和,营卫调和,三焦通畅,微微汗出而愈。这一认识避免了误治,并指出了组方原则和用药根据。

(三)对"入营犹可透热转气"的认识　温病邪入营分,病情深重,一般常用"清营汤""清宫汤"及"三宝",并云此即"透营转气"之法,对何谓"透热转气",并无明确论述。通过临床实践,我认识到营分具有营热、阴伤、气机不畅三个特点。对于前两个特点,叶天士曾明确指出:"营分受热则血液受劫。""血液受劫",即营阴为热邪所伤。因"营气者泌其津液,注之于脉,化以为血"且"循脉上下,贯五脏而络六腑"。所以热邪入营,必伤其营阴,清营、养阴则是治疗营分证的根本方法。

营分证的类型是复杂的,且除营热阴伤外,还常兼有痰热、湿阻、瘀血、食滞、腑实等,都会阻滞气机,使营热外达之路不通,已入营之热不能外透。所以治疗营分证,除清营养阴外还要宣通气机,畅营热外达之路,以"透热转气"。

考《吴医汇讲》中搜集叶天士"温证论治",原作:"乍入营分,犹可透热,仍转气分而解。"后世据此,多认为初入营才能透热转气,而王孟英将其收入《温热经纬》,改为

"入营犹可透热转气",则把透热转气的应用范围扩大到整个营分。但一般仍根据清营汤中银花、连翘、竹叶三味药都有透热转气的作用,便认为此三味药才是透热转气的专药。这样,就把透热转气局限于初入营分和用银花、连翘、竹叶三味药的范围内,忽视了其在营分证治中的普遍意义。

清营汤方出《温病条辨》,吴氏自注云其"清宫中之热而保离中之虚也",并未论及透热转气。仔细研究叶氏对营分证治的论述和《临证指南医案》,对营分证的治疗都体现了"透热转气"的方法。如叶氏说"从风热入营者,用犀角、竹叶之属"[②];"从湿热入营者,则以犀角花露之品"[②]。其由风热入营者,除营热阴伤外,尚有"风热阻滞气机,使营热不能外透,故以竹叶清风热而宣郁以畅气机;从湿热入营者,则为湿热阻滞气机,故以花露芳香化湿,清热开郁,以疏通气机,使营热外透。"若加烦躁,大便不通者",则加金汁,对"老年或平素有寒者",则以人中黄代替金汁[②],清泄热毒,宣畅气机,导营热外达。

"斑出热不解者",为气血两燔,热邪消灼胃阴,应以石膏、知母等急撤气热,导营热外达。

"舌绛而鲜泽者",为热陷心包之轻证,治以"犀角、鲜生地、连翘、郁金、石菖蒲等"[②],即以菖蒲、郁金清心开窍通闭,连翘轻清宣透,合以宣畅气机,导营热外达。"若平素心虚有痰,外热一陷,里络就闭",则"非菖蒲、郁金所能开",必须用"牛黄丸、至宝丹之类以开其闭"[②],始能使营热外透。

"舌绛而中心干者"[②],为心胃火燔,应以黄连、石膏等清气分热以透热转气。

若"素有瘀伤宿血在胸膈中",阻滞气机而邪热入营者,则应以"散血之品如琥珀、桃仁、丹皮等"[2],活血散瘀通络,排除阻碍,宣通气机,导营热外达。

热邪入营而"挟秽浊之气者"[2],则应以芳香逐之。

吴氏论述了在不同情况下的透热转气方法,就是根据造成气机不畅的原因,选用相应的药物排除阻碍而宣畅气机,使营热外达。

清代以来的温病学家如章虚谷、吴锡璜、陈光淞、柳宝诒等从不同角度对透热转气做了论述。如章虚谷在注解"透热转气"时说:"故虽入营,犹可开达,转出气分而解……"[3]提出了开郁闭、畅气机,使营热外透。

陈光淞在注解"急急透斑为要"时说:"按营分受热……透斑之法,不外凉血清热,甚者下之,所谓炀灶减薪,去其壅塞,则光焰自透。若金汁、人中黄所不能下者,大黄、玄明粉亦宜加入。"[3]已明确提出了去其壅塞、排除障碍而宣展气机以透热转气的问题。

我在临床中体会到,温邪入营,多由误治造成的。如病在卫分,用药宜轻清宣透,即辛凉清解之法。若误用辛温,则伤阴助热,致使邪热内陷,成痰热蒙蔽心包,闭塞心窍之证。治之当清心开窍,即透热转气。若过用寒凉,则遏滞气机,重则冰伏,使热无外达之路,必内迫入营。开之必辛温芳香,如草蔻、干姜,甚则桂附之类。但用之必须恰如其分,寒遏已散,冰伏消之即可,切勿过用。

温病不论在卫在气,若误用、过用滋腻温补,都可闭塞气机,而使热邪入营,其透热转气之法,即选相应的药宣畅气机,开营热外达之路。

热邪入营,若舌苔厚腻者,不仅有湿阻,且有食滞,应相合其他症状,必加入消食化滞之品,宣畅气机,才能使营热外达。

治疗营分证,只用清营养阴不用透热转气之品行不行呢?根据本人临床经验,只清营、养阴,疗效差。因病久营热不去,必进一步耗伤肝血肾精而入血分。热陷心包,为痰热堵塞心窍,蒙蔽心包。内窍不开,气机闭塞,热邪无外达之路,则清之不去;营热炽盛,炼液成痰,养阴也不易收功。必须急开内窍,使热有去路,清营养阴才能收功。曾治一病人,画家,年逾古稀,膀胱癌手术半年后,复感受温邪,咳喘痰黄黏,尿频,且患有冠心病,入北京某医院,诊为:泌尿系感染、前列腺增生、肺炎、冠心病。经西医组织抢救不效,遂陷入昏迷,一周后邀余会诊。见其面色黧黑,形态消瘦,神志昏沉,舌绛干裂中剥,咳嗽痰黄,喘促气急。高年下元已损,温热久羁,阴津大伤,痰热内迫,热邪入营,前所服药物全属寒凉,气机被遏,肺失宣降,以养阴之法求其津回而脉复,用宣气机开痰郁之品以冀营热外透。方用生杭芍、天门冬、沙参、元参、石斛、前胡、黄芩、杏仁、黛蛤散、川贝粉、羚羊角粉,二剂。服后即神苏、喘咳皆轻,且知饥索食,都是气机宣畅,营热外达之征。

对"透热转气"的认识,为营分证的治疗提供了处方依据,即治疗营分证(包括气营两燔、卫营同病),其方剂都应由清营热、养营阴、透热转气三部分药物组成,其透热转气之品,重在宣通造成营分证中气机不畅的原因。据此我治疗营分证之昏迷,每多获效(其病例当另行撰文介绍)。

(四)宣畅三焦方法治疗内科杂病 汪老治疗湿温十法,体现了展气机、畅三焦,辛开苦降,分消走泄,抓住了湿温的病机特点。因"三焦者,原气之别使也,主通行三气,历五脏六腑",又是"决渎之官,水道出焉"。湿温病,为湿热合邪,互相裹结,难解难分,且湿郁热盛,热蒸湿动,弥漫三焦,阻滞气机,遏伤阳气,水液运行受阻。遇湿热之证,按汪老法,每获良效。在临床实践中,常遇到一些虽不是湿热病,但因脾虚、肝郁、食滞或其他原因,造成气机不畅,湿不得运,阻止于三焦,其舌苔多腻,脉见濡滑,也可用宣畅三焦法,行气化湿,辄取良效。如曾治一女患者,三十余岁,体丰多痰,咳嗽胸满,小便不爽月余,入夜益甚,前医诊为癃闭,迭用八正散之类月余不效,且有增重之势。诊其脉濡软,按之沉涩,舌苔白腻滑润,此乃湿郁肺气不宣之象,极宜宣通肺气,以畅三焦,所谓"提壶揭盖"之法也,药用苏叶、杏仁、荷梗各三钱,五剂后诸恙若失。

我几十年的中医生涯,就是勤奋读书和不断实践,而且认识到中医理论必须和临床实践结合起来,才能不断提高。

注:
①柳宝诒,《温热逢源》.北京:人民卫生出版社,1952.
②叶天士,《外感温热篇》.
③杨达夫,《集注新解叶天士温热论》.天津:天津人民出版社,1963.

我所走过的学医道路

湖南中医学院副院长、教授　　　　谭日强

[作者简介]　谭日强（1913～1995），湖南湘乡人。十七岁拜师学徒，一九三六年毕业于湖南国医专科学校。擅长内、妇科，对心血管病、血液病、肝脏病颇有研究。曾著有《传染性肝炎的辨证治疗》《金匮要略浅述》等书。历任湖南中医学院副院长、中华全国中医学会湖南分会副会长、湖南省第五届人大常委等职。

学徒三年　初入医门

我八岁开始念书，上了八年私塾，读了《幼学》《论语》《大学》《中庸》《孟子》《左传》《诗经》《易经》《古文观止》等书。十七岁从师学医，在老师的指点下，第一年读《药性赋》《汤头歌诀》《经络歌诀》《濒湖脉诀》《医学三字经》，并参看《本草备要》《医方集解》等书。第二年读《素灵类纂》白文、《伤寒论》白文、《金匮要略》白文,并参看《灵素节要浅注》《伤寒论浅注》《金匮要略浅注》等书。这些书读起来枯燥无味,特别是《内经》白文读不懂,开始有些畏难情绪。第三年随同老师临证实习,并参看《时方妙用》《医学实在易》《医学从众录》等书。我的老师在医学上是崇拜陈修园的,所以他指导我看的参考书,多是陈修园编著的。他对《伤寒论》《金匮要略》,确实下了一番功夫。在临床上治疗伤寒、杂病,多用经方,疗效颇好,但对温病就不是他的所长了。

初诊失误　深自内疚

三年学徒期满,我才二十岁,由于年轻没有经验,就诊者无几。一九三一年农历正月十五日,有远房本家邀诊,其弟因上午修路,搬运砂石,汗出湿衣,又受风凉,中午暴饮暴食酒肉过多,下午腹痛,按之甚剧,我诊为感寒伤食,用藿香正气散加保和丸治之无效,及夜半竟然死亡。翌晨检视其尸,发现背部瘀斑累累,不知为何病,深自内疚。认为患者之死,实由我之失误,虽其家属不曾责怪于我,但我内心实为难过。从此对于学医,信心尽失,乃改行当小学教员。旧社会教小学,也和其他工作一样没有保障,今年在这个学校任教,明年又不知能否找到工作,经常处于失业恐慌之中。我的家境,仅系小康,没有固定工作,生活便无着落。为了生计,只有发奋图强,努力深造,从原来所学医学知识的基础上打开一条出路,舍此别无良图。

发奋图强　努力深造

一九三四年湖南国医专科学校招生,我决心去报考,得到了家长的支持。这个学校的老师,都是湖南比较著名的中医。我因原来在医疗上有过失误的教训,这次重新学习,自觉性高,不懂的地方,尽量发问,做好笔记。在学《内经》的同时,参看《医经原旨》《张氏类经》;学《伤寒论》的同时,参看《伤寒来苏集》《伤寒贯珠集》;学《金匮要略》的同时,参看《金匮要略心典》《医宗金鉴·订正金匮要略注》;学内科的同时,参看《医学心悟》《医宗金鉴·杂病心法要诀》;学妇科的同时,参看《傅青主女科》《医宗金鉴·妇科心法要诀》。温病一课,是我以前没有学过的,除听课外,参看了《通俗伤寒论》《寒温条辨》《温病条辨》《温热经纬》等书。第三年每日上午分组到各老师的诊所去实习,我根据各老师辨证用药的特点,详细纪录下来,下午自习。这一年看的参考书比较杂,如《兰台轨范》《东医宝鉴》《类证治裁》《临证指南》《王氏医案》《冷庐医话》《医学广笔记》等等,但杂而不专,深入不够。毕业后,留校工作。

再诊取效　盲目自满

一九三七年元月,为了抗议国民党不许中医办学校设医院,与校长吴汉仙代表湖南中医界赴南京,参加全国中医请愿团,向国民党三中全会请愿。国民党迫于中医界之义愤,为了敷衍应付,通过了中医列入教育学制系统的决议案。抗日战争爆发后,长沙迭遭轰炸,我另找了一个工作,离开母校,辗转于湘西、湘南等地。其时,传染性疾病到处都有流行,我参照《时病论》《温疫论》《霍乱论》及《温热经纬》有关湿温、疫证的治法,取得了较好的疗效,渐渐产生了自满情绪。认为我在学徒时,学了治疗伤寒的一套,在医校时又学了治疗温病的一套,牛刀小试,果然得心应手,于是飘飘然放松了学习。一九四一年,我在湖南省地方干训团中医组担任传染病教学,因无教材,就自己动手写了一些讲稿,但是东拼西凑,自己的心得体会不多,所以没有付印。其后湖南相继沦陷,疲于奔命,书籍衣物丢失殆尽,景况相当狼狈。总之,我在八年抗战期间,医学上进步很小。

戒骄戒躁　继续前进

抗战胜利以后,回到长沙开业,初起诊务不好。当时长沙市的西医院很少,大部分常见病、多发病还是靠中医治疗。我在抗战期间,因对这些病取得了初步经验,疗效较好,病人互为宣传,来诊者渐渐增多。这些病人多属疑难重症,或久治不愈的慢性病,他医治之无效者,我亦不能愈之,这才使我真正认识到自己的学力不足,没有什么值得自满的。于是每日利用诊余时间,或温旧课,或读新书。所谓新书,是指何廉臣、恽铁樵、陆渊雷、张锡纯等所著的书及《皇汉医学》等,颇有新的启发。一九四七年三月十七日,与曹伯闻等组织长沙市中医药界罢诊罢市,向湖南伪省政府请愿,要求拨发救济物资,恢复湖南国医院,幸而有成。但为了此事,从筹建到开院,费时将近三年,荒废了不少业务,耽误了许多学习时间。

坚守阵地　稳扎稳打

解放以后,于一九五〇年,参加了由湖南省卫生厅举办的中医进修班,但实际上教的是西医基础课,如解剖学、生理学、病理学、微生物寄生虫学、传染病学、诊断学基础等。这些西医基本知识,对我后来参加中西医会诊,不无帮助。但在治疗上还是根据中医的理、法、方、药,进行辨证论治。一九五二年湖南国医院由人民政府接收,改为湖南省立中医院,我参加了工作。当时我管病房及院外会诊,这对我来说是一项新的工作,没有经验,在兄弟医院会诊中,学习和建立了我院的病房制度。为了提高医疗质量,我利用晚上时间及节假日,将一些常见病、多发病,参考有关医籍,进行了一些辨证分型工作,即把某个病或症,分成几个类型,系之以理、法、方、药,这对我的学习也是一个大的促进。可是这项工作,自从调来中医学院以后,没有继续进行下去。

主管教学　兼顾医疗

我是一九六〇年调来中医学院的,当时还在筹建阶段,困难不少,但我信心很足,决心也大,一定要在党的领导下,把这所学校办好。当年就招了本科班学生,直至一九六六年止，每年都招了新生。在教学安排上，坚持了中医课与西医课的比例为七比三。我除管教学工作外，每星期二、五还看点特约门诊。由于接触传染型肝炎、肝硬化病人较多，从实践中初步体会到：急性黄疸型肝炎，起病较急，病邪方盛，应从阳明胃治；慢性黄疸型肝炎，多由急性迁延失治而来，应从太阴脾治；无黄疸型肝炎，初起即呈慢性经过，应从厥阴肝治；肝硬化由于肝细胞变性，纤维组织增生，肝脏变硬，应从疏肝软坚、活血化瘀论治。一九六二年曾研制了一种疏肝理脾丸，其方即当归、柴胡、白芍、枳实、鳖甲、青皮、茅根、茜草、地龙、甘草、猪肝、鸡内金等味组成，以治慢性肝炎、早期肝硬化，疗效颇好。与此同时，还写了《传染性肝炎的辨证治疗》一书，已由湖南科学技术出版社出版。

老骥伏枥　志在千里

一九六三年，我因患肝炎，回湘乡故里疗养，渐有好转。鉴于全国中医统一教材中尚缺《金匮要略讲义》，乃着手编写《金匮要略浅述》一稿，于一九六四年十月才完成。原拟作为我院试用教材，嗣因湖北主编的《金匮要略讲义》先我出版，所以把它搁置下来了。在文化大革命期间，不敢接近书本。粉碎"四人帮"以后，在党的十一届三中全会精神的鼓舞下，特将《金匮要略浅述》一稿，重新加以修改和补充，已由人民卫生出版社付梓。现在我分工管科研，我的自选项目是中西医结合治疗再障的研究。一九八〇年经过对二十九例再障的疗效观察，其中基本治愈十一例,缓解七例,改善四例,无效七例,总有效率76.7%,目前这个项目仍在继续进行。

几点体会

五十多年来,我所走过的学医道路,是艰苦的,曲折的。总起来有以下体会:

(一)要学好中医,必须打好两个基础。首先是古文基础,最低要求繁体字能认识,文言文能断句。再就是中医基础,如《内经·素问》《伤寒论》《金匮要略》的白文要选读,药性、方歌、脉诀、经络歌诀要熟读,有了这两个基础,才能继续深入下去。

(二)要多看几种好的参考书。我在当学徒的时候,老师教我读古典医著是不错的,但是指导我看的参考书,只限于汪䎖庵、陈修园两家,这就太局限了。后来我在国医专科学校时所看的参考书,就使我的眼界开阔多了,因而获益不少。

(三)要多跟几个好的老师,因每个老师各有他的长处。比如,我在学徒时的老师长于伤寒;我在医校时的老师有的长于温病,有的长于杂病,有的长于妇科,有的长于儿科。根据各老师辨证用药的特点,取其所长,为我所用,大有好处。但这个条件如不具备,也可自学成材。

(四)学医要有坚强的意志,朝斯夕斯,持之以恒。在困难的时候,要看到前途,要看到光明,要提高自己的勇气;在顺利的时候,又要谦虚谨慎,戒骄戒躁,刻苦学习,继续前进。我在学医过程中,学习情绪曾有几次大的起落,教训是很深刻的。

（五）在医疗作风方面，对同道不要贬低别人，抬高自己；对病人无论工人、农民、领导干部，都要一视同仁，详细诊察，不得草率。有时病人情绪急躁，要求过高，也只能耐心说服，体谅病人。但也不能迁就病人，投其所好，更不能乘人之危，向病家需索财物，这是起码的医德。

学然后知不足

浙江省中医药研究所所长、研究员　　潘澄濂

[作者简介]　潘澄濂（1910～1993），浙江温州人。十六岁入丁甘仁先生创办的上海中医专门学校，1929年毕业。解放前，除悬壶应诊外，曾执教于上海中医学院、上海中国医学院，并任温州普安药局医务主任等，学验俱富，力主中西医学从理论上结合。解放后，历任浙江中医学院副院长、浙江省中医研究所副所长、全国第五届政协委员等职。著有《伤寒论新解》《潘澄濂论医集》等。

一九二九年三月十七日，全国中医药界自发地在上海召开第一次代表大会，愤怒斥责国民党政府废止中医中药的荒谬禁令。因而将这个具有历史意义的日子，定为"国医节"。那时，我正在上海中医专门学校毕业，自叹是一个"末代"的中医。

解放以后,在党的中医政策的光辉照耀下,中医药事业重新得到蓬勃发展。特别是将中医列入教育系统,后继有人。抚今思昔,感慨万千。

借助他山　取长补短

我在校修业期中,按照当时课程,对《内经》《伤寒论》《金匮要略》《温热经纬》以及《本草经》等,进行了系统学习。此外,如妇、儿、外、喉等科,以《医宗金鉴》为教材,亦按照教学计划而必修。与此同时,还览阅了历代名医著作,如《东垣十书》《刘河间六书》《丹溪心法》《景岳全书》《徐灵胎十六种》等等。对中医知识,虽说入了门,而未登堂奥。当时,因求知欲所驱使,学习中医之余,尚参加其他医院校旁听和函授,进行了解剖、生理、病理等的实验。嗣后,又阅读了日本和田启十郎的《医界之铁锥》、汤本求真的《皇汉医学》、松园渡边熙的《和汉医学》。和田启十郎在日本明治维新后汉医学遭受到摧残的岁月中,披沥汉医之真髓,奋臂疾呼,力挽几倒之狂澜,这种精神,给我感动,甚为深刻,而且也使我认识到中西医学瑕瑜互见。所以,早在三十年代,我就抱有铺平经时方之鸿沟、熔中西医于一炉的愿望和企图。这可从拙著《伤寒论新解》的某些内容中略见一斑。

例如,我曾试以现代生理学和临床病理学（即病理生理学）的知识,对"阳浮"和"阴弱"以及"营弱"和"卫强"加以解释。认为这里所说的"阳"和"卫"是代表机体的产温功能,"阴"和"营"是代表机体的散温功能。太阳中风,就是由于产温功能的亢进，散温功能不能相应地随着旺盛，使机体调节中枢的相对平衡失调，所以虽自汗出而不解。

又如，据《伤寒论》"病发于阳，而反下之，热入因作结胸……所以成结胸者，以下之太早故也"条看来，结胸证似因过早应用攻下而造成的。但是结胸证的治疗，恰恰是采用大陷胸汤的峻下。这样，前后似有矛盾，不易理解。我是这样认识的：从《伤寒论》对结胸证的描述来看，先说："舌上燥而渴，日晡所小有潮热，从心下至少腹鞕满而痛，不可近也。"又说："结胸无大热者，此水结在胸胁者也。"据此，可以推测，结胸证的实质似乎是指胸腔或腹腔有大量渗出性或漏出性积液。病变的主要部位是在胸腔，亦可想象。

试就胸腔积液而论，临床上以渗出性胸膜炎较为常见（当然，可能还有其他疾病）。以渗出性胸膜炎来说，其病变开始阶段，往往先出现恶寒发热，或胸胁疼痛、咳嗽等表证作为前驱。《伤寒论》对有表证者，一般先解表，表解乃可攻里。所以，我认为文中"病发于阳"的"阳"字，可能是指结胸证的开始阶段有恶寒发热等表证而言。因此，认为不宜过早攻下，并认为过早攻下，损伤正气，于病不利。但是，渗出性胸膜炎由于炎症的进展，恶寒、脉浮之类的表证，可以自罢。相反，胸膜积液增多，则肺部压迫症状，如胸闷、胸痛、气急或咳嗽等，势必加重，而且热型也往往转变为弛张热。由于古代无 X 线的检查，又无穿刺抽液的方法，而能认识"此为水结在胸胁者也"，又能采用具有泻下作用的大陷胸汤（或丸），诱导积液排泄，借以减轻胸部之压迫，法虽古老，以当时历史条件来说，殊属可贵。由此可见，《伤寒论》结胸证先认为不宜下之过早,嗣后,仍以攻下而取效,此实非因攻下过早而造成结胸,也不是结胸证不宜攻下,而是因为病变的发生和发展阶段有表里证之不同,故治法有先表后攻之分寸,这亦是显示辨证论治之特点。诸如此类,引用西说解释,借助他山,义理易明,较之以经解经,迈出了一步。

临床经验　贵在实践

《千金要方》说:"读方三年,便谓天下无病不治;治病三年,乃知天下无可用之方。"的确,我也有这样的感受。回顾我在开业当年的盛夏,诊治一例女性患者,二十余岁,病头痛高热已五日,体温高达40.5℃,神识朦胧,自汗,烦躁,口渴引饮,舌苔薄黄,边尖质红,脉象滑大而数(未做其他理化检验),根据临床表现,诊断为暑热熏蒸,热蒙清窍,投以白虎汤加减。方用生石膏八钱,鲜生地八钱,知母二钱,菖蒲一钱,银花四钱,黑山栀、竹叶各三钱,芦根五钱,甘草六分。服上方二剂。翌日下午复诊,体温虽降至36.2℃,而神识昏迷加深,呼吸不匀,汗出肢厥,舌苔干枯,质淡红,脉象微细,呈心气衰竭之象,急改投生脉散加附片以救逆,终归无效。自我分析:其一,究属何病？诊断不明。其二,只知白虎汤证悉俱,而对其初诊脉象未详辨虚实。其三,更未顾及暑热伤气和壮火食气之患,只知寒凉清热,未佐益气之品以扶正。由此种种,促其恶化,这与我审证不详,用药过偏有关,咎无可辞,良深自疚。

再如曾治同学刘君之妻,病往来寒热,日发二三次,发时头痛甚剧,呈嗜睡状,频频呕吐,水饮不入,舌苔黄浊,脉象弦数,证属暑温,投以蒿芩清胆汤加减,方用青蒿、黄芩、竹茹各三钱,姜半夏二钱,连翘四钱,六一散三钱,玉枢丹六分,扁豆花三钱等,连诊三日,病情有增无减。乃向患者家属提出,邀请西医会诊,以明诊断。经西医检验血液,找到恶性疟原虫,诊断为脑型恶性疟疾,即施以抗疟针药。同时,还邀陆君幹夫、吴君国栋与我会诊。磋商结果,因患者寒热往来不解,头痛项强,鼻齿衄血,呕吐仍频,舌质转绛,脉象细数,已呈疟邪入营动血、肝风煽动之象,乃改投清营熄风之剂,方用羚羊角六分,鲜生地一两,丹皮三钱,青蒿四钱,连翘五钱,菖蒲一钱,黄芩三钱,玉枢丹一钱。但服药时入口即吐,不起作用。迅即陷入昏迷,终于在发病之第六日,医治无效而死亡。

以上二例,皆系初次接触的重症,病情迅猛,不仅诊断感有困难,在治疗方面,我初出茅庐,缺乏经验,无可讳言。经此教训之后(当然,不只是这一二次),每遇重症,必查考有关文献,或请教于同道,用以增进知识,弥补不足。对于死亡病例,必加以分析研究并记之,以旌我过。

自从一九三二年起,开业之余,尚参加某医务所工作。所中设有病床四十余张,并有小化验室及配药部。收治病种,在急性病方面有伤寒、斑疹伤寒、疟疾、痢疾、肺炎等;慢性病方面有肺结核、溃疡病、肾炎、肝硬化、维生素 C 缺乏症等。主其事者,虽为西医,除抢救病例用西医外,大部分均以中医治疗为主,历时六载,得以对多种疾病进行系统观察。

在长期的临床实践中,我认识到中医处理疾病,通过四诊方法,识证辨性,是关键所在。关于识证辨性、随证论治的方式方法,试举一九四一年在沪行医时所治的两个病例加以说明。

其一,戴氏妇,年约五十,浴中突觉左下腹剧痛,掣及腰部,即呼家人扶之卧床,遂延二三位西医诊治,有的诊为尿路结石,有的诊为腹膜炎,也有的诊为肠梗阻,施以针药,经三昼夜,未能缓解,乃邀我诊治。证见胸腹痞满,左下腹疼痛,不喜按,其痛牵及腰部不得辗转,不欲食,体温37.8℃,大便已四日未行,舌苔中黄厚,两边薄,质微红,脉象紧数。询问发病经过,曾因家务,情绪激动,旋又进食年糕,未入浴前,已感胸腹不舒。审其病因,显因气机失调,兼挟宿食,腑气不通,不通则痛,理所当然。证属阳明少阳同病,投以大柴胡汤加减,方用柴胡、枳壳各6克,生白芍12克,制大黄9克,厚朴2.4克,制香附6克,延胡索、川楝子各9克,生谷芽12克,炙甘草3克。进药一剂,当晚大便两次,病势顿减。次日复诊,改用四逆散合越鞠丸加减,调理四日,病即霍然。

另一例,徐某,男性,三十五岁,系外地来沪,当晚入浴,突觉脘腹疼痛,起而登厕。便后,腹痛虽减,而全身无劲,大汗淋漓,由友人来邀急诊。证见患者面容苍白,精神倦怠,懒言短气,额上汗出如珠,四肢厥冷,脉象微细,舌苔白腻,体温36.4℃。自诉头晕心悸,腹阵痛。询其病史,素有胃病。证因舟车劳顿,寒温失调,以致亡阳欲脱。急拟参附汤加味,方用别直参9克,淡附片6克,龙骨12克,生牡蛎24克,茯苓9克,陈皮6克,炙甘草4.5克。服药一剂后,汗敛肢温,继以异功散加归、芪等药,调理旬余,恢复健康。

以上二例，虽同因入浴而发腹痛，但前者系属气机阻滞，兼有宿食之实证；后者虽亦腹痛，系因劳顿过度，寒气入中，属亡阳欲脱之虚证，显有不同。故前者治法，主以柴胡、白芍之疏肝，大黄、厚朴之通腑，香附、枳壳之调气，延胡、川楝之止痛；后者主以参、附之回阳，龙、牡之固脱。一虚一实，证似同而性异，故治法亦各悬殊。足见，辨证论治确有它的优越性。但是，对其优越性的认识，必须通过实践才能体验。

现在，就辨病与辨证相结合的问题，谈一些看法。

辨病和辨证相结合，实际就是双重诊断。对中医临床研究，制定诊断指标及疗效标准，用以观察中医中药对某种疾病的疗效确有帮助。但是，目前在中西医结合的临床中，有的不是按照中医辨证论治的特点，而是执一方或一药以试病，我实未敢赞同。此外，尚有中医跟着西医亦步亦趋，如西医在用抗生素的同时，中医不分寒热虚实，亦随着而用大量清热解毒药，诸如此类，仅是中药加西药，不是有机地中西医结合。我的意见，对某些病情比较危重或复杂的疾病，在治疗过程中，中西医，尤其是西学中的医师，应该首先共同将病情加以分析研究，认为对某些症状的疗效，西优于中，则以西为主；另一些症状的疗效，中胜于西，则以中为主，相互取长补短，紧密协作，反复实践，摸索规律，如能够做到这一点，虽是中西医结合的雏形，却可以大大提高治疗效果。

学以致用　勤能补拙

作为一个医务工作者来说，知识面越广越好。但限于主客观条件，不可能样样都通。在我来讲，认为学以致用，勤能补拙，是治学的一贯守则。

中医学自轩岐以降，一脉相承，代有发展。宋、元以后，虽有流派兴起，然其理论基础，大体上不逾越《内经》《难经》《伤寒杂病论》等古典著作的内容。正如宋濂题《格致余论·序言》中所说："金元以善名，凡三家：曰刘守真氏，曰张子和氏，曰李明之氏。皆以《内经》为宗，而莫之有异也。"这意味着中医没有什么派系，不过各人在各个不同的角度上有所发展和特长而已。

中医学的文献，浩如烟海。我们学习和研究，应从何着手，实有探讨之必要。我的体会，对中医古籍的学习，可分为必读、览阅及稽考三种方式。为了有的放矢，学以致用，又可分为"晓其意"的粗读和"达其理"的精读。而且精读必须要在实践中反复阅读，才能一次又一次地加深理解。

必读之书，一般认为如《内经》《难经》《伤寒论》《金匮要略》《神农本草经》《温病条辨》和《温热经纬》等。必读书中，如《内经》的"上古天真论""四气调神论""六节脏象论""脉要精微论""至真要大论"之类的有关基础理论诸篇，对中医各科均具有普遍的指导意义，需要精读。如习内科者又应细读"热论""疟论""欬论"等；习针灸者又应细读"经脉别论""刺要论""缪刺论""九针十二原"等。

潘澄濂

总之,对一部《内经》,读时要有一般和重点之分。

对《伤寒论》的学习,我曾在《浙江中医杂志》(1980年11期)发表过"怎样学习伤寒论"一文,可供参考,不再赘述。

《金匮要略》原与《伤寒论》同是张仲景全书——《伤寒杂病论》的重要组成部分,后世分为二书。它当然也是从幸存的残稿中,发掘和整理出来的。现存之书,分为二十五篇(据《金匮玉函要略辑义》),计二百二十六方,是内科(包括部分外科、妇科)杂病分型辨证和治疗的典范,至今仍有效地指导临床。因此,它与《内经》《伤寒论》等,同样是必读之书。学习的基本方法,可参照《伤寒论》。但是,《金匮要略》以各个证候为基础,它与六经辨证,有哪些关系?而且此证和彼证之间,如湿痹之与历节,溢饮之与水气,有哪些区别?特别是同一症,为什么提出两张主方?如"胸痹,心中痞气,气结在胸……枳实薤白桂枝汤主之,人参汤亦主之";又如,"病溢饮者,当发其汗,大青龙汤主之,小青龙汤亦主之"。诸如此类,都要通过独立思考,才能晓其义、达其理。如果仅停留在字句的解释,还只是隔靴搔痒。

此外,就是温热病学,它是伤寒学说的发展,对急性热病的辨证和治疗,积累了丰富的经验,有关的文献也较多,值得必读的有《温病条辨》《温热经纬》。此外,《温疫论》亦可选读。

可以览阅之书,历代著作,汗牛充栋,不胜枚举。值得推荐的,如金元四大家、明清八大家的著作,当为首选。我的体会,览阅历代名家的著作,能明其学术观点,领会其医疗经验,是览阅的主要目的。因此,亦有粗读和精读之分,有一般和重点的区别。如李东垣的《脾胃论》、徐灵胎的《源流论》等，应作为重点书读。

历代医家的医案、医话、随笔等等，也有不少的独特经验和见解，值得览阅。个人认为在医案方面，如《寓意草》《王孟英医案》《谢映庐得心集》《程杏轩医案》之类，对症状的描述、处方的意义、治疗的效果等，叙述得较为详明，端绪易寻。如《临证指南》《王旭高医案》《丁甘仁医案》之类，要从其同一类门的医案中，通过综合分析，推求其辨证和论治的规律，吸取经验，确有很大的意义。

稽考之书，大都是方书和本草之类，近似工具书。譬如览阅《巢氏病源》，虽有病因、症状的记述，而无论治的方药。对此，须与《外台秘要》《圣济总录》等，互相对照，才能得其全面。

但是，中医学，方多于药，全部记忆，殊不可能。如对某一疾病，根据需要，能将治疗同一疾病的有关方剂、药品及其主要适应证，以统计方式处理，从而得知某证哪些为常用药品，哪些为少用药品。尤其要明其组方的规律，具有一定意义。

我虽年逾古稀，不论在中医的理论和临床方面，始终感到多有不足而耿耿于怀，限于水平，谨述区区，就正有道。

学问专研 自勉不怠

上海中医学院教授　　　张赞臣

[作者简介]　张赞臣（1904~1993），名继勋，以字行，晚号壶叟，江苏武进蓉湖人。世操医业，家学渊博，幼承庭训，受父伯熙公教诲，在医学方面奠定了扎实的基础。年方弱冠，背井赴沪，为博采众长，先就读于上海中医专门学校，复转学于上海中医大学，由于勤恳好学，深得当代名医谢利恒、曹颖甫、包识生诸前辈之器重。卒业后，悬壶沪渎，内外妇儿诸科皆精，临床屡起沉疴，殊受病家拥戴。业余时间，又受中国医学院之聘，先后任诊断学、本草学教授，并主编《医界春秋》杂志，著有《中国诊断学纲要》《中国历代医学史略》《咽喉病新镜》等书。1929年国民党政府企图通过"废止中医案"，闻得消息后，痛心疾首，立即奔波呐喊，联合全国中医药界人士奋起抗争，终于取得胜利。

解放后，历任上海市第五门诊部（原中医门诊所）副主任、上海市卫生局中医处副处长、上海市中医文献研究馆副馆长、上海中医学院曙光医院顾问、上海市人民代表、上海市中医学会副理事长、中华全国中医学会理事等职。撰写了《本草概要》《中医外科诊疗学》《张赞臣临床经验选编》等书，并在有关刊物上发表了不少学术论文。

1960年开始，由于目击中医耳鼻咽喉科未能受到应有重视，以致后继乏人，濒将失传，毅然决定侧重从事中医耳鼻咽喉科临床与科研工作，兼任上海中医学院耳鼻咽喉科教研组主任，主办全国及上海市耳鼻咽喉科医师进修班，在培育人材、学术研究诸方面，为中医耳鼻咽喉科的继承和发扬做出了一定的贡献。

余行年八旬，从事中医工作已逾六十余春。回顾跻身医林以来，建树甚少，罕有发明，面对群贤，深感愧疚。唯自问生平于学、问、专、研四者，尚能时刻自勉，自少及长，乃至暮年，未尝稍存怠心，故所学或有所获，所研偶有所得，聚沙而为塔，积腋终成裘，犹如啖蔗，近根益甘。个中甘苦，本不足为外人道，然为相互交流起见，兹将一己肤浅之得述之于下。

学能勤奋而有恒

余家世居武进蓉湖,祖有铭、父伯熙均操医业,由于投治辄效,每起重危,深受群众敬仰。余幼年时,先父伯熙公即望余克绍祖裘,继承父业,尝诫余曰:"不为良相,当为良医,盖良相能治世,良医能救人也。"而余身居医家,目染耳濡,所见皆病员,所闻悉苦声,日见先父欲以仁术济世,愿呈割股之心,虽终岁风雪辛劳,犹以为乐。目睹病后康复,踵门道谢者,络绎不绝,颇多感受,故对医道亦深感兴趣。加以余幼年秉赋羸弱,多有河鱼之疾,常在床笫之间,经先父精心调治,终告痊愈,身受医药之惠,而窃愿以医为终生之职业。综上三因,故习医之志遂决焉。

习医之前,余就读于私塾,由于深知欲能遍读古代医籍,非于文有一定根底不可,故以勤奋自勉,不但对《论语》《孟子》《大学》《中庸》以及《古文观止》中唐宋名家论说莫不诵之娴熟,而且诸子百家如《左传》《论衡》《资治通鉴》乃至各种笔记小说等均有涉猎。家中藏书不足,更向戚友商借,一有余暇,即开卷苦读,虽未可称焚膏继晷,然亦寒暑无间,坚持不懈。同时,余对文言习作亦甚为重视,除塾师布置之作业必克期完成外,且屡求先父出题相试,深感所读文典内容,一经自身运用,则其印象更深,可以信手拈来,自然妥贴,而有更大进步。是时,正当"五四"运动提倡白话文之际,以白话为文之书刊杂志极为盛行,然余观其中大多作者之古文基础亦相当坚实,体会到即使以白话为文,若能有古文之基础,则自能结构严谨,文理通畅,词汇丰富,甚至引伸推理,概括归纳亦有助益,故仍学而不辍。今日思之,余所以阅古医籍而不滞涩,论述医学而尚通顺者,端赖昔时之努力也。

及至学医之时,启蒙者即余之先父。余一方面随父就诊抄方,另一方面则在先父指点下阅读入门医书。记得所学第一部书即为清·汪昂所著《汤头歌诀》。在此期间,余还学习和协助配制各种外、眼、喉科临床必备之外用药品,碾、研、筛、飞、熬制膏药,乃至摊薄贴、制药捻等,昼日忙碌,极少暇时,故而诵读医书只能置之夜晚。是时,先父曾嘱余对于《汤头歌诀》每日必须背诵数首,然余并不满足,更依据临床所见书中载述,进而参阅《内经知要》《本草备要》《医学心悟》《医宗金鉴》等书,务求理解昼日所抄方之奥以及所读书中之义,故不入深夜,鲜克入睡。后览《三因方》《证类本草》等书,乃知许叔微、唐慎微诸先贤治学均极为勤励,则余之努力习读并不足以夸诩,然则余之医学知识确于此已奠定一定基础。

嗣后,余随先父来沪,为系统学习中医学,并博采众家之长以广见闻,先就读于丁甘仁先生主办之上海中医专门学校,继又转学于谢利恒先师创设之上海中医大学。是时,余家初移上海,家庭经济状况尚在小康以下,先父为培养子女,对余入学从不吝所出,全力支持,而余亦体恤家艰,尽可能节约。往返校门,终年以步代车。唯于学业非但毫不松懈,反而勤勉有加。昔日养成夜晚自修之习惯,至今依然保持。于复习功课、完成作业、协助先父制药、襄理家中琐务之余,参阅医籍益为广泛。例如习《内经》时则参考《类经》,习诊断时则参考《脉经》《四诊抉微》,习《伤寒》时则参考《伤寒贯珠集》，习温病时则参考《温热经纬》《广温热论》《温病条辨》，习《本草》时则参考《本草纲目》，习方剂时则参考《医方考》《医方集解》等。虽严寒酷暑，从不间断。

迨至悬壶开业，余于学习仍然持之以恒，未尝稍废。此时学习之内容约有两个方面：一为继续阅读古籍，以继承前人之经验，如《千金方》《诸病源候论》《济生方》《小儿药证直诀》《景岳全书》《六科准绳》《丹溪心法》《脾胃论》《先醒斋医学广笔记》《医门法律》《临证指南医案》，以及《串雅》等书；一为参考当代医家之经验，如《中西汇通》《伤寒临证录》《医学衷中参西录》《中风斠诠》《张聿青医案》《通俗伤寒论》《神州医药学报》《绍兴医学月报》《三三医报》《山西医学杂志》等。此外，于临床所见名家处方亦多引为殷鉴，如当时沪上名医夏应堂、朱少坡、薛文元、郭柏良、王仲奇、恽铁樵、陈无咎等人之治验，一有所见辄推究评品，凡确有疗效者，咸作他山之石，以增一己之智。

余生平无烟酒之嗜，不喜种花饲鸟，即影剧亦绝少涉猎，唯因喜爱读书，故又有购书之癖。解放前，虽生活不裕，然必时抽余暇，流连于旧书之肆，以有限之零资，购来喜爱之医籍；解放后，生活有所保障，更时以购书成趣。偶得佳本，辄深以为乐，携之归家，必通读为快。积数十年之久，存书亦殊可观，惜十年浩劫，散佚殆尽。"书山有路勤为径，学海无涯苦作舟。"唯勤学则可补拙，恒学庶有所得，故余虽年已耄耋，而学习仍不敢松懈。

问则以诚且会通

学而问,乃求得知识之两要素,盖求知过程难免无惑,欲图解惑,则必参阅他籍,询问师长而后可。韩愈曾曰:"师者,所以传道,受业,解惑也。"日随业师而求以解惑,正乃有利之机,故余每有不解,即随时向师长提出质询问难。

余学医时,除先父家授外,又先后随谢利恒、包识生、曹颖甫诸先辈习业。诸师皆学识渊博,经验丰富,著述等身,堪称一代宗匠。余随之临证见习,日侍左右,凡有读书不解其义,诊病不得要领处,质之诸师,无不谆谆诲导,详而尽,简而明,从无厌倦之色。每经指点,辄茅塞顿开,深受教益。

诸师待余以青睐,有问必答,因其爱护弟子,诲人不倦;而余每问必本以诚,亦所以致之也。所谓"诚",有两方面,首先是尊重师长。余于诸师前执弟子礼,虽无程门立雪之举,然从无懈怠之意,于是诸师对余亦倍加器重,彼此之间建立了深厚的师生感情。嗣后数十年间交往频繁,晤对殊欢,尤以谢师过从益为密切,偶以忘年待余,而余则毕恭毕敬,始终以师礼事之。追溯往昔,余于求学时期,有所询问师长者,均以尊师为前题。即使于解答以后仍有质难,亦均采取商讨之口吻,故诸师咸乐于与余研讨学术。再者即为虚心。虚心使人进步,骄傲使人落后,欲能学有所得,非虚怀若谷不可。学医者,恒多"初学三年,天下无敌手;再学三年,寸步难行",由一极端走上另一极端。此种思想若不予以克服,则学必难成。余恒思诸师皆先吾而

张赞臣

生，于学术、于经验均富于余，而余则尚处启蒙阶段，即有所得亦不过来源于间接，非切身体验者。因而聆听诸师讲解，必随时记录，以备事后复习；虽时有主见，并不轻弃，然对诸师所论则必兼收并蓄，以期日后验证也。余于师以诚为务，故诸师亦恒以诚待余。"诚则灵。"为求学似亦可以奉为圭臬者。

学有所进，尚须在师长训导之下勤于思考，善于会通。益思考则能钻之于深，会通则能博采众长。余所从包师、曹师皆擅用经方，为著名经方派；谢师及先父则喜用时方，殆可属时方派。由于各有专长，治辄奏效，故皆受病家之拥戴。余于目击耳闻之余，所学所问之际，每退而究其因，以融会理解，参酌会通，然后择其善者而从之。举例言之，设外感初起之风寒表证，于伤寒派则多用麻黄、桂枝之属；于时方派则每投荆防败毒、九味羌活诸方。余询之曹、包，二师则曰"风寒侵袭太阳，太阳主一身之表，当从汗解，麻、桂乃解肌要药，故非此不能除。"询之谢师则曰："风寒伤卫，卫主捍外，故邪在卫表，法当疏泄，荆、防、羌活乃疏邪之佳品，故临床所常用。"余斟酌两说，皆曰因由外邪侵犯肌表所致，治当疏泄解肌，完全一致，并无不同；然所遣方药则各有侧重，差异显然。经探索研究，其麻、桂、荆、防、羌活诸品，虽均为辛温发散要药，然前者性偏散寒，后者性善祛风，性有不同，用当区分。故嗣后余于临床逢风寒表证者，凡以寒为盛则投麻、桂，以风为盛则用荆、防，所治患者，一似桴应。此等治法，追本溯源，实皆汲取诸师之说，唯予以融会贯通而已。

此外，余于阅读医籍之际，遇有各说不同之时，亦必互为参酌,做类似上述之贯通,务求宗诸师而不泥,法各家而不陷,罗治法而兼备,集众长而并蓄。历数十年临床之体验,深刻体会:为医者,于诊断固当独具慧眼,于方药固当掌握娴熟,而于治法则尤多多益善。盖治法愈多,则思路愈广,治疗手段之运用亦更为灵活,遇有复杂之病情,自能随机应变,而不致束手无策矣。时贤有云:名医好做,无他,法多故也。其意盖谓其医治之不效,转请名医治之,历观前医诸法之后改用他法,一击而中,故名医好做也。然欲达到诸法悉俱,除遍览群经,汲取经验而外,尤当善于思考融会贯通也。

专而由博以返约

知识无涯,人生有限。以有限之年华,欲集无涯知识于一身,余知其不相能也。故学必有专。即医而言,昔称十三科,罕有科科咸精通者。况时代日趋进步,分工愈益细致,即某一科中之某一病种又有堪做深入研究者,故欲求学识精湛,医术高超,务重于专。综观医学之发展,莫不与历代医家,对该学科作专门的长期研究密切有关。

然则,为医之道,又需广博。一科之内,学派各别,苟能汲取众长,则识因以广,法因以多,术因以精;各科之间,亦息息相关,非可割离。业儿科者岂可无外科之知识,业妇科者乌可缺内科之基础。否则,一遇与之相关之病症,则势将瞠目无言,措手不及矣。是以不仅求学时亟需认真掌握各种基础知识,即毕业后从事某科临床诊疗,亦当勤求古训,博采众长,旁通诸科,涉猎群书。若但以为业是科仅需阅读本科之医籍,掌握本科之方术,则势必视野狭窄,囿于局限,名虽为专,实则只能因循守旧,殊难以有所发展。盖欲有所创造发明,非具有扎实之基础,渊博的知识面不可。故余常曰:非博则无以专,欲专则必须博,二者似相矛盾,实则相辅相成也。

余家世传医术,于内、外、妇、儿诸科疾病之诊疗,均有一定临床经验。余得先父传授,复从谢、包、曹诸师,又得各家学术识见,于伤寒、温病以及各种杂病之证治亦略识一二,故余悬壶问世,即以大小方脉,男妇外喉为业。嗣后,余任教上海中国医学院,先后讲授中医诊断学、本草学,由于教学相长,对课程内容有进一步认识,迥非昔日求学所得可比。业余时间,余对中医学发展史颇感兴趣,亦曾进行一定研究。尤其是余主编《医界春秋》杂志十余年间,审阅大量稿件,涉及范围广泛,更是增广见闻不少。然则余数十年临床工作,虽内、妇、儿诸科病症无不诊治,唯于外科及眼、耳、鼻、喉科病症之处理尤为擅长,逐渐以外、喉科为主。由是,在探研方面亦有所侧重,于内服方药则力求有所创新,于外用诸品则务必亲自配制,以期方能中病、药能愈疾,故救治脑疽、发背、喉风、牙疳等危重症者不胜枚计。晚年来,目睹中医喉科后继乏人,深感喉科亦中医学重要组成部分,若仍任其自流,势必术将乏传,沉沦淹没,于是毅然专业喉科,任上海中医学院耳鼻喉科教研组主任,上海中医学会副理事长兼任喉科学组顾问,先后主办全国及上海中医喉科医师进修班以传授经验,培育新人,并参加上海市曙光医院喉科门诊,定期赴上海眼耳鼻咽喉科医院及上海第一人民医院耳鼻喉科进行会诊。临床所治病例，包括不少疑难病症，所获疗效，尚能差强人意，屡获病家赞扬，以致随余见习之西医，不仅对中医药临床疗效之迅捷至为赞颂，而且于学习中医喉科学术之信心亦因而倍增焉。然余退而思之，余之改专喉科，是乃中医事业之一部分，实属本分工作；既转喉科，进而研究，以图有所进展，亦属理所当然；而于临床诊治，幸有中式，则与自己具有多方面中医知识，得以随机引伸应用有关。故余认为，欲图学业有专，必须由博返约，方臻有所成就也。

研求创新以发明

谚云："学无止境。"是语本指学习而言。盖知识无涯，学到老，学不了，故必勤奋有加，以增识见，何可浅尝辄止，懈怠拖沓。然余体会此言，亦当包括研讨学术在内，因科学无穷尽，人类对自然界之认识总当不断探索，不断前进，于医亦无例外。中医药学乃我国宝贵文化遗产之一，已有两千余年历史，经历汉、晋、唐、宋、明、清诸朝，名医代出，著作浩瀚，悉为经验总结，堪可奉为瑰宝，故必认真继承、发掘。然而，前人之经验，限于时代之认识，只能代表当时之水平；时至今日，科学日趋昌明，当更奋发图强，勇于创新。在此方面，古代医家早为吾侪做出榜样，兢兢业业，敢于发前人之未发，创前人所未创，其荦荦者如金元四家之各创学派，叶、薛、吴、王之建立温病学说，成为世人所乐于称道者。尤以张元素明确声言："运气不齐，古今异轨，古方今病，不相能也。"刘河间亦云："世态居民有所变，此一时，彼一时，故自制新方，不遵仲景法。"均公然提倡根据当今之情况,力争医学之进展,诚乃符合社会发展规律之论也。若吾辈于学术研究,泥古不化,止步不前,不求发明,无所作为,岂非羞对前贤乎。余鉴于此,故虽马齿日增,年已老迈,而于临证施治,每思有所成就,不敢落后于可师之古贤,落后于可畏之后生也。

中医喉科专籍颇为繁多,理法方药莫不兼备,均可列为研究之文献,临床之参考,但绝非学术之巅顶,而不可逾越也。即余不敏,积多年临床实践知识,亦有部分经验为昔日专籍所未收载者。例如,在诊断方面,余对咽喉病症进行局部观察,发现咽喉色红而呈红点者,称为"小瘰"。其生于咽前及底壁有结节而高突者,多为火盛;细而色红者,多为虚火上炎;形大,斜视之有如水晶泡状而透明者,多为挟湿;喉部出现丝状赤脉交叉者,称为"哥窑纹",其粗而鲜红者,多为虚火与实火相参;纹细而色暗红者,则多属虚火之候。在治疗方面,除既重视局部病灶又不忽略整体症状,既重视服药内治,又采用吹喉外治以外,又有下列认识:①咽喉为肺胃所主,所病多为两经邪热,故治疗重在清解肺胃。然又每有肝郁、心火、痰热阴虚等症,则又根据"辨证求因,审因论治"原则而采取相应治法。②在治疗咽喉病症时,凡宣散、清热、解毒、化痰、疏肝、活血、通下诸法,无不随机而施。然各法之中又有所变,即通下一法,又有通下泄热,通下涤痰,通下平肝,滋阴通下不同治法,通常达变,故每得心应手,效如桴应。③正气为人之根本,务必注意维护。喻嘉言云:"世未有正气复而邪不退者,亦未有正气竭而命不倾者。"故正虚不足之症,必治以补益;即使热毒壅盛之症,苦寒泄热之品,唯恐伤阳,决不过用;攻下通利之品,唯恐耗正,中病即止。在方药选用方面,宗刘河间"流变在乎病,主病在乎方,制方在乎人"之旨,于临床治病过程中分别创设"金灯山根汤"以治热毒壅盛之症,"养阴利咽汤"以治阴虚火旺之症,每获厥功。

此外,余于喉科专用药物之运用亦略有心得:山豆根、挂金灯相配有相须之效;桔梗利咽而性升,有引经报使之功,而决无引火上行之弊;牛蒡子功能宣散风热,清热解毒,习用炒者,唯治喉症则生用为良;甘草甘缓利咽,为喉症要药,然咳痰不利之症又当慎用。至外用之品,若尿浸石膏,其清热消肿之效,远胜于生石膏;薄荷入吹口药,辛散且凉咽,用于肿痛燥痒之症,尤具卓效。以上所举之例,皆余于临床日积月累体验所得,虽甚肤浅,而为前人绝少论及者。由此观之,咽喉之门本属中医小科,尚有值得研究者若是,则其余内、外、妇、儿诸大科,则有待发扬之内容更当广泛矣。

赘　言

余从事中医工作虽六十余载,然纵观解放前后,情景骤变,判若异世,亲身体验,感受殊深。

解放前,中医处于被歧视之境地,奄奄一息,濒将灭绝。值此艰难岁月,余一似行于崎岖坎坷之羊肠小道,时有临渊之危,目睹同道者,多有灰心丧志之态。而余窃念中医学学术理论、实践经验咸极丰富,为广大群众所欢迎,故对其必能发扬昌盛之信念未尝稍有衰减,然又必须努力发掘继承,不断创新,自强不息,方能取信于人民,立足于当世。因而一方面反对黑暗政府消灭中医的政令,以争中医"合法"生存之地位;另一方面则更加努力于中医学术之探讨。

解放后,党和政府对于中医学至为重视,制定中医政策,安置中医人员,开办中医医院,建立中医院校,中医事业犹如枯木逢春,蓬勃发展。余眼见前途无限光明,精神为之振奋,步履更为健劲,身虽由老而衰,而于学问专研,仍然坚持不懈,自勉不息。惜余时已不多,争取晚年为祖国"四化"建设做出更大努力,为中医事业发展做出应有之贡献。

(叶显纯　张郁郁　张剑华整理)

从医生涯七十秋

南京中医学院教授
江苏省中医院主任医师　　张泽生

[作者简介]　张泽生（1896～1985），江苏丹阳人。一九一一年始先后投师当地世医张伯卿和孟河名医贺季衡门下。从事临床七十年。治学严谨，不尚浮夸，十分注重临床效果。学术上推崇张石顽和叶香岩，对《张氏医通》《叶天士医案》有较深的研究。精通内科，对外、妇、儿科亦颇有造诣。著有《萎缩性胃炎辨证论治》《温病分证辨治》《张泽生医案》等。历任江苏省中医院内科副主任、江苏省政协委员和常务委员等职。一九八一年经国务院批准，可收带中医博士学位研究生。

我家世居江苏丹阳，虽地处乡邑，然人才荟萃，名医辈出，江南孟河医派即发源其邻。在环境熏陶和亲友影响下,父亲决定让我走学医的道路。他先将我送到邻村读私塾,此时我仅六岁,四书五经,古文诗词,一读就是十年。从十六岁起,问业于同邑名医张伯卿先生,他以内、外科见长。学了三年,因业师亡故,又随清末御医马培之高足贺季衡学医,又历六载。当时贺师门墙桃李,与我同学的有十几人,大多是至戚旧交,而我非亲非友,全凭勤奋专心,白天侍诊抄方,晚上随师出诊,抽隙攻读指定的医籍,医业日有长进,因独得业师垂青。学业结束后,即在丹阳县城挂牌行医。病家见我诊病脉理尚能成章,又能贫富贵贱一视同仁,加上业师推荐,就诊者几每日盈门。旧社会病家请医师看病,不仅要看你的诊效,还要鉴赏你的脉案医理。这就逼着你每写一个脉案,都要细心斟酌,遣词用字,顺理成章。尤其是关键处,要理法方药,承前启后,一以贯之。今录二则早年脉案,可见不算敷衍。

〔例一〕黄某,女,七十一岁,住院号;11641

头为诸阳之会,唯风可到;风为天之阳气,首犯上焦。风热引动温毒之邪,由少阳阳明外泄,两颊红肿发亮,透及耳根,但热不寒,便结溲赤。古稀高年,正虚不能一鼓驱邪,间有神昏谵语,舌红苔黄,脉弦数,大头瘟重症,势将内陷,亟宜普济消毒饮表里双解:银花、连翘各五钱,黄芩二钱,黄连八分,荆芥二钱,薄荷一钱,牛蒡子三钱,桔梗二钱,僵蚕三钱,甘草一钱,板蓝根、大青叶、生大黄各三钱,升麻二钱,马勃五分,豆豉四钱,一剂,外敷如意金黄散。

药后腑通八次,量多,热泄神清,面肿显退,两目睁开。既见效机,毋庸更张。原方生大黄改制大黄,加炒竹茹二钱,陈皮一钱。

〔例二〕施某,男,七十二岁,门诊号:126543

年逾古稀,肺脾早伤,肾阳衰微,火不归宅,浮越上炎,面赤火升,短气不足以息,两脉参差不齐,舌苔腐黄,底白质淡,法当温补摄纳,潜阳入阴,导火归宅,宗桂附八味丸加减:大熟地四钱,上肉桂三分(后下),熟附片八分,红参须二钱,煅龙骨四钱,煅牡蛎五钱,白芍三钱,法半夏二钱,陈皮一钱,灵磁石五钱,胡桃肉三钱,青盐三分,五剂。次诊:补肾纳气,引火归元,药入尚合,火升面赤、心悸气喘、脉不整均有减轻,原方再进。

读书由博返约,临证方有定见

我初学医时,读《本草从新》《药性赋》《汤头歌诀》《成方便读》《医宗必读》《医宗金鉴·杂病心法》《医醇賸义》《脾胃论》《临证指南医案》等普及书籍。入门后,学四部经典,反复阅读,对临床有意义的或一些警句,熟读默记,边读边在书上加圈加点,或附以按语。行医之后,泛览了一些有代表性的医学著作,包括近代名医的著作文章,而一生所笃嗜者,当推《张氏医通》。我的老师对《医通》甚为推崇,认为张璐活了七十多岁,临床经验极见功夫,足资借鉴。他的著作,既承《灵》《素》及各家论说,又参以自己的学识经验,议病论方,朴实详尽,甚切实用,很少浮泛之词,并附有医案医话。我想我平生主要有两个老师,一是贺季衡,一是张石顽,而两者学识经验一脉相承。我用药喜以甘温和中取效,实得益于此。

我认为,读书宁可少而精,不要多而泛。太多太繁,郢书燕说,泛泛而过,印象不深,有时反滋其惑。看了丹溪书,则从痰从阴虚治;看了景岳书,则从阳虚治;今天重用苍朴、二陈,明天又重用熟地、山药。这样治无定见,方药容易变乱。当然在学医或初业医时,可以广采博搜,增加知识,诱使自己去探索。但当业医一段时间后,就要有定见。治病要有定法,读书要有选择,有批评,合我者用之,不合者弃之,要去芜存菁,活用前人的经验。我主张经典著作要熟读精读,其他可以泛读博览,最后要重点反复研读一本实用书籍,从此书到临床,从临床到此书,反复数次。定型以后,可参看一些名家医案医话,杂志文章,广搜博取,丰富自己的临床。这样实践功夫才能纯熟,这就叫做"取精于宏"。

中医之精华,实在于临床

我师贺季衡先生,名重一时,当时求诊者真可谓踵趾相接,有时一夜出诊十多次。他用药不奇而每能愈大病。有时他在前医处方上稍改一二味,或剂量稍改变一下,其效立见。我常想,为何老师读书不算太多,而临床遇证,左右逢源。而有的医家,读书盈箧,却治不了病?这与他一生强调理论联系实际是分不开的。待到我有点名气之后,更体会到中医之精华实在于临床,读书临证,当以提高疗效为本。记得还在青年时期,曾遇一妇新产临床,忽见烛光下有人影一闪,呼之不应,复视之,果无人,因受惊恐,当夜即恶寒发热。请附近医师诊治,投以疏表之剂,寒热退而神志恍惚不安，合目则呓语喃喃，溱溱自汗，用养血镇心安神之剂无效，即入城邀我往视。诊脉细数不靖，舌质红，神色有恐怖之状。细悟之，此属新产百脉空虚，先因惊而伤心，后因恐而伤肾。汗为心液，汗多心阳外越，神无所依，神去则舍空。即予归脾汤加生脉散，重用五味子，收敛心神，五剂而愈。《张氏医通》认为悸主于心，而肝胆脾胃皆有之。本例从症状病因分析，推究病在心肾，产后百脉空虚。可见读书不能读死，临证要机圆法活，其精华于此可见一端。

又如遇一偏头痛患者，女性，四十八岁，偏头痛已历十五年，越发越勤，越发越重，痛势颇剧，如锥如刺，头部恶风怕冷，两目流泪，不能睁视，经中西医治疗，收效不著。诊其脉沉细，舌质暗红偏紫。盖"头为诸阳之会，风寒袭于脑府，久痛入络"。因制验方治之：白芷、僵蚕各六钱，生川草乌各一钱，制川草乌各一钱，甘草二钱。上药共研细末，每服一钱，每日三次，清茶调服。药后除自觉口唇稍有麻木外，无其他不适。脉沉细，舌边有紫色，头部风寒已解，气血尚亏。继以补益气血汤剂巩固，随访三年，未再发作。按一般医书记载，头痛或因外感六淫上犯；或为七情，木郁化火上冲；或因内伤，肾水亏乏，水不涵木，肝阳上亢；或痰或瘀，均可导致。偏头痛亦然，而治疗更为困难。过去我按常法治疗，效不巩固。后来温习《内经》"寒气入经而稽迟，泣而不行"和《张氏医通》"头痛数岁不已，当有所犯大寒"等论说，取乌头大辛大热，散风除积冷，生乌头止痛有神效，白芷祛风止痛并引药上行，僵蚕祛风痰通经络，甘草解乌头之毒且祛邪不伤正，药少而精，用于风寒顽固头痛，屡用屡验。一般六天可定痛,再服六天可除根。这就是从实践中摸索出来的经验,可见中医之精华,实在乎临床。

治病重在识证,谨守病机

临证先要认病识证,察其病机,然后随证立法,选方用药。其中识证乃属关键所在,所谓"谨守病机,各司其属"。识证比认病、立法、遣药更重要,掌握也更难。需多参先贤经验,经过多年临床磨炼,于错综复杂处细细推究其病理关键,认证才有把握,治法才能切中要害。我开始习医,只重视认病,不重视认证,有时见"症"开药,往往药证不符,疗效不好。通过精研《张氏医通》和一些医案医话,反复琢磨老师诊病识证的功夫,细细参玩前人对医案的批语,重视医案辨证关键之处。如病状或病名相似,为何彼作那样的辨证,此则作这样的辨证,并从古方加减一二味处,细推其理。时间久了,在识证用药上,就能胸有成竹,犹如奕棋者,下手便成谱势,车马炮卒,精灵巧使,皆从全局定进退。如我曾遇一失音患者,病起八月,前医以宣肺利气,泄热化痰治之无效,继用清润肺肾之阴,其证依然。我抓住患者心烦不寐、溲黄、胸闷等症,辨其为心火不降,肾水不能上承,肺气不宣,在前医方中加麻黄四分、木通一钱,次日声音即亮,病即霍然。细思之,麻黄与养阴剂同用,不仅能宣肺,且可引阴柔药上承润肺;木通苦泄入心,使心火得降,水火相济。上下通达,气化则常,水升火降,肺气清润,故声音即开。可见取效关键在识证。我早年治一湿温症患者,未满二十岁,见白痦内陷而神昏,经治热退神清能食,唯舌喑不语,迭从痰热阻肺、肺气不宣治疗无效,以后自下黑便盈桶而突然音开能语。可见当初未识这是"瘀血内阻脉络"之证,若早用祛瘀通络法,很可能早愈。又如曾治一例黄姓女患者,头昏心慌,形瘦食减,舌质暗红起小红点,曾在南京几所医院做过详细检查,包括大便常规,浓集法查虫卵,均未发现有肠寄生虫卵。我根据数十年经验,认定舌前布满紫红色小点,必是虫积所致,处以当归、白术、炙甘草、胡黄连、吴萸、木香、乌梅、槟榔、榧子肉、白芍等,十剂后,便下寸白虫成团。三诊时察其舌,紫红色小点已大减。虫去之后,转而温养心脾善后。又诊得一女患者,右少腹经常作痛,西医诊为慢性阑尾炎,曾用大黄牡丹皮汤、薏苡附子败酱散等方,腹痛依然,面色萎黄,杳不思食,舌起红点,面部见有白斑,诊为虫积腹痛而非肠痈,用乌梅丸改作汤剂,温脏安蛔,药后排出蛔虫十多条,腹痛乃愈。类似病例尚多,说明中医认证确属重要。

经方时方,重在务实
遣药组方,细致权衡

经方、时方是历史上形成的两大用药派别。其实,中医历代许多名家,既不是经方派,也不是时方派,而是求实派。如叶天士,一般人认为他是时方派,其实他最能活用经方,用经方治时病。如增水行舟法,即是活用经方承气汤的例子,灵活变通其制,参以自己的经验方药,形成独创的用药风格。张璐也属此例,不拘于经方时方之别。我们一定要根据临床实际,或用经方加减,或从时方增损,或经方时方配合,变古方之制为我所用,或参酌数方之意融为一方,或参以单方、验方,随病机层次组成新的处方,这样更为实用。至于用药,个人所见,不在药多,而在精炼,主次轻重得当;不在量大,而在轻灵对证。这就需要深究方药,反复体察病人药后反应,取得经验,最后才有自己的成法成方。这看起来好似平淡,其实是在长期反复实践中摸索出来的规律和精华。当然,这需要取诸家之长,熔冶于自己腹中。如曾遇一心悸患者,头昏思睡,胸闷难受,血压96/62毫米汞柱,心率每分钟四十二次,西医诊为"病态窦房结综合征",经多种中西药物治疗,均不见好转。前医中药用量颇大,其中细辛用到五钱,另有补骨脂、麻黄、黄芪、太子参、丹参、熟地、五味子等,共服一百零五剂,心率仍每分钟40多次。我根据其面色无华、心慌、气短、神倦、脉迟、舌质暗红偏紫,诊为心气不足、心血瘀阻,药用党参五钱、炙黄芪、当归各三钱,紫丹参五钱,川桂枝一钱,红花三钱,炒陈皮二钱,炒白芍三钱,炙甘草一钱,九节菖蒲一钱七分。守方先后服用九十剂,诸症消除,心率增为每分钟六十次,临床治愈。上方既非经方,又非时方,用药不多,药量适中,不过是变制黄芪建中汤意出入增损的普通方剂。

辨证虽明,用药还要根据病情的轻重缓急,反复权衡斟酌,制方用药,才能恰到好处。如对温病,有人往往不问邪之轻重,概用黄连、石膏,凉药太过,反伤真火,以致汗出肢冷,烦躁不寐,面赤如妆,真阳浮越,而呈虚脱。我治温病,邪在气分不解有逆传心包之势时,在用药配伍上要权衡轻重。因为温病受邪,初在肺,次传心包络,终传心脏,必须审察邪在肺卫、心包络之间各居几分。如肺卫七分,当以肺卫为主,稍加入心包之品,常以薄荷或豆豉与鲜石斛、鲜生地同用,加万氏牛黄丸同服;如肺卫三分,心包七分,当以心包为主,稍加肺卫之品。如不知此理,见其舌黄大渴脉数(肺卫七分),稍有谵语烦躁(心包三分),骤用犀角地黄汤及紫雪丹、至宝丹、牛黄丸等入心之品及菖蒲郁金之类,往往反致昏沉不语,此乃病轻药重,自开心窍,使邪入内室所致也。

治慢性病、调理病,用药取王道为好,精练轻灵,多着眼于脾胃后天之本。因脾胃为生化之源,一身元气之本。如能正确运用调理脾胃,可杜渐防微,振衰起弱,有时还能起沉疴大疾。培土可以生金,扶土可以抑木,健脾可以助肾,许多疾病可以通过调治脾胃而获效机。对任何疾病,处方用药都要考虑勿使患者的胃纳有所呆滞或衰败,尽量少用、慎用燥烈滋腻或腥臭苦涩之品,防止"水去则荣散,谷消则卫亡,荣散卫亡,神无所依"。慢性久病,用药要照顾醒脾和胃。中气虚弱,或病后胃气不醒,我最喜用香砂六君、香砂二陈汤和枳术丸,常配用一些轻淡验品。如脾虚泄泻或清气不升者,配荷叶以芳香醒脾,引胃中清气上升;中气不醒,或兼痰湿的,加冬瓜子、糯稻根,以和中化痰,悦脾醒胃;病后胃气薄弱,嘱病人用生姜片,以白糖渍后置饭锅上九蒸,再在阳光下九晒。九蒸者,得水谷之气,九晒者,得天地之气,入胃可使胃气冲和,饭后食姜一片,用之每验。用药要根据自己的经验和识见,学古而不泥于古。如我治疗气火咳嗽,用泻白散加减时,常用桑叶易桑皮。桑叶既可宣散风热,又具凉肝清火之功;桑皮仅能泻肺且易恋邪,非肺热而喘,不宜早用。用药以对证胜病为宗旨,不可自炫新奇,以图出奇制胜,也不可依样画瓢,抄袭前人方药,否则往往适得其反。当治疗无效时,应细推其因,是药不胜病,还是不切病机,不要随意加量。当看到他医大量不能取效时,其弊往往就在量大,药不得法,这时若用轻可去实之法,守方治疗,或可取效。

揣摩医案医话,博采众长,可丰富学识经验

医案齐备理法方药,是先贤治验的原始记载,犹如大匠之绳墨,能示人以规矩。一边临床,一边经常翻阅医案,对辨证施治大有补益。有些按语,有作者的见解、批评、讨论,畅发前人之未发者,很有启发作用。临床遇到一些疑难杂证,或久治不效的病例,往往从前人的医案中得到启示或借鉴。所以,我常说"非详究古人治验,不能识治法之奥"。如我从《辨证奇闻》录一治不寐方:茯神三钱,麦冬、熟地各一两,丹参三钱,黄连二钱,生枣仁四钱。后遇一患者,失眠十余年,每夜必服安眠药三四种才能入寐,中药常法少效,我即用此方加用朱珀散吞服,服三十剂即能安卧。后治多例,均取显效。

医话中不乏前人对某些问题的精辟见解,也有经验教训,心得体会,或对一方一药的见解,内容广泛,诸多精要寓于其内。在读这些书的时候,我喜欢结合自己的经验教训,或根据需要,把其中精华熔冶成自己的知识,或称临证偶得吧,随笔写成日记,日后翻翻,能起到温习、加深印象或触发灵机的作用。前后我曾集有十多本诊余日记,惜

"文革"初期毁之一炬,所剩者一二,深感痛惜!兹录早年记载的几则如下。

胸痞之症舌苔见黄燥,方可议下。黄而不燥,仍可宣泄以驱之入胃或苦温佐之。化燥见黄,方可用苦泄,泻心陷胸之类。黄白相兼或灰白色,仍用开提,以达之于肺,不可误也。

温病如见以下诸证,属危证,须提高警惕:初起耳聋、战汗痉厥、神昏内闭、喘如拽锯,汗多亡阳。

有一种不因时邪内侵而由里自发的伏邪温病,初起即见神昏耳聋,舌红而干或舌黑唇焦,津液不腾,脉象沉数或至数不清,甚则肢厥而痉,当用犀角地黄汤及清营汤、紫雪丹等,急清阴分深伏之邪,若营气复得一分,则邪气出得一分,渐渐由血分达气分,如盗贼由内室而出厅堂,此时必然大渴引饮有汗脉洪大,苔黑变黄,舌红绛渐生新苔,尽现气分诸候,遂改用竹叶石膏汤及人参白虎汤,则邪去正复,脉静身凉。

肺痈,表热不退,呛咳胸痛更甚,臭痰更多,口渴苔黄脉滑数,此已酝酿化脓,疮疡已溃,蕴毒甚重,急宜排脓解毒,宜甘桔汤加石膏、花粉、芦根、黛蛤散、生苡仁、鱼腥草等,务使秽脓排尽,不致蔓延。如见气喘不平,秽痰难出,亟用葶苈大枣泻肺汤,另用鲜苡仁米根捣汁冲服,此味为治肺痈除臭痰的特效药。如能热退咳减,臭痰逐渐减少,偶或痰中带血,此系蕴毒将尽,只须清化余邪蕴热,此是第二阶段。另以单方陈芥菜汁,生苡米根杵汁服或煎汤代茶亦可。

久咳伤肺,津不上承,干咳咽痛,音嘶,此咽痛与饮咽无关,中医所谓阴虚喉痹,又称肺花疮。须培养肺肾,又不能过服寒凉药,到此境地,脾土亦弱,又怕过用寒凉伤脾。如再脾伤,即属过中,不治之症。一般多用生脉散合六味丸、百合固金等法。如系虚劳失音,到此地步,不易挽回。以上所谈俱属临床实践经验。实证切不宜过用寒凉滋腻之剂,因肺为娇脏;如系虚证,切不宜过分疏散,致伤肺气。

齿衄,由齿缝溢出成条成饼,鲜紫浓厚者为阳明胃经积热,犀角地黄汤、清胃散、玉女煎治之。如果血色黯紫或如杨梅汁,此是肾虚阴火上扰,知柏八味丸少加肉桂或附子,四生丸亦可并用,外用生附子末,鸡蛋清调敷涌泉穴,或用吴萸、黄柏末亦好。

活到老,学到老,医无止境

我年已八十有七,经历了晚清、民国、新中国三个时期。旧社会农村多温病疫疠,不独杂病,而且病者原来体质较强,危症重症颇多。我参酌明清诸家及老师的学识经验,用药胆大心细,当补则补,当泻则泻,承气抵当不嫌猛,黄芪熟地不嫌补,附桂理中不嫌温,知柏石膏不嫌寒。旧社会没有西医,依靠中医确也治好了许多重症险症。一个中医声名得振,实多从治急性重病开始。现在新的一代中医也应有志于疑难重症,否则老是停留在治慢性病上,不仅中医得不到发展,医生得不到锻炼和进步,而且社会上视中医只能看慢性病的风气愈来愈根深蒂固,势必阵地越来越小,越来越窄。解放后,由小城镇到了大城市,病种、患者的体质,生活习惯、风土人情等不同了,就要有不同的治疗方法。不仅要在实践中摸索,而且要不断学习。我经常看看《医醇賸义》《丹溪心法》《叶氏医案存真》及近代恽铁樵、陆渊雷等家的学说。"文革"后我又搞了八年肿瘤病的治疗,学到了不少治疗肿瘤的知识。一九七五年后,我把主要精力放在脾胃病的调治上,特别对萎缩性胃炎,通过几年摸索,逐步认识到萎缩性胃炎并非多属阴虚,阴虚反较少见,如套用过去养阴法治疗,病人药后常见纳呆便溏等症。我从此类患者多见纳少脘痞形瘦便溏等症而从中虚气滞论治,甘温补中为主,少佐辛香行滞,不仅自觉症状改善,而且不少病人病理改变逆转。初步统计197例萎缩性胃炎的治疗结果,好转达86%,近期治愈的可达10%,初步摸索出一套治疗此病的规律。

我觉得,医学知识博大精深,绝无止境,必须活到老,学到老。

(张继泽　单兆伟　江杨清整理)

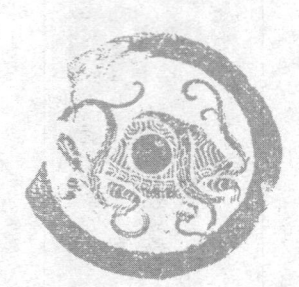

任 序

　　王太仆序其所注《素问》云:"将升岱岳,非径奚为;欲诣扶桑,无舟莫适。乃精勤博访,而并有其人,历十二年,方臻理要,询谋得失,深遂夙心。"这当然是他自述撰注《素问》的艰苦过程,但却给我们学习中医学一个很好的启示。医学书籍之多,其如耸立云霄的岱岳;医学知识之广,亦似远隔重洋的扶桑。可以说读之不完,学之不尽。但古语云:"书山有路勤为径,学海无涯苦作舟。"说明这"勤"字便是升岱岳之径,"苦"字就是诣扶桑之舟了。所谓"勤"就是勤奋;所谓"苦",就是要有吃苦的精神。如果说学习中医学有什么捷径、窍门的话,我看这"勤""苦"二字就可谓诀窍了。好比种庄稼,要收获就要耕耘,要丰收就要勤耕耘。学业的精陋,学识的多寡,与辛勤劳动是成正比的。韩文公所说"业精于勤,荒于嬉",就是这个道理。古今的大医学家所以取得了那么辉煌的成就,正是他们辛勤劳动的结果。晋代的皇甫士安,既是大文学家,又是大医学家,谁知他在二十岁以前,东游西逛,无所事事,人称他为"痴呆"。以后他接受了婶母任氏的教诲,遽然树立起远大志向,发愤读书,边种田劳动,边读书学习,手不释卷地遍览诸子百家,终于在文学、史学、医学几个方面都写下了不朽的名著。古人是如此,今人丝毫亦不能例外。我看了《名老中医之路》第一辑,二十多位当代的名老中医,可说没有一位不在"勤""苦"二字上下功夫的。特别是这第三辑,如施今墨、肖龙友、孔伯华、汪逢春、程门雪、章次公、徐小圃、陆瘦燕、李斯炽、吴棹仙、黄文东、赵锡武诸先生,或为前辈,或为故友,我都知之较深,有的还与之朝夕相处过一段时间,他们都如《进学解》所说:"口不绝吟于六艺之文,手不停披于百家之编;纪事者必提其要,纂言者必钩其玄;贪多务得,细大不捐;焚膏油以继晷,恒兀兀以穷年。"吴棹仙就是其中的一个。只他不是吟的"六艺之文",而是《灵枢》《素问》《难经》《伤寒论》等经典著作就是了。这是很值得我们学习的榜样。

徐大椿曾经提出"医非人人可学论",他说:"医之为道,乃古圣人所以泄天地之秘,夺造化之权,以救人之死。其理精妙入神,非聪明敏哲之人不可学也。黄帝、神农、越人、仲景之书,文词古奥,搜罗广远,非渊博通达之人不可学也。凡病之情,传变在于顷刻,真伪一时难辨,一或执滞,生死立判,非虚怀灵变之人不可学也。病名以千计,病症以万计,脏腑经络,内服外治,方药之书,数年不能竟其说,非勤读善记之人不可学也。又《内经》以后,支分派别,人自为师,不无偏驳,更有怪僻之论,鄙俚之说,纷陈错立,淆惑百端,一或误信,终身不返,非精鉴确识之人不可学也。故为此道者,必具过人之资,通人之识,又能摒去俗事,专心数年,更得师之传授,方能与古圣人之心潜通默契。"大椿此论,有其正确的一面,如谓医学理论是相当精深的,古典著作亦是比较难读的;医学书籍浩如烟海,是一时读不完的;古往今来,各家各派,学说各异,孰是孰非,是应当加以鉴别的。这些是每个学习中医学的人都会面临着的事实。但是,所谓"聪明敏哲""渊博通达""虚怀灵变""勤读善记""精鉴确识"这些本领,却不是天生的,而是人人都可以通过学习,逐渐培养得来,只要具备两个条件就行:第一条是要有勤奋刻苦的决心;第二条是要有科学头脑,也就是要善于逻辑思维,善于运用唯物辩证法。只要把唯物辩证法运用好了,自然就会具"过人之资,通人之识",决不只是某些人有,某些人无的问题。只要具备了这两个条件,我认为医是人人可学的。亦正如怀抱奇所说:"炎帝之于百草,尝而后知；轩辕之于经络，问而始悉。所谓上穷天纪，下极地理，中知人事，使非有以穷之极之，而能知之哉。后此名流递出，无不根究理道，参物类而尽性命，而后以术鸣当时，名垂奕祀。况下此者，智不及古人，而不穷搜博览，罕所见于中，辄以人命自司，其不偾溃者，几希。"说明虽如炎帝、轩辕之圣，亦不是生而知之，而是"尝"而知之，"问"而知之，甚至还须"穷""极"而知之。用今天的话来说，仍是一个"勤"和"苦"的工夫。唯其说"下此者智不及古人"，则不免于自卑。爱迪生是美国农民的儿子，少小时功课不好，曾被斥为"低能儿"。达尔文在少年时，老师亦认为他是"平庸的孩子"。后来他们都成为大科学家，大发明家。就是皇甫谧，当他在游荡的时候，亦何尝智及古人呢？智，应该是属于勤劳刻苦的人所有，并无古今之分。已经过去了的古人甚多，亦何尝都有成就呢？于此，我体会到名老中医之路，也就是勤苦之路，希望后之来者，能循着名老中医勤苦之路勇往直前，像王太仆那样"精勤博访"，狠下二三十年的苦工夫，其成就肯定是后来居上，这是敢断言的。

"勤"的对立面是"惰"，"苦"的对立面是"逸"。如果说"勤"是升岱岳之径，"苦"是诣扶桑之舟，那么，"惰"和"逸"便是升岱岳的拦路虎，诣扶桑中的暗礁石了。有些青年人在治中医学的道路上或作或辍,一曝十寒,不能大步前进,多是为"惰"字所阻,为"逸"字所拦,此外,就难于找出其他的理由了。所以孙思邈说:"世有愚者,读方三年,便谓天下无病可治;及治病三年,乃知天下无方可用。故学者必须博极医源,精勤不倦,不得道听途说,而言医道已了,深自误哉!"有志青年应当趁年富力强、精力充沛的时候,多向名老中医学习,以"勤"为径,以"苦"为舟,努力向中医学文化高峰攀登,向中医学知识海洋进发,认真学好具有我国民族特色和独特理论体系的中医学,为极大提高我们中华民族的中医学水平贡献力量,做出成绩来。

《山东中医学院学报》编辑室诸同志辑《名老中医之路》第三辑既成,嘱余为序以弁其首,略抒拙见如此,并寄殷切希望于后之来者。

任应秋
一九八二年十二月二十三日于北京

金　序

路者道也。宋·徐铉校《说文解字》云："言道路人各有适也。"读味《名老中医之路》第三辑,有家学渊源者,有名师真传者,有个人苦读者,有友朋切磋者,有教学相长者,有先研经典而后付诸临床者,有先侍诊室而后探究理论者,殊途同归,而皆名世者何也？各由其路,各有所适也。夫所适者何也？适其人之才也,适其时之势也。所具之才有异,所处之势有别,则其路也有殊。逆之则迂回不前,适之则奋进不已。所以能适者何也？其唯实践乎。承家学,传名师,读经典,事临床,相切磋,共教学者,皆实践也。空谈者必无所获,实践者必有所得。其路虽殊,而其实践则一也。

名老中医之路,可从而不可泥也。泥之者,不越雷池,不易其辙,因循守旧,趑趄不前,乌可有成哉？昔之学者,适独具之才,度不同之势,积数十年之实践,而后名于世,皆可从也。今之学者,适今之才,今时之势,实践于新社会,则必有所成也。夫一人之才有尽而医术无穷,一人之路有限而前途无量。愿今之学者,辟更新更广之路,创更高更深之学术,余虽老病,寄厚望焉！有感于此,略陈微言,是为之序。

壬戌冬月　**金寿山谨识**

编者的话

依照原订计划,本辑所载,均为回忆新中国成立后故去的当代著名老中医治学道路和经验的文章;文章作者,多是这些名老中医的门人或后人。

之所以把时间定在新中国成立以后,一是因为再往前推,范围过大,难以容纳;二是因为时代太久远,能够写这类回忆文章的人也就实在不多了。

综观本辑所载三十五篇,涉及三十二人,比较应该载入者,可以说已大致包括在内了。当然,由于种种原因,也有几位重要人物遗漏。这个遗憾,希望以后能有机会加以弥补。

本辑收载各篇原文中的方剂剂量多为旧制,在编辑过程中,遵照国家有关规定一律改用今制。本辑目次,系依据各位名老中医的出生年份为序排列。

编者
一九八三年十二月于济南

忆肖龙友先生

肖承悰[*]

［肖龙友小传］ 肖龙友（1870～1960），名方骏，以字行。四川三台人，为前清拔贡，名中医师。精通文史，医文并茂，自学成医。一生精研历代中医书籍，理论联系实际，临床经验极为丰富，疗效甚高。历任第一、二届全国人民代表大会代表，中央文史馆馆员，中国科学院生物地学部委员，卫生部中医研究院学术委员、名誉院长，中华医学会副会长，中央人民医院顾问等职。

我的祖父肖龙友先生是"北京四大名医"之一，他的一生为发展中医事业做出了很大贡献，在人民中享有很高的威望，曾有"北方肖龙友，南方陆渊雷"之说。我从小生活

---

[*] 北京中医学院东直门医院

在祖父身边整整二十年,他慈祥的面容,刚直不阿的性格,刻苦勤奋的学习精神,都给我留下深刻的印象,我深深感到他是一位不平凡的中医大师。这篇文章仅仅是据我亲自的感受及手头掌握的材料写成的,远远不能反映龙友先生的全部情况,疏漏和错误之处,望了解龙友先生的前辈和同志们不吝指正。

扎实的基本功

祖父肖龙友,本名方骏,字龙友,别号"息翁",解放后改号为"不息翁"。祖籍四川省三台县,一八七〇年二月十三日出生于四川雅安。

我的曾祖父肖端澍,为清光绪戊子(1888年)科举人,曾先后任武昌、大冶两县知县。祖父龙友先生出生之际,正值洪杨革命之后,帝国主义竞相侵略、欧西新学输入萌芽之时。当时士大夫阶级仍以科举考试为生路,而祖父又为曾祖父的长子,故自幼严受父教,每天诵习诗书,直至深夜,熟读四书五经、诗赋帖括、四史诸子,同时书法也受到了严格地训练。每当家中来客人时,曾祖父令其背诵,作为待客之礼,深受祖辈的喜爱。故对中国的历史、文学、语言知识,从小就打下了牢固的基础。

弱冠之后,祖父赴成都入尊经书院读词章科,考试每获第一。此时博览群书,中医书籍也多涉猎。学习当中古文水平不断提高,中医理论知识不断丰富,这为他以后自学中医打下了扎实的基础。这也启示我们要学好祖国医学,必须要学好中医经典著作,必须有过硬的古文知识。

动荡的仕途生活

祖父二十七岁时（1897年）考中丁酉科拔贡，遂即入京充任八旗教习。其时正值义和团起义，八国联军攻破北京，祖父饱经忧患，曾被迫给洋人背粮，又曾在琉璃厂卖字以度生涯。

事后分发山东，先后任淄川、济阳两县知县。到鲁后正值变法维新之始，行新政，废科举，省会设立高等学堂，祖父为之厘订章程，兼充教习。任知县时，他以办教案与外国神父作斗争而深得民心。辛亥革命后，移居济南任闲职。当时祖父在大明湖畔还留下了碑文，一九六二年我去济南度寒假时曾去寻找，但未找到。

一九一四年祖父奉调入京，历任财政、农商两部秘书及府院参事，农商部有奖实业债券局总办等职，并由执政府内务部聘为顾问。

自学成医的道路

祖父为医，既无家传又无师承。他童年时因曾祖母多病，留心于医药，经常到族人所开设的药铺去请教，渐而在少年时期即能辨药真伪，以后在书院读经史之暇也阅览方书。在读老子及诸子学说中，受到一定的启发，因而悟及岐黄之奥妙，加深了他对中医基础理论的信任及兴趣，进而认真反复地学习、研究《内》《难》各经。后因曾祖母"血崩"久治不愈，促使祖父更加努力学习历代医家名著，而略有心得。

一八九二年,川中霍乱流行,省会成都日死八千人,街头一片凄凉,棺木售之一空。很多医生因惧怕传染,不敢医治。而祖父不顾危险,陪同陈君蕴生沿街巡视,用中草药进行救治,使很多病人转危为安。于是,声誉鹊起。这是祖父以医药服务于人民的开始。

进入仕途后,虽在官守,也未间断研究医学。当时所译西医书籍亦多浏览,并在公余之暇以医问世,辄见小效。所以,当时的内务部及主管卫生机关多聘请祖父为考试中医士襄校委员,并因而取得医师资格。复以自感数十年浮沉宦海,于国于民无益,更加深了从医的决心。一九二八年,民国政府南迁后,毅然弃官行医,正式开业,自署为"医隐",号为"息园",曾撰《息园医隐记》一文刻于扇骨,以述其志。

附:息园医隐记

人必无所显而后得为隐。余显乎哉?余志在医国,浮沉宦海,数十年于国事毫无济,即以名位论,不过一中大夫耳。况当叔季之世,并此亦不能得邪?四顾茫茫,行藏莫测。内人告余曰:"子非深于医者邪?既不能显达,出所学以医国,何不隐居行其术以医人。倘能舍彼就此,我闻医亦大夫也。医虽小道,亦自利利他之道也。如果是,吾将与子偕隐约而终老。"余曰:"诺。"乃卷藏退密而业大夫之业,因自署为"医隐"焉。是为记。时在壬子之冬(1912年),越十七年己巳(1929年)刻于扇骨。

息公

努力经营中医事业

（一）实事求是的医疗作风 祖父治病素以诊断高明而为人所敬重。在医疗上他既全力以赴，却又从不吹嘘。能治者则治，不能治者则不包揽。现举一例说明之：

一九二四年，孙中山先生患病，不能饮咽，同事请祖父给予诊治。检诊后，祖父断为病之根在肝。多人苦求开方，因明知病入膏肓，非汤药所能奏功，故坚不予方药。后经解剖，证实孙中山先生所患乃系肝癌。此事说明祖父诊病非常准确，并具有实事求是的医疗作风。当时这件事轰动了社会，祖父的医名进一步流传开来。

（二）开创了中医进入西医院用中药治病的先例 祖父行医以来，理论联系实际，因此疗效甚佳。当时德国医院（现北京医院之前身）之德国医师狄博尔，因闻祖父大名，经常约请祖父会诊。所会诊之病多是疑难重症，如大脑炎、黑热病、子宫瘤、糖尿病、噎嗝病等。祖父不畏艰难，悉心予治，所会诊之病例常单以中药而愈。在中医受歧视的旧社会，中医没有自己的医院，也没有资格进医院，更不要说在外国人开设的医院服用中药。而祖父以他高超的医术，博得了西医界的信任和尊重，开创了中医师进入西医院用中药治病的先例，为中国人民，特别是为中医界争了气，由此他的威望与日俱增。

（三）急病人所急，痛病人所痛 祖父开业后，投医者很多，上午门诊，下午出诊，有时还要应邀去外地治病，终日忙碌不堪。他看病心正意诚，对待患者一视同仁，每遇穷苦病人,常不收诊费,或解囊相助。祖父工作时,聚精会神,一句闲话不说,也不许家人打扰。每遇棘手之症,投药一时未效时,他总是反复思考,茶饭不香,甚至常于夜间翻阅医书,终宵不眠,直至考虑出更为妥当的治疗方案并取效时,始感轻快。每于出诊遇重病患者,回家后常多次用电话或其他方法联系,以了解病人服药后的反应及病情的变化,从而斟酌下一步的处理。总之,他的心中总是惦念着病人,他确实做到了"急病人所急,痛病人所痛"。

(四)为发展中医教育披荆斩棘　祖父不仅忙于诊病,并为发展中医教育苦心经营,力主举办中医学校。在国民党政府提出废止中医中药时,他克服重重困难,与名中医孔伯华先生共同创办北京国医学院,与孔先生共任院长,亲临讲坛,以发展中医学术,造就国医人才。在国医学院经费困难时,祖父倾囊维持,甚至与孔伯华先生在学院看门诊,把所收费用交给学院,以贴补经费的不足。历时十余年,毕业学员达数百人,对当时的中医事业起到了挽救和促进作用。

但是,国民党政府一贯歧视中医,北京国医学院后来被迫停办。当该校停办,而焦易堂先生所主持的国医馆请设学校又不获准时,祖父义愤填膺,当即作《七律》三首,以示对当局的不满。

七　律

闻北平各医校因当局干涉,均已停办,感而赋此,意有所在,不计词之工拙也。

（一）

不重中医国必危，
当年保种是轩岐。
讲明生理人繁衍，
说透天元族大滋。
黄帝子孙盈宙合，
俙师徒众满中畿。
倘教知本同医国，
四万万人孰敢欺。

[按]黄种之人，实因黄帝讲明摄生之道，所以人种繁衍，至今偏重西医，未免数典忘祖。果使舍己芸人真有利益，何尝不可。学问公器也，讲学公理也，何中西之有哉！

（二）

中医无文误文襄，
彼对医经不外行。
社会虽开徒聚讼，
讲堂能设自多方。
欲从新化分科目，
须请明人改学堂。
倘不同谋存国粹
有心甘让刘邦强。

[按]张文襄[1]当日手订学章，于各大学增设医科，仅有西无中。柯君逢时曾质问之，谓宜中西并重。张曰中医太深，一时难求教材，取西医者以有现成课本可援，且与军事方面有关。中医稍从缓，再设专校可也。那知一缓至今，竟为学西医者作为口实。而教育部据此只准

立医社,不准设学堂,嗣后国医馆请设学校,原系补缺,已由中政会通过之条例,而卫生当局竟串通行政院秘书长,将条例改变。以褚[2]为西医界之首领也,故有此权力,不知行政机关何能擅改立法机关通过之文,而当局竟引以为据,亦可怪矣。

（三）

医判中西徒有名,
天公都是为民生。
学人何苦交相诟,
志士终归要有成。
友国维新真得计,
吾华蔑古太无情。
一兴一废关强弱,
不敢相从要品评。

[按]医无中西,同一救人,不过方法不同耳。即以针而论,西医用药针,便则便矣,但与经穴毫无关系,如能按穴道使用,则奏效当更速也。中医用针灸,按穴道,调理气血,万病皆宜,且获奇效,不过精者少耳。国家如能提倡,不患崛起之无人,传法之不广。医学关国家兴废存亡,非同小可,吾敢断言,纯用西法,未必能保种强国,如提倡中西并用或有振兴之日。谓余不信,请以十年为期,国家如有意兴学育才,十年之后,中医如不能有成,鄙人愿受妄言之罪,即时废止,决无异言。倘听其自生自灭,不之闻问,吾恐不出十年,中医绝迹矣。到中国之中医绝迹,而西医必将中法拾去研究,一旦发扬,华人又必转于西国求中法矣。吾念及此,声泪俱下,不知同道中人,作何感想也。

解放以后，祖父仍是念念不忘中医教育。他认为必须学校医院并设，使学习和临床同时互有经验，否则不易取得良好效果。一九五四年他以八十四岁高龄当选人民代表，不仅亲临会议，并积极提案设立中医学院。后来国家参照他的提案，于一九五六年在全国创办了第一批四所中医学院。发展至今，中医教育事业可谓朝气蓬勃、成绩卓著，想祖父在九泉之下，一定感到欣慰。

主要的学术思想

（一）临证详审四诊，最重问诊　在临床上祖父重视辨证论治，主张四诊合参。他在新刻《三指禅》序中曾云："中医治病以望闻问切为四要诀。望者，察病人之色也；闻者，听病人之声也；问者，究病人致病之因也；三者既得，然后以脉定之，故曰切。切者，合也。诊其脉之浮沉迟数，合于所望、所闻、所问之病情否？如其合也，则从证从脉两无疑义，以之立方选药，未有不丝丝入扣者。否则舍脉从证，或舍证从脉，临时斟酌，煞费匠心矣。"他尤其反对以切脉故弄玄虚者。他曾说："切脉乃诊断方法之一，若舍其他方法而不顾，一凭于脉，或仗切脉为欺人之计，皆为识者所不取。"

在四诊当中，他又认为问诊最为重要。他说："余于医道并无发明，仍用四诊之法以治群病，无论男妇老幼皆然。至眼如何望，耳鼻如何闻，指如何切，依据病情结合理性、感性而做判断。辨人皮肉之色，闻人口鼻之气与声，切人左右手之脉，以别其异同。但此三项皆属于医之一方面，唯问乃能关于病人,故余诊病,问最留意。反复询究,每能使病者尽吐其情。盖五方之风气不同,天之寒暑湿燥不定,地之肥瘠高下燥湿有别,禀赋强弱习惯各殊,而病之新旧浅深隐显变化,又各人一状。例如南人初来北方,一时水土不服,倘若患病仍当照南方治法,胃部方能受而转输,各脏腑而不致有害;北人移到南方者治亦然。但病同状异者多,自非仍详问,不能得其致病之由。而于妇女幼孩之病,尤加慎焉。故有二三次方即愈者,亦有用膏、丹、丸、散常服而愈者,误治尚少。"

(二)立法因人而宜,准确灵活　　祖父临床治病,主张老少治法不同,对象不同就要采取不同的措施。但是又要顾及同中有异,异中有同。他说:"三春草旱,得雨即荣;残腊枯枝,虽灌而弗泽。故对象不同即须做不同之措施,然又须顾及同中有异,异中有同。"他对于治老人病尝做譬喻云:"衣料之质地原坚,惜用之太久,虽用者加倍爱护,终以久经风日,饱历雪霜,其脆朽也必然。若仅见其表面之污垢,而忘其穿着之太久,乃以碱水浸之,木板搓之,未有不立时破碎者。若仔细周密,以清水小掇轻浣,宿垢虽不必尽去,但晾干之后,能使人有出新之感。由此可更使其寿命增长,其质地非惟无损,且益加坚。"他这番比喻,简而明地说透了治老人病的要领。故在临床上每遇老人病,多不加攻伐,避免汗吐下,而以调理清养立法处方,且往往使用一二鲜品,盖取其有生发之气耳。

上述是他临证时的主张,但他是不拘一格的,临证时立法处方准确灵活,知常知变。他调理虚证,多采用育阴培本之法,然亦择其可育可培者施之。他说:"欲投育阴培本之剂,必先观其条件如何,设病宜投而有一二征象不便投,又必须先除其障碍,或为其创造条件,若果时不我与,则于育阴培本之中,酌加芳香化中之药,如陈皮、郁金、枳壳、沉香、焦曲、鸡内金等。"

祖父调理慢性病症,特别注重五志七情,故处方中多加入合欢花、橘络等,调其情志,疏其郁结。其忧思过甚者,则投香附;其善恐易惊者,则又使用镇定之剂,如磁石、茯神等。

祖父治虚损防其过中,治痨除着眼于肺肾外,更重于脾。他说:"得谷者昌,若致土败,虽卢扁复生,亦难为力矣。"故补脾则党参、白术、山药、莲肉;运中则扁豆、苡仁;纳谷不甘则谷麦芽。其中须酸甘益胃者则投石斛、麦冬、金樱子等等。

(三)无门户之见,提倡中西医结合　祖父从医不泥古,不非今,斟酌损益,以求合乎今人之所宜,而后可以愈病。他主张消除门户之见,取彼之长,补我之短。他说:"有谓我之医学近黄坤载一派,其实我毫无所谓派,不过与傅青主、陈修园、徐灵胎诸人略为心折而已。"

祖父虽德高望重,但非常虚心诚恳,尊重同道。他与孔伯华先生最为志同道合,二老推心置腹,经常交流学术思想,共为挽救中医事业伸张正气,共为发展中医教育贡献力量。尽管他们临床上各有特点,但他们从不自以为是,为了治病救人这一崇高目的,他们常在一起会诊,这一点确实值得后辈学习。

祖父治病不拘于汤药,如需针灸者即配合之。北京已故毫发金针专家孙祥龄,就是经祖父推举而成名的。在平日交谈中,他发现孙先生医理高明,颇为信赖,故出诊时需用针者,均请孙先生陪同前往,并大力向其推荐病人,而且向其传授脉学,故孙先生能成为名针灸医师,与祖父的帮助是分不开的,这也说明祖父善于发现人才。

祖父在世时,家人生病也不包揽,而是博采众医之长。记得祖母患病,经常请徐右丞先生诊治。徐先生比祖父年长几岁,行走不便,每次来诊,祖父均令人用椅子把他抬到屋中,亲自接待。我还清楚地记得,一九五五年我患肺炎,祖父让父亲请来在西鹤年堂(北京西单一大国药店)坐堂中医、善看时令病的王仲华医师给我诊治。每次王大夫来诊时,祖父总是与他亲切交谈,并给予充分肯定。祖父对蒲老辅周也很赞扬,姐姐患有风湿性心脏病及头痛病,祖父一直给其治疗,效果亦佳。但自蒲老从蜀来京后,祖父立即指示大伯父带姐姐到蒲老家去诊治,后来也一直请蒲老诊治,直至一九七二年年底蒲老病重之时。

祖父力倡中西医结合,曾屡发议论,前面所记三首七律当中即已提到。他撰的《整理中国医学意见书》中说到:"今者西医东渐,趋重科学,其术虽未必尽合乎道,而器具之完备,药物之精良,手术之灵巧,实有足称者。今欲提倡国医,如仅从物质文明与之争衡,势必不能相敌。而所谓中医之精粹能亘数千年而不败者,其故安在?必当就古书中过细搜讨,求其实际,列为科学,而后可以自存……总之医药为救人而设,本无中西之分,研此道者,不可为古人愚,不可为今人欺,或道或术,当求其本以定,一是不可舍己芸人,亦不可非人是我。"充分说明中西医结合是他的理想。他从不故步自封,对西医也很信赖。他从年轻时代就读西医书籍,晚年患病都是请钟惠澜医师(原中央人民医院院长、黑热病专家)诊治。他们彼此互相尊重,也常促膝谈心,各抒己见。祖父后来生病一直住在中央人民医院九病房,直至病逝。在此期间钟院长对他关怀备至,精心治疗,祖父也很服从治疗。那时《人民画报》记者曾来医院采访,并为祖父及钟院长合影,刊登于《人民画报》,显示了中、西医亲密无间的情谊。老一代中、西医的团结合作,实为我们今人学习之楷模。

热爱新中国,永做"不息翁"

解放后,党的中医政策拯救了中医事业,使龙友先生精神焕发。他说:"我从前在旧社会谋生,由于社会的腐败,不得不借医为隐,故名所居曰'息园',别号'息翁',当时我并不是自鸣清高,因为在那时曾创办北京国医学院,当时的政府认为不符学制,不予立案,使我提倡中医、发扬学术的心愿不得发展。解放后人民政府不但提倡中医,而且高度重视,使我已经枯槁的情绪重又燃烧起来,乃改'息翁'为'不息翁',以示我并非等于自弃。"为此他虽年老多病,仍为发展中医事业继续努力。八十多岁的老人,除坚持为中央首长、为广大人民治病外,还积极参加国家的政治活动。他当选为人民代表后,更是勤求民意,积极提案,使之上达。一九五四年为了参加第一届全国人民代表大会,这位诞生于前清一贯穿长袍的老人,特地做了一身中山装,精神抖擞地前去开会。因为他换了装,使得想采访他的记者在会场上竟未找到他。大会期间,毛主席、周总

肖龙友

理在北京饭店宴请代表,祖父也应邀参加。他特地带回一个红苹果,叫祖母及家人看,要我们记住共产党的恩情。那时人民代表每月补贴五十元人民币,祖父坚持要大伯父退回,后因无法退掉而保留。祖父用这笔钱特地给我买了一辆自行车,并对我说这是作为他当选为人民代表的纪念,并鼓励我一定要好好学习,才对得起人民。回忆起这些事情就像在昨天一样。说明祖父热爱共产党,热爱新中国,拥护社会主义制度,他确实成了"不息翁"。

祖父勤奋学习,博学多识,不仅是一位名中医,也是一位文史学家,又是一位很有造诣的书法家、画家。从我记事起就知道,祖父是全家起得最早的人。他每天凌晨五点起床,除读书外即练习书画,天天如此,持之以恒,直至年逾九旬卧病不起时方才停止。他善读书,多批注,勤求古训。他的书法也到了炉火纯青的程度,他不仅喜欢为别人看病,也非常喜欢为别人写字,解放前曾有人用高价向病家购买他的脉案方书,裱起来当作艺术品欣赏,这一点并不亚于当年的傅青主先生。我的姑姑肖琼(又名重华)女士是当今有名的女书法家,真、草、篆、隶均有基础,她就是自幼随祖父学习的。目前在山东曲阜孔庙内尚展有他父女二人的书法作品。祖父龙友先生写的对联是:"道德为师仁义为友,礼乐是悦诗书是敦。"姑姑肖琼女士所作字幅是:"千变万化,别具一格。"

祖父与名画家溥心畬先生、齐白石先生均是好友,重华姑姑就是溥先生及齐先生的得意女弟子。祖父擅用手指作画,颇有气韵。我至今保存着祖父送给我的一把扇骨,是他于一九五六年八十六岁高龄时所作。扇子的一面撰写着李太白宫中行乐词,另一面是手指作的梅花,栩栩如生。梅花旁赋小诗一首:"人老半身麻,带病度年华,指头有生活,随意画梅花。"显示了他人虽老,但对生活仍然充满着热情,祖父确实是一位能医、能文、能书、能画的人才。

一九六〇年十月二十日,祖父不幸病故于北京中央人民医院,享年九十岁。他的一生为发展中医事业,为人民的健康做出了很大的贡献。他逝世后,人民政府为他开了追悼会,由傅连暲部长亲自主祭,党和国家给予他高度的评价。

尊重他的愿望,我家将他生前珍藏的数千册宝贵医书,全部献给了中医研究院及北京中医学院,并将他多年来珍藏的珍贵文物古玩,捐给了故宫博物院。为此,故宫博物院为他举办了展览会,并向我的伯父、父亲、姑姑颁发了奖状。

一九八〇年,是祖父诞辰一百一十周年及逝世二十周年的日子,《山东中医学院学报》有机会让我把他的事迹写出来,对我也是极大的鞭策。今天祖父离开我们整整二十年了,回忆祖父所走过的道路,使我激情满怀。现在我已是中医队伍中的一名中年医师了。我决心继承发扬祖国医学遗产,为创造我国统一的新医药学,奋斗终身。同时我也希望有关部门,早日把祖父留下的大量丰富的医案经验整理出来,以供研究。

注:

〔1〕张文襄:指张之洞。张在一九〇三年与张百熙、荣禄等会同订学堂章程,大学堂分科凡八,西医课程为其中之一,内容有拉丁语等。迨至民国后,仍沿用此章程。

〔2〕褚,指褚民谊,为大汉奸,西医出身,彼时褚正在伪行政院,任秘书长,故能弄权擅改条例。

忆龙友先伯

肖 珙*

龙友先伯与山东

先伯肖龙友前清拔贡,后在山东任过淄川知县和济阳知县(济阳一说枣阳,查山东并无枣阳县,系济阳县之误)。现在还有人记得他的政声,主要指的是先伯当年在办教案中,与外国神甫作斗争,颇得民心。传闻先伯在山东时曾在大明湖畔留有碑文。济阳自金朝设县治,明清皆属济南府,故留碑济南府是可能的。已故山东文史馆馆员左次修先生(我的大姐丈)戊子年(1948年)诗《赠肖龙丈》中说:"公登大耋我成髦,回首珍泉三十一年。司马高文宜寿世,元龙硕望鄙求田;今同良相生人万,昔为司财用士千。春雨杏林花正好,蜀山西望在云烟。"诗文中"回首珍泉"是指济南珍珠泉。从一九四八年回推三十一年,当在一九一七年(民国六年)左右;"今同良相生人万"自然是不愿为良相,愿为良医的意思;"昔为司财用士千"是指先伯曾在财政

---

* 山东医学院

部、农商部工作。从这首诗可以推见先伯一九一七年时尚在济南。

先伯诗词书画率皆能之，而其书法篆、隶、行、楷各体悉备。在今曲阜孔府中尚有先伯的联屏多幅。篆书对联上款为"燕庭上公"，下款时间为"己未年在京师"。是以己未年（1919年），先伯已在北京。楷书对联文为"道德为师，仁义为友；礼乐是悦，诗书是敦。"为癸酉年（1933年）所写。上款为"达生上公"。其行书体写的四联屏，未注明年份。我一九五〇年在济南结婚时，先伯还亲书对联为贺，文为"红鸾对舞珊瑚镜，海燕双栖玳瑁梁"，下署"八一老人"，以时先伯虚岁为八十一。先伯与左次修姐丈常有诗文过从，在次修姐丈赠我的《甲骨文集联》中，有先伯用楷书写的诗稿，笔力苍劲，全文为："难得吾家有寿根，请从高祖溯渊源（高祖父七十二，高祖母八十三）。吾侪龄是双亲与（先父母刚六十而弃养，留寿与我弟兄，此虽数定，亦是亲恩，最可念也），此后人将百岁尊。最喜弟兄能继美，都过指使并长存（《礼记》六十曰耆指使）。况闻姐妹同年老（大姐年已七十九、二姐年六十有二），南极星光照一门。"第三句用《礼记》文王与武王之龄意。方骏初稿。查《礼记·曲礼上》："五十曰艾，服官政，六十曰耆指使。"我父比二姑小两岁，时年已六十岁，写此诗时，当在一九四五年，抗战胜利以后。

先伯与济南儒医王静斋亦有来往。王静斋先生著《养生医药浅说》，先伯曾参与校订。

关于如何学中医

先伯重视中医理论,主张医术医道并重,由术入道。在其《医范十条》中曾论及医道与医术:"中国之医,有道有术。黄帝岐伯之问答,道与术并论者也……《内经》多论道之言,为气化之学所从由,故汉以前之医大都皆能由术入道,即庄子所谓技而近乎道者也。"先伯还告诉我们,中医贵在"活",如果离开气化阴阳,就谈不上什么"活"。最忌"呆",他说"呆板"是学不好中医的。先伯对"医者,意也"的解释,其一是"大学所谓诚其意者,勿自欺也,即学医之要诀";其二是"非徒恃机械之法所能行者",就是活用中医理论,而要灵活运用,就必须深刻全面加以领会。他主张"以学稽古,以才御今",体现了他对古今的辩证看法,含有古为今用之意。他又说:"泥于古不可言医,囿于今亦不可言医。必先斟酌损益,以求合乎今人之所宜,而后可以愈病。虽非困于学,竭于术者,不能至斯境也。"只有诚其意,困于学,才能精其术,这与《千金方》"大医精诚"的要旨相合,而首先突出"诚"字,是很精辟的。先伯经常推荐徐灵胎《慎疾刍言》中的话:"况医之为道,全在自考。如服我之药而病情不减,或反增重,则必深自痛惩,广求必效之法而后已,则学问自能日进。"

他对党的团结中西医政策很佩服,认为中医西医二者皆是科学的。他说:"盖彼有彼之科学,我有我之科学,非必如彼而后可言科学也。况古之医本从科学来者乎!"他既反对中西医互相攻讦,亦反对中医妄自菲薄。我三十年代开始学西医时,先伯是同意的;家兄、侄女学中医,他当然更同意;我五十年代去上海学中医,他很赞赏。而且家中用药治病,从不拘泥。如他曾治好我的慢性菌痢,至今未复发;我患白喉,经先伯治后未见好转,改用血清(抗白喉)治愈,他并无不快的表情。对新法接生、预防接种等,更表赞同,说过顺治因天花而死,康熙有庭谕,告诫皇室是后必须种痘。新法接生在家中被接受,也是从实效出发,因先伯曾有个儿媳死于难产。先伯晚年更有中西医结合的思想。一九五三年,中华医学会中西医学术交流委员会成立,选举彭泽民为主任委员,傅连暲、肖龙友、孔伯华、施今墨、赵树屏为副主任委员。在"西医怎样读中医书"的座谈会上,龙友先伯与袁鹤侪、于道济、龚志贤诸先生共同主讲。他在讲稿中说:"凡治病当先以药物为主。中医所用多系生药,重在性味,与西医不同,要学中医非先读《神农本草经》不可。经之外又非读李时珍之《本草纲目》不可,以此书主义合手科学,而收辑之药物又多……至于治病之法,中医西医治法虽不同,其愈病则一,其调和气血、补虚泻实则无异也。""初学应读之书尚多,如喻嘉言《医门法律》、徐灵胎《慎疾刍言》、陈修园《医学三字经》《伤寒论浅注》及《金匮要略浅注》之类。学者能聆会诸书之后,再读《内》《难》,以求深造。"以后袁鹤侪、于道济、龚志贤诸先生相继发言,工作小组会在一九五四年十二月四日根据上述意见,提出总结性意见:①《伤寒论》《金匮要略》《本草纲目》《内经》四书为学习中医必修之经典;②四部书应从《伤寒论》学起,或《伤寒》《本草》同时并进,在学习有困难时,可参看《伤寒释义》《本草问答》等比较浅显的书;③西医读中医书时,应先认真地读,学习其精神实质,不要轻易加以批判。这为以后中医学院和西学中班制订教学计划,提供了重要参考。

论医论药举遗

先伯很重视"标本",诊病医案上常有"法当标本兼治""仍当从本治"的意见。一次我与家兄讨论"急则治其标,缓则治其本"以及"治病必求其本"二者的关系。家兄说:"伯父曾说过,治病必求其本是根本的,根本就是气化阴阳。在诊断上知其何者为本,则何者为标,自然不言而喻;而急则治其标,缓则治其本是言治法。"后读《素问·至真要大论》:"病反其本,得标之病;治反其本,得标之方。"此与上论不谋而合。足见先伯在经典理论上,不援引其词句,但深谙其理。

先伯一般组方的主张是辨病立方,辨证施药。他说辨清病以后,立法选方是针对其病,而方中药物的加减则是针对具体的症候。正如徐灵胎所说:辨病立方而无加减是有方而无药;堆砌药物,合而成方,全无方法主次,是有药无方。喻嘉言《医门法律》:"约方,犹约囊也,囊满弗约,则输泄。方成弗约,则神与弗居。""业医者当约治病之方,而约之以求精也。《易》曰:'精义入神,以致用也。'不得其精,焉能入神?有方无约,即无神也,故曰神与弗居。"先伯处方十来味药,很少超过二十味。三伯父患胸膜炎、胸腔积液,我那时在燕京大学医学院预科学习,请问先伯当用何方,他即指出病属悬饮,当用十枣汤,如有肋痛症候,可加川芎、川楝之类。我问十枣的用意，他说，枣的大小很不相同。如山东乐陵枣小而甜；仲景河南人，河南枣则大，十个有一两至二两了。经方一般用的大枣不过三枚。此方大枣分量较重，意在固脾，防逐水太过。

先伯治病各种剂型都用，不限于煎剂。如外伤瘀血，常用《良方集腋》的七厘散，用黄酒服用加外敷患处。他主张组方首在立法，法者不定之方，方者一定之法。同一法可从不同方剂中任选应用，或自组成方，但方既组成之后，必有一定之法方可。先伯推崇《伤寒》《金匮》，但主张要学其法。他说："以镜鉴人，不如以人鉴人。盖镜中影，祇自知无可比，而不如书中影，则使万世之人皆知也。伤寒诸书，仲景之影也。以之作鉴，则离神而取影，鉴中之影，皆非真影矣。学医者其鉴诸。"喻昌在其《尚论篇》中说："举三百九十七法，隶于大纲之下，然后仲景之书，始为全书。无论法之中更有法，即方之中，亦更有法。"喻氏以法概伤寒，先伯则推之以及他病，可谓善学者。他不主张拘泥古方，认为墨守成方，总有一定的局限性。他推崇张元素"运气不齐，古今异轨，古方新病，不相能也"之论。他在用药处方上注意脾胃，但又与东垣的专主温补不同；看其处方，用药的轻灵，又吸收了温病学派的长处。伯父对于运气学说，也认为不可拘泥。陈修园《医学实在易》引张飞畴"运气不足凭"说："谚云：'不读五运六气，检遍方书何济。'所以，稍涉医理者，动以司运为务。曷知'天元纪'等篇，本非《素问》原文。王氏取'阴阳大论'补入经中，后世以为古圣格言，孰敢非之，其实无关于医道也。况论中明言，时有常位，而气无必然。犹谆谆详论者，不过穷究其理而已。纵使胜复有常,而政分南北,四方有高下之殊,四序有四时之化。百步之内,晴雨不同。千里之外,寒暄各异。岂可以一定之法而测非常之变耶? 若熟之以资顾问则可,苟奉为治病之法,则执一不通矣。"先伯生前,从不侈谈运气,提到张飞畴的话"很通达"。

先伯虽不谈运气,却颇重视季节用药。如暑天家中常备六一散,若有伤寒迹象,或头晕,或不汗出,用之颇效。若见心烦欲呕,常加藿香叶,开水冲泡,待凉饮,沁浸心脾;若有心烦、心悸,加用朱砂;小便黄加鲜荷叶。先伯说山东的滑石好,色青白,称桂府滑石,那时北京小学生练刻图章亦用之。查张元素《医学启源》益元散项下:"桂府滑石二两(60克)烧红,甘草一两(30克)。右为极细末,每服三钱(9克)。蜜少许,温水调下,无蜜亦得。或饮冷者,新水亦得。或发汗,煎葱白豆豉汤调,无时服。"此滑石与甘草的比例为二比一,而非六一之比。六一散又名益元散、天水散、太白散。刘河间《伤寒直格》言:"通治表里上下诸病,解中暑、伤寒、疫疠、饥饱劳损。"查《本草纲目》:"滑石,广之桂林各邑及瑶峒中皆出之,即古之始安也。白黑二种,功皆相似。山东蓬莱县桂府村所出者亦佳,故医方有桂府滑石,与桂林者同称也。"北京用者,色青白,系白滑石,或即纲目所说蓬莱所产者。

先伯对风寒感冒喜用苏叶、葱白、豆豉(葱,山东者佳;豆豉,四川者佳)之类。检阅徐灵胎《医学源流论》卷下:"不能知医之高下,药之当否,不敢以身尝试,则莫若择平易轻浅,有益无损之方,以备酌用,小误亦无害,对病有奇功,此则不止于中医(指中等的医生)矣。如偶感风寒,则用葱白苏叶汤取微汗；偶伤饮食，则用山楂、麦芽等汤消食；偶感暑气，则用六一散广藿香汤清暑；偶伤风热，则用灯心竹叶汤清火；偶患腹泻，则用陈茶佛手汤和肠胃。"先伯或受其影响。忆北京家中经常备有炒黄黑的糊米，小儿伤食饮用。成人腹胀，常用砂仁一粒，以针穿其孔中，在火上烧焦，取下，纸包捻碎，去纸嚼服，甚效。又疰夏不思食，用荷叶粥（鲜荷叶去梗，洗净，待米烧半熟，即置荷叶于其上，再煮，熟后粥色青绿清香）宽中解暑，妙用非常。考《本草纲目》，"粥"专列一项，计有四十四种。盖粥能畅胃气，生津液，推陈致新，利膈益胃（如薏苡仁粥除湿热，利肠胃；莲子粉粥健脾胃，止泻痢；薯蓣粥，补肾精，固肾气等），但有荷叶烧饭而无荷叶粥。李东垣师承洁古在仲景枳术汤基础上创制枳术丸，用荷叶裹烧饭为丸。他说："盖荷之为物，色青中空，象乎震卦风木，在人为足少阳胆同手少阳三焦，为生化万物之根蒂，因此物以成其化，胃气何由不升乎。"《温病条辨》清络饮中有荷叶。先伯对小儿脾虚疳积，食少、消瘦、易汗出，亦常用苡仁、山药、大枣煮大米粥治之。我小时即用过，效果很好。对老年人则常用莲子、芡实煮粥，以固其肾气。他说药补不如食补，寓药于食，可谓善补。另外，家中亦备有夏天用的露，如银花露、生地露、玄参露等。小儿慢性腹泻，用暖脐膏贴脐部。总之，因病情不同而采用相应的剂型。

先伯常说，凡中病而效者即为秘方。先伯在为钱今阳先生《中国儿科学》作序时谈蒿虫散最为详细。序中有曰："龙友昔年治病，对于儿科亦颇重视，医乳孩之病，仅以一方普治之，无不奏效，从未出错，其方即所谓蒿虫散是也。方载《本草纲目》虫部之青蒿蛀虫下。其词曰：

'一捧朱砂一捧雪,其功全在青蒿节(虫生在蒿之节);纵教死去也还魂,妙用不离亲娘血(即乳汁也)。'旧法系用青蒿虫七条,硃砂、轻粉各一分同研成末,用末擦在乳头上,与儿服。如婴儿初吃乳时,即与之服,将来出痘麻也稀少,或可以不出,而胎毒自解,真是儿科圣药。即不吃乳之儿有病,亦可用少许冲白糖水服,胜服一切儿科药也。此龙友数十年之秘方,特为抄出,拟请附于大著《中国儿科学》之后。"关于蒿虫散,查《本草纲目》原引自《保婴集》,此方用治惊风,十不失一。其诗云:"一半朱砂一半雪,其功只在青蒿节;任教死去也还魂,服时须用生人血。"《纲目》青蒿蠹虫项下:"〔集解〕时珍曰:此青蒿节间虫也,状如小蚕,久亦成蛾。〔气味〕缺;〔主治〕急慢惊风。用虫捣和朱砂汞粉各五分,丸粟粒大,一岁一丸。乳汁服。时珍。"大伯父运用蒿虫散不在于治惊风,而用于防痘麻。北京家中数十口人,从未患天花,出水痘、麻疹亦轻,与用蒿虫散不无关系。当然,我们小时也是种牛痘的,但其时尚无麻疹疫苗。《纲目》引《保婴集》诗,与先伯所引,文词有出入,或因版本不同,或先伯诊务忙未暇查对原书。但比较起来,"妙用不离亲娘血",较诸"生人血"似更明确,且青蒿虫七条,分量清楚。朱砂、轻粉各一分,治不在惊风,少用些甚是恰当,是在学古中又有变通和发展了。

先伯注重预防,说过早在《易经》中已有预防思想(查《周易·下经》:"君子以思患而预防之。")。他常说:"若要小儿安,须得三分饥与寒。"又说小儿之疾,常是痰热作祟,小儿停食常见,防止过饱很是重要。一般人皆知防小儿受凉,因之穿着过厚。而小儿喜动,汗出之后脱衣更易受凉。且穿着愈厚,反而愈不胜风寒,全无抗力,动辄伤风感冒。徐氏《慎疾刍言》有"小儿之疾,热与痰二端而已"句,与先伯所谈颇近。

先伯用药很慎重,屡屡劝诫我们要深知药性,不得冒昧。对于㕮咀(古以咀嚼代切药之法),先伯从另一角度说:"临症则自为㕮咀配合,故万无一失。"对一般感冒咳嗽属风火者,他从不应用酸收的五味子之类。他说古方小青龙治寒嗽,五味与姜并用,一散一收,互相配合,岂可用于风火之嗽。他常以《得效方》中"用药如用刑,一有所误,人命系焉"的话教导我们谨慎用药的重要。

先伯用人参非常慎重。他处方第一味常用沙参,处方用名为南沙参、北沙参、空沙参,有时南北沙参同用。徐灵胎在《神农本草经百种录》中说:"沙参味微寒,主血积(肺气上逆之血),惊气(心火犯肺),除寒热(肺气失调之寒热),补中(肺主气,肺气和则气充而三焦实也),益肺气(色白体轻,故入肺也),久服利人(肺气清和之效)。"又说:"肺主气,故肺气之药气胜者为多。但气胜之品,必偏于燥。而能滋肺者,又腻滞而不清虚。惟沙参为肺气分中理血之药,色白体轻,疏通而不燥,润泽而不滞。血阻于肺者,非此不能清也。"徐氏对沙参评价之高有如此。先伯推崇徐氏,或受其影响。伯父对山东名医黄元御亦颇推崇。黄氏《玉楸药解》中论沙参:"补肺中清气,退头上郁火,而无寒中败土之弊,但情性轻缓,宜多用乃效。山东、辽东者佳,坚脆洁白,迥异他产。"考南沙参肥大而松,特别是浙江一带所产,先伯用空沙参系指南沙参。山东沙参,全省各地皆产,胶东的好,与其土质是有关系的。先伯在沙参用量上,一般用四钱,有时用至八钱。他认为南沙参祛痰作用较强,北沙参养阴作用较著。

我母亲患胸痹心痛症,常摇头,有风木肝象,先伯嘱用人参汤泡玫瑰花代茶频服。玫瑰选用含苞未放者,七至十朵即可。玫瑰行血活血,疏肝止痛,与人参一气一血,搭配得当,用后效果很好。考玫瑰花一药,《本草纲目》未载。《本草纲目拾遗·花部》:"玫瑰花有紫白两种,紫者入血分,白者入气分,茎有刺,叶如月季而多锯齿,高者三四尺,其花色紫,入药用花瓣,勿见火。"又引《百草镜》云:"玫瑰花立夏前采含苞未放者,阴干用,忌见火。"关于性味,《本草纲目拾遗》载:"气香性温,味甘微苦,入脾、肝经,和血行血,理气治风痹。"又引《药性考》云:"玫瑰性温,行血破积,损伤瘀痛,浸酒饮宜。"又关于其活血化瘀引《少林拳经》:"玫瑰花能治跌打损伤。"又引《救生苦海》治吐血用"玫瑰膏"。先伯主张与古为新,说:"吾人当药物既备之时,如不能随时化裁,与古为新,是仍未会古人制方之意。"先伯用玫瑰花即是一例。

先伯为《中国药学大字典》(世界书局版)作的序文中提到马宝等,皆值得认真研究。序文说:"马宝一物,最能开痰降逆。第一能治虚呃,而于癫狂痫各病,尤为要药,纲目不收。"查《本草纲目》确无马宝之名,而有"鲊答"。(集解)时珍曰:"鲊答,生走兽及牛马诸畜肝胆之间,有肉囊裹之,多至升许,大者如鸡子,小者如栗如榛,其状白色,似石非石,似骨非骨,打破重叠。"查《本草纲目》鲊答前有牛黄,后有狗宝。鲊答是蒙古人祷雨石子以及牛黄、狗宝等的总称。而马宝一名,始见于《饮片新参》。江苏新医学院编《中药大辞典》:"马宝异名鲊答。"把马宝与鲊答等同起来,似不够妥当。关于马宝的性味,《中药志》说"甘咸微苦凉";《四川中药志》说"性凉味咸微苦,有小毒""入心、肝二经"。关于功用主治,《饮片新参》说"清肝脑,化热痰,治痉痫,止吐衄";《现代实用中药》说"对于神经性失眠,癔病,痉挛性咳嗽等症有效,并能解毒,治痘疮危症"。先伯用马宝突出其开痰,降逆,治虚呃。作者五十年代中西医结合治疗一例嗜伊红细胞增多性哮喘小儿,濒于危殆时,加用猴枣抢救,转危为安,即受先伯论马宝的启发。

先伯用药,很注意道地药材。如秦艽,陕西、甘肃等地的好,他处方用西秦艽;防风处方用西防风,那是指山西等地所产;又如石决明有七孔、九孔之分,处方都加以注明。厚朴理气药,治偏热、偏寒,而有连水炒川朴与姜川朴等的不同。对药物采摘时间也很注意,如桑叶下霜后的较肥厚,他处方时常用霜桑叶;对入药部分,也分得很细,如薄荷梗,不如叶发散力强,却具理气通络的作用。伯父常善用水果类为药引,如秋天燥气咳嗽,用秋梨皮一具为引。生荸荠能消积利膈,开胃下食,在荸荠上市时,先伯常告知家中买给小孩食用。在鲜百合上市时,常用冰糖煮用以润肺宽中,治阴虚久嗽。

养生与医德

先伯享年九十岁。八十多岁时,手不颤,尚能写小字。他养生的办法:很少用药,饮食也很一般,但从不过量,有时吃些银耳、莲子之类。饮酒不过一盅。伯父心胸开阔,修养好,从不动怒。以写字绘画陶冶性情,书法从年轻时即练就臂力好,腕力牢,而且指上有功夫,他说这就是很好的运动。他常说世上无长生之人,因此亦不可能有长生之药,有的就是卫生之道。常说:"有卫生之道,而无常生之药。"哪有什么有益无害药物?饮食不当,尚可致病,况药物乎!

先伯的书法,师受甚广,隶书临曹全碑,篆书临用周·伯晨鼎,草书临唐·贺知章等。京师内外,对先伯的诊病墨案,视同珍宝,除了学习其医道之外,珍惜其书法,亦是一端。一九五三年在其八十四岁高龄时与伯母结缡五十年的照片上,有用蝇头小楷写的题赠。一九五五年为《中国儿科学》作序的信,虽已八十六,而行书仍颇有神韵。一九五九年二月为《新中医药》八周年始刊纪念题签,落款为"八八翁肖龙友题签,老病手强,不能作书。"此恐为先伯逝世前最后的遗作。

先伯很重视医德,他推崇《慎疾刍言》一书。一方面因为该书是徐灵胎晚年作品,"阅历既深,言皆老当"。徐氏治学态度严谨,堪为后世师法。以徐氏造诣,博学大家,尚能"每过几时,必悔从前疏漏,盖学以年进也",且自谦其言如刍草,其用心良苦,令人敬佩。另一方面,该书是醒世之作,对学医者是很好的医德教育。

先伯常以"人命至重,有贵千金"(《千金方》)教育后辈,诊病时非常严肃,从不旁及其他。平时对子女非常温和,从不大声呵责。诊病不问贵贱贫富,不以衣着取人,问诊颇为详尽;对贫穷患者,常施舍成药。他与徐右丞老先生、孔伯华、蒲辅周、钟惠澜等中西医专家关系非常融洽。常以"尺有所短,寸有所长"教育后学。取人以才,从医疗实效出发。收弟子非常谨慎,很憎恶那些想假借伯父的声誉为招牌者,即使是子弟亲戚亦不例外。谦逊谨慎,鼓励勤奋,常说"业精于勤,荒于嬉"。

肖龙友

足行万里书万卷　一生临证未曾闲

——忆陈鼎三先生

江尔逊*口述　张斯特**整理

[陈鼎三小传]　陈鼎三（1874～1960），字宗锜，四川乐山人。十五岁从文学医，后拜师于邑之宿医陈颖川。陈老潜心岐黄，嗜书如命，不仅能背诵四大经典著作原文（其中《内经》是重要篇章），且能背诵一些名家的注释；博览群书，兼收并蓄，虽特别推崇仲景学说，亦喜用汉以后医家的独特经验。临证识精胆大，刻意求工，以救治伤寒坏证、逆证名噪遐迩。壮年以后，热心于医学教育，诲人不倦，培养和造就了一批具有真才实学的地方名医。著有《医学探源》六卷（郭老沫若亲笔署面）《中国医学常识》《心腹诸痛论》《柴胡集解》等。

---

*　四川省乐山地区人民医院
**　四川省梓潼县中医院

先师陈鼎三世居苏稽镇,其父陈光先乃外科名医,尤精于治疗疔毒及刀伤。陈氏兄弟六人,他居第五,虽自幼聪颖好学,然禀赋不足,体弱多病。十五六岁时,父令其改研岐黄之术,以期自医。初由其父指示门径,后拜师于邑中名医陈颖川先生。颖川医道甚高而秘不示人,因其子好中医外科,遂与陈光先易子而教,相约务传医之精要。自是陈老潜心于方书,终身不辍。

多读还须善悟

先师常说:"读书百遍,其义自见。"认为一本书,只读一遍,其真正价值是不可能理解透彻的,往往很多地方会被忽略过去;如果忽略的地方恰好是全书的精华所在,那就太可惜了。特别是对经典著作及各家各派的代表著作反复精读,乃是古往今来有所建树的医家卓有成效的途径之一。取法乎上,得法乎中;取法乎中,得法乎下。对经过千百年流传下来的医典精品,就应该认真读、重点读,细读、精读。在对医籍的博览上,每得一医书,便如获一珍宝,必废寝忘餐,读然后快。如此数十年如一日,上至《内》《难》《本经》《伤寒》《金匮》以及晋唐以后各家学说,下至明、清医家及近代医林著作,莫不博览精研,颇具心得。

陈老主张背诵一些经典著作和经典条文,他能全文背诵《伤寒》《金匮》《本经》《温病条辨》及许多重要注家之注。对《内经》的重要篇章皆能大段背诵,对注家更是如数家珍。所以,对学生和同道们讲解病机时,广征博引,令人叹服。中年以后,据自己历年来的体会,得出这样的结论:

不可囿于背诵,但又不可不背诵,应该有重点地背诵,"譬如破竹,数节之后,皆迎刃而解"(《晋书·杜预传》)。为此,他钩玄勒要地整理出《医学探源》一书,用以授徒,其中就包含这个意思。

陈老为什么主张背诵呢?他认为临床经验用文字表现很难全面,而读书人对同样的文字之理解,又会受到文化水平、临床经验、阅历、判断力和想像力等种种因素的影响。因此,要还原到作者所需要用文字表达的实际情况,其准确性就比较差。我们根本不可能走到已经作古的前辈名家面前,由他们通过实际病例讲解总结成文字的东西,既无"名师亲授"的可能,那么就只有通过精读,反复读,以至背诵,再在临床上去反复揣摩,从中悟出真谛,这是其一。其二,经典著作中的条文,乃是从无数病例中总结出来的具有规律性的东西,也就是俗话所说"万变不离其宗"之"宗"。记住它,背诵它,就能在临床上触发思绪,吃透精神,从熟生巧,别出心裁。先师常引朱熹语:"循序而渐进,熟读而精思。"并认为所谓精思,其中包含善悟,不从中悟出些道理来,又何能谓之精思呢?古往今来,善于而且能够背书者不乏其人,但要学而有成,还必须善悟,不然只能成为蛀书虫。基于上述思想,先师教育我们读经典著作要注意三点:①原文是作者的思想,注解是注家的体会,读注能增加判断力和想像力,也就是说能增强悟性,要从这种意义去读注;②不要死抠字眼,要首尾相顾去读,方能得到较全面的认识,这是因为任何文字都有"局限"之处;③要善悟,主要是通过临床去悟出用文字无法说明白的东西。

知之为知之　不知为不知

陈老行医六十余载，对每一病案，必坚持理法方药完整，严谨不苟。用药洗练，以经方为主，兼及各家；时方常用《条辨》方，很少杜撰自制；每方必有来源，加减必有依据。这是因为他一生以诊治坏症、逆症著称，其中有不少是因误治所致。他目击病人之苦，深惋医道之淹没，所以非常严格地要求自己。为了自勉，为了育人，他把自己的诊所命名为"是知堂"，取《论语》"知之为知之，不知为不知，是知也"的含义。对此陈老一生身体力行，自成一家医风。

在学术上，陈老推崇经方，可谓"经方派"，然亦赞赏汉以后的医家成就。虽极喜《伤寒杂病论》，但亦肯定温病学说，认为病无定体，千状万态，当用何方，各依情势而定，不可按图索骥。世上哪有照着书本条文去患病的道理呢？

三十年代，我初学医时，有唐瑞成者，男性，年五旬，体丰嗜酒。一日闲坐茶馆，忽四肢痿软，不能自收持（弛缓性瘫痪）而仆地，精神清爽，言语流畅，诸医诊之不知为何病。陈老诊之曰："此名风痱，中风四大证之一，治宜《金匮要略方论》附《古今录验》续命汤。"投方一剂，次日即能行动，后屡见先师用此方效如桴鼓，活人甚多。后我运用此方治疗多例现代医学所称之"脊髓炎""多发性神经炎""氯化钡中毒"等疾病，效果良好，有时称之"效如桴鼓"并不为过。如雷某某，男，十八岁，四川峨眉县工人。患者于入院前十二天晨起床时，突然颈椎发响，旋觉右上下肢麻木，活动障碍。一二小时后全身麻木,并气紧、心悸、呼吸困难、尿闭。即送当地公社医院治疗二日无效,又转送县医院抢救,经抗感染及对症治疗仍无效后转来我院。经西医诊断为"急性脊髓炎""上行性麻痹",收住内科病房。当时患者除上下肢麻木、不完全瘫痪外,最急迫的症状是呼吸、吞咽十分困难。除给予抗感染、输液及维生素等治疗外,还不断注射洛贝林、樟脑水和吸氧进行抢救。然患者仍反复出现阵发性呼吸困难,呈吞咽式呼吸,时而瞳孔反射,全身深、浅反射均消失,昏迷。如此一日数发者六日,救治罔效,危象毕露,家属已再三电告家乡准备后事。病人家属要求邀余会诊。见危象过后患者神志清晰,语言无障碍,自觉咽喉及胸部有紧束感,呼吸、吞咽十分困难,全身麻木,左上肢不遂,咽干,舌质红,苔黄薄,脉洪弦而数。断为"风痱",治以《古今录验》续命汤:干姜一钱,生石膏四钱,当归三钱,潞党参四钱,桂枝一钱五分,甘草一钱,麻黄二钱,川芎一钱,杏仁二钱。并针刺风府、大椎、肺俞、内关,留针十五分钟。服上方一剂后,左上肢已能活动,口麻、全身麻木减轻,吞咽、呼吸已不甚困难,停止西医的抢救措施和药物。守方再服一剂,左上肢已较灵活,左手能握物,口、全身麻木消失,呼吸、吞咽通畅,能食饼干。唯胸部尚有紧束感。续以原方随症加减,连服四剂,诸症消除,继以调理气血收功出院。

我又曾目睹老师用十枣汤、控涎丹治疗顽固性全身严重水肿,大量腹水,小便极少,经多方医治无效者,先健运脾气,待胃纳正常时,配合十枣汤或控涎丹以攻逐,服后并不呈现恶心呕吐及泻下逐水作用,而是尿量骤增,浮肿腹水迅速消退。我在西医的配合下,运用先师的经验,对表现为顽固性的严重水肿、大量腹水的慢性肾炎或肾病综合征患者,每能起到较好的利尿作用,肾功能亦随之改善。这方面的体会,我在《河南中医》一九八一年第六期《对肾病综合征用十枣汤、控涎丹利尿消肿的经验》一文中已做了介绍,此处不赘述。

陈老虽以识精胆大、善用经方名噪遐迩,但却绝少门户偏见,对各家有效方剂亦常能得心应手地加以运用。如一九三四年,先母患大头瘟,头面焮肿,灼痛难忍,皮极光亮,眼不能睁。卧床旬日,在本地治疗无效。其时我正随陈老学医,家中来信,嘱请陈老诊治。陈老疏方为:银花、菊花各一两,鲜地丁四两,生甘草五钱,名三花饮。一剂显效,三剂而瘥。我因素体尪羸,十余岁时,偶患感冒。咳嗽,胁部牵制疼痛,如翻身、转侧、深呼吸时牵引作痛,寒热往来,一日几十度发,每次数分钟或十数分钟不等。发时背心如冷水泼之,顷刻又如火燎之。服小柴胡汤加减无效,卧床不起,饮食不进,先师诊后,用《温病条辨》香附旋复花汤,服后则呕吐,吐出黏涎碗许,越半日,寒热、胁痛即除矣。后又曾外感,咳嗽痰多,胸部牵制作痛,用六安煎不效,改服香附旋复花汤亦不效,又数次更方,皆不中窾,病益剧。呼吸活动均牵制胸部作痛,仰卧于床,不可稍动;气喘痰鸣,痰稠黏如饴糖之筋丝状,咯至口边而不出,需以手捞之。七日之间,精神萎顿,势近垂危。先师诊之,谓此乃痰热伤津,燥痰壅塞气道,正唐容川所谓"上焦血虚火盛,则炼结津液,凝聚成痰,肺为之枯,咳逆发热,稠黏滞塞,此由血虚不能养心,则心火亢盛,克制肺金,津液不得散布,因凝结而为痰也,豁痰丸治之。"乃用豁痰丸为煎剂,因深夜无竹沥,权用莱菔汁代之,连尝两煎,病无进退。天亮后,急备竹沥几汤碗,仍煎豁痰丸,以药汁与竹沥各半兑服;下午三时服头煎,黄昏服二煎;至夜半,觉痰减少,气喘胸痛减轻,竟可翻身。又服三煎,次晨诸症大减。胸中之痰涎,既未吐,亦未下,无形中竟消失矣,并能知饥欲食。守方再进一剂,便可扶床行动,二日后即可出门。改用气阴两补合调理脾胃方药,病竟霍然。我根据先师经验,对急性支气管炎、慢性支气管炎急性发作、支气管哮喘、肺炎,特别是腹腔内各种手术后引起肺部感染而出现咳逆上气,咽喉不利,痰涎稠黏,咯吐不爽,胸闷气喘,口干欲饮,入水则呛,舌红而干,苔黄腻,脉滑数无力者,用豁痰丸治之,效果颇佳(具体内容可参考《河南中医》一九八二年第二期《陈鼎三、江尔逊用豁痰丸抢救痰热伤津壅塞气道危症的经验》一文)。

耳闻不如目见　目见不如足践

先师带徒临证实践时,非常注重理、法、方、药的一线贯通。尤其可贵者,诊后必于当晚与学生们一起回忆总结,解释疑难。先师每引经据典,结合实际,尽吐心得,对于自己几十年甘苦所得,俗话所谓"过经过脉"的临床经验,绝无保守,并且唯恐学生们学不到手。每遇疑难怪症,他总要通过师徒共议的形式来启发和提高学生的辨证论治能力。先师强闻博记,善于运用实际病例去讲解经文,以加强学生对经文的理解和记忆,先师通过活生生的临床去印证经文,每能使学生对干巴巴的理论产生浓厚的兴趣。

西汉刘向在《说苑·政理》中说到："耳闻之不如目见之,目见之不如足践之。"先师授徒,以此为轴心,常常通过临床的实际病例使学生在理论上上升到"柳暗花明又一村"的境界。这点,不仅给他的学生,而且给与之相处过的同道和后学们留下了深刻的印象。比如现夹江县医药卫生学会副会长、当地名中医陈泽芳老先生,就是其中之一。夹江县周某患温病,起病急骤,高热汗出两天后,突然下利不止,四肢厥逆,大汗如珠,昏愦,面颊泛红,时而躁扰,两目瞑瞑,气息微弱,家人悲痛欲绝,一面备办后事,一面急请先师。诊得六脉俱无,断为元阳衰微,命火将绝,急与大剂回阳救逆(白通汤加猪胆汁汤,附片用至两许),一剂阳回利止,脉出肢温。次日气喘、咳嗽、痰多、舌苔白滑、胸闷,乃用苏子降气汤合三子养亲汤。此方一出,颇令人奇怪,因为白通汤用于温阳救逆已很难为时方派所接受,既然服后有效,就该守方再服,何以又改为降气化痰平喘之苏子降气汤呢?此方服后咳喘平,又见小便淋漓刺痛、口渴、心烦,舌质红,苔薄黄等症,又处以仲景猪苓汤。最后因口干舌燥、舌质光红、少苔、泛恶、纳呆、脉细数等症,用竹叶石膏汤收功。此病经先师诊治前后十天,易方四次,而疗效卓著,当地医生皆赞口不绝,但亦有不解之处。陈泽芳先生因问其故,先师解释说,中医治病必讲天时、地势、体质、病邪,并需将几者综合进行权衡,然后定出轻重缓急。周某高年肾虚,平素喜食厚味肥甘之品,乃是一肾虚脾湿之体。外感温邪,来势迅猛,壮火食气于此体尤烈,故立见亡阳。斯时用白通汤就不是治病,而是救逆了。当阳气略复,中上焦之痰湿又动,故用苏子降气汤平喘、化寒痰、温肾阳。由于病邪毕竟为温邪,所以痰湿去后,就渐渐现出水热互结、内热伤阴之猪苓汤证。此证的出现,反证了肾阳的恢复和水湿之松动,故服药后疗效颇佳,且病情迅即转归为许多热病后期常见的竹叶石膏汤证,用此方终于收功,也就说明了这个问题。陈泽芳老先生至今回忆起来,亦觉先师音容宛在面前,不甚感慨唏嘘。

以德统才　方为良医

先师高尚的医德更为人所称道,他一生尘视名利,疏于家务,唯孜孜不倦地治病、读书、育人。虽至八十高龄,犹出诊奔忙,有求必应,从不计较报酬之多寡。每至贫家,往往不收诊费,且常备方药相赠。先师之子,已退休的老中医陈鸣锵先生,讲到其父有两认真和两不认真:读书看病最认真。在任何时候,任何情况下,只要有空就看书,真可谓嗜书如命,直至年逾八旬,虽视力极差,犹手不释卷。只是临终前两年,因双目失明,始无可奈何放下书本。对于诊费的多少有无,对于饮食的好坏和家务事情,最不认真,从不过问。

先师一生,最痛恨那些只顾渔利的药商和江湖骗子,讨厌那些术士们唯以脉诊是重,并以此呓人。他精于脉诊,颇有造诣,但仍然坚持望、闻、问、切的程序,并特别注意问诊,把切诊放在最后。他常叹息不少人把切诊仅理解为切脉。先师每用食指摸舌苔之燥润涩滑,以补其望诊之不足;并爱用手摸皮肤之厚薄粗细,尺肤冷热,虚里盛衰;按胸腹也是他常用的切诊方式。他尝打趣说:"心肝脾肺肾,到处无人问;心肝脾肺肾,到处卖银元。"意在批评江湖术士欺诈病家,以及一些医生医疗道德之不高。因此,每到一处诊病,总念念不忘宣传卫生知识,普及医学道理。他在《中国医学常识·自序》上写道:"须使人人皆有医学之常识,庶几积极可以保持人生健康,消极可以恢复病后安全。"他一生为普及医学知识做了大量的工作。在这个过程中,他接受新鲜事物很快,如一九五二年乐山地区开始打预防针,很多群众不接受,他带头注射,用行动进行宣传,在群众中产生了积极的影响。

先师一生非常注重医德,认为医德与医术都关系到治疗的质量和效果,就二者的关系而言,应当是以德统才方为良医。他非常赞同清代名医吴鞠通的一句话:"天下万事,莫不成于才,莫不统于德。无才固不足以成德,无德以统才。则才为跋扈之才,实足以败,断无可成。"他认为这句话十分精辟地阐明了医术与医德之间的关系。每遇重危疾病,先师常引孙思邈的话:"不得瞻前顾后,自虑吉凶,护身惜命。见彼苦恼,若己有之,深知凄怆,勿避险巇,昼夜寒暑,饥渴疲劳,一心赴救,无作功夫形迹之心,如此可为苍生大医,反此则是含灵巨贼。"他以此告诫学生和勉励自己。先师是这样说的,也是这样做的。他一生之中很少坐堂,总以出诊为主,在峨眉山、西康等地,都留下了他的足迹。

先师有感于他所出诊者多为误治之坏证、逆证,故将临证读书有得,勤于著书立说,广送同道和病家,一以医病,二以医医。为此,他著有《医学探源》一书,共六卷,取由博返约、见病知源之义。抗日战争时期,郭老沫若回乐山,亲笔为此书署面,提扉付梓。此书又为先师授徒之课本。除此以外,还著有《中国医学常识》《心腹诸痛论》《柴胡集解》等书,至今各县中医亦珍藏不少。

(四川省夹江县三洞人民医院 余国俊
峨眉山水泥厂职工医院 江长康 协助收集资料)

曹炳章先生治学侧记

陈天祥*　曹幼华**

[曹炳章小传]　曹炳章(1878~1956)，字赤电，又名彬章、琳笙，浙江绍兴人（原籍浙江鄞县）。曾先后问业于名医方晓安、何廉臣两老夫子，但主要靠自学成才。治学严谨，造诣精深。毕生在忙于诊务的同时，勤于著 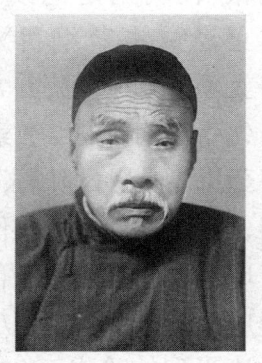 述，计编著、校注、增补、重订的著作达四百种以上，在中医界有一定的影响。生前曾担任过中央国医馆名誉理事、浙江国医分馆董事、神州医药会绍兴支会主席以及新加坡、泰国等国中医师公会名誉理事，并兼任国内外二十余家中医期刊的名誉编辑和特约撰稿人。解放以后，曾任绍兴市政协委员、《浙江中医月刊》总编辑等。

---

*　浙江省绍兴市中医院
**　浙江绍兴地区中医学会

曹炳章先生自幼沉静好学,勤奋过人,但因家境清寒,仅断断续续地读过两年私塾。十四岁时(1892),即随父显卿公旅绍谋生,进药铺学业,从而开始了他的医药生涯。

一生爱书如宝　自谓书富家贫

先生进药铺学徒时,正是少年好学阶段,日间忙于撮药结帐,夜间则是他读书的大好辰光。四年中间,对《神农本草经》《本草纲目》《新修本草》《本草从新》等本草专著无不精读强记,并常到野外对药物进行实地考察。

先生出身寒门,平素不肯轻易挥霍分文,但每见市肆出售药书,则无不倾囊购之。还经常到旧书摊上收买廉价旧书,谓:书旧字不旧,价值依然。遇到好机会,碰巧买到稀有珍本,更是喜形于色,乐不胜制。先生从此时起已开始养成了爱书如宝,千方百计地买书藏书的习惯。纵然一时无法买到的珍本、善本,每必借抄,汇订成册,列入书架。偶而发现所藏书籍有所破损,总候暇予以细心修补。中年以后,先生儿女绕膝,他一面勉励儿女勤奋读书学习,一面教育孩子爱护书籍,家教甚严。记得有一次他年方十几岁的爱子,阅读时不慎弄损了几页书,禀性慈祥的先生则一反其常,大加责斥。

一九一一年间(民国元年),先生藏书已达数千册,著作手稿已有十余种。因先生同善局施医所住宅遭受火灾,时先生适返原籍探亲,回绍后见所著手稿、收藏书籍尽付一炬,殊感痛惜。抗战时期,日寇飞机轰炸绍兴,时先生手著《人身体用通考》诸书业已完稿,为防被日机炸毁,于是动员合家,日以继夜地挖成防空洞,将稿和书悉置洞内,而对其他家产却不暇顾及。后来绍兴沦陷,先生又连夜租船将所藏之书和手稿转移至山乡僻地。战后回城,他为所藏书稿得保完璧而喜不自禁,竟似孩提般鼓掌庆幸之,而对别的家产焚于战火却不甚痛惜。

及至晚年,先生的著作已有数百种,收藏医书也突破万册,成了"书富翁"。他幽默地称自己是一个"书富家贫"的人。

毕生钻研学术　堪称著作等身

一八九六年,先生辞去药铺职业,先投方晓安老夫子门下,专攻《内》《难》《伤寒》《金匮》及各大家医著,历时七载。后又问业于先哲何廉臣老博士,尽传其七十年博大精深之学业,更旁参广证,奄揽众长,于是学业倍进,声名渐起。接着在绍城开办"和济药局",悬壶古越。先生不喜泛泛社交,除应诊外,总是聚精会神地钻研医理。当时,同行中不少人染上酗酒赌博、寻花问柳之恶习,间或有人欲拉先生入伙,先生总是严肃地回绝,每给这些人讨个没趣。

先生读书相当刻苦。清晨看书是起床后第一要事。中年以后,凡诊务稍闲,便手不离卷,直至晚年,毫不松懈。所阅之书,范围相当广泛,可说是天文、地理、生物、理化、新旧医籍,无所不览,所以他的学问非常广博、深邃。一九三四年,上海大东书局欲整理浩瀚之祖国医学书籍,因久闻先生大名,认定此任非先生莫属,乃优礼以聘,先生亦慨允弗辞。于是,从自己珍藏的万余册医籍中,精心选定三百六十五种,予以校勘、重订,编为《中国医学大成》,另辑《中国医学大成总目提要》一册,一九三六年全稿交齐。是书搜集内容之宏富,前所未有,被当时医界誉为"医学之渊府"。先生原筹划再编续集三百六十五种,后因战事影响,壮志未酬,连初集也仅刊印及半而遭停印。

其他如《彩图辨舌指南》《喉痧证治》《增订通俗伤寒论》及诸药物考证等著作,均是商量旧学,发皇新义,手眼独出,为杏林不朽名著。此外,如《浙江名医传略》等著作,对于今天的医史研究,仍不失为重要参考书。先生一生撰述、编辑、校订、圈注、眉批的医药著作,总计竟有四百一十三种之多(不包括各医刊发表的论文),从这个数字中可以想见先生为此而付出的精力是何等的惊人。

先生原先主持绍兴"春城""致大"两家国药肆业务而兼行医,因此,对药品的考证、炮制、真伪辨识尤为精通。在其全部著作中除了诊断、治疗、预防卫生、医史等方面外,有很大一部分,诸如《中华药物源流考》《人参考》《麝香考》《冬虫夏草种类及效用》《增订伪药条辨》等,都是属于药物考证、辨讹、厘订方面的专著。故其得意门生徐荣斋教授认为:"曹氏学术思想,当以论药及药物考证为首位。"此评语甚为中的。一九四〇年前后,先生拟将近五十年所阅览的经史、说部、名人笔记、游记、各地报刊杂志摘录之所获,参考动植物学、矿物学,结合个人心得,为重修《本草纲目》作资料准备,怎奈时局动乱,兼之诊务繁忙,且完成如此宏大规模之巨著又非一花甲老人所能独胜,先生深叹欲为难成,然又不愿半途而废,无奈只得选用珍贵资料,择要逐年写成专考发表。

晚年,先生因长年伏案,久视蝇头细字,兼之用脑过度而致耳聋目花也终不悔。新中国成立后,虽年逾古稀,仍著述不倦。在临辞世前半年,虽已龙钟老态,体力不济,然仍壮心不已,曾说:"此后如精力许可,当一识途老马,为后起者指出整理祖国医学之途径。一息尚存,此志不敢稍懈也。"

丹心爱国济民　高风亮节后人称

先生忠以爱国,仁以济民,肝胆照人。日寇入侵时期,日货也随之充塞我国市场,药界也未能幸免。时日产翘胡子牌"仁丹",谓能治夏秋暑热百病,在药肆大批拍卖,不但掠夺国民金币,而且严重地冲击、排斥我国药业,许多爱国志士,为此很感耻辱、痛心。先生目睹此状,气愤万分,于是拍案而起,决心为国家振威,为民族争气。在翻阅了大量医籍资料后,再融入多年之经验,精心研制了一种丸药,其药效高于日货"仁丹",而价格也廉,定名为"雪耻灵丹",意为中华民族洗辱雪耻之意,很受病家、民众所信赖、欢迎,而日货"仁丹"却冷落旮旯,无人问津。此事虽小,但先生精神可嘉可敬。

一九二九年,国民党政府通过了"余(云岫)汪(大燮)提案",妄图消灭中医,激起了全国中医药界的强烈反对。消息传来,先生怒火填膺,急速会同医药界同仁,为捍卫祖国医药事业而大声疾呼,并与裘吉生、何幼廉(何廉臣之子)共被推为绍兴中医界之代表,赴上海出席全国医药总会成立大会,旋即晋京向政府提抗议。回绍以后,又联络医药同道成立神州医学会绍兴支会,并被拥为主席。先生在为争取中医合法地位、发扬民族文化的斗争中立下了不可磨灭的功绩。

先生十分怜悯贫病者,富于同情感。中年以后,虽已大名鼎鼎,但从不摆身架或先富慢贫,对应诊病人一视同仁,待贫病者更多爱抚同情之心。当时医生出诊都以轿代步,然而遇贫苦病家来请,先生都徒步随行,有时连诊费也不收,且随叫随到,从不耽搁。

先生以医济民,安贫乐道,不为身谋,厚德薄利,唯为病家着想的高尚医德,迄今仍有口皆碑。

读书博精相兼　勤录文摘万则

先生治学有两大特点:一为"见缝插针",充分利用时间,广阅博览,即使是点滴空闲也从不轻易放过。把这些短暂而宝贵的间隙时间,用来读些简单精悍的小品,或是一目数行地浏览一些看来尚无关紧要,一时又用不上的"边缘学科",谓之"随便翻",积累知识,即所谓开卷有益。

然而,先生更多侧重的读书方式却是熟读娴研,这要花相当精力,须逐字逐句地反复推敲。因此,在时间的安排上要长一些,多在夜晚和清晨进行。因此时多不受诊务及其他事务干扰,可以专心致志地解决一些实际问题。

先生读书两者相兼,而以精读为主,科学地利用了时间。尤其是在青年时代,读书注重博览强记,对《内》《难》《伤寒》《金匮》诸经典,读得更是滚瓜烂熟,直到晚年,仍能朗朗背诵。其间精读之苦功,可以想见。

先生认为掌握了经典,犹如成竹在胸,后去探索金元及明清诸家,则易如反掌。对诸家学说,主张逐一研究,反对囫囵吞枣和"不求甚解",也不应停留于泛泛的传统理解,强调细研详究,并在全面领会的基础上推出新意。

先生在研读中,每有心得必随手录之;即便在卧间餐时,偶有所悟必认真摘记。并常开导我们:涓涓细流可汇成千里大江,磊磊泥沙能积为万仞高山。其间寓意之深长,很能启发后学。

先生阅读前人名著和同人撰述时,一有所得,每必顺手载入笔记或录成卡片。并告诫我们别小看这只字片言,一旦用时方知字字值千金。因此,先生总把平时摘录的笔记、卡片,不论其内容如何,文字多寡,一概珍视,并分类收藏。毕生持之以恒,及至暮年,虽几经战乱,所藏卡片仍不下数万则。

济世不囿疆域　颂歌四海同奏

先生生于浙,长于绍,一生中除一九二九年为抗议政府之"废除中医"政策时赴沪参加集会外,因忙于诊务及著述,几乎再没有外出过。但在学术上与各地的交流,却十分频繁,已故名医恽铁樵、傅嫩园、章次公、章太炎、周小农、徐相任和秦伯未等都与先生相交莫逆。医林今贤陈存悼(《中国药学大辞典》著者)、魏长春、范行准和已故名医浙江叶熙春、山东刘惠民等也曾向先生讨教学问,鱼雁往来甚密,尤叶、刘两老,解放后先后面谒先生,研讨医理,推心置腹,十分投机。

先生除为《绍兴医药月报》著文外,还曾给《新中国医学院校刊》《医药卫生报》《越铎日报》《如皋医学报汇刊》《中国药报》《三三医报》等全国二十余家医药刊物撰稿,颇受编者和读者的褒誉。

先生尚不以疆域自限,与泰国、新加坡、日本、缅甸、马来西亚、菲律宾、越南等国的中医同道交流学术,并接受函询会诊,还被这些国家的中医师公会、中医药刊物聘为名誉理事、名誉编辑和特约撰述员。不同国籍的中医同道也都纷纷来信,商讨学术,请先生答疑解惑,先生也尽皆有问必答,有求必应,把与邻国同道的友好交往,看作是自己的义务和应尽的责任。

由于先生的谦逊好学、博闻广识和出色的工作,赢得了民众与同道的赞扬和表彰,先后收到来自海内外的表扬信函百数件,各国家中医团体的表彰十数起。如泰国中医师公会给先生的誉辞是"医林泰斗",马来西亚中医公会的赞语是"医界学术巨匠",新加坡中医师公会的嘉词是"曹炳章先生医学深邃,自任本会撰述员以来,撰述医论,提倡学风,成绩卓著……"。这些都是对先生辛勤劳动的中肯评价。

先生医术高超,屡起沉疴,深孚众望。近邻四方者,纷纷赶来就诊。日诊不下八九十人,远方来函索方乃至海外问病求方者也日接数件。先生总把解救远方病者的疾苦,视为己任,每天必从诊务、著述两忙中抽暇为他们服务。今从先生遗简中选出海外问病拟方一则,以飨同道。

为菲律宾曾瑞锭拟方:

据述:"前患梦遗,经治愈后,现两耳如风水声,或如蝉鸣声,耳因此重听,眩晕。舌绛无苔垢,脉弦细。精关不固,性交早泄。"此属肝肾阴液两亏,肝阳化风上扰,法当镇潜固摄为治。

盐水炒熟地四钱,炒萸肉、淡天冬、破麦冬各二钱,淮山药、生鳖甲(先煎)、生白芍各三钱,生牡蛎五钱,北芡实、川石斛各三钱,生龟板(先煎)五钱,煅磁石(先煎)四钱,五化龙骨三钱,共十帖分前后服。

如服前方五帖后,耳鸣眩晕未除,间服下方四帖,再接服前方五帖。

大生地四钱,破麦冬三钱,天冬二钱,白菊花一钱五分,钩藤(后下)三钱,冬桑叶二钱,黑芝麻三钱,磁石、苦丁茶各二钱,生石决明(先煎)六钱,生白芍二钱,生鳖甲(先煎)三钱,生龟板(先煎)五钱。四帖。

如服后效著,多服四帖亦可。

丸方:病状同前,久常服之。

青盐二分,炒熟地四两,盐炒萸肉三两,淮山药、炒白芍、制首乌各三两,煅牡蛎四两,杜莲须三两,粉丹皮一两五钱,煅磁石、北芡实各三钱,炒桑蛸二两,炒黄柏一两二钱,炒知母二两,沙苑子、黄鱼鳔胶(烊化捣入)各三两。

上药为末,用黄鱼鳔胶捣匀,加蜜炼为丸,每服三两,早晚食前各服一次,淡盐汤送下。

结 束 语

先生逝世二十五周年了。他一生尽瘁医事,犹如春蚕吐丝,为继承和发扬祖国医药事业耗尽了心血。先生逝世后,其家属遵先生遗嘱把他一生收藏的数万册医籍、遗稿、笔记悉数捐献给国家,交浙江省卫生厅接收,由浙江省中医药研究所等单位保存,尚待整理发掘。

先生的一生,虽因家道贫寒没有经历过正规院校培训,但其成就却是巨大的。这些成就与贡献全来自他毕生与书为伍,坚持不懈地努力自学中。他的一生,是刻苦自学的一生。"梅花香自苦寒来",正是先生一生最好的写照。

(本文在撰写过程中,承蒙业师徐荣斋教授生前热心指导并提供资料,特志此以为纪念!——作者附志)

忆袁鹤侪先生的治学精神

袁立人*

[袁鹤侪小传] 袁鹤侪(1879~1958),名琴舫,字其铭。河北雄县人,北京著名老中医之一。早年攻读经史诗文,因父母病故,自己身染重疾而立志学医。一九〇三年就学于京师大学堂医学馆,一九〇六年毕业。曾为清太医院御医兼医学馆教习,那拉氏(慈禧)随侍御医。以后,任内城官医院内科医长。一九三三年,应施今墨先生之请,任华北国医学院教授。解放后,历任全国政协委员、北京市政协委员、中苏友好协会理事、中华医学会常务理事、中国科学普及协会理事、北京中医学会耆宿顾问、北京中医进修学校教授以及协和医院、北京医院中医顾问等职。著有《太医院伤寒论讲草》《伤寒方义辑粹》《温病概要》《温病条辨选注》《中医诊疗原则》《医术经谈》《袁氏医案》等。

---

* 北京中医学院

袁鹤侪幼承庭训,攻读经史,渐习诗文。其父名琥,为前清昌平学正官。家庭的影响,为先生后来的学习,打下了良好的基础。十四岁时,父母皆染热病而相继去世,因生活所迫,学业未竟,颠沛流离,又身染重病,几至作古,幸亲邻资助,始渐得康复。先生思双亲病故之情,感身染重疾之苦,遂以不知医为恨事,故立志学医,以济世活人。然其时年少,家境贫寒,学无门径,只得自谋生路,以书为师。自学之初,茫然不知由何起始,只好将父母生前服用之药方带在身边,四处询求,以明究竟。此后,听人说,父母所患之热病,属伤寒之类。于是,到处奔走,索寻有关伤寒之医书。每借到一部医书,攻读尚嫌不足,还用蝇头小楷抄录于粗绵纸上。为了维持生活,保证自学,先生曾去富有人家教家馆,一边任教,一边习医。

光绪二十九年(1903年),先生考入京师大学堂医学馆,开始了正规系统的学习。在老师的指导下,他废寝忘食,孜孜以求,潜研经典,博览诸家,对祖国医学理论的源流、沿革、发展及诸家学说的形成,有了深刻的认识。同时,也受到西方医学及其他自然科学的影响,开扩了思路,增长了见识,打下了深厚的医学基础。在先生治学道路上,这是关键的一步。一九〇六年,他以优异的成绩,毕业于医学馆,出而问世,以擅治伤寒,精于《内》《难》而初露锋芒。同年,二十七岁投考前清太医院而名列前茅,遂成为太医院御医。据《太医院晋秩纪实碑》碑文所载:"除蒙恩特赏御医之员不计外,其挨次递升至御医者,非年过五十不克到班。"显然,先生是以品学兼优而获"特赏",被破格任用的。当时的太医院使(即院长)张午樵先生对其十分器重,在理论和临床上不断加以指点,影响着他的学业进展。为清皇室医病,不仅要理、法、方、药妥贴,而且要药性平和,效果显著,否则,随时有杀身之危。这迫使先生摸索出一套用药平和、法度严谨、药少力宏、出奇制胜的医疗经验。正因如此,先生被选为那拉氏(慈禧)随侍御医,兼太医院医学馆教习。

辛亥革命后,先生悬壶京门,不图名利,不事逢迎,不投机钻营,以"医技精良,品端术正"而名誉一时。

其间,先生曾任京都内城官医院内科医长,每日求诊者盈门。但先生并不自恃骄矜,依然虚怀若谷,精益求精。对许多疑难大症,积累了丰富的经验。正因如此,在华北国医学院任教授期间,深为后学所敬仰。

纵横驰骋　博中求约

先生治学,法度严谨。对后学循循善诱,诲人不倦;对自己严格刻苦,身体力行。他常说:初学入门,可以选读诸如陈修园的《伤寒论浅注》《金匮浅注》《医学从众录》《医学实在易》,吴鞠通的《温病条辨》及《频湖脉学》《本草备要》等书,如此在医理上虽未深通,而在临床应用上,苟能灵活运用,亦颇小道可观。然欲达到精通医理,则相去尚远,仍须溯本求源,从根本做起。要认真研讨《内经》《难经》《脉经》等经典。此后,宜进一步学习《伤寒》《金匮》《千金》《外台》《本草经》《本草纲目》等,参以金元四大家及各种医籍,这样才能较全面、系统地掌握中医理论。此须假以时日,方能得其精髓,明其灵活变通之妙。

对《内》《难》的研究，先生认为应看到诸篇之间的内在联系，只有前后相参，才能系统地、完整地理解其深意，窥及其理论全貌。中医理论涉及到文、史、哲、天文、地理、四时、方宜诸方面。"人生于气交之中，得天地之气以生，故阴阳之气与天地之阴阳相合。在天地有积阳积阴之不同，在人则有气血之各异：在天地，积阳为天，积阴为地；在人身，以气为阳，以血为阴……所以，必明于阴阳之理，然后方能调其阴阳，俾其归于阴平阳秘也。"故先生读书，每每纵观历史，涉猎经史子集，横贯流派，详参各家论说，逐句剖析，反复研讨。其至要之处，则录于《先哲格言》之内，且能上口成诵；有所领悟之时，则书于《管窥小语》之中。这样，数十年如一日，孜孜不倦，昼以医人，夜以读书，锲而不舍。因而对《内》《难》之经义，有较深的造诣和独到的见解。尤其重视"气化"说，对"天人相应"及"燮理阴阳"等观点有所阐发，注重其指导临床的实际意义。其学识之广博，见地之精深，历来为同道所赞佩。

对仲景《伤寒论》，他不仅在理论上有所建树，在临床上也积累了丰富的经验。正如其自述云："余潜心研讨者，伤寒也……自习医以来，每于医籍中涉及伤寒者，则必加意研究。及读《伤寒论》，更详参各家论说，以期明晰。故自问世以来，经诊此病最多，而治愈者亦最夥。唯经诊即愈，不待其剧而后救之，亦所谓曲突徙薪也。"先生博览群书，集先贤诸家之长；孜孜以求，从不牵强敷衍。对疑难之处，或求教于前贤，或切磋于同道，必反复思索，以求真诠。积数十年临床经验，参以己见，先后编著了《太医院伤寒论讲草》和《伤寒方义辑粹》等著作。

《伤寒论讲草》是先生在前清太医院讲授《伤寒论》时所著,其论述精辟,条理清晰,深入浅出,言简意赅。故在当时即以讲课"理精而深,意简而明"著称,深受后学所拥戴。如论述阳明篇概要时,先生云:"伤寒邪在太阳之时,有中风、伤寒之不同。及至邪犯中州,则无论风、寒之邪,得阳明之燥气,悉当化热。故不必论其风寒营卫,只须以在经在府为则。且又须详其为传,为直中,为转属。即经中:太阳阳明、正阳阳明、少阳阳明也。夫阳明者胃也。以胃实为阳明腑之正病,即为应下之正病也。其由太阳病循经传入阳明者,为太阳阳明。虽阳明证见八九,而太阳证有一二未罢者,仍当从太阳而不从阳明,以邪在阳明之经而未入腑,故不得指为胃实,即不可用下法也。伤寒按经递传,自太阳传阳明,而少阳。足少阳为阳明邪之去路,然凡阳明病,纵有阳明证八九,而已见少阳证之一二者,即当从少阳而不从阳明(汗、下法皆不可用)。以伤寒之传,由经传经,若入阳明之腑,则不得复传于他经。故知由阳明传少阳者,亦未成胃家实而未可攻也。所谓少阳阳明者,乃由少阳之经传于阳明之腑也。少阳之传阳明者,因误下伤津而胃受其邪为实故也。更有太阴转属阳明者,亦由脏而腑故也。故凡由少阳、太阴病而见阳明腑证,而少阳、太阴病罢者,则可下。其正阳阳明者,则由阳明受邪,非由传及也。然正阳阳明亦先经而后腑,必有腑证乃可下之。其腑证之确不确,则以胃家实与不实为断。盖阳明为传化之腑,当更实更虚。食入胃实而肠虚,食下肠实而胃虚。若食而不下,则但实不虚,斯为胃实,亦为阳明病根矣。此只因证论治,更不可拘泥传经日数,致失机宜也。此阳明病之大略。"以上仅五百余字，阳明大要囊括其中，使人得其要，可执简驭繁。

《伤寒方义辑粹》是在上述《讲草》基础上写成的，文字洗练，论理精深，关键之处复加按语。所以称"辑粹"者，是因为集诸家之精华而冶于一炉。如先生论桂枝汤之变法时云："桂枝汤以桂、芍分治荣卫。卫出下焦，太阳火弱而卫虚者，则加桂；荣出中焦，脾阴不足而荣虚者，则倍芍；下焦阳衰而寒甚者，则加附子；中州阴虚而邪热者，则加大黄。此数方加减之妙也。"寥寥数语，宗经旨而集众长，将桂枝汤及其变方的立意及内在联系，豁然纸上，使人耳目一新。

先生谓："苓桂术甘、苓桂枣甘、茯苓甘草汤，三方所异者，只术、枣、姜三味，而所治迥别。盖白术苦温而燥，健脾而化饮。中州有停饮，以致土不制水，下焦寒水因而为病者，宜用之培其本，则土崇而水伏矣。大枣甘而多脂，有益脾之功，而燥湿化饮则非其所能，故土虚而水上冲者，为所当也。茯苓甘草汤与五苓散对举，曰：'汗出而渴者，与五苓散；不渴者，与茯苓甘草汤。'盖汗出而渴者，太阳之气不化也；汗出不渴者，太阳之阳气虚于表而中州留饮，胃阳不宣，故用生姜以宣胃阳，而不取术、枣补土之法也。"加减变通，明之以理，使人知其殊而触类旁通。

先生对论中"桂麻各半汤"条（原文第23条）的理解，与众不同。曰："此节经文前贤多作三段解，愚谓非也。""此荣中寒邪外达于卫之治法也。盖寒邪凝固而伤于荣，若寒邪久郁，其凝滞之性减，而将外达，则荣气亦随之出于卫分而为汗，则邪解矣。表气虚不能作汗，则其邪出入于荣卫间而不得去,故作面赤、身痒、恶寒、发热各证。推其原,则由荣卫阴阳之气虚,故脉微不得小汗也。"其"首系之以太阳病,明其邪未离乎太阳也。"然"阴阳俱虚,发散不可过峻,故合两方而取其半,以通表气而祛微邪也。伤寒表证不用芍,兹用芍者,以阴阳已虚,且寒邪已化其凝固为流通,药复多辛甘发散之品,故可用芍,取以固护荣阴,而邪得随发散之品外出,固不至为此少许之芍药留恋而不去也。前贤多主风寒两感之轻证解,似未允协。若果为两感,至八九日之久,则已变证百出矣,岂能以小汗而愈乎?况若为两感,则芍药在所当去矣。"可见,先生研讨学术,或是或非,从不牵强,而是论之以理,求之以实。自此可略见先生治学之一斑。虽然此稿本当时已为医界传诵,争相传抄,但先生并不以此满足,仍反复推敲,不断修改,精益求精,力求其更合经旨以示后学。使人读后可得其要,用之即得心应手。这是先生治学,力求纵横驰骋、博中求约的具体体现。

审慎求实　宗古创新

先生临证诊病,一丝不苟。详察病情,究其要害,制方严谨,用药精当,师古而有创新,药味平淡而有出奇制胜之妙,对许多疑难大症,颇多建树。及至先生晚年,德高望重,工作甚忙,求诊者众多,依然审慎为之,不论患者地位高低,亲疏远近,同样认真诊治。常见他因一味药的取舍,或用量的增减而斟酌再三。凡遇疑难重症,诊病之余,必沉思良久,甚至深夜查阅文献者,亦为常事,足见其审慎求实的科学态度。

积数十年之经验，先生对温病、痨瘵、疟疾、妇科诸门，皆有精研。早在三十年代，先生即据临证实践，著有《痨瘵概要》，阐明其病因病机，并归纳出清心养肺、益肺补心、养血疏肝、滋补肝肾、益阴清热、温补肾阳、健脾除湿、培土生金、清胃滋脾、益气补肺等治疗法则，每法均列有临证验方、药物化裁等具体内容，并强调空气疗养的重要作用。在抗痨药未产生的当时，据此而治愈者众多，起到了积极治疗的作用。至今看来，其遣方用药，加减化裁，独具匠心，仍有重要的实用价值。

先生治疟，虽宗经旨，但加减变通之中亦有新意。例如论小柴胡汤之临床应用时云："此方治疟，最为有效……依我之治验，为如下加减法：若寒多者，加柴胡至三至四钱，青皮三至四钱，余同前。唯柴胡加多，则可照西药之服法，一剂三服，如下午五点发病者，则晨时第一服，十一时第二服，下午二三时第三服，余依此类推。热多寒少者，重用黄芩而减柴胡；又有不头痛而腹胀者，则于方内加白术三至四钱，草果二钱，茯苓三钱……若但热无寒之温疟，则此方不适用矣。"

先生治疗结石症，创立了开郁清肺、甘缓和中、养血清热、温通止痛等法。提出了欲降先升、欲利先清、欲排石先疏通、欲祛邪先扶正等治疗原则，治愈了国内外肾结石、胆结石患者多例，使免于手术而得以康复。开郁清肺法多用于肾结石，以莪术、乌药、赤芍为主药，佐以川贝、厚朴、茯苓之属，药少力宏；其清肺者，乃病在下而求治于上之谓。早在三十年代，先生以此法治愈肾结石而惧于手术治疗之患者多人，使西洋医生惊叹不已。甘缓和中法多用于胆结石，以生、炙甘草为君，佐以杭芍、蔻仁、乌药之属。此乃"肝苦急，急食甘以缓之"之意。在五十年代初期，先生即以此治愈胆结石患者多例。据病例载，患者就诊多则十余次，少则仅四次，即以石下症除而告痊愈。观其用药，每方仅寥寥六七味，然于加减变通之间，补中有泻，散中有收，行气与敛阴柔刚相济，治本与治标相兼得当，立法正而用药精，虽未用排石重剂，但阴阳和，气机通，中州斡旋之力得复，少阳升发之气得行，排石则成为必然。此乃先生治病求本，燮理阴阳之妙用。这些经验，扩展了人们的思路，为治疗结石症提供和积累了可贵的资料。

先生对药物配伍、加减用量颇为重视，指出遣方用药"尤为第一要者，则只求中病，力戒庞杂"。因而对方药配伍之微细差别，用量多少之作用异同，皆有精辟的见解。诸如对参附、术附、芪附三方配伍主治之异同；对小承气汤、厚朴大黄汤、厚朴三物汤，药同而量异、主治各殊之见解等，其见地之精深，足以启人智慧。对相似中药的异同，诸如柴胡、升麻、葛根在配伍应用上的差异，缩砂仁、白蔻、草蔻、肉蔻所治之不同，芩、连、柏、大黄在应用上的微妙之处等，皆有具体、详细的阐述，不仅使后学能得其要领，也便于人们明了其具体应用，颇为后人称道。

正是在此基础上，先生编著了《温病概要》《温病条辨选注》《中医诊疗原则》《医术经谈》《袁氏医案》等，皆是他数十年经验的结晶。遗憾的是，因时间流逝，时局动荡，原稿或有缺残，至今未得收集完整，殊可惋惜。

虚怀若谷　精益求精

先生善于取历代各家之精华,乐于学习同道之长处,从不闭门自守,自恃门户之见,而是不论派别,兼收并蓄,熔各家之说于一炉,参以己见,使之更臻于完备。先生虽精研伤寒,然而对温病亦颇有见地,在其遗著中可以看到,在剖析伤寒之时,诸流派之长皆收纳其中。在论述温病时,仲景立法之意及诸家之说已融注于内。见解不同之处,还两存其说,以启后学深究其理;偶遇创新之见,则附录于后以博其识。先生立论持平,不以偏见取舍,足见其求实的态度。

先生与京都名医肖龙友为挚友,其间相互敬重,互相切磋,传为医坛佳话。先生十分敬重赵树屏、秦伯未等名家的学识,赵、秦二老亦十分感佩先生精湛之学术。每相与论及医学,流连忘返者,屡见不鲜。先生与施今墨、张菊人诸老为近邻,彼此间学术交往乃为常事。先生与中医皮科专家赵炳南老,长期协作,默契配合:外有病需调治于内者,赵老举荐于先生;内有病而又见于外者,先生介绍于赵老。如此互相敬重,相互配合,数十年如一日。至今,赵老案几之上,仍有先生所赠之壶,以表对先生的怀念。先生不放过任何学习机会,即便是零金碎玉,点滴经验,也视为珍宝而收录。他对于晚辈,同样十分器重。对其咨询及学术上的见解,总是认真思索之后,再论是非。每遇学生有卓见之时,他不仅热情勉励,而且乐于取其长而增己见。诸如某翁之验案,某人之效方,某公之见解之类,于先生随记中,常可见到。其谦虚好学的精神贯彻于其医学生涯之始终。先生曾将其书斋命名为"知不足轩"。

更为可贵的是,他精于中医而通晓西医。在京师大学堂医学馆时,学习西医的成绩,皆在九十七分以上,故每于临证之时,凡可参以西说者,先生乐于相参以用于实践。及至晚年,在中医建设和中西医结合的问题上,发表过至今看来仍有参考价值的意见。先生主张中医建设首先抓好三个环节:一是整编古典医籍;二是搜集中医人才;三是筹办高等中医院校及医院。对中西医结合则应分两步:于医术上,可谋速成结合;在学术上,则从根本理论上做起,乃是长期艰巨的工作。前者可收速效,后者可达融会贯通。二者结合,方可奏效。

由于先生在中医方面建树卓著,多次受到中央领导同志的亲切接见。一九五七年他卧病在床时,党和国家领导人十分关注,周总理曾派专人往视,林伯渠秘书长、李德全部长等亲临病榻慰问。先生虽重病在身,仍时时不忘新中国医药卫生事业,曾拟著述计划,但终因病势沉重,未能遂愿。先生暮年,壮心不已之精神,使人忆起一九五六年在党的中医政策鼓舞下,先生同汇聚北京的中医名家,为振兴中华民族医学踌躇满志的情景。当时,秦伯未老有诗赞云:

> 祖国相呼唤,欣然来北京。
> 一时逢盛会,四座尽知名。
> 赵董推先觉[1],袁施属老成[2]。
> 举杯无限意,期待展平生。

"期待展平生",是前辈之夙愿,也是对后学的鞭策。在回忆先生治学道路的同时,深感肩头重任的分量。愿和中医同道一起,学习前辈们的治学精神,为振兴祖国医学做出努力。

注:

〔1〕赵董:指原中医学会主任委员赵树屏同志和《中医杂志》主编董德懋同志。

〔2〕袁施:指名医袁鹤侪、施今墨二老,年事最高,均参加医院工作。

一代名医——施今墨

祝谌予[*]

[施今墨小传] 施今墨(1881~1969),浙江萧山人,原名毓黔,字奖生。十三岁从其舅父李可亭先生学医。成年追随黄兴先生,参与辛亥革命。民国初专业医,素主中西医结合,取长补短,毕生致力于中医之革新。解放后曾受毛主席接见,参加过最高国务会议并任三、四、五届全国政协委员。曾任儿童医院、首都医院、北京医院顾问。

先生十三岁即从其舅父河南安阳名医李可亭先生学医,后来进入京师法政学堂,接受革命理论。先生见到清廷之腐败无能,认识到欲使我中华民族繁荣昌盛,非青年有志之士奋力革命不可,于是追随黄兴先生奔走革命。

---

* 首都医院

辛亥革命推翻了满清政府，在南京成立了国民革命临时政府，孙中山先生就任临时大总统，黄兴先生协助之。但多数官员仍似昔日之争权夺利，不顾人民疾苦。先生深感夙志未酬，慨然叹曰："不为良相，便为良医。"遂脱离宦海，专以医为业。

先生一生志抱革新，业医亦趋革新。先生认为西医有许多科学仪器辅助诊断，辨病明确，但治疗方法不如中医之多。故于五十多年前即采用西医诊断手段，中医辨证治疗，疗效显著，声名大噪。许多疑难病患者，经先生精心治疗，多获显效。先生尝谓："治疑难大症，必须集中优势兵力，一鼓作气，始能奏效。因循应付，非医德也。"

先生善用《金匮》《伤寒》之经方。每每合剂使用，加之先生所创"对药"（药物配伍），难免方剂稍大，药味众多，常被当时医生所讥。其实，先生用药组方，极有法度，绝非堆砌药物，胸中无数。先生尝曰："临证如临阵，用药如用兵。"必须明辨症候，详慎组方，灵活用药。不知医理，即难辨证，辨证不明，无从立法，遂致堆砌药物，杂乱无章。

有时先生亦常用单味药或单方出奇制胜。如治内蒙古某妇患热痹，关节红肿疼痛，发高热，日夜号叫。当时众医均以风、寒、湿痹治之，而先生诊之曰："此热痹也。"处方一味紫雪丹一钱顿服，日二次。服后痛减，即不号叫，但药力过后，疼痛再发，热亦未退，先生加量紫雪，每次二钱，日二次。旋即高热渐退，疼痛大减，已能安卧。但某医认为紫雪不宜多服，病家遂即停用。然药停后，热再发，痛又大作。患者家属再次求诊于先生，先生曰："药力不够耳。"遂嘱用紫雪丹二钱顿服，日三次。前后共用紫雪丹二两，病遂痊愈。可见先生并非仅善用大方,而亦善用单方、小方,关键在于辨证准确,又善用药,故效如桴鼓。

先生治病,重视审证求因。如某青年患腰椎增生,腰痛如折,行动困难,屡经中西医治疗未效。后求诊于先生,经四诊观察,断为肾虚所致。嘱其每日服枸杞子一两,一个月后,腰痛大减,行动自如。嘱其再服一个月,巩固疗效。此人今已五十余岁,腰痛迄未再发,每每言及,盛赞先生之高明。

又治民国初年某议员上呕血,下便血,病情险恶,当时群医束手,后延先生诊治。先生观前医诸方均以止血为主,并无少效。先生沉思者再:中医理论,上病取其下,下病取其上。呕血宜降,便血宜升,而今上下俱病,升降均不相宜,当如何处置?先生认为:上下俱病当取其中,补中之药以吉林野山参为最佳。嘱其家人,急购老山参二两,微火炖煮,频频饮服,不拘次数。经一昼夜,呕血便血均止,人亦清醒,患者伏枕频频致谢。可见先生辨证精确,独具巧思,谙熟药性,用当通神。

先生医德极好,虽名扬海内外,但接人待事,谦恭诚恳,从不诽贬同道。专视他人之长,常忖个人之短。如对某病自己经验较少,即推荐病人至有专长的医生处诊治;甚至对学生的治疗经验,也常常接受使用。

先生虚怀若谷。如在解放前曾于重庆乘滑杆,见轿工口含一物,爬山越岭,并不气促,询之,知为蛤蚧尾。后用于治肾虚之喘,屡屡奏效。

先生在学术上有其独到的见解,毕生致力于临床实践,认为祖国医学理论必须与临床实践相结合,没有临床实践只是空谈理论并非良医。对古人之论述,必须付诸实践才能深有体会,从实践中又敢于突破旧框框,方能推陈出新。诸如《内经》《伤寒》《金匮》、本草、温病以及历代名家著述,虽称圭臬,亦须从临床实践中深入体会。先生尝谓:"绝不能拼凑症状以命证,亦不可拘执成方以治病。"

先生认为气血为人身体物质基础,实属重要。因此提出:阴阳应为总纲;表、里、虚、实、寒、热、气、血为辨证八纲。这是先生对于中医基础理论八纲辨证的新发展。

又如治外感发热病,先生认为:凡内有蕴热,方易招致外邪;若无内在因素,仅有外因则多不能伤人。表证不可只知发汗,且应注意清里,既应解表亦应清里,在"解"与"清"二字上仔细推敲,故创立七解三清(即解表药与清里药之比例为七比三,下同)、三解七清、五解五清等法,用之得当,效如桴鼓。

先生擅长治脾胃病,曾拟治脾胃病十法,即温、清、补、消、通、泻、涩、降、和、生。其意为:寒宜温,热宜清,虚宜补,实宜消,痛宜通,腑实宜泻,肠滑宜涩,呕逆宜降,嘈杂宜和,津枯宜生(具体用法详见《施今墨临床经验集》,人民卫生出版社)。

先生一生革新不息。如认为中药汤剂服用不便,并且浪费甚多,曾设置制药厂,提炼药物,用量小,服用方便。虽因用人不当,半途而废,但革新精神,可见一斑。又如三十年代尚无中医医院之设,先生创立中医医院,使用西医诊断仪器,采用中医辨证治疗。当时规模虽小,但此创新精神,实为可佩。

先生在办学方面亦主革新,不存中西医门户之见。大力提倡中西医学互相取长补短。一九三二年创办华北国医学院,课程设置以中医为主,兼设西医基础课程,如解剖、生理等。到解放前为止,培养出五百多名中医,现多已成为骨干力量。先生此举,可谓创中西医结合之先河。

先生为中医事业,鞠躬尽瘁。国民党统治时期,曾有废止中医之举。先生奔走南北,联合同道,在南京组织请愿,在报纸上大声疾呼,引起人民之响应,迫使国民政府撤销废止中医一案。

解放后,先生亦多次上书,维护中医事业,虽屡遭某些人责难,甚至讥笑诽谤,而先生坚持拥护党的政策,从事中西医结合事业,不遗余力。先生于一九六九年八月二十二日在京逝世。临终嘱其儿女、门婿等,必须将医案整理出书。他说:"余虽身死,但我的医术留给后人,仍为人民服务。"并嘱将遗体解剖,为医学研究做出最终贡献。

一九八一年四月十六日为先生诞生百年纪念日,其子女、门婿及学生们在京举行纪念会,交流施氏学术经验,并将先生解放后所诊之有效病例,积累成册,定名《施今墨临床经验集》,由人民卫生出版社出版,以资纪念。

从施今墨老师获得的学识和教诲

朱师墨*

施今墨老师医学知识渊博，经验丰富，融通中西，推陈出新，兼以热心挹菁拔萃，提携后学，为祖国医学的继承和发扬，做出了重要贡献。师墨虽蒙殷切诱导，侍诊学习有年，但由于天分有限，努力有亏，自稽所获，只是粗识途径，不敢说已登堂入室，妄称师传门人。

我跟施老师侍诊学习之始，施师即及时指出："经典著作是祖国医学之基本，是必修的功课。中医内科则概括妇、幼等诸病证治。故历来医家，其凡精于内科者无不兼工妇、幼等科。张仲景为内科证治专家之鼻祖，在《金匮要略》中则有妇人诸病脉证并治之作。孙思邈著录《千金要方》达六十卷之多，后来更著《千金翼方》以增充之，其内容对妇、幼等各科方治俱备，而尤备妇科。秦越人过秦为小儿医，过洛阳为耳目痹医，过赵则为带下医，可见中医内科概括之广，且为诸科之主。"施老师认为："其有好逸恶劳者，怕下苦工，舍本求末。例如学习妇科，若只固守傅青主一书不放，只习用生化、四物等数方不变，以统治妇人诸

---

* 武汉医学院第一附属医院

病,此乃借傅青主妇科之盛名,以自高身价而以专家自炫,欺世盗名,不足为训,非吾之徒也。"

如上足见施老师对门人的要求是十分严格的。他对治学态度的教诲是"必须锲而不舍,志坚金石;纵览群籍,精究专业;博采众长,不偏不倚"。对于脉证并治严格要求"切重实际,遵循真理;正确辨证,对证施治;深中肯綮,突出重点;整体考虑,全面衡量"。他对德才并重,主张"必须广结师友,德才自尚,互相砥砺,真诚相见"(师墨附识:昔贤有言,多师为良师,良朋同师保。抗日战争期间,武汉沦陷,师墨迁沪开业,对《伤寒论》等经典著作有不够了解之处,常去请教陆渊雷先生,先生虽以友道客礼相待,而师墨则尊之若师。师墨对孟河费氏学术,深为服膺。其传人丁氏之《丁甘仁医案》,粗看似亦一般,深入细读,乃觉不同凡响。于是每日凌晨,即展卷究读,不敢或懈,视同良师传技,收到侍诊见习之效。故尝自订铭辞:"亲炙施今墨,私淑丁甘仁。")。

施老师还经常告诫门人:"戒主观,戒机械,戒玄幻,戒泛滥,戒故步自封,戒空论侈说。"所以,施老师既反对厚古薄今,亦排斥非理性的标新立异。他又经常郑重地指出:"病是活的,多数是复杂而多变的,而且机枢相通,顺逆相从,关系相应,矛盾相对,其间错综曲折,潜晦隐微,古今中外之上工高手,亦时苦未能尽窥其奥。所以在诊治上,千万要全面精察,苦心探索;灵活运用,谨密掌握;选药准方,选方准病;不可执一药以论方,不可执一方以论病;不可徇一家之好而有失,不可肆一派之专而致误。其有厌学图便者,只是习用极少数成方、单方以统治万病,非吾之徒也。"

记得有一次,施老师的一位好友之子,要从施老师学习中医。施老师命师墨随便在书架上抽取一本书,那是《内经知要》。施老师叫他把书首薛生白的序言,念读一下。因为那本书是木版的,没有句读符号,他念不下来。施老师宛转地对他说:"你把中文再学上一个时期,再来跟我学中医,那就好了!"从这里也可看到施老师对门生的要求是既严格而又全面的。这也说明:中医有必要学好中文,才有深入钻研祖国医学的工具;这同西医有必要学好外语,才能广泛吸收国际的先进医学是一样的。

回忆初从施老师学医时,对施老师治疗妇科崩漏病常用赤石脂、禹余粮、煅龙骨、乌贼骨、棕榈炭、陈阿胶等不理解,请教他根据是什么。施师因我是初学,医学知识还幼稚,所以只用简单的物理比喻作解说:"假如屋内墙壁坏了漏水,泥工补漏,须用泥土、稠胶和麻缕等掺合一起,才能补牢。对功能性子宫出血症,如其症侯宜用涩法,要达到补漏止血的效果,就必须采用质黏而性涩的矿土——赤石脂、禹余粮,质稠而善补的阿胶和纤维韧密而性能敛涩的棕榈等,综合施用,始能奏效。《伤寒论》第92方'赤石脂、禹余粮汤'主治下焦滑脱性下利,亦是取其填涩作用而已。"

对"天癸"的解说,施老师曾经指出:"天癸"是男女共有的,似乎是指相当于现代医学所谓主导生殖的性激素类。但有人常把月经称为"天癸"。《中国医药大辞典》亦竟有"今人则专指天癸为月经"徇俗从讹的按语,可发一笑!

关于"八纲"名称问题,师墨认为"八纲"名称欠妥,应改为"一纲六目"才对。阴阳为天地万物之纲纪;表、里、寒、热、虚、实,俱为阴阳总纲下之项目,岂容纲目混淆,等量齐观。施老师亦认为:"八纲"之称不当,应改为"一纲八目,六目之上应再加'气、血'二目,始更正确而包涵周到。"

至于中西医结合问题,施老师约早在六十年前就已提出中西医应互相学习,使其融会贯通。西医应该学习中医,中医也应学习西医,知己知彼,取长补短。

师墨自出师门凡五十年,对上述教诲,终生牢守,奉为圭臬。故自执业以来,虽乏殊功,亦罕重愆,尚能未辱师门,问心较安;且虽仅咫尺之长,纤屑之就,而幸有薄获,亦岂能少忘师门培育之厚惠!

最后,特附陈"纪念施师百岁诞辰"《悼师》长律一章如下:

一旦愕音至,百年生谊终!
悲伤深且切,感仰永而隆!
生谊非无限,遗徽却不穷。
声名南北重,方技古今雄。
诱掖成人美,勤劳济世功。
中西能结合,新旧自交融。
实践证真理,推陈启迷蒙。
倡新一贯志,临殁尚萦衷!
先哲典型在,后贤传统同。
际兹崇四化,更恸失斯翁!
——七十五岁老门生朱师墨肃献

忆先父王静斋

王季儒*

[王静斋小传] 王静斋（1883～1953），名功镇，山东历城人。世代业医，自学成才。青年时代在当地即有医名，后悬壶济南，一九二八年起在天津操业，并巡诊于京、唐、保等地，声誉日隆，成为一时名医。精通医理，擅长温病，又精儿科，著有《养生医药浅说》等。解放后，被天津市卫生局聘为市中医考试委员会委员。

我家世代业医，曾祖父王允中，祖父王晋封，均为当时名医，事迹载历城县志。先父王静斋幼失怙恃，惧祖业之将坠，乃勤求古训，努力钻研，年甫弱冠而医名已著。为了维持家庭生计，一面设塾课徒，一面在当地行医，一时颇具威望。后移寓济南，设一小药铺，前面卖药，后面为诊室。

---

* 天津市长征医院

此时被选为山东省议会议员,但仍以行医为正式职业。一九二五年到大连出诊,治愈濒危之小儿,病家为表示谢意,介绍到直隶(即河北省)两摄县篆。北伐后(1928年)退居天津,仍理旧业,誉隆遐迩,时到北京、保定、唐山、北戴河等地出诊。诊余之暇,著有《养生医药浅说》行世。解放后,屡被天津市卫生局聘为中医考试委员。与北京四大名医之一——孔伯华极为友好,每逢孔先生来津出诊,即与终日相聚,探讨病理,互相会诊,在当时中医界传为佳话。

医学渊源

先父读儒书时,即取《内经》《难经》而读之。数年,以为医学一道,非《内经》不足以明其理。熟读《内经》以后,继之以《本草经》《伤寒》《金匮》,均能熟诵,至老不忘。认为熟读《内经》则增人智慧,于病理可左右逢源;熟读《本草》则方自我出,不受古方局限;熟读《伤寒》《金匮》,则辨证施治有法可循。正如朱丹溪所说:"非《素问》无以立论,非《本草》无以立方。有方无论,无以识病;有论无方,何以模仿。"又说:"仲景之书详于外感,东垣之书详于内伤,医之为书至是始备,医之为道至是始明。"(见《格致余论》)先父认为《内经》文词古奥,初学颇不易读,须广看各家注解,其义始通。王太仆为注《素问》之先河,其中有很多精辟之处,如"益火之源以消阴翳,壮水之主以制阳光",此注解诚高出千古。马元台、张隐庵之注解,亦有超乎前贤之处。如《素问·生气通天论》:"因于气为肿,四维相代,阳气乃竭。"王注,四维为筋骨血肉;马张二人注,四维为四肢,似较王注为优。正如虞天民说:"《内经》其书深而要,其旨邃以弘,其考辩信而有征,是当为医家之宗。"(《医学正传》)我初学医时,先父即教导说:"学医要从四部经典著作入手;熟读以后,再博览群书;经过认真临床,方能得之于心,应之于手。"如《千金》《外台》集唐以前医方之大成;金元四家,补前人所不及。历代各家著作及名医医案,须要多读多看。总之,开卷有益也。尤其清代叶天士之《温热论》、吴鞠通之《温病条辨》、王孟英之《温热经纬》更为必读之书。然先父临床运用,不执前人成见,师古而不泥古,不论经方时方,善于化裁。如在治温病之神昏谵语时,常配一种粉剂,处方为:羚羊角、犀角各三分,麝香、牛黄、珍珠粉、薄荷冰各一分,琥珀一钱七分,冰片一分,朱砂一钱七分。同研细,大人每服七分,小儿每服三分。此方即由局方至宝丹化裁而来,对温病之神昏谵语及剧烈头痛,疗效突出,较局方至宝丹、安宫牛黄丸药力单纯,直达病所。尝谓以古方治新病,譬如拆旧屋盖新房,必须经匠人之手而后可。量体裁衣,自无不合;削足适履,定受其害。

先父治学,既不厚古薄今,也不是今非古,既不主中排西,也不泥古不化。常谓吴鞠通之《温病条辨》,似主杂气,实偏于阴虚,故药多寒凉;陈修园之书,偏于阳虚,故药多温补。二人虽各有所偏,因其所处之时代不同,气运各异也。如中西医书,汗牛充栋,约其宗旨,要皆在济人利物。西医之言细菌,即中医所谓病邪,西医能杀菌灭毒,中医亦能杀菌灭毒。如桂枝汤、麻黄汤、白虎汤、承气汤,或表或化,或吐或下,使邪尽而病愈者,皆杀菌之法也。中西医所操之术不同,而治病救人的目的则同,当互相取长补短,只要有利于病者,医何分中西哉?在那还没有提出中西医结合的时代,而能有此见解,实属可贵。又常说,民国以后,军阀割据,连年战争,杀人盈野,空气中含有一种厉气,故温疫病为多。吴又可著《温疫论》,亦是因当时直隶、山东、浙江大疫,以伤寒法治之不效,乃著此书。可见古今医家皆是以气运为转移,先父以善治温病名于世,亦因时代所致也。

治外感如将　治内伤如相

先父常谓:"医虽小道,人命所司,必须明阴阳,察运气,因时制宜,随机应变,庶不致贻误病机。"凡病总不出三因,揆其因治其病,不难治愈;万勿以其人平素虚弱,不问病之所在,一味滋补,致令邪留于中,固蔽既久,永不能出,重则丧命,轻则缠绵终身。须知病去后脏腑虽虚,亦能借谷气以生,所谓药补不如食补;病留,脏腑虽实亦死。祛邪即所以扶正,邪去则正气自复。或曰服补药气不能脱,服热药阳不能绝。须知滋补之剂,固外邪而助内热,病留于中,致使邪气愈炽,于人何益哉!故补虚宜于平日不宜于病时。误服燥药则阴竭;偏于滋腻,湿痰阻滞;补气补血,皆宜慎之。

治病宜分三期:病之初起,元气强壮,无论轻重,当以猛剂峻剂,急去其病,是为第一期;病之中路,元气渐衰,正邪宜兼筹并顾,当以宽猛相济之药,缓急得宜,方能收效,是为第二期;病至末路,元气已亏,唯宜养正为先,正气充足,邪气自除,此时用药万勿猛烈,须缓图而不可急功,是为第三期。我尝遵守这些治疗法则,每收指臂之效。

先父对温病尤为特长,每年活人无算,津市人多称其为伤寒专家。盖西医所谓之伤寒,即温病之类。温病发病急变化快,病死率高,每遇此症,即以峻剂猛剂,不但药味多,而且剂量重,每剂药中生石膏有用三四两者,甚或有用生石膏煎水作饮料者,故药下即效。并谓治温病如擒虎,稍一放松,回噬伤人,故必须用大剂量,使病邪无反袭之力,所谓治外感如将,如大将之用兵,兵贵神速,除恶务尽也。病愈后,仍须彻底清理,以免死灰复燃。但当时天津人最怕生石膏,以为石膏大寒,入胃后,虑如做豆腐者用石膏之点卤。患者既不敢服,医者也不敢用,如用之,也是用煅者。殊不知生石膏辛凉,体重气轻,体重可泻胃热,气轻可解肌表。丹溪谓其"味辛甘。其甘也,能缓脾益气,止渴去火;其辛也,能解肌发汗,上行至头"。近人张锡纯对石膏论述极精,可资参考。故生石膏主要功能,大清阳明之热,解肌表而发汗,为治温病之特效药,不似芩连之苦寒凝滞也。因而先父与药肆中相识者洽商,嘱其煎好,名之曰"清热露",使病人不知为石膏制剂,可以放心服之。津市有一名医某君,素不用石膏,见先父之用清热露颇有疗效,故亦常大量用之,盖其不知即石膏也。

对于内伤虚证,则用药极轻,不但药味少,而且剂量轻,盖以胃气虚弱不能胜药力,药汁入胃不能消化,病必增剧,勿急于求功,须缓缓图之,使正气复而邪气退,所谓治内伤如相,如良相之治国,坐镇从容,神机默运,无功可言,无得可见,而民登寿域。可见治病不在用药之轻重,而在辨证之精确。辨证不明,用药必误。

长于治疗中风、肺痨和麻疹

先父对中风、肺痨等大症,均有独到之处。如论中风说:唐宋以前,多主外风,金元四家,刘主火,李主气,朱主痰,因而后人有真中类中之分。实际《内经》中早有记载,不过不名中风,而名大厥薄厥之类。如《素问·调经论》说:"血之与气并走于上,则为大厥,厥则暴死,气复返则生,不返则死。"这正是本病的致病因素。盖人身气血,上下循环,周流不息。血随气上,上行极必然造成脑充血,故卒然倒仆不省人事;气上行极而下,则血亦随之下行,是为气复返则生;假如气血上行不止,势必造成脑血管破裂而出血,出血不止,是为不返则死。又《素问·生气通天论》说:"阳气者,大怒则形气绝,而血菀于上,使人薄厥。"这说明肝阳旺盛的人易于动怒,怒则气上,血亦随之,故血菀于上,而造成昏迷,临床常见到血压高的人,往往因大怒而突然发生脑溢血,可见大怒为本病诱因之一。又《素问·通评虚实论》说:"凡治消瘅仆击,偏枯痿厥,气满发逆,甘肥贵人,则高粱之疾也。"可见嗜高粱厚味的肥胖人,多属半身不遂病的易发体质。因此,本病固不必有真中类中之分,不过有中脏腑、中经络之异,有虚实闭脱之别。虚者益气以通络,实者活血以通络,闭者先用芳香以开之,脱者以补脾肾强心以固之。常用药:益气用参芪白术,养血用归芍熟地,通络用桑寄生、威灵仙、豨莶草、牛膝,活血用山甲、䗪虫、地龙、鸡血藤(活血用虫类药者,以其亦有通络之力也),口歪用僵蚕、全蝎,肝阳旺者用石决明、生龙牡、胆草、旋覆花、赭石、羚羊角,脉滑数者是内热较盛,用生石膏、知柏、竹茹、栀子,痰盛者用黛蛤粉、半夏、广皮、天竺黄、竹沥,开闭用苏合香丸、安宫牛黄丸、菖蒲等,固脱强心用圆肉、山茱萸、茯神、枸杞子、菟丝子,或加参芪、龙牡。先父每年治中风病不下数十人,很少留有后遗症,因其最后皆令病人加强锻炼,每逢此病治到一定程度,患者已能站立活动,即将太极拳教师李君介绍去帮助患者练习太极拳,故大多数能恢复正常。

先父认为,肺痨有真假之别。先就真肺痨言之:其人先天禀赋不足,若其处境顺者,或能脱过;如日处逆境,心思败乱,虽将其培于参芪之中,亦难幸免于死。盖草根树皮,可以疗病,不能补其将绝之根源也。然此病初得,亦多有因风寒而起者。此时先以辛散解之,清凉化之,使邪不留经,亦可愈于无形;及至骨蒸发热,交阴时则剧,两颧红如拇指一点,此心阳将绝之兆;干咳无痰,或唾涎沫,或大便溏,脉来细疾而软,是肺绝脾败,病入膏肓,无能为力矣。古人多以滋补气血,填精益髓,以延寿命,亦恐于事无济。

再以假肺痨论之:其人平素气充体实,或受风寒外感,邪既郁,脉必闭,不但不见浮数,反涩小而缓,身亦不热,头亦不痛,但只咳嗽,此风热闭于内,治当火郁发之。如误认为虚用滋腻之剂,补邪于内,热邪内伏,上蒸于肺,肺被热蒸,久则肿胀,气道不通,咳嗽愈急,血被火炼,热无定时,或先恶寒而后发热,形同疟疾,此乃肺部肿腐之时,气盛者阳时发热,气弱者阴时发热,风火交煽,则精神萎靡,饮食不进,类似真肺痨矣。热时满面发红,间有不红者,得汗则解,口渴,脉滑数、洪大,或涩或迟而脉体宽大,不但证为纯阳,而胃亦大热。欲救其急,非釜底抽薪不可,只要大便不见溏泄,即可用生石膏治阳明胃热而清通肺气,犀黄丸消肺中之肿腐,再加紫雪以开之,使浮游之火散,而他脏自安。常用方剂,以麻杏甘石汤、桑菊饮加减。然麻黄辛热,须少用(至多不超过半分,用以搜肺经所郁之风寒),若多则受其害矣。重用生石膏以清其热,使热不上冲,则咳嗽自愈,此方乃治蕴藏风热之坏症,而非治阴火痨瘵也。然此时如用滋补,则风火不得宣泻,内耗真阴,阴愈虚则热愈盛,肺被熏蒸,势必肿烂而死。

一九三〇年,患者羊幼甫,女性,十七岁,初患风热,误服补剂,以致发热不退,咳嗽,痰中带血,经 X 线照像诊为肺结核,求治于先父,其脉细数而疾,时热时止,饮食减少,形体瘦削,肺痨已成,即用桑菊饮加生石膏,服七十余剂而愈。越三年,其姊又病,复受传染,肺痨又作,仍以前方加生鳖甲、生龙牡、知母、黄柏、犀黄丸、紫雪丹出入为方,服药二百余剂,方治痊愈,观察二十年未再反复。如患者急于求愈,医者不耐心治疗,未见其能愈也。

先父对儿科有较深的研究,尤其对麻疹更有独到之处。曾著有《疹科心法》一卷,附于《养生医药浅说》之中。

先父认为,古人著痘疹之书,皆精于痘而略于疹,因往昔种痘者少,而痘之伤人亦最烈,故痘有专科,疹则附之而已,其实无治疹之专书。按麻疹一症,只要护理得当,用药不误,则十全十,百全百,其死者,非护理不当,即调治失宜也。先父在《疹科心法》中首先指出疹有麻疹、痧疹之分。麻疹之原虽系胎毒,未有不由天行厉气而发者。痧疹之原,虽系后天所伏热毒,亦由感天地之厉气而发,其原虽异,其毒则同。麻疹为先天之正毒,由血分而入气分;痧疹为后天之变毒,由气分而入血分。按痧疹古人谓之烂喉丹痧,即现代医学之猩红热,较之麻疹尤深一层。治疗之法,皆宜辛凉清解,则轻者化无,重者转轻。如误投辛温燥热之剂,则热愈炽,毒愈盛,将变成紫黑痧痘,轻者重,重者危矣。治法与温病同者,喜清凉而恶燥热。其与温病异者,温病见里证,便用承气汤攻下排毒,所谓"温病下不厌早"也;痧麻虽亦有里证,而治之必以双解法,大便燥者加酒炒大黄及元明粉微利之,但不可加枳实厚朴峻攻,恐伤中气,致在腠理之邪内陷发生变症。古人治疹,有主可汗者,有主不可汗者。先父认为麻疹服药后宜微微取汗,俾麻疹易于透出,所谓火郁发之也。痧疹药后不必强之出汗,顺其自然,有汗不可遽止,但二者均忌大发汗。用药切忌温补,酸收,固涩,燥热,峻攻,升提等。盖温补、酸收、固涩皆能固邪于中,毒热不得外达;燥热则毒热愈炽,易使神昏谵语;峻攻则邪陷;升提则咽喉肿痛,且能衄血。总之宜辛凉解毒,清热化痧为主,药宜轻清透邪,疹以透出为顺。

麻疹初起与感冒相似,鼻流清涕,眼珠光亮色赤如涵水中,眼倦难睁,困顿不起,咳嗽食少,烦躁不安,甚则发颐,咽喉肿痛。小儿见此征象,勿认为感冒,验其中指凉,耳轮凉,睾丸凉,再验其口唇内及颊黏膜上有麻疹黏膜斑,即为麻疹先兆,应以桑菊饮辛凉解表,清热化毒。轻者发热一两日即隐隐现于皮肤之下,红若丹砵。其出也,疏疏朗朗,颗粒匀停。毒盛者,发热三四日后始见点,当此之时,居处宜暖,万勿透风。饮食宜清淡,且勿多食以助胃热,致使小儿烦躁不安。倘被风寒所袭,麻疹立回,疹毒内陷,上则结胸喘急,下则泄利,肺为邪气所遏,不能行治节之气,再加以口舌生疮,津液枯竭,咽痛声嘶,则病危矣。自出疹之日起,护理非常重要,勿受风,勿伤食,虽有咳嗽,不可过于止咳,因咳嗽则毛孔开而疹易出。过三日后,徐徐收回为顺症。至于疹后痢疾,口渴心烦,乃余毒不净,宜养阴解毒为主,切不可辄用补剂,留邪于中。如发热七八日而疹不出者,为毒邪郁闭,可用芫荽一握,用黄酒煮烂,遍身搓之,使毛孔开则疹出矣。如一出即回者即为疹毒内陷,非为风寒所袭,即为泻利气弱,输送力薄。风寒所袭者,急以解肌透毒,如僵蚕、蝉蜕、薄荷、牛蒡子、生山甲、生鳖甲、䗪虫、地龙、西河柳、大青叶等,如神昏谵语加安宫牛黄丸;如泻利气弱者,少用补托之剂,如西洋参、茯神、当归、生地、蝉蜕、天麻、僵蚕、麦冬、甘草、西河柳等,使其复出。民间有一验方:用癞蛤蟆一个煎水徐徐服之,疹可立转红活,无论风寒气弱皆效,但切勿多饮。物虽至贱,功极宏伟。如气促喘急,是合并肺炎,亟宜宣肺透表,泻热解毒,麻杏石甘汤加葶苈子、苏子、双花、连翘、苇根等。如疹出七八天尚不回收,或按期收回仍发热不退,皆是毒热不净,宜育阴清热解毒,如石斛、生地、元参、麦冬、双花、羚羊角、犀角,已回而不退低烧加生鳖甲、地骨皮。一九二五年先父在济南行医时,曾到大连出诊。患者为一小儿,年四五岁,患麻疹已频于危,先父到时见其发热气喘,二便俱无,全家啼哭,已备后事。先父临行时,曾带鲜苇根一握,遂亲与煎药,徐徐饲之。少顷,见其小便如注,随谓其母曰,小儿已有生机,勿事啼哭也。继与清肺透邪而愈。盖疹毒内陷于肺,肺失清肃之令,且肺为水之上源而与大肠相表里,故二便俱无。苇根甘寒,功能清肺泻火且能透疹,一药而表里两清,药虽至微,功效颇著。患儿为一独生子,治愈后其家极为感激,先父在直隶两摄县篆,即小儿之父介绍也。

　　痧疹初起,亦与麻疹相似,起病有高热头痛,咽喉肿痛。发病较麻疹为急,故发热一日即出现弥漫性朱红皮疹,先见头面,次及胸腹四肢,凡皮肤褶皱之处,更为明显,唯口唇周围无疹,呈苍白色。毒盛者瞀闷,泻利,唇焦,神昏谵语,呕吐厥逆。查其耳后筋红者轻,紫青者重,黑者危。治法亦用辛凉解肌,清热透毒,误用辛温危险之至。一九三二年左右,天津谦祥益号练习生姜某患瘟疫,遍身密布黑痧,色如乌枣,粒大如黄豆;初得时,某医误用苏梗、生姜,遂寒禁战栗,神昏谵语。延先父诊视时,六脉皆闭,先以局方至宝丹芳香以开之,似稍有转机,复以清瘟败毒饮重用生石膏,一剂而痧痘全出,但音哑神昏未减也。仍以前方加羚羊角、犀角、安宫牛黄丸之属,频频与饮,并以西瓜汁代茶饮之。如是者四日,其神智亦渐清晰,但音哑不能语,要纸笔自书吃西瓜、小便等事,其父与舅在旁看护,以先父治法太缓,另延专门痘疹之某医诊视,处方:荆防、生地、麦冬等,一剂而复失知觉,三剂而夭。一误于前,再误于后,致使功败垂成。夫厉气为害,热毒内炽,五脏如焚,咽喉与胃皆有痧痘,此病清凉救阴之不遑,何能再用辛温滋腻之品,终至祸不旋踵,其父追悔莫及,可叹也。

四诊并重　尤精脉诊

先父尝说:"凡诊病,四诊缺一不可,问诊更为重要。"有的患者隐其所患以求诊脉,以验医者之能否,而医者亦不问病情,但凭诊脉即可知症结所在,皆是自欺欺人。苏东坡曾说:"吾平生求医,必先尽告以所患,而后求诊,使医了然知患之所在也,然后求之诊虚实冷热,先定于中,则脉之疑似不能惑也。故虽中医治吾疾常愈,吾求疾愈而已,岂以困医为事哉。"沈括亦说:"古人云:视疾必察其声音,颜色,举动,肤理,情性,嗜好,问其所为,考其所行,已得其大半,而又遍诊人迎气口十二动脉,疾发于五脏,则五色为之应,五声为之变,五味为之偏,十二脉为之动。求之如此其详,然犹惧失之,此辨疾之难也。"(《苏沈良方》)苏沈是儒而兼通医者,而其对四诊的重视,诚万古不易之定论。

我初学医时,先父即教导说:持脉须令患者平臂,勿使高低侧斜,以免脉道来去有碍。医与患者不可对面坐,以免气息传染。以三指之端积起处谓之指目(此处敏感度较强,故称指目),长人指须疏,短人指须密,定呼吸,慎容止,静心平辨,会二十八脉于胸中,心领神会,庶不致心中了了,指下难明。最要者脉贵有神,即不徐不急,从容和缓之象也。李东垣以脉有力为有神,无力为无神,此说虽近情理,但亦不尽然,如微弱濡细等脉,虽知为力之不足,亦不能认为是绝脉,夫神者精聚之谓,不论脉之大小,只要指下聚而不散,清楚自如,而无颓靡不振懒散徘徊之象即为有神,非但有力之谓也。例如病极虚,脉极有力,或伤寒温病汗下后,脉不为汗衰,或大病之后,新产之后,脉反博大有力,此病脉不符,属危险之象,虽有力不得谓之有神。况脉有禀赋之异:有生成六阴者,即细小缓弱沉迟,勿认为虚寒,有生成六阳者,即洪滑实大浮长,勿认为实热。曾治一女同志,诊其脉正部反关均无脉,观其症则呕吐,似为暑热,乃问其家属其常脉如何,则云平素无脉,何部脉见,何部有病,可见脉有禀赋之不同,知其常然后知其变。又有一种经气结脉,两关脉滑实如豆,中有一线硬如刀刃,此为阴虚肝旺,金衰土败之象,春得秋死,秋得春死。一九三〇年前后,岁在己巳,前清状元王寿彭于季春患咳嗽,左关即见经结,右寸滑实。遂谓其家属曰:"现症虽仅咳嗽,然脉实不佳,若不速治,恐至秋堪虞。"竟弗听,至仲秋而殁。又治一徐君,时在初秋,左关亦见经结,当时患者只觉心烦,不觉有其他征象,遂直言相告,嘱其速速治疗,否则至立春恐难幸免,并嘱其弟劝之,弗听,果然至春而殁。按经气结之脉,皆由七情所伤,胸中非有大忿怒,大不如意事,不能使三经之气结于一处也。初见此脉,病人强自宽解,医者施以养阴柔肝、解结和脾之法,可不致郁郁以终。曾有一患者邀出诊,先父曰:"今日暂不开方。"病人问何故。先父曰:"今日脉证不符,至晚间恐有吐泻之患,如药后适逢其会,将谓药不对证,归咎于大夫矣。"果然至晚间上吐下泻,幸预留一丸药,嘱其吐泻后服之。其诊脉之精如此。

医家十要和病家十要

一九三七年春,先父与天津李实忱先生谋设国医学院,志在培养中医人才。并先组施诊所,联络中医界名流,均到施诊所施诊服务,以为将来师资做准备。先父每周去施诊所三个半天,夏初开诊,仅两个月,医而愈者约七千人。适值"七七"事变,乱及天津,因而停诊,以致宿愿未偿。华北沦陷后,更是郁郁不舒,乃于诊余著有《养生医药浅说》,书中为医患之间着想,定有"医家十要"和"病家十要",兹录于下。

医家十要:①存心仁慈,以救人为天职;②精通医学,多参群书;③精通脉理,洞悉脏腑经络;④识病源病机,晓运气盛衰;⑤辨识药性药形,炮制适宜;⑥同道互相提携,莫相嫉妒仇视;⑦品行端方,自重自爱;⑧诊病一视同仁,勿重富轻贫;⑨勿重视资财,轻忽人命;⑩常备灵药,随时救人。

病家十要:①择名医;②肯服药;③宜早治;④绝色欲;⑤戒忿怒;⑥息妄念;⑦节饮食;⑧慎起居;⑨莫信邪说;⑩勿惜金钱。

以上十要,不但笔之于书,而且身体力行,如某老大夫医学渊博,唯临床处方颇泥古不化,业务稀少,先父时与纠偏,并予之宣扬,因而该君诊务日有起色。又如针灸医生某君,一度诊务不佳,几至不能糊口,先父不时送与米面,并予介绍病人。又津市有一名医某君,每遇疑难即来向先父求教,先父即详为分析,帮助其制订治疗方案。记得在沦陷时期,时常有来求助者,无不慷慨解囊。一次,一老者因断绝回乡路费,特来求助。临行时说有一药方,专治水鼓痞积,今奉赠以作答谢。其方:圆肉、甘遂、白朱砂(江西磁)、黑朱砂(旧砂锅)各二两研细,枣肉为丸,每服一钱,小儿减半。服后,在上则吐,在下则泄。先父认为处方颇有道理,遂配成丸药,专门施送,服之者颇有疗效,于此可见先父之虚怀若谷。尝谓经验不单纯从书本上来,从个人临床实践中来,也有很多来自病人,只要言之有理,就采纳试用。

先师孔伯华先生学术管窥

裴学义*　孔祥琦**

[孔伯华小传]　孔伯华(1884～1955),名繁棣,别号不龟手庐主人,山东曲阜人。少年随祖父学医。二十五岁始悬壶于京师,凡五十年,医名渐噪,一时号称"北京四大名医"之一。一九二九年与肖龙友合创北京国医学院,并与肖合任院长,历时十五载,培育中医人才七百余人。解放后,历任政协第二届全国委员会委员,卫生部医学科学研究委员会委员,北京中医学会顾问等职。生前与曹巽轩、陈世珍、陈企董编著《八种传染病证治析疑》十卷行世,另著有《脏腑发挥》《时斋医话》《中风说》《诊断经验》等。

孔伯华

---

* 北京儿童医院
** 北京宣武中医医院

志洁行芳的一生

先生少年刻苦读书,并随祖父宦游于河北各地。祖父善岐黄之术,耳濡目染,遂渐有志于医学。十六岁时,随家移居易州,得与蔡秋堂、梁纯仁研讨《内经》等典籍。二十五岁时,应京师之邀,就职于外城官医院,与陈伯雅、杨浩如、张菊人、赵云卿诸名医共事,颇得各家教益。

一九二九年,为反对政府图谋取消中医,孔师联合同道,在京师创立中医药学会,奔走呼吁,竭尽全力,终于迫使政府取消前议。同年,与肖龙友先生合力创办北京国医学院,并与肖共任院长,亲临讲坛,努力造就中医人才。在国医学院经济困难时,他与肖龙友在学院开设门诊,以其收入资助学院经费之不足。

对习学的生徒,先生循循善诱。对疑难病症,先生善于深刻分析,说明得病原因、医治方法,同时发扬民主,鼓励学生提出不同意见,展开辩论。先生又常教导生徒:"古今时代不同,人之体质不同,所受病邪亦有所不同,临证施治切忌主观,必须灵活。仲景之立法垂训,乃法外有方,方外有法;金元四大家虽各成一派,乃羽翼仲景;后世叶天士、王孟英、吴鞠通,亦羽翼仲景也。要知唯在用之当与不当耳。"

先生对事业极端认真负责。早在一九一七年,就曾联合中医同道中的有志之士,在生活条件极端困难的情况下,冒着生命危险,共同参加了扑灭晋绥地区鼠疫、霍乱、痢疾、天花等传染病、流行病的工作。他青年时代的大部分时间,生活在山东、河南、河北省的广大农村,对贫苦大众非常熟悉和同情。他常送医上门,甚至不惜慷慨解囊,资助病人。这种高尚医德,在旧社会来说,是甚为难得的。

解放后,先生精神振奋,政治热情很高,全力以赴地投身于工作。他极力拥护党的中医政策,力主中西医互相学习,互相团结,互相结合。于一九五二年受到毛主席接见之后,曾写信给毛主席。信中有云:"医之活人,何分中西,存心一也,但其理法不同耳。今逢毛主席洞察其旨,发扬数千年之文化,何幸如之。愿努力发挥、以期理法臻于至善,达于全球,使病者有所依,必先从教育人才始。"先生的心愿得到了毛主席的支持。先生生前参与中央领导同志的医疗保健工作,辛勤努力,获得高度评价,故又曾多次受到周总理的接见。先生尝以诊务过忙,无暇著述,不克将经验心得总结出来,公诸于世,贡献给人民,颇引以为憾。故在晚年常深夜执笔,其遗稿如《脏腑发挥》《时斋医话》等,皆此时所留。一九五五年三月十日出诊之中,忽觉腹痛寒战,勉力把六位病家诊毕,思回寓所调治恢复,讵料从此病势日益加重。先生自知不起,遂对亲属谆谆嘱咐:"儿孙弟子等,凡从我学业者,应尽其全力为人民很好服务,以亟我未尽之志。"十一月二十三日先生不幸故去,享年七十一岁。先生逝世后,周总理亲任治丧委员会主任委员,并亲往寓所吊唁。对于先生辛勤的一生,党和政府给予了崇高的荣誉。

强调辨证,以保护元气为主

先生主张:中医在临床上不能见"病"不见"人",即不能见"树"不见"林";而应从"人"出发,照顾到病人的整体。先生特别强调"元气"在人体所起的重要作用。他认为《内经》所谓"邪之所凑,其气必虚"及"精神内守,病安从来"这两句话,就是指病邪之能使人体发病,都是由于人身元气不足的缘故,若人体本身自卫的元气很充足,病邪就不足为患。所谓乘虚而入,无虚则病邪何从而入乎?是故元气充足,"内腠闭拒,虽大风苛毒,弗之能害"。

先生在辨证论治方面,力主"医之治病,首先在于认证;将证认清,治之则如同启锁,一推即开。认证之法,先辨阴阳,以求其本,病本既明,虚实寒热,则迎刃而解。他强调阴阳为两纲,表、里、虚、实、寒、热为六要,不同意把阴、阳、表、里、虚、实、寒、热并列为"八纲"。他指出:"辨证论治,全凭纲要。纲者两纲,曰阴曰阳;要者六要,曰表、里、虚、实、寒、热。徐灵胎言之綦详,亦即张景岳之所谓'两纲六变'者也。人之疾病,千变万化,但总不外乎阴阳,故医者临证,必须先审阴阳,因为病因证脉与药皆有阴阳。阴阳既明治自无讹。其间且有错综现象,阴中有阳,阳中有阴,二者相间,彼此多少,疑似之间,更须明辨。具体一个病进而求之,则疾病之部位亦存在表里,正邪之消长与虚实若何?若论疾病之征象自有寒热之分,但其间情况复杂,如由表入里,由里达表,寒热错综,虚实互见等,必须审慎辨识。总之,表、实、热三者,概于阳;里、寒、虚三者,可概于阴。故阴阳者,医道之总纲领也。至于六要者,病变之关键也。医者既须提纲挈领,又要把握关键,则病无遁情,了如指掌矣。辨证既明,论治用药更应详酌,故有时参、术、硝、黄,俱能起死;芩、连、姜、附,尽可回生。喻嘉言尝谓:'医不难于用药,而难于认证。故必先议病,而后议药。'朱丹溪亦主张'认证为先,施治为后'。若但知以执某方治某病,不论因时、因地、因人,不审何脉、何因、何证,是冀病以就方,非处方以治病。辨之不明,焉能用之无误?施治之妙,实由于辨证之准确。寒、热、虚、实,不昧于证,而又不惑于证;汗、吐、下、和,不违于法,而又不泥于法。否则疑似甚多,临证莫决,见病治病,十难效一。"先生非常推崇徐灵胎氏《病同人异论》中的论述。徐灵胎云:"天下有同此一病,而治此则效,治彼则不效,且不唯无效而反有大害者,何也?则以病同而人异也。夫七情六淫之感不殊,而受感之人各殊。或气机有强弱,质性有阴阳,生长有南北,性情有刚柔,筋骨有坚脆,肢体有劳逸,年力有老少,奉养有膏粱藜藿之殊,心境有忧劳和乐之别。更加天时有寒暖之不同,受病有深浅之各异,一概施治,则病情虽中,而于人之气体迥乎相反,则利害亦相反矣。故医者必细审其人之种种不同,而后轻重缓急,大小先后之法因之而定。"

先生深韪是论,在临床上切实遵守,并加以发扬光大之。先生确信:无论祛邪与扶正,都是为了达到恢复和充足元气的目的。至于祛邪扶正之孰先孰后,那就必须在辨证之时,参机应变了。先生说:邪之与正,二者并重,扶正可以祛邪,祛邪即可安正,是互为因果者也。而孰先孰后,则必须因人、因地、因时而施,绝不可先有主见。固然经有"邪气盛则实,精气夺则虚"之明训,示人正气之虚,是由于被邪劫夺;倘不被劫夺,正气无由致虚;其所以被劫夺者,系于邪气之盛。此时,若直捣巢穴,扫灭邪氛,使不再劫夺正气,其病自愈,亦即祛邪为重也。初病急病,诚可以一扫而痊;久病缓病,其人虚象毕露,则当顾其正气,所谓养正邪自除,亦即扶正当先也。盖病有久暂不同、缓急之异,则祛邪与扶正之治,妙用在灵活;有宜急祛其邪而后调其正者,有宜先固其正徐退其邪者,有宜寓攻于补者,有宜攻补兼施者。似此轻重先后,当随证制宜,凡病皆应如此,则可不致拘执有偏耳。

熟悟经旨,不泥于古

先生主张,志于医者,首先应该熟读《内经》而后逐步细心参悟经旨。阅读诸家医论,一定要抱着实事求是的客观态度,掌握"取长舍短,去芜存华"的治学方法,力辟"食古不化"或"断章取义"。他反对妄用成方,说:"兵刑杀人,显而易见;然用药误杀人,医者尚不自知,较之兵刑杀人者,更为险毒,尤有过而无不及者也,实可憾叹。不怪吴鞠通氏早有鉴于斯,并于《温病条辨》自序曰:'呜呼!生民何辜不死于病而死于医,是有医不若无医也,学医不精,不若不学医也。'朱彬氏亦有'其死于病者十之二三,死于医者十之八九'之论。如临床时所见热病无汗,而庸医妄称是足太阳表证,投以麻黄汤,服之汗出不止而殒者不鲜;更见风温、湿温证,动辄柴胡、升、桂、细辛、姜、附之风药升提,使伏热邪气不惟不能荡散,反陷入心包,无不神昏厥逆而毙,虽急投局方至宝丹、清营汤、紫雪丹等渝涤中宫而幸存生命者,亦不过百人中之一二而已。近又尝闻有人终日研究仲景之在汉时用药圭铢,折合今日分量若干,而照拟之于临床。用之得当功效立见,屡见不鲜,此用心良苦,非执一方而治一病,是知《伤寒论》乃东汉末方书,未必能与今日完全契合。盖因天时、地理、人体皆有变异故也。"先生常说,他数十年来遍历大江南北,罕见因寒而伤之真伤寒病,盖阴阳循环,皆天地气运使然也。《内经》曰:"必先岁气,毋伐天和。"按今之甲子,运行后天,湿土主事,四序反常,阳亢阴虚,湿热彰盛,故辛温滋腻之品,实用之在所必慎,至中元甲子,后四十年,阴阳始能渐次互转。下元甲子,虽主阳虚,而辛腻之味,仍须审慎酌裁。朱丹溪宗经旨而阐发,创"阴常不足,阳常有余"之说,此非偶然或偏于一隅而立,实有至理存焉,夫茫茫尘世,疾患难测,医者若因所学不精,则不能随机应变,治之必乏于术矣。或殒其生,或待其毙,生民者不惟不能生,而反成害民者也。年复一年,枉死者何止几千万计。民生涂炭,宁不诫哉!

重视肝脾之关系

先生在对待肝脾之间的某些病机方面的认识上,就我们浅薄的理解,其至旨乃本"风雨寒热,不得虚邪,不能独伤人,卒然逢疾风暴雨而不病者,盖无虚,故邪不能独伤人,此必因虚邪之风与其身形,两虚相得,乃客其形"的经旨。指出内因是一切疾病发生和变化的基础。他既然强调"正气存内,邪不可干",因而他认为正气受伤,才导致发病,也就是指"两虚相得"的内虚,是发生一切疾病的主要根据。至于使正气受伤的原因方面,他首先强调脾为后天之本,以及脾、胃、肝三者的相互关系,尤其重视脾和肝之间的生克制化关系,亦即"土侮木"(脾病可以传肝)与"木乘土"(肝病可以传脾)的关系。在他所著《脾胃病论》一文中说:"脾象土而主肉(脾象土,主肌肉),藏意而恶湿(脾藏意与志,湿伤肉故恶湿),寄在中央(中央黄色入通于脾,故曰寄在中央),养于四旁(脾气散精以滋养南心、北肾、东肝、西肺,故曰养于四旁),王于四季,正王于长夏。为统血之脏,而主四肢,思为其志,胃为其表,心是其母,足太阴是其经。饮食不节,劳而过倦,皆伤于脾。木气太过(肝气过盛),克伤于脾,甘虽主之,过反伤脾。忧愁不解,亦足伤脾。脾伤则病遂乘之:脾经受湿郁热发黄;脾经受寒病苦注泄;脾太过则令人四肢不举,不及则令人九窍不通。尤于土败木贼,湿气留滞,七情内伤,六淫外袭,饮食不节,房劳致虚,脾土之阴受伤,转运之官失序,遂成胃虽纳谷,脾不运化,阳自升而阴自降,乃成天地不交矣。于是清浊相混,隧道壅塞,气留血滞,郁而不行,万病丛生之源也……"又论胃曰:"《灵枢·五味》曰:'胃者五脏六腑之海也,水谷皆入于胃,五脏六腑皆禀气于胃。'《素问·玉机真藏论》曰:'五藏者皆禀气于胃,胃者五藏之本也。'《素问·五藏别论》曰:'胃者,水谷之海,六府之大源也。五味入口,藏于胃以养五藏气。'因而知胃气乃人生之根本。胃气壮,则五脏六腑皆壮,身体各部亦无不壮,反之则五脏六腑及身体皆弱。是以《素问·平人气象论》有云:'平人之常气禀于胃(平人之常气,即所谓有生之正气,谷入于胃,五脏六腑皆以受气,故曰平,其所以平,赖有此气之禀于胃耳),胃者平人之常气也。人无胃气曰逆。逆者死。'《难经·十五难》曰:'胃者水谷之海,主禀四时,皆以胃气为本,是谓四时变病,死生之要会也。足阳明是其经,与脾为表里一体。'总此以观,胃乃重要脏器,宜如何慎宝之,自不待言。然人恒漠视,弗自珍重:外因则恣贪口腹,饮食不节,忽略卫生;内因则不自惩忿,激扰肝阳,动来乘土。遂致病态百出,此其大端也……"先生在临床中特别注意"湿"和"热"两种邪气的轻重及其争峙的情况。他指出:"数十年来临证中,湿家兼热致病者十有八九,此天地气运使然也。盖湿热之由来,乃木旺土衰,木气乘于土败而贼之所致者也。是以湿重则热增,湿蒸于中,热淫于内,湿愈重而愈生热,热愈重而湿愈生,湿热蒸腾,则邪为湿固矣,当今医者不可不察。"并提出在脾、胃、肝相互关系的基础上"脾湿"和"肝热"是导致人体发生一切疾病的两大主要因素。基于以上所说,可以想见他对脾和胃、湿和热是如何重视。因此先生在临床辨证时,特别强调脾、胃和肝三者的结合。设若在此三者之间的某一环节上发生了故障,就会产生一系列的问题,亦即其所谓"脾胃有病必系肝,肝病必系于脾胃"者也。

郁热伏气也是外感温热病的主因

在外感温热病方面,先生认为人体内的郁热伏气往往是感受温热病的先决条件。他说:"夫外感温热病者,时或先赖于体内之郁热伏气,而后感于天地厉气淫邪而成,况乎六淫之风、寒、暑、湿、燥,五气皆可化火,然又皆附于风。

风者四时皆有,善行而数变,百病之长也。然则《内经》有云:'内腠闭拒,虽大风苛毒弗之能害。'是以内因之郁热伏气乃外感温热发病之本也。叶香岩曰:'温邪上受,首先犯肺。'此时病邪在表,投以辛凉解表之轻剂即可迎刃而解;若郁热伏气盛,或初感解之未当,及误治误补使邪内陷者,亦可逆传心包,此时病已入里,投以辛凉祛邪之重剂即可效如桴鼓;若邪为湿困,热深厥亦深者,临证中反见阴象,此热极似寒之假寒者也,倘辨证不清,误用热药,必使立毙。然则只投凉化寒凝之品,不唯温热不得解,反使邪愈加闭固,轻者废,重则不治,此时当施以苦淡渗化湿邪之法,并以辛凉清热之物,佐芳香辛散之味,以攘开其湿邪外围,不使湿热相搏而直捣其巢穴,则固邪易解,热退厥除,病可瘥也。"下面仅举三个病例以阐证其论。

例一,吴姓,女。初以内蕴湿热,寒热相搏,兼客外邪,遂致头痛、咳嗽,鼻塞声重,咽痛,口渴,发热而恶寒,痰涎壅盛,大便结,舌苔黄腻,脉弦数。此温邪上受,首先犯肺者也,亟宜清热解表以肃肺络:鲜苇根一两,生石膏(先煎)八钱,银花、连翘、杏仁各三钱,薄荷叶(后煎)、苏子霜各一钱五分,条黄芩二钱,板蓝根三钱,辛夷花二钱,全瓜蒌6钱,元明粉一钱,鲜荷叶一张,紫雪丹(冲服)六分。

例二,刘姓,男。肝胃两阳并盛,内热兼感时邪,初起解之未当,遂致热邪内陷于心包。神昏,谵语,有时抽搐,壮热,口大渴思冷饮,二便失利,大便已七日未下,舌质红,苔糙垢,舌心根部有黑褐色苔,脉大而数,右寸关均盛,亟宜重剂辛凉芳化,佐以熄风:生石膏(先煎)、鲜九节菖蒲根(捣汁兑入)、鲜茅根、鲜苇根各一两,莲子心二钱,天竺黄、白僵蚕各三钱,生滑石四钱,薄荷叶(后煎)一钱五分,龙胆草、知母、地骨皮各三钱,青竹茹、忍冬花、忍冬藤各四钱,焦栀子三钱,鲜荷叶一张,双钩藤(后煎)三钱,全蝎两枚,嫩桑枝六钱,酒川军(开水泡兑)、元明粉(冲服)各一钱五分,局方至宝丹(冲服)一粒。

例三,董姓,男,望其颜面苍白,神情恍惚支离,唇青紫而鼻扇,四末厥逆,背冷恶寒,头部眩晕而痛,目白睛挥赤,口渴思冷而不欲饮,此《内经》所谓"热深厥亦深"。邪为湿固之温热病候也。亟以辛凉除温、清宣化浊,佐进芳香辛散重剂以肃之:芥穗炭五分,鲜九节菖蒲根四钱,广藿梗三钱,生石膏(麻黄二分同先煎)一两,青竹茹五钱,杭滁菊各三钱,鲜茅苇根各一两,薄荷叶(后煎)一钱五分,蔻仁、煨葛根各五分,鲜藕一两,忍冬花、滑石各四钱,胆草、炒栀子各三钱,鲜荷叶一张,杏仁泥(苏子一钱五分同研)三钱,安宫牛黄丸(冲服)一粒,苏合香丸(冲服)一粒,羚羊、犀角(另煎兑入)各二分。嘱用西瓜汁、荸荠汁代水饮。

以上皆系早年从先师侍诊之际所目睹,三位危急患者很快痊愈,至今记忆犹新,故录于此。

附:石膏药性辨

石膏是清凉退热、解肌透表之专药。一般皆谓其味辛凉,实则石膏之味是咸而兼涩;一般皆认为其性大寒,实则石膏之性是凉而微寒。凡内伤外感,病确属热,投无不宜。奈何今之医者,不究其药性,误信为大寒,而不敢用。尝因医家如此,而病家见方中用石膏,亦畏之如虎。如此谬误流传,习而不察之弊,乃余所大惑而不能解者也。直如拥玉液而弃金丹,致令病人不起,良可慨也。尝考其性,亲尝其味。《神农本草经》谓其性微寒,且宜于产乳,主治口干舌焦不能息,是真识石膏者;《金匮》《伤寒》用石膏凡十一方,乃从而广之,是真识石膏者。按张仲景之用石膏,是从烦躁、渴、喘、呕四处着眼以为法。如小青龙汤证,心下有水气,肺胀,咳而上气,脉浮,烦躁而喘,即加用石膏;大青龙汤之用石膏,亦是在于有烦躁;白虎加人参汤之用石膏,是在于大烦渴不解,舌上干燥而烦;竹皮大丸证之用石膏,是在于中虚烦乱。以上是据有烦躁而应用石膏之法,盖阴气偏少,阳气暴胜,其暴胜之阳或聚于胃,或犯于心,烦躁乃生,石膏能化暴胜之阳,能解在胃之聚,故烦躁得治。白虎加人参汤证曰大渴,曰大烦渴不解,曰渴欲饮水,白虎汤证虽未明言渴,而言里有热,渴亦在其中矣。以上是据有渴证而应用石膏之法。盖温热之邪化火伤津,津液不能上潮则口渴,石膏能泻火而滋燥,故渴得治。越婢加半夏汤之治其人喘、肺胀,使半夏与石膏为伍,以奏破饮镇坠之效;小青龙汤加石膏以治烦躁而喘;木防己汤用石膏在于其人喘满;麻杏石甘汤用石膏在于汗出而喘。以上是据有喘证而应用石膏者。盖此四证之喘,皆为热在于中,气则被迫于上,用石膏化其在中之热,气自得下而喘自治矣。竹叶石膏汤证之欲吐,竹皮大丸证之呕逆,是据呕吐而应用石膏之法。盖此二证之呕吐,是因热致虚,因虚气逆所致,用石膏热解气自平,呕逆亦遂自止也。遵仲景法,投无不效。

石膏一药,遇热证即放胆用之,起死回生,功同金液,能收意外之效,绝无偾事之虞。若用之尠少,则难责其功,俗流煅用则实多流弊。近人张锡纯之石膏解所云良非虚语;日人吉益东洞之石膏辨误诚属针言。余宗先圣之大法,参后贤之精议,据临证之所验,谙石膏之疗能,其体重能泻胃火,其气轻能解肌表,生津液,除烦渴,退热疗狂,宣散外感温邪之实热使从毛孔透出,其性之凉并不寒于其他凉药,但其解热之效,远较其他凉药而过之。治伤寒之头痛如裂,壮热如火,尤为特效;能缓脾益气,邪热去,脾得缓而元气回;催通乳汁,阳燥润,乳道滋而涌泉出;又能用于外科,治疗疡之溃烂;化腐生肌;用于口腔而治口舌糜烂;胃热肺热之发斑发疹更属要药。其他卓效难以尽述,唯气血虚证在所当禁。

(此文系先生生前一次讲课的记录——本文作者附记。)

回忆汪逢春

谢子衡*

[汪逢春小传] 汪逢春(1884～1949),江苏苏州人,"北京四大名医"之一。毕生热心于中医教育事业,努力提携后学。一九三八年曾任国医职业公会会长,并筹办《北京医药月刊》;一九四二年在北京创办国药会馆讲习班,为培养中医人材做出了贡献。学术上擅长时令病及胃肠病,对于湿温病亦多有阐发。著作主要有《中医病理学》《泊庐医案》等。

汪逢春,生于一八八四年五月二十九日(清·光绪十年甲申五月初五日),故于一九四九年八月十四日(农历己丑年七月二十日)。毕生热心公益事业,尤注重培养人才,提倡在职教育。一九三八年成立国医职业公会,汪逢春被

---

* 北京市展览路医院

选为公会会长,同时筹备《北京医药月刊》,于一九三九年一月创刊,先生亲自主持笔政,并为该刊撰文,以资号召倡导。一九四二年曾创办国药会馆讲习班于北京天安门内侧朝房,为中医中药界培养人才,虽是短期培训性质,但纠集同道多数是有真才实学的前辈,如瞿文楼、杨叔澄、赵树屏等都是主讲教师,近代名医郭士魁、王鸿士等就是当时的学员。

汪逢春精究医学,博览群籍,虚怀深求,治病注重整体观念,强调辨证施治,在京悬壶,门庭若市,妇孺皆知其名。《泊庐医案》一书序云:"汪逢春先生诊疾论病,循规前哲,而应乎气候方土体质,诚所谓法古而不泥于古者也。每有奇变百出之病,他医束手者,夫子则临之自若,手挥目送,条理井然,处方治之,辄获神效。"他一生忙于诊务,无暇著述,仅见有:

《中医病理学》(1942年,北京医学讲习所铅印本)

《泊庐医案》(1941年,谢子衡等学员手辑,华北国医学院铅印本)

《今冬风湿症之我见,愿与诸同人商榷之》刊《北京医药月刊》第二期(1939.2)

《猩红热与痧疹之分辨》刊《北京医药月刊》第四期(1939.4)

《为本市小儿科专家谨陈刍言,希鉴纳之》刊《北京医药月刊》第五期(1939.5)

《泊庐医案》是门人弟子辑录的,可代表汪逢春先生的学术思想和医疗经验。他去世后门人冯仰曾医师曾在《中医杂志》一九五八年八月号中介绍医案数则。北京中医学院温病学教授赵绍琴医师曾在他所编著的《温病纵横》中详为介绍其业师汪逢春治麻疹经验。"麻疹初起,风热内蕴,肺先受邪,咳嗽声重,鼻塞流涕,夜寐不安,小溲色黄,舌绛苔厚,脉象滑数。治以清风热而兼透疹。宜避风慎口,防其增重,疹不出者加防风三分。""麻疹合并肺炎,风湿蕴热,互阻肺胃,势将咳逆致厥。治宜宣化肃降,清热化痰。"治猩红热的经验:"温毒化热发斑,胃肠积滞尚重,深恐神昏致厥,饮食寒暖皆需小心,防其增重,禁用风药。"语虽不多,字字珠玑,理法方药护,无不悉备,堪为后世法。

学术见解及临床经验

汪逢春先生擅长治疗时令病及胃肠病。诚如其弟子们所言:"盖吾师于诸杂病,经验宏富,方案多有奇效。"他认为脾胃乃气血化生之源,五脏之精气皆赖脾胃运化、转输,皆需脾胃化生后天水谷精微的补充,若脾胃化源乏竭则灾害至矣。经云"有胃则生,无胃则死"及"浆粥入胃,泄注止,则虚者活",就是强调脾胃的重要性。尤其是一些时令病或胃肠病,多因劳倦过度、饱饥无时、贪凉饮冷、恣食肥甘、过嗜辛辣、食饮不洁等引起。病势来之虽急,若治疗得当,邪去也速。如若迁延,累及五脏六腑,祸不旋踵。汪逢春先生于时令病、胃肠病审其虚实寒热,辨证细腻,立法严谨,组方灵活,用药轻灵。常用淡附片、淡吴萸、淡干姜、鲜煨姜、紫油肉桂以温中,党参、薏米、炙甘草、连皮苓、红枣、秫米、陈廪米、建莲肉等以补益脾气、脾阴,焦苍术、川厚朴以燥湿健脾,木香、枳壳、新会皮、香橼皮、玫瑰花、鲜藿佩芳香化浊以疏肝理气和胃,砂仁、蔻仁以醒脾开胃,生熟谷麦芽、枣儿槟榔、范志曲、鸡内金等化滞和中,还常常喜用成药如加味保和丸、枳术丸、越鞠丸、香砂养胃丸等入汤剂同煎,以加强疗效。其单味药用量在一钱至三钱,药味不过十味左右,成药入煎剂不过三至六钱,方药并不奇特,皆医者习用之品,而且味少量轻,然疗效卓著,所谓"轻可去实",用药精良者也。

如《泊庐医案》王左泄泻案。患者六十七岁,大便泄泻,嗳噫泛恶,胸闷不舒,中脘嘈杂。辨证为老年中气已衰,脾胃两惫,拟以辛温和中,甘润疏化,所谓中气不足溲便为之变也。处方为:淡吴萸一钱五分,淡干姜七分,生熟苡米三钱,连皮苓四钱,香橼皮一钱五分,生熟谷麦芽各三钱,范志曲三钱,香砂六君子丸(包煎)四钱,淡附片一钱,玫瑰花七分,北秫米一两,潞党参、饴糖各五钱,煎汤代水。

二诊时,拟以温和摄纳,佐以补中之味;三诊时再以前法加减,病告痊愈。

又如,顾左泄泻案:泄泻颇甚,腹胀且痛,舌苔白腻,两脉细濡,饮食失调,辨证为寒伤肠胃,势将转痢,亟以芳香分利法。嘱生冷宜忌。处方:鲜佩兰二钱,制厚朴一钱五分,花槟榔三钱,木香、煨葛根各一钱,焦苍术三钱,保和丸四钱,枳壳片一钱五分,鲜藿香一钱五分,鲜煨姜七分,焦麦芽、赤苓皮各四钱,生赤芍一钱五分,建泻片三钱,白蔻仁、落水沉香各二分。二味同研细末,匀两次药汤送下。

二诊时,泻滞并下,次数已减,腹痛后重亦除,舌苔白腻而厚,两脉细弦而濡,辨为:饮滞化而未净,拟再以升阳和中,推荡宿垢,饮食小心。前方稍事加减,服后立愈。

即使其他杂病治疗,也常喜于方中酌加各种曲类,范志曲、霞天曲、沉香曲等,以振奋胃气,增加食欲,使化源足气血充,体质增强。

先生又善治湿温病。湿温病治疗相当复杂,吴鞠通医案有化邪法,用豆豉、荆芥、青蒿、桔梗、杏仁、郁金、连翘、银花,治身热面赤,肢微冷,舌苔满布,口反不渴,在芳香清解之中重用宣透。薛生白《湿温病篇》亦指出:"湿热证恶寒发热,身重,关节疼痛,湿在肌肉,不为汗解,宜滑石、大豆卷、茯苓皮、苍术皮、藿香、荷叶、通草、桔梗等味。"又说:"湿温证初起,发热汗出胸闷,口渴舌白,湿伏中焦,宜藿香、蔻仁、杏仁、枳壳、桔梗、郁金、苍术、厚朴、草果、半夏、菖蒲、佩兰、六一散"。汪逢春先生治疗湿温病效法古人,而不胶柱鼓瑟。从其医案中可以清晰地看出:采用清热化湿兼顾,斟酌湿偏重,还是热偏重而用药;同时,结合宣透、舒郁、淡渗、缓泻等法来分解病势。尤善以辛香宣达、芳香清解之法取效,而最忌见热清热,因此时不仅热不能清,反使湿愈凝滞,造成缠绵之局势。选方大略为藿朴夏苓汤、甘露消毒丹之属进退。他善用大豆黄卷、香青蒿、藿香、佩兰、荷叶、薄荷、桔梗等轻清宣透、芳香化浊,厚朴、半夏、苍术、蔻仁、菖蒲,甘辛苦温芳化,山栀子、黄芩、丹皮、连翘、银花、茵陈等清热,木通、滑石、竹叶、通草、灯心、泽泻、赤苓皮、猪苓、苡米等淡渗清利,酒军、槟榔缓泻。清、化、宣、利、泻并施,使湿清热解,诸恙得除。

即使对于湿温重症,亦主张轻出轻入,高热病人也不宜苦寒之品过重,而选用芳香宣化之品,如大豆黄卷、山栀子、藿香、佩兰、银花、连翘等。尤不主张用生石膏,如邪在卫分,恶寒未罢,而早用石膏,可有"冰伏凉遏"之弊。至于"三宝",则认为可酌病情恰当选用,而且可以早用,认为"三宝"有芳香醒脑开窍之功,对于一些重症出现时昏时昧者,用之苏醒较快。

湿温病治疗虽如剥茧抽蕉之难,汪逢春先生积多年之临床经验,却得心应手,其治疗湿温病之经验,可师可法。仅举两案例,以见一斑。

例一,邢左湿温案,二十一岁,九月四日初诊。

身热头痛如裂,项强一身拘挛,呕吐,大便七日未通,舌苔垢厚,两脉弦滑而数,重按无力。辨其:病甚重,势将痛甚致厥,姑以金匮法加减备候。处方:煨葛根一钱,姜竹茹三钱,九孔石决明(先煎)一两,连皮苓四钱,鲜佩兰(后下)、鲜藿香(后下)、枯子芩各一钱五分,紫贝齿一两,建泻片三钱,龙胆草七分,丝瓜络三钱,川军炭(后下)一钱五分,香豆豉四钱,白蒺藜三钱,羚羊角尖一分,研末分两次冲服。

九月七日四诊时,头痛减而大便亦通,通而甚畅,呕吐不止,身热依然,舌苔垢黄且厚,小溲艰涩,两脉弦滑且数,拟以辛香通腑为治。处方:香豆豉五钱,制厚朴一钱五分,佛手片三钱,保和丸(布包)五钱,赤苓皮四钱,嫩前胡一钱五分,全瓜蒌五钱,新会皮一钱五分,花槟榔、建泽泻各三钱,鲜佩兰一钱五分,姜竹茹、白蒺藜、焦苡米各三钱,酒大黄、方通草各一钱五分。

羚羊角一分、太乙玉枢丹二分、食盐一分,三味共研细末小胶管装用,鲜煨姜五分、佛手三钱,煎汤匀两次送下,药先服。

七诊时,热亦退,头痛已止,据证辨为湿热蕴蓄中阻,再以芳香疏和,泄化余热等法。于十五诊时而病向愈。又以泻化余热、甘润和中法而收全功。处方：细枝川斛、火麻仁、甜杏仁、鸡内金各三钱，粉丹皮一钱五分，香砂枳术丸(布包)五钱，赤茯苓四钱，冬瓜仁一两，香青蒿一钱五分，南花粉三钱，全瓜蒌一两，生熟谷麦芽各四钱，鲜苹果(连皮去核切片)一枚。

例二，李景熙湿温案。四十一岁。

身热六日头痛掣及左耳之后，两目懒睁，咳嗽甚微，恶心，舌苔白腻浮黄质绛，一身疼痛，寐则两手抽掣，大便自泄，两日之后，五日未通，小溲色赤，左脉细小而滑，右弦滑而数。素嗜茶酒，外感温邪，治以轻香宣化佐以苦泻之味。病情危重，一日初诊。处方：白蒺藜(去刺)三钱，家苏子、制厚朴各一钱五分，苦杏仁、建泻片各三钱，省头草一钱五分，莱菔子二钱，姜竹茹、焦苡米、鲜佛手各三钱，嫩前胡一钱，象贝母、香豆豉各三钱，赤苓皮四钱，真郁金一钱五分，鲜枇杷叶三钱，西秦艽一钱五分，保和丸(布包)五钱，白蔻仁三分，酒军二分，后二味同研细末，以小胶管装，匀两次药送下。

二诊时，据证拟轻香宣解，苦泻通腑法，上方加减；三诊，又加以分渗化湿法，加猪苓、木通、茵陈。六诊时，病已告愈。

热性病高烧达 39.5℃ 以上，而白细胞在 $(15 \sim 20) \times 10^9/L$，汪先生也不主张用抗生素，仍用清热解毒的金银花、连翘、蒲公英、芦根、白茅根等，颇能得心应手取效，使体温、白细胞均趋于正常。

温热病后期养阴亦很重要，尤以口干等伤津者，常选用鲜石斛、鲜芦根、连翘、肥知母、牡丹皮、生地等。服用激素两个月以上，汪先生认为可致阴分大伤，选用增液汤效好；增液汤为很好的养阴增液剂，由玄参、麦冬、生地组成。

汪逢春

重寒则热,重热则寒。热性病四肢厥逆,汪逢春不用四逆辈,而是用少许扶正药即可回阳。这些药都比较清淡,如南北沙参、川浙贝母(尤其呼吸困难者)等。如治过一患者,曾用过苏叶五钱,以致大汗淋漓,经用生脉散加浮小麦、麻黄根少量以后(主用太子参)即可回厥。主张正不胜邪时,甚至可以不用清解药。又心率过缓者(每分钟不到五十次),也是采用这种治法。

汪逢春常说,查查病人的旧病历,了解一下以往症状很要紧;对于住院病人,尤其便于中医诊治。

讲究季节与发病的关系。如北京地区每年乙脑流行六至八月上旬不论轻中重死亡率少,而八月中旬以后死亡率高。一般两周可以退热,两个月以内治愈,不留后遗症,半年以内意识完全正常,即为痊愈。其中在二至四个月内宜清热养阴,可有助于病情好转。

又"乙脑"病成人疗效比小儿差。智力及记忆力尚未恢复者,用黑芝麻炒香与四维葡萄糖合在一起常服,又黑芝麻、何首乌、黑桑葚久服,对疾病恢复有一定的帮助。

临证用药,别具匠心

讲究炮制及处方用药,注意药物间相须、相使、相杀、相畏等关系。入煎剂时常注明某药与某药同炒,或某药与某药同打烂,其药物伍用颇有"药对"之意。有的取古方、经方配伍之原旨,有的依本人临证经验搭配,有的意在去性取味,有的意在去味取性,颇具匠心。如香豆豉与焦山栀同炒,取栀子豉汤之意,清胸膈之热;厚朴和川连同炒,黄连之寒监制厚朴之温,意在宽中行气,苦以燥湿;小枳壳与苦桔梗同炒,一升一降,用于肺失宣肃咳喘之证;大豆卷与西秦艽同炒,有宣散解表,清泻虚热之功;绿茵陈与焦山栀同炒,取茵陈蒿汤之意,有清利湿热之力;桑枝与丝瓜络同炒,宣痹以通络;建泽泻与赤苓皮同炒,二者协同,健脾以利尿;松子仁与大麻仁同炒,二者协同,甘润和中,润肠通便;全瓜蒌与薤白头同打烂,仿瓜蒌薤白白酒汤之意,有宽胸通痹之功。汪逢春先生上述用药之经验,今天仍可师可法。

善用药物粉剂装配胶囊使用,与汤剂同服。有的药物入煎后,破坏有效成分,影响药力发挥;有的药物价值昂贵,入煎需量大,有浪费之嫌,或患者也苦于负担过重;有些药物不宜入煎者,多装入胶囊,随汤吞服。这样少量吞服的方法,既能节约药材,又能充分发挥药效,简捷、方便、价廉,利民利病,又开辟了新的给药门路。据不完全统计,仅《泊庐医案》一书,使用胶囊装药随汤同服者,达七十五处之多。汪逢春先生常视病情出入,选定多种配方以随机应用。如治疗湿温病供选配方:羚羊角尖一分、太乙玉枢丹、白蔻仁各二分;白蔻仁、太乙玉枢丹、酒军各二分;白蔻仁二分,生熟大黄各四分;香犀角、白蔻仁各二分;香犀角、真郁金各二分;酒军、白蔻仁各二分。此多种配方,皆分研细末,装入胶囊,随汤药分两次送服。镇惊熄风,常以琥珀抱龙丸、太乙玉枢丹各二分,薤白头五分,研细末,装小胶囊中匀两次送下;妊娠恶阻,饮水即吐者,以明矾、食盐各一分,装入胶囊内服用;呕吐酸苦水者,以白蔻仁二分,枯矾、食盐各一分,装入小胶管内服用;食后上泛者,落水沉香一分、白蔻仁二分、食盐一分,共研细末,装入小胶管内同服。其中食盐以用大粗盐研细为好,精制盐、再生盐不用。因这两种盐服后舌根有涩感,不舒服;食盐不要炒用,如炒成胡盐,服之坠气。泄泻者,常用落水沉香末二分(即质量好的沉香)、白蔻仁二分,同研细末后,装入胶囊,随汤服下。又凡口中黏腻苦涩者,可用莲子心、沉香、食盐各一分,装小胶囊吞服效好。由此可见,其配方十分灵活,视病情而定,可谓变通有方,圆机活法。

喜用曲类。如沉香曲、范志曲、霞天曲,治疗肠胃病应用曲类自不待言,对一些杂病的恢复期,善后调理时尤多于方中加入曲类药物,意在振奋胃气,开胃进食,增强体质。

善用药物鲜品。常用鲜藿香、鲜佩兰、鲜枇杷叶、鲜菖蒲、鲜荷叶、鲜佛手、鲜西瓜翠衣、鲜芦根、鲜柠檬皮、鲜竹叶、鲜煨姜等。鲜品有干品不可比的优点,一些轻宣疏解药物,鲜品芳香之气较大,取其芳香化浊之力较强。鲜品其植物精汁尚较丰富,汪逢春先生认为暑温证及温病滋阴尤以鲜品效佳。

成药入煎剂。中成药取其适量入煎剂同煎煮,既可以起到协同或佐药的作用,又可以弥补单纯汤剂的某些不足。用汤剂以解决主要矛盾,丸药入煎可解决次要矛盾,有主有从,并行不悖。常用入煎的中成药有:越鞠保和丸、香砂六君子丸、枳术丸等,不一而足。

注重医德,从不宣传自己

汪逢春先生注重医德,对于同道不贬低、不攻击。尝遇病人经前医治疗不效者,也积极想方设法扭转病势;一旦无望,也不发怨言,不找借口推卸责任。他常说,如怨天尤人,自我吹嘘,等于自我报复,结果必将一败涂地。

他从来不宣传自己,即使《泊庐医案》之刊行,也是"务求其实用,毋事虚饰"。将"普通门诊所录方案之有效者,略分为内、妇、儿三科,简单分类,以便仿阅""意在存真,非为立言著说"。他从不登广告。记得曾有一学生登汪先生去某地出诊的广告,他知道后非常恼火,对该生严加申斥,并告之以后绝不可如此。他说,我个人是不主张自我宣传的,至于技术高低,群众会给予正确评价的。

汪先生严格要求学生,虽已考取执照,有的仍不许其挂牌开业,需要再观察一段时间,并嘱其小心从事,遇有疑难多向别人请教,千万不可粗心大意。

定期指导学生,讨论病例,不分中西。在西河沿行医时,每逢月之初一、十五则停诊,讨论病例。凡遇疑难大症,有时也邀著名西医刘士豪、方石珊、汪国桢一起讨论研究,学生们恭听记录。汪先生很能接受新事物,平时妇科会诊常请林巧稚、田凤鸾,皮科请赵炳南,他常说不能抱残守缺,孤陋寡闻。

定期举行同砚小集,地址在椿树三条荀慧生宅。每周

一、三、五讲课,听讲者达二十余人。讲《金匮要略》《温病条辨》及《医案分析》等。他最佩服清·徐灵胎,认为其文笔犀利,脉案清爽,可师可法。

指导学生到西鹤年堂看标本、实习制药过程;到窑台去看锯鹿茸,到天坛复泰参茸庄去看制茸。他常说,自古医药不分,医生必明药物制法,这样才能心中有数。什么叫酒炒当归、吴萸制黄连,前胡为何用麻黄水炙等,明乎此,临证时才能得心应手。

汪先生一生信佛,喜读书,二者常结合在一起。自来京住在江苏会馆起,题书斋曰"五斗斋"。每早五时起床,即读佛经、打坐(气功)、读医书。每天食饮定量,作息按时,虽忙而不紊。临终前正在打坐,一笑而亡,毫无痛苦。一生中收藏图书甚丰,且喜爱古玩字画,故后书籍归汉文阁,字画归故宫博物院收藏。

生前曾与庞敦敏(细菌学家)、韩世昌(昆曲家)等有诗文酒会的组织,每逢生辰、忌日举行,一方面消遣,一方面讨论交流对时事的看法,这是一种民间的爱国行为。当时政府在公共场所均悬有"莫谈国事"字条,而一些爱国忧民有志之士,均利用各种机会聚会交换意见。如一九二九年对付汪蒋政府取消中医的斗争,也是利用这种形式发起的。

他有子名孟涵,虽不以医名,但为文史界知名之士,生前供职中华书局为编审。

他的弟子很多,现尚健在者有吴子桢(原同仁医院中医科主任)、刘少章(北京市第四医院中医科主任)、李鼎铭(北京市中医院妇科老大夫)、**李君楚**(原宣武医院中医科主任)、**李建昌**(原东四产院中医老大夫)、**王植楷和王华昌**(广渠门医院中医老大夫)、**谢子衡**(原平安医院中医科老大夫)、**赵绍琴**(北京中医学院教授)等。

（谢海洲　胡荫奇　协助整理）

徐小圃先生治学二三事

江育仁*

[徐小圃先生小传]

徐小圃(1887～1961),名放,上海人。幼承庭训,家学渊源,弱冠时即出而问世,并名扬沪滨。后得山阴祝味菊先生善用温阳药的经验,运用伤寒方以治少小疾苦,用药果敢审慎,屡起沉疴。晚年医名更著,求诊者日盈门庭。积数十年的实践经验,对于中医儿科学术的发展,做出了有益的贡献。

徐小圃先生初受业其父杏圃公,弱冠时即悬壶问世,为当代著名的儿科专家,具有丰富的临床实践经验和独具创见的学术思想,尤以擅用温药而名噪海内。先生能广用伤寒方以治少小疾患,由于认病辨证精确,处方善以化裁,

---

* 南京中医学院

配伍灵活,因此,经先生起沉疴、愈废疾者,实不遑计之。特别在晚年,求诊者日盈门庭,其中不少险逆病例,先生虽明知其险而难治,犹必殚精竭虑,为之立方而后安。使人获救,不以为功,即致不治,亦不辞怨谤,从不肯随俗俯仰,一切从求实出发。尝谓:"医乃仁人之术,既要有菩萨的心肠,又要有英雄的肝胆。"此语实为绳医之座右铭也。

先生及门弟子,遍及海内。哲嗣仲才、伯远,均克绍箕裘,能传衣钵,亦上海之现代名医。余负笈上海中国医学院时,从先生游,临证未及一载,"八·一三"事变爆发而终止实习,未能深入堂室,迄今常引为遗憾。所得者,仅属徐师之万一耳!故自惭所学者,有若小巫也。

从主"清"到主"温"

徐老在行医之初,也曾偏重于"小儿纯阳,无烦益火""阳常有余,阴常不足"的理论,以及以"小儿热病最多"为指导思想,所以治疗用药方面,是按温病学的理法方药为准则的。后来,却一跃而转为外感广用麻、桂,里证重用姜、附的崇尚《伤寒论》的一方一药。这是为什么呢?

事情的经过是这样的:先生的一位哲嗣,正在婴幼儿时期,有一年的夏季,患了"伤寒病"。徐老亲自为之诊治,但病情日进,恶候频见,几濒于危,阖家焦急,徐老亦感棘手。当时,家属及诸亲好友,均向徐老建议,曷不请其道友祝味菊先生会诊一决?徐老慨然叹曰:"我与祝君虽属莫逆之交,但学术观点不同,他擅温阳,人称'祝附子'。今孩子患的是热病,若祝君来诊,莫非温药而已,此明知其'抱薪救火',我孰忍目睹其自焚耶!"又逾日,患儿几将奄奄一息,亲友竭力敦促,与其束手待毙,何妨一试究竟。徐老至此,当不固辞,但亦无所抱望也。迨祝老诊毕处方,果然不出所料,第一味主药就是附子。徐老即闭门入寝,等待不幸消息报来。而祝老则为之亲自煎药,守候病榻,自己奉药喂灌,夜未闭目,以观察病情演变。至东方拂晓,患儿身热渐退,两目张开,吞药服汤可自动张口。再给米汤喂服,已表示有饥饿之感。及至患儿安然入睡,祝老才和衣倒榻休息,阖家无不欣喜自慰。徐师母即至徐老寝室,敲门报喜。当徐老听到门声时,即跃然而起,急问"何时不行的?"迨启门见其老伴脸带春风,喜形于色,并告以病已好转,始知并非自己之所逆料。乃同往病室,细审病情,与昨日之情况,竟判若两人矣。再回顾榻旁,祝老鼻息浓浓,安入梦乡。虽由衷感激,亦不敢扰其清梦。于是含笑回房,加高其枕,坦然无忧地睡其大觉。

徐老在其孩子完全恢复健康后,百感丛生,谓其家属曰:"速将我'儿科专家'的招牌拿下来,我连自己的孩子都看不好,那里够得上这个'儿科专家'的资格!我要拜祝兄为师,苦学三年,学成后再开业行医不迟。"意颇坚决,竟亲自登门执弟子礼。祝老既惊又敬,扶之上座,曰:"我你是道中莫逆之交,各有各的长处,也各有片面之见,兄之治学精神,如此令人敬佩,吾将何辞以对?若对我祝附子有兴趣的话,今后将与兄切磋,相互取长补短。今如此称颂,则将置我于何地耶!如蒙垂青,待令公郎成长后学医,吾必厥尽绵薄,誓不负老兄之厚望也。"所以其哲嗣仲才、伯远后来均受业于祝味菊先生门下。从此,小圃先生即由清凉派转为温阳派而名著当时。这就是先生学术思想演变的一段历史。

强调阳气对人体的重要性

凡是学者的鲜明学术观点,都是从实践经验中得来的结晶。徐老擅长温阳,处处以卫护人体之阳气为重,这与他平时所诊疗的对象有密切的关系。记得我在随师临证时,绝大多数求诊患儿属于久病失治或辗转求治的重危病症,其中又以阳气受损、正不敌邪的脱闭症候者多,所以在处方中相应地常常使用温阳扶正法则。然先生虽得祝味菊先生运用温阳药的经验,但师其法而不泥其法,创立了自己使用温阳方法的独特经验。

关于小儿的机体特点,历来就有两种不同认识。《颅囟经》提出"凡孩子三岁以下,呼为纯阳";《小儿药证直诀·序言》也说"小儿纯阳,无烦益火";《临证指南医案·幼科要略》又强调了"襁褓小儿,体属纯阳,所患热病最多"之说。据此认识,在治疗小儿疾病时,宜用清凉力避温阳药物。但亦有不少儿科学者,对纯阳之体的学说抱有相反的观点。如《保赤存真》的作者余梦塘云:"真阴有虚,真阳岂有无虚……此又不可徒执纯阳之论也。"罗整齐在其《鳄溪医论选》中论及小儿机体特点时也说:"小儿年幼,阴气未充,故曰纯阳,原非阳气之有余也,特稚阳耳!稚阳之阳,其阳几何?"他们在治疗上主张以扶阳为主,称为温阳学派。这两种不同的学术见解,形成了儿科领域中

"以清为主"和"以温为主"的两大学派,至今在儿科领域仍有着深刻的影响。

小圃先生从小儿机体"肉脆、血少、气弱"的生理特点出发,认为"阴属稚阴,阳为稚阳",而决非"阳常有余,阴常不足"的"纯阳之体",所以他在立论上特别强调阳气在人体中的重要性。他非常欣赏《素问·生气通天论》中的"阳气者,若天与日,失其所,则折寿而不彰"的论述,以及张介宾在《类经附翼·求正录·大宝论》中提出的"阳化气,阴成形""凡通体之温者,阳气也;一生之活者,阳气也""热为阳,寒为阴……热能生物""得阳则生,失阳则死"的观点。对这些观点,他通过长期的临床实践,做了进一步的阐明。他认为:阳气在生理状态下是全身的动力,在病理状态下又是抗病的主力,而在儿科中尤为重要。在治疗方法上,他推崇陈复正"圣人则扶阳抑阴"之论,主张治小儿疾病必须处处顾及阳气,并且善于在明辨的基础上识别真寒假热。所以,他在临床上善用辛温解表、扶正达邪、温培脾肾之阳,以及潜阳育阴等治则;在用药配伍中,灵活全面,尤擅于各法之间和各药之间的联系,对于温与清的结合、剂量轻重尺度等,莫不丝丝入扣,恰到好处。

例如他对桂枝的应用,解肌透表必加生姜,有汗发热均伍芍药,无汗表实伍麻黄,项强伍葛根,太少合病用柴胡,清心泻火合黄连,烦渴除热加石膏,肺热、肠热合黄芩,里实腹痛合大黄,与附同用以温阳,与参、芪同用以益气,与甘、枣同用以补心脾,与饴糖同用以建中,与苓、术同用以利水,与五味子同用以纳气,与龙骨、牡蛎同用以潜阳镇惊。且常喜与磁石共投,加强其潜阳宁心的协同作用。他还常使用羌活与桂枝合伍,对风寒入络,头身体痛之寒痹证,效果卓著。

他对麻黄的应用尤多,凡有肺经见证者多用之。认为麻黄作用在于开肺气之郁闭,故喘咳之属实者,佐杏仁以化痰,虽无表证,均可用之;反之,表实无汗而无喘咳者,却并不采用麻黄,因麻黄之发汗解表,需赖桂枝之行血和营,若徒恃麻黄之发汗解表则无益也。以小青龙汤为例,外感风寒、内挟水气者固必用,虽无表证而见喘咳者亦常用,随证加减,尤为灵活。如无汗表实者,用生麻黄去芍药,表虚有汗者用水炙麻黄,但喘咳不发热者用蜜炙麻黄,并去桂枝、芍药;表解但咳不喘者并去麻黄、桂枝。治咳嗽时用五味子,取其五味俱备,非只酸收纳气而已。新咳、暴咳喜用干姜散寒,不宜见咳治咳;久咳不止,则重用五味子;若咳不畅快者,乃邪恋肺经,五味子则在禁用之列。痰多加白芥子;顽痰喘咳,历久不化者加竹节白附。

小圃先生在临证之暇,常谆谆教诲我们:药不论寒温,要在审辨证情,正确掌握辨证论治的精神实质。桂、麻、附子等虽性温力猛,易以化热助火,亡阴劫液,但使用确当,能收奇效。不然,即桑、菊、荆、防亦足偾事。关键在于用之得当与否,世无明知温热偏胜而妄施温药者。若确系风寒表证,因其壮热而不敢及时投以辛温发散,反以轻清宣透或苦寒抑热,则难免贻误病情。殊不知发热者乃正邪相争之反映,邪气盛,正气尚旺,则发热愈壮,如能及时应用麻、桂,使寒邪得以外撤,不使病邪由表及里,由阳及阴,祛其邪,亦即扶其正也。徐老的教导对我们过去畏麻、桂等辛温药如蛇蝎的疑窦,豁然如释。

诊病全神贯注,一丝不苟

先生诊察小儿疾病时,有个最大的特点,即从进入诊室到诊病完毕,整整一天(除中间略事休息外)一直是站立不坐的。他边问病情,边望神志,详细切脉、切腹,听啼哭、咳嗽、气喘声。尤其令人敬佩的是,他在诊病时能注意到许多候诊患儿的特殊咳嗽和异常的啼哭声音,一经发现,即不按挂号次序的前后,随即提早叫入诊室,得到优先的照顾处理。

有一次,我正在写方,开药未及一半时,先生突令暂停,并令工作人员速将外面候诊的咳嗽患儿带进来先看(徐氏诊所大厅内的候诊室非常宽敞,有一百数十人的座位,是一般病的候诊室;在诊察室的外边有一间小候诊室,可容十来个病号,都是病情较重,或者是挂的"拔号"。候诊室有服务人员照料叫号,诊察室内亦有专人负责。病儿按次叫入,诊治后从诊察室后门出去,秩序井然。)当时,我很觉突然。原来,先生听到室外特殊的犬吠样咳嗽后发觉了一个白喉患儿,他凭声识病,对类似病儿立即予以处理,不致延误病情或传染给其他病儿。这件事我至今仍切切怀记,并对我的医疗态度一直起着积极的影响。他常对我们说:"小儿科医生,一定要具备几个基本功:一是看得准,二是听得清,三是问得明,四是摸(切)得细,缺一不可。那种认为诊治小儿疾病,以望为主,脉无可诊的说法,是把四诊割裂了。单凭脉诊,固然不足以全面识病,但亦须同样重视。"他还风趣地说:"做小儿科医生,要有眼观四处、耳听八方的本领,但这还只做到了一半;还有更重要的,是要有'幼吾幼以及人之幼'的一颗赤子之心。"徐老教导语重心长,实为后学者之楷范。

先生对望诊,确有独特之处。对婴幼儿呼吸道疾病,凡属啼哭无涕泪而鼻翼煽动者,为肺气郁闭,应首先开宣肺气。同时注意口唇舌苔之润燥,并结合其他各项症候,以辨别其寒热之真假,然后决定治疗决策。例如肺闭证,咳不扬声,呼吸气促,面呈㿠白,舌苔淡黄质润,脉细数少力,四肢欠温者,有汗用炙麻黄,无汗生麻黄与桂枝同用,并加紫菀、款冬、天浆壳佐利肺气,附子、龙骨、牡蛎、磁石温阳潜阳,防其阳气之暴脱。使用这一开闭救逆之法则,确实收到良好的效果。我经常运用此法治疗先后天不足的重症肺炎,特别在某些病例中出现心力衰竭或早期心衰的患儿,尤感满意。用药后如能听到咳声爽利,啼哭时有眼泪流出者,表示肺气已宣,病情可望由重转轻,转危为安。

过去在徐老处实习时,冬春季节所见麻疹合并肺炎者最多,求诊者皆为后期危重患儿。很多病儿除持续发热并常兼有气喘痰鸣、喘息抬肩外,舌苔黄腻或灰黑,舌质淡红有刺,口唇干燥皲裂,饮水则呛咳作恶的一系列毒热炽盛之化火症候,清热解毒,保津护阴,固在所必须。但徐老只要诊得脉来细软,扪得舌苔尚有潮润,四肢末端欠温者,则以清温并用、祛邪扶正之法为治,用药如黄连、石膏、鲜生地、大黄、天竺黄、乌附块、龙骨、牡蛎、磁石等。徐老认为麻疹为阳毒,化火最速,清热解毒,养阴护津,固属温毒证的治疗常法;热乃火化,炼液成痰,阻于气道,导致肺闭,关键在于"火"之作祟,故虽肺闭,必佐大黄,通达腑气,导火下行。此时如用一般宣肺定喘等法,已非所宜。盖肺与大肠为表里,泻利大肠,乃"上病下取"之意,所谓"扬汤止沸"不及"釜底抽薪"。乌附块性温而不燥,龙、牡、磁石扶正潜阳,证虽属实热,而舌唇尚润,脉呈细软,肢末欠温,按小儿病理特点,易虚易实,最易出现厥脱。夫阴之所生,必赖阳气之旋运,故少佐温阳者,取其阳生则阴长之意。方虽复杂,但主次分明,配伍灵活,对麻疹肺炎毒重正气将溃的重症病例,颇能见功。我在以后临证中,对某些麻疹肺炎兼金黄色葡萄球菌感染者,常用此法加重生大黄之量,常取得比较满意的效果。说明徐老之使用温阳药和清温并用之法,确是胸有成竹的。

先生应用附子的指征是:精神萎靡,面色㿠白,四肢末端不温,脉息细而软弱,或大便见溏泻、小便清等,只需抓住其一二主证,即可放手应用。特别出现小便清长者,常重用附子;如小便少者,则改用肉桂。他指出:阳气者,人身之大宝也,无阳则阴无以生。在临证时,如阳虚证端倪初露,即须及时注意,若必待气阳虚衰,阴证毕具而后用之,往往莫及之悔矣!

介绍几个常用治则的例案

昔日先生诊病,医案均有留底,余亦积累颇多,惜在日军侵华时,散佚大半,所存者又经十年浩劫,残留无几,因此无法整理其全貌。幸仲才学兄曾在先生逝世后一年,撰有《徐小圃儿科经验简介》一文,以资参考。这里,结合我的回忆,略述梗概,以飨后学。

(一)**解表擅用辛温** 外感风邪者,邪客于肺,导致肺气闭塞。证见壮热无汗,咳不扬声,胸高气急,鼻翼煽动,喉间痰声漉漉,神识欠慧,啼哭无泪,舌苔白,脉紧而浮,治从辛温开泄。药用:生麻黄、川桂枝、大杏仁、白芥子、制南星、象贝母、竹半夏、橘红、远志、生姜汁(冲)、苏合香丸(研细),用鲜石菖蒲煎汤化服。

本证虽由外感风邪所引起,但已成"肺风痰喘"之重症。痰阻气道,肺气闭塞,痰随气逆,则喉间漉漉鸣响;肺开窍于鼻,肺闭则鼻翼煽动,咳不畅利;身虽壮热,但无汗泄,苔白,脉紧而浮,病机为风寒郁于肌表,痰湿内阻肺络。因病在初起,正气尚盛,所以使用麻、桂辛温发散以开肺气,使邪从外撤;南星、半夏、姜汁温化痰湿;苏合香丸、菖蒲温开泄浊。以上防治结合,祛其邪实,亦即保其正气。若因其壮热而用清凉,徒滋邪机充斥,变证迭起,坐失良机,乃医之过也。

此证多见于冬春季节的婴幼儿,体质肥胖,病来急暴,以喘咳痰鸣、发热为主证,临床多见者为毛细支气管肺炎。如其有上述症候者,均可参考斟酌使用。

(二)重视扶正达邪 麻疹初透患儿,鼻准未显,透而即隐,壮热有汗,咳呛不畅,涕泪俱无,鼻煽气急,面呈青灰,精神萎靡,作恶便溏,肢凉不温,小便不黄,辄见痉厥,苔白不黄,口干不多饮,脉虽数而软,药用水炙麻黄、白杏仁、黄厚附块、活磁石、青龙齿、蝎尾、二味黑锡丹、鲜石菖蒲。

其病机为正气不支,邪陷肺闭,内风蠢动,属麻疹之变证。夫一般麻疹因毒热内闭者固多见,而因正气不足,气阳式微而致疹难透达者亦复不少。此证面色青灰,便溏,溺色清,脉软肢冷,虽有壮热,而见有汗,痧子见而即隐,且频见抽搐,与毒热内陷生风者显属不同。故先生以温阳扶正同宣透并用,止痉不用羚羊而参以潜阳;气喘、汗出不温,当非实邪之喘,所以用二味黑锡丹以温阳镇纳,不用葶苈泻肺以免犯虚虚之戒。且黑锡丹能温纳肾气,凡真阳欲脱之虚喘,先生最善用之。在透疹剂中加用附子以温阳,发中有补,确能达到扶正却邪之目的。

此外,先生对麻疹之出透与否,不以全身四肢密布为凭,而以鼻准有无为标志。因此,他诊视麻疹患儿,必细察鼻准处有无布露,虽周身痧子密布,鼻准未见者,仍以透为主;若鼻准部已有三五点粒,全身稀疏不多者,即表示痧子已透达向外,无需再用透发。余验之临床,确如其言。附此,以记先生诊视麻疹之卓见。

(三)及时温培脾肾 久泻婴儿,屡经治疗,仍泄泻不止,粪色淡黄,挟有黏液乳瓣,小便清长,吮乳作恶,神情萎软,目眶凹陷,面色萎黄,四肢欠温,寐则露睛,舌净少苔,脉濡细,呼吸浅促。处方用黄厚附块、上安肉桂、茯苓、淮山药、煨肉果、煨益智、破故纸、青龙齿、活磁石。

此为久泻伤脾,脾伤及肾,乃脾肾两伤之证,气阳不足之征毕露,故放手使用温培脾肾之阳,即助火生土之意。

小儿泄泻,夏秋季尤多,湿热泻固属多见,而婴幼儿时期的脾虚泻亦常见及。先生常以钱氏七味白术散为主方,中寒者加炮姜,阳虚者加附子,对脾伤及肾者常用四神。对泄泻病中具有舌干口渴者,必详辨其伤阴与伤阳之别。伤阴当见舌光色绛,甚则口舌生糜;伤阳舌苔虽净而不干或糙而质润,且多伴小便清长,口虽干而不多饮,饮则作恶

（此非阴伤，而是脾不健运，液不上承之故）。肾阳不振，气失摄纳，所以小便虽多，而泻仍不止也。此类病儿临床极为多见，若不及时投以温培脾肾之阳，则必土败木乘，可致虚风暗动，导致慢脾风危候。婴幼儿泄泻之死亡于此者，比比皆是。我在治疗婴幼儿久泻不止，进食进水即泻的脾寒泻时，亦常喜用附子理中汤加生白芍、炙诃子温中安肠，鼓舞脾阳，使之清阳上升，阴霾自散。这与补中益气之升提法具有不同的含义。

（四）潜阳兼顾育阴　幼儿在夏秋之交，发热缠绵已将一月，热来起伏，身有微汗，口渴喜饮，尿多色清。近来烦躁不宁，彻夜不寐，咬啮手指，时伴惊搐，面色有时潮红，两足清冷，舌光无苔，脉细数而软。处方为黄厚附片、上川连、磁石、青龙齿、天花粉、蛤粉、覆盆子、莲子心、阿胶、鸡子黄（冲）。

本证已显气阴两虚，属于各种温病范围的后期病症，乃温病之坏证。余对"流行性乙型脑炎"的恢复期，伏暑、湿温病的后期，凡出现此类症候，均宗先生施以潜阳育阴之法治之。

盖阴与阳，虽属不同的两个属性，然互有联系，互为制约，阴平则阳秘，偏胜则病，所谓"亢则害，承乃制，制则生化""君火之下，阴精承之""阳不独立，必得阴而后成，阴不自专，必得阳而后行"。此水火阴阳制约的生化规律。故潜其阳，必育其阴。潜阳育阴之法，虽非先生独创，但运用自如，足证先生治法灵活，无固执一法的偏见。从儿科领域中，很多疾病由于邪热消烁真阴，产生水火阴阳制化失常，从而导致肾水的亏损，鸱张了心火的亢盛。诸如出现阴虚阳越的临床症候,若片面育阴,亦难奏效。所谓"孤阳不生,独阴不长""热淫于内,治以咸寒,佐以苦甘"。张介宾尝云:"有形之火不可纵,无形之火不可残。"先生以黄连阿胶汤、定风珠立方,佐以温下潜阳之品,化裁出入,泻其有余,补其不足,其可谓临机应变,深得要旨。

由于先生忙于诊务,没有专论著述留世,但先生及门弟子遍布海内,珍藏先生之临证医案及深得先生之奥旨者不乏其人,此非表彰先生毕生之业绩,而是发扬祖国医学遗产中的一份宝贵资料。如能互相献出,公之于世,则对儿科保健工作者提高学术水平裨益不少,是所祷之。

先师蒲辅周的治学精神与医学成就

高辉远*

[蒲辅周小传] 蒲辅周(1888~1975),四川梓潼人。三世精医,祖父尤知名。十五岁始继承家学,三年后独立应诊于乡,后悬壶于成都,声誉日隆。解放后,于一九五五年调中医研究院工作。倾心中医事业凡七十余年,医理精深,经验宏富,长于内、妇、儿科,尤擅治温病,在中医学术的许多领域内皆有独到见解,为当代杰出的中医学家和临床家。一生忙于诊务,未暇从事著作,晚年由其门生整理出版了《蒲辅周医案》《蒲辅周医疗经验》等。

先师蒲辅周,是当代杰出的中医学家。在其七十多年的医学生涯中,以振兴祖国医学为己任,精研医理,勤奋实

---

* 中国人民解放军三〇五医院

践,兢兢业业,矢志不移,其严谨的治学精神和突出的医学成就,深为医药界所敬仰。现仅就个人从师学习的浅薄体会,简介其治学精神和主要经验如下。

治学谨严　吾辈师表

先师治学的特点很多,概括起来有如下四点。

首先,注重一个"勤"字。他在读书和思考方面是十分刻苦的。每当凌晨和夜静的时候,他书桌上的灯光总是准时拨亮,伏案阅读,孜孜不倦。并常说,一来这时头脑清爽,效率最高;二来没有白天的干扰,精力集中。就这样,他不论阴晴寒暑,每天早晚坚持学习四五个小时,几十年没有间断过。他对所读之书,还要认真思考,深入领会,吸其精华,弃其糟粕,丝毫也不马虎。他要求学生也是同样,谆谆教导说:"经典著作要精读深思;各家学说要博览兼收;基础知识书籍要勤读牢记。真正做到一步一个脚印,扎扎实实地把书读通弄懂。"

他一生不耻下问。在梓潼时,慕龚老名,谦恭追随数年不懈,龚老甚为感动,于临逝世前,授以内眼病秘方——九子地黄丸。他广泛收集民间有效疗法,随闻随采。他交往医界名流,总是虚怀若谷,善以人之长补己之短,从不存门户之见。他经常说,学问学问,不但要勤学,而且要好问。只学不问,无以启思;只问不学,无以明理。要有"每事问"的精神,才能在学识上有所进益。

其次,坚持一个"恒"字。他认为,中医理论深奥,没有坚韧不拔、锲而不舍的毅力和活到老、学到老的恒心,是不易掌握和领会的。他每读一部中医文献,无论是巨著,还是中短篇,始终坚持一丝不苟,从头读起,一字一句,一章一节,竭泽而渔,不使遗漏。即使读两遍、三遍,也不改易这种方法。我追随先师十七年,亲眼看到他系统阅读《内经》《千金》《外台》《证治准绳》《张氏医通》《本草纲目》各一遍,《伤寒论》《金匮要略》《温病条辨》《温热经纬》《寒温条辨》《伤寒指掌》和《金匮翼》《医学心悟》等两遍,没有持之以恒的顽强意志是办不到的。他常说:"学无止境,每读一遍,皆有新的启发。"

其三,要求一个"严"字。他认为,治学严谨与否,不仅是科学态度问题,而且是重要的方法问题。他自己订立了三条:①好读书,必求甚解。见重点,则做好笔记,加深记忆;有疑义,则反复查证,务求明辨。不做采菊东篱之陶渊明。②谨授课,必有准备。讲原文,则主题明确,论之有据;做分析,则深入浅出,引人入胜。要学传道解惑的韩昌黎。③慎临证,必不粗疏;问病情,则详察体认,明其所因;辨证治,则胆大心细,伏其所主。效法治医有素之孙思邈。记得在一次重型乙型脑炎会诊讨论中,在座同道分析:高热灼手,胸腹痞满,已三日不大便,脉沉数,苔黄腻,可下之。他力排众议,指出虽有痞满而不坚,脉非沉实而两尺滑,苔非老黄而见厚腻,不待下,大便将自行,正当认真剖析,意见渐趋一致时,护士来报,溏粪已下,同座莫不叹服,并称赞他认证之真确,完全由于治医的严谨,分辨细微处,一症一脉从不轻易放过。这种高度负责的作风,值得学习和发扬。

先师对学生要求也极严。我曾施治一慢性肾炎患者,肾虚症候比较典型,用六味地黄汤加五味子、菟丝子、枸杞子等。老师见后,作了严肃的批评:"你只会用补法,竟忘了补而勿滞。"这使我至今铭记不忘。在先师的直接指导下,我编写了一部《温病述义》。动手写作前老师即告诫说:"任何科学论著都要有继承性,也要有创造性。写温病学说,首先要继承温病学家已有的学术经验和理论体系,同时要吸取现代成就和自己的实践体会。书名可叫述义或辑义。"在编写过程中,我查阅文献,选择素材,综合资料,一边撰稿,一边讨论,一边修改。而每一章节,先师都要亲自审阅,认真指点,损益取舍,细心切磋琢磨。比如论据是否正确,引书是否可靠,辨证是否合理,施治是否切病,文字用语是否通顺扼要,一一加以详尽地批改,鼓舞我不怕困难,不惜精力,通过六次修订,三易其稿,使我不但掌握了习作的基本技巧,提高了独立的治学能力,也提高了研究能力、思考能力和文字表达能力。这部著作,反映了先师温病学术思想的特点,倾注了他不少心血。

最后,落实一个"用"字。他认为,学以致用,学用结合。如果只学不用,读书虽多,亦不过埋在故纸堆中,纵然发为议论,多是章句之学,作古人的注脚而已。所以,他极力倡导,学理论是为了用理论和发展理论,这也是他做学问的精到之处。

理论精湛　成一家言

周总理曾多次说过:"蒲老是高明的医生,又懂辩证法。"短短两句话,评价何其高!先师之所以高明,主要表现在他既是富有实践经验的临床家,又是懂辩证唯物论的中医理论家。他称赞中国医药学是东方文化精粹的一部分,有其独特的理论体系。《内经》《伤寒论》等经典医籍,是中医理论体系以辩证法为内核的结晶,必须认真继承和发展。他反对那些认为中医只有经验,没有理论,不珍视祖国文化遗产的错误态度。他还说,《内经》的基本理论是科学的理论;《伤寒论》遵循《内经》的理论指导实践,总结和提高了中医的理论体系。可见他对这两部典籍有深入研究和正确认识,并对其中一些理论问题做了精湛的阐发。

他珍视祖国医学经典,崇信其理论价值,又从不抱残守缺,故步自封。他对《内经》的解释,不落旧注家的窠臼。例如:

对"冬伤于寒,春必病温"和"冬不藏精,春必病温"的看法,摆脱了"冬日受了寒邪至春病温"的伏气论点,而从冬不藏精比类悟出,冬失固藏和冬病伤寒之人,其气必虚,则春日邪之所凑,自然容易病温。焉有寒邪伏藏如此之久而不病,由冬历春始发的道理;即使用潜伏期解释也属牵强。

对"治病必求其本"的认识。他做了深入发挥,提出处理辨证求本的几个关系:

(一)辨证求本,正确处理局部与整体的关系　人是统一的有机体,认识疾病的本质,往往从整体较之从局部认识为准确。任何疾病的局部症状,都与整体密切相关,不能片面地只注意局部而忽视整体。他治疗一例尿闭和一例尿失禁,从局部症状看是不同的,但从整体看均为中气不足,可见症状是现象,中气虚才是本质,故都用补中益气汤加减而取得相同的效果。若只见尿闭则利,不禁则涩,而不求其本,则去经旨愈远。

(二)辨证求本,正确掌握正气与邪气的关系 《内经》说,正气存内,邪不可干,邪之所凑,其气必虚。说明人类疾病发生、发展和转归的过程,是正邪斗争胜负消长的过程。先师提出"无病早防,保持正气;有病去邪,切勿伤正"的观点,指示业医者必须注意正气这一根本,掌握扶正以祛邪,祛邪以养正的辩证关系。若只见病不见人,单纯以祛除病邪为务而不顾正气,殊失治病求本的原意。

(三)辨证求本,正确区别内伤与外感不同重点的关系

八纲是中医辨证论治的重要纲领。先师则强调外感疾病,重点辨表里寒热。因为一切急性热病,无论温热,还是伤寒,初起邪均在表在卫,所以解表为第一要义。表寒者散以辛温,表热者透以辛凉。治疗及时,迎刃而解。若已传里,或传阳明,或入气分,则清气撤热自属正治。慢性内伤疾病,重点辨虚实寒热。一般认为七情内伤杂证多虚。但亦虚中夹实,实中夹虚,或大虚似实,大实似虚,均应仔细辨别。不可一概作虚证论。同时内伤为病亦有寒热,如阳虚则寒,阴虚则热,与外感为病之寒热判然不同,亦应认真分清,不可一概论治。先师对八纲的运用,从理论上突出区分外感内伤的不同重点,完全符合"治病必求其本"的宗旨,并深得《内经》真谛而加以提高。

先师阐明经旨如是,阐明后世医家理论亦如是,每多创见。

对阳常有余、阴常不足的看法。他说,丹溪创立此论,

值得怀疑。阳为气、为火,气果有余吗？火果真有余吗？那么五藏六腑皆有阴阳,何者为阳有余,何者为阴不足,且阴平阳秘,精神乃治,一有偏胜,则必为病。岂可能阳常有余,阴常不足,而人不为病的？按人体之阳,非火有余,乃其水不足也。这才是王太仆的本意,这个观点直到张介宾才纠正过来。著书立说,教万世人,殊不知立论一错,反而害人。但是丹溪创立一些补阴方剂,如大补阴丸等,则是他的重要贡献。

  对八法的发挥。八法是中医的治疗大法,是战胜各种疾病必须掌握的不可移易的准则。但是,以他多年临床体会,逐步认识汗、吐、下、和、温、清、消、补的具体运用,还需注意分寸,要有一分为二的观点。任何一种方法,当用而用得其法,自然应手取效。若当用不用则为失治,不当用而用则为误治,这尚较易觉察；唯当用而用之不得其法,病情往往不见改善,医家病家均认为用法无误,但终不解其何故。观《伤寒论》桂枝汤条下载："温覆令一时许,遍身漐漐,微似有汗者益佳；不可令如水流离,病必不除。"寥寥数语,已道出汗法效与不效的机理。因为微似有汗为用法得当,故益佳；如水流离为用法不当,故病不除。先师由此悟出一个很重要的问题,即矛盾对立统一的法则。他明确提出,善用八法者必须是汗而勿伤,下而勿损,温而勿燥,寒而勿凝,消而勿伐,补而勿滞,和而勿泛,吐而勿缓。这是医学方面的两点论和辩证法。比如说：汗法用于外感疾病,能收到很好的发汗解表作用,但汗之太过,则会发生大汗亡阳的危险；补法用于虚弱病人,有增强体质恢复健康的作用，但补之不当，则引起胸腹胀满甚至衄血便燥等不良反应。他对补的意义还有进一步的见解：气以通为补，血以和为补，不用补药而达到补之目的。八法之蕴，至此大备。

精通内科　尤擅温病

先师治内科病，首崇仲景学说，常谓《金匮》《伤寒论》二书，理详法备，为方书之祖，临床医疗的准绳。下遵历代各家流派，博采刘河间之寒凉，张子和之攻下，李东垣之温阳，朱丹溪之滋阴，冶众长于一炉，以补仲景所未备，开后学之法门。他毫无偏见，集思广益，撷取精华，扬弃糟粕。大力倡导治疗以辨证论治为主，不必斤斤于经方派、时方派之争。

他说内科是临床医学的基础。古时中医虽有十三科之分，而内科向称为大方脉，包括的范围很广，加之他所治内科的病例又多为疑难大症，欲获高效不易，但由于他理论精通，学识雄厚，经验丰富，故都能把握病机，得心应手。举例如下。

（一）冠状动脉粥样硬化性心脏病（简称冠心病）　冠心病在他看来，其证心脏功能不足为虚，营卫阻滞作痛为实，但毕竟虚多实少，故治法当以补为主，通为用。自制益气和血之双和散，临床证实安全有效，是通补兼施的良方。不宜胶执活血化瘀一法，以免蹈虚虚之戒。此种创见，如同犀烛。

例一，张某，男，年逾耳顺。体质素弱，头晕健忘，神怠思睡，胸膺闷胀，心区隐痛，气短懒言，自汗畏风，腿软作痛，不耐坐立，胃纳欠佳，口干欲饮，小便偏少，脉象两寸沉细，两关弦急左甚，两尺沉弱，舌质淡无苔。某医院确诊为冠心病。先师分析脉证，属心气不足，肾气亦衰，髓海渐虚，虚阳欲越，急用附子汤加减，强心益气，滋肾潜阳：西洋参、制川附子、云茯神、白芍药、制龟板、山萸肉、枸杞子、炒杜仲、怀牛膝。

阅三诊后，头晕、胸闷、隐痛、思睡、自汗等症皆明显减轻或消失，食欲略增，二便正常，脉转弦缓，左关亦不急，舌质正，苔白。原方加女贞子、五味子继续调理，日见功效。

例二，刘某，男，花甲又二。因心肌梗死合并心力衰竭住某医院，经抢救逐渐平稳，出院后一年中，三次发作心绞痛，常觉疲倦无力，四肢关节酸痛，心悸隐痛，足浮肿，脉象左沉细，右弦缓，舌质正，苔薄白，师诊为心气不足，兼见风湿。方用参麦散加远志、枣仁以益气养心，佐以天麻、桑枝、松节以祛风胜湿：北沙参、麦门冬、五味子、炙远志、炒枣仁、生龙骨、明天麻、嫩桑枝、干松节、化橘红、大红枣。

上方服后，患者云疗效很好，遂按此法出入，坚持服用较长时间，而病情日趋进步。

例三，于某，男，年过知非。某医院确诊冠心病。心电图检查：冠状动脉供血不足，陈旧性心肌梗死。自觉症状，四年多来一直胸闷气短，心前区疼痛彻背，向左腋下及臂部放散，每日发作频繁，隔十余天即有类似休克样发病，兼见头昏头痛，睡眠不佳，时短易醒，易汗出，下肢浮肿，心绞痛重时则胃纳亦差，曾服中药五百余剂，多为瓜蒌薤白半夏汤或炙甘草汤加减，以及西医长期心脏用药，诸症不见改善。诊其脉左关微弦,余均沉细,舌正唇紫,微有苔薄黄,此由营卫不调、心气不足、痰湿阻滞,治宜调营卫、通心气、化痰湿,方以十味温胆汤加减:西洋参、云茯神、炒枣仁、炙远志、九节菖蒲、法半夏、化橘红、炒枳实、淡竹茹、柏子仁、紫丹参、川芎、大红枣。

二诊:头昏痛减轻,饮食略改善,咯少量黄而灰痰。此痰湿欲化之征,仍睡眠不佳,并见耳鸣,左关微弦细数,余脉同前,原方去丹参加石决明、桑寄生。

三诊:诸症悉减,心前区疼痛亦大减,每日发作次数已不频,未再发生类似休克样的表现。睡眠不实,脉象沉细,舌中心有薄黄苔。原方去大枣加宣木瓜、琥珀粉(冲)。

四诊:一般情况很好,心前区偶有闷痛,脉沉细,舌苔薄白,唇已不紫,属心气已通,营卫渐和,原方略予增损,除感冒外可常服。此后病情遂趋稳定。

先师对冠心病的辨证论治,着眼于心脏功能不足。三例均属心气不足之证,但一见肾虚阳越,一兼风湿痹痛,一有痰湿阻滞,故又根据兼症不同决定治疗方法。或用经方附子汤,或用时方参麦散和十味温胆汤,加减进退各有法度,不能稍有迷惑。

(二)胃、十二指肠溃疡(简称溃疡病) 先师对消化性溃疡的治疗,不单纯侧重在局部病变,而特别着眼于整体病情,往往按仲景"随证治之"的原则,屡获奇效。例如:

段某,男,三十八岁。素有胃溃疡和胃出血史,大便检验潜血阳性。近因过度劳累,加之公出途遇大雨受凉,饮冷葡萄酒一杯后,突然吐血不止,精神萎靡,急送某医院救治,诊断胃溃疡大出血,经对症处理两日,大吐血仍不止,恐导致胃穿孔,决定立即施行手术,迟则将失去手术机会,患者家属有顾虑,夜半要求处方止血。师曰:吐血虽已两昼夜,若未穿孔,尚可以服中药止之。询其原因,由劳累、受寒、冷饮致血上溢,未可以凉药止之,宜用《金匮》侧柏叶汤,温通胃阳,消瘀止血:侧柏叶、炮干姜、艾叶浓煎汁,兑童便频频服之。

复诊:次晨吐血渐止,脉象沉细涩,舌质淡,无苔。原方加西洋参益气止血,三七和血消瘀,仍如前法。

三诊:止血奏效,神安欲寐,知饥思食,并转矢气,脉两寸微,关尺沉弱,舌质淡无苔,此乃气弱血虚之象,但在大失血之后,脉证相符为吉。治宜温运脾阳,并养荣血,佐以消瘀,改用理中汤。加归、芍补血,佐三七消瘀。服后微觉头晕耳鸣,脉细数,为虚热上冲所致,于前方加地骨皮、生藕节,浓煎取汁,兑童便继服。

四诊:诸症悉平,脉亦和缓,渐能纳谷,但转矢气而大便不下,继宜益气补血,兼养阴润燥消瘀之品:白人参、柏子仁、肉苁蓉、火麻仁、全当归、生藕节、清阿胶(烊化)、新会皮、山楂肉,兑童便温服。

服后宿粪下。化验:潜血阴性,嘱停药,以饮食调摄,逐渐恢复健康,溃疡亦愈合,二十余年未再发。

吴某,男,四十二岁。患十二指肠溃疡已十三年,秋、冬、春季节之交,易发胃脘疼痛,钡餐照片十二指肠壶腹部有龛影,大便潜血阳性。近来脘腹疼痛,尤以空腹时加重,精神较差,小便黄,脉弦急,舌质红,苔亦黄,此属肝失疏泄,横逆犯胃,用四逆散合左金丸加味以疏肝和胃治之:北柴胡、白芍药、炒枳实、炙甘草、川黄连、吴茱萸、扣青皮、广木香、高良姜、大红枣。

二诊:脘痛减轻,睡眠仍差,大便不爽,小便稍黄,舌质红,苔转黄腻,脉仍弦数,乃肝胃未和,湿热渐露,改用越鞠加味,调肝胃,利湿热:炒苍术、制香附、焦栀子、川芎、建神曲、川厚朴、炒枳壳、绵茵陈、广郁金、干石斛、白通草、广木香、鸡内金。

三诊:脘腹痛消失,大便潜血阴性,食纳增加,脉缓不弦,舌质不红,苔薄黄微腻,议用散剂缓调以资巩固:赤石脂、乌贼骨、陈香橼、炙甘草、鸡内金。共为细末,每服五分,日两次,白开水送下。

两例溃疡病的治则是从病情需要决定的。当胃溃疡大出血时,急应止血,但考虑因为过劳、受寒、饮冷引起,不同于一般血热妄行,故不采用凉血止血的方法,而用温通胃阳,佐以消瘀,继之以理中温养脾阳以统其血。盖脾胃为中州之司,而甘温具固血之用。避免了一次手术,这种无创伤性医疗,给临床有所启示,无怪乎许多急腹症也用中医疗法取得成功。另一例十二指肠溃疡,由于肝胃不调,兼有湿热,故又直接以调肝胃、利湿热之法为治,与前例一温一清,形成对照,各有妙用。尤其值得探索的是先师在柏叶汤中以童便代马通,童便咸寒之性,不仅能制姜、艾之温燥,而且能止血以化瘀。在吴某调理善后时,用赤石脂、乌贼骨于养胃中巩固收涩止血之功,并促进局部溃疡之修复,做到温而毋燥,止而不瘀,既重视整体,又注意局部。先师技术娴熟,运用灵活,实臻炉火纯青的高深境地。

《蒲辅周医案》中内科案例,尽皆准此。以《内经》《金匮》为理论基础,渗透历代各家之长,善用经方,又不受经方药味的拘束,往往经方时方并用,又不失配伍的准绳。认为临床治病,总是有常有变。一般是治常易,治变难,其实善治常者,亦善治其变。他所诊疗的病人,变证较多,面对疑难症候,总是细心观察,周密思考,甚至查阅文献,务求至当,故能处变不惊,知难而进,医律愈细,疗效愈高,形成有创造性的医疗特色。

先师对于温病的经验是:①摒弃温病学派与伤寒学派的论争。他说,伤寒、温病首见于《内经》,谓热病皆伤寒之类;《难经》则曰伤寒有五,直接把温病系于伤寒之下。《伤寒论》总结汉以前治疗外感病的经验,创立六经辨证的学说,为汉以后所宗,伤寒、温病并未严格分开,至金元开始提出温病不同于伤寒,明清两代温病学说已正式形成,叶、吴倡卫气营血和三焦辨证,于是伤寒与温病分为两大派,各立门户,各行其是,甚至互相攻讦。先师则极力摒弃此种偏见,主张扬长避短,伤寒学说开温病学说之先河,温病学说补伤寒学说之未备,应当互为充实,并行不悖。②辨清伤寒与温病的同异。前人有"始异终同"之说,先师则谓"始异中同终仍异"。伤寒初起,寒邪侵犯太阳,其病在表,治法以辛温解表为主;温病初起时,温邪首先犯卫,其病亦在表,但治法以辛凉透邪为主。可见二者之始,病因异,病症异,治则亦异,绝对不可混同。若伤寒入里,证属阳明,寒邪化热,治宜白虎、承气;温病顺传,证属气分热邪益炽,治法自然一致。故二者之中,证治均相同,无须寻求其异。至于伤寒传入三阴,虚寒已见,则宜温宜补;温病热入营血,阴伤津灼,则宜清宜润。

故二者之终,又见证治迥异,理应细加区别。③以表与透为第一要义,以存津液为治疗根本。因为伤寒、温病,皆外因为病,邪自外入,自应驱之外出。吴鞠通说得好:"伤寒非汗不解……温病亦宜汗解。"唯温病以透达得汗更适宜,不可直接发汗。说明表与透是伤寒、温病的两大法门,是临床的第一要义。前贤还指出:一部《伤寒论》,不外"存津液"三字为根本。津液的存亡,关系温病的安危。保存一分津液,即增加一分生机。由于先师理论汇集伤寒、温病学说之所长,辨证分清伤寒、温病之区别,论治注意表与透和存津液之要领,故在温病学术上能有所建树。临床实例,以辨证较多。例如:

朱某,男,二十九岁。某医院确诊为流行性乙型脑炎。发病后曾服大剂辛凉苦寒及犀、羚、牛黄、至宝之品,而高热持续不退,神识如蒙,时清时昏,目能动,口不能言,胸腹濡满,大便稀溏,口唇干,板齿燥,舌质淡,苔白,脉象寸尺弱,关沉弦,属湿温。分析脉证虚实互见、邪陷中焦之象,与邪入心包不同,用吴鞠通"湿热上焦未清,里虚内陷"的治法,主以人参泻心汤,去枳实加半夏,辛通苦降为法:白人参、炮干姜、川黄连、枯黄芩、法半夏、白芍药。

服后,尿多利止,胸腹满减,周身得微汗而热退。但此时邪热虽却,元气大伤,而见筋惕肉瞤,肢厥汗清,脉微欲绝,有阳脱之危,急以参麦散加附子、龙牡回阳固阴:台党参、麦门冬、五味子、熟川附子、生龙骨、生牡蛎。

浓煎徐服,不拘时,渐见安睡,肢厥渐回,战栗渐止,神识略清,汗亦减少,舌齿转润,阳回阴生,脉搏徐复,后以养阴益胃法缓缓调养而愈。

此例本暑湿为病，因寒凉过甚，由热中变为寒中，邪热被遏，格拒中焦，故取泻心法。辛通苦降，病机一转，邪热顿折而大虚之候尽露，急用回阳固阴之剂，中阳以复，阴赖以存。综观治疗法度，方宗仲景，法取鞠通，伤寒、温病学说共存，经方时方并用，非先师胆识过人，曷克臻此。

高某，男，七岁。住某医院已三日，诊为流行性乙型脑炎。患儿高烧躁扰，腹满下利，呕恶，予水则拒，爪甲青，面青，日夜不安睡，时而狂叫，亦不食，苔黄少津，唇干，脉象沉数弦急，曾用寒凉重剂及犀羚、牛黄、至宝等病势不减，乃热邪内陷阴中，从太阴寒化，厥阴蛔欲动之象。予以椒梅汤去黄芩、法夏：台党参、川黄连、白芍药、乌梅肉、川花椒、炮干姜、炒枳实。

浓煎温服，一剂热退，睡安躁减。再剂利止，胀消烦除，并下蛔虫一条。续以温脾和胃调治以竟其功。

此亦因服用寒凉太早、太过，已成寒中变证，而苔黄、唇干，脉弦数且急，仍与热中相似，其间仅爪甲青、面青、拒水之差。在疏方时去黄芩、半夏，原因曾服苦寒重坠之剂过多，故减其制，有枳实之苦降，黄连之苦泄，已适中病机。不执成方不变。且椒梅汤系仲景乌梅汤化裁而来，与前例寒中之见证不同，故选方亦异。

梁某，男，二十八岁。住某医院，诊断为流行性乙型脑炎。病已六日，曾连用清热、解毒、养阴之剂，而病势有增无减，体温高达 40.3℃，脉象沉数有力，腹满微硬，哕声连续，目赤不闭，无汗，神昏谵语，烦躁不宁，四肢妄动，有欲狂之势，手足微厥，昨日已见下利纯青黑水，此属热邪羁于阳明、热结旁流之证，但未至大实满，且苔秽腻，色不老黄，未可与大承气汤,乃以小承气汤微和之。

服后,哕止便通,汗出厥回,神清热退,改用生津益胃、续清余邪之剂以资恢复。

一般认为乙型脑炎,多属暑温范畴,清热、解毒、养阴,是正治法,何以本例用之无效?盖因患者已见阳明里热,谵语欲狂,身热无汗,目赤肢厥,脉沉数有力,此乃里闭表郁之征,而且热结旁流,非清热、解毒、养阴所能解,必须下之,下之则里通而表自和。若泥于温病忌下之禁,当下不下,里愈结,表愈郁,热炽津伤,造成内闭外脱者有之。先师对用下法极端审慎,但只要病情急需,又毫不犹疑,非独具匠心,处重果断,岂足望其端倪。

先师既精内科,尤擅温病,已散见于《蒲辅周医案》等书中。其不传之秘,完全自勤奋治医得来。以《内经》《伤寒论》的理论为经,以刘河间、叶天士、吴鞠通、王孟英各家学说为纬,并对余师愚、杨栗山等有关瘟疫论著,亦悉得其奥。同时,还重视中西医结合,从西医的学术中吸取营养,促成了他在温病学方面的创造和发展。

兼长妇儿　独具特点

先师非只精内科,还兼长妇、儿。对昔贤"宁医十男子,毋医一妇人;宁医十妇人,毋医一小儿"之说,认为不切实际。似乎妇、儿较内科难,其实只有见证的异同,并无本质的区别。由于妇、儿的生理、病理特性,妇科有经、带、胎、产,儿科有麻、痘、惊、疳等证外,其余疾病常与内科同。他不囿于分科的局限,而是综合具体情况,进行具体分析,根据辨证论治的理论原则,既有区别,又有同一,形成与内科并行不悖,独具特点的妇、儿医疗经验。

他对妇科疾病的诊治,颇多独到之处。积累的心得体会主要有三点。

(一)妇科以调理气血为主 女子二七天癸至,七七天癸绝,乃生理之常。生理失常则月事不以时下,故医家论妇人疾病之治,首重血分,采用寒则温之,热则清之,虚则补之,实则泻之(瘀者行之,滞者通之)等原则,亦治疗的常法。但是,血为气母,气为血帅,气行则血行,气滞则血瘀,气通血和则诸病不起,故治血必须理气。所以,妇科以调理气血为主。

(二)妇女病以疏肝和脾为重要环节 《内经》指出,百病皆生于气。尤其妇女在中年时期,由于各种因素,情志怫郁为多,往往肝气郁结,气郁则血滞,而致月经不调、痛经和经闭等症。《内经》又说,二阳之病发心脾,有不得隐曲,女子不月。这又说明了月经病与脾的关系密切。脾不统血则可引起崩漏,脾湿下困则可导致带下,妊娠脾气不足而食减则胎失所养,产后脾阳不振则影响乳汁分泌等,莫不与脾有关。故疏肝和脾是治疗妇人病的重要环节。

(三)妇人杂病仍以辨证论治为根本原则 《金匮》论妇人病凡三篇,除妊娠、产后外,则以杂病目之。所谓杂病,即其证情比较错综复杂,又与妇科有联系,如中风、伤寒而月经适来,热入血室者,可与小柴胡汤和之,亦可以刺期门,随其实而取之;有与妇科无联系而属内科的,如喉间炙脔之梅核气者,可用半夏厚朴汤调之,证夹虚寒而腹中痛者,可用小建中汤温之;有与外科相似的,如阴中蚀疮烂者,则以狼牙汤外洗之,等等。诸凡妇人杂病,总离不开辨证论治这一根本原则。

他的妇科治验,不越这三条心得体会。

徐某,女,二十九岁。多年来月经愆期,每次经行时间长而量多,有黑色血块,小腹凉痛,脉象沉迟微涩,舌质稍暗,苔薄白,属气血不调,肝郁夹瘀。治宜调理气血为主,佐以舒肝化瘀:全当归、川芎、官桂、吴茱萸、荆三棱、蓬莪术、制香附、川楝子、延胡索、大茴香。水煎服,日两次。香附丸,每晚睡前白开水送服二钱。

阅二月余,月经略有改善,虽仍有小黑血块,小腹已无不适。脉象沉缓不清,舌正,苔薄白。

首次汤方,经期继服。经过后,临睡前服定坤丹三钱,化症回生丹(梧桐子大)一至二丸。

又半年后,月经周期较准,量不多,血块很少,经行五天即净。脉沉缓,舌正苔白,仍宗前法,继进一月,以资巩固。

李某,女,三十八岁。半年来经水零星不断,上半月较多,下半月较少,色紫,时有小块。小腹痛,恶凉喜热,月前于某医院行刮宫术治疗,仍不断流血,血色时紫时红,腰及小腹疼痛,口干喜大量热饮,食纳极差,胃脘堵塞,大便秘,三四日一行,小便正常,心慌,眠差,多恶梦,疲乏无力,曾服中药和蜂王浆等,效不显,脉象两寸尺弱,两关革,舌质淡微暗,无苔,此属经漏,由气血损伤兼瘀结。治宜调补气血,温化瘀结:炒艾叶、清阿胶(烊化)、全当归、川芎、白芍药、干地黄、川续断、炮干姜、海螵蛸、嫩桂枝、炒白术、柏子仁、茜草。

复诊：前方服三剂，心慌减轻，胃脘胀塞亦轻，食纳见增，阴道流血似多些，有黑色血块，余症同前，脉象舌苔亦无变化，原方去柏子仁加杜仲、黑豆继服。

三诊、四诊：仍加减施治，而病情小有进步。

五诊：因劳累阴道流血又稍多，脉寸尺弱，关弦虚，舌淡无苔。因失血过久，冲任不固，小有操劳，血即失御。治宜强肝肾，固冲任：熟地黄、炒白术、鹿角霜、阿胶珠、炒杜仲、川续断、山萸肉、肉苁蓉、炮干姜。

六诊：加地榆。

七诊：流血已基本停止，尚有少量粉色液体，胃纳仍欠佳，偶有心悸，余症均消失，脉寸尺弱，两关沉细，据病程长，流血多，心肝脾俱虚，以人参归脾丸缓缓补益，继服一月，血止经调。

黄某，女，三十岁。半年前曾因月经流血过多，施行刮宫术一次，术后又因淋漓不止，住院治疗两月之久。以后每次经行，仍然大量出血，常致休克，必须至医院进行急救，注射止血针等。月经周期不准，有时为半年一次，有时二十多天，来时有鲜红血块，四肢酸痛难移，头痛，头眩，耳鸣，心慌，面色苍白，食欲不振。诊其脉象右微左涩，舌中心裂如镜。由去血过多，气血两亏，而止之过急，络中瘀滞，因而脉证虚实互见。但毕竟虚多实少，虚者当补，实者当消，拟益血养荣为主，消瘀为佐：鹿角霜、制龟板、红人参、川续断、炒白术、补骨脂、海螵蛸、炒杜仲、龙眼肉。每晨并服化瘀回生丹20丸。

复诊：服后腰痛、腹痛均见减轻，精神亦转佳，因其经前心中紧张喜哭,脉沉迟无力,有脏躁现象,原方参入甘麦大枣汤意:制龟板、川附子、巴戟天、补骨脂、炙甘草、浮小麦、炒杜仲、炒白术、大红枣。

三诊:因其腰痛月半未愈,自腰部至两大腿中部有时酸痛,有时刺痛,改进温补肾阳而强腰膂之法:黄附片、炒白术、炒杜仲、补骨脂、大熟地、枸杞子、桑寄生、川牛膝、鹿角胶(烊化)。

四诊:症状虽有好转,但尚未见显著进步,总由失血过多,气亦大伤,内不足荣脏腑,外不足濡筋骨而利关节,继宜培气血,强心肾,建中气:西洋参、炙甘草、广陈皮、炒白术、云茯神、龙眼肉、淮山药、淡苁蓉、制龟板、阳春砂仁,加姜、枣煎服。

连服十剂,症状大好,全身亦不感太累,又按原方再进,另用参茸卫生丸,每日二丸,分早晚两次开水送下。四十日后,月经来潮五日,血量仅较一般略多,腰腿痛均减大半,并能停止一切西药,给予黄芪建中汤加术、附,早晚另服右归丸。经过两个月,经行已趋正常,月经逾期十六天未来,青蛙试验阳性,已怀孕矣。

以上三例,不难看出,妇人之病,大要以气血为主。徐案月经愆期,故直接调和气血,佐以化瘀而收效甚速。李案经漏半载,除调气、化瘀结外,又继以强肝肾而固冲任,终则心肝脾并调而竟其功。黄案为血崩大症,甚则休克,其气血两亏可知。但止之过急,往往留血成瘀,故第一步以益气补血为主,消瘀为佐;血虚则肝失所养,欲作脏躁,肝苦急,急食甘以缓之,故第二步参入甘麦大枣;气为血帅,血虚则气无所附,故第三步建立中气以统血,则气血调而月事以时下,二五媾精而孕乃成。

至若虽属月经为病,而病因不同,有从内科角度辨证论治的,如:

何某,女,二十一岁,未婚。三年前因寒夜室外大便,感受寒风晕倒,此后每次月经来潮时,即发生麻木抽搐,经后始平。经行腹痛,量多,有紫血块。曾经各医院治疗二年余,未见显效。诊其脉象弦虚,舌正无苔,乃本体血虚,风冷之气乘虚自子户而入,邪气附着,营卫失和,以致经期抽搐。治宜调和营卫,祛风散寒,方用当归四逆汤加减:全当归、桂枝尖、吴茱萸、北细辛、生黄芪、白芍药、北防风、川芎、桑寄生,加姜、枣。

下月行经,即无抽搐,但觉麻木未除,仍用前法。经净后,即停汤剂,早晚各服十全大补丸二钱。再至下月经期,麻木亦微,唯腹部仍有不适感,已不似从前疼痛,经期仍服汤剂,经后早晚各服十全大补丸二钱,晚服虎骨木瓜丸二钱。数月后诸症平,经期已复正常。

此例某医院检查,血中之磷、钙均较正常人减少,自服中药后,不仅症状逐渐消失,且血中磷、钙亦转正常,这里是由病愈而磷、钙自动恢复,抑药物有促进磷、钙之增长作用,是值得探索的。

吕某,女,成年,已婚。月经不准已十余年,周期或早或迟,血量亦或多或少,平时小腹重坠作痛,经前半月即痛渐加剧,既行痛止,经后流黄水十余天。结婚十年,从未孕育。近三个月月经未行,按脉沉数,舌苔黄腻,面色不泽。曾用温脾化湿、和血调经法治疗两次,未见疗效,因之仔细询其病因:冬令严寒,适逢经期,又遇大惊恐,黑夜外出，避居风雪野地，致经水突然停止，从此月经不调，或数月一行，血色带黑，常患腰痛、四肢关节痛、白带多等症。据此由内外二因成病，受恐怖而气乱，感严寒而血凝，治法亦宜内调气血，外祛风寒。遂予虎骨木瓜丸，早晚各服二钱，不数日月经见而色淡挟块，小腹觉胀，脉象沉迟，汤用：金铃子散、四物去地黄加桂枝、吴萸、藁本、细辛。经净后仍予虎骨木瓜丸，经行时再予金铃子散和四物汤加减。如此更迭使用，经过三个多月的调理，经行而色正常，量亦较多，改用桂枝汤加味调和营卫。因病情基本好转，一段时间用八珍丸调补。此后或因劳动，或其他因素，仍有痛经症状。治法不离调经和血；平时又兼见胃痛、腰痛和腹泻等症，则另用温中化浊、活络等法，随证施治。由于病程较长，症状复杂，经过一年多诊治，逐渐平静，并获妊娠，足月顺产。

本例病程历十二年之久，经中西医治疗，恒以神经衰弱、气血两虚进行调理，但始终未中病机，卒无成效。先师初诊，亦以温脾化湿、和血调经，不见改善。乃详溯病因，得知由经期突遭大恐，受严寒冰雪侵袭，因而经乱渐停，诸症丛生。《内经》："恐则气下……惊则气乱。"正在经期，气乱血亦乱，兼受严寒，以致血涩气滞。明其所因后，改用内调气血、外祛风寒之法，病情逐渐好转，调理一年，而十二年之沉痼，竟获根除，婚后九年不孕，终得有子。病家传颂先师为"妇科大师，回春有术"，诚非过誉。

儿科昔称小方脉，又曰哑科。先师则谓儿科应学居首位，不可目之为小方脉，且婴儿包括儿童不能主诉病苦，或述之不详不确，全赖医者之细心体察，分析病家代诉，方能做到辨证论治精确无误。由于他深明儿科的重要性,加之临床阅历深,见识广,经验丰富,从实践到理论,再从理论到实践,心得良多。

先师特别强调小儿机体特点,本属稚阳稚阴,原非纯阳之体,易虚易实,易寒易热。必须充分运用四诊、八纲的辨证法则,平脉息,察指纹,望面色,审苗窍,听声音,观动作,凡观乎外,可知其内。比如,眉颦多啼者为腹痛,睡卧不安者为胃不和,大便酸臭者多食伤,爱吃泥土者有虫积,坐卧爱冷定生烦热,伸缩就暖知畏风寒。借先贤识病之法,作自己辨证之据。判断宜准,治疗须慎,不可苦寒以伤阳,亦勿温燥以灼阴,这就是稚阳稚阴之体不任攻伐的道理。千万勿谓体属纯阳,恣用苦寒滋腻,戕其生机。

小儿另一特点是天真、单纯、活泼,无七情内伤为病,发病主要因素多是六淫外邪或非时疫疠之气。加之小儿肌肤娇嫩,腠理不密,卫外之力不强。一般易感风寒咳嗽;尤其对急性烈性传染病,小儿最易受病。若见小儿精神不振,畏寒发热,就应注意是否属伤寒还是温病,总以透邪解表为第一。若为急性传染病更应如此。因为小儿经络脏腑之气未充,最易传变。即使神昏谵语,热入心包,亦宜透营转气,清热开窍。治疗随病情之变化而变化,则胸中有主,病无遁形。

小儿肠胃脆弱,加之父母溺爱,饮食自倍,故伤食,伤冷之症居多。尝见骤然发热,而无流涕、咳嗽等症候,则宜询问饮食情况,有无嗳腐厌食,以区别是伤食发热,还是外感发热,不可混淆。还有低热不退,食欲不振,日见消瘦,面色萎黄,则为伤食成积。最常见的是小儿开始食欲很好,发育胖白可爱,由于不知节制,肠胃渐伤,吸收功能减退,由消化不良,造成营养不良之症。俗云:"若要小儿安,常带三分饥与寒。"这是小儿保健的又一特点。

麻疹是小儿最常见的病症。《幼幼集成》说:"麻虽胎毒,多带时行,气候寒温非令,男女传染而成。"治法以宣透为先,使疹毒外出,故有"疹宜发表透为先,形出毒解即无忧"之说。先师治疗麻疹之法,亦以此为准。但对特殊情况,则又不拘守成法。一九四五年暑季,成都大雨连绵,街巷积水,时至立秋,小儿率皆发热,麻疹隐伏于皮下不出,医用宣透卒不奏效,先师默思良久,恍然大悟,乃暑令多雨,热从湿化,宜按湿温论治,改用通阳利湿之法,俾湿开热越,疹毒豁然而出,虽不宣透亦热退神清而愈。他见用之获效,急告诸同道,试用皆应手。问其故,师曰:此本《内经》"必先岁气,毋伐天和"之旨。麻疹发于暑湿时令,理应如此,其他温病,亦莫不如此。

先师来京后,医望甚高,求治者多疑难大症,尤其是急性病之变症,往往因寒凉太过,造成寒中者不少,他果断地用温法以挽救之,屡建奇效。因而有谓先师为辛温派、经方派,其实是一种错觉。他所以用温法以治急性热病,皆为救逆应变而施。如流行性乙型脑炎属中医暑温、湿温范畴。患儿张某,女,四岁。发病七日,曾服中药寒凉之剂和西医冬眠疗法、冰降温等。夜半延师会诊,患儿前三日有汗,后四日无汗,测体温仍在39℃以上,但肤冷、肢凉,呼吸微弱,呈深度昏迷状态,大便近日未解,脉伏,舌正红,苔隐伏。先师云:现正气微弱,病邪内陷,为内闭外脱危象,急宜扶正开闭,温清合用:西洋参(另煎)、牛黄清心丸、苏合香丸各一丸,共磨成汁,分十次服,洋参水送下,每小时服一次,俟病情有转机再议。

复诊:上药服后,胸前及两臂有微汗出,皮肤微回温,四肢仍清冷,呼吸稍好,痰见多,面青黄,眼睑水肿,脉略现,危象减一分,生机即增一分。原法继进,改为两小时一次,观察体温、血压、脉象和汗出等情况,以后原法改三小时一次,四小时一次,连续十五日,而内闭渐开,白痦方出。其后或宣痹解毒息风,或通阳利湿通络,或养血舒筋活络,最终佐以大活络丹日一丸。共历五十天治疗而内闭开,外脱回,正气徐复,病邪日退,神识始清,不仅挽救病儿生命,而且未留任何后遗症。

苏合香丸为辛温开闭之法,尽人皆知。本例因冰伏热邪而成内闭外脱,非温开不足以启其闭,但"乙脑"本为热病,邪热虽伏,仍需牛黄清心丸凉开之法以助之。相反相成,且借西洋参补益正气之力,何患外脱不固,内闭不开,病气不服!

另有三岁女孩,患腺病毒肺炎,中医属冬温范畴。亦因寒凉过量,肺阳大伤,气弱息微,喘嗽不已,体温尚高而汗冷肢凉,胃阳亦败,大便泄下清水,脉象细微,舌不红,苔薄白。先师诊为寒凉伤阳,肺冷金寒,用甘温之甘草干姜汤,救胃阳以复肺阳。小量频服,犹如旭日临空,阳气渐苏,而泄利止,汗不冷,肢不凉,呼吸匀静,喘嗽有力,脉象渐起,舌质红润,病势转危为安。可见治热不远热,知权达变,又何惧用温热法于温热病?

先师对儿科辨证论治有鲜明的独创性。他既继承张仲景《伤寒论》的理论体系和治疗法则，又饱读北宋以来儿科学家如钱乙、陈文中、陈复正等人的著作，择善而从，并科学地对待从钱乙、陈文中开始的寒温对立的两大学派。尝谓善用寒凉的诋毁温热，固属偏见；习用温热的非议寒凉，亦失全面。他一贯主张吸取各派的优点，当清则清，当温则温，不存私念，运用自如，方为上工。上述案例，由于病情所需，不得已而用温开启闭，温热复阳，只是他儿科治验的一个方面，其他方面的经验极为丰富，就不一一例举了。

处方用药　轻灵纯正

清代温病学派代表之一叶天士，处方用药以轻灵擅长，已为医林所服膺和称颂。先师效法叶氏，不但擅长轻灵，而且力求纯正。他说：轻灵是"圆机活法、精简扼要、看似平常、恰到好处"之意，纯正是"冲和切当、剔除芜杂、配伍严密、不落肤浅"之谓。当然，这个轻，不是十剂中"轻可去实"和用药剂量轻重的轻，这个纯，也不是一意求稳，只用平安药品的纯。而是在处方时于清淡处见神奇，用药上从简练里收效果，是通过他数十年的实践，几经千锤百炼而得来的举重若轻，深思熟虑而达到的炉火纯青。

先师每处一方，不是拿古人成方原封不动去治病，也不是弃古法立奇炫异以制方。他在四十余岁时自制二鲜饮（即鲜芦根、鲜竹叶），凡外感热病，肺胃津伤，不能达热外出，热不退，烦渴，不能再用表剂，亦不可用下法，唯此方生津退热，轻宣透达引邪出表，譬若久旱得甘雨，烦热顿消。如热及血分见鼻衄者，加鲜茅根，酌用童便为引亦佳。此方意仿白虎而法清新。他临重症恒以轻灵取胜。一九五六年会诊一危重乙型脑炎，因呼吸障碍置铁肺内，当时凡用此类人工呼吸器者多难得救。先师细察病情，尚在卫气之间，急用辛凉轻剂之桑菊饮，终于挽回危局。一老前辈见之，心服先师之善用轻灵，屡兴望尘莫及之叹。他尝论白虎汤方义，谓此方虽是辛凉重剂，但清凉甘润，凉而不凝，清而能达。作用虽宏，仍不失轻清举气分热邪而出于外。若妄加苦寒，则成为毫无生机之死虎，安望有清气透邪之功。此乃广轻灵之义而大之。他所以教人不要妄加苦寒，亦于轻灵中求纯正，即便加味，也要避免庞杂，辛凉平剂银翘散，他加葱白一味，即复一葱豉汤，透发之力倍加，而纯正之义无损。

其在用药方面，注意分寸，灵活之中有法度，讲求配伍，稳妥之下寓变化。他说，一病有一病之特征，尤要辨药，才能药与证合，丝丝入扣。大凡用药如用兵，贵精不贵多，他用药很简练，通常六七味，少则二三味，至多不越十一二味，反对杂乱无章，甚则相互抵消。一次，我们同学治一流感，辛凉辛温并投，他批评说："寒邪宜辛温，温邪宜辛凉，今不分寒温，二者同用，则寒者自寒，温者犹温，病焉能解？"他处方用量极轻，常谓治病犹轻舟荡桨，着力不多，航运自速。称赞李东垣补中益气汤每味药量不过几分，而转运中焦气机，功效极大。相反，如果用量太大，药过病所，不唯无益，反而有害。张仲景五苓散，亦只以钱匕计。某些药物，如砂、蔻、丁香之类，小量则悦脾化湿,醒胃理气,大量则燥胃伤津而耗气。目前存在一种倾向,用量以大为快,无效则再倍之,而不考虑究竟是用药不当,还是用量不足?倍之仍无效,则归咎病重,而不悟是用药失误。他选药极慎,无太过不及。宗《内经》"有毒无毒,固宜常制。大毒治病,十去其六;常毒治病,十去其七;小毒治病,十去其八;无毒治病,十去其九。无使过之,伤其正也"。认为不仅毒大毒小不可滥用,即苦寒温燥之品亦有节制。当然,有故无殒,亦无殒也。有病则病受之,需用有毒之品时亦不宜一味谨慎,畏惧不用,贻误病机。但一般情况下,中药品种丰富,何患不能选择安全有效者而用之。他强调病愈杂,药愈精,吃紧的是抓住重点,击中要害。诸如脱证,阳脱者参附汤,阴脱者参麦散,气脱者独参汤,血脱者当归补血汤。少仅一味,多不过三味。药不在贵在中病;药之贵贱,不能决定疗效之高低。即使需用贵重药物,亦可找代替之品。《本经逢原》载:羖羊角与羚羊角性味稍殊,但与羚羊角功效大致相似。他在农村也曾用水牛角代犀牛角,其效亦不低。另外,处方书写,字迹清晰工整,生熟炮炙,不令遗漏,先煎后下,一一注明,便于药房辨认,病家注意,不出差错,其纯正之风,处处可见。

  总之,先师处方用药的特点,轻灵有法而不失之轻泛,纯正无瑕而不流于呆板,智圆行方,灵活简便。待病人,胜亲人,体贴入微;先议病,后议药,一丝不苟。做到轻剂能医重症,小方可治大病,逐步形成药味少,用量小,价格廉,疗效好,讲求实际的医疗风格。

小　结

　　先师生于清末。民国建立后,中医一度遭到废弃。全国解放,批判了轻视歧视中医的虚无主义态度,中医药学这支东方文化的独秀得到新生。先生慨然以继承发扬、培育人才为己志,努力进行医疗、教学和科研实践,取得巨大成就。

　　先师治学的特点是勤、恒、严、用。他热爱中医事业,勤奋发掘这个伟大宝库,但并不故步自封,墨守成规。对古代的医学理论,他始终十分重视,又能信而有疑地提出自己的一些看法,对许多理论阐述精辟,有其鲜明的独创性。他赞成中西医结合,主张吸收现代科学知识充实、发展和创新中国医药学。

　　他是一位富有实践经验的临床家。溯源《内》《难》,师承仲景,博采历代各家学说,坚持辨证论治为临床的根本原则,提出内伤杂病重点辨虚实寒热、外感时病重点辨表里寒热,使八纲具体化。精内科,尤擅温病,摒弃伤寒与温病的学派之争,分析温病与伤寒的异同,阐明表与透两大法门和存津液三字的意义,明白晓畅。兼擅妇科、儿科,注意妇儿的生理、病理特点。妇科以调气和血、疏肝理脾为主;儿科稚阴稚阳之体,易寒易热、易虚易实,以御外邪、防伤食为要。

　　先师治疗疾病方法是全面、灵活、广阔的,特别是处方用药,轻灵纯正,看似平淡,恰到好处,达到举重若轻、炉火纯青的境界。他辨证准,选方当,药味少,用量小,价格廉,疗效好,具有独特的、讲求实际的医疗风格。他晚年声望日隆,求治者往往辗转多时,病情多危重或为逆证、变证,救之之法,恒以温阳固脱、补益扶正为多。他经方时方并重、温补清泻咸宜,从不偏颇。

由左至右:高辉远、蒲辅周、谢觉哉、徐特立

一九五九年于韶山

认真读书　认真实践的一生
——忆先父蒲辅周先生的治学经验

蒲志孝*

不为良相，便为良医

先父于光绪十四年（1888年）生于四川梓潼县城西北约五里的西溪沟。弟兄姊妹七人，父亲居长。当时全家主要生活来源仅靠祖父行医供给，家境比较贫寒。先父幼时上私塾，就不得不依靠祖母娘家（何家）负担。十五岁时，他开始随祖父学医，三年后而为开业医生。

先父早年在行医的同时，颇热心于社会福利事业。当时的梓潼地瘠民贫，老百姓一旦有了疾病，更是没奈何。于是他在一九三五年主办了让无钱的病者享受免费医疗的同济施医药社，后来又倡办了平民教养工厂。同济施医药社一直办至解放，平民教养工厂因故中途倒闭。此外，乡里间凡修桥补路诸事他也慷慨解囊，乐于承头，至今犹为人所称道。与他同时代尚存的薛老先生说："蒲老一生乐善好施，兴办慈善事业不少而又不居名位。"

---

* 四川省梓潼县人民医院。

但是,在旧社会里,单靠个人力量是不可能拯救广大人民的。先父曾经有过许多实干计划,如将西溪沟改旱地为水田,变荒山为果园等等,虽经多方努力,仍不得实现。特别是当时征收"烂粮"一事,使他猛醒。所谓"烂粮"即无法征收的公粮,年复一年,数字也就越拖越大。原以为贫苦农民因天灾人祸,无力交纳,结果经他组织人力多方核查,才知大部分皆地主谎报,借以损公肥私,他决心秉公办理。不料此举竟遭士绅群起反对,威胁讹诈,不一而足。先父乃深深感到时政的腐朽黑暗,于是闭门读书,专心治医,一九五五年春,先父返梓时曾说:"早年我慕范文正公,想为社会尽匹夫之力,谁知能行者,仅医学之一道尔!"这就是他当时思想的写照。

勤奋学习,专心治医

早年的清贫生活,促使他奋发学习,而这种刻苦学习的习惯一直到他晚年双目失明为止。他不止一次地对我说过:"我在青年时期,只要一有空就看书,行医之暇也抓紧阅读,晚上读书至深夜,几十年都是这样。以前买书哪里有现在这样容易,只好向别人借,如期归还,丝毫不敢失信,失信就难再借了。有一次听说别人有一部《皇汉医学》,书主珍藏,周折再三才借到手,约期一月归还。于是,白天诊病,晚上读书,每晚读到四更。到期虽未读完,亦只好如期归还,而人也瘦得脱形。稍作间隔,又厚颜再借。"

对于好书,在买不到的情况下,他就动手抄录,日积月累,盈箱,盈筐。我家中原来保存了不少他早年的抄本,可惜现已十不存一。如侥幸留下的《疫痉疗集》《白喉自治》《验方选编》等，字迹工整、清晰，一丝不苟。每当我看到这些厚厚的抄本，就想到这要付出多少辛勤的劳动啊！

先父七旬以后，仍然是起床洗漱后，喝上几口茶，稍微休息一下就开始看书。上班后只要稍有空闲也是手不释卷。在他八十高龄、身体明显衰老的情况下，只要精神稍好一点，就把书拿上手了。家里除了组织上发的学习资料外，全部都是医书，我从没看见其他书籍。我曾因此问过先父，他说："学业贵专，人的精力有限，我的智力也仅中人而已。如果忽而学这，忽而看那，分散精力，终竟一事无成。"是以几十年来，他对琴棋书画这些雅好，从不一顾。平生嗜于医，专于医而精于医。

一九六八年，师弟何绍奇从北京回来对我说过："蒲伯的学习精神真是感人至深。左眼患白内障，就用右眼看书，眼和书的距离仅一寸左右，不是看书，简直像在'吃书'啊！相比之下，我们太惭愧了！"

熟读、精思是先父的读书方法

先父认为学习中医应以《内经》《难经》《伤寒》《金匮》《温病条辨》《温热经纬》为主。他说："《内经》《难经》是中医理论的基础，如果没有好的基础理论，就谈不上学好临床。如果仅读点汤头、药性去治病，那是无根之木。"又说："《伤寒》《温病》是治疗外感热病的专书，一详于寒，一详于热。温病是在伤寒基础上的发展。《金匮》是治疗内科杂病的专书，其中虽有'痉、湿、暍'等一些篇章是外感病,但究竟是以内科杂病为主。后世各家皆是在此基础上发展而来的。学《伤寒》《金匮》宜先看原文,勿过早看注释,以免流散无穷。"

先父对《伤寒》《金匮》二书推崇备至。他曾回忆到,在刚开始应诊时,由于家传的缘故,求诊的人较多,有有效者,亦有不效者。为此决心停诊,闭门读书三年,把《内》《难》《伤寒》《金匮》《温病条辨》《温热经纬》等熟读、精思,反复揣摩,深有领悟,以后在临床上就比较得心应手。他说:"当时有很多人不了解我的心情,认为我闭户停诊是'高其身价',实际是不懂得经典的价值所在。"

他还认为《温病条辨》实用价值很大,而且是集温热诸家大成的作品,所以应该是中医的必读书。在熟读以上诸书之后,再兼及各家,明其所长,为我所用。既为一家之言,就难免有偏激之处,不足为怪,择其善者而从之即可。先父常说,读书务必认真,不可走马观花,不然食而不知其味。读书必先看序言、凡例,而后才看内容,这样先掌握了作者著书的意图、安排、历史背景,就容易融会贯通,事半功倍。他特别强调读别人的书时,要有自己的头脑,决不可看河间只知清火,看东垣则万病皆属脾胃,看丹溪则徒事养阴,看子和唯知攻下,要取各家之长而为己用。河间在急性热病方面确有创见;子和构思奇巧,别出手眼,不过最难学;东垣何尝不用苦寒;丹溪何尝不用温补。总之,自己应有主见,不可人云亦云,务在"善化"而已。

先父非常尊重古人的经验,但也反对泥古不化,照搬照抬。他以《神农本草经》为例说:"书中列上品一百二十多种,云多服久服不伤人,轻身延年不老。历代帝王服食丹药者不少，能长寿者究竟几人？谁敢把丹砂、云母、朴硝之类矿物药长服久服？此类金石之品其性最烈，其质最重，毒发为害最烈。即使不中毒，重坠之质亦足以伤人脾胃。这些都是《神农本草经》的糟粕。本草书是愈到后世愈精细、周详。"

先父喜欢在读过的书上加眉批，每次给我的书也加上按语。这些内容，有些东西真是"画龙点睛"。如上海锦章图书局影印的《幼幼集成》，纸色暗，字迹细小，无标点符号，阅读起来相当吃力。先父在每篇都加了标点、厘定错讹，重要的地方，结合他的实践都加了批语。如对《神奇外治法》的批语是"外治九法皆良"；对《治病端本澄源至要口诀》的批语是"举例甚佳"；对《瘰疬证治》的批语是"各方甚妙，可用"。在《医林改错》一书上，他写道："王清任先生苦心医学，究有心得，值得向他学习和尊敬。但仅观察十数具不完整之尸体而确定古人皆非，殊属太过。以绘图立论证之于现代解剖亦有未合，且将七情六淫一概抹煞，只论瘀血气滞未免过于简单化了。全书理论虽个人理想，但亦有可贵之处，所创之方法深得古人之义，有临床参考价值，亦可作研究之参考。所制诸方，余采用多年，有效者，有不效者，未为所言之神也。"

这些书评都是值得我们重视的。因为这不仅涉及对古代某一人物及其著作的评价，而且对于我们以较为正确的态度接受前人的学术思想和临床经验，也有很大的帮助。

重视基本功，强调实践，严格掌握辨证论治原则

先父认为，辨证论治是中医的特点所在，是前人从实践中总结出来的宝贵经验的结晶。

他经常向我和他的学生们强调：要熟练地掌握辨证论治技巧，首先就必须苦练基本功。他认为，从基础理论说，对《内经》的基本内容如天人相应的整体观、五运六气、阴阳五行、脏腑经络、病因病机等等，必须"吃"透；从临床角度说，对四诊、八纲、八法、药物、方剂，必须牢固掌握。在此基础上，再认真学习仲景著作和各家流派之说，由博返约，融会贯通，才能脚踏实地，得心应手。

他同时也强调实践的重要性，反对单纯的为理论而理论。他的学生高辉远大夫曾经深有体会地说："蒲老十分注意引导学生把学到的知识结合到实践中去。"他重视学生自己多临床实践。他授徒的方法是，在学生有了一定中医基础后，最初安排跟他抄方，继而由学生预诊，他审方指正。这样学生们既易掌握老师的学术思想和医疗经验，又通过实践进一步验证这些思想和经验。先父认为辨证论治的基本特点，在于因人、因时、因地而异，即针对具体对象和具体情况，相应地做出具体处理。他曾对何绍奇同学说过："要当一个好医生，有一个秘诀，就是'一人一方'。方是死的，人是活的，不能概以死方去治活人。"

我保留着的一九五六年九月四日的《健康报》报道：北京地区该年八月，乙型脑炎患者骤然加多，北京地区有人

忽视了辨证论治的原则，生搬硬套石家庄"清热、解毒、养阴"三原则，效果较差，有的不仅高热不退，甚至病势加重，因而束手无策。中医研究院脑炎治疗组（先父在内）在研究了有关情况后，认为用温病治疗原则治乙脑是正确的，石家庄的经验也是很宝贵的。问题在于温病有不同类型，病人体质也不同，气候季节对患者的影响也不同。由于该年立秋前后，雨水较多，天气温热，因而大多数患者偏湿，如果不加辨别，过早地沿用清凉苦寒，就会出现湿遏热伏。正确的方法应该是先用宣解湿热、芳香透窍（如鲜藿香、郁金、佩兰、香薷、川连、荷叶等），结果效果很显著，不少危重病人转危为安；有的最初连服大剂石膏、犀角、羚羊角而高热不退，改用上述方药后，危急的病势就及时好转了。

先父这样的见解决非偶然。早在一九四五年，全川大雨，成都家家进水，秋后麻疹流行，患儿发病，每每麻疹隐伏，用一般常法辛凉宣透无效。先父仔细分析了上述情况，改用温化，立见透发，就是一例。病虽不同，治法亦异，但基本精神都是要严格掌握辨证论治的原则，从具体情况出发，灵活地考虑问题，不能因循守旧，对前人经验死搬硬套。

以保"胃气"为施治中心

强调保胃气，是先父学术思想中一个极重要的特色。他认为：在患病之初，体尚壮实，强调祛邪即是保胃气，邪气一除，胃气自能通畅。在他的急性病治案中这一点是相当突出的。如《蒲辅周医案》王姓患儿重症麻疹案，始终用辛凉宣透,剂剂有石膏,而麻毒内陷的石姓小女孩,则始终用辛凉宣透佐以苦寒通降,即充分体现了这一点。先父又主张祛邪用小剂量,如轻舟之速行,尽可能祛邪不伤胃气,这样可杜绝病邪乘虚复入,流连不愈。

对于久病正衰,主张"大积大聚,衰其大半则止"。在疾病调理上尤重食疗,认为药物多系草木金石,其性本偏,使用稍有不当,不伤阳即伤阴,胃气首当其冲,胃气一绝,危殆立至。他曾举仅用茶叶一味,治一热病伤阴的老年患者为例。患者系中医研究院家属,热病后生疮,长期服药,热象稍减,但病人烦躁、失眠、不思食,大便七日未行,进而发生呕吐,吃饭吐饭,喝水吐水,服药吐药。病者系高年之人,病程缠绵日久,子女以为已无生望,抱着姑且一试的心情询问先父尚可救否。先父询问病情之后,特意询问病者想吃什么,待得知病者仅想喝茶后,即取"龙井"茶二钱,嘱待水煮沸后两分钟放茶叶,煮两沸,即少少予病者饮,他特别强调了"少少"二字。第二天病家惊喜来告:"茶刚刚煮好,母亲闻见茶香就索饮,缓缓喝了几口未吐,心中顿觉舒畅,随即腹中咕咕作响,放了两个屁,并解燥粪两枚,当晚即能入睡,早晨醒后知饥索食。看还用什么药?"先父云:"久病年高之人,服药太多,胃气大损,今胃气初苏,切不可再投药石,如用药稍有偏差,胃气一绝,后果不堪设想。"嘱用极稀米粥少少予之,以养胃阴和胃气。如此饮食调养月余,垂危之人竟得康复。先父回忆说:"愈后同道颇以为奇,以为茶叶一味竟能起如许沉疴。其实何奇之有,彼时病者胃气仅存一线,虽有虚热内蕴,不可苦寒通下,否则胃气立竭。故用茶叶之微苦、微甘、微寒,芳香辛开不伤阴,苦降不伤阳,苦兼甘味,可醒胃悦脾。茶后得矢气,解燥粪,是脾胃升降枢机已经运转。能入睡,醒后索食即是阴阳调和的明证。而'少少予之',又是给药的关键。如贪功冒进,势必毁于一旦。"

我曾治一暑温后期、正虚邪恋病人。病者合目则谵语,面垢不仁,发热不退,渴不思饮,自汗呕逆,六脉沉细,病程已半月左右,由于服药太多,患者一闻药味则呕,以致给药十分困难。在先父的食疗思想启发下,用西瓜少少予之,患者竟得在一夜之内热退身和。事后先父来信说:"能知此者,可以为医矣。五谷、瓜果、蔬菜,《内经》云为养、为充、为助,其所以最为宜人者,不伤脾胃最为可贵耳。"

他也反对病后过服营养之品。他曾治一乙脑患者,在恢复期由于机械搬用加强营养的原则,牛奶、豆浆日进五餐,以至病者频频反胃、腹泻。先父见其舌苔厚腻秽浊,劝其将饮食逐渐减少为每日三餐,不但反胃腹泻好转,康复反而加快。

先父多次讲,不要认为药物能治万病,服药过多,不但不能去病,反而打乱自身气血的调和,形成"药病"。他以一九五九年在广东休养时,给原国家科委某负责同志治病为例。当时病者问先父:近年来每天中、西药不断,但反觉精神萎顿,胃口不好,自汗,到底是什么原因,并求"妙方"。先父详细询问了病情,服药情况,认为是服药过多,反而打乱了自身阴阳的平衡,劝其停药调养。病者谓:"天天药不离,尚且不适,如停药恐有他变!"后来在先父反复劝导下开始停半天、一天、两天……停药半月后初觉不适,后来反日见好转。愈后这位同志到处讲:"是蒲老把我从药堆中拔出来了。"

先父常说:"胃气的存亡是病者生死的关键,而在治疗中能否保住胃气,是衡量一个医生优劣的标准。"

知常达变,贵在多思

先父多次强调,作一个医生,必须知常知变。要知常知变,必须把理论弄清楚,胸有成竹,谨守病机,就不致阴阳混淆,表里不分,寒热颠倒,虚实莫辨,临证仓惶。如高血压一病,一般多以清、润、潜、降为大法,很怕用桂附参芪,畏其助阳动风,升高血压。先父曾治一女同志,四十八岁,血压190～150/120～100毫米汞柱,头晕、心慌、心前区发闷,体胖而面白,喜睡,身沉腿软,白带多,苔腻,脉沉迟,据此断为阳虚湿盛而用附子汤温阳益气,血压渐次恢复正常。由此可知,高血压病未见得都是阴虚阳亢,亦有阳虚者,这就是个体差异。需要脉证合参,综合分析,有的放矢,始可中的。罗天益说:"医之病,病在不思。"先父生前常用这句话告诫我。

先父认为肝炎多由过度劳累、情志失调引起,这与"肝为罢极之本"有关。以脾阳不运为本,湿热则为其标。热重于湿者,其治在胃;湿重于热者,其治在脾。治湿热着重在疏利气机,用苦寒不可过剂,因苦寒易损中阳,中阳伤反使本病加重,出现呕逆、便溏,甚者浮肿。他说:"我曾以甘草干姜汤为主,治一小儿肝炎即是这类例子。也有气血两伤用金水六君煎者,亦有用加味甘麦大枣汤者,总要依据病机,不可死守清利一法。"

先父曾治一慢性肝炎患者,服苦寒重剂后,不思饮食,肢软神倦,便溏,谷丙转氨酶300～400单位,麝絮(＋＋),为肝病及脾,脾胃虚寒,用理中汤加吴萸、草果,一月而肝功恢复。先父亦曾治一胃溃疡病人,住院两日仍大口吐血不止。询其原因由受寒饮酒致血上溢。用金匮侧柏叶汤(柏叶、炮干姜、艾叶、童便)温通胃阳,消瘀止血,收到捷效。若不知其所因,误用寒凉,必致胃阳更伤,危殆立至。又如先父治沈×发热一案,午后身热,身倦纳少无汗,自服辛凉清解,不唯热不退,反致便溏、尿少、不思食。其脉弦滑,舌质暗而苔稍腻。虽其发病于四月,而时值气候反常,阴雨绵绵,断为寒湿困于中焦,用通阳利湿、芳香化浊,其效甚捷。先父曾经指出:外感六淫皆能化热,治当辨何邪而祛之,不可胶执于季节一端。如"乙脑"本是热证,清热亦是常法,但不可过剂。临床有服寒凉太早、太过,转为寒中,不得不用参附救逆。老父屡诫:凡用清法,便须考虑胃气,体弱者宁可再剂,不可重剂,否则热病未已,寒证即起,变证百出。

一九六三年二月,我二叔患感冒,头痛,周身骨节痛,脉紧,苔白,我用桂枝汤一剂而愈。事后颇为自得,函告先父,以为必得褒奖。谁知先父来信说:你二叔生平嗜酒,湿热素重,但心中烧灼痛数日方缓解,是一险兆。桂枝汤有"若病酒客不可与"的告诫,你只注意了桂枝汤的"汤"而忽略了"桂枝",此物用内热之人当先考虑动血之弊。寒热外束身痛者可去桂枝加羌活一钱。这是只知读死书缺乏思考之过,而缺乏思考是医生的不治之病。

向民间学习,在实践中学习

先父在其《介寿堂随笔》中录有不少民间老医口述方。如治关节痛方,先父注明:"此系张东友老友得自民间草药医口述方,遍传亲友,愈治甚众,故录之以作参考。"在他离开梓潼多年后,尚有病者来我处专索此方。他自创的"二鲜饮"(鲜芦根、鲜竹叶)加鲜茅根、童便名"三鲜饮",就是根据梓潼的特点在临床中自创的专治热病肺胃津伤,热不退,烦渴,既不可表,亦不可下,唯宜生津退热的良方,而动血者宜"三鲜饮"。先父说:"单方、验方之所以能够流传于世,因为有一个'验'字。既然有效亦必有理。我们在临床上就应通过实践加以总结,不要动辄开贵药、补药,因为药无贵贱。这样就能有所进益。"

先父相当重视病人的客观反映,从中积累知识,他曾诊一脾胃患者,腹胀、胸闷,不思饮食一个多月,形容消瘦,身倦。治疗多次无效,求他诊治。他套用古人消食导滞药如山楂、谷麦芽、鸡内金合阿魏丸,一剂后,病者未再求诊。一个月后在路上碰见,病人面色红润,形体也较前丰满。病者笑着说:"上次您那剂药服后并没有什么效果。别人说伤了什么食物就用什么食物烧焦来吃,可以化积。我是吃海参得病的,因此我买了大海参,烧焦服后泻下黏涎不少,胸膈顿觉宽敞,没再服药就好了。"先父说:"此事对我深有教益。病人讲真话可察知我们治疗上的正确与否。如果病者碍于情面,不讲真话,我们则以非为是,必然不能得到提高。伤于某种食物即以某食物炭为引,大约是同气相求之理,几十年中我用此法确有效果。"

我一九六四年侍诊时曾见他治一消渴患者,男性,口渴引饮,饮而复渴,前后半年,服滋阴清热药如六味地黄、玄麦甘桔等五十余剂无寸效。舌苔黄腻,脉沉弱。先父改用茵陈四逆汤,一剂而渴止大半,三剂而基本痊愈,后用参苓白术散小剂煮服以资巩固。事后先父说:"虽舌苔口渴属热象,但服滋阴清热药五十余剂无寸效,加之脉象沉弱,显见阳衰不能蒸腾水气,若果系阴亏五十余剂虽不能全好,亦必有所进展;前治者虽未见效,都是我的老师,所谓后车之鉴。放胆用茵陈四逆汤是背水一战,既温中又化湿,湿去热必孤。即使热不去,亦可转属阳明,但实者易治,虚者难为也。"

为医者必须重视医德医风

先父不仅毕生勤于医学,精于医学,尤重医德。他谦虚,谨慎,严于律己,宽以待人。对同道、对病人极度负责,不徇情,不逢迎,事败不推卸责任,功成不掠人之美。他的许多言行堪作典范。

早年先父悬壶成都时,梓潼黄某病重,夤夜迎他返梓诊治。其时已先延名医郭代兴先生,郭先生断为阳明腑实,议急下之,而富贵之家畏硝黄如虎狼,不敢服药。先父诊断后,又索郭先生处方,细加推敲,认为药证相符。他说:"方药对证,何必犹豫徬徨,如昨日进药,今日病已解大半。如此兴师动众,真是枉费人力。"病家经他解说,将郭先生方煎取半杯,服后半日大便解,尽剂后好转十之八九。事隔多年,先父还经常提及,要注意不要掩人之美,夺人之功。他给我寄《余氏父子经验集》时,信中亦明白指出:"奉仙夫子,深明医道,曲尽人情,诚为聪明特达之士,凌养吾先生之誉确非太过。其'虚心竹有低头叶,傲骨梅无仰面花''好学近乎智,力行近乎仁,知耻近乎勇'等语,与先哲之言何异?诚为医界之楷模。而著书立说不仰权贵鼻息,不求达官贵人笔墨以沽名钓誉,确为世风日下之中流砥柱!其中'病家隐弊说''尽性篇'尤为可贵,临证若不予此处时时留意,往往劳而无功。"

在我刚开始行医之时,他就告诫我,不要贪名,不要图利,生活要俭朴。他以先祖为例说:"你爷爷在年龄已六旬时,尚无分寒暑,足蹬芒鞋,出入于山间田野,不辞辛劳地为病者治疗。有时病家无钱,他还要帮助解决药钱。我在成都行医近五十年,未穿过一件料子衣服。医生衣著太奢华,穷苦人往往望而却步,这些家风你应好好继承。"业师陈新三老中医说:"我在蒲老面前拜门时,蒲老反复告诫,不管病人有钱无钱都应尽心治疗。事隔几十年了,我一直没有违背他的教诲,这也是一个医生应有的品德。"

先父提倡对病者认真负责,他也痛恨一昧逢迎病人的不正医风。他常常批评那些开贵药、蛮补药以惊世骇俗的作法。尤其鄙薄那些为迎合某些病者,把营养物品都开在处方上的医生。他曾经说:"有人把排骨都开到处方上去了,病家拿去报账,这搞成什么风气了!以后你们千万注意,不要为迎合某些病者而不择手段!"

先父尝谓:"读古人书宜严,而对时贤宜宽。"他很推崇张山雷所著《中风斠诠》一书,在该书不少地方批道:"至精至当,至理明言……惜乎他目空四海,言之不逊,语之太过,为其美中不足之处。"他又说:"张君之'国医无一人悟到此理''此非神而明之,别有会心者万不能悟彻此中真理''一犬吠形,百犬吠声'等等说法未免骄矜太甚。医者宜惜口德,何况十室之邑有忠信,当虚怀若谷才是。"

先父早年在梓潼就兴了会诊磋商之风。梓潼的中医界是伤寒学派占主要地位,涉及温病者尚少。仅有郝氏与薛氏在温病方面颇有心得,先父经常与他们磋商。他认为《伤寒论》讨论的是广义伤寒,已经包括了温病在内。用《伤寒论》的许多方药,也可以治温病,而明清温病学说,是在《伤寒论》治法基础上的发展。从而打破了两个学派互立门户、势同水火的对立态度。业师陈新三老中医曾说:"蒲老早年在梓潼就开创了会诊之风,为融合伤寒与温病学派做了不懈的努力,在消除门户之见方面,为我们树立了榜样。"先父在给我的信中,以及与我的日常谈话中,多次谈到关于"门户之见"的看法。他说:"由于时代关系,中医的门户之见根深蒂固。现在时代不同了,年轻一辈应该和睦相处,取长补短,共同提高。"这些教导,至今言犹在耳。

他在北京工作近廿年,医德风范,至今仍为同道赞许。在他誉满全国之时,犹谓:"如果把医生分作三等,我只能算中等者。我经常翻阅如《中医杂志》之类医学杂志,发现有些公社医院的中医,业务水平也是相当不错的,基层大有人才!"对于同道中人,如章次公、冉雪峰、秦伯未、岳美中、任应秋、李翰卿等诸先生,他认为他们各有所长,风雨一堂,切磋砥砺,取长补短,其乐何如。岳美中前辈曾手书一律赠我父亲,我爱其文词佳丽带回梓潼,可惜被毁,我仅能记得其中几句:"爱怜真至友兼师,得相追随遂所私。削吾点垩常挥斧,青囊乏术负深期……"由此可见友谊之深。记得我和兄长志忠,都曾要求能在他身边学习,他说:"易子而教最好。志忠跟李老(斯炽),你跟陈新三,都不错。李老系四川名手,陈新三有多年临床经验,跟他们同跟我学习一样。"他对于子女从不偏爱。

先父对病人,无论其职位高低,都是一视同仁。他曾批评一见高干来诊,就是人参、鹿茸的作法,认为这不仅浪费国家钱财,而且是害人害己。他说干部、平民都是人,干部之病和常人之病并无二致。有一次他给周总理看病,药费仅几分钱而疗效很好,周总理十分欣赏这类便宜而有效的方药。

一九七五年四月,先父临终前对我说:"我一生行医十分谨慎小心,真所谓如临深渊,如履薄冰。学医首先要认真读书,读书后要认真实践,二者缺一不可。光读书不实践仅知理论,不懂临床;盲目临床,不好好读书是草菅人命。你要牢牢谨记!我的一生就是在读书与实践中度过的。"

先父逝世已经五年多了,回首往事,音容宛在,爰作此文,以为纪念。

由左至右：高敬舆、杜自明、黄济川、蒲辅周

蒲辅周

回忆吴棹仙老师

唐玉枢*

[吴棹仙小传] 吴棹仙(1892～1976),名显宗,四川巴县人。幼承庭训,攻四书五经兼习医学。青少年时代曾先后就读于重庆巴县医学堂、重庆官立医学校、重庆医学研究会公立医校、重庆存仁医学校,精研医学经典,深得内江名医王恭甫器重。后从针灸大师许直礽游,得"子午""灵龟"针法秘传,为求中医学术之生存与发展,自奉克俭捐资,先后创办重庆"国医药馆""国医传习所""重庆中医院""巴县国医学校""苏生国医院""重庆中华医药科学讲习所"等,深受医界赞许。新中国成立后,任教于重庆中医进修学校,出任过重庆市第一、第二中医院院长以及成都中医学院医经教研组主任、针灸

* 成都中医学院附属医院

教研组主任等职，并先后被选为四川省政协第二届委员会委员、四川省第三届人大代表等。毕生治学严谨，崇尚实践，经验丰富，医理精深，长用经方，执医业六十余年，屡起沉疴，为当代知名的经方学家。著有《子午流注说难》《医经生理学》《医经病理学》《灵枢经浅注》等书。一九五五年冬出席全国政协会议期间，献《子午流注环周图》于毛泽东主席，受到主席嘉勉。除精通医学外，又工书法，通音韵，精词章，著有《听秋声馆》《性灵集》《养石斋诗稿》等。

吴棹仙老师出生在四川省巴县一个耕读世家。父名俊生，对经学颇有研究，因不满科举，灰心仕途，中年弃儒从同乡李同庆公习医。学业有成，遂悬壶涪州（今涪陵县）龙潭场，诊余则课子四书五经，兼授医学，以陈修园公余十六种为教材，命先师诵读。如是两年，先师对《伤寒论浅注》正文与注释，皆能背诵，为以后走上医学道路奠定了基础。

一九〇五年，光绪帝迫于时势，废科举，兴学校，企能励精图治。官府将重庆"巴县字水书院"改为"巴县医学堂"，通知各州、县学生报考，每州县拟录取五名。时值天暑，长江涨水停渡，水退后考试已毕。由于情况特殊，学校准先师补考，题为"学医为谋生、为济世而试言其理"。先师一挥而就云"学医为济世而后谋生"，并引《伤寒论·自序》"上以疗君亲之疾，下以救贫贱之厄，中以保生长全，以养其生"等语详加论述。主考陈蔚然公嘉而预取之。复试时，监学唐德府公抽试《伤寒论》第六条，先师不仅背诵了

第六条正文,而且将注释亦全部背诵,结果名列前茅,得优先录取。入学后,先师埋头苦读,争分惜秒,不事冶游。时重庆风光秀丽,市场繁华,但先师从不涉足其间,即令节假日也在学堂图书室中,先后浏览了清朝二百余年间刊行的五十四家医学丛书。一九〇八年考试,全校学生成绩皆优,首批结业。府官详阅试卷后,嘉奖该学堂,以每张田契加四厘银子为该学堂经费开支,遂改名为"重庆官立医学校"以培养师资,先师又升入"师范班"。其时,课程有《内科》《外科》《内经》《伤寒》《金匮》《诊断》《药物》,还有《新内经》(相当于现代的生理学、解剖学),任教者则为当时省内秀才或儒生而精医之名流。学校尊师重道,课堂讲授,秩序井然。先师对讲授《内经》有多处不同看法,均写成质疑论文,与好友彭笃生等共同讨论分析,直到深刻理解为止。该校附设有治疗所,在老师的指导下,每个学生都要在治疗所实习,应用理、法、方、药,辨证论治。正确者,发给合格证,差者继续跟师临证。先师常说:这种带徒方法最好,理论联系实际,不致出现"学医三年,便谓天下无病不治;及至临证三年,又谓天下无药可投"的情况。

一九一六年,重庆警察厅在学院街天符庙对开业医生考试,合格者二百零二人中,先师名列第三。捷传家中,其祖父海帆公喜曰:"十载寒窗,一举成名,吾家继起之秀也。"从此,先师正式行医。

救死扶伤医德高祒

先师六十余年的医事活动中,最感人的是他高尚的医德。他常以"危而不救,何以医为"自问,倾全力救死扶伤,决不挟医技以谋私利,至今为人所传诵。

一九一八年,先师与医学堂师范班的几位优秀学生集资,在轩岐公所附近开设了"双桂堂"药店。时值暑天,温病肆虐,死亡者甚众。先师便与名医王恭甫轮流在该店坐堂施医。该店宗旨在济世活人,诊者分文不取,贫病不支者,施之以药,故一时门庭若市,前来应诊者甚众,活人无算。先师虽收入减半,但淡泊生活,恬然自乐。殊知,民元以来,军阀混战,墨吏成风。"双桂堂"这爿济人小店也难逃厄运。兵匪荷枪"借款",污吏寻机勒索,苛捐杂税,名目繁多,"双桂堂"渗淡经营仅两年就只好关门大吉了。先师步入社会就感到它的黑暗,曾有《重阳感赋》一首记其事略:

> 重阳风雨吏催租,敲断何堪到苦儒。
> 国事多艰兵尽匪,民权堕落主犹奴。
> 十载干戈天下瘦,一行雁字眼中徂。
> 安能觅得桃源路,荡荡渔舟一事无。

此后,先师在重庆国医药馆、光华国药公司、永生堂等处行医。先师诊病,无问贫富贵贱,一律以来诊室先后为序。有时一二富商要求提前,则应买"特号"或"拔号铜牌"一枚,其诊金相当于一般诊金的五到二十倍。先师常云此是"千人吃药,一人给钱"。随将所得施济于人,常在贫病者处方上角书"记棹仙账"字样。当病人得药时,热泪纵横,感激之情,难以言表。

三十年代初,一个冬日的深夜,细雨绵绵,寒风刺骨。先师出诊后返回冉家巷寓所时,见一中年男子,衣衫褴褛,病卧在地,切其寸关尺脉俱无,幸太溪脉尚存,乃就地取金针刺之,俄顷乃苏。复取热姜糖水服之而起,再馈赠所携诊疗所得。男子热泪满眶,对先师连称"神仙、神仙"而去。

　　在我跟随先师期间,见先师对病人总是和蔼可亲,从无疾言厉色,故无论贫富贵贱,尊卑长幼,都乐与谈,这对他搜集病史资料,做出正确诊断,不无帮助。他常说:"出诊乃中医之传统美德。"故从不以名医自居,无问院内院外,街头乡间,凡有延请必至。一九六五年在温江县农村巡回医疗时,他已七十三岁高龄,因忙于诊治,饭常常热了又凉,凉了又热,直到诊完病人方才就餐。

　　先师谢世后,好友谢慕沙先生曾撰"吴棹仙墓志铭"谓:"先生医术,世或可企及,而医德之高,则人所尤难能者。"此确非溢美之辞。先师平生勤朴,除基本生活用度外,余皆用以办医院、兴学校,济困扶贫。虽为一代名医,去世之后,家中竟毫无积蓄。

面对逆流奋起抗斗

　　先师平素温文尔雅,从不与人相争,但在大是大非面前,却旗帜鲜明,无异沙场猛将,英勇顽强。

　　一九二九年,国民党中央卫生委员会通过了余云岫之流的所谓"废止旧医以扫除医药卫生之障碍案"。消息发布后,全国医界群情激愤,民怨沸腾。当时中医虽众,但皆各自开业,向无组织,形同一盘散沙,斗争甚不得力。先师睹此现状，奋然而起，四处奔波，联络同道，很快就成立了重庆市中医药联合分会，大力开展宣传活动，与余云岫之流作殊死斗争。其时，《商务日报》影响甚大，先师偕同人与之交涉，利用该报周末一版篇幅，办起了《医药周刊》，先师以"虎溪非渔子"为笔名，担任主笔，宣传祖国医学之是，痛斥余氏谬论之非，一时畅行省内外，争相传诵。

余云岫著文云："《内经》东方生风，东方是日本，并非是造风之所，以此知《内经》东方生风之说为不经也……"先师著《东方生风辩》一文，针锋相对，痛斥邪说，并将论文直寄余氏。余又云《伤寒论》"阴阳二字不科学，什么太阳、太阴，之为二字，有何用处……"先师又著文斥之，再将长文寄余氏。当年的《医药周刊》上有"灯谜"数则，为："日蚀，月蚀，大端阳"，以《伤寒论》句和药名破。日蚀、月蚀句是"太阳、太阴，日月有病，天地必然昏暗"，暗指当时社会黑暗。后句是指他（余云岫名岩）背离人民意志，必然要从岩上绊下（半夏）来。

在全国人民的抗议下，国民党当局不得不取消"议案"，斗争取得了胜利。全国中医药界欢欣鼓舞，认清了反动政府的真面目，认识到团结斗争的力量大。在这场救亡图存的斗争中，先师是有一定功勋的。

治学严谨一丝不苟

先师对《内经》《难经》《伤寒论》《金匮要略》等经典著作，不仅都能原文背诵，且字斟句酌，做到了解经字字有出处。如一九六○年他所著《灵枢浅注》共三十八篇，二十余万字,以"解字""释词""释义"为凡例,颇为精要。今录几段如下,以飨读者。

《灵枢浅注·九针十二原第一》

〔解字〕

"冃":考诸字书,都无"冃"字音义。梁《玉篇》载之,为俗闭字。窃疑之、惑之。夫《灵枢》古经医籍,宁容有俗字入开宗明义之篇耶?!果如《玉篇》所言,则俗之为言者,庸也,常也。他书中亦当层见叠出者矣,何仅《灵枢》独此一字哉!以"冃"为闭,《玉篇》误矣。余尝细味《灵枢》经文,"冃"而曰决,必潴水之门,水性趋下,门其形而下其声,下亦义也。复遍阅门部诸字音义,《正字通》诂闸字云,漕艘往来,甾石左右为门,设版潴水,时启时闭以通舟。水门容一舟,衔尾贯行,门曰闸门,河曰闸河,设闸官司之。《广韵》闸为古盍切,《集韵》闸为容盍切,盍与盇通,有去入二声,遂悟"冃"为闸之本字也。

《灵枢浅注·本输篇第二》

〔解字〕

"俞":此一字有三音,音不同,义亦各别,分言之如下。

(一)云俱切,音臾,通作愉。

《礼记》男唯女俞,有内应外达之义;《论语》愉愉如也。注:和悦也。

(二)音输,与输音义并同。

《左传》载:"秦于是乎输粟于晋,自外而内,补其不足。"与此篇名本输,言天者求之本,天生万物之本质,输之于人之四末,亦自外而内,补其不足。俞与输通,读平声,俞即输之本字也。

(三)音戍,乃输之去声,孔穴名也。

俞读去声,指一穴位而言。本篇云:所溜为荥,所注为俞。五藏五俞、大渊、大陵、太冲、太白、太溪,亦三焦所止为原之处。十二原出于四关,四关主治五藏,亦有男唯女俞,内应外达之义。脉会大渊,有来有去,皆在一隅,与五藏六腧,概括各经脉数穴而言者不同,故人迎动脉,称腧在膺中,亦指数穴而言。腧与俞一为广义,一为狭义。注《灵枢》者,搜《康熙字典》者,将腧俞二字混为一谈,有乖经旨,特此正之。

《灵枢浅注·邪气脏腑病形第四》

〔释词〕

"虚邪":东南西北,春夏秋冬,辟之有时,统名虚邪。分言之有微邪、贼邪之类。如春日起西风,夏日起北风,此金来克木,水来克火。请言贼邪;如秋日起东风,冬日起南风,则我所能制者,此为微邪。且有四正四隅之分,如春夏之交,起西北风,夏秋之交,起东北风,秋冬之交,起东南风,冬春之交,反起西南风,皆为虚邪。

"正邪":四正四隅,名曰八正。风从正面来,以天之六元起之。太过而病人也,为六淫之正邪。合乎四时生长收藏者,则为四时五常之气。太过而病人,客于三阴三阳者,谓之六淫,皆正邪之称也。

《灵枢浅注·官针第七》

〔释词〕

"官针":古称官者有六。天官、地官、四时之官。春为秩宗,夏为司马,秋为士,冬为工,天官曰稷,地官曰司徒,上下四旁,有一定规律,针而曰官者,以小针有九,法天、法地、法人、法时……推而为五音,六律,七星,八风,九野。身形应九野,太乙应中州,首头应夏至,腰尻应冬至,左胁应春分,右胁应秋分。立春夏于左足手,立秋冬于右足手,戊已太乙所在,是谓天忌,故曰官针。

遵经重道针药奇功

先师遵经重道,对医经有精深造诣。其用方药,一以仲景方为主,方小而效宏,且应用灵活,时人以经方家称之。又长针灸,针药并施,起死回生,治有神功。

民国初年,重庆军阀混战,时为六月炎暑,士卒日夜蹲战壕中,寒湿侵袭,病倒者甚众。病者谓寒冷难奈,虽复以重被,仍战栗不已。扪之则身若燔炭,汗出淋漓病不退。经治不愈,乃延先师诊治。思忖良久,乃悟"病人身大热,反欲得近衣者,热在皮肤,寒在骨髓也;身大寒,反不欲近衣者,寒在皮肤,热在骨髓也"之理。《伤寒论》原文之后无方药,先师乃据古人论述,立案云:"病原酷暑出征,枕戈露卧,以致寒伤骨髓,热淫皮肤。法宜专煎附子以祛伏寒,轻渍三黄,以涤浮热。当否,可请高明论证。拟方:制附子八钱,黄芩、黄连、大黄各三钱。按古法先煎附子两小时,以不麻口为度。将三黄待水沸时浸半分钟,将药液滤出,合附子汁混合,微温即饮之。"服三次,表热退,寒战止,一剂乃瘥。

二十年代初,重庆兴修公路,线上掘荒冢甚多。一日归家途中,先师见一男子呼号腹痛难忍。止而诊之曰:此为《金匮要略方论》所附"外台走马方汤"证也。乃书医案云:"因掘亲冢,腹痛难忍,此必启棺时为秽浊之气所伤也。拟方:杏仁二枚,巴豆二枚。用绵包缠,捣细如泥,溶于沸水中,捻汁滤渣饮。"服后食顷,腹泻一次,痛渐解而瘥。先师云:"读书不但要熟记正文,附文也应熟读默记,用时才能得心应手。"该方原注"通治飞尸鬼击病",是补正文之不足。林世雍按《金匮方歌》注释"仲师附走马汤"一句是后人所附。仲师是汉代末年人,而《外台秘要》则梓行于唐代,何其颠倒如是耶? 先师分析,令人折服。

先师活用古方,常能出奇制胜。抗战初期,重庆山洞地区麻疹流行。冬末诊一男孩,二岁许。病儿初时疹出身热不甚,不恶寒,微烦咳,纳呆神倦,大便二日未下,脉细而数。及至麻疹出齐后,忽昏愦喘促,病势危笃。先师脉证合参后谓,此可按《伤寒论》"大病瘥后劳复者,枳实栀子豉汤主之"。书方:"枳实小者一枚(炮,小碎),山栀子、香豆豉各二钱,加米泔水煎药。"仅服一剂即神清,再剂而喘定,三服则余热悉去,病告痊愈。先师谓:"劳复多指成人大病之后,复因风寒外袭,多言多怒,形劳房劳,梳洗沐浴,饮食不节等等,皆可致之;在幼儿可考虑风寒侵袭,饮食损伤,正衰不胜余热。以该幼儿论,麻疹齐后,病当向愈。然元气受损,气血未复,余热未尽,正不胜邪,重复发热,死灰复燃。故此,有昏愦喘促,病势危急之象。此乃虚热郁火,从内发也。"其子又问先师:"习俗用枳实,皆以钱计量,而此则独以枚计何也?"师答曰:"凡物用枚者,取其气之全也,气全则力足矣。今病既重,正气已衰,量重则正气不支,量小则邪气不破,今用气全之物,而力可倍,结可开矣。"

民国初年(1911年),先师在巴县虎溪乡开业。一日深夜,农民陈某来延先师为其内人诊治"温热病"。谓病逾旬日,咽中痛。再至陈家,已闻哭声。陈某谓:"请先生从后门进,免见死者,谓为'送终'也。"先师答曰:"危而不救,何以医为?"乃径直入患者门。病人已穿殓服,停榻上,脚灯点明。师手执烛细察,见其面色未大变,虽寸口人迎无脉可寻,但趺阳脉微。扪其胸尚温,微有搏动。详询病因后,先师思之:半夏辛温,可和胃气而通阴阳,有开窍之妙,气逆能下,郁结能开。其时夜深,又系乡间,距场镇药肆甚远。忆及《伤寒论》苦酒汤或可救之。时当夏末秋初,执火把荷锄而出,得半夏二枚,先师嘱按古法,用大者一枚,洗净,切十四块薄片,鸡蛋一枚去黄,加米醋少许,混匀,微火上煮三沸去渣,汤成撬齿徐徐灌之。如食顷,病人目微动,继而有声;又少顷,竟能言语。守候达旦,竟起。后服安宫牛黄丸,迭进汤药调理月余而安。先师妙手回生,一时响于乡里。

先师不仅是著名的经方学家,在针灸学上也有很深的造诣。其用子午针法,能极《灵枢》补泻迎随之妙。自一九五五年冬赴京献《子午流注环周图》于毛泽东主席,神针之誉,驰于国中。他用针本子午流注、灵龟八法的理论,结合每一病人的不同脉象、体质、病情轻重,按时开穴进针,同时辨证用针,采取不同的针刺深度和手法,故不少危笃病患,得针而愈。

抗战初,日寇于五三、五四空袭重庆,市民纷纷退避山洞内。是年病疟者特多,服奎宁、疟涤平等无效,来国医药馆求治。先师分析道:此是洞中受寒,夏暑而汗不出,故病疟。他分别采用烧山火、透天凉之手法,按子午流注理论开时取穴,治愈疟病,不知凡几,深得贫苦市民赞颂。先师用针,活人以万千计,然"勤于立德,疏于立言",在《子午流注说难》中,仅举了癫证、风中少阴重证、急惊风、鹤膝风、历节风、气郁结胸热痛等案。虽仅数案,亦可见其用针之神妙矣。

先师常叹:"古之注《灵枢》,如史崧、马莳、张志聪、汪讱庵、黄元御等,文非不善也,理非不娴也,惜均不长于针刺灸焫。"认为针灸之道,登堂入室,非尽解《灵枢》则无以成就,并认为只谈理论,而不实际操作亦无以成就。故理论联系实际,数十年如一日地亲自操作,从不间暇。垂暮之年操作不便,也要亲自诊示,一一指点,待病人获效,心乃得安。同时,他还针对针灸中只针不药的风气说:"针法亦非万全之策,当针则针,当灸则灸,为巩固疗效,还须服用中药以补针、灸之不足。"

培桃育李鞠躬尽瘁

为使祖国医药学昌明万代,造福人类,先师将毕生精力献给了中医药教育事业。

一九二九年，为与余云岫之流抗争，先师约集渝州同道三十六人，筹资九千元，于桂花街成立了"重庆市国医药馆"，亲任馆长职。该馆设各科门诊处、送诊处，并于楼上设"住院部"收治危重病员；晚上则约请医生会诊，讨论医疗方案，切磋技艺。使过去自守门户之见的医界贤达，济济一堂，开互相交流学术风气之先。继又创办"国医传习所"。先师任所长，邱明扬（成都中医学院教师，已逝）任主任教师。设《内经》《难经》《金匮要略》《伤寒论》《神农本草经》《妇科学》《国医诊断学》等课程，抗战前即毕业了男生部、女生部各一班。

抗战期间，重庆被炸，传习所迁至郊区"山洞"，先师又积极筹建"重庆中医院""巴县国医学校"。当中医院奠基时，先师挥毫题诗作贺：

中医院奠基（庚辰正月半）

太平旧岁新花朝，父子西山插秀苗。

试看他年垂茂日，葡萄累累绿荫娇。

为办学校、医院，先师历尽艰辛，方筹得资金四万元之谱，建成大小楼房三座。环境适中，地势宽敞，光线充足，尤为壮观。殊知学校仅办了两期，就被国民党海军部和银行巧取豪夺，强行征用。未毕业的学生只好迁至西山苗圃周宅上课。两年后，因伪政府的重重压迫而停办。先师怀着无限愤慨之情作诗记其事略：

卖母校(一九四二年壬午中秋丙夜)

抱璞陵阳类我痴,劳劳东逐又西驰。
抛将城郭远空袭,留得镃基待好时。
一室高明群鬼瞰,寸心暗淡几人知。
三年两卖母医校,何日长桑饮上池。

抗战胜利后,国民党政府不让人民休养生息,挑起内战,致使山城物价飞涨,民怨沸腾。当此之时,师欲再办学校,已非易事。乃招小部分学生,在"永生堂"讲学,培育人才。他曾数次向市中区七星岗警察局交涉,要求归还校舍,但次次都是碰壁而归。一九四九年春,先师曾赋诗一首,记收回校舍之艰,培养学生之难:

花朝(一九四九年春)

萦怀字水溉三巴,块垒难消问酒家。
剪剪春风生意浅,何曾桃李绿天涯。

一九四九年底,山城重庆获得解放。新中国成立初,百废待兴,千头万绪,但是共产党首先关心民生疾苦,平抑物价,使生产很快恢复,社会出现一派欣欣向荣景象。经历了两重社会的先师,怎能不无限感激党,热爱新中国呢?先师以一技之长,为国为党分忧。一九五〇年经重庆市文教局批准,在和平路创办"苏生国医院",又在通远门外归元寺成立了"中华医药科学讲习所"。一九五一年春,该所招生,高级班、初级班各五十人,全由先师筹集资金,自编教材,为国家培养人才。是年秋,党和政府为提高中医技术而兴办了"西南卫生部中医进修学校"。一九五四年先师被聘为该校教师。之后,又成立重庆市第一、第二中医院,先师受委为院长。一九五五年底,出席全国政治协商会议,向毛主席献《子午流注环周图》,当时先师的心情是无比激动的,曾赋诗一首纪念:

献图碰杯礼
昔年伪政太昏昏,欲树长桑无处根。
三世医怀卞和璞,今宵一碰入京门。

会议期间,回首往事,心潮起伏,夜不能寐,特别是他听到周总理的报告,党和国家要创办四所中医学院时,更是精神振奋,表示愿为培养后代,效尽绵薄之力。

成都中医学院开办,聘先师为医经教研组教师,后委以医经教研组主任,喜看夙愿得偿,祖国医药,后继有人,乃赋诗一首,以舒胸怀:

振兴中华医药(一九五七年秋)
回思十载苦蕉窗,乐此三秋课锦江。
掘展岐黄有夙愿,不甘祖国逊他邦。
院中老李殖秋李,池上长桑裔梓桑。
混混盈科看后进,放乎四海喜洋洋。

先师在校期间,工作勤勤恳恳,任劳任怨,深受师生员工的赞扬。他感到党对自己太尊重,太爱护了,士为知己者死尚不足惜,况共产党完全是为国为民,为子孙后代谋幸福的!他决心为党的中医事业奋斗终身,乃将在渝的母亲、妹妹、儿孙等迁来成都定居,时值向党交心活动之际,他向党表示决心,服从工作需要:"派我上山,采药炼丹。派我下乡,服务农庄。许我返院(重庆),又把脉看。留我授课(学院),绝不缺课。"写毕笑道:"此言吾之志也,愿在党的领导下,不论在什么地方,都全心全意为人民服务。"

先师成为一代名医,与他持之以恒地刻苦学习分不开。出诊或偶得小憩,他总要随手携带一个提包,内装医书、诗文数册,以备查阅。直到老年,仍查阅典籍,温故知新。真是活到老,学到老,做到了"学而不厌"。

先师待人忠诚,和蔼可亲,对病人、学生、同事,娓娓而谈,百问不厌。每次向我们传道、授业、解惑,总是反复再三,犹恐不能理解。他常说:"我要把所知的知识和经验全部交给下一代。"课余时间,学生们到宿舍请教,他都热情接待,真正做到了"诲人不倦"。故有人评论先师如"金铎",叩之则鸣。

但是,像先师这样博学多才、心地善良的忠厚长者,十年动乱期间,却难逃厄运,不幸于一九七六年九月含恨去世。粉碎"四人帮"后,成都中医学院为先师平反昭雪,推翻了强加给先师的一切诬陷不实之词,倘先师英灵有知,亦可含笑九泉了。

(本文承吴叔亮、吴迪祖、吴慎修、吴传先提供部分资料,又蒙彭宪章副教授、林森荣老师审阅,谨此致谢。)

李斯炽教授治学纪要

李克淦*

[李斯炽小传] 李斯炽(1892~1979),成都市人,生前系成都中医学院教授、院长。二十三岁在四川高等师范担任理化助教时,便立志献身于中医事业。通过刻苦自学,终于夙愿得偿。毕生矢志振兴祖国医学事业,曾对汪伪政权扼杀中医行径进行过针锋相对的斗争,并通过捐资、借贷办学,培养了不少中医人才,为四川地区造就了一批骨干力量。六十年间,结合教学和临床,对古典医籍进行了深入研究,著有《中医内科杂病》《医学三字经浅释》《运气学说管窥》《素问玄机原病式初探》《实用内经选释义》《李斯炽医案》(一、二辑)《医学歌诀三种》等二十余种。曾先后当选为第二、三届全国

---

* 成都中医学院

人民代表大会代表,第五届全国政协委员,并曾荣获中华人民共和国卫生部颁发的金质奖章。

余曾随先父习医多年,现仅就所见所闻,简要记述如下。

矢志中医　不挠不屈

先父于一九一五年毕业于四川高等师范学校,随即留校担任理化助教,时年二十三岁。因目睹庸医杀人,在董稚菴老师的启发下,立志以发扬国粹,改进中医药为己任。在"有志者事竟成"这一思想指导下,开始了他从事祖国医学研究的漫长而艰苦的岁月。

当时他首先遇到的问题是:薪俸微薄,购书困难;业余自修,时间甚少。但是他认为学习条件是可以自己创造的。他一面省吃俭用,从微薄的薪俸中抽出一些钱来,一面利用业余时间刻写钢版,领取一些补贴,用以购买中医书籍。他每天晚上都坚持在暗淡的油灯下学习古典医籍,直至夜深人静。他的眼睛虽然越来越近视,但他的祖国医学知识却越来越增长,兴趣也越来越浓厚,信心也就越来越坚定了。

接踵而来的,是极为广泛的社会压力。在旧社会,中医在知识界是被人瞧不起的,特别是他这个进过新学校而又在大学里供职的人改习中医,更是为人讥笑。在伪政府不能正确处理中西医关系的情况下,"中医不科学"的说法更是甚嚣尘上。但是由于他通过学习和实践,了解到中医有其精辟的理论和可靠的疗效,群众基础是极其广泛的。他认为中医不是不科学,而是一些人不了解中医。应当用易懂的道理向国人宣传:中医是国宝,是玉璞,而不是顽石。对某些不切实用的地方也是可以通过研究加以改进的。而这些研究、宣传、改进的工作,不由一些具有较新思想的知识分子去承担,又由谁来完成呢?他自信他所从事的事业是有巨大意义的。在一片冷嘲热讽声中,他毅然地从教育界转入了中医界。

他改习医业不久,一九二七年汉奸汪精卫宣布废止中医中药,一九三六年蒋政权再次下令取消中医中药,使祖国医药面临灭顶之灾。在这种情况下,是退缩转回教育界以明哲保身呢,还是为挽救祖国医学的沉沦而斗争呢?他的答复是:"中医不可废,矢志哪能挠。"他以"誓与国医共存亡"的决心,团结组织了一些有志于中医事业的同道,一面请愿呼吁,四处奔走,一面宣传中医,举办学校。一九三六年,他创办了《医药改进》月刊,兴办了四川国医学院。当时伪政府对他举办国医学校,以其"非法"而不予立案。他在法庭上据理力争,指出"立法必须合理,非理始为非法"。尽管他说破喉咙,当局也不予理睬。为了挽救中医事业,他只好与同道们采取社会筹募、自身捐款、借贷度日、义务上课的办法,以不屈不挠的意志,将四川国医学院一直惨淡经营到解放前夕,尽管他自己负债如山,也毫无追悔之意。解放后,共产党给中医事业带来了光明,他个人也获得了新的生命。

善于读书　不泥于古

先父认为,学习中医当以自学为主,老师只能指路,不能代劳,故刻苦读书为学医首要关键。读书贵在明理,不应迷信古人。他的读书方法是:"读书当细,思虑当深,先明其意,后析其理,然后证诸实践,才能辨其真伪,得其要领。"他在阅读古典医著中,提出有四种情况值得注意:

一是注意书中的错别字句。由于古代的印刷术不发达,或刻之竹简,或辗转传抄,或毁于兵燹,背诵流传,脱漏错误之处在所难免。虽经所谓订正,然因受崇古尊经思想之束缚,特别是对经典著作,总不敢轻易妄动一字,注解者亦因之勉为其注,乃至以讹传讹。如读书不辨真伪,就会将错就错,贻害于人。如《伤寒论》中"伤寒脉浮滑,此表有热,里有寒,白虎汤主之"一段,显然系有脱漏和错字。表热里寒,即真寒假热之阴寒证,阴证而反现浮滑之阳脉,寒证而反投白虎汤之凉剂,岂有这种道理?

二是注意书中的记述过简。如《伤寒论》中"脉结代,心动悸,炙甘草汤主之",这是针对气阴两虚所出现之心中悸动,脉象歇止的证型而言的,原文则简而未述,其他证型亦可出现心悸动,脉歇止,若不加分别而一概用炙甘草汤则将铸成大错。如成都地区解放前一老中医,以熟读《伤寒论》自居,在治一青年女性因劳动后受热出现心悸动、脉歇止时,不加分析地投以炙甘草汤,以致造成死亡的严重事故。故先父常说:"不读书不能明理,但不善于读书,则不如不读书。"

三是注意书中的片面提法。如《素问·至真要大论》中谈病机问题,都以"诸""皆"二字统括各种病机,即凡是某一种病,其病位都肯定在五脏中的某脏,其病因绝对是六淫中的某一种病邪因子。而实际情况则不尽然,即以"诸风掉眩,皆属于肝"而论,眩晕病发自肝脏者,只是较为常见而已,绝不能说所有的眩晕病都是发自肝脏。譬如临床上常见的眩晕病因,还有肾精不充、肾阳虚衰、清阳不升、营血亏耗、痰浊上蒙、瘀血凝滞、酒食中阻、水饮上干、外感风寒、表里实热等,这些大多不涉及肝脏,而仍然会导致眩晕。当然,古人因受时代限制,其立论不一定尽善尽美,但吾辈继承祖国医学,则应加以发展,力求使其全面地与客观实际相吻合。

四是应注意书中的错误之处。古代医家所著医书能流传于后世,说明其医学知识是丰富的,是有科学价值的。但智者千虑,必有一失,绝不可盲目崇拜,一概置信,而必须经过临床检验,方可取用。如吴鞠通所著《温病条辨》,首方即选用桂枝汤,该条云:"太阴风温、温热、温疫、冬温,初起恶寒者,桂枝汤主之。"如以"初起恶寒"为主证而选用桂枝汤,则显系感受风寒,根本与温病无涉,怎能将此方列为温病之首方呢?究温病初起亦有微感恶风寒之症,然其病理应为温邪郁遏卫阳,而非寒邪束表,其致病因子为温热之阳邪,怎能用桂枝以热治热?况温病化热最速,伤阴尤易,保存津液之不暇,何堪再用桂枝劫其阴精?故"善读书者,当于字句中深究之,临床中验证之"。

广问博收　精心提炼

先父常说:"书本上的医学知识是死的,人群中的医疗经验则是活的。要想学到人群中蕴藏着的丰富医学知识,首先必须放下架子,广问博收。其次是独立思考,精心提炼。"询问的对象首先是老师。老师大都见多识广,但在旧社会的老师多缺乏耐心,加以师道尊严,多问则不免失礼,故只能对关键问题提问,主要还应依靠自己的独立思考。如先父早年曾诊治一洛江何某,初患腰背疼痛难以屈伸,诸医皆以湿痹论治,投独活寄生汤、羌活胜湿汤、小续命汤之类,愈服愈剧,且日趋佝偻,身蜷屈难伸,整日疼痛不休。先父初诊时,亦认此证初起应属寒痹,其所服诸方无效者,因寒痹不解复感于邪,已内舍于肾。乃取《类证治裁》安肾丸方意加减调治,时过月余,亦毫无效验。先父乃问询于太老师董稚菴先生,董老提示说:"治痿者,独取阳明。"先父始悟及《素问·痿论》中明言:"肾气热,则腰脊不举,骨枯而髓减,发为骨痿"一段,但对肾热骨枯之骨痿,为何不取少阴而独取阳明,仍惑然不解。乃再询问于董师,董老颇不耐烦地说:"《内经》中早已明言,阳明者,五脏六腑之海,主润宗筋,宗筋主束骨而利机关也。"先父退而再思,始悟及阳明乃五脏六腑之大源,阳明得养,五脏六腑均得受益,筋骨关节自能荣润之理。然处以何方,仍犹豫不决,再请教于董师。董老声色俱厉地说:"良工只能示人以规矩,不能令人巧。学问之道,不思则罔矣!"父唯唯而退。清夜思之再三,始恍然大悟。夫阳明者胃也,润者滋养之义。

肾气热,骨枯髓减,与热甚伤津同义。津枯液涸,不得用苦燥清热,当以甘润生津,主以益胃之剂,则宗筋得润,筋骨关节自能通利。于是以大剂益胃汤为主方,加入葛根、淮山药,不数剂而腰脊疼痛大减,后以此方加减调理数月而愈。

其次是向同道学习。同道中经验宏富者亦不乏人,只要肯虚心请教,大多能谈其一般心得。但在旧社会因受保守思想之束缚,其关键处则多秘而不宣。对学习同道中的经验,先父采取的办法是:促膝谈心,互相交流,实际观察,临床验证。在他多次组织的义务医疗队中,即以虚心诚恳待人,收到了互相学习、共同提高的良好效果。如壬申年成都地区霍乱流行,家父组织壬申防疫队,同道者二十余人参加,互相推诚相见,争献秘方。经过临床证实,以蚕矢汤和防疫避瘟丹疗效最佳。这不仅对控制疫情起了很大作用,也给先父以后治疗霍乱、中暑痧症、闷乱呕吐、腹泻等症提供了有效的办法。又如同道谢某,惯用升降散加减治疗多种外感疾病,先父虚心求教,谢某以实告之,用于临床,确获显效。诸如此类,不胜枚举。

再次是向广大群众学习。先父认为,群众中蕴藏着极大的智慧,医学本身也是从群众的生产和生活实践中总结出来的。特别是群众中的单方、验方更不容忽视,如能从理论上加以提高,从适应证上加以鉴别,准确地用于临床,常能获得奇效。如先父在四川高师工作时,曾闻一工友谈一止鼻衄奇效方,即用干姜烧黑煎水急服,父即笔录之以待验证。一九三一年,先父因探望叔父去中江。叔友孙某,长期患鼻衄,反复发作,经服清热止血药,愈服愈烈,当时突然暴出不止,血色暗黄,面色苍白,手足厥冷,诊得脉细而迟,舌淡而紫,病属垂危,以为气寒血凝,血不循经而妄行,溢出上窍而发之鼻衄重症。因思工友所告之止衄验方,正合此种证型,乃令急煎炮姜炭五钱以暖气摄血。服后鼻衄顿减。先父由此而悟及《金匮》所云:"吐血不止者,柏叶汤主之。"其方由干姜、艾叶、柏叶组成。此虽为气寒吐血而设,然此类吐衄均为气寒,血出上窍,故可通用。复诊时乃用干姜、艾叶炒黑,以增强温摄之力。此症虚寒已极,重点在温,故未用柏叶而加用附片。又仿《千金方》柏叶汤加入阿胶以养血调理,再加红参以补气摄血。服此方数剂后即鼻衄全止,未再复发。后先父以此方活人甚多,皆得力于群众验方之启示。

知难而进　百炼成钢

先父常说:"治学当知难而进,千锤百炼,才能成为好钢。"他常以亲身的体会告诫我们,学中医要有四不怕,才能有所收获,即"不怕难治之病,不怕难答之题,不怕难讲之课,不怕难写之文"。他在临床上遇到难治之病,即动员病家与之配合,治不好绝不轻易罢手。他认为治疗疑难病症,常有无限乐趣,即"能探索复杂的自然规律,此一乐也;能救人于危难之中,此二乐也;能丰富自己的学识经验,此三乐也"。他在从事中医事业的早期,即在他创办的《医药改进》月刊里,增辟"医药顾问"专栏,以供中医界及广大群众提出问题。当时多种医药难题接踵而至,使他不得在诊病之暇,查阅大量资料,通过思考,一一做出解答。他认为这是鞭策自己进行深入学习的好机会。解放前,他在四川国医学院办学期间,对难于讲授的中医课程,凡是其他人不愿讲的,他就主动承担。他说:"这并不是我比别人懂得多,而正是感到自己不足,主要是运用教学相长这一道理,来锻炼提高自己。自己若不首先弄懂,又怎能去教会别人呢?这正是促进自己学习的好机会。"他还认为,学习中医不但要会临床,会讲授,会解疑,而且要学会写作。通过写作才会使自己的思想条理化,才能系统地总结自己的临床经验,也才能有讲授的教材。古代没有通俗的中医教材,全靠自己消化古书,才能写出讲义来。他所写的《金匮新铨》《内科杂病讲义》等书,都是抱着这样一种学习态度写出来的。通过写作,也更加丰富了他的祖国医学知识,也为他后期写作的大量医著,奠定了可靠的基础。

诸家兼采　推陈致新

先父在学术思想上主张诸家兼采,推陈致新。如他在总结治疗中风经验时说:"古代治疗'中风',有主火者,有主痰者,有主气者,有主阳虚者,有主阴虚者,有主血瘀者,有主肝风者,凡此种种,都是根据他们当时临床所见而总结出来的,均有其实践根据。绝不能以为一家之偏见而扬弃之,亦不能无视具体情况而偏守一家之说。虽然古代医家各执一端,但证之临床则多合并数因出现,或呈连锁反应。在临床上应把握本病当时所出现的突出证型,分别选用古代医家之法。对证型复杂者,还可综合选用数家之法。对古代医家尚无论述者,则当依据辨证,灵活选用方药。应有敢于推陈致新之精神,使祖国医学不断得到发展,但其基本点应始终着眼于具体证型。"

他在临床上则主张"理宜精,法宜巧,方宜平,效宜稳"。对各种疑难杂证,常以"四两拨千斤之法"取得显著疗效。他在运用疏肝法治疗多种内科杂病,选用"补阴分而不腻,除湿热而不燥"的药物治疗阴虚湿热证等方面,均有其独到创新之处。这些都证实了先父在学术上的指导思想,确有其实用价值。

姚国美生平纪略

姚荷生[*]

[姚国美小传] 姚国美（1893～1952），名公裳，号佐卿，国美乃其字，生于江西南昌姚湾村。世业医，幼家贫，长而就学于江西医学堂，以力学受知于经方大家文霞甫先生。操内、妇、儿科，精于诊察，取法和缓，医名著于省内外。积极振兴中医事业，曾捐资创建神州国医药会江西分会会宇，并兼任会长；又热心中医教育，曾于南昌创办江西中医专门学校，亲自任教并兼教务主任之职，造就了一批中医人才。著有中医教材《病理学讲义》《诊断治疗学讲义》等。

---

[*] 江西中医学院

一

先叔姚国美是旧社会所说的世医,有家谱可查的约已十代。清光绪维新时期,南昌兴办了江西医学堂,堂址设在百花洲。堂长是江西省中医泰斗文霞浦先生,他为人治学严谨,声誉卓著。先叔入学之后,专心致志,苦学不懈。那时我家住在鹅颈巷,距离学堂不远,但先叔却坚持在校膳宿,即寒暑假亦很少回家。值班教师查夜,经常发现先叔挑灯夜读,他们怀疑是否在看小说。经文霞浦堂长发现先叔所读确属医书之后,不禁深为嘉许,不过责其纵览各家,未免不得要领。因教以《伤寒论》为学医津梁,如能重点深入,可以一通百通。先叔虽敬谨受教,终以校中为各科齐头并进的需要,无法一门深入为憾事。毕业后,本拟极力补课,无奈悬壶时仅一年,即以治效遍传,求诊者肩摩踵接,病例庞杂,又不得不广泛研求,自知执简驭繁,必须精通《伤寒论》,补课之心,始终不肯放弃。

一九二四年冬,我父亲患伤寒阴盛格阳,真寒假热,邀请清江谢双胡先生(平生从未正式开业,只是病家慕名求诊)会诊,经过细致观察,真假立辨,用大剂姜附,效如桴鼓。当斟酌处理之时,先叔拟于原方中加桂枝八分,立即遭到谢老痛斥。自此,更悟到《伤寒论》辨证论治的严格价值,不但毫不嗔怪谢老的出言不逊,反向谢老提出问题请教。当时先叔正为门生讲授《伤寒论》,立即又令门生执经问难。因素知我有志中医,亦嘱先从谢老学习。并说:"我治学是由博而约,事倍功半;谢老是由约而博(事实上谢老精通

《伤寒论》一书,约则有之,博则未必),事半功倍。青年人宜取法乎上,一俟得了谢老真传,再学我的不迟。"后来办理医校,对毕业同学加办研究班,特请谢老讲学,进修《伤寒论》。其不计名誉地位,一心以学术为重的真诚谦虚态度,一至于此。

二

先叔十八岁在中医学堂毕业后,曾考取留日,因祖父年老相阻未能成行,改在清军标统供职。不久,回到医学堂门诊部工作,深受文霞浦老先生的教诲奖掖。未久独立开业,很快就应接不暇。而先叔面对所有病人,从不肯马虎应付,必于大量流行病的共同矛盾之中,找出它们的特殊矛盾,而后针对处理,以故疗效较高。诊务繁忙之余,仍不肯放弃读书,因而在周围引起三种不同的强烈反映。

(一)病人中流传着"请了姚国美,死了也无悔"的童谣。

(二)同业中感到特别奇怪,一定要找出他出名的原因。有的医生趁着门诊繁忙的时候暗暗站在他的身后,考察他的用方,发现他"有一次连续诊察了十三个流感病人,即连续使用了十三个参苏饮,但方后加减二三味药,令人毛骨悚然"(考察人的原话),充分反证了先叔辨证论治,一定要从异中求同、同中求异的特点。

(三)家庭中曾因此发生过一件趣事和一次严肃的谈话。趣事是先叔结婚那天,花轿已经抬进喜堂,很久还不见新郎出来开轿门。原来,先叔还在忙着看病,经催促才急忙穿好礼服,可新鞋又被促狭朋友藏了起来,一时狼狈不堪,惹得亲朋哄堂大笑。晚间闹房正当高潮,突然发现新郎"失踪",到处寻找,他却躲着看书已好半天了。至于严肃谈话,那是我的祖父见他整天看病读书,毫无休息时间,决非他这种弱体所能胜任,经常劝阻无效,愤然向老友余某托孤说:"我已不久人世了,最放心不下的就是国美。像他这样要钱不要命,奈何!"余老以此语诫先叔,先叔非常惊讶地说:"中医当此欧风东渐之时,非有一番作为不足以振兴此道。但终日忙于生活,无暇及此。我将尽十年之力,但求身家聊堪温饱,即将停止个人蓄积,赚一文就用一文。如何用法,我今天虽谈不上,但可向老父保证,决不胡作非为就是了。到那时所做的都是公益事,哪里还会像这样忙呢。"结果祖父去世,先叔的生活费尚未达到指标,而自身的三期肺病已成,当时才二十九岁。幸赖婶母安贫,毅然劝先叔辍业居庐山休养、学佛、跑山、栽花、种竹,用药只每日野百合一味,营养只有鸡蛋两枚,历时十月即已痊愈。从此谨践前言,以其医务全部收入,初则办理中医学会,继则修建佑民寺,抗战前办理中医学校,但终其身仍未停止一天看病、讲学和读书。

三

正当先叔致力于重振祖国医学(先从神州国医学会着手,购地六亩建筑新的大厦,以供集会之用,并使课堂、医院、药圃的雏型略具)之时(有碑记可考),反动派行政院长汪精卫徇余云岫的提议,废止中医,引起全国中医药界罢市抗议。乱命虽未得逞,但对中医已行种种歧视,如中医办学始终不能纳入财经规划,也不能向教育部立案备案等。先叔的办学意志虽坚(当时已由学会派代表赴上海等地参观),亦不能不因恶势力的种种阻挠而难于成事。于是,将其诊金收入改充佑民寺修建基金,但仍欲对中医事业有所帮助。故当佑民寺庙貌粗具规模重建山门时,不欲援旧制建弥勒四大天王殿,而改建左侧为佛经流通处,兼售中医书籍,右侧则改为大规模中医门诊部(有碑记可考),就诊者日达千余,业务之盛,远远超过学会门诊。所以后来曾充医校毕业实习基地,教学病种之多,令人欣羡不已。

一九二四年夏,我已学医数年,不幸身染虚劳,并发展为五更肾泻。先叔适以应诊北行在外,先伯(姚介卿)、先师(谢双湖)治效都不满意,故急电先叔。先叔电命其门弟子程幼鑫护送我往聚庐山,一面讲学,一面疗养,仅一方服一月而病即大效,因悟先师所擅长为《伤寒论》,宜于急性传染病,而拙于内伤杂病,无怪其与先叔交好之中,既互相批评帮助,又互相推许请教哩。入秋先叔因病家延请赴浔,亲见水灾严重,并兼大疫,灾民死亡接踵,很想及时救济,又苦一时无法筹款,还山商之婶母,愿以首饰为开办费,然后以诊金陆续添助。义举初倡,药界与慈善家立即纷纷响应,于是亲率门生与我,每日深入灾民棚屋抢救病人,一时全活甚众,灾民相告来归,有增无已,经费日见支绌,不得不继续依靠诊务收入。因为病人长期集中于先叔门下,影响了当地医生业务,又一昧以灾民疾病为重,对于权贵的求诊没有给予优先照顾,于是触怒了当地警备司令郭觫的眷属。郭明知其幼子为小病后跌伤暴死,反借当地某医之口栽诬先叔"药误"所致,因而军阀作风大发,立即派人诱捕先叔。后经当地人民保释隐避,又不惜逮捕子、侄（我）作抵。其眷属心中有鬼,很怕郭暴怒之下把事情闹大,再派其部属向我透露:只要先叔肯破家与郭见面,他们可以设法息事并保证先叔安全（以上均为事后由其亲信泄露）,敲诈勒索之情毕露无遗。先叔坚欲和他理论,先父苦苦劝阻说:"这种世道,这种贪官,有理谈吗？你不是学佛吗？你能担保一生看许多病从无半点差错吗？今日之事从佛教因果报应看来,这不过是群众积怨假手郭某爆发而出,抱屈破家都看不破,还谈什么'空',谈什么'舍'呢？"于是不得不设法张罗,亲戚知交也踊跃帮助。欲壑既填,然后由亲友围护前往见郭。郭仓促间摸索手枪不得,即下堂搬一花钵向先叔投掷,摩肩中柱得免,其凶暴气焰令人发指！自此先叔每欲从事公益,往往为了必须与官僚接触而深具戒心。

四

一九三〇年前后,由于时局的影响,各县名老中医云集南昌。先叔屡欲趁机兴办医校,都以害怕官僚而裹足。后来商得刘文江愿任校长兼妇科教员,江公铁愿任外交,先叔得专任教务主任兼教病理、诊断、治疗学,才决意积极进行。当时中医办校,很少成熟定例。校名因反动当局百般刁难,由国医专修院改称江西中医专门学校。但先叔坚持一定要达到高等学术水平,为此不惜延长毕业年限。又为了筹建医院医师不敷应用,不得不招集毕业同学与即将毕业的同学办理研究班,以求继续深造。似此千头万绪,相逼而来,日间必须处理校务与应诊充实基金,晚间编写教材常达深夜,无间寒暑,五六年几如一日。同学们为其精神所感动,无论走读、住读无不刻苦用功,社会人士见者、闻者早已交口称赞,因而也就早已惊动了反动当局(江西省主席熊式辉),很想插手其中掠夺果实。先由南昌市长龚学遂出面找江公铁,说什么"你们的学校办得不错呀,熊主席十分重视呀,为了使毕业同学有实习场所,省里拟拨款五万元创办中医院,已嘱我设宴邀请姚国美先生亲临共商办法呢……"江公铁认为大好喜讯,迅速向先叔汇报,讵料先叔竟漠然视之,不拟赴宴。公铁不免急了,一面极力劝说,一面恳恳同学请求。先叔面对同学,不禁喟然长叹,说:"你们太天真啊!他们哪里有诚意办院,只不过是借机点缀门面罢了!中医院当然是我们必需办的,但所难的不是钱而是人呀!你们只一昧想到医院当医生,并没有想到中医办院并无好的成熟经验。例如,中医临床究竟应该观察什么?护理、食谱究竟应该如何才适合中医需要?都有待于摸索,我的想法是你们毕业后,必须首先充当一年实习医生兼带从事护理,从实际工作中拟订一套住院的医护规章制度,这样中医院才有光明前途!你们愿意吃这种苦头吗?"同学们立即齐声答应:"我们愿意!我们愿意!"先叔当时非常感动,允以一定赴宴。谁知龚学遂在宴会上大肆吹捧了一番熊的德政之后,谈到具体的五万元却拟一栋破旧楼房折充。先叔始终默不发言。龚因探其究竟需款若干,先叔只好婉转答话说:"目前中西医竞争时期,没有二十万元无法追上西医医院。不过始终难在人才,请允许我把学校办完几届毕业后,再谈办院如何?"宴会因之毫无结果而散。先叔回校报告情况,原来抱天真幻想的同学也觉悟到,反动官僚事还没办,贪污的企图已在冒头,只有脚踏实地用功,按照学校自力更生的计划前进。不料研究班刚办完,卢沟桥事变即已爆发,南昌市骤遭轰炸,各县师生纷纷作归计,南昌师生亦需择地逃避。先叔只好自率念佛眷属逃隐庐山。八年当中,生活虽备尝艰苦,然看病读书,为亲友子弟讲学仍未或辍。胜利后,风闻母校同学在各县对中医学业都有成就,有的并得到当地群众支持办有医校,南昌学会诊所亦次第恢复。一九四七年十月全国中医师第二次高考,江西取录二十一名,而母校师生抗战时期所培养之青年即占十三名,一时传为佳话。凡此种种,均令先叔欣慰。但欲自鼓余勇,重新投身建树,然已年老体衰,力不从心了。

五

一九四九年南昌解放,庐山亦有解放军登山,先叔抱病出迎。不久,党中央批准江西创办中医实验院,基建经费恰恰为二十万元,历两年即已告成。省领导有意邀请先叔出任院长,时先叔卧病已自知不起,骤闻喜讯,竟狂欢如儿童。家人为之诧异,盖平生夙愿,得共产党领导才算完成,一时喜出望外,不禁啼笑交作,热泪挥洒,数日即安祥逝世。逝世之前一天,仍曾力疾起坐,为人看病。逝世之后,吊者盈门,无一肯留名者。出丧之日沿途设祭,络绎不绝,其医效之深入人心如此。默察先叔一生,可谓与学用祖国医学相始终。事业虽非过分伟大,但隐隐具有教学、临床、科研三结合之雏型；著作虽不算多，但隐隐具有以科学方法整理古典医学，使成较明显的系统，而且言简意赅，无一言无文献根据，亦无一言无临床现实意义，不失为理论紧密结合实践之创作。所以它的作用，虽然出于江西，但流传外省，辗转传抄，几乎形成学用一致的江西风格。其直接间接培养出来的人才，今日在党的四化号召之下，纷纷做出贡献，同学们有时相见，仍殷殷以"姚老师的遗志"共勉。当然，各种事业之成就，决非出自一地一人之力，中医事业并不例外。但从先叔毕生行事来看，说他对祖国医学的兴亡继绝、承先启后起到了一定的作用，应该不算过誉吧?!

附(一) 创建神州医学会江西分会会宇记

民国十四年冬，江西医药同人建筑神州医药分会，附设中医院。逾年既落成，一时同仁欢欣庆幸，乐观厥成；惧后之人无以溯其源也，属余作文以记之。考神州医药会，元年肇迹于上海医药两业，虑政府偏重西医，立会研究中医学以保吾国粹，政府许之，各省皆响应；次年吾奸(赣)罗文清、徐宝卿、张心源、张佩宜、黄信臣、陈艮山等亦立分会应之。时会无定址，费无定资，当由同仁认助六文捐，渐遂不支；嗣有刘文江、江镜清、姚国美等，沿(沿)户劝募，冀集基金以巩之，以应募者不多，亦不给；再由同仁认助维持捐，然同仁半侨居，聚散无常，捐率渐减，卒无以济，会其殆哉岌岌乎！国美时由庐山养疴归，已避风尘，不复问人间疾苦。然睹斯会之将湮也，弊在无定处，无常储，故会终不固，爰约许同仁再出山应诊,诊资悉捐会;又已不居名,让美为病家捐款,名曰应诊劝捐,到手奏效,延者接踵,出诊五年,共获诊资万五千元有奇。因先购得进贤门内罗家塘,填砌成基,未果兴工,南城傅君绍庭慨许银币三千枚助之;国美乃鸠工庀材,经营筹划,不一年而告厥成功,绍庭亦成人之美者哉!嗟夫!斯会之成如此甚难也!既有成功之庆,当思实事之求。盖吾国之医药,微茫深邃,非集众识互为研究,不足以穷其理,于是有医药研究所之设,医以药为本,知医而不知药,未免舍本而逐末,非大拓场圃,广植药苗,不足以资考证,于是有药圃之设;医以济世,首在利人,非有实施而利不溥,于是有中医院施诊,贫者施药之设。今合群策群力,建置整齐,共成吾圩医药界巨观,吾甚为诸公佩也!吾尤佩国美舍一已之利为众人之利已难矣,更隐其名而不居,以己之施为人之捐,三代下有几人哉!当世居高位、拥厚禄者,颐指气使,锦衣玉食,高台广厦,侍女满前,而宗祖之庙堂,风雨飘摇,圮败倾覆,视若无睹者多矣,况公共之会宇乎!有一善唯恐不彰,必多方以表之;甚或窃人之功以为己名而盗虚声者,岂少哉!况有其实而不居其名乎,是皆闻国美而赧颜者也。今斯会赖国美之力,高闬闳,厚墙垣,已堂臻轮奂,制达美备矣;愿继国美而起者,代有人焉,则斯会不朽,而国美亦不朽也!吾高国美之义,因详其颠末以遗来者,庶有所观感焉!记其事者,南丰曾志云芷青也。

附(二) 江西医药会题辞诗并序

身非显宦,家非素封,漫欲捐重金建广厦,为众人谋乐利,以成其急公好义之举,力必不能;知其不能而亟图之,冒暑暍,耐风霜,以勤苦艰难之所得,辅其力所不及,卒能偿所愿而告厥成功,此非寻常富有资财,汲汲求名者比也。吾观姚公国美,维持医药会,其苦心孤诣,实类于是,谓非医中之杰出者乎!方其被举为会长也,会中经费日益支绌,将告中止矣。姚公曰:"是关乎医学之兴废,国粹之存亡,不可自我而斩也;无已,愿以一己诊金挹注之。"由是益专心致志,从于医而道日进,无寒暑,无蚤晏,风尘奔走,不辞劳瘁。如是者四五年,所获诊金累逾巨万,慨然尽输于会,而已不与焉。求之三代而下,能有几人!乙丑年,爰卜地罗家塘,建高楼为会址,逾年而后成。予随诸君子后,参观其间,觉规模宏敞,景色清幽,其气象迥与曩者异。楼下医师三五,操作其间,展扁鹊之能,奏华佗之技,分科以济贫民者,会中之病院也;楼之四旁,嘉木美卉,欣欣向荣,掩映而成趣者,会中之药圃也;自楼而东,波光潋荡,清气扑人,夏则红衣翠盖,错杂缤纷,随风摇曳,若迎人而献媚者,会中之荷池在焉。是皆姚公因地制宜,惨澹经营而为之者。嗟乎!人之好善,谁不如我?前之会长,非无是心,而不能措置裕如者,绌于力也。向非姚公善承其后?本公心以施伟力,则旧有之会,且岌岌不可终日,况欲美轮美奂,以成此巨观也,岂可得哉!予读曾公碑记,有感于中,爰作诗二章,泚笔而题于壁,其诗曰:

　　高楼百尺焕然新,曲槛迴廊配置匀。
　　六月荷花饶景色,三春药草斗精神。
　　苏韩碑记传千载,卢扁医方济万人。
　　犹占一池流水绿,夕阳掩映好垂纶!
　　姚公德望本群钦,创造艰难岁月深。

冰雪铸成医国手,风霜印出活人心。
同侪退避输三舍,独立经营掷万金。
博济高谈畴实践,青衫我媿厕儒林!

戊辰二月江苏丹徒张恭保心源甫题并书

（龚屏据口述记录）

记名老中医王文鼎

胡熙明*

[王文鼎小传] 王文鼎（1894～1979），四川省江津县人。一九二六年参加革命，一九三六年加入中国共产党。长期从事党的地下工作，为发展党的抗日民族统一战线，为准备解放四川，做出了积极的贡献。全国解放后，积极参加社会主义革命和社会主义建设事业，一九五六年调入中医研究院工作。历任全国人民代表大会代表、政协五届全国委员会常务委员、卫生部顾问、中华医学会理事、中医学会筹备委员会副主任。从事中医工作五十余年，有较深的理论造诣和丰富的临床经验。一九七九年三月二十日因病在北京逝世。

---

* 中医研究院

一九七九年四月五日下午，著名老中医王文鼎追悼会在北京八宝山革命公墓礼堂举行。党和国家领导人邓小平、李先念、聂荣臻、陈慕华、李井泉、宋任穷、康克清等同志送了花圈。卫生部的悼词说："王文鼎同志几十年如一日，呕心沥血，鞠躬尽瘁，对技术精益求精，全心全意为人民服务，为祖国医药卫生事业奋斗了一生。"这是党和人民对王老一生高度的概括和评价。

追求真理的一生

王文鼎少时家境清贫，父母勉力维持他在中学读书，但不久被学校勒令退学，并通告全省学校，谓其"不悌不孝，而好犯上者，不堪教也"，原因是他带头组织学生会反对袁世凯称帝。当时他的国文老师张鹿秋（曾留学日本，跟随孙中山参加同盟会）也因参加讨袁被解职。王文鼎商之于老师，为维持生计，张老师建议他学医。于是，王文鼎投拜到当时名医郑先生门下为徒。

郑先生第一次讲课，就反复申言："欲为良医，当从《内》《难》学起，方有根底。否则专恃一二方书，即使为医，亦走方郎中而已。"文鼎本当遵师教诲，循序渐进，打下坚实根基。怎奈由于文史水平所限，对秦汉文章难以理解，真是读而未能明，明而未能别，别而未能新，十分苦恼。何况他学医是为急切谋求生计，便向郑老师请求赐教看病之法。郑老师失望之余，只好把他介绍给颜闻修老师。颜师倒也因材施教，让他读些应用方书，诸如《珍珠囊药性赋》《汤头歌诀》《神农本草经》及《医学三字经》等，引其入门。但颜师亦谓："这些浅近之书只可敷于应用，未可深入堂奥。涉浅水者得鱼虾，涉深水者得海鳖，理固然也。"

文鼎自此身背药囊，步入医林。他在汉口行医时，正处于大革命前夕，由于对真理的追求，他投入了革命风暴。在革命队伍中，学了辩证唯物论以后他恍然大悟，中医的辨证论治包含有朴素的辩证法。郑老师让他先学《内经》等经典医籍，就是要他弄懂辨证论治的道理。此后他开始重视中医经典著作的学习，并以辩证唯物论作为学医和行医的指导思想。于是学识大进，疗效卓著，声望日高。解放前在成都以行医为名，利用其声望和地位，为党做了很多工作。

一九五六年，他响应周总理的号召，到北京参加中医研究院工作，担任学术秘书处副处长。革命的生涯，斗争的风雨铸就了他刚直不阿的性格，为贯彻党的卫生工作方针和中医政策，进行了不懈的努力。一九六二年七月十日，他写了一份关于发展中医事业的意见书呈送党中央，供中央研究参考。其后，周总理在颐和园颐年殿接见了王文鼎和蒲辅周，表示对他们工作的支持。一九七七年，王老又对如何研究整理祖国医学发表了意见。他历来认为中医的研究发展和开展中西医结合工作，都必须首先搞好继承，不但要继承治疗经验和有效方药，更重要的是要系统学习，全面掌握中医理论，才能谈得上整理提高。进行中医研究，必须在辩证唯物主义思想指导下，利用现代科学成果，按中医的理法方药全面进行，反对废除理论、研究经验或废除中医、研究中药的倾向和做法。他认为可以通过中医临床观察，全面地进行总结，既要肯定中医的疗效，又要找出中医的治疗规律,然后再来探索理论。研究中医必须始终坚持和突出中医的特点,不能简单地以西医的观点和方法指导中医研究工作,不能因为中西医理论体系不同而用西医观点否定中医理论。如果抛弃中医的病理、病因、诊断、症状等,完全用西医的一套来代替,不但达不到发扬祖国医学的目的,必然会对祖国医学遗产造成莫大的损害。他强调,中医的基础理论,诸如脏腑经络、阴阳气血、症候与人体内在环境的联系,以及药物特别是复方的作用机制等,都是重要的研究课题。必须将中医和中药的研究在理论上、实际上统一起来,进行整体而又有联系的分工研究,才能在发扬祖国医学遗产上有所贡献。重温王老这些见解,至今仍感意义深长。

对前人经验兼收并蓄

王文鼎几十年来以"挖山不止"的精神刻苦钻研中国医药学,虽耄耋之年,仍鸡声灯影,孜孜以求。

王老对经方应用常多彻悟其理,自出机杼。忆一九七七年某次随王老查房,陈女咳嗽七月,并发哮喘三月不愈,前医迭进小青龙汤不效,转请王老会诊。王老曰:"此由外感风寒袭肺而致。患者恶风咳喘,汗出夜间尤甚,多泡沫及稀痰,苔薄滑,此为寒饮。"仍疏小青龙汤:麻黄根一两,桂枝三钱,白芍六钱,甘草二钱,炮姜、五味子、细辛各二钱,半夏四钱。药尽三剂,喘息竟平。何以前用未效,而今效如此?王老曰:"小青龙汤用时须据病情注意配伍。方中姜、辛、味三药一般当等量用之,注意适当调节升降开合;方中麻黄的运用亦有分寸,初病表实用麻黄,次用麻黄绒,后期喘而汗止用麻黄根,剂量可加至一两;初期桂枝、白芍宜等量,病久渐虚须白芍倍桂枝,仿建中,意在收敛。"王老对经方研究之精深,于此可见一斑。

王老对《千金方》《外台》《串雅外编》《景岳全书》《衷中参西录》等书所载有效方剂常应用裕如,他如医史笔记、野史单方亦多收录,从而扩大了用药思路。对癫狂症的治疗,或用《千金方》温胆汤治其胆虚痰热;或用《丹溪心法附余》礞石滚痰丸治疗痰浊内壅或痰火挟风所致者。或用《医林改错》的癫狂梦醒汤,化瘀开窍,活血醒神。他还根据《难经》"重阳者狂"的论点自拟狂症方:白砒石一钱,绿豆三百粒去皮同打匀,栀子四十九枚打面,雌黄、雄黄各一钱打面,急性子三钱打面,上药合匀贮于瓶内,服时取八分,加牛黄、冰片各三厘,调适量白糖和面粉烙成饼服下,服后必大吐大泻,以攻而下之,引而越之,以清泄痰火。在此基础上,王老进一步摸索其治疗规律。若阳证治不好,就转入癫,成半阴半阳、半虚半实之证,属痰气纠结,迷阻心窍,治当疏化痰气。轻者以小柴胡汤、柴胡疏肝饮以开其郁,一般以温胆汤为基本方随证加减,屡获显效。或予丸剂:人参、茯神、生熟酸枣仁、乳香、琥珀、远志、菖蒲、辰砂、川黄连、龙齿,炼蜜为丸,早晚服,合欢皮或薄荷煎汤送下。痫症之发,气郁夹痰是其标,心脾虚损是其本,始发当以理气化痰为主,后期则着重调补心脾,归脾汤、补心丹等是常用的善后方。若痫症处理不好,就转化为呆症,即属虚证、阴证,是为邪正俱衰,当益气壮阳以治其本,可于治痫症丸药方内加入肉桂、附子之类治疗。他认为治精神病不宜服抑制药,要因势利导。其证由阳转阴为逆，由阴转阳为顺。对痼症、呆症治疗不可操之过急，顺其宜而逐步治之。辨证极细，用药层次分明，堪为师法。

王老常谓用药如用兵，医家当谙熟药性，切合病机，照顾全面。所以他对生药和炮制亦很熟悉，如谓黄连有九种用法：心火生黄连，肝胆实火苦胆炒黄连，肝虚火醋制黄连，上焦火用酒炒，中焦火用姜汁炒，下焦火用盐炒，肝胆郁火吴茱萸炒，脾虚生火黄土炒，足见其精细。

王老对中医药的探索，不仅从书本中钻研，并且善于从别人的医疗经验中不断汲取有益的养料。如治某患者肢体奇痒症，用五黄汤（黄连、黄芩、黄柏、大黄、栀子）加犀角、苍术、苦参、蜈蚣、全蝎、僵蚕，服汤药前先服紫雪丹八分，一剂痒止，三剂结痂治愈，立方之意，遵"诸痛痒疮，皆属于心也"。王老说他这一手是从成都外科名医黄祖成那里学来的。黄祖成疗效很高，其方十之八九为三黄汤、黄连解毒汤、栀子金花汤，多为苦寒，还加苦参、胆草。询之云病机十九条言火者即五条，刘河间亦谓气有余便是火。黄氏处方一般甘草与三黄相等，取苦甘化阴，不伤脾胃。这些经验，足资借鉴。

王老对一些验方、秘方也很重视，认为只要用辨证的方法去分析，用对了，确实很有疗效。他介绍治鹤膝风方，由生黄芪八两、远志、石斛、怀牛膝各四两，双花一两五味组成，要保证药物的质量和剂量达到标准。用十碗水先将前四味煎熬至两碗水时，加入双花，再煎成一大碗。临睡空腹一次服下。全身大汗，听其自止。用毛巾把汗擦干，揉搓全身。常可一剂见效，两三剂即治愈。王老就是这样从各方面把祖国医学矿藏,一块块地加以挖掘、收集、整理,使之服务于人民。

在医理上常有独到见解

在长期的医疗实践中,王老逐步形成了自己的学术思想,在理论上多有建树,尤其在辨证论治方面,提出许多真知灼见。

他将防治疾病概括为四十七个字。预防疾病:时其起居,节其饮食,调其情志,适其劳逸;诊断疾病:人、病、证(三结合,以人为主),整体观念,全面分析,辨证论治;治疗疾病:治疗之要,贵在调整,自力更生,更为要紧。

王老辨证上的特点是整体观念,全面分析。在辨证步骤上,认为诊病必须先别内伤、外感或不内外因。在确定病因以后,再区分阴阳,何者偏盛,何者偏衰。阴阳盛衰的表现就是机体内部统一性和机体与周围环境的统一性发生变化的总反映。所以,临床医生必须善于掌握疾病发展过程中阴阳的变化规律,及时做出正确的判断。进而确定病在哪一脏腑和经络,同时也必须考虑到脏腑与脏腑之间、脏腑与经络之间的相互关系,使辨证更加全面、具体和准确。

他强调诊病必须四诊合参,对脉诊的应用尤有独特的见解,指出诊脉必须"静以观其象,动以察其体"。在明确六部脉和脏腑相应、各有所属的基础上,要以医生的三指动静结合来观察病人的脉象和脉体的变化。静是指医生必须屏息敛神,置三指于寸、关、尺三部,分轻、中、重三种力量来观察脉搏的频率、血流冲击量的大小,如迟、数、滑、涩、洪、微等;动是指医生三指按寸、关、尺三部,分轻、中、重三种不等的力量,往来揉动病人的脉管以观察其体态和张力,如长、短、弦、芤、紧、缓等。简言之,就是以医生的"静"来候病人的脉象,以医生的"动"来候病人的脉体。实践证明,这种动静结合、体象并察的切脉法,对深入了解疾病、区分阴阳、确定脏腑以及选方用药等方面,都具有很大的实际参考价值。

中医治病的原理,王老认为就是通过调整阴阳来纠正机体的偏盛偏衰。他在一九六三年治过一例小儿重症水肿病,患儿住院用中西药治疗不愈,大量胸水腹水合并肺炎,病势危急。王老指出该患儿最先用寒凉药太过,中期温化药又应用过多,未能脾肾两顾,补则过补,消则过消,寒则过寒,温则过温,致使虚实、阴阳不能平衡,因而治疗无效。鉴于小儿病势危笃,只能消补同施、清温并用以调整阴阳,又以其阴阳两虚而致失调,温阳则伤阴,滋阴则损阳,不胜重药,只宜清淡之剂平调,煎服鲜茅根、生鸡内金,配合食疗和葱熨,停用其他中西药物,服二十余剂后明显好转,又酌加清补肺肾之品,治疗四个月,病愈出院。王老以轻剂起此沉疴,足见深得调整阴阳之真谛。

他在治疗上还强调"自力更生",重视和维护人体的正气,认为用药是为了扶助与加强机体的自然功能以战胜病理的损害与变化,达到阴阳协调、恢复健康的目的,反对过分强调药物及一些支持疗法的作用。王老治疗再生障碍性贫血,反对轻易输血。认为输血、特别是大量输血,有时非但无益,反而对机体"自力更生"有碍。曾治疗四例再生障碍性贫血,未经输血的三例,平均治疗十个月,痊愈出院,经一年随访未见异常。另一例曾数次输血,未达预期效果。证之临床过分依赖药物作用,致使机体调节能力日趋低下,造成治疗困难的例子并不少见。"自力更生"的指导思想是有深远临床意义的,值得重视。

　　王老对遣药及用量多少,取决于阴阳偏盛偏衰的程度和邪正力量的对比。有时平淡轻投如橘红用量不到三分,而有时则剧药猛进,如附片用量可达四两。曾治一尿崩证,至病情基本好转,附片用量竟达十多千克,而治鹤膝风方,生黄芪用量每次达八两。对于用方,他提倡要能"攻"能"守",一般用攻邪药或治疗急症多效即更方,而用补益药或治疗慢性病常常效不更方。如治一例石疽(滑膜肉瘤),先后服阳和汤二百八十余剂。因阳和汤名为阳和,实以滋阴为主,阴阳兼顾,故可久服。王老用药之灵活,组方之严谨,诚可谓胆大心细,智圆行方。

　　王老用药还善于运用多种方法调整阴阳,恢复正气。如在前述小儿重症水肿治疗中,除用茅根鸡金汤外,同时以苡米、神曲、大黄米、赤小豆、猪肝等熬粥,每次饭前服小半碗,共服四十六天。又用大葱一斤纵切,黄酒二两,炒热装纱布袋内,在腹部按顺时针方向自右下至左下外熨,每日一至两次,每次熨一至三小时,连用三十六天。又用一味香薷代茶饮,连用二十三天,以消面项浮游之水气。后期以橘红、厚朴、白茅根煎水送服鸡内金粉,以苡仁、大黄米、赤小豆、江米、扁豆、鸡内金、山药研粉加糖做成糕点,当点心吃,并久服六味地黄丸,脾肾两补,先后天兼顾,以善其后,足见王老治疗手段灵活多样。

勇于治疗疑难大症

但愿人皆寿,何妨我独劳。王老一生以全心全意为人民服务的思想和高超的医术治愈了许多疑难病症,因而赢得人们的称赞。一九七五年治一刘姓患者,西医诊断为肺脓肿,久治未愈,怀疑肺部有占位性病变,动员手术切除。王老诊后谓肺部化脓性病变有肺痈、肺疽之别,"痈有火毒之滞,疽有寒痰之凝"。该患者发病开始为半阴半阳证,迁延日久,气血虚衰,阴寒凝结,毒邪深伏,瘀血内滞,是为肺疽。治疗先用益气活血化瘀,佐以止血解毒,服二十五剂。改补气养肺活血止血法,又服十五剂。瘀散血止,肺虚阴寒之象毕露,投以通滞温补开腠的阳和汤加味五十余剂,拍片、化验检查正常,自觉症状基本消失,以健脾益气之品调理月余而病痊愈。又如患者崔某,女,十七岁,北京房山县社员,右足背肿物七月,破溃翻花一月半,被诊为右足滑膜肉瘤,建议小腿中下段截肢,并谓术后也只能多活一年半左右,患者家属不同意手术,于一九七三年九月二十七日至王老处医治。面对这样的病人,王老说:"帮助劳动人民解决难处,责无旁贷,我一定全面考虑治疗,尽一切努力保全她的身体。既然医院确诊是癌,我们要相信西医的科学性,但我们也要从中医治疗毒瘤、石疽、瘿瘤等方面来寻求有效方药。"通过辨证,他诊为石疽,乃阳虚阴毒内陷、气滞血瘀所致。治用温阳补虚以扶正,拔毒消坚、行气化瘀以祛邪。常服阳和汤、犀黄丸,外用鲜商陆根约一两,捣绒加少许食盐,涂敷翻花疽面,一日一换。至一九七五年九月二十四日二诊,服阳和汤一百四十剂,犀黄丸三料,外用商陆根十五斤左右,疽面愈合,效不更方,以收全功。继服阳和汤,因犀黄丸难配齐,改用小金丹。后因未坚持服药,又受外伤而复发。又服阳和汤一百二十余剂,外敷鲜商陆根及外贴阳和解凝膏二十张。经三年治疗,滑膜肉瘤基本痊愈,透视拍片及化验正常。为杜绝复发,王老处方善后,嘱间日服阳和汤四十剂,间日服小金丹二十六袋,每日一袋,外贴阳和解凝膏三十张。治疗始终以扶正为主,兼以外治祛邪解毒为辅,标本兼顾,攻补兼施,扶正而不助邪,攻邪而不伤正,耐心调治,终收全功。

王老虽已与世长辞,但他为之终生奋斗的中医事业,在党的关怀重视下正在日益发展。他治好的许多病人正在精力充沛地为四个现代化建设辛勤工作。他的一些独特治疗经验,正在收集和整理,将为保障人民健康做出贡献。

忆吴少怀老师的治学生涯

王允升* 宫兰芳**

[吴少怀小传] 吴少怀(1895~1970),名元鼎,祖籍浙江钱塘(今杭州市)。幼入私塾,攻读经史。二十一岁就学于济南私立大同医院,得名医管竹书指教,学医六年,二十六岁开始行医。解放前,曾任济南市中医师公会理事,山东省立救济院施诊所义务医生;解放后,历任济南市医务进修学校中医学部副主任,济南市立第一医院中医科主任,济南市立中医院院长,山东省及济南市中医学会副理事长等职,并被选为山东省和济南市第一、二届人大代表,市人大委员。

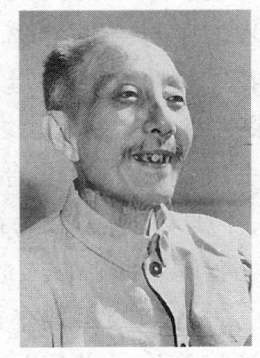

对脾胃学说有较深的造诣,在此基础上提出"胆胃证治"的理论,补前人之未备。著有《吴少怀验方集》《胆胃证治》《吴少怀医案》等。

---

* 济南卫生学校
** 济南市中医院

吴师的身世

吴师父亲名淦,五岁时出嗣到济南叔祖家中。叔祖名若灏,科举出身,做过山东诸城、历城知县,定居济南。父二十三岁病逝,少怀时仅三岁,孤儿寡母,寄人篱下,备尝辛酸。七岁入学,苦读经史十余年,因不堪庶祖母之虐待,十六岁时随母亲愤然离开叔祖家,自立门户,依靠母亲给人绣花维持生活。慈母积劳成疾,数年不愈,吴师亲事汤药,深知穷人求医治病之难,遂立志学医。后延历下名医管竹书(山东诸城人)为母治病,管怜孤儿寡母,又爱吴师聪颖好学,年少有志,遂收为徒,到济南市熨斗隅私立大同医院(该院系管竹书创建,并自任院长)免费学医,六年后毕业,留院任中医师。一九二四年独立开业行医,一九四七年应聘任山东省救济院施诊所义务医生,身患胃病与肺结核,体力日衰,生活时常靠典当支撑。一九五九年病势垂危,经领导组织抢救,方得转危为安。一九六四年他在《大众日报》发表文章说"是党给了我第二次生命",确是肺腑之言。

强调治病求本

吴师早年临床,重视脾胃,强调治病求本,此与他在救济院施诊所多接触贫苦病人有关。这些病人中飧飧不继、脾胃失和者占绝大多数;其他诸疾,溯本寻源,亦常与脾胃化源不足有密切关系。所以四君、六君、平胃、二陈等方,吴师用之最精，信手拈来，游刃有余。春夏养阳，常以香砂、六君、八珍、十全，以养脾胃之阳为主；秋冬养阴，赏用魏氏一贯煎、叶氏养胃汤，以养脾胃之阴。察其阴阳之所在，均从调和脾胃入手。例如，汪某，济南名士，胃病多年，脘腹胀痛，少食不化，舌赤少津，脉弦细数，议用和肝养胃、益气调中法，予沙参、玉竹、杭芍、川楝子、桑叶、杷叶等品，服之显效，连用数十剂诸症若失，汪悦而赞叹说："少怀治病如大将用兵，坐镇从容，使人登寿域。"又如，陈某，盛夏之际做食道手术后，嗳气腹满，胃纳呆少，口干不欲饮，心烦自汗，气短乏力，彻夜不寐，大便燥结六日未解，苔白黄腻，前曾用芳化辛开苦降之剂，反致恶心呕吐，脘腹胀痛。经邀吴师诊其脉虚大，知其脾胃不健，然体虚暑热伤气在前，复手术伤气耗血于后，导致气虚血少、阴阳失调、虚热内扰，改取反治法，热因热用，以补开塞，方用增损八珍汤益气补血以养阳，滋液润燥以养阴，竟获显效，渐趋痊愈。养阴养阳吴师能从脾胃后天之本入手，他说："治病求本，就是要维护脾胃，遣方用药，务要冲和。否则只见其病忽视根本，虽小病也难愈。"吴师又说："维护后天之本以治病是王道之法，必须治上不犯中，治表不犯里，才能不违土气之敦阜，和肝温肾，又是调和脾胃所当着眼之处。"综观吴师医案中脾胃诸病，方药不离杭芍缓肝，以期土中泄木；常佐菟丝子、淫羊藿温肾，以期益火暖土。这是吴师早年临证的一贯主张。

提出达胆和胃说

吴师通过临床调理脾胃的实践,在晚年提出了"达胆和胃"的学说。他根据阴阳二气同性相斥、异性相引的道理,认为缓肝可以运脾,达胆可以和胃。因为胆属少阳,少阳为枢,枢司开合,十一脏的功能活动都从枢机开始。枢机不利,则出入之机停,开合之机废。而出入开合,关键在枢,脾升胃降,取决于胆。胆在阴阳升降、气血循行活动中,起到少火作用。少火生气,发陈于外,其气象春。少阳是活动的开端,少阳不升,往往胃失和降。这种观点,证诸临床,常常取得满意的疗效。

例如,原因不明的低热,经过针对阴虚、阳虚、气虚、血虚等法治之不应,或补之碍邪,清之伤正,两难之际,吴师常用青蒿、黄芩、柴胡等品和其少阳,内疏外透,以取显效。据老师说,这就是"大气一转,其气乃散"的道理。

吴师认为,一般胃气不和,常责之于肝。其实,胆胃不和,尤为多见,达胆和胃,胜于舒肝。例如,大怒气逆以致胃气不和的不寐证,吴师不用柴胡、香附舒肝,而用龙牡温胆汤,常应手取效。湿热内蕴,胆失宁谧,通夜不寐者,温胆汤加龙胆草以清胆热,一剂下咽,安卧八小时。

胆虽不能凌驾于脾肾之上,但是生机都从少阳开始,胆在此中参与决定性作用,故曰十一脏皆取决于胆。吴师说:"我主张达胆和胃说,就是因为人无胃气,则化源断绝;人无胆气,则生机停废。二者一是根本,一是开端。此正与《素问》'本末为助,标本已得,邪气乃服'之旨相同。"所以吴师临床最为常用温胆、六君等方,目的是达胆和胃,以畅气血。例如一老年妇女,因高血压突发吞咽困难,滴水不入,经过医院抢救,插管鼻饲,先后延请六位医生诊治,疗效不显。吴师诊之曰:"咽喉为肺胃之门户,咽为胆使,吞咽不能,责之胆胃,拟归芍六君子汤,缓肝理脾,达胆和胃。"连服二十余剂,吞咽正常,撤去鼻饲管,宛如常人。实践证明,达胆和胃法经得起临床验证。

力主轻少通灵

吴师在其师承的影响下,遣方用药,力主轻少;辨证论治,讲究通灵。临床中以习用小方轻剂而著称,反对贪多求重。他说:"治病如开锁,钥匙对簧,轻拨即开。"又说:"人身所有者,气与血耳。一气流行,何病之有?"轻开上焦之气,则血流畅通,治上焦如羽,非轻不举。习用轻开,以祛邪实。例如:湿热之病,始虽外受,终归脾胃,但祛湿不利于清热,清热不利于祛湿,吴师首先轻开肺气,气行则湿化而热亦清。此即"启上闸、开支流"之法。一九六五年夏治一高热病儿,口渴不欲饮,舌苔灰腻,脉象滑数,吴师诊为阳明湿热,经用轻开肺气法,杏仁、桔梗、连翘、芦根、苡仁、通草等品,一剂热退,轻可祛实,疗效卓著。吴师常说:"药贵精,不贵多。伏其所主,则寡可以胜众。如果泛药以误治,不如不治为中医。"吴师用方,药少、效专。例如一九六三年春,治疗南京一例上消化道出血不止的急症,仅用苏子、降香、茜草炭、血余炭四味药组方,名茜根饮。服后血止,转危为安。他说:"治血先治气,气降血自止,瘀血不去,出血不止。"此例急症,降气止血而不留瘀,名传金陵。又如:一九五〇年秋,朱某腹胀经年,脐下悸动,经过医院反复检查,未见器质性病变,曾用行气活血、消胀导滞诸法未应。吴师讯知病者嗜茶成癖,水气内停,处方茯苓、荷叶、生杷叶水煎代茶频服,数日后来述诸症均愈,称谢不已。证实药少量轻,调其升降,水气因行。吴师说:"贪多求重,药过病所,欲速则不达,反伤中气。"确属经验之谈。

吴师治病,机圆法活,因端竟委,运巧制宜。他说:"诊病也应顺藤摸瓜,就是因端竟委;不离规矩,不泥规矩,就是运巧治宜。"不会通权达变,就不能左右逢源。例如:高干张某,鼓胀住院,病势垂危,爱人陪伴,病者未愈,陪人病发,悲伤流涕,如有神灵,据病者言宿疾脏躁发作。当即予甘麦大枣汤,期其必效,结果恰恰相反,不但悲哭不止,而且欠伸烦急。吴师指示说:"病人危重,陪人心中如何不焦急,治其宿疾,忽其新病,宜其不效。"嘱加栀豉,复杯而愈。

一例女性,小便失禁,众医束手。吴师嘱用鸡肝一副,焙干研末,加肉桂少许,混匀分服,霍然病愈。一例男孩,病肠梗阻,准备手术,经用桔梗、杏仁、牛子、枳壳轻开肺气,大便畅通。一个苏子降气汤,随证佐以疏表、清热、降逆、平喘、止咳、祛痰、化湿、润燥、缓肝、温肾、消食、逐饮、和中等法,形成苏子降气汤十三变,众口称赞。一个抑气汤有十一种变化。一个四物汤有四十五种化裁,灵活变通,别具风格。吴师治不寐,常用苏叶配百合,一散一敛,沉香配薄荷,一降一升,阴阳并举。治胃痛常用乌药配百合,一行一止,或香附配荔枝核,一舒一涩,调其升降。既有原则,又能灵活化裁,补前人之未备,启后学之新途。

良好的医德风范

　　吴师在济南市司里街开业后,只受富家馈赠,而对贫苦人从来不收诊费,且有时还助以药资。他常说:"穷人都是指望着身子挣饭吃,哪有钱吃药,我没有别的办法,只有让富人拿钱,给穷人治病。"他还说:"来诊治的病人当中,穷人占绝大多数,遣方用药,最忌炫奇立异,浪费金钱,浪费药品,而应该药少效高,少花钱也能治好病。我之用方,药少量轻,用意即在于此。"

　　吴师事医五十年,无论在任何情况下,对病人总是有求必应,一心赴救。早在三十年代,一位中风病人,行动不便,家住惠民,无力医治,吴师不避路途遥远,多次去诊,使患者得以康复,因此,吴师在惠民地区享有盛名。吴师对病人态度和蔼,语言亲切,不讲条件,不摆架子。解放前,在山东省救济院和惠民诊所施诊时,病人特多,往往无暇进餐,但他毫无烦怨,不辞劳苦,对工作认真负责。大家劝他珍惜身体,不要过度劳累,他说:"当医生的想到病人的痛苦,一切劳累就都忘了。"有的病人说:"找吴老诊病,一进他家大门,就觉得温暖如春。"吴师的一个座右铭是:"我有恩于人,不可不忘也;人有恩于我,不可或忘也。"吴师从来不谈病人对自己的感戴和称颂。解放后,在党的关怀下,年近花甲的吴师更是精神焕发,干劲倍增。晚年卧病不起,躺在床上还要为病人诊脉辨证。他说:"只要我头脑清楚,不糊涂,我就给人看病。"

　　吴师对诸多经典医籍和论著,经常列出必读书目或课题,要求徒弟系统学习。择其要点,用通俗易懂的语言讲授,引人入胜。他要求学生,一证、一方、一药,都必须说到是处,绝不允许不求甚解。他最反对知其然,而不知其所以然。例如:"天以六六之节,人以九九制会。"一般领会是不行的,必须在"节"字与"制"字上明白:九为阳,六为阴,阳必以阴节之,阴必以阳制之。又如,淫羊藿补命门益肾阳,众所周知,吴师指导用治肝肾虚衰的尿路疼痛,更有卓效,并且指出源出某书某段。吴师经常告诫徒弟说:"要团结同志,以诚相待。抬高自己,打击别人,不足为大医。"例如医生陈某,最好显示自己的本领,几次与老师问难,吴师引经据典以解答之,而且以诚相待,结果陈某自惭说:"吴老师的学识博大精深,今后我再也不敢班门弄斧了。"

一九五九年吴师做过胃癌手术后,饮食日减,体力日衰,自知不能久留于人世,于是经常彻夜不眠,回顾学术经验,抓紧授徒,胆胃证治的论点,就是他晚年的心血结晶。他一贯训诫徒弟:"医德重于技术。治病救人,不能自卖聪明,宁做鲁肃,不学周瑜。"老师亲切的教导,令人终生难忘。

忆时逸人的学术思想与治学精神

时振声[*]

[时逸人小传] 时逸人(1896~1966),原籍江苏无锡,祖迁仪征,后迁镇江。幼从同邑名师学医,1916年悬壶开业。1928年在上海创设江左国医讲习所,并受聘于上海中医专门学校、中国医学院等校担任古今疫症教授。一九二  九年秋受聘于山西中医改进研究会,并在川至医学专科学校任教,主编《山西医学杂志》垂十载。抗日战争爆发后,曾辗转武汉、重庆、昆明,后返回上海,又在中国医学院、新中国医学院、上海中医专科学校等校任教,以后又创办复兴中医专科学校,并主办《复兴中医》杂志。解放前夕在南京办首都中医院,一九四九年秋又办中医专修班,后转入江苏省中医学校任教。一九五六年中医研究院开院,应聘为中

---

[*] 中医研究院西苑医院

医研究院附属医院内科主任。一九六一年响应党中央号召支边,赴宁夏在自治区医院任中医科主任,兼宁夏回族医药卫生学会副理事长。一九六五年因病回南京休养,一九六六年六月病故于南京。著有《中国传染病学》《中医伤寒与温病》《时氏处方学》《中国内科学》《中国药物学》《实用中医内科诊治手册》等。

着重实用,走中西医结合道路

先父从事中医学术活动以来,一向以"整理医学"为主张,以会通中西为耿志,以融贯古今方俾恰合实用为唯一目的。虽然有"熻冶中西之学说,化中化西,而成为第三者之医学,始可言融会"之意志,与现今之中西医结合的道路相同,但是在反动统治下并不能实现,于是先父不得不向中医界呼吁:"截补中西医药之学术,而另造第三者之特殊医学,方足以应付时势之需要,唯兹事体重大,学派纷纭,非少数人之材力所能胜任,望吾全体同志,通力合作,以完成之。"(《复兴中医》1941,2:1)

当时中医受歧视,反动政府时欲取缔消灭中医而后快,中医为求得生存,除了提高治病效果,取得群众信誉外,在理论上乃有"中医科学化"的提法。先父主张:"病名以西医所载为主,庶可得正确的病型;其病因、病理、诊断、治法等项则以中为主。如是会通研究,不但读书与临证之界限铲除,即中西医之门户亦可不必拘执矣。"所编著的《中国传染病学》《中国内科病学》均是采用此种体例，使初学者能够在西医病名诊断下，采用中医的辨证论治方法，分解其病因病机及诊治方法，在目前看来仍有其一定的实用价值。

在整理中医学术过程中，先父强调着重于临床实践。如曾与何廉臣商讨编订中医讲义，"使学习者得正轨之遵循，业医者得充分之援助……侧重症治之经验"（《三三医报》，1924，27：3）。以后也曾反复提到："整理中医学说，应当先从实用之处着手。"如所编著之《中国药物学》注重临床实用，强调配伍应用，曾获得同道好评。晚年根据自己临床实践所著的《实用中医内科诊治手册》，对各种内科常见疾病的证治，分本证与兼证，便于临床辨证论治，有较高的实用价值。

立时令病，融会伤寒温病之争

时令病或称时病，乃感四时六气为病之症也，亦即四时外感病症之总称，包括春温、风温、暑温、伏暑、湿温、秋燥、冬温、伤寒等病在内。昔日医家有伤寒、温病之争，其争论焦点在于：伤寒学派承认有温病，但是完全可以包括在伤寒的范围内，完全可以用六经辨证来概括温病；温病学派则认为温病与伤寒在病因、传入途径、辨证、治法上完全不同，绝对不能混称。前者根据《内经》的"热病皆伤寒之类"以及《难经》的"伤寒有五"，而陆九芝更直称"在太阳为伤寒，在阳明为温热"，认为阳明病就是温病，对后世温病学说的发展是采取否定态度的。后者则由于历史的发展，逐渐形成了比较系统的温病学说，至叶天士乃蔚为大观，内容也比较充实了。先父有鉴于此，于一九三〇年著《中国时令病学》，一九五六年改编为《中医伤寒与温病》，主张把伤寒与温病统一起来，于矛盾中求统一，又将伤寒与温病的症状、治法不同之点分别说明，于统一中存差异。这样可以息伤寒、温病之争，亦可化古方、今方门户之见。

《中医伤寒与温病》以六经辨证为纲，将伤寒与温病融合讨论，开创融合伤寒与温病为热病学的先例。先父主张伤寒与温病系属同一性质之病症，唯有单属外感风寒及兼有伏热之不同，无门户之争执，此其一；初、中期之病情传变，不出三阳经范围，末期间有三阴经之症状，伤寒、温病莫不如是，此其二；温病系外感病症兼有伏热者，如表现肺系病状，则为肺系温病，表现胃系病状，则为胃系温病，从发病过程上说，初期多表现肺系症状，失治或误治，方始表现胃系症状，是肺、胃之争，在病机上仅属先后之分，此其三；古人皆认为伤寒为新感，温病多伏邪，或疑温病有伏邪，又有新感，实际上新感、伏邪二项，为四时六气所同具，正不必以伤寒、温病限之，此其四。以上几点，在探讨急性热病的发病与临证上有一定的意义。

先父曾主张时令病与传染病须分别施治，是受吴又可的影响。吴氏对伤寒与瘟疫的分别，认为是："伤寒不传染，瘟疫能传染；伤寒自毛窍而入，瘟疫自口鼻而入；伤寒感而即发，瘟疫感久而后发；伤寒汗解在先，瘟疫汗解在后；伤寒初起，以发表为主，瘟疫初起，以疏利为主等。其所同者，为伤寒瘟疫皆传于胃，故用承气汤导邪而出，要知伤寒瘟疫,始异而终同也。"以后认识到时令病与传染病同属急性热病,认为吴氏所说的伤寒与瘟疫的种种不同点,只在受病轻重、体质强弱、流行或散发等方面,有所区分而已。认为温病学说是在伤寒学说的基础上发展起来的,从温病学说发展到瘟疫学说,也是进步表现之一。不能认为有了温病及瘟疫学说,就可以取消伤寒的宝贵经验;同样,只奉行伤寒学说,否定后世温病及瘟疫学说的成就也是不对的。这样就取消了门户之见,使中医的急性热病学更臻于完善。

四诊合参,尤其注重察舌辨脉

先父曾谓:"药物处方为临证应用之凭藉,必赖诊断学以连系之,否则虽有良方秘法,无明确之诊断,不能显其用;虽知病之外表,无明确之诊断,不能得其情,故墨子云:'必知疾之所自起焉,方能攻之;不知疾之所自起,则弗能攻。'研究诊断学术,即辨别疾病之所因,病位之所在,病情之所属,病体之所异,而后方可判断病症,施以有效的治疗。"

在诊断中,先父强调四诊合参,认为问诊在于得其病情,别其寒温,审其虚实,反对"医者不屑问,病者不肯言"的态度。闻诊以辨别声音之韵为主要,惜医界中人,类多缺然不讲,认为《内经》分宫、商、角、徵、羽五音,呼、笑、歌、哭、呻五声,以发出为声,收入为韵,相合而为音,医者可据声音之调,以诊察其疾病之所在也。如谓:"宫音大而和,其舌在中,其声歌,宫音乱,病在脾;商音轻而劲,其口张大，其声哭，商音乱，病在肺；角音调而直，其舌后缩，其声呼，角音乱，病在肝；徵音和而长，其舌抵齿，其声笑，徵音乱，病在心；羽音沉而深，其唇上取，其声呻，羽音乱，病在肾。"以五声五音应五脏之变，声音相应为无病，反则乱而为病，盖情志之表现，为内有所感，而发于外也。其他如语言、呼吸、咳嗽、嗳气、呕吐、呃逆等声，皆可据以为诊，闻诊中除听声外，还包括嗅味，亦应重视。

先父以为，望诊要观神、察色、审体质、别形态，尤以舌诊更为重要，如对湿温症的舌象，指出："初起舌苔白如粉而滑者（所谓邪入募原），为湿热痰浊之内壅；舌焦起刺，为热盛津枯；舌生白点白珠，为内蕴水湿；舌根黄苔，四边鲜红或紫绛者，热邪转入营分；灰腻或紫黑苔出现，皆病情极重之象。"对于病情的发展，结合临床实际观察所见，做了细致的描述。

切诊中注重辨脉，特别在脉之疑似处详加辨别，如谓："浮为在表，沉为在里，数则多热，迟则多寒，弦强为实，虚弱为虚，是固然矣。然疑似之中，尤当辨别，不可不察。如浮虽属表，凡阴虚血少，中气亏损者，必浮而无力，是浮不可以概言表。沉虽属里，凡外邪初感之深者，寒束于外，脉不能达，必有沉象，是沉不可以概言里。数为热，凡虚损之证，阴阳俱困，气血虚弱，皆可见数，虚甚者，数亦愈甚，是数不可以概言热。迟为寒，凡温热初退，余热未清，脉多迟滑，是迟不可以概言寒。弦强类实，而真阴及胃气大亏，及阴阳关格等证，脉虽豁大而弦强，不必皆实。细弱类虚，而凡痛极气闭，营卫壅滞不通者，脉虽细弱，未必皆虚。由此推之，凡诸脉中皆有疑似，必须认真辨之。"辨脉还重视冲阳、太溪及太冲脉,认为"冲阳者,胃脉也。冲阳脉不衰,胃气犹在,病虽危困,尚有生机,但忌弦急。太溪者,肾脉也,太溪不衰,肾犹未绝,此脉不衰,生机未绝。太冲者,肝脉也,女人专以此脉为主。"可以作为临床上判断预后的参考。

处方有法,师于古方而不泥古

徐洄溪云:"方之与药,组织必须严密,分视之药必合于病情,合观之方必本于古法。"说明了处方必有法度。先父主张方之所贵,不在古方与今方之分,唯在适合病情,治疗上确有效能而已。在所编著之《时氏处方学》中,着重分析方与方之比较,以类而分,再辅以药物之研究,以其方之用与药之能,互相对勘考察,以求实效。如分析祛痰之剂,可有清热、安神、泻肺、清肺、宣肺、温肺、补气、养血、宽胸、镇惊、镇痉、滋阴、顺气、通便、涌吐、解毒、泻水、和解、温胃诸化痰法,各选适当方剂,以备临床灵活应用。方剂有本于原文者,亦有加减应用者,师于古方而不泥古,如对藿香正气丸之加减,赵意空氏评之曰:"藿香正气丸无人不知,无处不有,但原方用之,中焦必增中满,甘草与蜜必增呕吐,改良尽善,寓于无形。"改丸为汤,用于湿浊困遏而致恶寒发热、胸闷呕吐者,有祛湿解表之作用。又如仲景白头翁汤加味,方以白头翁苦寒清热,兼擅疏达为君,芩连柏与秦皮之苦寒清热,兼厚肠胃为臣,佐以芍药,酸苦泄肝,焦楂炭以疏通肠中垢腻使从大便而泄,茯苓利湿浊从小便而解,故为清热固肠止痢之剂,较原方效果更著。新订方者,如荆防解表汤被江苏中医学校所编写的《温病学新编》采用,适宜于春温之表寒重者,其辛温解表之作用虽逊于麻桂,但为江南医家所习用。

治急性病,察变化于细微之间

危重病人,往往变化于顷刻,因此审病辨证,宜深入细致分析。如对中毒性菌痢的辨证,先父曾说:"本病病初大便微泻,或亦有不泻者,易为人所忽视。初起病时,多数有微咳,呼吸微觉短促,因此容易发生误诊,耽误治疗,很易造成病人死亡,不可不慎。""凡见身热烦渴,气粗喘闷,烦躁谵语,腹痛拒按,脉象弦数有力,舌质红赤,舌苔黄腻,则属暑热实证;如果冷汗自出,肢体变厥,唇面爪甲皆白,脉象沉伏如无,则变为虚寒脱证。一宜清下,一宜温运,不可误用。""证型类似虚寒,但腹痛拒按,心烦口渴,泻出如火,肛门热痛,即不可误认而用温热;证型类似热证,唯脉象无力,舌质不红,口虽渴而不欲饮,厥逆加重,唇色变白,即不可再用寒凉。"在具体治疗上,如果发病即昏迷者,可用安宫牛黄丸、至宝丹、玉枢丹之类,以清热解毒、化浊开窍,另配合葛根芩连汤加大黄,热甚可加入犀角、银花,呕吐可加入苏叶、生姜,滞下不爽可加入木香、厚朴,如抽风可加入钩藤、僵蚕、羚羊角粉。举先父在中医研究院附属医院工作时所治疗的病例一则如下:李张氏,女性,七十七岁,病历号18374,因腹泻伴意识不清四小时入院,体温40.5℃,腹泻一次为黏液及脓性便,腹痛拒按,高热神昏而出冷汗,脉象弦滑而数,舌苔黄腻质红,中医辨证为毒痢,热毒内闭逐渐转趋脱证,亟投清热通腑、解毒开窍、芳香辟秽之剂,以大黄、黄连、黄芩、忍冬藤、苏叶、藿香、厚朴、木香、陈皮、生姜,另服玉枢丹,药后次日神志转清,体温也降至正常,继用此方加减两剂,最后以六君、五苓善后,住院七天出院。本例及早使用清下开窍之剂,防止了由闭证转向脱证,亦属热厥的重要治则的体现。

又如对猩红热的辨证,先父强调既要重视咽喉局部病灶,又要重视全身痧点。如对咽喉视其烂与不烂,及烂处之轻重深浅,轻症其烂零星,其色鲜润,疏达之则痧透肿消,不延及喉底小舌,并无秽气;重则腐烂满布,其色灰黄,或延及喉底小舌,口喷秽气。或痧已透达而喉烂更甚,是毒火蔓延,神虽清亦险。若神昏、气喘、鼻煽、直视,势难挽救。在辨痧点方面,要注意透与不透,早没与迟没,痧点形色以及发痧部位。总以透表为顺,隐约为不顺。痧透表解,喉烂减,神气清者,部位虽不顺,犹顺也;痧隐缩,喉烂甚,神气呆者,部位虽顺,犹不顺也。在辨脉象方面,认为初按之沉躁,为伏邪在内;弦紧者,外有表邪;沉而郁滞者,邪遏气道;弦数者,痰火盛之证;右寸伏者,误进寒凉,喉已腐而肺气不宣,或因表邪搏束之故;左寸亦伏者,邪陷已深,上焦气道欲闭;左关独弦者,阴气已伤;两尺微细无力者,虚火上炎;若微甚而伏者死,正气无力,不能抵抗外邪也;浮大而涩者难治,真气外脱也;沉细无力者难治,因血虚心阳不振之故;沉数或沉弦,或右寸关弦滑,此痰热内壅也;洪大有力者易治,弦数有力者易治,因体质充实,能任攻下之故;若夫似浮非浮,似洪非洪,似数非数,脉既模糊不清,症亦杂乱不一,皆为逆候。在辨舌方面:初起苔色白滑,表邪未解之象;白而厚腻,为湿浊、痰涎阻滞;舌赤,苔白润而又口渴,为邪火束于表分;苔黄腻,为胃热痰滞之象;若舌质鲜红,苔色燥,则为血热伤津。在治疗方面:初起宜宣透,痰壅气滞宜清化,结邪内壅宜夺下,血热内壅宜凉血。虽有宣透、清化、夺下、凉血诸法,然均须配以解毒,以冀热毒能消,丹痧得透,喉腐得去。今举一例先父治疗的猩红热病案。陈某,男性,五岁。发热咳嗽,胸闷烦躁,咽喉肿痛,胸背颈部已现痧点,尿赤,脉数,拟方清透,药用银花、桑叶、山栀、丹皮、大青叶、桔梗、牛子、前胡、连翘、射干、薄荷、生甘草治之。二诊:药后痧点透发鲜红,胸闷咳嗽减轻,仍有咽喉肿痛,身热烦躁,面红而唇部发白,口干喜饮,尿赤,脉数,乃疫火毒甚,前方去桑叶、薄荷之宣透,加蒲公英、黄芩、紫草、赤芍,另加神犀丹包煎,以清热凉血解毒。三诊:胸闷咳嗽续减,痧点出齐后,已见减少,唯咽喉疼痛。原方再加板蓝根、紫地丁。四诊:热退神安,咽喉肿痛消散,痧点已无,皮肤落屑,仍微咳,食思不振,大便偏干。改用清肺润肠、和胃健脾之剂,用栝楼皮、桔梗、杷叶、前胡、郁李仁、白芍、内金、天麦冬、炒谷麦芽、建曲、陈皮。服后咳嗽亦平,二便通调,饮食知味而愈。

仲景有"病人身大热,反欲得衣者,热在皮肤,寒在骨髓也;身大寒,反不欲近衣者,寒在皮肤,热在骨髓也"之论,以此来辨别真假寒热,先父亦尝用此辨别产后发热之寒热真假。如有乡妇某氏,产后十余日,恶露不下,心烦口渴,夜不能寐,目红面赤,唇焦舌燥,壮热灼手,不欲着衣,脉在六至以上,弦而细数,热势如此之急,前医尚以保元、八珍、当归补血、生化等汤,以为和阳摄阴之具,或以六味、八味,沾沾于壮水之主,益火之源,滋腻杂投。先父知前方之误,力主用青蒿、鳖甲、知母、丹皮、花粉、生地、元参、赤芍、滑石、木通、益母草、红花等,以清透阴分伏热,投剂获效,数剂而安。此以热而不欲着衣,故知其为热也。又,先母曾因产后体弱,服补剂而恶露不行,骨蒸身热,白带甚多,医者以育阴退热为事,热未退,先父闻讯返里,见先母虽身热而不喜去衣,引被蒙首,乃以生化汤加减治之,用当归、川芎、桃仁、红花、桂枝、炙草、炮姜炭、赤白芍、蕲艾、益母草等,一剂则热退,再剂则瘀行带止。以此热而不喜去衣,故知其为寒者也。

又有张氏妇,产后十余日,恶露不行,少腹作胀,小便通利,寒热时作,头眩昏晕,延医用四物汤加发散之剂,遂显热势昏狂,谵语烦乱,舌赤口渴,更医以为热入血室,用小柴胡汤,服后病势转甚。先父见其热势甚壮,时或如狂,少腹拒按,小便自利,乃断为下焦蓄血症,处以桃仁承气汤,一剂而安。说明急性发热疾患的治疗,由于病情变化多端,必须认真审病辨证,察变化于细微之间,及时予以恰当的治疗,方能使邪去而正安。

治慢性病,燮理脏腑阴阳气血

久病多虚,但亦可虚中挟实,其表现则多为脏腑阴阳的偏胜,或见气血的失调。补虚与祛邪不同,补虚本无近功,服后虚能受补,病情不增,即属有效。因此,调理脏腑阴阳的偏胜,或气血失调的治疗,不能急于求功。先父在宁夏自治区医院工作时,曾治疗一例再生障碍性贫血,历时六月余,获得比较满意的疗效。患者夏××,男性,十七岁,因头晕眼花,心慌气短年余住院。入院时面色无华,神倦力乏,全身恶热,口干思饮,常有鼻衄不止,大便干燥,小便黄少。查体:血压110/70毫米汞柱,脉搏120次/分,呈慢性贫血病容,苍白蜡黄,全身皮肤亦现苍白,指甲无华,鼻腔覆盖血痂。心脏各瓣膜区均可闻及吹风样收缩期杂音,肝脾不大。血红蛋白23 g/L,红细胞0.93×10^9/L,血小板1.5×10^9/L。骨髓穿刺证实为再生障碍性贫血。初以清肃肺热、养血止血为治,药用桑白皮、黄芩炭、山栀炭、白茅根、北沙参、当归身、生杭芍、肥玉竹、阿胶、藕节、白及、川牛膝。此方加减,服用月余,鼻衄停止,身不恶热,但仍头晕耳鸣,眼花心烦,口干思饮,仍为阴虚内热,治以养阴清热,佐以止血和胃,药用生熟地、生龟板、知母、黄柏、阿胶、党参、陈皮、建曲、丹参、白芍、地榆炭、藕节、侧柏叶。此方又服月余,面色转红,唯仍头晕疲乏,心慌气短,内热症状基本消除,改以补益气血,佐以和中健胃,药用党参、白术、茯苓、炙甘草、当归身、白芍、生熟地、鸡血藤、丹参、柏子仁、龙眼肉、生龟板、阿胶、枸杞子、麦门冬、陈皮、建曲。又服月余,头晕气短明显减轻,轻微活动已不感疲乏,但脉搏无力,面色带青,苔变白滑。在前一阶段治疗中偏于补阴,以致阳气较微,乃于上方酌加温肾补阳之品,药用淡附片、党参、白术、茯苓、炙甘草、生熟地、白芍、鸡血藤、龙眼肉、丹参、生龟板、枸杞子、木香、青皮。服数剂后,虚寒现象消失,阳气鼓动,继用八珍汤、归脾汤、人参养荣汤加减,血红蛋白增至98 g/L,骨髓穿刺复查为红细胞系统增生,骨髓象好转而出院。本例最初本虚标热,不用人参者恐其助热,不用生地者恐其碍胃。肺热已清,出血已止,则以养阴为主,用丹溪大补阴丸法,壮水之主以制阳光;内热基本消除后,乃培补气血,以八珍汤为主加减;以后又出现阳微现象,而致阴阳偏胜,乃加扶阳之品,俾阴阳协调;最后以气血双补收功。本例在治疗过程中,曾二度并发感染发热,经用银花、连翘、山栀、丹皮等清热解毒之品获效。曾并发眼底出血,经用活血止血之品,如侧柏、山栀炭、阿胶、地榆、茜草、桃仁、红花、藕节等,出血被逐渐吸收。

慢性病要照顾脾胃,如前例开始治疗时滋润碍胃之品则忌用,以免壅滞而影响脾胃。脾胃生气受碍,则虚损难以恢复。李东垣说:"胃中虚热,谷气久虚而为呕吐者,但得五谷之阴以和之,则呕吐自止,不必用药。"家父曾治一例噤口痢虚证,呕吐不止,所用方药,类似李东垣氏之法,如"一九三八年夏旅居重庆时,有汪浩然医师之戚,患痢已经数月,转荐余治。患者男性,年已六十余,痢经三月余,饮食不下,呕吐不止,痢仍赤白相兼,里急后重,脉沉细如丝,似有若无,病势已至最危之候,余用和中健胃止痢之法,如北沙参、白芍、陈仓米、灶心土、砂仁壳、木香、乌梅、粟壳、半夏、陈皮等,随服随吐。不得已,筹得一法:用建莲子、山药、苡米、陈仓米、山楂、谷芽等,炒焦研末,每用少许,打糊如膏状,食之,调养一二月后,方能稍进稀粥;再用治痢之法,痢亦渐止。过一二月后,焦易堂氏患泻下不止,张简斋问治于余,乃将本方告之,经用此法,泻下旋止。"
(《复兴中医》1942,2:46)

小儿脏腑薄弱,易实易虚,易寒易热,脏腑阴阳偏胜转化尤速,治疗时更宜恰合病情,应变敏捷。兹举先父所治慢惊风一例如下。患儿赵某，女性，五岁。不思饮食已数月，近十余日来身热，便泻频频，四肢抽动，手足发冷，懒言神疲，目慢唇白，脉弱，以附子理中合小建中汤加减，药用淡附片、党参、炒白术、赤苓、炙甘草、桂枝、生杭芍、山萸肉、陈皮、干姜、莲子肉，煎汤频服。二诊见手足渐温，脉渐有力，便泻稍减，但四肢仍有抽动。原方加苡仁、车前子，煎汤频服。三诊见四肢抽动已止，便泻大减，手足已温，精神转佳。前方去桂附姜，加天花粉、当归、谷麦芽以调理脾胃。本例是因脾虚肝乘，脾虚而便泻频频，脾阳不足而手足发冷，虚阳外浮而见身热，以温脾健脾之剂内服后，阳回而手足转温，脾虚好转而便泻大减，四肢抽动亦随之消失。虑桂附姜之伤阴，乃以调理脾胃气阴之剂收功。虽见四肢抽动，并不投重镇熄风之剂，而是以扶脾治本，肝不来乘，则抽动自止。

妇女以肝为先天，肝性疏泄，且喜条达，古时医者以逍遥散一方统治诸邪，谓"木郁则达之"，木郁解而诸郁皆解。薛立斋、张景岳皆力主此说，先父认为逍遥散之主治适宜于郁遏不舒者，若忿怒太过，肝火上炎，则宜一贯煎加减应用，庶几合拍。如果郁遏不舒兼有痰血食滞凝结者，则又以六郁汤法，方足以化其滞而开其郁。

妇女病中以经带胎产为特征，在月经病中虽有经行先期、后期，经行过多、不利，经闭及痛经之分，大多均与肝有关，因此，治疗中调肝之法的运用实占绝大部分。如属血热血壅者，治宜滋肝清热；血热妄行者，治以滋肝凉血；血室虚寒者，治宜温运肝肾；忧郁忿怒者，治宜舒肝养肝；气血虚弱者，治宜益气养肝；痰浊阻滞者，治宜调气化痰；肝伤血枯者,治宜补肝养血;瘀血停滞者,治宜舒肝行瘀。今举一例。田某,女性,四十七岁,经来过多,少腹胀痛,腰痛腰困,口干喜饮,大便秘结,脉象虚数,舌红无苔,证属肝肾阴虚,内热由生,迫血妄行,治宜滋肝凉血,方用条沙参、当归、大生地、白芍、圆肉、香附、川楝子、炒山栀、丹皮、杜仲、桑寄生、益母草。二诊腰痛腰困减轻,经水仍多,脉象虚数,上方加条黄芩、阿胶珠。三诊经水减少,仍有口干,前方去桑寄生、杜仲,加麦冬、花粉。由本例亦可看出调肝之法在治疗月经病中的应用价值。结合前几例都说明在慢性病的治疗过程中,主要是调整脏腑的阴阳气血,以扶正为主,即使是虚实夹杂,亦应在扶正的基础上结合祛邪,则可使正复而邪去。

　　以上回忆了先父的治学精神、学术思想及临床经验。先父以毕生精力从事整理中医学术工作,以中医古典医籍为基础,吸收西洋医学来充实、提高、发展祖国医学,有革新的愿望,希望能创造出第三者的医学。强调临床实践,无门户之见,对各种疾病的治疗灵活加减运用古方,师古而不泥古,具有洋为中用、古为今用的思想。虽然在目前看来有很大的局限性,但是这种思想还是难能可贵的。我的看法不一定正确,供同志们参考。

仲景学说实践家——陈慎吾

陈大启*　孙志洁**

[陈慎吾小传]　陈慎吾（1897～1972），福建闽候人。早年自学中医，后拜朱壶山老大夫为师，专攻仲景学说。一九三八年任教于北平国医学院。一九四〇年后，改为在家授徒。解放后，在中医研究院工作，与李振三、赵惕蒙专攻肝病。一九五六年调北京中医学院任伤寒教研组组长、院务委员会委员等职。在此期间，曾开办私立汇通中医讲习所，前后十余年，共培养学生千余人。临床悉遵仲景大法，除治外感病及杂病外，对肝胆病和脾胃病尤有较好的疗效。

---

*　北京市第二医院中医科
**　北京中医学院

终生致力于中医教育

陈慎吾老师早年自学中医,坚持多年不懈。一九三〇年拜河南名医朱壶山老先生名下,尽得其传,并与胡希恕大夫相切磋而问难仲景学说,相得益彰。后经朱老介绍在北平国医学院任教,先授《内经》,后授《伤寒论》。解放后,开始试办小型中医学习班。一九五〇年十二月,北京市卫生局中医师考试,老师的学生有三十人参加,共录取二十名,另有三人获暂准执业的批示。由是,讲习班人数由数十人增至二百余人。一九五六年,北京市人民政府批准正式成立私立汇通中医讲习所,敦聘余无言、于道济、耿鉴庭、谢海洲、赵绍琴、马继兴、许公岩、马秉乾、穆伯涛等专家担任教学,并亲自讲授《伤寒论》《金匮要略》两门课程,并不定期邀请中医专家陈邦贤、施今墨、李振三、王伯岳、陈苏生等作专题报告。一九五八年该讲习所合并到北京市中医学校。十几年来共培养学生千余人,遍布全国各地,堪称桃李满天下。

极力推崇仲景学说

老师认为,四部经典著作是祖国医学的精华,其中首推仲景学说。数十年来,老师坚持在临床上运用仲景方:《伤寒论》一百一十三方,其中用过百分之九十以上,《金匮要略》二百六十二方,其中用过百分之八十以上。尤其擅用桂枝汤类、柴胡剂、苓桂剂、泻心汤类、四逆辈等方,在治肝胆病、脾胃病及肾病等方面积累了丰富的经验。

老师认为:"《伤寒论》是中医基础医学,同时又是临床应用医学,包括各种急性热病及其变化的治疗法则,而以《伤寒论》命名者,盖因伤寒传变最快,变证最多,治疗最难,善后调理等法,比一般疾病较为完备,故举以为例,以概其余。全书系根据汉代以前,通过对临床治疗经验的总结而成,实践证明,并无丝毫玄理羼入。直至两千年后之今日,仍不失为治疗万病之大法。故本论基本上为朴素唯物之经典医学,不但集前代医学之大成,且启发后世之医学思想,奠定医学独特之体系。祖国医学书籍虽汗牛充栋,要皆不出大经大法,若整理提高,由此入手,必有矩可循,在理论上、临床上,不难全面掌握。"(自编讲义序)

老师常说:"《伤寒论》是一篇文章,前后有阶段性、连贯性,是有机的结合。条文之安排皆有意义,条文前后可以自释其意。在未经证误之前,仍依照原有条文编排次序进行研究为是。若断章取义,则有失经旨;割裂篡改,尤非所宜。"

老师认为,学习《伤寒论》应有阶段性。初学阶段,必须通读、精读、熟读,以至背诵记忆,将全书精神基本掌握;经过这样一番工夫之后,再用归纳、分析、比较的方法,进一步掌握要领。如学习桂枝汤,依"太阳篇"原文1、2、12、13、15、16、25、42、45、53、54、95等条顺序归纳,不难认识到桂枝汤的应用:调和营卫、解肌,就能调和气血;理脾,可用以治疗内科和妇科杂病。这样,可以清楚地看出条文的连贯性。

《伤寒论》用字用句皆有定法。如用方时言"主之",

为正证正方,病证不变可一方到底;言"与之",原方不变,姑与一剂;言"宜",为凭证辨脉,以某方较为相宜,可有加减。又论中常在无字处含有深意,如61条,虽未明言是少阴病,但用排除法可以诊为少阴病阳虚证。此正如陈修园所谓:"伤寒愈读愈有味,经方愈用愈神奇。日间临证,晚间查书,必有所悟。"

《伤寒论》之六经辨证,应从《伤寒论》各篇原文内容来体会认识。篇名是沿用了《素问·热论》六经之名,而实际内容则包括了《难经·五十八难》外感热病之实。六经辨证从中医理论体系来看,则是《内》《难》基本理论阴阳、藏象、经络、运气等学说的综合体现。在此基础上又通过亿万人的临床实践,仲师以伤寒病为例,列举正治、失治、误治、传经等复杂病变,而定出相应的治疗准则,临床不仅可以指导治疗外感热病,同时也可指导治疗内、外、妇、儿各科杂病,突出了"辨脉证并治"的方法,从此为中医辨证施治奠定了基础。

《伤寒论》之法则,老师认为:"全论398条,脉证千变,治法万殊,一言以蔽之曰:正气自疗。正气生于胃气,经云'有胃气则生',胃气能自疗其疾也。明乎此,则全书大旨自得。阴阳寒热虚实损益,无非保其胃气,使之自疗。故良工不治其疾,但凭脉证以和之,其疾自愈;若只治其疾,而损其胃气,乃愈治而愈危,示人应治人,不应独治其疾。"老师认为,论中字字皆法,且无字亦法,乃于全书末节,忽不言一法,且尽拂去前法,而曰"损谷则愈",是以前所谈之法,无一不与损谷以保胃相和,而病愈之理,率皆自愈也。

老师以为,《伤寒论》中的方药,验之临床,无不有效。

至于治方调剂，规律严谨，一药之差，或分量之变，则方名不同，治疗亦因之而异。用方应有"方证"，方证就是用方的证据，证据既包括了病机，又包括病机反映在外的症候。

《伤寒论》遣方用药，一方面是总结前人临床经验，亦有示范之意。用药如用兵，如交友，知其性而善用。从方药之间的关系可以看出：有药无方只能治症，而不能治病；有方而无药，不会随证化裁，则不能适应临床应变的需要，所以治病必须有方有药。只有掌握了《伤寒论》六经辨脉证并治，才能以不变应万变，得心应手，运用自如。

对待《伤寒论》条文，老师主张原书不能打乱；对待每条具体经文，除肯定理论与方证完整部分外，对条文不完整，文字有脱简，均存疑待考；仅有少数几条，他认为属于理论不充足，空洞无义。

老师常常这样告诫后学："治病要有定见，不能有成见；不凭病名，但凭脉证。"又说："治温热病要有胆有识，治慢性病要有为有守。"胆与识、为与守，就是从大经大法中来的。他常于治疗慢性病中，一法一方加减到底；又治疗伤寒病常一日数更方，名曰"走马看伤寒"。

他从不隐瞒自己的观点。编写讲义、课堂教学，都认真阐述个人观点与见解；在关键性的学术会议上，也做到力争，不怕非议。

主张学生早临床、多临床，他认为中医的理论来源于实践，总结于临床。学生接触临床，通过感性认识，才便于理解和提高。

努力实践仲景学说

老师临诊,悉遵仲景"辨脉证并治""治病必求于本"及"保胃气,存津液"之法。善用仲景之方,每获良效,经验颇多,现仅从几个方面简单谈谈。

(一)应用桂枝汤、小柴胡汤的经验

1. 桂枝汤。先生认为理解桂枝汤的关键在于"桂枝本为解肌"。肌与脾相合,解肌即能理脾,脾为后天之本。营卫者,皆生于水谷,源于脾胃。营行脉中,则"和调于五脏,洒陈于六腑";卫行脉外"温分肉,充皮肤,肥腠理,司开合";营和卫"阴阳相随,外内相贯"。故此,通过桂枝汤的滋阴和阳来达到调理脾胃、以协理全身的阴阳气血。老师常在桂枝汤方中加茯苓、白术治疗水证,其中包括了桂枝甘草汤、芍药甘草汤、苓桂术甘汤、茯苓甘草汤、茯苓桂枝甘草大枣汤等方义。若阳虚有寒者,又于苓术之外加入炮附子,其包括方义有真武汤、桂枝附子汤、去桂加术汤、甘草附子汤等。由一方治多病来看,仅桂枝汤加苓、术、附后所治之病不下数十种之多。下焦阳虚诸证,则加生附子、肉桂;脾阳虚诸证加干姜;脾气虚者,重用生黄芪;心阳虚者,重用桂枝。老师认为炙甘草汤是桂枝汤的变方。若血虚者,可加当归;兼有热者,加丹皮、芍药和生地;血虚寒滞者,即当归四逆汤;血瘀者,可加桃仁、红花等。总之,桂枝汤外可治六淫致病的表证,内可治各科杂病的阴阳气血不和。其辨证要点:表证时,必见桂枝汤的主证主脉;里证时,必无阳明之里热实证,方可应用。对于虚人病表应建其中,以小建中汤为治。对"虚劳里急诸不足"之"诸"字的理解,以为是指五脏皆虚;治疗方法,只有补益脾气,亦即"有胃气者生",治病应治人的道理。仅举一病案如下。一妇人年六十余,早年因生育较多,素日有头晕痛,心悸,失眠,大便溏薄,冬月易受外感而咳嗽,今突然鼻衄,血出如注,虽经用压迫止血等法,随即口吐不止。来诊时,面色萎黄,四肢厥冷,心烦悸,舌体胖大,苔薄白水滑,脉沉弱。此患者素日心脾两虚,今气虚不能摄血故衄。以黄芪建中汤原方补益脾气,摄血止衄。三剂后衄止,以归芪建中汤调理善后。

2. 小柴胡汤。仲师用小柴胡汤为治少阳病的主方,随着药物加减的变化,有大柴胡汤、柴胡加芒硝汤、柴胡桂枝干姜汤、柴胡桂枝汤等六方。老师认为,理解小柴胡汤的关键是97、230两条:"血弱,气尽,腠理开,邪气因入,与正气相搏,结于,胁下。""可与小柴胡汤,上焦得通,津液得下,胃气因和。"小柴胡汤是宣上、通下、和中之方,通过此法可以达到调理气血阴阳。该方临床治疗范围甚广,主病甚多,可用于治疗少阳病、妇科、儿科等病,更可推广以治耳、目、口、鼻、咽喉、心、肺、肝、脾、胆、胰、胃肠等部位的疾患。只要见本方之主证,辨证不误,引用本方或加以增减,皆可治愈。辨证要点:少阳内寄相火,受邪后易郁而化热,见口苦、咽干、目眩之证;若有阴证机转,不可单用本方。但本方加减之后,又属另立一法,如柴胡桂枝干姜汤。解放初期,老师在中医研究院工作时,用本方加减治疗肝病,均极有效。急性黄疸型肝炎,证见纳少、呕恶、胁痛、口渴、小便不利、身黄、腹胀满等,就用小柴胡汤加茵陈一两,合五苓散治疗；若无黄疸型肝炎，就用小柴胡汤随证加减皆效。血虚性的慢性肝炎，证见口苦、胸满、食少、呕吐、心烦、胁下痞硬、腹部喜按时，用本方合当归芍药散治疗。又血瘀型的慢性肝炎，证见口苦、心烦、胸腹满痛拒按等，用本方与桂枝茯苓丸合方治疗。两胁疼痛较剧时，加香附、郁金，腹胀满甚者，加厚朴八钱左右，其余随症加减。肝硬化有腹水时，腹水去后，多用小柴胡汤调整善后，其疗效还是满意的。

桂枝汤、小柴胡汤两方均能调和气血阴阳，但有虚实寒热之分。桂枝汤理脾，临床多见虚证、寒证，以温通为主；小柴胡汤是通过疏胆利三焦之气机，以达和胃。胆、三焦与胃，皆属六腑，临床多见实证、热证，应以清利和解为主。理脾与和胃是桂枝汤与小柴胡汤所起的不同作用，而最终都能达到调和气血阴阳之目的。

（二）其他临床心得

1. 外感。仲景方擅治因外邪引起的各种急性热病，并非专指太阳表证。老师常用桂枝汤、麻黄汤、白虎汤、承气汤、小柴胡汤、柴胡桂枝汤、桂枝加葛根汤诸方剂以治外感。病案：焦某，女，2岁，开始寒热不食，恶心，口渴，延医治疗予小柴胡加石膏汤。两日后往来寒热变为午后潮热，而余症同前，乃请老师治疗，投以承气汤，嘱一服利，止后服。下燥屎后，诸症霍然。盖因发热初期，大便未行，而寒热经日不解，热灼津液，津亏热盛，内热结实，丽成燥屎。得承气泄热涤邪，开结通便，热去结散，便通津复而病愈。此案诊断要点在于潮热一证："潮热者，实也。"

2. 内科杂病。

心病 老师在治心病时,经常使用桂枝甘草汤、苓桂术甘汤、炙甘草汤、瓜蒌薤白汤等剂。在诸方剂中,临床症状常见心悸、脉结代,而方中皆有桂枝,因心主血脉,所以心病常表现在血脉方面的变化,脉结代其中又有心阳不足、心阳被郁与心阴不足、心阳不振之不同。桂枝辛甘,血得辛以通之,以复脉之结代;心得甘以缓之,心悸可平。此老师在心病中用桂枝之要义。

肝病 这里所谓肝病,是以肝气郁结为主。老师治疗肝病,以柴胡剂为主,把柴胡剂作为一味药来应用。若气滞者,加枳壳、白芍或半夏厚朴汤;血瘀者,加赤芍、桃仁、红花、川芎。郁结影响三焦气化而病水者,加利尿的苓、术、泽或五苓散。气滞血虚者,加当归芍药散。郁结影响脾胃,即"见肝之病,知肝传脾,当先实脾"。虚者,用柴胡桂枝干姜汤、厚姜半甘参、理中、苓桂术甘、泻心汤、旋复代赭汤等;实者,用大柴胡汤、柴胡加芒硝汤。郁结影响气血不和者,用柴胡桂枝汤。

脾(胃)病 老师常用理中汤、泻心汤、旋复代赭汤诸方剂,以治脾胃病。在临床上用干姜有个人的经验。在下利证中,用干姜温脾汤以止泄,是常法;用干姜通大便,则是变法,即仲师所说温上以制下。

肺病 老师常用小青龙汤、射干麻黄汤、麻杏石甘汤、葶苈大枣泻肺汤、麦门冬汤诸方剂以治肺病。老师用细辛率皆二至三钱,其量超过药典规定,皆能取效而未尝偾事者,盖以在小青龙汤中,用细辛之辛温以散寒邪,而方中之干姜以温中,芍药以苦降,五味以酸收,相辅相成,专擅温散其寒饮之功,而不致出现耗散心气之弊。他常叮嘱学生用细辛时要防止损伤心气；更应验之于脉，若左手寸脉弱者，必须慎用，以心气虚故也。在麻黄附子细辛汤中，细辛、附子同用，散中有补。当归四逆汤中，细辛与当归、大枣同用，皆为防止细辛耗散阳气而设。

肾病 老师常用八味丸、四逆辈以治肾阳不足之证。肾阳不足症见腰酸、腿软、神疲、肢冷、恶寒、溲频、遗尿等，而尺脉微，是其要点。用八味丸或四逆辈温阳散寒，所谓"益火之源以消阴翳"是也。病案：一老人患牙疾，每痛必拔，所剩无几，深以为苦。后又牙痛，不愿再拔，乃求治于老师。患者两尺脉微，老师予桂附地黄丸，服药后痛止。此乃肾阳衰于下，虚火炎于上，两尺脉微为真谛也。

3. 妇科。仲师治疗妇人病，在《金匮要略》中立有三篇专论，但散在《伤寒论》《金匮要略》中的治疗方法则不仅三篇。老师在临床中常用方剂有桂枝汤、当归芍药散、桂枝茯苓丸、桃核承气汤、抵当汤（或丸）、四逆散、半夏厚朴汤、温经汤、芎归胶艾汤等，现仅从笔者临证案例，谈谈老师对瘀血证的看法。一妇人年近五十，主诉：胸胁苦满，默默不欲饮食，口苦，咽干，心烦，少腹急结，无悸动，小便黄，大便干，停经已有数月之久，舌苔薄黄，脉弦数有力。《伤寒论》云："有柴胡证，但见一证便是，不必悉具。"此患者已具小柴胡汤证，即投以小柴胡汤，药后毫无效果。根据以前应用小柴胡汤的经验，进药后虽不能霍然而愈，在症状上亦应有所减轻，如此毫无效果者，尚属罕见，当即请教老师。老师诊后提出："停经数月后而少腹急结者何？"答曰："已做妊娠试验，非孕也。"老师提出："少腹急结是少腹拒按疼痛，实也。当诊断为新瘀血证。"改用桃核承气汤，数剂而愈。分析病例时老师指出：新瘀血证似少阳，久瘀血证似阳明。新瘀血证是血热互结，瘀而不通，病在下焦，但其郁热可影响到中、上二焦，故出现似少阳证。在《伤寒论》中，桃核承气汤证(106条)列在小柴胡加减方之后，用以相互比较，可见仲师在条文安排上用意之深。《伤寒论》125、126、237条，久瘀血证可见少腹硬满，大便硬，临床还可见潮热。此皆属热实之证，故云似阳明病，区别点在"屎虽硬，大便反易，其色必黑者"，不可不辨。

老师认为后世的逍遥散应是当归芍药散与四逆散的变方，临床偏于肝寒的患者往往将薄荷易桂枝，二药虽皆有发散之功，但一凉一温，桂枝温通血脉，较辛凉的薄荷更利于血虚脾湿之人。

4.儿科。仲师没有为小儿专立篇章，仅在《金匮要略》最后有"小儿疳虫蚀齿方"，注家对此多有争论，疑非仲景方。尽管全书未专立篇章，但仲师书中理法方药反复阐述，足以指导临床治疗。老师常用方剂很多，如桂枝汤、柴胡汤、麻杏石甘汤、橘皮竹茹汤、理中汤、承气汤、白虎汤等等。下面仅介绍一慢性腹泄病例。病儿男，九个月，系早产，禀赋素弱，食欲欠佳。九个月时，只能进乳，稍加杂食即消化不良而腹泻。此次又感风寒，腹泻更甚，连绵半月之久，曾服中西药物皆未奏效，病情逐渐恶化，出现低热，向被、肢厥、不食，神态疲怠，舌苔薄白，脉微弱。老师诊为脾肾两虚，以理中汤加炮附子、芍药，温肾补脾，回阳救逆，浓煎频服。药后立奏功效，诸症皆减，后以理中培本，七日而愈。老师治小儿病，往往在方中加芍药一味，因小儿为稚阳之体，易虚易实，寒证热证瞬息万变，临床多见热实之证，最易伤阴，在用药之时，又切忌滋腻之品，以免徒伤胃气，故此加芍药以调和阴液。但若虚寒证，干姜、附子亦在所不禁。

（本文引用《伤寒论》条文之编号，以重庆市中医学会编注新辑宋本《伤寒论》为准——作者注）

兴废继绝

——忆先父刘赤选

刘亦选*

[刘赤选小传] 刘赤选(1897～1979),广东顺德县人。一九一二年开始自学中医,一九二二年悬壶广州。一九三〇年起先后在广东省立国医学院、华南国医学院、广东省中医药专科学校、广东省中医进修学校、广东汉兴中医学校等校任教。一九五六年广州中医学院成立后,先后担任过伤寒、温病教研组主任,教务处副处长以及广州中医学院顾问等职。一九七八年授予中医内科教授职称。曾任广州市卫生工作者协会执行委员、广州市政协委员、广州市中医学会执行委员、第三届全国人民代表大会代表、中国人民政治协商会议第五届全国委员会

---

* 广州中医学院

委员等职。擅长温病、伤寒,精于内科,主要著作有《温病学》(华南国医学院讲义)《教学临证实用伤寒论》(广州中医学会参考书)《刘赤选医案医话》(广东科学技术出版社,1978年版)等。

自学入室

先父出生于书香世家,祖父刘彤献是邑中有名的庠生。父自幼习儒书,青少年时代熟读《史记》《唐诗三百首》《古文观止》《论语》《孟子》《大学》《中庸》等书,不少篇章能默背成诵,对古汉语有较扎实基础,曾在邑中私塾任语文教员。在教课之余,刻苦自学中医,十载春秋,从未间歇。后学有所成,族中人有病,即热情治理。乡间凡有修桥补路之事,只要力所能及,均乐于慷慨解囊相助,故深受乡里群众拥戴。其后周围群众有病,也常常登门求医,先父对来者不拒,尽心尽力而为,遂声名鹊起。一九二二年迁居广州市开设诊所正式悬壶济世,并先后在广州各中医院校讲授伤寒、温病等课程。

先父自学中医,遵循了先易后难的原则。他首先学习清·汪昂《汤头歌诀》,方法是熟读,背诵,反复临床实践。打下一定基础后,再逐步学习《灵枢》《素问》《伤寒论》《金匮要略》《温热论》《温病条辨》等。这些书他先后读了多遍,在读过的书上常加眉批、按语,其中常常谈及他自己的实践体会。如在温病书上一条批语是:"瘟,即战时疫,饥馑疫,传染最速,发作最重,用药必大剂频投乃可挽救。"对一些文章警句,更不吝动手抄录,并用蝇头小楷加批,日积月累,抄本盈尺。

主张学中医应抓住精华

先父认为,祖国医学的辨证,就是分析、辨认疾病的症候。证是疾病的反映,有是病,则必有是证,因证识病,简称辨证。但是病变百出,有发于局部,有发于全身,它所表现的症候,有单纯,亦有复杂,不一而足。怎样辨别呢?古人把一切疾病,归纳起来分类立纲,然后辨认。如《伤寒论》六经辨证,《温热论》卫气营血辨证,《金匮要略》脏腑经络辨证等。这样辨证,简明扼要,按图索骥,可使病无遁形。若再进一步把上述几纲统一起来化裁加减,为整体局部病症另立纲领为阴、阳、表、里、寒、热、虚、实八纲,然后运用望、闻、问、切四诊合参,以进行综合分析,于一群症状中,辨别谁是主要病症,谁是伴有病症,然后抓住主要病症,对病处方,对症下药,分别使用汗、吐、下、和、温、清、消、补八法,解决主要病症,主要病症一解,则其他各病症亦迎刃而解,这就叫做论治。

先父认为辨证论治要紧密联系,一气贯串下去,才能尽医疗之能事,此外,单纯者易治,复杂者难医;八纲之中,常有表里相兼、阴阳错复、寒热混淆、虚实互见等表现,以及合病、并病,故临证时应因人、因时、因地而异,即具体病人具体分析,灵活掌握辨证论治。

主张寒温结合

先父擅长伤寒、温病。早在三十年代初期,他就归纳整理历代温病学说,编写华南国医学院《温病学讲义》,该讲义是当时受欢迎的教材之一,亦是后来广东中医药专科学校和广州中医学院建院初期较好的教材之一。他认为温病学是研究时行热病的科学,轩岐、仲圣首开其端,历代名家发扬于后。温病学说,源出《内经》。《素问·热论》说:"凡病伤寒而成温者,先夏至日者为病温,后夏至日者为病暑。"伤寒二字,是外感的总称。前者气未甚热,所感者为温;后者气已大热,所感者为暑。先父编《温病学·序例》说:"暑者热极,重于温也。由此观之,可见暑与温,同属热病,故古人称温病为温热。""刺热""评热"等篇,论热病最详。《伤寒杂病论》对伤寒辨治,不厌其详,而独于温病,则只提到"发热而渴,不恶寒为温病"。寥寥数语,有论无方,可能是原书历代散失,王叔和搜求残篇缺漏所致。但对热病的诊治,则理法详明,白虎、黄芩汤可作明证。故他认为研究温病学,必先研通伤寒,将其治热病的理法与治伤寒对照,同中识异,异中识同,临床中才不致茫无头绪,顾此失彼。故后世温病学说,应当说是在伤寒基础上发展起来的。清代中叶,吴门叶天士出,以善治温病名震一时。他本人积累之经验,以《内经》《伤寒论》作依据,著《温热论》《三时伏气外感篇》,创造学说,独树一帜。章虚谷称为识温病之源而明其变化。此外,薛生白、吴鞠通、王孟英、陈平伯、余师愚、雷小逸、俞根初、吴锡璜、何廉臣等温病名家均有著作。先父认为他们都有精深的理论,丰富的经验,各有特色,也有粗杂见解。他对上述诸家著作做了综合研究,认为吴鞠通《温病条辨》一书,研究湿温得其精要,运用临证指南方药,切中病情。王孟英辑著医书五种,阐述伏气与阴虚,风温与痰火,立论正确,有真知灼见,切合实际需要,而选方用药,微妙精细,丝毫不苟,对于危难重症,确能立起沉疴,此皆可传之基本典籍。他学习温病除从书本借鉴前人经验外,更重要的是在临床实践中注意体会。如在一九五七年他带领广州中医学院教师和西医学习中医研究班到广州市传染病院参加乙型脑炎抢救工作,运用温病学说进行辨证论治,疗效良好,后遗症少。他提出本病是由于外感暑热之邪或挟风挟湿,损伤人之气分以及内陷营血所致。临床上将本病分为轻热期、高热期、昏谵期、痉厥期、衰败期等五个类型进行辨证论治。还特别提出热势壮盛者清凉解热,或佐以透风渗湿,必须重投石膏,佐以知母,常用药物有黄芩、栀子、连翘、淡竹叶、甘草、薄荷、玄参、生地、知母、石膏,并送服万氏牛黄清心丸。热势若昼轻夜甚,谵语神昏者,急需芳香开窍,解毒通神,可用"三宝"(即安宫牛黄丸、紫雪丹、至宝丹),重用犀角,或佐以黄连,常用药物有黄连、淡竹叶、连翘、玄参、麦冬、犀角等。热极动风、发生痉厥者,应重用钩藤,配合羚羊角、杭菊、桑枝、地龙干、甘草、白芍等。若热病后伤阴,则宜补气养阴方法,用西洋参、麦冬、甘草、石斛、木瓜、谷芽、莲子等。总之,要灵活运用,辨证用药。五十年代国内刚开始中西医结合治疗乙型脑炎,当时对此病的认识尚肤浅,他提出这些见解,在防治工作中起了促进作用,做出了应有的贡献。

先父治学,主张执简驭繁。如对温病,主张只分四类:温热、燥热、风温、湿温。另有四夹:夹痰水、夹食滞、夹气郁、夹血瘀。其他分类概以繁琐混杂,摒而不论。其辨证论治,则以叶天士卫气营血为纲,以病统症,对症拟方。于是纲举目张,条分缕析,阐明其理、法、方、药。他编写的《温病学》讲义和《温病知要》,可称为温病辨证指南,学生大都认为易学易用。

寒与温结合问题,是他学习中医基础较为牢固之后,专心攻读伤寒、温病,先读伤寒以明确认识外感热病之源,后学温病以知其流。读伤寒分两步走:第一,熟读伤寒条文,全书熟背,以宋本《伤寒论》为蓝本,主要参考《医宗金鉴·订正仲景全书》,并浏览其余,以广见识,阅读时对原文逐条分析、体会;第二,联系实际,既借助书本提高理论水平,又不受书本束缚,在临床实践中研究疾病的发展变化规律,把书本知识和临床实践结合在一起,在实践中验证其得失关键,加以总结提高。

先父根据历代著述,认为伤寒、温病有互补之妙,绝无对立排斥之意。温病卫气营血是从伤寒六经简化出来的,所以同出一辙。《伤寒论》治热病之方即治温病之方,故从源流看,温病是从伤寒发展演变而来的,这种学说在伏气温病中理论发挥得较为透彻。同时,伤寒与温病都是外感发热性疾病,在辨证上虽分寒热两大类型,但是它们的传经变化是相同的,故寒与温是可以结合起来认识的。

源流同,实践亦同。例如肺炎一般属温病范畴,用卫气营血辨证论治。肺炎早期用苇茎汤加杏仁、滑石,后期用白虎加人参汤,这是一般规律。若严冬发病,常里热虽重,但外寒束缚不解,可用太阳兼内热证治法,方用大青龙汤加减化裁。若内热潜伏不显,面色苍白,肢冷脉微,气喘鼻煽或喘不得卧,宜回阳救逆,用参附汤,待阳回再议治法。他很赏识清代程国彭(钟龄)在《医学心悟》里将《伤寒论》的病理总括为"寒热虚实"四字,并从四字伸引为八句:"有表寒,有里寒;有表热,有里热;有表里皆热,有表里皆寒;有表寒里热,有表热里寒。"

人之感受外邪,虽是同一疾病,但寒热变化不一,虚实也会有不同,故不能以寒温学派不同而有所偏废。故学伤寒者,必须熟识温病;学温病者,亦必须通晓伤寒。他很敬佩温病学派代表人物叶天士、吴鞠通的治学精神,认为他们能推陈出新,在仲景《伤寒论》的基础上,补充发展了温热病学的理论体系和辨证论治。并认为伤寒与温病,同属中医温热病学派,故主张伤寒、温病的寒与温结合,融会贯通。

挖掘古方治疗内科杂病

先父除擅长流行性热病温病、伤寒外,且精于内科,善于运用古方治疗内科杂病。如运用吴茱萸汤治疗厥阴头痛,桂枝人参汤治胃病,猪苓汤治水肿、四乌贼骨一蘆茹丸合四逆散治胁痛,失笑散合独圣散治关格,失笑散合四物汤治痛经等。

他的诊病,辨证准确,用药精简,药味不多而疗效好。应用中医传统辨证方法,参考西医诊断,立法严谨,一般处方少则二三味,多则七至九味。如一例关格病人,自诉上腹痛已一个多月，其痛在饥饿之时，食后又觉腹胀难受，因此不欲进饮食，多食则吐，小便闭，大便干结难通，舌质紫暗，舌苔微黄，脉弦带涩。西医诊断为幽门梗阻。中医辨证为关格（气滞血瘀）。以行气活血、祛瘀通幽为法，予失笑散加山楂肉、桃仁、赤芍。五剂症状全消而无复发。他认为山楂肉有化恶血、消食滞之功能，单味为方，名独圣散（《医宗金鉴》），可消除胃肠心脾之瘀滞。失笑散之蒲黄、五灵脂，有化瘀通脉、散结止痛之功能。再加赤芍，桃仁活血去瘀，组合成方，药味虽简，但却具行气消滞，活血化瘀之力，用以治关格不通之病症。

此外，他在辨证基础上使用单方验方也有独到之处。如常用《内经》四乌贼骨一藘茹丸治肝病，或单用藘茹治疗慢性肝炎和早期肝硬化，亦有良效。原方由四味药组成，即四份乌贼骨、一份藘茹，以雀卵为丸（制成小豆大），用鲍鱼汁送服。目前雀卵、鲍鱼已不常用，分量也不是四比一，但临床上疗效仍好。

余无言先生的治学及其学术经验

余瀛鳌*

[余无言小传] 余无言(1900～1963),原名余愚,字择明,江苏阜宁县人。少年时随父余奉仙攻读岐黄,十八岁开始应诊。青年时期去上海向俞凤宾博士等学习西医,一九二九年二次到上海定居。曾与张赞臣合组诊所,并共同创办《世界医报》。三十年代中期,被推选为旧中央国医馆名誉理事兼编审委员,受聘任教于上海中国医学院、中国医学专修馆、苏州国医研究院、新中国医学院等单位,并于一九三八年创办上海中医专科学校,自任教务长。由于长期从事教育,以改进中医为夙志,为中医界培养了大批后继人才。一九五六年膺聘赴京,先后在卫生部中医研究院和北京中医学院工作,曾主持中医研究院编审工作,并参加卫生部

---

* 中医研究院

主办的第一届西医学习中医研究班教学。临证擅长内、外科，疏方熔经方、时方于一炉。在学术理论方面，赞同中西医融会贯通，提倡"中医科学化，西医中国化"。尤精于仲景学说，主张以科学方法整理诠注《伤寒论》和《金匮要略》。著述颇多，撰有《伤寒论新义》《金匮要略新义》《湿温伤寒病篇》《斑疹伤寒病篇》《混合外科学总论》《混合外科学各论》及《翼经经验录》等。

先父少年时由先祖父余奉仙（清末苏北三大名医之一）教读医经，术业进步很快，一九一八年开始应诊。鉴于当时欧西医学东渐，先父很想兼学西医以丰富自己的医疗手段，遂于一九二〇年到上海，先向俞凤宾博士学西医内科，复向德医维都富尔学习西医外科。后曾参加旧陆军某部任军医官二年。一九二九年第二次到上海定居执业。先与《医界春秋》社主编张赞臣先生合组诊所，并曾与之共同创办《世界医报》，以改进中医为夙志，在一些中医刊物发表论述颇多。一九三四年膺聘任旧中央国医馆名誉理事兼编审委员，受命起草"外科病名式"。三十年代开始，他先后就教于上海中国医学院、中国医学专修馆、苏州国医研究院、上海新中国医学院等中医院校，主讲《伤寒论》外科等科目。一九三八年，先父与张赞臣先生另立上海中医专科学校，延请中医界前辈陈无咎、张伯熙二老担任校长，张赞臣先生任总务长，先父与时逸人先生掌教务。他主讲《伤寒论》《金匮要略》及外科学，在办校主教的数年中，从未缺课，虽风雨交加，途水及胫，亦必撑盖而至，故深受学生们的敬爱。蒋伪统治和抗日战争时期,中医教育事业受到摧残,他们诬控中医"不科学""有碍国际体面",声言中医不能列入学校系统,并阻挠中医条例的通过。总之,中医的一切合法权益甚至生存都受到威胁。先父不断撰文与之进行斗争,并与余云岫消灭中医的思想进行论辩,为捍卫中医教育事业和中医的合法地位而大声疾呼。

解放后,先父看到党的中医政策逐步得到实施,甚感欣慰。一九五四年冬,他出席了华东及上海市中医代表会议。尝自慰曰:"中医学术得政府之重视,可以安如磐石。昔日者参加中医教育,整编中医书籍,今在政府之重视中医下,其区区苦心为不虚矣。"(见《金匮要略新义·新序》)于会议期间,向大会秘书处提出改进中医工作提案四则。一九五六年受聘赴京,先后在中医研究院和北京中医学院工作。在中医研究院,与于道济先生主持编审室,曾参与"九种教材"的编写与审订,并为我国第一届西医学习中医研究班主讲过部分课程。解放后的十几年,他为祖国医学的继承、发扬做出了一定的贡献,不幸于一九六三年九月,因脑出血而病故。

整编医经,深研仲景学说

医家的学术思想,较易为后人所了解者,莫过于医著的刊行,先父也不例外。由于他的学医经历是先学中,后学西,二十年代西医西药在我国发展颇快,中医界自晚清至民初,受衷中参西的思想影响相当显著。先父一贯以改进中医为夙志,主张"中医科学化,西医中国化"。尝谓:

"医分中西,系以国界限之。其实医为仁术,不应有所谓中西之分,宜取长补短,熔冶一炉,以为人民司命,久而久之,使其学说……成为世界医学。"先父师承丁仲祐(福保)先生之志,"以求中医学术合于科学原理及原则。决从整编入手,初以《混合外科学》问世……复思中国医学之骨干及精髓,端在医经。仲景《伤寒(论)》及《金匮》,其主方均有颠扑不破之价值,药味少而配合奇,分量重而效力专,认证用药,大法俱备,为世模范。盖其处方精纯,不似后世时方之芜杂。对症用药,有立竿见影之功,深合于科学之原理与原则"(见《金匮要略新义·自序》)。再者,他在三十年代就主张医学的"大自然说",认为中医之哲学、西医之科学,皆得其一体,均可纳入于大自然,曾撰《大自然医学论》。同时,他对中西医融会贯通亦颇注重,曾于《医界春秋》《广济医刊》《世界医报》《中国医药》等多种刊物发表论著,体裁、内容不拘,从学术论著到随笔、评论,思想论战、医学小说等,均能胜任愉快,笔锋犀利,为学者所重。其著作自三十年代至五十年代,先后出版了《实用混合外科学总论》《实用混合外科学各论》(上册)《伤寒论新义》《金匮要略新义》《湿温伤寒病篇》《斑疹伤寒病篇》共六种,另有医案著述《冀经经验录》,尚未正式出版。在上述著作中,又当以《伤寒论新义》《金匮要略新义》为其代表作,现简介如下。

先父认为仲景《伤寒论》"为中医书之根本医学,其立法之妥善,变方之多端,不独为治伤寒之善本,并且开杂证治疗变化之门"。赞赏程钟龄所主张的"仲景设六经以该尽百病"之说。他还认为张仲景著《伤寒杂病论》,"其自序言'撰用《素问》',然皆沿其名,而不袭其实。虽有六经之名,但文中无一言及于脉络"。指出仲景在六经辨证中并未将手足三阴、三阳的症状完全举出,其所以沿用六经,是因为《素问》六经之说"信之者众,积习难改"。同时认为《伤寒论》中所说之阴阳,其义已较窄,不似《素问》之广泛。他作为主张以科学整理的方法发皇古义、融会新知的仲景学说研究者,提出"六经、阴阳之说可尽凭乎"(见《伤寒论新义·自序》)的质疑,他强调指出:"仲景之书,重在症候,依症立法,依法立方。"关于如何注解《伤寒论》,他在"自序"中说:"一曰以经注经,即举仲景原文,纵横驰策以相呼应也;二曰以精注经,即系诸家学说,择其精英以相发明也;三曰以新注经,即引西医之新说,矫正中医之谬误以资会通也;四曰以心注经,即以予个人之心得及诊疗之经验以资参考也。"书中凡引古说,以不背科学原理为原则;采新知,以能率中医真理为前提。注解中他一贯反对随文训释,其个人注文,大要能依据经义和个人识见予以充分阐析,颇多独到的见解。但在"以新注经"部分,难免杂有"衷中参西"、失之于附会的观点。

张仲景为我国临床医学奠定了基础,先父对此有相当深刻的体会,在同行中有"擅长经方"之誉。但他并不认为仲景方百分之百都合乎科学性,书中明确指出烧祥散方"不可恃"。又于仲景原文中有法无方者,悉依历代注家意见补出方治。对"经文中有最牵强、最费解者,或决为伪文者,悉删去之,附于每篇之末,另为评正。盖删之所以清本书之眉目,附之所以备学者之参考,使知所去取焉"(《伤寒论新义·凡例》)。其自注部分,丁仲祜先生誉其"于会通大旨,多所折衷;于仲景原文,多所发明"。谢观(利恒)先生于本书序言中,赞赏其新颖的编纂方法,指出此书"折衷诸家注释者十之三,发扬原文古义者十之三,会通新医学说者十之四。使三百九十七法成为一合乎科学之新书,与一般粗制滥造之作,窃取日人《皇汉医学》而为之者,试不可以道里计矣"。张赞臣先生认为此书"正误格非,方、喻之芜杂已去;存真删伪,仲景之精义常存"。书中并附大量图表,特别是汤证主治表,条理清晰,对读者习读起到提挈纲领的作用。《伤寒论新义》初版于中华医局(1940年),后复印于上海千顷堂书局,先后翻印达十二版之多。

《金匮要略新义》,初撰于一九四一年,后经多次修改,于一九五一年在上海中医书局出版,其整理方法大致与《伤寒论新义》类似。但先父认为,《金匮》之错乱,较之《伤寒论》为甚,故特循求义理,一一为之订正,"其有不可理解,而且无益于学说之探讨及治疗"以及"辀钩格磔之文,无裨实用者",概予删削;"采取诸家学说,以脚踏实地为指归,力避空谈,凡运气、阴阳等理论,概所不取"。至于条文的整理法,"有错简者正之,有不续者连之,有骈支者去之,有误谬者改之……原文篇章中有将数种病合为一篇者,今特分之以清眉目"。先父将《伤寒论》中的霍乱移于《金匮要略》,而与中暍、疟疾并列,将《金匮》"五脏风寒积聚"篇中之"肝着"另立一篇加以诠注,余则删存原文而不予强释,并将《金匮要略》一书的删文附于下卷之后。又每篇的篇末附有表格,将一篇中诸种汤证及考订异同作系统说明,便于读者查阅。下卷后又附《金匮要略》"注家传记",系由其门人曾庆瑶等执笔,此篇介绍了历代《金匮》注家及书中所引证的名家传记(共五十九人),颇具特色。

先父在整编仲景著作时有这样的体会:即诠注《伤寒论》时往往易为旧说六经所限而不能尽量发挥;《金匮要略》则是论述杂病的著作,每一病症皆巍然独立,且不为六经所限,更易"钩古汲今,畅所欲言"(见《金匮要略新义·自序》)。通过他多年的临床实践,将某些能与《金匮要略》相联系的案例,亦附述于其注本中,以供后学者临证参考。

断证求明确,用药有胆识

回顾先父在数十年的医事活动中,虽以研究仲景学说和从事中医教育事业为主,但其实际工作又以临证占时更多。他是一位理论造诣较深,又能密切联系临床实践的医家。在上海以善用经方著称,恽铁樵先生的高足章巨膺先生尝称先父"一贯重视旧经验,汲取新知识……富有创新的精神"(见《金匮要略新义·章序》)。这种创新的精神,除贯穿于著书立说中的"研讨新知识,创造新理论"外,于临床治病,亦善于根据具体病情,创制新方。尤长于伤寒、温病、杂病及外科病症。湖北胡秉钧先生在看到先父医案著作《翼经经验录》后,总结出此书中所列述医案的"治疗处方,多遵仲景大法",赞赏先父"断证之明确,用药之胆识,有非常人所能及"者。现介绍数案如下:

(一)夏令伤寒 秦姓,女,四十二岁。一九四二年六月下旬忽患伤寒,时值夏令,恶寒高热,头痛项强,体痛骨痛,周身无汗,脉浮而紧,微有恶心及气急,此真六月伤寒也。询其致病之源,系在电影院中为冷气所逼。以麻黄汤加葛根、藿香主之:生麻黄、川桂枝各三钱,杏仁四钱,炙草二钱,粉葛根四钱，广藿香三钱。患者受方后听信他人对此方的议论而未敢服，嗣后勉服三分之一量，先有微汗，后复无汗而热。复延余诊治，谢以不敏。家属改延他医治之不效，复请余诊。见其症候未变，而微有烦躁意，因将原方去藿香，加生石膏五钱，一剂而汗出热退神安。后为之清理余邪，微和其大便即告痊可。

（二）春温（痰火发狂） 胡姓，男。病春温不解，邪热入于营血，身有斑疹，色紫黑，肌肤炙手，内热如焚，唇焦齿垢，舌苔燥黄，初则谵语神昏，延至旬日，渐见发狂，四处奔走，如见鬼神，做叩拜顶礼之状，甚或殴人骂詈，诊其脉沉数有力，大便六日未解、小溲短赤，此春温痰火发狂，大实大热之证。故为之处余氏自订方豁痰承气汤：锦纹军、元明粉各五钱，炒枳实四钱，生石膏三钱，全栝楼六钱，粉葛根四钱，川黄连一钱五分，净连翘、胆南星各四钱，石菖蒲三钱，鲜芦根一支。服药后，大便连下两次，状如胶漆，肤有微汗，神志较静，狂态大减，斑疹渐转红润。察其舌，苔已退去大半，大便续解三次，其狂若失，神识清明。后再投以清理余邪兼扶正之品，而病遂愈。

按：豁痰承气汤，即承气汤去厚朴，易全栝楼，加生石膏、葛根、黄连、连翘、胆南星、石菖蒲，并以芦根为引，所以去厚朴者，以其温燥故，易栝楼者，能陷胸膈之痰；石膏为斑疹所必需；葛根为阳明热邪所必用；黄连、连翘以清心凉膈；南星、菖薄以豁痰开窍。方证契合而药专效宏。

（三）湿温化燥 刘姓，男。夏令酷热，患生湿温，经医久治不愈，渐至谵语神昏，延余诊之。余见其高热，自汗不已，胸闷微烦，渴不多饮，苔腻而灰黄，小便黄赤，大便转燥,三四日不解,此湿温之湿热交并、渐将化燥之象。红疹、白㾦隐于胸背皮下,六脉迟缓。治以大黄黄连泻心汤合三仁汤加减:大黄二钱,川连一钱,生黄芩、飞滑石、杏仁泥各三钱,生薏仁五钱,白蔻仁二钱,制半夏、粉葛根、鲜竹叶各三钱。药后大便得解,黏腻而酱黄,小便增多,翌晨白㾦透出,胸闷心烦有减,故二诊、三诊均以首诊方加减。四诊时以清理余邪为主,方用竹叶石膏汤合黄连解毒汤加减:鲜竹叶三钱,生石膏二两,制半夏三钱,炙草一钱五分,生薏仁三钱,炒粳米一酒杯。药后热即退清,表里均和。再处以调理本元之方,以扶其病后之虚羸。

(四)**重症水鼓** 张姓,男,四十余岁。一九三五年患水鼓,腹胀如鼓,曾在上海仁济医院多方治疗并抽取腹水无效。余诊其脉证均无虚象,以傅氏决流汤(见《傅青主男科》)增量与之,疏方如下:黑丑四钱,制甘遂三钱,上肉桂一钱(另燉冲),川桂枝三钱,车前子一两(傅氏原方无桂枝)。

服药后,利尿作用显著,腹水有明显轻减。后以原方减量,再处以香砂六君子汤相间服之,共八帖而痊。后复以此方经治多人,均有良效。盖此方之配伍组织,大有经方之遗意,以丑、遂行水治其标,以肉桂温阳培其本,药味精审而方用专捷,故能效如桴应。

(五)**产后奔豚** 赵姓,女。产后体虚受寒,时有白带,及至产后三日,劳作于菜圃中,疲极坐地,因之感寒腹痛,气由少腹上冲,时聚时散,医以恶露未净治之,不效。发则气上冲心,粗如小臂,咬牙闭目,肢厥如冰,旋又自行消散,先试以桂枝汤加桂枝(即桂枝汤原方加重桂枝用量),不效;再以桂枝汤加肉桂,一剂知,二剂已,三剂全平。所加肉桂须选取上品,即顶上肉桂五分,嘱令将肉桂另行燉冲与服此案一服后痛大减,而脘腹之积气四散,时时嗳气,或行浊气;继服两剂,其病若失。余以实际经验证明,桂枝加桂汤当为加肉桂,盖桂枝气味较薄、表散力大,肉桂则气味俱厚,温里之力为大,此属经验之谈。

  以上数案,均系据《翼经经验录》中载述的治例加以摘编整理而成。又先父对外科病症亦颇有经验。常用疗毒丸[卢成琰氏方:巴豆(去皮膜)、明雄黄、生大黄各三钱。上药各研细末,再共研极细,加飞罗面醋糊为丸如梧子大]治疗疔疮及疔毒走黄,轻者每服六至七丸,重者可十丸左右,白开水送服。俟泻下三至五次,再以冷粥汤一小碗,服后多能止泻。此方经治患者甚众,实有良效。

  又,先父对内痈的治疗曾予潜心研究,如治肝痈,他以大黄牡丹皮汤合龙胆泻肝汤加减,收效甚宏。又治肠痈及肠痈化脓,他主要是受杨栗山《伤寒温疫条辨》"肠痈秘方"(先用红藤一两,酒二碗,煎一碗服之,服后痛必渐止为效)的启示,自拟红藤丹皮大黄汤:红藤一两,粉丹皮、锦纹大黄各五钱,桃仁泥四钱,元明粉四钱分冲,栝楼仁四钱,京赤芍三钱,加酒一杯煎服。或以此方加减治疗肠痈化脓病症,一般在服药一至二帖后减大黄另加地丁、银花等味。制方之要在于讲求实效,先父能熔古方、今方于一炉,其方药加减既有法度,又能体现其通权达变、照顾全面的特色。

  此外,对小儿麻、痘亦有独到的经验,兹不一一列述。

成功之钥——勤、精、博

先父随先祖父奉仙公学医时,主要是以中医经典著作打基础的,通过数年的勤读苦学,加上他有坚实的文史根底,收获较大。青年时期到上海学西医,壮年时定居上海执业。他深知作为一个外乡人,打入十里洋场的大上海,要想站稳脚根,取得发展,必须在业务上精进,并希望在一定的条件下得到一位理想的事业合作者,后得识张赞臣先生,使其如愿以偿,成为生平莫逆之交。他们在学术上互相切磋,生活上关怀备至。从三十年代至四十年代,先父主要在上海各中医院校执教,他每晚认真备课,探讨医经精髓,白天应诊,屡起沉疴重症。三十多年前我在上海同德医学院求学阶段,他曾一再告诫我"学习应勤,术业当精,涉猎须博"。勤、精、博这三个字确实是他一生的真实写照。回忆他备课时,特别是编写《伤寒论新义》《金匮要略新义》等书时,专心致志,废寝忘食,有时我们一觉睡醒,犹可看见他披衣坐于灯下埋头著述,案头一杯浓茶,周围堆满了参考书。难就难在持之以恒,坚持不懈。作为一位仲景学说研究者和临床家,他又以"精益求精"自勉。在学医方面,他主张博采诸家之长,反对囿于一家之言。由于先父长期搞中医教学,学生和门人很多,他对学生差不多都是这样要求的。

谈到治学,先父不仅于医,诸子百家,类皆涉猎,尤好《庄子》《左传》《史记》《汉书》《资治通鉴》等书,撰有《读庄随笔》及《史汉新评》,惜稿本已佚失不存。

先父欣赏陆游"功夫在诗外"的素养,他自己就是一位"功夫在医外"的医家。生平喜吟咏,早年作诗,得先祖父奉仙公指点。奉仙公曾写出"虚心竹有低头叶,傲骨梅无仰面花"的名句,不仅句对工丽,涵意尤为深远,素为同行和后辈所称道。先父幼年时熟读唐诗、宋词,对唐代大诗人元稹、白居易的诗风十分仰慕,即所谓"诗体效元和"(先父于一九四七年除夕《自题小影》诗句),对清代著名诗人袁枚所主张的性灵说亦颇欣赏,并喜读明末清初侯方域《壮悔堂文集》,即所谓"文章师壮悔"(同上)。他在解放后曾编印《愚庵诗草》多册,与之唱酬的诗友不下数十人,我的老师秦伯未先生亦为其诗友之一。秦老在和诗中曾有"若把诗人相比拟,君(指先父)如杜牧我(秦师自况)微之"。从上述情况和所引秦老的两句诗,可以看到先父在中年以前亦喜读唐·杜牧(牧之)的诗文,中年以后则更喜爱元稹(微之)、白居易的诗风,而与秦师有同好焉。

　　由于我是先学西医的,所以先父对我的教诲,首先是让我对祖国医学有一个正确的认识,他认为这是解决学习动力必不可少的因素。他强调古典医籍的研习尤其是仲景著作,指示我认真学习并密切联系临床实践,一再勉励我要把仲景著作学得深透一些。当我有幸参加一九五五年全国第一届西医学习中医研究班就读后,有一次先父在研究班讲课后语重心长地对我说:"学中医和其他学科一样,入门易而深造难。你要想达到较高的学术水平,没有锲而不舍的学习精神,那就是一句空话。"他还多次告诫我:作为一个医生,不管是侧重于科研、教学或临床,"在学术上不可一日无长进"。他又以戏剧界谚语"一天不练手脚慢,两天不练生一半"为喻,说明在学习上不停顿,不间断,循序渐进,久久为功的重要性。先父的这些教导,至今仍然是我的座右铭,我带学生和研究生时,也用这些话要求他们。

在本文撰写中,承中医界元老、上海中医学院张赞臣教授提供部分资料和介绍先父早年事迹,特致谢意。

忆刘惠民老中医的学术特点

戴 岐* 靖玉仲** 刘振芝***

[刘惠民小传] 刘惠民(1900~1977),山东沂水人。青少年时随伯祖父习医,并曾在张锡纯创办的立达中医院工作过;后考入上海中西医药专门学校,卒业后返里开业。一九三八年参加革命,曾任鲁中八路军二支队医务主任、山东省人民政府卫生局临沂卫生合作社社长等职。解放后,历任山东中医学院院长、山东省中医研究所所长、山东省卫生厅副厅长、山东中医学会理事长等职,并被选为山东省第三届人大代表,全国第二、三届人大代表。从事中医工作凡六十年,注重临床,长于内科杂症,对于治疗妇、儿科疾患亦有独到之处。著有《刘惠民医案》(门人整理)等。

---

* ** 山东省中医药研究所
*** 山东省千佛山医院

革命的一生

刘惠民祖籍山西,明朝初年移居鲁中。受其伯祖父影响自幼酷爱医学,边务农、边刻苦自学中医。青年时代经友人介绍,曾在当时名医张锡纯先生创办的立达中医院工作,张氏的学术观点给其学术思想的形成以重要的影响。后考入上海中西医药专门学校学习,并毕业于该校。返归故里后,以行医为业,因受当地革命根据地环境的影响,积极参加有益于革命的活动,曾以开业行医的身份掩护过我革命同志,组织过当地中医药人员进行抗议当时反动政府取缔中医的斗争等。他热情支持革命,积极靠近组织,在党的培养和教育下,一九三八年正式参加革命队伍,先后担任过鲁中八路军二支队医务主任、山东省人民政府卫生局临沂卫生合作社社长、山东大药房副经理、鲁中卫生局中药制药部及鲁中卫生局新鲁制药厂经理等职务。在艰苦的战争年代和繁忙的革命工作中,刻苦钻研业务,坚持中医临床诊疗工作,为党和人民的卫生事业做出了可贵的贡献。

新中国成立后,在社会主义革命和社会主义建设中,他更加兢兢业业、勤勤恳恳的工作,并为发展党的卫生事业、继承发扬祖国医学遗产尽了毕生精力,做出显著成绩。一九五〇年他曾对加强中西医团结、推进党的医药卫生事业提出了若干具体建议,得到了当时卫生部领导同志的赞赏。由于他经验丰富、医技精湛、疗效卓著,不仅在山东省广大干部和群众中享有很高的信誉,而且曾被推荐为毛主席、周总理等老一辈无产阶级革命家以及一些国际友人、外国领导人诊过病,受到好评和赞扬。一九五九年他光荣加入中国共产党,曾任山东中医学院院长、山东省中医研究所所长、山东省第三届人民代表大会代表、全国人民代表大会第二届和第三届代表等职务。

一九七四年他曾上书周总理,陈述他对发展党的中医事业、解决中医后继乏人等问题的意见和建议,得到总理和卫生部有关领导的重视。他在年过古稀、体衰多病的情况下,仍抱病为患者诊治,并抓紧总结临床经验,指导《刘惠民医案》的整理撰写工作。

学术渊源和特点

刘老学术特点的形成,主要受张锡纯先生和丁福保先生的影响,如治外感热病之善用大剂生石膏,治痿症之用马钱子等,都明显带有张、丁二氏影响的痕迹。至于他治疗内伤杂病多用健脾胃、补肝肾之法,则是受严用和、李东垣、薛立斋、张介宾等温补学派的影响。

(一)刘老在中医学术上勤求古训,但师而不泥。他重视中医理论的系统学习,主张学好医学经典著作是学好中医的基础和关键。对此,他不仅严以律己,而且严格要求后学。然而,他并不赞成把思想禁锢于经典之中而不敢超越雷池一步。他提倡学习要有创造性,要能应用古典医籍的理论、观点指导临床实践,有所发现,有所创新。他对外感热病的认识和临床治疗,为我们树立了范例。根据《内经》"热病者皆伤寒之类也"和《难经》"伤寒有五"的记载,他认为中医所称之伤寒在多数情况下乃是一切外感发热性疾病的总称。因之，对此类病症他多遵循《内》《难》，取法《伤寒论》，按六经病症进行辨证论治，早期解表。但基于他对广义伤寒的认识和多年临床经验，他又强调此类病症早期并不仅限于表证，多数病例常兼见不同程度的里热，故他尤其强调解表清里同时并行，以奏表里双解之效。他认为内蕴之热不仅可以清里而除，同时可以表散而解。生石膏，辛甘而淡，性寒而凉，善清气分之热，又能辛散解肌。张锡纯在《医学衷中参西录》中曾描述过："诸药之退热以寒胜热也，而石膏之退热逐热外出也，是以石膏煎服之后，能使内蕴之热息息自毛孔透出。"因此，他治外感发热每多喜配用生石膏，既可协同解表药解表，又可清解里热，达到表里两解之目的。此外，对解表药的服法，他效仿桂枝汤"服已，须臾，啜热粥一升余，以助药力"的服药法，强调服第一次药后，喝热米汤一碗，借谷气以助汗兼益胃气以鼓邪外解。

刘老对酸枣仁的应用，在借鉴前人经验的基础上也有所发展。酸枣仁能镇静安眠早为历代医者所重视。远在汉代张仲景即应用酸枣仁汤以治疗"虚烦不眠"，后世医家也认为酸枣仁有养心宁神的作用，近代药理学证明，酸枣仁的镇静安眠功能已无异议。然而，在用量方面，综观刘老以前古今医者单剂用量极少有超过十五克者；晚近更有人提出本药如一次用量超过五十粒即有"发生昏睡、丧失知觉、使人中毒"的危险。刘老根据《名医别录》酸枣仁能"补中，益肝气，坚筋骨，助阴气，能令人肥健"的记载，并结合其多年用药经验认为：酸枣仁不仅是治疗失眠不寐的要药,且具有滋补强壮作用,久服能养心健脑,安五脏强精神;"酸枣仁用至五十粒即可中毒"之说不足为凭。他临床应用此药,其用量除根据体质强弱病情轻重酌定外,一般成人一次剂量多在一两以上,甚至有多达二两五钱至三两者,用量五六倍于他人。实践证明,只要配伍得宜,大多可应手取效且无不良反应。刘老不仅对此药用量有所突破,对本药的应用范围也有所开拓。他认为在一些功能性疾病的治疗中,如能根据病情和体质酌情应用重剂酸枣仁,也是取效的重要关键。反之,如墨守成规,迷于多用中毒之说,则常因杯水车薪,影响疗效,延误病情。在酸枣仁的用法上他喜欢生熟并用,乃宗《本草纲目》"熟用疗胆虚不眠""生用疗胆热好眠"的论述,认为酸枣仁生熟之差在作用上可能有兴奋或抑制的不同,其机理尚有待进一步研究证实。

(二)**刘老身为名医,党和人民也给了他较高的荣誉,但他在学术上从不因此而故步自封,始终虚心好学,勇于创新,表现出顽强的进取精神。**

他从多年的实践中体会到,中医的脉诊虽有重要的诊断价值,但由于缺乏客观化、标准化,常给人以"奥秘"之感,以致为师者难于传授,学者难于掌握,自古以来几乎是"只能意会,不能言传",严重地阻碍了脉学的发展和诊断水平的提高。因此,他早在一九六〇年就首先倡导应用现代科学仪器于中医的脉学诊断,并在全国首先提出创造电子诊脉仪的设想,亲自写出创制和应用大纲,组成了协作组,并亲自对这项工作进行了组织和领导,做了很多探索性的工作。虽然由于其他原因,他的设想没有实现,但他这种勇于承认现实,勇于接受新事物,敢于革新的精神是难能可贵的。

在治疗上,他一贯认真遵循中医辨证论治的特色,但也从不放弃吸取一切行之有效的治疗方法的机会,包括民间的单方验方。如他经常应用的鲫鱼利水方,就是他采用民间验方加以改进而创拟的。临床实践证明,此方用于肝、肾性水肿病人利水效果明显,曾用它解除并拯救过不少严重水肿、腹水病人的痛苦和生命。

刘老有时也以药理学为依据而应用某些药物,从而扩大了某些药物的应用范围。如,他曾用洋地黄酒剂治疗心力衰竭;用含碘药物或直接应用碘剂治疗甲状腺疾病、结缔组织增生性疾病;应用罂粟壳于久咳、久泻等。又如马钱子一药,《本草纲目》中记载其功能为治疗"伤寒热病,咽喉痹痛"等而无他。《医学衷中参西录》中所载振颓汤、振颓丸、起痿汤等方剂中应用此药,以为"其开通经络、透达关节之力远胜于他药""且为健胃妙药";《本草原始》中记载:"番木鳖……误服之,令人四肢拘挛。"刘老在此启发下,将本药的应用范围加以扩大,用其治疗脑血管病、脑炎、脊髓灰质炎等后遗肢体偏废萎弱无力、进行性肌营养不良、进行性肌萎缩以及胃下垂等疾病,实践证明确有疗效。现代药理学研究证明,马钱子内含番木鳖碱(士的宁),能兴奋脊髓前角运动神经元,从而有增强肌力的作用。对一些奇缺贵重药材,他在临床实践经验的基础上早就提出大胆采用代用品。如他以水牛角尖代犀角,羊角尖代替羚羊角,豹骨或骡马胫骨代虎骨等。实践证明均有一定疗效,有的已为现代科学研究所证实。

（三）刘老诊疗工作的突出特点是细致、认真。他非常重视望、闻、问、切等四诊资料的调查和收集，病例记载详尽认真，一丝不苟；对病人的任何陈述和询问从无半点敷衍搪塞，并随时注意积累资料，保存病历，以备复诊和总结应用。晚年他积累了较完整的病历万余份，可惜这些宝贵资料在十年浩劫中佚散殆尽，未能按他的意愿保存下来。

对病情危重的病人，他总是亲自细致地观察病情，及时采取措施直至转危为安才肯离去。如他曾治疗一例大肠杆菌败血症病人，危重期每日一诊甚至每日两诊，仔细观察病情变化，调整方药，直至病情好转才延长了观察间隔时间。

刘老诊疗的另一特点是认证精确，胆识过人。在他治疗外感性疾病或疑难奇病时，表现尤为突出。如一九五七年，毛泽东同志患感冒，发热多日不退，延医数人而不效。省委推荐刘老赴诊。刘老诊后，认为外感日久，表未解而里蕴热，急需表里双解，采用大青龙汤重剂加减，一剂热退病除。又如陕西省委一负责同志患瘛病性木僵，僵卧于床，不吃不喝，大便不行十七八日，衰竭之象日渐加剧，众医均谓虚实难辨而无良策。刘老诊后，脉证合参，辨为大实有羸状，故以攻实为主，补虚为辅，攻补兼施为则，先用攻结、泄热存阴，再以补气生津养阴之法，用药数剂病人大有起色，后续加调理，乃逐渐痊愈。他在强调"治外感如将，贵在猛峻"的同时，也很注意"治内伤如相，贵在圆通"。他认为一般外感病，病邪侵入不久，正气多不虚，治时应以药性偏于猛峻的药物祛邪为主，才能使邪祛病愈，否则易致邪气滞留，遗留变证。而内伤病多系慢性病，正气不足,虚证较多,或虚实挟杂、寒热并见,因此,必须以药性和缓的药物扶正调理为主,考虑周密,照顾全面,才能收效。如对慢性肾炎,刘老认为多属脾肾两虚、虚实互见之证,在张介宾"温补所以气化,气化而愈者愈出自然;消伐所以逐邪,逐邪而暂愈者愈由勉强"的观点影响下,治疗也多采用脾肾双补、标本同治,固本为主、汗利兼施的原则,并根据病情之轻重、病期的不同有所侧重:水肿期不单用汗利之法,消肿后尤重温补脾肾。实践证明,如此不仅对改善症状有较好疗效,对消除蛋白尿,改善肾功以及远期疗效的巩固,都有非常重要的作用。

(四)医药不分、医护并重是祖国医学的突出特点,刘老在治疗工作中始终坚持不懈地维护这一特点。他认为:任何疗效的取得如果没有药物和护理两方面的配合,任凭医者的医技再精湛也是妄然。同时,他非常重视药物的品种道地、炮制合理、煎服方法适宜等影响疗效的因素,这些事项,他在处方中均加仔细注明。如台党参、川黄连,北细辛、北五味、甘枸杞、杭菊花、酸枣仁(炒捣)、苍术(米泔水浸)、香附(醋炒)、生石膏、生龙牡、何首乌(与黑豆同煮去豆)等字样在他的处方中常常可见。对一些剧毒药物的炮制方法总是特别注意在处方中另项仔细写明,如他对巴豆、马钱子等药均注明专门的炮制程序。对药物的煎煮方法也很重视,先煎、后入、包煎、磨汁、冲服等均一一注明,唯恐影响疗效。他强调一个医生不仅应会处方遣药,而且须会辨认药材,这方面他同样具有丰富的经验。

对于护理的重视,突出表现在他对发热性疾病应用解表发汗法及其对杂病治疗中的服药注意事项上。他用发汗之剂每多嘱病者入晚服药,汗后注意保温、避风,勿令外出,以免重感;发汗也不宜太过,以免耗津伤阳等。在对慢性杂病的长期诊疗中,他建立了一套服药期间注意事项:①忌口,忌食牛羊肉、无鳞鱼、螃蟹、辣椒、韭菜,忌饮酒及生冷不易消化的食物;②忌气怒及情绪过分波动;③不易过度劳累;④感冒或妇女月经期暂不服药,等等。每于诊病之后,总是亲自仔细交待病者及家属注意上述各项。

(五)刘老从事中医诊疗工作近六十年,不仅善治内科领域中的各种疑难杂证,对妇、儿各科也有较深造诣。他对妇科调经、不孕、保胎等门具有独到之处,曾被誉为"送子爷爷"。如刘老曾治一结婚十二年不孕的妇女,为其配丸药一料服用,药丸尚未服完,即感食欲不佳、疲惫不适,月经闭止,乃又请复诊,刘老诊后谓其为早孕,嘱停服药物,病者不信,又赴医院检查,证明确属早孕。再如病者余某,婚后每次怀孕均流产,曾多次住院保胎,未得成功。日久,月经周期紊乱,体质日弱,医院认为系属顽固性习惯性流产,谓其成胎之可能性很小。患者在绝望之余,经人介绍请刘老诊治,刘老为其调经补虚,月经逐渐正常,体质逐日好转。后又怀孕,刘老又为其保胎,竟得足月分娩。又如刘老曾治一崩症患者,经血过多、少腹疼痛已卧床不起三日余,家属邀为处方。刘老除拟方外,并将家中珍存之好墨一锭,交其带回,嘱用木炭火烧红,放醋中淬后取出,将墨用开水研匀加炮姜、红糖少许为引一次服下。服药一剂,服墨汁一次,流血即止,腹痛亦除;又服一剂,乃得痊愈。刘老忆及曾用此法治疗崩症数人,屡用屡效。

此外,刘老对儿科痘疹、疳疾、热病、惊痫、小儿夜啼等症的治疗也极擅长,经其救治的患儿不计其数。并曾著有《小儿麻疹肺炎之防治法》等专书。如刘老曾治一周岁小儿终日啼哭不止,夜间尤甚,影响家长入眠,曾在多处医院就诊未查明何病,治疗无效。家长无奈,抱患儿至刘老处求治,刘老诊后以蝉衣、钩藤、灯芯三味为方,轻轻一剂,啼哭立止,家属见其神效,赞赏不已。

刘老创拟的经验成方中,有不少是在妇、儿科行之有效的,如十珍益母膏、保母荣、保胎丸、消积建脾丸、福幼丹、肥儿丸等,均为颇受欢迎的成方。

刘老酷爱藏书,除医书外,凡有关文史资料也收藏甚多,并广为博览。因此,晚年诊疗之余,对医史颇喜钻研并有所见地,曾撰写《山东古代名医史迹考侯正》,对扁鹊、淳于意、成无己、钱仲阳、黄元御、翟良等八位古代山东名医的史迹进行了考证,可惜在动乱中手稿大多遗失,只其中之一篇《黄元御医学史迹考侯正》在山东中医学会一九六二年年会上交流,并辑入《山东中医学会一九六二年年会论文选编》中。

高尚的医德

刘老作为一位知名中医,诊疗对象中不少是省内外或中央领导同志,党和人民给了他很高的荣誉和职务,但他却从不以此来炫耀声名,居功自傲,而是时时以古代良医的高尚医德为楷模。他急病人所急,视人病如己病,对求治的危重病人,从不怕担风险而将病人拒之门外,总是尽自己全部精力进行抢救。如患儿董××患脑炎危重之际,其母抱来求诊,经刘老尽力抢救转危为安,病家遂与刘老结成莫逆之交。遇有病家购置困难的必须药材,只要他能帮助解决,总认为是义不容辞,有时甚至无偿地提供自己珍藏的贵重药材为病人解除疾苦。如患儿牛××,高热不退,时时惊厥,刘老诊后认为急需羚羊角磨汁服用以退热解痉。但因此药属稀有药材,药店少备用成块者,且价格十分昂贵,当此危急之时,刘老毅然拿出自己珍藏的羚羊角一块交患儿家属,嘱其如法为患儿磨汁服用,终使患儿热退病愈,家属对此感激万分。此种动人事例在刘老一生的诊疗活动中是屡见不鲜的。

勤奋的一生

——忆先父朱小南先生

朱南孙*　朱荣达**

[朱小南小传]　朱小南(1901~1974)，原名鹤鸣，江苏南通人。少年随祖父朱南山习医，二十岁时同抵沪上悬壶。一九三六年协助祖父朱南山创办新中国医学院，初任副院长兼妇科教授，祖父谢世后继任院长至一九四八年。十二年中，培养毕业生、研究生四百九十七人。解放后，于一九五一年与陆渊雷先生共同组织上海市公费医疗门诊部，使上海名医得以云集其间，成为上海第一个中医专业医疗单位。同时，还积极参加上海中医学会的筹备工作，并长期担任该会妇科分组组长。早年内、外、妇、儿科兼治，中年以妇科见长。著

---

*　上海中医学院附属岳阳医院
**　上海市中医门诊部

有《冲任探讨》《带脉探讨》以及医案医话十余万言。

先父幼时家境清寒。先祖在乡里虽小有医名,但收入微薄,兄弟三人都要读书,负担很重。先父是长子,晓事较早,深知就学不易,攻读就更加勤奋,加以生性诚笃,天资过人,在乡间读书的十年中,年年名列第一。据先父自述,在乡间学校十年的课程中有经书,也有新学,还有体育课,古文的根基是相当扎实的,先父一直非常喜爱唐诗,一本《千家诗》背得滚瓜烂熟。先父的书法从唐人碑帖着手,近似柳体,刚劲有力,他对于书画的爱好,一直保持到暮年,与著名书法家马公愚先生是莫逆之交。我现在还保存着一帧马公愚先生、陆渊雷先生和先父的合影。渊雷先生的医名虽然昭著,却很少有人知道他的书法造诣极深。这三位先人的友谊,正可以说是翰墨之缘。

先父自幼体魄健壮,还是赛跑的能手。重病之前他的身体一直很好,步履之捷常使中青年感到不易并肩。先父对此常归功于幼年时对于操拳的注重,我们都还记得先父在中年时晨间常常要摆几下"八段锦"的架式,这对于他的精力始终保持旺盛都是不无补益的。

医学启蒙及其渊源

先父学医是先祖亲自传授的。先祖的业师沈锡麟先生是清代儒医,治术颇近张子和学派,主张祛邪务尽。先祖因刻苦钻研而独蒙老师青睐,尽得其学。先祖南山公对于妇科的论治注重调气血,疏肝气,健脾气,补肾气,这一学术特点对于先父的影响是贯穿始终的。

据先父自述,其学医的启蒙教材是《医学三字经》《雷公药性赋》《汤头歌诀》《医宗必读》《濒湖脉诀》等书,继而再读经典各书及诸家学说。似乎是从便于及早入门,便于随师临诊的角度出发而采取由浅入深的一种方法。先父对于经典原文及方药歌赋一直主张应当背熟,他自己直到晚年,临诊时许多经典原文及汤头歌诀尚能朗朗在口,可见其启蒙阶段的功力之深。

在经典之中,先父对于《内经》及《金匮要略》所花的功夫较多,著述中引用亦较广,对于本草则更是着意探求,时时查阅,不离案首。诸家之中李东垣的脾胃论、张景岳的阳常不足论、叶天士的重视调肝以及徐灵胎的命门元气论等对先父的学术思想均有一定影响,而对于历代的妇科专著则更有广泛而深入的研究。

斥资办学　乐育英才

先父办学以培育中医人材、促进中医学术发展为目的。为了创办和维持新中国医学院,先父耗费了自己诊病收入的绝大部分。由于先父幼年的苦学经历,所以他对于清贫而有志于学的学生是不计学费的。据家母回忆,仅为维持该院的开支,每年需补贴一两万银元之巨。

新中国医学院是解放前上海三所中医专科学校中规模最大的一所,并且是唯一获得当局注册的一所。从现存的该校校刊、部分讲义及出版物的内容中可以看到,该校的课程除中医经典及各分科外,也有现代医学的基础课程。学校的设备在当时条件下亦属具有一定规模,设有研究院、解剖生理实验室、化验室、手术室、附属病房、图书馆以及附设施诊所两处。施诊所既是慈善机构,又是学生的实习基地,学生在实习教授的带领下免费为群众治病,对确实贫病者还免费配药。

　　由于先父禀性豪爽,乐于助人,尤愿为中医事业的振兴而慷慨解囊,所以在当时的上海中医界里先父颇能团结同道共同工作。先后应聘在新中国医学院任教的有陆渊雷、祝味菊、章次公、章巨膺、姜春华、唐吉父、黄宝忠、谢利恒等著名医家,在学术上都是各有所长的。先父对于新中国医学院的院务是十分关怀的。对于教授的聘请、教材之审订都事事躬亲,可以说为这所学校他倾注了自己的大部分心血。一九四八年,国民党政府以中医不科学为借口,勒令新中国医学院停办,先父曾带领教师及学生向政府请愿,但一无结果,这是先父一生中所受到的最大打击。这所学校虽然只存在了十二年,但它对于中医学术发扬光大的影响是颇为深远的。记得在一九六二年,有一位饶师泉先生从马来西亚来访,还赠送给先父一册《马华医药学院第一届毕业特刊》。饶先生系新中国医学院研究院的毕业生,当时是马华医药学院的院长。他告诉先父,他们这个学校的体制和课程都是尽量仿照当年新中国医学院的,并且已为星马华裔培育出新一代中医师,使中国医药学的瑰丽之花在异国结出了硕果。

　　先父是十分爱国的。在抗日战争时期,先父曾组织学生成立伤员救护队;在十九路军坚守水行仓库时,先父曾派人送去大量罐头食品。解放前一些著名中医离开祖国大陆,但先父为祖国中医事业奋斗的志向坚定不移。解放前夕,他曾一度着手筹备一所中医医院,取名南山医院,并已将原新中国医学院的校舍翻建一新,器械、药品、人员都已有相当准备,但由于当时物价飞涨,经济困难重重,终未成立。这些虽与办学无关,但出发点是一致的。

解放后,在上海中医学院创办之初,先父即将仅存的一套新中国医学院讲义及有关资料贡献给国家,还担任部分妇科教学和临床带教工作,将自己的丰富经验毫无保留地传授给学生,还与许多著名的西医妇产科医师建立过业务交流和西学中的带教关系。总之,先父对于中医人才的培养、为祖国医学学术的传播,可说是竭尽其能了。

学术特点的形成

(一)融会贯通 先父在应诊早期是内、外、妇、儿科兼治的,中年以后着重内、妇两科,尤以妇科见长。早年的杂治,使其在错综中获得了多方面的临床经验,正因为有多科学识的基础,既有利于打破恪守一家的门户之见,又可熔各科学识于一炉,以为专科所用。先父对于妇科杂病的诊治常有奇效,有些病症前无著录,先父本人也从未遇到过,而他却能运用其多方面的经验和学识而获取出乎意料的功效。如曾经治疗一名女性腹腔脓肿患者,前医以癥瘕论治无效,西医诊断为腹腔巨大脓肿,嘱立即手术。先父不拘妇科的限制,以内科治脏痈的方法结合外科排脓之品,三剂而患者由肛门排出脓液数百毫升,一月之内即告痊愈。又曾治疗一例经来两手掌背起泡发痒的病例：患者素有痛经，兼见经前胸胁闷胀及腰酸等症，就诊前十个月发现每逢经行两手掌背起泡发痒，经净即退，脉虚弦，苔薄黄。先父认为此症系肝木郁结、湿热内蕴所致，处方以逍遥散为主，加桂枝、钩藤、鸡内金等品，两诊六剂而愈，随访三个月未复发。对于这样一例形如外症、又与月经有关的罕见病症，先父以逍遥散疏肝解郁，取仲景当归四逆用桂枝配当归、芍药，能横走四逆、养阴补血之意，再参合钩藤能解除四肢末端过敏之法而汇成此方，终于获效。这除显示了先父辨证施治的特点外，也还可溯源于其各科学识的渊博。将多科学识融会贯通，用于专科，由博返约，由"杂"知变，变中生新，这些似乎正是先父形成专科特长的原因之一。

（二）**重视脏腑气血** 从已整理成文的先父医案中，可以发现许多重视脏腑及气血辨证的实例。治疗妇科疾患重视肝脾肾，重视调气血，这似乎是尽人皆知的道理，但在临床实践中如何运用则往往各家均有不同的特点。先父认为女子以肝为先天，以肾为本，脾为气血生化之源，肺主气，心主血脉，调气血之中即可兼顾心肺两脏。所以重视肝脾肾和气血，并非将脏象学说割裂开来，重此轻彼，而是将脏腑学说和气血学说相结合，使重点更为突出。如先父治疗一例每逢经来音哑的病例，患者经前乳胀、胸闷、胁胀，腰酸腹痛，经量少而色淡，面色萎黄，咽干，尿频，脉沉弱而带弦，舌质淡，苔少。先父以这些兼证为依据，结合《素问·大奇论》所云"肝脉鹜暴，有所惊骇，脉不至若喑"和"胞脉者系于肾，少阴之脉贯肾系舌本"（《素问·奇病论》），以及"所谓入中为瘖者，阳盛已衰，故为瘖也"（《素问·脉解》）

的理论,不是单纯地从金实、金破不鸣着手,而以疏肝益肾配合养肺阴为法,三剂而效,以后随访未再复发。这是先父重视脏象学说、灵活运用经典原旨的一个典型范例。再如先父对于经前乳胀的诊治,大多以开郁行气为先,根据辨证所得,或合健脾和胃,或参养血益肾,或兼温补冲任;对重症崩漏者,理血之中或配健脾,或助固气,或清血热,十分合度,充分体现了重视脏腑气血这一特点,这些在先父的医案、医话和论述中均有详尽的著录。

(三)**研究奇经** 鉴于妇科经、带、胎、产诸证均以腰以下及小腹部为主要病所,而小腹及两少腹正是奇经的盘踞之处,故先父认为治疗妇科疾病除与脏腑、气血息息相关外,尤应重视与奇经的关系。在奇经八脉中,冲、任、督、带四经虽为历代妇科医家所重视,但专著甚少,至于阴阳维跷四脉的重视则更嫌不足。为此,先父多年来一直着力于奇经的研究,以求对于妇科学术有所裨益,曾先后发表了《冲任探讨》《带脉探讨》《阳维阴维探讨》《阳跷阴跷探讨》以及《奇经八脉在妇科临诊间的具体应用》等著述。先父在这些论文中根据《内经》《难经》以及李时珍的《奇经八脉考》等历代文献中的有关论述,来探讨奇经行经部位或脏器与妇科疾病的关系,并分析病机,将奇经病症分为实证和虚证两大类,指出:奇经的实证多属正虚邪实,包括久病瘕聚、产后血瘀及奇经气滞所形成的积聚;奇经虚证则包括发育不良、崩漏连绵不断及产后虚亏诸症。文中还探讨了奇经的治法,提出以辛香温散治瘕聚滞结,以升陷固带治经络弛缓,以血肉厚味治奇经虚惫,以腥臭脂膏治秽带精枯等法,并列举归经药物,附有效病例。这种从疾病的生理病理特点出发，将经络、脏象、气血学说有机地结合起来，将理论和实践紧密地结合起来的研究，将先父的学术成就推进到一个新的阶段。

（四）深究药理 先父从临床实践出发，在祖国医学理论的指导下，对于中药药理做过较为深入的研究。他常常能抓住疾病的要害，根据辨证论治的精神来精选用药，其中出奇制胜而获良效的实例屡见不鲜。先父曾经治疗过一例每逢经来高热至40℃甚至昏厥的患者，其经期惯早而绵延日久方净，兼有胸闷、胁胀、呕吐、脉弦、舌燥等症。初诊时先父从脏腑辨证，诊断为肝经郁热而致经行发热，采用清肝泄热之法，予柴胡疏肝散加减。服药二剂后，正值经行，虽然方中有黄芩、青蒿等品，但病者热势燔盛，并无显效。先父进而虑及肝经直上巅顶、肝火上扰者可有动风成厥之虞，前方虽然能清肝经之热，但对于风火附木、沿肝经上扰之证则仍嫌不足。于是，经再三推敲而加入钩藤一味，服二剂后，患者即诉头目清凉，体温下降，以后再未复发，经随访证实，已获远期疗效。据先父自述，他之所以选用钩藤，是根据李时珍《本草纲目》钩藤条所载"惊痫眩晕，皆肝风相火之病。钩藤通心包于肝木，风静火熄，则诸证自除"的药理作用而为之。又如先父根据《济阴纲目》眉批中所述"止涩之中须寓清凉，而清凉之中又须破瘀解结"的方法，从十灰丸的组合中获得启示，而对于有血瘀兼证的崩漏常选用熟军炭为君，每获良效。这类例子不胜枚举。

先父由研究奇经八脉进而探索《奇经药考》，从中认定覆盆子对于冲任虚亏的功效，并结合现代药理，在临床实践中证实了此药有提高雌激素水平、促进宫颈黏液出现羊齿状结晶的作用,进而提出了补冲任药物具有恢复及促进性腺功能的理论。这些实例都是先父深入研究药理的硕果。

(五)编辑医史,博采诸家　先父认为,了解中医妇产科发展的历史,吸取各种妇产科专著中的营养,是提高妇科学术水平所不可少的重要环节。他在五十年代末曾动员自己的子女和学生共同着手收集中国妇产科史料,并于六十年代初完成《中国妇产科史》一稿,约二十万言。限于当时的条件,这本文稿中所收集的资料可能不够全面,尤其是解放后的那一部分。但其中有关历代著作中与妇产科有关的文字资料以及现存中医妇产科专著等方面的材料还是相当丰富的。通过收集妇产科史料,使先父对中医妇产科发展的全过程、各家著作之间的相互影响有了比较系统而深入的了解,这无疑对于丰富自己的学识,形成自己的特点十分有益。这种严谨的治学态度,也正是先父能在妇产科领域内获得较高成就的又一重要因素。

忆秦伯未老师的治学精神

吴伯平[*]

[秦伯未小传] 秦伯未(1901～1970),名之济,号谦斋,上海市浦东人。早年毕业于丁甘仁先生创办的上海中医专门学校后,一面悬壶应诊,一面任教于上海中医专门学校、上海中国医学院和新中国医学院,并勤于著书立说。解放后,历任中央卫生部中医顾问、全国政治协商委员会委员等职,并执教于北京中医学院。治学勤奋严谨,在中医理论和临床方面均有较高造诣。一生著作宏富,主要有《清代名医医案精华》《清代名医医话精华》《读内经记》《内经类证》《中医治疗新律》《内经知要浅解》《金匮要略浅释》《中医入门》《谦斋医学讲稿》等。此外,在校勘、编纂、笺注和出版中医典籍以及编辑中医学院教材方面,都付出过

---

[*] 浙江省中医药研究所

辛勤劳动,成绩卓著。

秦伯未,字之济,号谦斋,晚年撰文所用笔名甚多,不克备录。上海市人,轩岐世家。祖父秦笛桥,以文名著,医术亦精。秦老髫龄即读医书,家学渊厚。时丁甘仁先生办中医专门学校于沪上,征聘江南名医执教,桃李甚众,名医程门雪、章次公、黄文东等皆出其门,声誉蜚然。秦老为广撷诸家之长,进校深造,学业益湛。毕业后除悬壶诊病、著书立说外,先后受聘于母校、中国医学院等校执教。全国解放后,参加国家机关,一九五五年应聘任中央卫生部中医顾问,并任教于北京中医学院,为发扬中医事业、培养中医人才倾注了许多心血。秦老的逝世,是中医界的一大损失。粉碎"四人帮"后,有关部门为他举行了平反昭雪和追悼大会。复刊后的《健康报》也发表文章纪念他。

秦老一生勤奋,青年时代就开始编著书籍。他在二十多岁时编纂的《清代名医医案精华》和《清代名医医话精华》至今犹具较高价值,是学习医案医话的重要参考书。其他如早年撰写的《读内经记》《内经类证》以及解放后出版的《中医入门》《中医临证备要》和《谦斋医学讲稿》等,都是学习中医的重要教科书和参考书。除著书外,他还写过不少有关中医政策、中医医史、医林人物、治疗心得、药物小品、学习方法、诗词歌赋等短篇,发表在报章杂志上。据不完全统计,秦老从事中医工作五十余年,编著书籍四五十种,撰写诗文数百篇,总字数达千万之巨。从这些数字可见秦老之勤。这些文字记载,于秦老作古后,弥觉珍贵,是研究秦老的治学精神、学术思想、理论特色、临床经验的重要资料。我学习肤浅,读书不精,加之驽钝不敏,难窥全豹,仅就随秦老学习,听秦老教诲过程中亲身经历的事实与感受,记述于下,对今天造就新一代的中医专家,或能有所启迪。

刻苦深钻 一丝不苟

凡接触过秦老或较多学习秦老著作的人,均感到秦老之学识,博大精深。中医理论或临证中一些难解之词、难懂之题,经秦老讲解,如庖丁解牛,都能迎刃而解,令学者有拨云开雾之感。譬如关于肝病病理名词"肝气""肝火""肝风""肝阳"等,不易搞清其确切概念及相互关系。听了秦老《论肝病》讲课后,条理清晰,心中了了(该讲稿以后收入《谦斋医学讲稿》中)。此外,如阴虚与血虚的鉴别,砂仁与蔻仁、藿香与佩兰等近似中药的应用异同,看一般书籍,不易分清,经他一指点,十分明了,临床运用得心应手。有人说秦老多年搞中医教学,交待问题层次清楚,容易让人理解。我认为这话仅说对了一部分。不经冰霜苦,哪得透骨香。秦老学识的深湛,完全得之于他的辛勤劳动和刻苦钻研。他曾说过,学习中医,特别是学习经典古籍,要下苦功夫,一个字,一句话,一个疑问,一个概念都不要放过,要彻底弄懂。这不单是对学生的要求,更可贵的是表现在他自己的求学精神中,如他早年著作《读内经记》一书,对《内经》中某些词句的释义、序次、错简等做了良苦的深研,对今天学习《内经》仍有较好的参考价值,特别由此可领会到秦老钻研难点的精神(本书出版较早,初版于1930年,近年来未见再版,识者不多)。早年如此,晚年仍锲而不舍。秦老晚年,名望地位甚高,工作会议极忙,但他对理解不够确切透彻的问题,仍不惜花费许多时间和精力认真考查。譬如为了搞清中医常用而又经常乱用的"證""症""证"几个词义的本末,查阅了《列子》《说文》《康熙字典》《辞源》等书籍,经过分析,弄清了:"症"是"證"的俗字,"证"是"證"的简体,实质上"證""证""症"是一个字,不能把"症"和"证"看作两个字,也不要把"症"解释为"症状","证"解释为中医特有的病理学名词,应该尊重字义出处,人为强加分别,反而使问题混淆不清,如西医的败血症、尿毒症,可以写"症",而中医的阴虚证、瘀血证为什么就不能写作"阴虚症""瘀血症"呢?他认为"症""证"是一个字,根据文字的本源和中医的特点,应统一为"证"字,不论是症状、症候、虚证、实证,一律都用"证"字。且不论他的这个意见是否完全正确,但他的钻研和探索精神是很值得学习的。此外,他对中医术语的理解和使用,要求十分细腻熨贴。如一般人对"疎肝""疏肝""舒肝"区分不显,为此,他考查了字义,指出"舒"是舒畅,舒适之意,"疏"同"疎",有疏泄、疏通之意。他并进一步结合临床实践,指出:如是肝气有余,郁滞或横逆,多为气分之病,偏于实,则应用疏肝法,方如柴胡疏肝散;如见肝气不足,郁结不欢,常影响血分,偏于虚,则应用舒肝法,方如逍遥散,兼有理血之品。由此数端,可见秦老治学之深,用心之细,其丰富学识,是经过长期艰苦砥砺而成。

兼收并蓄　融为己见

秦老讲学或著述,尤其是后期所作,有一个特色,就是抄引前人的原文较少,以经解经、训诂注释较少,而是通过自己归纳整理、融会贯通后,以比较完善系统的理论交给学者,深入浅出,内容完备,不偏不倚,令人容易接受。例如关于中医退热方法甚多,有《伤寒论》《金匮要略》的方法,有金元四大家的方法,有明清温病学派的方法,有王清任为代表的活血法等等。秦老不论派别,兼收并蓄,融会归纳,验之临床,总结为十四种退热法:发汗退热法,调和营卫退热法,清气退热法,通便退热法,催吐退热法,和解退热法,表里双解退热法,清化退热法,清营解毒退热法,舒郁退热法,祛瘀退热法,消导退热法,截疟退热法,滋补退热法。每一法中又融合了经方和时方,如发汗退热法中,既用麻黄汤,又用桑菊饮;和解退热法中,既用小柴胡汤,又用藿香正气散。这样把浩如烟海的中医典籍加以整理,对于使中医理论系统化、条理化、科学化是大有裨益的。再如他所编著的《治疗新律》一书,把中医常用的治疗法则,分门别类,归纳为十三门:痰之治疗律,食之治疗律,气之治疗律,血之治疗律,虚之治疗律,风之治疗律,寒之治疗律,暑之治疗律,湿之治疗律,燥之治疗律,火之治疗律,疫之治疗律,虫之治疗律等。每一门中先述病机、症候、脉象、舌苔和治疗原则,后列各种治法方药,如"痰之治疗律"中包括:宣散化痰法,清热化痰法,肃气化痰法,燥湿化痰法,温化痰饮法,清降痰热法,攻逐痰积法,消磨痰核法等八种辨证治法,基本上概括了有关痰证的各种治法。每一法下写明适应证,拟订基本方药,计七味,如消磨痰核法,主治皮里膜外、痰核流注。处方:淡海藻、白芥子各一钱五分,大贝母三钱,山慈菇五分,炙僵蚕三钱,海蜇皮一两(煎代水)。每张基本处方,选药配伍十分严密谨慎,无懈可击,左右逢源。但秦老在给我们讲解时,并不要求原法原方照搬,认为这只是一个原则,临床病情多变,必须根据病情化裁加减运用。这些"治疗律"包括了前人的七剂、八法,包涵了外感内伤的各种治法,又概括了脏腑病变的各种治法。这种归纳方法,可能导源于丁甘仁先生的一百一十三法,但比丁先生归纳之法更为条理清晰,简明扼要,系统全面,便于记忆,更适合于实际运用,在学习完中医基础课及临床课后,以此作为讲座,十分切合实用。见到这本书的人,均珍置案头,利于参考。惜乎该书出版较早,我见到过两个版本为一九五〇年前后的,近年未见再版,故知者不多。此外,《谦斋医学讲稿》中的《脏腑发病及用药法则提要》《论肝病》《温病一得》《气血湿痰治法述要》等论文,均属于这一类,读后可使读者在这个问题上有全面系统的了解。我认为这是秦老治学的又一个特点。

临床辨证　周密完整

有一种误解,认为秦老长期担任中医教学,著作又多,主要精力放在讲课和写作上,临床水平不一定高。但在亲随秦老学习时,见到他分析病情周密认真,立法处方严谨贴切以及治疗效果良好,使我深深体会到医学是一门实践与理论密切结合的科学,来不得半点侥幸。一个中医师,只有具备深厚扎实的理论基础才有准确而灵活的辨证思维,从而才能取得理想的临床效果;反之,临床上能取得可重复的、确切的治疗效果,必定具有坚实的理论基础。秦老有深湛的、完整的、娴熟的中医理论为指导,因此临床上对许多重危、疑难疾病,大多取得较好的疗效。记得秦老在查房时,不是把病人全部看完再一起处方,而是每次诊治一两个病人,诊察后,处好方,再看另外的病人。他说病人看多了,症状脉舌可能记不准确,辨证处方当然也不够精确。其实秦老的记忆力十分好,他这种严格要求自己和对病人认真负责的精神,也是他取得成功的重要因素。兹举一例"全身疼痛"病人的诊治与分析,以学习秦老的思维方法:

某女。身痛数年,劳后加重,心悸气短,头晕无力,毛发稀疏,精神疲倦,下肢浮肿,肢端麻木,胃纳不振,饮食衰少,小便反数,日晡微热,口干少饮,月经后延、量少,腹不痛而腰痛,时有齿龈出血。舌尖赤,苔根白腻。

(一)辨主证　全身痛。病所:全身,痛无定所;发作时间:时痛时止;性质:按之不痛,不红不肿;病因:过劳加重,与季节无关。初步考虑:不是外感实证而是内伤虚证。

(二)辨兼证

1. 心悸气短,毛发稀疏,头晕无力,为心血不足;

2. 下肢浮肿,肢端麻木,胃纳不振,饮食衰少,小便频数,为脾肾阳(气)虚;

3. 日晡潮热,口干少饮,为阴分不足;

4. 月经后延、量少,腹不痛而腰痛,齿龈出血,精神疲倦,为气血两虚;

5. 脉细弱,为气血不足;

6. 舌尖红赤,为阴分亏损;舌根苔白腻,为肾水外泛。

(三)鉴别

1. 伤寒身痛:发热恶寒,一身尽痛,痛而拘急,脉象浮紧;

2. 中暑身痛:发于暑月,自汗身痛,痛而不甚,神倦脉濡;

3. 中湿身痛:身痛而重,甚则不能转侧,脉象缓而涩;

4. 时毒身痛:病起急骤,高热口渴,沿户传染,脉象洪数;

5. 霍乱身痛:身痛转筋,吐泻剧烈,口渴溺少,脉数;

6. 阴毒身痛:身如被杖,面青咽痛,体表锦斑,脉沉细而疾;

7. 寒湿相搏身痛:天阴加剧,背项拘痛,但头汗出,脉沉涩;

8. 风湿相搏身痛:骨节疼痛,游走不定,遇寒加剧,脉象弦数;

9. 湿热相搏身痛:遍身痛烦,小便黄赤不畅,脉浮滑;

10. 肝郁身痛:自觉寒热,胸胁不舒,气恼加重,月事不调,脉弦小数;

11. 内伤身痛:遇劳加剧,气短身疲(血虚者劳累后疼痛加剧,阴虚者多于午后加重),脉无力;

12. 瘀血身痛:痛如刀刺,痛有定处,入夜加重,脉涩。

结论:本证为气血双虚,经络涩滞。气虚则脾肾无力,血少则阴分受损。治宜调补气血,兼顾脾肾。注意:脾运不力,谨防滋腻碍胃。

处方:生黄芪　细生地　当归　鳖甲　桂枝　白芍　附片　云苓　秦艽　杜仲　炙草

从上述病例分析可以见到,秦老临床时总是娴熟而全面地运用中医诊法,完整地掌握资料,系统地剖析每一个症状及脉象舌苔,然后在可靠的基础上得出有确凿依据的辨证结论。秦老常说:如果完整全面地分析病情,不可能得出各式各样的辨证结论,只能有一个病机。也就是说,正确的辨证只能是一个结论。"必然逼上一条路",这是秦老的口头禅。他反对单凭一个症状、一个脉象、一个舌象,就贸然处方。

总结规律　勇于创新

秦老对每一个病人、每一次诊疗的诊断、辨证、立方遣药均要求周密严谨,重视其个体的特异性。他曾提出对确实有效和按照辨证治疗失败的病例,一个一个地总结。但总结不是停留在个别案例上,而是为了找到其规律性的东西,秦老一直艰苦地在做这项工作。他是一个有相当名望和地位的老中医,为了摸索中医对某些西医确诊疾病的辨证论治规律,他一有机会就向西医同志学习,翻阅西医书籍,以扩大自己的眼界,丰富自己的思路,逐步实现中西医渗透和结合。他反对中医西医相对立,故步自封。譬如他把某些实验室指标结合到中医辨证中来考虑,如白细胞增多认为是邪毒亢盛,血红蛋白降低认为是气血两虚。进一步,他又思考用中医中药来改善这些指标,如考虑用血余炭、阿胶珠来减除尿中红细胞,用白扁豆、淮山药来消除尿中白细胞等。他说,听诊器是闻诊的延伸,X线、显微镜是望诊的延伸,补充耳朵、眼睛的不足,不应该排斥,应该采纳。在这种思想指导下,他逐步积累了用中医中药治疗西医病名疾病的一些经验和治疗规律,如溃疡病、白血病、脊髓痨、一氧化碳中毒等,限于篇幅,不能一一介绍,详见《谦斋医学讲稿》。

精于思巧　知常达变

秦老的处方大多以稳健著称,理法方药,丝丝入扣,这是秦老运用中医理论认识疾病、处理疾病的普遍规律,是常法。但对于有些疑难病、夹杂症、少见病等,就需要有活泼的思考方法,抓住疾病一两个特征性表现,出奇致胜、异兵突起,方能奏效,这是特殊规律,是变法。所谓"医者意也",可能就是指这一类处理方法。常,是符合中医理论的规律;变,也要按照中医理论,而不是标新立异,别出心裁,违反中医理论去瞎碰。譬如有一例水肿病人,刘姓,男,三十三岁。全身浮肿,已届数月,颈项肿胀若首,阴囊积水如斗,二便闭塞不通,喘息胸闷气短,皮肤干涩无汗,食物水浆不进。用西药利尿剂始有效,终无效;大剂健脾、利水、温肾中药不应。脉沉弱,舌质胖淡。请秦老会诊。秦老翻阅以往所用中药处方,泄利之剂,用量极大,水肿不退,二便不下。看来常法已不能奏功。细审病情,气短喘息、表闭无汗这两个症状十分突出,中医理论有"肺为水之上源"之说,水肿治法有"提壶揭盖"之施。毅然用麻黄汤加减,服药二剂,肺气一开,小便利下,水肿遂退。病情危殆,治法脱颖,非胸有成竹者,焉能为此？对另一例频繁呕吐女病人的治疗,亦可见秦老用思之巧:证见呕吐数月,食已即吐,吐不尽胃,甚则闻食味、药味即吐;检前处方,有健脾养胃之剂,有清胃化浊之剂,药量均较重;测其脉,关脉弦滑小数,验其舌,舌中根苔黄薄。秦老为处黄连一分,竹茹五分,佛手柑二分,呕吐即平。叩问所用之药前医均已用过,为何此效而彼不效？秦老答曰:效在用量之轻。

艺术陶冶　功力益精

秦老的医学成就,当然与他深厚的医理基础有关,但也大大得益于他多方面的艺术修养。宋·陆游有一首诗,说明其他艺术修养对诗的影响,诗曰:"诗为六艺一,岂容资狡狯。汝果欲学诗,工夫在诗外。"

秦老的古文学,包括诗词歌赋,不仅登堂入室,而且有相当水平,向为中医界所称道。秦老的书法,能写小篆、北魏、隶书,锻炼有素,但以写赵之谦体最为纯熟,功架稳健,端庄秀丽。秦老的丹青和金石,也有相当修养,但流传不多。

秦老一生著作如此之巨,十分得力于他在文学上的造诣。他写文章,构思成熟,布局恰当,用词熨贴,下笔如有神。千言之作，一气呵成，很少返工大改。他讲课，内容新颖生动，说理透彻，词汇丰茂，条理性、逻辑性强，记下来就是一篇文章。这与他各方面深厚的修养是分不开的。

秦老的处方，整齐清晰，一般每张药方十一味，分作四行书写，第一至三行每行三味，第四行两味。按君臣佐使排列，每个药的字数要相应，很合乎美学原则，又便于药房辨认。他很讨厌处方杂乱无章，下笔前无计划，药味上下左右乱加，君臣佐使主次不分，不但不美观，也给药房工作造成困难，甚至发生差错事故。

忆赵锡武

郭玉英* 张问渠**

[赵锡武小传] 赵锡武(1902~1980),原名钟录,河南省夏邑县人。解放前曾在北京学医、行医,并在华北国医学院任教。全国解放后,任北京中医学校门诊部医师。一九五五年调中医研究院,历任中医研究院西苑医院心血管病研究室主任,中医研究院教授、副院长,北京市人大代表,第三届全国政协委员,第三届全国人民代表大会代表,中共十一次代表大会代表,中华医学会中西医学术交流委员会委员,中华全国中医学会副会长等职,并曾出席过一、二届全国科技大会,为大会主席团成员。学识渊博,精通祖国医学经典著作,在医疗实践中不拘泥古人的理论,每能提出独特见解,主张中西医结合,十分重视临床实践,疗效显著。一

---

* ** 中医研究院西苑医院

生发表过不少论文,主要著作有《赵锡武医疗经验》等。

刻苦攻读　经历艰辛

赵老出身于工人家庭,幼小随父奔走四方。七岁入私塾,因不屑于功名而辍学。后自学中医,从药物入手,再学《内经》《难经》《伤寒》《金匮》等经典著作,后从陶卿学医,刻苦攻读,废寝忘食,打下牢固基础。为了进一步提高中医学术水平,又到国医公会办的讲习所学习,此期间,曾向施今墨、肖龙友等著名中医求教。解放前夕,在华北国医学院任教,当时报酬微薄,生活十分困难,中医事业又受摧残、歧视,但他积极发起组织中医医学社,开展中医学术活动,同时经常对穷人免费施诊。早年受党的进步思想影响,在抗日战争时期,富有民族气节,保护过我党地下工作人员。解放后,积极参加社会主义革命和社会主义建设,热爱党的中医事业,认真贯彻中医政策。对危重病人的治疗从不推辞,全力以赴加以抢救。自己因心脏病多次住院,但只要稍好,即仍坚持出诊。

勇于实践　敢于创新

赵老行医五十余年,治学态度严谨,重视临床实践,强调实事求是,反对华而不实。他是一位经方家,但对后世著作亦造诣精深,在学术上善于博采各家之长,不执于一家之说。特别可贵的是,他能结合现代医学知识,在中医原有理论基础上,勇于提出新的见解。他首先提出对某些急性传染病的中医辨证论治,不必拘于卫气营血学说。如当肺炎诊断成立时,其病位即已在脏,非一般辛凉之剂所能治,提出辛凉清热、甘寒凉营、化浊解毒综合运用的观点,收到成效。又如对小儿麻痹症,在急性期主张清热透表、芳香逐秽、调肝熄风、宣痹通络为法,方选加味葛根芩连汤;恢复期主张滋肝肾、强筋骨、补气血,自拟加味金刚丸治疗。对糖尿病的治疗,提出"三焦兼顾,三消同治"的学说,拟定"糖尿病1号"通用方,实践证明效果良好。众所周知,赵老在研究冠心病、心肌梗死、脑血管病等方面积累了丰富经验。

冠心病属于中医胸痹、心痛范畴,仲景只以"阳微阴弦"四字,高度概括其病机在于"极虚",并指出上焦阳微之虚,造成脉络阴弦之实,反能影响阳微之虚,不但血不足为阳微之果,且为阴弦之因。《金匮要略·胸痹心痛短气病脉证治》说:"夫脉当取太过不及,阳微阴弦,即胸痹而痛。所以然者,责其极虚也。今阳微知在上焦,所以胸痹、心痛者,以其阴弦故也。"这清楚地指出了病因是上焦阳虚。由于心为阳中之太阳,位于胸中,上焦阳虚,必然是心阳虚微,机能减弱,直接影响血脉致循环不畅。《痹论》也指出"心痹者脉不通"。"不通则痛",呈现胸痹心痛症状。机体营养需水谷精微之输布,靠心阳鼓动之流动。心阳不足就必然导致浊阴不化,五脏六腑代谢异常,日久心血管就渐显病理改变。盖虚不是一般虚,为"极虚"。为虚导致实,即所谓"本虚标实"。赵老认为这一点在临床上是十分重要的,"阳微阴弦"是胸痹心痛之总纲。

赵老认为心与胃关系十分密切，在治疗冠心病中提出心胃同治，就是说必须认识到胃在冠心病的治疗中有一定位置。《金匮要略·呕吐哕下利病脉证治》中指出："因发汗而致阳气衰微，膈气虚弱，不能消谷化食，胃中虚冷，胃气无余，不能养心。"同一篇中又指出："寸口脉微而数，微则无气，无气则荣虚，荣虚则血不足，血不足则胸中冷。"这说明心阳虚能使胃阳虚，胃虚冷。而胃中虚冷又可以使阳微无气，胸中冷，脉不通。如此恶性循环，病情加剧。其病机为，胃阳虚不能消化谷肉瓜果，则二气无源（营、卫、宗气之源来自中焦），造成阳微无气，血不足，胸中冷，脉不通，直接影响血液循环，形成胸痹心痛，因此可以认为心胃互相依赖，心需胃营养，胃又需心供给血液。临床可见"胃强心亦强，胃弱心亦弱"的现象。《素问·平人气象论》也反复解释了这一点，指出胃的大络是由胃腑直接分出的一条大络脉，其循行路线是：由胃上行，贯通横膈，连络肺脏后，向外布于左胸乳部的下方（即心尖搏动的部位），故可知其关系之密切。另外，人体之热产于胃，胃寒则血凝，胃热则血浊。血凝则血衰阳微而卫外之功能减退，血浊则血之流通不畅，血中之代谢物质陈腐瘀积，亦均影响健康，故心胃同治一法在临床上应予重视。赵老对心胃同治具体用法为：胸痹，胸中气塞短气，证偏实者，宜桔枳姜汤加减；若证见胸中气塞，动则气短心悸，病兼在肺而无胃肠症状者，则应改用茯苓杏仁甘草汤；胸痹，心中痞气，气结在胸，胸满胁下逆，抢心，证偏虚者宜人参汤加味；胸痹，食后腹胀满、证虚者，宜厚姜半甘参汤加减；下利呕吐者，吴茱萸汤。

总而言之，赵老对冠心病的治疗原则是以补为主，以补为通，通补兼施，补而不壅塞，通而不损正气，并在实践中除宣痹通阳法、心胃同治法外，还提出补气养血、扶阳抑阴、活血行水、补肾养筋等六种不同治则，在临床收到较好的效果。

心肌炎一症，赵老认为，系由于温毒直接侵犯营血，损伤心肌。因营属血，"心舍脉""营行脉中"，余毒未得清除，日久心肌受损，病人表现心肌损伤，或心衰，脉数弱，有身热、心悸、气短、舌赤等邪正俱衰现象，提出"清热、祛邪、排毒"的法则。初期为阴虚，日久为阳虚，故初期以养阴清热、宣散排毒为法，可用竹叶石膏汤加味，或用银翘散加味；日久阳虚可用桂附之类。但本病以阴虚为主，可选用生脉散合一贯煎加栀子、丹皮、川连、板蓝根、蒲公英等。

对发展中医事业的见解

解放以来，随着形势发展，我国形成了中医、西医、中西医结合的队伍。赵老以为：一定要调动这三支力量各方面的积极因素。它们既有共性，又各有特点；既有离的一面，又有合的一面，离与合是对立统一的辩证关系。当前的关键是解放思想，充分发扬学术民主，在此基础上，统筹兼顾，付诸实施。赵老尤其注意中医队伍的建设和发展问题，因为这关系到中医事业后继有人的问题。

赵老认为中医队伍建设不外乎两个方面：一是要迅速地造就一批真正掌握祖国医学遗产（精华部分）的人才，从而迅速改变中医队伍后继乏人的严重局面；二是应当有组织、有计划地把我国现有的年高体弱，而又有丰富临床经验的中医老前辈的宝贵经验尽快地继承下来,传给下一代。后者应抓紧,绝不能使祖先在几千年医疗实践中所积累的那些未成文字的宝贵经验在我们这一代丢失。为此,要做好办好以下几件事:其一,办好中医研究生班和中医学院;其二,给有经验或有一技之长的老中医配备年富力强的中医学院毕业生或西医学习中医水平较高的人员;其三,组织有一定专业水平的人员对历代医籍进行整理研究,与此同时亦要办好各种形式的中医刊物。对于在实践中确有苗头的中草药,应该组织力量进行研究、筛选和创造卓有成效的方剂。总之,壮大队伍,造就人才,这是中医事业得以进一步发扬光大的关键。

勤奋好学　乐育英才

——记黄文东教授

胡建华*

[黄文东小传]　黄文东(1902~1981)，字蔚春，江苏吴江人。十四岁考入上海中医专门学校，受业于沪上名医丁甘仁先生门下。十九岁毕业后先在原籍开业十年，后执教于母校，任教务长之职，同时在上海武定路寓所悬壶。解放后，历任上海中医学院中医内科教研组主任、上海中医学院附属龙华医院内科主任、上海中医学院院长、中华医学会上海分会副会长、上海市中医学会理事长、上海市政协委员等职。毕生倾心中医学术和中医教育事业，桃李遍于海内外。主要著作有《丁氏学派的形成和学术上的成就》《黄文东医案》《黄氏论医集》《金匮新辑》等。

---

* 上海中医学院

此外,还担任过中医院校教材《中医内科学》和《著名中医学家的学术经验——中国现代医学家丛书之一》的主编工作。

得名师指点　靠自己勤奋

黄老十四岁时,投考上海中医专门学校,录取后受业于孟河名医丁甘仁先生门下。在校期间,勤奋学习,刻苦钻研,在中医学术理论方面,打下了厚实的根基。

一次,随丁甘仁先生去沪南广益中医院会诊,遇到一气喘、汗出肢冷、脉象沉细欲绝的老年患者,病情重笃。丁老问:"此属何症?如何治疗?"答曰:"此由肾气不纳,肺气不降所致,乃喘脱重症,急宜回阳救脱,拟参附龙牡汤以图挽救。"丁从其意,服药后得以转危为安。此后,丁对黄倍加青睐,训勉备至,学业随之猛进。学习五年期满,于一九二一年以首届第一名毕业于该校。

既从事临床　又肩负教学

黄老于一九二一年离校后,怀着"仁术济世"之心,于同年返回原籍江苏省吴江县震泽镇悬壶应世。十年中活人无数,得到群众的信任。一九三一年应丁济万校长邀请,返母校执教,担任《本草》《伤寒论》《金匮要略》《妇科学》《儿科学》《名著选辑》等的教学工作及教务长之职。前后凡十七年,直至一九四八年该校停办为止。执教期间,同时开业于上海武定路寓所。解放初期,即主办中医进修班、中医师资训练班,以后又负责上海中医学院教学的领导工作。

黄老之所以对祖国医学有深邃的造诣,除了少年苦读打下基础,加以谦逊好学、治学严谨外,主要由于他有六十年的临床实践和五十年的教学实践,积累了丰富的经验。这样长的专业教龄,在老一辈的中医中也是罕见的。临床和教学双肩挑,理论与实际紧相联,在漫长的岁月里,艰苦的劳动中,形成了黄氏独特的教学风格和学术流派。

呕心沥血　培桃育李

我在长期受业于黄老的过程中,深感他对学生既严格要求,一丝不苟,同时又毫无保留地热情传授经验。记得我在前上海中医学院(上海中医专门学校改名)学医时,黄老在"医论"作业中,曾布置过如下两个题目:"内经五虚死症之原由论""冬应寒而反温,春应温而反寒,天时不正,酿成疾病,试就近时所见闻者而论之"。记得黄老发做业时,总是做个别辅导,指出可取之处,加以鼓励,对存在的问题,进行具体剖析。至今,我还珍藏着当时他为我批改的作业和亲笔填写的成绩报告单,评语分别是:"举一反三,推陈出新,洵是善读书者""温病之类别,将于温病讲义之末加以阐述,作者所见不广,故未能深入显出也"。学生对"医论""医案"等作业活动兴趣浓厚,对于提高理论水平起了很大的作用。

黄老上课的特点是:在方法上做到深入浅出,生动易懂,注意启发学生思考问题;在内容上重视理论联系实际,便于学生将理论运用于临床。他认为中医学院学生,尚缺乏临床经验,一定要把课文讲深讲透。具体地说:重点要突出,不能平铺直叙;难点要攻破,不能马马虎虎;疑点要解剖,不能模模糊糊。西医学习中医的学员已有临床经验,讲课时对课文内容,最忌逐字逐句地讲,应该抓住重点,从理论上进行分析。在引证各家论述之后,必须谈出自己的见解和临床经验。

撷取李叶之长 善于调理脾胃

黄老对《内》《难》二经和仲景学说,深入探索。而对李东垣、叶天士著作,钻研尤勤。在学术思想上,突出人以胃气为本,强调调整脏腑之间升清降浊的功能,以及把握阴阳五行相互制约、相互依存的关系。在临床时非常重视调理脾胃。其处方用药,不尚矜奇炫异,常挽逆证于轻灵之方,起沉疴于平淡之剂,故为同道和学生所称颂。

黄老认为:"脾胃乃后天之本,为气血生化之源。久病体质虚弱,如治疗不当,积虚成损,在治疗外感内伤疾病中,必须时时注意照顾脾胃。具体地说,不能一见热象,就轻易用黄芩、黄连、大黄等大剂苦寒克伐,以免损伤脾胃;也不能一见阴血不足,不考虑脾胃的接受能力就随便用熟地、阿胶等腻补之品,以免影响脾胃运化功能。"又说:"久病不愈,与脾胃关系最为密切。常见肝病患者,脾亦受病。《金匮要略》'肝病传脾'的理论,有正确的指导意义。至于'见肝之病,不解实脾,唯治肝也',这是缺乏整体观念的表现,因此,不能达到满意的疗效。"黄老指出:"此外,脾与他脏关系,在治疗上亦甚密切。如肺病可以用健脾养肺之法,使水谷之精微上输于肺,肺气充沛,足以控制病情的发展;如肾病可以用健脾制水之法,肾脏的元阳,赖谷气以充实,使阳生阴长,水能化气,正气胜而病邪自却;心病可以用补脾生血之法,增强供血来源,使血液充足,循环通畅,而心神得以安宁。"他认为,东垣用药偏于温燥升补,对胃失降和、胃阴耗伤等疾病,还有不足的一面,因而赞同叶氏提出的"脾喜刚燥,胃喜柔润""脾宜升则健,胃宜降则和"的理论。黄老之重视脾胃,源于东垣,而又不拘泥于东垣,取李、叶两家之长,在临床实践中灵活运用,从而取得较好疗效。

例一,慢性结肠炎。徐某,男,二十一岁。

初诊:一九八〇年三月二十一日。自幼年开始,大便溏薄,便次增多,曾在他院两次做乙状结肠镜检查,提示肠壁充血水肿,诊断为慢性结肠炎。曾患痢疾,无血吸虫病史。目前大便每日二至三次,多则五次,腹冷,无腹痛,大便不实,而腹胀最为明显,胃纳一般,舌红胖,苔根腻,脉细弦。证属脾气虚弱,运化无权,兼有气滞肠热之象,日久阴分亦伤。以益气健脾,理气温中,稍佐清理湿热之品为治。处方:太子参四钱,白术三钱,炮姜一钱五分,炒防风、广木香、秦皮、青皮、陈皮各三钱,大腹皮、炒六曲各四钱,香连丸二钱(分二次吞)。三诊时大便减至一日二次,感畏寒、乏力、耳鸣。于上方加熟附子、党参,以温补脾肾。七诊时大便日行一至二次,已成形。仍守前法。十个月后,大便基本正常,日行一至二次。乙状结肠镜检查无异常发现。

黄老认为,泄泻初起,往往由于饮食不节、过度劳累及感受外邪所致,病在脾胃,未涉他脏,治之尚易。如长期劳倦,情怀不舒,久病不愈,或湿邪内蕴,导致脾气亏虚,气机阻滞,脏腑功能失调,邪恋难去,病情缠绵难愈,而发展成为慢性泄泻。黄老认为,本病的主要病理变化,是脾虚肝旺,肠有湿热,甚则下伤于肾,以致肾关不固,治疗当以温中健脾,清肠化湿为主,并根据不同病情,配用抑肝、温肾、固涩等法。本例乃脾虚不运,气滞肠热之泄泻,故以健脾温中为主,佐以清利湿热。黄老经验:患者既见脾阳不运,又夹肠中湿热,善于寒温并用,虚实兼顾,炮姜温运脾阳,助阳而不恋邪,秦皮、香连丸清热化湿,祛邪而不伤阳。患者腹泻次数较多,但见苔腻、腹胀等内有积滞之象,万不能妄投固涩,选用六曲、腹皮等消导之品为宜。方中党参、白术配炒防风以补脾升清止泻。综观全方,处处围绕以调理脾胃为中心环节,终于取得满意的疗效。

例二,溶血性贫血。陈某,女,二十七岁。

初诊:一九七四年十二月二十七日。自五岁时即患贫血。现面无华色,头晕耳鸣,腰酸,月经延后一周,量少。此外无出血现象,咽喉疼痛,大便不成形,食欲不振。舌质淡,苔薄白,脉细。来我院门诊治疗已半年余,服调补气血之剂效不明显。本月九日验血:血红蛋白 33 g/L,红细胞 1.36×10^{12}/L,白细胞 5.2×10^9/L,血小板计数 65×10^9/L,网织红细胞 0.005。西医诊断为溶血性贫血。证属脾肾俱虚,阳不生阴,与一般气血虚者不同。治以补养脾肾、助阳生阴之法。处方:党参,白术各四钱,茯苓三钱,炙甘草二钱,当归、白芍、生地、熟地各三钱,川芎二钱,川断四钱,仙灵脾、巴戟天各三钱,仙鹤草一两,红枣五枚。五剂。二诊原方加减。三诊:一月十三日。服药后一般情况均有明显改善,面有华色,唇渐红,胃纳佳,二便调。四诊:一月二十八日。情况较好,大便干燥,二三日一次,多梦。舌略胖,脉细。血象:血红蛋白 $77×10^9$/L,红细胞 $2.95×10^{12}$/L,白细胞 $5×10^9$/L,血小板计数 $98×10^9$/L,网织红细胞 0.02。处方:党参、白术各四钱,茯苓三钱,炙甘草二钱,当归、白芍各三钱,川芎二钱,生、熟地各三钱,仙灵脾五钱,巴戟天三钱,仙鹤草一两,续断三钱,胡桃肉四钱,红枣三钱。

本例患者贫血已久,病情较重。气血虚而难复,不仅脾胃运化功能不健,不能生化气血,而且肾阳不振,阳不生阴,以至阴血不能生长。病久体弱,治疗仍须抓住脾胃这一关键。方用黄芪、党参、白术、茯苓、甘草益气健脾,以资生化气血之源;当归、芍药、地黄、川芎补养阴血,因月经错后,兼有活血通经之功。加入仙灵脾、巴戟天等以补肾阳,益精气,助阳以生阴。根据黄老的经验,附子、肉桂等温燥之品,对阳虚而阴血亏耗者不宜用,故选仙灵脾、巴戟天等温柔之品,助阳而不伤阴,终使脾肾功能渐复,营气渐充,而贫血得以好转。

推崇《医林改错》 长于活血化瘀

黄老对王清任所著《医林改错》颇为赞赏,擅长用活血化瘀法治疗疾病。对瘀血的辨证,非常重视望诊。见病人舌质淡青,目眶微晦,面部隐隐灰滞,虽然这些现象仅属隐约可见,黄老师防微杜渐地作瘀血论治。再结合病程久暂、痛处之移著而审察瘀血之所在,加以随证施治。他认为:出血病人,不仅需要用止血药,而且还要选用活血化瘀药,有时甚至比止血药更占重要地位。这是因为离经之瘀血不去,新血不能归经,则出血亦不能及时止住;同时单纯用止血药,即使起到止血作用,但瘀血停滞于脉络,必然会引起种种遗患。而在活血化瘀药的选用方面,亦作细致斟酌。例如治疗上消化道出血患者,胸脘疼痛,大便色黑,舌质淡青,或妇女月经过多,夹有血块,少腹疼痛,均为出血而又夹瘀之症,选用生蒲黄、失笑散、参三七、云南白药等,化瘀而不动血,止血而不凝瘀。活血化瘀药常与理气、行气药配合使用;阴血赖阳气以推动,气虚不运,或阳虚阴寒凝滞,则活血化瘀药又与补气温阳药同用。

例三,心律不齐。孔某,男,成年。

初诊:一九七五年二月六日。两年来心悸时作时休,胸闷善太息,气短,大便干结。舌质淡红,苔薄。脉小弦结代。一九七二年心电图示频发早搏。证属气血亏耗,心失所养,以致心阳不振,气血失于调畅。治当补益心气,调养阴血,兼通心阳,佐以理气活血之法。处方:党参四钱,炙甘草三钱,桂枝二钱,赤芍、当归各四钱,淮小麦一两,佛手一钱五分,郁金四钱,香橼皮三钱,茶树根一两,红枣五枚。先后用原方加减,服药三十四剂,症状逐步减轻,结代脉逐步减少。三诊时已上班工作,六诊时未见结代脉。

心悸多属虚证,如气滞而血行不畅,则为本虚标实之症。本例由于气血亏耗,心失所养,导致心阳不振,气机不调,故见心悸气短,胸闷太息,脉来结代等症。黄老用炙甘草汤合甘麦大枣汤,除去生地、阿胶等滋腻药,并佐以理气行血之品。以党参、炙甘草补益心气,当归、赤芍养心活血,桂枝温通心阳为主;淮小麦、红枣养心润燥而安神,佛手、郁金、香橼理气开郁而宣脾;用茶树根益心气以治结代脉。"气为血之帅。"依据阴血赖阳气以推动之原理,重点在于补心气和通心阳。心阳通,心气复,则脉结代可以消失;合补心养血药以充盈血脉,使阳气有所依附而不致浮越,则心悸亦自止。患者胸闷太息,乃心气不足之象,非属湿阻气滞,虚实悬殊,必须加以鉴别。

例四,咳血。李某,男,七十四岁。

初诊:一九七四年十二月十七日。咳血经久不愈,已四月余,经胸透排除肺癌和肺结核,原有轻度肺气肿。目前咳不甚剧,前晚曾咯出鲜血十余口,痰如白沫,有时左胁隐痛,口干,动则气急,饮食二便均正常。舌苔薄,脉弦。证属肝火犯肺,肺络受伤。治以清肺平肝,化瘀和络之法。用泻白散合黛蛤散加减。处方:桑白皮、地骨皮各四钱,北沙参、杏仁各三钱,桃仁一钱五分,丹皮、赤芍各三钱,制川军一钱五分,黄芩三钱,炙苏子、黛蛤散(包煎)各四钱。六剂。二诊:十二月二十四日。咳血已止,胁痛亦减,咯痰不爽,纳食如常。舌苔薄,脉弦。仍与清肺平肝,滋阴宁络之法。原方去桃仁,加瓜蒌皮、麦冬各三钱。六剂。三诊:十二月三十一日。十余日来未见咯血,但左胁偶有牵痛,咳已少,鼻燥,二便正常。苔薄腻,脉弦。再拟清养气阴,润肺化痰,以善其后。处方:北沙参、桑白皮、地骨皮、黄芩、杏仁各三钱,冬瓜子四钱,丝瓜络二钱,赤芍三钱,炙远志一钱五分。六剂。

本例曾用强力霉素、安络血、三七粉、白及粉、八号止血粉、维生素K等药物,并服中药二十余剂,均未奏效。黄老认为,患者肝火偏旺,阴虚火扰,灼伤肺络,故见咳痰带血,或见纯血鲜红,经久不止。肝脉布于两胁,脉络瘀滞,故见胁肋引痛。方用泻白散泻肺清热,黛蛤散清肝化痰。又因络伤血溢日久,必有留瘀,故用桃仁、赤芍等活血化瘀。其中制大黄一味,能化瘀止血,推陈致新。肝火既降,肺气清肃,瘀血下行,故方中未用很多的止血药而血自止。黄老治疗血证,常用大黄,认为其性苦寒,功能导滞泻火,凉血行瘀。曾治一少妇经闭,少腹作胀,鼻衄量多,呈周期性。黄老辨证分析:此乃营血有热,迫血妄行,月事不能循经而下,逆而上行,俗称"倒经"。用玉烛散(即四物汤、调胃承气汤二方组成)去芒硝加牛膝。其中制大黄泻热化瘀,引血下行。经过治疗,鼻衄渐止,以后月经趋于正常。如果此例因鼻衄量多,而用一派凉血止血药物,无异舍本逐末,恐难奏效。

学贯古今　艺擅众妙

——忆当代名医程门雪

何时希*

[程门雪小传]　程门雪(1902~1972)，字九如，江西婺源人。幼年至上海，学医于安徽省歙县名医汪莲石先生。数年后，汪已年老，又与江苏省孟河名医丁甘仁先生交密，遂介绍转拜丁先生为师。时丁初创上海专门学校于老西

门内石皮弄，程氏以优异成绩为该校第一届毕业生，并为丁先生学说的传人。丁先生殁后，其子丁仲英任该校董事，孙丁济万继任校长。改名为私立上海中医学院，程留任为教务长，兼任教职及广益中医院医务主任，四五年后离去，自设诊所于上海西门路。解放后，历任上海市卫生局顾问、上海中医学院院长、上海中医学会主任委员，第二届、第三届全国人

---

* 上海中医学院

民代表大会代表等职。善治温热时病,用药轻灵,主张"轻以去实"。著有《金匮篇解》《程门雪医案》等。于书画金石亦有一定造诣。

程氏的容仪

程门雪生于一个半耕半读的家庭。青年时骨格清秀,形体瘦小(晚年较丰)。程氏外貌沉默寡言,不轻易发表意见,却善于听取别人意见。临诊之际,静聆病家口诉,偶然提出问题,洞中病情,要言不繁,所谓"夫人不言,言必有中"。当答复同学质疑问难时,则滔滔不绝,辩才无碍。记得我少年时,常去夜谈求教,他既诲人不倦,我也欲去还留,每到晓光催人,才赋归去。他是这样地予人以学识。

但他有时也很风趣,说几句诙谐话,妙语如珠,能使受者面赤,听者拊掌,不是不可亲近的道貌岸然者。

教学相长,学贯古今

学贯古今的"贯"字,这里不作"淹博"或"会通"解,而是说程氏能把仲景学说"一以贯之",乃"贯串"之意。

程氏治学的道路,可以说是学校出身的人走过的"常路",即"泛读各科,浅涉各家,莫衷一是,结果是一无所长(特长)"。程氏四十三岁时,在某一著作的自序中说:"幼而荒嬉,长入五都之市,目迷于色,耳惑于声,同学诸子,十九皆好嬉而不好学,不得切磋之益,忽忽十年,驹光电逝。"乃以"不名一家"为惭愧。《序》中又说:"自二十五六岁以后,方稍稍知为学之道,但杂好不专,作辍无恒(还没有找到正确的道路)。幸掌教医校,撰讲义以授生徒(此讲义已整理完成,即将付印,书名《金匮篇解》),不容偷息,其间数载,得益非浅鲜也。"这是因教学而写讲义,必须广泛而又深入地研读关于《金匮》方面的诸书,从中增长了学问。

程门雪(右)和本文作者
一九六二年于北京

但是,作为对医学教师的要求,不仅是学问渊博,更重要的是经验。没有通过实践的学说,尽管洋洋洒洒,包罗万象,却只是纸上空谈,无裨实用。一旦用之临床,"肺腑不能言"(古人诗句),还须自己去摸索。程氏深知此点,于是在兼任广益中医院的医务主任时,从门诊到病房,均不放过实践的机会,故常有理想的疗效出现,腾传于师生间的,有大剂石膏和附子二例(见后"用药可分三个阶段",惜无医案留存)。

程氏找到正确的治学轨道,是在摸索了十年之后,也见于这篇《序》中:"三十六岁后(当时程氏惕于宋代苏洵'三十七,始发愤',读书过迟的故事,故刻了'晚学轩'印以自励——时希注,下同)乃复发奋读书,颇有小就(程氏遗著中伤寒、妇科诸歌诀,批注伤寒、医案各数种,均是此后陆续写成的)。虽薄有声名,自问实空如无物,缘昔日所学皆浮薄无实在也。故自去年以来,幡然变计,却求古旧之学,不希新奇之说(指当时《皇汉医学丛书》中,日本学者对《内》《难》及仲景学说的研究和西医东渐,颇合中国人时好),书不求多,但《内经》《伤寒》《金匮》《本经》数种已足(这正是我们现在定为中医的四部经典著作)……此余晚学之始基,亦即补读之一法也(是年程氏又自号为'补读斋')。"

他从丁甘仁氏的学说中,找出其清淡之法,出于叶天士;又从叶氏用药精练简洁、配合顾盼之妙,知源于仲景;又从仲景《伤寒论·自序》中得其"撰用《八十一难》《黄帝内经》"等句,于是乎上溯到根本。贯彻到治疗中,遂自成轻灵一派(这是他生平用药的第二阶段,详见后"用药可分三个阶段")。

程氏曾有诗句云:"不薄今人厚古人。"意思是既不厚古佞古,也不轻视今人。他对上海前辈名医朱少鸿、夏应堂、王仲奇深致服膺;对同时同道如刘民叔的《鲁楼医案》及徐小圃、叶熙春、祝味菊的药方常加研究,特别是刘、徐、祝三家以善用附子有名,认为是仲景一脉的后劲。这就是程氏把古今学说一以贯之的妙悟,同时也说明了一位名医由常路（程氏认为是十年弯路）而找到正路（宗其一是）的艰苦过程（作者立雪程门四十年，正是由师启悟，而避免多走弯路，所以深知此中甘苦）。

艺兼众妙，从中汲取营养

程氏于书画诗词、金石篆刻，均曾有长时期的耽好。医家中能诗会画者，不乏其人，但达到像程氏那样高的造诣者，还是不多的。他由于诊务的过度劳累，须要有一种精神调剂来转移一下，这就是程氏自称"荒于嬉"的"嬉"。他的诗，上海国画界耆宿王个簃先生有"境界高雅，时手罕有其匹"的评介。书法是力学北碑，指端坚实，下笔能够深入纸背；以后宗赵之谦，以横肆见长；转而酷喜刘石庵，从刘而追溯东坡、真卿，进学魏晋；于是昂首钟王，徜徉唐宋诸家，晚年则多以蔡襄为主。特别是他的隶书，先学汉碑，以后涵泳郑谷口、翁覃溪、伊墨卿诸家，而得法于谷口，于严谨整饬中，时露其趋让自如、左右顾盼之妙。其画则花卉、山水均有奇趣。画兰的折枝，逆笔学板桥；画梅的"万花如玉"，重枝叠花，学于冬心。

这些都是程氏自得其乐的"荒嬉"，他跋清代名医何书田（曾为林则徐制订戒烟药方者）的《簳山草堂诗稿》说："先生精于医，又精于诗文，以医道受知于林文忠少穆，互相倡和，少穆赠联有'簳山编集老诗豪'之句……可知名医必然饱学，断无俭腹名医也。"又跋《何书田年谱》说："不禁忻羡书田先生于医事烦忙之余，犹能以诗文书画……增广其学殖，陶冶其性情，抒发其议论，而开拓其胸襟。"程氏也正是以诗词金石书画来丰富知识，调剂精神的。特别是文学方面的修养,使他对医古文的理解、接受、提炼和真伪鉴别等,取得了令人信服的成就。一九八一年编印的《程门雪诗书画集》两册,是上海中医研究所的资料,分赠各中医图书馆,作为名医文物保存,同时也不违程氏"化荒嬉为有益"之意。

治学三变

程氏治学,可分三次变化:

始则杂而不专,仅是一般的从师与学校两个卒业,奠定了做医生的基础,而一无特长的时期;继则由教学而专于《金匮》,是为"由杂而专"的一变。

三十六岁以后,则博涉群书,大约除《千金》《外台》《本草纲目》等巨帙鸿编作为备查外,其他名著及清代各家,无不泛览,每读则多加笺批,这是"由专而博"的一变。

四十二岁以后,则如上文所引,"书不求多,数种经典已足",而且"缩为五、七言歌诀,以便诵读",认为这样做,是他自己"晚学之始基,亦即补读之一法"。这第三变是"由博而返约,由粗而入精",到了炉火纯青、无远勿届、无往匪适的程度。古人说:"齐一变至于鲁,鲁一变至于道。"这个"道"字是讲的为政达到"至治",也可借喻为治学的最高境地了。

用药可分三个阶段

第一阶段以大刀阔斧见称,是在他二十八岁以前,任广益中医院医务主任时期。这个医院是慈善性质,捐得一些基金,以施诊施药为贫苦人民服务的。二十世纪二十年代时,是银币,铜币通用,挂号费小银毫一角(俗称小洋,与银元的比数不是十进位,而是1:12.5,小洋一角合铜币二十四枚,包括门诊和一剂药的费用)。当时病员多是皮毛致密、而肠胃薄弱的劳动人民,即医书上所谓"藜藿之体",特点是挨到病重了才来治。治疗这种病例的要求:因其栉风沐雨而表实,故表散宜重;因其营养不足而里虚,故攻下宜轻;但病多久延,势已转重,邪实正虚,故须求速效。程氏此时,正如初生之犊,以其坚决敏捷、骠悍迅猛的药方,挽救了许多危疾。惜此期医案已散佚无存,仅流传两例医话:一是阳明病狂热,用石膏四两,日再服(日服量至八两);二是阴寒症在较短病程中,附子总用量至一斤以上,均能迅速转危为安。这一阶段为期不过四五年。

第二阶段是以轻清灵巧为主,乃自设诊所时期。病家都是中、上层分子,是所谓"膏粱之体",不经风雨,脑满肠肥的表虚里实体质,用药必须有大幅度的转变,才不致偾事。程氏以经方的精炼为主,配合时方的轻灵,既存有其师丁甘仁氏的平淡法,又正在猛学叶天士,入其堂奥而啜其英华。凡药对法,大、小反佐法,相辅相成,相反相须,轻以去实法,重药轻用法,轻药引经法,《伤寒》方用于温热,《温热》方用于伤寒,温病顺传、逆传以及"四柱"等学说,均于此时通过实践而加深理解,逐步发扬,而成为上海当时有名的治疗温热、伤寒名家。

但他主要的成就,是对"轻以去实法"有独得之见。在他三十至四十岁一段期间,其用药轻灵的情况,有如:麻黄只用二至三分,还须水炙或蜜炙;桂枝一分煎水炒白芍,桂枝煎水后不入药;陈皮、干姜用蜜炙;半夏须竹沥制;豆蔻、缩砂用壳;川朴、佛手用花;苍术用米泔水浸;熟地须炒松或用砂仁、木香、蛤粉捣拌;又常用香稻叶、野蔷薇、枇杷叶、蚕豆花、金银花、地骨皮、生地、青蒿、藿香、白荷花、荷叶等蒸露。这些炮制方法或退一步用法,均所以制约药物辛散、苦泄、温燥、滋腻的偏性,或则取其轻清芬香。还有杏苓朴、杏蔻桔橘、杏蔻苡、枳桔苓等同用,虽都是《温热论》和丁氏常法,但程氏尤能运用自如,从"三焦为决渎之官""上焦如羽,中焦如沤,下焦如渎"的《内经》旨意,相应地采用开上、宣中、导下三法,可谓"善用古人"者。

在他四十岁以后,用药渐重,这又是由于服务的对象有了变化,劳动人民求治者逐渐增多之故。

第三阶段是复方多法的创造。程氏晚年,经常到工厂、农村、部队医院去,体验到劳动人民长期积劳致虚、反复感邪,以及湿、热、瘀、滞的兼夹,导致病情错综复杂,自有其特异之处,应在治疗上有所变化。所以相应制订了"复方多法"的治疗方法,揉合经方、时方,冶为一炉,温散、疏化、宣导、渗利、扶正达邪、祛邪安正、祛瘀、清热,凡诸治法,掇合于一方而兼顾之。由于他有仲景、天士选药的特长,能如天孙织锦,无缝可寻,驱使诸药,如水乳之融合无间,读者醇醇有味,叹其配合之妙,而无五角六张之嫌,故能表里、上下、虚实、寒热、标本一方兼顾,而取得较快的疗效,并使病员体力得以较早恢复。

程氏知机识兆,警觉性高,反应敏捷,能根据病变先兆先事堵防,而临变又能果断处理,不稍迟疑,若非学识经验俱臻上乘,是不能到如此境地的。他常说:"医者不但要知常,贵在知变。变化之来,又须临事不慌,指挥若定,才能应变和定变。"所以他鼓励人多读书,今日读此,虽觉无用武之地,他日遇见此症,则灵感自来,"若非烂熟于胸中,安能应变于俄顷",这真是至理名言,令人信服。

生平著述情况

程氏《金匮篇解》成于二十四至二十八岁间,少年气锐,又受梁启超《饮冰室文集》(当时最为风行的一种辩论性文体)的影响,故反复辩解,引人入胜。其他著作大都在三十六岁以后次第写成。最近出版的《程门雪医案》,则是近年整理完成者。

此外,尚存在者,约有伤寒三种,女科三种,评注古人医案三种,方剂、杂论各一种,温热三种。据我所知,流失尚多,仍在寻访中。其撰写或为论文或为歌诀或为批注,形式不一。诸书或分册,或合并,尚待整理后决定,总名则为《程门雪医著丛书》。

自写《失手录》,不文过饰非

程氏尝说:"自非十全,岂能无过"("十全"指治病十不失一,其语见于《素问·示从容论》)。他每遇未能治好之病,或自认"失手";或找出某一处的用药失时;或承认是识见不到、胆力不够;或则曾见某书,自己没有经验,未敢遵用,以致延误,甚至还说是读书太少,日后读到,方始知之;有些病是经过苦思冥索,已得头绪,定了治疗方案,却被他医接手,未能施用,终致不治,虽是他人之过,却自认是当面不识,只能成为"事后诸葛亮"。如是者,每遇一失,总要悒悒不快,咨嗟累日。晚年尝说:"回忆生平'失手'之症,约近百数,从今日水平看来,尚多可治之处。或则可以找出其不治之原因,以为他处的借鉴;或则找出当时'失手'之处,以资警惕。当陆续写成一书,以示后人。"他对《寓意草》的长篇大论讥评他人,或表扬自己成为"十全"之医,尝有异议。自己将反其道而行之,名其书曰《失手录》(此书或已写成,或事忙未写?因遭浩劫,至今尚未发现,十分可惜)。程氏如在他处遇见自己失治过的病人,回来总说自觉脸红,深为内怍;若有以后继续请他治疗者,则又得到宽慰,说是病家原谅他了,为之色然以喜。笔者当时年轻,对此尚无感触;如今年近七旬,经历渐多,方觉其品质的可贵。像这样一位名医,能够不文过饰非,而自承"失手",时时追悔,我想这是医生最好的道德。

另外,他改弦换向(他自称是"掉转枪头",即改变方向)很快,如切诊时两脉已经诊过,有时须再诊一次,或两手同时按脉,以为比较;有时处方已毕,发现扞格,撕去重写;治法温或清,补或泻,复诊时也有时忽然改向。他说仲景书中常有之,我们不必顾忌,须以治好疾病为重。其临证谨慎又如此。

我们知道,一位身经百战的沙场老将,即使他是常胜将军,能身上没有一处创痍吗?成为一个名老中医,生平治病,那有不遭蹉跌之事!如果说没有,那是自欺欺人。

程氏的可敬,尤在于此。

略附病例四则

因为《程门雪医案》即将面世,这里摘引数例,揭出其处方用药的特点,以为上文的证例。

例一,姚某,男,成年。初诊于一九五五年二月十六日。

病起五日,寒热高亢,得汗不解,头痛,胸闷泛恶,腹鸣泄泻,苔腻口苦,脉浮濡滑数。春温之邪夹湿滞互阻,肠胃运化失常,症势鸱张,毋忽。清水豆卷四钱、黑山栀二钱、银柴胡一钱、薄荷叶(后下)八分、辰拌赤茯苓三钱、块滑石(包煎)四钱、福泽泻二钱、银花炭四钱、煨葛根、制半夏各一钱五分、姜川连三分、酒炒黄芩一钱五分、甘露消毒丹五钱(包煎)。一剂。

二诊:热势较低,泄泻已差,腹痛未尽,胸闷泛恶见减,夜不安寐,苔腻口苦,脉濡滑数。春温夹湿滞互阻,肠胃三焦不和。再投葛根芩连加味,原方出入继进。煨葛根一钱五分、水炒川雅连四分、酒炒黄芩一钱五分、清水豆卷四钱、黑山栀二钱、银柴胡三钱、辰赤苓三钱、薄橘红一钱五分、块滑石(包煎)四钱、福泽泻二钱、银花炭四钱、焦六曲三钱、甘露消毒丹(包煎)五钱。一剂。

三诊:泄泻止,寒热退,胸闷泛恶亦轻,夜寐较安,苔薄,脉濡小数。再以原方出入,以尽余波之意。清水豆卷四钱、黑山栀一钱五分、银柴胡一钱、霜桑叶、辰赤苓各三钱、块滑石(包煎)四钱、福泽泻二钱、炒银花四钱、象贝母三钱、薄橘红一钱五分、生苡仁四钱、梗通草一钱、甘露消毒丹(包煎)四钱。三剂。

四诊:寒热虽退,头眩仍甚,胸闷噫嗳,神疲肢倦,苔薄脉濡。再以平剂为治。冬桑叶三钱，炒杭菊二钱，白蒺藜三钱，煅石决(先煎)四钱，辰茯神三钱，炙远志一钱，块滑石(包煎)四钱，福泽泻、薄橘红各一钱五分，生苡仁四钱，梗通草八分，酒炒陈木瓜一钱五分，桑寄生三钱，荷叶边一圈。二剂。

五诊：寒热退后，神萎气怯，头眩仍甚，胸闷纳呆，口淡而干，便通而燥，溲赤渐清。再以化湿和中法治之。川朴花一钱五分，白杏仁三钱，白蔻壳八分，生苡仁四钱，辰赤苓三钱，块滑石(包煎)四钱，竹沥半夏、陈广皮各一钱五分，佛手花八分，冬桑叶三钱，炒杭菊二钱，陈大麦四钱，干芦根八分，荷叶边一圈。三剂。

  时希按：本例用栀子豉汤、小柴胡汤疏解表邪，治发热胸闷；用葛根芩连汤清阳明经府，治高热便泄；用泻心汤开泄湿热，治其泛恶；佐用辛凉解表，宣发头面风热，以治头痛；淡渗之药清利湿热，兼实大便。处方配合整齐，主次分明，故在三天内即能遏止其鸱张之势，取得热退、泻止的良好效果。

  本例脉证，脉浮数属表热，滑为里有痰湿，以后见濡则为邪退正虚；苔腻为有湿、滞，口苦属热。一般外感症如不兼有里邪，可以"体若燔炭，汗出而散"。今初诊时即已得汗而不解，就是因为胃肠三焦湿滞互阻之故。程氏用柴胡、豆卷、葛根以疏解表邪，黄芩、黄连、山栀等均为清里药。表里同治，不使内外合邪，为程氏常用之法。

  第五诊用三仁汤合桑菊饮。此时大邪已去，汗泻之后，自然疲乏，对余邪只须用轻扬之品，对里湿亦只用芳香轻宣，以尽余波，无须再用重药，耗伤体力。

  程氏辨证论治，不受"伤寒"三阳经的约束，活用经方，同时也配用时方，疗效很好，这方面似有进一步探索、讨论的价值。

例二,朱某,男,五十二岁。初诊于一九五八年十二月十五日。

寒热后,舌苔黄腻不化,口干苦,胸闷不舒,脉濡滑。湿热未清,拟宣化法。黑山栀三钱,川雅连三分,竹沥半夏三钱,薄橘红一钱五分,白杏仁三钱,白蔻壳八分,枳实(炒)五分,竹茹一钱五分,生苡仁四钱,干芦根(去节)八分,益元散(包煎)四钱。三剂。

时希按:《内经》说"始为寒中,终为热中",湿为阴邪,郁蒸可以化热,正是此意。本例舌苔黄腻,口干且苦,此苔上之黄色,与口中之苦味,即系湿热交蒸之见征。治湿热与寒湿不同,着重在辛香以化湿,苦寒以清热,甘淡以渗湿。如本例橘、半与枳实、竹茹同用,是温胆汤法;半夏与黄连同用,是泻心汤法;杏、蔻、半与苡、滑同用,是三仁汤法。目的是求湿开、热降,以小便为出路。

程氏常用的苦辛开泄配合法如:川连配半夏、山栀配橘红、川连配生姜或干姜、川连配苏叶、黄芩配半夏、生姜配山栀等以治湿热交蒸。其中有几种意义:一是"寒因寒用,热因热用"的"从治",即"反佐"法,因为"苦从燥化",燥与热同气相从,所以苦寒能清化湿中之热;二是不致因单用燥药燥湿而助热,单用凉药清热而助湿;三是辛能"开湿于热上",苦能"渗热于湿下",湿能开,热能泄,则不致湿热混淆,如油入面而胶固难化;四是三焦的湿热,系交蒸而混合,与脾湿兼胃热,湿热分开者不同,故不用苍术燥太阴脾湿,也不用石膏、知母清阳明胃热(湿热分治),而宜用湿热同治的"苦辛合化"

法;五,这也是一种"相反相成"的"药对法"。

湿热交蒸上见于舌苔,则为黄腻或兼灰兼黑(不是白腻苔上罩黄色,也非白腻厚苔,或白滑,或白如积粉苔);湿热蕴结于胸中,气机不宣,肺气失于清轻,则有胸闷不舒、胸痛等症状;胃中浊气弥漫,失其和降宣化之能,则干呕或泛恶;湿热相结,其湿多者为口腻苦或甜,热多者为渴喜热饮、饮水不多或水入泛吐等症。

例三,庄某,男,三十七岁。初诊于一九六五年四月十三日。

肝升太过,右降不及,烦躁不宁,头痛偏右,眩晕不清,筋脉拘挛,夜寐不安,大便艰,脉虚弦,苔薄腻。甘麦大枣合百合地黄汤加味。野百合(先煎)五钱,大生地四钱,淮小麦一两,炙甘草一钱,炒枣仁三钱,川贝母、夜合花各二钱,珍珠母(先煎)五钱,红枣四枚。五剂。

二诊:前诊用百合地黄、甘麦大枣合法,尚合度,烦躁不寐、头偏痛、眩晕已差,筋脉拘挛依然如故。仍守原法加重。野百合(先煎)一两,大生地四钱,淮小麦一两,炙甘草一钱五分,炒枣仁三钱,左牡蛎(先煎)、珍珠母(先煎)各五钱,红枣四枚。五剂。

时希按:烦躁不宁、夜寐不安等精神恍惚之症,颇似《金匮》所谓"百合病",是肺阴、心营两虚之故,所以用百合补肺阴,地黄滋心营,再配合甘麦大枣汤养心安神,介类药潜降,颇有效果。

本例用百合补肺以助其右降,又用珠母、牡蛎平肝以制其左升,相辅相成,而达到两脏的相对平衡。方中的贝母有两种作用,一是同夜合花配伍以解郁,二是清肺虚有热之痰，对治疗精神烦躁，也起作用。

程氏对甘麦大枣汤和百合地黄汤两张《金匮》方的配合和使用，有深切的体会，曾著文论述之，今节引如下：

"甘麦大枣汤不独活妇人，亦主男子，若作妇人专方，则失之狭隘矣。叶天士生平最赏识此方，在甘缓、和阳、熄风诸法中用之最多，散见于肝风、虚劳、失血诸门、头眩、心悸、胸闷等证治中。所谓脏躁者，脏，心脏也，心静则神藏，若为七情所伤，则脏躁而不静，故精神躁扰不宁，致成所谓'如有神灵'之象。甘麦大枣汤诚为养心气、润脏躁、缓肝急、宁烦扰之佳方（此指《内经》'损其肝者缓其中''肝苦急，急食甘以缓之'之义。故对情志伤肝而肝阳、肝气亢旺者，可以此方缓肝和阳）。

百合地黄汤与甘麦大枣汤合用，以治情志偏胜之病，更有殊功。《内经》所云：'肝藏魂，心藏神，肺藏魄。'凡表现为神志不安、魂魄不宁之状者，皆可用之。"

时希按："亢则害，承乃制"（《素问·六微旨大论》）二语，为五脏平衡的要旨，对治疗方法极有启发作用，历来医家皆重视之。据《金匮》《难经》《医经溯洄集》诸书之意，都是以肝脾二脏为例：肝旺当传脾，即为"亢则害"；但肝旺则生心，心旺则能生脾，于是脾旺则不受传而不病；另一方面脾旺又能生肺，肺旺则能制肝，肝受制则不能传脾，终于得到相对平衡而不病，这是"承乃制"。后一句既有《五十三难》"间脏者生"（谓肝病传脾，得心旺间介其中而不病）的生理机制，又有《金匮》"肝病传脾，当先实脾"和《八十一难》"假令肝实而肺虚，金木当更相平，当知金平木"的两种治疗方法，意义大约如此。

例四，徐某，女，四十一岁。初诊于一九五八年三月三十一日。

心悸烘热,自汗盗汗,汗后恶寒,胃纳不香,脉濡苔薄。营卫不和,心神不安。拟方安虚神,和营血。桂枝五分、炒白芍三钱、炙甘草八分、淮小麦五钱、辰茯神三钱、炙远志一钱、炒枣仁三钱、煅牡蛎(先煎)六钱、碧桃干、煅龙骨(先煎)各三钱、红枣四枚。糯稻根须四两煎汤,代水煎药。三剂。

二诊:烘热汗出,夜不安寐,胃纳不香。再拟安神止汗。淮小麦一钱、炙甘草八分、辰茯神三钱、炙远志一钱、炒枣仁三钱、煅牡蛎(先煎)四钱、煅龙骨(先煎)二钱、碧桃干一钱五分、夜交藤四钱、红枣六枚。糯稻根须四两煎汤,代水煎药。六剂。

三诊:烘热汗出依然不减,胃纳尚香,夜寐欠安,口干。再拟当归六黄汤加味。炙黄芪皮、生地、熟地各三钱、当归身二钱、大白芍三钱、酒炒黄芩一钱、酒炒川连三分、地骨皮三钱、稆豆衣四钱、熟女贞、墨旱莲、泡麦冬各三钱、五味子三分。糯稻根须四两煎汤,代水煎药。六剂。

四诊:投当归六黄汤法,诸症均减,效方不更。原方去稆豆衣,加原金斛(米炒、先煎)三钱。六剂。

> 时希按:本例首诊用桂枝加龙牡法,次诊去桂枝汤加入甘麦大枣法,效果不显。从病者的年龄言,已接近更年期,故三诊起转用李东垣当归六黄汤法:方中地黄以养其阴之不足,三黄以折其阳之有余;滋天一之水,以制五志之火,使其阴阳平衡。黄芪益气固卫,当归养血生营,使营卫得和。又配入二至丸轻补肝肾;麦冬、五味子甘酸化阴,以生津液。处方组合简练可喜,是程氏常用有效的方法,可为内分泌失调治疗的参考。

合观之：例一，首诊合用《伤寒论》"葛根芩连""栀子豉"（以豆卷代豆豉）"小柴胡"（以银柴胡代软柴胡）"泻心"等四张经方，具有三阳经同治之义；又配合时方"甘露消毒丹"等，一剂而遏止壮热泄泻。最后以"桑菊""二陈""三仁"等时方收功。

例二，用"三仁""黄连温胆""泻心"等法，治疗发热后余留的湿热。综合用了"反佐"法，"苦辛合化"法，"三焦湿热合治"法（苦、辛、淡的配合）和"相反相成"的"药对"法。

例三，介绍用"甘麦大枣"配合"百合地黄"法，治愈男子精神不安属于"左升太过、右降不及"之症；得到"甘麦大枣"不独治妇人，亦主男子"的论证。

例四，心悸烘热、自汗盗汗症，先用"桂枝加龙牡法"，不应；撤去"桂枝汤"，专任"甘麦大枣"，作脏躁症治，亦无效；乃一转而用"当归六黄汤"成功。由桂枝而至黄连，波经三折，可以见出程氏"变法掉向"之迹。

结 束 语

笔者与程氏有四十年的师生关系，先后为其代理诊务数年；又教学时所用《金匮》《伤寒》讲义，均出先生之手撰，其理论治验，或受亲炙，或经目睹，耳提面命，感染极多，历时既久，有非仓卒所能忆写者。本文限于篇幅，尤有言不尽意之处，有机会当于《程门雪医著丛书》的整理中，随感触发，以类附入，让程氏的学说，得供同道参考，或进而予以评议，亦有裨后学之一道，则幸甚。

儿科名医赵心波

闫孝诚*　赵璞珊**

［赵心波小传］　赵心波(1902～1979)，名宗德，北京市人。一九一六年拜清代名医王旭初为师，一九一九年毕业于京兆医学讲习所，一九二一年开业行医。精通中医儿科，对癫、痫、狂、惊风、痿症等有独到的见解，且临床疗效高。主要著作有《赵心波儿科临床经验选编》《常见神经系统疾病验案选》等。生前为中医研究院研究员，曾任中华医学会儿科分会理事、中医研究院学术委员会委员、中医研究院西苑医院儿科主任等职。

赵心波十三岁时，因家境贫寒被送至北京安定门余庆堂药店学徒。一年后患病，被清代名医王旭初治愈，乃改学医，并拜王先生为师。数年后考入京兆医学讲习所，系

---

*　**　中医研究院西苑医院

统学习了《内经》《伤寒论》《温病条辨》等古典著作。一九一九年毕业后,又一度向北京针灸名医刘溶瞻先生学习针灸。一九二一年正式开始行医,疗效显著,对儿科造诣尤深,三十年代便名扬京、津。

全国解放后,赵老深受鼓舞,欣然将房屋一所,无条件地捐献给北京市中医学会,并抛弃个人开业的优越收入,于一九五六年正式参加中医研究院工作。为了人民身体健康,他响应党和政府的号召,先后去蒙古人民共和国、浙江嘉兴、山西稷山等地防病治病,受到患者的好评。

一九七五年后,赵老得了癌症。他没有因此躺在病榻上,而是用"春蚕吐丝"的精神,一息尚存,便不停地著书立说,完成了《赵心波儿科临床经验选编》《常见神经系统疾病验案选》《中医中药治疗40例癫痫初步分析》等著作,给中医宝库增添了新的内容;也为我们探讨他的治学精神、学术思想和临床经验提供了宝贵的资料。

虚心学习　博取众长

赵老有虚心好学的美德,善于博取众长。

他十分赞同明·吴元溟《儿科方要》中所说的:"儿以芽称""正如春草初生之芽,极其脆嫩。"故治疗调护要精心,处方用药关键抓一个"准"字。他强调用药法宜精简、轻锐,恰到好处。对张景岳所谓:"小儿之病非外感风寒,则内伤饮食,以至惊风、吐泻及寒热疳痫之类,不过数种;且其脏气清灵,随拨随应,但能确得其本而撮取之,则一药可愈。"赵老极为赞许,并宗其法,临床时注重审症求因，辨证施治。他常言："儿科症难在辨因，只要病因明确，治易也。"他吸收金元四大家之长，通过长期实践体会到，儿科火热致病居多，原因有二：一是外感温(瘟)毒机会多；二是容易内伤饮食，导致积滞生热。在治法上他推崇丹溪的滋阴降火和东垣的升阳散火。对于温(瘟)毒，他师叶(天士)、吴(塘)两家之说，按"卫气营血"和"三焦"辨证论治。但他师古不泥古，取长而避短。他不同意卫、气、营、血或上、中、下三焦僵化式地传变规律，认为儿科温病重在热毒，往往是表里俱热，上下同病，神昏或惊厥或出血皆因热盛所致。他说："余伯陶云：'阳明之火蒸腾入脑神即昏矣，是则神经之昏，乃是神经受热，仍由阳明而来。盖人迎胃脉，由胃过颈后入脑，悍气即循此脉上冲。'这是经验之谈。"赵老治疗小儿温病重清气分之热，首选白虎汤合清瘟败毒饮，即使症见神昏、抽搐，也不离清气法。

例如一例暑温(乙型脑炎)患儿，高热，神昏，抽搐。脉细数略浮，舌质微红，舌苔薄黄。赵老辨证为表邪未解，里热已炽，热极生风。用银翘散合白虎汤加减为主治疗，同时加紫雪散，经治三天体温正常，六天痊愈出院。赵老十分强调温热病引起的抽风主要是热毒引起，所谓肝风内动也是高热引动，治疗必须以清热解毒为主，平肝熄风仅仅是辅助治疗。

赵老重视古人的医学理论和经验，也十分注意学习现代医学家的特长。名医蒲辅周治疗腺病毒肺炎有良效，他登门求教，并总结为四大治则——宣透法、表里双解法、清热救阴法、生津固脱法。依法配方，创立了银翘散合麻杏石甘汤化裁的肺炎一号方(麻黄、杏仁、生石膏、生甘草、银花、连翘、荆芥穗、知母、黄芩、板蓝根、鱼腥草),是治疗小儿肺炎较有效的方剂。又,名医王文鼎善消水肿,赵老亲自请王老给肾病综合征患儿诊治,并学到一个方子——苡米小豆粥:生苡米四两,赤小豆、黄米各六两,神曲四两,猪肝一具,用竹刀切碎,煮粥食用。此方对脾虚水肿有一定效果。

赵老还注意学习民间单方、验方。他有一个笔记本,专门记录各地杂志上发表的、行之有效的单、验方,并在临床上试用。例如治痫饼(煅青礞石、法半夏、天南星、海浮石、沉香、生熟丑、炒建粬)一方,他在一九六六年八月就开始应用,对某些痰火夹滞癫痫有效。又如治疗便秘的验方,他就收集了十多个,其中用生白术三两三钱、生地一两治疗脾虚血热所致的便秘,以及用当归一两、肉苁蓉二两治疗血虚所致的便秘,用于临床,效果亦甚理想。

注重实践　鄙弃空谈

赵老行医五十八年,一直在门诊或病房进行治疗工作。就在他生命停止前的最后一个多月,还接诊了癫痫、精神分裂症、哮喘患者多人。他常说:"医生的工作就是治疗病人,放弃治病就是失职。"他到中医研究院工作时已经年过半百,可他诊治病人坚持亲笔书写病案。我们在总结他治疗的病例时,仅门诊病历就有一万多份,涉及近百种疾病。长期的临床实践,为他在医学上的创新和提高奠定了基础。他身体力行,谆谆教导我们:"不要放过一切临证机会。"一九七六年冬季的一天,北风呼啸,冰雪盖地,我们劝他不要去门诊。赵老说:"规定的门诊时间不能不去,要不,需要我们诊疗的病人就会失望,我们也失去一次学习的机会。"我们深为他的精神所感动。就在这一天,一个癫痫患儿来就医,当场发作,抽搐十分严重。赵老和我们一道,马上进行针灸急救,缓解后,他细心诊查患儿,开了药方。他常语重心长地对我们说:"临床实践是基础,只有多看病人,反复实践,才能积累经验。"这些肺腑之言,至今还是我们的座右铭。

赵老注意实践的另一个理由是:中医书籍浩如烟海,不少众说纷纭或以讹传讹的情况,不通过自己的临床实践来检验,就难辨明是非。例如痿症,绝大多数医书均宗《内经》"治痿独取阳明"的立论,而赵老从治疗数以百计的小儿麻痹的实践中,认为痿症的成因是"机体气血不足,风邪乘虚而入,客于经络,阻塞气血畅达,导致肌肤不仁,筋骨失养,四肢痿废不用"。气血虚是本,风邪入是标。所以他治痿症先祛风通络、舒筋活血、通利关节,选用自己配的痿痹通络丹(宣木瓜、川牛膝、嫩桑枝、南红花、伸筋草、桃仁、生侧柏叶、蜈蚣、全蝎、地龙、羌活、独活、天麻、当归、川芎、青风藤、海风藤、麻黄、杜仲炭、丹皮、生地、广木香、麝香);以后用黄芪当归补血汤补养气血善后。又如紫雪丹,历代医家都视为热入营血、内陷心包,症见神昏谵语、抽搐痉厥才能用,邪在卫气不能用,否则会导致引邪入里。赵老从大量的临床实践中得出:"紫雪丹泻火解毒、芳香逐秽,配合解表宣肺法能够退热、防热毒内陷,并无引邪入里之弊。"目前我院已将紫雪丹之类,包括绿雪散、殊黄散、小儿牛黄散(均为市售成药)等作为治小儿高热的良药。赵老的经验方天金散(天竺黄、广橘红、金银花、麻黄、桃仁、杏仁、栀子、黄连、浙贝母、全蝎、羌活、独活、大黄、赭石、朱砂、羚羊角、牛黄、麝香、珍珠、琥珀、冰片)治小儿高热不退也颇有疗效。

贯通中西　扬长补短

赵老自参加中医研究院工作以来，一直与西医和西学中的医生在一起工作。他尊重西医，主张中西医结合，各取两家之长，补两家之短。他赞同辨证与辨病相结合的形式，认为西医病名确切，有据可查；中医虽有病名，但比较笼统，缺少客观指标，所以他著的《儿科临床经验选编》一书，绝大多数用的是西医病名。在辨病的基础上进行辨证论治，不仅着眼于消除症状，还要从根本上把病治好。例如急性肾炎，不但要消除外观的水肿、血尿和其他症状，还要消除蛋白尿、镜下血尿和恢复血压、肾功能。赵老根据西医对此病的认识和中医的症候特点，将急性肾炎分为两期——初期、恢复期；五个证——风湿、风温、湿毒、肝亢和血热。并按上述分期、分证进行辨证、立法、处方和用药。初期表邪未罢者，以辛散透达为主，使邪热得从表解，用麻黄汤加大、小蓟，木通，生地，白茅根，败酱草等；夹湿者用越婢汤和苏叶茯苓汤加减(麻黄、生石膏、生甘草、生姜、大枣、苏叶、茯苓、大腹皮)；偏风热而水肿明显者，方选麻杏石甘汤合五皮饮加减(麻黄、炒杏仁、生石膏、生甘草、陈皮、桑白皮、大腹皮、姜皮、茯苓皮)；因疮疡后犯病者，此必湿毒为患，方选黄连解毒汤和四苓散加减(黄连、黄柏、黄芩、猪苓、白术、泽泻、蒲公英、滑石、木通、生甘草、海金砂)；因发瘢后犯病者，此必热血过盛，方选小蓟饮子和消瘢青黛饮加减(大蓟、小蓟、青黛、丹皮、蒲黄炭、茜草、连翘、生地、赤茯苓、桃仁、白茅根、阿胶)；

若水肿兼见眩晕(高血压)者,此乃肝经湿热也,方选龙胆泻肝汤加减(龙胆草、通草、泽泻、柴胡、车前子、生地、当归、生甘草、栀子、黄芩)。肾炎恢复期,血尿,浮肿消失,血压下降,可选用理脾滋阴法善后,理脾则选用参苓白术散,滋阴则选用知柏地黄丸。赵老的这些处理原则既根据肾炎病的发生、发展变化,又遵循中医的辨证论治规律,是集中西医之长,对于临床有一定的指导意义。

赵老贯通中西医的又一特点是:既注意中医的辨证论治规律,因人而异,又积极摸索每种疾病的治疗规律。他认为任何疾病的发生都有一个主要矛盾,都有其发生、发展及其演变的规律。例如小儿肺炎,"热毒"和气阴是正邪交争的两个方面。所以要紧紧把握"热毒"的变化和"气阴"的存亡进行辨证施治。在热盛气阴不衰的情况下,治疗重用清热解毒法;在热盛气阴已受损的情况下,治疗时应清热解毒、益气养阴并用;在热盛气阴将竭的情况下,首先补气、回阳救逆,病情稳定后,还必须清热解毒。有一分热邪就清解一分,使之不留后患;如果热退正虚,则主要以扶正养阴为主。这些是肺炎辨证论治的基本原则。根据这些原则,他将肺炎分为初期、极期、后期和风寒闭肺、风温闭肺、痰热壅肺、肺胃热盛、气营两燔、热耗气阴、余热未尽、肺燥津伤八证进行治疗,收效很好。中医研究院西苑医院儿科遵照他的分期分证治疗原则,用肺炎1号方、清肺注射液(黄芩、栀子、生大黄)、生脉注射液(人参、麦冬、五味子)为主方,八年共治疗1 048例小儿肺炎,仅死亡3例,总有效率达到99.7%。事实说明了赵老的学术思想和经验有普遍应用价值。

疑难重症　治疗有方

赵老与新、老中西医密切合作,治愈了不少疑难重症,积累了一些行之有效的治疗方法。例如一例脑挫裂伤患者,高热、昏迷、抽搐四天,某医院治疗未好转,经赵老治疗二十天而获愈,随访十九年,智力正常,未留后遗症。还有一例脑外伤后遗症病人,在北京治疗两年半,未能控制病情发展,最后形成脑萎缩、癫痫发作、右侧不全偏瘫、中枢性发热、全血降低。患者神志昏沉、痴呆不语、抽搐频发、高热不退,脑电图多慢波和棘波,病情危重。经赵老治疗七月余而获显效,两年内恢复了健康,并在一九七七年秋考进了大学,取得了预想不到的效果。又如小儿痫症(西医病名癫痫)乃为顽固之疾,较难根治。古医书论述颇繁杂,治法亦多,方药更是无计其数。赵老通过长期的临床实践认为:"癫痫的产生是气上逆。气上逆的原因很多,主要是机体气血不和。血不和则肝失养,容易内动生风;气不和则上逆化火,炼液成痰,容易形成痰火相搏,迷闭孔窍。其中反复发作、久治不愈者,往往由气血不和转化为气血双亏。"出于这样的认识,赵老将癫痫分为肝风偏盛、痰火偏盛、正气偏虚三证,分别用治痫二号方(生石决明、天麻、蜈蚣、龙胆草、磁石、郁金、红花、石菖蒲、全蝎、神曲、朱砂),治痫一号方(礞石、生石决明、天麻、天竺黄、胆南星、钩藤、全蝎、僵蚕、代赭石、红花、桃仁、法半夏),九转黄精丹等治疗。我们曾经总结了他自一九五五年以来连续应用中医中药治疗并有观察结果的四十例癫痫,缓解十六例(占40%),显效十二例(占

30%)，好转九例（占22.5%），无效三例（占7.5%），总有效率为92.5%。一九七九年四月至一九八〇年八月，我们又用上述方剂，连续治疗各种类型癫痫九十例，有效率达83.4%。事实证明了赵老治疗癫痫的经验是经得起实践检验的。

另外，赵老对脑炎、小儿麻痹、脑病后遗症、大脑发育不全等疑难病的治疗，也取得了不同程度的效果，其主要经验是：

（一）强调"热毒"的因素 他认为神经系统感染性疾病、颅脑外伤、产伤所引起的后遗症，如抽搐、震颤、麻痹、失语、痴呆等，均因热毒深陷脑络，非清热解毒、透邪达表不可。所以，他治疗小儿麻痹瘫痪初期，重用清热透邪、祛风活络法，首选局方至宝丹。很多患者经他处理后，短者一周，长者不过四十天即恢复运动功能。

再如上面列举的脑外伤后遗症案，病程已经两年半，他仍责之为毒热攻心、扰动肝风，兼有瘀血阻络。治疗用清热解毒、平肝熄风、清心醒脑的原则，七个月零九天，先后更方四次，共用药二十八味，其中清热解毒的药物有：熊胆、紫花地丁、连翘、蒲公英、银花、龙胆草、生石膏、黄芩八味，占30%，而熊胆又是每次必用，可见清热解毒法在治愈此例顽固之疾过程中，起了重要的作用。

（二）重视"肝风"的影响 《素问·至真要大论》说："诸风掉眩，皆属于肝"。又"诸暴强直，皆属于风"。肝风属于内风，形成的原因很多，历代医家侧重肝脏本身的病变和五脏生克关系的失调；而赵老从临床实践出发，认为肝风与经络的通达、气血的流通有很密切的关系,临床表现为拘挛、抽动、强直、歪斜、震颤等症状,多有经络受阻、气血不通、筋骨失养的现象。故赵老用平肝熄风法一定要与活血化瘀、舒经通络、强壮筋骨诸法合用。他曾经治疗一例病毒性脑炎后遗症患儿,症见左下肢拘挛,不能站立,左半身不遂,右眼歪斜,失语,不会哭,脉沉数有力,舌净。辨证为肝风内动,瘀痰阻络。用平肝熄风、活血化瘀、舒筋通络法施治。选用赵老与郭士魁老大夫合拟的降压一号丸(羚羊角、全蝎、生代赭石、生侧柏叶、白芍、丹皮、桃仁、红花、生石决明、汉防己、牛膝、桑枝、生地、白蒺藜、菊花、钩藤、龙胆草、黄芩、马尾莲、蜈蚣)为主治疗,适当配用定搐化风锭(北京市售成药)、痿痹通络丹,共治疗三个月,患儿逐渐能够说话、唱歌、站立,收到较好的临床效果。

(三)恰当应用"祛邪"与"扶正"两大法则　举一例小儿中风(病毒性脑炎)为例。该儿五岁半,二十多日来右上、下肢震颤,头向左倾,口角向左歪斜。舌质微红,舌苔薄,脉沉缓。经赵老治疗三个多月而痊愈。他治疗此患儿大体经历了三个阶段:初期针对邪风,以治风为主,重用防风、羌活、蝉衣等散风药物;同时加用全蝎、地龙、生石决明等平肝熄风药物,佐红花、生侧柏叶活血,意在加强祛风之力。中期即邪势已减之后,加入人参、当归益气养血之品,在祛邪的同时佐以扶正之品。病到恢复期,邪祛而正气未复,乃重用扶正之品,方中用黄芪、党参补气,当归、白芍补血以巩固疗效。赵老的经验是:有邪先祛邪,用药恰当不仅不伤正,相反,可以起到"邪祛正安"之效。实践证明,在邪盛正未衰的情况下,祛邪愈彻底,疗效愈快,后遗症愈少。

赵老通过近六十年临床经验的积累,在中医儿科学上的成就很多,但因我们才疏学浅,既未好好学习他的治学精神,又未能将他的临床经验继承下来。这篇短文难免挂一漏万,仅供同道参考。

忆良师严父——韦文贵

韦玉英*

[韦文贵小传] 韦文贵（1902～1980），字霭堂，浙江东阳人，轩岐世家。毕生致力于中医眼科，承祖传"金针拨白内障"手术，使很多因白内障失明者重见光明，誉贯南北。早年悬壶于杭州西子湖畔，一九五五年十一月应中央卫生部聘请至京。生前为中华医学会眼科学会常委，中医研究院学术委员会委员，广安门医院眼科主任、主任医师。主要著作有《韦文贵眼科临床经验选》《前房积脓性角膜溃疡的中医治疗》《中医治疗视神经萎缩证简介》《中医治疗沙眼的经验介绍》《金针拨白内障简介》等。

---

* 中医研究院广安门医院

承家技　治学有根基

我家祖传三代从事中医眼科,先祖父曾侍医于清宫贵胄,有"御医韦尚林"之称。先伯父韦文达、韦文轩均为江南眼科名中医,已先后作古。先父韦文贵从十六岁开始随祖父学医,白天不离左右,晚上灯下攻读医书。祖父对他要求很严,凡复诊病人,要求背诵病人姓名、年龄、病情及初诊时辨证用药之情况,然后提出自己对复诊用药的看法。在炮制中药、调剂配方、制做成药或点眼外用药时,操作手法都遵循祖训,一丝不苟。读书方面,从启蒙的《医学三字经》《药性赋》等直至历代有代表性的眼科专书,都必须苦读熟记,领会贯通。这样的严格要求,使先父在青年时代就打下坚实的基础。先祖父给先父传授"金针拨白内障"手术时,先让先父多次实际观察,熟悉手术过程,然后亲自指导操作,直至达到熟练准确时,才放手独立诊治。第一例手术很成功,使一位双目失明八年的白内障患者重见光明。先父常讲,要想成为一名有造诣的医生,必须"苦读、勤练、多问",学无捷径。先父早年对家藏的内、外、妇、儿医籍及各类方书无一不读,对眼科专书则精读,重点章节必定背诵。直至晚年,先父案上枕边仍常置医书,遇有疑问,经常翻阅。"勤练"是指手术操作和检查手法的基本功训练。先父对我说,他早年随先祖父学医时,为练习手术操作,不知刺破了多少布制的眼球模型。为掌握进针手感和指力,他从市上买回猪眼球和羊眼球,反复练习。例如青光眼眼压指测,由于先父积有长期实践经验,他用双手在患眼上轻轻触压,所测结果与仪器测试结果相差无几。我问他有什么诀窍,他说:"勤于练习,年深日久,必有所得。""多问"是指谦虚谨慎,实事求是,一丝不苟的学风。先父常告诫我:"独而无友,则孤陋而寡闻。"因而要做到"三问",即问师、问书、问患者。他不但重视向老师和书本求学,特别强调要善于从患者对病情的体验、病程、药后疗效等方面求知识,积累经验,这是他对"实践出真知"的体会。凡是他诊治过的眼科疑难病,诊后总要总结成功或失败的原因,努力寻找提高疗效的方法和措施。记得先父有时进餐当中,忽然思有所得,立即放下饭碗,查书寻方。

先父主张学医应循序渐进,以为"学懂易而学精难,不能急于求成"。在学术观点上,认为眼睛是整体的一部分,在精通眼科的同时,必须通晓内、外、妇、儿等各科知识,才能活跃思路,扩大眼界,不至因一孔之见约束自己的辨证思维。实践证明先父早年打下的各科临床知识基础,对于他的学术成就和临床成果,有极大的帮助。例如他对小儿生理特点的认识是"脏腑娇嫩,气血未充,但生机蓬勃,发育迅速",故对疾病的抵抗力弱,一旦发病,在病理上则表现为易虚易实,易寒易热,传变迅速。但小儿病因单纯,神气安宁,只要及时治疗,用药恰当,调护适宜,病情易趋康复。由于他对小儿生理、病理特点了解入微,故在研究儿童视神经萎缩的治疗上,取得了卓越的成效(详见《韦文贵眼科临床经验选》,人民卫生出版社1980年版)。先父据多年临床实践,把古人治疗妇科疾病的调经方"逍遥散"改造衍化为对多种眼底病有显著疗效的"逍遥散验方"。他还根据《伤寒论》中对少阳病的辨证立旨和《温病条辨

·上焦篇》第十六条的辨证思想,对儿童视神经萎缩的"肝经风热型"早期,分设"小柴胡汤加钩藤、僵蚕、全蝎"和"钩藤熄风饮合安宫牛黄丸"两种不同的治疗方剂,临床上均取得显著疗效。

先父一生临床六十余年,对每个病人都是认真辨证,一丝不苟,对许多疑难眼病的治疗,有自己独特的见解。例如,双目失明的眼底病患者,如双目无神,眼上翻或俯视,先父认为预后差;如双目有神,外观如同好眼,认为预后较好。总结为"得神者昌,失神者亡"。

传金针　赞声蜚南北

"金针拨白内障"的手术,早在唐朝已有文献记载。如公元六一〇年巢元方《诸病源候论·目青盲有翳候》,公元七五二年王焘《外台秘要·出眼疾候》,以至葆光道人《秘传眼科龙木论·圆翳内障》等都有论述。先父发现,唐诗中亦有白内障的记载,如刘禹锡《赠医僧诗》:"三秋望穿眼,终日哭途穷。病目今先暗,中年似老翁。看朱渐成碧,羞日不禁风。师有金篦术,如何为发蒙。"分析诗意,刘禹锡所患眼病近似白内障。诗中所提的医僧,是指掌握金篦拨内障术者。金篦亦称金錍、金筹,即金针。针拨术经过历代医家实践,方法日趋完善,古人已总结为八法:即"审机""点睛""射复""探骊""扰海""卷帘""圆镜""完璧"。明·傅仁宇《审视瑶函·拨内障手法》提出:"凡拨眼要知八法。六法易传,唯二法巧妙。在于医者手眼、心眼。"但是"针拨术"是精微的实际操作,单凭文献记载而无师承相传,难以施针,故这项简便易行、疗效显著的手术方法,在旧社会几乎濒于失传,当时全国能做这种手术的医生为数极少。解放前在大医院做白内障手术要花很多钱,广大贫苦患者只能望洋兴叹。自从先祖父和先父开展"金针拨障术"后,由于手术简、便、廉、验,很多经济困难的白内障患者纷纷前来求治。数年后,先父自立"复明眼科医院",设有简易病房,对远道病人给予住宿方便,对经济困难的劳动人民经常免费舍药治疗,有求必应,使很多因白内障而失明的盲人术后重见光明,日积月累,声望日高。

一九五四年,浙江省卫生厅指派西医眼科医生向父亲学习,通过中西医交流经验,取长补短,共同提高。

先父在手术适应证的选择上,由于历史条件的限制,只能凭指压和经验判断,他总结的"铜珠""铁珠""豆腐珠"三种情况中,"铜珠"是手术适应证,而"铁珠"和"豆腐珠"不能做针拨术。"铜珠"是指正常眼压的老年性白内障;"铁珠"是指继发性青光眼所致的并发性白内障;"豆腐珠"是指眼内炎症后或陈旧性色素膜炎的并发白内障,但眼球已萎缩。进针部位是"风轮外眦相半正中刺入"(角膜缘外4～5毫米处)。手术时强调"精神集中""宜浮忌猛要三慢",即要用浮劲,忌粗暴猛进,进针要慢,转弯要慢,拨障要慢。当年先父让我从市上买回羊眼和猪眼,在他的指导下练习这些基本手法,以掌握浮劲和指力。在术后护理上,父亲总结出四点经验。

(一)手术后可以慢慢步行回房,取半卧位休息,以助脱位之晶状体固定在颞下方。单眼手术者,健眼亦须遮盖,以免眼球转动,影响晶状体固定。两天内须有人照顾,第三天即可去掉眼垫,饮食、二便均可自理。此时避免低头弯腰,以免拨下之晶状体再度浮起,遮盖瞳孔,影响视力和视界。三至五天即可出院,一月内避免剧烈活动和重体力劳动及低头劳动。

(二)不能吸烟,避免咳嗽,防止头部震动,不要大声说笑,手术后三天内创口气血流畅而发痒,切忌用手揉眼,防止感染。

(三)手术前后若精神紧张,肝气犯胃,胃失和降,故呃逆呕吐,胸膈苦满,不思饮食,急宜疏肝和胃止呕,否则晶状体容易浮起,先父用"和胃止呕汤"治之(柴胡、厚朴、黄芩、姜半夏、淡豆豉)。

(四)针拨白内障前房出血合并头痛者,首先是保持半卧位,减少合并症,然后用"养阴清热明目方":熟地一两,生地七钱、归身、熟川军各三钱,羌活二钱、黄芩、木通、防风各一钱,元参、木贼草各二钱,谷精草八钱,炙甘草一钱。先父认为,熟地滋阴填精,阴虚而刚者,以熟地之甘足以缓之;生地合元参滋阴清热,凉血止血;川军破瘀泻火。以上四味为主药。木通、黄芩泻心、肝之火而清胃热,以助川军之力。针拨术后,风邪乘隙而入,用羌活、防风散头面之风邪而止痛;木贼草、谷精草祛风清肝,退翳明目;当归身有养血补虚、润燥通便之功,用以扶正;甘草调和诸药而补中。

广济世　德高获重望

先父在世时经常教导我:"医生要有医德。要用医家之心宽慰病人之忧急,以尽治病救人之责。"他身体力行,给我们做出榜样。记得我年幼时,先父接诊一位农民患者,因白内障而双目失明。由于家庭贫寒,又是单身,卫生极差,满面长疮流脓淌水。当他提出做针拨术时,大家怕脏,不敢接近。先父用纱布蘸温开水将患者脓痂洗净,亲自施行手术和护理,并给病人端饭菜,倒尿盆,很快使病人重见光明。先父这种"待患者如至亲"的高尚品质,深深地印在我幼小的心灵上。他不仅无微不至地关怀病人,并能针对具体情况,有的放矢地做思想工作。有一个慢性单纯性青光眼宽角型女患者,初诊号是39号,但上班后不到半小时她连续推门张望十七次。临诊时先父诊过脉,并用指压法测过眼压,第一句话就和蔼耐心地对她说:"你性情急躁,对青光眼病情极为不利。三分吃药七分养,凡性急爱生气或过度劳累,都对青光眼不利。"病人听后激动地说:"您这老大夫,一看就把我的病根子看透了。"自后,这个病人情绪安定,通过诊治,眼压恢复正常。有一次,我父亲上班,见一位农村妇女抱着吃奶的婴儿,愁眉苦脸地坐在门外候诊。先父让护士叫她进来,提前诊治。护士犹豫不决,先父说:"这是农村来的,孩子有病,喂奶的妈妈如果久等心急,奶量就会减少,影响孩子的营养,更加重病情。"又如十几年前有一视神经萎缩患儿,因双目失明住院治疗,愈后出院。一九八○年家长带孩子来京复查,闻知家父病故当即痛哭流涕,并向我诉说:他们当年住院时因经济困难很少进菜,先父闻知后主动付款代买饭票菜票,并从家中拿去肉、猪油等,为孩子补充营养,出院时因钱不够,先父又代付住院费。这些事先父从来没和别人说过,若非这次哭诉,至今我也不知道。更可贵的是,他对待患者,不分工人、农民、干部，不论职位高低，都一视同仁。他常告诫我：“一个医生有了地位，不能只看高干而对劳动人民患者不感兴趣。高干固然要尊敬和照顾，但一般患者也不能忽视。”平时，只要有患者求诊，先父总是有求必应，平易近人，毫无架子。直至晚年抱病卧床还经常带病应诊，从不推辞。我们劝他休息，他严肃地说："只要生命不息。我就要为人民服务一天。"由于他热爱党，热爱社会主义，热爱老一辈无产阶级革命家，勤勤恳恳，全心全意为人民服务，深得党和人民的尊重和爱戴。一九五九年他光荣地加入了中国共产党。

精医术　师古不泥古

先父尊重古人的实践经验，但不执一不变。如他读《秘传眼科龙木论》后，认为该书中将眼病分为外障病和内障病两大类，统七十二症，这种分法条清目析，使后人有纲领可循。但该书"小儿青盲外障"章节置之不妥，当属内障范围为恰。这是由于历史条件所限，古人在分类和疾病命名方面不可能十分精确。又如对石斛夜光丸的应用，他通过长期观察认识到，这虽是眼科价格较高的中成药，许多文献记载都予以很高的评价，但由于不少医患对此药盲目迷信，用之不当，也出现不少流弊。他认为"药不在贵，用准则灵"。石斛夜光丸用于肝肾不足之早期白内障、肝肾阴虚之早期青光眼、瞳神散大、视一为二及各种肝肾阴虚之眼底疾患时，不宜连续久服，尤以高年脾肾阳虚及有冠心病者更要慎用。因丸药中有羚羊、犀角，均为寒凉之品，二药合用有清心凉血、熄风定惊之功，但久服伤阳，可导致血瘀气滞，造成冠心病复发；若脾肾阳虚者，久服每致阳痿。他对黄芪用于十岁以下患儿时特别谨慎，认为黄芪以根入药，味甘性温，可益气升阳，固表止汗，蜜炙长于补气，生用功善止汗利水、托里生肌，而"小儿脏腑娇嫩，气血未充，一生盛衰之基全在此时，故饮食宜调，药饵尤当慎也"。小儿"发病容易，传变迅速"，所以升阳散发补益的黄芪当慎用，特别是外有表邪、内有积滞或阳盛阴虚的情况下，更当如此。夏枯草，《本草纲目》有治"寒热瘰疬鼠瘘头疮，破症散瘿结气，脚肿湿痹，轻身"及"明目补肝"的记载。先父结合现代眼科器械检查，通过临床观察，认为本药有通过清肝明目而使眼压降低的作用，常用于青光眼目珠痛、头痛入夜尤甚者；属肝阳上亢而目痛者，常配菊花、白蒺藜、香附、蔓荆子同用，止痛立效。

先父对风热外邪所致眼科实证，如风火热毒盛者常用釜底抽薪之法，因"风为百病之长""火为热毒之源"，风火相煽之势已成，用清热祛风之法有如扬汤止沸，舆薪既燃，非杯水所能熄，只有釜底抽薪才能使火灭风熄。在应用泻药如大黄等品时，开始剂量较大，常用五至七钱，有时重至一两，但峻泻之剂不能久用，以免损伤正气。一至三日后剂量减轻。相反应用补益之品，如党参、黄芪、熟地等，剂量由轻到重，这样可以使正气渐复，以免虚不受补，徒补无益。对于眼底病以及某些疑难眼病，他亦有独特见解和治疗经验。临床上遇有难题经他讲解，问题常可迎刃而解。如有的青年视神经萎缩患者，视力减退或失明，但全身情况无明显异常，脉平舌正，似乎无证可辨，先父提出："眼和脏腑气血有着不可分割的关系。目为肝窍,肝主藏血。目受血而能视,神光的充沛依源于肝血供养和肾精上承。瞳子属肾,肝肾同源。视神经萎缩似属中医的青盲证及视瞻昏渺范畴,从内而蔽,外不见证,故治疗应从滋肝益肾着手。"我遇有类似病人,基本上遵照此法,收到良好的效果。先父认为中、西医是两门学科,但目的是一致的,都是为治病救人,在科学不断发展的条件下,必将融汇成一门学问。他主张只有互相学习,取长补短,才能共同提高。先父来京不久,就和中国医学科学院协和医院眼科主任罗宗贤教授及同仁医院眼科协作,共同研究视神经萎缩等病。在协作中,他一贯尊重西医专家,并吸收现代医学的东西,充实中医眼科辨证论治的内容。

先父来京后,经常应邀参加北京各大医院疑难病例的会诊。有一位全国劳动模范,参加全国群英会的前一天,因公雷管炸伤面部和双眼,在北京某医院住院抢救,西医专家认为应手术取出眼内异物,但因房水和玻璃体外溢,眼压极低,手术无法施行,请中医设法提升眼压。我当时随父亲参加了这次全市性大会诊,先父辨证为物伤真睛,脉络受损,睛珠破损,神水外溢,脉沉细舌淡胖而有齿痕,证属清阳之气下陷,治以益气升阳,使眼压上升,方用补中益气汤,重用黄芪七钱,服药十四剂眼压上升,恢复正常,为手术提供了有利条件。该患者经过手术,视力恢复至0.8以上。又如一位某国的国家主席,患中央静脉血栓形成,眼底出血严重,在本国经治疗无效而来我国求治,卫生部组织全国中西医眼科专家会诊,领导也派先父和我参加了。先父认为:患者年过七十,处理国事思虑过度,劳伤心脾，阴虚火旺，心火上炎，血热妄行，损及络脉，邪害空窍，故致暴盲。治宜滋阴降火，平肝明目，辅以活血破瘀、凉血止血之法，方用坠血明目饮合滋阴降火四物汤化裁加减：炒知柏各三钱，玄参五钱，丹参三钱，生地五钱，赤芍三钱，川芎二钱，归尾三钱，党参五钱，石决明20克，白蒺藜、槐花、藕节炭各三钱。方中炒知柏、生地、玄参滋阴降火，凉血止血；石决明、白蒺藜平肝清热明目；槐花、藕节炭滋阴凉血止血；丹参、赤芍、川芎、归尾活血破瘀，导热下行；年老正衰气虚，故用党参益气扶正。服药二十剂视力进步，出血有所吸收。后改用清心凉血、滋补肝肾之法，用石斛夜光丸加阿胶、三七粉，炼蜜为丸，每丸二钱，日服三丸，视力恢复至0.8。

启后学　桃李遍医林

先父在学术上从不保守，尽量把自己的经验和技术毫无保留地传给下一代，目的在于使中医眼科更好地为广大人民服务。一九五四年，他在浙江省带头公开家传"金针拨白内障"手术，当时浙江医学院和杭州各大医院派代表参加学习，使针拨术广为流传。他常说："医术不能保守，更不能有门户之见。古人说勤求古训，博采众方；我主张，一徒多师，博采众长。这样才能青出于蓝而胜于蓝。"一九五七年，上海中医眼科前辈姚和清老中医来京，组织上派我向姚老学习，先父大力支持，并嘱我"要尊敬师长，谦虚谨慎"。先父对本院中西医徒弟及来自北京和全国各地的西学中各级医生都很尊重，强调互相学习。晚年体弱有病，气喘吁吁，仍兢兢业业，一丝不苟，带病给研究生讲课录音；直至后来病重住院，在病榻上还给身边的研究生传授经验。先父病危时，高热昏迷，抢救苏醒后，自感已届弥留，语重心长地对我说："中医眼科全国人数已不多了，如长此以往，有濒于灭亡的趋势。你一定要刻苦钻研，努力继承发扬好这份遗产，更好地为人民服务。特别是中医眼科外用药，很有效果，要好好使用观察，总结研究。"这些话犹如暮鼓晨钟，时时鞭策鼓励着我。我一定要竭尽全力，努力做好继承发扬工作，为中医事业的发展做出积极贡献。

展诵遗篇仰宗师

——缅怀章次公先生

朱步先*

[章次公小传] 章次公(1903～1959),名成之,号之庵,江苏镇江人。曾任卫生部中医顾问等职。对祖国医学造诣精深,并注意吸取现代医学之长,学验俱丰,颇多创见。早年曾提出"发皇古义,融会新知"的治学主张。著作有《药物学》《诊余抄》等。《章次公医案》由门人集体整理,老中医朱良春执笔,一九八〇年由江苏科学技术出版社出版。

一

章先生的父亲名峻,字极堂。清末曾参加江苏省新军

---

* 江苏泰兴县中医院

第九镇,属于革命志士赵声(伯先)的部下,为同盟会会员。后来赵声为清两江总督端方所排斥,极堂先生也回返故乡,郁郁去世。章先生幼年丧父,由母亲抚养成长,后入丁甘仁先生创办的上海中医专门学校攻读,开始了漫长的医学生涯。

  章先生在校读书时,深受丁甘仁先生的青睐。丁师是江苏孟河人,和章先生的故乡大港村相距不远。在清代,孟河名医辈出,马培之、费伯雄、余听鸿、丁甘仁诸贤纷纷著书立说,他们都能熔经方、时方于一炉而又有自己的创获。章先生从孟河学派吸取了丰富的营养,又师事经方大家曹颖甫先生。曹师对仲景之学研究有素,临证尝用经方,风格泼辣,这些对章先生影响很深。他一生悉心钻研《内经》《伤寒论》《金匮要略》等著作,又深究《千金方》《外台秘要》等历代各家典籍,对单方、验方以及铃串秘传无不留心收集,加以实践,具有十分雄厚的中医理论基础和丰富的实践经验。

  章先生用功甚勤,除研究医学外,旁及文学。他与章太炎先生一度过从甚密,在养成朴实的治学作风方面,深受章太炎先生的影响。他在《韩氏医通》中发现中医记载病历的款式,也是一个创见。章先生书写的脉案,一扫华而不实、空洞浮泛的颓风。其立案用词简练,清新洒脱,不拘一格,在纷繁复杂的症状中抓住主证,审明主因,寥寥数语,直揭疾病的幽隐,用药机动灵活,击中要害。这一切,和他深刻的医学、文学素养是分不开的。太炎先生对章先生的文章很欣赏,他见章先生的身材比较矮小,曾有"笔短如其人"之说,这是对章先生医案短小精悍的一个诙谐的评价。

　　章先生早年自行开业,一度曾兼任上海世界红十字会中医部主任。不少贫苦的人民找他看病,他总是不辞辛劳给予诊治,深夜亦应邀出诊,因有"平民医生"的赞誉。除操业外,还曾经担任过上海中医专门学校、中国医学院、新中国医学院、苏州国医专校等教职,又与陆渊雷、徐衡之两先生创办上海国医学院,培育了一批中医后继人才。章先生治学的一个很大特点是他的求实精神。这一点对研究祖国医学十分重要。唯有实事求是加以研索,才能吸取精华,扬弃糟粕,辨识真伪,得其真谛。他对印度因明学及医学史有深刻的研究,曾说:"学问极则在舍似存真,因明一学,乃印度教人以辨真似之学也。吾国医学发明之早,比勘世界医史实居先进,汉唐两代,注重实验,已向科学之途迈进。金元以还,医家好以哲理谈医,以邀文人学士之青睐,于是玄言空论,怪诞不经,满纸皆是,亘千年而流未息,其为害非浅尟矣!频年以任医校教习,恐其毒侵入青年之脑府也,誓予剪辟,倡言革命。举凡明理之工具书籍,必介其阅读。今年更以因明律令以绳古人之医学思想。朋侪诶我者以为创获,讥我者以为好奇立异。予乃进而教人以因明轨式书案语,教人以因明思辨方法作临诊鉴别症候之初阶。深信舍似存真以范过误,非研求名学莫属也。"先生教学,主张理论联系实际,往往选辑医案,加以案语,作为补充教材,既丰富了教学内容,又可作为从理论到实践的桥梁。这些方法,即在今日视之,未始不是正确的。

　　章先生对本草的研究,同样反映了他的求实精神。约于一九二六年,他曾写了一篇《中国药物之起源》,后来发表于《医光杂志》。认为药物的起源是由于先民采集食物时所发现,非神农氏一手一足之力,"吾人当据事实而确定药理",反对玄学和空谈。如"六轴子"可作伤科镇痛药等,都经实践而后确定。他对于民间草药相当重视,经常

章次公(中)与同事萧熙(右)、朱良春(左)
一九五六年于北京

使用为当时名医所不取的草药,取得了很大的成功;而对于虫类药的应用,尤具心得。先生编有《药物学》三册,大部分内容均被收入前世界书局所编的《中国药物大辞典》里。

先生所处的时代,正值欧风东渐,中医界前途茫茫,崇古者故步自封,求新者标新立异,中西医互相牴牾。先生挺身其间,认为中西医应当互相学习,逐渐沟通。"如果依旧深划鸿沟,相互攻短,那无异是开倒车,阻碍医学的发展。"先生吸取现代医学之长,为我所用,临证既辨证又辨病,主张"双重诊断,一重治疗"。对医学的发展,具有深远的目光。

先生诊暇,还著有《诊余抄》一集,曾发表于当时的医学杂志。解放后,应召赴京,担任卫生部中医顾问,兼任北京医院中医部主任等职,致力于祖国医学的发掘、提高工作。在京工作期间,他曾拟对《内经》作一次好好的校勘,以利后学进一步的研究;又曾竭力收集善本医书,修订我国《历代医籍考》。但不幸罹患癌症,经多方诊治无效,于一九五九年十一月六日逝世。壮志未酬,殊为遗憾!

二

章先生的学识是十分渊博的,对仲景之学和明清崛起的温病学说都有很深的研究。他对中医学一个突出的贡献是冶寒温二家于一炉,在温热病的辨证和治疗上展现了独特的风貌。

纵观祖国医学的演变,他深有感触地说:"宗仲景者,每歧视清代温热家言,而温热家亦诋毁经方,互相火水,历三百年而未已,其实均门户之见而已。"他生平很推崇王旭高之学,认为"王旭高师法天士,于仲景书亦深达有得,故所著俱切实用"。章先生治学,无门户之见,无派别之争,学淹众长,避其所短。他认为温病学说是伤寒论的延伸与发展,不应当划分鸿沟。他虽然批评清代苏医治热病有轻描淡写之处,但认为其用药轻灵亦颇可取,而注意保存阴液、增强抗病能力的方法是十分正确的。他治疗热病十分注意保护心力,这与吸取苏医之长有关。

  温热病的治疗以保存阴液为要着,因为阴液是抵御温邪之根本。病邪之进退,取决于阴液的消长,而温阳强心则似乎是伤寒家事。其实,热病在发展过程中,由于禀赋的差异,受邪的强弱,病变岂止伤阴一端。例如温邪虽易伤人阴液,但发热汗泄,阳气焉有不伤残之理?至于病变至危险阶段,正气不支,总由阴竭而伤阳,由阳亡而脱变。再有治疗失当而药误者,见热而浪投寒凉,病邪未却,而心阳将脱,更是岌岌可虞。章先生通过大量的临床实践,深刻地认识到热病保护气阳的重要性。特别是热病若病程较长,或病入极期,正邪交争以至决定阶段,若正气尚可支持,医者则有从容之机与病邪相周旋,若心力不健,极易昏痉厥脱致变。斯时热之高低已不足以判断疾病的转归,而心力之健否则是病情能否逆转之关键。若神气萧索,迷蒙呓语,脉来糊数,或脉微欲绝,或脉沉细而不鼓指,或两脉有歇止,必须着力扶正强心,保护阳气以固阴液。若辗转徘徊,势必两败俱伤;若投清温开泄,则祸不旋踵矣。

  热病进温补,章先生还得力于张景岳、喻嘉言二家。

他对张景岳治京师一少年,舌焦神愦,以大剂温补得生,有很高的评价;对喻嘉言治虚人外感于解表药中用参之法,亦有深刻的领悟。凡此,均变法,非常法也。但不知其变,亦不足以应付病情之万变。温补法的应用难免不遭人非议,而先生但求无亏于心,表现了很大的胆识与魄力。《冯氏锦囊》"全真一气汤"(人参、熟地、麦冬、五味子、白术、附子、牛膝)先生最为赏用,以其温阳而无升浮之弊,育阴而有化气之功。例如他对湿温(肠伤寒),只要有心衰之端倪,多用此方化裁,高热亦在所不忌,若兼见谵语迷蒙,则加用胆星、川贝、远志、菖蒲之类,甚则加用紫雪丹之凉开,一面育阴扶正,一面慧神祛邪,采取了振奋功能以消除病原的手法,这一宝贵经验,值得我们加以继承。

先生认为寒温二家没有不可逾越的鸿沟,以证为主,则六经辨证、三焦辨证、卫气营血辨证均可统一。例如湿温(肠伤寒),其病灶在肠;日晡热高,属阳明病,亦即中焦病;初、中期多呈现气分证;两周以后,当警惕邪入营血,导致肠出血。对于肠出血的治疗,先生从《伤寒论》"葛根芩连汤"悟出"苦以坚之"之法,并谓"此类药多能收敛肠黏膜",如川连、黄柏、荠菜花、白槿花、苦参、银花炭、生地榆、乌梅、白芍等,这类药既有直接针对病原的意图,又有防止和治疗肠出血的作用。当然出血过多,气随血脱,又当温摄,不在此例。

这里举一肺炎病案,以见先生治温热病注意保护心力之一斑。

邢孩,先是寒热咳呛,据述以受惊而来,但受惊仅是诱因,感冒外邪是主因也。顷诊肌热不甚壮,而咳呛频仍,入夜气急胸高,白昼气急虽稍减,而两鼻煽动,吃紧处尤在脉之细数而软弱,此俗所称之肺风痰喘,西医则属之肺炎,治疗以宣肺强心为主。夫脉为血府,脉软弱,心力衰,血之运行不畅故也。处方:生麻黄_{八分},杏仁泥_{三钱},川桂枝（后下）_{一钱},生石膏_{六钱},炙紫菀_{三钱},射干_{一钱七分},白苏子_{三钱},苦桔梗、粉前胡_{各一钱七分},粉甘草_{一钱},红枣_{五枚},浓煎频服。此证乍看之,"肌热不甚壮",似乎病情不重。但"咳呛频仍,入夜气急胸高""两鼻煽动",说明风温闭肺,证殊不轻。先生点出:"吃紧处尤在脉之细数而软弱",何以故? 细为血少,数则有热,软弱示心气不足。证实而脉弱,表示抗病功能衰减,心衰已有端倪可察。此时若仅予辛凉开闭,就有可能证由阳而转阴,导致心衰;若一味温补,又不能摒退炎蒸,驱邪开闭。先生选用大青龙汤（去生姜）为主干,以麻杏石甘宣肺开闭、清热平喘,以桂枝通脉强心,庶可防心衰于未然。先生用仲景之方以治风温重症,其以证为主,不为寒温二家所拘,于此可见。如药后依然高热、气急、鼻煽者,先生往往于上方加用鱼腥草、蒲公英等以清热解毒,收效颇捷。

三

章先生不仅对温热病的治疗有独到的见解和丰富的经验,对内科杂病及妇科病的治疗也有很深的造诣。

（一）审明主因,辨证辨病紧密结合　祖国医学重视治病求因,审因论治。《素问·至真要大论》就有"必伏其所主,而先其所因"的论述。张仲景又提出"千般疢难,不越三条",发展为内因、外因、不内外因的三因学说。章先生在临证中特别重视审明主因,任凭见证错综复杂,他都能透过现象,认清本质,何为主证,何为兼证,何为主因,何为诱因,辨析详明,切中肯綮。特别可贵的是,他除了继承前人病因学说之外,又能随着时代的脚步,既辨证又辨病,使病因学说内容更加丰富。

举例言之,咳嗽一案载:"以咳为主证,痰作白沫,量少而不易咯出,多是气管炎症;兼见咽干作痛,音为之嗄,则炎症之由来,系风燥之侵袭。"这种辨证,层层深入,最后辨明风燥这一主因,施治自可中的。又如他论虚劳潮热:"古今治虚劳潮热之方,扼其要,可分三大类:一养阴,二祛瘀,三温补。虽因证候而异,其希冀热之下降则一。究其实,多不验,盖热为结核菌刺激病灶之产物,主因不除,热无由而解。"先生所讲的养阴方剂,显然是指后世沿用的甘寒养阴之剂,而祛瘀、温补两类,殆指仲景治虚劳的大黄䗪虫丸、小建中汤。这里表明了先生对肺结核潮热病因的认识,并不意味着古人这些方剂可弃置不用,只要罗列几味今知有抗结核菌作用的中药了事。先生始终把握辨证论治这一中心,对肺结核潮热以育阴潜阳、润肺杀虫为主要手段,若病久阴伤及阳,温补亦在所不忌。不过先生认识到上述三类方剂对结核菌起间接的抑制作用罢了。朱良春老师深明先生之心法,对肺结核病长期应用抗痨药不效,全身功能低下者,用人参、紫河车、制首乌、炙地鳖虫、炙蜈蚣等温补、祛瘀并举,往往获验。学古而不为古人所囿,能从常法中跳出来,自有创获。

正确地结合辨病,对我们审明病因,指导治疗,具有很大的意义。例如对胃溃疡病的治疗，先生指出："凡此等证过用香燥刺激之品，未有不偾事者。"其原因是这类药物不仅耗伤胃阴，且能导致出血，故不可不慎。因此他创造性地运用大剂量的杏仁等富含油质的药物以解痉缓痛，以煅鸡蛋壳、煅瓦楞子等含有钙质的药物以制酸，以马勃等清热药以消炎，以象牙屑、琥珀等化瘀生肌，对病因进行针对性治疗，并创订了一张治疗胃溃疡的验方：凤凰衣、玉蝴蝶各一两，轻马勃、象贝母各七钱，血余炭、琥珀粉各五钱，共研细末，每服七分，一日三次，食前服。后此方广为流传，治验甚多。

（二）融会新知，传统理论赋予新意　　章先生认为，对祖国医学理论体系应该去粗取精、去伪存真地加以继承。他以现代医学的研究作他山之助，使祖国医学的传统理论更增光辉，并对中西理论的疏证与沟通，提出很多创见。

对祖国医学"气"的学说的认识，他曾说："气之一字，凡百学术皆所关涉。以其最著者言之，如理学家以气言哲理，技击家以气言拳理。而我医家所言之气，可占病理学之半。然则气之定义，研究学术实不可笼统含糊者也。吾人在医言医，气者，神经之官能作用暨神经之紧张力也。拳家炼气，亦炼局部神经之紧张力而已。详言之，非万言不能尽。"他又说："古人物质属之血，机能属之气。"言简意赅，毋庸赘辞。

先生于三十年代，就对黄疸称为肝炎，并提出过用黄芩、黄连作粉剂内服泄化湿热的方法。这种有益的探索，表明了先生在学术上的积极进取精神。当然，先生并不废弃辨证论治的原则，例如他对脾阳不足，兼见湿热内蕴，证见"神疲脉迟,旬日不更衣,目白黄"者,用温泄法,以姜、附与硝、黄并用。

先生对中西学理的沟通,在他的医案中俯拾皆是。例如,温病邪陷心包一证,他认为:"心包者,实指中枢神经也。"这就说明中医所称之心,包括大脑的部分功能。他认为大叶性肺炎,痰有铁锈色,系"肺循环郁血故也"。进而推论:"麻黄所以为此证之主要药,即因其能亢进血压,消失瘀血故也。"至于麻黄应当配合清热消炎药同用,自不待言。

经闭一证,概言之,责之冲任不调。先生参以新知,认识更为具体:"室女之停经:一、由于内分泌障碍;二、营养不如所需;三、神经系之变化。而第三者最为普遍,《内经》所谓'二阳之病'。""室女停经、萎黄病、子宫结核、内分泌障碍病,皆可从望、切两诊得之,惟神经系之变化,则少迹象可寻。""月经之生理虽在卵巢,亦受神经系之支配,古人调经多用疏肝,即此理也。"这就示人对经闭当区别其为卵巢实质病抑为官能障碍,若系实质病,体实者当攻之,体弱者攻补兼施;体虚不能攻伐者,温养奇经,调整卵巢功能。若系官能障碍,即径予疏肝调经。先生对用攻法,曲尽其妙,他曾借鉴喻嘉言、王孟英二氏,以当归芦荟丸出入治血瘀热结;又喜用虫类药,以大黄䗪虫丸、抵当丸破瘀通经。

在先生的医案中,往往对中西学理合并讨论,其立论超脱不凡,毫无斧凿之痕迹。如:"考经不正常,恒能引起胃症候""古人用平胃散通经,即是此理""凡痛与带下,总是炎症""宣肺多是祛痰剂,肃肺多是镇咳剂"等等。这些可贵的论述,足资我们研究和学习。

（三）博采诸家，制方用药独创一格　章先生广泛地吸取了古代医家的有益经验，加上自己的创造发挥，他的处方不落俗套，别有风韵。

先生对痢疾的治疗，在辨证上突破了"红痢属热，白痢属寒"的禁区，认为："古人有红痢属热，白痢属寒，白属气，而赤属血，其说不可拘；赤痢有用附子者，白痢有用黄连者，前者镇痛，后者消炎，拘泥寒热便不可通。"他主张不论痢、泻，凡早期证实体实者，先予通利，以缩短疗程，提高疗效。善用大黄，腹痛必佐温药（如附子），这显然受了验方"通痢散"的启示。他同时不拘"痢无止法"的旧说，喜用含有鞣质的药物，究其源起，殆本仲景用诃子治"气利"。考诃子、乌梅、石榴皮、陈红茶等，含有鞣质，过去称为收敛止泻药，今知有抗菌作用，则先生的经验，又得到科学的证实。先生对此类药物，并非泛泛使用，多与通利药并行。这样组合的方剂，既无攻下太过之弊，又无兜涩留邪之虞，互相调节，至为稳妥。又如青皮，系橘之未成熟者之皮，饶有酸味，有收涩作用，能消积、止泻、止痢，尝见先生处痛泻要方，多以此味易陈皮，又可使该方扶土抑木之功增强，大有奥义。

先生治一翟姓，男，患痢，案载："临圊努责，在仲景称为后重，用苦寒以坚之。苦寒以坚之，消炎之意也。参以金元用归芍和之之法，其力更宏。处方：黄柏炭二钱，北秦皮四钱，全当归三钱，苦桔梗一钱七分，香连丸一钱，白槿花五钱，山楂炭、杭白芍、焦六曲各四钱。"这里所谓"用苦寒以坚之"者，系指仲景治热利下重者，用白头翁汤；所谓"参以金元用归芍和之"，系指张洁古治滞下赤白的芍药汤；方中桔梗,取法于金匮排脓散;楂曲炒焦,意在吸附;白槿花一味,陆定圃盛赞其治痢之功,单味应用治痢,民间广为流传。如此斟古酌今,精心锤炼,宜乎"其力更宏"。

先生勤求古训,临证多有巧思。昔仓公治临淄氾里女子病胀满,用芫花下虫数升而愈。先生引伸其义,用十枣丸配合槟榔、黑白丑、续随子、皂角子等治疗阿米巴痢,苟证见少腹胀满如石,按之有痛处,则放手猛攻。他由此参悟到"下者亦驱虫之一法""破气药多寓有杀虫之意"。所谓"发皇古义",舍博览群书,反复实践,提高升华,别无他途。

先生对药物的研究是很有独创之处的,如望江南治热病便秘,每用一两,作用缓和而可靠,且无腹痛和继发便秘等副作用,十分安全。紫花地丁长于清热解毒,又擅解疔毒,先生移用治温热病,殆为排泄毒素。又如蚤休,除清热解毒、抗风湿以外,还可熄风定惊。先生认为:"蚤休所以能定惊厥,无非通便而已。"一语道破真谛。先生善用葛根,生用既长于解热,又能生津养胃,呕家不忌,殆取其镇静、解痉之功。如此等等,限于篇幅,恕不一一列举。

次公先生是近代医学史上一位值得称道的人物,他在祖国医学发展的道路上留下了巨大的足迹,一代宗师,众所景仰。我们要沿着先生开拓的道路继续前进,立志振兴中医事业,使传统医学迸发出新的光彩,以特有的姿态立于世界医学之林。

(本文蒙朱良春老师提供资料并赐予指导,谨致衷心的谢意!)

陈达夫老师治学之道

曾樨良*

[陈达夫小传] 陈达夫(1905~1979),名大泗,四川西昌人。从事中医眼科近五十年,有丰富的临床经验和独特的学术见解,生前任成都中医学院眼科主任、教授,为当代著名的眼科专家。所著《中医眼科六经法要》一书,以《伤寒论》六经辨证为眼疾分类的纲领,汇集了历代中医眼科学之精粹,博而不杂,别具一格,突破了历代中医眼科学以症命名的框范,形成了中医眼科学术上的新流派。此外,所著《中西串通眼球内容观察论》等,弥补了历代中医眼科之不足,推进了中医眼科学术的发展,荣获一九七八年全国科技大会二等奖。

---

* 成都中医学院

学而不厌

陈老师的祖父陈介卿,父陈绂生,均为四川西昌名中医,识博才广,名噪西川。陈师自幼聪慧,颖悟好学,随祖父、父亲攻读诸子百家,并从习医。

陈氏治学严谨,认为"业精于勤,荒于嬉"(韩愈《进学解》)。欲为良医,绝非泛泛之辈所能。首当刻苦学习,精通医理,方能得心应手,临证不乱,思路开阔,疗效显著。"夫医药所用,性命所系"(王叔和《脉经·序》),庸医往往误人性命。为医者,责任重大。而要精通医理,首先在于基础,即内科。《中医眼科六经法要》指出:"中医眼科学理,是在中医内科基础上发展起来的,从理论到临证治疗上,都不能脱离内科。能熟内科,再循序以究眼科,则势如破竹。若对内科尚未认识,而专习眼科,则杆隔难通,见理狭隘,处方呆板。"所以陈老师除熟读《灵枢》《素问》《伤寒论》《金匮》《神农本草经》等经典医籍之外,于繁忙的工作中,偶有闲暇,则刻苦自学,博览历代著名医籍和与医学有关之书。尤谙《易经》,认为《易经》精辟,对医学某些方面有重要意义。陈老师能丰富发展八廓学说,就是受了《易经》的启示。

在众多的医家中,最仰慕清代王清任重视实践、勇于创新的精神,并认为:学习应解放思想,善纳他人之长。"君子生非异也,善假于物也。"(荀子《劝学》)知识无涯,不能自缚禁锢于井底。陈老师也非常赏识近代医家张锡纯之能遵古而不泥古,善纳西医之长的学习态度。并认为"道之所存,师之所存也""圣人无常师"。陈老师早在青年时代,就着手探索眼的奥妙,但由于环境和时代的限制,无法进行人眼的研究,便用猪眼剖析推理。一九五六年至成都中医学院之后,虽肩负繁重的医、教工作,但仍然不懈地向跟从他学习的西医们求教,不耻下问,凡遇陌生问题,誓必彻底领悟方休。所以,他迅速地掌握了必要的西医知识,于一九六二年写出了具有特殊见解的论文《中西串通眼球内容观察论》,并成功地进行了白内障针拨术等,为眼科的中西医结合做出了卓越的贡献。

诲人不倦

陈老师讲课,条理清晰,深入浅出,例举生动,易于理解、记忆。如讲授"视惑",例举他早年曾遇一人,此人陪过杀场,因事先不知仅是陪杀,以为真是临刑斩头,惊恐之极,于赴刑场路上,但见行人,仿佛皆是足朝上而头着地行走。此即《灵枢·大惑论》中指出之"精神魂魄,散不相得,故曰惑也"。一讲之后,使听者牢记不忘。又如为了加强学生对八廓的理解,凡遇此类患者,则仔细讲解,描述生动,学者立即便可领悟。至一九七五年,陈老师已年高体衰,仍然坚持教学,举办了全国中医眼科学习班,系统讲解《中医眼科六经法要》,将他宝贵的学术理论传授给同道们。

善纳众美　风格独具

（一）六经辨证运用于中医眼科　中医眼科学有漫长的发展史。早在战国时代，扁鹊在周都洛阳曾为"耳目痹医"。至唐代太医署将耳目口齿列为专科，眼科遂成为一专门学科。相传唐代即有眼科专著《龙树眼论》，首列眼疾为七十二症，但该书佚失。之后历代不断汇集资料，增添内容，逐步演进，直至明·王肯堂《证治准绳》归纳眼疾为一百九十三症。其后，傅仁宇《审视瑶函》在沿袭《原机启微》《证治准绳》等书的基础上，经增删修改，定眼疾为一百零八症。明清诸医家有关眼科的论著不少，但内容大多相似，没有超出以症命名的范畴。

陈老师认为六经证治是祖国医学中最早最完善的辨证论治方法，是后汉张仲景总结了公元二世纪以前劳动人民与疾病作斗争的宝贵经验，在《内经》的藏象、阴阳、经络、府俞等理论指导下，以阴阳为纲，贯彻以表里（病位）、寒热（病机）、虚实（病势）六辨，揭示了疾病发生、发展、变化的规律，从而制订随症加减的治疗法则。任凭疾病中症象万千，在六经为纲领的统率下，即可执简驭繁。因之，陈老师移用此法创著《中医眼科六经法要》。其精髓部分共六篇，即太阳目病，阳明目病，少阳目病，太阴目病，少阴目病，厥阴目病。体例遵循《伤寒论》，主证首列眼证，结合全身症象，从六经经络所经的表现，从仲景的六经方证，从伤寒的病理，从患者自视异常等，恰当地纳入了祖国医学中有关的辨证方法，综合分析，辨证论治。前三篇三阳目病，系统而严格地遵循六经理法，将眼前部(包括黄仁)及眼附属器等大部分疾病归入其中。后三篇三阴目病，包括了所有内眼疾病，部分外眼、眼附属器疾病以及眼的杂病、外伤等。此部分广泛汇集了历代中医眼科精华和他自己的临床经验，适当采用了有关西医知识，是为眼科医者最易接受的部分。成都中医学院附属医院眼科二十余年来，基本是在陈老师的理论指导下临证治疗。全国不少向陈老师学习过的眼科同道们，将其理论运用于临床，皆取得了较为满意的疗效。实践证明，这些学术理论是经得起检验的。

（二）致力于中西医结合，建立了内眼结构与六经相属的学说 历代有关中医眼科论述涉及眼与脏腑经络关系时，由于受时代的限制，基本停留于外眼或仅属患者自觉症候上，而对复杂的内眼结构及其生理机制、病理改变等缺乏深入研究。有鉴于此，在陈老师了解内眼结构之后，用《内经》理论作指导，并经反复临床验证，建立了内眼结构与六经相属的学说：如色素膜，前端的虹膜(黄仁)位于风轮之里而应属足厥阴肝，睫状体紧接虹膜亦属足厥阴肝，睫状韧带起自睫状体也属肝经；而色素膜后部分脉络膜，虽属色素膜，但为色素膜最富于血管部分，根据《素问·五脏生成》所说"心之合，脉也""诸脉者，皆属于目"等理论，则脉络膜应属于少阴心经。故色素膜前部病变应从肝经施治，而后部病变则宜从心经施治。又如视网膜(眼神经膜)，是高度分化的神经组织，陈老师认为，神经组织类中医经筋，根据《灵枢·经脉》"肝者，筋之合也"之论，亦属足厥阴肝。而视神经，在《证治准绳》中即指出："盖目珠者，连目本，目本又名目系，属厥阴之经也。"所以，这些组织一旦有病,均从肝经治疗,而肝肾同源,故习用肝肾同治之法。而黄斑位于视网膜中央,在尸体眼球及无赤光下色黄,根据《素问·金匮真言论》"中央黄色,入通于脾"之说,则黄斑属于足太阴脾,但黄斑为锥体细胞密集区域,根据神经组织类经筋的见解,黄斑不仅属脾经,亦应属肝经,病变时理应从肝脾着手治疗。此外,如晶状体属足少阴肾,玻璃体属手太阴肺,房水属足少阳胆等。这些学说验证于临床,也收到了良好的效果。

(三)对八廓学说的贡献 五轮八廓是中医眼科重要的辨证基础。对五轮的见解,历代医家们认识一致,即将眼划分为五部分,与五脏相属,借此说明眼的结构及生理机制,指导临床辨证施治。至于八廓,则历代医家议论纷纭,各持己见。如八廓在眼的部位以及使用价值等,评价各异。《银海精微》指出:"至若八廓,无位有名。"《张氏医通》更明显地否定八廓辨证在眼科的作用,指出:"逮夫八廓,有名无位……此虽眼目之源流,而实无关于治疗也。"此即是说八廓只有空名,在眼既无部位,更无使用价值。《医宗金鉴》又认为五轮八廓在眼的部位相同,五轮属脏配五行,八廓属腑配八卦,不仅在眼部位重复,指导辨证意义也不大。《证治准绳》虽对八廓学说有较高的评价:"八廓应乎八卦,配眼方位为乾西北、坎正北、艮东北、震正东、巽东南、离正南、坤西南、兑正西。"但究竟在何处,并未明确。《审视瑶函》虽对八廓有较明确的概念,并对八廓无用论进行了批判,指出:"夫八廓应乎八卦,脉络经纬于脑,贯通脏腑,以达气血往来,滋养于目""夫八廓之经络,乃验病之要领""而廓唯以轮上血脉丝络为凭,或粗细连断,或乱直赤紫,起于何位,侵犯何部,以辨何脏何腑之受病""八廓则明见于外,病发则有丝络之可验者,安得谓为无用哉?"但《审视瑶函》仍有含糊之处。陈老师在《审视瑶函》的启示下,结合临床经验,明确八廓为白睛上四正四隅八个方位,代表名称为八卦,内应六腑及胞络、命门。他在《中医眼科六经法要》中并明确指出八廓"是说某种眼病发生的表现,并非每个病员都有廓病,更不是一般正常的人也分八廓"。病变时,从白睛呈现的血脉丝络在何方位,及其色泽、粗细、多寡、连断等作为辨证依据。《中医眼科六经法要》多贯以八廓辨证,因三阳主腑,八廓亦主腑,所以在三阳目病中应用较多(见八廓图)。

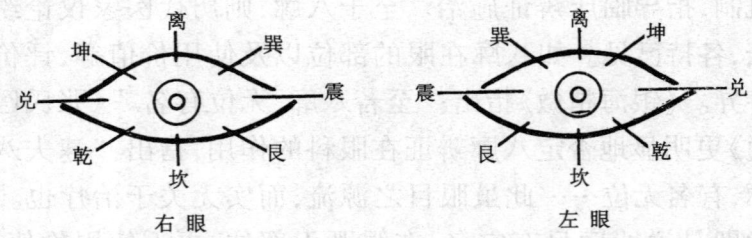

八 廓 图

乾天名传导廓(白睛颞下方),属大肠;坎水名津液廓(白睛正下方),属膀胱;艮山名会阴廓(白睛鼻下方),属胞络;震雷名抱阳廓(白睛正鼻侧),属命门;巽风名清净廓(白睛鼻上方),属胆;离火名养化廓(白睛正上方),属小肠;坤地名水谷廓(白睛颞上方),属胃;兑泽名关泉廓(白睛正颞侧),属三焦

(四)对中医眼科方剂的创新与发掘　陈老师对方剂学的知识面很广,除沿用《伤寒论》《温病条辨》中的方剂如麻黄汤、三仁汤等,并擅于发掘古代良方。例如,《沈氏尊生书》中一个治疗内科疾病的无名方剂(犀角、沙参、黄芪、花粉、

生地、当归、麻黄、蛇蜕、钩藤、防风），陈老师用以治疗青风内障或绿风内障之证势和缓者，并命名为"沈氏熄风汤"。又如石决明散（石决明、草决明、赤芍、青葙子、羌活、栀子、木贼、麦冬、荆芥、大黄，使用时无便秘者去大黄），陈老师用于黑睛疾病、眼珠外伤、内眼手术之后等。再如陈老师将《和剂局方》中之甘露饮，用以治疗阴虚湿热引起的各种眼疾，包括角膜炎、巩膜炎、色素膜炎等，凡证符合阴虚湿热者，皆可使用。

陈老师还继承了不少家传良方，如陈氏自制金水丸（净慈菇粉、玄参、白及、百草霜、升麻）治疗圆翳内障（未成熟者），陈氏家传涩化丹（薄荷、僵蚕、麻黄、细辛、蔓荆子、紫草、胆草、黄连、芦荟、草乌、空青石、珊瑚等）治疗宿翳（角膜瘢痕）等。

陈老师发现，眼科常见方剂驻景丸，虽然很多眼科医籍均有记载，但不仅组成药物各异，而且皆欠妥当，于是改善了此方（菟丝子、楮实子、茺蔚子、枸杞子、车前子、木瓜、寒水石、河车粉、生三七粉、五味子），成为成都中医学院附属医院眼科治疗内眼疾病的基本方之一，名驻景丸加减方。

更可贵的是陈老师勇于创新的精神。他新创的生蒲黄汤（生蒲黄、旱莲、丹参、丹皮、荆芥、郁金、生地、川芎），用于出血性眼底疾病之出血阶段，尤其以视网膜静脉周围炎新出血时为佳；新创的熄风丸（赤芍、紫草、菊花、僵蚕、玄参、川芎、桔梗、细辛、牛黄、麝香、羚羊角），主治绿风内障证猛势重者。这些方剂皆为我院眼科最常用的基本方药。其中不少方剂如涩化丹、生蒲黄汤、驻景丸加减方等，除已推广为全国许多眼科同道使用之外，并收入《简明中医辞典》以及全国高等医药院校教材《中医眼科学》，成都中医学院主编《中医眼科学》《中医眼喉科学》《方剂学》等医籍。

潜心攻岐黄　血防献终身

——回忆先父杨志一

杨扶国*

[杨志一小传]　杨志一(1905～1966)，江西省吉安县人，中共党员。一九二七年毕业于上海中医专门学校。一九三八年以前在上海开业，一九五三年前在家乡行医，五十年代初期参加江西省中医实验院筹建工作，生前为江西省中医药研究所临床研究室主任。早年编著《吐血与肺痨》《胃病研究》《妇科良方》和《儿病须知》等中医药书籍二十余种，并曾参加《医界春秋》的编辑工作和主编《幸福报》《大众医学月刊》等。解放前后曾发表中医药论著上百篇于国内杂志上，遗著《杨志一医论医案集》于一九八二年由人民卫生出版社出版。

---

*　江西中医学院

一九六六年十二月,先父杨志一因工作劳累,在血防第一线身染重病,经抢救无效,不幸逝世。当时他已是年过花甲的人了。

一

父亲幼时,因家道中落,生活贫苦,至十三岁才发蒙读书,十六岁时,为减轻家庭负担,祖母将父亲寄食于吉水外婆家,并就读于李茂斋门下。翌年,至上海舅公徐元诰(字鹤仙,《辞海》主编之一)家,并得徐帮助,进入上海中医专门学校学习。

由于父亲资质聪慧,虚心好学,成为经方大家曹颖甫老中医的得意门生之一。一九二三年秋,父亲染病,吐泻肢冷,势频于危,同学章次公邀曹来诊,投以大剂四逆汤,二剂而安。因而益信中医,尤其是经方的疗效。后来父亲在《经方实验录》的序言中写道:"问世以来,服膺师训,悉心体验,深知功效宏而应用广者,固舍经方莫属。"因而对《伤寒论》《金匮》兴趣颇大,研究较深,还在校学习期间就写有"阴阳证烦躁辨""厥论""陈氏子阳明证治验记""论痿躄有肺热肺冷之不同""读金匮笔记"等论文发表在当时的《中医杂志》上,深得曹颖甫的赏识。如有一篇"伤寒阳明证与温热阳明证异同论",曹师评曰:"原原本本,直如水银泻地,无孔不入,杰作也。"又有一篇考试答题,名为"同一手足厥冷之证,心下满而烦,饥不能食,病在胸中,仲景用瓜蒂散吐之,小腹满按之痛者,冷结膀胱关元,仲景不列方,试据所见以补其阙",曹师评曰:"透发精审,不留余蕴。"可见父亲在读书时,初露锋芒,即有脱颖而出之势。也为后来重视仲景法的临床应用打下了基础。

二

一九二七年春,父亲从上海中医专门学校毕业,旋即在上海开业行医。由于当时西风盛行,中医受到排斥打击,几乎有被政府取缔废止的危险。父亲于是和同学张赞臣、朱振声等,组织医界春秋社,任该社编辑部主任,编辑出版我国最早的中医药刊物之一——《医界春秋》,除介绍中医药理论和临床知识外,还大声疾呼要发扬中医药,沟通中西医,宣传中医药的科学性,反击余岩辈的攻击歧视,为争取中医药的社会地位和教育地位而努力奋斗。于是当时中医界的贤达名人,如张锡纯、曹颖甫、恽铁樵等纷纷来稿,《医界春秋》因而被誉为中医药界的"中流砥柱""医界曙光"。后又于一九三〇年和朱振声创办《幸福报》,为四开小报,每三日出版一张;继又主编《大众医报》(后改为《大众医学月刊》),宣传普及中医药知识,这是我国最早的中医药报纸之一。

此外,父亲在诊余还勤奋编著《胃病研究》《吐血与肺痨》《四季传染病》《精神病疗法》《大众验方集》《儿病须知》《食物疗病常识》和《妇科经验良方》等中医药书籍近二十种,海内争相购买,对提高中医药人员学术水平,推广中医药知识有一定作用。

三

　　父亲毕业行医后,仍一如既往,谦虚好学。三十年代初,家兄扶华患湿温病,发热不退,经治十余日未解,父亲初出茅庐,苦于经验不足,踌躇莫决,乃商诊于上海儿科名医徐小圃先生。徐氏诊为阳虚湿温,经治而愈。徐氏治阳虚湿温的大法,是用附片、桂枝、葛根扶正达邪、助阳温解;半夏、厚朴、藿梗、陈皮等燥湿化浊;磁石、黑锡丹镇潜浮阳;党参、茯苓、仙灵脾、巴戟天培补脾肾。父亲得到徐氏的启发,四十年代在家乡行医,用徐氏温解法治疗湿温,屡起重症,名噪一时。

　　如有一王姓病人,发热十余日不解,身热汗多,躇卧不安,间作妄语,神色萎靡,听觉迟钝,不饮不食,肠鸣便泻,起则头眩,肢体震颤而至晕倒。脉象濡弱而数,舌苔厚腻黄润。从阳虚湿温论治,法当温肾潜阳,解肌撤热,药用:明附片五钱、朱茯神四钱、川桂枝一钱七分、活磁石一两、远志肉一钱、炒白芍、黑锡丹、法夏各三钱、藿梗二钱、制厚朴一钱、正广皮二钱。两剂身热即退,其他症状也随之好转,再守法调治而愈。

　　除湿温外,父亲还向徐氏请教麻疹、白喉等的辨证施治方法。徐氏回信曰:"素仰阁下学识宏博,经验丰富,而问道于盲,何其谦逊乃尔,诚近世吾道中不可多得者……"这固然是徐氏过奖之词,但父亲的谦虚也是很难得的。

四

一九三七年,抗日战争全面爆发,上海炮火纷飞,父亲带领全家回到江西吉安老家。先在家乡官溪村邻近的小集镇吉水县阜田镇开业,后又迁至吉安市,但也常至固江、阜田等乡镇出诊。到一九五三年参加江西省中医实验院的筹建工作,才移居到南昌市。

父亲对医德极为重视。孙思邈指出,医者应该"行欲方而智欲圆,心欲小而胆欲大"。李中梓解释道:"检医典而精求,对疾病而悲悯,谓之行方;知常知变,能神能明,谓之智圆;望闻问切宜详,补泻寒温宜辨,谓之心小;析理详细,勿持两可,谓之胆大。四者似分而实合也。"他认为这些有关医德的话,弥可珍贵,曾录给扶国以为座右铭。

父亲的医疗作风朴实,严肃认真,不故弄玄虚,不吹牛许愿,对旧社会时行的开业术不屑一顾。他处方用药力求简便廉验,不开怪药、偏药以炫耀自己的才能,不乱开贵药、补药以取宠于患者,故常力挽重症而花费不大,深得贫苦患者的赞许。

在吉安开业时,附近乡镇危重病人请父亲出诊者,常有人在。不论病情如何危重,他总是在病家治疗守护数日,待病情好转才返回家中。亲友们常为此而耽心,怕万一出事难以收场,但他认为这是医生的职责所在,非如此不可。他这种态度,一方面说明他对患者极度负责,同时也说明他胸有成竹,技高胆大。

父亲对中医药坚信不疑。当他治疗某些疑难重症效果不显时,总是归咎于自身学习不够,水平有限,而坚信在中医药学这个伟大的宝库中,迟早会发掘出治疗这种疾病的好方法。在三四十年代,"西风"日盛,不少中医,出于种种考虑,在应用中药的同时,还往往配用西药,而他几十年来从不用西药,被某些人视之为"顽固保守"。这种"顽固"态度,一方面表明他对中医药的坚定信念,也表明了他严肃认真,知之为知之,不知为不知的治学精神和医疗作风。当中西医理论或治疗方法发生矛盾时,他总是坚持辨证论治的原则,如肠伤寒,西医视下法为禁忌,但他认为肠伤寒到中晚期,除太阴湿化的湿温阴证外,还有阳明燥化的湿温阳证,证见发热不退,腹胀便秘,舌苔黄腻,脉象滑数等,当用大黄、黄连、厚朴、枳壳等药,往往下后热减,缩短了病程,提高了疗效。他的胆识和技术,给了共事者深刻印象。

五

父亲为人诚实正直,对患者热情和霭,被同事誉为具有仁者作风。其学风亦如其人,严谨专一,注重实际。他具有锲而不舍、勤奋钻研的精神,往往日间应诊或工作,晚间则拨灯夜读,或精心著述,很少间断。对下象棋、打麻将等一般人的爱好,他从不插手,唯恐玩物丧志;就是一般的社会应酬,他也尽量避免,为的是淡泊明志,宁静致远。

医学是门应用科学,当以实践为检验标准,故父亲甚为重视临床实践,常自觉地以临床实践来检验理论的正确与否。如《金匮·黄疸》"男子黄,小便自利,当与虚劳小建中汤"条,有的认为是黄胖,两目不黄,不属黄疸;有的认为是脾虚发黄,属于黄疸,当有两目发黄。他通过临床用归芪建中汤加减治愈溶血型黄疸,认为该条所论为虚黄,应该属于黄疸。再如他通过治疗急性黄疸型肝炎,发现本病属于太阴寒湿发黄,适用茵陈四逆汤温化剂者反而较多,从而认为一般所谓急性属阳,慢性属阴的看法,不尽符合临床实际,故不可一见急性肝炎便投以苦寒,以免加重病情。

做学问要正确处理博与精的关系。父亲极为重视"博而不精则杂,精而不博则陋"的见解,还提出要在博的基础上精,又要在精的带动下博。古人云"由博返约",应有两层含义:一是在博览群书之后,应该归纳出其中的要点和规律,要有自己的观点和见解,要有所发现,否则就是死读书;二是在有了宽广的基础和全面知识之后,应该定向发展,应该在某个方面或某个专题上多下功夫,深入研究,这样才能有更大的进步,才能更上一层楼。他五十年代后期积极探讨六经治疗血吸虫病及其他杂病,就是在这种治学精神指导下进行的。

父亲还极为重视前人的经验和成果,如认为前人流传下来的常用方剂,都是经过千锤百炼、反复检验的,是千百年来经过无数人身试验证明行之有效的,这比动物试验还要宝贵可信。不少医家一生的经验就体现在一两个方剂上。如刘草窗的痛泻要方、魏玉璜的一贯煎等,便是他们一生心血的结晶,我们有什么理由不爱如珍宝呢?因而他一生都重视成方的临床应用,如黄芪建中汤、补中益气汤、温胆汤、逍遥散、当归四逆汤等,都是他常用的方剂,因而他的医案往往体现了中医药的大法大方,对学习中医药学的传统理论有很大的启发和帮助。

六

自一九五三年参加工作以来,父亲工作踏踏实实,兢兢业业,以身作则,任劳任怨,这突出地表现在血防工作上。五十年代初,正是我国开展血防工作的初期,父亲积极响应毛泽东同志"一定要消灭血吸虫病"的伟大号召,参加了血防工作,十多年来,他上玉山,转丰城,赴波阳,下彭泽,踏湖口,深入农村疫区,奔波在血防第一线。当时,中医药治疗血吸虫病多限于用验方逐水消肿,往往只能获得短期疗效。父亲站在辨证施治的高度,指出应当根据不同病情,进行分型论治,并逐渐摸索出六经分类治疗急慢性血吸虫病的初步规律。指出本病急性发热期病在表里阴阳之间,为邪正相争阶段,进入慢性期又纯为阴阳失调阶段。在急性发热期以扶正祛邪为主,如见太阴兼少阳之证,用清脾饮以清理脾胃,和解少阳;见太阴虚热之证,用补中益气汤以甘温除热。在慢性期以调理阴阳为主,其中又分阴虚阳虚两方面:偏阳虚寒化,如太阴停水,用实脾饮或王氏厚朴散温运行水;少阴停水用肾气丸或禹余粮丸温肾利水;脾肾阳虚停水,用附桂理中汤温补脾肾;太阴寒湿发黄,用茵陈四逆汤温阳化湿。偏于阴虚热化的,如厥阴水血互结,用调荣饮化瘀行水;水热互结者,又当用外台葶苈丸(载《兰台轨范》);厥阴癥块,用大黄䗪虫丸以缓中补虚;郁热发黄,用丹栀逍遥散加茵陈疏肝利胆等等。他这一套治疗方法,对省内外血防的中医药治疗工作,起了一定的推动作用。

父亲对柯韵伯所说"只在六经上求根本,不在诸病名目上寻枝叶"的警句,对徐玉台"凡病不外六经,精于伤寒法,乃可通治杂病"的观点极为欣赏。他不仅用六经辨证施治血吸虫病,而且对传染性肝炎、肠伤寒、子宫颈癌、直肠癌、膀胱癌,以及泄泻、痢疾等,也都用六经辨证法进行探讨治疗。这种广泛运用仲景法治疗杂病的钻研精神和灵活手段,在近代还是比较罕见的。

二十年前,父亲临床有感,曾写下杂咏两首。其一为:"莫言气化是玄虚,气化亦自有源泉。天地气交云雨施,万物化生同等看。"其二为:"人之患病岂无邪,医者着意在理法。治病当以人为本,扶正祛邪斯无差。"但是日月如梭,时光无情,如今父亲辞别这个世界已经十八度春秋了。扶国不敏,但也愿追随诸位贤达高明之后,为继承发扬中国医药学克尽绵薄之力,做出应有之贡献。

忆先父刘季三的治学经验

刘镜如[*]

[刘季三小传] 刘季三（1906～1975），名篆，山东诸城人。幼年从父学医，二十岁独立行医。一九三四年后定居青岛，悬壶济人，兼以著述讲学，广植后进，声名著于齐鲁。四十年代曾主持青岛中医研究会并主编《医药针规》医刊。新中国成立后，任青岛市中医院院长、青岛中医学校校长、山东省中医学会副理事长等职，并曾被选为中华医学会第十届大会主席团成员。在学术上，力主辨证施治，推重《伤寒论》，对各家学说均有精深研究。

我的父亲名篆，字季三，号松荫，晚年寓青岛伏龙山，宅旁有丹桂一株，爱其春敷夏绿秋华冬荣，因号老桂山房

---

[*] 青岛市中医院

老人。

我家世业岐黄,不废诗书,至先父,已经五世。父亲自幼颖慧好学,年六岁,家贫无力延师,先祖景文公亲授四书十三经,皆朗读纯熟,亦精于《说文解字》,为以后学习医学打下了坚实的基础。后来,父亲在《松荫庐医话》中,谈到学习医学需要有较好的文学基础时说:"秦汉以上文字,非难读也,使习小学者读之,即亦甚易。世医畏《内》《难》、仲景书者,特患其不可解者多耳,使能通训诂,则必无隔阂之患,不必恃注释也。"又说:"习医必明训诂。"

在家庭的熏陶下,父亲立志学习医学,继承祖业,乃自修《伤寒论》,背诵如流。其后从先祖肄业九载,《伤寒》《金匮》诸论均肄习纯熟。十七岁,侍先祖应诊,抄方按脉,勤苦实习三年,理论与实践与日俱增。二十岁,开始独立行医,时流感蔓延,经父治痊愈者甚众,籍有名声。癸酉(一九三四年)秋,赴青岛,悬壶济人,求诊者日踵于门。

在旧社会,中医地位卑下,倍受排挤。旧政府下令取缔中医,中医处于灭绝地步。父亲坚信中医是科学的,而科学的东西不会消亡,必定要发展。于是,愤而埋头著述,讲学授徒,广植后进,不遗余力。四十年代主持青岛中医研究会,并主编《医药针规》医刊,相互激励,研讨学问,发展中医学术。历年著述甚多,有《伤寒论约注》《伤寒论提要讲义》《伤寒论药品简介》《伤寒论教学参考资料》《松荫庐医话》等。

父亲治学刻苦严谨,终日手不释卷。亲朋往来,皆与之探讨学问。凡所读之书均逐字推敲,联系实际,切磋琢磨,重点处圈点批注,抄录记载。重要的著作,每反复阅读,《伤寒论》一书终生诵读不废。父亲一生也对诗词、书法有很好的研究。历代诗词名句,率皆琅琅上口;各家名帖,均曾临摹研究。编著有《松荫诗词稿》《清代名家诗选》和《学书》字帖。书法具有自己的风格和特点。

父亲生前很注意医德的修养。他常教育学生说,学习医学,不是为了贪图名利,而是为了人民的健康去忘我的劳动,贡献自己的聪明才智。医学是一项十分科学、严肃的事业,必须兢兢业业,不能有丝毫马虎。总结父亲一生的治学经验,可归纳为:初学贵择师,学成贵择友,学医贵有恒,学贵不废书,经典贵熟读,实践贵活法,涉猎贵甄别。

学贵有恒

学习中医,首先要有明确的目的,要立志终生从事中医学术与实践。浅尝辄止,见异思迁,是绝对不能学好中医的。必须有坚定的意志,刻苦的精神,并要讲究学习方法。《松荫庐医话》中说:"读书、作文、学诗,必有恒乃精,而医道尤贵有恒。"在《伤寒论读法之研究》一文中又说:"习医所最难者,厥为《伤寒论》一书。习之者约分三期;初期为全篇之背诵,此虽较易,然畏难而中止者,十常八九,本文熟读之谓已过第一关。次则遍取各家之论注,是非互相证之。自古至今,注伤寒最流传者百数十家,只此已费功不少矣!初读成注,觉王叔和为不可及;既读方注,又觉王叔和非是;再读喻注,又觉方注亦非及;遍读诸家之注,始觉有批判之力。此所谓第二关也。各家之说,各有是处,亦各有非处,自不得不由博返约,取原文逐篇逐条逐句逐字细为参详:此经何以有此证?此证何以用此方?此方何以加此药减此药?反复推求,必至无疑义而后已。此所谓第三关者,较前者之难,不啻十倍。能过此关则几乎成矣!"在《伤寒论约注》序中还说:"早岁即有志习医,自熟经文后,遂取自宋以来释伤寒者数十家,朝夕浏览,率各主一说,卒鲜通论。既久乃尽摒诸书,独取《伤寒论》原文,危坐而读之三载。始而惑,继而明,继而恍然大悟,乃知伤寒之例或因此以喻彼,或就彼以明此。"从以上记载,可见父亲读书的刻苦,恒心始终不渝。一部《伤寒论》掌握纯熟,临证运用自如,得心应手,是勤奋的结晶啊!恰如张元素所说:"仲景书为万世法,号群方之首,治杂病若神。"但是,如果没有"愈困愈愤,愈愤愈进"的精神,是达不到的。"医贵有恒",这是学习中医最根本的方法。

贵不废书

任何一种知识,都需要不断巩固旧知识,学习新知识。中医也是如此,必须温故而知新。父亲在《松荫庐医话》中说:"医者学成应世,往往将平时所习之书,束之高阁,不知此大谬事也。十日不读文,则作文时觉难;三日不理弦,则按弦时手涩。何况医道?医生大言炎炎,云当年用功时,业将有用书籍,熟复于胸中,此时何劳再读,不知此乃自欺欺人耳。一有难疾,立见其束手无策,平时唯借熟套以蒙人。"故医者应时时攻读,永世不废,才能逐步达到学业高峰。否则,将如逆水行舟,不进则退。中国医药学经过长期的实践,形成了自己的理论体系和丰富经验,这些理论和经验,大都记载在中医药学的文献中。中医药文献汗牛充栋,据《中国医籍考》记载,从秦汉到道光年间,共计有三千数百种。一九六一年中医研究院和北京图书馆,根据全国五十九个图书馆的收藏图书,编成《中医图书联合书目》,收入书目达七千六百六十一种,加上以后发掘和出版的中医药书籍,总数不下一万种,其内容丰富多采,包罗广阔。一个医生耗尽终生的精力,难能浏览一遍。且理论不断发展,经验不断丰富,不终日攻读,岂能取得成就?父亲在《伤寒论读法之研究》中有这样一段记载:"己巳年春,余著《伤寒论约注》四卷,迄今此书已脱稿十六年。此十数年中,《伤寒论》之研读未尝废。而昔之所谓恍然大悟者,由今视之往往不惬于心;再迟十数年或者今日之所谓是者,至彼时亦定非之矣!"足证,父亲一生之读医经,昼夜不懈,熟读深思,不断提高。不仅经典著作如此,历代名著像隋代之《巢氏病源》,唐代之《千金》《外台》,金元四家之作,明清温病学家之书,甚至稗官野史、文化典籍、笔记丛谈中的医方、医案、医论、医学杂记,也都研读,以丰富自己的知识领域,提高中医学术的理论水平。直至暮年,因心肌梗死卧床之际,仍"焚膏油以继晷,恒兀兀以穷年",并挥毫著述,写《古方杂谈》一书。

人的聪明才智,依靠汗水来浇灌。医学知识,要靠学习来积累。"医贵不废书",这是学有成就的又一根本方法。

医经贵熟读

先父认为,《内经》《难经》《伤寒杂病论》《神农本草经》四部经典著作,是一个医生必须掌握的基本著作,学习不好,学业难于发展。《内经》被奉为医学理论的圭臬。唐代王冰评价《内经》时说:"其文简,其意博,其理奥,其趣深……诚可谓至道之宗,奉生之始矣。"宋代高保衡、林亿评价《内经》说:"上穷天纪,下极地理,远取诸物,近取诸身,更相问难,垂法以福万世。"汉代张仲景的《伤寒杂病论》,在《内经》的理论指导下,发展了临床医学,奠定了中医辨证医学的基础。清代徐大椿说:"医学之学问,全在明伤寒之理,则万病皆通。"古人的这些经验之谈,都启示我们必须学好经典著作。

《松荫庐医话》说:"医道非易事也。古圣研精覃思,竭一生精力,始成一书,然义尚未尽,数圣于仍,而斯道始大明。后人无古圣之识,而期举数圣之书,浏览而知之,岂非至愚。故期习斯道者,必取《内》《难》《伤寒》《金匮》之义,使纯熟于胸中,皆能上口,至临证时,斯能神与古会,无窘迫之患。使不能上口,至临证仓猝之时,既无成见,势不得不敷衍了事。故人不死于病,而死于迁延者多矣。"

熟读经典,便为博览群书打好基础,才能审辨真伪,明辨是非,兼收各家之长,熵一炉而创新。

四部经典的学习,先辈的经验是先《内经》,次《金匮》,先理论,后方药,循序而进。我父亲的学习和教学经验是先《伤寒》,后《金匮》,后《内经》,后《本草经》。因为《伤寒》《金匮》两书字数,只占《内经》字数的十分之一,一鼓作气,半年之内可以学完,再用《伤寒》《金匮》的钥匙,来开《内经》《本草经》的锁,就能事半功倍。若先学《内经》,就旷日费时,减低锐气了。

在学习经典著作时，要专心致志，集中精力，不要看与经典著作无关的书，不但《汤头歌诀》《本草备要》一类的书不要看，就是历代名著，如《巢源》《甲乙》《千金》《外台》之属也不要读。待经典著作读得纯熟了，便可由约及博，涉猎群书，遍看上下古今的医籍，找出它的渊源和发展变化，分清他们的流派。因为这时的基本功已经巩固，自不至经纬不分，东见东流，西见西倒了。

在五十年代到六十年代的二十多年中，父亲的教学计划仍然坚持上述的原则，造就了一批人才。他在论教学实践的一篇文章中谈到："学生第一年先学《伤寒论》，要求背的烂熟，约用三个月。第二步学《金匮》，同样要求背的烂熟，又约用三个月，共六个月。下半年内除每天念原文一遍外，可以参考各家的注本，全年大约可看《伤寒》注本二十种，《金匮》注本五种。在这一年中，要求眼有看，看《伤寒》《金匮》；耳有听，听《伤寒》《金匮》；口有道，道《伤寒》《金匮》。专心致志地学，随时诱导，随时启发，随时讲解，随时提问，促使学生能自己提出问题，自己分析问题，自己解决问题，不断提高悟机，深入钻研，巩固提高。第二年学习《内经》《本经》，要求重点熟记，不要求全部背诵。看注解时，要求以《伤寒》《金匮》来解释《内经》《本经》，又要求以《内经》《本经》回过去解释《伤寒》《金匮》。这样循环往复，《内经》《本经》读熟了，《伤寒》《金匮》是更熟了。四部经典熟悉之后，阅读温病学说及各大家的《内经》注解和《本经逢原》《本经疏证》《本草思辨录》，另外，学习有关这方面的著作二十种左右。第三年是由约及博的阶段，鼓励学生多读书，不仅大家、名家的书要读,即便是《串雅》内、外编也要读,读得越多越好。读书要写笔记,写心得体会,要用《内经》作为尺度,来分析评价。这一年大约可看医书四十种。第四年是继续巩固理论知识,从事临床实践的阶段。要求理论联系实际,培养独立工作的能力。"这些经验对自学或中医带徒,今日仍然是宝贵的。

学好四部经典著作,是学好中医的基础。经典学不好,如同无本之木,无源之水,是不能学好中医学的。

实践贵活法

父亲主张学习中医不要记死法死方,不要舍本求末,不要随波逐流。要认真地学好理论,要脚踏实地的实践。《松荫庐医话》说:"《内经》、仲景之书,不过予人以规矩,非使人印板法也。盖病变万端,唯明理者能穷之。如下痢忌发热,而《金匮》下痢条,有发热不死之文。产后恶寒凉,而《金匮》产后风痉,乃有竹叶汤之治。按死法而求,岂非大错。是知《内》《难》有定论,仲景无死法。"故诊治疾病不能胶柱鼓瑟,应因人因地因时制宜,治病求本,谨察病机,以意调之。

乙未(一九五五年)夏秋之交,某国友好代表团来青访问,其一团员突然高热、昏迷,病势危重,当即组织在青医学家会诊,诊断为乙型脑炎。患者生命已垂危,乃请中医予治。

父亲前往,问其病症,察其神色,闻其气息,候其脉象。是证壮热不退,神志昏迷,斑点隐隐,舌色深绛,脉大。发病正值暑热季节,四诊合参,属暑温无疑。因早期失治,营热不解,病情发展,热在血分,逆传心包。治以凉血退热,解毒救阴,清心开窍法。

处方:生石膏六两、生地一两、乌犀角(冲)六钱、川连五钱、栀子、桔梗、黄芩各三钱、知母六钱、赤芍五钱、元参一两、连翘五钱、丹皮、鲜竹叶各三钱、甘草二钱。

先将生石膏水煎沸半小时后,下诸药煎沸半小时,自鼻饲管内以半剂送服安宫牛黄丸一粒。半日后再送服一粒。

服药一剂后,病有起色;三剂后热渐退,神志转清,病渐恢复。病愈后,代表团十分感激,同声称赞中医学术的高明。

父亲在分析这一病例的治疗时说:病有老幼不同,男女差别,起居饮食风俗习惯不一,在治疗上应有区别;尤其在气候的寒暖燥湿之间,应特别注意。《内经》说"善言天者,必有验于人",正是这个道理。青岛秋热,病者热邪嚣张,必以清热为治。此证轻者可用犀角地黄汤,重者必当用清瘟败毒饮治之。清瘟败毒饮出自《疫疹一得》,习惯用来治疗"气血两燔"之证。但温热病中,证见营血的重症其疗效也是很好的,胜过犀角地黄汤。方中生石膏用量依病情轻重,可自一两至八两。石膏是清热之佳品,恰如柯韵伯所说:"白虎西方金神,故以汤名,秋得金令,则炎暑自解。"此证温热之邪已入营血,非独用石膏之类可治,应用清热解毒凉血之品,十分必要。叶天士说:"入血就恐耗血动血,直须凉血散血。"此证断不可用发汗、升提、燥烈、温补、益火、助阳、劫阴等品;孟浪妄投,立招危险。

理论联系实际,不断提高自己的认识能力、洞察力和独立思考的能力,是学习中医学极重要的。有人理论学习很好,诊病的本领不高,除了实践的经验不足外,其重要的原因在于理论脱离实践。经验是大家实践的结晶,应当善于学习别人的经验。当代中医与西医并茂,西医学不断地吸收现代科学发展的新成就,进步很快。因此,先父主张尽可能多地学习一些现代医学科学知识,取长补短,有利于中医学术的发展。《松荫庐医话》有"医贵通中西"之论,主张"以彼之长,易此之短"。注意吸收现代医学和现代科学技术发展的新理论、新技术,开拓我们的视野,发展中医药研究的新途径、新领域,是十分必要的。

涉猎贵斟别

先父在《松荫庐医话》中说:"初学之时,当先取《伤寒论》熟读;若熟读后,当求其章节旨义,句句自释。后取全部伤寒及各家注解互考之,辨其优劣,笔诸册而藏之,作日后之参考。《伤寒》熟后,再读《金匮》,如前法。《金匮》熟后,再读《内经》,如前法。三经熟后,书无不可读者。所以然者,本既立,自不能随人转移也。"论证了学习中医的步骤与方法。

在学习各家著作时,应批判地阅读,力求保持独立思考的能力。多思考,细推敲,避免因循守旧而使人迂腐。《松荫庐医话》说:"古经既熟,不能不事乎涉猎。然自汉后之书,类皆瑕瑜互见,故读者必须斟别……诸子百家,不背六经者从之;群医之类,不背灵素、仲景者从之;标新立异,论据充分者考之。如此斟别,庶免歧路亡羊之患。"此示人涉猎群书必须斟别。

为了学好医学,应当注意选择师友。初学贵择师,学成贵择友,这对自学者尤为重要。《松荫庐医话》说:"师者,所以传道、授业、解惑也。医道之求师,较他道尤不可缺,盖有师以教之,则正邪不至于溷,功无误用之患,至教诲殷殷,'捷径'独得……青年才士,竭力无成,而愚钝之人,艳声独享者,半由于此。"又说:"为学之道,独学无友,则孤陋寡闻。而医道尤贵求友,盖医道理学也,独处静思终无一得,及友好聚谈,往往于无心中遇之,茅塞顿开,情思昂然……友好之益,不减良师也。"良师益友,可以相互激励,相互帮助,探讨学问,而且可以相互启发,培养自己的道德风尚和情操。

忆著名针灸学家陆瘦燕

朱汝功*

[陆瘦燕小传] 陆瘦燕（1909~1969），字昌，江苏昆山人。医自家传。毕生致力于针灸医学研究和实践，并为国家培养了大批针灸专业人才，为著名的针灸学家。历任上海中医学院针灸系主任，附属龙华医院针灸科主任，上海市针灸研究所所长，国家科委委员，第三届全国政协特邀代表，上海市第一、二、三届政协委员，中国农工民主党上海市委委员，上海市中医学会副主任委员、针灸学会主任委员等职。主要著作有《针灸正宗》《经络学图说》《腧穴学概论》《刺灸法汇论》《针灸腧穴图谱》等。

---

* 上海中医学院

一

陆老的生父李培卿,早年拜浙江名医陈慕兰先生为师。出师后,先悬壶于嘉定;中年,曾设诊于昆山、上海两地;晚年则在上海开业,针术精湛,蜚声医坛,有"神针"之誉。李公生有六子二女,陆老排行最小,出嗣随母姓陆。中学毕业后,因他自幼耳闻目濡,见针灸确能治愈许多疑难杂症,故立志随父学医。李公对他要求严格,并不因爱子而稍加松懈,督其精读《内经》《难经》《针灸甲乙经》《类经》《针灸大成》等著作,每天随诊之余,还嘱其勤练书法。他既爱六朝书法之工整,又喜板桥书法之险怪,平素得力于此,晚年自成一格。

一九二七年,他十八岁随父学医初成,到上海经过学会考试,取得开业执照,并参加了神州医学会,开始了行医生涯,分别在昆山南街绿墙头及上海南市两处开业。后因战乱,全部集中在上海,设诊所于八仙桥(现金陵中路),白天门诊,晚上出诊。当时虽年纪尚轻,但由于他勤学苦练,对病者态度和蔼,认真诊察,仔细辨证取穴,故疗效显著,前来求医者络绎不绝。

解放前,国民党反动派歧视和排斥中医,针灸更被斥为"不科学",几与江湖术士等量齐观。在这种情况下,有的同道弃医经商,有的改作西医,中医面临生死存亡的紧急关头。陆老认为祖国医学相传几千年,是中华民族赖以生存繁衍的一门科学,任何人都消灭不了。为了振兴中医事业,他以为必须重视整理和发扬祖国医学理论,总结临床经验,加强中医队伍的团结和提高业务水平。为此,他着手整理临床经验,编写了《针灸正宗》第一集和第二集,并制造针灸经络穴位模型。于一九四八年和我一起共同创办了"新中国针灸学研究社",并附设函授班,亲自编写讲义,答复外地函授同学的来信提问等。当时参加函授班的同学遍及全国各地,影响所及,东南亚也都办起了"新中国针灸学研究社分社"。

解放后,祖国医学得到新生。陆老欢欣鼓舞,对党、对新中国怀有深厚的感情,更积极地工作。他学习了现代隔离消毒的理论,改变了自古相沿成习的隔衣进针的操作方法,在私人诊所内首先采用暴露体表部位、酒精棉球皮肤消毒、然后进针的方法,这在针灸临床上是一大改革和进步。由于他的先行,以后逐步成为广大针灸工作者的操作常规。一九五二年,陆老参加了上海市公费医疗第五门诊部工作,一九五三年被聘请为第二军医大学中医顾问。

在党的中医政策指引下,陆老改变了以往个别带徒教授的传统方式,于一九五二年和我一起办了针灸学习班。采用边教学、边临诊的教学方式,既继承了传统的带徒方法(临床带教,一竿到底,使学生对老师的经验特长能全面继承),又吸收了医学院校集体上课、系统教学的形式(白天轮流临诊,晚间集中上课,包括基础理论课程及针灸课程),为期三年,培养出了一批针灸医务人员,也为以后上海市历届中医带徒班开创了先例,积累了经验。

一九五八年,陆老参加上海中医学院工作,历任针灸系主任、附属龙华医院针灸科主任、上海市针灸研究所所长等职务,集医、教、研于一身。他知道这是党对他的信任,所以更谦虚谨慎、一丝不苟、踏踏实实,为继承、发展针灸医学做了大量的工作。

为了提高教学质量,他和教研组的同志一起编写了《针灸学》教材,还与原上海教学模型厂的同志共同设计创制了我国第一座大型的经络腧穴玻璃人模型,通电后能直观地表达经络的循行与流注关系,提高了课堂教学效果。

与此同时,他还主持编写一部针灸学丛书,整理总结了经络、腧穴、刺灸、治疗等方面的系统理论和临床经验,第一本《经络学图说》于一九五九年九月问世,以后陆续出版了《腧穴学概论》《刺灸法汇论》《针灸腧穴图谱》等书籍。《腧穴释义》《针灸歌赋新释》等文稿也已完成,可惜在十年动乱中被焚毁。目前,《针灸腧穴图谱》已被译成外文,在国外发行。

一九五九年,他作为中国医学代表团成员,到苏联讲学、会诊,进行学术交流,把针灸医学比较系统地向国外作了介绍。回国后,被任命为国家科委委员,工作更为繁忙,但他从不因会议多、行政事务忙、学术交流多而减少自己参加临床、科研及教学活动的时间,每周总有几个半天参加实际工作。在这几年中,他较多的时间是搞针刺手法的研究,发表了多篇论文。

二

陆老的学术思想和成就,可简要总结为以下几点:

(一)重视经络理论,并有新的阐发 经络学说是祖国医学中重要的基础理论之一。但由于它不能在解剖刀下证实,因此常被斥为玄秘之学而废弃不用,针灸亦被视为是一种"头痛医头,脚痛医脚"的局部治疗方法,这对针灸学术的发展和提高产生了严重的阻碍作用。

陆老对历代针灸文献做了深入钻研,深感经络学说是祖国医学宝库中的精华,它对临床各科都有指导意义。尤其是针灸,更离不开经络学说的指导。他说:"针灸和经络实在是息息相关,不论在诊断上或治疗上均须密切配合。假如没有经络学说的理论指导,针灸将会对复杂的疾病一筹莫展,无法处方和选穴,当然也不能发挥它的疗效。"因此,他花了很多精力,对经络学说做了大量的整理和研究工作,对古代文献做了很多新的阐发。如对经气的含义、十二经脉标本和足六经根结的理论、十二经脉同名经相接的关系、六腑之合、奇经八脉功能的意义与经脉交会情况的关系等问题,都首先做了精辟的阐发,对经络学说的研究和临床使用起了一定的指导作用,受到了针灸学术界的重视。

(二)切诊经络,注重肾气和胃气对人体的影响　陆老认为"切诊"是针灸辨证论治的主要依据之一,故他在临床上除切"寸口"脉外,还十分认真地诊察"脐下动气""虚里之动",以及"太溪""冲阳""颔厌"等脉的变化,同时,还仔细切按经脉的皮部及有关腧穴,通过全面切诊,掌握整体情况,从而正确地辨证施治。

他十分重视肾气和胃气的虚实对疾病转归和预后的影响。他认为经气的内容应包括两个方面:一是禀受于父母先天精气而产生的元气(即肾气);一是流行于经脉内外的营卫之气(即胃气)。前者是经气的根本,后者是经气的动力。两者相辅相成,缺一不可。他指出,《针灸大成》中所载"标幽赋"中"下手处,水木是根基"一语以及《类经图翼》中所载"水火是根基"之语都属谬误,应按《扁鹊神应针灸玉龙经》所载"下手处,水土是根基"才为正确。因此,他对太溪脉(肾脉)和冲阳脉(胃脉)的切诊十分重视,经常以此配合"脐下动气"和"虚里之动"来诊断肾气和胃气的虚实,以判断疾病的吉凶。他认为若冲阳、太溪脉不衰,说明胃气犹在,先天之根未绝,病虽危,尚可生;若冲阳、太溪两脉绝而不至,"脐下动气"和"虚里之动"亦微,则病多危重难治。

在治疗上,他也经常选用太溪、复溜、足三里、脾俞、胃俞、气海、关元等穴,以滋水培土为法。

(三)精通针刺手法,并用科学实验手段研究补泻,取得可喜成绩 陆老认为针灸治病除了辨证正确、处方取穴得当外,还要运用适当的手法,这如同内科治病,辨证、用药、剂量三者相辅相成缺一不可。因此,在临床上一贯坚持运用针刺手法,取得了很好的效果。例如,陈某,男,41岁。素有哮喘,昨宵骤然眩晕,迄今十余时不能行动,亦难平卧,视物眩转,动则为甚,语言低沉,胸宇痞闷,面色㿠白,四肢麻木,脉来迟缓,舌苔白腻。按脉辨证,似属阳气虚惫,真气不足,厥气上逆所致,治拟平肝和胃。处方:足三里$^+$、太冲$^-$。手法:针芒迎随补泻法结合努法以下气;提插补泻法以调和阴阳。留针二十分钟。刺足三里穴时,开始针下感觉空虚,经运用催气法,至四分钟时出现针下沉紧,但患者仍无明显反应。将针轻轻提至天部,用努法向下斜插一寸许,患者即觉有酸胀感沿胫骨直透足背"跗阳"处,胸脘亦略觉轻快。再将针提出一寸,照上述针向用力将针直插,努针不动,约一分钟后,患者即觉针刺感应透到足趾,并有微微跳动,主诉胸脘压迫症状消失,胸襟舒畅。再刺第二穴太冲,将针左右捻转约三分钟,得气后,行紧提慢按法十余次,以泄厥逆之肝阳,患者顿觉头部轻松,眩晕消失,能俯仰左右旋转。第二天复诊,病已告痊,唯精神不振,四肢酸软,再用提插法补胃之合穴足三里,留针五分钟以和胃气,起针后,即觉精神稍振。次日随访,症状都已消失,体力亦得迅速恢复。陆老在此案中,仅取两穴,疗效迅速而显著,皆赖他运用针刺补泻手法得宜,已达得心应手、炉火纯青之境。他在《刺灸法汇论》一书中,全面地整理了古代各种针刺方法,并加以分析和论述,使之系统化、条理化,为后学者开辟了学习的捷径。一九五八年,在第一次全国针灸经络会议上,他曾为与会代表做针刺补泻手法的表演:做"烧山火"手法时,使受试者感觉发热;做"透天凉"手法时,使受试者感觉发凉。他的精湛表演,得到了与会代表的一致赞赏。

为了探索针刺补泻手法的物质基础及原理,他曾与上海第一医学院附属中山医院协作,用多方位肌电测绘记录针刺导气(行气)手法过程中感觉传导的现象,选用足三里穴为针刺点,施用控制针感向上和向下两种手法。结果,针感向下符合率为93%,向上符合率为60%。另外,他还与上海中医学院生化教研组协作,对"烧山火""透天凉"手法进行了比较深入的研究。实验结果表明,施行"烧山火"手法后,受试者体温普遍上升,同时血糖与血浆柠檬酸含量明显增高（$P<0.01$）；施行"透天凉"手法后，受试者体温普遍下降，同时血糖与血浆柠檬酸含量明显降低（$P<0.01$）。这说明"烧山火""透天凉"手法不仅有主观的感觉变化，而且有实际发生的生理过程和物质基础，为临床实践及进一步研究手法机制提供了客观依据。

（四）习用毫针，大力推广温针、伏针、伏灸，疗效显著 陆老习用毫针，认为毫针针体较细，进针时可减少痛感，安全可靠；运针时，进退灵活，施行手法方便，不伤正气。对针具的制作和保管他亦十分重视。当时用的是金质针具，先将赤金请有关工厂按要求加工拉丝（相当于目前31、32号针），然后他亲自制作，绕针柄、磨针尖都别具一格。他认为针柄要绕得均匀紧凑，针芒不宜过锐，必须圆利得当。每日诊毕，对使用过的针具都逐一整修，务使针体挺直，无弯曲，无缺损，针尖没有钝毛。即使后来诊务繁忙，伏天每日门诊达五六百人，停诊后仍嘱学生们逐一检查整修，数十年如一日。

温针首见于仲景《伤寒论》，但却被后人视为俗法而不用。陆老秉承其父的经验，大力提倡使用。他认为，针尾加艾燃烧，可借艾火的温热，通过针体传导到肌肤内部，不但有温行经气的功效，还有加强手法的作用。当经气为外邪所闭阻时，用泻法使邪气宣泄，经络通畅，配合使用温针，可加强血气的运行，达到去壅决滞的目的；当经气虚损时，用补法配合使用温针，能将热力引入深处，帮助经气运行，起温阳补益的功效。但对高热、局部红肿或抽搐、震颤等不能留针的病例，一般不宜施用。

"伏针""伏灸"在前人文献中无从考稽。但他认为伏天气候炎热,腠理开疏,阳气旺盛,此时或针或灸,能使伏留筋骨深处的外邪容易随汗外泄,无论补虚泻实,均可收到事半功倍之效。例如:哮喘病每遇秋冬发病,若能在伏天进行灸治,取大椎、身柱、风门、肺俞、厥阴俞、天突、膻中等穴,到冬季可减轻发病或不发病,一般连灸三个伏天,可望痊愈,这是冬病夏治的一种有效方法。

温针、伏针、伏灸由于疗效显著,很受病者的欢迎,在他的推广下,这种方法为很多针灸医家所采用。

此外,在临床配穴方面,他以脏腑虚实及五行生克为依据,十分重视五腧穴的应用。根据"虚则补其母,实则泻其子"的治则,凡遇某一脏腑的虚证时,常补本经所属五腧穴中的母穴,配母经所属五腧穴中的母穴;凡遇某一脏腑的实证时,常泻本经所属的子穴,配子经所属的子穴,往往获得显效。例如,李某,女,35岁。素患贫血,心悸易怒,一月前暴怒怫郁,肝气横逆,木实侮土,土德不运,证见胸闷纳呆,心下隐痛,三焦气化失司,大便时秘时溏,舌质红绛,苔根厚腻,脉象弦数。治以疏肝健脾、通腑逐垢之法。处方:行间⁻、大都⁺、中脘⁺、天枢⁻。手法:提插捻转补泻法,留针二十分钟。诊治四次而愈。此案中,取肝经荥火穴"行间"慢按紧提泻之,以泄肝木有余之气火;再取脾经荥火穴"大都"紧按慢提补之,以治其脾虚;佐补胃募"中脘",健运中州之气,开郁解闷;取大肠募"天枢",运用捻转泻法,以通腑气而化积滞。遂使阴阳平秘而收速效。

陆老行医数十年间,前来诊治的不仅有许多内科杂病及各种风湿痹证,还有精神病、癫痫、麻风病之类的特殊病症,经他治疗后,都取得了较好的效果,在《陆瘦燕针灸论著医案选》中有详细记载。

(王佐良、陆焱垚整理)